Reihe
Germanistische
Linguistik

121 Kollegbuch

Herausgegeben von Armin Burkhardt, Angelika Linke
und Sigurd Wichter

Angelika Linke / Markus Nussbaumer / Paul R. Portmann

Studienbuch Linguistik

Ergänzt um ein Kapitel »Phonetik/Phonologie« von Urs Willi

5., erweiterte Auflage

Mit Ergänzungen von
Simone Berchtold, Martin Businger, Jürg Fleischer, Franziska Gugger,
Stefan Hauser, Jacqueline Holzer, Martin Luginbühl, Daniela Macher,
Anna-Katharina Pantli, Joachim Scharloth, Jürgen Spitzmüller,
Christa Stocker, Rebekka Studler

Max Niemeyer Verlag
Tübingen 2004

Reihe Germanistische Linguistik
Begründet und fortgeführt von Helmut Henne, Horst Sitta und Herbert Ernst Wiegand

Ergänzungen zu:

Kapitel 1: Joachim Scharloth
Kapitel 2: Martin Businger, Daniela Macher
Kapitel 3: Martin Businger, Rebekka Studler
Kapitel 4: Jürgen Spitzmüller
Kapitel 5: Daniela Macher, Rebekka Studler
Kapitel 6: Martin Luginbühl, Anna-Katharina Pantli
Kapitel 7: Franziska Gugger, Anna-Katharina Pantli
Kapitel 8: Jacqueline Holzer, Christa Stocker
Kapitel 9: Stefan Hauser
Kapitel 10: Simone Berchtold, Daniela Macher
Kapitel 11: Jürg Fleischer

MIX
Papier aus verantwor-
tungsvollen Quellen
FSC   FSC® C016439
www.fsc.org

Bibliografische Information der Deutschen Bibliothek

Die Deutsche Bibliothek verzeichnet diese Publikation in der Deutschen Nationalbiblio-
grafie; detaillierte bibliografische Daten sind im Internet über *http://dnb.ddb.de* abrufbar.

ISBN 978-3-484-31121-3   ISSN 0344-6778

© Max Niemeyer Verlag GmbH, Tübingen 2004
http://www.niemeyer.de
Druck und Bindung: Ebner & Spiegel, Ulm   3 4 5

Vorwort

Das vorliegende Studienbuch ist aus linguistischen Grundkursen am Deutschen Seminar der Universität Zürich herausgewachsen. Das Konzept dieser zweisemestrigen "Einführung in die Germanistische Sprachwissenschaft" ist in den späten siebziger Jahren entstanden und seither kontinuierlich entwickelt worden. Wir haben die einzelnen Kapitel des Buches in den verschiedenen Stadien ihrer Entstehung im Unterricht immer wieder erprobt.

Dieses Buch informiert in 10 Kapiteln über die wichtigsten Ansätze der linguistischen Forschung. Dabei ist es unser Ziel, die für jedes Gebiet charakteristischen theoretischen Positionen sowie wesentliche Forschungsergebnisse vorzustellen.

Wir streben keine Vollständigkeit der Darstellung an, sondern versuchen, die für den Gegenstandsbereich konstitutiven Fragen deutlich zu machen und modellartig zu zeigen, wie ausgewählte Theorien auf diese Fragen antworten. Dabei präsentieren wir sowohl klassische linguistische Theorien und Erkenntnisse wie auch Forschungsansätze der 80er Jahre. Entsprechend ist die Darstellung nicht einer bestimmten Schule verpflichtet, sondern bringt die Vielfalt der sprachwissenschaftlichen Zugänge zum Ausdruck.

Wir haben das Buch in zwei Teile mit je fünf Kapiteln gegliedert. Diese Einteilung begründen wir ausführlich in der Einleitung sowie in der Überleitung, die die beiden Teile verbindet.

Die einzelnen Kapitel sind in sich abgeschlossen und präsentieren jeweils einen sprachwissenschaftlichen Teilbereich. Das Buch muss also nicht 'von vorne nach hinten' gelesen werden; wo sachliche Bezüge zwischen den Kapiteln bestehen, ist dies durch entsprechende Verweise signalisiert.

Jedes Kapitel wird durch eine Skizze der entsprechenden Forschungsgeschichte sowie durch eine knappe, kommentierte Auswahlbibliographie eingeleitet; die Übersicht über die Kapitelstruktur vermittelt ein vorangestelltes Inhaltsverzeichnis.

Die Konzeption des Buches ist daraufhin angelegt, den unterschiedlichen Bedürfnissen von Studentinnen und Studenten der Sprachwissenschaft entgegenzukommen: Es eignet sich sowohl als Begleitbuch für Einführungsveranstaltungen in das Gesamtgebiet der Sprachwissenschaft wie auch als Grundlagenlektüre für die einzelnen Teilbereiche etwa im Hinblick auf Hauptseminare oder Abschlussprüfungen. Auch interessierte Nichtspezialisten aus Nachbardisziplinen finden hier eine Orientierung über etablierte und neuere Positionen der linguistischen Forschung.

Wir haben lange an diesem Buch gearbeitet. Seine Entstehung kritisch begleitet haben: Edgar Brütsch, Ursula Fries, Sven Gächter, Peter Gallmann, Ann Peyer, Regula Rüegg, Peter Sieber und Horst Sitta. Anregende Hinweise erhielten wir auch von Wolfgang Heinemann, Leipzig. Rea Cerciello hat wertvolle bibliographische Hinweise beigesteuert. Bei der Herstellung und Korrektur der Druckvorlage haben uns Stefan Kaufmann, Ann Peyer, Ulla Günther, Urs Willi und Tim Krohn geholfen. Ihnen allen danken wir an dieser Stelle ganz herzlich.

Im Hinblick auf die verständliche Darstellung linguistischer Theorien und Modelle haben wir in diesem Buch versucht, verbale Ausführungen durch graphische Darstellungen zu ergänzen und zu verdeutlichen. Für die Aufbereitung dieser Graphiken danken wir Edgar Brütsch.

Wir widmen dieses Buch Horst Sitta. Ihm sind wir, fachlich und persönlich, grossen Dank schuldig. Ohne ihn und ohne die offene und kooperative Atmosphäre an seinem Lehrstuhl wäre, wie vieles andere, auch dieses Buch nicht zustande gekommen.

Zürich, in den Hundstagen 1991
Angelika Linke
Markus Nussbaumer
Paul R. Portmann

Vorwort zur 2. Auflage

Die 2. Auflage des "Studienbuchs Linguistik" ist gegenüber der 1. Auflage um ein Kapitel "Phonetik und Phonologie" von Urs Willi ergänzt. Dieses Kapitel würde richtigerweise an den Anfang des Buches gehören. Wir haben uns jedoch entschlossen, es in einem Anhang den bisherigen 10 Kapiteln als 11. Kapitel anzufügen, damit diese Erweiterung den Seitenumbruch nicht verändert und demzufolge die neue Auflage problemlos neben der alten verwendet werden kann. Darüber hinaus sind in der Neuauflage die Literaturhinweise aktualisiert. Kleinere formale Änderungen haben wir ebenfalls nur dort vorgenommen, wo dies nicht zu einer Veränderung des Seitenumbruchs führte.

Auf inhaltliche Veränderungen haben wir verzichtet, obschon uns bewusst ist, dass das eine oder andere besser gemacht werden könnte.

Zürich, nach der Schafskälte 1994   Angelika Linke
Markuss Nussbaumer
Paul R. Portmann

Vorwort zur 5. Auflage

Für die 5. Auflage wurde das "Studienbuch Linguistik" substantiell erweitert. Alle 11 Kapitel wurden um ein Unterkapitel ergänzt, in welchem die wichtigsten theoretischen und methodischen Neuerungen der letzten Jahre vorgestellt werden. Der Blick ist dabei sowohl auf fachinterne Entwicklungen und Differenzierungen gerichtet wie auch auf veränderte Bezüge zu den Nachbardisziplinen. Die an die jeweiligen Ergänzungskapitel anschliessenden, thematisch geordneten und kommentierten Lesehinweise dienen zudem der Orientierung in der neueren und neuesten Forschungsliteratur zum jeweiligen Teilgebiet.

Das Register wurde mit Blick auf die Zusatzkapitel ergänzt, die Bibliographie entsprechend überarbeitet und erweitert.

All dies wurde von einer Gruppe von jungen Linguistinnen und Linguisten der Universität Zürich geleistet – in enger Zusammenarbeit untereinander und mit Rückgriff auf praktische Unterrichtserfahrung in der linguistischen Grundausbildung. Die einzelnen Zusatzkapitel sind von den jeweils hauptverantwortlichen Autoren und Autorinnen namentlich unterzeichnet.

Zürich, am 11. 11. 2003   Angelika Linke
Markus Nussbaumer
Paul R. Portmann

Inhaltsverzeichnis

Einleitung

Sprachwissenschaft ist die Wissenschaft von der Sprache. *Linguistik* wird manchmal in gleicher Bedeutung wie *Sprachwissenschaft* gebraucht, manchmal auch als
Bezeichnung eines ihrer Teilbereiche. In diesem Buch werden die beiden Begriffe
gleichbedeutend verwendet.

Ziel der Sprachwissenschaft ist die Beschreibung und Erklärung sprachlicher Phänomene, und sie tut dies in vorwiegend theoretischer Absicht. *Theoretisch* bezieht
sich hier nicht darauf, dass die Linguistik Beschreibungsmethoden und Theorien
über ihren Gegenstand entwickelt – dies tut jede Wissenschaft. Als theoretische
Wissenschaft besitzt die Linguistik im Unterschied zu *anwendungsorientierten*
Wissenschaften aber kein unmittelbar zugeordnetes Praxisfeld. Wer gut schreiben
lernen will oder Sprachlehrer wird oder wissen möchte, wie man eine gute Rede
hält, mag aus der Sprachwissenschaft viele nützliche Dinge lernen. Er findet für
seine Praxisziele aber keine direkten Anleitungen.

Die menschlichen Sprachen sind höchst komplexe Gebilde, und sie sind auf viel-
fache Weise mit unterschiedlichen aussersprachlichen Gegebenheiten verknüpft.
Ein Reflex davon ist fassbar etwa im Alltagsbegriff von Sprache, den wir alle
'haben' und der extrem vieldeutig und schillernd ist. Noch deutlicher spiegelt sich
diese Komplexität des Gegenstandes in der Sprachwissenschaft. Die heutige Linguistik ist eine höchst differenziert ausgebaute Wissenschaft. Sie umfasst eine
Vielzahl von Teilbereichen, die je bestimmte Aspekte von Sprache beschreiben und
die zusammen ein komplexes Gebäude von aufeinander bezogenen Disziplinen bilden. Dabei lassen sich Beschreibungen unterschiedlicher 'Reichweite' unterscheiden: Solche, die eher übergreifenden, allgemeinen Fragestellungen nachgehen,
solche, welche die Grundzüge einzelner sprachlicher Teilbereiche aufarbeiten, und
solche, die sich der detaillierten Darstellung eng umschriebener Phänomenbereiche
widmen.

Sprachliche Phänomene spielen im Leben des einzelnen wie der Gesellschaft in
vielerlei Hinsicht eine zentrale Rolle. Sprache wird darum, erwartbarerweise, nicht
allein in der Sprachwissenschaft zum Thema der Forschung. Eine Vielzahl von
Wissenschaften befasst sich mehr oder weniger intensiv mit Sprache, zumindest
mit einzelnen Aspekten von Sprache.

Die folgenden Bemerkungen haben zunächst zum Ziel, das Verhältnis der Sprachwissenschaft zu anderen Formen der Beschäftigung mit Sprache zu skizzieren; in
einem zweiten Schritt sollen dann die grossen Bereiche der Sprachwissenschaft
und der Aufbau dieses Buchs im Überblick vorgestellt werden.

Reflexion auf Sprache und Sprachwissenschaft

Auf welche Weise wird Sprache ausserhalb der Sprachwissenschaft zum Gegenstand, mit dem man sich beschäftigt?

Auf drei ganz unterschiedliche Formen solcher Reflexion auf Sprache soll kurz
hingewiesen werden. In Absetzung davon wird dann der *sprachwissenschaftliche
Zugang* zur Sprache thematisiert.

Drei Formen der Reflexion auf Sprache

a) Primäre Sprachreflexion

Ein erster Ansatz der Sprachreflexion gehört mit zu den Elementen sehr vieler Kulturen: Die Wahrnehmung der Sprachfähigkeit als eines spezifisch menschlichen Attributs. Die Tatsache, dass wir Sprache haben, ist im Selbstverständnis vieler Gesellschaften zum entscheidenden definierenden Kriterium für den Menschen geworden. In dieser Einsicht steckt auch heute – vielleicht heute in besonderem Masse wieder – eine der wichtigen Motivationen für die Beschäftigung mit der Sprache: Die Frage nach der Sprache ist Teil der Frage nach der Identität des Menschen (vgl. 3.1 und 9.1).

Grundlage von solchen Bestimmungen ist ein Aufmerksam-Werden auf Sprache, wie es z.T. schon sehr kleine Kinder zeigen. So mag sich ein Kind darüber wundern, dass man bei uns für Brot *Brot* sagt, Nachbarskinder aber etwa *pane* sagen, oder es mag fragen, warum Gertrud *Gertrud* heisst, oder darüber erstaunt sein, dass es zwar andere, komisch klingende Dialekte versteht, selbst aber nicht so sprechen kann. In solchen Fällen werden sprachliche Ausdrücke oder Eigenschaften aus ihrem blossen Funktionieren herausgehoben und in ihrer Eigenart oder ihrer Bedeutsamkeit zum Problem. Von solchen spontanen Einsichten ist es noch weit bis zum Sprachbewusstsein des Erwachsenen oder bis zur Feststellung, dass Sprachfähigkeit ein auszeichnendes menschliches Attribut ist, aber sie zeigen, dass für Menschen Sprache-Haben und Sprache-Wahrnehmen von Anfang an eng zusammengehören.

b) Schrift als Resultat und Anlass von Sprachreflexion

Die Schrift, wie wir sie heute kennen, ist in einem jahrhundertelangen Prozess entwickelt worden. Schrift begann immer zunächst mit der Schreibung von *Bedeutungen* oder *Begriffen*, sie war Ideographie (wie sich beispielsweise an den ägyptischen Hieroglyphen zeigt, die zunächst Bilder von gemeinten Gegenständen waren). Erst in einem langen Entwicklungsprozess bildete sich die Einsicht heraus, dass die Schreibung von *Lauten* und *Lautfolgen*, d.h. eine Analyse der Wörter in Laute und die Kodierung dieser Laute, eine einfachere und flexiblere Aufzeichnung ermöglichte. So entstand, ausgehend von einfachen Anfängen, ein Werkzeug, das es erlaubt, alles aufzuschreiben, was in einer Sprache gesagt werden kann, auch gänzlich neue (etwa aus anderen Sprachen übernommene) Begriffe. Ein Widerschein der Schwierigkeiten, welche in diesem Prozess zu überwinden waren, ist noch heute gegenwärtig, wenn Kinder schreiben und lesen lernen. Sie müssen dabei jene Grundeinsichten nachvollziehen, die in der Entwicklung der Schrift allererst gemacht werden mussten und die für Schriftunkundige alles andere als selbstverständlich sind: dass Sprache ein Instrument ist, das es erlaubt, mit Lauten (oder alternativ mit Buchstaben) über 'Dinge' etwas auszusagen.

Lesen- und Schreibenlernen setzt so eine intensive, praktisch ausgerichtete Sprachreflexion in Gang. Sie verändert für diejenigen, die mit ihr umzugehen lernen, und das sind in unserer Gesellschaft fast alle, auch ihr Wissen von der Sprache und damit auch ihren Umgang mit und ihre Einstellung zur Sprache. Zum Beispiel:
– Erst in der Schrift wird die Sprache zu einem *Objekt*, zu einem isolierbaren Gegenstand. Den meisten Kindern beispielsweise wird erst in der Schule, beim

Schreibenlernen, die prinzipielle Gliederung der Sprache in Buchstaben und Laute, Wörter und Sätze bewusst.

- Die Schrift verändert den Zugang zur Tradition: Unzählige Formen der Aufzeichnung und Verwaltung, der Erarbeitung und Mitteilung von Gedanken, des Lehrens und Lernens sind nur auf der Grundlage der Schrift denkbar. Anders als erinnerte Sachverhalte adaptieren sich aufgeschriebene nicht an veränderte Umstände; zudem ist Aufgeschriebenes beliebig vermehrbar, haltbar und wieder lesbar. Schrift erlaubt die Kodifikation von Wissen in neuer Form und einen anderen Umgang mit diesem Wissen. Die Konfrontation mit alten Schriftstücken hebt zudem das ganze Ausmass der Veränderung von Ansichten, Zuständen usw., aber auch die Veränderung der Sprache selbst ans Licht.
- Schrift erlaubt problemlos Kommunikation auf Distanz. Damit diese in der Art zustandekommen kann, wie wir es heute gewohnt sind, ist es aber erforderlich, die *mündliche Rede* zu ersetzen durch den (schriftlich konstituierten) *Text*. Der schriftlich konstituierte Text ist ein sprachliches Gebilde, das die zu vermittelnden Informationen, die Struktur von Gedanken, möglichst vollständig ausdrückt. Weil nicht wie im Dialog ein unmittelbarer Einwurf durch den Partner Verstehen oder Missverstehen anzeigt, weil keine Reaktion signalisiert, wo Abkürzungen des Gedankens möglich, wo Erweiterungen nötig sind, ist der schriftliche Text von Anfang an auf ein relativ hohes Mass an Explizitheit und Vollständigkeit hin angelegt. Der Dialog folgt einer 'Logik der Verständigung', der Sprechende bezieht die Reaktionen des Partners immerzu in die Planung dessen ein, was er gerade zu sagen beabsichtigt. Der Schreibende kann dies nur in beschränktem Masse tun; sein Text folgt eher einer 'Logik der Sache', einer tendenziell dichteren Darlegung von Sachverhalten, ihren Zusammenhängen, Hintergründen und ihrer Bewertung. Es ist von daher nicht verwunderlich, dass die Schrift und der schriftlich konstituierte Text zu einer dominanten Form der Wissenserarbeitung und -verbreitung und damit auch der Vermittlung von Sachwissen und der formalen Bildung geworden sind.

Lässt sich die Schrift also als Resultat einer langen Auseinandersetzung mit der Sprache verstehen, so auch gleichzeitig als wesentliches Instrument von Bildungs- und Denkprozessen, die der Reflexion über Sprache (und natürlich auch über die Welt) selbst wieder zugrundeliegen.

c) *Reflexion auf Sprache in den Wissenschaften*

Eine kontinuierliche, auf die Sprache und ihre Eigenschaften gerichtete Reflexion, die sich niederschlägt in Beschreibungen und Theorien über die Sprache, kennen wir aus verschiedenen Hochkulturen.

Als Produkte dieser Beschäftigung sind zunächst Grammatiken und Abhandlungen über die Sprache zu nennen. Die europäische Tradition auf diesem Gebiet lässt sich auf die alten Griechen zurückführen; von einer ebenso alten, blühenden Sprachtheorie und Grammatikschreibung in Indien haben die Gelehrten in Europa erst relativ spät erfahren. Reflexion auf Sprache ist aber nicht einfach gleichzusetzen mit Grammatikschreibung. Es gab und gibt sie in den verschiedensten Disziplinen, und zwar in grosser Breite und Vielfalt. So ist die Sprache, z.T. seit den Anfängen dieser Wissenschaften, Thema für

- die *Philosophie* (wo etwa die Frage nach der *Bedeutung* sprachlicher Einheiten immer schon zentral war);

- die *Theologie* (wo das Problem der Bibelauslegung z.B. zur Beschäftigung mit
  Fragen der *Übersetzung* und des Verhältnisses von Bedeutung und tieferem
  Sinn von Textstellen usw. geführt hat);
- die *philologischen Fächer* (wo z.B. die Frage nach dem richtigen Verständnis
  älterer Texte zur Beschäftigung mit früheren Sprachstufen anregte), die *Rhetorik* (der es um die Ausarbeitung und Gestaltung publikumswirksamer Texte
  ging) und die *Ästhetik;*
- die *Rechtswissenschaft* (wo etwa das Problem der gültigen und eindeutigen Interpretation von Gesetzestexten ebenfalls zu Überlegungen hinsichtlich der Bedeutungsseite von Sprache geführt hat);
- die *Psychologie*, die *Anthropologie* und die *Biologie* (die sich mit der Sprache
  unter dem Gesichtspunkt ihrer phylogenetischen und ontogenetischen Herausbildung beschäftigen. Hierzu gehört die Frage nach den evolutionären Veränderungen, die den Menschen als sprachfähiges Wesen hervorgebracht haben
  ebenso wie die Frage nach den Prozessen, die dem Sprachlernen jedes einzelnen Kindes zugrundeliegen usw.)
- die *Mathematik* und die *Computerwissenschaft* (wo Sprache daraufhin untersucht wird, wie weit sie in mathematische Modelle fassbar ist, und ob und wie
  die Analyse bzw. Synthese sprachlicher Ausdrücke programmiert werden
  kann).

Von heute aus gesehen müssen die traditionelle *Grammatikschreibung* sowie Teilbereiche der (lange Zeit weitgehend aus der Diskussion verdrängten) *Rhetorik* zu
den Vorformen der modernen Sprachwissenschaft gerechnet werden. Sie sind aber
weder ihrem Selbstverständnis, noch ihrer Zielsetzung, noch ihren Methoden nach
bereits sprachwissenschaftliche Disziplinen im modernen Sinn.

Sprachwissenschaft

Wo steht im Kontext der vielen im letzten Abschnitt genannten, mehr oder weniger
institutionalisierten Beschäftigungen mit der Sprache die Sprachwissenschaft? –
Sie ist ein Spätling. Als akademische Disziplin mit einem eigenen Namen ist die
Sprachwissenschaft erst anfangs des 19. Jahrhunderts an den Universitäten eingeführt worden. Als Einzelwissenschaft existiert die Wissenschaft von der Spra-
che also erst seit knapp 200 Jahren – auch wenn in den oben genannten Disziplinen
seit den Zeiten der alten Griechen wichtige und und zum Teil auch für die heutige
Sprachwissenschaft noch relevante Einzelerkenntnisse gemacht worden sind (Zur
Geschichte der Sprachwissenschaft vgl. Helbig 1986, 1989).
Interessanterweise hat die Sprachwissenschaft als akademische Disziplin ihre Geschichte nicht damit angetreten, dass sie die bestehenden Traditionen etwa der
Grammatikschreibung oder der philologischen Analyse von Texten ins Zentrum
des Fachs gestellt hat. Zwar spielten diese beiden Aspekte, vor allem der philologische, eine grosse Rolle. Das Erscheinungsbild und die Geschichte der Sprachwissenschaft im 19. Jahrhundert aber wurden geprägt durch einen Gegenstand, der
allen bisher aufgezählten Traditionen gegenüber neu war: die *historische Erforschung der Sprachen,* ihre *Entwicklung* und ihre *Verwandtschaften* .
Das Interesse für vergangene Sprachstufen der eigenen oder einer fremden Sprache
war zwar nichts absolut Neues, doch war dieses Interesse bis dahin kein Interesse

an diesen Sprachstufen um ihrer selbst willen gewesen, sondern immer nur Mittel zum Zweck, v.a. wenn es um das richtige Verständnis wichtiger älterer Texte ging. (So z.B. um die Werke der klassischen griechischen Dichter und Philosophen, denn schon in der Spätantike konnte man diese nicht mehr problemlos lesen, es brauchte Hilfen, weil die Sprache sich verändert hatte; zusätzlich brauchte man kritische Textausgaben, d.h. Handschriftenvergleiche, um die ursprüngliche Textfassung zu erhalten.) In der Sprachwissenschaft des 19. Jahrhunderts ging es aber genau um diesen anderen Aspekt, um die Sprachen als historische Objekte und die Eigengesetzlichkeiten ihrer Entwicklung. Auch wenn diese Entwicklung nur anhand von Textzeugnissen rekonstruiert werden konnte, so stellte sich die Sprachgeschichtsforschung doch eine Aufgabe, die weithin unabhängig war von der Frage nach dem Inhalt und der Interpretation der untersuchten Quellen.

Mit der Zuwendung zur Erforschung der Geschichte und der Verwandtschaft der Sprachen allgemein (und im speziellen zur Erforschung der Sprachgeschichte des Deutschen) zeigte die Linguistik ein vorwiegend historisches Interesse, wie dies für viele Wissenschaften des 19. Jahrhunderts typisch ist. Darüber hinaus schuf sie sich einen Gegenstandsbereich, der nur ihr eigen war und ihr von keiner anderen Disziplin bestritten werden konnte. Auf diesem, von heute her gesehen eng umgrenzten Felde etablierte sie sich als selbständige Wissenschaft, d.h. als Disziplin mit einer eigenständigen Frage an ihren Gegenstand und entsprechend mit einer eigenen Fachsprache, eigenen Begriffen, Modellen, Methoden und Theorien. Diese Einschränkung auf einen dominierenden Gesichtspunkt begann sich v.a. seit dem Ende des 19. Jahrhundert aufzulösen. Spätestens mit der von de Saussure begründeten *strukturalistischen Linguistik* begannen sich in den ersten Jahrzehnten dieses Jahrhunderts die Fragestellungen und Disziplinen zu entfalten, die heute die Sprachwissenschaft prägen und von denen die wichtigsten in diesem Buche dargestellt werden.

Was unterscheidet nun die sprachwissenschaftliche Beschäftigung mit Sprache von der Art, wie Sprache in den anderen Disziplinen thematisiert wird? Vorgreifend lassen sich vielleicht folgende Punkte anführen:

1. *Sprachbetrachtung um der Sprache willen:* Im Rahmen der Linguistik werden zum Teil Fragen aktuell, die auch anderswo gestellt werden. Dies gilt zum Beispiel für die *Semantik*, d.h. für die *Lehre von der Bedeutung* sprachlicher Einheiten, die von jeher etwa in der Philosophie ein wichtiges Thema war und auch heute noch ist, und die heute auch ein sprachwissenschaftlicher Teilbereich geworden ist (vgl. Kap. 4). Die Linguistik übernimmt aber nicht unbesehen die Fragestellungen dieser anderen Disziplinen; die Sprachwissenschaftler machen nicht einfach nochmals dasselbe. In den anderen Disziplinen erfolgt die Frage nach der Sprache immer unter fachspezifischen Gesichtspunkten, die von dem jeweiligen Gegenstand vorgegeben sind: Von der Philosophie, der Rechtswissenschaft oder der Theologie. Entsprechend ist das Interesse dieser Disziplinen beschränkt auf ganz bestimmte Aspekte; ihr Ehrgeiz besteht nicht darin, eine systematische Beschreibung der Sprache oder einzelner sprachlicher Phänomenbereiche zu geben. Genau dies ist aber der Anspruch der Linguistik. Sie stellt die Sprache selbst ins Zentrum und untersucht sie als Sprache, um ihrer selbst willen. In diesem Sinne ist Reflexion auf Sprache in der Sprachwissenschaft autonom, eigenständig geworden.

2. *Vollständigkeit der Beschreibung:* Sprachwissenschaft erstrebt eine gewisse Vollständigkeit ihrer Beschreibungen. Sprache soll in ihrer Gesamtheit zum Thema

werden, und das heisst auch: Eine zentrale Aufgabe der Sprachwissenschaft ist zu bestimmen, was *Sprache* bedeutet, welche Phänomene in welcher Hinsicht als sprachliche zu bezeichnen sind und wie diese Phänomene untereinander zusammenhängen. Antworten auf diese Fragen bezeichnet man als *Sprachtheorien*.

3. *Neuartige Fragestellungen:* Ausgehend von der Frage, was Sprache ist, hat sich die Linguistik in den letzten Jahrzehnten zunehmend neue Problembereiche erschlossen. In diesen neuen Disziplinen wird Sprache unter zusätzlichen Gesichtspunkten betrachtet: Sprache und Gesellschaft, Sprache und der menschliche Geist, oder es werden die hauptsächlichen Verwendungsbereiche von Sprache näher untersucht: Texte und Gespräche. Diese neuen Disziplinen sind der vielleicht klarste Ausdruck dafür, dass in der Entfaltung der Sprachwissenschaft in diesem Jahrhundert ein Bestreben nach ganzheitlicher linguistischer Erfassung 'der Sprache' zum Ausdruck kommt. Im Gegensatz zu den zahlreichen Perspektiven auf Sprache 'von aussen', von den anderen Wissenschaften her, zeichnen sich diese Zugangsweisen dadurch aus, dass sie alle auf einer einigermassen kohärenten, vieldimensionalen Beschreibung sprachlicher Kernphänomene aufbauen. Genau in diesem Sinne hat auch die Gründungsdisziplin der neueren Sprachwissenschaft, die historische Sprachbetrachtung, in den letzten Jahren auf der Grundlage der modernen sprachwissenschaftlichen Erkenntnisse eine neue Gestalt und neue Impulse erhalten.

Etwas pointiert könnte man sagen: Die anderen Disziplinen beschäftigen sich *auch noch* mit Sprache (dies in Teildisziplinen, die Namen tragen wie Sprachphilosophie, Sprachsoziologie, Sprachpsychologie). Die Linguistik aber beschäftigt sich mit Sprache, und das *auch noch* unter Berücksichtigung besonderer aussersprachlicher Gesichtspunkte (in Teildisziplinen wie Soziolinguistik, Psycholinguistik usw.)

Zu den Bereichen der Sprachwissenschaft und zum Aufbau dieses Buches

Die Sprachwissenschaft, wie sie sich heute darstellt, ist kein in sich völlig geschlossenes Gebilde. Es gibt ältere, fast nur noch historisch interessante Beiträge, es gibt bereits klassische Theorien und Beschreibungen, die ihr jeweiliges Gebiet (und die heute wirkenden Linguistinnen und Linguisten) geprägt haben und z.T. noch heute prägen, und es gibt auch neuere Ansätze, die in dieser oder jener Weise an den Details oder an den Grundsätzen des Hergebrachten Kritik anbringen und alternative Betrachtungsweisen offerieren.

Dieses Buch versteht sich als Querschnitt durch die aktuelle Linguistik. Dabei werden wir in den verschiedenen Kapiteln jene Begriffe und Fragestellungen ins Zentrum rücken, die uns für die heutige Sprachwissenschaft besonders aufschlussreich erscheinen. Es werden dabei sowohl klassische wie moderne Teiltheorien aufgegriffen und diskutiert, einige Male wird auch auf eher überholte Theorien eingegangen, wenn dies im jeweiligen Zusammenhang als hilfreich erscheint. Es ist demnach nicht ein bis ins Detail kohärentes Bild der Linguistik, das wir im folgenden zeichnen werden; wir orientieren uns nicht an einem geschlossenen, als Vorbild gesetzten theoretischen Entwurf, an dem alle weiteren Überlegungen auszurichten wären. Wir werden eher ein realistisches Bild der Sprachwissenschaft von heute zeichnen, in der verschiedene, mehr oder weniger weitreichende, mehr oder weniger stringente Entwürfe miteinander konkurrieren, nicht nur auf dem Markt der Zeitschriftenartikel und Bücher, sondern teilweise auch in den Herzen und Köpfen der Linguistinnen und Linguisten selber. Wir haben in den einzelnen Kapiteln versucht, die Zusammenhänge und die Brüche, die sich in dem hier gezeichneten Bild der Linguistik zeigen, möglichst deutlich zu markieren. Wir glauben aber auch, dass trotz der vielen Differenzen im einzelnen sich im Grossen einigermassen zutreffend die Beziehung zwischen den vorgestellten Teildisziplinen und Teiltheorien und damit die Grundstruktur der heutigen Sprachwissenschaft aufzeigen lässt. In Schema E-1 wird diese Struktur grafisch dargestellt. Das Schema liefert die Stichworte für die folgenden kurzen Skizzen, es unterliegt auch dem Aufbau dieses Buchs: in Teil I werden die Semiotik, die Grammatik i. w. S. (die Systemlinguistik) und die Pragmatik besprochen, in Teil II die Disziplinen, die sich die Sprache unter einem jeweils weiteren, zusätzlichen Gesichtspunkt zum Thema machen.

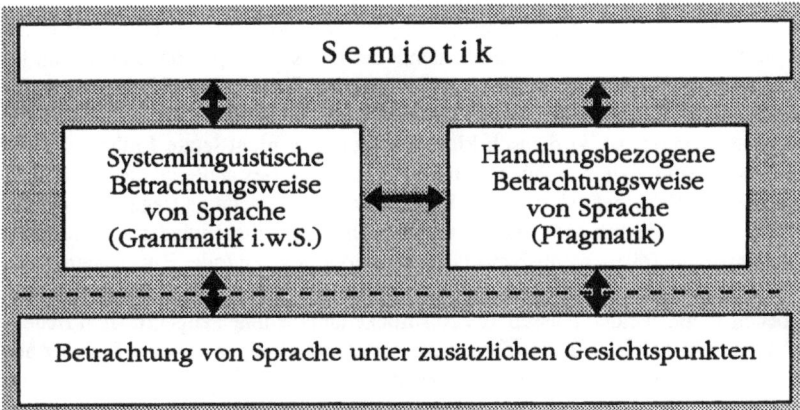

[Schema E-1]

Semiotik

Wir verstehen die Semiotik als Grundlagenwissenschaft, welche für die Auseinandersetzung mit Sprache unverzichtbare Begriffe und übergreifende Konzepte liefert. Der Teilbereich der Semiotik, der sich speziell mit (menschlichen) Sprachen beschäftigt und den man deshalb als Teilbereich der Linguistik bezeichnen kann, wird oft als allgemeine Sprachtheorie bezeichnet.

Wenn wir bisher von Sprache gesprochen haben, haben wir damit immer *natürliche Sprachen* gemeint: z.B. Deutsch oder Chinesisch oder Warlpiri etc. Nun gebrauchen wir das Wort *Sprache* nicht zufälligerweise auch für anderes: Wir sprechen auch von *Gebärdensprache*, von *Tiersprachen* oder von der *Sprache der Werbung*, wobei wir bei letzterem nicht nur die dort verwendeten sprachlichen Ausdrücke, sondern auch den ganzen Bereich der bildlichen und graphischen Symbole meinen. Worin besteht der Zusammenhang dieser Phänomene mit der (natürlichen) Sprache? Alle diese 'Sprachen' können zur Kommunikation gebraucht werden. Sprachliche Äusserungen, Werbung, Tiersignale sind gleichermassen *zeichenhaft*. Auch die Einheiten natürlicher Sprachen lassen sich als Zeichen beschreiben, und

anstatt von Wörtern oder sprachlichen Ausdrücken können wir folglich auch von *Sprachzeichen* sprechen.
Wenn wir nun die charakteristischen Eigenschaften von natürlichen Sprachen beschreiben wollen, heisst das, dass wir ihre spezifischen Merkmale gegenüber allen anderen Zeichensystemen herausarbeiten müssen. Dies wird nur ansatzweise in der Semiotik selbst geleistet. Erst die tatsächliche Untersuchung verschiedener 'Sprachen' kann in aller Klarheit aufdecken, was ihre Spezifika sind. Die semiotische Interpretation dieser Unterschiede ist selbst abhängig von den Resultaten dieser einzelwissenschaftlichen Untersuchungen (zur Semiotik vgl. Kapitel 1).

Systembezogene Betrachtung von Sprache

In Schema E-1 wird neben der Pragmatik die Grammatik als sprachwissenschaftlicher Grossbereich genannt. Sprache *grammatisch* betrachten heisst Sprache als System, als in sich strukturiertes Gebilde betrachten.
Die Struktur natürlicher Sprachen ist komplex. Dies wird sofort deutlich, wenn wir etwa fragen, welches die Grundelemente der deutschen Sprache sind. Kaum jemand würde sagen: Es sind die Äusserungen und Texte, die auf Deutsch produziert werden. Eine eher akzeptable Antwort wäre: die Wörter. Aber betrachten wir Wörter genauer, so wird rasch klar, dass auch sie nicht letzte Einheiten sind: Einerseits sind viele von ihnen aufteilbar in kleinere Bestandteile, die z.T. immer noch etwas 'Worthaftes' an sich haben, insofern sie Bedeutung tragen: *ge-seh-en, Fern-seh-er, ein-seh-bar*. Andererseits bestehen auch diese wieder aus nun ganz andersartigen Teilen, nämlich aus bedeutungslosen Lauten (oder Buchstaben).
Diese Überlegung macht deutlich, dass wir bei Sprachen mehrere Beschreibungsebenen unterscheiden müssen: die Ausdrücke und die ihnen zugeordneten Bedeutungen. Wir haben es ausserdem nicht mit einem einzigen grossen Bausatz aus einer Menge von 'Klötzchen' und einer Reihe von Bauprinzipien bzw. Kombinationsregeln zu tun, sondern mit mehreren aufeinander aufbauenden Bausätzen, die jeweils über eigene Bauelemente und Regeln verfügen, darüber hinaus aber durchaus abhängig voneinander sind, so dass sich Veränderungen auf der einen Ebene auch auf die anderen Ebenen auswirken können.
Wir müssen also grundsätzlich verschiedene grammatische Phänomene unterscheiden. Entsprechend besteht der sprachwissenschaftliche Teilbereich der Grammatik aus einer Anzahl unterschiedlicher Teildisziplinen. Minimal zu differenzieren sind:

    die Ebene   der Laute,
                der Morpheme und Wörter,
                der Sätze,
                der Texte.

Es ist dabei auch ohne linguistische Kenntnisse unmittelbar einsichtig, dass die Kombinationen von Bausteinen der jeweils 'tieferen' Ebene in der nächsthöheren Ebene ihrerseits wieder als Bausteine für neue, grössere Kombinationen eingesetzt werden: aus Lauten formt man Wörter, aus Wörtern Sätze und aus Sätzen Texte – jeweils nach ganz bestimmten Regeln und Mustern. Auf allen Ebenen (ausser der Lautebene) sind die resultierenden Ausdrücke bedeutungshaft.
Auf der Ebene der Laute haben wir es (in allen Sprachen) mit sehr wenigen Elementen zu tun; im Deutschen werden ca. 40 als Sprachbausteine relevante Laute

unterschieden (die Zahl variiert um weniges, je nach zugrundegelegten theoretischen Gesichtspunkten). Die Zahl der Grundwörter einer Sprache ist im Vergleich dazu riesig, aber immer noch beschränkt – wobei man allerdings berücksichtigen muss, dass wegen der vielfältigen Möglichkeiten der Wortzusammensetzung und der Wortbildung die Anzahl *potentieller* Wörter unendlich ist. Es ist aber zumindest theoretisch möglich, die zu einem bestimmten Zeitpunkt gegebenen Grundwörter und die gängigsten Ableitungen und Zusammensetzungen für eine Sprache aufzulisten. Grosse Wörterbücher – wie z.B. "Das grosse Wörterbuch der deutschen Sprache in sechs Bänden" von Duden (1976ff.) oder das "Wörterbuch der deutschen Gegenwartssprache" (1964 ff.) für das Deutsche – sind sicherlich nicht vollständig, umfassen aber jeweils einen sehr grossen Teil des Wortschatzes einer Sprache (die Angaben zu diesen und einigen anderen Wörterbüchern sind im Literaturverzeichnis unter der Rubrik (c) zu finden).

Auf den beiden nächsthöheren Ebenen dagegen werden die Kombinationsmöglichkeiten unüberschaubar: Die Zahl der möglichen Sätze oder Texte des Deutschen ist unendlich – und zwar nicht nur unendlich in dem Sinne, dass die Zahl dieser Kombinationen unabsehbar gross wäre, sondern unendlich im mathematischen Sinne. Dies hat seinen Grund im sogenannten Prinzip der *Rekursivität*. Am deutlichsten sichtbar wird dieses auf Satzebene: Ein Satz enthält verschiedene Teile, aber einer dieser Teile kann selbst wieder ein Satz sein, der aus verschiedenen Teilen besteht, von denen einer durchaus wieder ... usw. Auf diese Weise ist – auch wenn jeder *einfache* Satz nur eine beschränkte Zahl von Teilen enthält – die Menge der möglichen *komplexen* Sätze tatsächlich unendlich. Wir sehen, dass die Möglichkeiten der Kombination der Grundelemente einer jeden Ebene des Sprachsystems die Zahl der Elemente der nächsthöheren Ebene potenziert. Auf diesem Mechanismus beruht der Reichtum und ein guter Teil der Flexibilität natürlicher Sprachen.

Die systembezogene Betrachtungsweise von Sprache ist Thema in den Kapiteln 2, 3 und 4 sowie im Kap. "Phonetik und Phonologie" (siehe Anhang).

Die handlungsbezogene Betrachtung von Sprache: Pragmatik

Sprache handlungsbezogen betrachten heisst, Sprache daraufhin zu untersuchen, wie sie als Mittel der Kommunikation eingesetzt werden kann und auf welche Weise mit der Verwendung von Sprache kommunikative Ziele erreicht werden können. Sprachliche Äusserungen sind weit mehr als nur Konkretisierungen des Sprachsystems. Sprachliche Äusserungen werden gemacht, um jemandem etwas mitzuteilen, um einen Kommunikationspartner zu etwas zu bewegen oder auch um Gedanken festzuhalten (etwa im Tagebuch). Wir sprechen nur dann, wenn wir damit auch etwas bezwecken – selbst wenn dieser Zweck nur ist, eine peinliche Stille zu vermeiden. In diesem Sinn kann man Sprechen (oder Schreiben) als eine – sprachliche – Form von Handeln verstehen, als ein Tun.

Das Ziel der Pragmatik ist wie dasjenige der Grammatik ein systematisches. Der Pragmatik geht es darum, die grundsätzlichen Regeln aufzudecken, nach denen Sprache in Situationen eingesetzt wird, die *Regeln des Sprachgebrauchs*.

Werden Sprachregeln verletzt, wird das Produkt als *ungrammatisch* oder *sprachlich falsch* taxiert. Werden dagegen Sprachgebrauchsregeln verletzt, sprechen wir davon, dass eine Äusserung *nicht angemessen* ist.

Entsprechend unterschiedlich sind auch die Reaktionen auf Regelverstösse: Wenn jemand den Akkusativ falsch bildet, so spricht er 'schlechtes Deutsch', und wir attestieren dem Betreffenden unter Umständen mangelnde Schulbildung, oder wir nehmen an, dass es sich um einen Fremdsprachigen handelt. Wer jedoch gegen die Regeln des Sprachgebrauchs verstösst, also z.B. auf einen Gruss nicht antwortet, in einem Gespräch nur immer spricht, ohne den anderen zu Wort kommen zu lassen oder die Frage: *Hast Du eine Uhr?* wörtlich nimmt und mit *ja!* antwortet, macht ganz andere Arten von Fehlern, die wir eher unter der Rubrik '(sprachbezogenes) Sozialverhalten' abbuchen als unter der Rubrik 'Sprachbeherrschung'. Wer sich so verhält, stösst seine Kommunikationspartner vor den Kopf und muss mit Reaktionen auf der Beziehungsebene rechnen: Mit Verärgerung, Ablehnung oder gar mit dem Abbruch der Kommunikation.

Eine der wichtigsten Einsichten der Pragmatik ist, dass die Partner in einer Kommunikation sich nicht einfach gegenseitig fixe Daten mitteilen. Vielmehr bilden die einzelnen Mitteilungen eine Art Angebot, auf das verschiedene Reaktionen möglich sind: Eine Bitte kann ich zu überhören versuchen, ich kann auf sie eingehen oder zu begründen versuchen, warum ich ihr nicht entsprechen kann; Behauptungen kann ich als glaubwürdig akzeptieren oder als unglaubwürdig bzw. falsch zurückweisen usw. Die Gesprächspartnerinnen und Gesprächspartner verstehen Äusserungen nicht nur sprachlich; mit ihren Reaktionen zeigen sie auch, wie sie die Intentionen, die den Äusserungen zugrundeliegen, verstanden haben und wie weit sie bereit sind, diese Intentionen zu akzeptieren und auf sie einzugehen. Bei diesem umfassenden Prozess des Zu-Verstehen-Gebens und des Verstehens sind neben sprachlichen Daten auch nicht-sprachliche Rahmenbedingungen wie Zeitpunkt der Kommunikation, Verhältnis der Kommunikationspartner etc. ausschlaggebend. Unter diesem pragmatischen Aspekt ist auch das alltägliche Kaffeepausengespräch mit der Arbeitskollegin ein kunstvolles Produkt der verschiedensten Regularitäten, Techniken, Strategien und Muster der Sprachverwendung. Linguistische Teilgebiete, die sich mit diesem Bereich des sprachlichen Handelns beschäftigen, sind unter anderem die *Sprechakttheorie* und die Theorie der *konversationellen Implikatur*. Als eine Art Grundlagentheorie in diesem Gebiet fungiert die *Kommunikationstheorie* (vgl. Kapitel 5).

Betrachtung von Sprache unter zusätzlichen Gesichtspunkten

Als letzten linguistischen Grossbereich haben wir im Schema E-1 die Betrachtung von Sprache unter zusätzlichen Gesichtspunkten angeführt. Die heute wichtigsten der hier zugehörigen Disziplinen werden wir in Teil II behandeln: Textlinguistik, Gesprächsanalyse, Soziolinguistik, Psycholinguistik und Historiolinguistik. Das Verhältnis dieser Teilbereiche der Sprachwissenschaft zu den in den ersten fünf Kapiteln dargestellten werden wir in der Überleitung zum Teil II diskutieren.

Teil I

1. Semiotik

Einleitung

Die Zeichenlehre oder Semiotik gehört zur Tradition der europäischen Philosophie seit ihren ersten Anfängen im antiken Griechenland; schon bei Aristoteles findet man auch ihren heutigen Namen. Er ist abgeleitet vom griechischen Wort *semeion,* Zeichen.

Semiotik bezeichnet die allgemeine Wissenschaft von den Zeichen. Sie macht Aussagen darüber, was Zeichen zu Zeichen macht, sie beschreibt die unterschiedlichen Zeichenarten und Zeichensysteme und sie beschäftigt sich mit dem Gebrauch, den Zeichenbenutzer (Menschen und Tiere) von den ihnen zur Verfügung stehenden semiotischen Ausdrucksmöglichkeiten machen.

Dieser weite Fragehorizont ist kennzeichnend für das heutige Verständnis der Semiotik. Die traditionelle Zeichenlehre nimmt ihren Ausgangspunkt von einigen grundlegenden Eigenschaften des menschlichen Zeichenverhaltens, v.a. des Sprachgebrauchs. Zeichen, vorab Wörter, sind die Bedingungen dafür, dass die Produkte des Denkens nach aussen gebracht und mitgeteilt werden können. Wahrscheinlich spielen sie auch eine Rolle in der Art, wie Menschen die Gegebenheiten ihrer Umwelt gedanklich erfassen und verarbeiten; allerdings bestehen in diesem Punkt grosse Meinungsunterschiede.

Die Natur von Zeichen und ihr Verhältnis zu dem, was sie bezeichnen, ist demnach ein erwartbares Thema der Philosophie. Die Semiotik gehört hier zunächst ganz in die Nähe von Erkenntnistheorie und Logik. Bereits von Anfang an wurde erkannt, dass sprachliche Aussagen komplex sind. Eine Aussage ist im einfachsten Falle eine Verbindung von Namen und Begriffen durch die Kopula *ist.* Ein Beispiel aus einem alten Syllogismus ist: *Sokrates ist ein Mensch.* Über eine solche Aussage kann geurteilt werden, sie ist entweder wahr oder falsch. Das heisst: Sie trifft auf die Welt zu – es besteht ein Sachverhalt, der durch diese Aussage richtig bezeichnet wird –, oder sie trifft nicht zu. Von den Elementen solcher Aussagen kann das gleiche nicht gesagt werden. *Sokrates, (ein) Mensch* sind weder wahr noch falsch. Es sind Namen *(Sokrates)* und Begriffe (ein *Mensch*). Die Frage ist, wie sie sich ihrerseits auf das beziehen, was sie bezeichnen, was es ist, das ihren Zeichencharakter ausmacht. Damit ist eines der Grundprobleme der Semiotik bezeichnet.

Diese Frage ist im Laufe der Geschichte immer wieder und unter den verschiedensten Gesichtspunkten diskutiert worden; die Antworten sind auch immer wieder mit weitergehenden philosophischen Fragen verbunden worden. Ein Beispiel: Begriffe fassen Gegenstände zu Klassen zusammen. *Mensch* kann nicht nur auf *Sokrates,* sondern auf alle menschlichen Personen angewendet werden. Eine Frage, die sich hier stellt, ist, ob dem Begriff eine Realität entspricht, ob dem begrifflichen Merkmal *menschlich* eine wirkliche, allen Menschen gleiche,Eigenschaft entspricht oder nicht. Diese Frage ist von PLATO in seiner Ideenlehre eindeutig positiv beantwortet, von ARISTOTELES in vorsichtigerer Form ebenfalls bejaht worden; sie unterlag schliesslich, in veränderter Form, einer langen und intensiven Diskussion zwischen sog. Nominalisten und Realisten im Mittelalter.

Die semiotischen Überlegungen waren und sind im Rahmen der Philosophie bis in unser Jahrhundert hinein vorab auf die Sprache gerichtet, und sie stellen fast ausschliesslich die für Logik und Erkenntnistheorie wichtigen Aspekte in den Vordergrund. Ansätze zu semiotischen Fragestellungen hat es auch in anderen Bereichen gegeben, etwa in der philosophischen Ästhetik, der Lehre vom Kunstschönen. Diese hat auch andere Zeichenformen als die sprachlichen einbezogen und sich etwa mit Musik, Malerei und bildender Kunst beschäftigt. Eine allgemeine Wissenschaft von Zeichen und ihren Eigenschaften hat sich aus allen diesen Ansätzen jedoch nicht entwickelt.

Entscheidende Beiträge zur Formulierung übergreifender Fragestellungen und zur Etablierung einer unabhängigen Wissenschaft von den Zeichen leisteten die amerikanischen Philosophen Ch.S. PEIRCE (1839-1914) und Ch.W. MORRIS (1901-1979) sowie der Genfer Sprachwissenschaftler Ferdinand de SAUSSURE (1857-1913).

Mit seinem Werk löst PEIRCE die Zeichenlehre aus ihrer engen Bindung an die philosophische Tradition. Wesentlich zu dieser Emanzipation hat beigetragen, dass Peirce deutlich die Charakteristika verschiedener Zeichenarten herausgearbeitet hat. Ebenso stellt er an Zeichen nicht länger allein ihren Bezeichnungs-Charakter in den Vordergrund, d.h. den Sachverhalt, dass Zeichen benutzt werden können, um auf etwas (einen Gegenstand, eine Idee) zu verweisen. Er macht auch auf ihre Funktion im Zeichenverkehr, also in der Kommunikation aufmerksam und bezieht damit einen Aspekt an Zeichen und Zeichensystemen systematisch in die Betrachtung ein, der bis dahin weitgehend vernachlässigt worden war.

De SAUSSUREs Interesse richtet sich allein auf die sprachlichen Zeichen. In seinem Zeichenbegriff sind jedoch zwei Aspekte angelegt, die für die Semiotik insgesamt wichtig und für die Sprachwissenschaft grundlegend geworden sind. Einerseits definiert er das sprachliche Zeichen auf eine Weise, die eine klare Abgrenzung des Zeichengebrauchs vom Zeichen selbst ermöglicht. Andererseits macht er in aller Klarheit deutlich, dass Zeichen nicht nur in ihrem Verhältnis zum Bezeichneten, zur Realität, betrachtet werden dürfen, sondern dass Zeichen immer in Beziehung zu anderen Zeichen stehen.

Die Beiträge von Peirce und de Saussure legten die Basis für die Entwicklung der modernen Semiotik als einer eigenständigen Disziplin. Ein wichtiger Grund dafür, dass sich die Semiotik in dieser Weise etablieren konnte, ist wohl darin zu suchen, dass Kommunikation, ein Zeichenphänomen par excellence, in diesem Jahrhundert immer sichtbarer und immer deutlicher nicht nur gesellschaftliche Phänomene begleitet, sondern überhaupt erst schafft (man denke an die Wichtigkeit aller Formen von Telekommunikation und Datenverarbeitung in der modernen Gesellschaft). V.a. in den Jahren seit dem zweiten Weltkrieg sind die Semiotik und mit ihr die Kommunikations- und Sprachwissenschaft zu einflussreichen Grundlagendisziplinen für die Kulturwissenschaften geworden.

Die folgenden Ausführungen zur Semiotik stellen den Zeichenbegriff in den Mittelpunkt. Im Anschluss an eine allgemeine Darstellung dessen, was Zeichen sind und wie sie als Zeichen funktionieren können (1.2, 1.3), werden die Charakteristika der sprachlichen Zeichen bestimmt (1.4, 1.5). In diesen Darstellungen werden die wichtigsten Gesichtspunkte deutlich, die der Beschreibung von Zeichensystemen und damit auch der Sprache zugrundezulegen sind (1.6). Zugleich wird von dieser Grundlage her in einer ersten, noch allgemeinen Skizze sichtbar, wie sich die verschiedenen sprachwissenschaftlichen Disziplinen zueinander verhalten und welches ihre prägenden Fragestellungen sind.

Lesehinweise

Einführungen und Überblicksdarstellungen: Allgemeine Einführungen in die Semiotik sind Trabant (1976), Eco (1977). Wichtige Informationen sind auch zu finden in den ersten vier Kapiteln
von Lyons (1980, Band I). Einen umfangreichen Überblick gibt Eco (1972). Einige Hinweise auf
die Geschichte der Semiotik geben fast alle Einführungen, besonders Eco (1977). Ausführlicher
über einzelne Positionen und Fragestellungen in der Geschichte der Semiotik informieren die Beiträge in Dutz/Schmitter (1986). Eine Studie zum Zeichenbegriff in der griechischen Antike und
im 19. und 20. Jahrhundert ist Schmitter (1987).

Theorien der Semiotik: Einige Hinweise zu verschiedenen semiotischen Theorien geben Bentele/
Bystrina (1978). Die Werke von Peirce und Morris sind leicht greifbar, aber z.T. schwer zu lesen.
De Saussures Überlegungen zu den sprachlichen Zeichen sind sehr kurz; sie sind in seinen
"Grundfragen" nachzulesen in der Einleitung und im ersten und zweiten Teil.
Eine Einführung in die Gedanken von Peirce gibt Walther (1974). Ein Essay zur Grundlegung
von Peirces Zeichentheorie ist Scherer (1984) eine interessante Neuinterpretation seiner Zeichen-
klassifikation Keller (1992). Zu den Saussureschen Grundlagen vgl. die Erläuterungen und Dis-
kussionen in Barthes (1979) und die Beiträge in Jäger/Stetter (1986). Mit verschiedenen
Aspekten des Werks von Morris setzen sich die Beiträge in Eschbach (1981) auseinander.

Unterschiedliche Zeichensysteme: Über die Sprache der Affen, v.a. ihre Mimik, orientiert Ploog
(1974). Eine ganze Reihe von Büchern setzt sich mit den nonverbalen menschlichen Zeichen,
ihrem Gebrauch und ihrer Funktion in der Kommunikation auseinander, ausführlich etwa Argyle
(1979), Richmond/McCroskey/Payne (1987), Burgoon/Buller/Woodall (1989). Zur Kommunikation über die Speziesschranken hinweg, nämlich zur Verständigung zwischen Mensch und Hund,
siehe Fleischer (1987). Krampen (1988) beschreibt ein wohlorganisiertes künstliches Zeichensystem, die Verkehrszeichen, sowohl historisch wie in seiner heutigen Struktur.

Über unterschiedliche *Schriftsysteme* und ihre jeweilige Geschichte orientieren Friedrich (1966)
und Jensen (1969). Zum gegenwärtigen Schriftsystem des Deutschen vgl. Gallmann (1985).

Handbücher und Nachschlagewerke: Ein nützliches Handbuch ist Nöth (1985). Sebeok (1986)
ist ein umfassendes Nachschlagewerk.

1.1 Semiotik und Sprachwissenschaft

Die menschliche Sprache ist ein Zeichensystem. Unter semiotischer Perspektive ist die Sprachwissenschaft eine Teildisziplin der Semiotik. Sie ist allerdings nicht irgendeine der semiotischen Wissenschaften. Die menschliche Sprache ist das vielleicht komplexeste, sicher das am intensivsten untersuchte Zeichensystem überhaupt, und die Sprachwissenschaft ist die am weitesten fortgeschrittene und am weitesten ausdifferenzierte semiotische Wissenschaft. Unter diesem Gesichtspunkt ist die Linguistik diejenige Disziplin, in der semiotische Fragestellungen paradigmatisch, d.h. mit Beispielwirkung für die Analyse anderer Zeichensysteme, abgehandelt werden.

Der Zeichenbegriff ist der semiotische Grundbegriff par excellence. Auch jede sprachwissenschaftliche Betätigung setzt einen Zeichenbegriff voraus. Allerdings ist es möglich, Sprachwissenschaft zu betreiben, ohne diesen Begriff zu thematisieren und die Struktur von Zeichen explizit zu analysieren. Spätestens seit de Saussure, der als einer der Begründer der modernen Sprachwissenschaft gilt, gehören Reflexionen auf den Zeichenbegriff jedoch zum festen Bestand linguistischer Arbeit. Bei de Saussure bilden sie sogar den Ausgangspunkt seiner Überlegungen zu den Aufgaben und den Methoden der Sprachwissenschaft.

Wir werden uns im folgenden vor allem mit den sprachlichen Zeichen beschäftigen und dabei zu bestimmen versuchen, welche Eigenschaften sie aufweisen, gleichgültig, ob sie in gesprochener, geschriebener oder tastbarer (z.B. in der Braille-Blindenschrift) Äusserungsform erscheinen. Auf diese durchaus relevanten Unterschiede der Realisierung von Sprachzeichen werden wir in diesem Buch nur an wenigen Stellen eingehen, am deutlichsten in den Kapiteln zur Textlinguistik und zur Gesprächsanalyse (Kapitel 6 und 7). Um die Eigenart sprachlicher Zeichen deutlicher herausheben zu können, werden im ersten Teil dieses Kapitels zunächst allgemeine Merkmale von Zeichen und die unterschiedlichen Charakteristika verschiedener Zeichentypen besprochen, wenn auch in eher summarischer Form.

1.2 Zum Begriff des Zeichens

1.2.1 Was leisten Zeichen?

Was sind Zeichen? – Zeichen, die wahrscheinlich von den meisten als solche anerkannt werden, sind etwa Wörter, z.B. das Wort *Birke*; eine Verkehrstafel (etwa das Zeichen, das auf jene Kreuzung hinweist, die der Verkehrsteilnehmer bzw. die Verkehrsteilnehmerin in Kürze antreffen wird); die Ausschläge auf der Linie, welche der automatische Schreiber einer Erdbebenwarte aufzeichnet; der Signalpfiff eines Pfadfinders; die hohe Temperatur einer kranken Person.

Gibt es etwas, was all diesen Zeichen gemeinsam ist? Wenn da etwas Gemeinsames zu benennen ist, so wahrscheinlich dies, dass diese Zeichen alle in einer speziellen Beziehung zu etwas anderem zu stehen scheinen, dass sie – in welcher Art auch immer – etwas repräsentieren oder anzeigen können. In der Scholastik wurde diese Charakterstik in einer letztlich auf Aristoteles zurückgehenden Definition als

Stellvertreter-Funktion beschrieben. Von einem Zeichen ist demnach dann zu sprechen, wenn etwas für etwas anderes steht, dann also, wenn gilt:

aliquid stat pro aliquo

Die auffälligste und sichtbarste Eigenschaft von Zeichen jeder Art ist, dass sie einem Zeichenbenutzer etwas *präsent machen können, ohne selbst dieses etwas zu sein*. Sie erhalten dadurch einen ausserordentlichen praktischen Wert – sie machen im höchstentwickelten Zeichensystem, der menschlichen Sprache, die ganze Welt verfügbar, ohne dass die Dinge der Welt physisch anwesend sein müssten, auch ohne dass sie handelnd bearbeitet oder verändert werden müssten. Allerdings ist diese Art der Verfügbarkeit eine spezielle: Das Verhältnis von Zeichen zur Welt ist nicht so, dass die Dinge allein durch Sprache, durch ihre zeichenhafte Erfassung bearbeitet oder verändert werden könnten.

Diese Bestimmungen folgen weitgehend dem Alltagsverständnis von Zeichen. Die Elemente, die darin eine Rolle spielen und in der obigen Zeichendefinition explizit genannt werden, sollen im folgenden näher betrachtet werden. Dabei wird sich rasch zeigen, dass die Sache etwas komplizierter ist, als sie im ersten Augenblick erscheint. Aber gehen wir der Reihe nach vor.

1) Die erste Frage, die zu stellen ist, ist die nach dem Stellenwert der Bestimmung "aliquid stat pro aliquo". Wenn wir versuchen, diese Bestimmung ins Deutsche zu übersetzen, müssten wir wohl so übersetzen:

Etwas	*steht für*	*etwas*
Ein Zeichen	*steht für*	*ein Bezeichnetes*

Dies ergibt sich auch aus allen Beispielen und den Kommentaren, die wir eben gegeben haben.

2) Wenn dies richtig ist, so können wir sagen: Die obige Definition gibt keine Einschränkung materieller Art. Grundsätzlich kann *alles* sinnlich Wahrnehmbare als Zeichen fungieren – vorausgesetzt, es steht stellvertretend für etwas anderes. Ebenso ist die zweite Position nicht näher bestimmt: Alles Beliebige kann als Bezeichnetes fungieren. Relevant scheint allein dies zu sein, dass eine Relation der Bezeichnung besteht.

[Schema 1-1]

Typischerweise denken wir, wenn wir an Bezeichnetes denken, zunächst an konkrete Gegenstände. Beispiele dafür sind etwa das schon genannte Verkehrszeichen (Schema 1-1), welches auf die Kreuzung verweist, auf die der Autofahrer eine kurze Strecke nach dem Schild treffen wird, oder die Lautfolge */birke/*, die in einem Gespräch auf einen bestimmten Baum verweist. Aber man muss nicht lange suchen, um festzustellen, dass es Zeichen gibt, die nicht auf einen konkreten Gegenstand verweisen, aber trotzdem etwas *bezeichnen*: Das rote Licht der Verkehrsampel bezieht sich nicht auf einen Gegenstand, bedeutet dem Autofahrer aber, dass er halten muss; das Einhorn existiert nicht als Lebewesen auf dieser Welt – wir können aber mit der Lautfolge /einhorn/ durchaus auf etwas verweisen, auch wenn es sich nur um ein Phantasieprodukt handelt. Grundsätzlich kann demnach *alles* durch ein Zeichen bezeichnet werden, auch Vorstellungen, Handlungen, Erinnerungen, Abstrakta, alles, was überhaupt *Gegenstand unserer Wahrnehmung oder unserer Vorstellung* werden kann.

3) Wir haben gesagt, dass alles sinnlich Wahrnehmbare zum Zeichen werden kann: Es gibt nichts sinnlich Wahrnehmbares, von dem wir a priori behaupten könnten, dass es nicht als Zeichen fungieren könnte. Welches sind nun die Bedingungen, unter denen etwas sinnlich Wahrnehmbares tatsächlich als Zeichen fungiert? Und: Sind diese Bedingungen für alle Zeichen die gleichen?

1.2.2 Drei Typen von Zeichen

Um die zuletzt gestellte Fragen anzugehen, können wir auf eine Einteilung von Zeichen zurückgreifen, die von Ch.S. PEIRCE stammt. Sie bildet nur einen kleinen Teil von Peirces Zeichentheorie, kann aber helfen, unsere Fragen zu beantworten. Peirce nennt drei Typen von Zeichen, die sich in der Art ihres Bezugs auf den durch sie bezeichneten Gegenstand unterscheiden: Ikon, Index, Symbol.

a) Wir sprechen von einem Zeichen dann als *Index* (oder Symptom), wenn es in einem Folge-Verhältnis zum Bezeichneten oder Gemeinten steht: Das indexikalische Zeichen (als Folge von etwas) lässt Rückschlüsse auf etwas anderes (einen Grund oder eine Ursache) zu. Rauch wäre in diesem Sinn Zeichen für Feuer, Torkeln ein Zeichen für Trunkenheit, Lachen für Freude, eine bestimmte Dialekt-Intonation für die regionale Herkunft, die Stimmqualität für das Geschlecht (und evtl. das Alter), die Lautstärke und Lautqualität für emotionale Zustände. Kriminalistische Indizien sind in diesem Sinn ebenso indexikalisch wie medizinische Symptome.

b) Ein Zeichen ist ein *Ikon* (griech.: Bild), wenn seine Beziehung zum Gegenstand auf einem Abbildverhältnis, d.h. auf Ähnlichkeiten, beruht. Diese Ähnlichkeiten können optischer Natur sein (wie z.B. bei den meisten Piktogrammen), aber auch auf Lautlichem beruhen (z.B. bei onomatopoetischen – d.h. lautmalerischen – Ausdrücken wie *miau* oder *wauwau* oder auch in lautmalerischer Lyrik, bei Programmmusik etc.).

c) Im Unterschied zu indexikalischen und ikonischen Zeichen sind *Symbole* Zeichen, deren Beziehung zum Gegenstand weder auf einem Folgeverhältnis noch auf Ähnlichkeit beruht. Die Laut- und Schriftzeichen der menschlichen Sprachen sind fast ausschliesslich Symbole in Peirces Verständnis des Begriffs (der mit anderen, insbesondere literaturwissenschaftlichen Symbolbegriffen nichts zu tun hat!). Auf das spezielle Verhältnis von Symbolen zu ihrem Gegenstand werden wir in diesem Kapitel noch wiederholt eingehen.

In dieser Charakterisierung der drei Zeichentypen sind bereits Hinweise enthalten auf die grundsätzlichen Bedingungen, unter denen diese Zeichen als Zeichen fungieren können. Wir werden im folgenden auf diese Punkte näher eingehen und die Bedingungen etwas unter die Lupe nehmen, die gegeben sein müssen, damit etwas sinnlich Wahrnehmbares zum Zeichen wird.

a) Indexikalische Zeichen

Etwas sinnlich Wahrnehmbares wird zum indexikalischen Zeichen, wenn wir es als Folgeglied in einem Wenn-Dann-Verhältnis auffassen und aus dem Vorliegen der *Folge* auf das (nicht unmittelbar ersichtliche) Vorliegen des *Grundes* schliessen. Voraussetzung für diesen Schluss ist unser *Erfahrungswissen* von der Welt. Aufgrund vielfältigen Umgangs mit den Dingen kennen wir Verknüpfungen zwischen den Erscheinungen dieser Welt – solche, die notwendig auftreten und andere, die sich nur unter bestimmten Bedingungen mit einer gewissen Regelmässigkeit ergeben. Wir können sie sprachlich fassen als Wenn-Dann-Verhältnisse: "*Wenn diese-und-diese Bedingungen erfüllt sind, dann* wird sich diese-und-diese Konsequenz einstellen." Wenn es blitzt, donnert es auch (naturkausales Verhältnis); wenn Bekannte sich treffen, grüssen sie sich normalerweise, und zwar auf bestimmte Weise (sozial-konventionelles Verhältnis) usw. Es gibt viele solcher Verhältnisse, mit denen wir problemlos umgehen: Ursache–Wirkung, Zweck–Mittel, Konvention–Handlung usw. Allerdings ist es nicht immer leicht zu beschreiben, welches genau die Faktoren sind, an denen wir ein Ereignis als Ereignis einer ganz bestimmten Art (und zu einem ganze bestimmten Verhältnis gehörig) erkennen und von anderen, ähnlichen unterscheiden (etwa das Lachen als Ausdruck von Freude vom Lachen als Ausdruck von Verlegenheit).

Das Wissen um solche Verhältnisse ist ziemlich stabil und einigermassen zeitüberdauernd. Es bildet den Hintergrund für das Erkennen des Einzelfalls. Ohne Wissen um die regelmässigen Zusammenhänge können wir einen Einzelfall nicht als Anzeichen für etwas anderes, mit ihm Verbundenes wahrnehmen, oder die Interpretation muss höchst vage bleiben.

Die Folgeverhältnisse, auf denen Indexe beruhen, sind sehr verschiedener Art, entsprechend unterschiedlich ist die Zuverlässigkeit des Schlusses.

– Wenn ich Post im Kasten vorfinde, kann ich schliessen, dass der Briefträger vorbeigekommen ist. Der bringt zwar nicht immer Post, aber wenn Post da ist, muss er sie gebracht haben. Der Schluss ist nicht absolut sicher (es könnte sein, dass mein Nachbar meine Post von gestern unter seinen Zusendungen entdeckt hat und dass er sie jetzt bei mir eingeworfen hat), aber im Normalfall zuverlässig.

– Sicher ist der Schluss vom Donner auf den Blitz. Schwierig mag die Identifikation des Donners sein, gibt es doch sehr ähnliche Arten von Lärm, die ganz andere Ursachen haben ("Die Felsblöcke *donnern* zu Tal"). Ich kann bei einer Fehlidentifikation meinem Schluss die falsche Kausalkette zugrundelegen.

– Der Schluss von Kleidern auf soziale Schicht oder von Lachen auf Freude usw. kann sehr viel leichter danebengehen. Die Verhältnisse, die hier zur Grundlage des Schlusses genommen werden, sind sehr komplex. Es mag eine gewisse Wahrscheinlichkeit geben, dass der Schluss zutrifft, aber es sind eine Menge von Gründen denkbar, die ebenfalls zu dem Ergebnis (dass jemand diese Kleider trägt, dass jemand lacht) führen können. Wenn ein Auto durch die Strasse heult, so ist der Schluss von diesem speziellen Lärm auf zu hohe Drehzahlen einigermassen gesichert, der Schluss auf die Motive des Fahrers sehr viel weniger. Es gibt eine Vielzahl möglicher Gründe, die zutreffen könnten: Der Fahrer beherrscht seine Kunst nicht, er will die Stärke seines Wagens zur Schau stellen usw. Es wäre auch möglich – jedoch mit geringerer Wahrscheinlichkeit –, dass das Gaspedal klemmt oder dass der Fahrer seine kranke Grossmutter notfallmässig ins Spital fährt.

Indexe werden häufig nicht als Zeichen anerkannt, sondern als *An-Zeichen* von den anderen Zeichentypen abgegrenzt. Grund dafür ist, dass Indexe vielfach nicht von ZeichenbenützerInnen als Zeichen gesetzt sind, sondern sich aus den Zusammenhängen der Situation ohne Intention, d.h. ohne Absicht ergeben. Dies stellt sie in klaren Gegensatz zu den ikonischen und symbolischen Zeichen, die wir immer als absichtlich gesetzte interpretieren. Wir rechnen die Indexe hier unter die Zeichen einerseits darum, weil etwa in den Bereichen der Mode, des körperlichen Verhaltens usw. solche Zeichen bewusst gesetzt und gepflegt werden. Man denke etwa an 'typisch männliche' Imponierposen oder die Signale von coolness und Lässigkeit, die sich selten einfach 'ergeben', sondern bewusst stilisiert und eingesetzt werden. In diesen Bereichen ist es fast unmöglich, zwischen intendierten und nicht-intendierten Signalen zu unterscheiden. Andererseits sind solche para- und nonverbalen Zeichen für die Kommunikation sehr wichtig (vgl. 1.3, 5.1, 7.3.7).

b) Ikone

Etwas sinnlich Wahrnehmbares wird zum ikonischen Zeichen dadurch, dass wir in ihm das Bezeichnete als Abgebildetes (wieder)erkennen. Voraussetzung dafür ist, dass wir wissen, wie die Dinge aussehen oder tönen und dass wir uns in den Techniken der Abbildung auskennen. Aufgrund dieses Wissens erkennen wir im Einzelfall die Evokation von Gegenständen, Ereignissen usw. und können uns auch Dinge, die wir real nie gesehen haben, vorstellen resp. sie in Realität als das vom Zeichen, vom Ikon Bezeichnete wiedererkennen (etwa einen Riesenhai oder einen berühmten Politiker). Ein mit vielen ikonischen Elementen arbeitendes Zeichensystem, das im Zeitalter des internationalen Verkehrs zunehmend an Gewicht gewinnt, sind die Piktogramme, die standardisierten Hinweissignale, wie man sie zunehmend auf Bahnhöfen und Flughäfen findet. Die hier verwendeten Zeichen sind nicht einzelsprachlich gebunden und damit im Prinzip für alle verstehbar. Erfahrungen in Alphabetisierungskursen haben im Zusammenhang mit Bildern auf interessante Erkenntnisse geführt: In Gesellschaften, die traditionell keine Bilder herstellen, können Zeichnungen (v.a. Strichzeichnungen, die bloss die Umrisse von Gegenständen zeigen), aber auch Photographien z.T. nur ungenau und z.T. überhaupt nicht interpretiert werden. Es scheint ein visuelles Analphabetentum zu geben, was darauf hinweist, dass die Verfahren des Ab-Bildens und des Bilder-Wiedererkennens sich nicht einfach von selbst verstehen. In ihnen steckt demnach ein konventionelles Moment, wie es – allerdings sehr viel deutlicher – die Symbole kennzeichnet.

Dieses nicht mehr ikonische Moment wird besonders sichtbar bei solchen Darstellungen, die den Bereich des Ikonischen auszudehnen versuchen und nicht einzelne Gegenstände, sondern abstrakte Verhältnisse und Relationen abbilden: Graphiken, Kurvendarstellungen, Strukturschemata usw. Hier bedarf es grosser Anstrengungen, die ikonischen von den symbolischen Anteilen zu unterscheiden, falls dieser Versuch überhaupt konsequent durchgeführt werden kann. Interessant ist, dass das Verstehen solcher Darstellung auch explizit gelernt werden muss (man denke an das Lesen von Architekturplänen oder Landkarten).

Der Zusammenhang von Ikonischem und Symbolischem zeigt sich auch schön in der Entwicklung der Schriftsysteme. Ikone spielten in den Anfängen der Schrift eine grosse Rolle – z.B. in der Entwicklung der Hieroglyphenschrift und der chinesischen Schrift. Die meisten dieser Schriftzeichen haben aber im Lauf der Entwicklung ihre Form (manchmal auch ihre Bedeutung) geändert und so ihren Abbildcharakter verloren. Eine Grenze, die die ikonischen von den symbolischen Formen trennt, kann auch hier nur mit Willkür gezogen werden – was darauf hinweist, dass Symbolisches schon von Anfang an dem Ikonischen innewohnt. Dies wird in der Tafel (Schema 1-2) alter und moderner chinesischer Schriftzeichen deutlich etwa bei den Zeichen für *Regen, Tür* oder *Feld*. Sobald man die Erläuterung gelesen hat, wird man den ikonischen Gehalt erkennen, vorher kaum.

Alte Form	Mod. Form	Lautwert	Bedeutung	Erläuterungen
우 곷	子	*tsĭ*	Kind	
𨳆	門	*men*	Tor, Tür	zwei Türflügel
𧰼 𣥺	矢	*shĭh*	Pfeil	
雨	雨	*yü*	Regen	Himmelsgewölbe mit herabfallenden Regentropfen
	犬	*ch'üan*	Hund	Kopf, Leib Füße und Schwanz
乙	巴	*pa*	große Schlange	
田	田	*t'ien*	Feld	in Parzellen eingeteiltes

Nach: H. Jensen: Die Schrift in Vergangenheit und Gegenwart. Berlin: VEB [3]1969: 159. [Schema 1-2]

c) *Symbole*

Etwas sinnlich Wahrnehmbares wird zum symbolischen Zeichen dadurch, dass ihm eine Bedeutung auf dem Wege der Konvention zugesprochen wird. Der Zusammenhang zwischen dem Symbol und seiner Bedeutung ist willkürlich, unmotiviert. Es gibt keine äusseren Gründe, warum ein bestimmtes Symbol gerade diese und keine andere Bedeutung trägt oder eine Bedeutung durch dieses und kein anderes Symbol ausgedrückt wird.

Dass (in der Schweiz) grüne Wegweiser und Hinweistafeln auf Autobahnen, blaue auf Hauptstrassen verweisen, hat keinen inneren Zusammenhang mit den Autobahnen oder Hauptstrassen. Dies ergibt sich einzig aus der Festschreibung dieses Zusammenhangs im Verkehrsgesetz. Die Farben sind weder ein Abbild noch die Folge eines Zusammenhangs, der ausserhalb dieser Konvention existierte. In Deutschland sind es blaue Zeichen, die auf Autobahnen hinweisen, während Hauptstrassen durch gelbe signalisiert werden.

Es gibt durchaus Gründe für die Wahl bestimmter Zeichenelemente, v.a. bei künstlich geschaffenen Zeichensystemen. So ist rot eine auffälligere Farbe als etwa braun; Verkehrssignale, die beachtet werden *müssen*, sind deshalb oft (teilweise) rot (so etwa die Verbotstafeln, Stoptafeln, Rotlichter). Trotzdem bleibt die Verbindung der Signale zu dem, was sie besagen, konventionell.

Voraussetzung für das Verstehen eines Symbols ist Kenntnis der Konvention, die etwas sinnlich Wahrnehmbares zum bedeutungshaften Zeichen macht. Dieser Zusammenhang muss für jedes Zeichen gelernt werden. Das Wissen um allgemeine

Zusammenhänge in der Welt der Erscheinungen oder um die Techniken der Abbildung von Gegenständen genügt nicht. Sprachliche Zeichen sind in diesem Sinne generell symbolische Zeichen.

Zu den eben gegebenen Charakterisierungen sind abschliessend noch einige Ergänzungen zu machen:

a) Es gibt eine Klasse sprachlicher Zeichen, die onomatopoetischen Wörter, welche die Aussage zu widerlegen scheinen, dass sprachliche Zeichen generell symbolischer Art seien. Diese sogenannten lautmalerischen Wörter (wie *Wauwau, Kuckuck* usw.) scheinen Ikone zu sein, Abbilder, nicht Symbole. Trotzdem können wir daran festhalten, dass die sprachlichen Zeichen als symbolische zu charakterisieren sind. Gründe dafür sind etwa folgende:

- Die Zahl der einigermassen klar erkennbaren onomatopoetischen Wörter ist in einer Sprache wie dem Deutschen sehr beschränkt.
- Es ist durchaus denkbar, dass die onomatopoetischen Ausdrücke durch eindeutig symbolische ersetz' werden, ohne Schaden für die Ausdruckskraft der Sprache. Der umgekehrte Vorgang, der generelle Ersatz der symbolischen Ausdrücke durch onomatopoetische Wörter, ist dagegen undenkbar.
- Die meisten Wörter, die heute (synchron) als onomatopoetische gelten könnten, sind historisch (diachron) gesehen keine (was sich durch einen Blick in Etymologie-Wörterbücher bestätigen lässt).
- Onomatopoetische Wörter sind nicht einfach Abbildungen. Es sind keine Naturlaute, die in die Sprache integriert werden; die Eigenschaften des Sprachsystems setzen sich auch in diesen Wörtern durch. Ein ganz konkreter Hinweis dafür ist, dass sich auch die onomatopoetischen Zeichen der Lautstruktur (und der Schreibung) der jeweiligen Sprache anpassen müssen und kaum je das umgekehrte passiert. Das Ikonische an onomatopoetischen Wörtern ruht also auf einer soliden nicht-ikonischen Basis. Die Laute werden nicht einfach *ab*gebildet, sondern vielmehr mit den lautlichen (und orthographischen) Mitteln der Sprache *nach*gebildet. Vgl. die sprachliche Fassung der Lautäusserungen von Hund und Hahn:

deutsch	französisch	englisch
wauwau	*vou-vou*	*bow-wow*
kikeriki	*cocorico*	*cock-a-doodle-doo*

Interessant (und eine Stützung für die letzte These) ist etwa die Geschichte des französischen Ausdrucks für den Hahnenschrei. *Cocorico* erscheint im Grand Larousse von 1866; erstmals ist der Hahnenschrei bezeugt 1547 als *coquerycoq* (in einer Übersetzung der Fabeln Äsops durch Guillaume Haudent). In dieser Urform zeigt der Ausdruck eine doppelte lautliche und orthographische Anspielung auf den Hahn (*le coq*). Er hat dann – als Element der Sprache! – im Laufe der Geschichte die Entwicklung zum oben angegebenen *cocorico* durchgemacht. Dabei hat er seine Gestalt geändert: Der orthographische Bezug auf den Hahn ist verloren gegangen, die lautliche Übereinstimmung mit *coq* ist nur am Wortanfang beibehalten. (In einer Variante (im Dictionnaire von Paul Robert, 1966) findet sich allerdings auch die Variante *coquerico*, die auch einen orthographischen Bezug aufrechterhält.)

b) Die drei Zeichentypen bilden im Insgesamt der Zeichen Grossbereiche. Für jeden Zeichentyp lassen sich klare, kaum anfechtbare Beispiele geben; allerdings lässt sich nicht jedes Zeichen problemlos dem einen oder dem anderen Typ zuordnen. Hier stellen sich viele, kaum lösbare *Zuordnungsprobleme*. Zu fragen ist z.B.: Unter welchen Umständen wird aus einem Sachverhalt für uns ein Index für einen anderen Sachverhalt? Warum? Wann beginnt ein Abbild, ein Abbild zu wer-

den? Wann verliert es das Ikonische und wird zum Symbol, oder zum Index? Wie
viele unterscheidbare Elemente enthält ein komplexes Ikon, etwa ein Porträt? Ist
ein Ausruf des Schreckens oder der Freude indexikalisch oder symbolisch? (Oft
sind solche Ausrufe ja durchaus kulturell unterschiedlich geprägt, auch lehnen sich
solche Laute an die Lautstrukturen der jeweiligen Sprache an.)

c) Praktisch und theoretisch interessanter als die Zuordnungs- sind *Interpretationsprobleme*, wie sie sich bei allen Zeichentypen ergeben können. Sie weisen
darauf hin, dass der Umgang mit Zeichen nichts Simples ist, nicht etwas, wo mechanisch Zeichen mit dem, was sie bezeichnen, korreliert werden. Etwa bei Inde-
xen: Es ist oft nicht klar, ob wir ein Phänomen als (für uns relevantes) Zeichen
verstehen sollen oder nicht. Wir stellen uns doch hie und da Fragen wie: War dieses Lächeln nun eine Aufmunterung? Oder bedeutete es nichts? Ist eine plötzliche
Vorahnung eine Botschaft des Unbewussten, des Schicksals, oder eine belanglose
Begleiterscheinung der Denktätigkeit? Wenn alles Zeichen sein kann, so legen sich
auch überall Deutungen nahe. Viele Phänomene, denen wir begegnen, sind potentiell bedeutsam, ohne dass immer klar ist, ob sie es wirklich sind und was daraus
zu entnehmen ist. Unser Alltag ist deshalb voll von *Zeichenprozessen* – von Versuchen, Zeichen zu erkennen und zu verstehen. Nicht alle diese Versuche erweisen
sich als sinnvoll oder als durchführbar, und viele führen zu keinem schlüssigen
Resultat.

Daneben gibt es natürlich auch den Fall, dass wir etwas unzweifelhaft als Zeichen
erkennen, aber die Mittel nicht haben, es zu verstehen (etwa Äusserungen in einer
fremden Sprache oder alte Felszeichnungen).

d) Auch das Verstehen *sprachlicher* Zeichen ist von Unsicherheiten nicht ausgenommen. Sprachliche Zeichen besitzen zwar eine derart spezifische Struktur,
dass wir selten zweifeln müssen, ob wir es mit Sprachzeichen zu tun haben oder
nicht. Aber auch hier ist unser Verstehen nicht immer von Zweifeln frei. Das eben
genannte Spiel der Deutungsprozesse kommt jedoch auf einer höheren Ebene in
Gang: Wir verstehen die Zeichen, wir verstehen auch ihre sprachliche Bedeutung;
diese macht aber nicht immer ausreichend klar, was von einer Äusserung zu halten
ist, welches ihr sozialer Sinn ist. War die deutlich ausgesprochene Aufforderung,
wieder mal anzurufen oder vorbeizukommen, wirklich eine Einladung, war es
nicht bloss Ausdruck formeller Höflichkeit? Es stellen sich hier Interpretationsprobleme von sehr ähnlicher Art wie oben (vgl. dazu 5.1 und 5.3).

1.2.3 Verbale und nonverbale Zeichen

Die Sprachwissenschaft untersucht natürliche Sprachen und natürlich-sprachliche
Kommunikation. Aus dieser Perspektive ist eine andere Zeichentypologie für die
Beschreibungspraxis oft wichtiger als die eben genannte. Die für die Linguistik
zentralen natürlichsprachlichen Zeichen werden als *verbale* Zeichen bezeichnet. In
der menschlichen Verständigung sind aber auch andere als verbale Zeichen von
grossem Gewicht. Im Rahmen der Beschäftigung mit menschlicher Sprache und
Kommunikation werden hier zwei Gruppen nicht-verbaler Zeichen unterschieden:
paraverbale und nonverbale.

Als *paraverbal* werden jene Informationen bezeichnet, die nicht selbst sprachlicher
Art sind, sich aber im sprachlichen Ausdruck mit manifestieren. Zu denken ist hier

vor allem an stimmliche Qualitäten, welche fast unvermeidlich verraten, ob es sich bei Sprechenden um Männer oder Frauen handelt, in welcher Stimmung sie sich befinden, wie dringlich sie das nehmen, was sie ausdrücken usw. Weniger ausgeprägt sind paraverbale Signale im schriftlichen Bereich, v.a. dort, wo mit Maschine geschrieben wird. *Nonverbale* Zeichen dagegen sind solche, die unabhängig von der Sprache existieren, etwa Gestik, Mimik, Blickkontakt, Körperhaltung, im weiteren Sinn auch Kleidung, Frisur usw. Kommunikation kann allein aufgrund solcher nonverbaler Zeichen zustande kommen. Vorab mündliche sprachliche Kommunikation wird durch sie auch *begleitet* (es ist kein direkter sprachlicher Kontakt zwischen zwei Personen denkbar, der ohne gestische, mimische usw. Elemente auskommt; vgl. 7.3.7). Gänzlich oder zumindest weitgehend nonverbale Zeichensysteme bilden auch etwa die Verkehrszeichen und Piktogramme (die international standardisierten Symbole nicht nur auf Flughäfen und Bahnhöfen, sondern z.B. auch in Pflegeanleitungen für Wäschestücke).

Wie schon die Begriffe *verbal, paraverbal* und *nonverbal* verraten, wird diese Klassifikation von Zeichen ganz vom linguistischen Standpunkt aus getroffen und liegt quer zu den oben besprochenen Einteilungen: Die nonverbalen Zeichen können indexikalischer, ikonischer oder symbolischer Art sein; die paraverbalen sind mehrheitlich, aber nicht nur indexikalischer Art.

Natürlich sind noch viele andere Einteilungen von Zeichen nach verschiedenen Kriterien denkbar: Man könnte Zeichen unterscheiden nach ihrer sinnlichen Qualität (optisch, akustisch, taktil, ...), nach ihrer Zugehörigkeit zu bestimmten Arten (sprachliche Zeichen, Verkehrszeichen, gestische Zeichen, Geräuschzeichen, Morsezeichen, Flaggenzeichen, ...) usw. Jedes Mal werden andere Aspekte an Zeichen als relevant gesetzt. Die Unterscheidung, die wir oben in 1.2.2 vorgenommen haben, stellt die Beziehung von Zeichen und Bezeichnetem ins Zentrum.

1.2.4 Das semiotische Dreieck

Wir haben in den Erläuterungen zu den Zeichentypen in 1.2.2 immer wieder auf eine zeichentheoretisch fundamentale Grösse Bezug genommen, ohne dass wir sie explizit eingeführt hätten. Es handelt sich um den *Zeichenbenützer*. So haben wir in jeder der drei Erläuterungen Wert gelegt auf eine Charakterisierung des *Wissens*, das die Kenntnis von Zeichen eines bestimmten Typs ausmacht und das dem aktuellen Gebrauch dieser Zeichen zugrundeliegt.

Wichtig ist nun, dass der aktuelle Bezug auf ein Bezeichnetes, ein *Referenzbezug*, immer nur durch einen Zeichenbenützer zustandekommen kann. Zeichen verweisen nicht aus sich selbst heraus auf etwas anderes. Die oben gegebene Definition des Zeichens als eines Stellvertreters muss deshalb revidiert werden. Ein Zeichen *steht für* etwas nur, wenn dieser Bezug von einem Zeichenbenützer aufgebaut wird. Referenz kann nicht unabhängig von Subjekten gedacht werden, die Zeichen (zu irgendwelchen Zwecken) benützen.

Ch. MORRIS hat diesen Sachverhalt im sogenannten *semiotischen Dreieck* festgehalten, einem Schema, das auch den Zeichenbenützer einbezieht. Wir geben das Schema in adaptierter Form wieder (Schema 1-3).

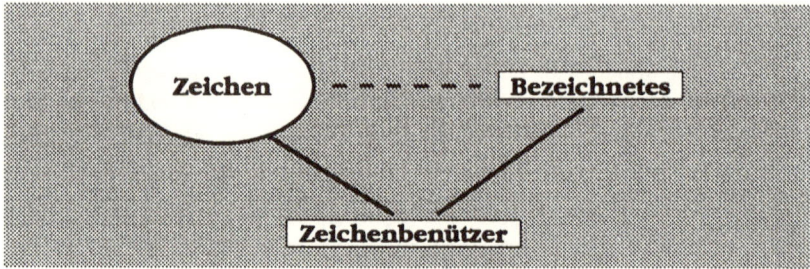

[Schema 1-3]

Die durchbrochene Linie soll anzeigen, dass von einem Bezug zwischen Zeichen und Bezeichnetem nur die Rede sein kann vor dem Hintergrund der Aktivität eines Zeichenbenutzers, der diese Relation herstellt kraft seines Wissens um die Zeichen und kraft seiner Bezugnahme (mit Hilfe des Zeichens) auf das Bezeichnete.

1.3   Zeichentheoretische Grundunterscheidungen

Bevor wir im nächsten Abschnitt uns ganz den sprachlichen Zeichen zuwenden, sollen hier noch einige zeichentheoretische Grundbegriffe diskutiert werden, die eng an die bisherigen Ausführungen anschliessen. Die Verhältnisse, die mit diesen Begriffen bezeichnet werden, spielen in jedem Sprechen über Zeichen und Zeichengebrauch eine Rolle; sie sind auch schon in den bisherigen Ausführungen implizit oder explizit angesprochen worden. Sie werden im folgenden vor allem am Beispiel der sprachlichen Zeichen erörtert. Im Hinblick auf die anderen Zeichentypen müssten einzelne Erklärungen vielleicht modifiziert werden. Auch in den weiteren Kapiteln dieses Buches werden die hier angesprochenen Bestimmungen immer wieder eine Rolle spielen.

a)   Zeichen: Virtualität und Aktualität

In den Erläuterungen zu Index, Ikon und Symbol sowie im Schema des semiotischen Dreiecks haben wir die wichtige Unterscheidung von virtuellem und aktuellem Zeichen getroffen, allerdings ohne sie zu benennen. Am leichtesten lässt sich diese Unterscheidung bei den Symbolen fassen. Der millionenfachen *aktuellen Verwendung* des Wortes *Baum* im Deutschen liegt ein einziges Zeichen *Baum* zugrunde. Wenn wir die Wörter der deutschen Sprache zählen wollen, zählen wir genau so: Wir führen *Baum* einmal auf, unabhängig davon, wie oft es gebraucht wird, genauso wie das kaum mehr gebräuchliche *Haupt*. Das deutsche Wort *Baum* ist ein Muster (ein *type*), das in beliebig vielen Verwendungen als aktuelles Zeichen (als *token*) realisiert werden kann.

Virtuell nennen wir das Zeichen als Muster darum, weil es eine erschlossene, abstraktive Grösse ist, die jedem einzelnen Gebrauch zugrunde liegt, aber nie als solche, als diese grundlegende Einheit, realisiert werden kann. Als realisiertes Zeichen ist sie immer bereits eingebettet in einen aktuellen Kontext. Unter den aktualisierten Zeichen kommt dem virtuellen Zeichen vielleicht ein Wörterbucheintrag am nächsten: Hier steht ein aktualisiertes Zeichen nicht für ein beliebiges Bezeichnetes, es steht für das virtuelle Zeichen selbst.

Das virtuelle Zeichen verweist nicht auf ein bestimmtes Bezeichnetes. Der Bezug darauf wird erst im Gebrauch des virtuellen Zeichens durch die Zeichenbenützerin oder den Zeichenbenützer hergestellt. Bloss aktualisierte Zeichen haben, wie oben schon gesagt, eine Referenz.

Aus dieser Unterscheidung folgt eine für die Semiotik und für die Sprachwissenschaft grundlegende Zweiteilung: Die Untersuchung der Zeichen selbst (der virtuellen Zeichen) und die Untersuchung des Zeichengebrauchs sind zwei grundsätzlich verschiedene Dinge (vgl. 1.6, 5.1).

b) Zeichen: Situation, Kontext, System

Wir haben bisher von Zeichen so gesprochen, dass es zumindest leicht war, alle Aussagen über Zeichen als Aussagen über Einzelzeichen zu verstehen. Aber wir sollten nicht vergessen, dass Zeichen als einzelne eine Abstraktion sind. Zeichen, und insbesondere Sprachzeichen, sind eingebettet in weitere Kontexte.

1. Zunächst einmal werden Zeichen stets in einem physischen, sozialen und psychischen Kontext aktualisiert, in einer *Situation*. Aktualisierte Zeichen sind immer Phänomene neben vielen anderen in einer Situation, und wir verstehen sie vor dem Hintergrund von Erwartungen, die wir aufgrund unserer Erfahrungen mit dieser Situation verbinden. Dass wir Rauch- nicht mit Nebelschwaden verwechseln, dass wir (meist) der Meinung sind, Gesten, Aufforderungen, Bitten usw. richtig verstanden zu haben, hat damit zu tun, dass wir die Schwaden, das Lächeln etc. im Rahmen einer Gesamtsituation interpretieren.

2. Aktualisierte Zeichen sind meist keine Einzelzeichen von der Art, wie wir sie bisher besprochen haben. Dies gilt insbesondere für Äusserungen in natürlichen Sprachen. Aus den grundlegenden Einzelzeichen werden *komplexe Zeichen* aufgebaut: Wortkombinationen, Sätze und Texte. Und in komplexen Zeichen lassen sich durch Analyse wiederum die einfachen Zeichen bestimmen, aus denen sie zusammengesetzt sind.

Es ist prinzipiell möglich, in bestimmten Situationen mit einem einzigen Wort etwas mitzuteilen oder etwas mitgeteilt zu bekommen. Aber das ist zumindest im Bereich der sprachlichen Kommunikation die Ausnahme. In der sprachlichen Äusserung, dem sprachlichen Text, werden durch die (regelgemässe) Reihung von einzelnen Zeichen Mitteilungen von einer Flexibilität (Anpassung an spezifische Umstände und Äusserungsabsichten) und Komplexität möglich, wie sie durch Einzelzeichen allein nicht erreichbar wären.

3. Die virtuellen Zeichen bilden – wiederum am deutlichsten in der Sprache – eine Reihe von *Systemen*, die insgesamt das System z.B. der deutschen Sprache bilden. Zu unterscheiden sind zwei Systemaspekte: paradigmatische Beziehungen (Beziehungen zwischen Zeichen gleicher Art bzw. gleicher Funktion) und syntagmatische Beziehungen (Beziehungen zwischen Zeichen unterschiedlicher Art bzw. unterschiedlicher Funktion, die dem Aufbau von komplexen Zeichen zugrundeliegen). Wir werden auf dieses Thema weiter unten, in 2.4, detaillierter eingehen.

c) Zeichen und Kommunikation

Die auffälligste Form des Zeichengebrauch ist die *Kommunikation*, d.h. die *Mitteilung von Gedanken an andere*, die *Regelung der Beziehungen zu anderen*, die *Koordination von Handlungen mit anderen*. Ist aber jeder Zeichengebrauch als Kommunikation zu bezeichnen? Und was bedeutet dieser Begriff im Hinblick auf die unglaubliche Spannbreite möglicher Sprach- und Zeichenverwendungsweisen?

Hier stellen sich heikle Probleme, die in diesem Buch nicht gelöst zu werden brauchen. Auf einige Fragen und mögliche Kriterien, die den Begriff der Kommunikation betreffen, sei aber hingewiesen (für weitere Darstellungen siehe Kapitel 5).

1. Es gibt Wissenschaftlerinnen und Wissenschaftler, die geneigt sind, praktisch jeden Sprachgebrauch als kommunikativen zu betrachten – also auch das Schreiben von persönlichen Tagebüchern, Selbstgespräche usw. Obwohl hier der äussere Partner fehlt, lässt sich solche Verwendung von Sprache als verwandelter kommunikativer Austausch, als 'Verständigung mit sich selbst' in Analogie zu partnergerichtetem Sprechen verstehen. Diese Analogie lässt sich durch den Hinweis auf die Lerngeschichte stützen: Der Sprachgebrauch hat seine Wurzeln in der dialogischen Situation von Eltern und Kind. Allerdings sind auch die Unterschiede unübersehbar: Ein Selbstgespräch wird selten nach aussen gebracht, es ist (meist) kein sinnlich wahrnehmbares Ereignis, sondern bleibt innerlich; auch braucht es keineswegs den Regeln einer minimalen Explizitheit, Kohärenz und Verständlichkeit zu entsprechen, wie sie in der partnergerichteten Kommunikation gelten. Gewisse Formen des Sprachgebrauchs für sich selbst brauchen nicht einmal, wie das Gespräch mit anderen, bewusst wahrgenommen und gesteuert zu werden – unser Wachleben ist ja auch voll von unwillkürlich ablaufenden inneren Benennungen, Formulierungen usw. Über die Funktionen dieser Formen von Sprachverwendung lässt sich gegenwärtig höchstens spekulieren. Können sie unter den Begriff der Kommunikation gefasst werden? Wie immer die Antwort ausfällt: Es muss darum gehen, sowohl die Gemeinsamkeiten wie die unleugbaren grossen Unterschiede nicht einfach zu verwischen.

2. Sprachliche Kommunikation findet nicht allein mittels sprachlicher Zeichen statt – sie wird begleitet von einem Strom nichtsprachlicher und v.a. paraverbaler Zeichen: Wenn jemand spricht, gibt er dadurch zugleich seine Position im Raum preis, sein Geschlecht, sein Alter, vielleicht seine Stimmung, ob er dies will oder nicht. Mimik, Körperhaltung, Kleider, Bewegungsabläufe sind zusätzliche Zeichen, die interpretierbar sind und mehr oder weniger direkt das Verstehen der Gesamtsituation unterstützen können. Weniger auffällig, aber durchaus vorhanden sind indexikalische Zeichen dieser Art im schriftlichen Bereich (etwa in Handschrift, Präsentation des Textes, Papierqualität usw.).

Solche Phänomene sind im Sprachgebrauch immer mit–gegeben, auch wenn sie mit dem, was mitgeteilt wird, nicht immer etwas zu tun haben. Sie sind so wichtig, dass wir jemanden, der wenige oder kaum interpretierbare Zeichen dieser Art von sich gibt, als äusserst unangenehmen, sogar bedrohlichen Gesprächspartner empfinden.

WATZLAWICK, BEAVIN und JACKSON haben in ihrem berühmt gewordenen Buch mit dem Titel "Menschliche Kommunikation" (1974) darauf hingewiesen, dass wir mehr aufgrund solcher Indizien die Glaubwürdigkeit, Ernsthaftigkeit und den Charakter der Gesprächspartner beurteilen als aufgrund des sprachlich Formulierten. Sprechende können das, was sie sagen, leichter kontrollieren als den unmittelbaren körperlichen Ausdruck. D.h.: Verbal können wir problemlos lügen, der Lüge para- und nonverbal Glaubwürdigkeit zu verschaffen ist dagegen schwierig. Wir sind daher geneigt, solche nicht-verbalen Informationen sehr ernst zu nehmen. Da nun unser Äusseres und unser Verhalten nicht nur während des Sprechens, sondern auch in den Schweigepausen, sogar ausserhalb von Gesprächssituationen immer bis zu einem gewissen Grade interpretierbar bleiben, schliesst Watzlawick: "Man kann nicht nicht kommunizieren."

Die Analyse Watzlawicks ist weithin zutreffend, zu der daraus abgeleiteten Schlussfolgerung kann man aber Fragen stellen. Im alltagssprachlichen Verständnis wie auch im Verständnis der meisten Linguistinnen und Linguisten verbinden sich mit dem Begriff *Kommunikation* Eigenschaften wie Absichtlichkeit und damit Gerichtetheit der Mitteilung. Besonders deutlich zeigen sich diese Eigenschaften im sprachlichen Bereich: Hier steht es meist frei, zu kommunizieren oder auch nicht, und es steht meist auch frei, den Gehalt der Mitteilung zu bestimmen. Watzlawick dagegen fasst den Kommunikationsbegriff grundsätzlich anders. Auch für ihn ist Kommunikation Mitteilung, als Mitteilung gilt jedoch schon die Tatsache, dass Personen sich kleiden, verhalten usw. und damit interpretierbar werden, unabhängig davon, was sie *intendieren*, d.h. unabhängig davon, was sie partnergerichtet meinen oder beabsichtigen (und auch unabhängig davon, ob sie sich bewusst sind, dass sie auf die anderen wirken). Besser mit dem allgemeinen Verständnis von *Kommunikation* verträglich wäre wohl eine Abwandlung des Diktums von der Unmöglichkeit, nicht zu kommunizieren: *Es ist unvermeidlich, dass auch unabsichtliches Verhalten als Zeichen genommen und interpretiert wird.*

3. Vor allem Indexikalisches bildet auch ausserhalb von Kommunikationssituationen, auch unabhängig von anderen Menschen einen permanenten und ständigen Orientierungsrahmen, der uns unsere natürliche und soziale Umwelt zu interpretieren erlaubt. Wenn wir jenes seltsame Gefühl in Kopf und Rachenraum spüren, wissen wir, dass Schnupfen, Husten und Halsweh ins Haus stehen; wenn wir ein fremdes Restaurant betreten, merken wir sofort, ob es 'zu uns passt', ob die Einrichtung, die Atmosphäre eine uns sympathische Welt signalisieren oder nicht.

Ist das zweite Beispiel ein Fall von Kommunikation? Wenn wir die Frage bejahen, könnten wir dies vielleicht so begründen, dass es ja kein Zufall ist, dass der Raum genauso aussieht, wie er aussieht. Er ist so eingerichtet worden, um eine gewisse Wirkung zu erzielen; unsere Reaktion wäre der Effekt der so zustandegebrachten 'Mitteilung'. Die Konsequenz dieser Festlegung wäre ähnlich wie bei Watzlawick: Dort ist jeder unausgesetzt Sender, hier ist jeder pausenlos Empfänger von Mitteilungen, die er ebenso pausenlos und zwangsläufig versteht. Kommunikation wäre fast gleichbedeutend mit Sich-Orientieren zumindest in der sozial und kulturell geprägten Welt. Sie wäre eine nicht-aussetzbare Aktivität, keine Frage der Entscheidung, sondern zumindest mit dem wachen Leben untrennbar verbunden. Hier liegt der grosse Unterschied zu einem Begriff von Kommunikation, der Kommunikation als intentionales, sporadisches, aussetzbares Tun begreift.

Erkältungssymptome, wie sie im ersten Beispiel genannt wurden, gelten meist nicht als Elemente in einer Kommunikation. Solche natürlichen Indizien sind aber in vielen Fällen schlecht unterscheidbar von kulturellen, mehr oder weniger bewusst hergestellten. Wird der zweite Fall zum Bereich der Kommunikation gerechnet, aber der erste nicht, so ist mit einigen Abgrenzungsproblemen zu rechnen.

1.4   Das sprachliche Zeichen

1.4.1   Die Struktur des sprachlichen Zeichens

Symbole und damit auch sprachliche Zeichen besitzen – so haben wir oben festgestellt – eine Bedeutung. Die Lautfolge /knirf/ ist im Deutschen kein Zeichen, weil
sie keine Bedeutung trägt, obwohl sie ihrer lautlichen Struktur nach durchaus ein
deutsches Wort sein könnte.

Wir haben nie gelernt, die Lautkette /knirf/ mit einem Sinn zu verbinden und in unseren sprachlichen Äusserungen zu verwenden; sie bleibt für uns eine leere Worthülse. Sie ist ein Lautgebilde,
das nur gerade zur Demonstration dieses semiotischen Sachverhalts und zu wenig mehr taugt. Mit
der Lautfolge /birke/ dagegen kann ich mich auf einen Baum beziehen, der in meinen Kindheits-
erinnerungen einen bevorzugten Platz einnimmt, den es aber gar nicht mehr gibt, aber ebenso auf
alle Birken, auf den botanischen Typus Birke wie auf die Birke vor dem Fenster im Garten Ange-
likas. Voraussetzung dafür ist einzig, dass ich (und meine Gesprächspartner) mit dieser Lautfolge
eine Bedeutung verbinden, die alle diese unterschiedlichen Referenzbezüge tragen kann.

Bedeutung zu haben ist also für symbolische Zeichen die Voraussetzung dafür,
dass sie in Stellvertreterfunktion gebraucht werden können. /knirf/ ist, da ohne
Bedeutung, bloss eine mögliche *Zeichenform*. Eine Zeichenform konstituiert nur
zusammen mit einer Zeichenbedeutung ein Zeichen, das seinerseits als Mittel der
Bezugnahme auf ein Bezeichnetes dienen kann. Das symbolische Zeichen ist demnach ein in sich komplexes Gebilde, in dem zwei unterschiedliche Aspekte zu-
sammenkommen. Es wird deshalb auch als *bilaterales Zeichen* bezeichnet. Über
ein solches Zeichen zu verfügen heisst, die Möglichkeit zu besitzen, einen gedanklichen Inhalt, einen Begriff mit einer Zeichenform zu verbinden. Wenn von nun an
ohne nähere Qualifikation von Zeichen die Rede ist, sind immer solche komplexen
symbolischen Zeichen und in erster Linie Sprachzeichen gemeint.

Praktisch alle linguistischen Zeichendefinitionen gehen von dieser eben gegebenen
Charakterisierung aus. Sie leitet sich her vom Zeichenmodell Ferdinand de SAUS-
SURES, der die Zeichenform als *signifiant,* die Bedeutung als *signifié* bestimmt
und feststellt, dass erst beide Grössen und ihre gegenseitige Beziehung das ausmachen, was man (sprachliches) Zeichen nennen kann. Das *signifiant* (die Zeichenform) ist ohne das *signifié* (den Zeicheninhalt, die Bedeutung) eine leere
Form; das *signifié* bleibt ohne Ausdruck eine nicht benennbare Grösse. Es gibt
Sprachtheoretiker, die sogar davon ausgehen, dass wir kaum stabile Begriffe aus-
bilden können, wenn wir für sie keinen sinnlich festmachbaren Ausdruck haben,
an dem wir sie verankern können. Dann wäre das Vorhandensein einer strukturierten Zeichenform eine Voraussetzung dafür, dass wir überhaupt strukturiert denken
können.

Das semiotische Dreieck von oben lässt sich dementsprechend für die symbolischen Zeichen präzisieren (Schema 1-4). In diesem Schema wird die Beziehung
von signifié und signifiant deutlich hervorgehoben: Sie konstituiert das Zeichen.
Die Beziehung zum jeweils aktuell Bezeichneten ist dagegen nicht eine zeichen-
interne, sondern eine, die in jeder Situation neu vom Zeichenbenützer hergestellt
wird.

De Saussure selbst, der ein ausschliesslich sprachsystematisches Interesse hat,
vernachlässigt jeden aussersprachlichen Bezug von Zeichen und stellt die fundamentale Struktur von sprachlichen Zeichen wie in Schema 1-5 dar.

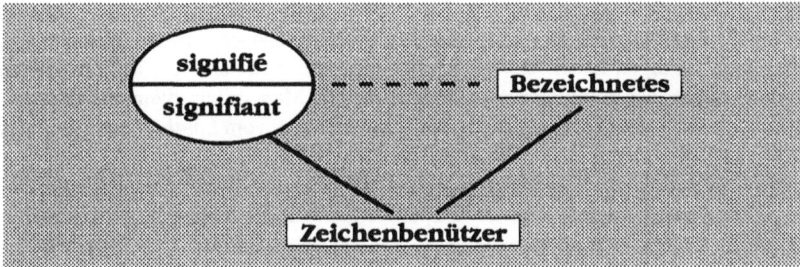

[Schema 1-4]

Statt *Zeichenausdruck* wird auch häufig und gleichbedeutend der Terminus *Zeichenform* benützt. In diesem Buch werden wir auch immer wieder die Begriffe *Inhaltsseite* bzw. *Ausdrucksseite* oder auch *Inhaltsebene* bzw. *Ausdrucksebene* verwenden.

Saussure verwendet neben den Begriffen *signifiant* und *signifié* auch ein anderes Begriffspaar, um die beiden Seiten des Zeichens zu benennen: *concept* und *image acoustique* (vgl. Schema 1-

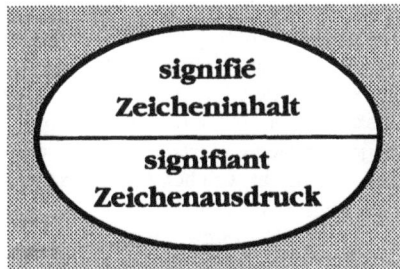

[Schema 1-5]

6). Diese Begriffe charakterisieren eher die psychologischen Eigenschaften der zwei Seiten des Zeichens; modern ausgedrückt: Sie betonen den Sachverhalt, dass Zeichen 'im Kopf' von Menschen repräsentiert sind. Die oben verwendeten Begriffe dagegen betonen die Bezogenheit der beiden Seiten des Zeichens aufeinander.

Saussures Bestimmungen betreffen das, was wir oben virtuelle Zeichen genannt haben. Dazu seien noch einige Anmerkungen gemacht:

a) Das *signifié* (die Bedeutung, der Zeicheninhalt) ist eine Grösse, die notorisch schwierig zu beschreiben ist. Sie vermittelt zwischen der (beliebig realisierbaren und in diesen Realisierungen leicht beschreibbaren) Zeichenform und den im Zeichengebrauch

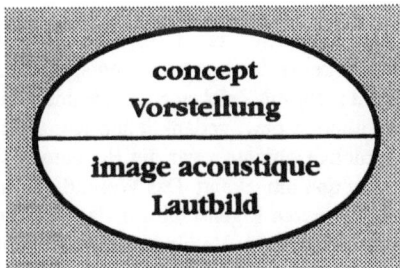

[Schema 1-6]

aktualisierten Referenzbezügen. Sie ist eine Voraussetzung dafür, dass Zeichen ihre Stellvertreterfunktion erfüllen können, bleibt dabei aber immer 'innerlich' und schwer greifbar (vgl. dazu Kap. 4: Semantik).

Schon im nächsten Kapitel werden wir die signifié-Seite weiter differenzieren, als dies de Saussure tut. Wir werden zur Inhaltsseite von Zeichen neben den konzeptuellen auch grammatische Bedeutungen rechnen. Dies ist ein Aspekt der Bedeutung sprachlicher Zeichen, der in der obigen Darstellung noch ganz ausgelassen ist (vgl. dazu 2.3.1).

b) Das *signifiant* (die Zeichenform) ist eine abstrakte Grösse. Gemeint ist damit nicht eine einzelne Realisation der Ausdrucksseite des Zeichens, sondern das, was allen Realisationen dieser Ausdrucksseite als gemeinsames Muster zugrundeliegt. In schriftkundigen Gesellschaften kennen wir zwei materielle Realisationsformen von Sprache, die mündliche und die schriftliche. Man spricht dann, wenn spezifisch von der lautlichen Seite der Sprache die Rede ist, vom *Lautbild,* analog ist für die schriftliche Seite vom *Schriftbild* die Rede.

Jede Realisation eines Zeichens – ein physikalisches *Lautereignis* oder die konkreten *Schriftzüge* – weist singuläre Eigenarten auf. Diese mögen in verschiedener Hinsicht wichtig sein (so erkennen wir viele Menschen am Ton ihrer Stimme beim ersten Wort, das sie sagen), sie sind aber nicht wichtig für das Erkennen der ausgedrückten Zeichenform. Im Hinblick darauf ist einzig relevant, dass in dem sinnlich wahrnehmbaren Ereignis das Lautbild (oder das Schriftbild) erkennbar bleibt.

Die Eigenschaften der mündlichen und schriftlichen Verwendung von Sprachzeichen und die Unterschiede zwischen diesen beiden Formen sind in vielerlei Hinsicht linguistisch interessante Untersuchungsgegenstände; in bezug auf die Diskussion der fundamentalen semiotischen Eigenschaften von Sprachzeichen sind sie jedoch wenig relevant. Im Hinblick auf die hier diskutierten Fragen ist es kaum von Belang, in welchen Formen sprachliche Äusserungen realisiert, übermittelt oder konserviert werden.

c) Um das *Verhältnis* zwischen *signifiant* und *signifié* zu erklären, vergleicht Saussure die beiden Grössen mit der Vorder- und Rückseite eines Blattes Papier: Die eine ist ohne die andere nicht denkbar. Diese Metapher ist wie viele andere mit Vorsicht zu interpretieren. Hinsichtlich des Zeichens ist sie so zu verstehen, dass wir *Zeichen als Zeichen* nicht anders als in dieser Doppeltheit denken können. Es ist aber nicht so, dass die beiden Seiten des Zeichens von Natur aus völlig voneinander abhängig wären wie die Seiten eines Blattes Papier. Im Gegenteil: Es sind durchaus unterschiedliche, in ihrer jeweiligen Eigenart nicht direkt voneinander abhängige Grössen (wie auch die Begriffe *Vorstellung* und *Lautbild* andeuten). Darum können wir uns problemlos Zeichenformen vorstellen, denen keine Bedeutung entspricht (das Beispiel */knirf/* beweist dies), auch gedankliche Konzepte, denen keine Zeichenformen entsprechen. In beiden Fällen haben wir es allerdings nicht mehr mit Zeichen zu tun, sondern mit anderen, nicht–zeichenhaften Objekten: Lautketten bzw. gedanklichen Konzepten. Auch kommt es vor, dass sich in der Sprachgeschichte zwar die Bedeutung eines Wortes verändert, nicht aber seine Form und umgekehrt. Das Wesentliche am Zeichen besteht nach de Saussure in einer *formalen* Eigenschaft: in der Verbindung zweier an sich verschiedener Grössen, die in dieser Verbindung etwas qualitativ Neues, ein Zeichen eben, bilden.

De Saussures These von der Doppelseitigkeit des Zeichens bedeutet auch nicht, dass wir uns, wenn wir Zeichen und Zeichensysteme betrachten, ständig mit beiden Seiten des Zeichens zugleich und gleich intensiv beschäftigen müssten. Die Sprachwissenschaft macht gerade das nicht. In ihren verschiedenen Disziplinen werden einzelne Aspekte von Zeichen und Sprache in den Vordergrund gestellt und andere weitgehend ausgeblendet.

d) Saussure denkt, wenn er von Zeichen spricht, an Wörter. Zeichen gemäss seiner Definition, bilaterale Zeichen, sind aber alle bedeutungshaften sprachlichen Einheiten, nicht nur die einzelnen Wörter, sondern auch die komplexen sprachlichen Zeichen (vgl. dazu 1.5 und die weiteren Hinweise in 2.3.2, 3.1.6 und 4.3).

1.4.2 Der Charakter der Zuordnung von *signifiant* und *signifié*

Auf die im letzten Punkt angesprochene Frage nach dem Verhältnis von signifiant und signifié soll im folgenden noch etwas näher eingegangen werden. De Saussure charakterisiert dieses Verhältnis mit drei Begriffen. Die Zuordnung von Zeicheninhalt und Zeichenform ist danach *arbiträr, konventionell* und *assoziativ*.

a) Arbitrarität

Trotz der gegenseitigen Abhängigkeit von Zeichenform und Zeicheninhalt ist diese Beziehung, wie schon angemerkt wurde, nichts Naturgegebenes. Sie ist *willkürlich* (in der Terminologie Saussures: *arbitraire*). *Willkürlich* ist in dem Sinne zu verstehen, dass die Zeichenform durch den Inhalt in keiner Weise bestimmt ist und auch der Zeicheninhalt nicht aus der Zeichenform herleitbar ist. Dieser Sachverhalt wird sofort klar, wenn man einen Blick auf andere Sprachen wirft und sieht, dass sie gleiche oder sehr ähnliche Zeicheninhalte völlig verschieden ausdrücken: Man kann kaum behaupten, die Lautform /baum/ habe etwas Baumhafteres an sich als die Lautformen von z.B. franz. *arbre* oder englisch *tree* oder ital. *albero*.

Der Grundsatz der Arbitrarität gilt für die Grundwörter einer Sprache. Eventuelle Ausnahmen bilden die schon angesprochenen onomatopoetischen Ausdrücke. Ebenfalls nicht völlig arbiträr ist die Zuordnung von Zeicheninhalt und Zeichenform in den meisten komplexen Zeichen: in zusammengesetzten Wörtern und Ableitungen (wie etwa *Strassenbahn, Neuanfang, ehrwürdig, begründen*). Sind die Grundwörter gegeben, so trägt der neue, komplexe Zeichenausdruck oft eine Bedeutung, die aus seinen Teilen erschliessbar ist. Der Zusammenhang der beiden Seiten solcher Zeichen ist nach de Saussure relativ (bezogen auf die Grundwörter) motiviert. Vgl. dazu 2.3.2, 4.3.

b) Konventionalität

Dass die Zuordnung von Zeichenform und Zeicheninhalt arbiträr ist, bedeutet nicht, dass sie von jedem Zeichenbenutzer nach Belieben vorgenommen werden könnte. Damit von Zeichen gesprochen werden kann, muss die Zuordnung einigermassen *stabil* sein; nur so wird auch Kommunikation möglich. Zeichenbenützer müssen, um sich zu verstehen, beim gleichen signifiant *dasselbe* signifié assoziieren (vgl. Schema 1-7).

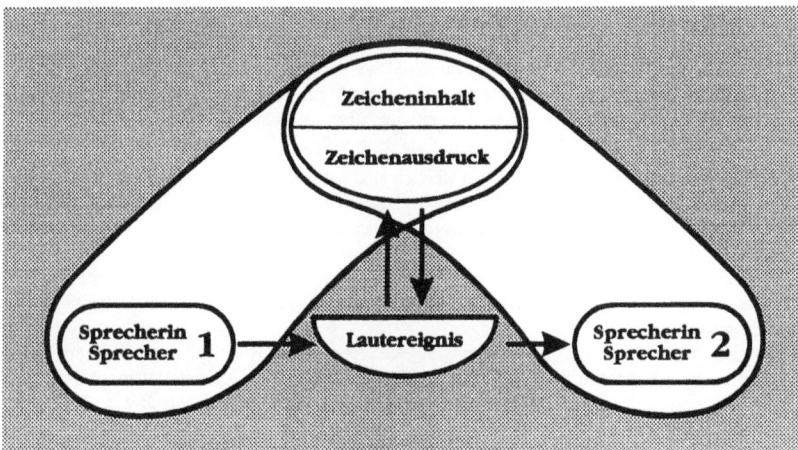

[Schema 1-7]

Eine von einer Sprecherin oder einem Sprecher produzierte Äusserung kann nur dann als Mitteilung funktionieren, wenn die Adressaten das akustisch wahrnehmbare Lautereignis (alternativ: die sichtbaren Schriftzüge) als Realisierung von Zeichenformen erkennen, die im Wissen aller Beteiligten mit den ihnen entsprechenden Zeicheninhalten fest verbunden sind. Voraussetzung für erfolgreiche sprachliche Kommunikation ist demnach eine genügend grosse Übereinstimmung im Schatz der virtuellen Zeichen; die Sprechenden müssen die gleiche Sprache sprechen.

Der Bezug von Zeichenform und Zeicheninhalt ist einerseits arbiträr, willkürlich, andererseits muss er, damit Kommunikation möglich ist, stabil sein, für alle gleich. Wie verhalten sich diese beiden Bestimmungen zueinander? Lassen sie sich vereinbaren? – Die Antwort ist: Ja. Der Gesichtspunkt, der in diesen beiden zunächst widersprüchlich wirkenden Charakterisierungen bestimmend ist, ist jeweils ein anderer. Der erste ist ein logisch-analytischer, der zweite ein kommunikativer. Was Saussure meint, wenn er von Arbitrarität spricht, ist, dass die Beziehung von signifiant und signifié nicht eine von Natur gegebene oder sonstwie motivierte ist – was zweifellos richtig ist. Saussure selbst nennt auch den zweiten, kommunikativen Gesichtspunkt, wenn er die Beziehung zwischen signifiant und signifié zusätzlich als konventionelle charakterisiert. *Konventionell* in diesem Zusammenhang bedeutet: Die an sich willkürliche Bedeutung ist durch eine Abmachung stabilisiert. Es ist klar, dass in bezug auf Sprache damit keine explizite Abmachung gemeint sein kann, sondern eine implizite Abmachung, die als *sprachliche Regel* oder *gesellschaftliche Norm* zur Kultur einer Gesellschaft gehört, von allen ihren Angehörigen erlernt wird und für alle verbindlich ist. Sprachliche Regeln und Normen verbinden – zusammen mit anderen kulturspezifischen Mustern des Verhaltens – die Angehörigen einer Gemeinschaft miteinander, sie bilden einen wichtigen Teil dessen, was ihnen als einer Gruppe gemeinsam ist. Sie sind in den 'Aussenbeziehungen' von Gemeinschaften und Gruppen deshalb oft Kristallisationspunkte für Mechanismen der Identifikation mit dem Eigenen, der Ab- und Ausgrenzung des Fremden usw.

Es scheint – dies sei nebenbei gesagt – Kulturen zu geben, denen die Konventionalität von Zeichen viel weitergehend als uns bewusst ist und in denen diese zum Anlass für verschiedene Bräuche genommen wird. Auf ein Beispiel weist schon im letzten Jahrhundert Meyers Konversationslexikon unter dem Stichwort *Sprache und Sprachwissenschaft* hin (Bd. 15, Leipzig [4]1889):

> "So herrscht im Inneren von Brasilien eine so grosse Sprachverschiedenheit, dass bisweilen an einem Fluss hin, dessen Länge 300 – 500 km nicht übersteigt, 7 – 8 völlig verschiedene Sprachen gesprochen werden. Genaue Kenner des Landes erklären dies daraus, dass es ein Hauptzeitvertreib der Indianer ist, während sie an ihrem Feuer sitzen, neue Wörter zu ersinnen, über die, wenn sie treffend sind, der ganze Haufe in Gelächter ausbricht und sie dann beibehält."

Explizite Abmachungen im sprachlichen Bereich sind natürlich auch in unserer Gesellschaft häufig, allerdings treten sie weniger in der Form geselliger Unterhaltung auf. Zu erinnern ist hier etwa an die Praxis der *Benennung* und der *Definition* in den verschiedensten Gebieten, durch die beispielsweise
- ein bestehender Ausdruck präzisiert wird (etwa durch die Aufnahme eines Alltagsbegriffs in eine wissenschaftliche Terminologie; vgl. die Diskussion zu *Bedeutung* im Alltag und in der Linguistik in 4.1);
- einem Wort eine völlig neue Bedeutung zugeordnet wird, meist metaphorisch mehr oder weniger eingängig abgestützt (die *Maus* als Befehlseingabegerät für Computer; was auf Deutsch in durchsichtiger Bildung als *Typenrad* bezeichnet wird, heisst auf Spanisch wie eine Blume: *margarita);*
- eine neue, mehr oder weniger motivierte Bezeichnung erfunden wird (*Typenrad; Ampelkoalition* als Bezeichnung einer möglichen Koalition von SPD, Grünen und FDP);

– ein völlig neues Zeichen kreiert wird (*Radar, Laser, Jeep* – diese Wörter sind aus Abkürzungen entstanden. *BaFöG* und *Azubi* sind Kandidaten für solche neuen Wörter, sobald im Gebrauch die Rückbindung an die volle Bezeichnung nicht mehr stattfindet, ebenso *SALT-Verhandlungen* usw.).

c) Assoziativität

Zeichen sind im Gedächtnis niedergelegt. Die Verbindung von signifiant und signifié lässt sich im Hinblick auf diesen Sachverhalt auch in ihrer psychologischen Eigenart charakterisieren. De Saussure nennt das Verhältnis von Zeichenform und Zeicheninhalt unter dieser psychologischen Perspektive *assoziativ*. Diese Bestimmung macht noch einmal die Verschiedenheit und die Zusammengehörigkeit der beiden Seiten von Zeichen klar: Assoziiert werden können nur unterschiedliche, aber miteinander verbundene Gedächtnisinhalte. Da die Elemente, die ein Zeichen ausmachen, unterschiedlich sind, können sie auch unabhängig voneinander verloren gehen, wie etwa Untersuchungen zeigen, die mit Aphasikern durchgeführt wurden (d.h. mit Patienten, die infolge von Gehirnverletzungen in ihrer Sprachverwendungsfähigkeit beeinträchtigt sind; vgl. dazu 9.3.2).

Zum Abschluss dieser Erläuterungen sollen zwei Punkte noch einmal aufgegriffen und kurz kommentiert werden:
1. Wie oben ausgeführt, werden im mündlichen oder schriftlichen Zeichenverkehr nur Zeichenformen realisiert und wiedererkannt. Die Bedeutung der verwendeten Zeichen und der kommunikative Sinn des Übermittelten bleibt notwendig innerlich. Sie müssen von den Verstehenden aus den wahrnehmbaren Zeichenausdrücken erschlossen werden. Diese analytische, wissenschaftliche Sicht entspricht nicht unserem Erfahrungsstandpunkt. Im Normalfall nehmen wir Kommunikation als direkt bedeutungshaltig wahr. Die vielfachen Vermittlungen, die zwischen Intention, Äußerung und Verstehen statthaben, bleiben im Erleben ausgeblendet. Nur wo das Formulieren schwierig oder das Verstehen behindert ist – etwa beim Entziffern eines unleserlich geschriebenen Briefs, beim Gebrauch einer nicht sehr gut beherrschten Fremdsprache, beim Lesen alter Texte – werden einzelne Aspekte der höchst komplexen Prozesse bewusst, die den Zeichengebrauch sonst weitgehend unbemerkt begleiten.
2. Sprachverstehen, so haben wir gesagt, ist nur aufgrund der Konventionalität der Zeichen möglich. Die zeichenkonstitutive Zuordnung von Zeichenausdruck und Zeicheninhalt ist aber immer nur annäherungsweise stabil; sie kann nie abschliessend fixiert werden, sondern ist immer von gesellschaftlichen Faktoren beeinflusst (z.B. von der Zugehörigkeit zu gesellschaftlichen Gruppen, der Lerngeschichte, dem Weltwissen). Deshalb entsteht hier auch die Möglichkeit des Missverstehens (die Kommunikationspartner verbinden verschiedene Vorstellungen mit denselben Zeichenformen) und des Sprachwandels (eine Gruppe oder die ganze Sprachgemeinschaft verändert die an eine Zeichenform geknüpfte Bedeutung.)

So differieren z.B. die Vorstellungen, die deutschsprachige Sprecher mit den Farbadjektiven *orange, lila* und *violett* verbinden, in Relation zu Alter bzw. Geschlecht der Zeichenbenutzer und -benutzerinnen. Ältere Menschen, die die aus dem Englischen übernommene Farbbezeichnung *orange* nicht schon als Kind gelernt haben, integrieren einen Teil der Farbqualität, die jüngere Menschen unter *orange* fassen, noch in ihre Vorstellung von *gelb* bzw. *rot*. Die Unterscheidung von *lila* und *violett* hingegen scheint eher mit dem Geschlecht zu korrelieren: Für Männer fällt die Farbvorstellung, die sie mit diesen beiden Begriffen verbinden, weitgehend zusammen, während Frauen hier eine bedeutend systematischere Trennung vornehmen (vgl. auch R. Lakoff 1975).

Ein weiteres Beispiel ist die Verwendung der Bezeichnung *Kollege* im schweizerischen und im bundesdeutschen Sprachgebiet: Für einen Schweizer Sprecher umfasst die Bedeutung von *Kollege* nicht nur den Arbeits-Kollegen, sondern auch einen Grossteil der Gruppe von Menschen, die man bundesdeutsch als *Bekannte* bezeichnen würde. In der Überlagerung solcher Gruppen-Bedeutungen sind dann z.B. Möglichkeiten für Sprachwandel angelegt (vgl. dazu Kapitel 10).

1.5   Das sprachliche Zeichen im System

Wir haben bereits darauf hingewiesen, dass virtuelle Zeichen nicht allein stehen, sondern ihren Platz in Systemen haben. Dieser Abschnitt geht auf einige fundamentale Gesichtspunkte ein, die den Charakter dieser Zugehörigkeit in sehr allgemeiner Form bestimmen. De Saussure nennt dieses System – wir werden sehen, dass es mehr als eines ist – die *langue* (die Sprache, das Sprachsystem). Der Gegenbegriff ist *parole*. Parole ist der Bereich des Sprachgebrauchs, der Äusserungen und Texte. Das Sprachsystem stellt die Ressourcen zur Verfügung, die allen verschiedenen Sprachäusserungen zugrundeliegen. In deren Bildung spielen aber auch viele andere Faktoren eine Rolle, nicht nur sprachliche: etwa Absichten, soziale Gegebenheiten, Stimmungen.

1.5.1   Der sprachliche Wert

Für die linguistische Beschreibung eines sprachlichen Elements ist de Saussures Bestimmung grundlegend, dass man die Sprache (die langue) nicht als ein blosses Inventar von Elementen, sondern als ein *System* aufzufassen habe. Ein System können wir generell definieren als eine Menge von Elementen, die in geordneten Beziehungen zueinander stehen. Diese Ordnung eines Systems nennt man seine *Struktur*. Wenn die Sprache ein System mit einer Struktur ist, so folgt daraus, dass die sprachlich relevanten Eigenschaften und der Stellenwert sprachlicher Elemente nur bestimmt werden können, wenn ihre Beziehungen zu den anderen Elementen des Systems betrachtet werden. Die wissenschaftliche Beschreibung von Sprache hat demnach zur Aufgabe, für alle sprachlichen Elemente ihren Ort im System der Sprache zu bestimmen, und das heisst gleichzeitig: Die Strukturen dieses Systems aufzudecken. Anders ausgedrückt: Jedes sprachliche Element existiert primär in Relation – und das heisst: in partieller Übereinstimmung und in Abgrenzung – zu anderen sprachlichen Grössen. Im Grunde genommen ist es unmöglich, ein einzelnes sprachliches Element isoliert, ohne Beziehung auf andere zu erfassen. Saussure spricht davon, dass ein sprachliches Element in erster Linie durch seine Position im System, durch seinen *Wert* (valeur) bestimmt ist.

Man kann sich das, was mit *Wert* gemeint ist, mit einem Beispiel von de Saussure für franz. *mouton* im Gegensatz zu engl. *mutton* klarmachen. Franz. *mouton* steht in zwei Reihen von Ausdrücken: einerseits in der Reihe von Bezeichnungen für Tiere, andererseits in der von Bezeichnungen für Fleischsorten. Im Englischen sind viele der Bezeichnungen in diesen Reihen spezialisiert, darunter auch die Äquivalente von *mouton: mutton* kann nur in der zweiten Reihe stehen, als Bezeichnung für eine Fleischsorte; als Bezeichnung für das Tier muss *sheep* gewählt werden. *Mouton* ist das französische Äquivalent sowohl für *sheep* wie für *mutton*,

in der Umkehrrichtung steht der Übersetzer vor der Notwendigkeit einer Differenzierung, die das Französische nicht macht. Diese Wörter haben in ihrer jeweiligen Sprache eine andere Position im Gesamt des Wortschatzes und damit einen
anderen Wert.

Der Wert dieser beiden Wörter ist durch diesen Hinweis natürlich nicht erschöpfend bestimmt. Im Sprachsystem stehen die einzelnen Zeichen unter ganz
unterschiedlichen Gesichtspunkten in Beziehung zu anderen Zeichen. Dazu einige
Beispiele: *Hengst* und *Stute* stehen miteinander in Beziehung aufgrund der beiden
gemeinsamen Bedeutung "Pferd", *Hengst* und *Stier* aufgrund von Bedeutungs-
anteilen, die das Geschlecht bezeichnen. *Stute* reimt sich auf *Rute* (was für das
Sprachlernen, die Prozesse des Sich-Erinnerns usw. von erheblicher Relevanz ist),
überdies teilen beide Genus und Deklinationsklasse. *Pferd* und *reiten* bilden einen
engen und erwartbaren assoziativen Zusammenhang (der sich vielleicht auch in der
Häufigkeit der Verwendung der zwei Wörter im selben Satz ausdrückt); *reiten* und
streiten reimen sich, sie gehören zudem in dieselbe Gruppe von unregelmässigen
Verben *(reiten/streiten; ritt/stritt; geritten/gestritten)*.

Es ist nicht nötig, diese Hinweise hier fortzusetzen (vgl. etwa 4.4 zu den Bedeutungsrelationen oder die Ausführungen in 10.2.2 zum Umlaut). Sie genügen, um
das Prinzip zu zeigen, sie genügen auch, um klarzumachen, dass die Beziehungen
im System immer ganz *spezifische Beziehungen* sind, die jeweils nur einen Aspekt
des Zeichens betreffen. In den obigen Beispielen werden ja nicht die Zeichen als
ganze miteinander verglichen, sondern im Hinblick auf ihre Bedeutung, ihre Lautgestalt, ihr Genus, die Deklinations-/Konjugationsklasse, der sie angehören usw.

Es ist absehbar, dass jedes Zeichen eine ganze Reihe solcher Beziehungen zu anderen Zeichen unterhält, und zwar zu ganz verschiedenen anderen Zeichen, je nachdem, welcher Gesichtspunkt in den Vordergrund gerückt wird. Unter allen diesen
Gesichtspunkten lässt sich Sprache als System beschreiben. Jedes Zeichen gehört
einer Mehrzahl solcher Systeme an.

Statt davon zu sprechen, dass die sprachlichen Zeichen ihren Platz 'im System'
finden, müsste man demnach davon sprechen, dass sie ihren Platz in diversen Systemen finden, die den Wert der Zeichen in verschiedenster Hinsicht bestimmen
und sie mit je verschiedenen anderen Zeichen in ein Netz von Relationen der Ähnlichkeit und der Differenz einspannen. Ein Zeichen weist demnach nicht nur einen
Wert auf, sondern ganz unterschiedliche Werte, je nachdem, in welchem systematischen Zusammenhang man es betrachtet.

Zunächst soll nun darauf eingegangen werden, auf welche Weise sprachliche Systeme untersucht werden können, wie sich der Wert sprachlicher Elemente zeigen
lässt. Genauere Hinweise auf die Untersuchung der einzelnen sprachlichen Systeme geben die Kapitel über Phonetik und Phonologie (Kap. 11 im Anhang), Grammatik (Kap. 2 und 3), Semantik (Kap. 4) und Textlinguistik (Kap. 6.1).

1.5.2 Syntagma und Paradigma

Die den sprachlichen Elementen zukommenden Werte kommen in zweierlei Beziehungen zum Ausdruck, die zwischen diesen Elementen spielen. Sie können am
einfachsten dort sichtbar gemacht werden, wo sich die Regularitäten des Sprachsystems auf ganz alltägliche Weise manifestieren, nämlich in der linearen Verket-

tung von Einzelzeichen zu komplexeren Einheiten. Eine solche Kette heisst *Syntagma* (griech. für "Zusammengestelltes"). Der wahrscheinlich am besten bekannte Typus von Syntagmen ist der Satz; es gibt auch Syntagmen unterhalb und oberhalb der Satzebene (etwa komplexe Satzglieder bzw. Texte).

Ein sprachliches Element ist nun charakterisiert durch die Beziehungen, die es innerhalb eines Syntagmas zu anderen sprachlichen Grössen (nach links und nach rechts) eingehen kann. Dies sind die *syntagmatischen* (horizontalen) Beziehungen. Beispiele sind etwa 1) und 2).

1)   *semantische* Beziehung (Bedeutungsbeziehung):

der Hund	bellt
der Schakal	bellt
der Zeisig	*bellt
der Fisch	*bellt

Der Stern (oder Asterisk) * besagt hier, dass das Syntagma mit dem markierten Ausdruck nicht fortgeführt werden kann, und zwar darum, weil die im jeweiligen Titel angegebene Beziehungsregularität verletzt wird.

2)   *grammatische* Beziehung:
     a) Kongruenz

der Hund	bellt
die Hunde	*bellt

     b) Satzbauplan

der Hund	erwartet	das Herrchen
der Hund	bellt	*das Herrchen

In diesen Beispielen zeigen sich einige – durchaus nicht alle – der syntagmatischen Eigenschaften von *bellen,* genauer gesagt: es zeigen sich einige der syntagmatischen Eigenschaften einer bestimmten formalen Ausprägung dieses Verbs, die vom Sprachsystem her (virtuell) gegeben ist, nämlich der 3. Person Singular Indikativ Aktiv (vgl. zu diesem Thema 2.3.1).

Syntagmen sind der Ort, an dem sich auch die Zugehörigkeit eines sprachlichen Ausdrucks zu einer bestimmten Gruppe oder Klasse von Ausdrücken zeigen lässt, die dadurch bestimmt ist, dass sich die Elemente dieser Gruppe im gegebenen Syntagma gegenseitig austauschen lassen. Man spricht auch davon, dass diese Elemente füreinander *substituierbar* sind. Eine solche Austauschklasse heisst *Paradigma* (griech. für "Beispiel"). Paradigmatische (d.h. vertikale) Beziehungen zeigen sich etwa in den Beispielen 3) und 4).

Was hier jeweils untereinander steht (bis auf das mit einem * Gekennzeichnete) gehört zu einer Klasse aufgrund eines je anderen Kriteriums:

– zu einer Gruppe von Verben, die durch die semantischen Bezüge des Syntagmas definiert wird – im Beispiel 3) "Lebensäusserungen eines Hundes",
– zu einer morphologischen Gruppe von Formen eines Verbs – 3. Person Singular (4a),

3) *semantisches* Paradigma:

der Hund

bellt
knurrt
winselt
*spricht

4) *morphosyntaktisches* Paradigma
a) 3.Pers. Sg.:

der Hund

bellt
bellte
hat gebellt
*bellten

b) einwertiges (intransitives) Verb:

der Hund

bellt
frisst
schläft
*erwartet

– zu einer syntaktischen Gruppe von Verben, die gleiche Satzbaumuster realisieren (4b). Solche paradigmatischen oder Austauschbeziehungen sind eine der Möglichkeiten der Klassenbildung (in der Semantik, in der Grammatik etc.).

Zugleich ist feszuhalten, dass die hier jeweils in einer Gruppe zusammengefassten Elemente – in anderen Kontexten und aufgrund anderer Kriterien – gegeneinander abgesetzt werden müssen und können.

Die Verfahren syntagmatischer und paradigmatischer Analyse erlauben es, die Elemente und Strukturen der sprachlichen Systeme zu bestimmen.

1.6   Die grundlegenden linguistischen Betrachtungsweisen

Wenn wir die Sprache ein Zeichensystem nennen, machen wir auf ihre zentrale Charakteristik, auf ihre grundsätzliche Natur aufmerksam. Die einzelnen Zeichen bilden die Basiseinheiten der Sprache, mit denen wir im Zeichenverkehr operieren; sie bilden die fundamentalen Inhalts-Ausdrucks-Einheiten, mit deren Hilfe zusammengesetzte, komplexe Zeichen aufgebaut werden können.

Die Semiotik gibt drei verschiedene Betrachtungsweisen von Zeichen bzw. Zeichensystemen vor, die je einen andern Aspekte von Zeichen bzw. Zeichensystemen in den Blick nehmen. Die drei Betrachtungsweisen sind allgemeiner Art, sie lassen sich auf alle Zeichensysteme anwenden. Sie werden hier allein am Beispiel der Sprache erläutert. Einen kurzen Hinweis das System der Verkehrszeichen geben wir im Anschluss an die Skizze der drei Betrachtungsweisen. Diese sind:

a)   *Eine Betrachtungsweise, die sich für die* Zeichenformen *und die Möglichkeiten ihrer* Kombination *interessiert.*

Zeichensysteme weisen generell ein gewisses Grundinventar von minimalen Zeichen sowie Regeln der Kombination dieser minimalen Zeichen zu komplexeren Zeichen auf. In den natürlichen Sprachen ist dieses Grundprinzip auf eine recht komplexe Weise verwirklicht. Die Untersuchung der Regularitäten der Kombination sprachlicher Einheiten nennt man *Grammatik.*

Dem naiven Betrachter erscheinen nicht ganz zu Unrecht die Wörter als die Grundeinheiten. Diese erweisen sich bei näherem Zusehen als Zusammensetzungen von
einzelnen *Lauten* (= Phonemen; vgl. Kap. 11.3.2), beispielsweise:

Wand – Sand --> /w/ – /s/
Wand – Wind --> /a/ – /i/
Wand – Wald --> /n/ – /l/

Sehr häufig sind Wörter aber nicht nur Zusammensetzungen von Lauten, sondern
von kleineren bedeutungshaften Einheiten (= Morphemen, vgl. 2.3):

ver – klein – er – n

Einfachere Wörter lassen sich zu *komplexeren Wörtern* zusammensetzen:

Wand – schrank – tür

Schliesslich lassen sich aus einfacheren oder komplexeren Wörtern *Wortgruppen*
(= Phrasen) und *Sätze* und aus Sätzen *Texte* aufbauen.
Eine natürliche Sprache ist ein System von minimalen Zeichen. Diese sind auf der
einen Seite analysierbar in kleinere, nicht mehr zeichenhafte Einheiten (= Laute/
Phoneme); auf der anderen Seite bilden sie die Basis für den Aufbau zusammengesetzter, komplexer Zeichen. Dieser Aufbau erfolgt über mehrere Stufen hinweg;
das Resultat ist aber immer ein zeichenhafter Komplex. Schematisch sieht das etwa
so aus wie in Schema 1-8 dargestellt.

[Schema 1-8]

Die *Mehrstufigkeit der Zeichenorganisation* macht natürliche Sprachen zu (fast) unbegrenzt leistungsfähigen und (fast) maximal ökonomischen Zeichensystemen.

Dieses mehrstufige Organisationsprinzip natürlicher Sprachen nennt man manchmal etwas ungenau
das Prinzip der *doppelten Artikulation* oder der *Dualität*. Mit dem Hinweis auf die Zweiheit hebt
man dabei die Tatsache hervor, dass in einem ersten Schritt bedeutungs*unterscheidende* Einheiten,
Laute, zu minimalen bedeutung*tragenden* Einheiten und diese wiederum in weiteren Schritten zu
komplexeren bedeutungtragenden Einheiten zusammengesetzt werden können.

Die Betrachtungsweise, die sich für dieses Organisationsprinzip von Sprachen interessiert, nennt man die *grammatische* oder *systemlinguistische*. Wir werden darauf in Kapitel 2, 3 und 11 eingehen.

Manchmal nennt man diese Betrachtungsweise auch die *syntaktische*. Der Begriff wird dabei im
weiten Sinne von *Syntaktik* gebraucht, der Beschäftigung mit den Regeln der Kombinatorik
sprachlicher Einheiten ganz allgemein, und nicht im engen Sinne der *Syntax*, d.h. des Satzbaus.

b) *Eine Betrachtungsweise, die sich für die* Bedeutung *einfacher und komplexer
Zeichen (also von den Morphemen bis zu den Sätzen und Texten) interessiert.*

Auch unter dem Gesichtspunkt a) hat man es von den Morphemen an 'aufwärts'
bis hin zu den Sätzen und Texten immer mit bedeutungshaften Einheiten zu tun,
und ihre Beschreibung muss in vielfältiger Weise auf diese Tatsache der Bedeutungshaftigkeit Rücksicht nehmen. Wichtig werden hier aber vor allem die grammatischen Bedeutungen. Man kann sich unter dem Gesichtspunkt a) mit Sprache

beschäftigen, ohne die konzeptuellen Bedeutungen (de Saussures *concept*) selber zum Thema zu machen, und man tut dies auch.

Wenn man sich hingegen vorab mit der konzeptuellen Bedeutung beschäftigt (Gesichtspunkt b)), betreibt man *Semantik*. Sämtliche einfachen und komplexen Zeichen können auf ihre Bedeutung hin untersucht werden (vgl. Schema 1-9).

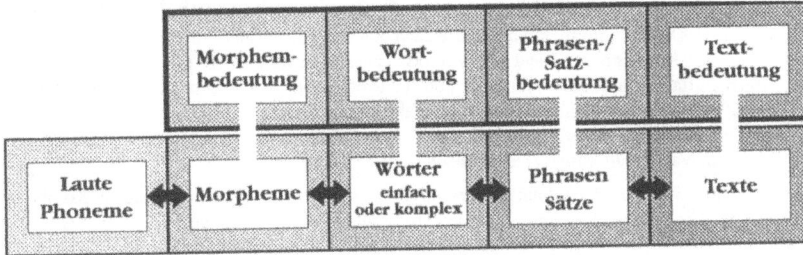

[Schema 1-9]

Die semantische Beschreibung, die Explikation der Bedeutung, zählt man manchmal ebenfalls zur Grammatik/Systemlinguistik, manchmal stellt man sie jedoch dieser ergänzend an die Seite. Manchmal wird eine Berechtigung für eine Semantik ganz bestritten, und alles, was den begrifflichen Inhalt von Sprachzeichen betrifft, wird der Betrachtungsweise c) zugewiesen.

c) *Eine Betrachtungsweise, die sprachliche Einheiten in ihrer spezifischen Bauart und mit ihrer Bedeutung immer schon voraussetzt und danach fragt, wie* Zeichenbenützer *damit in angemessener Weise* umgehen.

Unter diesem Gesichtspunkt rückt der Gebrauch von Sprache in vielfältigen Situationen und zu vielfältigen Zwecken ins Zentrum. Man nennt das die *pragmatische* Betrachtungsweise (vgl. Schema 1-10).

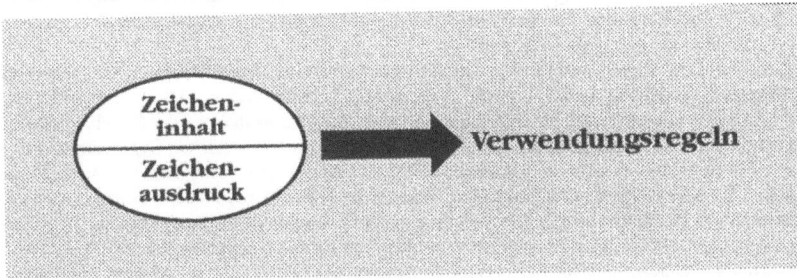

[Schema 1-10]

Gegen ein gängiges Vorurteil muss gesagt werden: Linguistische Pragmatik interessiert sich nicht für die singulären Einzelheiten der unzähligen Sprachverwendungssituationen. Gegenstand der pragmatischen Betrachtungsweise sind vielmehr die *allgemeinen Regularitäten,* welche dem Sprachgebrauch zugrundeliegen. (Vgl. Kap. 5. Pragmatische Faktoren spielen eine Rolle auch in den Kap. 6, 7 und 8.)

Nicht nur das sprachliche Zeichensystem kann in bezug auf diese drei Aspekte der Betrachtung analysiert werden. Wenden wir uns kurz dem Beispiel der Verkehrstafeln zu.

Unter *grammatischem* Gesichtspunkt lassen sich hier unterscheiden

– die *Elemente,* aus welchen diese Zeichen aufgebaut sind: *Form* (Dreieck, Kreis, Viereck), *Farbe* (weiss, rot, blau, grau, grün, schwarz, ...), *Figuren:* ikonische Elemente, d.h. stilisierte Abbilder von Kreuzung, Auto, Eisenbahn, Bahnschranke, Felssturz, Kurve, Fussgänger, Tier usw.; symbolische Elemente wie Durchstreichung (immer durch schräge Linienbündel oder Balken), Wörter, Zahlen, senkrechter Balken (früher: Ausrufezeichen) usw.

die *Kombinationsregeln* für den Aufbau der Zeichen (man könnte sie als morphologische Regeln bezeichnen): *Dreieckige Zeichen* sind rot umrandet und haben ein weisses (in einigen Ländern: gelbes) Zentrum. Diese Grundform, die Spitze nach oben weisend, gilt als Gefahrenhinweis. Die Art der Gefahr wird durch ein zusätzliches ikonisches oder symbolisches Element angezeigt. Die Grundform, mit der Spitze nach unten, bedeutet "kein Vortrittsrecht".
Runde Zeichen mit rotem Rand sind Verbotssignale. Man kann solche mit gefülltem Zentrum (Zeichen für Einbahnstrasse, für Park- und Halteverbote) unterscheiden von solchen mit weissem Zentrum und zusätzlichen Elementen (Fahrverbote, Rechts/Linksabbiegeverbote usw.)
Ähnlich haben alle *blauen runden Zeichen* Gebotscharakter.
Viereckige und pfeilförmige Zeichen haben Hinweischarakter.

Es hat keinen Sinn, die Aufzählung weiterzutreiben. Es wird sofort deutlich, dass die Kombinationsregeln beschränkend wirken: Nicht jede Kombination der Grundelemente ist möglich. Insgesamt erweist sich das System der Verkehrszeichen als recht kohärent aufgebaut. Einzelne herausragende Zeichen können nicht problemlos in das System eingebaut werden: Die Stop-Tafel vereinigt Elemente, die sonst nicht kombiniert werden, auch hat sie eine eigenständige Form.
Zu ergänzen ist, dass es noch eine zweite Art von Kombinationsregeln gibt. Diese betreffen nicht den Aufbau von Einzelzeichen, sondern deren *Zusammenwirken*, d.h. ihre Kombination. Wo etwa eine Strasse als vortrittsberechtigt signalisiert ist, müssen Zufahrtsstrassen mit dem entsprechenden Gegensignal ausgestattet werden. Es wäre unangebracht, alle Zufahrtstrassen zu einer Kreuzung mit Schildern zu signalisieren, die Vortrittsberechtigung anzeigen. Dies wäre eine verbotene Kombination, das Äquivalent eines ungrammatischen Satzes. Wo Geschwindigkeitsbeschränkungen in Kraft gesetzt werden, müssen sie wieder aufgehoben werden, wo Ortseinfahrten angezeigt sind, sind auch entsprechende Schilder anzubringen, welche das Ortsende signalisieren. Der Geltungsbereich von Überholverboten wird durch durchgehende Mittelstreifen markiert usw.
Zur *semantischen* Dimension lässt sich sagen: Das System der Verkehrszeichen ist höchst durchsichtig aufgebaut: Es ist so definiert, dass gewisse Grundzeichen (Dreieck mit rotem Rand, Kreis mit rotem Rand, Kreis mit blauem Grund, ...) immer dieselbe Grundbedeutung tragen, die mit Zusatzelementen weiter spezifiziert wird. Wenn die Bedeutungszuordnung für diese Grundzeichen auch willkürlich ist, so bringt diese Systematik und die schwergewichtige Verwendung ikonischer Elemente doch ein hohes Mass an Verstehenssicherheit hervor: Auch neue Zeichen sind entweder sofort lesbar oder zumindest leicht erlernbar.
Das System der Verkehrszeichen kennt auch so durchaus semantische Phänomene wie Synonymie (Bedeutungsgleichheit) und Antonymie (Bedeutungsgegensatz) (vgl. dazu 4.4). Auf das letztere wurde schon hingewiesen: Die Tafeln, die Einschränkung und Aufhebung der Einschränkung signalisieren, etwa in bezug auf die Höchstgeschwindigkeit, stehen in solchen Gegensatzbeziehungen. Synonymie ist im sparsamen System der Verkehrszeichen nur dort möglich, wo andere Modalitäten des Signalisierens gleichberechtigt vorkommen: Durchgehende Mittelstreifen können den Bereich von Überholverboten allein signalisieren, ohne zusätzliche Tafeln. Blinkende gelbe Ampellichter bedeuten, dass Rechtsvortritt zu beachten ist – sie bedeuten dasselbe wie das Hinweissignal auf eine bevorstehende Kreuzung (falls nicht andere Tafelzeichen da stehen und bei Ausfall der Ampeln Gültigkeit erlangen). Oder abseits der Tafeln: Ampelrot und -grün, die Zeichen für Wartevorschrift und freie Fahrt, können ersetzt werden durch Handzeichen von Verkehrspolizisten.
Wie die semantische, so ist auch die *pragmatische* Dimension in diesem künstlichen System nicht sehr interessant. Die wichtigsten Normen für die aktuelle Signalisation sind im Strassenverkehrsgesetz festgelegt; wo Ermessensspielraum besteht, werden Entscheidungen zur Signalisation durch Experten oder Polizei gemäss den Verhältnissen getroffen (z.B. Überholverbote, Geschwindigkeitsbeschränkungen ausserorts usw.); manchmal erfolgt die Signalisation erst nach mehrfachen Unfällen am selben Ort. Normalerweise werden kleine, nur für den Nachbarschaftsverkehr benutzte Strassen nicht ausgeschildert. Es fehlen hier wie auf Bewirtschaftungsstrassen Wegweiser und Hinweise auf Kurven, Höchstgeschwindigkeiten, Überholverbote, Ortsgrenzen etc. Die Signalisation von gefährlichen Kurven und eventuelle begleitende Geschwindigkeitsbeschränkungen können von Land zu Land, oft von Region zu Region variieren; in Berggegenden gelten Kurven als normal (und sie werden nicht speziell markiert), die im Flachland ausgeschildert werden müssten.

1.7 Neuere Entwicklungen

Die Semiotik hat in den vergangenen Jahren wie kaum eine andere Geistes- oder Sozialwissenschaft eine Differenzierung und Systematisierung erlebt. Dabei wird grundsätzlich unterschieden zwischen der Allgemeinen Semiotik, die sich als eine transdisziplinäre Grundlagenwissenschaft der Kultur-, Sozial-, Natur- und Technikwissenschaften versteht, und der Angewandten Semiotik, die sich mit der Praxis des Zeichengebrauchs befasst, bei der Entwicklung und Gestaltung von Zeichen hilft und zum besseren Verständnis von Kommunikationsprozessen beiträgt. Im Folgenden sollen zunächst allgemeine Tendenzen von Angewandter und Allgemeiner Semiotik skizziert werden, ehe der Einfluss neuerer Entwicklungen in der Semiotik auf einzelne linguistische Teildisziplinen und auf die Theorie der Linguistik im Ganzen dargestellt werden.

1.7.1 Systematisierung und Differenzierung: Allgemeine und Angewandte Semiotik

Die *Allgemeine Semiotik* steht noch immer in der Tradition ihrer klassischen Denker Charles Sanders PEIRCE, Ferdinand DE SAUSSURE, Louis HJELMSLEV und Charles William MORRIS.

Die unterschiedliche Rezeption ihrer Zeichentheorien führte zu einer Vielzahl semiotischer Ansätze wie denen von Roman JAKOBSON, Roland BARTHES, Algirdas Julien GREIMAS (einschliesslich der von ihm inspirierten Pariser Schule), Julia KRISTEVA und Umberto ECO und hatte eine Ausdifferenzierung der Semiotik in unterschiedliche Schulen wie die so genannte Prager Schule oder die Schule von Moskau und Tartu zur Folge. Es ist an dieser Stelle unmöglich, über die Entwicklung der einzelnen Schulen Rechenschaft zu geben. Zur Orientierung empfiehlt sich das von POSNER, ROBERING und SEBEOK herausgegebene Handbuch zur Semiotik mit ausführlichen Darstellungen zur Geschichte und den Gegenwartsströmungen der Semiotik (Posner et al. 1997).

Eine für viele Wissenschaften folgenreiche Entwicklung der Allgemeinen Semiotik, die auch gegenwärtig noch kontrovers und nicht ohne ideologische Vorbehalte diskutiert wird, sei an dieser Stelle jedoch hervorgehoben: der *Poststrukturalismus* in seinen von Jacques DERRIDA, Michel FOUCAULT und Jacques LACAN entwickelten Spielarten. In ihm wird die Peirce'sche Einsicht, dass Zeichen nicht auf Signifikate ausserhalb der Welt der Zeichen verweisen, sondern nur immer auf andere Zeichen, weiter radikalisiert. Wenn Zeichen immer nur auf andere Zeichen verweisen und sich die Bedeutung eines Zeichens nur im Prozess einer unendlichen Kette von Verweisen auf andere Zeichen konstituieren kann, dann folgt daraus die Unmöglichkeit eines festen Wertes, der einem Zeichen in de Saussures Theorie in einem System als Produkt differentieller Relationen zukommt. Diese aus zeichentheoretischen Überlegungen hergeleitete Skepsis

gegenüber einem festliegenden Fundament der Bedeutung hat weit reichende
Folgen: Der Sinn eines Textes entzieht sich der Kontrolle des Autors, denn mit
jeder Zeichenverwendung bieten sich dem Rezipienten eine Vielzahl an Sinnmöglichkeiten, die dazu führen, dass im Text Dinge zur Sprache kommen, die
vom Autor nicht beabsichtigt waren. Gegen die Illusion der unkontaminierten
Bedeutung eines Textes wird die unzentrierte Vielzahl von Lesarten ins Feld
geführt. Zwar ging auch die Hermeneutik davon aus, dass ein Text nicht eine
feststehende Bedeutung habe, sondern vielmehr einen je nach Standpunkt des
Interpreten abweichenden Sinn erhalte. Allerdings schart sich diese Vielfalt der
Lesarten in der hermeneutischen Theorie um die Autorintention, deren Existenz
der Poststrukturalismus durch die subversive Wirkung der Zeichenprozesse unterlaufen sieht. Entsprechend tritt an die Stelle einer hermeneutischen Interpretation eine neue Art des Umgangs mit Texten: Die *Dekonstruktion* vollzieht die
Voraussetzungen des Zeichengebrauchs nach und entlarvt sie als interessenbe-
dingte Konstruktionen, die andere Sinnmöglichkeiten ausblenden. Insgesamt hat
der Poststrukturalismus das Interesse an der Materialität, der Prozesshaftigkeit
und der Intertextualität der Zeichen sowie an der konstruktivistischen Funktion
des Interpretierens gestärkt (POSNER 1993).

Während die Allgemeine Semiotik als Grundlagen- und Metawissenschaft der
Frage nach der Zeichenhaftigkeit natürlicher und kultureller Phänomene nach-
geht, versucht die *Angewandte Semiotik,* die im Folgenden im Zentrum der Darstellung stehen wird, in Natur und Kultur ablaufende Prozesse mit semiotischen
Kategorien zu beschreiben. Auch sie hat sich in den vergangenen Jahren ein
immer umfassenderes Feld von Gegenständen erschlossen. Beispielsweise untersucht sie Zeichen und Signale bei Pflanzen und im Inneren biologischer Organismen (Biosemiotik), reflektiert die Rolle von Zeichen bei der maschinellen
Informationsverarbeitung (Computersemiotik), untersucht das Wirken von
Zeichen in Massenmedien (DANESI 2000, NÖTH 1997) oder beschreibt die Interaktion von Organismen mit ihrer Umwelt als komplexe Zeichenprozesse (Öko-
semiotik, NÖTH 1996). Vom Menschen hervorgebrachte Zeichensysteme und
das menschliche Zeichenhandeln sind Gegenstand der Kultursemiotik. Dieser
Bereich der Semiotik wurde in den letzten Jahren auch für die Linguistik immer
bedeutender, auch wenn die sprachliche Kommunikation meist aus Gründen
akademischer Zuständigkeit nur selten im Rahmen der genuin kultursemiotischen Forschung, sondern im Rahmen der Linguistik behandelt wurde (Nöth
2000, 513).

Im Folgenden soll der Einfluss kultursemiotischer Konzepte und Methoden auf
die Geistes- und Sozialwissenschaften nachgezeichnet werden, ehe ihr Einfluss
auf einzelne Disziplinen der Linguistik näher beleuchtet wird.

1.7.2   Der Einfluss der Kultursemiotik auf die Linguistik

Seit den 1990er Jahren vollzieht sich in den Sozial- und Geisteswissenschaften
der deutschsprachigen Länder ein fundamentaler Wandel hinsichtlich des Ob-
jektbereichs der einzelnen Disziplinen sowie hinsichtlich ihres transdisziplinären
Bezugsrahmens: Geschult an den angelsächsischen *cultural studies* beschäftigen
sich die Geisteswissenschaften vermehrt mit anthropologischen Fragestellungen,

mit Handlungsformen, den Werte- und Normenhorizonten und den Lebenswelten von Menschen (HEPP 2001, HEPP/WINTER 2003). Als fächerübergreifender Bezugsrahmen fungiert die Kultur, deren Analyse und Erklärung zum Ziel der Geisteswissenschaften erhoben wird (FRÜHWALD et al. 1991, radikaler BÖHME 1996). Der kleinste gemeinsame Nenner der sich trotz heftiger Diskussionen zunehmend als "Kulturwissenschaften" begreifenden Disziplinen ist ein semiotischer Kulturbegriff (NÜNNING 1998b). Demnach sind die untersuchten Phänomene das Ergebnis von Zeichenprozessen; eine Erklärung dieser Phänomene muss entsprechend die semiotischen Kontexte rekonstruieren, durch die sie hervorgebracht wurden. Die Kultursemiotik wurde damit zur Grundlagenwissenschaft eines ganzen Wissenschaftszweiges, zu dem auch die Linguistik gehört.

Mit der Ethnologie und der Theaterwissenschaft wurden in dem beschriebenen Transformationsprozess zwei Disziplinen zu Leitwissenschaften, die ihre Gegenstände – etwa die Aufführung eines Theaterstücks oder die kulturellen Praktiken einer Gemeinschaft – in semiotische Beschreibungskategorien fassen und sich dabei nicht auf wenige Zeichensysteme (wie etwa die traditionelle Linguistik auf sprachliche Zeichen) beschränken, sondern die Gesamtheit aller Zeichensysteme berücksichtigen.

In den letzten zwanzig Jahren hat in beiden Wissenschaften analog zu Entwicklungen in der Allgemeinen Semiotik eine Loslösung von der bis dahin dominanten strukturalistischen Betrachtungsweise eingesetzt. Ethnologie und Theaterwissenschaft beschreiben Kulturen nicht mehr als Systeme, sondern bedienen sich zu ihrem Verständnis der Textmetapher. Demnach sind Kulturen Bedeutungsgewebe, die durch kulturelle Performanzen immer neu hervorgebracht werden (FISCHER-LICHTE 1998). Clifford GEERTZ bezeichnet die Gegenstände der ethnologischen Forschung als "acted documents" (Geertz 1983), als vergängliche Texte, die im Prozess des Zeichenhandelns immer neu geschrieben werden. Beide Disziplinen stellen also das Zeichenhandeln in den Mittelpunkt ihrer Betrachtungen und reflektieren damit Entwicklungen in der Allgemeinen Semiotik. In deren Zentrum stehen nicht mehr allein Zeichentheorien und statisch gedachte Zeichensysteme, sondern mehr und mehr auch die Prozesse, in denen Zeichen wirksam werden.

Die hier skizzierten Entwicklungen blieben auch für einige Teildisziplinen der Linguistik nicht ohne Folgen, besonders für Gesprächsanalyse, Textlinguistik, Sprachgeschichte und Soziolinguistik. In ihnen wird die isolierte Betrachtung sprachlicher Zeichen mehr und mehr durch eine auch andere Zeichensysteme integrierende Analyse ersetzt. In der *germanistischen Gesprächsanalyse* (vgl. Kap. 7) bemühen sich zwei Ansätze um einen umfassenderen Blick auf sprachliches Handeln, die beide unter Rückgriff auf die Ethnographie der Kommunikation (HYMES 1979) entwickelt wurden. Zum einen ist dies die *Kommunikative soziale Stilistik* (KALLMEYER 1994), die untersucht, wie Personen ihre soziale Identität in ihrer Art zu kommunizieren symbolisieren. Dabei wird davon ausgegangen, dass Sprechende sowohl saliente, d.h. besonders bedeutsame kommunikative Elemente zur Selbststilisierung einsetzen, als auch ihr gesamtes kommunikatives Handeln der Repräsentation ihrer sozialen Identität unterordnen. Diese holistische Perspektive verknüpft ganz unterschiedliche Phänomene wie die situationsabhängige Wahl von Unterhaltungsthemen, Formen der Höflichkeit oder der Konfliktbehandlung, die wiederkehrende Verwendung sprachlicher Kategorien bei der sozialen Charakterisierung von sich und anderen und formelhaftes Sprechen und beschreibt das sich ergebende Gesamtbild als kommunikativen sozialen Stil.

Die zweite, von Ethnologie und Kultursemiotik inspirierte Neuerung ist die Weiterentwicklung der Konversationsanalyse zu einer *Ethnographischen Gesprächsanalyse* (DEPPERMANN 2000). Sie verdankt sich der Kritik eines Axioms der amerikanischen Konversationsanalyse, demzufolge die Erkenntnisse allein aus den sprachlichen Daten zu gewinnen seien. Dagegen wurde eingewandt, dass die Datenanalyse niemals ohne die Einbeziehung von Hintergrundwissen erfolgen kann. Bei diesem Hintergrundwissen handelt es sich aus semiotischer Perspektive um jene Kodes, auf die die Sprechenden im Gespräch Bezug nehmen, ohne sie jeweils ausdrücklich zu thematisieren. Die ethnographische Gesprächsanalyse ist entsprechend darum bemüht, die Rolle ethnographischen Wissens systematisch in die Theorie der Analyse von Gesprächen zu integrieren und den Erwerb und den Einsatz dieses Wissens methodisch abzusichern.

Auch die *Textlinguistik* ist darum bemüht, ihren Gegenstand in semiotischen Kategorien zu fassen (DRESSLER 2000). Kultursemiotisch inspiriert sind in besonderem Masse die Bemühungen um eine kontextsensitive Textsortenklassifikation und die Theorien der Textsortengenese (vgl. Abschnitt 6.5). Dabei wird von der These ausgegangen, dass die Faktoren der kommunikativen Situation die Textsorte bestimmen. Räumlicher und zeitlicher Kontext des Kommunikationsereignisses, die Partnerkonstellation, das nichtsprachliche Handeln, das Medium sowie andere gesellschaftlich-kommunikative Rahmenbedingungen werden zu einem umfassenden Modell des Zeichenhandelns integriert, das es erlaubt die Beschaffenheit von Texten zu erklären (HEINEMANN 2000).

Die Konjunktur kultursemiotischer Fragestellungen hat in der *Sprachgeschichte* die Tendenz verstärkt, sich nicht allein mit der Beschreibung sprachsystematischer Veränderungsprozesse zu beschäftigen, sondern auch Erklärungen für sprachgeschichtliche Entwicklungen in der Sozial- und Kulturgeschichte zu suchen (vgl. 10.3.3). Für die soziopragmatische Sprachgeschichte, die die historische Sprachwirklichkeit in ihrer ganzen Vielfalt zum Gegenstand erhebt, gilt das "Dogma von der Einheit von Sprach- und Kulturgeschichte" (REICHMANN 1998). Sie orientiert sich an der Frage, inwieweit Sprachwandel durch den Wandel der sozialen Verwendungskontexte von Sprache hervorgerufen wird, oder in der Terminologie der Semiotik formuliert: Sie untersucht, welchen Einfluss gesellschaftliches Zeichenhandeln auf den Wandel sprachlicher Kodes hat.

Genuin kulturwissenschaftliche Fragestellungen erschliesst sich die Linguistik dann, wenn sie sprachliche Formen und Sprachhandeln daraufhin untersucht, inwiefern sie etwas über die soziale Ordnung oder über das Selbstverständnis der Sprachhandelnden aussagen. Eine solche kulturanalytisch interessierte Linguistik, ganz gleich ob synchron oder historisch orientiert, ist Teil der *Soziolinguistik*. In ihr ist im letzten Jahrzehnt eine verstärkte Hinwendung zu Fragestellungen zu beobachten, die die sozialsymbolische Funktion sprachlicher Zeichen und den Beitrag von Sprachformen und Sprechweisen zur Konstruktion sozialer Wirklichkeit in den Blick nehmen (vgl. 8.6.4, LINKE 1996). Sprachliche Zeichen sind aus dieser Perspektive doppelt kodiert: zum einen tragen sie Bedeutung innerhalb der jeweiligen Varietät, zum anderen aber sind sie Ausdruck der sozialen Identität der Sprechenden und erhalten ihre Bedeutung aus ihrer Relation zu Zeichen anderer, auch nonverbaler Zeichensysteme.

1.7.3 Semiotik als Metawissenschaft der Linguistik

Neben diesen Einflüssen der Kultursemiotik auf einzelne linguistische Teildisziplinen gibt es in der Linguistik auch aktuell Bemühungen, die Sprachwissenschaft systematisch auf semiotischer Basis zu rekonstruieren (SHAUMYAN
1987, TOBIN 1990, CONTINI-MORAVA/SUSSMANN GOLDBERG 1995, PETERS
2004). Das heisst, dass alle Gegenstände (z.b. Phoneme, Sätze, Äusserungsakte,
Texte) und Bestandteile der Sprachwissenschaft (z.B. Theorien, Methoden,
Präsentationsformen) mittels semiotischer Kategorien gefasst werden sollen.
Insgesamt ist aber der Einfluss der semiotischen Linguistik auf die Sprachwissenschaft eher gering zu veranschlagen, weswegen ihr hier auch nicht mehr
Raum eingeräumt werden soll. Interessant und vielversprechend sind allerdings
Ansätze einer semiotischen Reflexion von Methoden und Darstellungsmitteln
der Sprachwissenschaft (Peters 2004).

1.7.4 Linguistik und Allgemeine Semiotik

Ist aus Sicht der Semiotischen Linguistik die Sprachwissenschaft eine unter
vielen Teildisziplinen der Semiotik, so wird ihr von vielen Theoretikern doch
eine Sonderrolle zugestanden. Diese Ansicht geht auf ein Diktum de Saussures
zurück, demzufolge die Sprachwissenschaft "Musterbeispiel und Hauptvertreter
der ganzen Semiologie" werden könne, weil sie mit natürlichen Sprachen das
reichhaltigste und verbreitetste Zeichensystem zum Gegenstand habe, das zudem
noch die Charakteristika der Semiose in sich vereinige (Saussure). Diese
Vorrangstellung hat die Linguistik in den vergangenen Jahrzehnten mehr und
mehr eingebüsst. Hatte die Linguistik noch erheblichen Anteil an der Ausbildung
des Strukturalismus, so tragen Innovationen innerhalb der Linguistik heute kaum
mehr zum Fortschritt der Allgemeinen Semiotik bei. Der Grund hierfür mag
darin liegen, dass die Linguistik im angloamerikanischen Raum seit den 1960er
Jahren von kognitivistischen Fragestellungen dominiert wurde, in der die
Semiose weniger als eine Nebenrolle spielt. Den Verlust ihrer Vorreiterrolle hat
die Linguistik wohl auch der Tatsache zu verdanken, dass sie noch immer von
strukturalistischen Modellen dominiert wird, während die Allgemeine und weite
Teile der Angewandten Semiotik nach anderen Modellen zur Beschreibung von
Zeichenprozessen suchen. Die Umformulierung der Sprachwandeltheorien Rudi
KELLERS und Helmut LÜDTKES zu einer Theorie des Kodewandels ist einer der
wenigen Beiträge der neueren Linguistik zur Allgemeinen Semiotik (Kel-
ler/Lüdtke 1997).

1.7.5 Weiterführende Literatur

Handbücher und Nachschlagewerke: Posner et al. (1997ff.) ist das wohl umfassendste Nachschlagewerk mit ausführlichen Übersichtsartikeln zu allen Bereichen der Semiotik. Nöth (2000),
als völlig überarbeitete 2. Auflage von Nöth (1985), ist knapper gehalten, dafür aber stringenter,
weil hier die einzelnen Themen und Schulen der Semiotik stärker zu einander in Beziehung gesetzt werden. Sebeok (1994) und Bouissac (1998) sind nach Schlagworten geordnete Enzyklopä-
dien. Die wichtigsten Theorien im Interferenzfeld von Linguistik und Semiotik werden auch in

Cobley (2001) dargestellt, allerdings liefert er keinen vollständigen Überblick über die Semiotik als Disziplin.

Neuere Einführungen: Volli (2002) ist eine gut lesbare, wenngleich detailreiche Einführung, die vor allem die semiotischen Grundlagen der kulturwissenschaftlichen Theoriebildung reflektiert. Einführenden Charakter hat auch Trabant (1996), allerdings ist seine Darstellung auf eine handlungstheoretische Fundierung der Semiotik fokussiert. Cobley (1997) und Schönrich (1999) sind didaktisch gut aufbereitete Einführungen, die sich besonders gut zum Selbststudium eignen.

Kultursemiotik und Kulturwissenschaften: Frühwald et al. (1991) markieren in Deutschland den Beginn der Debatte um eine Neubestimmung der Geisteswissenschaften. Radikalere Positionen finden sich bei Böhme et al. (2000) sowie bei Fauser (2003). Lutter/Reisenleitner (1999) und Hepp/Winter (2003) informieren über die *cultural studies*. Böhme/Scherpe (1996), Nünning (1998) und Nünning/Nünning (2003) sind exzellente Orientierungshilfen im Dschungel der Theorien und Konzepte.

Semiotische Linguistik: Über Ziele und Möglichkeiten der Semiotischen Linguistik orientiert exemplarisch Peters (2004). Halliday (1978) entwirft eine soziosemiotische Sprachtheorie, stärker systemlinguistisch orientiert sind hingegen die semiotischen Sprachtheorien von Shaumyan (1987) und Tobin (1990).

2. Grammatik I: Klassische Bereiche der Grammatikschreibung

Einleitung

Der Terminus *Grammatik* stammt aus dem Altgriechischen und bedeutete dort als *grammatike techne* ursprünglich die 'Lehre von den Buchstaben' (zu altgriech. *grammatikos* "die Buchstaben betreffend"). Sehr früh schon verstand man aber unter dem Terminus der *grammatike techne* die Lehre von den Regeln des Sprachbaus bzw. des Baus von einzelnen Ausdrücken einer Sprache. Als solche Lehre vom Regel-gerechten Sprachbau steht die Grammatik als *ars recte dicendi* von jeher neben der Rhetorik als der *ars bene dicendi*, als der Lehre vom guten, zweckmässigen, auch: schönen Sprachbau und Sprachgebrauch; letzteres steht noch in heutigen Sprachtheorien als Pragmatik (vgl. das Kapitel 5) – z.T. auch als Stilistik – der Grammatik zur Seite.

Als Inbegriff einer Lehre vom Regelhaften, vom Systematischen wird der Terminus *Grammatik* oft metaphorisch verwendet, so beispielsweise, wenn von einer "Grammatik der bildenden Künste" die Rede ist. Diese metaphorische Verwendung von *Grammatik* findet sich auch in der Sprachwissenschaft, wo man etwa von einer *Grammatik des Dialogs* dann spricht, wenn man einen Gesprächsablauf unter dem Aspekt seiner Regelhaftigkeit, einer ihm innewohnenden Systematik – im Unterschied zum Zufälligen, Unvorhersagbaren – betrachtet. Der Aspekt der systematischen Regelhaftigkeit von *Grammatik* bringt es mit sich, dass man diese Grammatik manchmal auch einfach *Systemlinguistik* nennt (was insofern fragwürdig ist, als es impliziert, andere Bereiche der Linguistik hätten es mit Unsystematischem zu tun).

Der Terminus *Grammatik* wird – wie viele andere Termini der Sprachwissenschaft (z.B. *Syntax, Semantik*) – in unserer Wissenschaft systematisch mehrdeutig verwendet: So braucht man *Grammatik* nicht nur im Sinne von "Lehre vom regelhaften Bau einer Sprache", sondern auch im Sinne des Gegenstandes dieser Lehre, nämlich den "Regeln für den Bau einer Sprache", verstanden als wissenschaftlicher Untersuchungsgegenstand selber, und im weiteren spricht man in neueren Theorien von *Grammatik* auch als "spezifischem menschlichem Vermögen, Ausdrücke gemäss den Regeln einer Sprache zu bilden und zu verstehen" (vgl. Kapitel 3). Schliesslich heisst *Grammatik* auch das Produkt wissenschaftlicher Arbeit, nämlich beispielsweise ein Buch, in dem man die Regeln des Baus einer Sprache formuliert findet.

Die Grammatik – nun wieder verstanden als eine Lehre (*techne, ars*) – stellt wahrscheinlich die älteste Form wissenschaftlicher Auseinandersetzung mit Sprache dar. Sie hat weit zurückreichende Wurzeln im alten Indien, in China, Griechenland, und mit der altgriechischen Grammatikschreibung verbindet die moderne ein breiter und im wesentlichen ununterbrochener Traditionsstrang (über das antike Rom, die arabische, die mittelalterlich-christliche Grammatikschreibung usw.).

Als Lehre vom regelhaften Bau einer Sprache und ihrer einzelnen Ausdrücke hat die Grammatik im Kern zwei grosse Gegenstände: Sie ist zum einen eine Lehre vom Wort, und zwar vom inneren formalen Aufbau der Wörter (Morphologie) und von den Wortarten (vgl. 2.3 und 2.4). Zum andern umfasst die Grammatik die Lehre vom Satz (Syntax), das ist die Lehre von den Regeln, nach denen man aus Wörtern Sätze bildet (vgl. 2.5 und 2.6; in 2.1.1 referieren wir die Diskussionen um die Zugehörigkeit weiterer Gegenstände zu einer Grammatik). Das quantitative und qualitative Verhältnis von Wortlehre und Satzlehre hat eine wechselvolle Geschichte durchgemacht. Der Tatsache, dass die griechisch-abendländische Grammatikschreibung stets indoeuropäische Sprachen mit einem überaus reichhaltigen Wortformenschatz beschrieben hat (Altgriechisch, Latein, slawische Sprachen, Deutsch), ist es zuzuschreiben, dass traditionell die Wortlehre einen beherrschenden Platz in der Grammatikschreibung und ihren Produkten (Grammatik-Büchern) einnahm. Dies geschah auf Kosten der Satzlehre (Syntax), die lange im Schatten der Lehre vom Wort stand. Erst in jüngerer Zeit erlebte die Syntax einen massiven Aufschwung, dies im Lichte neuerer grammatiktheoretischer Ansätze, die vorab am Beispiel des Englischen (einer in Hinsicht auf den Wortformenschatz armen Sprache) entwickelt wurden; die Syntax wurde dabei in der Grammatikschreibung zeitweise so beherrschend, dass man *Syntax* und *Grammatik* beinahe synonym gebrauchte. In jüngster Zeit schlägt das Pendel deutlich wieder zurück.

Die im Grunde ungebrochene Tradition griechisch-abendländischer Grammatikschreibung sollte nicht vorschnell als Einhelligkeit auch in der Zweckbestimmung dieser Grammatikschreibung gedeutet werden. Sehr lange Zeit schrieb man Grammatiken in klar normativ-präskriptiver Absicht, zum Zwecke der schulischen Unterweisung, und dies um so mehr dort, wo es dabei um Sprachen ging, die nicht die Muttersprachen der zu Unterrichtenden waren (namentlich klassisches Latein und Griechisch gegenüber dem Vulgärlatein und den späteren europäischen Volkssprachen), oder wo es galt, eine überregionale Standard-Schriftsprache auszubilden und durchzusetzen. Im 19. Jahrhundert erst betrieb man in ausgedehnterem Masse eine Grammatikschreibung in deskriptiver Absicht, jedoch vorerst an historisch vergangenen Sprachstufen (Grammatik des Althochdeutschen, Mittelhochdeutschen etc.; vgl. Kapitel 10). Die deskriptive Erfassung lebender Gegenwartssprachen wurde erst im 20. Jahrhundert eine anerkannte wissenschaftliche Disziplin. Daneben verstärkt sich in der jüngeren Wissenschaftsgeschichte der sehr alte, wenn auch nicht ungebrochene Traditionsstrang einer Grammatikschreibung, die nicht mehr Einzelsprachen in den Blick nimmt, sondern die Grammatik als ein menschliches Universale anvisiert (vgl. besonders Kapitel 3).

Zu unserem von der Schule – vom Mutter- wie Fremdsprachunterricht – geprägten Alltagskonzept von Grammatik gehört wohl sehr stark die Vorstellung, dass dies ein Lehrgebäude ist, das im Prinzip genauso fest und undiskutabel ist, wie die Urteile fest und undiskutabel scheinen, die man unter Abstützung auf grammatische Regeln über sprachliche Ausdrücke fällen zu dürfen glaubt: "Das ist Regel-gerecht, also richtig. – Das verstösst wider die Regel, ist also falsch." Von daher mag es erstaunen, dass das Bild der modernen Linguistik davon geprägt ist, dass es zu ein und derselben Sprache ganz verschiedene Grammatiken gibt, dass also ein und derselbe Gegenstand ganz verschiedenartig theoretisch gefasst werden kann. Diese Theorien-Vielfalt ist eine Erscheinung unseres Jahrhunderts; über die lange Geschichte der Grammatikschreibung hinweg war die Theorie, bei aller Variation im Detail, von sehr viel grösserer Konstanz und Einheitlichkeit.

Es übersteigt die Möglichkeiten dieses Buches, die verschiedenen grammatiktheoretischen Ansätze der modernen Linguistik im einzelnen darzustellen und gegeneinander abzuwägen; wir müssen uns mit dem knappen Überblick im Abschnitt 2.2.2 begnügen. Immerhin aber sollte, wo wir im vorliegenden Kapitel klassische Gegenstände der Grammatik auf eher traditionelle Weise referieren, aus unserer Darstellung hervorgehen, dass auch grammatischen Regelformulierungen immer ein gerüttelt Mass an Entscheidungen zwischen Alternativen vorausgeht. Dass man Grammatik auf eine sehr andere Art betreiben kann, soll dann Kapitel 3 zeigen.

Lesehinweise

Einführungen:
Einführungen in die – eher traditionelle – *Grammatik-* und im speziellen *Syntaxforschung* sind
Brinker (1977), Bünting/Bergenholtz (1989), Sommerfeldt/Starke (1992). Eine vergleichende
Einführung in diverse neuere *Syntaxtheorien* (vgl. Abschnitt 2.2.2) bieten Bartsch/ Lenerz/Ullmer-
Ehrich (1977) und Heringer/ Strecker/Wimmer (1980). Eine kleine Geschichte der Lehre vom Satz
(seit Grimm 1819ff.) findet sich in Glinz 1970. Eine Summa syntaktischer Theoriebildung ist das
internationale Handbuch "Syntax" (Jacobs et al. 1993f.)
Als Einführungen in die *Morphologie* seien empfohlen: Matthews (1974), Bergenholtz/Mugdan
(1979), Bauer (1988). Dressler (1990) dokumentiert neuere Forschungsansätze und setzt entspre-
chend schon einiges voraus.
Spezielle Einführungen in die *Wortbildung* sind Naumann (1986), Erben (1993) und
Fleischer/Barz (1992). Lipka/Günther (1981) enthält wichtige Arbeiten zur Wortbildung aus der
Sprachwissenschaft der letzten hundert Jahre. Kühnhold u.a. (1973ff.) ist eine breitangelegte
Bestandesaufnahme der Wortbildungsmöglichkeiten des Deutschen.
Was die Phonetik und Phonologie betrifft, vgl. die Literaturhinweise in Kap. 11. Nerius (1987)
ist eine Einführung in die deutsche *Orthographie*.

Grammatiken:
Die wichtigsten Grammatiken der deutschen Gegenwartssprache erwähnen wir im Abschnitt 2.2.2
im Zusammenhang mit einem Überblick über die wichtigsten neueren Grammatiktheorien;
zusammengestellt sind die Grammatiken in Abschnitt (b) des Literaturverzeichnisses. Literatur zur
Generativen Grammatik findet sich in Kapitel 3.

Nachschlagewerke/Hilfsmittel:
Eine Art *grammatisches Wörterbuch* ist Kürschner (1989). Hentschel/Weydt (1990) ist eine
Grammatik und ein Nachschlagewerk für grammatische Begriffe, Konzepte u.ä. in einem.

Wortarten- und Satzgliedlehre:
Für die unter 2.4 respektive 2.6 dargestellte Wortarten- und Satzgliedlehre beachte man besonders
Sitta (1984) und Gallmann/Sitta (1990) und Gallmann/Sitta (1992). Ein Reader mit theoretischen
Texten zum Wortartenproblem vom 18. Jahrhundert bis heute ist Schaeder/Knobloch (1992).

Abgrenzungen von Grammatik, Semantik und Pragmatik:
Besonders empfehlenswert für die Diskussion um das Verhältnis von Grammatik und Pragmatik
ist Vennemann/Jacobs (1982), ein Buch, das allerdings nicht leicht zu lesen ist.

Sprachgeschichte:
Ein Arbeitsheft zur *historischen Morphologie* des Deutschen ist Kern/Zutt (1977). Literatur zu
sprachgeschichtlichen Aspekten der Morphologie des Deutschen verzeichnet Ronneberger-Sibold
(1989). Zu einer *Geschichte des Satzbaus* im Deutschen vgl. Ebert (1978), Betten (1987 und
1990). Ansonsten sei auf Kapitel 10 verwiesen.

Geschichte der Grammatikschreibung:
Eine zwar ältere, aber noch immer sehr aufschlussreiche Geschichte der Grammatikschreibung des
Neuhochdeutschen ist Jellinek (1913/14).

2.1 Der klassische Gegenstand der Grammatikschreibung

Wir haben in der Einleitung gesagt, dass der klassische Gegenstand der Grammatik in die Lehre vom Wort einerseits und in die Lehre vom Satz andererseits zerfällt. Dies möchten wir im folgenden Abschnitt etwas präzisieren, und dabei werden wir auf einige aktuelle Diskussionen um den Gegenstand einer Grammatik kurz eingehen und einige terminologische Klärungen vornehmen.

Was klassischer Gegenstand einer Grammatik ist, können wir zum einen *extensional* näher bestimmen, d.h. indem wir die Gegenstände auflisten, die dazu gehören, und wir können es zum andern *intensional* genauer charakterisieren, d.h. indem wir Grammatik zu definieren und die Merkmale zu erfassen versuchen, die grammatischen Gegenständen gemeinsam sind.

2.1.1 Extensionale Bestimmung

Ein Blick in die Geschichte der Grammatikschreibung zeigt uns eine grosse Konstanz in der Auffassung darüber, was der Gegenstand einer Grammatik zu sein hat. Es gibt so etwas wie den unbestrittenen Kern: Das ist eine Lehre vom Wort und eine Lehre vom Satz.

Lehre vom Wort
Hier wird nicht eigentlich das gesamte Wortmaterial einer Sprache behandelt – so etwas wäre vielmehr *Lexikologie* oder *Lexikographie*; vgl. auch weiter unten in diesem Abschnitt-, sondern Gegenstand sind lediglich *Wortklassen* (Wortarten), und zwar interessieren in der Grammatik in der Regel jene Wortklassen, die nach grammatischen Kriterien gebildet werden. Dazu gehören einerseits jene Wortklassen, die sich aufgrund von *formalen Eigenschaften* der Wörter ergeben (es geht hier etwa um Klassen von Wörtern mit gemeinsamer morphologischer Ausprägung, z.B. Verben mit der Eigenschaft der Konjugierbarkeit). Andererseits gehören hierher Wortklassen, die sich aufgrund von Regularitäten *der syntaktischen Verwendung* von Wörtern ergeben (z.B. die Klasse der nebensatzeinleitenden subordinierenden Konjunktionen). Andere mögliche Wortklassenbildungen werden wir im Abschnitt 2.4.1 kurz ansprechen.

In einer solchen Lehre vom Wort werden in der Regel die einzelnen Wortklassen eine nach der andern vorgestellt, indem die formalen (morphologischen) Ausprägungsmöglichkeiten – die Flexion – und die syntaktischen Verwendungsmöglichkeiten abgehandelt werden. Überdies gehört in eine solche Lehre vom Wort auch die Behandlung der Möglichkeiten der *Wortbildung*, d.h. der regulären Bildung neuer Wörter aus vorhandenem Wortmaterial. Die Lehre von den formalen Wortausprägungen und von den Wortbildungsprozessen bildet zusammen die *Morphologie*; man kann sie als die Lehre vom Bau der Wörter bezeichnen. Grundeinheit morphologischer Prozesse ist das *Morphem*. Dazu vgl. den Abschnitt 2.3.

Die Lehre von den syntaktischen Verwendungsmöglichkeiten bestimmter formaler Wortausprägungen ist eigentlich bereits ein Stück Lehre vom Satz oder Syntax. Man spricht hier deshalb auch von *Morphosyntax*, um damit zum Ausdruck zu bringen, dass es einen engen Form-Funktions-Zusammenhang zwischen Morpho-

logie und Syntax gibt und die Trennung in Wort- und Satzlehre eigentlich gar nicht
möglich ist. Zur Lehre vom Wort vgl. Abschnitt 2.2 und 2.3.

Lehre vom Satz
Das ist die Lehre von den Regeln, wonach in einer Sprache aus den Wörtern zusammengehörige Wortgruppen (sogenannte Phrasen oder Satzglieder wie z.B. *das
kleine Mädchen mit den blonden Zöpfen*), einfache Sätze und schliesslich komplexe, aus mehreren Teilsätzen zusammengesetzte Sätze gebildet werden. Diese
syntaktischen Regeln sind zum Teil ganz allgemeiner Art (z.B. die Regel, dass das
finite Verb im deutschen Satz entweder an erster, zweiter oder letzter Stelle steht),
zum Teil aber sind es auch Eigenschaften bestimmter Wortausprägungen, die für
die Satzbildung entscheidend sind (z.B. 'verlangt' eine Verbform wie *hilft* ein
Glied im Nominativ und ein Glied im Dativ); im letzteren Fall lässt sich die Lehre
vom Satz kaum abgrenzen gegenüber der Lehre vom Wort. Eine Lehre vom Satz
umfasst gewöhnlich auch verschiedenartige Typologien von Sätzen wie die *Satz-
baupläne* (ein Satzbauplan im Deutschen ist z.B. 'Subjekt + Prädikat + Akkusativ-
objekt') oder die *Satzarten* (Aussage-/Aufforderungs-/Fragesatz). Zur Lehre vom
Satz vgl. Abschnitt 2.5 und 2.6.

Dieser zentrale und unbestrittene Gegenstand klassischer Grammatikschreibung
(Wort- und Satzlehre) lässt sich graphisch wie in Schema 2-1 darstellen. Die Dop-
pelpfeile zwischen den Kategorientypen kann man von links nach rechts lesen als
"werden kombiniert zu" und von von rechts nach links als "sind aufteilbar/
analysierbar in".

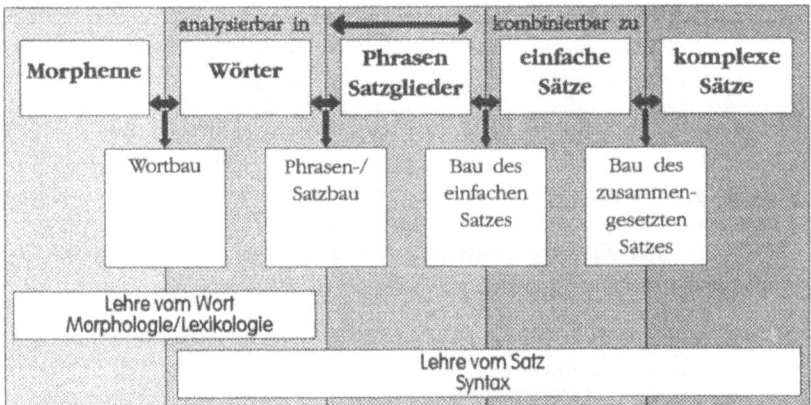

[Schema 2-1]

Neben diesen unumstrittenen Gegenständen gibt es eine Reihe von weiteren Themen, die ab und zu in Grammatiken mitbehandelt werden, zum Teil schon seit sehr
langer Zeit. Zum Teil ist ihre Zugehörigkeit zu einer Grammatik aber auch erst in
der jüngeren Wissenschaftsgeschichte Gegenstand von Debatten geworden.

Laut und Buchstabe
Eine Grammatik – verstanden als ein Buch – umfasst sehr oft auch eine Lautlehre
oder *Phonologie*. In der sogenannten *segmentalen Phonologie* befasst man sich mit
der Inventarisierung und genaueren Beschreibung der Laute oder *Phoneme*, die es

in einer Sprache gibt, d.h. aus denen in einer Sprache die Wörter aufgebaut sind. Man formuliert zudem Regeln der Lautkombinatorik (sogenannte *Phonotaktik*: Welche Lautreihen sind in einer Sprache möglich, welche nicht?). Zur Phonologie gehören auch die Regularitäten des Wort- und Satzakzents, der Intonation, des Rhythmus, der Pausen usw. In bestimmten Sprachen (den sog. Tonsprachen; das Deutsche gehört nicht dazu) unterscheiden sich Wörter nur durch verschiedene Tonhöhen oder Tonhöhenverläufe. Alle diese Phänomene überlagern die lautliche Ebene der Phoneme. Man nennt sie deshalb *suprasegmental* oder *prosodisch*.

Neben der Lautlehre oder Phonologie findet sich in einer Grammatik (verstanden als Buch) manchmal auch ein Kapitel zur Schreibung, *Graphematik* genannt. Die Graphematik befasst sich vor allem mit den einzelnen Schriftzeichen oder *Graphemen*. In Alphabetschriften bilden die Buchstaben, oft als Grapheme schlechthin bezeichnet, den Kernbestandteil. Zwischen Buchstaben und Lauten bestehen mehr oder weniger regelhafte Beziehungen, die sogenannten Graphem-Phonem-Korrespondenzen; das phonologische Prinzip "Jedem Laut seinen Buchstaben" ist das oberste – aber längst nicht einzige! – Prinzip unserer Schrift. Neben den Buchstaben gibt es in unserem Schriftsystem noch weitere Schriftzeichen: Punkt und Komma sind beispielsweise Grenzsignale für syntaktische Einheiten (Satzglieder, Teilsätze, ganze Sätze), darum werden sie zu Recht *Satzzeichen* (oder *Interpunktionszeichen*) genannt. Eine weitere Gruppe von Schriftzeichen sind Ideogramme, graphische Zeichen, die für ganze Wörter oder Begriffe stehen; dazu gehören die Zahl-Zeichen *1, 2, 3* usw. und Spezialzeichen wie *&, %, $. §*. Der Komplex der Schreibregeln für eine Sprache heisst *Orthographie* oder *Rechtschreibung* (einschliesslich Interpunktion oder Zeichensetzung). Manchmal spricht man im Gegenzug von der *Orthophonie* oder *Orthoepie* als jenem Komplex von Regeln, der die lautliche Realisierung einer Sprache betrifft.

Text

In der jüngeren Linguistik gibt es eine Debatte darüber, ob eine Grammatik (verstanden als Buch) auch ein Kapitel über Texte enthalten soll oder nicht, und verschiedene Grammatiken haben den Schritt über die Satzgrenze hinaus auf den Text auch bereits vollzogen. Ausgangspunkt solcher Überlegungen bilden Phänomene innerhalb von Sätzen, die mit blossem Blick auf den Einzelsatz nicht oder nur unzureichend erfasst werden können. Zu denken ist an Verweiselemente (Pronomen u.a.), an Verknüpfungselemente (z.B. Pronominaladverbien wie *deshalb*), an Phänomene der Wortstellung, des Satzakzents und der Satzintonation usw. Verfechter der These, dass man sich innerhalb der Grammatikschreibung auch mit Texten zu beschäftigen habe, stehen auf dem Standpunkt, dass sich analog zu den syntaktischen Regeln, wonach aus Wörtern syntaktische Gebilde wie Phrasen oder Sätze gebildet werden, auch sogenannte *textsyntaktische* oder *textgrammatische* Regeln formulieren lassen, wonach aus Sätzen Texte gebildet werden. Wir kommen in Kapitel 6 ausführlicher darauf zurück.

Wortschatz, Lexikon

Jüngere Grammatiktheorien, von denen wir in Kapitel 3 die Generative Grammatik ausführlicher vorstellen werden, operieren manchmal mit einem Grammatikbegriff, der auch das gesamte Wortmaterial einschliesst, und zwar nicht nur wie im oben beschriebenen Sinn der grammatischen Wortlehre, sondern im umfassenden Sinn. Eine Grammatik in diesem Verständnis steht unter dem Anspruch, sämtliche möglichen Ausdrücke einer Sprache umfassend zu beschreiben. Sie enthält für diesen Zweck ein sogenanntes *Lexikon*, worunter man in der Sprachwissenschaft das Inventar sämtlicher Wörter einer Sprache mit all ihren Eigenschaften versteht, und eine *Syntax* (und daneben in der Regel auch eine Phonologie und weiteres). Eine umfassende Lehre vom Wort, die sowohl die Form- wie auch die Bedeutungsseite und die Eigenschaften der syntaktischen Verwendbarkeit einschliesst, nennt man neuerdings oft *Lexikologie* (vgl. etwa Schwarze/Wunderlich 1985). Die Lexikologie als integrale Wortlehre umfasst sowohl die Morphologie (vgl. 2.3) als auch die lexikalische Semantik (vgl. Kapitel 4). Ein praktisches Anwendungsfeld der Lexikologie ist die *Lexikographie*, d.i. die Schreibung von Wörterbüchern (eine Zusammenstellung wichtiger Wörterbücher des Deutschen findet sich im Literaturverzeichnis; zur Lexikographie vgl. auch 4.8).

Eine Grammatik in diesem weiteren, den Wortschatz oder das Lexikon einer Sprache einschliessenden Verständnis beschreibt nicht mehr nur die formale Seite sprachlicher Ausdrücke, sondern auch deren Bedeutung; sie umfasst also auch das, was man Semantik nennt (vgl. Kapitel 4). Damit kommen wir zur intensionalen Charakterisierung des Gegenstandes von Grammatikschreibung, d.h. zum Versuch zu bestimmen, was die spezifischen Merkmale grammatischer Forschungsgegenstände (im Unterschied zu andern sprachwissenschaftlichen Forschungsgegenständen) sind.

2.1.2 Intensionale Bestimmung

In der Grammatikschreibung hat man seit jeher hauptsächlich die sogenannte *Ausdrucksseite*, die *signifiant*-Seite oder *formale* Seite sprachlicher Ausdrücke beschrieben. Grammatikschreibung versteht Sprache als ein System von minimalen Einheiten und von Regeln der formalen Kombination kleinerer, einfacherer Einheiten zu grösseren, komplexeren Einheiten. Die Explikation der Bedeutung der dabei verwendeten oder entstehenden sprachlichen Einheiten (Semantik) sowie die Explikation der Bedingungen der Verwendung solcher sprachlicher Ausdrücke in der sprachlichen Kommunikation (Pragmatik) sind traditionellerweise nicht Gegenstand der Grammatikschreibung. Die Termini *Grammatik/grammatisch* und (im Sinne eines Pars pro toto) die Termini *Syntax/syntaktisch* stehen in diesem Sinne für die Ausdrucksseite von Sprache, und sie stehen damit Termini wie *Semantik/ semantisch* und *Pragmatik/pragmatisch* entgegen.

In der jüngeren Sprachwissenschaftsgeschichte sind jedoch grammatiktheoretische Ansätze entwickelt worden, die diesen historischen Konsens grundsätzlich aufzubrechen versuchen. Das hat verschiedene Gründe, die wir nicht genauer ausleuchten können. In der Regel liegt diesen Unternehmungen ein erweiterter Grammatikbegriff zugrunde, wobei die Erweiterung in zwei mögliche Richtungen geht: In der ersten umfasst Grammatik in etwa alles, was sich über irgendwelche sprachliche

Ausdrücke sogenannt *kontextfrei* sagen lässt, d.h. alles, was sich über Form und Inhalt von sprachlichen Ausdrücken ohne Rücksichten auf eine konkrete Verwendung eines solchen Ausdrucks in einer Situation (wo sich besonders die Bedeutung eines Ausdrucks mit zusätzlichem Gehalt auflädt) sagen lässt. *Grammatik* ist in diesem Sinne synonym mit *Systemlinguistik*, und sie ist Gegenbegriff zur *Pragmatik* als der Theorie der kontextuellen Verwendung von sprachlichen Ausdrücken, die die Grammatik kontextfrei beschreibt. Manchmal wird für einen derart weiten Begriff von Grammatik von der menschlichen Kognition her argumentiert: So verstandene Grammatik beschreibe einen mehr oder weniger autonomen und homogenen Komplex menschlichen Wissens (vgl. dazu den Abschnitt 3.1.5). Zum andern werden derartige Ausweitungen der Grammatik, besonders auch Ausweitungen in die pragmatische Richtung, gerne mit dem theoretischen Argument verteidigt, Sprache diene letztlich der menschlichen Kommunikation, stelle ein in dieser Kommunikation entstandenes und gewachsenes System dar, und seine Kategorien und Regeln müssten demzufolge von dieser Ebene der Kommunikation her beschrieben und so weit als möglich auch fundiert und erklärt werden (das gilt besonders für die sogenannten *Funktionalen Grammatiken*). Solchen Argumenten zur Seite geht die eher praktische Argumentation, eine Grammatik (verstanden als Buch) diene ihren Benützerinnen und Benützern wenig, wenn sie nur formale Regeln des Aufbaus sprachlicher Ausdrücke und nicht semantische und pragmatische Regeln des Gebrauchs solcher Ausdrücke biete.

Ein genauerer Blick in die traditionelle Grammatikschreibung bringt an den Tag, dass man sich zwar praktisch in der Hauptsache auf die formale Seite der sprachlichen Ausdrücke konzentriert hat, dass diese Beschränkung auf die formalen Aspekte jedoch – in Ermangelung einer allgemeinen sprachtheoretischen Reflexion, wie wir sie heute kennen – selten als solche durchschaut worden ist. Damit hängt es wohl zusammen, dass in der traditionellen Grammatikschreibung immer wieder Kategorien und Regelformulierungen auftauchen, die eindeutig semantischen oder pragmatischen Gehalt haben (also auf etwas Bezug nehmen, was mit der Bedeutung oder den Verwendungsbedingungen sprachlicher Ausdrücke und weniger mit ihrer formalen Gestalt zu tun hat); Beispiele sind etwa gewisse Wortarten, die tatsächlich, wenn auch nicht konsequent, nach der Bedeutung gefasst sind (das *Numerale*). Oder die Kategorien und Regelformulierungen sind zwar in der Terminologie semantisch oder pragmatisch, ohne dies im Gehalt tatsächlich zu sein: Sie täuschen (zumal in der deutschen Terminlogie) eine semantische Klasse vor, wo eigentlich klar eine morphologische und syntaktische Klassenbildung zugrundeliegt (das *Verb* als *Tun-* oder *Zeitwort*, das *Nomen* oder *Substantiv* als *Namen-* oder *Dingwort*); hier liegt eine – für didaktische Zwecke bedenkenswerte, wissenschaftlich jedoch bedenkliche – ein-ein-deutige Inbeziehungsetzung von formaler Kategorie und semantischer Kategorie zugrunde. Ein anderes Beispiel sind die traditionellen Satzarten wie *Aussage-*, *Aufforderungs-* und *Fragesatz*, bei denen sich die Frage stellt, ob ihnen formale Kategorisierungen (v.a. nach der Stellung des Verbs) oder aber Kategorisierungen nach der kommunikativen Verwendbarkeit und dem kommunikativen Sinn zugrundeliegen.

2.2 Klassifikation von Grammatiken. Überblick über Grammatiktheorien der modernen Linguistik

2.2.1 Typologische Gesichtspunkte

Die Ausführungen im voraufgehenden Abschnitt sollten gezeigt haben, dass es zwar einen unbestrittenen Kern grammatischer Gegenstände – und damit einen Begriffskern von *Grammatik* – gibt, dass aber gerade in jüngerer Zeit der Konsens über die Extension wie die Intension des Begriffs *Grammatik* mehr und mehr verloren geht. Verschiedene sprachtheoretische Grundsatz-Entscheidungen bescheren uns demnach verschiedene Typen von Grammatiken. Wir möchten im folgenden die Typologie moderner Grammatiken (nun immer verstanden als Buch) noch etwas weiter treiben, wobei wir einige weitere typlogische Gesichtspunkte neben den sprachtheoretischen Grundsatz-Entscheidungen ins Spiel bringen wollen. Anschliessend geben wir eine ganz knappe Aufstellung wichtiger heutiger grammatik-theoretischer Ansätze.

a) Typologie nach dem *inneren Aufbau*. Es gibt Grammatiken, die vom Kleinen zum Grossen fortschreiten, also bei den Lauten oder Wörtern beginnen und beim Satz (oder gar Text) aufhören. Man kann sie *aszendente* Grammatiken nennen. Und es gibt die gegenteilige grammatikographische 'Fortbewegungs-art'; hier kann man von *deszendenten* Grammatiken reden.

b) Typologie nach dem *Vollständigkeitsanspruch*. Manche Grammatiken wollen einen umfassenden Überblick über das grammatische System einer Sprache bieten. Andere wollen das Sprachsystem an exemplarischen Ausschnitten darstellen.

c) Typologie nach der *Zweckbestimmung* und dem intendierten Benutzer- oder Adressatenkreis. Es gibt Grammatiken, die in erster Linie für die innerwissenschaftliche Diskussion geschrieben worden sind. Es sind sogenannte *Problemgrammatiken* oder *wissenschaftliche Grammatiken*, die zu ausgewählten Fragen umfangreiche wissenschaftliche Diskussionen aufrollen und das Pro und Kontra zu bestimmten Lösungsvorschlägen diskutieren. Ihnen stehen Grammatiken für den Laien gegenüber, seien es solche für die Schule (für den Muttersprach- oder Fremdsprachunterricht) oder solche für spezifische Schreibberufe oder einfach für den 'Hausgebrauch'. Man nennt sie auch *Resultatsgrammatiken*. In ihnen sucht man nicht die theoretische Kontroverse, sondern Hilfe für punktuelle sprachliche Probleme. Nebst Resultatsgrammatiken in systematischer Anordnung gibt es auch alphabetisch aufgebaute eigentliche Nachschlagewerke für grammatische Problem- und Zweifelsfälle. Über die Unterscheidung von Problem- und Resultatsgrammatik hinaus gibt es im weiteren Grammatiken für Spezialzwecke, etwa für die Implementierung von Sprache auf Computern zur automatischen Übersetzung.

d) Typologie nach der *Einstellung zum Gegenstand*. Mit den zuvor genannten Unterscheidungen hängt auch die Differenzierung danach eng zusammen, ob eine Grammatik eher *deskriptiv* verfährt und die Möglichkeiten und Grenzen eines Sprachsystems aufzeigt (und dabei auch Grauzonen als solche benennt und Alternativen lediglich festhält), oder ob eine Grammatik eher *normativ-präskriptiv* verfährt, mögliche Alternativen bewertet, z.B. in der Absicht der

Etablierung einer überregionalen einheitlichen Standardsprache. Eine präskriptive Grammatik greift gerne auch aus in den Bereich der Stilistik, d.h. sie wertet Alternativformulierungen vom Standpunkt der funktionalen oder ästhetischen Angemessenheit aus.

e) Typologie nach dem *Gegenstand* selber. Hier meinen wir nicht die sprachtheoretische Grundbestimmung dessen, was Grammatik ist (vgl. Abschnitt 2.1.2), sondern Unterscheidungen danach, ob eine Grammatik ein bestimmtes Sprachsystem oder aber zwei und mehr in kontrastiver Absicht beschreibt; letzteres nennt man *vergleichende* oder *kontrastive Grammatiken*. Schliesslich kann eine Grammatik als sogenannte *allgemeine* oder *universale Grammatik* auch auf das allen Sprachen Gemeinsame, auf die Universalität menschlicher Sprachen gerichtet sein.

2.2.2 Überblick über wichtige neuere grammatiktheoretische Ansätze

Die in den folgenden Gruppen erwähnten Arbeiten - sofern es sich um eigentliche Grammatiken der deutschen Gegenwartssprache handelt - finden sich im Literaturverzeichnis unter der Sonderrubrik (b). Andere genannte Literatur ist im alphabetischen Literaturverzeichnis aufgeführt.

a) 'Traditionelle Grammatik'

Es ist ein gängiges Verfahren, dass man, wenn man glaubt, einen neuen theoretischen Ansatz entwickelt zu haben, alles, was vorher zu dem betreffenden Problembereich erarbeitet worden ist, als *traditionell* bezeichnet. Wir wollen hier mit 'traditioneller Grammatik' eine Grammatikschreibung ansprechen,

1) die stärker als andere in der sehr langen Tradition der abendländischen Grammatikschreibung verhaftet ist, d.h. in Ansatz, Methode, Kategorien usw. deutlich in der Tradition wurzelt,
2) die eindeutig auf Resultatsgrammatiken hin arbeitet und dabei Darstellungen des Gesamtsystems einer Einzelsprache anstrebt,
3) die dadurch stark in die Praxis wirken will und wirkt, vorab in den Muttersprachunterricht (weshalb man manchmal auch von *Schulgrammatik* spricht) sowie in mit Sprache beschäftigte Berufszweige,
4) und die bis heute am stärksten von allen einen präskriptiven Zug aufweist, auch dies ganz im Sinne der langen grammatikographischen Tradition.
5) Die 'traditionelle Grammatik' ist hauptsächlich am Bau der Ausdrücke orientiert, expliziert die Semantik nicht systematisch, schliesst Bedeutung aber auch nicht entschieden aus, sondern interpretiert Ausdrücke mehr oder weniger stark auf Bedeutungen hin.
6) Sie verfährt aszendent.

Die traditionelle Grammatik hat in den letzten Jahrzehnten starke Impulse von den im folgenden unter (b) und (c) referierten Ansätzen empfangen, so dass Abgrenzungen hier sehr schwierig bis unmöglich sind. Bis heute spürbar ist der Einfluss der sogenannten 'Inhaltbezogenen Grammatik' (Leo Weisgerber u.a.), die die germanistische Linguistik in den ersten zwei Jahrzehnten nach dem Zweiten Weltkrieg stark beherrscht hat.
Grammatiken dieser traditionelleren Richtung sind etwa Brinkmann (1971), Erben (1980; 1983), Schulz/Griesbach (1978), Eichler/Bünting (1989), Admoni (1982), Duden (1984), Helbig/Buscha (1989), Griesbach (1986), Gallmann/Sitta (1990), Schüler-Duden: Grammatik (1990).

b) Grammatik von Hans Glinz

Wir führen die grammatischen Arbeiten von Hans Glinz hier gesondert auf, obschon sie zu guten Teilen in die Gruppe (a) gehören. Den Arbeiten von Glinz verdankt aber gerade die Gruppe (a) heute einige wesentliche Neuerungen, die wir weiter unten in den Abschnitten 2.4.3 und 2.6.3 teilweise ansprechen werden. Die 'Glinz-Grammatik' hat heute eine gewichtige und an Gewicht

noch immer zunehmende Position in der Schule. Wichtige grammatische Gesamtdarstellungen von
Glinz sind die Arbeiten Glinz (1952/1973) und Glinz (1971).

c) Valenz- oder Dependenzgrammatik

Die auf Lucien Tesnière zurückgehende Valenz- oder Dependenzgrammatik hat die Gruppe (a)
ebenfalls stark beeinflusst. Den Grundgedanken dieses grammatiktheoretischen Ansatzes werden
wir im Abschnitt 3.2.3.c kurz referieren. An wichtigen Arbeiten zur deutschen Grammatik aus
dieser Richtung sind Helbig (1982, 1992), Heringer (1972; 1973) und Engel (1982; 1988) zu
nennen. Einführungen in diese Grammatiktheorie sind u.a. Tarvainen (1981) oder Welke (1988).

d) 'Funktionale Grammatik'

Hier handelt es sich nur um ein loses Konglomerat von Ansätzen, die sich dadurch auszeichnen,
dass sie so weit als möglich grammatische Kategorien und Regeln der Ausdrucksseite aus semantischen und/oder pragmatischen Verhältnissen zu begründen versuchen, oder aber dass sie Aus-
drucksmuster konsequent in diese Richtungen interpretieren. Funktionale Grammatiken versuchen
also Grammatik im traditionellen, engen Sinn mit Semantik und Pragmatik zu vermitteln. In diese
Richtung arbeitet beispielsweise seit einigen Jahren eine Forschungsgruppe am Institut für Deutsche Sprache (IDS) in Mannheim (vgl. Zifonun 1986). Eine andere Gruppe unter dem Namen
"Sprache & Pragmatik" bemüht sich im schwedischen Lund sowie in Berlin um die Vermittlung
von grammatischen und pragmatischen Ansätzen (vgl. z.B. Rosengren 1988 oder Motsch/Reis/
Rosengren 1989/90).

In der DDR gab es bis in die 70er Jahre an der PH Potsdam die "Funktionale Grammatik"; ihr
folgte später die sogenannte "kommunikativ-funktionale Sprachbeschreibung", die allerdings nicht
mehr viel mit Grammatik zu tun hatte (vgl. Schmidt u.a. 1981). Ausserhalb des germanistischen
Bereichs gibt es eine Funktionale Grammatik beispielsweise von S. C. Dik (1978), von T. Givon
(z.B. 1984) oder von M.A.K. Halliday (z.B. 1985).

e) Konstituenten-/Phrasenstrukturgrammatik

Diese hauptsächlich in den 50er Jahren in den USA entwickelte strukturalistische Theorie hat v.a.
die Generative Grammatik in einem kleinen, aber zentralen Teil der Theorie stark inspiriert, in ihrer
Methodik aber durchaus auch Glinz und damit die 'traditionelle Grammatik'. Wir werden sie im
Abschnitt 3.2.4.a etwas genauer vorstellen.

f) Generative Grammatik

Wir gehen in Kapitel 3 auf diese heute wieder überaus wichtige Grammatiktheorie (die eigentlich
eine umfassende Sprachtheorie darstellt) gesondert ein, und zwar insbesondere auf die sogenannte
Government-and-Binding-Ausprägung der Theorie. Daneben gibt es noch einige andere
'generative' Richtungen.
Hier handelt es sich entschieden um eine wissenschaftliche Grammatikrichtung ohne direkten Praxisbezug; Versuche in früheren Etappen der Theorieentwicklung, etwa in den späten 60er Jahren,
die Generative Grammatik in den Schulunterricht einfliessen zu lassen, können als gescheitert
gelten. Diese Grammatiktheorie vertritt in gewissen Punkten einen eher weiten Begriff von
Grammatik (und schliesst beispielsweise das Lexikon ein); sie reflektiert aber sehr eingehend die
Abgrenzung zwischen Grammatik, Semantik und Pragmatik.
Die Generative Grammatik hat bis heute keine umfassende Darstellung des deutschen Sprachsystems hervorgebracht. In einem lockeren Zusammenhang mit einer älteren Ausprägung dieser
Theorie – sowie auch mit (g), teilw. mit (d) – kann man die grosse sogenannte "Akademie-Gram-
matik" von Heidolph/Flämig/Motsch (1980) sehen; hier handelt es sich um den Prototyp einer
theoretisch orientierten Grammatik. Weitere Literatur zur Generativen Grammatik findet sich im
Kapitel 3 erwähnt.

g) Generative Semantik

Hier handelt es sich um einen Ableger der älteren Generativen Grammatik. Die Generative Semantik hat die Generative Grammatik gleichsam auf den Kopf (oder die Füsse) gestellt: sie
versucht eine semantische Grundlegung der Syntax, d.h. eine Ableitung syntaktischer Strukturen

aus mehr oder weniger universalen Bedeutungsstrukturen. Die Generative Semantik im engeren Sinn hat sich heute etwas überlebt; wichtige Grundgedanken und methodische Ansätze leben jedoch besonders in (i) weiter. Eigentliche Grammatiken des Deutschen sind auf generativ-semantischer Basis nicht geschrieben worden. Als Einführung eignen sich Binnick (1972) oder Immler (1974); vgl. auch Pasch/ Zimmermann (1983).

h) Kasusgrammatik

Die Kasusgrammatik ist ein weiterer semantisch orientierter Ableger der früheren Generativen Grammatik, der von grossem Einfluss auf die Entwicklung der Grammatiktheorie der letzten Jahrzehnte war. Er lebt in jüngeren Entwicklungsstadien der Generativen Grammatik als sogenannte *Theta-Theorie* oder *Theorie der thematischen Rollen* weiter (vgl. Abschnitt 3.2.3.c). Bei der Kasusgrammatik handelt es sich ebenfalls um den Versuch, syntaktische Strukturen aus semantischen Strukturen, und zwar aus Konstellationen von universalen sogenannten *Tiefenkasus* oder Handlungsrollen wie AGENS, PATIENS, INSTRUMENTAL abzuleiten (später hat man solche Konstellationen auch *Szenen* genannt). Als Begründer der Kasustheorie gilt Ch. Fillmore mit seiner Arbeit von 1968. Aus der Kasusgrammatik hat S. C. DIK seine 'Funktionale Grammatik' entwickelt (vgl. Dik 1978; vgl. (d)). Grundideen der Kasusgrammatik lassen sich auch mit gewissen Weiterentwicklungen der Valenz- oder Dependenzgrammatik verbinden (vgl. Helbig 1982).

i) Kategorialgrammatik, Formale Semantik, Montague-Grammatik

Grammatiktheorien im Umfeld dieser Stichworte verfechten am entschiedensten die These, eine Grammatik habe auch die Bedeutung sprachlicher Ausdrücke zu explizieren, und zwar insbesondere die Bedeutung von Sätzen. In diesen Ansätzen beschreibt man darum Ausdrücke auch in ihrem formalen Aufbau zum vornherein so, dass man ihnen in einem zweiten Schritt systematisch ihre Bedeutungen zuordnen kann. Dabei bedienen sich diese grammatiktheoretischen Ansätze hochentwickelter Kunstsprachen der modernen mathematischen Logik. Es handelt sich hier um Grammatiktheorien für ausgesprochene wissenschaftliche Spezialisten. Als Einführung sei empfohlen Link (1979). Vgl. auch das Kapitel 4.

j) Weitere Grammatiken

Eine wichtige neuere Grammatik, die man nicht ohne weiteres einer bestimmten Schule zuordnen kann und die ihre Bestimmung v.a. im Hochschulunterricht sieht und auch gefunden hat, ist Eisenberg (1994).
Einen hoch formalisierten wissenschaftlichen Grammatiktyp im Rahmen einer ganzen Sprachtheorie hat H. H. Lieb mit seiner "Integrativen Sprachwissenschaft" entwickelt (vgl. Lieb 1977).
Am andern Ende, nämlich ganz stark auf die Benutzerinnen und Benutzer ausgerichtet, sind dagegen die Grammatiken von H. J. Heringer (1978) und (1988); v.a. letztere ist eine Grammatik, die für einmal nicht so sehr den Produktionsaspekt von Sprache als vielmehr den Rezeptionsaspekt berücksichtigt; es ist eine 'Verstehensgrammatik'.

2.3   Die Lehre vom Wort: Morphologie

2.3.1   Was ist ein Wort?

Den einen von den beiden grossen Teilen klassischer Grammatikschreibung bildet – wir haben es weiter oben gesagt – die Lehre vom Wort. Die grammatische Lehre vom Wort behandelt die formalen Ausprägungen und die syntaktische Verwendbarkeit von Wörtern. Dies soll Thema des folgenden Abschnittes sein. Er bietet einen Einblick in das Arbeitsgebiet der *Morphologie* und diskutiert in diesem Zusammenhang auch die sogenannte *Lehre von den Wortarten*.

Der Terminus *Morphologie* bedeutet so viel wie 'Lehre von den Formen'. Er wurde von Goethe geprägt zur Bezeichnung der Lehre von den verschiedenen formalen und strukturellen Ausprägungen der Gattungen und Arten lebender Organismen. Im 19. Jahrhundert übernahm man den Terminus in die Sprachwissenschaft zur Bezeichnung der Lehre von den formalen Ausprägungen der Wörter einer Sprache. Neben *Morphologie* trifft man heute auch die Termini *Morphemik* oder *Pleremik* an.

Für die Syntax sind Wörter atomare Einheiten. Sie interessieren nur als Bausteine für den Bau von syntaktischen Einheiten, von Phrasen und Sätzen. Für die Morphologie hingegen sind Wörter gerade nicht atomare Einheiten: Die Morphologie fragt nach dem 'Innenleben' der Wörter. Um etwas genauer zu verstehen, was das heisst, muss uns vorerst der Begriff *Wort* zum Problem werden. Gegeben sei folgender Satz:

> *Wenn hinter Fliegen eine Fliege fliegt, fliegt eine Fliege Fliegen nach.*

Zu diesem Satz stellen wir zwei Fragen:
1. "Wieviele Wörter hat dieser Satz?"
2. "Wieviele verschiedene Wörter hat dieser Satz?"

Wir nehmen an, dass die Antwort auf die erste Frage "elf" ist, dass hingegen auf die zweite Frage verschiedene Antworten möglich sind, nämlich "sieben", "sechs" oder gar "fünf". Diese Uneindeutigkeit hat mit der Mehrdeutigkeit des Alltagsbegriffs 'Wort' und demzufolge des Konzepts von 'verschiedenen Wörtern' zu tun. Bevor wir dieser Mehrdeutigkeit mit der Unterscheidung von *Lexem, syntaktischem Wort* und *Wortform* zuleibe rücken wollen, widmen wir uns ganz kurz dem Unterschied zwischen der Antwort "elf" und der Antwort "sieben" und unterscheiden dazu *token* und *type*.

a) *token und type*

Wer in unserem Testsatz elf Wörter zählt, zählt sogenannte *token*, wer hingegen sieben (oder auch nur sechs oder fünf) verschiedene Wörter zählt, zählt *types*. Die Reduktion von elf auf sieben geschieht aufgrund der Tatsache, dass die Wörter *Fliegen, Fliege, fliegt* und *eine* je zweimal vorkommen. Sie sind je zweimal konkret materialisiert, sei das graphisch durch Buchstaben, sei es lautlich beim Vorlesen des Satzes. Solche einzelne Vorkommen nennen wir *token*. Dabei ist damit zu rechnen, dass die token in ihrer jeweiligen Realisierung materiell leicht voneinander abweichen, d.h. ganz leicht anders gesprochen oder geschrieben werden. Intuitiv übersehen wir jedoch diese Abweichungen völlig und haben keine Mühe, hier von einer jeweils zweifachen Realisierung des gleichen Wortes zu reden. Gleichheit ist für uns selbstverständlich Gleichheit des hinter den jeweiligen Realisierungen stehenden Musters. Dieses Muster nennen wir *type*. Selbst wenn *fliegt* am Satzanfang stünde und dann gross geschrieben würde, wäre es für uns token zu dem type, zu dem auch das kleingeschriebene *fliegt* gehört.

b) *Wortform, syntaktisches Wort, Lexem, Lexemverband*

Wer in unserem Testsatz sieben verschiedene Wörter zählt, zählt *Fliege* und *Fliegen* als zwei verschiedene Wörter, wer hingegen nur sechs verschiedene Wörter zählt, zählt sie als ein Wort. Wer gar nur fünf verschiedene Wörter zählt, fasst *Fliege, Fliegen* und *fliegt* zu einem Wort zusammen. – Offensichtlich spielen dabei unterschiedliche Konzepte von *Wort* eine Rolle. Zur Klärung wollen wir folgende terminologische Konvention einführen:

- Wer *Fliege, Fliegen* und *fliegt* je einmal zählt (und damit als Antwort "sieben verschiedene Wörter" bekommt), zählt *syntaktische Wörter* (genauer: types von syntaktischen Wörtern).

- Wer hingegen *Fliege* und *Fliegen* zusammen nur einmal zählt und *fliegt* für sich noch einmal (und damit als Antwort "sechs verschiedene Wörter" bekommt), zählt *Lexeme*.

- Wer schliesslich *Fliege, Fliegen* und *fliegt* zusammen nur einmal zählt (und als Antwort "fünf verschiedene Wörter" bekommt), fasst diese Wörter zu einem *Lexemverband* zusammen und zählt diesen (diese Variante ist allerdings kaum zu erwarten).

Versuchen wir die neuen Begriffe etwas näher zu bestimmen:

(i) *Syntaktisches Wort* ist jede spezifische grammatische Ausprägung eines Wortes.

(ii) Unterschiedliche grammatische Wortausprägungen, d.h. Unterschiede zwischen syntaktischen Wörtern, können in der lautlichen (oder graphischen) Gestalt sichtbar sein, wie z.B. in den Unterschieden zwischen *fliegen, fliege, fliegst, fliegt, flog, flogst* etc. Wir sagen in diesem Fall, dass jedes syntaktische Wort in einer eigenen *Wortform* zum Ausdruck kommt. Die Wortform ist demnach die signifiant-Seite eines syntaktischen Wortes. Grammatische Unterschiede (Unterschiede zwischen syntaktischen Wörtern) müssen jedoch nicht notwendig materiell offenkundig sein; es gibt im Deutschen sehr viele sogenannte *homonyme*, d.h. gleichlautende und dennoch verschiedene syntaktische Wörter. So ist etwa *Fliegen* eine hochgradig mehrdeutige Wortform: Sie kann Nominativ, Genitiv, Dativ oder Akkusativ (alle Plural) sein; *Fliegen* kann also vier verschiedene syntaktische Wörter repräsentieren.

(iii) Ein *Lexem* ist eine Menge, eine Zusammenfassung (man sagt auch: ein Paradigma) verschiedener syntaktischer Wörter, die gewisse wesentliche Dinge gemeinsam haben: In unserem Fall von *Fliege/Fliegen* ist das ein materieller Bestandteil wie *flieg-* sowie insbesondere die Wortartprägung Substantiv/Nomen (darum gehört *fliegt* nicht dazu, denn das ist eine Verbform). Für diese Zusammenfassung ist es nötig, dass im Lexem gewisse Merkmale neutral gesetzt sind, d.h. dass Variation im Rahmen dieser Merkmale nicht beachtet wird. In unserem Fall *Fliege/Fliegen* ist z.B. die Variation im Merkmal Numerus (Singular, Plural) irrelevant. In der Zusammenfassung der syntaktischen Wörter mit den Formen *fliegen, fliege, fliegst* etc. zu einem Lexem werden die Variationen der Flexion (in den Merkmalen Person, Numerus, Tempus u.a.) neutral gesetzt.

(iv) Ein *Lexemverband* ist gegenüber dem Lexem eine noch grössere Abstraktion; der Begriff verhält sich insbesondere gegenüber dem Merkmal der Wortart neutral: Auf unser Beispiel angewendet könnte ein Lexemverband sowohl *Fliege* wie *Fliegen* wie *fliegt* umfassen aufgrund allein ihres gemeinsamen Bestandteils *flieg-*. Ebenso könnten dazugehören *Flug, Abflüge, Blindfluges, verflog*, vielleicht auch *flügge, Flügel* usw.; es ist eine Frage der Theorie, wo man die Grenze ziehen will.

Wer in der Alltagssprache von *Wort* redet, meint manchmal Lexem, manchmal syntaktisches Wort und manchmal Wortform (kaum je Lexemverband). Diese

Mehrdeutigkeit von *Wort* treffen wir leider auch weitherum in der Sprachwissenschaft. Zwei Beispiele, die die Mehrdeutigkeit illustrieren sollen:

– Wörterbücher gelten als Listen der Wörter einer Sprache. Sie sind im Prinzip Listen von *Lexemen*, nicht etwa von syntaktischen Wörtern oder von Wortformen. Niemand erwartet für *Fliege* und *Fliegen* zwei separate Einträge im Wörterbuch, aber wir erwarten für *Fliege/Fliegen* einerseits und *fliegt* andererseits je einen Wörterbucheintrag.

Da man Mengen von syntaktischen Wörtern und dadurch mittelbar von Wortformen schlecht auflisten kann, listet man in Wörterbüchern eine sogenannte *Zitier-* oder *Nennform* des Lexems auf. Das ist die Wortform eines besonders häufigen syntaktischen Wortes des betreffenden Lexems. Im Deutschen ist es Konvention, dass die Zitierform von Substantiven (bis auf Ausnahmen) die Wortform für das syntaktische Wort mit den Merkmalen 'Nominativ Singular' ist, die Zitierform von Verben die Wortform für das syntaktische Wort mit dem Merkmal 'Infinitiv' (im Latein hingegen ist die Wortform für das syntaktische Wort mit den Merkmalen '1. Person Sg. Indikativ Präsens Aktiv' die Zitierform für das Lexem, also z.B. *amo*, nicht *amare*).

– Syntax, so haben wir gesagt, ist ein Set von Regeln zum Bau von Sätzen aus Wörtern. Nun operiert die Syntax aber ganz klar über syntaktischen Wörtern, nicht über Lexemen. D.h.: Sätze sind aus syntaktischen Wörtern gebaut, nicht aus Lexemen; Syntaxregeln machen Aussagen über die Kombinatorik von syntaktischen Wörtern, nicht von Lexemen. Beispielsweise fordert eine syntaktische Regel an einer bestimmten Position im Satz ein Nomen/Substantiv mit einem ganz bestimmten Kasus. Kasus-markiert aber ist nur ein syntaktisches Wort, während das Lexem kasusneutral ist.

c) Syntaktische Wörter als Bündel von Merkmalen

Lexeme sind Zusammenfassungen von syntaktischen Wörtern unter Neutralisierung von bestimmten ihrer Merkmale (wie 'Kasus' und 'Numerus' beim Substantiv/Nomen oder 'Person', 'Numerus', 'Tempus' beim Verb). Man kann umgekehrt auch sagen: Syntaktische Wörter sind Ausgestaltungen abstrakter Lexeme unter 'Aufrüstung' durch bestimmte zusätzliche Merkmale. Beide Sprechweisen implizieren einen entscheidenden Tatbestand: Syntaktische Wörter (aber auch Lexeme; vgl. unten) sind Bündelungen von Merkmalen oder Informationseinheiten. Syntaktische Wörter sind in dieser Hinsicht etwas Zusammengesetztes, haben einen inneren Aufbau. Wir wollen diese von syntaktischen Wörtern getragenen Merkmale oder Informationseinheiten als das *signifié* der syntaktischen Wörter verstehen – in etwas eigenwilliger Ausdehnung des zeichentheoretischen Begriffs von DE SAUSSURE (vgl. Kapitel 1 Semiotik). Dann gilt der Befund der inneren Gegliedertheit der syntaktischen Wörter zumindest einmal für deren signifié.

Betrachtet man nun aber das *signifiant* von syntaktischen Wörtern, betrachtet man die materiellen Wortformen, so kann man gerade mit Rücksicht auf die Gegliedertheit des signifiés der syntaktischen Wörter sehr oft auch hier eine innere Komposition ausmachen (die nichts mit den Phonemsegmenten zu tun hat). Es spricht auch intuitiv einiges dafür, von einer Wortform wie *fliegt* zu sagen, dass *flieg-* die Semantik, die Wortbedeutung, trägt und *-t* das Merkmal '3. Person Singular', oder von einer Wortform wie *Fliegen*, dass *fliege-* die Wortbedeutung und *-n* das Merkmal 'Plural' trägt.

Wir sind damit an einem Punkt angelangt, wo wir das Thema der Morphologie etwas genauer eingrenzen können. Morphologie untersucht die Gegliedertheit von syntaktischen Wörtern auf der signifiant-Seite (die Gegliedertheit von Wortformen also) unter besonderer Rücksichtnahme auf die Gegliedertheit der signifié-Seite der syntaktischen Wörter. Sie entwickelt Methoden, wie die Gegliedertheit der Wortformen aufgedeckt werden kann, und stellt Kategorien bereit, mit denen die Glieder klassifiziert, geordnet werden können. Sie erarbeitet schliesslich Regeln, nach denen Wortformen einer Sprache aus den gefundenen Gliedern aufgebaut werden. Man hat die Morphologie von daher auch schon mehr oder weniger metaphorisch die 'Wort-Syntax' genannt, d.h. Theorie vom Wort-Bau.

Diese Bestimmung bewegt sich im Rahmen eines etwas ausdifferenzierten Zeichenmodells Saussurescher Prägung (vgl. 1.4). Das Schema 2-2 soll dies andeuten.

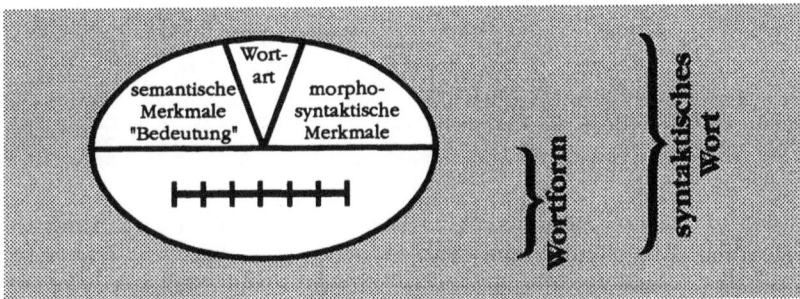

semantische Merkmale "Bedeutung" | Wort-art | morpho-syntaktische Merkmale

Wortform · syntaktisches Wort

[Schema 2-2]

Die Graphik zeigt ein syntaktisches Wort mit der – einfachen oder zusammengesetzten – Wortform als seiner signifiant-Seite und mit der Bündelung verschiedenartiger Merkmale als seiner signifié-Seite: Es gibt die *semantischen Merkmale* oder die Bedeutung im engeren Sinn, die Gegenstand der Wortsemantik oder lexikalischen Semantik sind (vgl. Kapitel 4). Und es gibt die sogenannten *morphosyntaktischen Merkmale*. Letztere nennt man auch die *Flexionsmerkmale*. Gemeint sind Merkmale wie 'Numerus', 'Kasus' oder 'Person', 'Tempus' usw. *Morphosyntaktisch* heissen sie deshalb, weil sie einerseits formal an der Wortform sichtbar werden können (*morpho-*) und weil sie andererseits für die syntaktische Verwendung des syntaktischen Wortes entscheidend sind (*-syntaktisch*). Signifié-Merkmale von Wörtern können demnach auf einer nächsthöheren Stufe – auf der Stufe der Syntax – für den Aufbau von signifiant-Einheiten (Phrasen, Sätzen) wichtig werden!

Beim *Lexem* sind die morphosyntaktischen Merkmale neutralisiert, d.h. ein Lexem hat lediglich semantische Merkmale. Und es hat eine gewisse 'Veranlagung' zur Ausdifferenzierung nach bestimmten morphosyntaktischen Merkmalen. Dies kann man seine Wortartprägung nennen (vgl. 2.4). In Wörterbüchern wird das Lexem mit seiner Zitier-Wortform, seinen semantischen Merkmalen und seiner Wortart (d.h. seiner Potenz für gewisse morphosyntaktische Ausdifferenzierungen) und ev. mit weiteren Angaben geführt.

Die Markiertheit des *syntaktischen Wortes* hinsichtlich der morphosyntaktischen Merkmale motiviert unseren Terminus *syntaktisches Wort*: Es ist ein Lexem, das so weit mit Merkmalen ausgerüstet ist, dass man damit syntaktische Ausdrücke – Phrasen und Sätze – bauen kann (vgl. 2.5).

2.3.2 Grundzüge der Morphologie

a) Das Morphem

Die klassische strukturalistische Morphologie hat ihre Theorie zugeschnitten auf ein ideales syntaktisches Wort, gleichsam einen morphologischen Glücksfall, an den das folgende Beispiel eine Annäherung ist:

unfruchtbarkeitsgottheiten

Ideal ist dieses syntaktische Wort für die Theorie deshalb, weil sich seine Wortform sauber unterteilen – *segmentieren* – lässt in einzelne kleinste Phonem-Sequenzen mit der Eigenschaft, je ungefähr eine Bedeutung oder eine grammatische Funktion, kurz: je ungefähr ein signifié-Element zu tragen. Das Resultat dieser Analyse zeigt Schema 2-3.

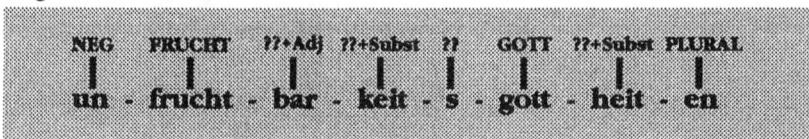

NEG	FRUCHT	??+Adj	??+Subst	??	GOTT	??+Subst	PLURAL
un -	frucht -	bar -	keit -	s -	gott -	heit -	en

[Schema 2-3]

Ein Idealfall liegt hier insofern vor, als der Gegliedertheit des signifiants, der Wortform, eine Gegliedertheit des signifiés in ziemlicher Parallelität (Isomorphie) entspricht, so dass wir das syntaktische Wort regelrecht als Verkettung von minimaleren zweiseitigen Zeichen (einzelnen Wortformen-Teilen mit je zugehörigem signifié-Merkmal) darstellen können. Man nennt eine solche minimale Phonem-Sequenz mit einer Bedeutung oder einer Funktion ein *Morphem*. Das Morphem ist der zentrale Begriff dieser morphologischen Theorie. Die klassische Definition lautet: "Das Morphem ist die kleinste bedeutungtragende Einheit". Diese Definition ist mit Vorteil zu modifizieren zu: "Das Morphem ist die kleinste lautliche oder graphische Einheit mit einer Bedeutung oder grammatischen Funktion". Dabei ist für unsere weitere Diskussion (vorab in 2.3.3) folgende Präzisierung wichtig: Ein Morphem ist primär eine signifiant-Einheit; ihren Status als solche signifiant-Einheit bekommt sie aufgrund ihrer Eigenschaft, eine signifié-Einheit zu 'tragen'.

Die Minimalität der Morpheme ersieht man daraus, dass ihre weitere Segmentierung zwar noch immer auf relevante sprachliche Einheiten wie Silben oder Phoneme führen kann, diese jedoch im Unterschied zu den Morphemen keine Bedeutung oder grammatische Funktion mehr tragen. Die Morpheme sind also die minimalen Zeichen im Saussureschen Sinne des bilateralen Zeichens (vgl. Kapitel 1). Syntaktische Wörter dagegen sind in diesem Sinne meist komplex, und diese Komplexität ist der Themenbereich der Morphologie.

Die klassische strukturalistische Morphologie
– segmentiert die Wortformen einer Sprache in einzelne Morpheme mit Bezug auf die Merkmale, die die Wortformen als signifiant von syntaktischen Wörtern tragen,
– inventarisiert die Morpheme,
– klassifiziert sie und
– sucht nach Regeln der Verkettung der Morpheme zu Wortformen für syntaktische Wörter.

Im folgenden wollen wir zuerst wichtige Morphem-Typen-Unterscheidungen nennen (b) und danach drei Grossbereiche des Wortformen-Innenbaus und damit der Morphologie mit je spezifischen weiteren Morphem-Typen ansprechen (c – e).

b) Wichtige Morphem-Typen-Unterscheidungen

(i) *freie Morpheme* vs. *gebundene Morpheme*:
Diese Unterscheidung hebt ab auf ein Vorkommens-Charakteristikum. Freie Morpheme sind Morpheme, die als eigenständige Wortform auftreten können, in unserem Bsp. *frucht* und *gott*. Es ist nicht nötig, dass sie immer so vorkommen, vgl. *gott-heit, frucht-bar.*
Gebundene Morpheme treten dagegen nie als selbständige Wortform, sondern immer nur zusammen mit andern Morphemen in einer Wortform auf, so etwa *-bar* in *frucht-bar, -heit* in *gott-heit, -en* in *gott-heit-en.*

(ii) *lexikalische* vs. *grammatische Morpheme*:
Diese Unterscheidung ist eine nach dem signifié (im weitesten Sinne), das das Morphem trägt. Eine scharfe Trennung ist hier nicht möglich, wir müssen eher von Polen auf einer Skala sprechen. *Lexikalische Morpheme* werden auch *Grund-* oder *Wurzel-* oder *Basis-* oder *Kern*-Morpheme genannt. Sie tragen eine Bedeutung im engeren Sinne, d.h. sie referieren auf Aussersprachliches. In unserem Beispiel wären *gott* und *frucht* lexikalische Morpheme. Ihre Bedeutung zu explizieren ist vornehmliches Thema der sogenannten lexikalischen Semantik (vgl. Kapitel 4). Lexikalische Morpheme stiften – zusammen mit dem Wortartmerkmal – den Lexemzusammenhang von syntaktischen Wörtern und – unter Neutralisierung des Wortartmerkmals – den Zusammenhang eines Lexemverbandes (*Frucht, fruchtbar, fruchten, Südfrucht, fruchtig* usw. gehören zum selben Lexemverband).
Grammatische Morpheme tragen dagegen eher innersprachliche signifiés oder 'Bedeutung' (man spricht auch von *grammatischer Bedeutung*). Klassische Fälle sind hier etwa die sogenannten Flexionsmorpheme wie Kasus-, Numerus-, Person-Morpheme oder auch Adjektiv-Markierungen (Derivationsmorpheme; vgl. unten) wie *-lich, -haft*, Substantiv-Markierungen wie *-heit, -ung* usw.
Die beiden genannten Dichotomien (i) und (ii) zielen auf unterschiedliche Eigenschaften von Morphemen ab. Ihre Unterteilung der Morpheme ist nicht deckungsgleich, es gibt aber eine Tendenz, die die Matrix in Schema 2-4 andeuten soll.

frucht ist ein Normalfall: frei und lexikalisch, *seh-* ein Ausnahmefall: gebunden, aber lexikalisch; allerdings sind die

	frei	gebunden
lexikalisch	Normalfall	Ausnahmefall
grammatisch	Ausnahmefall	Normalfall

[Schema 2-4]

Wurzelmorpheme von Verben in aller Regel gebunden. *-heit* ist ein Normalfall: gebunden und grammatisch, *zu* ein Ausnahmefall: frei und grammatisch. Den Normalfall nennt man den *unmarkierten* Fall (englisch auch: *default*), den Ausnahmefall den *markierten* Fall.

(iii) *Affixe* und *Stamm*:
Gebundene Morpheme werden immer an andere Morpheme angehängt. Gebundene grammatische Morpheme nennt man *Affixe*, und man spricht von *affigieren* und *Affigierung*. Je nach Ort der Affigierung kann man *Präfixe* (vorn), *Suffixe* (hinten) *Infixe* (in ein Morphem hinein) und *Zirkumfixe* (um ein anderes Morphem herum)

unterscheiden. Infixe gibt es im Deutschen nicht, Kandidat für ein Zirkumfix im Deutschen ist *ge- VERBSTAMM-en* im Partizip II, z.B. in *ge-flog-en*. Suffixe heissen auch *Endungen*.

Das, woran affigiert wird, heisst *Stamm*. Das kann ein einzelnes freies Morphem sein, das kann aber auch ein morphologischer Komplex sein, vgl. das Schema 2-5.

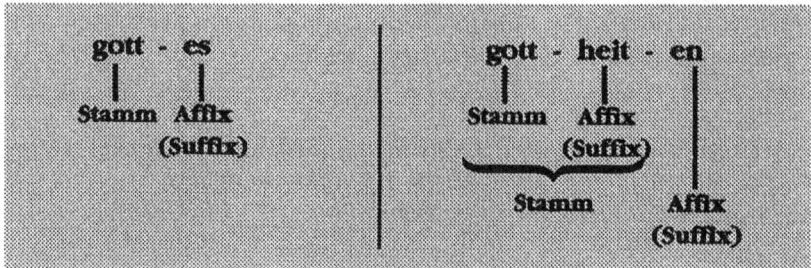

[Schema 2-5]

c) Flexion

Eine prominente Subklasse der grammatischen Affixe sind die Flexionsaffixe, im Deutschen fast ausnahmslos Suffixe, Endungen. Die Flexionsaffixe spielen eine zentrale Rolle im Bereich der sogenannten *Flexion* (älterer Terminus: *Beugung*), d.h. der morphosyntaktischen Ausdifferenzierung der syntaktischen Wörter eines Lexems. (Allerdings ist Affigierung, wie wir noch sehen werden, nicht das einzige Mittel der Flexion.) Man spricht darum auch von den *Flexionsformen* eines Lexems und meint damit die syntaktischen Wörter eines Lexems. Die Flexion bildet den einen Grossbereich der Morphologie; den anderen bildet die sogenannte Wortbildung (vgl. weiter unten).

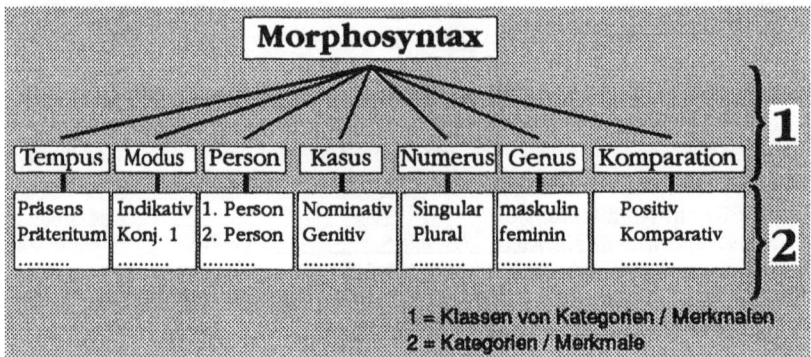

[Schema 2-6]

Für die Flexionsaffixe (eigentlich genauer: für alle flexivischen Abwandlungen – es gibt, wie gesagt, nicht nur die Affigierung) hält die Grammatikschreibung seit langem einen festen Kanon an sogenannten *grammatischen* oder *morphosyntaktischen Kategorien* und *Kategorienklassen* bereit, mit denen man Ordnung in die Vielfalt der Phänomene zu bringen trachtet. Die Kategorien sind die sogenannten morphosyntaktischen Merkmale, die die Morpheme in die syntaktischen Wörter einbringen. Wir deuten das mit dem Schema 2-6 lediglich an und appellieren dabei an das Schulgrammatik-Wissen.

Hierzu drei Bemerkungen:

(i) Die Kategorienklassen und Kategorien werden traditionellerweise in die beiden grossen Gruppen der *Deklination* und der *Konjugation* eingeteilt. Die *Komparation* rechnet manchmal zur Deklination, manchmal versteht man sie als eigenständigen dritten Bereich.

(ii) Von unserer von der alten Lateingrammatik her geprägten Schulgrammatik sind wir gewohnt, unter die Flexion auch sogenannte *analytische Formen* zu rechnen, das sind eigentlich nicht mehr einzelne Wortformen, sondern bereits Wortformenverbände wie z.b. eine deutsche Perfekt'form' (*bin geflogen*) oder eine analytische deutsche Konjunktiv II-'Form' (*würde fliegen*). Bestimmte grammatische Informationen, die in andern Sprachen (z.B. Latein) morphologisch oder 'synthetisch', d.h. mittels einer komplexen Wortform, ausgedrückt werden, werden hier also mittels einer Wortformengruppe, d.h. eigentlich: syntaktisch (vgl. Abschnitt 2.5), ausgedrückt, und es ist vom morphologischen Standpunkt her bedenklich, hier noch von Flexion zu reden.

(iii) In Anlehnung an die grammatiktheoretischen Arbeiten von Hans Glinz (vgl. Abschnitt 2.2.2.b) hat sich heute weiterum, gerade auch in praktischen Grammatiken für die Schule, eine *Wortartenlehre* durchgesetzt, die Wörter nach ihren flexivischen Eigenschaften klassifiziert. Wir gehen auf die Wortartenlehre in Abschnitt 2.4 gesondert ein.

d) Derivation (Ableitung)

Die zweite prominente Affixklasse neben der Klasse der Flexionsaffixe bilden die Derivations- oder Ableitungsaffixe. Im Unterschied zur Flexion, die die Wortformenausprägung der syntaktischen Wörter eines Lexems umfasst, handelt es sich bei der Derivation oder Ableitung um die eine von zwei Möglichkeiten der Lexembildung; traditionell spricht man von *Wortbildung*. Die andere Möglichkeit der Lexembildung ist die Komposition, auf die wir weiter unten unter (e) zu sprechen kommen. Wie bei der Flexion gilt auch bei der Derivation, dass die Affigierung nur das prominenteste, nicht aber das einzige Mittel der Bildung ist.

Die Morpheme *un-, -bar, -keit, -heit* in unserem Beispiel von oben sind Derivationsaffixe: Mit ihnen kann man aus bestehenden Wörtern neue Wörter bilden: *frucht -> frucht-bar*. Im Deutschen können Derivationsaffixe Prä- oder Suffixe sein. Derivationsaffixe bestimmen oft die Wortart des Lexems, auf das sie hinführen. So sind *-bar, -lich* typische Adjektiv-Derivationssuffixe (*frucht-bar, göttlich*), *-heit, -keit* oder *ge-* typische Substantiv-Derivationsaffixe (*gott-heit, frucht-bar-keit, ge-stammel*). Das Präfix *ge-* wird aber auch zur Ableitung von Verben benutzt: *frieren -> ge-frieren*.

e) Komposition (Zusammensetzung)

Ein zweiter Typus der Lexembildung ist die Komposition oder Zusammensetzung. Sie unterscheidet sich von der Lexembildung durch Derivation darin, dass bei ihr zwei lexikalische Morpheme, zumeist freie Morpheme (einfache oder bereits zu Komplexen ergänzte), zusammentreten, dass zwei Stämme zusammengekoppelt werden. Während bei der Derivation im Deutschen zumeist grammatische Affixe involviert sind und an einen Stamm affigiert werden, liegt bei der Komposition also keine Affigierung vor, sondern eine Zusammensetzung von ursprünglich Gleichwertigem. In unserem Beispiel liegt Komposition von *unfruchtbarkeit* und *gottheit* zu *unfruchtbarkeit-s-gottheit* vor. Aus noch nicht ganz geklärten Gründen tritt bei der Komposition im Deutschen häufig ein sogenanntes *Fugen-s* oder *Fugen-Morphem s* auf, so auch in unserem Beispiel.

Man unterscheidet nach semantischen Gesichtspunkten die *Kopulativ-Komposition* von der *Determinativ-Komposition*. Bei ersterer gibt es im Kompositionsresultat – dem *Kompositum* – nur ein geringes 'semantisches Hierarchiegefälle' zwischen den zwei Gliedern. Beispiele wären etwa *blaugrau* vs. *graublau*. Bei der Determinativ-Komposition zeigt das Resultat hingegen einen klaren Unterschied zwischen den zwei Teilen: *unfruchtbarkeitsgottheiten* sind Gottheiten der Unfruchtbarkeit. Eine *gottheitenunfruchtbarkeit* hingegen ist eine Unfruchtbarkeit von Gottheiten. Man unterscheidet die zwei Teile terminologisch folgendermassen: In *unfruchtbarkeitsgottheiten* ist *gottheiten* das *Determinatum* oder das *Determinierte* (auch: *Grundwort*), *unfruchtbarkeit* ist das *Determinans* oder das *Bestimmende* (auch *Bestimmungswort*). Im Deutschen steht das Determinatum rechts (d.h. an zweiter Stelle), im Französischen eher links (*mot-clef* vs. *Schlüsselwort*).

Es gibt Komposita aus Gliedern gleicher Wortart wie *graublau* (Adjektiv + Adjektiv), *unfruchtbarkeitsgottheit* (Nomen und Nomen), und es gibt Komposita aus Gliedern ungleicher Wortart wie *Dunkelkammer* (Adjektiv + Nomen), *alkoholsüchtig* (Nomen und Adjektiv). Bei der Komposition im Deutschen bestimmt das Zweitglied die Wortart (Lexemart) des resultierenden Lexems.

f) Überblick und ergänzende Bemerkungen

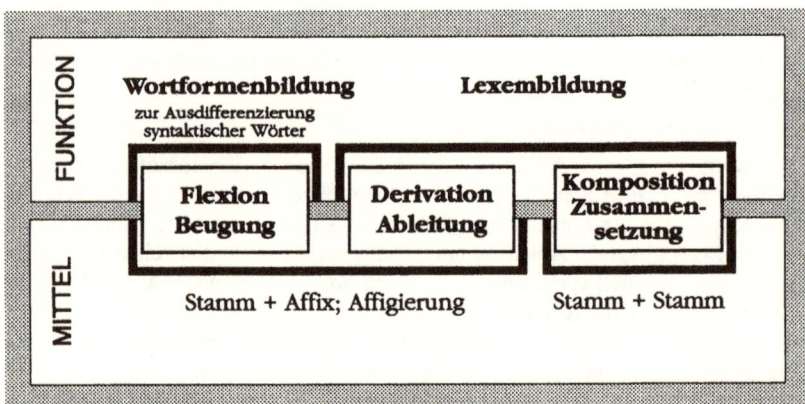

[Schema 2-7]

Nach diesem kurzen Durchgang durch wichtige Morphemtypen-Unterscheidungen – und damit verbunden durch die drei Grossbereiche der Morphologie – versuchen wir uns einen Überblick zu verschaffen. Dazu soll das Schema 2-7 helfen. Es zeigt uns zum einen – was die *Funktion* morphologischer Prozesse anbelangt – die Flexion in Opposition zur Derivation und Komposition: Die Flexion ist der morphologische Prozess der Wortformen-Bildung zur Ausdifferenzierung syntaktischer Wörter eines Lexems. Demgegenüber sind Derivation und Komposition morphologische Prozesse der Ausbildung neuer Lexeme. Das Schema 2-7 zeigt uns zum andern – was die *formalen Mittel* der morphologischen Prozesse anbelangt – die Komposition in Opposition zu Flexion und zur Derivation: Während Flexion und Derivation hauptsächlich mit der Affigierung an einen Stamm operieren (neben andern formalen Möglichkeiten), liegt bei der Komposition eine Zusammensetzung von Stämmen vor.

Das Schema 2-8 macht die drei verschiedenen morphologischen Prozesse noch einmal an unserem Beispiel klar.

Wir schliessen an diese vorläufige Bilanz einige Ergänzungen an:

(i)   Es gibt bestimmte Abfolgeregeln für die Affigierung im Deutschen. Lexembildende Derivationssuffixe kommen normalerweise vor Flexionssuffixen, stehen in der Wortform demnach 'weiter innen': *frucht-bar-es, gott-heit-en*. Eine Ausnahme ist – sofern man Komparation zur Flexion rechnet – ein Beispiel wie *ver-gröss-er-ung*. Innerhalb der Flexion kommt Numerus vor Kasus: *kind-er-n* oder Tempus vor Person: *mach-t-est*. Usw.

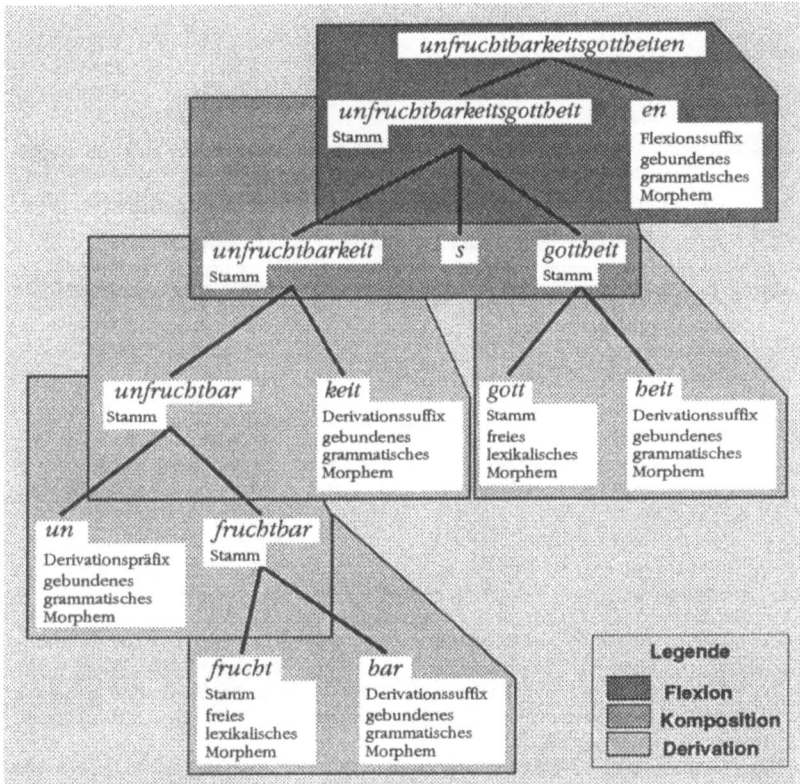

unfruchtbarkeitsgottheiten

unfruchtbarkeitsgottheit
Stamm

en
Flexionssuffix
gebundenes
grammatisches
Morphem

unfruchtbarkeit
Stamm

s

gottheit
Stamm

unfruchtbar
Stamm

keit
Derivationssuffix
gebundenes
grammatisches
Morphem

gott
Stamm
freies
lexikalisches
Morphem

heit
Derivationssuffix
gebundenes
grammatisches
Morphem

un
Derivationspräfix
gebundenes
grammatisches
Morphem

fruchtbar
Stamm

frucht
Stamm
freies
lexikalisches
Morphem

bar
Derivationssuffix
gebundenes
grammatisches
Morphem

Legende

Flexion
Komposition
Derivation

[Schema 2-8]

(ii) Es gibt einen gewissen Zusammenhang zwischen Ausdrucks- und Inhaltsseite einiger der vorgestellten Morphemtypen; man spricht von *Morphemklassen-Ikonismus*, was darauf verweist, dass es im weitesten Sinn ein Abbildverhältnis (ein ikonisches Zeichenverhältnis; vgl. Kapitel 1) zwischen Form/Ausdruck und Inhalt/Bedeutung gibt: 'Grosses Morphem' – 'viel Bedeutung', 'kleines Morphem' – 'wenig Bedeutung'. Das soll Schema 2-9 zeigen.

(iii) Es gibt einige weitere wichtige Unterschiede zwischen lexikalischen, derivationellen und flexivischen Morpemen:
Die *lexikalischen Morpheme* einer Sprache bilden eine grosse, prinzipiell offene Klasse. Täglich können neue solche Morpheme aus andern Sprachen in ein Sprachsystem aufgenommen werden, ohne dass sich dadurch die Grammatik des aufnehmenden Sprachsystems ändern würde. Dabei kann man sich fragen, ob tatsächlich nur lexikalische Morpheme oder aber eigentliche Lexeme, d.h. lexikalische Morpheme mit Wortartprägung, übernommen werden.
Die *Derivationsaffixe* bilden eine sehr viel kleinere Zahl als die lexikalischen Morpheme. Prinzipiell ist diese Morphemklasse jedoch auch offen, d.h. es können neue Derivationsaffixe hinzukommen, ohne dass das System dadurch verändert würde. In seltenen Fällen kann man die Entlehnung von Derivationsaffixen aus andern Sprachen beobachten. Im Deutschen gelten das Verbalsuffix *-ieren* (*kop-ieren*) oder das Nominalsuffix *-er* (*Mach-er*) als entlehnte Derivationssuffixe (franz. *-ier* und lat. *-arius*). Ansonsten sind Derivationsaffixe in der Regel seman-

tisch teilentleerte ehemalige lexikalische Morpheme, gehen also auf Komposition zurück. Beispielsweise ist das heutige deutsche substantivische Ableitungssuffix *-heit* bzw. *-keit* rückführbar auf ein selbständiges Substantiv *heit*, das im Althochdeutschen so viel wie 'Art', 'Geschlecht' hiess; es ist verwandt mit engl. *head* und *hood*.

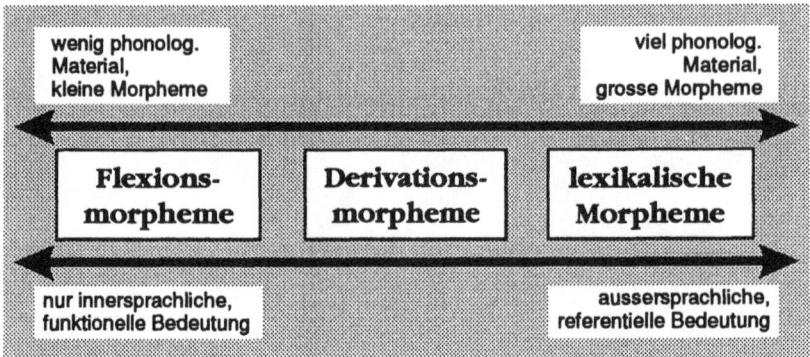

wenig phonolog. Material, kleine Morpheme		viel phonolog. Material, grosse Morpheme
Flexionsmorpheme	**Derivationsmorpheme**	**lexikalische Morpheme**
nur innersprachliche, funktionelle Bedeutung		aussersprachliche, referentielle Bedeutung

[Schema 2-9]

Gewisse Derivationsaffixe sind im Deutschen mehr oder weniger stark *produktiv*. Beispiele:
– Adjektivbildungen auf *-mässig* (auch das noch deutlich in seiner Herkunft aus einem selbständigen Wort),
– Adjektivbildungen auf *-bar*,
– Substantivbildungen auf *-ung*,
– neuerdings Substantivableitungen auf *-o: Realo*,
– oder Substantivableitungen auf *-i* (*Fundi, Schlaffi*).
Andere Derivationsaffixe sind kaum oder gar nicht mehr produktiv. Z.B. ist die Substantivbildung auf *-e*, einst sehr produktiv (*Dicke, Weite, Kälte*), weitgehend unproduktiv geworden, bis auf Ableitungen von Verben allerdings (*Lache, Mache, Liege, Glotze, Brumme, Haue*). Nicht besser geht es dem substantivischen Derivationssuffix *-tum* (*Wachs-tum*) oder dem adjektivischen Derivationssuffix *-icht* (*tör-icht*).
Die *Flexionsmorpheme* schliesslich bilden eine kleine und geschlossene Klasse. Entlehnungen kommen kaum vor. Veränderungen im Bestand haben gravierende Systemfolgen. Man denke etwa an das Verschwinden von Kasus-Suffixen. In einem solchen Fall kann es zu tiefgreifenden Umgestaltungen einer Sprache kommen, denn die Funktion des Kasus muss dann anderweitig erfüllt werden (vgl. Kapitel 10 Historiolinguistik). Flexion ist natürlich produktiv, d.h. wenn ein lexikalisches Morphem ins Deutsche übernommen wird, fällt es mit der Zeit unter die Flexion des Deutschen: *(ich) computer-e, (du) computer-st, (wir) computer-n, (sie) computer-t-e* oder *ein cooler Typ* etc. Es gibt Ausnahmen: etwa die ältere Bildungssprache, in welche man lateinische Lexeme gleich auch mit deren lateinischen Wortformenausprägungen übernahm, so dass man etwa *die Tempora* und nicht *die Tempusse* o.ä. sagt.

(iv) An der Flexion (Wortformenbildung) und an der Derivation und Komposition (Lexembildung) haben die einzelnen Sprachen unterschiedlich grossen Anteil. Man hat hinsichtlich der Flexion im 19. Jahrhundert eine Typologie der Sprachen in *flektierende* und *nicht-flektierende* versucht. Typische flektierende Sprachen sind die älteren (oder altertümlicheren) indoeuropäischen Sprachen wie Altindisch (Sanskrit), Altgriechisch, Latein, Russisch. In diesen Sprachen können sich einzelne Lexeme in Hunderte von Wortformen ausgestalten. Deutsch gilt als sehr kompositions- und derivationsfreudige Sprache und weist noch immer eine relativ starke Flexion, d.h. einen relativ grossen Wortformenreichtum, auf; die Flexion war jedoch auch im Deutschen früher noch wesentlich reichhaltiger (vgl. Kapitel 10 Historiolinguistik). Die Morphologie nimmt innerhalb der Grammatiken stark flektierender Sprachen einen erheblichen Raum ein. Nicht-flektierende Sprachen drücken die Informationen, die in flektierenden Sprachen morphologisch an den Wortformen der syntaktischen Wörter realisiert werden, mit anderen Mitteln aus, z.B. durch die Stellung der Wörter im Satz. Entsprechend nimmt in den Grammatiken dieser Sprachen die Morphologie einen kleineren Raum ein zugunsten der wichtigeren Syntax. Englisch gilt als eine indoeuropäische Sprache, die einen sehr weitgehenden Wandel von der flektierenden (morphologisch reichen) zur nicht-flektierenden (morphologisch armen, dafür v.a. 'syntaktischen') Sprache durchgemacht hat.

(v)   Eine komplexe Wortform wie unsere *unfruchtbarkeitsgottheiten* kann man sich sehr unterschiedlich aufgebaut – oder entstanden – denken. Das Bau-Muster lässt sich z.B. durch Baum-Darstellungen explizieren (zu diesem Darstellungsmittel vgl. besonders Kapitel 3). Wir können mögliche von unmöglichen Bau-Mustern unterscheiden. Ein unmögliches Bau-Muster enthält als Bau-Elemente Wortformen, die systematisch nicht möglich sind. Innerhalb der möglichen Bau-Muster kann es unter psycholinguistischem Gesichtspunkt (d.h. unter dem Gesichtspunkt der tatsächlichen Produktion einer solchen Form) plausiblere und unplausiblere geben. Dabei spielt die Frage eine Rolle, welche Bausteine der Produzent oder die Produzentin einer ad-hoc-Bildung (einer Form, die nicht im Wortschatz fertig gespeichert und abrufbar war) wohl am ehesten fest zur Verfügung gehabt haben mag.
Ein mögliches und sogar sehr plausibles Bau-Muster für unsere *unfruchtbarkeitsgottheiten* haben wir im Schema 2-8 skizziert. Ebenfalls möglich, aber sehr viel unplausibler, ist das Muster im Schema 2-10. Hingegen ist das Bau-Muster im Schema 2-11 nicht möglich, denn es enthält Teile, die es so im Deutschen nicht gibt (im Schema mit ?? und * markiert):

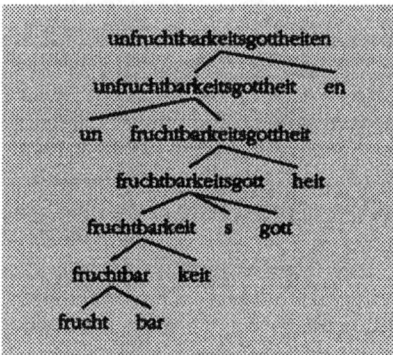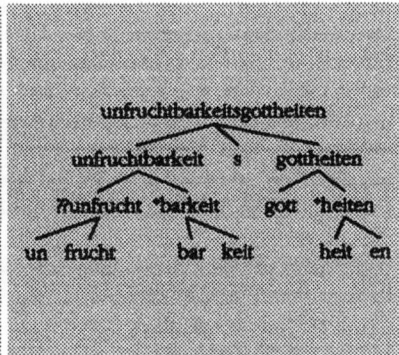

[Schema 2-10]   [Schema 2-11]

Unterschiedliche Bau-Muster komplexer Wortformen können durchaus mit unterschiedlicher Semantik zusammengehen. Eine *Stadt-Autofahrerin* ist etwas anderes als eine *Stadtauto-Fahrerin*. Dabei leistet in der gesprochenen Sprache die Prosodie, die suprasegmentale phonologische Realisierung (Akzente, Pausen u.a.) das, was man in der Schrift mittels unterschiedlicher Schreibung – Zusammenschreibung vs. Bindestrich – differenziert. Überhaupt muss eine morphologische Theorie Aussagen darüber machen, wie sich bei der Lexem- und Wortformenbildung die Akzentverhältnisse gestalten. Diese sind keineswegs beliebig.

(vi) Auf einige wenige semantische Aspekte der Lexembildung gehen wir in Kapitel 4 zur Semantik etwas näher ein; Stichworte wie *Unterdeterminiertheit, Idiomatisierung, Unikatbildung* spielen dort eine Rolle.

2.3.3   Einige Ausweitungen und einige Problematisierungen

Wir sind bisher vom morphologischen Idealbild eines syntaktischen Wortes ausgegangen, dessen signifiant-Seite (dessen Wortform) segmentierbar ist in einzelne Phonemsequenzen, unter Bezugnahme auf entsprechend viele Bedeutungs- und Funktionseinheiten auf der signifié-Seite. Ein solches syntaktisches Wort ist

eine Sequenz von Saussureschen bilateralen Zeichen oder eben von Morphemen (vgl. das Schema 2-3 mit der Segmentierung von *unfruchtbarkeitsgottheiten*).
Dieses Ideal ist in Wirklichkeit leider vielfältig getrübt. Teilweise hat die klassische strukturalistische Morphologie, der wir bisher gefolgt sind, die auftretenden Probleme begrifflich und terminologisch aufgefangen, teilweise aber fehlen Lösungen bis heute. Einige Probleme wollen wir im folgenden ansprechen.

a) Auslautverhärtung

Recht harmlos ist z.B. das oft angeführte Problem der sogenannten *Auslautverhärtung*. Gemeint ist damit der Verlust der Stimmhaftigkeit von Verschluss- und Reibelauten am Wortende oder im Wortinnern vor bestimmten andern Lauten. Man betrachte beispielsweise die korrekte Aussprache folgender Wortformen:

lieben	/liːbən/	(-> keine Verhärtung)
lieblich	/liːplɪç/	(-> Verhärtung)
(des) Rades	/raːdəs/	(-> keine Verhärtung)
(das) Rad	/raːt/	(-> Verhärtung)

Ein scheinbar nebensächliches lautliches Phänomen hat hier die unangenehme Folge, dass wir dem, was wir als sprachliche Einheit empfinden, keine fixe Lautgestalt zuschreiben können, dass also die phonologische Identität des Morphems gefährdet wird. Man kann das Problem nicht beseitigen, indem man von unterschiedlichen token eines type redet, denn das Morphem *lieb* oder *rad* wird in verschiedenen Wortformen systematisch phonologisch unterschiedlich realisiert, also durch zwei verschiedene phonologische types. Im Falle von *rad* haben wir mit der Auslautverhärtung gar den Zusammenfall mit einem anderen Morphem (vgl. *der Rat*).
Die strukturalistische Morphologie löste dieses Problem durch eine theoretische Anleihe bei der Phonologie. Dort spricht man in einer Einzelsprache im Falle deutlicher und systematischer phonetischer Variation ohne funktionale (sprich: bedeutungsunterscheidende) Folgen von *Allophonie* bzw. *Allophonen*. So sind im Deutschen der sogenannte 'ich-Laut' [ç] und der 'ach-Laut' [x] Allophone, was so viel heisst wie: Es handelt sich um den gleichen Laut des Systems, er realisiert sich aber regulär (je nach lautlicher Umgebung) entweder auf die eine oder auf die andere Weise. Zwischen [ç] und [x] herrscht die Beziehung der Allophonie. Übertragen auf unseren morphologischen Fall sieht das so aus: [liːb] und [liːp] heissen *Allomorphe*, zwischen ihnen herrscht die Beziehung der *Allomorphie*. Dabei kann es – wie im Falle von [raːt] – zu einer Homonymie, zu einer Gleichlautung eines Allomorphs mit einem anderen Morphem kommen.
Theoretisch ist dabei folgendes bemerkenswert: Die Identität des Morphems 'verrutscht' hier ein erstes Mal leicht auf die signifié-Seite: Dasselbe signifié 'Rad' oder 'lieb' wird systematisch durch zwei unterschiedliche – wenn auch noch sehr ähnliche – lautliche types realisiert.

b) Flexivische Veränderungen am Stamm-Morphem (I)

Schon weniger harmlos für die morphologische Theorie ist folgender Fall:

ich sag-e		*ich seh-e*
du sag-st	aber:	*du sieh-st*
sie sag-t		*sie sieh-t*

In der Flexion verändert sich die Wortform nicht nur in der Endung (im Suffix), sondern auch im Stamm-Morphem. Wir haben jedoch ein Interesse, in der Theorie die intuitiv sehr präsente Identität des lexikalischen Morphems in seinen beiden Varianten /se:/ und /si:/ erfassen zu können. Wieder greift man hier zum Begriff der *Allomorphie*. Dieses Mal werden bereits zwei lautlich sehr klar unterschiedliche Grössen aufgrund eines gleichen signifiés als Allomorphe *eines* Morphems zusammengefasst.

c) Mengen von funktionsgleichen Suffixen

In den beiden soeben referierten Fällen haben wir eine Tendenz zur Verankerung des Morphems auf der signifié-Seite, d.h. in der Einheitlichkeit der Bedeutung oder der grammatischen Funktion, angetroffen. Der Grund waren vorerst Formveränderungen ohne erkennbare signifié-Veränderung. Diese Tendenz hat in der Morphologie jedoch z.T. eine entscheidende und folgenschwere Ausdehnung auch auf Flexionskategorien erfahren, wo die Formen zum vornherein ungleich sind und nur die Bedeutung oder grammatische Funktion gleich ist. Was hindert uns daran – so war die Überlegung – eine funktionale oder semantische Einheit PLURAL oder PLURAL DES NOMENS als ein Morphem anzusetzen und nun sämtliche Ausdrucksformen davon als Allomorphe dieses Morphems zu verstehen? Vgl. das Schema 2-12.

So weit so gut. Für die geschlossenen Paradigmen der Flexion scheint sich so etwas geradezu anzubieten. Dieses Tun hat jedoch einige heikle Konsequenzen. Sie hängen damit zusammen, dass wir dann in der Morphologie, wenn wir so argumentieren, plötzlich nicht mehr von der Frage ausgehen: "Was ist die morphologische Struktur einer Wortform X?", sondern uns nun vielmehr

katze	-n	
mensch	-en	
kind	-er	PLURAL
hund	-e	
auto	-s	

[Schema 2-12]

leiten lassen von der Frage: "Wie wird eine bestimmte Bedeutung – etwa PLURAL – ausgedrückt?" Damit entscheidet nun eindeutig die *Bedeutung* darüber, was die Einheit des Morphems ist. Wenn wir alle Pluralendungen als Allomorphe bezeichnen, zählt die äussere, phonologische Eigenart selbst, von der die Morphologie eigentlich ausgeht, nichts mehr. Wenn wir hier konsequent sein wollen, befinden wir uns inmitten von ganz erheblichen Schwierigkeiten. Wir denken etwa an die folgenden:

d) Allomorphie zwischen gänzlich ungleich lautenden Formen?

Müssen wir nun nicht auch beispielsweise im Bereich der Derivation Allomorphie ansetzen zwischen *un-, a-, in-, ir-, -frei, -los, ..*? Diese Affixe drücken ja alle dasselbe signifié NEGATION aus. Und wie steht es im lexikalischen Bereich z.B. zwischen *anfang-* und *beginn-*? Für eine Allomorphie in diesem Fall haben allerdings noch kein Linguist und keine Linguistin plädiert, und zwar aus gutem Grund. Die Frage der semantischen Identität ist ausserhalb der geschlossenen Flexionsparadigmen eine höchst delikate. Aber in Ansätzen hat die traditionelle Morphologie auch hier schon immer sehr verschieden lautende sprachliche Einheiten als Wortformen von syntaktischen Wörtern des gleichen Lexems aufgefasst: *bin – sind – seid – ist – war – gewesen* gelten als solche, und die Einheit zwischen allen stiftet die semantische Einheit SEIN. Ebensolches gilt für *gut – besser – am besten* oder *sehr/viel – mehr – am meisten*. Dies alles scheint uns intuitiv verständlich, aber für die Theorie bedeutet das allemal, dass sich das Gewicht der Definition der Einheit Morphem massiv auf die signifié-Seite verschiebt. Irgendwann muss dann die Frage kommen, wie es um die morphologische Einheit von *anfang-* und *beginn-* steht.

e) Null-Allomorphe?

Selbst wenn wir das Konzept der Allomorphie völlig ungleicher Formen auf geschlossene Flexionsparadigmen beschränken, sind die Probleme mit einem solchen Konzept beträchtlich. Setzen wir einmal – wie oben angesprochen – die Kategorie PLURAL DES NOMENS an und verstehen wir alle Pluralsuffixe als Allomorphe davon. Wie steht es dann mit einer Form wie *Reigen* (oder *Balken, Muster, Zettel*)? Diese Wortform steht sowohl für das singularisch markierte wie für das pluralisch markierte syntaktische Wort. Die Frage ist, wie sie das 'schafft'. Hier hat man den Begriff des Allomorphs noch einmal auszudehnen versucht und gesagt: *Reigen* hat, wenn es Wortform für das pluralisch markierte syntaktische Wort ist, einen morphologischen Teil mehr, als wenn es für das singularisch markierte syntaktische Wort steht. Dieser zusätzliche Teil ist allerdings unsichtbar; es handelt sich um das sogenannte *Null-Allomorph*. Die Wortform für das pluralisch markierte syntaktische Wort *Reigen* hat demnach folgende Struktur: *reigen-ø*.

f) Flexivische Veränderungen am Stamm-Morphem (II)

Unlösbar wird das theoretische Problem mit dem Morphem PLURAL DES NOMENS, wenn man eine weitere formale Ausdrucksmöglichkeit berücksichtigt, nämlich den *Umlaut*, z.B. in *(die) Mutter – (die) Mütter*. 'Ärgerlicherweise' tritt diese Möglichkeit sogar oft noch in Kombination mit einem Affix auf, so z.B. in *(das) Haus – (die) Häus-er*. Wir haben bei *Mütter* endgültig keine phonologische Sequenz mehr, an der wir die Pluralmarkierung festmachen könnten, nicht einmal mehr eine Position für ein phonologisch 'stummes' Null-Allomorph. Vielmehr haben wir eine *innermorphematische Abwandlung* (*u* zu *ü*); in der Wortform *Häuser* finden wir gar mehrere Orte der Markierung des PLURAL-Merkmals (zu diesem Umlaut-Phänomen unter historischer Perspektive vgl. übrigens auch 10.2.2). Dies ist insofern verwirrend, als unsere ganze bisherige morphologische Theorie eigentlich darauf gerichtet war, den Abwandlungen auf der signifié-Seite, den Abwandlungen in den morphosyntaktischen Merkmalen (Numerus, Kasus etc.), ihre je entsprechenden spezifischen Affixe an einen unveränderten Stamm zuzuordnen. Dieses Prinzip geht im Deutschen offensichtlich nicht ganz auf.

Ein dem Umlaut zur Markierung des substantivischen Plurals analoges Phänomen bildet im Deutschen der sog. *Ablaut*, z.B. in *find-, fand-, fund-*. Man vergleiche etwa die folgende Kombination von Um- und Ablautphänomenen:

ich		*find-*	*e*
ich		*fand*	
ich		*fänd-*	*e*
	ge-	*fund-*	*en*
		fünd-	*ig*

Befund

Die letzten Beispiele deuten das Grundproblem an, auf das hier angesprochen werden soll: In Abweichung vom oben vorgestellten morphologischen Idealfall finden wir ganz offensichtlich in vielen Fällen keinen einfachen Parallelismus zwischen den Phonemsequenzen im signifiant (in der Wortform) eines syntaktischen Wortes einerseits und den Informationseinheiten in seinem signifié andererseits. Vielmehr gilt der Befund:

– Nicht jede signifié-Einheit eines syntaktischen Wortes lässt sich einem separaten signifiant-Segment (einem Segment der Wortform) zuordnen.

– Ein signifiant-Segment (wenn es Segmente überhaupt gibt) kann mehr als eine Informationseinheit tragen (für diesen Fall braucht man manchmal den Terminus *Portemanteau-Morphem*, d.h. morphologische Einheit, die mehrere Informationseinheiten übereinander trägt).

Ausweg

Wenn wir uns auf die flexivische Wortformenvarianz von syntaktischen Wörtern eines Lexems beschränken, dann können wir für das Deutsche mindestens drei Typen der Variantenbildung angeben:

(i) *Affigierung.* Beispiele sind *gottheit-en, frucht-et* (gewisse Sprachen kennen auch das Gegenteil: Subtraktion; vgl. franz. Sg. *oeuf* /öf/, Pl. *oeufs* /ö/).

(ii) *Innere Abwandlung.* Wir haben den Umlaut (*mutter – mütter*) und den Ablaut (*find – fand*) kennengelernt (möglich ist auch ein Konsonantenwechsel, das muss nicht Vokalvarianz sein). Die dabei beobachtbaren Oppositionen spielen nur innerlexematisch eine Rolle und sind nicht über das Lexem hinaus verallgemeinerbar; vgl. z.B. die unterschiedliche lautliche Opposition in *find – fand* und in *fang – fing*.

(iii) *Konversion.* Damit ist der Wechsel in den morphosyntaktischen Merkmalen eines syntaktischen Wortes ohne äusserliches Erkennungszeichen in seiner Wortform gemeint: *(der) Balken – (die) Balken.* Man könnte auch von homonymen syntaktischen Wörtern oder polysemen Wortformen reden (vgl. zu dieser Terminologie 4.3). So kennt das Lexem mit der Zitierform *Fliege* (vgl. unser Eingangsbeispiel) nur gerade zwei Wortformen, die aber für acht verschiedene syntaktische Wörter stehen:

Fliege	Nom Sg	*Fliegen*	Nom Pl
Fliege	Gen Sg	*Fliegen*	Gen Pl
Fliege	Dat Sg	*Fliegen*	Dat Pl
Fliege	Akk Sg	*Fliegen*	Akk Pl

Der Kasuswechsel wird in diesem Fall offensichtlich nur durch Konversion 'ausgedrückt', d.h. eben: nicht ausgedrückt. Andere Sprachen kennen neben oder anstelle dieser drei Möglichkeiten weitere Mittel, so z.B. die Prosodie oder Tonalität.

Statt von einem Morphem PLURAL DES NOMENS zu reden, das nur noch im signifié verankert ist, und diesem Morphem die ganze Palette von Suffixen einschliesslich der weiteren morphologischen Möglichkeiten des Umlauts und des Null-Elements als Allomorphe zuzuordnen, scheint angesichts dieser Probleme der Weg zurück erfolgversprechender: zurück zu einer konsequenten Verankerung des Morphem-Begriffs auf der signifiant-Ebene. Es gäbe dann einfach diverse Mittel der Markierung von Plural im Deutschen. Das häufigste, aber eben nicht einzige

Mittel wäre die Suffigierung, das Anhängen zusätzlichen morphologischen Materials an einen Stamm. Dabei gäbe es eine Reihe bedeutungsgleicher (synonymer) Pluralmorpheme, die allerdings eine unterschiedliche Verteilung *(Distribution)* haben: Ich kann bei einem bestimmten Stamm nur ein bestimmtes Pluralsuffix verwenden. Von Allomorphie wäre allenfalls noch im Falle von *-n (Katze-n)* und *-en (Mensch-en)* zu sprechen; hier handelt es sich offensichtlich um die gleiche Form, die nur aus lautlichen Gründen in zwei Varianten realisiert wird. Neben der Suffigierung gäbe es im Deutschen des weitern das Mittel der inneren Abwandlung (Umlaut) zur Markierung von Plural *(Mutter – Mütter)*. Schliesslich gibt es auch den dritten Fall der Nicht-Markierung von Plural, der Konversion *(Reigen – Reigen)*. In diesem Fall wird der Plural erst syntaktisch sichtbar: durch die Artikelform oder Adjektivform, die zu *Reigen* hinzutritt, oder wenn *Reigen* als Subjekt mit einer pluralischen Verbform kongruiert usw.

Für die Morpheme – als segmentierbare Phonemsequenzen – heisst das, dass wir mit folgenden Fällen zu rechnen haben:

(i)   Morpheme können bedeutungs- oder funktionsgleich (synonym) sein mit anderen Morphemen: z.B. *-e* und *-er (Hund-e,* aber *Kind-er).*

(ii)   Morpheme können gleichlautend (homonym) sein mit andern Morphemen, z.B. *-en* in *Mensch-en* und *-en* in *mach-en.*

(iii)   Morpheme können gleichzeitig mehrere Funktionen tragen (d.h. *polyfunktional* sein). So trägt *fand* die lexikalische Bedeutung FIND sowie die Merkmale '1. oder 3. Person Singular + Präteritum + Indikativ'. In anderen Wortformen ist diese Information zumindest teilweise auf mehrere Morpheme verteilt; z.B. haben wir in *find-et* ein Suffix zur Markierung der '3. Person Singular'.

(iv)   Die Addition von Morphemen kann den gleichen signifié-Effekt haben wie die Realisierung anderer morphologischer Prozesse: innere Abwandlung *(Mutter – Mütter),* Konversion *(Räuber – Räuber).*

(v)   Morpheme können in beschränktem Ausmass phonologische Varianz zeigen (das wären Fälle, wo von Allomorphie zu reden wäre), so etwa im Fall der Auslautverhärtung *Rad* (/ra:t/) – *Rades* (/ra:dəs/) oder im Fall der Infinitivmarkierung *-en* bzw. *-n: aufhell-en – dunkel-n.*

Damit hätten wir dann die Einheit Morphem wieder konsequent in der signifiant-Ebene, d.h. in der phonologischen Gestalt, verankert und hätten damit eine umso sicherere Basis, von der her wir auch all die Fälle in den Griff bekommen können, die dem Idealfall der klassischen strukturalistischen Morphologie – "ein signifiant-Segment entspricht einer signifié-Einheit" – zuwiderlaufen.

2.4   Die Lehre vom Wort: Wortartenlehre

2.4.1   Prinzipielle Möglichkeiten der Klassifikation von Wörtern

Wir haben in Abschnitt 2.1 schon andeutungsweise darauf hingewiesen, dass eine Grammatik zwar traditionellerweise eine Lehre vom Wort enthält, dass sie sich darin jedoch nicht eigentlich für jedes einzelne der riesigen Zahl von Wörtern interessiert, sondern für die Wörter nur insoweit, als

(i)   an ihnen sich reguläre morphologische Prozesse zeigen,
(ii)   eine Grammatik Regeln formulieren muss, wie aus Wörtern Sätze gebildet werden können.

In jeder Grammatik findet sich eine Klassifikation der Wörter, und diese Klassifikation steht mehr oder minder im Dienste dieser beiden genannten Aufgaben einer Grammatik bezüglich des Wortes.

Wörter kann man prinzipiell nach sehr verschiedenen Gesichtspunkten klassifizieren. Überlegen wir uns einige grundsätzliche Möglichkeiten. Dabei gilt es, unsere Differenzierung des Begriffs *Wort* im Auge zu behalten: Klassifizieren wir Lexeme, syntaktische Wörter oder Wortformen?

(i)   Man kann beispielsweise *Wortformen* nach ihren *phonologischen Eigenschaften* gruppieren, etwa nach Zahl und Art der Phoneme. In unseren üblichen Wörterbüchern sind Lexeme mit ihrer Zitier-Wortform alphabetisch aufgelistet. Sogenannte *rückläufige Wörterbücher* tun ein Gleiches, jedoch nicht nach dem Wortformen-Anfang, sondern nach seinem Ende. Die Reimkunst basiert auf solchen Gruppierungen von Wortformen. Man könnte Wortformen auch nach der Zahl und Art der Silben gruppieren. Usw.

(ii)   Man kann *Lexeme* nach den *semantischen Merkmalen*, nach der Bedeutung, klassifizieren. Eine uralte Unterscheidung ist beispielsweise die Unterscheidung in *Autosemantika* und *Synsemantika*. Die Unterscheidung ist theoretisch heikel, aber der Richtung nach sinnvoll: Autosemantika sind Lexeme mit einem lexikalischen Morphem, mit einer referentiellen Bedeutung. Synsemantika sind Lexeme mit lediglich grammatischen Morphemen; man nennt sie auch *Funktionswörter*. Neben dieser Unterscheidung kann man weiter beispielsweise Abstrakta (*Liebe, Freiheit*) von Konkreta (*Baum, Vogel, gelb*) unterscheiden, oder Zählbares (*Stein, Mensch*) von Unzählbarem (*Wasser, Sand*) oder Kategoriales, d.h. Eigenschafts-Wörter wie *Mann, tot, schlafen*, von Relationalem, d.h. von Beziehungswörtern wie *Mutter, befreundet, töten*. Man kann natürlich auch sehr spezielle semantische Gruppierungen vornehmen, etwa innerhalb der Adjektive sogenannte *Dimensionsadjektive* (*gross – klein; dick – dünn; alt – jung*) von andern Adjektiven unterscheiden. Usw.

(iii) Man kann *syntaktische Wörter* nach den *morphosyntaktischen Merkmalen* klassifizieren. Eine solche Klasse könnte man z.B. mit dem Etikett 'Nominativ Singular' versehen; das wäre die Menge aller syntaktischen Wörter mit diesem morphosyntaktischen Merkmal.

Die Liste der Möglichkeiten liesse sich beliebig verlängern. Wir wollten nur die Möglichkeiten ansprechen, die sich aus unserem Modell des syntaktischen Wortes ergeben, das wir weiter oben mit dem Schema 2-2 graphisch dargestellt haben. In dieser Darstellung umfasst die signifié-Seite des syntaktischen Wortes neben den semantischen und den morphosyntaktischen Merkmalen das Merkmal der *Wortart*. Was ist damit gemeint? Bevor wir diese Frage beantworten, wollen wir einen Blick auf die traditionelle Wortartenlehre werfen.

2.4.2   Die 'Zehn-Wortarten-Lehre' der traditionellen Grammatik

In der über 2000jährigen Geschichte der griechisch-abendländischen Grammatikschreibung ist die sogenannte 'Zehn-Wortarten-Lehre' gewachsen, die bis vor kurzem die traditionelleren Grammatiken und damit auch den Grammatikunterricht in den Schulen beherrscht hat. Ihre zehn Wortkategorien sind:

(1) Substantiv/Nomen   (6) Adverb
(2) Verb   (7) Konjunktion
(3) Adjektiv   (8) Präposition
(4) Artikel   (9) Numerale
(5) Pronomen   (10) Interjektion

Die Theorie der 10 Wortarten klassifiziert 'Wörter' vor oder ausserhalb der bewussten Unterscheidung von Lexem, syntaktischem Wort und Wortform. Wir wollen uns fragen,

(i)   was die Zehn-Wortarten-Lehre eigentlich klassifiziert (Lexeme? syntaktische Wörter? Wortformen?)
(ii) und nach welchen Kriterien sie klassifiziert.

Wir beginnen mit der Frage (ii): Nach welchen Kriterien wird klassifiziert? Dabei kommen wir automatisch auch auf die Frage (i): Was wird klassifiziert?

Vorweg ist zu sagen, dass die Kriterien selten offengelegt werden. Ein möglicher Ansatzpunkt für die Beantwortung der Frage bildet die Terminologie. Das ist aber ein sehr heikler Punkt: Die lateinischen Termini sind als solche durchaus sprechend und weisen in verschiedene Richtungen, in eine eher semantische Richtung die einen (*Nomen/Substantiv, Numerale*), in die Richtung einer syntaktischen Funktion die andern (*Konjunktion, Präposition, Adverb*), in die Richtung einer textuellen Funktion das *Pronomen*, in die Richtung einer pragmatischen Funktion die *Interjektion* usw. Eindeutschungen verstärken die Indizien, dass es sich um semantische Klassifizierungen handeln könnte (*Dingwort, Zeitwort, Umstandswort* usw.). Solche Eindeutschungen mögen ihren didaktischen Sinn haben, sie sind aber dort irreführend, wo der Klassenbildung tatsächlich nicht semantische Kriterien zugrundeliegen. Und das ist bei den 'Zehn Wortarten' mehrheitlich der Fall! Man tut deshalb gut daran, die lateinischen Termini zu belassen, weil wir diese eher als reine Etiketten (nomen non est omen!) benutzen können.

Was sind denn nun wirklich die Kriterien, die den 'Zehn Wortarten' zugrundeliegen? Beim Numerale ist am ehesten von einem *semantischen* Kriterium ("Wörter, die Zahlen bedeuten") zu sprechen. Dieses Kriterium ist allerdings nicht konsequent durchgehalten, denn *Million* gilt nicht als Numerale, sondern als Substantiv/ Nomen, *verdreifachen* gilt als Verb, *doppelt* als Adjektiv. Die Kriterien zur Bildung der Hauptwortklassen Verb, Substantiv/Nomen, Adjektiv sind also stärker als das semantische Kriterium der Zahl. Was sind das für Kriterien?

Im Grunde scheint eine Klassifikation von Lexemen vorzuliegen nach dem Kriterium, *für welche morphosyntaktischen Merkmale sie zugänglich sind*:

–   Nomen/Substantive sind deklinierbar (flektierbar nach Numerus, Kasus) und haben ein fixes Genus.
–   Adjektive sind ebenfalls deklinierbar, und zwar überdies nach dem Genus, und das mittels anderer Morpheme als die Substantive/Nomen (zudem nach zwei morphologischen Reihen: sogenannte *starke* und *schwache Flexion*).
–   Verben sind hingegen konjugierbar (flektierbar nach Person, Numerus, Tempus, Modus).

Damit haben wir zwei Teilantworten auf unsere beiden Fragen gefunden: Klassifiziert werden *Lexeme,* und dies nach *morphologischen* Gesichtspunkten (das sind vermittelt dann immer auch syntaktische Gesichtspunkte, d.h. Gesichtspunkte der syntaktischen Verwendbarkeit; dazu vgl. weiter unten).

Allerdings mangelt es hier an Einheitlichkeit und Konsequenz. Wir haben das für das Numerale bereits gesehen. Ein Gleiches zeigt sich, wenn wir die Präpositionen, die Konjunktionen und die Adverben in den Blick nehmen: Das sind morphologisch 'arme' Lexeme, die es stets nur in einer Wortform gibt. Der Unterschied zwischen diesen Wortklassen ist offensichtlich ein anderer: Konjunktionen verknüpfen Satzteile und Teilsätze (vgl. 2.5.2), Präpositionen stehen vor nominalen Wortgruppen. Weder Präpositionen noch Konjunktionen können Satzglieder sein (vgl. 2.6). Genau dies können jedoch die Adverben, die im Gegenzug weder die syntaktische Funktion der Präpositionen noch die der Konjunktionen übernehmen können. Offenbar liegt hier eine Klassifikation nach Kriterien zugrunde, die direkt *syntaktischer* Natur sind, d.h. die auf die syntaktische Verwendung der Wörter zugreifen und ihre Verteilung im Satz (*Distribution*) berücksichtigen. Wie verfährt die 'Zehn-Wortarten-Lehre' mit Wörtern wie *seit* oder *während*, die sowohl präpositional (*seit meinem letzten Besuch, während meines letzten Besuchs*) als auch konjunktional (*seit wir uns kennen, während sie schwieg und grosse Augen machte*) verwendet werden? In der Regel werden die Wörter *doppelt geführt*, sowohl als Präposition wie als Konjunktion. Sofern man dabei bleibt, dass hier Lexeme klassifiziert werden, heisst das für die Theorie, dass Lexeme sich über ein Merkmal wie 'syntaktische Verwendbarkeit' unterscheiden können. Man könnte aber auch sagen, dass es nur jeweils ein Lexem *seit* oder *während* gibt, dass es dazu aber je zwei gleichlautende (*homonyme*) syntaktische Wörter gibt. In diesem Fall würden sich die syntaktischen Wörter gegenüber den Lexemen durch ein zusätzliches Merkmal 'syntaktische Verwendbarkeit' auszeichnen.

Ein ganz besonderes Problem für die 'Zehn-Wortarten-Lehre' ist der folgende Fall: Nach dieser Lehre ist das Wort *schön* einmal Adjektiv und einmal Adverb:

> (1) *Sie hat schönes Haar.* (Adjektiv)
> (2) *Sie ist schön.* (Adjektiv)
> (3) *Sie singt schön.* (Adverb)
> (4) *Sie ist ganz schön gross.* (Adverb)

Dabei fällt als erstes auf, dass man vom 'Wort' *schön* im Beispiel (1) nur dann reden kann, wenn man das Lexem *schön* meint und also etwas anderes als die Wortform (die ja *schönes* ist) und damit als das syntaktische Wort. Es fragt sich nun aber, warum hier zweierlei Lexeme vorliegen sollen: ein adjektivisches Lexem *schön* und ein adverbiales Lexem *schön*. Hier kommen verschiedene Dinge zusammen: *schön* ist in den Verwendungen (3) und (4) nicht flektierbar, in (1) hingegen ist es flektierbar, ja mehr noch: es muss flektiert sein. In (2) ist *schön* ebenfalls nicht flektierbar. Warum ist (2) dann nicht auch Adverb? Hier zeigt sich der 'schlechte Einfluss' anderer Sprachen auf diese Wortarten-Lehre; tatsächlich wird eine Entsprechung zu *schön* in romanischen Sprachen oder im Latein in dieser Position wie ein Adjektiv flektiert (das war in Vorstufen des heutigen Deutsch auch der Fall). Hingegen hat in diesen Sprachen eine Entsprechung zu *schön* in den Positionen von (3) und (4) eine spezielle adverbiale Wortform. Sehen wir von dieser eindeutigen Inadäquatheit der Theorie, was den Satz (2) anbelangt, ab, so bleibt immer noch der Unterschied zwischen (1) und (3) bzw. (4). Hier von zwei verschiedenen Wörtern *schön* zu reden (einem Adjektiv und einem Adverb), heisst offensichtlich nicht länger, von Wörtern mit ihren prinzipiellen Möglichkeiten zu reden, sondern von Wörtern in bestimmten syntaktischen Verwendungen, heisst also, nicht länger von Lexemen reden, sondern von syntaktischen Wörtern.

Fazit:

(i)   Es ist nicht eindeutig entscheidbar, ob die 'Zehn-Wortarten-Lehre' Lexeme oder syntaktische Wörter oder Wortformen klassifiziert. Nun mag man einwenden, dass diese Differenziertheit auch nicht der Anspruch dieser Theorie ist. Die Diskussion sollte aber gezeigt haben, dass man mit diesem differenzierten Anspruch Ungereimtheiten der 'Zehn-Wortarten-Lehre' erkennen und herausarbeiten kann.

(ii)   Die Kriterien, wonach die zehn Wortarten gebildet sind, sind insgesamt undeutlich, nicht reflektiert. Dieser Umstand birgt die Gefahr, dass man intuitiv gewonnene Klassen unerlaubterweise in eine bestimmte Richtung ausdeutet,

interpretiert, dass man z.B. eine im Kern morphologische Klasse unzulässig
semantisch ausdeutet. Die traditionelle Grammatik ist dieser Gefahr oft erlegen.

(iii)   Bei genauerem Zusehen wechselt die Klassenbildung zwischen morphosyntaktischen, syntaktischen, semantischen und evtl. weiteren Kriterien. Folgen
einer solchen Misch-Klassifizierung sind die

– *Nicht-Distinktivität* der Klassen (d.h. die Klassen sind nicht sauber trennbar,
und ein konkretes Wort-Exemplar kann theoretisch mehreren Klassen zugeordnet werden) und die

– *Nicht-Exhaustivität* der Klassen (d.h. es ist theoretisch damit zu rechnen,
dass ein einzelnes Wort keiner Klasse zugewiesen werden kann).

(iv)   Diese Kritik ist von einem theoretischen, wissenschaftlichen Standpunkt aus
formuliert. Mit ihr soll ausdrücklich nicht über den sprachdidaktischen Wert
einer solchen Theorie geurteilt werden.

2.4.3   Die 'Fünf-Wortarten-Lehre' nach Hans Glinz

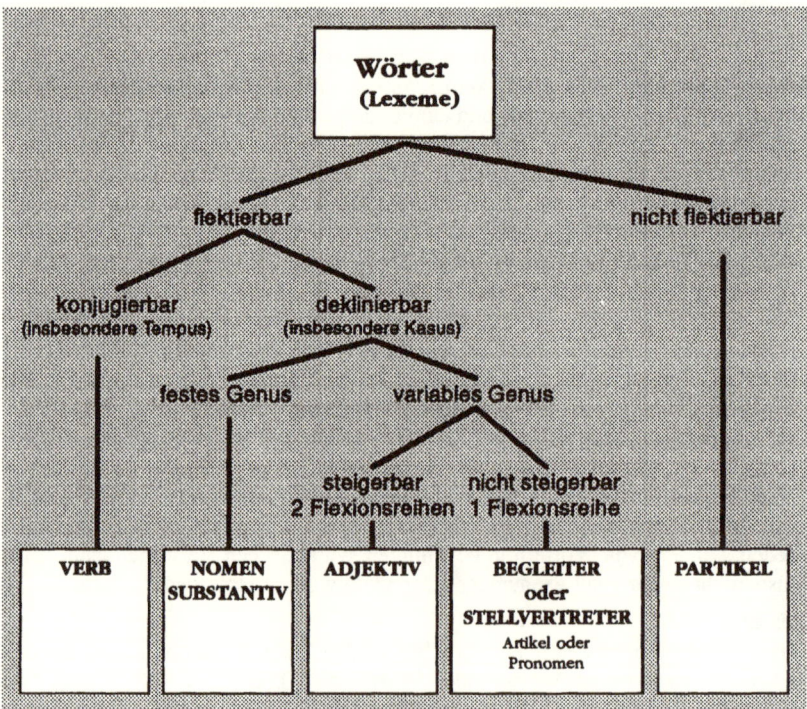

[Schema 2-13]

In den letzten Jahrzehnten hat sich in der traditionellen Grammatik und auch im
Schulunterricht die 'Fünf-Wortarten-Lehre' durchgesetzt, die von Hans GLINZ in
den 50er Jahren entwickelt worden ist. Mit ihr werden die oben aufgezeigten
Schwächen der 'Zehn-Wortarten-Lehre' konsequent vermieden, indem das Klas-

sifikations-Kriterium offengelegt und durchgehalten wird. Die 'Fünf-Wortarten-Lehre' klassifiziert Lexeme, und zwar nach ihrer prinzipiellen Zugänglichkeit für flexivische morphologische Prozesse, nach ihrer Zugänglichkeit für morphosyntaktische Merkmale. Das Schema 2-13 zeigt uns das Klassifikationssystem. Unser oben angesprochenes Problem mit dem Wort *schön* (einmal Adjektiv, einmal Adverb) stellt sich hier gar nicht: *schön* ist selbstverständlich ein Adjektiv, d.h. prinzipiell der morphologischen Veränderung, der Flexion nach Kasus, Numerus und Genus, zugänglich. Es bleibt auch in einer syntaktischen Verwendung wie in *Sie ist ganz schön gross* ein Adjektiv. An dieser syntaktischen Position ist von diesem Adjektiv (verstanden als Lexem) aber offenbar nur das syntaktische Wort *schön* möglich (unmarkiert in bezug auf die morphosyntaktischen Merkmale Genus, Numerus und Kasus). Es scheint im Deutschen also eine Möglichkeit für Adjektive zu geben, sich ohne morphologische Veränderung an der Wortform und ohne Spezifizierung der morphosyntaktischen Merkmale zum syntaktischen Wort auszugestalten.

An den Bezeichnungen der fünf Wortarten fällt auf, dass als einzige Klasse die Klasse der *Begleiter/Stellvertreter* einen deutschen Namen hat. Dies ist nicht etwa ein Indiz dafür, dass hier das Klassifikationskriterium gewechselt hätte. Allerdings zeigt dieser Name, dass es einen engen Bezug von diesen morphologischen Klassen auf syntaktische Klassen gibt, d.h. auf Wortklassen, die Wörter zusammenfassen, die die gleichen Eigenschaften der syntaktischen Verwendbarkeit zeigen. Für eine Theorie des Satzbaus muss die 'Fünf-Wortarten-Lehre' jedoch an manchen Stellen verfeinert werden, indem die fünf Wortarten in weiteren Schritten nach – *syntaktischen* – Kriterien *subklassifiziert* werden. Das sei kurz angedeutet:

(i)   Die Klasse der Partikeln ist zu unterteilen in Subklassen wie Konjunktion (*und, oder, weil, obschon, dass*), Präposition (*in, an auf, bei*), Adverb (*hier, gestern, hoffentlich, deshalb*); weitere Subklassen wie Modalpartikeln (*eben, ja, doch*), Interjektionen (*hallo, he, huch*) und weiteres wären zu bedenken. Eine syntaktische Subklasse wie Adverb ist mit Sicherheit noch immer zu grob, als dass syntaktische Regeln schon auf sie zugreifen könnten.

(ii)   Eine syntaktische Subklassifizierung ist auch im Bereich der Begleiter/Stellvertreter unumgänglich, gerade hier aber mit ganz erheblichen Schwierigkeiten verbunden.

(iii) Eine syntaktische Subklassifizierung wäre auch eine Unterteilung der Verben danach, wieviele Ergänzungen sie verlangen und welcher Art diese sein müssen: Ein Verb wie *helfen* verlangt neben einer Nominativergänzung eine Dativergänzung, ein Verb wie *mitteilen* verlangt neben der Nominativergänzung eine Dativ- und eine Akkusativergänzung. Diesen Aspekt hat die sogenannte Valenz- oder Dependenzgrammatik systematisch verfolgt; wir werden darauf im Abschnitt 3.2.3.c etwas ausführlicher zu sprechen kommen. Ein solches Subklassifikations-Kriterium greift nicht nur bei Verben, sondern auch bei gewissen Substantiven, Adjektiven und Präpositionen.

Im Hinblick auf eine syntaktische Theorie, die Regeln zu formulieren hat, wonach aus Wörtern korrekte Sätze gebildet werden, zeigt sich hier nun immer mehr, dass die signifié-Merkmale (vgl. oben das Schema 2-2) durch wichtige Angaben über die syntaktische Verwendbarkeit des entsprechenden syntaktischen Wortes ergänzt werden müssen. Man kann dies dadurch erreichen, dass man das Merkmal der 'Wortart', das wir in unseren bisherigen Ausführungen vom morphologischen Standpunkt aus als "Zugänglichkeit für bestimmte morphologische Prozesse und morphosyntaktische Merkmale" ausgedeutet haben, zusätzlich auflädt. Dies ist gerade für die morphologisch 'sterilen' Partikeln offensichtlich. Oder man erreicht dies, indem man zusätzliche Typen von signifié-Merkmalen ansetzt. In Kapitel 3 werden wir sehen, wie die Generative Grammatik ihre Wörter spezifiziert, dass syntaktische Regeln auf sie zugreifen können (vgl. 3.2.3).

2.5   Die Lehre vom Satz: Syntax

2.5.1   Terminologische Vorbemerkung

Der Terminus *Syntax* kommt von altgriech. *syntaxis* und heisst ursprünglich so
viel wie "Zusammenstellung" oder "Anordnung". Üblicherweise wird in der
Grammatik darunter die Lehre von der Anordnung der Wörter zu Sätzen
verstanden, und so wollen wir die Termini *Syntax/syntaktisch* hier auch verstehen.

Daneben gibt es jedoch eine weitere Lesart von *Syntax*, die *Syntax* mit dem semiotischen Begriff
der *Syntaktik* identifiziert (vgl. Kapitel 1). *Syntaktik* heisst in der Semiotik ganz generell die
Zusammenstellung von Zeichen, bzw. es ist eine der drei möglichen Relationen von Zeichen: neben der *semantischen* Relation zwischen einem Zeichen und seinem Bezeichneten und der
pragmatischen Relation zwischen einem Zeichen und seinem Zeichenbenützer ist die *syntaktische*
Relation die Relation zwischen einem Zeichen und andern Zeichen, mit denen es – im System
oder in der Verwendung – zusammensteht. In diesem weiten, semiotischen Sinn, aber auch in mehr
oder weniger metaphorischer Ausweitung von der Kernbedeutung der "Kombination von Wörtern
zu Sätzen", braucht man den Begriff der *Syntax* dann oft auch für kombinatorische Prozesse und
Regeln unterhalb der Wortgrenze, für morphologische Phänomene also, und spricht dann etwa von
Wort-Syntax. Oder man braucht den Begriff *Syntax* für kombinatorische Prozesse und Regeln
oberhalb der Satzgrenze, für die Kombination von Sätzen zu Texten, und spricht dann etwa von
Text-Syntax.

Darüber hinaus trifft man häufig auf eine Verwendung von *syntaktisch* (weniger von *Syntax*), der
eine Pars-pro-toto-Relation zugrundeliegt: Weil die Syntax ein prominenter (und in jüngeren
Grammatiken oft dominanter) Teil der Grammatik als der Lehre vom formalen Bau sprachlicher
Ausdrücke ist, braucht man den Terminus *syntaktisch* nicht selten im Sinne von "grammatisch"
oder "die Ausdrucksseite betreffend" in Opposition zu *semantisch* oder *pragmatisch*.

2.5.2   Was ist der Gegenstand der Syntax? Was ist ein Satz?

Wenn Syntax im engeren Sinne sich damit beschäftigt, wie aus Wörtern Sätze
werden, dann scheint Syntax auf die folgenden beiden Fragen eine Antwort zu
geben:
(i)   Wie genau, nach welchen Regeln, werden aus Wörtern Sätze?
(ii)   Was ist ein Satz?

Zur Frage (i): Die meisten Menschen, die in unserem Kulturkreis aufgewachsen
sind und von ihrer schulischen Sozialisation her einen gewissen reflektierenden
Umgang mit Sprache gewohnt sind, werden, wenn sie der deutschen Sprache
mächtig sind, keine Zweifel darüber haben,
1) dass *Sie hat den ganzen Tag im Bett gelegen* ein deutscher Satz ist,
2) dass hingegen *hat den ganzen Tag im Bett gelegen* oder *den ganzen Tag* oder
   im Bett keine vollständigen deutschen Sätze sind, wiewohl es irgendwie
   mögliche (man sagt: *wohlgeformte)* Wortgruppen sind,
3) dass *ganzen den Tag* hingegen keine wohlgeformte Wortgruppe des Deutschen
   ist und *Sie den ganzen Tag hat im Bett gelegen* auch kein wohlgeformter Satz
   des Deutschen
4) und dass *im Bettes* ebenfalls keine wohlgeformte Wortgruppe des Deutschen
   ist und *Ihr hat den ganzen Tag im Bett liegen* kein wohlgeformter Satz.

Versucht man etwas systematischer zu sagen, was sich in diesem Wissen zeigt, ergeben sich unter anderem die folgenden Punkte:

(i)   Damit eine Gruppe von Wörtern eine wohlgeformte Wortgruppe oder ein
wohlgeformter Satz genannt werden kann, genügt es nicht, beliebige Wörter
zusammenzustellen (wie z.B. in 4), sondern es braucht dazu ganz bestimmte
Wörter, es braucht – genauer gesagt – syntaktische Wörter mit spezifischen
Eigenschaften.

(ii) Es genügt auch nicht, die passenden Wörter mit den spezifischen Eigenschaften irgendwie zusammenzustellen (wie in 3); vielmehr muss eine bestimmte
Ordnung eingehalten werden.

(iii) Damit etwas ein vollständiger Satz ist, muss ein bestimmtes Minimum an
Wörtern gegeben sein; in (2) haben wir zwar wohlgeformte Ausdrücke, aber
eben keine Sätze.

Wir haben im Abschnitt 2.3.1 ausführlich von den Wörtern gehandelt und von
ihren spezifischen Eigenschaften, die hier nun im Bereich der Syntax offensichtlich
eine Rolle spielen. Daneben aber scheint es weitere Regeln zu geben, etwa Regeln
der Wortfolge, der Position in einem grösseren Gebilde, oder Regeln der
Vollständigkeit ("x ist ein vollständiger Satz, y ist es nicht"), die über das
hinausgehen, was wir bisher als spezifische Eigenschaften der syntaktischen
Wörter kennengelernt haben.

Zur Frage (ii): Die Frage "Was ist ein Satz?" gehört zu den prominentesten Fragen der Sprachwissenschaft, und zwar deshalb, weil ihre Beantwortung jede Theorie vor grosse Probleme stellt
und weil man heute von einem Konsens über die Beantwortung dieser Frage weiter entfernt ist
denn je. Es gibt mehrere linguistische Arbeiten, die sich nur mit der Frage beschäftigen, warum
diese Frage so schwierig ist, oder die sich einen Sport daraus machen, Satzdefinitionen zu sammeln und von jeder nachzuweisen, dass sie nicht hieb- und stichfest ist. Eine andere, annähernd so
schwierige Frage, nämlich die Frage "Was ist ein Wort?", haben wir im Abschnitt 2.3.1 gestellt.
Wir haben sie zwar nicht eigentlich beantwortet, aber wir haben einige Richtungen gewiesen, in
die eine Beantwortung gehen könnte. Ein Gleiches, wenn auch etwas weniger ausführlich, wollen
wir hier tun. Es ist nämlich so, dass jede syntaktische Theorie automatisch Teilantworten auf die
Frage "Was ist ein Satz?" bereitstellt, auch wenn die Theorie nicht zu einer befriedigenden Definition von Satz ausreift. Im übrigen gibt es heute verschiedene Syntaxtheorien, die sehr ernstzuneh-
mende Satzdefinitionen bereithalten – nur eben: diese sind im Moment nicht konsensfähig.

Man unterscheidet traditionell zwischen *einfachen* und *komplexen* Sätzen.
Komplexe Sätze bestehen aus mehreren sogenannten *Teilsätzen*. Diese bilden zusammen einen *Ganzsatz*. Einfache Sätze sind Gegenstand der *Lehre vom einfachen
Satz*, komplexe Sätze sind Gegenstand der *Lehre vom zusammengesetzten Satz*
(vgl. auch das Schema 2-1 am Anfang dieses Kapitels). In einer solchen Theorie
vom zusammengesetzten Satz werden Teilsätze traditionell nach *Haupt-* und
Nebensätzen unterschieden, wobei verschiedene Kriterien wie die Stellung des
Verbs oder die syntaktische Selbständigkeit entscheidend sind; diese Unterscheidung ist besonders heikel. Man unterscheidet *Parataxe*, d.h. Nebenordnung gleich-
rangiger Teilsätze, von *Hypotaxe*, d.h. Unterordnung ungleichrangiger Teilsätze.
Dies alles dürfte von der Schule her bekannt sein. Wir wollen uns auf den einfachen Satz konzentrieren und etwas genauer der Frage nachgehen, was ein einfacher Satz ist.

2.6   Syntax des einfachen Satzes – Satzgliedlehre

2.6.1   Satzglieder

Syntax ist die Lehre von der Kombination von Wörtern zu Sätzen. Bestehen Sätze demnach aus Wörtern? Wenn wir uns nicht selber widersprechen wollen, müssen wir sagen: Ja! Sätze bestehen tatsächlich – in einer trivialen Weise – aus Wörtern. In der Terminologie der alten Lateingrammatik sind die Wörter die *partes orationis*. Dabei ist allerdings augenblicklich unsere Präzisierung aus Abschnitt 2.3.1.b in Erinnerung zu rufen: Das Material, aus dem nach syntaktischen Regeln Sätze gebaut werden, bilden nicht etwa Lexeme, sondern *syntaktische Wörter,* die in der Wortform, in den morphosyntaktischen Merkmalen sowie in der Wortartprägung voll spezifiziert sind. Solche syntaktische Wörter sind das Material, aus dem die Sätze sind, sind das Material, auf das syntaktische Regeln zugreifen. Insofern leistet eine Theorie vom Wort also schon einen beträchtlichen Beitrag zu einer Theorie vom Satz.

Zu sagen, dass Sätze aus Wörtern bestehen, bedeutet gleichsam, Sätze 'von unten' anzuschauen. Tatsächlich sind syntaktische Wörter die atomaren Einheiten, mit denen eine Syntax operiert. Einheiten unterhalb der Wortebene sind nicht Gegenstand einer Syntax, sondern Gegenstand der Wortlehre oder der Morphologie. Schaut man hingegen Sätze 'von oben' an, so bestehen sie nicht aus Wörtern, jedenfalls nicht unmittelbar, sondern höchstens vermittelt. Unmittelbare Konstituenten von Sätzen sind dagegen Einheiten, die auf einer oder mehreren Zwischenebenen zwischen der Ebene des einzelnen Wortes und der Ebene des Satzes anzusiedeln sind, Einheiten, die kleiner sind als Sätze und grösser als einzelne Wörter (in einem noch zu präzisierenden Sinn).

Man kann das anhand verschiedener Phänomene zeigen, z.B.:

(i)   Im deutschen Satz lassen sich bestimmte Wortgruppen gesamthaft verschieben, und zwar *nur* gesamthaft: *Sie hat den ganzen Tag geschlafen – Den ganzen Tag hat sie geschlafen – *Ganzen hat sie den Tag geschlafen.*

(ii)   Bestimmte Wortgruppen lassen sich gesamthaft durch ein Wort ersetzen, und umgekehrt können auch ganze Wortgruppen ein einzelnes Wort ersetzen. Vgl. Schema 2-14.

Sie	hat	den ganzen Tag	geschlafen
Sie	hat	lange	geschlafen
Die von ihrem unfreiwilligen Fussmarsch vollständig erschöpfte Reisegruppe	hat	zwei Tage und zwei Nächte	geschlafen

[Schema 2-14]

Die Einsicht, dass in Sätzen die Wörter auf Zwischenebenen organisiert und gruppiert sind, ist in folgenden syntaxtheoretischen Grundsatz zu fassen: *Sätze sind nicht blosse Wort-Sequenzen, sondern hinter der oberflächlichen Linearität von Wörtern verbirgt sich eine Struktur.*

Diese Einsicht hat sich erst seit dem 19. Jahrhundert allmählich in der Grammatiktheorie durchgesetzt. Lange Zeit betrieb man dabei einen Import von Theorie aus der klassischen Logik und gab diesen organisierenden, gruppierenden Zwischen-Einheiten zwischen den einzelnen Wörtern und den Sätzen logische Namen wie *Subjekt, Prädikat, Objekt, Kopula, Prädikativ* usw. Gesamthaft nannte man sie mit der Zeit *Satzglieder*. Nach und nach hat sich die syntaktische Theorie jedoch 'emanzipiert', namentlich dank der Leistungen des amerikanischen Strukturalismus und seiner *Phrasen-* oder *Konstituentenstrukturgrammatik*, dank der Arbeiten von Hans GLINZ und dank der Valenz-/Dependenzgrammatik (zu diesen Stichworten vgl. 2.2.2). Mit diesen neuen Einflüssen bekamen die Satzglieder zum Teil neue Namen: Die Konstituenten- oder Phrasenstrukturgrammatik spricht von *Phrasen* oder *unmittelbaren Konstituenten*, die Valenz-Dependenzgrammatik von *Ergänzungen* oder *Aktanten*. Andere Theorien gebrauchen den Terminus *Argument*. Mit den Namen unterscheiden sich allerdings auch die Konzepte mehr oder weniger stark voneinander. Wir möchten im folgenden – ähnlich wie bei der Wortartenlehre (vgl. 2.4) – die ältere Satzgliedlehre mit der neueren vergleichen und dabei einige wesentliche Gesichtspunkte dieses syntaktischen Theoriebereichs skizzieren.

2.6.2   Die alte Satzgliedlehre

Die alte Satzgliedlehre ist nicht eigentlich sprachwissenschaftlichen Ursprungs, sondern stammt aus der Lehre vom logischen Urteil, einem Teil der klassischen Logik. In der Urteilslehre beschäftigt man sich – auf typischen indoeuropäischen Sprachen und ihren Satzstrukturen aufbauend – mit standardisierten Aussagesätzen, die von immer gleicher Form sind: S –> P, ausformuliert: "S ist P", oder "Dem Subjekt S kommt das Prädikat P zu". Einfachste Sätze wie *Die Erde ist rund* oder *Ich schlafe* können mit diesem Schema erfasst werden. Dabei ist *Die Erde* bzw. *Ich* Subjekt, *ist rund* bzw. *schlafe* ist Prädikat.

Die Übernahme dieses Konzepts in die Grammatik stellte die ersten beiden Satzglieder bereit: Subjekt und Prädikat. Dabei spaltete man für einen Fall wie *ist rund* oder *ist eine Kugel* das Prädikat weiter in Kopula *ist* und Prädikativ *rund* bzw. Prädikatsnomen *eine Kugel*.

Nun gibt es jedoch in einer natürlichen Sprache Aussagesätze zuhauf, die wesentlich komplexer sind. Das brachte mit sich, dass man die Satzglied-Liste ergänzte, und zwar einmal um die Objekte, die man nach Kasus (bzw. Präposition und Kasus) differenzierte: *Ich liebe dich, Ich helfe dir, Ich gedenke deiner, Ich denke an dich*. Eine weitere Ergänzung bedeuteten die Adverbialbestimmungen, die man semantisch subklassifizierte: *Sie liegt vor lauter Langeweile* (Grund*) den ganzen Tag* (Zeit) *dösend* (Art und Weise) *im Bett* (Ort). Schliesslich führte man noch die Kategorie des Attributs ein für Ergänzungen zu Satzgliedern: *Die gute alte* (Attribut) *Erde ist rund*.

Das ergab schliesslich die folgende Liste von Satzgliedern:
(1) Subjekt
(2) Prädikat (Verb) (Sonderfall: Kopula *sein* und Prädikativ/Prädikatsnomen)
(3) Objekt (Genitiv-, Dativ-, Akkusativ-, Präpositional-Objekt)
(4) Adverbiale/Adverbialbestimmung/Umstandsbestimmung (des Ortes, der Zeit, der Art und
    Weise, des Grundes)
(5) Attribut
Diese Satzgliedtheorie hat einige Mängel:
(i)   Sie bietet keine übergreifende, allgemeine Definition von *Satzglied*.
(ii)   Eine solche kann es gar nicht geben, denn es zeigt sich, dass hier uneinheitlich klassifiziert worden ist.

(iii)   Insbesondere sind die Attribute selber keine Satzglieder, sondern nur Teile
        von Satzgliedern, haben also einen kategorial anderen Status. Dabei war in der
        Theorie nie ganz klar, ob in *die alte Linde* nur *alte* oder *die alte* Attribut ist.

(iv)   Die Subklassifizierung der Satzglieder geschieht nach uneinheitlichen Kri-
        terien: Objekte werden nach der Form subklassifiziert, Adverbiale nach der Se-
        mantik.

(v)   Die Unterscheidung von Objekt (*Ich denke an dich*) und Adverbial-
        bestimmung (*Ich hänge das Bild an die Wand*) ist problematisch. Es ist der
        Theorie nie gelungen, sie einwandfrei zu bestimmen und auseinanderzuhalten.

(vi)   In der Herkunft der alten Satzglied-Kategorien aus der Logik liegt es begrün-
        det, dass *schön* in *Er ist schön* Teil des Prädikats ist (Prädikativ mit Kopula
        ist), in *Er singt schön* jedoch eigenständiges Satzglied neben dem Prädikat
        singt. Das scheint eher der Sprache von der Logik her aufgepresst als wirklich
        aus ihr geschlossen.

2.6.3   Die neuere Satzgliedlehre

Neuere Grammatiken – sowohl Schulgrammatiken wie auch wissenschaftliche
Grammatiken, die sich an ein breiteres Publikum wenden – behalten das
Satzgliedkonzept bei, gehen heute aber systematischer vor. Methodisch halten sie
sich dabei in vielem an die Arbeiten von Hans GLINZ (vgl. 2.2.2).

Diese neuere Satzgliedlehre zeichnet sich durch die folgenden Punkte aus:

(i)   Im Satz werden die *verbalen Teile* einerseits und die *Satzglieder* andererseits
        voneinander geschieden. Die verbalen Teile umfassen die finite Verbform (Per-
        sonalform) mit den zugehörigen übrigen Verbformen: Infinitiv, Partizip II,
        Verbzusatz (= trennbare Vorsilbe von zusammengesetzten Verben). Das alte
        Prädikat gibt es in dieser Theorie nicht mehr.

(ii)   Von den übrigen, nichtverbalen Teilen des Satzes werden diejenigen Ele-
        mente als Satzglieder bestimmt, die der folgenden Definition genügen:

        Satzglied ist diejenige kleinste Wortgruppe, die gesamthaft ersetzt und die im Satz
        (ohne Bedeutungsänderung) nur gesamthaft verschoben und insbesondere gesamthaft
        in die Position vor das finite Verb in einfachen Aussagesätzen gestellt werden kann.

        Das ist eine operationale Definition, die uns im konkreten Satz die einzelnen
        Satzglieder eingrenzen – *segmentieren* – lässt. *Operational* heisst: Sie gibt Pro-
        zeduren an die Hand, sie ist eine Art Handlungsanleitung für die konkrete Auf-
        findung von Satzgliedern. Im amerikanischen Strukturalimus hat man von *Auf-*
        findungs- oder *Entdeckungsprozeduren* gesprochen. Glinz nennt die Prozedu-
        ren *Proben: Verschiebeprobe, Ersatzprobe.* Für die Ersatzprobe vergleiche man
        das Beispiel in Schema 2-14. Eine Verschiebeprobe ergibt am ersten der drei
        darin enthaltenen Sätze folgende Möglichkeiten: *[Sie] hat [den ganzen Tag]*
        geschlafen - [Den ganzen Tag] hat [sie] geschlafen - Geschlafen hat [sie] [den
        ganzen Tag].

(iii)   Was man mit Hilfe solcher Prozeduren in konkreten Sätzen findet, was man
        in der Wortkette eingrenzen, segmentieren kann, muss dann noch klassifiziert
        werden. Die neuere Satzgliedlehre legt die Klassifikationskriterien offen. Man
        kann sie als eine Art Kreuzklassifikation mit den beiden Leitfragen "fallbe-
        stimmtes oder fallfremdes Satzglied?" und "Satzglied mit oder ohne Einleit-
        wort?" ansehen, vgl. Schema 2-15.

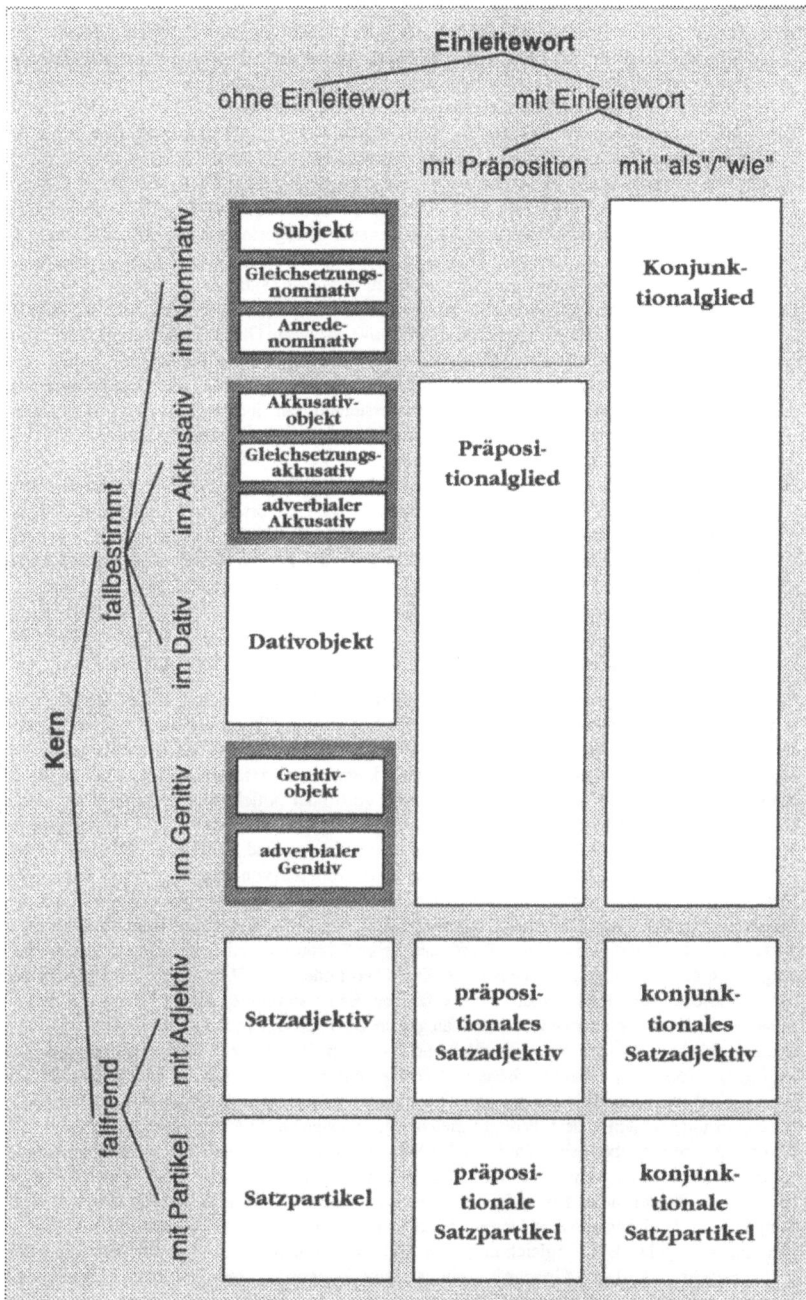

Einleitewort

ohne Einleitewort   mit Einleitewort

mit Präposition   mit "als"/"wie"

		ohne Einleitewort	mit Präposition	mit "als"/"wie"
Kern / fallbestimmt	im Nominativ	Subjekt / Gleichsetzungsnominativ / Anrede-nominativ		Konjunktionalglied
	im Akkusativ	Akkusativobjekt / Gleichsetzungsakkusativ / adverbialer Akkusativ	Präpositionalglied	
	im Dativ	Dativobjekt		
	im Genitiv	Genitivobjekt / adverbialer Genitiv		
fallfremd	mit Adjektiv	Satzadjektiv	präpositionales Satzadjektiv	konjunktionales Satzadjektiv
	mit Partikel	Satzpartikel	präpositionale Satzpartikel	konjunktionale Satzpartikel

[Schema 2-13]

Wir verzichten hier auf eine Illustration der Satzgliedkategorien und appellieren an die schulgrammatische Vorbildung oder verweisen auf Duden (1984, Kap. "Der Satz", Abschn. 2.3). Einzig folgende Anmerkungen seien gemacht:

(i)   Oftmals wird innerhalb der Präpositionalglieder – analog zur Differenzierung innerhalb der
        genitivischen und der akkusativischen Glieder – weiter differenziert in *Präpositionalobjekt*
        und adverbiales *Präpositionalgefüge*; diese Unterscheidung ist in vielen Fällen heikel, ein
        eindeutiges operationales Kriterium wurde bisher nicht gefunden.

(ii)   Die Satzgliedkategorien können die Basis sein für weitere Subklassifizierungen, etwa nach
        semantischen Gesichtspunkten. So etwas hat man beispielsweise für das Subjekt und die
        Objekte schon versucht und dabei Subklassen formuliert wie AGENS, AFFIZIERTES OB-
        JEKT, EFFIZIERTES OBJEKT, INSTRUMENT, ORT, ZEITPUNKT etc. Zum Teil sind das
        sehr alte Kategorien, zum Teil tauchen hier aber auch Kategorien auf, die auf das Konzept der
        Tiefenkasus in der sogenannten *Kasusgrammatik* bzw. auf das Konzept der *thematischen
        Rollen* in der jüngeren Generativen Grammatik zurückgehen (vgl. 3.2.3.c).

(iii)   Im Sinne der *Valenz-/Dependenzgrammatik* kann man die Satzglieder auch danach subklas-
        sifizieren, ob es sich um *obligatorische, fakultative* oder *freie* Glieder handelt (vgl. 3.2.3.c).

(iv)   Die neuere Satzgliedtheorie hat mit der Valenz-/Dependenzgrammatik gemein, dass sie in
        einem Satz die verbalen Teile einerseits und die nichtverbalen Glieder andererseits unterschei-
        det, und dass sie einen Satz im wesentlichen versteht als ein Gebilde, bestehend aus (1) einem
        verbalen Komplex, (2) den von diesem verbalen Komplex aufgerufenen Satzgliedern, (3) even-
        tuell weiteren frei hinzutretenden Satzgliedern.

(v)   Dabei rückt diese syntaktische Theorie die *Organisationsebene der Satzglieder* sehr stark
        in den Vordergrund, als gäbe es zwischen den einzelnen Wörtern und dem ganzen Satz nur
        diese eine Zwischenebene. Dieses Modell erweist sich bei näherem Zusehen als zu einfach, als
        zu wenig flexibel. Wir werden im Abschnitt 3.2.4.a das Phrasenmodell als ein syntaktisches
        Modell kennenlernen, das auch die Erfassung von Organisationseinheiten zwischen Einzelwort
        und Satzglied und zwischen Satzglied und Satz erlaubt.

2.6.4   Satzglieder und Wortarten

Vielen Menschen fällt es schwer, zwischen Wortarten und Satzgliedern zu unterscheiden. Dabei
handelt es sich hier um einen ganz fundamentalen Unterschied. *Wortarten* sind – wie immer man
sie auch genau fasst – *kategoriale Grössen*; es sind Mengen von einzelnen Exemplaren, die alle
ein bestimmtes Merkmal gemeinsam haben; dieses kommt den Exemplaren dieser Klassen fest zu.
Man kann beispielsweise Exemplare der Klasse Verb oder Adjektiv oder Partikel aufzählen.
Dasselbe gilt von Wortgruppen, wenn ich sie lediglich formal klassifiziere, z.B. 'Wortgruppe mit
Kern im Akkusativ' (z.B. *den Mann*). *Satzglieder* hingegen sind *relationale Grössen;* es sind
Mengen nicht von einzelnen Exemplaren, sondern Mengen von Paaren, die ein bestimmtes
Merkmal gemeinsam haben; diese Paare bestehen aus dem jeweiligen Satzglied einerseits und dem
ganzen Satz andererseits. Das bedeutet, dass ein Wort oder eine Wortgruppe nicht ein bestimmtes
Satzglied ist aufgrund eines diesem Wort oder dieser Wortgruppe inhärenten Merkmals, sondern
aufgrund einer bestimmten Beziehung, die dieses Wort oder diese Wortgruppe zum ganzen Satz
hat. Satzglieder kann man deshalb nicht aufzählen. Es ist sinnlos zu sagen: "Nenn mir mal ein
Subjekt!" Nennen kann man höchstens einen ganzen Satz mit seinem Subjekt.

Es kann durchaus sein, dass ein Satzglied nur aus einem Wort besteht; dieser Fall ist sogar sehr
häufig: *Grieche sucht Griechin. Mikis ist Grieche.* Wir haben zweimal das gleiche syntaktische
Wort *Grieche*: ein maskulinisches Nomen/Substantiv im Nominativ Singular. Als solches könnte
ich es mit ungezählten andern Wörtern gleicher grammatischer Prägung aufzählen. Dieses Wort
Grieche übernimmt aber beim Eintritt in den Satz gleichsam eine neue Rolle, ohne seine alten Eigenschaften jedoch zu verlieren; es wird Subjekt im ersten Fall, Gleichsetzungsnominativ im zweiten Fall. Als Träger dieser Rollen kann man es nicht einfach aufzählen, *Grieche* allein ist weder
Subjekt noch Gleichsetzungsnominativ, es ist einfach ein maskulines substantivisches Wort im
Nominativ Singular. Ein Vergleich möge den Unterschied noch etwas verdeutlichen: Mann oder
Frau, erwachsen, 45 Jahre, Grieche zu sein usw. sind kategoriale Merkmale eines Menschen. Sie
haften ihm überall und jederzeit an. Das ist wie Substantiv, Adjektiv oder Wortgruppe mit Partikel im Kern zu sein. Hingegen sind Kundin, Kenner oder Laie, Ausländerin zu sein relationale
Merkmale, die einem Menschen in Abhängigkeit von der Situation zukommen, in der er sich gerade befindet. Das ist wie Subjekt zu sein oder Gleichsetzungsnominativ. Natürlich bilden die kategorialen Merkmale bestimmte notwendige Voraussetzungen für relationale Merkmale. Man muss
beides jedoch strikt unterscheiden, im Leben wie in der Syntax.

2. 7 Neuere Entwicklungen

Die morphologische Forschung (2.7.1) ist heute zu weiten Teilen *kompetenzmodellierend*, d.h. sie entwickelt Modelle, welche die morphologische Kompetenz von muttersprachlichen Sprecherinnen nachbilden sollen; insofern verfolgt sie ähnliche Zielsetzungen wie die Generative Grammatik (Kap 3). In der syntaktischen Theoriebildung (2.7.2) stehen neben *lexikonbasierten* Ansätzen wie der Valenztheorie und der HPSG *performanzorientierte* Modelle wie die Funktionale Grammatik, in denen die Struktur sprachlicher Ausdrücke im Zusammenhang mit ihrer Verwendung gesehen wird.

2.7.1 Morphologie

a) Spezifizität und Unterspezifikation

In der morphologischen Forschung ist man sich – vielleicht überraschenderweise – durchaus uneinig darüber, welche morphosyntaktischen Merkmale für das Deutsche angenommen werden müssen. Ein theoretisches Konzept, das in diesem Zusammenhang in den letzten Jahren viel diskutiert wurde, ist das der Unterspezifikation. Betrachten wir hierzu das folgende 'klassische' Paradigma der deutschen Präteritalformen:

(i)

	Sg.	Pl.
1. Person	*warf*	*warfen*
2. Person	*warfst*	*warft*
3. Person	*warf*	*warfen*

Der Aufbau des Paradigmas ergibt sich aufgrund der zwei angenommenen Merkmalsklassen 'Person', mit den drei Merkmalen [1], [2] und [3], und 'Numerus', mit den zwei Merkmalen [Singular] und [Plural], was zu insgesamt sechs Merkmalskombinationen führt. In rein morphologischer Hinsicht begegnen in (i) aber nur vier unterschiedliche Formen. Die morphologisch gegebenen Unterscheidungen beschränken sich auf: 2. Person gegenüber 1. und 3. Person, die wir zusammenfassen können zu 'Nicht-2. Person', und Plural gegenüber Singular, welches wir als 'Nicht-Plural' auffassen können (vgl. EISENBERG 1998, S. 148). Wir erhalten (ii):

(ii)

	+ pl	- pl
+ 2	*warf-t*	*warf-st*
- 2	*warf-en*	*warf*

Hier werden Merkmalsklassen in Form von *binären* Merkmalen analysiert. Bei der Wahl von Merkmalsbenennungen und der Zuweisung von Plus- und Minuswerten kann auf das unterschiedliche formale 'Gewicht' der Flexionsformen Bezug genommen werden: Die Form für [-2, -pl] ist als suffixlose 'am leichtesten', sie ist formal nicht markiert, während die anderen Formen mit einem Suffix markiert sind. Die Benennung der Merkmale in (ii) ist damit so gewählt, dass die formal unmarkierte Flexionsform *(warf)* auch die kategoriell 'unmar-

kierte' ist: Sie ist durch zwei Minus-Werte charakterisiert. Fasst man Minuswerte
als *Fehlen* eines Merkmals auf, kann man *warf* hinsichtlich Person und Numerus
unterspezifiziert nennen (die Form trägt *keine* Person- oder Numerusmerkmale).
Eine solche Analyse arbeitet nicht mehr mit binären, sondern mit *privativen*
Merkmalen, d.h. mit Merkmalen, die keine Werte haben, sondern entweder
vorhanden sind oder nicht. Wir erhalten ein Paradigma mit (teilweise) unter-
spezifizierten Formen:

(iii)   pl
      2   *warf-t*   *warf-st*
           warf-en   *warf*

Das Konzept der Unterspezifikation spielt heute in vielen morphologischen
Theorien eine bedeutende Rolle, da es mehrere Vorteile bringt, von denen zwei
genannt seien: Erstens erlaubt es *ökonomische* Modelle (Paradigma (i) liegen
fünf Merkmale zugrunde, Paradigma (iii) dagegen bloss zwei); zweitens macht
es den Rückgriff auf Nullmorpheme – etwa bei der Erklärung von Formen wie
warf – unnötig (also nicht: *warf-ø*).
Allerdings ergibt sich bei (iii) ein neues Problem: Weshalb kann die unterspezifizierte Form *warf* zwar in Verbindung mit z.B. dem Pronomen *er*, nicht jedoch
mit z.B. *du* oder *ihr* verwendet werden *(er warf / *du warf / *ihr warf)*? Offenbar
gilt ein Prinzip, das man in Anlehnung an die *Minimalistische Morphologie
(MM)* (WUNDERLICH/FABRI 1995) *Spezifizitätsprinzip* nennen könnte und das
Folgendes fordert: Für eine bestimmte syntaktische Umgebung ist die jeweils
spezifischste Form zu wählen. Prinzipiell stehen für einen gegebenen syntaktischen Kontext mehrere Flexionsformen im *Wettbewerb:* Für die Verbindung
mit dem Subjektspronomen *ihr* konkurrieren u.a. die Formen *warfst [2], warf [ ]*
und *warft [2, pl];* es muss letztere gewählt werden, da sie die spezifischste Form
darstellt, d.h. die Form mit den *meisten 'passenden'* Merkmalen. Für die Verbindung mit *er* hingegen darf die unterspezifizierte Form *warf [ ]* gewählt werden,
da keine spezifischere Form für den gegebenen Kontext zur Verfügung steht.
Abschliessend lässt sich sagen: Die MM hat den Anspruch, morphologische
Daten durch das Zusammenspiel einiger weniger, allgemeiner Prinzipien – für
welche das Spezifizitätsprinzip ein Beispiel ist – zu erklären.

Die Idee des Wettbewerbs ihrerseits ist für die *Optimalitätstheorie (OT)* grundlegend. Die Bedeutung der OT für die morphologische Theoriebildung ist kaum zu überschätzen. Einen Einblick in
die Konzeption der OT bieten die Kap. 11.4.3 (für die Phonologie) und 3.3.3 (für die Syntax).

b) Distributed Morphology

Ein weiterer kontrovers diskutierter Problembereich betrifft die Verortung der
Morphologie innerhalb eines grammatischen Gesamtmodells. Die MM vertritt
hier einen konservativen Standpunkt: Die Morphologie ist der Syntax vorgeordnet, d.h. 'zuerst' werden in der Morphologie Wortformen gebildet, die 'dann' in
der Syntax zu grösseren Einheiten verbunden werden. (Ein solches Grammatikmodell wird auch in Kap. 3 vorgestellt, vgl. dort Schema 3-7). Einen radikal
anderen Standpunkt nimmt in dieser Diskussion die *Distributed Morphology
(DM)* ein (HALLE/MARANTZ 1993): In der DM wird der (intuitiv zugänglichen)
Grösse 'Wort' als einer mehr oder minder konstanten Verbindung von Laut und
Bedeutung kein theoretisch relevanter Status zugebilligt. Prozesse, die traditionellerweise als 'morphologisch' verstanden werden (wie Derivation oder

Flexion), sind nicht in einer Komponente der Grammatik zusammengefasst, sondern erscheinen über die Gesamtgrammatik *verteilt (distributed)*. Anstelle einer präsyntaktischen Lexikon-/Morphologie-Komponente steht eine einfache Liste von morphosyntaktischen Merkmalen, welche der Syntax als Inputlieferant dient. Die Wortform *Katzen* im Satz *Katzen streunen gern* stellt sich nun als syntaktischer Gegenstand ungefähr so dar: [N, 3. Person, pl]. Die Syntax operiert also *nicht* mit bilateralen Laut-Bedeutung-Verbindungen, sondern nur mit grammatischen Merkmalen. Die Informationen, die die Semantik bzw. die Lautgestalt betreffen, treten in der Syntax selbst nicht in Erscheinung, sondern gelangen erst in einer 'nachsyntaktischen' Phase (auf PF, vgl. Schema 3-7 in Kap 3) in den Ableitungsprozess einer sprachlichen Struktur.

Wie die oben vorgestellte MM greift auch die DM – in ihrem ganz andersartigen Grammatikmodell – auf die Konzepte der Unterspezifikation sowie des spezifizitätsbasierten Wettbewerbs zurück.

c) Deklarative Morphologie

In 2.3.3 wurde gezeigt, dass bei einem syntaktischen Wort nicht von einem einfachen Parallelismus zwischen Phonemsequenzen und Informationseinheiten ausgegangen werden kann, was die Auffassung des Morphems als kleinstes bilaterales Zeichen der Sprache als sehr problematisch erscheinen lässt. Einen neuen Lösungsvorschlag für diese (alte) Problematik bietet NEEF (1996): In seiner *Deklarativen Morphologie* ist das Morphem keine relevante Grösse mehr. Die morphologischen Grundeinheiten sind Stämme mit lexikalischer Bedeutung. Sie müssen, um als syntaktische Wörter in Erscheinung treten zu können, so genannten *Designbedingungen* genügen. Diese Bedingungen machen das morphologische Wissen des Sprachbenutzers aus.

Als Beispiel für das Wirken von Designbedingungen lassen sich Flexionsformen in der 3.Person Singular betrachten: *sie malt, sie rät*. Eine erste Designbedingung ist: Die Wortform muss über die Endung *-t* verfügen. Eine zweite Designbedingung lautet (vereinfacht): Die Wortform muss sich in ihrer phonologischen Struktur vom Stamm unterscheiden. Bei *malt* sind beide Bedingungen durch das Anfügen von [t] an den Stamm erfüllt. Bei *rät* ist aufgrund des Stammauslauts [t] die erste und aufgrund der Stammvariante mit Umlaut die zweite Designbedingung erfüllt.

In Neefs Ansatz nähern sich Morphologie und Phonologie einander insofern an, als dass beide Grammatikkomponenten dem syntaktischen Wort Wohlgeformtheitsbedingungen auferlegen.

2.7.2 Syntax

a) Valenztheorie

Die *Valenztheorie* nimmt in der neueren Grammatikforschung – insbesondere in der Germanistik – einen herausragenden Platz ein. So sind in den letzten Jahren verschiedene neue Grammatiken des Deutschen erschienen, die dem valenztheoretischen bzw. dependentiellen Ansatz verpflichtet sind (z.B. EROMS 2000). Neuere Entwicklungen in der Valenztheorie – die von Beginn an sehr anwendungsorientiert war – haben ebenso die lexikografische Forschung (z.B. STORRER 1992) wie auch die kontrastive (sprachvergleichende) Linguistik (z.B. CURCIO 1999) angeregt. So genannte Valenzwörterbücher beschreiben die

Anzahl und die Eigenschaften der Ergänzungen eines Verbs. Diese Informatio-
nen sind besonders für Deutsch Lernende interessant. Der valenztheoretische
Ansatz nimmt generell einen festen Platz im Fremdsprachenunterricht ein. Viele
Lehrbücher zu Deutsch als Fremdsprache greifen auf valenztheoretische
Konzepte zurück.

Nach der Grundidee der Valenztheorie haben lexikalische Elemente – insbesondere Verben – die Potenz, ihre Umgebung syntaktisch und semantisch zu
strukturieren, indem sie in komplexen syntaktischen Gefügen eine bestimmte Art
und Anzahl von *Ergänzungen* (Aktanten) verlangen. So fordert das Verb *kennen*
obligatorisch zwei Nomen als Ergänzungen: *Sandra kennt Christian schon sehr
lange*. Diese Eigenschaft des Verbs wird als Valenz ('Wertigkeit') bezeichnet.
Die Adverbialgruppe *schon sehr lange* wird hingegen nicht von der Valenz des
Verbs gefordert. Solche nicht valenzgebundenen Glieder werden als *Angaben*
bezeichnet. In der Valenztheorie wird dem Verb eine zentrale Rolle bei der
Organisation des Satzes zugeschrieben; seine *Valenzeigenschaften* bestimmen
den Bauplan des gesamten Satzes.

Der Begriff der Valenz hat in den letzten 15 Jahren eine intensive Diskussion
hervorgerufen. Das betrifft zum einen die Unterscheidung von Ergänzungen und
Angaben, die auch in anderen Grammatikmodellen thematisiert wird.

Für die Unterscheidung von Ergänzungen und Angaben wurden in der Valenzforschung verschie-
dene Kriterien vorgeschlagen. So gelten zum Beispiel Angaben als weglassbar, wohingegen
Ergänzungen obligatorisch sind. Im Deutschen gibt es jedoch Konstituenten, die zwar durch die
Valenz des Verbs gefordert werden, aber prinzipiell weglassbar sind *(Er schreibt (einen Brief))*.
Ein anderes Kriterium besagt, dass die Anzahl der Ergänzungen durch die spezifische Valenz des
Verbs beschränkt sei, wohingegen Angaben unbegrenzt zulässig sind. Jedoch unterliegen viele
Angaben semantischen Restriktionen. Diese Kriterien bzw. Tests werden den Daten also nicht
gerecht oder führen zusammen mit weiteren Kriterien zu widersprüchlichen Ergebnissen (vgl.
ZIFONUN et al. 1997).

Mit der Diskussion, wie Ergänzungen und Angaben unterschieden werden können, wurde zum anderen auch die grundsätzliche Frage aufgeworfen, was Valenz
überhaupt ist. Die Kritik weist vor allem darauf hin, dass der Begriff Valenz sich
auf verschiedene linguistische Ebenen bezieht (JACOBS 1994). So würden damit
Beziehungen zwischen dem Verb und seinen Ergänzungen erfasst, die häufig
gemeinsam vorliegen, jedoch prinzipiell verschieden sind. In neueren Arbeiten
wird deshalb z.B. zwischen verschiedenen Valenzrelationen (z.B. syntaktischen,
semantischen, pragmatischen oder textuellen) unterschieden (z.B. HELBIG 1992),
oder Valenz wird als ein komplexes Verhältnis aufgefasst, das diese verschiedenen Aspekte vereint (Zifonun et al. 1997). Bisher wurde jedoch kein Konsens
gefunden, wie Valenz zu fassen ist. Die Verwendung des Konzeptes auch in
anderen syntaktischen und semantischen Modellen zeigt jedoch seine hohe praktische Bedeutung für die grammatische Analyse.

b) Head-Driven-Phrase-Structure-Grammar (HPSG)

Die recht junge *HPSG (Head-Driven-Phrase-Structure-Grammar)* von
POLLARD/SAG (1987, 1994) gehört zu den heute intensiv diskutierten Grammatikmodellen und besitzt eine besondere Bedeutung für die Computerlinguistik.
Sie wird im Allgemeinen zu den generativen Grammatikmodellen gerechnet, ist
jedoch gleichermassen generativ und dependentiell begründet. Wie in der generativen Grammatik wird von einer Konstituentenstruktur *(phrase)* ausgegangen,

deren zentrales Element ein Kopf *(head)* ist. Dieser bestimmt die Eigenschaften der Konstituente. Ziel der HPSG ist eine vollständige und ökonomische Beschreibung der Wissensstrukturen, die den sprachlichen Ausdrücken zugrunde liegen. Dazu werden linguistische Einheiten durch komplexe Merkmalsstrukturen repräsentiert. Die folgende Abbildung soll für die finite Verbform *liest* eine solche Merkmalsrepräsentation vereinfachend illustrieren (Bsp. nach KLENK 2000):

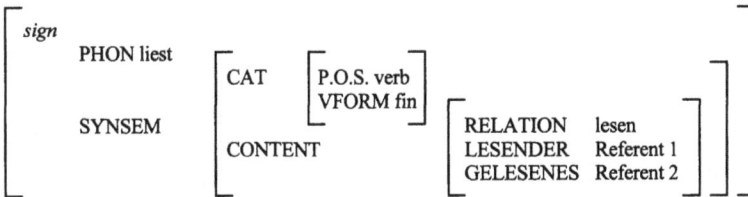

$$
\left[
\begin{array}{l}
\textit{sign} \\[4pt]
\quad \text{PHON liest} \\[8pt]
\quad \text{SYNSEM} \quad
\left[
\begin{array}{l}
\text{CAT} \quad
\left[
\begin{array}{l}
\text{P.O.S. verb} \\
\text{VFORM fin}
\end{array}
\right] \\[16pt]
\text{CONTENT} \quad
\left[
\begin{array}{ll}
\text{RELATION} & \text{lesen} \\
\text{LESENDER} & \text{Referent 1} \\
\text{GELESENES} & \text{Referent 2}
\end{array}
\right]
\end{array}
\right]
\end{array}
\right]
$$

Sprachliche Ausdrücke *(sign)* tragen die Merkmale (Attribute) PHON und SYNSEM. PHON repräsentiert die phonologischen Merkmale des Ausdrucks. In SYNSEM sind sowohl syntaktische Informationen (CAT) als auch semantische (CONTENT) kodiert. CAT enthält Angaben zur Wortart und zu den morphosyntaktischen Merkmalen (die hier nicht weiter ausgeführt werden). In CONTENT ist neben der Art und Anzahl der Argumente auch die zwischen ihnen bestehende semantische Relation aufgeführt.

Die integrierte Darstellung von syntaktischen und semantischen Merkmalen in einer einzigen Struktur erlaubt es, Beziehungen zwischen diesen zu modellieren. In der HPSG werden nun nicht nur lexikalische Elemente, sondern auch syntaktisch komplexe Einheiten wie Phrasen oder Sätze als Merkmalsstrukturen erfasst. Anstelle von grammatischen Regeln, die syntaktische Strukturen erzeugen, gibt es allgemeine Wohlgeformtheitsbedingungen für einzelne Merkmalsstrukturen, aber auch für die Kombination von Merkmalsstrukturen *(Unifikation)*. Die HPSG wird wegen ihres hohen Formalisierungsgrades bevorzugt in computerlinguistischen Modellen und Simulationen angewandt.

c) Funktionale Grammatik

Im Unterschied zu den beiden oben skizzierten Modellen verfolgt die *Funktionale Grammatik* (FG) einen performanzorientierten Ansatz. Obwohl die FG in ihren Grundideen bereits auf BÜHLER (1934) zurückgeht, nimmt sie in der aktuellen Forschung zur Grammatik einen zentralen Platz ein.

Das wird nicht zuletzt daran deutlich, dass eine der theoretisch anspruchsvollsten und empirisch umfangreichsten Grammatiken des Deutschen, die Grammatik des Instituts für deutsche Sprache in Mannheim (IDS), eine funktional-pragmatische Perspektive einnimmt. In der IDS-Grammatik (Zifonun et al. 1997) werden sprachliche Ausdrücke in Bezug auf ihre kommunikativen Funktionen analysiert. Parallel dazu werden sie in ihrem formalen Aufbau nach dem Prinzip der syntaktisch-semantischen Kompositionalität beschrieben. Beispielsweise werden Relativsätze sowohl im Zusammenhang mit dem Aufbau der Nominalphrase beschrieben als auch in ihrer kommunikativen Funktion als Mittel der Themafortführung bzw. der Etablierung eines Nebenthemas.

Ausgangspunkt und Gegenstand der funktionalgrammatischen Analyse ist Sprache als Mittel der Verständigung. Die Funktionale Grammatik geht davon aus, dass sprachliche Ausdrücke durch ihre Verwendung in der Kommunikation geprägt sind. Auch die formalen Eigenschaften syntaktischer Strukturen werden durch ihre kommunikativen Aufgaben bestimmt und lassen sich nur hinreichend erklären, wenn sie auf kommunikative Prinzipien zurückgeführt werden. Ziel der Funktionalen Grammatik ist es, diesen Zusammenhang zwischen syntaktischer Form und kommunikativer Funktion zu erfassen. So erklärt die Funktionale Grammatik den Unterschied zwischen den beiden Sätzen *Die Post ist neben der Sparkasse* vs. *Die Sparkasse ist neben der Post* nicht allein als Unterschied bezüglich der Besetzung der Subjektsposition, sondern motiviert diesen mit Hilfe des Konzepts der Sprecherperspektive (Bsp. nach WELKE 1994). Dahinter steht die Frage, was einen Sprecher veranlasst, eine bestimmte Konstruktion zu verwenden und inwieweit ein Satz kommunikativ angemessen ist. Unter der Sprecherperspektive versteht man die Art und Weise, wie der Sprecher einen Sachverhalt darstellt. Der Sachverhalt, dem das Hauptinteresse (Empathie) des Sprechers gilt, wird als Subjekt realisiert. Im ersten Satz liegt dieses auf der Post, im zweiten Satz auf der Sparkasse. Mit den unterschiedlichen syntaktischen Strukturen verbinden sich also unterschiedliche Interessensschwerpunkte (Empathiezentren) des Sprechers. Mit der Verbindung syntaktischer und nicht syntaktischer Aspekte in der Erklärung syntaktischer Strukturen lehnt die Funktionale Grammatik die Autonomiehypothese der Generativen Grammatik ab, nach der die Grammatikalität syntaktischer Strukturen nur syntaktisch erklärbar ist.

2.7.3 Weiterführende Literatur

Einführungen: Eine Einführung in die Morphologie mit Übungen ist Bauer (2003). Dürscheid (2003) führt in die Grundlagen und wichtigsten Theorien der Syntax ein. Schlobinski (2003) bietet einen breiten Überblick über verschiedene Grammatikmodelle. Handbücher zur Morphologie sind Spencer/Zwicky (1998) und Booij et al. (2000); ein Handbuch zur Syntax ist Jacobs et al. (1993-1995).

Neue Grammatiken des Deutschen: Die dreibändige Grammatik des Instituts für deutsche Sprache in Mannheim von Zifonun et al. (1997) basiert auf umfangreichem empirischem Material und liefert eine anspruchsvolle Darstellung des Deutschen in funktional-pragmatischer Perspektive. Eisenberg (1998) bietet in zwei Bänden eine problemorientierte Darstellung der deutschen Morphologie und Syntax. Eroms (2000) integriert verschiedene Ansätze in eine dependenzgrammatische Beschreibung der Syntax des Deutschen.

Morphologie: Für die theoretische Diskussion wichtige neuere Monographien sind Anderson (1992), Lieber (1992) sowie Aronoff (1994). Eine grundlegende Arbeit der DM ist Halle/Marantz (1993). Neue Arbeiten zur DM lassen sich über www.ling.upenn.edu/~rnoyer/dm/ finden.

Wortarten: Ein neuerer Sammelband mit grösstenteils typologisch ausgerichteten Beiträgen ist Vogel/Comrie (2000). Grundlegende Beiträge sind in Cruse et al. (2002) zu finden.

Valenztheorie: Eine einführende Darstellung der Valenzproblematik findet sich in Dürscheid (2003). Verschiedene Tests zur Unterscheidung von Angaben und Ergänzungen zeigen Zifonun et al. (1997). Ágel (2000) diskutiert umfassend und kritisch den Valenzbegriff. Verschiedene Sammelbände wie z.B. Eichinger/Eroms (1995), Thielmann/Welke (2001) sowie Cornell et al. (2003) informieren über den aktuellen Forschungsstand. Ein zweibändiges Handbuch zur Dependenz und Valenz (Ágel et al.) ist in Vorbereitung.

Head Driven Phrase Structure Grammar: Das Grundlagenwerk zur HPSG ist Pollard/Sag (1994). Nerbonne et al. (1994) sowie Müller 1994 zeigen umfangreiche Analysen des Deutschen im Rahmen des Modells. Informationen und neue Arbeiten finden sich auf der HPSG-Website: www.ling.ohio-state.edu/hpsg/

3. Grammatik II: Generative Grammatik

Einleitung

Was heute unter dem Namen *Generative Grammatik* (im folgenden abgekürzt: GG) verstanden wird, ist eine der prominentesten Richtungen moderner grammatiktheoretischer Ansätze; es ist zugleich aber in gewisser Weise auch mehr als 'nur' eine Grammatiktheorie, insofern man sich im theoretischen Rahmen der GG stets intensiv Gedanken macht über das Verhältnis von Grammatik, Semantik und Pragmatik und damit über die Stellung einer Grammatiktheorie in einer umfassenden Sprachwissenschaft. Mit andern Worten: Die GG ist in Ansätzen auch eine umfassende Sprachtheorie. Eine eigenständige Sprachtheorie ist die GG auch in ihrer spezifischen Fragestellung und ihrer Ausprägung: Die GG versteht sich nämlich als Teil einer *kognitiven Linguistik*, die ihrerseits Teil einer allgemeineren kognitiven Psychologie ist, einer Wissenschaft von der menschlichen Kognition. Das bedeutet, dass die GG ihren Gegenstand, die Sprache (oder im engeren Sinn: die Grammatik), als Teil des menschlichen Wissens und – spezieller – als Fähigkeit des Individuums zum Gebrauch von Sprache auffasst. Es ist darum nicht ganz richtig, wenn wir in unserem "Studienbuch Linguistik" die GG unter einer Überschrift "Grammatik II" behandeln, als wäre das einfach eine Ergänzung zu dem unter "Grammatik I" Dargestellten. In Wirklichkeit ist die GG mehr als etwa einfach "die Grammatik mit den Bäumchen", als die sie beispielsweise im Schulunterricht in den 70er Jahren bekanntgeworden ist. Zweifellos hat die GG die Sprachwissenschaft der letzten 25 Jahre geprägt wie keine andere Richtung der modernen Linguistik, und von ihrem 'Geist' ist viel zu spüren auch an Orten, die ausserhalb ihres primären Interessengebietes liegen, und auch bei Linguistinnen und Linguisten, die sich nicht der GG im engeren Sinn zurechnen würden.

Die Geschichte der Generativen Grammatik beginnt mit der Publikation des Buches "Syntactic structures" des amerikanischen Linguisten Noam CHOMSKY im Jahre 1957, und sie ist auch später – bis heute – immer sehr eng mit der Person Chomskys verbunden geblieben. Kurz vor Veröffentlichung der "Syntactic structures" – 1955 – ist Chomsky an das Massachusetts Institute of Technology (MIT) in Cambridge (Massachusetts) gekommen, wo er bis heute lehrt und forscht. Dieses erste Buch Chomskys aus dem Jahr 1957 hatte besonders in den USA bereits eine sehr starke Resonanz und leitete eine tiefgreifende Revolution in der Sprachwissenschaft ein. Ein zweites sehr wichtiges Buch Chomskys sind die "Aspects of a theory of syntax" von 1965, die die sogenannte *Standardtheorie* (ST) begründeten. Diese ST hat in den späten 60er und frühen 70er Jahren weltweit einen enormen Boom erlebt. Ein zentrales Theoriestück dieser ST waren die "Transformationen", weshalb die GG z.T. bis heute auch die (nicht mehr ganz zutreffenden) Namen *Transformationgrammatik* (TG) oder *Generative Transformationsgrammatik* (GTG) trägt. Die beiden Buchtitel von 1957 und 1965 zeigen übrigens deutlich, dass das, was hier unter dem Namen GG geboren wurde, von Anfang an und im Kern eine Syntaxtheorie war.

Theorieinterne Schwierigkeiten und Fraktionskämpfe, Missverständnisse bezüglich Ansatz und Anspruch bei den Rezipienten, vor allem aber die theorieexterne Kritik der aufkommenden Pragmatik (vgl. die Einleitungen in die Kapitel 5 "Pragmatik" und 8 "Soziolinguistik") haben namentlich in Europa etwa zur Mitte der 70er Jahre hin bewirkt, dass die GG von der Bildfläche fast ebenso schnell wieder verschwand, wie sie aufgetaucht war. In den USA ging die Arbeit aber weiter, wenn auch mit teilweise radikal revidierten Grundannahmen.

Seit der zweiten Hälfte der 80er Jahre erleben wir nun auch in Europa wieder ein massives Interesse an der GG. Davon zeugen z.B. die nachstehend aufgeführten zahlreichen neueren Einführungen. Die GG der 80er Jahre zeigt sich uns heute allerdings gegenüber der Standardtheorie von 1965 – was die grundlegende Anlage wie auch was den 'technischen Apparat' anbelangt – stark verändert. Die für Europa typische Lücke in der Rezeption, die teilweise von einem Missverständnis gegenüber der GG herrührt, kann so eine Quelle neuer Missverständnisse werden, und sie erschwert darüber hinaus ganz sicher das Verständnis des heutigen Modells, weil man den Gang seiner Entwicklung nicht überblickt. So ist es allemal lohnend, die auf die Standardtheorie folgenden Etappen der sogenannten Erweiterten Standardtheorie (EST) und der Revidierten Erweiterten Standardtheorie (REST) bis hin zum Prinzipien-und-Parameter-Modell (weitherum bekannt als *Government-and-Binding-Theorie*, abgekürzt GB; deutsch: Rektions- und Bindungstheorie) aufzuarbeiten. Dieser Entwicklungsstand der GG wurde Anfang der 80er Jahre mit Chomskys "Lectures on government and binding" (1981) etabliert. Inzwischen sind auch von Chomsky bereits weitere wichtige Publikationen gefolgt, so "Barriers" (1986) oder "Knowledge of language" (1986) oder unlängst "A minimalistic program for linguistic theory" (1992), in dem sich wiederum eher grundlegende Revisionen der Theorie ankündigen.

Ziel der hier versuchten Darstellung kann es nun keinesfalls sein, umfassend in das heutige Modell der Generativen Grammatik und seine Geschichte einzuführen, geschweige denn, Nebenzweige der eigentlichen Chomsky-Schule wie etwa die ältere Generative Semantik (GS) oder jüngere Richtungen wie die Lexical Functional Grammar (LFG) oder die Generalized Phrase Structure Grammar (GPSG) mit zu berücksichtigen. Wir können die Leserin und den Leser stattdessen lediglich ziemlich oberflächlich vertraut machen mit den doch recht ungewohnten Grundannahmen, Ansprüchen, Denk- und Arbeitsweisen und Modellvorstellungen der GG. Wir versuchen dies in zwei Teilen:

– In einem ersten Teil soll es um die sprachtheoretische und methodologische Fundierung der GG gehen (3.1).
– In einem zweiten Teil (3.2) wird skizzenhaft der auf diesen Grundsätzen basierende eher technische Apparat zur konkreten Sprachbeschreibung in Ansätzen vorgestellt; die Darstellung wird in diesem Teil notgedrungen etwas Alltagssprachferner ausfallen müssen.

Der allgemeine sprachtheoretische und der mehr technische Aspekt der GG gehören sehr eng zusammen. Eine leise Ahnung von diesem Zusammenhang zu vermitteln ist ein Ziel dieser Darstellung. Dabei soll der neuere Stand der Theorie (*Government and Binding* Anfang der 80er Jahre) referiert werden, ergänzt um einige historische Exkurse, die v.a. den Zweck haben, Eigenheiten des heutigen Theoriestandes aus der Geschichte heraus zu erhellen sowie einige aus der Vergangenheit der GG stammende, in der Linguistik ausserhalb der GG bis heute herumgeisternde Konzepte (etwa die berühmte Unterscheidung von *Tiefen*- und *Oberflächenstruktur*) vorzustellen. Im zweiten, technischeren Teil wird bei Erscheinen des vorliegenden Buches manches bereits wieder überholt sein; das ist beim rasanten Entwicklungsgang der Theorie sowie in Anbetracht des Umstandes, dass man sich auch schulintern heute keineswegs immer einig ist, unvermeidbar. Es geht uns aber niemals um das formale Detail, sondern immer um die darin zum Ausdruck kommende prinzipielle Art grammatiktheoretischen Arbeitens. Wenn wir für dieses bescheidene Ziel schon einen verhältnismässig grossen Aufwand treiben müssen, so hat das seinen Grund darin, dass die GG ein derart festgefügtes Theoriegebäude darstellt, dass man in gewissem Sinne, will man etwas zeigen, immer gleich alles zeigen muss.

Lesehinweise

Einführungen:
Es gibt eine ganze Reihe empfehlenswerter allgemeiner Einführungen in das jüngere Modell der GG – dies ist ein deutlicher Ausdruck des erneuten Booms der GG seit Mitte der 80er Jahre: Riemsdijk/Williams (1986), Radford (1988), Haegeman (1994) auf Englisch; Stechow/Sternefeld (1988) und Fanselow/Felix (1990) auf Deutsch. Speziell in die Chomskysche Barrierentheorie führt Sternefeld (1991) ein. Eine breitere *Einführung in die Sprachwissenschaft*, aber unter starken generativen Vorzeichen und mit einer Vorliebe für formale Theorien, stellt Grewendorf/-Hamm/Sternefeld (1987) dar. Für eine knappe, aber leichtfassliche Einführung sei ausserdem auf die ersten drei Kapitel in Gallmann (1990) hingewiesen.

Zu warnen ist vor *Arbeiten aus den späten 60er und frühen 70er Jahren*, seien es Einführungen in die GG oder entsprechende Stichwörter in allgemeineren Einführungen in die Sprachwissenschaft, in Fachlexika, oder seien es generative Arbeiten generell: Man findet darin immer einen veralteten und für das Verständnis der heutigen Theorie oftmals hinderlichen Theoriestand!

Chomsky:
Wir haben einleitend die wichtigsten Bücher von Chomsky – Meilensteine in der Geschichte der GG – erwähnt: "Syntactic structures" (1957), "Aspects of a theory of syntax" (1965), "Lectures on government and binding" (1981), "Barriers" (1986a), "A minimalistic program for linguistic theory" (1992).

Sie eignen sich nicht als Einführungen in die GG, denn sie sind eindeutig für ein 'eingeweihtes' Publikum geschrieben; eine Ausnahme bildet höchstens das allgemeiner gehaltene "Knowledge of language" (1986b).

Teilgebiete:
Generative Grammatik ist schwergewichtig immer *Syntaxtheorie*. Eine generative Syntax des Deutschen im Rahmen des jüngeren GG-Modells ist Grewendorf (1988) und Haider (1993). Neben der generativen Syntax gibt es aber auch generative Ansätze der *Morphologie*, z.B. Scalise (1984), Di Sciullo/ Williams (1987), Spencer (1991). Eine generative *Wortbildungslehre* ist Olsen (1986). Der – heute zwar veraltete, aber noch immer sehr wirksame – Klassiker der generativen *Phonologie* ist Chomsky/Halle (1968). Neuere Ansätze der generativen Phonologie kann man nachlesen in Selkirk (1984), Kaye (1989), Prinzhorn (1989) oder Kenstowicz (1994). Im weiteren theoretischen Umfeld der GG gibt es *kognitionswissenschaftliche Semantiktheorien*, für die z.B. folgende Namen stehen: Jackendoff (1985, 1990), Lakoff (1986).

Spracherwerbstheorie:
Die Spracherwerbstheorie der GG und ihr Zusammenhang mit der allgemeinen Sprachtheorie skizziert Clahsen (1990).

Kognitive Linguistik:
Wer sich für den kognitionswissenschaftlichen Background der neueren GG interessiert, findet die grundlegenden Überlegungen in Bierwisch (1987), Johnson-Laird/Wason (1977) und Johnson-Laird (1983) sowie Felix/Kanngiesser/Rickheit (1990).

Geschichte der GG:
Einen Einblick in die Geschichte der GG und der von ihr ausgelösten Revolution gewinnt man aus Newmeyer (1980) sowie Kasher (1991).

3.1   Sprachtheoretische Grundannahmen

3.1.1   Die GG ist mehr als ein Grammatikmodell unter andern

Die Generative Grammatik (GG) ist nicht einfach ein Ansatz unter mehreren innerhalb der neueren Grammatikforschung; sie besteht nicht einfach in einer neuen Art, die Sätze einer Sprache wissenschaftlich darzustellen. Die GG ist also beispielsweise nicht einfach "die Grammatik mit den Bäumchen", einem graphischen Mittel der Darstellung der Satzstruktur (vgl. Abschnitt 3.2.4.a), das als Detail der GG v.a. in den 60er und 70er Jahren weit herum bekanntgeworden ist (und im übrigen gar nicht von der GG entwickelt wurde). Bei der GG handelt es sich vielmehr um einen sehr umfassenden sprach- und grammatiktheoretischen Entwurf mit einem ganz anderen Status als sonstige, v.a. ältere Ansätze in der Sprachwissenschaft, die man auch "Grammatik" oder im engeren Sinn "Syntax" nennt (z.b. die Valenz- oder Dependenzgrammatik; vgl. hierzu Abschnitt 2.2.2). Andersartig – und in Teilen auch viel weitergehend – ist einmal der Anspruch, den die GG mit ihrem Unterfangen stellt. Andersartig sind auch die wissenschaftstheoretische Anlage und die sich daraus ergebende Methode der GG. In einer Einführung wichtiger als die Einblicke in die technischen Details (3.2) ist daher der Einblick in die theoretischen Grundannahmen (3.1).

3.1.2   Drei zentrale Bestimmungsstücke vor- und aussergenerativer Sprachauffassung und Sprachwissenschaft

Das Grundanliegen und die Grundpositionen Chomskys und der Generativen Grammatik versteht man am besten aus der Absetzung gegen eine spezifische Systemlinguistik heraus, wie sie v.a. die amerikanische Spielart des Strukturalismus, der sog. *Amerikanische Deskriptivismus* in den 40er und 50er Jahren entwickelt hat. Wissenschaftshistorisch ist die generative Revolution eine Revolution gegen diese Art von Sprachwissenschaft. Wie der Name andeutet, handelt es sich beim Deskriptivismus um eine – im übrigen sehr erfolgreiche – linguistische Schule, die sehr viele auch heute noch gebräuchliche Methoden zur *Beschreibung* natürlicher Sprachen in ihren verschiedenen Systemaspekten der Laut-, Wort- und Satzebene entwickelt hat, u.a. auch die Darstellung von Strukturen in Form von "Bäumchen", die die GG übernimmt (vgl. 3.2.4.).

Im Grundsätzlichen deckt sich der Amerikanische Deskriptivismus mit der europäischen Linguistik vor Chomsky, und das heisst: mit der bis vor einigen Jahren vorherrschenden Systemlinguistik in Europa, und wir möchten behaupten: mit einem auch heute noch sehr starken Alltagsbegriff von dem, was Sprache ist, und und damit von dem, was Sprache als Objekt der Sprachwissenschaft ist.

Wir können versuchen, die Unterschiede zwischen diesem Deskriptivismus und der generativen Sprachauffassung in den folgenden drei stark zusammenhängenden Brennpunkten zu fokussieren:

a) Die *Gegenstandsbestimmung*: Was ist eigentlich 'die Sprache', die es da zu beschreiben gilt? Was ist z.B. 'die deutsche Sprache' als Gegenstand einer Grammatikschreibung des Deutschen?

b) Die *wissenschaftstheoretische* und *methodologische Grundposition*: Wie soll die Aufgabe, 'die Sprache' oder 'die deutsche Sprache' zu beschreiben, grundsätzlich angegangen werden?

c) Die Sicht des *Spracherwerbs*: Wie wird das, was wir 'die Sprache' bzw. z.B. 'die deutsche Sprache' nennen, eigentlich gelernt? (Dass die Frage nach dem Spracherwerb hier auftaucht, ist für den Moment vielleicht etwas überraschend, es wird aber aus dem folgenden einsichtig.)

Zu Gegenstand und wissenschaftstheoretischer Grundposition (a und b):

Das Objekt der deskriptivistischen Sprachforschung – die "Sprache" – ist ein *äusserliches,* nämlich eine bestimmte Anzahl von realen Äusserungen (Sätzen) von Menschen in einer bestimmten natürlichen Sprache. Man nennt das das *Datenmaterial* oder das *Korpus* der linguistischen Forschung.

Die sprachwissenschaftliche Arbeit geht aus von der Grundannahme, dass die Äusserungen des Korpus gewisse Regelmässigkeiten aufweisen. Diese gilt es zu finden, d.h. es gilt die wiederkehrenden Typen herauszuarbeiten, denen die realen Äusserungen ganz oder in Teilen entsprechen (z.B. bestimmte Satzmuster, bestimmte Wortformenmuster, bestimmte Lautstrukturen), bzw. die Regeln zu formulieren, nach denen die Äusserungen gebaut sind. Hat man diese allgemeinen Typen und Regeln gefunden, so hat man das System in und hinter den konkreten Äusserungen gefunden, z.B. "die Grammatik des Deutschen". Dieses Objekt "Grammatik des Deutschen" realisiert sich immer aufs neue in den Äusserungen seiner Sprecherinnen und Sprecher; die Frage, wo und wie diese Grammatik verankert ist, welche Basis sie hat, wird nicht gestellt.

Um diese Systematik in und hinter dem Korpus einer Sprache eruieren zu können, hat der Deskriptivismus eine Reihe von methodischen Mitteln, sogenannte *operationale Prozeduren,* entwickelt, mittels derer die Sprachdaten eines Korpus *segmentiert* und *klassifiziert* werden können. Die gefundenen Typen werden inventarisiert: das Phonem- und Morpheminventar, das Inventar an Wörtern, an Satzbaumustern, die Regeln der Kombinatorik von Phonemen, von Morphemen, von Wörtern und Phrasen. Diese Art sprachwissenschaftlicher Arbeit – böse Zungen sprechen von einer "Jäger- und Sammler-Linguistik" – dominierte bis vor kurzem die Sprachwissenschaft; wir haben in Kapitel 2 einiges davon kennengelernt. Dank dem Deskriptivismus hat sich insbesondere unser Wissen über bisher unbekannte Sprachen enorm vergrössert; eine starke praktische Motivation für den Deskriptivismus bildete nämlich der Wille, aussterbende Sprachen (z.B. Indianersprachen in Nord- und Südamerika) wenigstens zwischen zwei Buchdeckeln zu retten.

Methodologisch ist das deskriptivistische Vorgehen ein *induktives*: Ausgehend von genauer Beobachtung des Objektes gelangt der Forscher oder die Forscherin zur Einsicht in allgemeine Regeln oder Gesetzmässigkeiten; die Wissenschaft nimmt ihren Ausgang beim Objekt und leitet ihre Erkenntnisse aus diesem Objekt ab.

Zur Sicht des Spracherwerbs (c)

In der Vorstellung des Deskriptivismus haben Linguisten und Kinder, die ihre Muttersprache erwerben, viel gemeinsam. Wie die Forscherin oder der Forscher ist das Kind mit einem Korpus sprachlicher Daten konfrontiert, nämlich konkreten sprachlichen Äusserungen – dem sogenannten *Output* – der das Kind umgebenden Menschen. Indem das Kind diesen Output anderer empfängt, wird er für das Kind zum *Input*, aufgrund dessen es Sprache lernt. Entweder *imitiert* das Kind dabei in seinem eigenen sprachlichen Output – d.h. seinem eigenen Sprechen – diesen empfangenen Input; das ist sehr vereinfachend gesagt die Spracherwerbstheorie des *Behaviorismus*, dem der Spracherwerb sich darstellt als Konditionierung, als 'Abrichtung' des Kindes auf bestimmte Äusserungen in bestimmten Situationen (vgl. 9.1.2). Oder das Kind *leitet* aus dem Input *induktiv* bestimmte dahinterstehende *Regelmässigkeiten ab*, wie das nach Ansicht des Deskriptivismus auch die Linguisten bei ihrer wissenschaftlichen Arbeit tun. Das Kind erwirbt so induktiv das Regelsystem für sein eigenes Sprechen.

Was das Kind nach diesen Auffassungen mitbringt, ist eine allgemeine geistige Veranlagung zum Erwerb und Besitz verschiedener sozialer Verhaltensmuster, wozu auch die Sprache gehört. Insbesondere gehört dazu die Fähigkeit zur Imitation oder zum induktiven Ableiten von Regeln aus beobachtetem Verhalten anderer. Ansonsten ist der Geist des Kindes bei der Geburt eine sprachliche *Tabula rasa*, in die sich einprägt, was an Input auf das Kind einströmt. Der Spracherwerb ist ein Prozess *'von null auf hundert'*; auf einem anfänglich sprachlich unbeschriebenen Blatt steht nach einigen Jahren eine mehr oder weniger vollständige Kenntnis einer Sprache.

In den eben – zugegebenermassen verkürzt – skizzierten drei Punkten, die wohl in vielem eine Art Common sense über Sprache, Sprachwissenschaft und Spracherwerb auch ausserhalb der linguistischen Fachwelt sein (oder bis vor kurzem gewesen sein) dürften, nehmen nun Chomsky und die Generative Grammatik ganz dezidiert andere Positionen ein.

3.1.3 Die Gegenstandsbestimmung der GG (I): Sprache als kognitive Fähigkeit

Angelpunkt der ganzen Absetzung der Generativen Grammatik von der nicht-generativen Systemlinguistik ist eine fundamental andere sprachtheoretische Grundauffassung vom Gegenstand der Sprachforschung (Punkt a). Die Deskriptivisten fragen nach dem Allgemeinen, dem Regelmässigen in einem äusserlich vorfindbaren Objekt (Korpus), nach den Typen, Klassen und Regeln einer Einzelsprache wie des Deutschen. Die Frage der Generativisten aber lautet:

Grundfrage der GG

Was weiss jemand oder hat jemand im Kopf, der eine Sprache, z.B. die deutsche Sprache, beherrscht?

Mit dieser Frage wird zum Gegenstand der Sprachwissenschaft eine *mentale*, eine *kognitive Fähigkeit*, ein Teil des geistigen Besitzes eines Menschen. Die Sprache, für den Deskriptivismus ein 'freischwebendes' Gebilde, bekommt bei den GenerativistInnen einen klaren Ort: den Kopf eines Individuums. Die Sprachwissenschaft wird dadurch Teil einer umfassenden Kognitionswissenschaft, Teil der *kognitiven Psychologie*. Diese in den letzten Jahren stark in Aufschwung gekommene Dachwissenschaft geht von der Grundannahme aus, dass den unterschiedlichsten menschlichen Lebensäusserungen jeweils spezifische Fähigkeiten oder *Kompetenzen* i.w.S. zugrundeliegen, die man sich im menschlichen Hirn verankert, *repräsentiert* denkt. Kognitive Wissenschaft fragt nach dem Aufbau, der Struktur solcher Repräsentationen von Kompetenzen, die den Menschen zu bestimmten Lebensäusserungen befähigen.

An dieser Stelle ist ein berühmtes Begriffspaar der GG einzuführen: In der generativen Theorie hat man schon immer betont, dass man *Kompetenz*-Forschung und nicht etwa *Performanz*-Forschung betreibe, dass man sich m.a.W. mit dem beschäftige, was ein Mensch prinzipiell kann, worüber er prinzipiell verfügt (Kompetenz), und nicht mit den Erscheinungen des aktuellen Gebrauchs der Kompetenzen (Performanz); bei letzterem erscheinen die Kompetenzen tendenziell immer durch diverse störende Faktoren getrübt. So ist beispielsweise unsere gesprochene Sprache voller Ausdrücke, die unter der strengen Perspektive der grammatischen Norm falsch oder unfertig erscheinen. Doch lässt dies keinesfalls den Schluss zu, wir verfügten über eine mangelhafte grammatische Kompetenz (denn wir sind unter geeigneten Umständen durchaus im Stande, die Fehler als solche zu erkennen). Zulässig ist höchstens der Schluss, wir schafften es im spontanen Sprechen nicht, genügend Konzentration für die grammatische Gestaltung unserer Äusserungen aufzubringen. In diesem Sinne beschäftigt sich die GG immer mit einem sogenannten *idealen Sprecher/Hörer*, damit, was ein Mensch prinzipiell kann, und nicht damit, was er aus seinem Können in einer bestimmten realen Situation macht.

Es seien hier des weitern zwei Warnungen vor möglichen Missverständnissen ausgesprochen:

(i) Trotz dieser soeben referierten Gegenstandsbestimmung betreibt die GG keine Hirnforschung! Es geht ihr nicht um die physiologische Grundlage des sprachlichen Wissens oder Könnens eines Menschen, sondern um die Frage, wie sprachliches Wissen im Kopf abstrakt repräsentiert ist. Statt zu sagen: die Sprache sitzt im Hirn, sagt man daher besser: sie sitzt im *Geist* (engl. *mind*). Dabei hilft möglicherweise folgende in der GG sehr gängige *Computer-Metapher*: Es geht der GG nicht um die *hardware* eines sprachmächtigen Menschen, sondern um seine *software*. Höchstens stellt sich die GG unter den Anspruch, dass ihre Annahmen über die abstrakte Repräsentation von Sprache im Kopf eines Menschen verträglich (*kompatibel*) sind mit Einsichten in die physiologischen Gegebenheiten, verträglich beispielsweise mit Erkenntnissen, wie sie aus Beobachtungen von Sprachschädigungen und Sprachverlusten bei Hirnverletzten resultieren (zur sogenannten *Aphasie* vgl. 9.3.2).

(ii) Damit, dass als Gegenstand der Sprachwissenschaft hier das sprachliche Wissen im Kopf eines Menschen gesetzt wird, soll nicht die Behauptung aufgestellt werden, es handle sich um *bewusstes* Wissen (sogenanntes *knowing that*). Es handelt sich im Gegenteil über weite Strecken um ein *unbewusstes*, ein *intuitives* Wissen, ein funktionierendes Können (sogenanntes *knowing how*), und man sollte deshalb den Terminus *Wissen* besser in Anführungszeichen setzen. Der linguistische Laie 'weiss' um die Gesetzmässigkeiten seiner Sprache oft etwa gleich viel wie der dribbelnde Ballkünstler um die physikalischen Gesetze von Schwerkraft, Reibung, Drehmoment etc. Beide beherrschen etwas, ohne es bewusst zu wissen. Es ist ja gerade die Aufgabe der Generativen Sprachwissenschaft, uns bewusst zu machen, was wir 'wissen', wenn wir eine Sprache beherrschen. Wüssten wir, was wir 'wissen', wenn wir eine Sprache beherrschen, bräuchte es keine Sprachwissenschaft mehr. Dass uns Sprachfähigen unser linguistisches 'Wissen' normalerweise weitestgehend unbewusst ist, erkennen wir etwa daran, dass wir zwar Fremdsprachige meist ohne weiteres auf ihre Fehler aufmerksam machen können, es uns oft aber nicht gelingt zu begründen, warum das falsch war, was sie gesagt haben. Und das gilt selbstverständlich nicht nur für Fehler von Fremdsprachigen. Bevor wir weiter unten einige ganz wichtige Präzisierungen zu der soeben referierten Gegenstandsbestimmung der GG anbringen, soll unser Augenmerk der Frage nach dem Spracherwerb, dem Erwerb dieses sprachlichen Wissens gelten.

3.1.4 Die Spracherwerbsfrage aus der Sicht der GG: Die These von der angeborenen Universalgrammatik

Der Gegenstand der Sprachwissenschaft, das sprachliche Wissen, hat für generative Linguistinnen und Linguisten einen Ort: den Kopf des Menschen, und anscheinend ist es irgendwie dahin gelangt im Prozess des Spracherwerbs (vgl. auch das Kapitel 9). Obwohl selten eigentliches Thema in der GG, spielt der Spracherwerb in der jüngeren Theorie eine zunehmend wichtige Rolle als eine Art advocatus diaboli: Das, von dem ich behaupte, es sei sprachliches Wissen im Kopf eines Menschen, muss so gestaltet sein, dass es gelernt worden sein kann. Der Spracherwerb wird so zu einem wichtigen Prüfstein der Theoriebildung. Dabei fliessen aus der Betrachtung des Spracherwerbs für die Sprachtheorie weit radikalere Einsichten, als man auf den ersten Blick meinen könnte, Einsichten, die der Theoriebildung der GG in den letzten Jahren eine gänzlich neue Richtung gegeben haben. Um das zu verstehen, müssen wir uns hier etwas ausführlicher der Spracherwerbsfrage widmen, und zwar unterziehen wir die oben dem Deskriptivismus zugeschriebenen Varianten der Spracherwerbstheorie einer kritischen Überprüfung mittels eines Argumentekatalogs, der in der jüngeren generativen Theorie nachgerade standardisiert ist.

a) Die Argumente gegen die herkömmliche Spracherwerbstheorie

Eine sehr krude Vorstellung vom Spracherwerb wäre die, dass das Kind lediglich die Äusserungen seiner Umgebung (was es als Input empfängt) in seinen eigenen Äusserungen (seinem Output) *imitiert*. Es lernte demnach gar kein grammatisches Regelsystem, sondern es memorisierte einen Katalog an vorgefertigten Äusserungen, die es situationsgerecht einzusetzen lernte.
Dagegen spricht:

– Es reicht offensichtlich ein sehr beschränkter Input für den Erwerb einer sprachlichen Kompetenz, die sehr oft weit über den empfangenen Input hinausreicht. Kinder zeigen eines Tages einen sprachlichen Output, der den Input übertreffen kann. Ein Heinrich von Kleist hat im Satzbau seine sprachliche Vor- und Umwelt weit übertroffen; er hat nicht bloss imitiert.

– Kinder zeigen im Verlauf des Erwerbs einen Output, der im Input keine Grundlage hat, d.h. sie formulieren sprachliche Äusserungen, die sie unmöglich je gehört haben können, nämlich Äusserungen, die vom Standpunkt der Zielsprache (der zu erwerbenden Sprache) aus falsch sind. Dabei handelt es sich schwerlich um verunglückte Imitationen; dafür zeigen diese Äusserungen zu viel Systematik. Kinder zeigen in bestimmten Spracherwerbsstadien eine *systematisch* 'falsche' Sprache.
Ein Beispiel wären sogenannte morphologische *Übergeneralisierungen*, d.h. Anwendung von an sich richtigen Regeln auf Bereiche, auf die man sie nicht anwenden darf. Dazu gehören etwa Bildungen vom Typus *singte* statt *sang*. Ein anderes, syntaktisches Beispiel systematisch auftretender Fehler wäre die Negation vor dem ganzen Satz, wie etwa in *Nein Mama weggehen*. Beide Typen von Fehlern kommen systematisch vor, und beide hat das Kind mit ziemlicher Sicherheit nie gehört.

Fehler von der ersten Art (Übergeneralisierungen) sind geradezu ein Paradeindiz dafür, dass Spracherwerb ein Prozess der *induktiven Regelableitung* aus dem empfangenen Input sein könnte. Im Prozess solcher Regelableitungen sind Übergeneralisierungen in hohem Masse erwartbar; sie verschwinden mit dem Erwerb zusätzlicher Regeln (für unser Beispiel hiesse die generelle Regel: "Im Deutschen bildet man das Präteritum mit einem t-Suffix"; die Zusatzregel hiesse: "Die sog. starken oder unregelmässigen Verben bilden das Präteritum durch innere Abwandlung (sog. *Ablaut*)". Gegen diese Sicht des Spracherwerbs hat die GG nichts einzuwenden; viele Dinge werden ganz offensichtlich induktiv erworben. Jedoch argumentiert die GG ganz entschieden dafür, dass man über induktive Regelableitung nicht das Ganze des Spracherwerbs, und zwar – wichtiger noch – einen gewissen Kern des Spracherwerbs gerade nicht erklären könne. Die Argumentation ist recht abstrakt und geht etwa so:

Es ist lerntheoretisch möglich, aus einem gegebenen Input von der Art der Äusserungen, mit denen ein Kind konfrontiert wird, mehrere verschiedene Regelsysteme oder Grammatiken abzuleiten. Gründe für diese Deutung:

– Der Input ist zu klein, er weist nicht alle für eine eindeutige Regelableitung nötigen sprachlichen Äusserungen auf.
– Der Input weist darüber hinaus fehlerhafte Äusserungen auf, wie uns eben in der gesprochenen Sprache häufig Fehler unterlaufen. Diese gelangen ohne Fehlermarkierung an das Kind und müssten es in seiner Regelbildung kolossal verunsichern.
– Der Input ist in einer entscheidenden Hinsicht grundsätzlich zu arm: Er enthält keinerlei Informationen darüber, was in einer Sprache 'nicht geht'. Man spricht von der fehlenden *negativen Evidenz*.

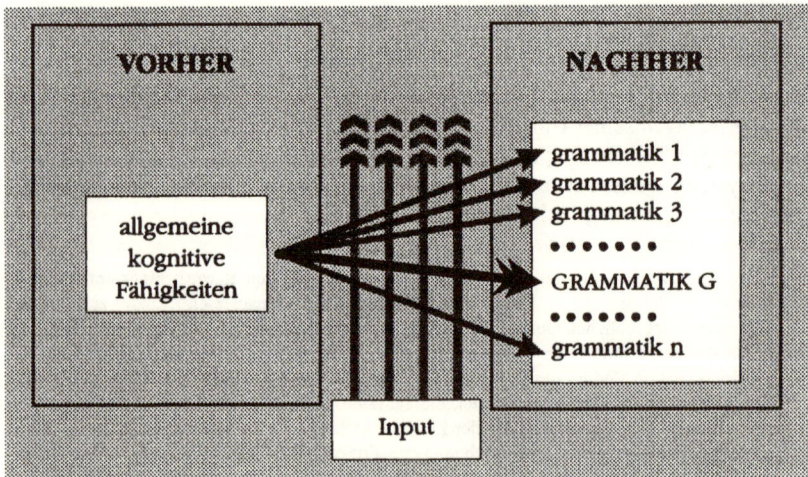

[Schema 3-1]

Was mit einem solchen Input lerntheoretisch möglich ist, müsste auch faktisch eintreffen: Kinder müssten bei gleichem Input verschiedene Grammatiken, verschiedene Regelsysteme erwerben. Dem widerspricht nun aber die alltägliche Realität: Ein Kind weiss eines Tages, was in seiner Sprache geht, und es weiss auch, was nicht geht, und besonders letzteres hat ihm im Spracherwerb nie jemand systematisch gesagt (keine negative Evidenz). Nach Überzeugung der GG führt die ausschliessliche Annahme eines induktiven Spracherwerbs also in einen Erklärungsnotstand, den man sich graphisch mit Schema 3-1 veranschaulichen kann. Bei einem gegebenen Input, wie ihn ein Kind, das in deutschsprachiger Umgebung Deutsch lernt, erfährt, müssten wir, wäre Spracherwerb wirklich eine induktive Regelableitung, beobachten, wie ein Kind eine Grammatik g1, ein anderes eine Grammatik g2, ein drittes eine Grammatik g3 usw. erwirbt; wir beobachten jedoch, dass jedes Kind genau die Grammatik G erwirbt. Oder vielleicht präziser: Wir müssten beobachten, dass die Kinder in einen Sprachzustand geraten, in dem sie unschlüssig zwischen einer Grammatik g1, einer Grammatik g2, einer Grammatik g3 usw. schwanken; wir beobachten jedoch, dass die Kinder in einen Zustand der Gewissheit gelangen, dass genau G gilt und dass g1, g2, g3 usw. nicht gelten. Mit andern Worten: Der Erklärungsnotstand ist der, dass wir nicht erklären können, warum ein Kind in deutschsprachiger Umgebung genau Deutsch und Deutsch genau lernt.

Dieses Erklärungsproblem hat in der GG Namen. Man spricht vom *logischen Problem des Spracherwerbs*. Chomsky selber nennt es an einer Stelle *Platos Problem*: "How can we know so much given that we have such limited evidence?" (1986b: xxv) Man kann das Problem umschreiben als die "empirische Unterdeterminiertheit *(poverty of stimulus)* des Spracherwerbs".

b) Die Spracherwerbstheorie der GG: die Universalgrammatik

(Eine wichtige Ergänzung zu der hier referierten Sicht des Spracherwerbs findet sich in 9.2.)

Die GG sucht den Weg aus dem Erklärungsnotstand der induktiven Erwerbstheorie, aus dem logischen Problem des Spracherwerbs, indem sie gewissermassen den Gordischen Knoten mit einem Plausibilitätsargument durchhaut: Wenn etwas partout nicht erworben worden sein kann, so muss es eben von allem Anfang an da gewesen sein. Tatsächlich vertritt die GG die These von einer allen Menschen gleicherweise angeborenen, ihnen also mit dem genetischen Erbmaterial mitgegebenen *Universalgrammatik* (abgekürzt als *UG*). Diese Universalgrammatik hat man sich vorzustellen als ein Set von hochabstrakten, allgemeinen *Prinzipien*, die für alle Sprachen gelten, und von *Parametern*, das sind beschränkte Paletten an Wahlmöglichkeiten innerhalb eines Prinzips. Die Prinzipien und Parameter der angeborenen UG definieren die Menge der möglichen natürlichen Einzelsprachen; jede natürliche Einzelsprache muss in ihnen Platz finden. Und sie verhindern, dass ein Kind aus einem Input eine Sprache erwirbt, die 'es nicht gibt'.

Die Prinzipien und Parameter der UG sind vorläufig nicht sehr viel mehr als ein faszinierendes Forschungsziel. Um hier etwas anschaulicher zu werden und um die Sache nicht zu kompliziert zu machen, müssen wir uns mit erfundenen und wahrscheinlich falschen, hoffentlich jedoch nicht verfälschenden Beispielen für solche UG-Prinzipien behelfen.

– Ein UG-Prinzip könnte lauten: "Eine Sprache hat (mindestens zwei) Wortarten."
  Ein entsprechender Parameter dazu wäre: "Es sind möglich die Wortart 1 mit den Kennzeichen ..., die Wortart 2 mit den Kennzeichen ..., die Wortart 3 mit den Kennzeichen ..., ..." Ein spracherwerbendes Kind hätte so lediglich herauszufinden, welche Wortarten in 'seiner' Sprache vorkommen, und dazu müsste positive Evidenz (d.h. Input von realen Äusserungen) ausreichen.

– Ein anderes UG-Prinzip könnte lauten: "Wörter können prinzipiell syntaktisch ergänzt werden durch andere Wörter."

Ein entsprechender Parameter dazu beträfe die Position der Ergänzungen: "Nomina werden entweder links oder rechts oder in beliebiger Position ergänzt. Partikeln werden entweder links oder rechts oder in beliebiger Position ergänzt. Adjektive ..." (Beispiel zum Nomen: *das gelbe Haus – la maison jaune – domus fulva/fulva domus*).

– Ein weiteres UG-Prinzip könnte lauten: "Bestimmte Gruppen zusammengehöriger Wörter können im Satz bewegt/verschoben werden."
Der Parameter dazu böte die Wahl der Typen zusammengehöriger Wörter, der Weite der Bewegung und des Zielorts der Bewegung (vgl. den Unterschied zw. Englisch und Deutsch: *What is this book about? – *Was ist dieses Buch über?*; dazu sagen wir in 3.2.4 Genaueres).

Graphisch könnte man die UG als Set von Prinzipien und Parametern wie in Schema 3-2 darstellen.

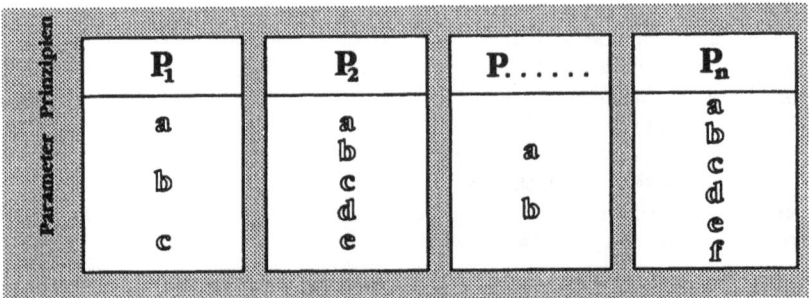

Parameter \ Prinzipien	P₁	P₂	P.....	Pₙ
	a	a		a
	b	b	a	b
	c	c		c
		d	b	d
		e		e
				f

[Schema 3-2]

Der Spracherwerb bestünde dann lediglich darin, dass das Kind (über positive Evidenz, d.h. über seinen Input) herauszufinden hätte, welche spezifische Belegung in einem bestimmten Parameter für die zu erwerbende Sprache gilt. Das soll Schema 3-3 veranschaulichen.

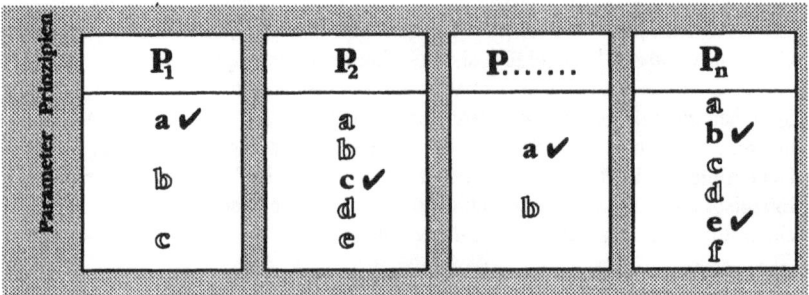

Parameter \ Prinzipien	P₁	P₂	P......	Pₙ
	a ✔	a		a
	b	b	a ✔	b ✔
	c	c ✔		c
		d	b	d
		e		e ✔
				f

[Schema 3-3]

Die Prinzipien und Parameter selber wären nicht zu erwerben, sondern sind als UG mitgegeben. Spracherwerb ist unter dieser These kein Prozess 'von null auf hundert', sondern vielleicht *'von 10 auf hundert',* wobei die Anfangs-Zehn den Wert einer ganz entscheidenden Einspurung hat. Das neugeborene Kind ist nach dieser Ansicht keine linguistische tabula rasa, kein unbeschriebenes Blatt; ihm ist vielmehr eine UG eingeschrieben. Spracherwerb ist im Kern keine induktive Regelfindung, sondern eine *deduktive Regelableitung,* und zwar eine Ableitung aus vorgegebenen Prinzipien und Parametern. Mit dieser Theorie verändert sich der Stellenwert des Inputs radikal: Der Input löst die Parametrisierung der UG aus und lenkt sie an den Weggabelungen, die offen sind, aufgrund positiver Evidenz in die richtige Richtung. Spracherwerb ist unter diesen Umständen insbesondere auch nicht ein Prozess der Komplettierung von Einzelteilen zu einer ganzen Sprachkompetenz. Vielmehr ist in jedem Moment des Spracherwerbs eine ganze Kompetenz da, nur ist sie auf den einzelnen Erwerbsstufen noch nicht immer vollständig und richtig ausgestaltet.

Die Parametrisierung der UG ist allerdings nur ein Teil des Spracherwerbs, aber just jener, für den das logische Problem des Spracherwerbs besteht. Man kann vom *Struktur*-Teil einer Sprachkompetenz sprechen. Neben der Parametrisierung der UG muss gleichzeitig so etwas wie eine sprachliche *Substanz* erworben werden; das ist insbesondere das Morphem- und Wortmaterial einer Sprache, das – abgesehen von prinzipiellen, UG-bestimmten strukturellen Möglichkeiten, denen es genügen muss – ganz gewiss nicht angeboren ist.

Als Bild des Spracherwerbs aus der Sicht der GG ergibt sich somit etwa das, was Schema 3-4 zeigt (vgl. dazu das Schema 3-1 zum logischen Problem des Spracherwerbs).

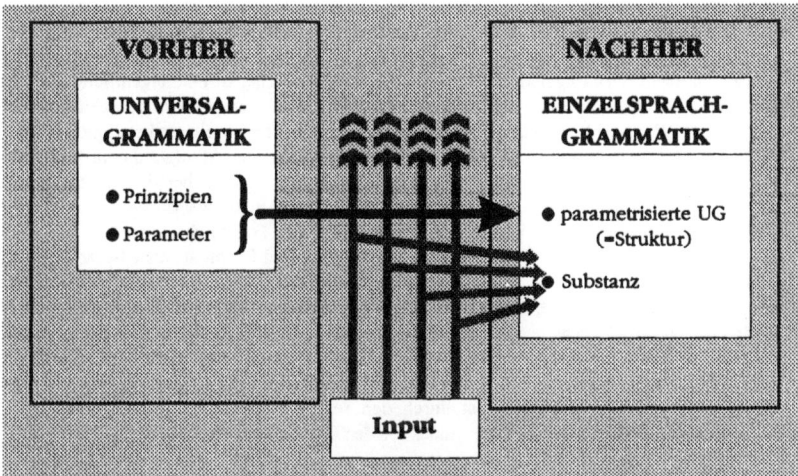

[Schema 3-4]

Was den Struktur-Aspekt der einzelsprachlichen Grammatik anbelangt, so handelt es sich um ein geschlossenes System, dessen Erwerb – oder eben genauer: dessen Ausgestaltung – irgendwann zu einem Abschluss kommt (je nachdem, was dazu zu rechnen ist, zwischen dem 7. und 12. Lebensjahr). Der substantielle Teil dagegen ist ein offenes, grundsätzlich nie zum Abschluss gelangendes System. Beispielsweise lernen und verlernen wir ständig Wörter. Ein Unterschied zeigt sich auch in der Geschichte der Sprache: Grosse Stabilität mit Zeiten des Umbruchs beobachten wir beim Struktur-Aspekt, mehr oder weniger ständigen und schnellen Wandel hingegen in der Substanz (vgl. dazu auch Kapitel 10).

Die Annahme einer angeborenen UG, die im Spracherwerbsprozess lediglich ausgestaltet wird, löst theoretisch das logische Problem des Spracherwerbs und macht einige oben noch nicht genannte verwunderliche Tatsachen des Spracherwerbs weniger verwunderlich:

– Kinder erwerben ihre Erstsprache in einer Geschwindigkeit, die angesichts der Komplexität des zu erwerbenden Gegenstandes ganz erstaunlich ist.

- Wir haben oben von bestimmten systematischen Fehlern gesprochen, die ein Kind im Spracherwerb macht. Umgekehrt aber machen Kinder interessanterweise bestimmte Fehler nie, die
  lerntheoretisch genauso auftreten müssten wie Fehler, die die Kinder tatsächlich machen.
- Unter den Fehlern, die Kinder machen, sind solche, die man einfach nicht als falsche Induk-
  tionen aus dem Input erklären kann. Unser obiges Beispiel mit der Negation vor dem ganzen
  Satz gehört dazu.
- Die induktiv schwer erklärbaren Fehler sind häufig typisch für bestimmte Phasen des Erwerbs,
  und gerade diese Phasen und ihre typischen Fehler scheinen in den unterschiedlichsten sprachlichen Umgebungen (Deutsch, Chinesisch etc.) sehr ähnlich zu sein. Die Fehler verschwinden
  nicht aufgrund von Belehrungen, sondern offenbar einfach dann, wenn es 'an der Zeit ist'.
  Um die Beobachtung erklären zu können, dass der Spracherwerb universal über eine bestimmte
  Reihe von Erwerbsphasen verläuft, ist eine Zusatzannahme über die UG nötig: Diese 'wirkt'
  nicht von Anfang an vollständig, sondern 'reift' etappenweise heran.
- Die vielleicht stärksten Argumente für die These von der angeborenen Universalgrammatik
  kommen aus der *Kreolistik*. In bestimmten Gegenden der Welt, etwa in grossen Handelshäfen
  einstiger Kolonialländer, hat man bei Menschen der sozial benachteiligten Schichten (Urein-
  wohnern, Sklaven, Arbeitsimmigranten) verschiedentlich beobachtet, dass sie ihre Muttersprache weitestgehend aufgeben und stattdessen zu einer sog. *Pidginsprache* wechseln. Dabei
  sind gewisse äusserliche Bedingungen, unter denen diese Menschen leben, ausschlaggebend:
  Sie sind einerseits aus ihrer angestammten Sprachgemeinschaft herausgerissen und andererseits
  in eine Umgebung gestellt worden, in der eine eigentliche Sprachenvielfalt, ein linguistisches
  Chaos, herrscht. Das linguistische Resultat, die Pidginsprache, ist eine eigentliche Sprach-
  mischung aus der jeweiligen zumeist dominanten Kolonialistensprache (z.B. Französisch,
  Englisch, Holländisch) und Versatzstücken aus den verschiedenen weiteren beteiligten lokalen
  Sprachen. Solche Pidginsprachen taugen zur Praxis-eingebundenen Alltagskommunikation, sie
  entbehren aber einiger fundamentaler Eigenschaften natürlicher Sprachen, v.a. in strukturell-
  grammatischer Hinsicht; anstelle einer kohärenten internen Struktur weisen sie eine Ansamm-
  lung von Systemfragmenten, einen eigentlichen linguistischen Trümmerhaufen auf.
  Wenn nun Kinder in Pidgin-Umgebungen heranwachsen und Pidgin als erste Sprache an sie
  herangetragen wird (Input), verändern diese Kinder das Pidgin häufig innerhalb einer
  Generation zu einer sog. *Kreolsprache*. Eine Kreolsprache weist im Gegensatz zu einer
  Pidginsprache alle Merkmale einer natürlichen Sprache mit voll ausgebildeter Grammatik auf.
  Ist das eine Kreation aus dem Nichts? Für die GG ist klar: Die Kreolsprache ist eine Kreation
  der Kinder pidginsprechender Eltern auf der Basis der diesen Kindern angeborenen
  Universalgrammatik und ausgelöst durch den sehr rudimentären (aber offenbar doch
  ausreichenden) Pidgin-Input, den die Kinder von den Erwachsenen empfangen.

3.1.5 Die Gegenstandsbestimmung der GG (II): *Grammatik* vs. *Sprache*

Wir kommen nun auf die Frage nach der Gegenstandsbestimmung der GG zurück.
Die GG – so haben wir bisher gesagt – ist Theorie der Sprach-*Kompetenz*. Sie ist
Theorie der mentalen Repräsentation sprachlichen Wissens, und sie vertritt die
Auffassung, dass es sich bei diesem Wissen zwar zu einem beträchtlichen Teil um
eigentlich angelerntes Wissen handelt, dass dieses Wissen aber in seinem struk-
turellen Kern aus angeborenen Grundstrukturen aufgrund eines spezifischen Inputs
lediglich ausdifferenziert oder abgeleitet worden ist. Die GG ist explizit nicht Theorie der Performanz und nicht Theorie der in schriftlichen oder mündlichen Texten
vorliegenden Resultate von Performanz: nicht Theorie eines sog. Korpus also.
Indem wir dies bis anhin so entwickelt haben, sind wir in einem entscheidenden
Punkt fahrlässig unpräzise gewesen. Wir haben stets von *sprachlichem* Wissen,
Sprach-Kompetenz, *Sprach*-Erwerb gesprochen. Die GG ist sich in jüngerer Zeit
aber immer klarer darüber geworden, dass mit solchen Termini die Existenz einer
einheitlichen kognitiven Fähigkeit vorausgesetzt wird, die es eigentlich gar nicht

gibt. Wohl gibt es das Phänomen der Sprache, beipielsweise konkret das Phänomen des funktionstüchtigen, kommunikativ erfolgreichen, den herrschenden Normen entsprechenden Gebrauchs von Sprache durch ein Individuum, doch ist solche Performanz eines Individuums nach der jüngeren Überzeugung der GG nicht Ausdruck einer einzigen kognitiven Fähigkeit "Sprachkompetenz", sondern vielmehr das Resultat eines komplexen *Zusammenspiels mehrerer kognitiver Fähigkeiten*, die je für sich ihre eigene Erwerbs- oder Entfaltungsgeschichte, ihren eigenen Aufbau, ihre eigenen Struktur- und Funktionsgesetzmässigkeiten haben. Man spricht in diesem Zusammenhang in der kognitiven Wissenschaft von *Modulen* bzw. von der *Modularität* unserer Kognition. Schema 3-5 soll andeuten, mit welchen Modulen man in der GG für das Phänomen rechnet, das man gesamthaft Sprache nennt.

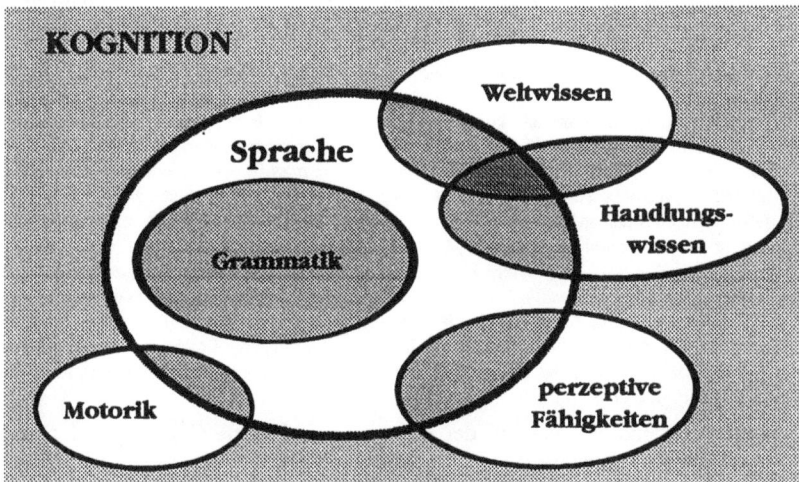

[Schema 3-5]

Das Schema 3-5 stellt die Annahme der GG dar, dass es neben einer Reihe von kognitiven Fähigkeiten, die an Sprache mitbeteiligt sind, eine Kompetenz gibt, die gleichsam auf Sprache spezialisiert ist und keine aussersprachliche Verwendung kennt: die Grammatik-Kompetenz. *Die Grammatik-Kompetenz ist der Gegenstand der GG.* Um diese Grammatikkompetenz ging es in der oben dargelegten Spracherwerbsdiskussion. Beim Erwerb dieser Grammatik-Kompetenz stellt sich das "logische Problem des Spracherwerbs", und die Lösung des Problems bildet die Hypothese von der angeborenen Universal*grammatik* und nicht etwa die Hypothese einer angeborenen Universal*sprache*.

Was ist nun aber diese Grammatik-Kompetenz? Auf diese Frage gibt es in der generativen Literatur eine Reihe von Standardantworten, die sich im Laufe der Theorieentwicklung z.T. erheblich verändert haben. Aktuell gültig sind vor allem zwei Antworten, die zu den folgenden beiden präziseren Grundfragen der GG führen (vgl. die Formulierung oben):

Revidierte Grundfragen der GG
a) Was weiss jemand oder hat jemand im Kopf, der fähig ist, alle und nur die
    wohlgeformten Ausdrücke einer Sprache hervorzubringen?

b) Was weiss jemand oder hat jemand im Kopf, der fähig ist, sämtliche sprach-
    lichen Ausdrücke auf ihre Wohlgeformtheit hin zu beurteilen?

Dazu einige Anmerkungen:

–   Statt von "Ausdrücken" spricht man meist von "Sätzen", weil das die grösste grammatische
    Einheit ist. Die Kompetenz dazu schliesst die Kompetenz zur Bildung kleinerer Einheiten
    (Phrasen, komplexe Wörter) ein.
–   Statt von "wohlgeformt" spricht man häufig von "grammatisch" im Gegensatz zu "ungram-
    matisch" (zu andern Wohlgeformtheitsbegriffen vgl. den weiter unten folgenden Exkurs).
–   Die Menge der wohlgeformten Ausdrücke einer Sprache ist unendlich gross, d.h. es gibt
    beispielsweise eine unendlich grosse Zahl verschiedener grammatisch korrekter deutscher
    Sätze. Der Grund hierfür liegt nicht etwa in der grossen Zahl von Wörtern, die eine un-
    vorstellbar grosse Zahl an verschiedenen Kombinationsmöglichkeiten eröffnen (die aber theo-
    retisch immer noch endlich ist), sondern in der Tatsache, dass Sätze theoretisch unendlich lang
    sein können, beispielsweise durch unendliche Anfügung von Nebensätzen oder Genitiv-
    attributen zu Substantiven, auch unter Wiederverwendung der gleichen Wörter (theoretisch
    gibt es hier keine Grenze, wohl aber faktisch, bedingt etwa durch die beschränkte Kapazität des
    Gedächtnisses). Das fachterminologische Stichwort hierfür ist *Rekursivität* oder *rekursive
    Regelanwendung*.
–   Der Ausdeutung der Grammatikkompetenz als Fähigkeit der Hervorbringung von Ausdrücken
    (Formulierung (a) der Grundfrage) verdankt die GG ihren Namen; man nennt diese Fähigkeit
    nämlich die *generative* Fähigkeit des Menschen, die man in der Generativen Grammatik
    abzubilden versucht. Ältere Konzepte des Grammatikmodells (vgl. Schema 3-7 weiter unten)
    präsentieren uns entsprechend eine Grammatik als eine Art Apparat, der Sätze produziert. Man
    spricht vom *derivationellen* Modell.
–   In jüngerer Zeit wird diese ältere Konzeption zunehmend durch eine jüngere abgelöst, die
    sogenannte *repräsentationelle Modellvorstellung*, in der die Grammatikkompetenz als Fähig-
    keit verstanden wird, Ausdrücke auf ihre Wohlgeformtheit hin zu beurteilen (vgl. die For-
    mulierung (b) der Grundfrage). In diesem Geist konzipiert man das Grammatikmodell als eine
    Art Apparat, der sprachliche Ausdrücke nicht produziert, sondern auf ihre Wohlgeformtheit hin
    überprüft (vgl. auch 3.2.2).

Diese Grammatikkompetenz ist der extrem eingeschränkte Gegenstand der GG.
Diese Gegenstandsreduktion hat nicht einfach methodische Gründe (dass man den
Gegenstand dann besser beschreiben kann), sondern die GG postuliert für diese
Reduktion, dass sie der Wirklichkeit entspreche, nämlich dem modularen Aufbau
unserer kognitiven Fähigkeiten Rechnung trage. Den Nachweis für den Wahrheits-
gehalt dieser Tatsachenbehauptung sucht man in der GG vor allem in den folgenden Richtungen:

–   *Grammatikerwerb*: Der Erwerb (bzw. präziser: die Kombination von Ausgestaltung und
    Erwerb) der Grammatikkompetenz vollzieht sich zeitlich und strukturell unabhängig vom
    Erwerb/von der Ausgestaltung anderer kognitiver Fähigkeiten.
–   *Aphasieforschung*: Krankheitsbilder von Menschen mit Hirnschädigungen zeigen, dass die
    Grammatikkompetenz sowie einzelne ihrer Teile (vgl. differenzierter das Grammatikmodell in
    Schema 3-7) relativ isoliert beschädigt sein können (bei solchen Beschädigungen von
    Sprachkompetenzen spricht man von Aphasie; vgl. dazu 9.3.2).
–   *Autonomie der grammatischen Strukturen*: Die Grammatik einer Sprache zeigt Strukturen, die
    man beim besten Willen nicht aus der Funktion der Sprache, Inhalte zu übermitteln (seman-
    tische Funktion), oder aus ihrer Funktion, Handlungen vollziehbar zu machen (pragmatische
    Funktion), begründen kann; sie zeigt Strukturen, die m.a.W. völlig autonom, eigengesetzlich
    sind (das ist die These von der *Autonomie der Syntax*, die die Generativisten insbesondere
    gegen die sog. "Funktionale Grammatik" ins Feld führen, die genau solche Begründbarkeiten
    von Grammatischem durch Funktionales immer wieder behauptet; vgl. hierzu 2.2.2).
–   *Autonomie der grammatischen Wohlgeformtheitsurteile*: Wir sind fähig, ohne Rücksichten
    auf Bedeutung und mögliche Verwendung irgendwelche grammatisch korrekte sprachliche Ge-

bilde zu produzieren bzw. irgendwelche sprachliche Gebilde ungeachtet ihrer möglichen Bedeutung oder Verwendung einzig nach ihrer grammatischen Korrektheit zu beurteilen.
Diesen letzten Punkt müssen wir etwas weiter ausleuchten, weil er in der Geschichte der
neueren Grammatikschreibung und der Geschichte der GG selber eine zentrale Rolle spielt und
die GG hier eine sehr dezidierte Position einnimmt, die wir auch für bestimmte Teile unserer
folgenden Darstellung voraussetzen müssen. (Wir verweisen für das folgende auch auf 2.1.2.)

3.1.6 Zum Verhältnis von Grammatik und Semantik in der Sicht der GG

In der GG wird folgendes behauptet: Wir sind fähig, den sprachlichen Ausdruck
Farblose grüne Ideen schlafen wütend eindeutig als wohlgeformten Ausdruck zu
klassifizieren. Er steht punkto Wohlgeformtheit dem Ausdruck *Alte holländische
Mühlen mahlen langsam* um nichts nach. Hingegen sind die Ausdrücke *Alte holländische Mühlen mahlt langsam* oder *Alte Mühlen holländische mahlen langsam*
genau so nicht wohlgeformt, wie *Farblose grüne Ideen schläft wütend* oder *Farblose Ideen grüne schlafen wütend* nicht wohlgeformt sind.
Aber natürlich 'stimmt etwas nicht' mit *Farblose grüne Ideen schlafen wütend*.
Möglicherweise stimmt dieser Ausdruck sogar auf zweierlei Art nicht:

a) Einmal 'beissen' sich die Bedeutungen von *farblos* und *grün*. Das eine schliesst das andere
aus, und ein Ausdruck, der sowohl das eine wie das andere sagt, ist semantisch widersprüchlich,
streng genommen nicht interpretierbar und damit Sinn-los.

b) Zum andern schlafen Ideen nicht, und schon gar nicht wütend, und grün oder farblos sind Ideen
auch nicht – so würden wir sagen. Der Ausdruck ist also in gewisser Weise un-sinnig: seine
Interpretation passt nicht zu unserem Wissen und unseren Annahmen über die Welt. Er ist aber
(dies vielleicht im Unterschied zum Fall (a)) interpretierbar.

Ob an diesem Unterschied zwischen (a) und (b) nun etwas dran ist oder nicht – ein
deutlicher Unterschied besteht allemal zu einem nicht wohlgeformten Ausdruck wie
Farblose grüne Ideen schläft wütend.
Die Frage stellt sich, welcher Art jeweils die Nicht-Wohlgeformtheit ist und in welchem Fall man von Un-Grammatikalität sprechen soll. Natürlich ist das eine Frage
danach, wie weit die Grammatik reicht, eine Frage nach der Extension der Grammatik (vgl. 2.1.1). Weitgehende Einigkeit herrscht innerhalb wie ausserhalb der
GG darüber, dass im Falle von *Farblose grüne Ideen schläft wütend* eine *syntaktische* Nicht-Wohlgeformtheit vorliegt in dem Sinne, dass die Kongruenz im Numerus zwischen Subjekt und Prädikat verletzt ist; Einigkeit herrscht auch darüber,
dass diese syntaktische Nicht-Wohlgeformtheit eine *Ungrammatikalität* genannt
werden kann.
Weit weniger klar ist das bei *Farblose grüne Ideen schlafen wütend*. Ein Blick zurück in die Geschichte der GG zeigt uns, dass man früher innerhalb dieses theoretischen Rahmens auch im Falle eines solchen Ausdrucks von einer Ungrammatikalität sprach, was so viel heisst wie: Zum Bereich der Grammatik wurden auch eindeutig *semantische* Regeln gezählt, und dabei nicht nur Regeln, die einen Ausdruck
wie *farblos grün* ausschlossen, weil er widersprüchlich und als solches uninterpre-
tierbar ist, sondern auch Regeln, die verhindern sollten, dass ein Ausdruck, der
von schlafenden Ideen sprach, als grammatischer erscheinen konnte.
Solche Regeln versuchte man in der Grammatik zu entwickeln, indem man Wörter
nicht allein dahingehend charakterisierte, wie sie syntaktisch zu verwenden sind
(dass also z.B. eine singularische Verbform mit einem singularischen Subjekt zu
verwenden ist), sondern auch dahingehend, wie sie *semantisch* zu verwenden sind:

Einem syntaktischen Wort wie *schläft* schrieb man etwa die (grammatische!) Eigenschaft zu, nur mit einem Subjekt kombinierbar zu sein, das das semantische Merkmal [+BELEBT] trägt, genauso wie ihm die grammatische Eigenschaft zugesprochen wurde, nur mit einem singularischen Subjekt kombinierbar zu sein. Diese Verwendungsregeln, die man allesamt als grammatische verstand, nannte man *Subkategorisierungsregeln* (weil damit Wortklassen nach ihrer Kombinierbarkeit subkategorisiert, d.h. in Unterklassen eingeteilt wurden).

Man stelle sich nun einmal die Konsequenzen einer derart weit verstandenen Grammatik vor: Die Grammatikschreibung hätte im 19. Jh. einen Satz wie *Hanne flog nach London* noch als ungrammatischen Satz deklarieren müssen. Wir würden heute in einer Zeit leben, wo der Satz *Als mich meine Grossmutter gebar* langsam grammatisch würde, dank Fortschritten in der Technik der Leihmutterschaft etc. Mit andern Worten: Die Grammatik änderte sich, wenn sich die Welt änderte, und was grammatisch wäre, bemässe sich danach, wie die Welt ist oder wie wir sie uns denken. Märchen, Utopien, Wünsche wären plötzlich ungrammatisch. Für die Märchen, Utopien, Wünsche wäre das einerlei. Die Konsequenzen für die Grammatikschreibung aber wären fatal.

In der jüngeren GG hat man den Grammatikbegriff entschieden zurückgenommen. Wie das Schema 3-5 zeigt, setzt man neben dem Grammatikmodul ein Modul "Weltwissen" an, an dem der Komplex Sprache teilhat. Die jüngere GG vertritt die Meinung, dass ein Ausdruck wie *Farblose grüne Ideen schlafen wütend* erst in dem Moment für anstössig befunden wird, wo seine Interpretation mit dem Weltwissen, d.h. mit dem, was wir glauben, dass es in unserer Welt der Fall ist, verglichen wird und wo dann eine Unvereinbarkeit von Satzbedeutung und Weltwissen festgestellt wird. Dies aber ist in keinem gängigen Sinn von "Grammatik" ein Fall von Ungrammatikalität.

Nun setzt ein solcher Vergleich von Satzbedeutung und Weltwissen allerdings voraus, dass der Satz vorher interpretiert worden ist, und dabei stellt sich die Frage, wo – d.h. in welchem Modul – diese Interpretation geleistet wird. Ist das auch schon eine Leistung ganz ausserhalb des Grammatikmoduls, eine Leistung des Weltwissens, oder aber eine Leistung eines bestimmten Teils des Grammatikmoduls? Uns scheint in dieser Frage im Moment innerhalb der GG wenig Klarheit und Einigkeit zu herrschen. Wir werden in unserem Grammatikmodell eine Subkomponente *Semantische Form* ansetzen (vgl. 3.2.5), in der Sätze semantisch interpretiert werden. Genaueres werden wir dazu nicht sagen können. Es dürfte sich um eine sogenannte *Schnittstelle* (engl. *interface*) zwischen zwei relativ autonomen, aber stark interagierenden Bereichen der menschlichen Kognition (Sprachwissen im engeren Sinn und Weltwissen) handeln (vgl. das Schema 3-6).

Eine kleine Nachbemerkung: Vielleicht haben unsere Leserinnen und Leser unser Ausgangsbeispiel *Farblose grüne Ideen schlafen wütend* gar nie irgendwie anstössig gefunden. Dann haben Sie wahrscheinlich auf Anhieb jene Strategie gewählt, die für unseren Umgang mit Ausdrücken, die einen 'komischen Sinn' ergeben, ganz normal ist: Sie haben die Bedeutung der Zeichen in Richtung auf das 'Uneigentliche', das Metaphorische verschoben. Tatsächlich leben wir ja heute in einer politischen Welt, in der es durchaus "grüne Ideen" gibt, und in der diese halt auch einmal "farblos" sein können! Man kann diese Uminterpretation ins Metaphorische einen Reparaturmechanismus nennen, der immer dann einsetzt, wenn die gewöhnliche Interpretation auf komische Resultate führt. Wieder fragt sich hier: Wo (in welchem Modul) findet die erste Interpretation statt? Wo wird diese für seltsam befunden? Wo findet dann die Uminterpretation statt?

3.1.7   Zum Verhältnis von Grammatik und Pragmatik

Die modulare Sicht der kognitiven Fähigkeiten eines Menschen bietet nicht nur eine Basis für die Diskussion um die Abgrenzung von Grammatik und Semantik, sondern genauso für die Abgrenzung von Grammatik und Pragmatik, eine Abgrenzung, die ebenso kontrovers ist wie die erstere (vgl. 2.1 und 5.1.4).

Wir haben bereits deutlich zu machen versucht, dass die GG Kompetenzlinguistik ist und nicht Wissenschaft von der Performanz, vom Gebrauch der Kompetenz. Dies erlaubt eine Abgrenzung der Grammatik gegen einen Begriff von Pragmatik, der Pragmatik mit Performanz gleichsetzt. Das ist ein verbreiteter, ist aber nicht unser Pragmatikbegriff.

Schwieriger ist eine Abgrenzung der Grammatik gegen eine Pragmatik, verstanden als Wissenschaft von der Kompetenz zu situations- und sachangemessenem Sprachverhalten oder Sprachhandeln. Wie das Schema 3-5 zeigt, hat zwar die "Sprache", nicht aber die Grammatik teil an einem kognitiven Modul "Handlungswissen". Wieder liesse sich das im Sinne einer strikten Begrenzung der Grammatik so ausdeuten, dass alles Wissen darum, mit welchen sprachlichen Ausdrücken man welche sprachlichen Handlungen vollziehen kann, ausserhalb der Grammatik, im "Handlungswissen" anzusiedeln ist. Vieles spricht jedoch dafür, auch hier so etwas wie eine *Schnittstelle* zwischen Grammatik und einem im wesentlichen ausser-sprachlichen Modul anzusetzen; man könnte sie *Sprachhandlungswissen* nennen. Das Schema 3-5 wäre demnach im Sinne von Schema 3-6 zu präzisieren.

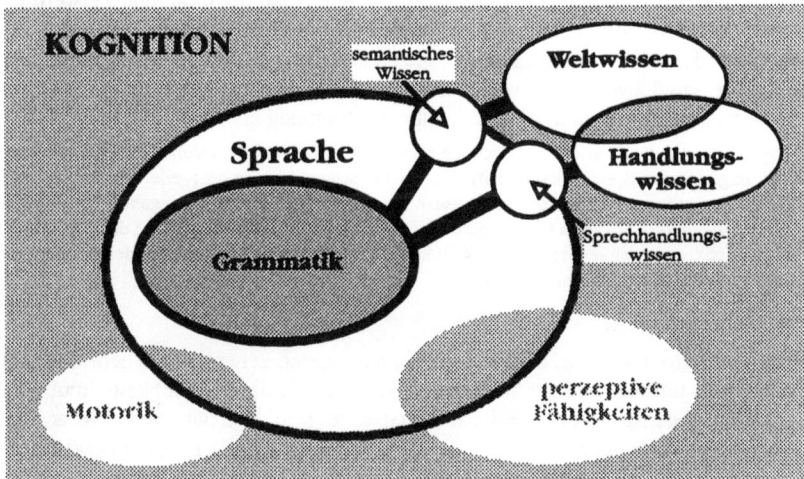

[Schema 3-6]

3.1.8   Methodologie der GG

a) Die hypothetisch-deduktive Methode

Man kann eine gewisse Analogie sehen zwischen dem deskriptivistischen Bild von den SprachwissenschaftlerInnen, die aus einem gegebenen Korpus sprachlicher

Ausdrücke induktiv Typen und Regeln gewinnen, und dem deskriptivistischen Bild von den spracherwerbenden Kindern, die aus ihrem Input induktiv eine Grammatik ableiten. Eine entsprechende Parallelität gibt es auch zwischen der generativistischen Konzeption des Grammatikerwerbs und der generativistischen Art, Sprachwissenschaft zu betreiben.

Letztere ist methodologisch an den modernen Naturwissenschaften orientiert. Wie das Kind seine Grammatik im Kern aus einer vorgegebenen Universalgrammatik deduktiv ableitet, baut die Grammatikerin oder der Grammatiker *deduktiv* aus einem Set von Axiomen eine Theorie oder ein *Modell*. Ein solches Modell simuliert die Grammatikkompetenz eines Menschen, indem es z.B. Voraussagen macht über die Grammatikalität von Ausdrücken oder indem es selber Ausdrücke generiert, d.h. aus einem Inventar an Grundausdrücken mittels Kombinationsregeln ableitet. Man kann ein solches Modell eine Hypothese nennen. Diese Hypothese (das Modell) wird mit dem, was es leistet – mit den Wohlgeformtheitsurteilen, die es erlaubt, oder mit den Ausdrücken, die es generiert –, an empirischen Daten überprüft. Die Überprüfungen zwingen so lange zu Revisonen des Modells oder der Hypothese, bis die Leistungen mit den empirischen Daten übereinstimmen. Man nennt das die *hypothetisch-deduktive Methode* der Wissenschaft.

Der entscheidende Unterschied zwischen dem Selbstverständnis der Deskriptivisten und dem der Generativisten besteht im Ausgangspunkt der Theoriebildung sowie im Stellenwert wissenschaftlicher Kreativität: Generative Wissenschaftlerinnen und Wissenschaftler kommen mit ihrem Modell dem Gegenstand immer einen ersten 'freien' Schritt entgegen und machen nicht ihren ersten Schritt schon in völliger Bestimmtheit durch den Gegenstand. Auch der Grammatikerwerb hat dieses kreative Moment: Das Kind entwickelt – natürlich immer innerhalb der Grenzen der UG – Hypothesen über die zu erwerbende Grammatik, es entwickelt Modelle – und zwar immer vollständige Modelle – und revidiert sie, bis es seinen Output mit demjenigen des Inputs in Übereinstimmung glaubt.

Abgesehen von dieser grundsätzlichen methodologischen Eigenheit war die GG eine der ersten Richtungen in der Sprachwissenschaft, die mit *formalen Theorien* gearbeitet hat, d.h. die zum Zweck der grösseren Präzision stellenweise die natürliche Sprache aufgegeben hat und ihre wissenschaftlichen Aussagen (ihre Theoreme) in eine Kunstsprache kleidete, nach dem Vorbild der Mathematik oder der modernen Logik. Heute ist die GG allerdings im Vergleich zu andern Grammatiktheorien eher wenig formalisiert.

b) Erklärungsadäquatheit

Es muss betont werden, dass es sich bei der ganzen generativen Theoriebildung immer nur um *Modelle* der Wirklichkeit handelt, die die Wirklichkeit simulieren, jedoch nie beanspruchen, wie die Wirklichkeit zu sein. Von daher ist denkbar, dass es mehrere verschiedene Modelle der Grammatikkompetenz gibt, die dasselbe leisten und insofern wissenschaftlich gleichwertig sind. Allerdings stellt sich die GG mit ihrem gesamten Forschungsprogramm unter das "logische Problem des Spracherwerbs", und das bedeutet – in der Terminologie der GG – dass diese im Unterschied zu andern Grammatiktheorien nicht bloss *Beobachtungs-* und *Beschreibungsadäquatheit* anstrebt, sondern *Erklärungsadäquatheit*. Was heisst das? Eine Grammatiktheorie, die alle und nur die grammatisch wohlgeformten Ausdrücke einer Sprache ableiten kann bzw. stets richtige Voraussagen über die Wohlgeformtheit von Ausdrücken machen kann, ist in der Terminologie der GG *beob-*

achtungs- und *beschreibungsadäquat.* In etwas anderer Formulierung ist das durchaus das Ziel jeder Grammatiktheorie.

Die Generativisten stecken ihr Ziel höher, sie erstreben eine *erklärungsadäquate* Theorie. Erklärungsadäquat ist eine linguistische Theorie im Sinne der GG dann, wenn sie nicht nur stets richtige Aussagen über die Wohlgeformtheit sprachlicher Ausdrücke machen kann, sondern wenn sie auch erklärt, dass und wie Sprachbenutzer das entsprechende Wissen erwerben können. Es ist durchaus möglich, linguistische Beschreibungen zu geben, die zwar die sprachlichen Phänomene richtig erfassen, die dabei aber das Sprachwissen als etwas konzipieren, das gar nicht lernbar ist. Sie sind nicht erklärungsadäquat. Erklärungsadäquate Theorien erfüllen ein zusätzliches psychologisches Kriterium. Im Rahmen der GG bedeutet dies: Da jedes Kind die Sprache seiner Umgebung (v.a. deren Grammatik) problemlos lernt und dieses Lernen ohne negative Evidenz möglich ist, muss eine erklärungsadäquate Theorie Aussagen darüber enthalten, welches die UG-Prinzipien sind, die im beschriebenen grammatischen Wissensbereich wirksam sind. Zugleich wird damit auch definiert, welches Wissen immer schon 'da' ist und welches Wissen aufgrund des Inputs erworben werden muss.

Aus dieser Bestimmung von Erklärungsadäquatheit folgt etwas Wichtiges: Da die UG für alle Menschen die gleiche ist, muss die Erklärung darüber, wie irgendeine Einzelsprache erworben wird, immer zurückgebunden werden können an die Erklärung, wie alle einzelnen Sprachen erworben werden können. Es darf nicht sein, dass für alle Sprachen ein UG-Prinzip postuliert wird, das durch Untersuchungen an anderen Sprachen als UG-Prinzip nicht in Frage kommt. Das psychologische Kriterium der Lernbarkeit ist also eine denkbar gewichtige und schwer zu befriedigende Rahmenbedingung für den Aufbau von Theorien. Es macht, salopp ausgedrückt, das Leben der Linguistinnen und Linguisten um einiges schwerer, aber auch um einiges interessanter.

Verträglichkeit von Einzelgrammatiken mit der UG sucht die Generative Grammatik heute v.a. mit dem Prinzip der *inneren Modularität der Grammatik* zu erreichen: Grammatik ist auch intern ein System einiger weniger distinkter hochallgemeiner Module (UG-Prinzipien mit einzelsprachlicher Parametrisierung; vgl. etwas anschaulicher das Grammatikmodell im Schema 3-7). Diese modulare Innenarchitektur der GG macht die Theorie elegant und empirisch sehr effizient und damit selbst für Forscherinnen und Forscher attraktiv, die sich in ihrer Arbeit nicht unter das logische Problem des Spracherwerbs stellen, sondern mit Beschreibungsadäquatheit zufrieden wären.

Der Einbezug von Daten aus den verschiedensten Sprachen und die eindeutige Abkehr von der Orientierung auf das Englische unterscheidet die jüngere GG deutlich von ihren älteren Theoriestufen. In der Betonung der Gemeinsamkeiten unter den Einzelgrammatiken unterscheidet sie sich entschieden von Grammatiken des Deskriptivismus, in denen die Spezifika der Einzelgrammatiken gerne als etwas ganz und gar Eigenartiges erscheinen und in deren Wissenschaftsverständnis es eine Todsünde ist, wenn man mit Daten aus dem Chinesischen operiert, wenn man eine Grammatik des Zürich-Deutschen schreiben will. Sehr salopp gesagt ist der Deskriptivismus eine Theorie der babylonischen Sprachverwirrung, der Generativismus dagegen eine Theorie vom Pfingstwunder.

3.2 Minimalgrammatik

3.2.1 Ziel

Wir wollen im folgenden einen Einblick in die technische Seite der GG vermitteln, wie sie aus der bis anhin skizzierten allgemeinen theoretischen Grundlegung erwächst. Dazu bauen wir Schritt für Schritt eine sogenannte *Minimalgrammatik* auf, die folgendes kann:

a) Sie kann folgende (und noch einige weitere) sprachliche Ausdrücke ableiten oder generieren:

> *Sarah würde das Buch in den Lesesaal stellen.*
> *Das Buch würde Sarah in den Lesesaal stellen.*
> *In den Lesesaal stellen würde Sarah das Buch.*

b) Sie macht die Voraussagen, dass die genannten drei Ausdrücke (und noch einige weitere) grammatisch wohlgeformt sind, dass hingegen beispielsweise **Sarah das Buch würde in den Lesesaal stellen* nicht wohlgeformt ist.

Diese doppelte Formulierung von Leistungen unserer Minimalgrammatik entspricht den oben eingeführten zwei Lesarten der Grammatikkompetenz, die unsere Minimalgrammatik simulieren will: der derivationell-generativen (a) und der repräsentationell-urteilenden (b). Es ist typisch für diese Art Wissenschaft, dass man zunächst ein Modell für einen extrem reduzierten Gegenstand entwickelt und dieses dann Schritt für Schritt erweitert bis hin zu einer vollständigen Grammatik als vollständiger Theorie unserer Grammatikkompetenz, die genau das simulierte, was wir können, wenn wir eine vollumfängliche Grammatik-Kompetenz haben.

3.2.2 Das derivationelle und das repräsentationelle Modell

Wir konzipieren unsere Minimalgrammatik nach dem Modell, das heute in der GG üblich ist. Dabei gibt es allerdings die zwei wiederholt genannten Modell-Konzeptionen: das ältere derivationelle und das jüngere repräsentationelle Modell. Das Modell, das Schema 3-7 zeigt, ist mit seinen gerichteten Pfeilen, die den Satz-Ableitungsprozess symbolisieren, eher der derivationellen Modell-Konzeption verpflichtet. An der Modell-Architektur ändert die Entscheidung für die eine oder andere Modell-Konzeption allerdings wenig. Wir wollen auch so tun, als ob beide Konzeptionen das gleiche leisteten (was letztlich nicht ganz richtig ist). Wir werden an einzelnen Stellen jeweils markieren, wie eine derivationelle Lesart in eine repräsentationelle übersetzt werden müsste.

Wir möchten zur Modellgraphik in Schema 3-7 vorläufig lediglich die folgenden allgemeinen Lesehilfen anbieten:

a) *Komponenten*: Das Modell besteht aus vier grossen Komponenten: Lexikon, Syntax, Phonetische Form und Semantische Form. Grammatikbesitz bedeutet
(i) Besitz eines Grundstocks an syntaktisch (nicht morphologisch!) elementaren Ausdrücken (*Lexikon*).
(ii) Besitz von Regeln der Kombination elementarer Ausdrücke zu komplexeren Ausdrücken (*Syntax*).
(iii) Besitz von Regeln der phonetischen Realisierung von Ausdrücken (*Phonetische Form*).
(iv) Besitz von Regeln der semantischen Interpretation von Ausdrücken (*Semantische Form*; dass das umstritten ist, haben wir in 3.1.6 angedeutet).

b) *Prozess*: Das Modell – derivationell gelesen – veranschaulicht einen abstrakten Satzgenerierungsprozess durch diese vier Grosskomponenten hindurch: Wörter gelangen aus dem *Lexikon* in die *Syntax* und werden dort zu syntaktischen Gebilden (Phrasen, Sätzen) kombiniert. Die syntaktischen Gebilde erhalten auf der einen Seite eine phonetische Gestalt (*Phonetische Form*), auf der andern Seite eine semantische Interpretation (*Logische Form* und *Semantische Form*).

c) *Überprüfung*: Repräsentationell gelesen bietet das Modell eine Reihe von Ebenen an, auf
denen ein sprachliches Gebilde in unterschiedlichen Aspekten repräsentiert und dabei von verschiedenen Prinzipien auf seine Wohlgeformtheit hin überprüft wird.

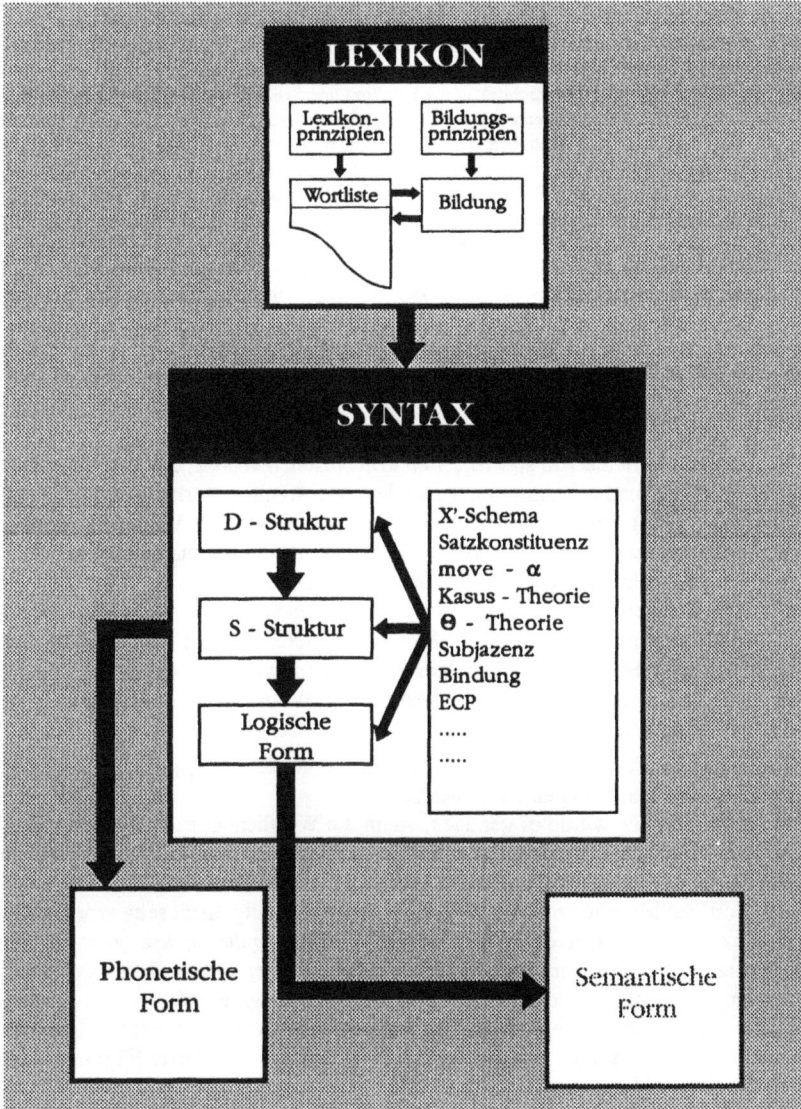

LEXIKON

Lexikon-prinzipien   Bildungs-prinzipien

Wortliste → Bildung

SYNTAX

D - Struktur

S - Struktur

Logische Form

X'-Schema
Satzkonstituenz
move - α
Kasus - Theorie
Θ - Theorie
Subjazenz
Bindung
ECP
.....
.....

Phonetische Form

Semantische Form

[Schema 3-7]

d) *Generatives Zentrum und interpretative Äste:* Lexikon und Syntax bilden das generative Zentrum; derivationell gesprochen entstehen dort sprachliche Ausdrücke. Die Phonetische und
Semantische Form sind in gewissem Sinne lediglich Anhängsel: Syntaktische Gebilde erhalten

dort eine lautliche Gestalt und eine Bedeutung. Diese Konzeption hat etwas Kontra-Intuitives, wenn man das Modell als Abbild eines realen Sprachproduktionsprozesses versteht. Das aber darf man nicht! Reale Sprachproduktionsprozesse denkt man sich sicherlich eher als einen Weg von Bedeutungen ("man hat etwas zu sagen") über lexikalisch-syntaktische Gebilde hin zu phonologischen Gebilden ("man sagt etwas"); die Rezeption denkt man sich entsprechend umgekehrt. Hier aber werden zuerst lexikalisch-syntaktische Gebilde aufgebaut (generatives Zentrum) und dann phonetisch und semantisch interpretiert. Das ist legitim, weil es hier um ein Modell der Grammatikkompetenz (und nicht der Sprachproduktion) geht.

e) *Modularität*: Auf die Innenarchitektur der Lexikon- und Syntaxkomponente kommen wir weiter unten detaillierter zu sprechen. Hier sei lediglich im voraus die generelle modulare Bauweise der Grammatik hervorgehoben: Wie sich die GG die kognitiven Fähigkeiten insgesamt als Ansammlung von Modulen denkt, von denen eines die Grammatik-Kompetenz ist, so denkt sie sich das Grammatik-Modul selber wieder intern modular aufgebaut, d.h. als System relativ autonomer, aber interagierender Teilsysteme.

f) *Die Gesamtarchitektur der Grammatik* darf UG-Status beanspruchen, d.h. sie trifft auf jede natürliche Einzelsprache zu. Die einzelnen, grammatikinternen Module sind hochgradig allgemein. In ihnen ist die parametrisierte UG zu suchen (vgl. weiter unten).

3.2.3   Das Lexikon

a) Allgemeines

Das Lexikon stellt die voll spezifizierten syntaktischen Wörter, d.h. die Wörter mit ihrer Wortform und allen grammatisch relevanten signifié-Merkmalen, zur Verfügung (vgl. 2.3.1). Aus diesen voll spezifizierten syntaktischen Wörtern werden in der Syntax syntaktische Gebilde gebaut. Die Lexikonkomponente besteht aus:

(i)   einem Speicher syntaktischer Wörter (Wortliste),
(ii)   allgemeinen lexikalischen Prinzipien (die etwa festhalten, welche Typen von Merkmalen ein syntaktisches Wort konstituieren, welche Wortarten es gibt, welche Merkmalbelegungen der Normalfall (*default*) sind usw.),
(iii)   einem Bildungsmodul, das aus bestehenden Wörtern neue bilden kann,
(iv)   Bildungsprinzipien, die die Bildung kontrollieren.

Was ist der Inhalt der Wortliste der Lexikonkomponente? Man kann in dieser Frage zwei verschiedene Standpunkte einnehmen:

• Rein *theoretisch* würde es genügen, wenn die Wortliste nur die Grundbestandteile der Wörter einer Sprache enthielte (die mit den Regeln des Bildungsmoduls zu selbständigen syntaktischen Wörtern kombiniert werden könnten). Z.B. müssen in der Wortliste Morpheme wie *geh-, -en, -e, -st, -t* etc. aufgelistet sein, woraus sich im Lexikon aufgrund der Bildungsregeln *gehen, gehe, gehst, geht* etc. als eigenständige Wortformen der syntaktischen Wörter (der Syntax-Bausteine) bauen liessen. Neben *geh-* brauchen wir in der Wortliste auch *ging* und *-gang-* als Grundbestandteile, denn diese Formen sind von *geh-* nicht regulär ableitbar. Überdies muss das Lexikon auch gewisse stehende Wendungen, erstarrte Fügungen wie z.B. *etwas in Abrede stellen* enthalten, denn diese sind *idiosynkratisch*, d.h. sie entsprechen nicht regulären Bildungen.

Unter semantischen Gesichtspunkten (vgl. hierzu ausführlicher das Kapitel 4 zur Semantik) gibt es sogar noch viel mehr Idiosynkratisches, d.h. in diesem Falle Komplexbildungen, deren Bedeutung nicht aus der Bedeutung der Teile sowie der Konstruktion voll herleitbar ist. Dazu gehören als spektakulärste Fälle sicher die Phraseologismen (*durch die Lappen gehen*) sowie Komposita, deren Bedeutung von den Teilen her nicht mehr vorhersagbar ist (*Steckenpferd* für "Hobby"). In einem gewissen Grade rechnen hierzu jedoch sämtliche Komposita, insofern als ihre Bedeutung durch die Bedeutung der Teile und die Konstruktion eigentlich stets unterdeterminiert ist (vgl. die Gleichheit der Bildung, aber die Differenz in der internen semantischen Relation von *Damenschuh, Lederschuh, Winterschuh, Sportschuh*). In dem Masse, in dem in der GG der Stellenwert der Semantik in der Grammatik unklar ist (vgl. 3.1.6), ist auch nicht klar, wie sich die GG zu diesem Problem stellt.

• In der GG herrscht statt dieses theoretischen Standpunktes ein eher *empirisch-psycholinguistischer* vor: Es wird die Auffassung vertreten, dass die häufigeren syntaktischen Wörter fest abgespeichert sind, dass die selteneren hingegen je nach Bedarf im Lexikon mit Hilfe der Bildungsregeln ad hoc gebildet werden. Was genau fest abgespeichert ist, kann somit nicht theoretisch, sondern nur empirisch entschieden werden und ist von Individuum zu Individuum stark verschieden.

Beobachtungen an der Sprachproduktion können diese Sichtweise ein Stück weit bestätigen. So kann etwa der Gebrauch von seltenen Wortformen oder ad-hoc-Neubildungen im Sprechen zu Zögern führen, und es kommt auch zu eigentlichen Fehlbildungen. Ein beliebiges Beispiel wäre etwa die 2. Person Plural Präteritum Indikativ Aktiv eines starken oder unregelmässigen Verbs: *ihr gebotet* (zu *gebieten*). Dieses Wort ist so selten, dass kaum jemand darüber fest verfügt; vielmehr muss dieses Wort, sollte es einmal gebraucht werden, zuerst gebildet werden. Es ist fraglich, ob dabei unselbständige Einzelmorpheme aufgerufen werden; solche sind eher nicht abgespeichert. Plausibler scheint, dass zuerst Wortformen bestehender syntaktischer Wörter analysiert werden (Analyse), und dass danach das neue Wort in Analogie dazu gebildet wird (Synthese). Allerdings ist das vorerst Spekulation. Man kann sich auch vorstellen, dass wir in unserer Lexikonkomponente bestimmte Regeln gespeichert haben, die wir nicht jedesmal durch Analyse erst neu gewinnen müssen. Eine solche Regel könnte etwa lauten "Mach Umlaut, wenn du Plural markieren willst!"; Nomina, von denen in der Wortliste keine Plural-Form fest verfügbar ist, werden nach dieser Regel pluralisch markiert, z.B. *Onkel* – *Önkel*; diese Regel gilt eher im Süddeutschen, im Norddeutschen könnte sie dagegen etwa lauten: "Häng ein *s* an, wenn du Plural markieren willst!" Das ergäbe *Onkel* – *Onkels*.

Die syntaktischen Wörter sind in der Wortliste hochgradig *vernetzt* abgespeichert:

– Einmal sind die Wörter über ihr Grundmorphem zu Lexemen und Lexemverbänden organisiert, also etwa [(*gut, gute, gutes, guten, ...*) - (*Güte, vergüten, gütig ...*)] (vgl. 2.3.1).

– Zum andern ist eine semantische Vernetztheit über Relationen der Synonymie, Antonymie, semantischen Ähnlichkeit, eine Vernetztheit zu Wortfeldern u.ä. zu vermuten (vgl. Kapitel 4 zur Semantik), wobei hier wieder der Vorbehalt zu machen ist, dass das möglicherweise keine grammatische Angelegenheit mehr ist (vgl. 3.1.6).

– Drittens kann man auch vermuten, dass syntaktische Wörter über ihre phonologische und graphematische Form vernetzt sind; Indizien für ersteres ist z.B. die Reimfähigkeit des Menschen, sind Versprecher, Indizien für letzteres 'Verschreiber', d.h. unwillkürliche Fehlschreibungen.

b) Wie sieht ein syntaktisches Wort im Lexikon aus?

Diese und weitere Netzstrukturen in der Wörterliste beruhen auf wichtigen Informationen, die Wörter bei sich tragen. Wir erinnern hier an den Abschnitt 2.3.1, wo wir versucht haben, die Typen von Wortinformationen in einem modifizierten Saussureschen Zeichenmodell unterzubringen. Das dort entwickelte Wortmodell (Schema 2-2) greifen wir hier wieder auf, allerdings um eine sehr wichtige Position im signifié sowie um eine Zweiteilung des signifiants ergänzt. Über ein syntaktisches Wort verfügen hiesse im Sinne der GG demnach über materialisierbare (signifiant) und nicht-materialisierbare (signifié) Informationen verfügen, wie sie Schema 3-8 zeigt:

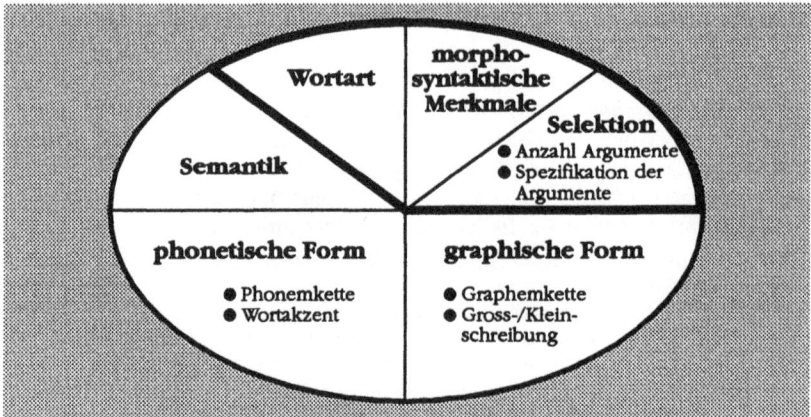

[Schema 3-8]

Wir konkretisieren dieses abstrakte Wortmodell in der nachstehenden Matrix für das syntaktische Wort mit der Wortform *stellen*; wir brauchen es für unseren Zielsatz *Sarah würde das Buch in den Lesesaal stellen*. Es ist zu beachten, dass die Wortform *stellen* mehrdeutig ist; in unserem Fall ist das syntaktische Wort, das wir *Infinitiv* nennen, gemeint (und nicht etwa das syntaktische Wort für die 1. Person Plural, das mit dem Infinitiv homonym ist). Insbesondere meinen wir mit *stellen* auch nicht die Zitierform für das abstrakte Lexem, das etwa in einem Wörterbuch aufgeführt ist, sondern wirklich ein voll spezifiziertes syntaktisches Wort. Was im Wortmodell 3-8 dick umrandet ist, ist die syntaktisch relevante Charakteristik eines Wortes. In der Matrix 3-9 ist das die Information unterhalb des dickeren Querbalkens. Inwiefern diese Information syntaktisch relevant ist, werden wir im Abschnitt über die Syntaxkomponente sehen.

c) Beispiel

stellen

phonetische Form (mit Wortakzent)		/ˈʃtɛlən/	
graphische Form		<stellen>	
Semantik		STELLEN	
Wortart		V [– nominal] [+ verbal]	
morphosynt. Merkmale		keine (= Infinitiv)	
Selektion		1. Argument	2. Argument	3. Argument
	Kern	N	N	P
	morphosynt. Merkmale	—	Akkusativ	—
	themat. Rolle	AGENS	THEMA/PATIENS	RICHTUNG (des Themas/ Patiens)
	Position	extern	intern	intern

[Schema 3-9]

Erläuterungen

Phonetische Form: /'ʃtɛlən/
Graphische Form: <stellen>
Die phonetische Form besteht aus einer Phonemsequenz einerseits und der Angabe der Wortakzentverhältnisse andererseits. Eine graphische Form taucht nur in Sprachgemeinschaften mit Schriftkultur auf. Die phonetische und die graphische Form bilden die zwei möglichen Materialisierungsformen der Wortform des syntaktischen Wortes. Im Kapitel 9 "Psycholinguistik" werden wir Indizien dafür nennen, dass diese zwei Existenzformen eines Wortes in unserem Kopf durchaus ihre unterschiedene materiale Basis haben. Die phonetische Form eines Wortes wird in der gleichnamigen Grammatik-Komponente *Phonetische Form* relevant, wo ein Satzgebilde seine lautliche Gestalt bekommt bzw. wo eine solche auf ihre Wohlgeformtheit hin überprüft wird (vgl. 3.2.5.a).

Semantik: STELLEN
Wir schreiben für die eigentliche Bedeutung unseres Wortes einfach die Wortform in Grossbuchstaben und explizieren sie nicht weiter. Wir verweisen auf die Ausführungen in Abschnitt 3.1.6 sowie auf das Kapitel 4 "Semantik". Dieses abgekürzte Verfahren soll andeuten, dass die Bedeutung des Wortes zunächst für grammatisch irrelevant erachtet wird.

Wortart: V (= Verb); [–nominal] [+verbal]
Ein Lexikonprinzip, das wahrscheinlich UG-Status hat, besagt: "Jedes syntaktische Wort gehört einer Wortart an." Die Wortartzugehörigkeit eines Wortes ist entscheidend wichtig für seine syntaktische Verwendbarkeit, entscheidend wichtig dafür, wo und wie es in Phrasen und Sätze eingebaut werden kann. Wir werden weiter unten sehen, dass man mit syntaktischen Wörtern rechnen muss, die kategoriell komplex sind, d.h. die eine Verschmelzung mehrerer Wortarten darstellen. Man geht in der GG von *vier Hauptwortarten* aus: N(omen), A(djektiv), V(erb), P(artikel); P wird manchmal auch eingeschränkter als "Präposition" gelesen. Es wird angenommen, dass in der UG nicht die Hauptwortarten angelegt sind, sondern zwei Merkmale, deren Kombination die vier Hauptwortarten ergeben: [± nominal] und [± verbal] (vgl. Schema 3-10).

Diese Auflösung der Wortarten in Merkmale erlaubt die Bildung von Gruppen von Wortarten mit gemeinsamen Merkmalen. Beispielsweise können syntaktische Wörter mit dem Merkmal [+ nominal] einen Kasus tragen:

	+ verbal	– verbal
+ nominal	A(djektiv)	N(omen)
– nominal	V(erb)	P(artikel)

[Schema 3-10]

Nomen und Adjektive. Wörter mit den Merkmalen [– nominal] können einen Kasus vergeben oder *regieren* (d.h. verlangen, dass ihre Ergänzungen einen bestimmten Kasus haben): Verben und Präpositionen. Möglicherweise muss ein Kind das nicht lernen, weil es in der UG so angelegt ist. Im Deutschen können zudem Adjektive Kasus regieren, z.B. *ihm treu*. Dies muss ein Kind sicher lernen, denn das ist eine Eigenheit des Deutschen. Nicht jede Sprache nützt die Möglichkeit der vier Hauptwortarten voll aus. Das grammatikerwerbende Kind muss durch positive Evidenz lernen könnnen, welche Wortarten in seiner Sprache gelten.
Neben den vier Hauptwortarten gibt es weitere Wortkategorien, die teilweise mit den Hauptwortarten kombiniert in syntaktischen Wörtern auftreten, teilweise auch alleine ein syntaktisches Wort auszeichnen. Die wichtigsten sind die folgenden Kategorien (vgl. auch Syntax-Teil):
C = Complementizer. Dazu gehören subordinierende Konjunktionen wie *dass* oder *weil*.
I = Inflection (Verbflexion). Das syntaktische Wort *würde* in unserem Beispielsatz ist kategoriell ein reines I. Flektierte Verbformen – z.B. *stellt* – sind im Deutschen jedoch in der Regel Kombinationen (Komplexe) von V und I; man schreibt das so: V/I; d.h. solche syntaktischen Wörter sind gleichzeitig Verben und I(nflection). Wir werden im Syntax-Teil sehen, warum wir mit unserem Zielsatz *Sarah würde das Buch in den Lesesaal stellen* den selteneren Fall gewählt haben, wo V (*stellen*) und I (*würde*) lexikalisch getrennt realisiert sind.
In unseren Beispielen wird zudem die Kategorie DET(erminator) für den Artikel auftauchen.

Morphosyntaktische Merkmale: Infinitiv
Morphosyntaktische Merkmale sind Flexionsmerkmale wie Kasus, Numerus, Genus bei den Wörtern mit den Merkmalen [+ nominal] (Nomen, Adjektiv) und Flexionsmerkmale wie Tempus,

Modus, Person, Numerus beim Verb. Auch hier benennen Lexikonprinzipien möglicherweise einen UG-Bestand; das Kind hat die einzelsprachliche Parametrisierung durch positive Evidenz zu erwerben. Auch diese Merkmale sind entscheidend wichtig für die syntaktische Verwendbarkeit der Wörter, die die Merkmale tragen.

Selektion

Selektion meint die Eigenschaft vieler syntaktischer Wörter, eine bestimmte Anzahl anderer Wörter oder Wortgruppen mit ganz spezifischen Eigenschaften um sich her zu verlangen. Fehlen die verlangten Wörter oder sind sie mit andern Merkmalen realisiert, ist das syntaktische Gebilde nicht wohlgeformt. An unserem Beispiel gezeigt: Ein Gebilde wie *würde das Buch in den Lesesaal stellen* ist zwar nicht eigentlich nicht wohlgeformt, aber irgendwie unvollständig, und ein Gebilde wie *in den Lesesaales* ist nicht wohlgeformt.

Die Einsicht in derartige Selektionsmechanismen ist in der Grammatikschreibung sehr alt; sie hat seit den 50er Jahren v.a. in Europa zur Ausbildung der sogenannten *Valenz-* oder *Dependenzgrammatik* geführt, die dieses Prinzip zum Grundprinzip der Grammatik (genauer wohl: der Syntax) zu machen versucht hat (vgl. auch 2.2.2). In der GG ist es lediglich eines von mehreren Prinzipien der Grammatik. Es heisst hier *Selektion*, früher nannte man es *Subkategorisierung*. Die GG nennt die selektionierten Wörter *Argumente*, in der Valenzgrammatik heissen sie *Aktanten* oder *Ergänzungen*.

Der Begriff der *Valenz* ist eine Metapher aus der Elementenlehre der Chemie, wo er die Eigenschaft von Elementen meint, sich mit andern Elementen zu Molekülen zu verbinden. Wie das Sauerstoffatom die Wertigkeit "zwei" hat und mit zwei Wasserstoffatomen ein Wassermolekül (H_2O) bildet, hat ein syntaktisches Wort wie *sehe* die Wertigkeit "zwei" und verbindet sich z.B. mit dem Wort *ich* und dem Wort *dich* zum Satz *ich sehe dich*.

Mit dem Import des Valenzgedankens in die GG wurde auch das grosse ungelöste Problem importiert, dass es im Einzelfall nicht immer klar entscheidbar ist, ob ein Wort oder eine Wortgruppe bei einem syntaktischen Wort obligatorisch ist oder nicht (ist *Ich wohne gern* ein deutscher Satz, oder braucht es hier eine Ortsangabe – *Ich wohne gern in Zürich/in grossen Wohnungen*) und ob eine bestimmte Ergänzung in ihrer Eigenschaft tatsächlich von dem syntaktischen Wort, bei dem sie steht, gefordert wird oder aber als freie, nicht selegierte Ergänzung zu behandeln ist (in *Ich warte vor dem Eingang auf dich* gelten *Ich* und *auf dich* als selegiert, *vor dem Eingang* jedoch nicht; diese Unterscheidung ist längst nicht immer so klar).

Syntaktische Wörter selegieren andere syntaktische Wörter oder Wortgruppen mit bestimmten Eigenschaften. Diese Eigenschaften werden im Lexikoneintrag zum selegierenden Wort festgehalten. Es sind im Prinzip die gleichen Eigenschaften, die das selegierende syntaktische Wort selber auszeichnen. In der jüngeren GG gelten – anders als in den bekannten Valenzgrammatiken und in der älteren GG – semantische Merkmale der selegierten Konstituenten grammatisch als nichtselegiert, d.h. Sätze wie *Die Sehnsucht würde den Kühlschrank in das Bier stellen* sollen in der Grammatik nicht verhindert werden, sollen durchaus als *grammatisch* mögliche Sätze gelten. Sie stellen also keinen Verstoss gegen eine grammatische Selektion dar (vgl. 3.1.6).

Das syntaktische Wort *stellen* selegiert gleich drei andere Wörter oder Wortgruppen, für die es zugleich bestimmte Eigenschaften festlegt. Man vergleiche dazu die obige Matrix. In unserem Zielsatz sind die drei geforderten Wörter oder Wortgruppen realisiert als *Sarah* (1. Argument), *das Buch* (2. Argument) und *in den Lesesaal* (3. Argument).

Selektion des Kerns oder Kopfes:

Hier wird die Wortartprägung des Kerns der selegierten Wortgruppe festgehalten. Was das ist, sehen wir im Syntax-Teil genauer. Für unser drittes Argument beispielsweise ist P als Kern gefordert, d.h. irgendeine Konstituente mit präpositionaler oder mit Partikel-Prägung: Das kann eine Nominalgruppe mit Präposition sein (z.B. *in den Lesesaal*) oder ein sogenanntes Präpositionaladverb wie *dorthin* oder ein Adverb wie *hinein*. Wir erinnern hier an die Satzgliedlehre von Glinz (vgl. 2.6.3), wo wir von der formalen Prägung des Kerns eines Satzgliedes gesprochen haben.

Manchmal kann ein syntaktisches Wort auch ein ganz spezifisches anderes Wort verlangen; z.B. muss das zweite Argument von *nachdenken* eine Wortgruppe mit dem P-Kern *über* sein. Diese Präposition ist von keiner allgemeinen Regel her vorhersagbar, es handelt sich also um etwas Idiosynkratisches und gehört zur vollständigen Kenntnis der syntaktischen Wörter, die zum Lexem *nachdenken* gehören. Wer Deutsch als Fremdsprache gelernt hat, kann ein Lied davon singen, wie aufwendig es ist zu lernen, welches Verb welche Präposition verlangt. Es gibt hier kaum Regeln; das alles muss mit den entsprechenden Wörtern (in der Regel: Lexemen) gelernt werden. Gewisse Selektionen können manchmal auch mit einem Teilsatz erfüllt werden, vgl.

[Sarah]	*würde das Buch in den Lesesaal stellen*
[Wer ein ordentlicher Mensch ist,]	*würde das Buch in den Lesesaal stellen.*

Selektion der morphosyntaktischen Merkmale:
Unter dieser Rubrik wird vermerkt, welche flexivische Prägung das selegierte Wort oder die selegierte Wortgruppe in ihrem Kern haben muss. In unserem Beispiel ist das für das zweite Argument "Akkusativ", für das dritte Argument mit P-Kern ist kein Vermerk nötig, weil P generell unflektiert sind (der Akkusativ innerhalb der P-Konstituente *in den Lesesaal* folgt aus der P *in*, die Akkusativ selegiert; dieses *in* ist homonym mit einem andern *in*, das ein Dativ-Argument selegiert). Warum hat das erste Argument (das "Subjekt") nicht den Vermerk "Nominativ" (wie die Valenzgrammatik sagen würde); im Beispielsatz *Sarah würde das Buch in den Lesesaal stellen* steht *Sarah* doch im Nominativ? – Nun denke man aber an einen Satz wie *Ich sehe **ihn** das Buch in den Lesesaal stellen* oder *Ich helfe **ihr** das Buch in den Lesesaal stellen*. Das erste Argument von *stellen* ist in diesen Fällen *ihn* bzw. *ihr*, und das hat akkusativische bzw. dativische Markierung. Der Kasus dieses Arguments ergibt sich also offensichtlich erst aus der syntaktischen Struktur (vgl. Abschnitt 3.2.4.d) und kann nicht im Lexikon vorbestimmt sein. Würden wir ihn als im Lexikon vorbestimmt auffassen, würden wir einen Lexikoneintrag für *stellen* schaffen, der nicht alle syntaktischen Möglichkeiten von *stellen* abdeckte (und vielleicht darüber hinaus auf Probleme führte).
Unter die morphosyntaktischen Merkmale fallen nicht nur Kasus, sondern alle andern flexivischen Kategorien. Z.B. selegiert ein syntaktisches Wort wie *stellst* als erstes Argument ein Wort mit den Flexionskategorien "2. Person Singular".

Selektion der Position:
Die Einträge unter dieser Rubrik können erst im Rahmen der Syntax (vgl. 3.2.4) richtig verstanden werden. Gemeint ist, ob z.B. ein Argument zum Verb – in herkömmlichen Begriffen ausgedrückt – als "Subjekt", als "indirektes" oder als "direktes Objekt" erscheint.

Selektion der thematischen Rolle (Θ-Rolle; "Theta-Rolle"):
Die grammatische Relevanz dieser Zeile ist nicht ganz unumstritten. Sie ist in den folgenden Richtungen zu suchen:
(i) Der Umstand, dass bestimmte syntaktische Wörter nicht nur Kasus regieren, sondern auch thematische Rollen vergeben, scheint zur Erklärung bestimmter syntaktischer Phänomene, namentlich Wortstellungsphänomene, geeignet, die man anders nicht oder schlechter erklären kann. Wir können dies hier nicht weiter demonstrieren.
(ii) Es ist für die semantische Interpretation z.B. eines Satzes mit *stellen* wichtig,
• dass man weiss, dass da 1. jemand/etwas stellt, 2. jemand/etwas gestellt wird und 3. irgendwohin gestellt wird; das sind die thematischen Rollen (Θ-Rollen) der Argumente von *stellen*; sie folgen aus der Semantik von *stellen*
• dass man die vorhandenen Argumente diesbezüglich richtig identifiziert, dass man also weiss, wer im vorliegenden Satz stellt, was gestellt wird, wohin gestellt wird.
Für diese Identifikation ist es nötig, dass die Argumente deutlich ausgezeichnet sind (entweder formal/morphosyntaktisch, wie im Deutschen zur Hauptsache, oder durch ihre Position, wie im Englischen), und es ist des weitern nötig, dass man weiss, dass dem Argument mit der Auszeichnung x die thematische Rolle X, dem Argument mit der Auszeichnung y hingegen die thematische Rolle Y zukommt. Genau dieses Wissen repräsentieren wir im Lexikoneintrag dadurch, dass wir den Argumenten neben der formalen/morphosyntaktischen Prägung auch eine thematische zusprechen, dass wir also z.B. festhalten, dass das akkusativisch geprägte Argument von *stellen* das PATIENS/THEMA ist.
(iii) Man kann mit dem Konzept der thematischen Rolle die sogenannte Diathese, den Aktiv-Passiv-Wechsel einfangen: gleiche thematische Rollen sind bei Aktiv und Passiv übers Kreuz auf

die Argumente verteilt; dazu Schema 3-11 (eingeklammert bedeutet in der nachstehenden Matrix *nicht-obligatorisches Argument*).

	Argument 1: "Subjekt"	Argument 2: Akkusativ bzw. fakultative Präpositionalgruppe	Argument 3: Präpositionalgruppe
stellt	Θ-Rolle 1: AGENS	Θ-Rolle 2: PATIENS/THEMA	Θ-Rolle 3: RICHTUNG
wird gestellt	Θ-Rolle 2 PATIENS/THEMA	(Θ-Rolle 1): AGENS	Θ-Rolle 3: RICHTUNG

[Schema 3-11]

(iv) Man kann mit dem Konzept der thematischen Rolle die semantische Ähnlichkeit von *geben* und *bekommen* einfangen (vgl. 4.6.1: die semantische Relation der Konversion 1): Auch hier kann man davon sprechen, dass die gleichen thematischen Rollen nur jeweils anders vergeben werden: vgl. *Sarah gibt mir ein Buch* und *Ich bekomme von Sarah ein Buch*. Diesen Zusammenhang zeigt Schema 3-12.

	Argument 1: "Subjekt"	Argument 2: Dativ bzw. Präpositionalgruppe	Argument 3: Akkusativ
gibst	Θ-Rolle 1: AGENS	Θ-Rolle 2: EMPFÄNGER	Θ-Rolle 3: PATIENS/THEMA
bekommst	Θ-Rolle 2: EMPFÄNGER	(Θ-Rolle 1): AGENS	Θ-Rolle 3: PATIENS/THEMA

[Schema 3-12]

Die Verwendungen (ii) bis (iv) des Konzepts der thematischen Rollen sind insofern fragwürdig, als sie in Richtung einer Explikation der Semantik der Ausdrücke gehen, und dies ist – wie wir in Abschnitt 3.1.6 gesehen haben – innerhalb der GG umstritten.

(v) Die Ansetzung thematischer Rollen erlaubt gewisse Generalisierungen der folgenden Art: "Im Deutschen ist bei zwei oder mehr Verbargumenten dasjenige, das am ehesten AGENS ist, im unmarkierten Fall identisch mit dem externen, nichtkasusmarkierten nominalen Argument (Subjekt)." Es gibt andere Sprachen, wo die Verhältnisse sehr deutlich anders sind. D.h. mit dem Konzept der thematischen Rollen ist eine Typologie von Sprachen möglich. Dahinter scheint sich ein UG-Prinzip mit einzelsprachlicher Parametrisierung zu verbergen.

Sehr wichtig ist zu betonen, dass das Theta-Rollen-Konzept der neueren GG nicht so verwendet wird wie in der sogenannten *Kasusgrammatik*, jenem Seitenzweig der älteren GG, in dem das Konzept der thematischen Rollen ursprünglich entwickelt worden ist (vgl. 2.2.2). In dieser Kasusgrammatik glaubte man, ein endliches Set universal gültiger thematischer Rollen finden zu können (sogenannte *Tiefenkasus*), mit denen eine universale semantische Basis für alle Sätze aller Sprachen der Welt beschrieben werden könnte. Einzelsprachliche Grammatiken würden diese universale semantische Basis – Konfigurationen universaler thematischer Rollen – in ihre je spezifischen einzelsprachlichen Strukturen überführen. Dieser Versuch der Kasusgrammatik scheiterte an Fragen wie: Wie viele universale Tiefenkasus gibt es? Wie sind sie zu formulieren? Ist der Tiefenkasus von *ich* der gleiche bei *ich suche, ich vermisse, ich liebe, ich hasse*, oder liegen hier verschiedene Tiefenkasus vor? Ist ein Liebender ein AGENS oder ein PATIENS oder etwas Drittes? etc. Um solche unlösbaren Fragen kommt die neuere GG mit ihrem Konzept der thematischen Rollen herum, indem sie deren erklärenden Wert radikal auf einige wenige Funktionen einschränkt, wie wir sie oben skizziert haben.

Zwei abschliessende Bemerkungen:

(i) Die hier für das syntaktische Wort *stellen* ausgefüllte Matrix dürfte als Leermatrix eine möglicherweise leicht deutsch-parametrisierte UG-Matrix sein. Einzelsprachlich parametrisiert ist die Palette an Möglichkeiten der Füllung der einzelnen Zeilen, wobei dahinter wiederum UG-Prinzipien stehen dürften. In unserem Modell heisst dieses Prinzipien- und Parameter-Ensemble *Lexikonprinzipien*. Im eigentlichen Wortsinn erworben und nicht bloss aus UG-Vorgaben abgeleitet sind hingegen die phonologische (und graphematische) Form des syntaktischen Wortes, seine Semantik

sowie das Wissen, welche der morphosyntaktischen, positionalen, selektionalen, wortkategorialen Merkmale (aus der Palette der Möglichkeiten) für das bestimmte syntaktische Wort gelten.
(ii) Wahrscheinlich haben wir die Matrix für *stellen* zu stark ausgefüllt. Bestimmte Zeilen hätten wir leer lassen können, nicht weil dort nichts stünde, aber weil sich der Eintrag dort aus einem allgemeinen Lexikonprinzip ergibt. Immer wenn eine Information der *Normalfall* (*default*) ist, braucht man das nicht zu vermerken, sondern dann ist das über eine Redundanzregel abgedeckt: "Es gilt x, wenn nicht etwas anderes gilt". Redundant ist in unserer ausgefüllten Matrix beispielsweise der Eintrag "Akkusativ" für das 2. Argument; das ist im Deutschen der Normalfall. So reduziert sich die Lexikoninformation auf die nicht-normalen oder markierten Fälle. Das Lexikon wird so weniger aufwendig und gewinnt an psycholinguistischer und spracherwerbstheoretischer Plausibilität: Je einfacher der Komplex an Einheiten und Regeln, desto plausibler wird es, dass man so etwas lernen und können kann.

3.2.4 Die Syntax

Die Lexikonkomponente unseres Grammatikmodells deckt jenen Teil unserer Grammatikkompetenz ab, der im Verfügen über Wörter und in der Bildung neuer Wörter besteht. Für die Bildung von Wortgruppen bis zur Grösse Satz ist hingegen die Syntaxkomponente zuständig. Sie ist – anders als die Lexikonkomponente – ein reines *Regelsystem*, in dem an Substanz weder etwas hinzu- noch etwas wegkommt, in dem bloss komponiert, zusammengestellt wird, was das Lexikon an fertigen syntaktischen Wörtern liefert.

Dabei spielen in der Syntax Regularitäten zweierlei Art eine entscheidende Rolle. Einmal bringt jedes syntaktische Wort eine Menge an syntaktisch relevanter Information mit, eine Menge an Merkmalen, die für seine syntaktische Verwendbarkeit entscheidend sind. Das haben wir bis anhin gesehen. Zur Simulation unserer Kompetenz, Wörter zu wohlgeformten Wortgruppen und Sätzen zu kombinieren, reicht diese wortgebundene syntaktische Information jedoch nicht aus. Es gibt vielmehr darüber hinaus autonome syntaktische Prinzipien und/oder Regeln, innerhalb derer die syntaktische Information der einzelnen Wörter erst sich in korrekter Weise 'ausleben' kann. Sie sind eine Art allgemeiner Rahmenbedingungen für die syntaktischen Merkmale der einzelnen Wörter. Man sagt, dass die syntaktischen Wörter aus dem Lexikon in einen von der Syntax vorgegebenen allgemeinen Rahmen *projiziert* werden.

Wir wollen hier als absolutes (und eigentlich unzureichendes) Minimum vorerst drei solche autonome syntaktische Prinzipien oder Module einführen:

a) das Phrasenstrukturprinzip in der Ausgestaltung als X'-Schema ("X-Strich-Schema")

b) die Satz-Grundkonstituenz (deutsch parametrisiert)

c) die Bewegung "move-α"

Zudem werden wir einige weitere Module kurz andeuten können (Abschnitt d).

a) Das Phrasenstrukturprinzip in der Ausgestaltung als X'-Schema ("X-Strich-Schema")

Eine Grundeinsicht der Syntaxforschung besteht darin, dass sich hinter der augenscheinlichen Linearität syntaktischer Gebilde eine zur Linearität in gewisser Weise querlaufende Ordnung, eine *Struktur* verbirgt. Diese verborgene Struktur ist in der Theorie der GG eine streng hierarchische Ordnung von Teil-Ganzes-Verhältnissen. Eine syntaktische Struktur sieht demnach wie in Schema 3-13 gezeichnet aus:

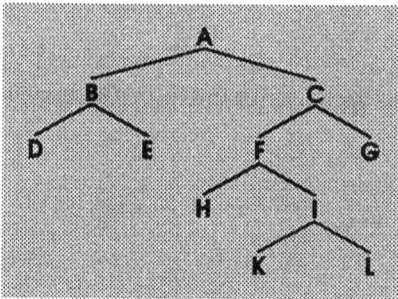

[Schema 3-13]

Grundbegriff ist der der *Konstituente*, in der Graphik jeweils mit einem Grossbuchstaben bezeichnet. Konstituenten sind sämtliche Einheiten oder Grössen vom einzelnen Wort bis hinauf zum Ganzen des Satzes, wobei sich stets zwei kleinere Konstituenten zu einer grösseren zusammenschliessen. In unserem Schema besteht also beispielsweise A aus B und C; C besteht aus F und G bzw. vermittelt aus H, K, L und G usw.

Zur Darstellung solcher Konstituentenstrukturen verwendet man in der GG die bekannten 'Bäumchen': *Baumdarstellungen* (auch *Stammbäume* oder *Baumdiagramme/Baumgraphen* genannt), wie das Schema 3-13 eine zeigt. Alternativ dazu sind Darstellungen mit sogenannten *indizierten eckigen Klammern*: In eckige Klammern zusammengefasst sind die Konstituenten, die zusammen eine nächsthöhere Konstituente ergeben; die Klammer bekommt als Index den Namen dieser nächsthöheren Konstituente. Unser Baum in eine Klammerdarstellung übersetzt ergäbe:

$_A[_B[D\ E]\ _C[_F[H\ _I[K\ L]]\ G]]$

Beide Darstellungsmittel können im Prinzip exakt dieselbe Information tragen. Die Baumdarstellung ist allerdings für unser Auge sehr viel übersichtlicher. Demgegenüber kann eine Maschine Klammerdarstellungen besser lesen.

Für die Konstituentenstruktur gibt es in der GG eine metaphorische Terminologie in Anlehnung an matrilineare Stammbaumstrukturen: Man spricht von *Knoten* (für Konstituenten), von *Ästen*, die sich *verzweigen*, von *Mutter-, Tochter-* und *Schwesterkonstituenten* oder *-knoten* (*Mutter*: nächsthöher, *Schwester*: nebengeordnet) etc.

Konstituente ist der Oberbegriff für sämtliche Einheiten einer syntaktischen Struktur. Darunter fallen also die Wörter als minimale Konstituenten zuunterst im Strukturbaum (man spricht auch von *terminalen Knoten*): D,E,H,K,L,G; aber auch sämtliche komplexeren Einheiten bis hinauf zum ganzen Satz (und der Satz inbegriffen) sind Konstituenten.

Die GG geht nun von einem universalen Prinzip aus, das besagt:

Phrasenprinzip
Wörter sind nicht als Wörter syntaktisch 'verwendungsfähig', sondern erst als Phrasen.

Um Phrasen zu werden, müssen syntaktische Wörter häufig (nicht immer) ergänzt werden. Wie sie zu ergänzen sind, das steuert ihr Selektionsrahmen (siehe Lexikon). Durch diese Ergänzungen werden sie gleichsam gesättigt und syntaktisch reif dazu, mit andern Gliedern einer syntaktischen Struktur in Kontakt zu kommen; sie werden syntaktisch verwendungsfähig.

Um zu verstehen, was hier gemeint ist, hilft vorerst der traditionelle Satzgliedbegriff (vgl. 2.6). Zur Ausfüllung der Subjektstelle im Fragment *[...] steht auf dem Regal* reicht das syntaktische Wort *Sarah* offenbar aus. Wir haben hier den Fall eines Wortes, das zugleich als Phrase verwendungsfähig ist, das also nicht ergänzt zu werden braucht. Versuchen wir jedoch eine Füllung der Subjektposition durch *Buch*, so sehen wir, dass dieses syntaktische Wort alleine nicht syntaktisch als Phrase verwendungsfähig ist *[*Buch] steht auf dem Regal*; vielmehr bedarf *Buch* der Ergänzung durch einen Artikel *[Das/ein Buch] steht auf dem Regal*.

Betrachten wir nun unseren Zielsatz *Sarah würde das Buch in den Lesesaal stellen*. In der GG wird behauptet, dass sich hinter dieser linearen Wortkette unter anderen die Teilstruktur verbirgt, die Schema 3-14 zeigt:

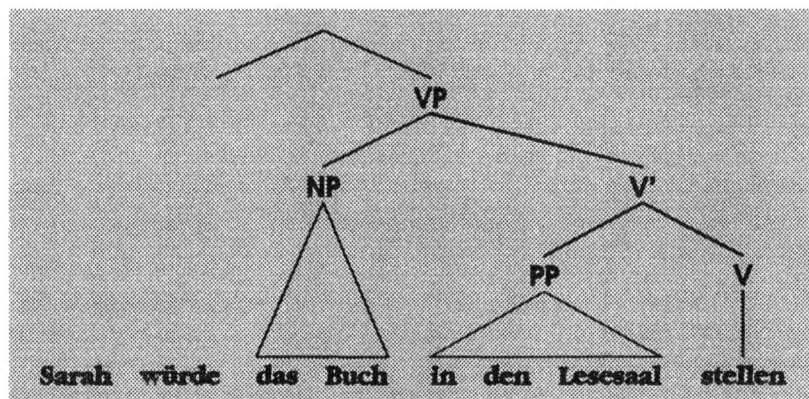

[Schema 3-14]

Wir versuchen, diese Graphik zu lesen, und orientieren uns dabei an der Leitfrage: "Was kann die Leerstelle von *Sarah würde [...]* füllen." Wir werden sehen, dass das eine verbale Konstituente ist und dass das Wort *stellen*, um diese syntaktische Funktion übernehmen zu können, vorerst gemäss seinem Selektionsrahmen, den wir mit seinem Lexikoneintrag kennengelernt haben, selber ergänzt werden muss.

– *stellen* ist ein syntaktisches Wort mit der kategorialen Prägung V. Es ist als solches ungesättigt, syntaktisch nicht verwendungsfähig; *stellen* alleine kann das Fragment *Sarah würde [...]* nicht zu einem wohlgeformten Satz ergänzen: *Sarah würde [*stellen]*.

– Demzufolge muss *stellen* vorerst selber ergänzt werden, bevor es ergänzen kann. Eine erste Ergänzung ist *in den Lesesaal,* selber ein Wortkomplex, der syntaktisch verwendungsfähig ist, also Phrasenstatus hat und als solcher eben *stellen* ergänzen kann.

Dass *[in den Lesesaal stellen]* eine gewisse Einheit bildet, ersieht man aus zwei Tatsachen:

(i)   Man kann diesen Komplex gesamthaft beispielsweise an den Satzanfang verschieben: *[In den Lesesaal stellen] würde Sarah das Buch*.

(ii)   Man kann diesen Komplex gesamthaft durch ein Verb ersetzen, z.B. durch *lesen*:

> *Sarah würde das Buch [in den Lesesaal stellen]*
> *Sarah würde das Buch [lesen]*

Letzteres zeigt, dass der ganze Komplex *[in den Lesesaal stellen]* trotz Ergänzung immer noch verbalen Charakter hat.

– Dieser Komplex *[in den Lesesaal stellen]* ist jedoch offensichtlich noch immer nicht fähig, das Fragment *Sarah würde [...]* zu einem wohlgeformten Satz zu ergänzen: *Sarah würde [*in den Lesesaal stellen]*. Wir nehmen *das Buch* hinzu, selber wieder eine phrasale Konstituente, die ergänzen kann. Das ergibt *[das Buch in den Lesesaal stellen]*.

Die Probe zeigt:

(i)   Man kann auch diesen ganzen Komplex gesamthaft z.B. an den Satzanfang verschieben: *[Das Buch in den Lesesaal stellen] würde Sarah.*

(ii)   Man kann den ganzen Komplex durch ein Verb ersetzen, beispielsweise durch *schlafen:*

        Sarah würde [das Buch in den Lesesaal stellen]
        Sarah würde [schlafen]

Der ganze Komplex ergänzt das Fragment *Sarah würde [...]* genauso zu einem wohlgeformten Satz wie die einzelne verbale Wortform *schlafen.*

Das ist ein starkes Argument dafür, dass der Komplex *[das Buch in den Lesesaal stellen]* verbale Prägung hat und syntaktisch gesättigt, verwendungsfähig und also eine Phrase ist. Wir nennen ihn daher eine *Verbalphrase*, abgekürzt VP.

Wir können nun sagen: Das Fragment *Sarah würde [...]* ruft zur Ergänzung eine Verbalphrase auf. Das syntaktische Wort *schlafen* kann aufgrund seines Selektionsrahmens als eine solche VP auftreten, *stellen* kann das offensichtlich nicht, es muss selber erst ergänzt werden.

Dabei bedarf *stellen* zweier Ergänzungen, und es kommt in der syntaktischen Struktur zwischen dem alleinigen Wort *stellen*, das ein V ist, und der Phrasenstufe VP zu einer Zwischenstufe, der Konstituente *[in den Lesesaal stellen]*, wo wir nicht mehr ein einfaches syntaktisches Wort und noch keine Phrase haben, aber auf jeden Fall ein verbal geprägtes Gebilde. Solche Zwischenstufen werden mit einem Strich markiert: V' (lies: "V-Strich"). V' und VP nennt man *Projektionen* von V.

Wir sehen nun ein erstes Mal, was im Selektionsrahmen von *stellen* der Eintrag "extern" und "intern" unter "Position" bedeutete: *stellen* ruft nämlich in einem gewissen Sinne *zwei* Ergänzungen auf, nämlich die beiden Ergänzungen, die das Wort zur Verbalphrase VP ergänzen; sie sind die *internen* Ergänzungen, die Ergänzungen unter der VP. In einem gewissen anderen Sinne der Sättigung ruft *stellen* jedoch *drei* Ergänzungen auf, nämlich zusätzlich das im Selektionsrahmen als Nummer 1 geführte Argument, das ausserhalb der VP auftritt und insofern ein *externes* Argument ist (das "Subjekt"). Diese Unterscheidung von internen und externen Argumenten erlaubt einen differenzierteren Begriff von Ergänzungsbedürftigkeit, als ihn andere Grammatiktheorien kennen, namentlich die Valenzgrammatik (vgl. den Abschnitt 2.2.2 sowie die Ausführungen zur Selektion unter 3.2.3.c). Diese Differenzierung wirft z.B. zur Erklärung von Wortstellungsregularitäten enorm viel ab. Weil das Argument Nr. 1 in unserem Zielsatz, *Sarah*, nicht zur VP gehört, d.h. extern ist, ist z.B. der folgende Ausdruck kein wohlgeformter deutscher Satz: **Sarah das Buch in den Lesesaal stellen würde*, denn offenbar kann vor dem finiten Verb maximal eine ganze Phrase (also auch die ganze VP) stehen, aber nicht mehr. Es kann aber mehr stehen als ein Satzglied oder eine Ergänzung. D.h. der Phrasenbegriff ist hier erklärungsstärker als der Satzgliedbegriff.

Die GG hat mit ihrer Forschungsstrategie ein heftiges Interesse daran, das, was wir an der deutschen VP soeben illustriert haben, so weit als nur möglich zu verallgemeinern, d.h. dahinter ein möglichst allgemeines Prinzip zu sehen. Ein solches allgemeines Prinzip ist im sogenannten *X'-Schema* ("X-Strich-Schema") formuliert, das ein Anwärter auf ein UG-Prinzip ist, d.h. für alle Sprachen prinzipielle Gültigkeit hat. Dazu muss es selbstverständlich sehr allgemein sein. Es besteht aus zwei Bestimmungen, von denen die erste je nach Blickrichtung zwei Lesarten hat:

X'-Schema

a') Jedes syntaktische Wort, jedes X, wird zu einer Phrase, einer XP, projiziert. (Lesart von unten nach oben im Strukturbaum)

a") Jede Phrase, jedes XP, hat einen Kopf: X. (Lesart von oben nach unten im Strukturbaum)

b) Ergänzungen zu syntaktischen Wörtern oder ihren Projektionen sind immer Phrasen.

Schema 3-15 zeigt das X'-Schema in einer abstrakten Baumdarstellung. Es zeigt uns die Projektion eines syntaktischen Wortes X zur Phrase XP. X heisst der *Kopf* der Phrase XP. Er wird in diesem Fall zweimal ergänzt durch je eine Phrase, nämlich durch ZP und YP. Diese müssen intern selber einen Kopf enthalten (Z bzw. Y), der zur Phrase (eben ZP bzw. YP) projiziert worden ist. Der Kopf gibt der Phrase jeweils ihre kategoriale Prägung; es gibt also mindestens Nominalphrasen (NP), Adjektivphrasen (AP), Verbalphrasen (VP), Partikelphrasen (PP) und – wie wir gleich sehen werden – einige weitere Phrasentypen.

Auf unser obiges Beispiel angewandt: *[das Buch in den Lesesaal stellen]* ist eine VP mit dem Kopf V = *stellen*, der durch Ergänzung der beiden Phrasen *[in den Lesesaal]* (eine PP) und *[das Buch]* (eine akkusativische NP) zur VP projiziert worden ist. Diese beiden ergänzenden Phrasen sind intern ebenfalls projiziert: das P *in* ist zur PP *[in den Lesesaal]* projiziert, das N *Buch* ist zur NP *[das Buch]* projiziert.

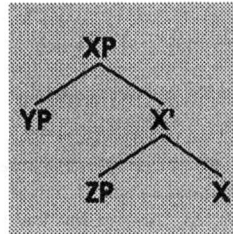

[Schema 3-15]

Der nominale Charakter einer NP, der adjektivische einer AP dürften intuitiv einleuchten, für den verbalen Charakter einer komplexen VP haben wir bei unserem obigen Beispiel *[das Buch in den Lesesaal stellen]* mit der Ersatzprobe zu argumentieren versucht. Etwas kontra-intuitiv mag vielleicht der Partikelcharakter einer PP scheinen, namentlich einer Präpositionalgruppe wie *in den Lesesaal*. Es sind hauptsächlich semantische Gründe, warum uns in einer solchen Konstituente das Nomen das dominanteste Wort scheint. *Syntaktisch* ist aber die Konstituente eindeutig präpositional oder partikelhaft geprägt, vgl. die Ersetzbarkeit von *in den Lesesaal* durch *hinein* oder *hin* oder *dahin*. Darum ist unser Lexikoneintrag für *stellen* vollkommen richtig, wo er beim dritten Argument als Wortartprägung P und als morphologische Kennzeichnung gar nichts verzeichnet. Der Kasus von *den Lesesaal* rührt nicht von *stellen* her, sondern von *in,* das einen Akkusativ regiert.

Sämtliche syntaktischen Gebilde sämtlicher Sprachen der Welt sollen nach dem X'-Schema gebaut sein. Dazu ist es entsprechend allgemein formuliert:

• Es lässt offen, ob ein Wort ergänzt zu werden braucht, um als Phrase verwendungsfähig zu werden. Das hängt ab vom Selektionsrahmen des einzelnen Wortes. So muss *Johanna* nicht zwingend ergänzt werden bei der Projektion zur Phrase: *[Johanna] würde das Buch in den Lesesaal stellen.* Es kann aber ergänzt werden: *[Die übertrieben heilige Johanna der Schlachthöfe] würde das Buch in den Lesesaal stellen.* Man vergleiche dazu die Schemata 3-16 bis 3-18 (Dreiecke unterhalb von Knotensymbolen sind eine gängige Abkürzungsschreibweise).

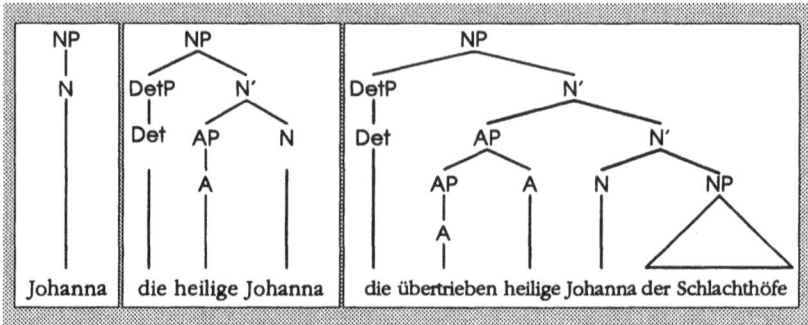

[Schema 3-16]   [Schema 3-17]   [Schema 3-18]

- Das X'-Schema lässt offen, über wie viele Stufen hinweg projiziert wird oder werden muss, d.h. wie viele X'-Zwischenstufen es gibt oder geben muss. Das obige Beispiel mit der *Johanna* zeigt übrigens Fälle von sogenannten *freien Ergänzungen* (in der GG auch *Adjunktion*en genannt), die nicht durch den Selektionsrahmen eines Wortes verlangt werden (z.B. *der Schlachthöfe*).
- Das X'-Schema lässt die Verzweigungsrichtung und damit den Verlauf der X-Linie (auch: *Projektionslinie* oder *Kopflinie*) offen. Insofern ist unsere abstrakte Darstellung (Schema 3-15) etwas irreführend, indem die die Kopflinie (die X-Linie) stets nach rechts verzweigt. Das ist keineswegs vorgegeben und mit unserer Darstellung nicht intendiert. Die Verzweigungsrichtung ist in der Regel nicht lexikalisch determiniert, sondern eine generelle einzelsprachliche Parametrisierung. Es gibt Sprachen mit links angehängten adnominalen Adjektiven *(das gelbe Haus)* und Sprachen mit rechts angehängten *(la maison jaune)*, es gibt Sprachen mit linksständigen Präpositionen und Sprachen mit rechtsständigen Postpositionen; im Deutschen gibt es sowohl linksständige Präpositionen *(in den Lesesaal)* wie rechtsständige Postpositionen *(der Mauer entlang)*.

b) Die Satz-Grundkonstituenz (ansatzweise deutsch parametrisiert)

Der Satz ist die grösste von einer Grammatik generativer Prägung zu explizierende Konstituente. Die Universalität des X'-Schemas zwingt uns, den Satz als eine Phrase, die grösste Phrase, aufzufassen. Es fragt sich, von welcher Kategorie ein Satz eine Projektion ist bzw. was der Kopf einer Satz-Phrase ist. Ist ein Satz etwas Verbales (wie wahrscheinlich die Valenzgrammatik sagen würde, die als Satzzentrum das Verb sieht), oder ist ein Satz etwas Nominales? Die GG hat diese Frage sehr lange diskutiert. In den letzten Jahren hat sich ein gewisser Konsens darüber ergeben, dass man zwei zusätzliche Kategorien, die nicht in jedem Fall lexikalisch realisiert werden, einführen muss, wenn man den Satz als eine Phrase verstehen will. Diese beiden Kategorien sind:

– C für "Complementizer" (oder "Clause"). Lexikalische Complementizer sind im Deutschen subordinierende Konjunktionen: *weil, dass,* etc.
– I für "Inflection", womit die Flexionsmerkmale des Verbs gemeint sind. Im Deutschen wird I nur ausnahmsweise lexikalisch selbständig realisiert. Eine solche Ausnahme ist unser Zielsatz *Sarah würde das Buch in den Lesesaal stellen*, wo I mit dem selbständigen syntaktischen Wort *würde* realisiert ist, während das Verb selber *(stellen)* infinitivisch ist, also keine morphosyntaktischen Merkmale trägt. Normalerweise ist im Deutschen jedoch das I mit dem Verb V in einem sogenannten kategoriell komplexen Wort der Wortartprägung V/I, einer verbalen Flexionsform, realisiert. Das Wort *stellt* wäre ein Beispiel für ein solches V/I.

Es gibt nun in der GG eine sehr komplexe, hier nicht referierbare Argumentation dafür, als UG-Satz-Grundstruktur eine Verschachtelung der C- und der I-Projektion anzunehmen, die das Schema 3-19 zeigt (die Darstellung ist verzweigungsneutral zu lesen).

Kopf des Satzes ist demnach C, das durch die Ergänzung IP zu einer CP projiziert wird. Im Deutschen
wird diese UG-Satz-Grundstruktur zur deutschen
Satz-Grundstruktur parametrisiert, die in Schema 3-20
dargestellt ist (TOP markiert eine Leerposition; dazu
vgl. unten).

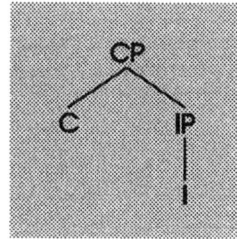

Dabei ist nun die Verzweigungsrichtung nicht mehr
neutral zu lesen; vielmehr ist hervorzuheben, dass I
und V ganz nach rechts verzweigen. Weit links unter
der IP ist eine NP vorgesehen, das traditionelle
"Subjekt". Unter der VP sind die traditionellen

[Schema 3-19]

"Objekte" zu denken. Das ergibt eine lineare Abfolge von S(ubjekt), O(bjekt) und
V(erb): Deutsch gilt als eine sogenannte SOV-Sprache. Diese auf den ersten Blick
etwas verwunderliche Annahme (das Verb steht im deutschen Satz doch normalerweise an zweiter Stelle!) wird uns gleich noch beschäftigen.

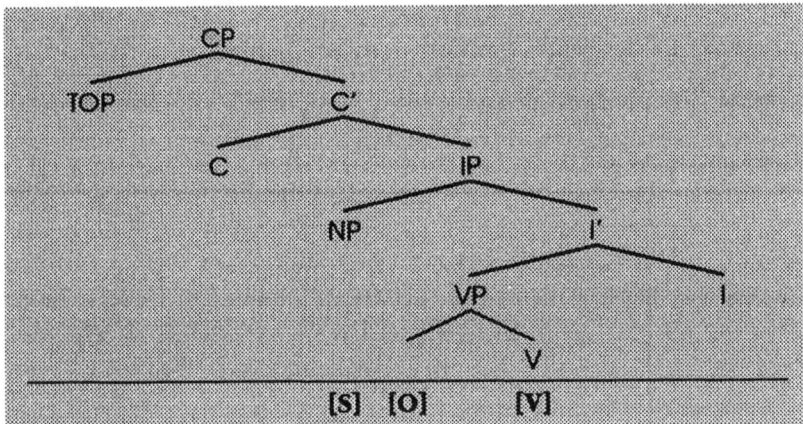

[Schema 3-20]

Wir versuchen nun, die deutsche Satz-Grundstruktur für unseren Zielsatz weiter
auszudifferenzieren und seine Wörter und Phrasen darin unterzubringen. Das ergibt das Bild, das Schema 3-21 zeigt.

Zugegeben: die Wortkette, wie sie hier vorliegt, ist noch kein wohlgeformter
deutscher Satz, ist noch nicht unser Zielsatz. Dass wir jedoch nicht unbedingt am
Ziel vorbei sind, sondern nur noch nicht ganz dort angelangt sein könnten, ersehen
wir vielleicht daraus, dass wir lediglich aus dem Lexikon das syntaktische Wort
weil mit der Kategorie C in die Struktur zusätzlich einbauen müssen, und zwar an
die C-Position, um immerhin – was die Sequenz der Wörter anbelangt – schon
einen korrekten deutschen *Nebensatz* zu erhalten: *weil Sarah das Buch in den
Lesesaal stellen würde*. Die in Schema 3-21 gezeichnete Satzstruktur nennt man die
D-Struktur eines Satzes.

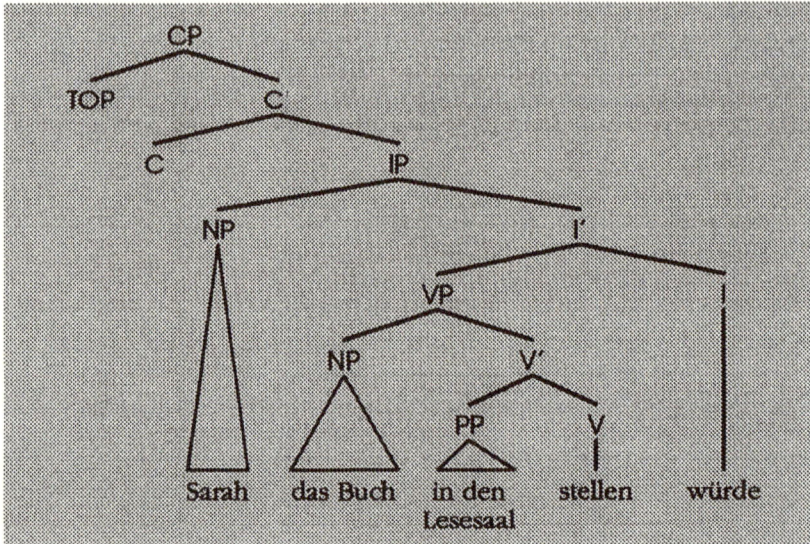

[Schema 3-21]

c) Die Bewegung "move-α" – D-Struktur und S-Struktur

Um aus unserer D-Struktur die verschiedenen natürlichen Varianten unseres Zielsatzes zu gewinnen, sind offensichtlich Verschiebungen von Wörtern notwendig.
Dies leistet unser drittes syntaktisches Modul oder Prinzip, das Bewegungsmodul
move-α. Seine Formulierung ist wieder von höchster Allgemeinheit und lautet:

---
move-α
Bewege irgend etwas irgendwohin!

Dieses Modul in dieser allgemeinen Fassung ist extrem leistungsfähig. Wir müssen
es – um das folgende zu verstehen – sofort um eine mächtige Beschränkung ergänzen. Sie lautet etwa: "Bewegt werden darf nur in Positionen, die in der D-Struktur
vorgesehen, aber lexikalisch ungefüllt geblieben sind." Wir sehen sofort, dass es
uns damit gelingt, sämtliche syntaktischen Varianten unseres Zielsatzes abzuleiten.
Vgl. dazu die Übersicht in Schema 3-22.

Wir können die folgenden zwei grundlegenden Fälle unterscheiden:
– Fall 1. Die Position C ist in der D-Struktur nicht leergeblieben, sondern lexikalisch gefüllt
worden. Eine solche Füllung ist insbesondere mit subordinierenden Konjunktionen möglich, die
in ihrer lexikalischen Information den Vermerk tragen, dass sie in C-Positionen gehören. In einem
solchen Fall nimmt man an, dass die TOP-Leerposition der D-Struktur für eine Bewegung
blockiert ist oder gar nicht existiert. Demzufolge kann in diesem Fall überhaupt keine Bewegung
in eine leere Position stattfinden. Wir haben vielmehr mit der D-Struktur ein syntaktisches
Gebilde, das dem deutschen Nebensatz mit Verb-End-Stellung und einleitender Konjunktion
entspricht, z.B. *weil Sarah das Buch in den Lesesaal stellen würde.*
– Fall 2. Für den Fall, dass die C-Position in der D-Struktur leergeblieben ist, finden eine
obligatorische und eine fakultative Bewegung statt. Die *erste, obligatorische Bewegung* betrifft
das Wort mit dem Merkmal I (in unserem Fall: *würde*); dieses wird in die C-Stelle der D-Struktur
bewegt. In unserem Beispiel entsteht dadurch die Wortkette *würde Sarah das Buch in das Regal
stellen.* Bleibt es bei dieser einen Bewegung von I, besteht das Resultat – wie diese Wortkette

zeigt – in funktional besonders markierten Sätzen mit Finitum-Erststellung: Fragesätze oder uneingeleitete Konditionalsätze.

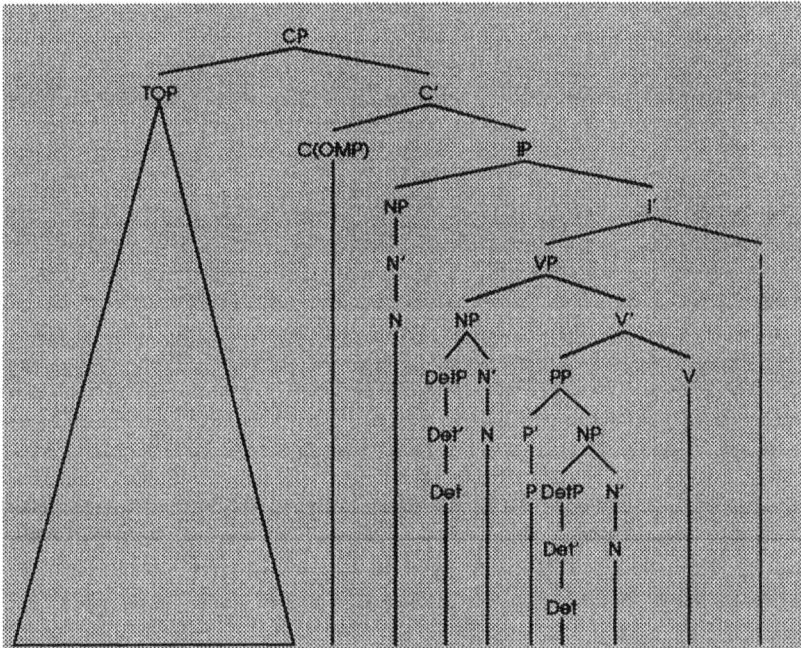

Tree diagram (Schema 3-22):

```
                                CP
                 TOP                        C'
                             C(OMP)              IP
                               NP                    I'
                                N'              VP
                                N      NP          V'
                                    DetP  N'    PP      V
                                    Det'  N   P'   NP
                                    Det       P DetP  N'
                                               Det'  N
                                               Det
```

	Sarah	das Buch	in den Lesesaal	stellen	würde
	weil Sarah	das Buch	in den Lesesaal	stellen	würde

	weil Sarah	das Buch	in den Lesesaal	stellen	würde
	würde$_j$ Sarah	das Buch	in den Lesesaal	stellen	[t_j]
Sarah$_i$	würde$_j$ [t_i]	das Buch	in den Lesesaal	stellen	[t_j]
[Das Buch]$_i$	würde$_j$ Sarah	[t_i]	in den Lesesaal	stellen	[t_j]
[In den Lesesaal]$_i$	würde$_j$ Sarah	das Buch	[t_i]	stellen	[t_j]
[In den Lesesaal stellen]$_i$	würde$_j$ Sarah	das Buch	[t_i	]	[t_j]
[Das Buch in den Lesesaal stellen]$_i$	würde$_j$ Sarah	[t_i		]	[t_j]
*[den Lesesaal]$_i$	würde$_j$ Sarah	das Buch	in [t_i]	stellen	[t_j]
*[Sarah]$_i$ [das Buch]$_j$	würde$_k$ [t_i]	[t_j]	in den Lesesaal	stellen	[t_k]
*[Das Buch]$_i$ [stellen]$_j$	würde$_k$ Sarah	[t_i]	in den Lesesaal	[t_j]	[t_k]

[Schema 3-22]

Eine Verkomplizierung ergibt sich dadurch, dass im Deutschen – wir haben es gesagt – das Merkmal I in der Regel nicht lexikalisch selbständig, sondern am Verb realisiert ist, in einem kategoriell komplexen Wort der Wortartprägung V/I (z.B. *stellt*); die terminalen Knoten V und I muss man sich in der D-Struktur dann verschmolzen denken. In diesem Fall betrifft diese erste obligatorische Bewegung den Komplex V/I, was z.B. zu einer Wortkette wie *stellt Sarah das Buch in den Lesesaal* führt.

Zusätzlich zur Bewegung in die C-Position kann eine *zweite, fakultative Bewegung* in die leere Position unter CP (mit TOP markiert) erfolgen. Das ist die sogenannte *Topikalisierungs*-Bewegung oder *Erststellenbesetzung*. Die Übersicht in Schema 3-22 führt auf, was hier alles möglich ist.

Die Bewegung move-α führt D-Strukturen in sogenannte *S-Strukturen* über. Eine solche Überführungsregel, die Strukturen in andere Strukturen umsetzt, nennt man eine *Transformationsregel*. Während die D-Struktur häufig eine vom endgültigen Satz abweichende Wortreihenfolge bietet, entspricht die Wortreihenfolge der S-Struktur derjenigen des endgültigen Satzes. Damit erweist sich die D-Struktur in gewissem Sinn als eine abstrakte Satz-Struktur. Sie liegt, wie das Schema 3-22 zeigen sollte, verschiedenen S-Strukturen zugrunde; verschiedene S-Strukturen kann man als syntaktische Variationen über einer immer gleichen D-Struktur auffassen, so lange sie über move-α aus dieser ableitbar sind. Die D-Struktur kann man als abstrakten gemeinsamen Nenner verschiedener syntaktischer Varianten verstehen; sie bildet deren invariante Grundstruktur, die insbesondere den einzelnen Konstituenten eines Satzes ihre eigentliche Position und damit ihre eigentliche syntaktische Identität zuweist (man denke etwa an die Unterscheidung von internen und externen Argumenten). Dies ist der explikative Wert der Unterscheidung von D- und S-Struktur. Zu seiner langen und wechselvollen Geschichte vgl. unter 3.2.5 den Anhang (c).

Dafür, dass durch die Bewegung move-α der Zusammenhang zwischen der resultierenden S-Struktur und der ursprünglichen D-Struktur nicht verloren geht, sorgt die sogenannte *Spurentheorie*, derzufolge Bewegungen in den Ausgangspositionen *Spuren* hinterlassen, markiert mit "t" (für engl. *trace*). Sie sind mit dem, was aus diesen Positionen herausbewegt worden ist, *koindiziert*, d.h. tragen mit dem Herausbewegten einen gleichen Index. Diese Koindizierung markiert die Herkunft einer Konstituente und bildet gleichsam das Gedächtnis einer Bewegung. Den Wert dieser "Spurentheorie" wird der folgende Abschnitt vielleicht andeuten können.

Übrigens kann man das Konzept von D-Struktur und S-Struktur, die Bewegungsregel move-α sowie die Spurentheorie auch repräsentationell verstehen: move-α ist dann nicht eine eigentliche Überführung einer Struktur in eine andere, sondern eine statische Relation zwischen zwei Positionen (einer leeren Position mit Spur und einer lexikalisch gefüllten) in einer einzigen Struktur.

d) Die beschränkenden Module

Wir können mit move-α natürlich neben den gewünschten Zielsätzen genau so gut lauter ungrammatische Wortketten ableiten, indem wir nämlich beispielsweise Dinge in die TOP-Position verschieben, die wir offensichtlich nicht dürfen, z.B. *[*Den Lesesaal]ᵢ würde Sarah das Buch in [tᵢ] stellen.* Wir sehen also, dass das Bewegungsmodul viel zu mächtig ist, es generiert neben den paar wohlgeformten Wortketten lauter 'Unsinn' bzw. es begründet – repräsentationell gesprochen – die Ungrammatikalität bestimmter Wortformenketten nicht (einige Beispiele führt auch die Übersicht in Schema 3-22 auf). Anstatt nun aber das Bewegungsmodul zurückzunehmen oder sehr viel differenzierter zu formulieren, geht die GG anders, nämlich modular vor: Sie stellt weitere sehr allgemeine Bedingungen auf, die die enorme Kraft von move-α ganz gehörig in die Schranken weisen. Solche Beschränkungen müssen Verschiedenes betreffen:

– Beschränkungen betreffend die Position, in die bewegt werden darf. Eine solche Beschränkung haben wir oben bereits ad hoc eingeführt, als wir zeigten, wie wir die S-Strukturen aus der D-Struktur gewinnen können: Wir formulierten die Beschränkung, dass Bewegungen nur in Positionen erfolgen können, die in der D-Struktur angelegt, aber leergeblieben sind. Dies ist zwar nicht unbedingt eine dem Deutschen adäquate Beschränkung, aber sie zeigt das Prinzip, um das es hier geht.

– Beschränkungen betreffend das, was bewegt werden darf. Es scheint offensichtlich zu gelten, dass nur zusammengehörige Konstituenten bewegt werden dürfen, also nicht etwa diskontinuierliche Teile einer Konstituente: *[das Buch]$_i$ [stellen]$_j$ würde Sarah [t$_i$] in den Lesesaal [t$_j$]. Auch dürfen nicht zwei gänzlich verschiedene Konstituenten in ein und dieselbe Positon bewegt werden: *[Sarah]$_i$ [das Buch]$_j$ würde [t$_i$] [t$_j$] in den Lesesaal stellen.

– Beschränkungen, die den Weg sowie die Weite der Bewegung, die Distanz zwischen Grund- und Zielposition betreffen. Das lässt sich messen mit der Anzahl der bei der Bewegung überschrittenen Knoten. Man nennt diese Beschränkung *Subjazenz* (vgl. weiter unten). Sie verhindert Sätze wie *[Den Lesesaal]$_i$ würde Sarah das Buch in [t$_i$] stellen.

– Hierher gehören auch Module, die Bewegungen auslösen können, d.h. zur Bewegung recht eigentlich zwingen, indem sie Sätze als ungrammatische Sätze ausschliessen, in denen gewisse Konstituenten in gewissen Grundpositionen der D-Struktur verblieben sind.

Ein solches Modul ist z.B. die *Kasustheorie* (nicht zu verwechseln mit der sogenannten *Kasusgrammatik*, von der oben im Zusammenhang mit der Theorie der thematischen Rollen die Rede war). Sie besteht
(i) aus dem UG-Prinzip, dass jede Nominalphrase genau einen Kasus bekommen muss;
(ii) aus der einzelsprachlichen Parametrisierung, bei der festgelegt werden muss, welche Kategorien Kasus vergeben oder *regieren* können (sogenannte *Kasusrektion*); wir wissen, dass im Deutschen Verben (*ich sehe* + Akk.), Präpositionen (*bei* + Dat.), aber auch Adjektive (*treu* +Dat.) Kasus regieren können;
(iii) aus der einzelsprachlichen Parametrisierung, bei der festgelegt werden muss, innerhalb welcher Strukturzusammenhänge eine solche Kasusvergabe überhaupt möglich ist, d.h. an welche Strukturpositionen der Umgebung eine Konstituente Kasus vergeben kann.

Für letzteres ist es ganz besonders wichtig, dass die GG einige sehr allgemeine und in den verschiedensten Modulen relevante *syntaktische Relationen* in Strukturen, d.h. Typen von Beziehungen zwischen Konstituenten, formulieren kann.
Ganz grundlegend ist die Relation der *Dominanz*, d.i. die Relation des Enthaltens, des Darüberstehens im Strukturbaum. Betrachten wir die Struktur in Schema 3-23:

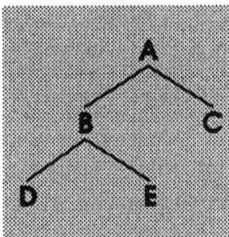   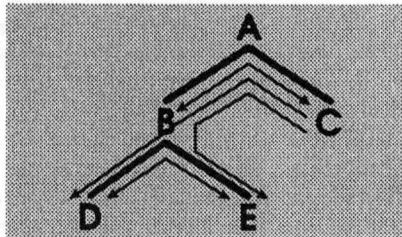

[Schema 3-23]   [Schema 3-24]

A *dominiert* (enthält) hier B,C,D und E; B dominiert D und E.

Eine ebenfalls sehr grundlegende syntaktische Relation, die auf der noch grundlegenderen der Dominanz basiert, ist das sogenannte *C-Kommando* (engl. *c-
command*); vgl. Schema 3-24.

C-Kommando

Eine Konstituente X c-kommandiert eine Konstituente Y genau dann, wenn die
Konstituente, die X unmittelbar dominiert, auch Y (unmittelbar oder mittelbar)
dominiert und wenn X Y nicht dominiert.

Demzufolge haben wir in unserem Beispiel u.a. folgende C-Kommando-Rela-
tionen: B c-kommandiert C. C c-kommandiert B,D und E.

Mit Hilfe des C-Kommandos und einiger weiterer Relationen lassen sich nun
strukturelle Beschränkungen für die Kasusvergabe formulieren, nämlich etwa nach
dem Muster "Im Deutschen kann eine Wortform von der Kategorie X (z.B. ein
Verb) an Konstituenten einen Kasus vergeben, zu denen X in der syntaktischen
Relation des C-Kommandos steht."

So wird die Kasustheorie oder das Kasusmodul zu einer starken Beschränkung in der Theorie und
gewinnt enorme erklärende Kraft:
- Alle Strukturen mit NPs ohne Kasus sind ungrammatisch.
- Bekommt eine NP in der D-Struktur keinen Kasus, muss sie bewegt werden in eine Position, wo
sie Kasus bekommen kann. D.h. das Kasusmodul *löst Bewegungen aus.*
- Hat die NP schon Kasus, so darf sie nur in eine Position bewegt werden, wo sie nicht einen
weitern Kasus bekommt, denn eine NP darf nur einen Kasus bekommen.
Damit lassen sich letztlich viele Wortstellungsphänomene erklären. Wortstellung kann mit Kasus
etwas zu tun haben – eine Einsicht, die man nicht unbedingt erwartet hätte!
Das Kasusmodul ist nur eines von mehreren solchen beschränkenden Modulen. Ähnlich
funktioniert das *Θ-Modul*, bei dem es um die Vergabe von Θ-Rollen an Argumente geht (vgl. die
Ausführungen in 3.2.3.c). Das *Subjazenz-Modul* formuliert Beschränkungen für die Bewegungs-
distanz, indem es sogenannte *Grenzknoten* benennt, über die nur beschränkt hinwegbewegt werden
darf. Im Deutschen etwa ist eine PP eine Barriere für Bewegung, im Englischen nicht. So wird
erklärbar, warum im Deutschen eine NP aus einer PP nicht herausbewegt werden darf, im Englischen dagegen schon, vgl. **Was ist dieses Buch über? – What is this book about?* Mit Subjazenz
lässt sich die Ungrammatikalität von **Den Lesesaal würde Sarah das Buch in stellen* erklären.
Das *Empty Category Principle (ECP)* benennt Beschränkungen für leere Positionen, u.a. für
solche durch Wegbewegungen entstandene Spur-Positionen.
Bei letzterem Modul ist der Wert der Spurentheorie evident. Sie ist auch für die andern Module
einschlägig, indem sie quasi das 'Gedächtnis' einer Bewegung bildet: Spuren sind für das
Subjazenz-Modul, das die Bewegungsstrecke kontrolliert, der Ausgangspunkt der zu
überprüfenden Strecke: an den Spuren kann man ablesen, woher eine NP kommt und ob sie von
dort einen Kasus oder eine Θ-Rolle mitbringt.

Wir hoffen, damit wenigstens eine Ahnung von der modularen Strategie der Syntaxforschung der GG vermittelt zu haben: Einige wenige hochallgemeine Prinzipien
oder Module spielen zusammen und leisten damit das, was in andern Theorien mit
einem hochdifferenzierten Regelwerk zu leisten versucht wird. Und in dieser extremen Allgemeinheit der Prinzipien oder Module besteht die Chance, damit so etwas
wie universale, für alle Sprachen gültige Prinzipien oder Module aufzustellen.
Diese Forschungsstrategie ist ein Ausfluss davon, dass diese Grammatikforschung
unter dem *logischen Problem des Spracherwerbs* antritt: Die Grammatik einer beliebigen Einzelsprache ist als eine zu konzipieren, die lernbar ist. Darum ist sie immer als eine zu konzipieren, die mit allen anderen Grammatiken anderer Einzelsprachen verträglich ist.

Haben wir unser Ziel erreicht? Wir hoffen gezeigt zu haben, dass wir mit unserem Modell in der Lage sind, die gewünschten Zielsätze zu generieren (derivationell gesprochen) bzw. als wohlgeformte, grammatische Sätze zu explizieren (repräsentationell gesprochen).

3.2.5 Anhang

a) Die Phonetische Form / PF

Der Kern des generativen Grammatikmodells sind das Lexikon und die Syntax, in denen wohlgeformte Ausdrücke generiert (derivationell gedacht) oder irgendwelche Ausdrücke auf ihre Wohlgeformtheit überprüft werden (repräsentationell gedacht). Die Ausdrücke haben jedoch gleichsam noch keine materielle Existenz. Eine solche bekommen sie durch die Überführung in eine phonetische Form, die die gleichnamige Komponente des Grammatikmodells leistet. In dieser Komponente wird eine syntaktische Struktur phonetisch interpretiert, sie bekommt eine lautliche Gestalt. Einerseits kommt dabei die lautliche Information zum Tragen, die jedem Wort schon im Lexikon mitgegeben ist (vgl. 3.2.3.c). Andererseits ist die phonetische Satzgestalt auch determiniert von der syntaktischen Struktur: Zu einer lautlichen Satzform gehören nicht nur Phonemketten und Wortakzente; letztere werden ergänzt und können sogar 'überdeckt' werden durch Satzakzente, Rhythmus, Tonhöhenkurven, lauter satzphonetische Phänomene (in 2.1 haben wir ganz kurz von der sogenannten suprasegmentalen Phonologie gehandelt, die solche Phänomene umfasst).

Es dürfte einsichtig sein, dass lediglich die S-Struktur eines Satzes direkt phonetisch interpretiert wird, denn nur sie bietet in jedem Fall die tatsächliche Abfolge der Wortformen, während die D-Struktur (und die Struktur der Logischen Form, vgl. weiter unten) Wortformen-Reihenfolgen aufweisen können, wie sie nicht an der Oberfläche manifest werden.

Die Komponente der phonetischen Form hat bisher selten im Zentrum der GG gestanden, wenngleich es immer Arbeiten auch zu diesem Teil der Grammatikkompetenz gegeben hat. In neuerer Zeit ist ein verstärktes Interesse auch für diese Komponente auszumachen.

So wie wir im Lexikoneintrag neben der phonetischen Form eines Wortes auch dessen graphische Form aufgeführt haben, müssten wir die Grammatik-Komponente der Phonetischen Form auch um eine solche der Graphischen Form ergänzen, wo einerseits die graphische Information der Wörter und andererseits die satzspezifischen Schreibregeln (Interpunktion, Satzanfang-Grossschreibung) zum Tragen kämen.

b) Logische Form / LF und Semantische Form / SF (noch einmal zur Beziehung zwischen Grammatik und Semantik)

Wir haben oben in einem Exkurs (3.1.6) und verstreut an einzelnen Stellen immer wieder auf das problematische Verhältnis von Grammatik und Semantik in der GG hingewiesen. Wenn es im Rahmen der GG auch eine Explikation der Bedeutung von sprachlichen Ausdrücken gibt, dann ist es zwangsläufig eine Explikation von Satz- und Satzteilbedeutung, denn die GG ist im Kern eine Theorie des Satzes. Ein Ansatzpunkt zur Explikation der Satzbedeutung besteht im Modell der GG im zweiten interpretativen Ast neben dem der Phonetischen Form (vgl. das Schema 3-7). Gewöhnlich nennt man diesen Ast Logische Form, manchmal auch Semantische Form. Manchmal rechnet man ihn innerhalb der GG mit zur Syntax-Komponente, manchmal nicht. In Abweichung von der kanonischen Gestalt des Grammatikmodells der jüngeren GG setzen wir in unserem Modell sowohl eine Logische Form innerhalb der Syntax als auch eine Semantische Form ausserhalb der Syntax an. Letzteres führen wir nicht weiter aus; wir möchten damit nur markieren, dass das, was die GG normalerweise in der Komponente der Logischen Form behandelt, keineswegs eine vollumfängliche Explikation der Bedeutung eines Satzes ist. Aber eben: Ob eine solche Explikation Gegenstand einer Grammatik zu sein hat, ist innerhalb der GG umstritten.

Was wird im generativen Modell in der Komponente der LF expliziert? Grundsätzlich tragen zur Bedeutung eines Satzes die Bedeutungen der Wörter des Satzes bei sowie die Art und Weise, wie die Wörter zu einem syntaktischen Gebilde komponiert sind. In der LF geht es klar um letzteres in einem noch sehr einzuschränkenden Sinn: Es gibt einen sehr kleinen, aber doch sehr wichtigen Bereich von Bedeutungshaftem an Sätzen, der nach Auffassung der GG eindeutig syntaktisch

determiniert ist. Zumindest die beiden folgenden Bereiche hat man in der GG in den letzten Jahren sehr intensiv untersucht:
a) die Referenz pronominaler und nominaler Konstituenten;
b) die Bedeutung von sogenannten *Quantoren* (Wörter wie *ein, einige, viele, alle* etc.).

Zu (a): Referenz pronominaler und nominaler Konstituenten
Wir betrachten einige Sätze (*koreferent sein* heisst: "dasselbe Referenzobjekt haben"):

1) *Hans wusste, dass er sprechen würde (Hans* und *er* können koreferent sein, müssen aber nicht*)*
2) *Er wusste, dass Hans sprechen würde (er* und *Hans* können nicht koreferent sein)
3) *Hans wusste, dass er sich langweilen würde (sich* ist notwendig mit *er* koreferent; beide können, müssen aber nicht mit *Hans* koreferent sein*)*
4) *Hans wusste, dass er ihn langweilen würde (er* und *ihn* können in keinem Fall koreferent sein, das eine oder das andere dieser Pronomen kann mit *Hans* koreferent sein, keines jedoch muss mit *Hans* koreferent sein)
5) *Hans weiss, dass er gut ist (er* kann mit *Hans* koreferent sein)
6) **Hans weiss, dass sich gut ist (sich* verlangt einen koreferenten Ausdruck innerhalb der Teilsatzgrenze; ein solcher ist nicht vorhanden; ergo ist der Satz ungrammatisch)

Der Beitrag der syntaktischen Struktur zu den Möglichkeiten der Interpretation ist, wenn auch nicht klar, so doch offensichtlich. Es scheint der GG gelungen zu sein, solche intuitiv als semantisch eingestufte Phänomene mit denselben Modulen zu erklären, mit denen sie auch eindeutig syntaktische Phänomene wie etwa die Wortstellung erklärt. In der Komponente der Logischen Form werden die von den strukturellen Bedingungen der S-Struktur determinierten Möglichkeiten und Unmöglichkeiten der Referenz gleichsam ausgewertet und festgehalten.

Zu (b): Bedeutung von Quantoren
Seit längerer Zeit hat man beobachtet, dass die Reihenfolge von Quantoren (z.B. *ein, einige, alle, viele*) in natürlichsprachlichen Sätzen auf die Bedeutung dieser Quantoren einen Einfluss hat, ähnlich wie man das in der Kunstsprache der formalen Logik per definitionem festgelegt hat. So haben die beiden folgenden Sätze nicht die gleiche Bedeutung:

1) *Jede Linguistin beherrscht eine Fremdsprache.* (Man versteht das als: "irgendeine Fremdsprache", also "X beherrscht Englisch, Y beherrscht Italienisch, Z beherrscht Russisch".)
2) *Eine Fremdsprache wird von jeder Linguistin beherrscht.* (Das versteht man hingegen im Sinne von "eine ganz bestimmte Fremdsprache", z.B. "Alle Linguistinnen beherrschen Englisch.")

Ähnlich wie bei der Nominal- und Pronominalreferenz glaubt man innerhalb der GG, diese Differenzen über syntaktische Relationen zwischen den Quantoren erklären zu können. Ausschlaggebend sind Fragen wie "Welcher Quantor c-kommandiert welchen?" o.ä. Allerdings muss man zur genaueren Explikation gewisse Manipulationen an Sätzen vornehmen. Diese Manipulationen können als spezifische Anwendungen von move-α auf S-Strukturen verstanden werden, d.h. als Verschiebungen von Phrasen mit Quantoren an Positionen, an denen sie in der materiellen Realisierung der phonetischen Form nicht vorkommen. Diese gegenüber der S-Struktur veränderte Struktur heisst *Logische Form LF*. Die Ansetzung einer solchen erneuten abstrakten Strukturrepräsentation legitimiert die GG mit Hinweisen auf bestimmte Sprachen, in denen Quantoren auch materiell sichtbar in bestimmte Positionen verschoben werden, wobei sich in diesen Sprachen die gleichen semantischen Phänomene zeigen sollen wie in Sprachen, wo sich diese Verschiebungen materiell nicht zeigen.

c) *Zu Oberflächenstruktur und Tiefenstruktur in der älteren GG*

Wir haben im Abschnitt 3.2.4.c das Konzept der Unterscheidung der D-Struktur und der S-Struktur eingeführt und dabei den Wert dieser theoretischen Konstruktion folgendermassen skizziert: Die D-Struktur ist eine abstrakte Grundstruktur, die unmittelbar aus der lexikalischen Information der an einem Satz beteiligten Wörter sowie aus der Satz-Grundkonstituenz, die in einer Sprache gilt, resultiert. Aus der D-Struktur können über move-α, das in seiner Mächtigkeit durch beschränkende Module kontrolliert wird, zumeist mehrere S-Strukturen abgeleitet werden; diese erscheinen, indem sie auf dieselbe D-Struktur zurückgeführt werden können, als syntaktisch verwandt, als syntaktische Variationen einer gleichen Grundstruktur. Dabei wird keineswegs beansprucht, dass die Varianten die gleiche Bedeutung oder den gleichen kommunikativen Wert haben.

Das ist der Wert der Unterscheidung von D-Struktur und S-Struktur in der neueren Theorie. Das Konzept hat in der GG allerdings eine lange und wechselvolle Geschichte durchgemacht: Ursprünglich hiessen die beiden Strukturebenen *deep-structure* (deutsch: *Tiefenstruktur/TS*) und *surface-structure* (deutsch: *Oberflächenstruktur/OS*) und hatten eine gänzlich andere Funktionsbestimmung. Es herrschte in der älteren GG eine Zeitlang die Idee, man könnte eine Grammatik einer Einzelsprache auf einer semantischen Basis konzipieren, d.h. auf einer Satz-Inhaltsstruktur, die möglichst universalen, d.h. Einzelsprach-übergreifenden Status, hätte. Das ist im Prinzip eine sehr alte Idee, die sich beispielsweise in vielen Entwürfen zu einer sogenannten *Allgemeinen Grammatik* im 17. und 18. Jahrhundert finden lässt; ein sehr berühmter Name in diesem Zusammenhang ist die "Grammaire générale et raisonnée" von Port Royal von 1660. Eine Grammatik einer Einzelsprache wurde in diesem Sinne in der älteren GG als Komplex von Regeln verstanden, die eine solche universale inhaltliche Basisstruktur, die *Tiefenstruktur* eines Satzes eben, in die je einzelsprachspezifischen sprachlichen *Oberflächenstrukturen* überführen. Diese Überführungen sollte ein riesiger Apparat von Transformationsregeln leisten. Ihm verdankt die ältere GG ihren gelegentlichen Namen *Transformationsgrammatik*. Die Regel move-α ist das letzte Überbleibsel einer ungeheuren Zahl von Transformationen. Indem man mit der Tiefenstruktur eine semantische Basis für Sätze ansetzte, suchte man insbesondere gleichbedeutende (*synonyme*) Sätze aus der gleichen Tiefenstruktur abzuleiten. Z.B. hatten ein Aktiv- und der entsprechende Passivsatz die gleiche Tiefenstruktur (*Sarah liest das Buch – Das Buch wird von Sarah gelesen*), oder ein Nomen mit Adjektivergänzung (*die heilige Johanna*) und das Pendant dazu mit einem Relativsatz (*die Johanna, die heilig ist*) hatten die gleiche Tiefenstruktur.

Dieses Modell versagte in verschiedenerlei Hinsicht: Es leistete weder eine befriedigende Explikation der tatsächlichen syntaktischen Verhältnisse in einer Sprache, noch bot es eine befriedigende Darstellung der Bedeutung der Sätze, und ganz besonders versagte das Modell gegenüber dem erklärten Ziel einer Zusammenführung der verschiedenen Sprachen in universalen Strukturen. Mit einer konsequenten Beschränkung der Grammatik auf syntaktische Strukturen scheint die jüngere GG diesem Ziel viel näher gekommen zu sein.

Das alte Konzept von *Tiefenstruktur* und *Oberflächenstruktur*, mit dem die D-Struktur/S-Struktur-Unterscheidung so gut wie nichts mehr zu tun hat, sollte man abgesehen von seiner interessanten sprachwissenschaftshistorischen Seite vor allem deshalb kennen, weil es in seiner Grundanlage von inhaltlicher Tiefe/Basis und formaler Oberfläche eine beträchtliche Suggestivkraft besitzt und deshalb im metaphorischen Sinne mitsamt seiner Termini in verschiedenen Bereichen auch ausserhalb der Grammatikforschung Verwendung gefunden hat. Ein Beispiel unter vielen ist die Unterscheidung einer *Text-Tiefenstruktur* und einer *Text-Oberflächenstruktur* in der Textlinguistik; wir erwähnen das im Abschnitt 6.2.

3.3   Neuere Entwicklungen

Die grösste Resonanz in der generativen Syntaxforschung fand seit Anfang der
90er Jahre einerseits das *Minimalistische Programm,* welches das in Abschnitt
3.2 skizzierte Modell (die sog. *GB-Theorie,* abgeleitet von *Government and Binding*) zunehmend ablöst (3.3.1); andererseits die *optimalitätstheoretische Syntax*
(3.3.3). Einige wichtige – eher theorieunabhängige – Innovationen sind ausserdem in der Analyse der Satzstruktur (3.3.2) zu verzeichnen.

3.3.1   Minimalismus

Das Minimalistische Programm (CHOMSKY 1992, 1995b, 2001) hat – vor allem
in der Erklärung von empirischen Sprachdaten – die ältere GB-Theorie noch
nicht vollständig ersetzt, es verfügt aber über einige grundlegende Neuerungen.
Das Credo des Minimalistischen Programms (MP) besteht in erster Linie in der
Forderung 'minimal zu sein'. Alle Module, Prinzipien oder Operationen müssen
einer *konzeptuellen Notwendigkeit (conceptual necessity)* genügen: Sie dürfen
nur eingeführt werden, wenn es einen von der Syntaxtheorie unabhängigen
Grund dafür gibt, d.h. einen von der Phonologie, Morphologie oder Semantik
geforderten. Diesem Anspruch, in jedem Falle 'ökonomisch' zu sein, dem die
GB nicht genügt, trägt das MP sowohl bei den Theoriekomponenten (Repräsentationsebenen) als auch bei den syntaktischen Modulen und Operationen Rechnung (siehe das GB- und das MP-Modell im Vergleich in Schema 3-25 und die
anschliessenden Ausführungen dazu).

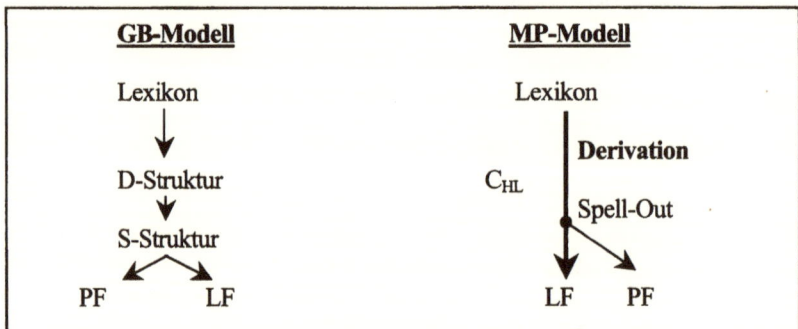

[Schema 3-25]

'Minimalismus' bei den Repräsentationsebenen
Anders als in der GB werden im MP nur noch zwei Repräsentationsebenen angenommen: ein Lexikon und ein Verarbeitungssystem (C_{HL}; *Computation of*

Human Language). Die Wörter kommen vollspezifiziert (d.h. mit allen morpho-syntaktischen Merkmalen versehen) aus dem Lexikon und werden von C_{HL} verarbeitet. Die Annahme einer Oberflächen- und einer Tiefenstruktur (S-Struktur und D-Struktur) wird aufgegeben, da diese der Forderung nach konzeptueller Notwendigkeit nicht genügen, sondern einzig aus syntaxtheoretischen Überlegungen eingeführt wurden. Die beiden Repräsentationsebenen der Phonetischen Form (PF) und der Logischen Form (LF) hingegen spielen im MP weiterhin eine zentrale Rolle: Sie gelten als Schnittstelle zur Phonetik resp. zur Semantik, sind also theorieunabhängig motiviert und somit legitimiert. Der Zeitpunkt der phonetischen Realisierung einer Derivation wird *Spell-Out* genannt: Sobald die Derivation so weit fortgeschritten ist, dass eine phonetisch-interpretierbare Struktur bereitsteht, erfolgt die phonetische Realisierung.

'Minimalismus' bei den syntaktischen Operationen

Auch die syntaktischen Operationen für den Strukturaufbau von Phrasen sollen auf ein Minimum beschränkt werden. Ähnlich wie in der GB die Bewegungs-regel move-α (vgl. 3.2.4 c) alle komplizierten Transformationsregeln der früheren Theoriestufen ersetzte, werden im Minimalismus weitere Vereinfachungen vorgenommen. Die Module der GB wie Theta-Kriterium, Kasusfilter, ECP etc. (vgl. 3.2.4 d) haben – da sie auf den Repräsentationsebenen D resp. S operieren – im MP keine Verwendung mehr und werden deshalb aufgegeben. Das Konzept des C-Kommandos bleibt allerdings weiterhin von Bedeutung.

Der Strukturaufbau von Phrasen wird durch die so genannte *generalisierte Transformation* bewerkstelligt, die aus den drei Operationen *select, merge* und *move* besteht. *Select* wählt einen Ausdruck aus dem Lexikon aus; *merge* fügt diesen Ausdruck mit einem zweiten Ausdruck zu einer Phrase zusammen; und *move* bewegt die Phrase anschliessend an eine andere Position. Um komplexe sprachliche Gebilde und ganze Sätze zu generieren, müssen die Operationen *select, merge* und *move* der Phrasengenerierung wiederholt (rekursiv) angewendet werden.

An der Phrasengenerierung, wie sie im MP angenommen wird, wird deutlich, dass es sich bei diesem Modell wieder, wie in früheren Theoriestufen, um ein vorwiegend derivationelles handelt: Es geht in erster Linie darum, grammatische Strukturen durch die generalisierte Transformation zu generieren, und nicht darum, fertige Strukturen auf ihre Wohlgeformtheit hin zu überprüfen.

Prinzip der vollen Interpretierbarkeit und Merkmalüberprüfung

Bisweilen werden bei der Phrasengenerierung Elemente mit den 'falschen' morpho-syntaktischen Merkmalen aus dem Lexikon ausgewählt: In **Die Eltern ging gestern ins Kino* stimmt z.B. das Kongruenzmerkmal des Verbs *(Sing.)* nicht mit demjenigen des Subjekts *(Plur.)* überein. Solche ungrammatischen Strukturen müssen im Laufe der Derivation ausgeschieden werden. Um dies zu gewähr-leisten, werden zwei Konzepte angenommen: das Prinzip der vollen Interpretier-barkeit und das Prinzip der Merkmalüberprüfung. *Das Prinzip der vollen Inter-pretierbarkeit* besagt, dass ein sprachlicher Ausdruck auf LF und PF voll interpretierbar sein muss, d.h. dass er keine phonetisch oder semantisch unin-terpretierbaren Merkmale aufweisen darf. Bei der *Merkmalüberprüfung* werden nun die Merkmale der Phrase mit den Merkmalen des jeweiligen funktionalen Kopfes (vgl. 3.3.2) verglichen und – falls sie übereinstimmen – 'abgehakt' *(gecheckt).* Die uninterpretierbaren Merkmale werden beim Checken gelöscht und können so die Interpretation nicht mehr 'stören'. Falls bei der Merkmalüberprüfung keine Übereinstimmung *(Agree)* zwischen den Merkmalen herrscht, kann das Merkmal nicht gelöscht werden: Im obigen Beispiel stimmt das Numerus-Merkmal von *die Eltern (Plur.)* nicht mit dem entsprechenden Merkmal am Verb *(Sing.)* überein. Es kommt zu einem *Feature-Missmatch,* so dass das Merkmal nicht gelöscht werden kann. Der Satz ist dadurch nicht voll interpretierbar und wird als ungrammatisch ausgeschieden. Die Derivation ist kollabiert (so genannter *Crash*).

Bemerkungen zum Konzept der Bewegung

Im Gegensatz zur GB, die Bewegung dadurch erklärt, dass eine Konstituente ein Merkmal (z.B. Kasus) *abholen* muss (vgl. die Ausführungen in 3.2.4 d), wird im MP dafür argumentiert, dass Bewegung stattfindet, damit ein Merkmal *überprüft* werden kann. So kann z.B. das Kasusmerkmal am Nomen auf LF nicht interpretiert werden; das Nomen wird in eine syntaktische Position bewegt, wo das Merkmal gecheckt und gelöscht werden kann.

Das Konzept *move* wurde einer kritischen Untersuchung unterzogen (vgl. dazu z.B. GREWENDORF 2002:153-158 oder CHAMETZKY 2000:115-119), da in einer minimalitätsorientierten Theorie Bewegung als Unvollkommenheit des Sprachsystems interpretiert werden könnte. Da *move* aber für die Überprüfung der *morphosyntaktischen* Merkmale in vielen Fällen unumgänglich ist, kann syntaktische Bewegung also als eine von einem externen Faktor (der Morphologie) erforderte Notwendigkeit angesehen werden (vgl. dazu auch CHOMSKY 2003) – sie wird aber als *last resort*-Phänomen bezeichnet und kommt nur zur Anwendung, wenn sie unvermeidbar ist. Bewegung kann also nicht mehr 'willkürlich' („Bewege irgendetwas irgendwohin"), sondern nur noch motiviert stattfinden.

In der *Kopiertheorie,* einer Teiltheorie des MP, wird nicht mehr wie in der GB davon ausgegangen, dass Bewegung in der Basisposition und in den Zwischenlandepositionen 'nur' eine Spur hinterlässt, sondern dass bei der Bewegung eine Kopie des bewegten Elements hergestellt wird. Welche Kopie auf PF realisiert wird, ist sprachspezifisch. Wird die Kopie in der Basisposition realisiert, bleibt die Bewegung unsichtbar. Empirische Evidenz für die Kopiertheorie liefert z.B. die schweizerdeutsche Verbverdoppelung, bei der nicht nur eine, sondern mehrere Kopien (leicht unterschiedlich) phonetisch realisiert werden (vgl. Grewendorf 2002:208):

(i)   Ich gang go gen es Buech i d Bibliotheek go zrugg bringe.

    ↑ |↑|↑_____|

(Ich gehe gehen gehen ein Buch in die Bibliothek gehen zurückbringen)

3.3.2   Syntaktische Kategorien

Der Forschungsgegenstand, wie er sich für die GG heute darstellt, kann grob in vier kategorielle Bereiche eingeteilt werden. Es sind dies a) der VP-Bereich, welcher sozusagen den in die Syntax verlängerten Arm des Lexikons darstellt; b) der IP-Bereich, in dem gewisse morphosyntaktische Merkmale wie Tempus oder

Kasus syntaktisch in Erscheinung treten; c) der CP-Bereich, in dem diskurs-bezogene Merkmale eines Satzes (z.B. Interrogativität) syntaktisch kodiert werden; d) der D(et)P/NP-Bereich, welcher sich wie ein 'Satz im Kleinen' ausnimmt.

Die Frage, welche syntaktischen Kategorien angesetzt werden müssen, um der Syntax der verschiedenen Einzelsprachen empirisch gerecht zu werden, wird seit Ende der 80er Jahre breit diskutiert. Im Bereich der sog. *funktionalen Kate-gorien,* die in den 80er Jahren in den meisten Arbeiten auf die Kategorien I und C beschränkt waren (vgl. 3.2.4 b) und die von den sog. *lexikalischen Kategorien,* also Nomen, Verb, Adjektiv, Partikel (vgl. 3.2.3 c) zu unterscheiden sind, wur-den zahlreiche Erweiterungen vorgeschlagen, verteidigt und teilweise wieder aufgegeben. So wurde eine 'Aufspaltung' der IP in mindestens zwei funktionale Projektionen gefordert *(Split-Infl-Hypothese):* Die traditionelle IP sei eigentlich als Schichtung einer oder mehrerer Agr(eement)-P(hrasen) und einer T(empus)-P(hrase) zu analysieren. Diese Phrasen entsprechen den morphosyntaktischen Merkmalsklassen, welche im I-Kopf lokalisiert sein sollen, nämlich einerseits *Kongruenz (agreement)* und andererseits *Tempus.*

Die Einführung (neuer) funktionaler Kategorien wurde und wird auch im Bereich der Nominalphrase sowie der CP diskutiert. Ein Vorschlag RIZZIS (1997), bei dem die CP in vier kategoriell verschiedene, übereinander gestülpte Projektionen aufgefächert wird, wurde hierbei besonders einflussreich. Für die traditionelle NP hat sich, ausgehend von ABNEY (1987) und fürs Deutsche adap-tiert von VATER (1991) und OLSEN (1991), eine Sicht durchgesetzt, dass die Syntax der Nomen in gewisser Weise parallel zur Syntax der Verben zu analy-sieren ist: So wie sich um die VP eine Hülle funktionaler Phrasen (z.B. TP, CP) legt, so wird die NP von einer oder mehreren funktionalen Schichten umhüllt. Hierbei ist insbesondere die Kategorie *Det* (vgl. 3.2.3 c und 3.2.4 a) – jetzt meist nur mit *D* bezeichnet – bedeutsam. Gemäss der *DP-Hypothese* wird eine Phrase wie *die heilige Johanna* (vgl. 3.2.4 a) neu als DP, nicht mehr als NP analysiert. M.a.W.: N hängt syntaktisch von D ab, nicht umgekehrt.

In der Syntax des Verbs und seiner Mitspieler (Subjekt, Objekte) hat eine diffe-renziertere Konzeption der Verbalphrase breite Akzeptanz gefunden. Die tradi-tionelle VP wird (ausgehend von LARSON 1988) als eine Struktur aus (mindestens) zwei 'Schichten' verstanden, bei der sich eine Verbalphrase, abge-kürzt 'vP', über eine zweite, abgekürzt 'VP' spannt, deren Kopf das Verb ist: [$_{vP}$[$_{VP}$ V]]. Eine solche Analyse lässt sich unter Berufung auf intransitive und tran-sitive Strukturen motivieren, die sich zueinander in Beziehung setzen lassen. Man betrachte dazu das folgende Satzpaar aus dem Englischen (nach RADFORD 1997): *The ball rolled down the hill. / She rolled the ball down the hill.* Im ersten, intransitiven Satz steht das Verb *rolled* rechts von *the ball.* Im zweiten, transiti-ven Satz dagegen scheint sich das Verb *rolled* aus dieser Position nach links verschoben zu haben, so dass es nun vor *the ball* zu stehen kommt. Mit der vP/VP-Analyse lässt sich diese Verschiebung als Bewegung des Verbs (V) in den nächsthöheren Kopf, eben v, interpretieren. So ergibt sich für den transitiven Satz folgende Struktur: *[$_{vP}$ She rolled$_i$ [$_{VP}$ the ball t$_i$ down the hill]].*

Diese neue Konzeption der Verbalphrase bringt es zudem mit sich, dass das Subjekt – ebenso wie die Objekte des Verbs – *innerhalb* der Verbalphrase seinen Ursprung hat und auch dort seine θ-Rolle erhält.

3.3.3 Optimalitätstheoretische Syntax

Die optimalitätstheoretische Syntax bezieht ihre Grundannahmen zum Theorie-design sowie den technischen Apparat aus der Optimalitätstheorie der Phono-logie. Daher sei hier auf das Phonologie-Kapitel (Kap. 11.4.3) verwiesen. Der Theorieansatz bietet für viele altbekannte syntaktische Probleme neuartige, ele-gante Lösungsvorschläge.

Die OT-Syntaxtheorie unterscheidet sich durch einige grundlegende Annahmen von 'herkömmlichen' generativen Theorien (z.B. der GB-Theorie, wie sie in 3.2 dargestellt ist, oder dem Minimalismus (Kap. 3.3.1)): In der OT werden die grammatischen *Beschränkungen (Constraints)* als *verletzbar* modelliert (dies im Gegensatz etwa zu den Beschränkungen der GB-Module, z.B. des Kasusmoduls oder Subjazenzmoduls, 3.2.4 d); sie sind *universal* gültig; sie sind zueinander geordnet, d.h. nicht mehr alle 'gleich wichtig'. Ein weiteres Charakteristikum der OT schliesslich liegt in der Idee des *Wettbewerbs* zwischen *Kandidaten* (in der Syntax: Sätzen). Die Grammatikalität eines Satzes hängt im Gegensatz zur GB-Theorie nicht allein von den Eigenschaften des Satzes selbst ab, sondern ergibt sich aus einem *Vergleich* mit konkurrierenden Sätzen.

Der Gedanke, dass sich Grammatikalität als Wettbewerb zwischen Kandidaten modellieren lässt, ist auch gewissen Ausprägungen des Minimalismus eigen und somit keine eigentliche Innovation der OT. In einigen minimalistischen Arbeiten wurde dafür argumentiert, durch einen Vergleich mehrerer Derivationen die 'ökonomischste' zu bestimmen, welche dann allein gültig sei und allein zu einem grammatisch korrekten Satz führe.

Das folgende Beispiel zeigt nun, wie sich sprachspezifische Unterschiede durch unterschiedliche Hierarchisierungen derselben, universalen Beschränkungen erklären lassen.

Im Deutschen wird in Ergänzungsfragesätzen das Fragewort an den Satzanfang gestellt: Man ver-gleiche den Aussagesatz *Fritz kaufte Fisch* mit dem Fragesatz *Was kaufte Fritz?*, wo das Objekt *(was)* nicht mehr am Satzende, sondern an erster Stelle des Satzes stehen muss (So genannte Echofragen wie *Fritz kaufte was?*, in denen das Fragewort nicht am Satzanfang erscheint, sind an ganz bestimmte Gesprächskontexte gebunden und bleiben hier ausser Betracht.). Im Japanischen hingegen steht ein Fragewort im Fragesatz an derselben Position, an der in einem entsprechenden Aussagesatz die erfragte Konstituente stehen würde, es findet also keine Bewegung des Frage-worts an den Satzanfang statt:

Hiloko-wa	*sakana-o*	*kaimasita.*	*/ Hiloko-wa*	*nani-o*	*kaimasita ka?*	
Hiloko	*Fisch-Akk*	*kaufte*	*/ Hiloko*	*was-Akk*	*kaufte*	*(Fragemarker)*
'Hiloko kaufte Fisch.'			*/'Was kaufte Hiloko?'*			

(Der Marker *wa* ist einer Kasusmarkierung vergleichbar; der Fragemarker *ka* erscheint in Frage-sätzen.)

Für die Voranstellung des Frageworts im Deutschen scheint eine Beschränkung wie die folgende veranwortlich zu sein:

W-KRITERIUM: Ein Fragewort (oder allgemeiner: eine sog. W-Phrase) muss in der
                      TOP-Position stehen.

Wenn diese Beschränkung universal sein soll, muss es eine weitere Beschränkung geben, die die Voranstellung der W-Phrase im Japanischen verhindert. Nun wird in der Literatur oft ein *con-straint* folgender Art angenommen:

ÖKONOMIE: Bewegung ist verboten.

ÖKONOMIE verbietet also zum Beispiel die Bewegung eines Frageworts aus seiner Basisposition (= D-Strukturposition) an den Satzanfang. Wenn man nun annimmt, dass die Beschränkung ÖKONOMIE im Japanischen höher geordnet ist als die Beschränkung W-KRITERIUM, so ist klar, dass das Fragewort in der Basisposition verharren muss. Im Deutschen dagegen sind die beiden

Beschränkungen offenbar umgekehrt geordnet. *Was kaufte Fritz?* ist der Gewinner, da *Kaufte Fritz was?* gegen die höher geordnete Beschränkung W-KRITERIUM verstösst. ÖKONOMIE darf hier also verletzt werden; in einem anderen Kontext kann es aber vielleicht die Bewegung eines Elements verhindern, weil keine höher geordnete Beschränkung berücksichtigt werden muss.

Die OT-Syntax ist ein junger Zweig der Grammatikforschung. Entsprechend sind noch grundlegende Fragen des Theoriemodells ungeklärt. Zwei Punkte seien genannt: Unklar ist, was in der optimalitätstheoretischen Syntax den Input darstellt (vgl. den Inputbegriff in der Phonologie, 11.4.3). Ebenso wenig besteht Einigkeit über die Natur der miteinander konkurrierenden Kandidaten: Handelt es sich z.B. um S-Struktur-Repräsentationen, um D-Struktur/S-Struktur-Paare oder um vollständige Derivationen?

Ob die OT-Syntax auf dem Feld konkurrierender Grammatiktheorien als *optimaler Kandidat* aus dem Wettbewerb hervorgeht, ist offen.

3.3.4 Weiterführende Literatur

Einführungen und Arbeiten zur Generativen Syntax: Sorgfältige (englische) Einführungen in die Minimalistische Syntax für Anfänger sind Adger (2003) und, auf einem etwas älteren Theoriestand, Radford (1997). Adger gibt im Anschluss an jedes Kapitel einige hilfreiche Literaturhinweise. Eine fundierte, aber anspruchsvolle Diskussion bietet Grewendorf (2002). Die Aufsatzsammlung Abraham et al. (1996) enthält einleitend eine kurze Darstellung minimalistischer Grundlagen (auf einem schon älteren Theoriestand). Ramers (2000) ist eine kompakte Syntaxeinführung mit vorwiegend generativer Ausrichtung (v.a. auf dem Stand der GB). Eine vertiefte Einführung in einzelne GB-Module bietet Webelhuth (Hg.) (1995). Klenk (2003) stellt verschiedene Generative Syntaxtheorien vor, also auch solche, die in unserer Darstellung nicht berücksichtigt werden konnten (GPSG, HPSG, Lexikalisch-funktionale Grammatik (LFG)). Einzeldarstellungen dieser Theorien sind: Sag/Wasow (1999), S. Müller (1999) (HPSG); Bresnan (2001) (LFG). – Zur HPSG s.a. 2.7.2. Ein aktuelles Handbuch ist Baltin&Collins (2001).

Chomsky: Immer noch richtungsweisend (und immer noch schwer lesbar) sind die Arbeiten von Chomsky (1992, 1995a und b, 2001, 2003). Weniger 'technische', sondern eher allgemeine Bemerkungen zu Sprache und Kognition kann man in Chomsky (2000 und 2002) nachlesen.

Einführungen und Arbeiten zur optimalitätstheoretischen Syntax: Einen guten, aber nicht für Anfänger verfassten Überblick über die optimalitätstheoretische Syntax gibt G. Müller (2000). Neuere Arbeiten sind in Legendre (2001) zu finden. Die Aufsatzsammlung Fanselow et al. (2002) bietet Arbeiten zur Optimalität in Syntax, Morphologie und Phonologie.

4. Semantik

Einleitung

Unter dem Stichwort *Semantik* beschäftigt man sich ganz allgemein mit der Bedeutung von (sprachlichen) Zeichen. In Kapitel 1 zur Semiotik haben wir gesagt, dass Semantizität zeichenkonstitutiv ist, d.h. dass etwas dann und nur dann ein Zeichen ist, wenn es für etwas anderes steht, wenn es Bedeutung hat. Die *Semiotik* und die *Semantik* haben darum nicht umsonst so ähnlich klingende Namen (von griech. *semeion* "Zeichen"). Dennoch hat man sich sehr lange Zeit nicht in einer eigenen Wissenschaft um die Bedeutung von sprachlichen Zeichen gekümmert (während es seit 2500 Jahren eine Grammatik- oder Rhetorikforschung gibt), und der Status einer Semantik als einer sprachwissenschaftlichen Disziplin ist bis heute umstritten, genauso wie es bis heute kontrovers ist, was alles zur Bedeutung und damit zum Gegenstand einer Semantik zu rechnen ist und wo z.b. die Semantik als Disziplin aufhört und die Pragmatik anfängt (dazu eingehender 4.10). Weitere grundlegende Schwierigkeiten – Schwierigkeiten methodologischer Art – erwachsen der Semantik daraus, dass sie es mit der immateriellen Seite sprachlicher Zeichen zu tun hat (dies im Gegensatz zur Phonologie, Morphologie und Syntax), und daraus, dass in der Semantik sich das Problem besonders gravierend zeigt, dass man ganz generell in der Sprachwissenschaft mit natürlicher Sprache über natürliche Sprache sprechen muss: *Eine Rose ist eine Rose ist eine Rose ist ...* (Gertrude Stein) (dazu vgl. 4.1.3).

Vorformen moderner Semantikforschung finden wir in der sehr langen Geschichte der sprachphilosophischen Reflexion über das Phänomen des Bedeutens und der Zeichenhaftigkeit (ein Zeugnis ist z.B. PLATONS Dialog "Kratylos"), in der Logik, in der Theologie (Bibelexegese), der Poetik und Literaturwissenschaft (das Bedeuten von Texten), v.a. aber auch in der sehr langen Geschichte des Wörterbuchschreibens (*Lexikographie*; vgl. 4.8) und der Übersetzungskunst. Auch findet sich in herkömmlichen Grammatiken viel unsystematisch Verstreutes über die Bedeutung sprachlicher Zeichen, nur eben keine eigentliche Bedeutungslehre (vgl. 2.1.2).

Eine eigenständige sprachwissenschaftliche Bedeutungsforschung beginnt (wie die jüngere Sprachwissenschaft überhaupt) im 19. Jahrhundert im Rahmen der *Sprachgeschichtsforschung*, und zwar als *Etymologie*, d.h. als Wissenschaft von der Herkunft und der Geschichte der Wörter und ihrer Bedeutung. Eine andere Frühform moderner Semantikforschung ist in der *Dialektologie* seit Ende des 19. Jahrhunderts angesiedelt. Die Dialektologie (vgl. z.B. LÖFFLER 1985a) untersucht nebst Unterschieden phonologischer, morphologischer u.a. Art zwischen einzelnen Dialekten einer Sprache auch solche im Wortschatz. Das klassische Verfahren der Dialektologie ist ein *onomasiologisches*: Sie fragt von den Dingen her nach den Bezeichnungen, den Namen (griech. *onoma* = "Name") für die Dinge in den verschiedenen Dialekten (z.B. im Süd- und Westmitteldeutschen *Metzger*, im Mitteldeutschen und verbreiteter *Fleischer*, im Norddeutschen *Schlächter*, im Österreichischen *Fleischhauer*).

Eigentliche Semantik aber ist nicht onomasiologisch, sondern *semasiologisch*, und das bezeichnet die umgekehrte Fragerichtung, nämlich von den Zeichen her nach den Bedeutungen der Zeichen. Eine erste eigentliche sprachwissenschaftliche Theorie derart verstandener Semantik hat der *Strukturalismus* mit der sogenannten *Komponentialsemantik* oder *Merkmalssemantik* hervorgebracht. Es ist eine Theorie im wesentlichen über die Bedeutung von *Wörtern* (eine *lexikalische Semantik*). Auf sie gehen wir mit den Abschnitten 4.5 und 4.6 ausführlich ein. Dieser in ihrer Grundauffassung bis auf Aristoteles rückführbaren Konzeption der Wortbedeutung erwächst seit einiger Zeit erhebliche Konkurrenz aus sprachpsychologischer Forschung, deren Prototypen-semantischen Ansatz wir im Abschnitt 4.7 skizzieren (vgl. auch 9.3.7).

Die Semantikforschung der letzten 25 Jahre ist überdies durch einen sehr starken Innovationsschub aus der modernen *Formalen Logik* gekennzeichnet. In diesen Ansätzen – man spricht oft von *logischer* oder *formaler Semantik* – steht im Mittelpunkt nicht mehr das einzelne Wort, sondern der *Satz*; es ist also im wesentlichen

Satzsemantik. Beschreibungsmittel sind logische Kunstsprachen. Diese Richtung der modernen Semantikforschung hat besonders im Umkreis der älteren Generativen Grammatik (der sog. Generativen Semantik) ihren Ursprung, und sie ist heute vor allem mit der sogenannten *Montague-Grammatik* oder *Kategorialgrammatik* (vgl. 2.2.2) verknüpft. Wir skizzieren diesen Ansatz – sehr informell nur – im Abschnitt 4.9.

Abschliessend ein Wort zur Terminologie: Wie *Grammatik* ist auch *Semantik* systematisch mehrdeutig: Es bedeutet sowohl einen bestimmten Aspekt des sprachwissenschaftlichen Forschungsgegenstandes selber (man spricht beispielsweise von der *Semantik* eines Wortes oder eines Satzes) als auch so viel wie die Theorie oder die Lehre von diesem Gegenstand. Interessanterweise aber gibt es kaum Bücher, die etwa "Semantik des Deutschen" hiessen, wie es selbstverständlich "Grammatiken des Deutschen" gibt. Das liegt eben daran, dass es die Semantik als abgeschlossenes System (wie eine Grammatik) und überdies als etwas Einzelsprachliches nicht zu geben scheint. – Für den Theoriebereich einer lexikalischen Semantik gebraucht man ab und zu auch die Bezeichnung *Lexikologie*; diese Bezeichnung steht daneben aber häufig für eine umfassende Lehre vom Wort, d.h. für eine Theorie der Wortform, der grammatischen Eigenschaften wie der Bedeutung von Wörtern.

Lesehinweise

Einführungen: Zwei schon ältere, jedoch noch immer nützliche Einführungen vor allem in die strukturalistische Semantikforschung sind: Coseriu (1970) und Hundsnurscher (1972). Jünger, aber ebenfalls eher auf eine traditionelle Semantikforschung ausgerichtet sind Lutzeier (1985) und Freundlich (1988). Etwas breiter ist der Zugriff in Rothacker/Saile (1986). Eine sehr gute knappe Einführung in die ältere strukturelle Semantikforschung ist Bierwisch (1969). Theoretisch breiter und umfassender angelegt, dafür auch schwieriger, sind Lyons (1980), Allan (1986) und LePore (1987). Sehr empfehlenswert, aber klar *formale Theorien* favorisierend und entsprechend schwierig sind Kempson (1977) und Cann (1993). Bierwisch (1986) dokumentiert sehr knapp und konzis den jüngeren Stand semantischer Grundüberlegungen, ist allerdings schwer zu lesen. Eine Einführung in die Prototypensemantik ist Kleiber (1993). Die Semantik im Rahmen der Generativen Grammatik behandelt Chierchia/McConnell-Ginet (1990).

Sammelbände, Forschungsüberblicke: Neben dem eher Einführenden gibt es neuere Sammelbände, die einen Überblick darüber geben, was heute unter dem Stichwort Semantik an Forschungsansätzen vorhanden ist; sie setzen immer ein solides Grundwissen voraus: z.B. Bäuerle/Egli/Stechow (1979), Motsch/Viehweger (1982), Ruzicka/Motsch (1983). Einen ähnlichen Zweck erfüllt Schwarze/Wunderlich (1985). Einen Überblick besonders über die formale Semantik gibt das internationale Handbuch "Semantik" von Stechow/Wunderlich (1991).

Semantik und Pragmatik: Einen breiten Semantikbegriff, der bis in die Pragmatik reicht, haben Heringer (1974), Heringer u.a. (1977) und Polenz (1985). Das Buch von Polenz ist sehr stark auf die konkrete semantische Textanalyse ausgerichtet und hat Arbeitsbuchcharakter. Zu den Fragen der Abgrenzung einer semantischen Theorie von einer pragmatischen bietet Vennemann/Jacobs (1982) eine spannend, aber schwierig zu lesende Diskussion.

Arbeitsbücher: Arbeitsbücher zur Semantik mit Übungen sind Wunderlich (1991) und Schwarz/Chur (1993); hier dominiert ebenfalls die neuere, eher an formalen Theorien orientierte Semantik. Gleichfalls Arbeitsbuchcharakter hat Hurford/Heasley (1983), das allerdings auf Englisch ist.

Teilgebiete: Schmidt (1973) enthält wichtige Arbeiten aus der Wissenschaftsgeschichte zur *Wortfeldtheorie*; Lutzeier (1981) ist eine Darstellung dieses semantischen Forschungsansatzes. Zur Problematik von *"Sprache und Weltsicht/Sprache und Denken"* sei auf Gipper (1972) hingewiesen. Werlen (1989) arbeitet die Geschichte der Hypothesen um den Zusammenhang von Sprache und Weltbild auf. Mit dem Phänomen der *Vagheit*, der *Unbestimmtheit* natürlichsprachlicher Zeichen beschäftigen sich Pinkal (1985) sowie Bierwisch (1979). Zur Frage der *mentalen Repräsentation von Wortbedeutungen* und zum Konzept der *Prototypensemantik* konsultiere man Aitchison (1987); vgl. hierzu auch unser Kapitel 9. Eine eigentliche *kognitive Semantik* konzipieren Jackendoff (1985 und 1990) und Lakoff (1986). Eine zentrale Frage in diesem Bereich ist die der sprachlichen Kategorisierung von Gegenständen der Wahrnehmung, wobei Metaphern eine wesentliche Rolle spielen; siehe dazu Lakoff (1987) und Taylor (1989). Eine Grundlage moderner formaler Ansätze in der Semantikforschung ist die *Formale Logik;* eine Einführung in die Logik speziell für Linguistinnen und Linguisten ist Allwood/Andersson/Dahl (1977).

Geschichte der Semantik/der Sprachphilosophie: Wer sich für eine Geschichte der *sprachphilosophischen Reflexion* über das Bedeutungsproblem interessiert, findet in Coseriu (1975/1972) Auskünfte. Einblicke in die Sprachphilosophie geben z.B. Kutschera (1975), Runggaldier (1990) und Dascal et al. (1992).

Sprachgeschichte: Zu historischen Aspekten des Bedeutungswandels vgl. Busse (1987 und 1990) oder unter dem besonderen Aspekt der Geschichte von gesellschaftlich wichtigen Begriffen z.B. Koselleck (1979) oder auch ein *etymologisches Wörterbuch* (z.B. Kluge 1883/1989, Pfeifer 1989; Duden 1989). Eine unendliche Fundgrube ist hier noch immer das Deutsche Wörterbuch von Jacob und Wilhelm Grimm (1856ff.). *Einführungen in die Etymologie* sind Pisani (1975), Seebold (1981), Birkhan (1985). Vgl. im übrigen auch unser Kapitel 10.

4.1   Problemstellung

4.1.1   Semantizität

Das zentrale Charakteristikum von Sprache, ihr Existenzgrund sozusagen, liegt in ihrer Bedeutsamkeit: in der Tatsache, dass Sprachzeichen Bedeutung haben und dass wir im Sprechen oder Schreiben etwas mitteilen können. Unter diesem Aspekt der Bedeutsamkeit können wir Sprache betrachten als ein System, das zwischen einem Universum von (inneren) gedanklichen Konzepten und einem Universum von (äusseren) Lauten oder Schriftzeichen vermittelt – ein System, das es erlaubt, zunächst nur subjektiv Zugängliches fassbar, manipulierbar und mitteilbar zu machen. Die Semantik beschäftigt sich als sprachwissenschaftliche Teildisziplin mit der Dimension der systematischen Bedeutsamkeit von sprachlichen Äusserungen. Sie ist die Lehre von den Ordnungen und Gesetzmässigkeiten bestimmter Aspekte der signifié-Seite von Sprachzeichen.

4.1.2   "Die Bedeutung von *Bedeutung*"

Kaum eine Einführung in die Semantik kommt ohne ein Kapitel mit diesem ursprünglich von OGDEN und RICHARDS (1923) stammenden Titel aus; sicher aber gibt es keine Einführung in die Semantik, die nicht das problematisierte, was dieser Titel ausdrücken will: dass nämlich *Bedeutung* ein sehr schillernder Ausdruck ist – in der Alltagssprache und oft genug auch in der Sprachwissenschaft. In der Alltagssprache deckt die Summe der Verwendungen von *Bedeutung* etwa das ganze breite Spektrum dessen ab, was mit dem semiotischen Diktum von ALIQUID STAT PRO ALIQUO an Möglichkeiten eröffnet ist. D.h. wir können *bedeuten/Bedeutung* alltagssprachlich immer dann verwenden, wenn wir gedanklich etwas nicht (nur) für sich selber, sondern für etwas anderes stehend (im allerweitesten Sinn) konzipieren. Verwandte Wörter (häufig bedeutungsgleich gebraucht, in der Wissenschaft aber oft auch zum Ausdruck einer spezifischen Differenz zu *Bedeutung/bedeuten* verwendet) sind *Inhalt, Meinen/Gemeintes, Sinn, Bezeichnung/Bezeichnetes* u.a.

Alle diese Wörter zeichnet aus, dass sie stets zwei Dinge miteinander in Beziehung setzen: "X ist *Inhalt* von Y" – "Y *meint* X" etc. Das ist genau die semiotische STAT PRO-Relation. Dabei bezeichnen die Termini entweder die Beziehung selber: "Y *bedeutet* X", d.h. "Y steht in Relation zu X", oder sie bezeichnen die eine Seite der Beziehung: "X *ist die Bedeutung* von Y": "X ist das, wofür Y steht".

Wir deuten mit den folgenden Beispielen die Bandbreite des Alltagskonzepts der Bedeutung nur an:

1) *Der Abendstern und der Morgenstern bedeuten das Gleiche.*

Gemeint ist, dass die zwei Ausdrücke sich auf das *gleiche Referenzobjekt* beziehen, nämlich den Planeten Venus (das ist ein berühmtes Beispiel von Gottlob FREGE, dem Begründer der modernen Logik; vgl. 4.9.)

2) *Abendstern bedeutet "der Stern am Abend", Morgenstern aber "der Stern am Morgen".*

Hier ist nicht der aussersprachliche Referenzbezug gemeint, sondern ein mit einem Ausdruck verbundenes *gedankliches Konzept*. Wenn man im Alltag sagt, dass man nicht versteht, *was* jemand sagt, meint man damit gewöhnlich solche Konzepte. (In der Sprechakttheorie heisst dieser Aspekt *Proposition;* vgl. 4.10 sowie 5.2.3.)

3) *Was bedeutet es, dass sie in ihrem Referat Humboldt so ausführlich zitiert?*

Bedeuten meint hier nicht den Gehalt der Humboldt-Zitate, also das, was da jemand sagt, sondern den tieferen Sinn des Umstandes, *dass* da jemand Humboldt zitiert. Darauf zielen Bemerkungen im Alltag, in denen man etwa sagt, dass man nicht versteht, *warum* oder *wozu* jemand das sagt, was er oder sie sagt. (In der Sprechakttheorie heisst das *Illokution*; vgl. 5.2.3)

Es gibt im Deutschen auch eine *nicht-relationale Verwendung* von *bedeuten/Bedeutung*, was dann so viel heisst wie "für etwas (unbestimmt) Gewichtiges stehen", "gewichtig sein":

4) *eine bedeutende Summe – eine bedeutende Frau – das ist nicht von Bedeutung –Linguistik, die sich nicht mit Bedeutung beschäftigt, ist bedeutungslos.*

Zwar relational, aber mit *unbestimmtem Objekt* und deshalb in die gleiche Richtung zielend, ist folgender Gebrauch:

5) *Sie bedeutet mir etwas.*

Natürlich lässt sich auf so einem vagen Alltagsbegriff von Bedeutung keine wissenschaftliche Theorie aufbauen. Es ist jedoch auch nicht so, dass man in der Sprachwissenschaft demgegenüber stets einen fest definierten Bedeutungsbegriff hätte, bevor man semantisch zu arbeiten beginnt. Es gibt hingegen einen gewissen Konsens darüber, dass die von der Sprachwissenschaft zu beschreibende Bedeutung in Richtung von dem zu suchen ist, was oben das Beispiel (2) andeuten will: eine in bestimmter Weise feste, über die konkreten Verwendungen hinaus fixe Bedeutsamkeit sprachlicher Zeichen. Dass es das gibt oder dass das anzunehmen berechtigt und sinnvoll ist und dass das ein sprachwissenschaftlicher Forschungsgegenstand ist, ist allerdings auch nicht unbestritten. Die andern angesprochenen und noch weitere Bedeutungsbegriffe spielen in der Semantikforschung stets, wenn auch eher in der Abgrenzung gegenüber (2), eine Rolle.

Auch in dieser Art von Minimal-Konsens ist der konkreten theoretischen Einlösung der Aufgabe, die Bedeutung natürlichsprachlicher Zeichen zu beschreiben, ein sehr weiter Rahmen gesteckt, wie wir weiter unten mit den Ansätzen der Komponentialsemantik (4.5 und 4.6), der Prototypensemantik (4.7) und der wahrheitskonditionalen Semantik (4.9) anzudeuten versuchen werden.

Wir wollen im folgenden Abschnitt zeigen, warum es für die sprachwissenschaftliche Semantik im Vergleich mit andern linguistischen Arbeitsbereichen schwieriger ist zu sagen, was genau der Gegenstand ist, den sie zu beschreiben versucht, und was diese Schwierigkeit für die konkrete Arbeit für Konsequenzen hat.

4.1.3   Methodologische Probleme

Jeder semantischen Theorie stellt sich ein zweifaches Grundproblem. Zum einen liegt es in der Natur des *Beschreibungsobjektes* (des sog. *Explikandums*) begründet, und zum andern in der Natur des *Beschreibungsmittels* (des *Explikans*). Es stellt sich ungefähr so dar:

Wir können der Bedeutung von sprachlichen Ausdrücken nie direkt habhaft werden. Wenn wir das sprachliche Zeichen als zweiseitige Struktur von signifiant und signifié darstellen, so ist das signifié zwar die conditio sine qua non, die notwendige Bedingung dafür, dass wir überhaupt von einem Zeichen sprechen können, es ist aber notwendig immer das 'Andere', es ist das *Immaterielle*, nicht das für den beobachtenden Zugang Primäre. Hingegen haben wir zumindest die Illusion, dass uns die lautliche (oder graphische) Ausdrucksseite des Zeichens unmittelbar zugänglich ist. Diese Immaterialität der Bedeutung ist die *objektbedingte* Seite des Grundproblems.

Wie behilft man sich im Alltag dort, wo man Bedeutungen thematisiert, angesichts dieses Problems? Wir können mindestens drei Strategien unterscheiden:

a) Wir meistern die Aufgabe, indem wir auf Gegenstände zeigen (uns also – semiotisch gesehen – in die *Referenz* retten).

   A zu B: *Was meinst Du mit xyz?* B: (zeigt auf ...).

b) Wir formulieren *Paraphrasen*, produzieren also Zeichen, die ungefähr dasselbe bedeuten wie die fraglichen Zeichen:

   Mit xyz meine ich ...

c) Wir nennen Gebrauchsbedingungen für Zeichen:

   Xyz sagt man, wenn man ...

Das sind Strategien des Alltags, über die Bedeutung sprachlicher Zeichen zu 'reden'. Die Wissenschaft hat keine prinzipiell anderen Strategien, sie kann diese lediglich verfeinern. Dabei spielt die Paraphrase-Strategie die wichtigste Rolle.

Das Stichwort *Paraphrase* benennt nun genau die andere Seite des Grundproblems, die durch das *Beschreibungsmittel* bedingt ist: Wir explizieren die Bedeutung von *abc* (die Bedeutung des Explikandums, des Beschreibungsobjekts), indem wir *def* sagen (das ist das Explikans, das Beschreibungsmittel); wir benutzten also andere Zeichen und behaupten damit, dass *def* und *abc* etwa dasselbe bedeuten. Das wäre nun ein sauberes Verfahren, wenn die Bedeutung von *def* geklärt wäre. Das ist jedoch normalerweise beim Sprechen über die Bedeutung natürlichsprachlicher Zeichen insofern nicht der Fall, als gewöhnlich *def* der gleichen Sprache angehört wie *abc*, nämlich der natürlichen Sprache. Man sagt dann: Die *Objektsprache* (die Sprache, deren Bedeutung ich explizieren will) und die *Metasprache* (die Sprache, die ich für diese Explikation verwende) sind identisch. Oder: Das Explikandum und das Explikans sind Teil des gleichen Systems; das Explikationsmittel unterliegt somit dem gleichen Problem, zu dessen Lösung es eigentlich beitragen sollte.

Das ist natürlich die Potenzierung einer grundsätzlichen Schwierigkeit der Sprachwissenschaft: Jede Wissenschaft bedient sich bei der Darstellung ihrer Erkenntnisse mehr oder weniger der natürlichen Sprache. In der Sprachwissenschaft führt das aber zu einer Identität von Objekt und Mittel der theoretischen Darstellung. Das ist dort nicht weiter schlimm, wo die Linguistik beispielsweise vom Laut- und Formensystem einer Sprache handelt und das mit vorgängig fest definierten Begriffen wie *Phonem, Morphem, Suffix, Derivation* etc. tut. Gravierend ist das jedoch in der Semantik, wenn es darauf hinausläuft, dass man über die Bedeutungsseite natürlichsprachlicher Zeichen mit ebenfalls natürlichsprachlichen Zeichen spricht, deren Bedeutung dabei entscheidend, aber alles andere als geklärt ist.

Die Situation ist freilich nicht hoffnungslos. Es gibt keinen zwingenden Grund, warum man für die Semantik nicht genauso fest definierte Begriffe entwickeln können sollte wie für die Phonologie oder Morphologie. Hinzu kommt, dass keine Wissenschaft prinzipiell gezwungen ist, sich zur Explikation immer nur der natürlichen Sprache zu bedienen. So arbeitet man in der modernen Semantikforschung immer mehr mit der formalen Logik, d.h. mit Kunstsprachen, die zwar auf natürlichen Sprachen basieren, vor ihnen aber den Vorteil haben, genau definiert und damit ein exaktes Beschreibungsmittel zu sein (vgl. 4.9).

Es bleibt die gegenstandsbedingte Seite des Grundproblems, dass man der Bedeutung nicht direkt habhaft werden zu können glaubt. Semantische Forschung forscht nach etwas, was nur in den sprachlichen Intuitionen von Sprecherinnen und Sprechern 'lebt', wissenschaftliche Aussagen über die Bedeutung von Zeichen sind nie an irgendwelchen der Beobachtung direkt zugänglichen Objekten überprüfbar. Doch man täusche sich nicht: Auch in den sprachwissenschaftlichen Teilgebieten, in denen man sich mit Ausdrucksseitigem befasst, beschreibt man nicht einfach vor Augen liegende Objekte, sondern sehr häufig genauso Intuitionen oder zumindest etwas, zu dem man nur über Intuitionen Zugang hat (man denke an Urteile wie "Dieser Satz ist ungrammatisch." – "Aus *xyz* kann man durch Umstellung *yxz* ableiten." – "*d* und *e* sind Phoneme, weil *adb* etwas anderes bedeutet als *aeb*" und dergleichen Behauptungen mehr).

Ein Folgeproblem aus der Unfassbarkeit des Beschreibungsobjektes *Bedeutung* ist – wir haben es oben gesehen –, dass uns die Grenzen dieser Bedeutung sehr unklar sind: Was gehört eigentlich alles dazu und was nicht? Es ist beispielsweise kaum zu bestreiten, dass zum 'Kern' der Bedeutung von *Bulle* (oder Zürichdeutsch *Schmier*) etwas Negatives, Pejoratives gehört, im Unterschied zu *Polizist*. Wie aber ist das bei *Isolierhaft* oder *Türke* oder *Wendepolitiker* (vgl. 4.6.3)? Wie gehen wir mit der Tatsache um, dass es hier zwischen den SprecherInnen erhebliche Unterschiede geben kann (vgl. Kapitel 8)? Bedeutungen verändern sich offensichtlich viel rascher als Wortformen oder morphologische und syntaktische Regeln; Bedeutungsexplikation muss Bedeutung aber notwendig als etwas Statisches und Überindividuelles darstellen: Was gilt aber zu einem bestimmten Zeitpunkt als Bedeutung von *xyz* (vgl. Kapitel 10)? Und was der Fragen mehr sind.

4.2   Aufgaben einer semantischen Theorie

Man erwarte also von einer sprachwissenschaftlichen Bedeutungstheorie nicht eine vorgängige hieb- und stichfeste Bedeutungsdefinition, bevor mit der eigentlichen Arbeit begonnen wird. Eine Bestimmung dessen, was Bedeutung heisst, finden wir häufig erst – und auch dann noch reichlich unscharf – post festum, nach getaner Arbeit. Was aber ist die Arbeit einer sprachwissenschaftlichen Semantik? Man darf von einem Konsens darüber ausgehen, dass mindestens die folgenden beiden Aufgaben dazu gehören (zu deren Lösung natürlich enormer Spielraum bleibt):

a) *Bedeutungen beschreiben.* Eine sprachwissenschaftliche Semantik hat im Prinzip für jeden natürlichsprachlichen Ausdruck die ihm zukommende(n) Bedeutung(en) zu nennen, also jenen Teil unserer Sprachkenntnis zu beschreiben, der darin besteht, dass uns sprachliche Ausdrücke 'etwas sagen'.
   Semantik beschäftigt sich unter diesem Blickwinkel mit der Frage, welches signifié einem bestimmten signifiant zukommt (signifié-signifiant-Relation).

b) *Bedeutungsbeziehungen beschreiben.* Eine sprachwissenschaftliche Semantik hat jenen Teil unserer Sprachkenntnis zu beschreiben, der darin besteht, dass wir zwischen der Bedeutung sprachlicher Ausdrücke verschiedenartige Beziehungen ausmachen können; man denke z.B. an Aussagen wie "Die Bedeutung von *anfangen* und *beginnen* ist gleich" oder "Die Bedeutungen von *tot* und *lebendig* stehen in einem Gegensatz zueinander" etc. In dieser Hinsicht beschäftigt sich Semantik mit dem signifié unter dem besonderen Aspekt der paradigmatischen signifié-signifié-Relation (Bedeutung-Bedeutung-Relation).

Man kann die beiden Aufgaben auch als zwei Aspekte ein und derselben semantischen Problemstellung betrachten – und man hat das auch häufig getan.

4.3   Wortsemantik vs. Satzsemantik

Sprachwissenschaftliche Semantik expliziert die je spezifische Bedeutung eines sprachlichen Ausdrucks. Sie verfährt *semasiologisch* (vgl. die Einleitung): Gegeben ist das Zeichen bzw. genauer das signifiant, der Ausdruck; ihm wird eine Bedeutung, ein signifié zugewiesen.

Welche Typen von Ausdrücken haben Bedeutung? Im Prinzip fallen sämtliche sprachlichen Einheiten in den Zuständigkeitsbereich einer Semantik, die minimal aus einem Morphem, der "kleinsten bedeutungstragenden Einheit", bestehen (vgl. 2.3.2). Ausgenommen sind lediglich Ausdrücke auf der untersten, der phonologischen Ebene. Demnach kann und muss es prinzipiell eine Morphem- und Wort-, eine Phrasen- und Satz- sowie eine Textsemantik geben. Man betrachte dazu das Schema 1-9 im Kapitel 1 (Semiotik).

Die Bedeutung von Wörtern (genauer: von Lexemen; vgl. 2.3.1) können wir in Wörterbüchern nachschlagen, und wir tun dies nach Bedarf auch; dort sind die Lexeme für gewöhnlich unter ihrer Zitierform alphabetisch mit einer jeweiligen Bedeutungsangabe verzeichnet (vgl. auch 4.8 über Lexikographie). Schlagen wir auch die Bedeutung von Phrasen (Wortgruppen), von Sätzen oder gar von Texten nach? Das scheint uns absurd. Warum eigentlich? Die Antwort führt uns auf eine fundamentale *Zweiteilung der Semantik:*

a) Komplexe Wörter, Phrasen, Sätze, Texte sind zusammengesetzte Ausdrücke. Solche zusammengesetzten Ausdrücke gibt es unendlich viele, oder genauer: kann es unendlich viele geben; sie sind jederzeit herstellbar und werden auch laufend im Sprachgebrauch hergestellt. Ein Nachschlagewerk für die Bedeutung komplexer Einheiten wäre somit ein unendliches und entsprechend unmögliches Unterfangen. Es wäre darüber hinaus aber auch ein grundsätzlich falsches Unterfangen, weil es einen fundamentalen Tatbestand unserer Sprachkompetenz verschleierte: Wie wir fähig sind, immer wieder neue komplexe Ausdrücke zu formen, so sind wir fähig, parallel dazu die *Bedeutungen dieser komplexen Ausdrücke zu konstruieren*. Eine Semantik in diesem Bereich muss demnach Regeln benennen, wonach sich die Bedeutung eines komplexen Ausdrucks aufbaut, und nicht Bedeutungen den komplexen Ausdrücken fest zuschreiben, wie ein Wörterbuch das für Lexeme macht.

Bedeutung ist in diesem Bereich also konstruierbar, vorhersagbar; de SAUSSURE braucht dafür die Formulierung: "relativement motivé". Man spricht auch vom *Kompositionalitätsprinzip* oder – weil der Mathematiker und Logiker Gottlob FREGE Ende des 19. Jahrhunderts erstmals konsequent davon ausgegangen ist – vom *Frege-Prinzip*.

b) Das Kompositionalitätsprinzip besagt, dass sich die Bedeutung eines komplexen Ausdrucks aufbaut aus der Bedeutung der Teile und der Art, wie der komplexe Ausdruck daraus gebaut ist. Das impliziert, dass es Grund-Bauelemente geben muss. Für sie gilt eine gänzlich andere Art von Semantik, eine *Semantik der definitorischen Zuordnung,* eine Semantik der *Arbitrarität,* wie SAUSSURE sagt. In diesem Bereich sind Wörterbücher, in denen man die Bedeutung von Ausdrücken nachschlagen kann, nicht nur angebracht und möglich, sondern nötig, denn hier lässt sich die Bedeutung nicht vorhersagen oder errechnen, vielmehr muss man sie einfach wissen oder eben nachschlagen können.

Welche sprachlichen Elemente müssen aus semantischen Gründen in einem Wörterbuch aufgeführt werden? Was hat – mit andern Worten – eine arbiträre, nicht-vorhersagbare Bedeutung?

Es ist zum einen alles wirklich Elementare, nicht mehr weiter Teilbare. Von Kap. 2 her wissen wir, dass das die Morpheme sind.

Es ist zum andern aber auch sehr viel Komplexes, Zusammengesetztes: komplexe Wörter, Wortgruppen, Sätze. Dies ist so, weil in den natürlichen Sprachen die Strenge des Kompositionalitätsprinzips immer wieder unterlaufen wird. Wir führen das etwas weiter aus:

Einerseits finden wir das Phänomen der *Unterdeterminiertheit.* Damit meinen wir, dass die Bedeutung eines komplexen Ausdrucks durch die Bedeutung der Teile sowie durch die Konstruktion tendentiell immer nur in mehr oder weniger grosser Annäherung, nicht aber vollumfänglich erklärt werden kann.

Beispielsweise ist ein *Damenschuh* ein Schuh, der dazu gemacht ist, dass ihn Damen tragen, ein *Lederschuh* ein Schuh, der aus Leder gemacht ist, ein *Turnschuh* ein Schuh, der dazu gemacht ist, dass man ihn beim Sport trägt, ein *Schnürschuh* ein Schuh, den man schnüren muss, wenn man ihn tragen will. Die Paraphrasen zeigen, dass wir es hier mit den unterschiedlichsten semantischen Beziehungen zwischen stets zwei Teilen – *Schuh* und einem davorgestellten Erstglied – zu tun haben. Die Unterschiedlichkeit der semantischen Beziehung kommt in der Konstruktion nicht zum Ausdruck, vielmehr ist diese stets die gleiche. Die Bedeutung des jeweiligen Kompositums ist also von den Kompositions-Teilen sowie von der Konstruktion her nicht voll vorhersagbar. Es ist vorhersagbar, dass *Schuhleder* etwas anderes bedeutet als *Lederschuh,* dass wir es im ersten Fall mit einer Art Leder, im zweiten mit einer Art Schuh zu tun haben; was es aber genau bedeutet, lässt sich nicht mehr aus der Konstruktion begründen. Dass wir es als Deutschsprachige wissen, liegt daran, dass wir entweder die Komposita wie elementare Ausdrücke gelernt und fest zur Verfügung haben (zu Recht stehen die üblichen Komposita deshalb in Wörterbüchern!) oder dass wir, wenn wir ein solches unterdeterminiertes Kompositium zum ersten Mal hören, aufgrund unseres Weltwissens die semantische Relation 'automatisch dazudenken': "Leder ist ein Material, also wird *Lederschuh* einen Schuh aus diesem Material bezeichnen." Aber was ist z.B. ein *Holzschuppen?* Ein Schuppen aus Holz? Ein Schuppen, in dem man Holz lagert? Was ist eine *Kusshand?* Eine Hand, die man küsst, oder eine Handbewegung, mit der man andern Küsse zuwirft? – Analoge Unterdeterminiertheiten finden wir auch in Wortgruppen (Phrasen), z.B. bei Genitivattributen: *die Eroberung Roms* (Rom wurde erobert? Rom hat erobert?).

Die Unterdeterminiertheit der Bedeutung komplexer Ausdrücke kann andererseits bis zur reinen *Arbitrarität* gehen. Die Bedeutung des Ganzen ist dann durch die Teile und die Konstruktion überhaupt nicht (mehr) motiviert. Zu diesen Fällen zählen die sogenannten *idiomatischen Wendungen* und *Phraseologismen,* also ganze Wortgruppen (*durch die Lappen gehen, aufs Korn nehmen, in die Nesseln setzen*) und ganze Sätze (*Lieber den Spatz in der Hand als die Taube auf dem Dach*). Arbitrarität gibt es auch im Bereich der Komposition (*Steckenpferd* für "Hobby") und ganz besonders bei Bezeichnungen für Tiere, Pflanzen usw. (*Frauenschuh* für eine bestimmte Blume).

Besonders kuriose Fälle von Arbitrarität bei komplexen Ausdrücken bilden die sogenannten *Unikate.* Das sind Morpheme, die nur in festen Bildungen überlebt haben, ansonsten jedoch ausgestorben sind. Sie werden häufig nicht mehr verstanden. Wir haben also Bildungen mit einem semantisch 'vollen' und einem semantisch 'entleerten' Teil, so in *Sintflut* oder *Fronleichnam* oder *Himbeere*. Es ist kein Wunder, dass man dazu neigt, solche Unikate in einem Prozess sogenannter *Volksetymologie* mit neuem, eigentlich falschem Sinn aufzuladen ("froher Leichnam"), was dann wiederum auch zu lautlichen Umbildungen führen kann, so bei *Sintflut* --> *Sündflut* (*sint* hiess ursprünglich einfach "gross").

Halten wir fest: In Parallele zum System der Ausdrucksformen einer Sprache, wo wir elementare Einheiten sowie Regeln der Kombination der Einheiten zu komplexen Einheiten haben (Morpheme und morphologische Regeln der Wortformenbildung sowie syntaktische Regeln der Satzbildung), zerfällt die Semantik grob in zwei Teile:

a) in eine Semantik der *Kompositionalität*, der Regeln, die besagen, wie sich Bedeutungen komplexer Ausdrücke aus den Bedeutungen ihrer Teile und aus der Konstruktion aufbauen

b) in eine Semantik der *Arbitrarität* und folglich der definitorischen Zuordnung von Bedeutungen zu Ausdrücken.

Die ältere sprachwissenschaftliche Semantik war weitgehend Semantik der Arbitrarität und entwickelte Konzepte der Beschreibung von Bedeutungen einzelner Wörter. Man spricht von *lexikalischer Semantik* oder *Wortsemantik*. Neuere semantische Theorien sind dagegen oft schwergewichtig Theorien der Kompositionalität und beschäftigen sich mit dem regulären Aufbau der Bedeutung komplexer Ausdrücke, insbesondere von Sätzen. Man kann das *Satzsemantik* nennen.

Ein kleiner Nachtrag

In der Regel kommt einem sprachlichen Ausdruck immer genau *eine* Bedeutung zu (wenn auch unter Umständen nicht eine genaue, sondern vielmehr eine vage Bedeutung, die kontextuell unterschiedlich ausdeutbar ist; vgl. 4.10.4). Ausdrücke mit einer einzigen Bedeutung sind *monosem*. Es gibt jedoch auch Fälle sogenannter *Polysemie* oder *Ambiguität* oder *Mehrdeutigkeit*.

a) Polysem (mehrdeutig) können einmal die *elementaren Einheiten*, die Morpheme oder die Lexeme sein. So bedeutet *Star* eine Vogelart, "berühmter Mensch", eine Augenkrankheit. Die Polysemie kann sich natürlich vom Lexem auf den komplexen Ausdruck übertragen: *Sie hat einen Anschlag gemacht* (einen terroristischen Akt verübt, einen Zettel aufgehängt, auf der Schreibmaschine eine Taste gedrückt, ...).

b) Polysem kann eine *Wortkette* in ihrer bloss linearen Erscheinungsform sein. Hinter der Linearität verbergen sich mehrere syntaktische Strukturen und damit mehrere Bedeutungen (sogenannte *syntaktische Ambiguität*): *Gestern traf die Mannschaft aus der Sowjetunion hier ein* (die sowjetische Mannschaft oder eine Mannschaft, die vorher in der Sowjetunion war).

c) Schliesslich haben wir oben von der *Unterdeterminiertheit* der Bedeutung komplexer Ausdrücke gesprochen. Man kann *die Kritik der reinen Vernunft* polysem nennen insofern, als nicht klar ist, ob die reine Vernunft kritisiert oder ob sie kritisiert wird. Möglicherweise in einem andern Sinne polysem ist ein Satz wie *Jede Linguistin beherrscht eine Fremdsprache* (jeder eine beliebige oder jeder dieselbe?). Vom Fall (b) unterscheiden sich diese Fälle dadurch, dass sich hier hinter der linearen Wortkette nicht unbedingt verschiedene syntaktische Strukturen verbergen, vielmehr nur eine, die aber mehrere semantische Interpretationen erlaubt (das ist allerdings eine Frage der syntaktischen Theorie).

Bei der Mehrdeutigkeit von Wörtern unterscheidet man für gewöhnlich zwischen *Polysemie* und *Homonymie* aufgrund eines historischen Kriteriums: Von *Polysemie* spricht man dann, wenn sich die Bedeutung eines Morphems im Laufe der Zeit aufgespalten hat, so z.B. bei *Schloss* ("Schliessvorrichtung", "Gebäude"). Hingegen liegt *Homonymie* dann vor, wenn die Lautgestalten zweier ursprünglich ungleich lautender Morpheme im Verlauf der Geschichte zur Deckung gekommen sind, so z.B. *Kiefer*: (a) mhd. *kiver*, mask. "der Kiefer"; (b) ahd. *kienforha*, fem. "die Kiefer", "die Kienföhre". Man unterscheidet überdies zwischen gleichlautenden *Homophonen* und gleich zu schreibenden *Homographen*; nicht in jedem Fall einer Homophonie liegt auch Homographie vor:

malen vs. *mahlen;* und das Umgekehrte gilt ebenso, vgl. den Slogan einer Suchtpräventionsstelle: *Sucht sucht Sinn.*

In der Lexikographie schlägt sich der Unterschied zwischen Polysemie und Homonymie in der Regel so nieder, dass im ersteren Fall *ein* Lexemeintrag mit Untergliederung gemacht wird, im letzteren Fall jedoch *mehrere* Lexemeinträge gemacht werden.

4.4   Paradigmatische Bedeutungsrelationen

Zu unserer semantischen Kompetenz gehört das Wissen um die Bedeutung von (einfachen oder komplexen) sprachlichen Ausdrücken, und es gehört dazu das Wissen um Bedeutungsbeziehungen zwischen sprachlichen Ausdrücken. Wir sind auch mit unserem Alltagsverständnis durchaus fähig, verschiedenartige Bedeutungsbeziehungen zu unterscheiden, etwa "Bedeutungsgleichheit" und "Bedeutungsgegensatz". Hier wollen wir – etwas systematischer vielleicht, als man das im Alltag tut – wichtige Bedeutungsrelationen zusammenstellen. Zum Teil wurden solche beispielsweise in der Logik schon seit alters beobachtet und haben von dort her auch fest eingebürgerte Namen. Mit dieser Zusammenstellung präzisieren wir die in Abschnitt 4.2 genannte semantische Aufgabe der Explikation von Bedeutungsbeziehungen; indem wir dies aber mit einer gewissen Systematik tun, machen wir selber schon einen ersten Schritt in Richtung auf eine wissenschaftliche Explikation; wo die Ausbreitung des Explikandums aufhört und das Explikans anfängt, lässt sich m.a.W. nicht immer so klar sagen. – Die nachstehenden Bedeutungsbeziehungen sind primär solche zwischen festen Grundeinheiten (Lexemen) im System, d.h. im Wortschatz einer Sprache; sie heissen darum paradigmatische Beziehungen (vgl. 1.5.2). Es gibt diese Beziehungen jedoch genauso zwischen komplexen Ausdrücken, was zum Teil eine Folge davon ist, dass sich die Relation von der Wortebene auf die komplexere Ebene 'vererbt', zum Teil seine Gründe in der Konstruktion selber hat. Wir demonstrieren die Relationen hauptsächlich auf der Wortebene, deuten Analogien auf der Satzebene gelegentlich an.

a)   Synonymie (Bedeutungsgleichheit)

   anfangen – beginnen
   Die Nadel ist zu kurz. – Die Nadel ist nicht lang genug.
   Man hat Cäsar ermordet. – Cäsar wurde ermordet.
   Es war schwer, die richtige Antwort zu finden. – Die richtige Antwort zu finden
   war schwer. Die richtige Antwort war schwer zu finden.

Man mag die Satzbeispiele falsch finden, weil doch je nach Wortstellung die Perspektivierung, die Hervorhebung o.ä. wechselt. Hier von Synonymie zu reden verlangt also notgedrungen eine bestimmte Beschränkung dessen, was an Bedeutung in Betracht gezogen werden soll (vgl. 4.10 zur Abgrenzung von Semantik vs. Pragmatik).

Synonymie dieser Art zwischen satzartigen Gebilden gibt es zuhauf. Wir kennen das: Man kann dieselbe Sache sehr oft verschiedenartig ausdrücken. Ganz normal ist die Synonymie auch zwischen einer Wortbedeutung und deren satzförmiger Umschreibung oder Paraphrase. Wir verwenden Paraphrasen, wenn wir Wortbedeutungen erklären müssen, uns die Wörter nicht einfallen, oder als überlegte Festsetzung in Definitionen. Synonymie zwischen festen Elementen unseres Wortschatzes gibt es hingegen sehr selten. Wir gehen im Abschnitt 4.6.3 auf diesen interessanten Befund kurz näher ein.

Das Gegenstück zur Synonymie wäre eine semantische Relation der absoluten *Ungleichheit*. Beispiele sind hier nicht so leicht zu finden, denn eine Gemeinsamkeit – sei es nur so etwas wie "konkret" oder "abstrakt" zu sein – findet sich schnell. Zu denken ist vielleicht an die Beziehung zwischen der Semantik von *Nähmaschine* und *Infinitesimalrechnung*. Für diese Beziehung der absoluten Unähnlichkeit gibt es keinen etablierten Namen; es ist eine semantische Nicht-Beziehung.

Alle weiter zu nennenden semantischen Relationen liegen irgendwo zwischen der Synonymie und dieser absoluten Beziehungslosigkeit, es sind Relationen einer je spezifischen *Bedeutungsähnlichkeit*.

b) Bedeutungsähnlichkeit

> *Bach – Teich – Fluss – See – ...*
> *klirren – scheppern – rasseln – ...*

Wir haben hier den vielleicht allgemeinsten Fall von Bedeutungsähnlichkeit. Man sagt, solche Wörter bilden ein *Wortfeld* (vgl. 4.6.4), sie beziehen sich auf den gleichen Sachverhaltsbereich und differenzieren ihn lexikalisch. Sie fallen unter einen gemeinsamen Oberbegriff, für den es oft auch ein einzelnes Wort gibt; für die Beispiele wären das: *Gewässer* und *Geräusch* (oder *Laut*, *tönen*). Für diese semantische Relation gibt es keinen festen Terminus, es sei denn, man versteht sie als Fall von Heteronymie/Inkompatibilität (vgl. dazu das folgende).

c) Heteronymie/Inkompatibilität

> *blau – grün – gelb – rot – ...*
> *Januar – Februar – März – ...*

Wir haben es hier mit mehr oder weniger geschlossenen Wortreihen zu tun, die einen abgeschlossenen Bedeutungs- oder Sachverhaltsbereich in einer bestimmten Dimension tendenziell zu 100% abdecken. Es kann sich um geordnete Reihen handeln (z.B. Wochen-/Monatstage) oder ungeordnete (die Farbadjektive, zumindest im Alltagsbewusstsein ungeordnet). Die Einzelwörter können sich gegenseitig klar ausschliessen (Wochentage) oder auch nicht so klar (Farbadjektive). Der Unterschied zur genannten allgemeinen Bedeutungsähnlichkeit liegt in der *Eindimensionalität* der Heteronymie. Allerdings ist eine Abgrenzung gegenüber (b) oft heikel.

d) Komplementarität/Kontradiktion

> *tot – lebendig*
> *Schweizer – Ausländer (aus der Perspektive etwa eines Zürchers)*

Was auf den ersten Blick wie ein absoluter Bedeutungsgegensatz aussieht, lässt sich dennoch als Bedeutungsähnlichkeit verstehen: zwei komplementäre Wortbedeutungen teilen zusammen einen bestimmten Sachverhaltsbereich genau in zwei Teile. Die Folge: Wenn z.B. *Das Huhn ist tot* zutrifft, so kann das dazu Komplementäre (*Das Huhn ist lebendig*) nicht zutreffen und umgekehrt; und wenn das eine nicht zutrifft, so muss das andere zutreffen. Komplementarität schafft man auch mit der *Negation*:

> *endlich – unendlich*
> *Eva ist im Mai geboren. – Eva ist nicht im Mai geboren.*

Allerdings schafft nicht jede Negation Komplementarität; insbesondere schafft morphologische Wortnegation (Negation von Wörtern z.B. mithilfe des Präfixes *un-*) auch die nachstehende Art semantischer Beziehung.

e) Antonymie/Kontrarität

freundlich – unfreundlich
heiss – kalt

Diese Beziehung der Antonymie besteht zwischen den Polen oder Endpunkten einer Skala, auf der möglicherweise noch weitere Wortbedeutungen angesiedelt sind, in unserem Beispiel etwa *warm* oder *lau* oder *lauwarm*. Wieder besteht die Bedeutungsähnlichkeit (bei aller Gegensätzlichkeit) in einem gemeinsamen Bedeutungsbereich, nur ist hier der Bereich nicht dichotomisch zweigeteilt; er eröffnet vielmehr eine Skala mit Übergängen zwischen zwei Polen. Das unterscheidet die Antonymie von der Komplementarität (die zweiteilig ist) und der Heteronymie (die nicht polar ist) und wirkt sich auch so aus, dass im Unterschied zur Komplementarität etwa aus der Falschheit von *Mein Kaffee ist kalt* nicht geschlossen werden darf: *Mein Kaffee ist heiss*: beide Sätze können zugleich falsch sein. Hingegen gilt auch hier, dass nicht beide Sätze zugleich wahr sein können.
Morphologische Wortnegation hat oft eher eine antonymische als eine komplementäre Bedeutungsrelation zur Folge: ein unfreundlicher Mensch ist eher schlimmer als ein Mensch, der einfach nicht freundlich ist. Und: Ich kann von einem Menschen sagen, er sei eigentlich weder freundlich noch unfreundlich (aber ich kann im eigentlichen Sinne nicht von jemandem sagen, er sei weder tot noch lebendig).
Bei antonymen Wortpaaren ist gewöhnlich das eine Wort *markiert* (das besondere), das andere *unmarkiert* (das normale, allgemeine). Damit ist der Umstand gemeint, dass das eine der beiden Wörter, das unmarkierte, zugleich auch für die Skala als ganze steht, hinsichtlich eines Wertes neutral gebraucht werden kann, das andere, markierte, hingegen nicht. Das zeigt sich in der Frage nach einem bestimmten Mass und in der Antwort darauf sowie im Namen für die Dimension als ganze:

Wie gross bist du? – *Wie klein bist du?
die Grösse – *die Kleinheit
Ich bin 1.80 Meter gross. – *Ich bin 1.80 Meter klein.

Mit der Markiertheit kann man spielen, indem man z.B. davon spricht, dass jemand *zwanzig Jahre jung* ist. In bestimmten Kontexten kann sich die Markiertheit/Unmarkiertheit-Relation umpolen. So ist in einem Kontext, wo von schmalen Strassen die Rede ist oder wo solche Strassen erwartbar sind, eine Frage wie *Wie schmal ist die Strasse?* ganz normal.

Von einem Wort aus sind manchmal Antonymie-Relationen in verschiedene Richtungen möglich, was solche Wörter als mehrdeutig (polysem) erweist: *alt – jung/ alt – neu; gut – schlecht/gut – böse.*

f) Konversion 1

kaufen – verkaufen (der x verkauft dem y das z vs. der y kauft vom x das z)
Mutter/Vater – Kind
hinauf – herauf
kommen – gehen (Frieda geht nach Hamburg – Frieda kommt nach Hamburg)

Konversionen 1 werden häufig unter einen weiten Begriff von Antonymie subsumiert. Mit solchen Wortpaaren ist derselbe relationale Sachverhalt aus zwei entgegengesetzten Blickwinkeln darstellbar. Konversion auf Satzebene könnte man im folgenden Satzpaar sehen: *Zürich ist kleiner als Hamburg – Hamburg ist grösser als Zürich.* Man spricht hier auch von *Perspektive.*

g) Konversion 2

> *hinauf – hinunter* (ich stehe in der Felswand und weiss nicht, soll ich *hinauf* oder
> *hinunter*)
> *innen – aussen*
> *kommen – gehen (ein stetes Kommen und Gehen)*
> *kaufen – verkaufen (ich habe das Haus erst letztes Jahr gekauft und nun schon
> wieder verkauft)*

Während bei der Konversion 1 derselbe Sachverhalt aus zwei verschiedenen Perspektiven gesehen wird, werden hier zwei gegensätzliche Sachverhalte aus einer identischen Perspektive gesehen.

h) Relation von Ober- und Unterbegriff (Hyperonymie und Hyponymie; Implikation 1)

> *Linguistin – Wissenschaftlerin*

Wissenschaftlerin ist der Oberbegriff (das Hyperonym) zum Unterbegriff (Hyponym) *Linguistin*. Man spricht auch davon, dass das Hyponym (*Linguistin*) das Hyperonym (*Wissenschaftlerin*) impliziere: Wer Linguistin ist, ist auch Wissenschaftlerin. Von Implikation spricht man vor allem auf der Satzebene: *Ich bin nach Genf gereist* impliziert *Ich habe einen Ortswechsel vorgenommen* oder *Ich habe eine Reise gemacht/Ich bin gereist*. Schwer von der Implikation zu unterscheiden ist die *Präsupposition* (vgl. 6.3.2).

Die hier angesprochene Implikation, basierend auf Ober- und Unterbegriff, ist nicht identisch mit der Implikation im folgenden Fall, weshalb wir den Begriff Implikation mit "1" und "2" indizieren.

i) Implikation 2

> *töten – sterben*

Wenn ich sage: *Maria hat Hans getötet,* so impliziert das "Hans ist gestorben". Ich kann jedoch nicht sagen, dass das auf einer Relation von Ober-/Unterbegriff zwischen *sterben* und *töten* beruht (wie sie z.B. zwischen *töten* und *ermorden* besteht). Es gibt Linguistinnen und Linguisten, die sagen, dass *töten sterben* präsupponiere (vgl. den Abschnitt 4.6.1).

4.5 Komponentialsemantik (Merkmalssemantik)

Wir wollen im folgenden unter den Namen *Komponentialsemantik* oder *Merkmalssemantik* die klassische strukturalistische Bedeutungstheorie für die Ebene Wort vorstellen. Daran schliessen wir die Frage an, was diese Theorie hinsichtlich der genannten und einiger weiterer semantischer Aufgaben leistet und wo ihre Grenzen liegen (vgl. 4.6; zum Merkmalskonzept in psycholinguistischer Hinsicht vgl. auch 9.3.4; 9.3.5).

Wir haben verschiedene Typen von semantischen Relationen zwischen Bedeutungen sprachlicher Ausdrücke kennengelernt. Dabei handelte es sich meist um verschiedene Formen von *Bedeutungsähnlichkeit*. Wenn wir sagen, dass die A dem B ähnlich sieht, können wir das ganzheitlich auffassen; wir neigen jedoch auch im Alltag dazu, das Konzept der Ähnlichkeit als *partielle Gleichheit und partielle Verschiedenheit* zu verstehen: "Sie sieht ihm ähnlich. Genauer gesagt: Sie hat den gleichen Mund und die gleiche Nase wie er, aber die Augen sind anders." Genau so ist man auch in der strukturalistischen Semantik mit den Bedeutungsrelationen der Ähnlichkeit verfahren: Man hat dahinter eine partielle Gleichheit und partielle Verschiedenheit der Bedeutung gesucht. Dabei ist der entscheidende Punkt die damit verbundene Grundannahme:

Grundannahme der Komponentialsemantik/Merkmalssemantik

Bedeutungen auch elementarer Grundeinheiten der Sprache (Morpheme, Wörter) sind nichts Atomares; auch sie sind vielmehr etwas Zusammengesetztes.

Wir erinnern uns, dass wir als eine der Grundeinsichten der Morphologie (vgl. 2.3.1) hervorgehoben hatten, dass Wörter (syntaktische Wörter, aber auch Lexeme) im Prinzip weder auf der signifiant- noch auf der signifié-Seite atomar, unteilbar sind. Als einen Teil der signifié-Ebene hatten wir die semantische Komponente ausgegrenzt. Die Semantik beschäftigt sich mit diesem signifié-Teil, und wir sehen nun, dass auch er von der Theorie wiederum als nicht-atomar konzipiert wird.

Am fruchtbarsten für den weiteren Fortgang der Theorieentwicklung ist die oben als einfache Bedeutungsähnlichkeit angesprochene semantische Relation, gegeben z.B. in *Bach, Teich, Fluss, ...* Man kann nun methodisch so vorgehen, dass man die Ausdrücke solcher Ausdrucksreihen einzeln oder gruppenweise nimmt, gegeneinander stellt und sich fragt, worin der Bedeutungsunterschied besteht. Tabellarisch sieht das dann so wie in Schema 4-1 aus.

Opposition zwischen Wortbedeutungen	Sem/semantisch distinktives Merkmal
{"Bach", "Fluss",...} <-> {"Teich", "See", ...}	[± FLIESSEND]
{"Bach", "Teich", ...} <-> {"Fluss", "See", ...}	[± GROSS]
{"Fluss", ...} <-> {"Kanal", ...}	[± NATÜRLICH]

[Schema 4-1]

Durch solche Entgegenstellungen gewinnen wir das, was man in der Theorie *Seme* oder *semantisch distinktive Merkmale* (engl. *markers* oder *features*) nennt, z.B. [± GROSS], [± FLIESSEND], [± NATÜRLICH]. Wir führen innerhalb eines Verbandes semantisch ähnlicher Ausdrücke die Entgegensetzungen so lange fort, bis wir sämtliche distinktiven Merkmale (Seme) eruiert haben, d.h. sämtliche Merkmale, mit deren Hilfe sich die Elemente des Verbandes gegeneinander abgrenzen lassen. Das Resultat kann man allgemein so charakterisieren:
– Der Verband an semantisch ähnlichen Ausdrücken erscheint als durch diese distinktiven Merkmale strukturierter Verband.
– Die Bedeutung eines Einzelausdrucks bietet sich uns im Resultat dar als Summe semantisch distinktiver Merkmale mit jeweiligem Vorzeichen. *Bach* hat demnach als Bedeutung etwas wie [+GEWÄSSER; -GROSS; +FLIESSEND; +NATÜRLICH; ...]. Ein solches Bündel spezifizierter Seme nennt man in bestimmten Theorien ein *Semem*. Ein Semem ist die Bedeutung eines Wortes, verstanden als Bündel von Semen, von semantisch distinktiven Merkmalen.

Zur Illustration betrachten wir die Matrix in Schema 4-2 (nach Bierwisch 1969: 253), die das Resultat einer Sem-Analyse der deutschen Verwandtschaftsbezeichnungen ist. In der oberen Horizontale finden sich die Lexeme selber, in der linken Vertikale die Seme, die diesen Lexemverband inhaltlich strukturieren. Die Bedeutung der Lexeme (ihr Semem) ist die je eigenartige Bündelung der mit "+" und "-" spezifizierten Seme in der Vertikale (ein "0" bedeutet: Irrelevanz des Sems).

Merkmale \ Lexeme	Verwandter	Eltern	Vater	Mutter	Geschwister	Bruder	Schwester	Kind	Sohn	Tochter	Onkel	Tante	Cousin	Cousine	Neffe	Nichte
[Lebewesen]	+	+	+	+	+	+	+	+	+	+	+	+	+	+	+	+
[Mensch]	+	+	+	+	+	+	+	+	+	+	+	+	+	+	+	+
[verwandt]	+	+	+	+	+	+	+	+	+	+	+	+	+	+	+	+
[direkt verwandt]	(-)	+	+	+	+	+	+	+	+	+	-	-	-	-	-	-
[gleiche Generation]	0	-	-	-	+	+	+	-	-	-	-	-	+	+	-	-
[älter]	0	+	+	+	0	0	0	-	-	-	+	+	0	0	-	-
[männlich]	0	0	+	-	0	+	-	0	+	-	+	-	+	-	+	-
[weiblich]	0	0	-	+	0	-	+	0	-	+	-	+	-	+	-	+
[Plural]	0	+	0	0	+	0	0	0	0	0	0	0	0	0	0	0

[Schema 4-2]

Die Komponentialsemantik ist vom Prinzip her rückführbar auf *Theorien vom Begriff*, wie sie die Logik seit dem antiken Griechenland tradiert hat. Man spricht deshalb manchmal von der *Aristotelischen Semantik*. Wir kommen darauf im Abschnitt 4.7 zurück. Neu gegenüber dieser sehr alten Vorstellung von der Konstitution von Begriffen ist lediglich eine gewisse strukturalistische Strenge des methodischen Vorgehens. Was ist an einer solchen semantischen Theorie *strukturalistisch*? Entsprechend der Vagheit dieses Begriffs sind mehrere Antworten möglich. Wir nennen einige:

• Strukturalistisch ist das Resultat solchen wissenschaftlichen Tuns insofern, als sich zum einen eine Gruppe von Ausdrücken darbietet als ein semantischer Verband, der in bestimmter Weise *strukturiert*, d.h. geordnet ist: die Elemente des Verbandes stehen in wohldefinierten Beziehungen zueinander. Zum andern ist auch das einzelne Element seinerseits – nach dem Saussureschen Postulat – eine Summe dessen, was es von andern unterscheidet. Es ist in sich selbst aufgrund der diversen Relationen zu andern Elementen *strukturiert*. Die interne Strukturiertheit der Bedeutung eines einzelnen Ausdrucks spiegelt die semantische Strukturiertheit des ganzen Ausdrucksverbandes wider.

• Strukturalistisch ist das Vorgehen, bei dem man bemüht ist, eine innere Ordnung eines sprachlichen Teilbereichs quasi von innen her aufzudecken.

• Strukturalistisch ist die grössere methodische Strenge, verglichen mit früheren Verfahren sprachwissenschaftlich-semantischer Theoriebildung.

• Strukturalistisch ist diese Art von Semantik schliesslich insofern, als sie eine Übertragung strukturalistischer Methoden der Phonologie und Morphologie auf die Bedeutungsseite sprachlicher Ausdrücke ist. Das soll in einem kurzen Exkurs gezeigt werden (für Genaueres verweisen wir auf das Kap. 11):

In strukturalistischer Sicht bestehen die syntaktischen Wörter (zu diesem Begriff vgl. 2.3.1) einer Sprache aus einer oder mehreren minimalen bedeutungstragenden Einheiten: den *Morphemen*, z.B.:

FRAU PLURAL
Frau   -en

Die Morpheme sind insofern minimal oder atomar, als ihre weitere Teilung (Segmentierung) zum Verlust der Bedeutung führt: *fr* oder *fra* oder *u* bedeuten im Deutschen nichts.

Rein ausdrucksseitig sind die Morpheme jedoch weiter teilbar, also nicht-atomar. Die strukturalistische Phonologie (vgl. z.B. TERNES 1987) segmentiert die Morpheme, um das Inventar der *Phoneme* zu bekommen, der "minimalen bedeutungsunterscheidenden Einheiten", der morphem-konstituierenden Grundeinheiten einer Sprache. Methodisch verfährt sie dabei mit sogenannten *Minimalpaaranalysen*: sie stellt Morpheme gegeneinander, die sich möglichst nur in *einem* Phonem unterscheiden (vgl. Kap. 11.3.3). Dabei erweist sich das Phonem gerade als bedeutungsunterscheidende Einheit (Schema 4-3).

frau <-> grau	/f/ <-> /g/
frau <-> flau	/r/ <-> /l/
frau <-> frei	/au/ <-> /ei/

[Schema 4-3]

Am Ende einer solchen Phonemanalyse erscheint das Morphem als lineare Kette von Phonem-Segmenten. Nun ist die Phonologie (vor allem in der älteren Generativen Grammatik) selbst beim Phonem als kleinster Einheit nicht stehengeblieben und hat versucht, dieses seinerseits weiter aufzulösen, zu analysieren in noch kleinere Elemente, die das Phonem konstituieren. Das Vorgehen bestand wiederum in Minimalpaaranalysen, dieses Mal in der Entgegenstellung von Phonemen. Das sieht dann so wie in Schema 4-4 aus.

/p/ <-> /f/	[± dauernd]
/p/ <-> /b/	[± stimmhaft]
/p/ <-> /t/	[± labial]
/p/ <->	....

[Schema 4-4]

Im Resultat erscheint dann das Phonem als Bündel von *phonologisch distinktiven Merkmalen*: /p/ = {-dauernd; -stimmhaft; + labial; ...}. Mit dieser Art Phonologie haben wir die genaue Parallele zur Sem-Analyse der strukturellen Semantik und wissenschaftshistorisch deren geistige Mutter. Man vgl. Schema 4-5.

"Frau" <-> "Mann"	[± WEIBLICH]
"Frau"<->"Mädchen"	[± ERWACHSEN]
"Frau"<->"Weibchen"	[± MENSCHLICH]
"Frau" <->	....

[Schema 4-5]

Das Resultat wäre hier ein Bündel von Semen, von semantisch distinktiven Merkmalen (ein Semem): "Frau" = {+WEIB-LICH; +ERWACHSEN; +MENSCHLICH; ...}. Im Rahmen der Merkmals-Phonologie (v.a. der älteren Generativen Grammatik) stellt man sich vor, dass es ein sehr kleines Set von phonologisch-distinktiven Merkmalen gibt (ca. 12 binäre Merkmale), die sämtliche Phoneme sämtlicher natürlicher Sprachen konstituieren, aus denen also letztlich jeder natürlichsprachliche Ausdruck aufgebaut ist (eine analoge massive Reduktion der Wirklichkeit auf ganz wenige Typen finden wir in der Atomphysik: Reduktion des Universums auf die Elemente, diese auf einige wenige Elementarteilchen). Ähnliche Vorstellungen hat man sich auch in der strukturellen Semantik gemacht: Sämtliche Wortbedeutungen sämtlicher Sprachen der Welt sollen aufgebaut sein aus einem *endlichen* Inventar atomarer semantisch distinktiver Merkmale oder Seme, die *universal* und möglicherweise gar dem Menschen angeboren sind, die er – im letzteren Falle – also nicht einmal lernen müsste, von denen er lediglich die Kombinationen zu Sememen lernen müsste. Im Unterschied zu den phonologisch distinktiven Merkmalen muss man aber bei den Semen zum vornherein die Hoffnung auf eine kleine Zahl begraben, ganz abgesehen von einigen weiteren schwerwiegenden Problemen dieser Theorie, die wir im folgenden kurz ansprechen werden.

4.6   Was leistet die Komponentialsemantik (Merkmalssemantik)?

4.6.1   Beschreibung von Einzelbedeutungen und von Bedeutungsrelationen

Man hat semantische Komponentialanalysen zumeist in bestimmten Lexikonbereichen durchgeführt. Fast immer betrachtete man *Inhaltswörter* (sogenannte *Autosemantika*), also Substantive, Adjektive, Verben mit einem eindeutigen lexikalischen

Morphem; nur sehr selten unterzog man *Funktionswörter* (sogenannte *Synseman-tika*), also Präpositionen, Konjunktionen, Artikel mit grammatischen Morphemen einer Merkmalsanalyse.

Auch von den Inhaltswörtern nahm man nur bestimmte Bereiche besonders gern in den Blick. Wie Schema 4-2 zeigt, sind beispielsweise die Verwandtschaftsbezeichnungen für eine Komponentenanalyse speziell geeignet. Man versuche hingegen einmal eine ähnlich exakte Analyse eines so alltäglichen Bereichs wie "Gefäss": *Krug, Tasse, Schale, Becher, Vase, Eimer, ...* Man wird sehr rasch feststellen, dass die Bedeutungen hier nicht sehr distinkt sind (vgl. 4.7). Noch problematischer wird die Sem-Analyse in Abstrakta-Bereichen, etwa im Bereich der Gefühlswörter: *Trauer, Melancholie, Weltschmerz, Verliebtheit, Sehnsucht, ...*. Sehr distinkt scheinen uns hingegen die Bedeutungen von Ausdrücken etwa im Bereich "Obst" oder "Gemüse". Hier stellt sich dafür das Problem, dass man das "Apflige" am *Apfel* letztlich nur mit einem Merkmal wie [+APFLIG] einfangen kann, genau so wie man bei der Bedeutung von *Mann* kaum um [+MÄNNLICH] bzw. [–WEIBLICH] herumkommt, was eine Grenze der Theorie aufzeigt: Sie gerät an einem gewissen Punkt zur blossen Wiederholung der Objektsprache. Es nützt nichts, dass man behauptet, MÄNNLICH sei Metasprache; solange dieses Merkmal nicht weiter definiert ist, ist man auf die natürliche Sprache und damit auf die Objektsprache angewiesen: Das Explikans fällt mit dem Explikandum zusammen.

Die Komponentialsemantik ist also nur für bestimmte Wortschatzbereiche bis zu einem gewissen Grad geeignet, die oben gestellten Aufgaben der Beschreibung von Einzelbedeutungen sowie der Beschreibung von Bedeutungsrelationen zu lösen. Was diese Theorie dann hinsichtlich der Explikation einer Wortbedeutung leistet, haben wir oben gesehen: Eine Wortbedeutung ist ein Bündel von Semen. Was sie zu einer genaueren Fassung der in Abschnitt 4.4 aufgeführten semantischen Relationen beitragen kann, wollen wir in der nachstehenden Aufstellung anschauen:

• Synonymie (*anfangen – beginnen*): Komponentialsemantisch muss Synonymie als Gleichheit der semantischen Merkmale expliziert werden (vgl. 4.6.3 zum Synonymieproblem).
• Absolute Bedeutungsverschiedenheit (*Nähmaschine – Infinitesimalrechnung*): Komponentialsemantisch liegt hier eine absolute Ungleichheit der Seme vor.
• Bedeutungsähnlichkeit (*Bach – Teich – Fluss – ...*): Wir haben gesagt, dass dies der für die Komponentialsemantik interessanteste Fall semantischer Relation ist. Die Wortbedeutungen solcher Wortgruppen haben mindestens ein Merkmal gemeinsam. Man hat das auch schon *Archisem* genannt. Es stiftet den Zusammenhang der Gruppe. Daneben haben die Bedeutungen mehr oder weniger zusätzliche Seme gemeinsam bzw. unterscheiden sich in mehr oder weniger zusätzlichen Semen (vgl. auch 4.6.4 zur Wortfeldtheorie).
• Heteronymie/Inkompatibilität: (*blau – grün – gelb – ...*): Bei solchen Reihen hilft die Komponentialsemantik kaum weiter, da wir es mit einer Art Positionen auf einer einzelnen Dimension zu tun haben (anders also als bei obigem Fall der Bedeutungsähnlichkeit innerhalb einer Gruppe, wo die Merkmale gerade eine Mehrzahl relevanter Dimensionen benennen). Mit Merkmalen kann man hier nur wiederholen, nicht explizieren.
• Komplementarität (*tot – lebendig*): Bei der Komponentenanalyse ist man auf binäre Merkmale aus, d.h. Merkmale, die mit den Vorzeichen "+" und "-" gerade Komplementarität bilden. Bei komplementären Wortbedeutungen haben wir es somit tendentiell mit dem zu tun, was die Merkmale selber beinhalten. Auch hier explizieren die Merkmale nichts, sie wiederholen nur.
• Antonymie (*heiss – kalt*): Da wir es hier mit Extrempunkten auf Skalen zu tun haben, helfen vielleicht Merkmale wie [± maximal] und [± minimal]. Die Frage ist aber darüber hinaus, wie man die Qualität der Skala selber ("Wärme", "Grösse", "Breite" etc.) komponential expliziert.
• Konversion 1: Bei einem Beispiel wie *herauf – hinauf* treffen Merkmale wie [BEWEGUNG AUF DEN SPRECHER ZU] vs. [BEWEGUNG VOM SPRECHER WEG] oder [STAND-

PUNKT-NEUTRAL] durchaus den Kern der Sache. Bei verbalen Beispielen wie *kaufen – verkaufen*, aber auch andern, helfen ebenfalls solche Merkmale der Perspektivierung, wobei der springende Punkt der Unterscheidung jedoch eher der einer unterschiedlichen Anbindung von 'Mitspielern' an eine Relation ist: *der x verkauft dem y das z <-> der y kauft vom x das z* oder *x ist Mutter von y <-> y ist Kind von x* (vgl. hierzu auch 3.2.3.c zur sogenannten Θ-*Theorie* der GG).

• Konversion 2 (*hinauf – hinunter*): Hier ist die Komponentialsemantik ähnlich hilflos wie bei der Komplementarität, trifft doch der Unterschied in etwa genau das von einem Sem Ausdrückbare: die Theorie erklärt darum nichts, sie wiederholt nur das Objekt.

• Relation von Oberbegriff/Unterbegriff (Hyperonymie/Hyponymie; Implikation 1): Diesen sehr klassischen Fall einer semantischen Relation – z.B. zwischen *Linguistin* und *Wissenschaftlerin* – kann man komponentialsemantisch sehr schön explizieren: Der Unterbegriff enthält sämtliche Seme des Oberbegriffs, jedoch noch eines oder einige dazu; er ist in diesem Sinne (inhalts-)semantisch reicher. Man kann auch sagen: er ist (referenz-)semantisch enger insofern, als er auf weniger Dinge zutrifft als der Oberbegriff: Es gibt weniger Linguistinnen als Wissenschaftlerinnen. In der Definitionslehre der klassischen Logik kommt dieses quantitative Verhältnis von Hyponym und Hyperonym dadurch zum Ausdruck, dass man einen Unterbegriff mittels des Oberbegriffs (= *genus proximum*) plus einer sog. spezifischen Differenz (= *differentia specifica*) definiert, also z.B."eine Linguistin ist eine Wissenschaftlerin (genus proximum), die die Sprache erforscht (differentia specifica)". Darum haben wir oben behaupten können, dass sich die Komponentialsemantik in den Grundzügen bis auf ARISTOTELES' Begriffslehre zurückführen lässt.

• Implikation 2 (*töten – sterben*): Für diesen Implikationsfall im Verbbereich ist das Verfahren der Dekomposition der Semantik in Primitivprädikate einschlägig, das die sog. Generative Semantik in Weiterführung der Komponentialsemantik entwickelt hat. Das Implikationsverhältnis wird in der Theorie so sichtbar, dass *töten* neben andern auch die Primitivprädikate von *sterben* enthält. Die Darstellungen in Schema 4-6 mögen das zeigen. Versprachlicht bedeutet das für *sterben* so viel wie: "Es tritt ein, dass x nicht lebt", für *töten* "y bewirkt, dass eintritt, dass x nicht lebt". Verben wie *zerbrechen, kochen, hängen* etc. sind im Deutschen in gewissem Sinne zweideutig, nämlich entweder intransitiv (*die Scheibe zerbricht*) oder kausativ-transitiv (*ich zerbreche die Scheibe*). Dieser Unterschied lässt sich in der oben dargestellten Weise explizieren: Die Intransitiva haben kein Primitivprädikat CAUS.

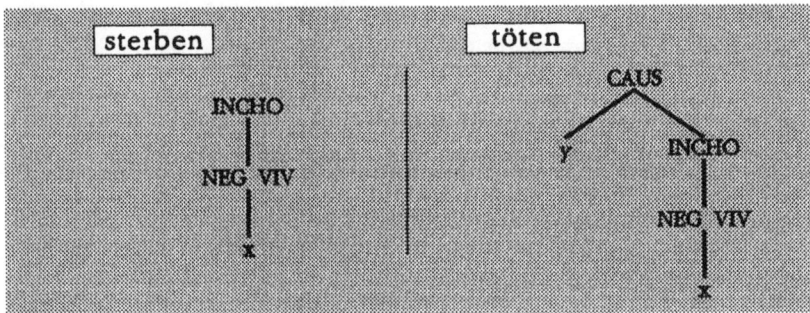

[Schema 4-6]

So weit das, was die Komponentialsemantik zur genaueren Fassung der paradigmatischen Bedeutungsrelationen zwischen Wortbedeutungen beitragen kann. Mit der Theorie der Komponentialsemantik kann man auch Phänomene sogenannter *semantischer Anomalien* von Syntagmen explizieren. So formuliert *verheirateter Junggeselle* einen Widerspruch, der sich in der Theorie so darstellt, dass die Bedeutung von *Junggeselle* das Merkmal [–VERHEIRATET] enthält, im Syntagma durch die Adjektiv-Attribuierung aber gerade das Merkmal [+VERHEIRATET] zugesprochen bekommt. *Grüne Ideen schlafen* ist semantisch abweichend insofern, als die Bedeutung von *grün* das Merkmal [+KONKRET] hat, diejenige von *Ideen* hingegen [–KONKRET]; zudem gehört zur Bedeutung von *Idee* ein Merkmal wie

[–BELEBT], *schlafen* verlangt aber eine Ergänzung mit [+BELEBT]. (Vgl. zu diesen Beispielen auch die Ausführungen in 3.1.6, wo es um das Verhältnis der Generativen Grammatik zur Semantik geht.)

4.6.2 Beschreibung von Bedeutungswandel und Bedeutungserwerb

Die Komponentialsemantik hat einen gewissen Wert für die Beschreibung des Bedeutungswandels in der Sprachgeschichte (Phylogenese von Wortbedeutungen) und des Bedeutungserwerbs in der individuellen Sprachbiographie eines Menschen (Ontogenese von Wortbedeutungen).

– Sprachhistorischer Bedeutungswandel lässt sich zum Teil als Hinzugewinnung, Verlust oder Auswechslung von Semen beschreiben.

So war *Gewehr* einst Wort für Waffen überhaupt, war also ursprünglich semantisch ärmer, hatte weniger Seme und traf entsprechend auf mehr Dinge zu. Es hat dann Seme dazugewonnen. Das Umgekehrte widerfuhr der Bedeutung von *Frau*, womit man urprünglich nur sozial hochgestellte Frauen bezeichnen konnte. Bei der Verallgemeinerung dieser Bezeichnung ging *Frau* ein Sem verloren.

– Phänomene des Bedeutungserwerbs lassen sich mit dem Konzept der semantischen Merkmale in analoger Weise ein Stück weit einfangen.

Gut beschrieben sind die Fälle von *Übergeneralisierung* und *Untergeneralisierung* von Wortbedeutungen beim Kleinkind. Im ersteren Fall bedeutet *Hund* bzw. *Wauwau* für das Kind vielleicht auch Katzen und Meerschweinchen, hat also noch zu wenig Seme, im letzteren Fall bedeutet *Hund* bzw. *Wauwau* hingegen nur "braune Hunde". Oder es bedeutet gar "braunes Tier mittlerer Grösse" und hat demnach bestimmte Seme zuviel und andere zu wenig.

4.6.3 Erfassung von Nuancen: Zu den Begriffen *Synonymie* sowie *Denotation* und *Konnotation*

Es gilt weitherum als eine Grundeigenschaft natürlicher Sprachen, dass sie einen und denselben Sachverhalt sprachlich verschiedenartig in Sätze kleiden können; wenn man mit Sprache vielleicht auch nicht alles sagen kann, so kann man doch das, was man sagen kann, sehr oft auf unterschiedliche Weise sagen. Mit andern Worten: Synonymie zwischen Sätzen, *syntaktische Synonymie*, gibt es zuhauf. Man spricht auch davon, dass ein Satz eine *Paraphrase* eines andern Satzes ist. Zudem können Syntagmen Paraphrasen von Wörtern sein, z.B wenn man die semantischen Merkmale eines Wortes in einem Satz auseinanderlegt: "Ein *Onkel* ist ein älterer männlicher indirekter Verwandter ersten Grades" (vgl. das Schema 4-2).

Wenn wir unsere obige Behauptung des Paraphrasenverhältnisses zwischen Sätzen mit Beispielen wie *Brutus hat Cäsar ermordet/Cäsar wurde von Brutus ermordet* illustrieren, so mag das bezweifelt werden: Drückt sich in diesen zwei Sätzen nicht eine ganz andere Perspektivierung des gleichen Sachverhalts aus? Hat eine solche Perspektivierung mit Bedeutung nichts zu tun? Wenn doch, wie kann man dann von Synonymie reden? Diese Einwände sind sehr berechtigt. Wer Synonymie behauptet, tut dies immer innerhalb einer bestimmten semantischen Theorie, die gewisse Dinge in ihr Bedeutungskonzept aufnimmt und andere ausscheidet (vgl. 4.10).

Wie steht es um die *Synonymie zwischen Wortbedeutungen*? Wir wissen, wie sie im Rahmen der Komponentialsemantik theoretisch darzustellen wäre: als *Sem-Identität*. Es gibt überdies ein klassisches Testverfahren für Wort-Synonymie, ein sogenanntes *operationales Kriterium*: "Zwei Wörter sind synonym dann, wenn ich das eine in jedem Fall für das andere einsetzen kann (*Substitution*), ohne dass sich die Bedeutung des Gesamtausdrucks verändert." Das ist natürlich insofern ein fragwürdiges Definitionskriterium, als es meiner Intuition überlassen bleibt zu entscheiden, ob sich die Gesamtbedeutung verändert hat oder nicht. Gibt es Wortsynonymie gemäss dieser Definition? Wenn wir unser Lexikon in unserem Kopf abrufen, so finden wir sehr wenige unzweifelhafte Synonymie-Kandidaten und eine ganze Reihe von Lexempaaren, deren Synonymie unter einem bestimmten Aspekt fragwürdig ist. In der Matrix in Schema 4-7 markieren wir mit einem "+", wenn uns ein Kandidat für ein Synonymen-Paar in einer bestimmten Hinsicht unecht scheint (mit einem "?" markieren wir unsere Zweifel, die wohl z.T. auch unseren süddeutsch-schweizerischen Standpunkt verraten).

	regional	fachspr./ gemein-sprachl.	sozio-lektal	Stil Textsorte	'sprachl. Sehweise'	Kolloka-tion
1) *anfangen/be-ginnen*	–	–	–	–	–	–
2) *verstehen/be-greifen*	–	– (?)	– (?)	– (?)	– (?)	–
3) *Möhre/Rübe*	+	– (?)	–	–	–	–
4) *Metzger/Flei-scher/Schlächter/ Fleischhauer*	+	–	– (?)	–	–	–
5) *erhalten/bekom-men/kriegen*	+ (?)	–	– (?)	+ (?)	–	+
6) *Synonymie/Be-deutungsgleich-heit*	–	+	– (?)	– (?)	–	–
7) *Fähe/Füchsin*	– (?)	+	– (?)	– (?)	–	–
8) *Frau/Gattin/ Gemahlin*	– (?)	– (?)	+	+	+ (?)	– (?)
9) *Bulle/Polizist*	– (?)	–	+	+	+	–
10) *Schüssel/ Schale*	– (?)	– (?)	– (?)	+ (?)	–	–
11) *Kopf/Haupt*	– (?)	– (?)	+ (?)	+ (?)	+ (?)	+
12) *Atomkraftwerk/ Kernkraftwerk*	–	+ (?)	– (?)	– (?)	+ (?)	–
13) *sterben/ent-schlafen/krepieren*	–	– (?)	+ (?)	+	+	– (?)
14) *Baby/Säugling*	– (?)	+	+ (?)	+	+	+
15) *blond/hellgelb*	–	–	–	–	–	+

[Schema 4-7]

Kommentar zum Schema 4-7:
– Unbezweifelbare Synonymie scheint bei (1) vorzuliegen; ursprünglich Regionalismen (*beginnen* ist die norddeutsche Variante, *anfangen* die süddeutsche), sind diese beiden Verben heute – was die Standardsprache anbelangt – im ganzen deutschen Sprachraum verbreitet, ohne dass zwischen ihnen eine Bedeutungsdifferenz festzustellen wäre. Damit haben wir eine mögliche Quelle von Wortsynonymie angesprochen: Dialekte mischen sich in einer überregionalen Standardsprache. Allerdings ist der Normalfall eher der, dass eine Variante obsiegt.
– Demgegenüber liegt bei (3) und (4) nur scheinbar eine Synonymie vor: Diese Wörter sind noch immer *regional* gebunden, gelten nicht im ganzen deutschen Sprachraum und gehören streng-genommen verschiedenen Subsystemen oder *Varietäten* an (vgl. 8.2).
– Von einer Zugehörigkeit zu verschiedenen Systemen könnte man auch bei Paaren aus *Fach- und Gemeinsprache* wie bei (6) und (7) sprechen. Abgesehen davon ist die Synonymie in diesen

Fällen auch insofern oft zweifelhaft, als der Fachterminus in der Regel klar definiert, das Alltagswort hingegen tendentiell vage ist (vgl. *Laut* vs. *Phonem*).

– Man spricht auch bei sozial geprägtem, *gruppen- oder schichtspezifischem Sprachgebrauch* von Varietäten oder Subsystemen einer Sprache, so dass Lexempaare, die sich hier unterschiedlich verteilen, wie z.B. in (8) und (9), strenggenommen wieder keine Synonymie darstellen.

– Sozial geprägte Spracheigenheiten (und indirekt auch regionale) sind – von Sprechern zumindest, die über verschiedene Sprachregister verfügen – gezielt einsetzbar zur Markierung von *Stilunterschieden*. Bei der Realisierung bestimmter *Textsorten* (vgl. 6.5) ist eine reflektierte Wahl der Sprache und damit gewisser scheinbar synonymer Wörter geradezu Pflicht; das betrifft Beispiele wie die eben genannten oder etwa (11), das sich überdies in Zusammensetzungen wie *Hauptbahnhof/Kopfbahnhof* als nicht synonym erweist (*Haupt* hat die Nebenbedeutung von "wichtig").

– Der Verwendungszusammenhang kann z.B. auch darüber entscheiden, ob ich – vgl. (14) – von einem *Baby* (?*Sie hat einen Säugling bekommen*) oder von einem *Säugling* spreche (?*Wo ist hier die Baby-Abteilung?* – das geht im Kaufhaus, nicht aber im Krankenhaus). Dieses Beispiel zeigt eine andere Quelle möglicher Synonymie: die *Wortentlehnung*; auch sie hat in der Regel Verdrängung der einen Variante und nur selten einfach Koexistenz verschiedener Varianten zur Folge.

– Mit auf den ersten Blick synonymen Wörtern hat man fast immer auch die Möglichkeit, ein und denselben Sachverhalt *sprachlich verschieden zu fassen*: der Fall von (12). Die unterschiedliche Benennung kann unterschiedliche Sehweisen und damit Einstellungen verraten, die Sprache kann verhüllend (*euphemistisch*) sein etc.

– Nur noch auf einem sehr allgemeinen Niveau synonym zu nennen sind z.B. die Wörter in (13). Kann damit dasselbe gemeint sein?

– Schliesslich gibt es Fälle zwar mehr oder weniger gleicher Bedeutung, jedoch *verschiedener syntagmatischer Verwendbarkeit* (*Kollokation*), ohne dass für letztere irgendwelche semantischen Begründungen beizubringen wären: *einen Brief erhalten/bekommen/kriegen – ein Kind *erhalten/bekommen/kriegen; hellgelbes Kornfeld/*Haar – blondes *Kornfeld/Haar* (Bsp. 5 und 15).

– Und fast schon eine philosophische Frage ist (vgl. 2): Kann man *den zweiten Satz der Thermodynamik verstehen/begreifen*? Kann man *das Mysterium der Dreifaltigkeit verstehen* oder vielmehr nur *begreifen*?

Man sieht, dass eine Theorie wie die der semantischen Komponenten (Synonymie = Sem-Identität) oder eine operationale Definition (Synonymie = gegenseitige Substituierbarkeit) uns wenig weiterhelfen bei der Entscheidung: Synonymie oder nicht? Für einige der angesprochenen Zweifelsfälle (soziolektale, stilistische Varianten oder Varianten punkto sprachliche Sehweise) bietet die linguistische Semantik die begriffliche Differenzierung von *Denotation* und *Konnotation* an: Mit Denotation ist der Kern einer Wortbedeutung gemeint, mit Konnotation eine – sozial, individuell oder sonstwie gebundene – Überlagerung dieses denotativen Kerns mit zusätzlichen Bedeutungsaspekten, mit Gefühlswerten und anderem. Dieses Begriffspaar ist selber wieder sehr vage, aber es eröffnet immerhin eine Skala, auf der man Bedeutungskomponenten von Wörtern ansiedeln könnte: Es gäbe demnach eher denotative und eher konnotative Seme und entsprechend eine eher bloss denotative und eine tendentiell auch konnotative Synonymie.

Zudem schärft das Begriffspaar ganz allgemein unser Bewusstsein dafür, dass Wörter neben einem begrifflichen Bedeutungskern häufig auch eine – für den Sprachgebrauch oft entscheidend wichtige – konnotative Seite haben. Diese kann sozial verbindlich sein wie bei *bürgerlich*, das je nach politischem Standort eher positiv oder eher negativ konnotiert wird, sie kann aber auch eher individuell sein: *Hör mir auf mit Partnerschaft, ich kann das Wort schon nicht mehr hören!* (Vgl. auch die Abgrenzung von Semantik und Pragmatik in 4.10.)

Als ein gewisses *Fazit* der Beantwortung unserer Eingangsfrage "Gibt es Wortsynonymie?" müssen wir feststellen, dass es sie in reiner Form nur sehr selten gibt (vgl. etwa Bsp. 1). Man kann zur Erklärung dieses Faktums zwei sehr wichtige allgemeine Prinzipien der Entwicklung natürlicher Sprachen bemühen, die man vor allem in der strukturalistischen Sprachwissenschaft immer wieder anführt (vgl. hierzu auch das Kapitel 10 zur Historiolinguistik).

a) Das sog. *Ökonomieprinzip* besagt, dass Sprachen dazu tendieren, ihren kommunikativen Zweck mit möglichst einfachen, spärlichen Mitteln zu erfüllen. Wenn in einem mentalen Lexikon zwei völlig gleichbedeutende Zeichen gespeichert sind, ist das ein unnötiger Luxus, eine unnötige Belastung. Nach dem Ökonomieprinzip wird einer der Ausdrücke ausgeschieden. Zur Wirksamkeit dieses Prinzips passt das Phänomen des sogenannten *Synonymieverbots*. Damit ist das Faktum gemeint, dass dort, wo zum Ausdruck einer bestimmten Bedeutung ein Lexem in einer Sprache festgeworden ist, meistens sämtliche möglichen Neubildungen, die auf dasselbe semantische Resultat führten, blockiert sind. Ein Beispiel: Regulär ist die Bildung *schön –> Schönheit* (früher: *Schöne*); sie ist aber blockiert im Fall von *gut –> *Gutheit*, weil es *Güte* gibt.

b) Das Prinzip der *grösstmöglichen Differenziertheit* ist ein notwendiges Korrektiv zum Prinzip der Ökonomie und besagt, dass eine Sprache zur Erfüllung ihres kommunikativen Zwecks eine maximale Fähigkeit der Realisierung verschiedener Bedeutungen anstrebt. Wo sich deshalb zwei Ausdrücke für dieselbe Bedeutung anbieten, wird dieser Luxus nach dem Differenziertheitsprinzip gewöhnlich zur Differenzierung verwendet, d.h. die Ausdrücke werden mit unterschiedlichen Bedeutungen oder Bedeutungsnuancen aufgeladen und damit verschieden verwendet. Das ist insbesondere in Fachsprachen zu beobachten, die gerne Alltagswörter mit vager Synonymie aufgreifen und für eine Differenzierung unterschiedlich verwenden. So unterscheidet die Zoologie und Botanik im Gegensatz zur Alltagssprache strikt zwischen *Gattung* und *Art*. In ähnlicher Weise gibt es beispielsweise Versuche der Textlinguistik (vgl. 6.5), zwischen *Textgattungen, Textarten, Textsorten, Textmustern* etc. zu unterscheiden.

4.6.4 Beschreibung von Wortfeldern (Wortfeldtheorie). Bemerkungen zu den Stichworten *Sprachliches Relativitätsprinzip* und *Sprache und Denken*

Wir haben gesehen, dass für die Komponentialsemantik bestimmte Gruppen von Ausdrücken ähnlicher Bedeutung wie z.B. *Bach – Fluss – See – Teich – ...* besonders geeignete Beschreibungsobjekte darstellen. Solche Ausdrucksgruppen nennt man in der linguistischen Semantik *Wortfelder* (*semantic fields*) in Anlehnung an semantische Untersuchungen vor allem innerhalb der Germanistik seit den 30er Jahren in der Nachfolge von Jost TRIER. Trier hat 1931 eine Arbeit vorgelegt, in der er den deutschen Wortschatz zum "Sinnbezirk des Verstandes" um 1200 mit demjenigen um 1300 verglich. Der "Sinnbezirk des Verstandes" ist ein aussersprachlicher Sachverhaltsbereich, der diejenigen Wörter einer Sprache zu einem Verband gruppiert, die irgend etwas aus diesem Sachverhaltsbereich bezeichnen. Einen solchen Verband nannte Trier ein *Wortfeld*. Wie der "Sinnbezirk des Verstandes" in der deutschen Sprache um 1200 und um 1300 in sehr unterschiedlicher Art als Wortfeld aufgeteilt war, zeigt – stark vereinfacht – Schema 4-8.

Triers Grundidee und sein Vorgehen waren in gewisser Weise strukturalistisch, bevor es in der germanistischen Sprachwissenschaft einen Strukturalismus gab; die Komponentialsemantik darf in entscheidenden Punkten als Fortführung und Verfeinerung der Wortfeldtheorie angesehen werden. Was ist an der Wortfeldtheorie *strukturalistisch*? Sicher einmal Triers Grundsatz, die Bedeutung eines Ausdrucks nicht isoliert, sondern aus dem Verband mit andern Ausdrücken heraus zu erfassen zu suchen. Solche Verbände betrachtet Trier zum vornherein als geordnet, strukturiert. Er geht dem Umstand, dass *wisheit* und *kunst* erhalten geblieben sind, *list* verschwunden und *wizzen* neu dazugekommen ist, nicht damit auf den Leim, dass er daraus schlösse, *wisheit* und *kunst* bedeuteten nach wie vor das gleiche und *wizzen* bedeutete um 1300 so viel wie *list* um 1200. Und wo er beim Einzelausdruck Bedeutungsveränderung bemerkt, beschreibt er diese nicht isoliert, sondern vor dem Hintergrund einer Umstrukturierung des ganzen Wortfeldes, die in der Graphik augenfällig wird: War *wisheit* um 1200 Oberbegriff über die Ausdrücke für die Verstandeskräfte, hatte es sich um 1300 verengt zum Ausdruck für die höchste Verstandeskraft, neben *kunst* als mittlerer und *wizzen* als alltäglicher, gemeiner Verstandeskraft.

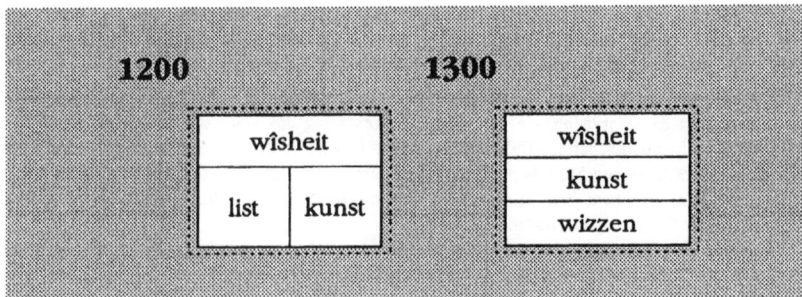

1200   **1300**

wîsheit		wîsheit
list	kunst	kunst
		wizzen

[Schema 4-8]

Von einer solchen Einsicht ist es nur noch ein Schritt zur Einführung der Methodik der Minimalpaaranalyse (vgl. oben), der systematischen Entgegenstellung von Wortbedeutungen zur Eruierung der sie unterscheidenden Merkmale. Tatsächlich sind aus dem Kreis der Wortfeldtheorie, z.B. von Leo WEISGERBER, semantische Untersuchungen bekannt, die man mit Fug als Komponentenanalysen bezeichnen darf. Eine solche liegt dann vor, wenn der Unterschied nicht rein graphisch als unterschiedliche Position in einer flächigen Aufteilung eines "Sinnbezirks" markiert wird, wenn also der Unterschied nicht mehr nur in der Metapher des Feldes versinnbildlicht wird, sondern wenn er 'auf den Begriff gebracht wird', sprich: auf ein semantisches Merkmal.

Zwei Bemerkungen seien hier noch angefügt:
a) Zum Begriff *Wortfeld*. Das Bild vom Wortfeld ist ungemein suggestiv, es hat aber seine klaren Schwächen. Wir nennen einige:
– Das Feld suggeriert Zweidimensionalität von Wortgruppen-Strukturen. Diese sind jedoch sehr oft mehrdimensional organisiert.
– Das Feld suggeriert klare Feldgrenzen. In der Praxis erweist sich das leider gerne als Trugschluss.
– Das Bild vom Wortfeld suggeriert, dass Ausdrucksbedeutungen hart aneinandergrenzen, sich jedoch nicht überlappen. Gerade mit dem Konzept der Komponentialsemantik wird man hier aber flexibler: Wortbedeutungen können sich durchaus partiell decken; nur der Fall der absoluten Synonymie ist selten.
– Das Bild suggeriert die Lückenlosigkeit einer Feldstruktur. Es gibt aber in Wahrheit oft Löcher in der lexikalischen Besetzung eines Sachverhaltsbereichs. So haben wir im Deutschen eine Reihe

von Verben zur Bezeichnung gewisser Lebensäusserungen oder Fähigkeiten des Menschen: *sehen, hören, riechen, schmecken, gehen, sprechen.* Gibt es ein Verb für den Tastsinn? (*tasten* ist es nicht, denn das bezeichnet nicht die Sinneswahrnehmung, sondern das Ausstrecken der Extremitäten, um die Tast-Sinneswahrnehmung zu bekommen; *ertasten? fühlen?*) Es gibt im Deutschen eine Reihe von Adjektiven, die den Mangel solcher Fähigkeit bezeichnen: *blind, taub, lahm, stumm.* Was aber sagen wir von einem Menschen, der nicht riechen, nicht schmecken kann?

b) Zum Begriff des *sprachlichen Weltbildes.* Ausgehend von der Wortfeldtheorie hat man oft angenommen, dass die "Sinnbezirke" selber, in die sich ein Wortschatzbereich einer Einzelsprache gleichsam 'einschreibt', kontinuierlich, unstrukturiert, amorph sind. Strukturierend wirke erst die Sprache selber. Hieran hängen bestimmte sprachtheoretische Grundüberzeugungen, mit denen die Wortfeldtheorie zumindest in der Germanistik untrennbar verknüpft war. Es ist die idealistische, manchmal *neo-humboldtianisch* genannte Sprachtheorie, deren prominentester Vertreter Leo WEISGERBER mit der sogenannten *Inhaltsbezogenen Grammatik* war. Diese Sprachtheorie zeichnet sich aus durch eine starke Identifizierung der Einzelsprachstruktur (Lexeminventar und grammatische Kategorien) mit der Struktur der Begriffswelt des Menschen, mit denen dieser denkt und denkend die äussere Welt wahrnimmt und geistig ordnet. Nach Weisgerber nehmen wir die Welt stets durch die strukturierende Brille einer Muttersprache wahr. Eine einzelsprachlich-lexikalische Strukturierung eines "Sinnbezirks" ist nach dieser Auffassung stets Ausdruck einer je spezifischen einzelsprachlichen Strukturierung der Welt, wie sie dem Menschen einzig erscheinen kann, aus der heraus und hinter die zurück er nicht kann, in der er gefangen bleibt.

Wortfelduntersuchungen sind vor diesem Hintergrund mehr als nur Studien zur Semantik von Wörtern einer Einzelsprache; sie werden zur Erforschung des *muttersprachlichen Weltbildes* ganzer Sprachgemeinschaften. Dabei drängen sich besonders Sprachvergleiche auf, historische zwischen verschiedenen Sprachepochen (vgl. Triers Untersuchung) oder Vergleiche zwischen verschiedenen Sprachen: Wie sehen die Deutschen die Natur mit ihrem *Wald, Holz, Gehölz, Forst,* wie die Franzosen mit ihrem *bois, forêt?*

Die starke Identifizierung von sprachlicher Bedeutungsstruktur und begrifflicher Struktur des Denkens und Erkennens teilt die Inhaltsbezogene Grammatik mit der sogenannten *SAPIR/WHORF-Schule* in den USA, der man die Formulierung des *Sprachlichen Relativitätsprinzips* zuschreibt (vgl. Gipper 1972), das ungefähr besagt, dass die Wirklichkeit, wie sie dem Menschen erscheint, immer relativ ist zur Muttersprache eines Menschen.

Daran, dass die Wörter unserer Muttersprache mit ihren Bedeutungen unser Denken und Erkennen ein Stück weit beeinflussen können, indem sie gewisse Begriffsvorgaben anbieten und damit unsere Wahrnehmung lenken und bestimmte Erkenntnisse stabilisieren, hat eigentlich nie jemand gezweifelt. In den letzten Jahren sind jedoch wichtige Forschungsergebnisse bekannt geworden, die die sehr viel stärkere These, dass das Denken und Erkennen nämlich vollständig einzelsprachdeterminiert sei, eindeutig widerlegen: Der Aufbau von Bedeutungsstrukturen in Einzelsprachen liegt keineswegs im Belieben einer Sprache (eines 'Sprachgeistes' o.ä.), sondern ist massgeblich dadurch bestimmt, dass die Wirklichkeit selber schon strukturiert ist und dass unsere Wahrnehmung der Wirklichkeit teilweise biologisch und teilweise sozial vorbestimmt ist (vgl. hierzu ZIMMER 1986: 119ff. sowie unser Abschnitt 9.1.2.b). Zudem ist unsere Fähigkeit, dort, wo uns 'die Worte fehlen', Bedeutungen syntaktisch, durch Umschreibungen zu realisieren, der tagtägliche Beweis für die semantische Hintergehbarkeit der Sprache. So konnten wir oben spielend die lexikalischen Löcher im Wortfeld der Sinnesbezeichnungen syntaktisch stopfen: *nicht schmecken können, nicht riechen können.*

Es ist interessant zu beobachten, wie die These von der Sprachdeterminiertheit des Denkens neuerdings unter *feministischen Linguistinnen* wieder Konjunktur hat, wenn es ihnen darum geht, eine Sprache wie das Deutsche beispielsweise auch im Lexikonbereich als patriarchalisch zu entlarven. Ein Beispiel wäre etwa die Bezeichnung der Frauen als *das andere Geschlecht,* was impliziert, dass die Männer der unmarkierte Normalfall, die Frauen der Sonderfall sind, oder die Bezeichnung *das schöne Geschlecht,* was eine typische Fremdbezeichnung (Männer über Frauen) und keine Selbstbezeichnung (Frauen über Frauen) und überdies eine typische Rollenfixierung darstellt. Das Stichwort vom "androzentrischen Weltbild der deutschen Sprache" klingt sicher nicht zufällig stark an Weisgerbersche Formulierungen an. Es gibt allerdings entscheidende Unterschiede: Die feministische Linguistik sucht Sexismen, die Inhaltbezogene Grammatik war mehr auf Nationalismen aus, und der Impetus der feministischen Linguistik ist klar ein sprachkritischer, was auch so viel heisst wie: die Sprache ist im Prinzip hintergehbar und veränderbar, und mit ihr die Welt. Was es braucht, ist eben gerade ein bestimmtes sprachunabhängiges Bewusstsein; dieses ist grundsätzlich möglich, nur fällt man (Mann?) nur allzu leicht in Muster zurück, die uns die Sprache vorgibt.

4.7 Prototypensemantik

(Zu den folgenden Ausführungen vgl. auch Abschnitt 9.3.7).

Komponentialsemantik – so haben wir angemerkt – lässt sich mit ihrem Grundprinzip weit zurückführen, bis in die Anfänge abendländischer Logik, in die Begriffstheorie von Aristoteles. Die gemeinsamen Züge sind: (a) Begriffe haben deutliche Grenzen der 'Zuständigkeit': ein Ding fällt unter einen Begriff oder es fällt nicht unter einen Begriff. (b) Begriffe sind im Prinzip durch eine beschränkte Zahl von Merkmalen vollständig definierbar. Man hat das auch schon eine *check-list-Semantik* genannt: Dinge, die zu kategorisieren sind, werden nach einer Liste von Merkmalen durchgetestet; erfüllen sie alle Merkmale, fallen sie unter den Begriff, erfüllen sie ein Merkmal nicht, fallen sie heraus. Das mag im Einzelfall ungeheure Probleme bereiten: Was ist das Apflige am *Apfel*? Wie lässt sich die Bedeutung von *Mann* noch anders definieren als mittels [+MÄNNLICH]? Doch ändert das nichts an der geschilderten Grundüberzeugung dieser merkmalstheoretischen Begriffskonzeption, es ist gleichsam nur eine technische Schwierigkeit.

Seit man in der Psychologie vermehrt sich dafür zu interessieren begann, was in den Köpfen, genauer im Geist der Menschen vorhanden ist und wie es dort repräsentiert ist (man spricht von der *kognitiven Wende* in der Psychologie, neuerdings auch in der Linguistik), hat man auch angefangen sich zu fragen, wie der Mensch Wortbedeutungen im Geiste repräsentiert. Dabei hat sich die check-list-Semantik als Theorie des semantischen Wortbesitzes des Menschen mehr und mehr als unbrauchbar, zumindest als völlig unzulänglich erwiesen.

Dabei hätte nur schon eine blosse Beobachtung unseres Umgangs mit der Alltagssprache zu solchen Einsichten führen können. Wie es uns sehr oft überhaupt nicht schwerfällt, etwas in eine bestimmte Kategorie einzuordnen (*das ist rot, das ist ein Vogel, das ist ein Werkzeug, das scheppert*), so fällt es uns doch auch nicht selten eher schwer, solche Entscheidungen zu fällen, und wir sagen dann etwa *Das hat eine rötliche Farbe. Das ist eigentlich ein Vogel. Das ist eine Art Werkzeug. Das hat irgendwie einen scheppernden Klang.* Mit solchen abschwächenden, relativierenden Ausdrucksweisen – man spricht von *Heckenausdrücken* (engl. *hedges*) – signalisieren wir eine gewisse Reserve gegenüber einer eindeutigen Einordnung. Das zu klassifizierende Ding entbehrt offensichtlich gewisser Eigenschaften, die es zu einem besonders guten Vertreter eines Begriffs machen würden, ohne dass es andererseits aber auch klar aus dem Begriff herausfallen würde. Der Gebrauch von solchen Heckenausdrücken signalisiert primär, dass der Sprecherin oder dem Sprecher ein Wort nicht ganz passend erscheint. Man darf das jedoch durchaus auch auf einer nächsttieferen Ebene interpretieren: Auch der von den Wörtern bezeichnete Begriff scheint nicht ganz zu passen bzw. das Objekt scheint nicht ohne weiteres in einen Begriff zu passen.

Das entspricht nun den Einsichten der kognitiven Psychologie, die sich mit unserer mentalen Repräsentation von *Alltagsbegriffen* beschäftigt hat. Diese Begriffe sind

offenbar nicht nur – und oftmals in entscheidender Hinsicht nicht – nach dem aristotelischen Prinzip der eindeutigen distinktiven Merkmale gebaut. Vielmehr kennen solche Begriffe Kernzonen mit besonders typischen, besonders 'guten' Vertretern – man nennt sie *Prototypen* – und vom Kern immer weiter entfernte, immer
peripherere Zonen 'armer', untypischer Vertreter. Diese Theorie der Prototypen ist
in erster Linie Begriffstheorie, in zweiter Linie aber auch eine semantische Theorie
von Wortbedeutungen. Als solche *Prototypensemantik* ist sie eine "Semantik des
Mehr oder Weniger": Ein *Spatz*, eine *Amsel* sind prototypische *Vögel* für uns, ein
Pinguin nicht, er ist ein peripherer *Vogel* (vgl. Schema 4-9 nach AITCHISON 1987:
54), ein *Mord* ist das prototypische Verbrechen, *Landstreicherei* peripher, bei
Fahrzeug denken wir wohl alle sehr schnell an *Auto*, kaum an *Rollbrett* etc.

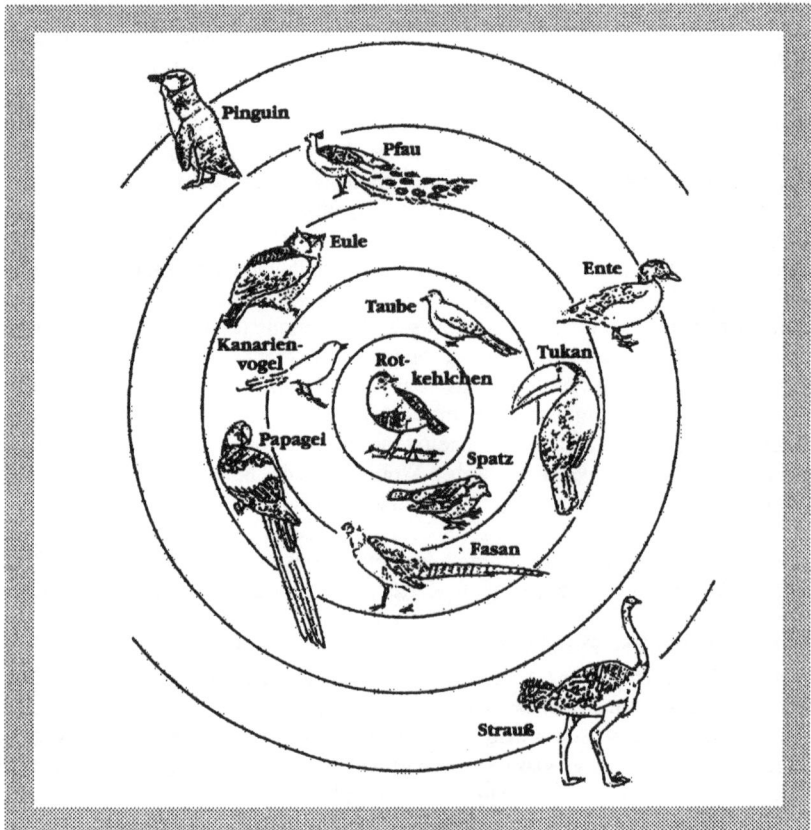

[Schema 4-9]

Die Prototypensemantik kann die Merkmalssemantik nicht einfach ersetzen, aber
sie kann sie sinnvoll ergänzen, will man letztlich unsere semantische Kompetenz
im Umgang mit natürlicher Sprache erklären. Es gibt zweifelsfrei gewisse Aspekte
in unserem semantischen Lexikon, die mit binären Merkmalen korrekt erfasst werden können. Gerade aber Alltagsbegriffe (für streng definierte wissenschaftliche
Begriffe mag das anders sein) sind nicht mit semantischen Merkmalen restlos

explizierbar, und sie sind v.a. nicht distinkt, haben keine eindeutigen Grenzen und können sich überschneiden. Und sie sind nicht kategorial in dem Sinne, dass die Dinge in der Welt entweder einfach unter sie fallen oder nicht. Da hilft das Prototypenkonzept eventuell weiter.

Wenn man hier jedoch einen flexibleren Standpunkt einnimmt, könnte das Merkmalskonzept mit der Prototypentheorie durchaus verträglich werden und diese gar explizieren: Es mag semantische Merkmale geben, die unabdingbar sind, aber das sind sicher nicht alle. Es kann Seme geben, die zentraler, gewichtiger sind für ein Konzept. Sie geben einem konkreten Exemplar – bildlich gesprochen – viele Punkte. Und es mag Merkmale geben, die peripherer, 'leichter' sind; sie geben wenig Punkte, auf sie kann vielleicht verzichtet werden. Der Grad der Zugehörigkeiten eines Dings zu einem Begriff liesse sich dann errechnen: Prototypische Vertreter eines Begriffs erreichten eine hohe Punktzahl, periphere eine niedrige.

4.8 Praktische lexikalische Semantik: Lexikographie

Mit Wortbedeutungen hat man sich seit alters etwa dort beschäftigt, wo man – meist zum Zweck der Übersetzung, der zwischensprachlichen Verständigung – Wörterbücher schrieb. Das Schreiben von Wörterbüchern ist die Arbeit der *Lexikographie*. Man kann sie als Zweig der angewandten Linguistik, genauer: als *angewandte Lexikologie* (Lexikologie im Sinne einer umfassenden Wortlehre) ansehen. Ein allgemeines Wörterbuch einer Sprache (zu Spezialwörterbüchern siehe weiter unten in diesem Abschnitt) hat zwei Aufgaben:
– Es verzeichnet sämtliche Wörter einer Sprache.
– Es verzeichnet zu jedem Wort insbesondere seine Bedeutung.
Für die Lexikographie stellen sich damit zwei Hauptprobleme:
– Welches sind die Wörter einer Sprache?
– Welches ist die Bedeutung eines Wortes und wie beschreibt man sie?
Im Abschnitt 2.3.1 haben wir bereits darauf hingewiesen, dass Wörterbücher *Lexeme* (genauer: deren Zitierformen) und nicht syntaktische Wörter mit ihren Wortformen verzeichnen. Allenfalls machen sie Hinweise darauf, wie die Wortformenausgestaltung eines Lexems aussieht (indem sie z.B. bei den sog. starken Verben den Präteritum- und den Partizipialstamm angeben: *singen – sang – gesungen*). Von einem puristischen *morphologischen* Standpunkt aus betrachtet wäre es nun längst nicht nötig, sämtliche möglichen Lexeme zu verzeichnen. Das ist auch nicht möglich, weil es dank der Wortbildungsregeln (genauer: Lexembildungsregeln) theoretisch unendlich viele Lexeme geben kann. Man könnte sich mit dem Verzeichnen des Morphembestandes begnügen. Die Lexikographie verfährt jedoch nicht derart minimalistisch, sondern verzeichnet das, was in einer Sprachgemeinschaft zu einem bestimmten Zeitpunkt an einfachen und komplexen Lexemen *üblich* ist. Das bringt selbstverständlich oft heikle Entscheidungen mit sich: Hat sich ein bestimmtes Lexem in der Sprachgemeinschaft schon durchgesetzt oder ist es noch auf bestimmte Individuen oder Gruppen, auch Dialekte beschränkt? Wird umgekehrt ein Lexem heute noch gebraucht oder findet man es nurmehr in älteren Texten? (Vgl. hierzu auch 10.1.)
Von einem *semantischen* Standpunkt aus – so haben wir in 4.3 gesehen – ist es sogar unbedingt nötig, weit mehr als nur das morphologische Minimum zu verzeichnen, da in vielen komplexen Lexemen das Kompositionalitätsprinzip nur rudi-

mentär oder gar nicht spielt, komplexe Lexeme semantisch oft unterdeterminiert oder in ihrer Bedeutung gar gänzlich arbiträr sind. Aus dem gleichen Grund müsste ein Wörterbuch auch idiomatische Wortgruppen und idiomatische Sätze (Phraseologismen u.ä.) enthalten (und viele Wörterbücher tun dies auch). In Abschnitt 4.3 haben wir schon darauf hingewiesen, dass mehrdeutige (polyseme) Lexeme (z.B. *Schloss*) nur *einen* Eintrag mit entsprechender Differenzierung in der Bedeutungsangabe finden (d.h. als ein Lexem zählen), dass hingegen homonyme Lexeme (z.B. *Kiefer*) mehrere Einträge finden (d.h. als verschiedene Lexeme gelten).

Uns interessiert nun vor allem, wie in der Lexikographie das Problem der Darstellung von Wortbedeutungen gelöst wird. Gesamthaft lässt sich sagen, dass die semantischen Theorien unseres Jahrhunderts wenig Einfluss auf die Lexikographie gehabt haben, dass Verfahren, die an solche Theorien anzuklingen scheinen, in der Regel älter sind als diese Theorien selber, und dass man ganz allgemein 'pragmatisch' und weniger systematisch verfährt, d.h. die Bedeutungsdarstellung dem Einzelfall anpasst und nicht bestimmte Schemata stur durchzuhalten versucht. An wichtigsten Techniken der Bedeutungsdarstellung findet man etwa die folgenden:

a) Lexikographisches Grundverfahren ist die *Paraphrase*, nach dem oben angesprochenen Prinzip, dass sich irgendwelche Bedeutungen immer auch anders ausdrücken lassen, insbesondere Wortbedeutungen mittels ganzer Syntagmen: "*Rutsch* ... 1. gleitende Bewegung abwärts (bes. von Stein-, Erdmassen) ..."

b) In den Bedeutungsexplikationen arbeitet man oft mit den genannten *semantischen Relationen*, indem man sie selber zur Explikation verwendet und/oder indem man sie als zusätzliche Information zur Bedeutung eines Wortes miterwähnt. Das geschieht jedoch kaum mit dem Fachterminus, sondern immer gleich konkret
- "*fein* <Adj.> sehr dünn, zart ..." (= Synonymie)
- "*fein* <Adj.> ... Ggs. 'grob' ..." (= Antonymie, Komplementarität)
- "*Garantie* ... 'Gewähr', 'Haftung', 'Bürgschaft' ..." (= Heteronymie, Bedeutungsähnliches, Wortfeld)
- "*Garten* abgegrenztes Gelände zum Kleinanbau von Nutz- oder Zierpflanzen" (= Hypero-/Hyponymie; genus proximum und differentia specifica).

c) Sehr oft scheint das Konzept des *semantischen Merkmals* auf: "*Frau* erwachsener weiblicher Mensch". "*Tiger* in Asien heimisches, zu den Grosskatzen gehörendes, sehr kräftiges, einzeln lebendes Raubtier von blass rötlichgelber bis rotbrauner Färbung mit schwarzen Querstreifen".

d) Häufig greift man zum Mittel der Erklärung durch Aufzeigen *möglicher sprachlicher Kontexte*: typische Syntagmen, bis hin zu festen Wendungen, Phraseologismen u.ä. werden angeboten: "*Mangel* ... ein empfindlicher ~ an Niederschlägen bedroht die Ernte; ~ an Arbeitskräften, Facharbeitern; ~ an Ausdauer, Erfahrung, Erziehung, Mut, Selbstvertrauen, Verständnis; ~ an Vitaminen; der Angeklagte wurde aus ~ an Beweisen freigesprochen; ...".

e) Ähnliches leisten typische *Zusammensetzungen*: "*Bericht* ... Bild~, Erlebnis~, Tatsachen~...".

f) Wo nötig werden *Kollokationen* (syntagmatische (Un-)Verträglichkeiten) angeführt: "*rümpfen* (über jmdn. od. etwas) die Nase ~".

Wichtige umfassende *Wörterbücher* der deutschen Gegenwartssprache sind im Literaturverzeichnis (Rubrik c) verzeichnet. Hier sei auf einige spezielle Typen von Wörterbüchern hingewiesen:
– Wörterbücher für diverse *Varietäten* des Deutschen (vgl. Kapitel 8 zur Soziolinguistik): für regionale Sprachen/Dialekte, für historische Sprachstufen, für die Wortgeschichte (Etymologie), für Gruppensprachen
– Wörterbücher für *spezielle Lexikonbereiche*: für Fachwortschätze, für Fremdwörter, für "schwierige" Wörter, für Neologismen (Neubildungen)
– Wörterbücher für *spezielle Wortschatz-Aspekte*: Synonymie-/Antonymie-Wörterbücher, etymologische Wörterbücher, Rechtschreib-/Aussprache-/Stil-Wörterbücher, Valenz-Wörterbücher (zu letzterem vgl. 3.2.3.c zur sogenannten *Selektion* von Wörtern).

– Wörterbücher mit einem *speziellen Verfahren der Explikation von Wortbedeutungen*: mehrsprachige Wörterbücher (Dictionnaire, Glossar), Bildwörterbücher
– Wörterbücher, die *anders aufgebaut* sind (d.h. nicht alphabetisch von A bis Z): Onomasiologische Wörterbücher (Thesaurus), rückläufige Wörterbücher (alphabetisch nach den End-, nicht den Anfangsbuchstaben; allerdings von Wortformen, nicht Lexemen). Rückläufige Wörterbücher braucht man für morphologische Analysen, für das Reimeschmieden, für das Lösen von Kreuzworträtseln).

Abschliessend eine kleine, aber nicht unwichtige terminologische Notiz: Die Wissenschaft vom Wort (manchmal auch nur von seiner Bedeutungsseite) heisst *Lexikologie*. *Lexikographen* verfassen *Wörterbücher* einer Sprache. Man nennt in linguistischen Fachkreisen den Wortschatz einer Sprachgemeinschaft oder eines einzelnen Menschen ein *Lexikon*. Lexikon meint ausserhalb dieses linguistischen Fachgebrauchs jedoch ein enzyklopädisches Nachschlagewerk, nicht ein Wörterbuch. Linguistische Lexikographen schreiben in einem Wörterbuch das Lexikon einer Sprache nieder, sie schreiben aber keine Lexika, sondern eben Wörterbücher!

4.9 Satzsemantik. Wahrheitskonditionale (logische, formale) Semantik

Die Komponentialsemantik ist primär eine Theorie der Wortbedeutung, und sie lässt sich – so haben wir gesagt – im Prinzip bis auf die Anfänge der Logik bei Aristoteles zurückführen, insofern als in dieser Tradition Begriffe implizit als Bündel von Merkmalen verstanden werden. Es gibt in der Generativen Grammatik – namentlich in der älteren – auch Ansätze dazu, auf der Basis der Komponentialsemantik des Wortes und insbesondere der Aufgliederung von Verben in Primitivprädikate (vgl. 4.6.1) eine Theorie der Bedeutung von ganzen *Sätzen* zu entwickeln (KATZ/FODOR 1963, KATZ/POSTAL 1964; siehe auch die sogenannte Generative Semantik, erwähnt in 2.2.2). Wir können das hier nicht weiter ausführen; wissenschaftshistorisch betrachtet scheinen sich diese Versuche einer Explikation der Satzbedeutung überlebt zu haben.
Folgenschwerer verspricht hingegen ein anderer Versuch zu werden, Konzepte der formalen Logik für die Beschreibung der Semantik natürlicher Sprachen fruchtbar zu machen. Man nennt diese Richtung die *logische* oder *formale Semantik*. Sie ist ebenfalls im Umkreis der genannten Generativen Semantik angefangen und später vor allem im Rahmen der Kategorialgrammatik (auch: Montague-Grammatik) unter Einbezug modernster Entwicklungen der mathematischen formalen Logik stark vorangetrieben worden (zu diesen grammatiktheoretischen Ansätzen vgl. 2.2.2). Theoriespender ist also auch hier die Logik, diesmal jedoch expliziter und mit einem anderen Strang aus der langen Logiktradition: Am Ausgangspunkt dieser formalen Semantik steht nun nicht mehr der Begriff oder das Wort, sondern der *Satz*, und zwar genauer der Aussagesatz, an dem die Logik seit jeher der Umstand interessiert hat, dass Aussagesätze *wahr* oder *falsch* sein können. Der österreichische Sprachphilosoph Ludwig WITTGENSTEIN hat einmal sehr schön auf den Punkt gebracht, was es unter dieser Optik heisst, einen (Aussage-)Satz zu verstehen:

"Einen Satz verstehen, heisst wissen, was der Fall ist, wenn er wahr ist. (Man kann ihn also verstehen, ohne zu wissen, ob er wahr ist.)"
(Tractatus logico-philosophicus [1921], Absatz 4.024)

Die Sache ist so banal, wie sie klingt: Wenn mich mein Freund jetzt aus New York anruft und mir sagt: *Hier regnet es*, so heisst doch diesen Satz verstehen so viel wie wissen, dass es jetzt in New York regnet, sofern mein Freund mich nicht belügt. Wenn er mich aber belügt und ich das nicht merke, ändert das nichts daran, dass ich den Satz verstanden habe genau dann, wenn ich jetzt glaube, dass es in New York regnet. (Aussage-)Sätze verstehen heisst also nicht etwa wissen, *ob* sie wahr sind, sondern wissen, was es braucht, wie die Welt, auf die sie sich beziehen, sein muss, *damit* sie wahr sind. Mit anderen Worten: Es gibt bestimmte *Bedingungen* dafür, dass ein (Aussage-)Satz wahr genannt werden kann. Die Bedingungen dafür, dass der Satz meines Freundes wahr ist, sind die, dass es jetzt in New York regnet. Ich habe den Satz verstanden, wenn mir diese Bedingungen klar sind – unabhängig davon, ob sie auch faktisch zutreffen. In der Logik des 20. Jahrhunderts hat man aus dieser Einsicht heraus versucht, eine sogenannte *wahrheitskonditionale Semantik* zu entwickeln, in deren Rahmen für jeden Satz eine Reihe von Bedingungen aufgestellt werden, deren Erfülltsein den Satz wahr macht. Es sind genau diese Wahrheitsbedingungen, die gemäss dieser Theorie die Bedeutung des entsprechenden Satzes ausmachen.
Es ist hier nicht der Ort, genauer auszuführen, wie solche Wahrheitsbedingungen formuliert werden. Das geschieht nämlich stets mit einem ganz erheblichen Aufwand unter Zuhilfenahme mathematisch-logischer Formalismen. Stattdessen wollen wir mit einem Beispiel das Grundprinzip noch etwas verdeutlichen: Vergleichen wir die folgenden beiden Sätze:

> *Karin trägt einen grünen Pullover.*
> *Karin trägt einen Pullover.*

Als Merkmalssemantiker würden wir den ersten Satz als semantisch 'reicher' bezeichnen; er 'sagt mir mehr', er enthält mehr semantische Merkmale. Als wahrheitskonditionale Semantiker würden wir dagegen sagen, dass der erste Satz mehr Wahrheitsbedingungen unterliegt, dass in der Welt, auf die er sich bezieht, eine grössere Zahl spezifischer Dinge gegeben sein muss, damit er wahr ist.
Es fällt vielleicht auf, dass wir nicht einfach von *der* Welt sprechen, sondern stets spezifizieren: "die Welt, auf die ein Satz sich bezieht", als gäbe es mehrere Welten. Genau davon geht man in der wahrheitskonditionalen Semantik aus, damit arbeitet man, wenn man Wahrheitsbedingungen formuliert: Man kann Wahrheitsbedingungen nämlich auch so konzipieren, dass man für einen Satz die Welt beschreibt, bezüglich der er wahr ist, die er kraft seiner Semantik virtuell entwirft. Man baut also ständig (natürlich nur auf dem Papier) Modell-Welten (wie Modelleisenbahnen) und bezieht die Semantik der zu beschreibenden Sätze auf solche Modell-Welten. Deshalb spricht man auch von der *Möglichen-Welten-Semantik* oder *Modell-theoretischen Semantik*.
Das Konzept der Möglichen Welten dürfte intuitiv nicht allzu schwer nachvollziehbar sein, sind wir doch gewohnt zu denken, dass die Welt heute eine andere ist als noch gestern oder die Welt in den Wünschen und (Alp-)Träumen eine andere ist als diejenige, die wir für die reale halten. Über alle diese unendlich vielen möglichen Welten (oder zumindest über die meisten) können wir mit unserer immergleichen Sprache sprechen, ja wir können sie mit Sprache recht eigentlich entwerfen, und je nach möglicher Welt ist ein ganz bestimmter Satz einmal wahr und einmal falsch, und genau dies liegt an seiner Semantik.

Überlegen wir uns nun kurz, wie sich einige der in Abschnitt 4.4 vorgestellten Bedeutungsrelationen – diesmal zwischen (Aussage-)Sätzen – im Rahmen einer wahrheitskonditionalen Semantik ausnehmen. Da wir hier Wahrheitsbedingungen nicht ausformuliert haben, können wir die Frage auch nur sehr informell beantworten:

• Zwei Sätze sind *synonym* (bedeutungsgleich), wenn sie die gleichen Wahrheitsbedingungen haben. Wenn zwei Sätze die gleichen Wahrheitsbedingungen haben, so bedeutet das, dass es keine mögliche Welt gibt, bezüglich der der eine Satz wahr, der andere aber falsch ist. Es ist keine Welt vorstellbar, bezüglich der der Satz *Brutus hat Cäsar ermordet* wahr, der Satz *Cäsar wurde von Brutus ermordet* aber falsch ist. Soweit sind die Sätze also synonym.

• Zwei Sätze sind *komplementär* oder *kontradiktorisch*, wenn sie komplementäre Wahrheitsbedingungen haben. Das bedeutet so viel wie, dass in einer Welt, auf die die beiden Sätze sich beziehen, bestimmte Gegebenheiten, die den einen Satz wahr machen, den andern immer gleichzeitig falsch machen, und Gegebenheiten, die den einen Satz falsch machen, den andern immer gleichzeitig wahr machen. Mit andern Worten: Es ist keine Welt vorstellbar, bezüglich der der Satz *Die Erde ist rund* falsch, der Satz *Die Erde ist nicht rund* aber ebenfalls falsch ist. (Die Mögliche-Welten-Semantik hält Welten von Schizophrenen für unmögliche Welten, und das tun wir im Alltag auch, darum nennen wir solche Menschen krank!)

• Ein erster Satz *impliziert* einen zweiten Satz, wenn der zweite Wahrheitsbedingungen hat, die Teil sind der Wahrheitsbedingungen des ersteren. Das bedeutet, dass, wenn in einer Welt die Wahrheitsbedingungen für den ersteren erfüllt sind und dieser somit für diese Welt wahr ist, immer auch gleich die Wahrheitsbedingungen für den letzteren erfüllt sind und dieser folglich für die gleiche Welt immer auch wahr ist. Anders gesagt: Es gibt keine mögliche Welt, in der der Satz *Karin trägt einen grünen Pullover* zwar wahr, der Satz *Karin trägt einen Pullover* aber falsch ist (selbstverständlich gibt es aber sehr viele mögliche Welten, in denen *Karin trägt einen Pullover* wahr, *Karin trägt einen grünen Pullover* jedoch falsch ist).

Das letzte Beispiel, das wir von oben wieder aufgreifen, zeigt, dass das Hinzufügen oder Wegnehmen eines Wortes – und genauso das Ersetzen eines Wortes durch ein anderes – die Wahrheitsbedingungen eines Satzes verändern kann, und zwar in je spezifischer Weise, so dass von daher sich eine Richtung auftut, in der die Bedeutung von *Wörtern* im Rahmen einer wahrheitskonditionalen Semantik für Sätze zu explizieren ist: Die Bedeutung von Wörtern ist – ganz allgemein gesagt – ihr Beitrag zu den Wahrheitsbedingungen des Satzes, in den sie eingehen. (Es gibt allerdings Wörter, die die Wahrheitsbedingungen von Sätzen nicht tangieren. Sie fallen in den Zuständigkeitsbereich der Pragmatik; vgl. 4.10).

Ein Beispiel: Gegeben sei folgender Satz: *Die Preise steigen, und der Mond ist voll.* Die Wahrheitsbedingungen dieses Satzes sind informell gesagt die, dass (1) die Preise steigen und (2) der Mond voll ist. Ersetzen wir nun *und* durch *weil*, so erhalten wir den Satz *Die Preise steigen, weil der Mond voll ist.* Offensichtlich hat dieser Satz andere, 'härtere' Wahrheitsbedingungen: Der Satz ist nur bezüglich einer Welt wahr, in der (1) die Preise steigen und (2) der Mond voll ist und (3) letzteres der Grund für ersteres ist.

In der technischen Ausgestaltung der modernen formalen, wahrheitskonditionalen Semantik spielt in der Nachfolge des deutschen Mathematikers und Logikers Gottlob FREGE der mathematische *Funktionsbegriff* eine fundamentale Rolle. Frege hat mit der über zweitausendjährigen Tradition der Begriffslogik gebrochen, die Begriffe mehr oder weniger psychologisierend als Merkmalsbündel auffasste (vgl. unsere Ausführungen zur Komponentialsemantik), und er hat die Bedeutung von Ausdrücken wie *rot, schlafen, Mensch* als Funktionen (im mathematischen Sinn) konzipiert. Was ist mathematisch gesehen eine Funktion? Man kann sie als Zuordnungs- oder Abbildvorschrift verstehen: Nach einer bestimmten Vorschrift werden Elementen einer Menge A Elemente einer andern Menge B zugeordnet, oder eine Menge A wird in spezifischer Weise auf eine Menge B abgebildet. Eine Funktion wäre z.B. $x^2 = y$. Das ist als spezifische Vorschrift zu verstehen, wie die Menge aller x in die Menge aller y abzubilden ist, d.h. als spezifische Vorschrift, wie jedem x ein bestimmtes y (im vorliegenden Fall: sein Quadrat) zuzuordnen ist: 1 wird 1 zugeordnet, 2 wird 4 zugeordnet, 4 wird 16 zugeordnet usw.

Frege hat diesen Funktionsbegriff übertragen auf sprachliche Ausdrücke. Inwiefern ist *rot, schlafen, Mensch* eine Funktion? Insofern, als ich mit jedem Individuum x den Satz *X ist rot* bilden kann und dabei immer entweder einen wahren oder einen falschen Satz bekomme. *rot* ist demnach nichts anderes als eine Funktion, die die Menge der Individuen abbildet auf die Wahrheitswerte "wahr" und "falsch". Allerdings ist es eine charakteristische Funktion, d.h. eine ganz spezifische Art, alle Individuen auf die Werte "wahr" oder "falsch" abzubilden. *rot* ist eine spezifische Art, die Welt in zwei Hälften zu teilen, in die eine Hälfte der roten Dinge und in die andere Hälfte der nicht-roten Dinge. Genauso machen das Ausdrücke wie *schlafen* (die schlafenden Dinge und die nicht-schlafenden Dinge) oder *Mensch* (die menschlichen Dinge und die nicht-menschlichen Dinge), nur in je anderer, je spezifischer Weise.

• Was wäre, wenn *schlafen* oder *Mensch* die Abbildung auf die Wahrheitswerte in gleicher Weise machen würden wie *rot*? Das hiesse doch, dass sie mit *rot* synonym wären.
• Was ist zu erwarten von der Art, wie *tot* und *lebendig* die Welt teilen? Doch wohl das, dass jedes Individuum, das bei *tot* den Wert "wahr" bekommt, bei *lebendig* den Wert "falsch" bekommen muss und umgekehrt. Das ist die *Komplementarität*.
• Und *Linguistin* und *Wissenschaftlerin*? Die Individuen, deren Funktionswert bei der Funktion *Linguistin* der Wahrheitswert "wahr" ist, bilden eine Teilmenge der Individuen, deren Funktionswert bei der Funktion *Wissenschaftlerin* der Wahrheitswert "wahr" ist. Oder anders gesagt: Diejenigen Individuen, die mit der Funktion *Linguistin* zusammen einen wahren Satz ergeben, ergeben mit der Funktion *Wissenschaftlerin* ebenfalls einen wahren Satz (nicht aber umgekehrt). Das ist die *Hyponymie/Hyperonymie* oder das Verhältnis von Ober- und Unterbegriff.

Damit haben wir anzudeuten versucht, wie sich die semantischen Relationen, die wir im Abschnitt 4.6.1 für Wörter komponentialsemantisch und in diesem Unterkapitel wahrheitskonditional für Sätze zu explizieren versuchten, in der formalen Semantik mit dem Wahrheitskonzept als Leitkonzept mit Hilfe des mathematischen Funktionsbegriffs quasi mengentheoretisch darstellen lassen.

Man glaube nun allerdings nicht, dass in der formalen, wahrheitskonditionalen Semantik, nur weil sie gewöhnlich in mathematisch-formaler Gestalt daherkommt, gewisse Grundprobleme, wie wir sie teilweise bei der Komponentialsemantik angesprochen haben, gelöst seien. Auch für die formale Semantik ist ein Problem,
– ob *Er ist gestorben* und *Er ist verreckt* oder *Ich liebe dich* und *Ich hab dich lieb* dieselben Wahrheitsbedingungen haben (ob sie also synonym sind),
– ob *Bulle* eine Funktion ist, die in allen möglichen Welten mit den gleichen Individuen einen wahren Satz ergibt wie die Funktion *Polizist* oder nicht (ob sie also synonym sind oder nicht),
– ob es sein kann, dass ein bestimmtes Ding in irgendeiner möglichen Welt von der Funktion *Becher* und gleichzeitig von der Funktion *Tasse* dem Wahrheitswert "wahr" zugewiesen wird oder aber ob das ausgeschlossen ist (ob sie also inkompatibel sind oder nicht) etc.
Solche Fragen werden im Umkreis der formalen Semantik entweder verdrängt, oder sie sind bisher kaum in Erscheinung getreten, weil man sich in der formalen Semantik bis anhin mit ganz andern semantischen Bereichen als in der Komponentialsemantik schwerpunktmässig abgegeben hat. In jedem Fall aber können solche Fragen von der formalen Semantik kein bisschen besser beantwortet werden als von jeder andern Art von Semantik, denn das sind letztlich empirische Probleme. Diese Probleme lassen sich je nach semantischer Theorie anders formulieren; lösen lassen sie sich theoretisch nicht.

Der wahrheitkonditionalen Semantik wird immer wieder vorgehalten, sie eigne sich nur zur Beschreibung der Bedeutung sogenannter *wahrheitswertiger* oder *wahrheitsdefiniter* Sätze, zur Beschreibung von Aussagesätzen also, und nicht etwa zur Beschreibung der Bedeutung von Aufforderungs-, Wunsch- oder Fragesätzen, denn diese seien ja gerade weder wahr noch falsch. Im Versuch, diesem Vorwurf zu begegnen, hat die Sprachphilosophie in unserem Jahrhundert einen gewaltigen

Schritt vorwärts getan und damit gleichzeitig einen gewichtigen Vorschlag zur Abgrenzung der Semantik gegen die Pragmatik (vgl. 4.10) geliefert.
Greifen wir noch einmal auf eine Aussage von Ludwig WITTGENSTEIN zurück:

"Der Satz zeigt, wie es sich verhält, wenn er wahr ist. Und er sagt, dass es sich so verhält." (Tractatus logico-philosophicus [1921], Absatz 4.022)

Wittgenstein spricht hier nur vom *Aussagesatz* (nicht von Sätzen generell, wie die Formulierung es nahelegt), und er sieht in einem solchen Aussagesatz zwei Komponenten, nämlich einmal eine Art Weltentwurf: "wie es sich verhält, wenn er wahr ist", und zum andern einen Anspruch oder eine Behauptung: "dass es sich so verhält". In der *Sprechakttheorie* (vgl. ausführlicher den Abschnitt 5.2) hat man diese zwei Aspekte später die *Proposition* und die *Illokution* genannt. Man kann nun in analoger Weise zwei verschiedene Aspekte ebenfalls beispielsweise in einem *Befehlssatz* ausmachen: Auch der Satz *Karin, zieh den grünen Pullover an!* "zeigt, wie es sich verhält, wenn er wahr ist" (dann zieht Karin den grünen Pullover an), und er sagt, dass es sich so verhalten *soll.* Oder: Der Satz *Trägt Karin den grünen Pullover?* "zeigt, wie es sich verhält, wenn er wahr ist" (dann trägt Karin den grünen Pullover), und er *fragt, ob* es sich so verhält.
Mit andern Worten: Die meisten Sätze, egal ob Aussagesätze oder andere, haben einen propositionalen Gehalt, und sie signalisieren darüber hinaus eine bestimmte Art von Geltungsanspruch für diesen propositionalen Gehalt ("So ist es." "So soll es sein." "Ist es so?"). Wahrheitskonditionale Semantik beansprucht nur Zuständigkeit für diesen propositionalen Gehalt, aber dies in jedem Fall, also gerade auch dann, wenn er in Frage- oder Wunschmodus gekleidet ist, denn immer lässt sich angeben, "wie es sich verhält, wenn er wahr ist", und einen Aufforderungssatz zu verstehen bedingt auch, dass man weiss, "wie es sich verhält, wenn er wahr ist". Nur so kann man ja Aufforderungen handelnd entsprechen: Man macht ihren propositionalen Gehalt wahr! Die wahrheitskonditionale Semantik beansprucht allerdings keine Zuständigkeit für die *Illokution*, weil diese nicht wahrheitskonditional zu erfassen ist. Dieser Aspekt ist für die wahrheitskonditionale Semantik der Zuständigkeitsbereich der *Pragmatik*.

4.10 Semantik vs. Pragmatik

Die nachstehenden Ausführungen haben ihre Entsprechungen in andern Teilen dieses Buches, wo es ebenfalls um Fragen der Abgrenzung von sprachwissenschaftlichen Gegenstandsbereichen geht; insbesondere sind das die Abschnitte 2.1 und 3.1.6. Man wird sich fragen, warum in diesem Buch immer wieder auf diesen Abgrenzungsfragen insistiert wird. Wir halten diese Diskussionen nicht für blosse Etikettenfragen ("wie nenne ich das Phänomen"), sondern gerade in der Diskussion um die Grenzziehung zwischen Theoriebereichen nimmt man verschiedene Aspekte an Phänomenen viel genauer wahr.
Die folgenden Grenzdiskussionen setzen den Begriff der Pragmatik voraus, den wir erst in Kp. 5 einführen. Dennoch scheint uns das Ende des Semantikkapitels der richtige Ort für diese Erörterungen, denn wir nehmen hier eindeutig eine Blickrichtung von der Semantik her ein, von der Bedeutungshaftigkeit von sprachlichen Ausdrücken im weitesten Sinn, und indem wir nach den Grenzen von Semantik und Pragmatik fragen, nehmen wir zum Abschluss dieses Semantikkapitels noch einmal diese Bedeutungshaftigkeit in ihrer ganzen Breite in den Blick und versuchen zu zeigen, dass unter dem allgemeinen Begriff der Bedeutung sehr Verschiedenes versammelt ist.
Nun also zu verschiedenen Vorschlägen, wo die Grenze der Zuständigkeit einer semantischen Theorie natürlichsprachlicher Ausdrücke zu ziehen ist.

4.10.1 Wahrheitskonditional (Wahrheitsbedingungen) vs. nichtwahrheitskonditional (Gebrauchsbedingungen)

Wir haben mit der wahrheitskonditionalen Semantik eine Theorie der Bedeutung natürlicher Sprache vorgestellt, die sich unbestritten nur einen Teil aus dem Ganzen dessen ausschneidet, was man alles intuitiv zur Bedeutung von sprachlichen Ausdrücken rechnet. Vertreter dieser Richtung behaupten allerdings, dies sei der Kern der Bedeutung. Mindestens muss man wohl zugeben, dass das Verstehen eines Satzes tatsächlich *auch* – wenn auch nicht nur – bedeutet, dass man weiss, "was der Fall ist, wenn der Satz wahr ist". Für wahrheitskonditionale Semantiker hat sich mit dem ganzen nicht-wahrheitskonditionalen Rest der Bedeutung die Pragmatik zu beschäftigen, nach der sogenannten *Gazdar-Formel* (nach dem amerikanischen Linguisten Gerald GAZDAR; vgl. Gazdar 1979):

> *Gazdar-Formel*
> pragmatics = meaning minus truth-conditions

D.h "Pragmatik ist (Gesamt-)Bedeutung abzüglich das Wahrheitskonditionale". Das ist einer von mehreren Versuchen einer Grenzziehung zwischen Semantik und Pragmatik.
Nach dieser Formel fallen die meisten sprachlichen Äusserungen mit einem Teil in die Zuständigkeit der Semantik, nämlich mit ihrem propositionalen Gehalt, wie wir oben gesehen haben. Jedoch sind folgende Präzisierungen nötig:
– Es gibt Äusserungen, die möglicherweise keinen solchen propositionalen Gehalt haben, so etwa Grussformeln.
– Es gibt einzelne Wörter, deren Beitrag zur Satzbedeutung gänzlich ausserhalb der Wahrheitsbedingungen liegt. So haben die Sätze *Karins Pullover ist grün* und *Auch Karins Pullover ist grün* dieselben Wahrheitsbedingungen; denn *auch* verändert die Gebrauchsbedingungen eines Satzes, nicht die Bedingungen seiner Wahrheit, es ist von daher nicht Gegenstand einer so verstandenen Semantik.
– Es gibt andere Wörter, die einen wahrheitskonditionalen Bedeutungteil haben und einen Teil, der darüber hinausgeht; *aber* ist ein solches Wort: Ich kann im Satz *Er ist arm, aber glücklich* das *aber* durch ein *und* ersetzen und ändere nichts an den Wahrheitsbedingungen, entferne aus dem Satz jedoch das Signal, dass ich als Sprecher einen gewissen Gegensatz zwischen den zwei Propositionen ("Er ist arm", "Er ist glücklich") sehe. Wahrheitskonditional betrachtet ist *aber* mit *und* synonym. Die Gebrauchsbedingungen für die zwei Wörter sind jedoch sehr verschiedene; das ist Thema der Pragmatik.
– Man kann mit Veränderungen in der Wortfolge einem Satz sehr oft eine unterschiedliche Perspektivierung geben, gewisse Dinge hervor- und andere in den Hintergrund treten lassen. Ähnliche Effekte erreicht man bei belassener Wortstellung durch die Variation der Akzentuierung. Sicherlich sind die Gebrauchsbedingungen für die Sätze *Sie habe ich geliebt* und *Geliebt habe ich sie* ganz verschieden. Die beiden Sätze haben jedoch dieselben Wahrheitsbedingungen. Der Unterschied ist für die wahrheitskonditionale Semantik lediglich ein pragmatischer. Das ist nicht generell so bei Variationen in der Wortstellung: Die beiden Sätze *Es hat gestern ab und zu eine Stunde lang geregnet* und *Es hat gestern eine Stunde lang ab und zu geregnet* haben unterschiedliche Wahrheitsbedingungen.

4.10.2 Konventionell (in jedem Fall) vs. nicht-konventionell (von Fall zu Fall)

Es gibt Linguistinnen und Linguisten, die die Grenze zwischen Semantik und Pragmatik zwischen dem ziehen, was ein Ausdruck *immer*, egal in welcher Verwendung, bedeutet, und dem, was er *von Fall zu Fall* bedeuten kann. Die Differenz ist im Einzelfall manchmal sehr schwer zu ziehen. Betrachten wir die drei folgenden Sätze mit *und*:

> *Sie hat Chomsky gelesen, und er hat Wittgenstein gelesen.*
> *Sie trank noch ein Glas Wein und ging zu Bett.*
> *Er nahm die Tablette, und augenblicklich ging es ihm besser.*

Während man im ersten Satz (ohne zusätzliche Kontextannahmen) kaum viel mehr als ein reines, lediglich verknüpfendes *und* lesen wird, kann man im zweiten Satz ein temporales *und dann*, im dritten Satz ein *und als Folge davon* lesen. Dabei lädt man offensichtlich das Wort *und* je nach Verwendung mit zusätzlichem Gehalt auf. Dieser Gehalt kommt dem *und* jedoch sicherlich nicht konventionell, und das hiesse: in allen Verwendungen, zu.

Das *auch* im Satz *Auch Karins Pullover ist grün* trägt – so haben wir gesehen – zu den Wahrheitsbedingungen des Satzes nichts bei. Man kann aber behaupten, dass es feste Bedeutung von *auch* ist, so etwas auszudrücken wie *nicht nur*, d.h. auszudrücken, dass noch etwas anderes gilt (hier: dass noch ein anderer Pullover grün ist). Ebenso kann man behaupten, dass es konventioneller Gehalt einer Negationskonstruktion wie *Nicht dich habe ich geliebt* ist, dass damit immer auch ausgedrückt wird, dass ich jemand anderen geliebt habe.

Sagt man, wenn man *einige* sagt, immer auch *nicht alle*? Vgl. den Satz *Einige Studenten haben die Prüfung bestanden.* Sicherlich ist der Satz nicht falsch, wenn alle Studenten die Prüfung bestanden haben. *Einige* schliesst also *alle* wahrheitskonditional nicht aus. Man wird aber wohl sagen können, dass es das konventionell ausschliesst, dass, wer bei einer geschlossenen Menge *einige* sagt, immer *nicht alle* meint. Im Sinne der Trennung von konventionell vs. nicht-konventionell würde es also zur Semantik von *einige* gehören, *nicht alle* zu bedeuten. (Man kann das z.B. mit der Theorie der Konversationsmaximen und der konversationellen Implikaturen von GRICE – vgl. 5.3 – erklären.)

4.10.3 Bedeutung vs. konkrete Referenz

Eine ganz andere Grenzziehung zwischen Semantik und Pragmatik ist die zwischen einer Art Bedeutungspotential und der je aktuellen Referenz. Semantik wäre Beschäftigung mit dem *type*, Pragmatik Beschäftigung mit dem *token* (zu diesem Begriffspaar vgl. Abschnitt 2.3.1.a). Semantik beschäftigte sich damit, was Zeichen 'an sich haben' müssen, damit man mit ihnen auf konkrete Bäume oder Krokodile referieren kann, und Pragmatik damit, wie es kommt, dass ich beim Reden über die Bäume im Wald vor mir den richtigen Baum mit dem Ausdruck *Baum* verbinde.

In das Umfeld dieser Unterscheidung gehört die alte Behauptung, Wörter wie *ich, gestern, hier* – *deiktische Wörter* oder *Deiktika* – hätten eigentlich erst im konkreten Gebrauch eine richtige Bedeutung, sprich: Referenz, könnten demnach erst von der Pragmatik in ihrem signifié-Aspekt erfasst werden. Uns scheint das allerdings nicht überzeugend. *gestern* hat nicht mehr und nicht weniger Bedeutung vor dem konkreten Gebrauch als irgendein Wort wie *Baum* oder *Krokodil*. Es lässt sich über die Bedeutung von *ich, gestern, hier* sehr wohl einiges sagen ausserhalb und vor jeglichem konkreten Gebrauch. Ratlos wird man mit seiner Bedeutungsbeschreibung allenfalls bei Eigennamen: Was ist die Bedeutung von *Karin, Rom, Himalaja*?

4.10.4 Mehrdeutigkeit, Vagheit und pragmatische Vereindeutigung

Wir sind im ganzen Kapitel zur Semantik implizit davon ausgegangen, dass natürlichsprachlichen Ausdrücken im Normalfall eine, in Ausnahmefällen auch mehrere Bedeutungen (*Polysemie, Mehrdeutigkeit*) zukommen, dass ihnen in jedem Falle aber eine oder mehrere *bestimmte* Bedeutungen zukommen. Ein Beispiel für ein Wort, dem mehrere bestimmte Bedeutungen zukommen, wäre etwa *Schrift*, das je nach Verwendung eine ziemlich andere konzeptuelle Ausdeutung erfährt:

> *Sie hat eine schöne Schrift.*
> *Die chinesische Schrift hat mehrere tausend Zeichen.*
> *Die Schrift auf dem Plakat ist 40 cm hoch.*
> *Die Erfindung der Schrift ist eine der wichtigsten Kulturleistungen der Menschheit.*
> *Wo kann ich in diesem Textverarbeitungsprogramm die Schrift wählen.*

Es fragt sich, ob die jeweilige kontextbedingte Vereindeutigung von *Schrift* etwas ist, was eine semantische Theorie zu erklären hat, oder aber ob das Gegenstand der Pragmatik ist oder aber ob das gar nichts mehr mit Sprache zu tun hat.

Etwas in Frage gestellt haben wir die Vorannahme, Wörter hätten stets eine oder mehrere *be-stimmte* Bedeutungen, allenfalls in unseren kurzen Ausführungen zur Prototypensemantik (4.7). Es gibt daneben neuerdings Richtungen der Semantikforschung, die für natürlichsprachliche Bedeutungen ganz generell von einem Konzept der *Vagheit*, der *Unbestimmtheit* ausgehen (vgl. besonders Manfred PINKAL). Das Konzept der semantischen Unbestimmtheit ist selber wieder mehrdeutig; man kann und muss verschiedene Typen unterscheiden. Einige wollen wir kurz andeuten:

• Ein sehr wichtiger, häufiger Typ ist die *Relativität*. Sie betrifft die sogenannten *Gradadjektive*; man stelle sich etwa die Situation vor, wo *der kleine Elephant sich auf die grosse Maus setzt*: Was heisst da *klein*, und was *gross*? Ähnlich relativ sind quantifizierende Ausdrücke; man stelle sich vor, dass man *die paar Menschen*, die auf dem Roten Platz in Moskau stehen, in ein Kino pressen will: plötzlich sind es nicht mehr *ein paar*, sondern *sehr viele* Menschen. Oder man denke an Orts- und Zeitadverbien: Wenn die Oma, die Eintagsfliege und der Liebe Gott von *vor langer Zeit* erzählen, so kann das sehr verschieden weit zurückliegen.

• Ein anderer Typus von Vagheit heisst bei Pinkal die *Inexaktheit*. Wenn ich den Preis eines Päckchens Zigaretten mit Fr. 2.90 beziffre, so meine ich das sehr exakt. Wenn ich aber den Preis eines Hauses mit Fr. 750'000 beziffre, wird mein Kunde kaum böse werden, wenn er 50 Franken draufzahlen muss. Oder: Wenn Kinder in der Schule grade mal die einfachen Rechenarten gelernt haben, so freuen sie sich darüber, dass sie nun, wenn sie hören, ihre Heimatgemeinde habe 5000 Einwohner, ausrechnen können, wieviele es denn wären ohne sie (nämlich 4999). Sie haben dann noch nicht gelernt, dass man in natürlichen Sprachen mit Zahlen nicht immer so exakt umgeht wie in der Mathematik.

• Einen weiteren Typus von Vagheit bildet nach Pinkal die *Randbereichsunschärfe*. Damit ist einmal das gemeint, was wir unter 4.7 als die Eigenschaft sehr vieler *Gattungsnamen* unserer Alltagssprache, angetroffen haben: unscharfe Ränder zu haben. Dem trägt die Prototypentheorie Rechnung. Pinkal dehnt die Randbereichsunschärfe jedoch aus auf Adjektive wie die Farbadjektive, auf Adjektive wie *süss, krank*, auf Zeitadverbien (wann fängt genau *morgen* an, um 0.00 Uhr oder wenn ich geschlafen habe und aufwache?), auf Ortsangaben (*Kannst du mich mal kratzen, es juckt mich am Rücken!* Bis wohin geht genau der Rücken?)

Natürlichsprachliche Bedeutung bleibt sehr oft ungenau und vage. Eine semantische Theorie kann nicht mehr als das *Potential* möglicher Ausdeutungen bereitstellen; sie bleibt gerade eine Theorie der Vagheit und Mehrdeutigkeit. Andererseits gibt es das Faktum einer doch in der überwiegenden Zahl der Fälle glückenden Verständigung. Sie geschieht in der kommunikativen Verwendung vager und mehrdeutiger Ausdrücke und muss demnach von einer Pragmatik in Ergänzung zur Semantik erklärt werden. Die Pragmatik ist so eine "Theorie der Vereindeutigung", wo diese zur Verständigung nötig ist, und, allgemeiner, Theorie der Verständigung, sei es, dass diese nur über Vereindeutigung gelingt oder in der belassenen Uneindeutigkeit. Die Pragmatik muss insbesondere aufzeigen, auf welche andern Informationsquellen (Situationsdeutung, Vorwissen) zurückgegriffen wird, wenn sprachlich Unscharfes und Mehrdeutiges eindeutig verstanden wird. Das bringt sie an den Rand einer eng verstandenen Sprachwissenschaft.

Unbestimmtheit, Mehrdeutigkeit, Vagheit waren und sind immer wieder Gegenstand der *Sprachkritik*, einer Sprachkritik von Seiten gewisser Logiker, Wissenschaftstheoretiker, Phantasten einer Zukunft der maschinellen Kommunikation. Von anderer Seite wird umgekehrt gerade die Unbestimmtheit, Mehrdeutigkeit, Vagheit natürlicher Sprachen immer wieder als Grund für ihre extreme Flexibilität und Leistungsfähigkeit gedeutet. Uns scheint: Beide Seiten haben recht, weil beide Seiten Sprache für sehr unterschiedliche Zwecke reklamieren. Für einen überwiegenden Teil ihrer Verwendungsbereiche ist natürliche Sprache ein optimales Zeichensystem gerade mit ihrer semantischen Unpräzision. Für einen sehr kleinen Teil kann gerade das sehr hinderlich werden. Das gilt für bestimmte Bereiche der Wissenschaft, aber nicht nur dort; das geht auch in den Alltag jedes Menschen hinein, man denke nur an die ausgesucht unpräzise Sprache der Politik. Aber die Sprache ist hintergehbar mit Sprache, Bedeutungen können ausgehandelt, festgesetzt und verbindlich erklärt werden dort, wo der überkommene Gebrauch sich mit seiner Unpräzision als ungeeignet herausgestellt hat.

4.11 Neuere Entwicklungen

Die linguistische Semantik lässt sich grob in drei Richtungen unterteilen, denen auch die bereits besprochenen Theorien zugeordnet werden können: in *strukturale Semantik* (4.4–4.6), *Kognitive Semantik* (4.7) und *Formale Semantik* (4.9). In den letzten Jahren haben sich v.a. die Kognitive und die Formale Semantik als Kerndisziplinen weiter etabliert und damit eine generelle Kognitivierung und Formalisierung der gesamten Disziplin bewirkt, wie etwa die neueren Entwicklungen in der strukturalen Semantik (4.11.1) zeigen. Die Richtungen repräsentieren daher nicht abgeschlossene Disziplinen, sondern verschiedene Blickwinkel. Auch lassen sich nicht alle semantischen Theorien in dieses Schema einordnen. Gerade in den letzten Jahren wurden grundlegende Neuorientierungen vorgeschlagen, die dem Fach ganz neue Perspektiven eröffnen. Das kann im Rahmen dieses ohnehin sehr kursorischen Überblicks allerdings nur angedeutet werden.

4.11.1 Strukturale Semantik: Die Suche nach Bedeutungskomponenten

Die *Komponentialsemantik* (vgl. 4.5-4.6) war, wie wir gesehen haben, bald an ihre Grenzen gestossen. Sie spielt daher heute kaum mehr eine Rolle. Doch die Idee, analog zu *Phonemen* und *Morphemen* auch eine begrenzte Menge kleinster semantischer Einheiten klassifizieren zu können, hat bis heute nichts von ihrer Faszination verloren. Im Folgenden sollen kurz zwei weithin beachtete Ansätze vorgestellt werden, die – mit ganz unterschiedlicher Zielsetzung – die Suche nach semantischen Strukturkomponenten weiter vorangetrieben haben.

a) Ray Jackendoff: Conceptual Semantics

JACKENDOFF (1990) schlägt auf der Suche nach kleinsten semantischen Einheiten einen ganz anderen Weg ein als die Komponentialsemantik. Er nimmt an, dass sich Bedeutungen aus einer endlichen Menge von *Grundkonzepten (conceptual primitives)* zusammensetzen, die in der menschlichen Wahrnehmung begründet liegen und daher universal gültig sind. Ein solches Grundkonzept etwa ist die Bewegung eines Objektes im Raum: GO (um sie von Lexemen zu unterscheiden, werden die Konzepte hier nicht übersetzt). GO erfordert zwei *Argumente,* ein Objekt und eine Richtung – vereinfacht: GO(Objekt, TO(Ziel)). Wie das Beispiel zeigt, sind die Grundkonzepte z.T. ineinander verschachtelt. So enthält das Grundkonzept GO als ein Argument das Grundkonzept TO, welches selbst wiederum ein Argument (Ziel) erfordert. Die Grundkonzepte ordnet Jackendoff wiederum allgemeinen *Kategorien* zu. GO ist ein Ereignis *(Event),* TO eine Richtung *(Path).* Auch die Argumente entstammen bestimmten Kategorien. Das Objekt, das sich bewegt, ist ein *Thing* (Gegenstand, Person), das Ziel ein *Place* (Ort). Da die Kategorien der Argumente in der Bedeutung festgelegt sind (GO erfordert bspw. immer Argumente aus den Kategorien *Thing* und *Path*), sind sie Bestandteil der Notation. Für das Konzept GO lautet diese:

(1) $[_{\text{Event}} \text{GO}([_{\text{Thing}}\_\_], [_{\text{Path}} \text{TO}([_{\text{Place}}\_\_])])]$

Diese Formel repräsentiert die abstrakte Struktur einer räumlichen Bewegung. Die Leerstellen (*slots*) der Formel lassen sich nun mit (zulässigen) Argumenten besetzen. Wenn man etwa *Martin* als *Thing* und *Büro* als *Place* einfügt, erhält man die Struktur des Satzes *Martin geht ins Büro:*

(2) $[_{\text{Event}} \text{GO}([_{\text{Thing}} \text{MARTIN}], [_{\text{Path}} \text{TO}([_{\text{Place}} \text{BÜRO}])])]$

Doch nicht nur *gehen* liegt das Konzept GO zu Grunde. Es repräsentiert den Vorgang der Bewegung insgesamt und ist Bestandteil sämtlicher Verben, in denen sich Bewegung vollzieht. Zwei Beispiele sollen dies andeuten:

(3) $[_{\text{Action}} \text{CAUSE}(\text{DANIELA}, [_{\text{Event}} \text{GO}([_{\text{Thing}} \text{BUCH}], [_{\text{Path}} \text{TO}([_{\text{Place}} \text{CHRISTA}])])])]$
(4) $[_{\text{Action}} \text{CAUSE}(\text{PAUL}, [_{\text{Event}} \text{GO}([_{\text{Thing}} \text{BUTTER}], [_{\text{Path}} \text{TO}([_{\text{Place}} \text{BROT}])])])]$

Beispiel (3) zeigt die Struktur des Satzes *Daniela gibt Christa das Buch,* Beispiel (4) *Paul buttert das Brot.* Diese Beispiele verdeutlichen, worauf es Jackendoff ankommt: Er will vor allem die Struktur von Verben sowie (bisweilen unvermutete) strukturelle Ähnlichkeiten zwischen Verben aufdecken. Allerdings ist der Ansatz weitgehend auf Verben beschränkt. Nachfolger Jackendoffs (insbesondere PUSTEJOVSKI 1995) haben jedoch bereits erweiterte Theorien vorgelegt, in denen auch andere Wortarten berücksichtigt werden.

Die Arbeiten Jackendoffs zeigen übrigens, wie schwierig die Zuordnung einzelner Theorien zu den drei 'Grundrichtungen' ist. Der aus der *Generativen Grammatik* kommende Jackendoff versteht sich, wie schon die Bezeichnung *Conceptual Semantics* andeutet, als *Kognitiver Semantiker.* Seine Notation ist deutlich von der *Formalen Semantik* geprägt. Die Idee semantischer Komponenten jedoch ist der Versuch einer Fortführung und Erweiterung der *Komponentialsemantik.*

b) Anna Wierzbicka: Semantic primitives

Auch WIERZBICKA nimmt an, dass allen Sprachen eine endliche Menge universaler und atomarer (nicht weiter zerlegbarer) Konzepte zu Grunde liegt. Sie geht dabei wie Jackendoff von kognitiven Überlegungen aus, meint aber mit ihren *semantic primitives* keine abstrakten Konzepte (wie Jackendoffs GO im Sinne von BEWEGUNG). Vielmehr nimmt sie an, dass es ein Set von *Lexemen* gibt, die in allen Sprachen vorkommen, etwa *ich, du, jemand, etwas, wollen, fühlen, sagen.* In Wierzbicka (1996) werden 55 solcher *primitives* aufgeführt, die seit Beginn der 70er Jahre durch einen sehr umfassenden Sprachvergleich eruiert wurden. Wierzbicka glaubt, dass sich beliebig komplexe Bedeutungen jeder Sprache allein mit diesen *primitives* beschreiben lassen. Daher hat sie eine Beschreibungssprache konzipiert, die ausschliesslich aus den *primitives* besteht, die sog. *Natural Semantic Metalanguage* (NSM). Wenn es zutrifft, dass die *primitives* selbst nicht weiter zerlegbar und semantisch analysierbar sind, dann löst die NSM ein grundlegendes Dilemma der semantischen Analyse: Jede Bedeutungsbeschreibung ist ja selbst wiederum eine sprachliche Aussage, die semantisch analysiert werden muss (vgl. 4.1.3). Eine Paraphrase in der NSM ist jedoch 'unanalysierbar', da sie ausschliesslich aus *primitives* besteht.

Mother paraphrasiert Wierzbicka (1996, S. 155) folgendermassen:

X is Y's mother. =
- (a) at one time before now, Y was very small
- (b) at that time, Y was inside X
- (c) at that time, Y was like a part of X
- (d) because of this, people can think something like this about X:
    "X wants to do good things for Y
    X doesn't want bad things to happen to Y"

Die Paraphrase enthält selbst zum Teil fest definierte Paraphrasen, die für wichtige, aber keineswegs universale Konzepte stehen. So repräsentiert "at one time before now" die Vergangenheit, die Paraphrase in (d), mit der Wierzbicka die psychologische und soziale Komponente des Konzepts MUTTER erfasst, drückt Erwartungshaltungen ("expectations") aus.

Der Haupteinwand gegen die Methode Wierzbickas ist, dass die Paraphrasen oft vage und mehrdeutig sind. Ausserdem hat man ihr entgegengehalten, dass Konzepte wie MUTTER sehr wohl kultur- und sogar sprechergebunden sind, auch dann, wenn man versucht, sie auf *lexikalische Bedeutungen* ('die Frau, die mich geboren hat') einzuschränken und *enzyklopädische* ('die Rolle der Mutter in der Gesellschaft' etc.) auszublenden. Dieser Einwand beruht aber auf einem Missverständnis von Wierzbickas Theorie, denn um eine Universalität von *Konzepten* geht es ihr gerade nicht. Sie betont ausdrücklich, dass allein die *primitives* universell und alle anderen Konzepte kulturspezifisch seien. Die *primitives* seien daher die gemeinsame Basis, auf deren Grundlage man Konzepte und Bedeutungen verschiedener Kulturen überhaupt erst vergleichen könne. Wierzbicka nutzt ihre Theorie auch selbst für solche Kulturvergleiche.

4.11.2 Formale Semantik: Vom Satz zum Text/Diskurs?

Die Formale Semantik hat in den letzten Jahren enorm an Popularität gewonnen. Zwar scheint die formale Notation auf den ersten Blick unnötig komplex, doch wenn man diese Beschreibungssprache erst einmal beherrscht, verspricht sie einige Probleme nichtformaler Bedeutungsanalyse zu lösen. Das liegt vor allem daran, dass sie im Gegensatz zu natürlichen Sprachen eindeutig ist. Im Deutschen hat etwa der Satz *Johanna verfolgt den Mann mit dem Fahrrad* zwei Lesarten, er ist *ambig*: Sitzt Johanna auf dem Rad oder der Mann? In der Notation der Formalen Semantik unterscheiden sich die Formeln für die Lesarten aber, *Ambiguitäten* kommen (idealerweise) nicht vor. Schon bei der Übersetzung in die formale Notation erfolgt daher eine wichtige Analyseleistung, denn man muss die verschiedenen Lesarten zwangsläufig auseinanderhalten. Auf diese Weise lassen sich viele satzsemantische Phänomene sehr präzise beschreiben.

Für die Notation greift man zumeist auf eine Variante der *Prädikatenlogik* zurück. Diese bildet eine Aussage auf eine mathematische *Funktion* – also $f(x,y)$ – ab. Die *Funktion* (f) ist das Prädikat des Satzes, alles Übrige (Subjekt, Objekte etc.) bildet die *Argumente* $(x,y,\dots)$. Ein einfacher Aussagesatz wie *Ulrich singt* wird so als SINGT(Ulrich) notiert, *zweistellige* Prädikate wie *Dieter schreibt ein Buch* als SCHREIBEN(Dieter, Buch). Für komplexere Sätze verwendet man *Junktoren* ($\wedge$: 'und', $\vee$: 'oder', $\neg$: 'nicht', $\rightarrow$: 'wenn, dann', $\leftrightarrow$: 'genau dann, wenn') bzw. *Quantoren* ($\exists x$: 'Es gibt [mindestens] ein x, für das gilt' bzw. $\forall x$: 'für alle x gilt'). Durch zusätzliche Erweiterungen kann man u.a. das Tempus von Sätzen, Relationen ('zwei', 'die wenigsten') und Modalitäten ('möglicherweise', 'notwendigerweise') formal darstellen. Auch Kontexte, die die Wahrheitsbedingungen von Aussagen mitbestimmen, lassen sich formal erfassen (*Mögliche-Welten-Semantik*). Mit Hilfe der *Intensionalen Logik* schliesslich lässt sich die Unterscheidung zwischen *extensionaler* und *intensionaler* Bedeutung (vgl. 4.1.2) formulieren.

Die Formale Semantik eignet sich v.a. für die Analyse der *Wahrheitsbedingungen* von Sätzen. Die Grundeinheit dieser Disziplin ist daher auch der Satz, genauer: der *Deklarativ*satz und dessen *deskriptive Bedeutung* (die Beschreibung von Personen, Objekten und Situationen). Andere Bedeutungsebenen wie die *soziale Bedeutung* (vgl. Kap. 5) kann sie nicht erfassen. Seit den 80er Jahren hat man jedoch in der Formalen Semantik den Blick über den Satz hinaus auf die Einheiten *Diskurs* und *Text* (vgl. Kap. 6 und 7) gerichtet. Anlass für diese Neuorientierung waren einige grundlegende Probleme, auf die man bei der formalen Analyse bestimmter *anaphorischer* Sätze gestossen war. Ausserdem erkannte man die *Dynamik* von Bedeutung: Sätze sind keine abgeschlossenen Bedeutungsträger, wie dies die Satzsemantik impliziert. Sie sind eingebettet in ein Netz von Informationen, die die Bedeutung mit konstituieren. Sie sind aber nicht nur mit vorangegangenen Sätzen verknüpft. Auch die Informationen, die nachfolgende Sätze liefern, können zu einem 'Update' der Bedeutung führen.

Es wurden eine ganze Reihe von Ansätzen entwickelt, die dieser Tatsache Rechnung zu tragen versuchen. Einer der ersten und zugleich der am meisten rezipierten ist die *Diskursrepräsentationstheorie* (DRT) von KAMP/REYLE. Kamp und Reyle stellen einen *Diskurs* modellhaft als Rechteck (die *Diskursrepräsentationsstruktur*, kurz DRS) dar. In das zunächst leere Rechteck werden die jeweils neuen Informationen sukzessive (Satz für Satz) eingefügt. Dabei müssen die neuen Aussagen jeweils mit den bereits vorhandenen Informationen verknüpft werden. Damit können über Satzgrenzen hinweg Bedeutungen analysiert und auf ihre Logik hin überprüft werden. Eine weitere wichtige Theorie ist die *Dynamische Prädikatenlogik* (GROENENDIJK/STOKHOF 1991). Sie wurde in kritischer Auseinandersetzung mit der DRT entwickelt und versucht, der beschriebenen Phänomene durch eine Modifikation der Prädikatenlogik habhaft zu werden. Durch diese Entwicklung hat sich auch eine neue Perspektive etabliert. Die Formale Semantik interessiert nicht mehr ausschliesslich die *Komposition* der Bedeutung eines komplexen Gebildes aus seinen Teilen, sondern auch die Prägung der Bedeutung der Teile durch die Bedeutung des komplexen Gebildes.

4.11.3 Kognitive Semantik: Konzepte und Bedeutungen

Die Kognitive Semantik untersucht – als Teildisziplin der Kognitiven Linguistik – vor allem, wie Bedeutungen mental gespeichert und verarbeitet werden (vgl. dazu auch grundsätzlich Kap. 9). In 4.7 wurde mit der (klassischen) *Prototypensemantik* bereits ein kognitiver Ansatz vorgestellt. Die Prototypentheorie war einer der Ausgangspunkte der Kognitiven Semantik. Mittlerweile ist ihre Bedeutung jedoch stark zurückgegangen.

Die klassische Prototypentheorie wird heute z.T. selbst von jenen Linguisten kritisiert, die sie einst bekannt gemacht haben. In Nachfolgemodellen, die mit der ursprünglichen Idee nicht mehr viel gemeinsam haben (vgl. etwa die *Idealized Cognitive Models* von LAKOFF 1987), wird die Vorstellung eines für jede Kategorie typischen Vertreters (Prototypen) aufgegeben. Statt dessen spricht man von *prototypischen Effekten*, die durch verschiedenartigste Relationen entstehen. Kategorien stellt man sich nicht mehr als konzentrische Kreise mit dem Prototypen als Zentrum vor, sondern als multidimensionale Netzwerke, in denen jeweils zwei Vertreter durch mindestens ein gemeinsames Merkmal verknüpft sind. WITTGENSTEINs Idee von *Familienähnlichkeiten*, die bereits die klassische Prototypensemantik inspiriert hatte, rückt damit ins Zentrum der Theorie.

Der Ausgangspunkt aller kognitiven Ansätze ist die Unterscheidung zwischen der realen Welt und ihrer Wahrnehmung durch den Menschen. Man ist sich einig darin, dass Wissen in Form von *Konzepten* im Langzeitgedächtnis gespeichert wird. In welcher Form dies geschieht, ist jedoch eine umstrittene Frage (vgl. auch 9.5.3). Strittig ist vor allem, ob *semantisches Wissen* im engeren Sinne *(word knowledge)* und allgemeines *enzyklopädisches Wissen (world knowledge)* eine Einheit bilden. Ein Teil der Forschung ist der Ansicht, dass man sowohl Sprache und Kognition als auch semantisches und enzyklopädisches Wissen nicht trennen könne. Die Vertreter dieses sog. *holistischen* Ansatzes nehmen an, dass semantisches Wissen Teil des Weltwissens sei, dass es also im Langzeitgedächtnis keine spezifisch sprachliche Bedeutungsebene gebe (vgl. LANGACKER 1999, Lakoff 1987). Da dieses umfassende Weltwissen auch das Wissen um pragmatische Verwendungsweisen beinhalte, lehnen Vertreter dieses Ansatzes auch die Trennung von Semantik und Pragmatik (vgl. 4.10) ab.

Die Vertreter des sog. *modularistischen* Ansatzes sind dagegen der Ansicht, dass semantisches und enzyklopädisches Wissen auf verschiedenen Ebenen gespeichert und verarbeitet werden (vgl. SCHWARZ 1992). Durch Befunde kognitiver Untersuchungen (etwa bei Beeinträchtigungen des Sprachzentrums; vgl. dazu 9.3.2) versucht man diese These zu untermauern. In neueren Theorien ist von mindestens drei Ebenen die Rede, auf denen bspw. das *enzyklopädische* (aussersprachliche) *Wissen*, das *lexikalische Wissen* (mittels dessen ein Zeichen identifiziert wird) und das *Verwendungswissen* (über die grammatischen Formen, stilistische Markierungen, Genus, Wortfamilie, Kombinationsmöglichkeiten mit anderen Lexemen usw.) jeweils unabhängig voneinander verarbeitet werden. Man bezeichnet diese Ansätze auch als *Mehr-Ebenen-Semantik*.

Neben solch grundsätzlichen Überlegungen zur Repräsentation und mentalen Verarbeitung von Bedeutung ist es ein besonderes Verdienst der Kognitiven Semantik, auf Phänomene aufmerksam gemacht zu haben, die die traditionelle Forschung vernachlässigt hatte, teils, weil sie deren zentrale kommunikative Funktion unterschätzt hatte, teils, weil sie sie einfach nicht erklären konnte. So stiessen bereits in den 80er Jahren *Metaphern*, die man zuvor zumeist als rhetorischen Zierrat klassifiziert und wenig beachtet hatte, auf grosses Interesse. Man hatte erkannt, dass sie ein fundamentaler Bestandteil der menschlichen Wahrnehmung sind und bei der Organisation von Wissen sowie bei der Benennung neuer Konzepte eine wichtige Rolle spielen. Eine ähnliche Orientierungsfunktion spricht man mittlerweile auch *Metonymien* zu. Metaphern und Metonymien sind aber nur zwei Beispiele für die Organisation von Wissen und Bedeutung, auf die die Kognitive Semantik ihr Interesse gerichtet hat.

4.11.4 Ausblick

Auch ausserhalb der gemeinhin als 'Kerngebiete' verstandenen Richtungen hat die Semantik viele neue Impulse erhalten. Ein wichtiger neuer Ansatz ist die *Historische Semantik*, die moderne Bedeutungstheorien auf Sprachwandelphänomene anwendet. Auf besonders grosse Resonanz ist in den letzten Jahren die *Handlungstheoretische Semantik* gestossen. Diese untersucht in der Nachfolge des späten Ludwig Wittgenstein, inwiefern die Bedeutung sprachlicher Zeichen in der konkreten Sprachverwendung konstituiert wird. Abgesehen von ihrem praktischen Nutzen etwa bei der Erklärung von Bedeutungswandel ist dieser Ansatz vor allem deshalb hochinteressant, weil er die linguistische Semantik mit Grundsatzfragen aus der philosophischen Semantik konfrontiert, die nichtsweniger als das Fundament des Faches (etwa die Trennung von Semantik und Pragmatik und das Postulat einer deskriptiven, entkontextualisierten Bedeutung) betreffen. Es bleibt abzuwarten, wie sich die Auseinandersetzungen mit den eigenen Grundlagen auf die weitere Entwicklung des Faches auswirken werden.

4.11.5 Weiterführende Literatur

Einführendes, Überblicksdarstellungen und Handbücher: Seit Beginn der 90er Jahre ist eine Fülle sehr guter Einführungen in die Semantik mit jeweils spezifischen Schwerpunkten erschienen. Besonders empfehlenswert und gut lesbar ist Löbner (2002, deutsche Übersetzung 2003). Eine bündige und gute Einführung in die lexikalische Semantik ist Blank (2001). Von den zahlreichen englischsprachigen Einführungen kann nur eine Auswahl erwähnt werden. Saeed (2003) bietet eine umfassende Einführung in Grundlagen und moderne Ansätze der Forschung. Zusammenfassende Beiträge zu neueren Theorien bietet das Handbuch von Lappin (1996). Einen breiten Überblick vermittelt auch die neueste Einführung von Lyons (1996).

Strukturale Semantik: Die umfassendsten Einführungen in ihre Theorien bieten die vorgestellten Autoren selbst (bes. Jackendoff 1990, Wierzbicka 1996). Allerdings ist insbesondere Jackendoff für nicht Eingeweihte schwer zu lesen. Als kursorische Einführung in beide Methoden, insbesondere zu Wierzbicka, empfiehlt sich Goddard (1998). Saeed (2003) enthält einen guten Überblick über beide Theorien sowie über weitere neuere strukturale Ansätze.

Formale Semantik: Eine verständliche und gut strukturierte deutschsprachige Einführung bietet Lohnstein (1996). Der zweite Teil des Arbeitsbuches von Schwarz/Chur (1993) widmet sich ebenfalls der Formalen Semantik. Von den zahlreichen englischsprachigen Einführungen zum Thema empfehlen sich de Swart (1998), Kearns (2000) sowie aus Sicht der Generativen Grammatik Heim/Kratzer (1998). Eine repräsentative Auswahl einiger klassischer Aufsätze enthält der Sammelband von Portner/Partee (2002).

Dynamische Semantik: Vgl. zu grundsätzlichen Überlegungen Cherchia (1995), zusammenfassend auch de Swart (1998) und Jaszczolt (2002). Die zentrale Arbeit zur *Discourse Representation Theory* ist das umfassende, zweibändige Werk von Kamp/Reyle (1993).

Kognitive Semantik: Eine Einführung in die Kognitive Linguistik mit Schwerpunkt Kognitive Semantik ist Ungerer/Schmidt (2001). Einen Überblick über den aktuellen Forschungsstand bietet Blank (2001). Auch Schwarz (1994) ist hinsichtlich der grundsätzlichen Positionen noch aktuell. Als Grundlagenwerk weithin beachtet ist Talmy (2000). Dieses auf Aufsätzen beruhende zweibändige Werk versteht sich aber weniger als Überblick über den Theoriestand denn als theoretisches Manifest und erfordert daher einige Vorkenntnisse.
Neuere Entwicklungen der *Prototypentheorie* skizzieren die Einführung von Kleiber (1993) und der Sammelband von Mangasser-Wahl (2000). Grundlegend zur *Mehr-Ebenen-Semantik* sind Bierwisch/Lang (1989), Schwarz (1992) und Blank (2000a). Das Standardwerk zur *Metapherntheorie* ist Lakoff/Johnson (1980); Liebert (1992) bietet eine sehr brauchbare Theoretisierung des Ansatzes. Vgl. zur *Metonymie* die Beiträge in Panther/Radden (1999).

Ausblick: Vgl. einführend zur *Historischen Semantik* Fritz (1998), zur *Handlungstheoretischen Semantik* Gloning (1996) sowie zu deren sprachphilosophischen Hintergründen die kontroversen Beiträge in Krämer/König (2002).

5. Pragmatik

Einleitung

Die Wurzel des Wortes *Pragmatik* ist das griechische Wort *pragma;* es bedeutet "Sache", "Ding", aber auch "Tun", "Handeln". Im alltagssprachlichen Gebrauch des Wortes heisst *pragmatisch denken* oder *pragmatisch handeln*: in bezug auf konkrete Sachen, erfolgsorientiert, undogmatisch denken oder handeln; hier ist also die erste Bedeutung angesprochen. *Pragmatik* in linguistischem Zusammenhang bezieht sich auf die andere Bedeutung und meint: Lehre vom Zeichengebrauch, Lehre vom Sprachhandeln.

Pragmatik ist in der hier verwendeten Bedeutung ein junger Begriff. Er stammt aus den *Zeichentheorien* von Ch. S. PEIRCE und Ch. W. MORRIS (vgl .Kapitel 1). Dies heisst nicht, dass die Formen des Sprachgebrauchs nicht schon früher in vielerlei Hinsicht zum Objekt der Reflexion geworden sind. Die lange europäische Tradition der *Rhetorik* etwa vereinte ihre Lehre vom Aufbau und den sprachlichen Figuren von Texten mit einem tiefen Interesse für deren kommunikative Wirksamkeit. Dieser zweite Aspekt – die Frage, wie durch Sprachgebrauch etwas bewirkt werden kann – ist in einigen Ansätzen der heutigen Pragmatik wieder zu einem zentralen Thema geworden, allerdings in einer allgemeineren, begrifflich völlig anders formulierten Weise.

In der Sprachwissenschaft bildete das Phänomen des Sprachgebrauchs lange Zeit nur den Hintergrund für das eigentliche Bemühen, das sich auf die Sprache selbst richtete. Interesse am Sprachgebrauch und seinen Regeln blieb sporadisch und eigentlich folgenlos. Diese eindeutige Perspektive wird etwa deutlich in de SAUSSUREs Entgegensetzung von *langue* und *parole*. Der definierte Begriff in diesem Paar ist *langue*. *Parole*, das Sprechen, ist nur negativ bezeichnet als das, worin die langue sich zwar manifestiert, aber gleichzeitig eben nicht mehr als langue gefasst werden kann. So sehr de Saussures Werk den Beginn der neueren Sprachwissenschaft markiert, so sehr bleibt es in dieser Beziehung der sprachwissenschaftlichen Tradition und ihrem Desinteresse für die pragmatischen Aspekte verhaftet. Die Entfaltung der modernen Sprachwissenschaft bis hin zu CHOMSKY folgte weithin dieser Spur. Chomskys Begriffspaar *Kompetenz–Performanz* kann zumindest in dieser Hinsicht noch als Echo der Saussureschen Dichotomie verstanden werden.

Das heisst nicht, dass der Sprachgebrauch und seine Eigendynamik einfach übersehen wurden. So stellte z.B. BÜHLER (1934) pragmatische Phänomene sehr eindrücklich dar. Sein Ansatz blieb aber im Rahmen der Linguistik weitgehend unbeachtet. Erst in den siebziger Jahren begannen mehr als vereinzelte Sprachwissenschaftler ein Interesse an pragmatischen Fragen zu zeigen. Die Anstösse dazu kamen aus verschiedenen Richtungen.

Innerhalb der Linguistik zeigte sich z.B. in der Ausarbeitung einer Grammatik auf generativer Grundlage immer wieder, dass gewisse Phänomene nur unter Einbezug nichtsprachlicher, situationsbezogener Kategorien erklärt werden können. Auf einer völlig anderen Ebene liegend, aber in ihrem Effekt v.a. im deutschsprachigen Raum wichtiger, war die Forderung von Studierenden und vorab jüngeren Dozentinnen und Dozenten der 68-er Generation, die Linguistik aus einer "Spielerei im Elfenbeinturm" zu einer "sozial nützlichen Wissenschaft" zu machen – und dies konnte am klarsten durch eine Ausweitung ihres Gebietes auf das für Gesellschaft und Schule wichtige Feld der Sprachverwendung geschehen. Im Hintergrund stand dabei sicher auch die Tatsache, dass in den Einzelphilologien, wo wahrscheinlich die grösste Zahl von Studierenden mit der Sprachwissenschaft in Berührung kommt, weniger professionelle Linguisten als Germanisten, Anglisten usw. ausgebildet werden, viele davon zukünftige Lehrer, Medienschaffende usw. Es ist kaum ein Zufall, dass gleichzeitig auch die Soziolinguistik ihren Aufschwung nahm und einen breiten Kreis von Interessenten fand (vgl. Kap. 8). Diese 'pragmatische Wende' der Linguistik, begleitet von mancherlei Verschiebungen in Studiengängen, Forschungsschwerpunkten und Stellenplänen, bereicherte den Phänomenbereich erheblich, der heute

Gegenstand der Sprachwissenschaft ist. Die damit ausgelöste Bewegung ist noch nicht abgeschlossen. Während pragmatische Untersuchungen aus der Sprachwissenschaft nicht mehr wegzudenken sind, ist ihr Verhältnis zu den traditionellen Kernbereichen der Linguistik noch keineswegs zufriedenstellend definiert. Einige Hinweise auf die Bruchlinien, die da auszumachen sind, werden im folgenden gegeben (5.1, vgl. auch 4.10, 9.3.4f.).

Wir haben eben gesagt, dass die Pragmatik sich für Dinge interessiert, die in den Entwürfen von de Saussure und Chomsky dem Bereich der parole, der Performanz zugewiesen worden waren. Aus der Perspektive dieser systemlinguistischen Theorien ist dieser Bereich der Sprachverwendung der Bereich der *tokens*, der je einzelnen Anwendungen der vom System her gegebenen Möglichkeiten, der *types*. Aus der Perpektive der Pragmatik nun ist diese Sicht zumindest zu einfach. Sprachgebrauch in Situationen, Sprachgebrauch zu Zwecken der Kommunikation ist nicht bloss Anwendung von sprachsystematischen Möglichkeiten. Vielmehr wird die Auswahl aus den gegebenen Möglichkeiten von den Sprechenden gesteuert. Diese Steuerung erfolgt auf der Grundlage ihrer *Intentionen* (sie wollen ja ausdrücken, was sie meinen, nicht einfach wohlgeformte Sätze äussern), aber auch auf der Grundlage von *Regeln des kommunikativen Umgangs*. Was ich sagen will, drücke ich jeweils ganz anders aus, je nachdem, ob ich mit einer befreundeten, fremden, vorgesetzten usw. Person spreche, und sehr oft kann ich diesen verschiedenen Adressaten gegenüber gar nicht über dasselbe sprechen – es gibt Dinge, die ich mit dem einen, nicht jedoch mit dem anderen bereden kann und will. Darin drückt sich eine teilweise sehr verbindliche, teilweise nur als Tendenz wirksame soziale Regulation der Kommunikation aus.

Die Regeln und Regularitäten des kommunikativen Umgangs sind das Thema der Pragmatik. Sie ist demnach keine Wissenschaft der token, sie interessiert sich nicht primär für die einzelnen Äusserungen. Vielmehr interessiert auch sie sich für die Regularitäten, die Muster oder types, die in diesen Äusserungen, in der Wahl von bestimmten Aussageweisen und Kommunikationsmustern wirksam werden. Aber die Muster, die sie beschreibt, sind nicht Muster des Sprachsystems, sondern des Gebrauchs von Sprache in Situationen. Aus der Perspektive der Pragmatik steht hinter den Phänomenen der parole, der Performanz nicht nur das Zeichensystem der Sprache, sondern auch das System der Sprachgebrauchsregeln. Erst beide zusammen erlauben es, die Art und Weise, wie Menschen sprechen, einigermassen umfassend zu beschreiben.

Im ersten Abschnitt dieses Kapitels werden die Fragestellungen der Pragmatik im Gebiet zwischen Systemlinguistik einerseits, Kommunikations- und Handlungstheorie andererseits skizziert. Dabei wird deutlich, dass es verschiedene pragmatische Fragestellungen gibt, dass der Bereich der Pragmatik von ganz unterschiedlichen Perspektiven her betrachtet werden kann. Wir unterscheiden hier drei solcher Perspektiven: Pragmatische Untersuchungen können betreffen: a) das Verhältnis von sprachlich Geäussertem und dem, was damit über die Welt ausgesagt wird; b) das Verhältnis von sprachlich Geäussertem und dem, was ein Sprecher oder eine Sprecherin damit der angesprochenen Person gegenüber überhaupt bezwecken kann; c) die Art und Weise, wie Kommunizierende ihren sprachlichen Austausch gestalten. Die Untersuchung der zwei ersten Perspektiven macht den eigentlichen Kern der linguistischen Pragmatik aus (vgl. 5.1). Wir werden zu der ersten dieser pragmatischen Perspektiven hier nicht viel sagen, dafür die zweite etwas ausführlicher darstellen. Zuerst wird die *Sprechakttheorie* vorgestellt, der bis anhin erfolgreichste Versuch zu erklären, was es heisst, durch Sprechen zu handeln (5.2). Im Anschluss daran gehen wir auf das Konzept der *konversationellen Implikatur* ein; es steht im Kontext einer Theorie, welche unabdingbare Rahmenbedingungen für jede Kommunikation formuliert (5.3).

Lesehinweise

Einführendes und Überblicksdarstellungen: Eine erste Orientierung gibt Wunderlichs Grundsatzartikel von (1970) oder die Überblicksdarstellung von Schlieben-Lange (1975). Einen ausführlichen Überblick verschafft Levinson (1990). Eine schwierige, vertiefende Lektüre bietet Meggle (1981). Die verschiedenen Formen sprachlicher Kommunikation besprechen Burger/Imhasly (1978). Watzlawick/Beavin/Jackson (1974) beleuchten Formen und Paradoxien menschlicher Kommunikation auf sehr eingängige Weise, allerdings nicht aus linguistischer Perspektive.

Systemlinguistik und Pragmatik: Semantische und pragmatische Aspekte von Satzbedeutungen untersucht Polenz (1985). Das Verhältnis von systemlinguistischen und pragmatischen Betrachtungsweisen und die Grenzziehung zwischen ihnen ist Thema der Beiträge im Sammelband von Meibauer (1987).

Handlungstheorien und Sprachhandlungstheorien: Allgemeine Darstellungen zur handlungstheoretischen Basis des Sprachgebrauchs sind zu finden in Harras (1983), Bayer (1984). Falkenberg (1982) entwirft – am Beispiel des Lügens – eine Theorie der sprachlichen Täuschung.

Sprechakttheorie: Einführend ist Hindelang (1994). Die Urschriften der Sprechakttheorie sind die Bücher Austins und Searles (deutsche Übersetzung: Austin (1979) und Searle (1971)). Searle führt seine sprachtheoretischen Überlegungen weiter aus in Searle (1982). Eine Diskussion der Sprechakttheorie findet sich in den Beiträgen von Wunderlich (1976) und im Sammelband von Grewendorf (1979). Lange (1984) untersucht einen Sprechakttyp, den der Entschuldigung, vor allem unter dem Aspekt der Höflichkeit. Rhetorische Fragen und die Beziehungen zwischen Fragesatz-Form und Frage-Akt behandelt Meibauer (1986). J. Klein (1987) beschreibt die konklusiven Sprechhandlungen des Begründens, Folgerns, Rechtfertigens usw. Eine Studie über Perlokutionen ist Eyer (1987).

Konversationelle Implikatur: Die Grundsätze sind niedergelegt in Aufsätzen von Grice (etwa 1968 und v.a. 1975). Das kommunikative Prinzip der Kooperation wird unter verschiedenen Perspektiven diskutiert in den Beiträgen in Liedtke/Keller (1987). Eine Diskussion der Griceschen Theorie (und darauf aufbauend der Entwurf einer formalen Theorie der Kommunikation) findet sich in Meggle (1981). Eine längere Darstellung und Besprechung findet sich auch im bereits erwähnten Buch von Levinson (1980). Eine anspruchsvolle Studie, die von der Griceschen Maxime der Relevanz ihren Ausgangspunkt nimmt, ist Sperber/Wilson (1986).

Kommunikationsideale, die in verschiedenen Epochen der abendländischen Geschichte wirksam waren, beschreibt Göttert (1988). Ueding/Steinbrink (1986) geben einen Abriss der Geschichte der *Rhetorik* und ihrer Lehre. Zur Rhetorik vgl. auch das umfassende "Historische Wörterbuch der Rhetorik" von Ueding (1992ff.). Ong (1987) ist eine Studie, die den *Einfluss der Schrift* auf die Formen des Denkens und des Sprachgebrauchs untersucht und – z.T. recht global – orale und literate Kultur miteinander vergleicht.

5.1   Die Fragestellungen der Pragmatik

5.1.1   Pragmatik und Kommunikation

Pragmatik als Untersuchung des Sprachgebrauchs steht in grosser Nähe zu der Disziplin, welche die Kommunikation zu ihrem Thema macht: die Kommunikationstheorie. Der Gegenstandsbereich der Pragmatik lässt sich am besten skizzieren anhand des Kommunikationsbegriffs, deshalb soll davon zuerst die Rede sein.

a) Kommunikation

Kommunizieren ist eine besondere Form des Verhaltens. Eine erste Annäherung an den Begriff der Kommunikation lässt sich am besten geben durch eine Skizze der Kriterien, welche die diversen menschlichen Verhaltensformen gegeneinander abgrenzen. Als obersten Begriff können wir den sehr unspezifischen des *Verhaltens* einsetzen: Jede Lebensäusserung von Mensch oder Tier lässt sich darunter fassen. Die speziellen Formen des Verhaltens zeichnen sich aus durch zusätzliche Bestimmungen, die ihre jeweilige Besonderheit bezeichnen. Jeder neue Begriff ist reicher an inhaltlichen Bestimmungen, er deckt damit einen zunehmend kleineren Bereich des Verhaltensspektrums ab. Kommunikation ist durch wichtige Kriterien von den übrigen Verhaltens- und Handlungsweisen unterschieden (Schema 5-1).

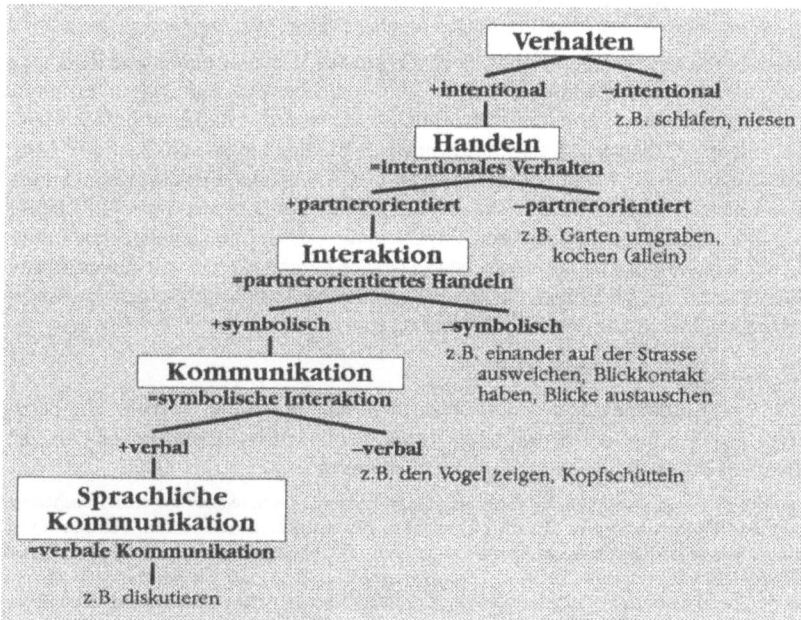

Verhalten

+intentional   −intentional
z.B. schlafen, niesen

Handeln
=intentionales Verhalten

+partnerorientiert   −partnerorientiert
z.B. Garten umgraben,
kochen (allein)

Interaktion
=partnerorientiertes Handeln

+symbolisch   −symbolisch
z.B. einander auf der Strasse
ausweichen, Blickkontakt
haben, Blicke austauschen

Kommunikation
=symbolische Interaktion

+verbal   −verbal
z.B. den Vogel zeigen, Kopfschütteln

**Sprachliche
Kommunikation**
=verbale Kommunikation

z.B. diskutieren

[Schema 5-1]

Erläuterungen zu Schema 5-1:
– Kommunikation wird oft als *kommunikatives Handeln* bezeichnet, sprachliche Kommunikation als *Sprechhandeln*. Damit wird die Grundbestimmung der Intentionalität hervorgehoben, die das menschliche Tun auszeichnet und einen Kernpunkt in allen Humanwissenschaften bildet.

– Den unterschiedlichen Bereichen entsprechen verschiedene Wissenschaften: Ethologie (Verhal-
  tenslehre), Handlungstheorie, Interaktionstheorie, Kommunikationstheorie, Sprechhandlungs-
  theorie. Mit Ausnahme der Ethologie bilden sie das Gesamt der Handlungswissenschaften.
– Beispiele für nicht-symbolische Interaktion gibt es viele (etwa auch: sich gegenseitig in die
  Augen schauen, zusammen im Wald rennen gehen, schmusen usw.). Meistens muss man jedoch
  annehmen, dass vorherige oder begleitende Kommunikation bei diesen Aktivitäten eine
  gewichtige Rolle spielt. Man kann versuchen zu unterscheiden zwischen partnerorientiertem
  Handeln, das durch Kommunikation bloss *koordiniert* wird (ein Haus bauen, fast alle körper-
  liche Arbeit), und partnerorientiertem Handeln, das durch Kommunikation *konstituiert* wird
  (Diskussion, Schulunterricht, Forschung).
– In diesem Schema erscheint Zeichengebrauch als intendiert und als partnerorientiert, Sprachgebrauch als (interaktives) Sprechhandeln. Es ist jedoch fraglich, ob dies den gesamten
  Bereich des Zeichengebrauchs abdeckt. Tagebuchschreiben z.b. ist symbolisches Handeln, aber
  nicht eigentlich partnerorientiert. (Die in 1.3.c aufgeworfene Frage, ob es Zeichengebrauch
  auch ausserhalb der Kommunikation gibt, soll hier nicht wiederaufgenommen werden. Sie wird
  durch dieses Schema wohl etwas zu eindeutig beantwortet. Die Frage ist im Rahmen der Pragmatik aber kaum thematisiert worden und spielt für die im folgenden zu diskutierenden Sachverhalte keine Rolle.)
– Ebenfalls im Semiotik-Kapitel (in 1.3.c) haben wir auf P. WATZLAWICKs These hingewiesen,
  dass man "nicht nicht kommunizieren kann". Diese These beruht darauf, dass Watzlawick auch
  nicht-intentionales, nicht-interaktives Verhalten – weil es interpretierbar ist – als kommunikativ bezeichnet, womit er einen völlig anderen Kommunikationsbegriff vertritt als der
  hier im Schema benutzte. Das Schema definiert die Begriffe vom Standpunkt des Produzenten
  aus. *Intention* etwa bezieht sich auf das, was ein Handelnder (tun, erreichen, ausdrücken) *will*.
  Watzlawick geht vom Rezipienten aus: Für diesen ist alles, was er an einem Gegenüber wahrnimmt, interpretierbar, unabhängig davon, ob dieser es gewollt oder ungewollt ausdrückt.

Dass Sprechen, Kommunizieren als eine Form des Handelns bezeichnet wird, mag
im ersten Moment etwas überraschen. Im Alltag ist es ja ein gängiges Verfahren,
das 'blosse Reden' vom wirklichen Handeln abzugrenzen und es auf diese Weise
als folgenlos, theoretisch usw. zu kennzeichnen, etwa in Ausdrücken wie *Lasst
den Worten Taten folgen!* Die Handlungs- und Kommunikationstheorie teilt diese
Einschätzung nicht. Kommunizieren und Sprechen können die Welt ebenso
verändern wie jedes andere Handeln. Es genügt, darauf hinzuweisen, dass etwa
Unterricht – und damit die Basis entscheidender Lernhandlungen – ein weitgehend
kommunikatives Phänomen ist oder dass politische Auseinandersetzung zu einem
wichtigen Teil eine sprachliche Angelegenheit ist.

b) Ein Kommunikationsmodell

Nun sind Kommunikation und Sprechhandeln sehr allgemeine Begriffe. Das Schema 5-2 zeigt einige der wesentlichen Kategorien und ihren Zusammenhang auf, die
für eine Diskussion in diesem Bereich unerlässlich sind.

Im Modell, wie es in Schema 5-2 dargestellt ist, partizipieren ein Sprecher oder eine Sprecherin 1
und eine Sprecherin oder ein Sprecher 2 an einem teilweise übereinstimmenden Weltwissen und
einem weitgehend übereinstimmenden Sprachschatz. Die physischen, sozialen und psychischen
Dimensionen der gemeinsamen Kommunikationssituation werden individuell verarbeitet und bewertet; die SprecherInnen bauen also unterschiedliche (aber in vielem übereinstimmende) Situationsdefinitionen auf. Sprachliche Äusserungen werden aufgrund von Intentionen und Interessen
der Sprechenden und vor dem Hintergrund dieser Situationsdefinitionen formuliert bzw. verstanden. Jede Äusserung gehört, sobald sie ausgesprochen ist, zur gemeinsamen Situation, die durch
diese Äusserung zugleich verändert wird (angedeutet durch den Pfeil, der *Äusserung* mit *Situation*
verbindet). Die Sprechenden haben in der Folge das Neue, das durch die Äusserung eingebracht
wird, zu berücksichtigen: SprecherIn 2 hat irgendwie darauf zu reagieren, SprecherIn 1 darf dem
eben Gesagten im folgenden z.B. nicht widersprechen.

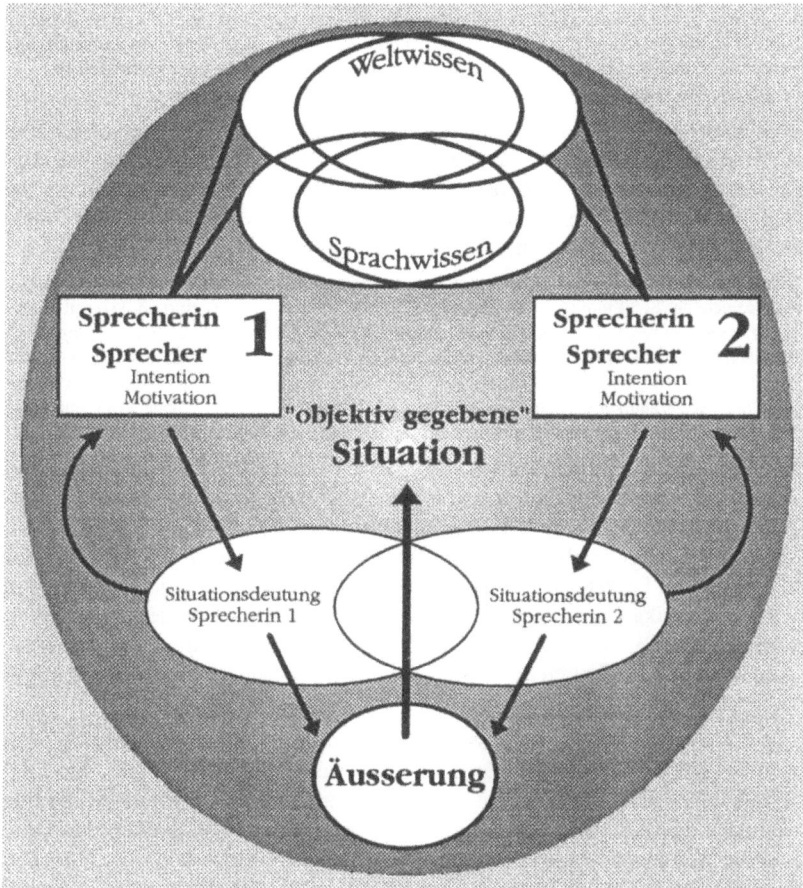

[Schema 5-2]

Kommunikationsereignisse lassen sich nach verschiedenen Kriterien einteilen –
Kriterien, die sich darauf beziehen, unter welchen Bedingungen Menschen miteinander kommunizieren, und damit auch darauf, wie sie Sprache gebrauchen. Die
wichtigsten Unterscheidungen sind:

> Mündliche vs. schriftliche Kommunikation.
> Einweg- vs. Zweiweg-Kommunikation.
> Monologische vs. dialogische Kommunikation.
> Face-to-face-Kommunikation vs. Kommunikation ohne raum-zeitliche Verbindung
>   der Kommunikationspartnerinnen und -partner.
> Private Kommunikation vs. öffentliche Kommunikation.
> Persönliche vs. offizielle, geschäftliche Kommunikation.
> Symmetrische vs. komplementäre Kommunikation usw.

Eine Konversation am Mittagstisch lässt sich charakterisieren als mündlich, dialogisch, face-to-
face, persönlich.

Der Briefwechsel mit einem Freund oder einer Freundin dagegen lässt sich charakterisieren als schriftlich, persönlich, privat, wobei – trotz raum-zeitlicher Trennung der KommunikationspartnerInnen – durch den Austausch monologischer Mitteilungen eine Form von Dialog entsteht. Eine Vorlesung dagegen ist meist mündlich, monologisch, face-to-face, öffentlich.

Die Unterscheidungen schliessen sich gegenseitig nicht aus, sie lassen sich aber nicht beliebig kombinieren. Für gewisse gängige Formen der Kommunikation verbinden sie sich zu charakteristischen Mustern. So ist für die meisten von uns das dialogische, private, persönliche Gespräch zwischen zwei einigermassen gleichberechtigten Kommunikationspartnern der Prototyp von Kommunikation.

Wir können die Teilnehmer an einem Kommunikationsereignis neutral als *Kommunikationspartner* bezeichnen. Steht ihre Position gegenüber einer Mitteilung im Vordergrund, können wir sie als *Produzenten* resp. *Rezipienten* bezeichnen (oft werden auch die Termini *Sender/Empfänger* gebraucht), im Falle mündlicher Kommunikation als *Sprecher/Hörer*. Im folgenden werden wir oft das letzte Begriffspaar benutzen, auch wenn die dargestellten Sachverhalte nicht allein für die mündliche Kommunikation gültig sind. An der mündlichen, vorab dialogischen Kommunikation lassen sich die entscheidenden pragmatischen Fragen jedoch am klarsten darstellen.

Der Bereich der Kommunikation ist für viele verschiedene Wissenschaften von Bedeutung. Untersuchungen der Kommunikation und des kommunikativen Verhaltens spielen etwa für die Didaktik eine grosse Rolle, wird doch das Lernen entscheidend geprägt durch die Art der Präsentation von Lernstoff und die Form des Umgangs von Lehrenden und Lernenden. Psychologen interessieren sich dafür, wie Kommunikation und Interaktion den Aufbau von Selbstbildern und psychischen Strukturen von Individuen beeinflussen (und wie sich durch Gespräche solche Bilder und Strukturen bewusstmachen und verändern lassen). Ähnliches gilt für soziologische, medienwissenschaftliche und ethnologische Ansätze.

Für alle diese möglichen Interessen an Kommunikation bietet das obige Modell kaum wesentliche Anhaltspunkte. Es gibt eine (nicht sehr differenzierte) Sicht der Kommunikation aus kommunikationstheoretischer Perspektive. Für diese sind jene Momente relevant, die in *jeder Kommunikation* gegeben sind. Während sich jene anderen Wissenschaften für bestimmte Inhalte oder einzelne Aspekte der Form und Wirkung von Kommunikation interessieren (für vielleicht hochinteressante Zusammenhänge, die an einzelnen Punkten in der Kommunikation sichtbar werden), beschäftigt sich die Kommunikationstheorie mit den konstitutiven, den *unverzichtbaren Bedingungen und grundsätzlichen Strukturen* von Kommunikation.

Die Verhältnisse sind hier also ähnlich wie in der Systemlinguistik. Auch andere Wissenschaften beschäftigen sich unter mancherlei Fragestellungen mit Sprache oder einzelnen sprachlichen Erscheinungen; die Sprachwissenschaft nimmt aber für sich in Anspruch, nicht unter sprachfremden Perspektiven bloss Aspekte an Sprache, sondern die wesentlichen Eigenschaften von Sprache in ihrem Zusammenhang zu thematisieren.

Kommunikation lässt sich beschreiben als Objekt, als Gegenstandsbereich mit Strukturen, Regeln usw. Aber ähnlich wie in bezug auf Sprache lässt sich auch hinsichtlich der Kommunikation von einer *Fähigkeit* sprechen. Wir beherrschen die Regeln und Normen des Kommunizierens und können sie zu unseren Zwecken einsetzen, um einen kommunikativen Austausch anzufangen, zu gestalten usw. In Analogie zum Begriff der Sprachkompetenz hat man daher den Begriff der *kommunikativen Kompetenz* gebildet. Dieser Begriff deckt auch die Bereiche nonverbalen Kommunizierens ab (Mimik, Gestik, Kommunikation durch Bilder oder Spiel); in bezug auf den kommunikativen Gebrauch von Sprache allein spricht man von *Sprachhandlungskompetenz* (Sprachgebrauchskompetenz).

c) *Pragmatik*

Wir haben im Vorspann zu diesem Kapitel betont, dass sich die Pragmatik nicht mit den Regeln der Sprache, sondern mit den Regeln des Sprachgebrauchs beschäftigt. Im Hinblick auf den Sprachgebrauch haben wir eben auf den Handlungscharakter von Kommunikation aufmerksam gemacht. Wenn wir sprechen, handeln wir. Dies lässt sich auch ausdrücken mit dem Begriff der *Funktion:* Was in kommunikativer Absicht gesagt wird, erfüllt eine Funktion, hat einen Zweck. Welches sind nun die Bedingungen dafür, dass wir mit Sprache handeln können, dass ein sprachlicher Ausdruck eine Funktion erfüllen kann?

Diese Frage betrifft den Bereich der Pragmatik. Etwas salopp ausgedrückt: Es ist der Bereich, wo sich die Interessen von Sprachwissenschaft und Kommunikationstheorie überschneiden (vgl. Schema 5-3).

Etwas genauer gesagt: Mit der Sprachwissenschaft verbindet die Pragmatik ein Interesse für die sprachlichen Phänomene; mit der Kommunikationswissenschaft ein Interesse für das Phänomen des Handelns, des Tuns. Pragmatik ist *Sprach-Handlungs-Theorie.* Wir können den Themenbereich der Pragmatik deshalb folgendermassen bestimmen:

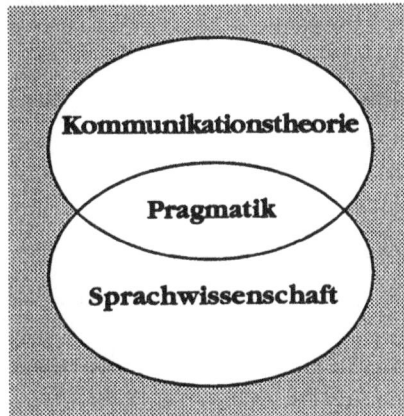

[Schema 5-3]

> Thema der Pragmatik ist das, was im Sprachgebrauch die Form und/oder die Interpretation sprachlicher Äusserungen regelhaft beeinflusst kraft der Tatsache, dass Sprache in einer Situation und zur Kommunikation, zum sprachlichen Handeln mit anderen, gebraucht wird.

Pragmatik hat es demgemäss immer mit dem Verhältnis sprachlicher Äusserungen zu ihrem situativen und kommunikativen Kontext zu tun.

Die Systemlinguistik fragt: Welche elementaren sprachlichen Ausdrücke gibt es? Welche komplexen sprachlichen Ausdrücke sind möglich? Wie werden sie gebildet? Was bedeuten sie, abstrakt und ohne Bezug auf eine Situation? (Vgl. Kapitel 2 und 3.)

Die Pragmatik fragt: Welche Eigenschaften der Situation sind dafür bestimmend, dass gewisse sprachliche Ausdrücke gewählt werden, andere nicht? Was bedeuten die sprachlichen Ausdrücke – nicht als linguistische Strukturen, sondern als Äusserungen in diesem Typ von Situation?

5.1.2 Die Fragestellungen der Pragmatik

Im oben skizzierten Kommunikationsmodell tritt die sprachliche Äusserung in verschiedene Beziehungen zum kommunikativen und situativen Kontext ein. Wir können hier drei verschiedene Fragen stellen, die pragmatisch wichtige Aspekte am Sprachhandeln thematisieren:

a) Wie verhält sich das, was in der Situation sprachlich realisiert wird, zu dem, was mit dieser Äusserung ausgesagt wird über die Welt?
b) Wie verhält sich das, was in der Situation über die Welt ausgesagt wird, zu dem, was der Produzent damit dem Rezipienten gegenüber beabsichtigt?
c) Wie gestalten die Sprechenden – mit ihren Äusserungen – den kommunikativen Austausch? Wie drückt sich in ihrem Sprechen ihre soziale Position aus?

a) Gesagtes und Mitgeteiltes

Die Kommunikationspartner stehen 'in' einer Situation drin. Was gesagt wird, wird von der Sprecherin oder dem Sprecher in diese Situation eingepasst, von der Hörerin oder dem Hörer in bezug auf diese Situation verstanden.
Das Gesagte nun zeigt Spuren dieser Einpassung. Das, was sprachlich ausgedrückt wird, ist fast stets ärmer, auch vieldeutiger als die Information über die Welt, die ganz unbezweifelbar mitgeteilt wird. Äusserungen enthalten Deiktika, sind fragmentarisch (es herrscht eine Art Redundanz-Verbot in Äusserungen) und beinhalten Präsuppositionen.
1. In dem kleinen Dialogstück
> *"Wo bist du gestern abend gewesen?"*
> *"Na, hier."*

mag für die Sprechenden alles klar sein; für uns, die wir es lesen, bleiben die wesentlichen Informationen unbestimmbar: Die *deiktischen* Ausdrücke *du*, *hier*, *gestern* verweisen alle auf sprachlich nicht explizierte Orts-, Zeit- und Personenangaben. Es sind dies Wörter, die gleichsam als Variablen funktionieren, die von den Beteiligten völlig automatisch mit den richtigen Werten versehen werden, die für uns aber solange leer bleiben müssen, als wir nicht näher über die Situation informiert werden, etwa durch die Etikette des Tonbandes oder durch explizite Verweise im Gespräch selbst. (In diesem Gesprächsfragment taucht keine deiktische Partikel *ich* auf, obwohl wir selbstverständlich wissen, dass es Personen sind, die sich hier äussern, oder dass das *du* des ersten Beitrags der Äusserer des zweiten ist. Auch dieses Wissen ist ein Thema der Pragmatik.)
2. Was über die Welt mittels Sprache mitgeteilt wird, kann wahr oder falsch sein. Wir nennen das, was durch eine Äusserung über die Welt gesagt wird und wahr oder falsch sein kann, die *Proposition*. Nicht jedes Sprechen hat einen propositionalen Gehalt – von einem Gruss werden wir kaum sagen, er teile etwas mit über die Welt oder er sei wahr oder falsch. Aber sicher haben die Frage und auch die Antwort in dem obigen kleinen Dialogstück einen propositionalen Gehalt. Allerdings drückt, ganz deutlich in der Antwort, der sprachliche Ausdruck diese Proposition nur fragmentarisch aus. Der volle Gehalt der Aussage muss aus dem sprachlich Ausgedrückten vor dem Hintergrund der Situation rekonstruiert werden.
Vollständig expliziert muss die in der Antwort ausgedrückte Proposition etwa lauten: *"Ich, der Paul Portmann, war gestern, am 22. August 1990, am Abend in meiner Wohnung an der Freiestrasse in Zürich"*. Es genügt aber, *"na, hier"* zu sagen,
– weil das Gespräch in meiner, Pauls, Wohnung stattfindet;
– weil mein Gegenüber sieht, dass ich es bin, der spricht, und dass ich zu ihm spreche, und weil ich annehme, dass er merkt, dass ich auf seine Frage antworte;
– weil wir beide wissen, dass heute der 23. August 1990 ist, und

- weil mein Gegenüber schon gefragt hat: *"Wo bist du gestern abend gewesen?"*
Ich brauche das Verb gar nicht zu wiederholen, auch nicht die Zeitangabe, und
kann trotzdem eine problemlos verständliche Information übermitteln.
Wenn auch nicht anzunehmen ist, dass ich als Sprecher und mein Freund als Hörer
die Proposition wirklich in expliziter Form rekonstruieren, wenn wir miteinander
sprechen und einander verstehen, so gibt sie doch ein klares Bild dessen, was an
Information in dieser kurzen Äusserung involviert ist. Dass Propositionen nicht
einfach eine Erfindung von Linguisten sind, zeigt ein Blick in die Jurisprudenz:
Wenn etwa vor Gericht der genaue Gehalt von Mitteilungen von Interesse ist,
nehmen die expliziten Formulierungen dessen, was mitgeteilt war oder verstanden
wurde, genau die Form der oben gegebenen Explikation an.

3. Im Kapitel über Textlinguistik werden wir noch einmal auf die Deiktika hinweisen. Ebenfalls
dort werden wir auf *Präsuppositionen* eingehen, die auch für die Pragmatik von grosser Bedeutung sind. Präsuppositionen werden von Sprechenden gemacht, wenn sie voraussetzen, dass ihre
Gegenüber gewisse Dinge wissen (die deshalb nicht mehr explizit mitgeteilt werden müssen).
Was von einer Sprecherin oder einem Sprecher präsupponiert wird, kann entscheidend sein dafür,
wie der Zusammenhang mehrerer Propositionen verstanden werden muss. Der Zusammenhang der
folgenden Sätze (und im weiteren der durch diese Sätze ausgedrückten Propositionen)

*"Wollt ihr wirklich morgen losfahren? Da fangen doch in halb Deutschland die
Ferien an!"*

ist nur verständlich vor dem Hintergrund von Kenntnissen über die Auswirkungen von (Schul-)
Ferien auf die Verkehrsverhältnisse. Die Sprechende macht hier eine Präsupposition in der Annahme, ihr Gegenüber verfüge über das Wissen, das sie hier voraussetzt und welches den Zusammenhang der beiden Teile der Äusserung zu verstehen erlaubt. Dass hier eine Präsupposition gemacht
wird, ist ablesbar daran, dass die beiden Sätze nicht ohne Bezug auf die Präsupposition als kohärent verstanden werden können. So wird ein Chinese, der von Strassen- und Ferienverhältnissen
in der Bundesrepublik keine Ahnung hat, wahrscheinlich merken, dass hier auf etwas angespielt
wird. Er wird das Verhältnis der beiden Sätze vermutlich korrekt als Begründungsverhältnis
verstehen, ohne jedoch die Präsupposition so mühelos finden zu können wie wir.

Zusammenfassend können wir sagen: *Diskrepanz zwischen dem sprachlich Formulierten und der mitgeteilten Information (Proposition) ist eine der grundlegenden
Eigenschaften der sprachlichen Kommunikation.* Sprachwissenschaftlich interessant, d.h. Gegenstand der Pragmatik, ist es aufzuzeigen, auf welche verschiedene
Weisen Äusserung und Situation aufeinander bezogen sind und wie vor dem Hintergrund der Situation die Propositionen und die Zusammenhänge zwischen ihnen
aus dem Gesagten erschlossen werden können.

Die Tatsache der Diskrepanz von Geäussertem und Proposition ist grundlegend. Sie ist eine derart
alltägliche Eigenschaft unseres Sprachgebrauchs, dass wir ihrer kaum je bewusst werden. Wenn
wir im folgenden auf diesen Aspekt des Zusammenhangs von Äusserung und Situation nicht näher eingehen, dann darum, weil die blosse Aufzählung von Mitteln, die in unserem abgekürzten
Sprechen Bezüge auf die Situation signalisieren, und die Aufzählung von verschiedenen Ergänzungsoperationen, die der Explikation von Propositionen zugrundeliegen, nicht besonders interessant ist. Sehr wichtig und spannend wird die Untersuchung dieses Zusammenhangs im Rahmen
von Modellen der Logik und der logischen Semantik. Diese setzen aber einen ganzen Apparat
formaler Beschreibungsmittel voraus, der hier nicht eingeführt werden kann. (Vgl. auch die Bemerkungen hierzu in 4.9 und 4.10.)

b) Mitgeteiltes und Gemeintes

Wenn wir sprachliche Äusserungen im Hinblick auf ihre Produzenten und Rezipienten betrachten, müssen wir fragen, wie Sprechende mit dem, was sie ihren
Partnern gegenüber sprachlich formulieren, ihre Intentionen ausdrücken, wie sie

mit Sprache *handeln* können. Was *meinen* Sprechende, was *bezwecken* sie ihren
Partnerinnen und Partnern gegenüber damit, dass sie "das-und-das" sagen?

Eines der klassischen Beispiele, die seit Beginn der pragmatischen Diskussion immer wieder benutzt wurden, um die hier angezielte Unterscheidung zu erläutern, ist

   "Es zieht!"

gesprochen von A zu B. Die hier mitgeteilte Proposition ist eindeutig: Es zieht an dem Ort, an
dem A sich aufhält, zu dem Zeitpunkt, zu dem A diesen Satz äussert. A sagt diesen Satz aber wohl
kaum, um nur gerade dies festzustellen. Vielmehr ist wahrscheinlich, dass A etwas Weitergehendes
meint: A möchte, dass es nicht mehr zieht, und A äussert die Feststellung B gegenüber, damit B
etwas gegen den Zug unternimmt (z.B. damit B das eben geöffnete Fenster wieder schliesst).

Mit dieser Frage ist ein neues und anderes Thema angesprochen als mit der Frage
nach dem Verhältnis von Ausgesagtem und Proposition. Mitteilungen erfolgen ja,
um etwas zu erreichen, sie haben ein Ziel. Wenn Sprechen ein Handeln ist, wenn
Äusserungen Funktionen erfüllen, so stellt sich die Frage, wie und unter welchen
Bedingungen Sprechende mit ihren Äusserungen solche Funktionen ausdrücken
können, wie und unter welchen Bedingungen Rezipienten aus dem Geäusserten
diese Funktionen erschliessen können. Es geht hier nicht um die Proposition, sondern um das, was oft als *Sinn der Äusserung,* als *soziale Bedeutung* oder eben als
kommunikative Funktion der Äusserung bezeichnet wird. Ein Ansatz, der diese
Fragen v.a. aus der Produzentenperspektive zu betrachten erlaubt, ist die *Sprechakttheorie;* auf sie wird unten in 5.2 eingegangen. Ein Ansatz, der es erlaubt, die
Rezipientenperspektive stärker zu berücksichtigen, ist Thema der von Griceschen
Theorie der *Konversationsmaximen.* Auf sie werden wir in 5.3 eingehen.

Eine Anmerkung zum bisher Gesagten: Die unter a) genannte Relation zwischen sprachlich Aus-
gedrücktem und Proposition ist auch für diese zweite Fragestellung wichtig. Welche Funktion
eine Äusserung hat, ist sehr oft nur festzustellen dann, wenn verstanden ist, was sie propositional
mitteilt und was und wie viel darin präsupponiert, d.h. mit-gesagt wird. Es geht hier also um verschiedene Perspektiven auf das Verhältnis von Äusserung und Situation, die sich nicht
gegenseitig ausschliessen.

c) Die Gestaltung des kommunikativen Austauschs

Diese dritte Frage stellt nicht mehr die sprachliche Äusserung in den Mittelpunkt,
sondern die Kommunizierenden und ihr gegenseitiges Verhältnis, wie es mit Hilfe
von Äusserungen aufgebaut und modifiziert wird. Sie spricht damit Bereiche der
Kommunikation an, die in vielem erfahrungsnäher sind als die in a) und b) angesprochenen Fragen: Wenn wir kommunizieren, sind uns die kommunikativen
Gehalte einer Mitteilung (das, was in ihr über die Welt ausgesagt wird und ihre
soziale Funktion) fast immer sofort klar. Die Vermittlungsschritte, wie sie in a)
und b) thematisch werden, sind uns kaum je bewusst.

Mit Frage c) gelangen wir an die Grenze einer Pragmatik, die sich als Beschreibung der *prinzipiellen* Regularitäten versteht, welche dem Sprachgebrauch zugrundeliegen und es erlauben, sprachliche Ausdrücke in einer Situation und partnergerichtet zu produzieren und zu verstehen. In die Untersuchung des mit Frage
c) angezielten Bereichs gehen immer zusätzliche Faktoren mit ein: kulturspezifische
Formen des Umgangs, sozialer Status der beteiligten Personen, die spezifischen
Bedingungen monologischer bzw. dialogischer Kommunikation usw.

Wir werden in Teil II dieses Buches die Textlinguistik (Kapitel 6) und die Gesprächsanalyse (Kapitel 7) vorstellen als Disziplinen, die sich mit den zwei wohl

wichtigsten konkreten Verwendungsformen von Sprache beschäftigen: Text und Gespräch. In den entsprechenden Beschreibungen spielen pragmatische Überlegungen eine beträchtliche Rolle; diese Disziplinen werden darum manchmal der Pragmatik zugeschlagen. Wir möchten hier jedoch nicht diesen sehr weit gefassten Begriff der Pragmatik vertreten, sondern verstehen als pragmatisch vorab die Beschäftigung mit den unter a) und b) gestellten Fragen.

5.1.3 Verschiedene Pragmatiktheorien

Die drei eben besprochenen Fragestellungen lassen sich vor dem Hintergrund des Kommunikationsmodells als zusammengehörig erkennen; gleichzeitig haben die Erläuterungen gezeigt, dass mit den jeweiligen Relationen unterschiedliche Aspekte angesprochen sind. Dabei zeigte sich, dass trotz der je eigenen Fragestellungen einerseits a) mit b) gewisse Verbindungen aufweist, andererseits b) mit c), dass aber die Fragestellungen von a) und c) nicht leicht direkt aufeinander beziehbar sind. Entsprechend unterschiedlich präsentiert sich das, was unter dem gleichen Titel "Pragmatik" von verschiedenen Autoren vorgelegt wird, je nachdem, ob sie eher die Fragestellung a), b) oder c) zum Ausgangspunkt nehmen. Die Pragmatik ist im Rahmen der Sprachwissenschaft *keine einheitliche* Disziplin. Dazu ist sie vielleicht zu jung. Ebenso wichtig wie diese Frage des Alters ist aber wohl, dass die Sache, um die es hier geht, derart komplex und vielfältig ist, dass es (noch?) nicht gelungen ist, das gesamte Feld der Pragmatik in eine einheitliche Theorie zu fassen. Dazu kommt, dass die unterschiedlichen Theorien der Pragmatik ihre Wurzeln nicht in der Linguistik haben. Als die Pragmatik eine sprachwissenschaftlich attraktive Disziplin zu werden begann, wurden Modelle pragmatischer Beschreibung, die in anderen Wissenschaften entwickelt worden waren, von der Sprachwissenschaft aufgenommen, abgewandelt und für linguistische Analysen eingesetzt. Diese ihre Herkunft ist in den Begriffen und Beschreibungen der einzelnen Pragmatiktheorien noch deutlich sichtbar. Zu nennen sind hier v.a. die Beiträge

- der *Logik* und der *Theorie der Wissenschaftssprache.* Hier wurden bei der Übersetzung normalsprachlicher Sätze in logische Notationen verschiedene Phänomene zum Problem; für die Linguistik interessant geworden sind vor allem Fragen der Deixis und der Präsupposition. Diese Betrachtungsweise hat sich v.a. als fruchtbar erwiesen für eine Beschreibung der Relation a).
- der *Sprachphilosophie,* v.a. ihrer modernen englischen und amerikanischen Ausprägung (Philosophie der normalen Sprache, sprachanalytische Philosophie). Hier wurde, vorab im Anschluss an den späten WITTGENSTEIN und an AUSTIN, das Sprachhandeln zum Thema. Der Einfluss dieser Richtung ist primär in der Beschreibung der Relation b) sichtbar, teilweise auch in a) und c).
- der *Sozialpsychologie* und *Interaktionsforschung.* Hier wurden das Kommunikationsverhalten, seine Bedingungen sowie die Strukturen von Gesprächsabläufen und ihr 'Management' zum Thema gemacht. Diese Betrachtungsweise ist fruchtbar geworden vor allem für die Untersuchung der Relation c).

5.1.4 Die Stellung der Pragmatik in der Linguistik

Die Pragmatik führt eine Fragestellung in die Linguistik ein, die den traditionellen linguistischen Kerndisziplinen fremd ist. Es geht ihr nicht um das *System* der Sprache, nicht um die prinzipiellen Möglichkeiten des Baus von sprachlichen Ausdrücken und um deren Bedeutung. Vielmehr stellt sie die Frage, wie der *Gebrauch* von im System angelegten Möglichkeiten durch situative und kommunikative Bedingungen gesteuert wird. Damit stellt sich das Problem, wie das Verhältnis der Pragmatik zu den systemlinguistischen Disziplinen definiert werden kann. Zwei Aspekte sind hier zu unterscheiden:
1. Wir sind davon ausgegangen, dass die pragmatische Betrachtungsweise eine autonome, eine zusätzliche Betrachtungsweise von Sprache ist, die zur systemlinguistischen hinzutritt. Nach anderen Auffassungen ist die pragmatische Betrachtungsweise nicht eine ergänzende Fragestellung im Ensemble einer weitgespannten Beschäftigung mit Sprache, sondern die *Theorie vom Ganzen*, welche die systemlinguistischen Fragestellungen *einschliesst* und sogar das Fundament für die systemlinguistischen Theorien liefert. Wir können uns dieser funktionalistischen Betrachtungsweise nicht anschliessen (vgl. dazu 2.2.2, 3.1.3ff.).
2. Vor allem in der Beschäftigung mit dem Verhältnis von sprachlichem Ausdruck und Proposition (also mit der Relation a)) stellt sich sehr rasch eine für die Sprachwissenschaft ebenso fundamentale Frage wie die erste – nämlich die Frage nach der *Abgrenzung* von Semantik und Pragmatik. Die Schritte, die vom sprachlichen Ausdruck zur Proposition führen, werden von jedem von uns ohne Zögern ausgeführt. Sollen sie aber genau beschrieben werden, ergeben sich fast unüberwindliche Schwierigkeiten. Was sprachwissenschaftlich hier im Vordergrund steht, ist die Frage: Was ist an der Proposition von der Sprache her vorgegeben, was nicht? Oder, pointierter formuliert: Wo ist die Grenze der Sprache? (Vgl. 4.10.)

5.2   Sprechakttheorie

5.2.1   Vorbemerkung

Es war die Sprechakttheorie, die einen entscheidenden Anstoss zur Entwicklung jenes Grossbereichs der modernen Sprachwissenschaft gab, den man heute Pragmatik oder Pragmalinguistik nennt. Dies ist einigermassen erstaunlich, wenn man weiss, dass die Sprechakttheorie aus der Sprachphilosophie/Logik stammt, in der man sich über 2000 Jahre lang vorab mit einem ganz kleinen Ausschnitt aus der Menge natürlichsprachlicher Sätze beschäftigt hat: mit Sätzen nämlich, die Aussagen über die Welt sind und die demzufolge daraufhin befragt werden können, ob sie wahr oder falsch sind.
Natürlich wusste man in den über 2000 Jahren, in denen man sich solcherart unter logischem Gesichtspunkt mit Sätzen beschäftigte, stets um die Tatsache, dass man sich nicht mit der ganze Palette natürlichsprachlicher Sätze beschäftigte. Diese extreme Beschränkung begann man aber erst im 20. Jahrhundert im Umfeld der sprachanalytischen Philosophie und der Philosophie der normalen Sprache (ordinary language philosophy) langsam aufzubrechen, einer sprachphilosophischen Richtung, der – wie der Name sagt – die natürlichen historischen Sprachen als Instrument der Erkenntnis mehr und mehr ein Problem wurden. Als Namen sind hier George E. MOORE (1873-1958) und Ludwig WITTGENSTEIN (1889-1951) zu nennen. Die Sprechakttheorie wurde von John L. AUSTIN in einer Vorlesung im Jahre 1955 entwickelt. Nach Austins Tod hat man eine Nachschrift dieser Vorlesung unter dem programmatischen Titel "How to do things with words" herausgegeben. (Die deutsche Übersetzung –"Zur Theorie der Sprechakte" – trägt leider keinen vergleichbar treffenden Titel.) Dies ist die eigentliche Urschrift der Sprechakttheorie. In der Sprachwissenschaft wirksam geworden ist die Theorie jedoch vorab durch das Buch"Speech acts" (1969) von John R. SEARLE, einem Schüler Austins. Die Rezeption dieses Buches und desjenigen von Austin hat die sogenannte 'pragmatische Wende' in der Linguistik ganz entscheidend forciert. Im deutschsprachigen Raum kann man den Beginn dieser Wende mit der Arbeit von Dieter WUNDERLICH mit dem Titel "Zur Rolle der Pragmatik in der Linguistik" aus dem Jahr 1970, in

der u.a. die Sprechakttheorie referiert wird, ziemlich genau datieren. Wunderlich darf als der wichtigste deutschsprachige Rezipient und Beförderer der Sprechakttheorie angesehen werden, neben Jürgen HABERMAS, der sie in seiner "Theorie des kommunikativen Handelns" weiterentwickelt.

5.2.2 Der Ausgangspunkt der Sprechakttheorie

a) Performative und konstative Sätze

Austin geht in seinen Reflexionen in "How to do things with words" von der Beobachtung aus, dass die Sätze natürlicher Sprachen nicht immer deskriptiv sind, dass sie nicht immer wahr oder falsch sind, sondern dass es auch ganz andere Arten von Sätzen gibt – solche, mit denen man Handlungen vollzieht. Er nennt die Sätze der ersten Gruppe *konstativ*, die der zweiten *performativ*. Konstativ ist ein Satz wie

1) *"Ich habe heute 150 Seiten Syntaxtheorie gelesen."*

Davon hebt er performative Sätze ab wie

2) *"Ich taufe dich auf den Namen Angelika."*
3) *"Ich möchte hiermit mein Anstellungsverhältnis per 31. 3. kündigen."*
4) *"Ich danke Ihnen sehr für Ihre Mitarbeit."*

Während ich mit 1) eine Behauptung über die Welt mache, die wahr ist oder auch nicht, vollziehe ich mit 2) – unter gewissen Bedingungen: ich bin Pfarrer und sage diesen Satz im Rahmen eines bestimmten kirchlichen Rituals usw. – den Akt der Taufe. Ein Satz wie 3) wird meist geschrieben; als geschriebener Satz ist 3) unter geeigneten Umständen (der Brief, der den Satz enthält, wird rechtzeitig an die richtige Adresse geschickt usw.) eine rechtsgültige Kündigung. Mit 4) danke ich. Auf Sätze vom Typus 2) bis 4) kann man nur schwer reagieren mit Äusserungen wie *"Das stimmt nicht"* oder *"Das glaube ich dir nicht."* (Man kann zwar daran zweifeln, ob einer es ehrlich meint, wenn er dankt, aber kaum daran, *dass* er dankt.)

In den Beispielen 2) bis 4) tauchen wichtige Verben auf: *taufen, kündigen, danken*. Man nennt sie *performative Verben*. Sie zeigen ein spezielles Verhalten.

– Verwendet man sie in der 1. Person Präsens Indikativ Aktiv, kann man mit ihnen den jeweiligen Akt vollziehen. Sie werden dann performativ verwendet. Es mag Gelegenheiten geben, wo auch die 1. Person Plural Indikativ Aktiv dieselbe Funktion erfüllen kann – etwa wenn die Königin von England mit bezug auf sich selbst "wir" sagt .

– In den anderen Verwendungsformen bezeichnen diese Verben bloss einen Vorgang. Vgl.: *"Ich habe dich am ... getauft"* (mit dem Aussprechen dieses Satzes wird keine Taufe vollzogen) oder *"Sie hat uns sehr gedankt"* (damit wird selbstverständlich nicht gedankt). Sie haben dann keine andere Beziehung zu dem, was sie benennen, als alle anderen Verben, etwa *gehen* oder *essen* .

Die performative Verwendung performativer Verben wird gerne mit der Partikel *hiermit* begleitet (*Ich eröffne hiermit, ich protestiere hiermit, wir geloben hiermit* usw.). *Hiermit* unterstreicht die Tatsache, dass im Moment des Aussprechens der einschlägigen Worte die entsprechende Handlung vollzogen wird.

Natürlich sprechen wir nicht immer in diesen Formen; es würde leicht lächerlich tönen, wenn wir am Tisch sagten: *"Ich bitte dich hiermit, mir den Salzstreuer rüberzureichen."* Austin nennt dieses letzte Beispiel und die Sätze 2) bis 4) von

oben oder 5) unten *explizit performativ,* die viel alltäglicheren und gebräuchliche-
ren Formen wie 6) *primär performativ:*

> 5) *"Ich verspreche dir ganz fest, dass ich morgen komme."*
> 6) *"Ich komme morgen ganz bestimmt."*

Austin ging davon aus, dass für die Handlungen, die man sprachlich realisiert, in der Entwicklung
der Sprachen erst nach und nach spezifische Verben ausgebildet werden. So konnte man vielleicht
sprachlich ein Versprechen ablegen, bevor es für diesen spezifischen Akt auch ein Verb wie *versprechen* gab. Danach wären die primär performativen Sätze die ursprünglichen, die explizit performativen eine spätere Entwicklung.

Betrachten wir Beispiele performativer Sätze, so sehen wir, dass verschiedene
Handlungen sich darin unterscheiden, wie man sie sprachlich vollziehen kann.

– Gewisse Handlungen können nur unter Verwendung spezifischer Sprachmittel
  – namentlich performativer Verben – realisiert werden, also nur explizit performativ: Taufen, wahrscheinlich Verurteilen. Es gibt andere Handlungen, wo wir
  explizit performative Sätze zumindest sehr stark erwarten können: Kündigen,
  Beantragen usw.

– Sehr viele Handlungen können problemlos ohne performatives Verb realisiert
  werden (Danken, Bitten, Versprechen, Auffordern), obwohl sie natürlich auch
  explizit realisiert werden können.

– Einige Handlungen kann man gerade nicht dadurch vollziehen, dass man das
  Verb verwendet, mit dem man die Handlung benennt: *"Ich verleumde Sie."*
  Verleumden ist also kein performatives Verb, es benennt aber eine Handlung,
  die man nur sprachlich vollziehen kann; wir nennen es ein *illokutionäres Verb.*
  Verleumden kann ich z.B., indem ich jemanden öffentlich als alten Nazi
  bezeichne oder ihm sogar öffentlich ins Gesicht sage: *"Sie sind ein alter Nazi".*

b) Probleme mit der Dichotomie konstativ/performativ

Die Unterscheidungen und Einsichten, mit denen Austin seine Reflexion auf Sprechen als Handeln begonnen hat, sind eminent wichtig geworden. Er hat aber selbst
rasch die Basis korrigiert, auf der er sie aufgebaut hat. In die Darstellung, soweit
er sie bis dahin gegeben hatte und die wir kurz skizziert haben, sind einige entscheidende Fehler eingegangen. Es sind Fehler, vielleicht würden wir besser sagen: zu kurz greifende Überlegungen, die eine lange Tradition haben. Sie erkannt
zu haben, ist die grosse Leistung Austins. Wenn wir sie hier in unserer Darstellung
nochmals aufgenommen haben, dann darum, weil die Argumente, die Austin gegen seinen eigenen Ansatz wendet, die Grundsätze der pragmatischen Betrachtung
von Sprache klar hervorzuheben erlauben. Wir können die wichtigsten Gesichtspunkte in drei Aussagen fassen:

(i) Nicht Sätze sind konstativ oder performativ.

Sätze sind sprachliche Gebilde. Nun sind sprachliche Gebilde nicht in der Lage,
Handlungen auszuführen. Dies können nur *Sprachbenützer,* indem sie Sätze *äussern.* Performativ sind nur Äusserungs-Akte.

Wir haben oben schon angemerkt, dass der Satz *"Ich taufe dich auf den Namen Angelika"* von
einem Priester, im Rahmen eines Rituals geäussert werden muss, damit die Handlung des Taufens
vollzogen wird. Wenn Kinder miteinander spielen und diesen Satz äussern, gilt das normalerweise
nicht als Taufe. Damit die Handlung als Taufe gilt, ist es notwendig, dass dieser Satz geäussert
wird (er ist vorgeschriebener Bestandteil der Handlung), aber nicht hinreichend: Es gibt zahlreiche zusätzliche Bedingungen, die erfüllt sein müssen, damit die Äusserung des Satzes als Vollzug

einer Taufhandlung anerkannt wird. Dies gilt auch für weniger institutionalisierte Formen performativer Äusserungen, wie wir unten sehen werden.

Es sind auch nicht Sätze, die konstativ sind. Nicht der Satz *"Ich habe heute 150 Seiten Syntaxtheorie gelesen"* ist wahr oder falsch. Wer ist *Ich?* Wann ist *heute?* Wahr oder falsch sind Propositionen. Wir haben aber schon gesehen, dass Propositionen nicht einfach in den Sätzen stecken, sondern durch Sätze ausgedrückt werden vor dem Hintergrund einer Situation und in bezug auf eine Situation (eine mögliche Welt). Ohne diesen Bezug auf eine Situation können wir über Wahrheit und Falschheit nicht entscheiden – ausser bei sogenannten tautologischen Sätzen.

Tautologische Sätze sind Sätze, die eine Proposition ausdrücken, die zwangsläufig immer wahr ist, etwa: *Markus ist entweder da, oder er ist nicht da.* Hier müssen wir nicht einmal wissen, auf welchen Ort sich *da* bezieht, um sagen zu können, dass die Proposition immer wahr ist für jeden möglichen Ort, den wir auch immer einsetzen mögen. Mit diesem Satz kann ich natürlich durchaus etwas Wichtiges sagen – z.B. kann ich damit mitteilen, dass ich nicht sicher bin, ob Markus hier ist, oder dass mich der Fragende stört, o.ä. Das heisst, dass dieser Satz durchaus eine kommunikative Funktion erfüllen kann, auch wenn er – propositional – 'nichts sagt'. Ja: Diese bestimmten kommunikativen Funktionen kann er vielleicht gerade darum erfüllen, weil er als Aussage über die Welt so nichtssagend ist. Vgl. unten die Diskussion der Konversationsmaximen.

(ii) Performative Äusserungen können auch konstativ sein.

Das obige Beispiel *"Sie sind ein alter Nazi"* führt uns auf ein Problem, dem Austin begegnete, als er versuchte, Kennzeichen konstativer und performativer 'Sätze' herauszuarbeiten. Er stellte dabei nämlich fest, dass diese Unterscheidung immer fragwürdiger wurde, je intensiver er sich damit beschäftigte.

Mit Sätzen wie *"Sie sind ein alter Nazi"* beschäftigen sich bei uns oftmals die Gerichte. Sie müssen abklären, ob derjenige, der den Satz öffentlich geäussert hat, den Tatbestand der Verleumdung erfüllt hat, also damit eine strafbare Handlung begangen hat oder nicht. Und wie entscheiden die Gerichte das? Unter anderem, indem sie der Frage nachgehen, ob die mit dieser Äusserung gemachte Aussage wahr oder falsch ist. Der Sprechende hat wahrscheinlich keine Verleumdung begangen, wenn die mit diesem Satz ausgedrückte Proposition wahr ist, wohl aber hat er verleumdet, wenn sie falsch ist. Liegt hier nun ein konstativer oder ein performativer 'Satz' – wir sagen besser: *Äusserung* – vor?

Austin hat damit begonnen, dass er Sätze, mit denen man etwas tut, absetzte von Sätzen, die etwas behaupten, was wahr oder falsch sein kann. In diesem Falle sind aber nun offensichtlich beide Dinge relevant, ja die Frage, ob die Äusserung eine Verleumdung ist oder nicht, ist sogar abhängig von der Frage, ob die Äusserung eine wahre Proposition ausdrückt oder nicht. Die Klassifizierung, die Austin vorgenommen hat, ist also nicht haltbar. Wir haben nicht konstative Äusserungen auf der einen, performative auf der anderen Seite.

(iii) Jede Äusserung ist performativ.

Dass Äusserungen nicht entweder konstativ oder performativ sind, muss die Klassifizierung noch nicht unbedingt wertlos machen. So könnte man konstativ und performativ als Pole einer Skala von rein konstativen zu rein performativen Sätzen mit einer Zone der Übergänge verstehen. Aber das wäre wenig hilfreich. Offenbar ist gerade in unserem Beispiel beides von Wichtigkeit, und beides in gleicher Weise: der Handlungsaspekt und der Wahrheitsaspekt. Es ist nicht so, dass der eine Aspekt mehr, der andere weniger im Vordergrund stünde.

Damit sind wir beim Kernpunkt der Sprechakttheorie: Dass ich mit einer Äusserung eine Handlung vollziehe, steht nicht im Gegensatz dazu, dass ich mit einer Äusserung etwas über die Welt aussage, was wahr oder falsch ist. Beides kann durchaus in derselben Äusserung vereinigt sein. Wenn wir davon ausgehen, dass einen Satz sagen bedeutet: eine Äusserung machen, d.h. in einer Situation und zu einem Gegenüber etwas sagen, dann müssen wir damit rechnen, dass jede Äusserung dazu bestimmt ist, eine Handlung zu vollziehen, dass Sprechende mit jeder Äusserung 'etwas tun'. Und zwar auch dann, wenn einer vermeintlich bloss etwas feststellt.

Auch eine Äusserung wie

> *"Ich habe heute 150 Seiten Syntaxtheorie gelesen."*

wird nicht einfach dazu produziert, um eine Proposition auszudrücken. Auch wer konstativ etwas festhält, verbindet damit Absichten, die weiter gehen: Er hat Gründe, dies mitzuteilen, er handelt kommunikativ. Zumindest will er, dass wir ihm glauben – d.h. er will, dass wir nicht einfach feststellen, dass er eine Proposition geäussert hat, die wahr oder falsch sein kann, vielmehr verbindet er mit seiner Äusserung den Anspruch, dass sie wahr ist und dass wir ihm dies abnehmen und vielleicht sogar denken: Ist der fleissig!

5.2.3 Grundbegriffe der Sprechakttheorie

a) Der Sprechakt und seine Teilakte

Wenn jeglicher natürliche Sprachgebrauch ein Handeln ist, so lässt sich fragen, was man denn tut, wenn man 'eine Äusserung macht'. Auf diese Frage gibt es eine komplexe Antwort, und sie führt uns zu den Grundbegriffen der Sprechakttheorie. Wenn wir etwas äussern, handeln wir zumindest in folgender Hinsicht (für das folgende mag das unten abgedruckte Überblicksschema 5-4 hilfreich sein):

a) Man bewegt die Stimmwerkzeuge, gibt Laute von sich – oder man bewegt Schreibwerkzeuge bzw. Tasten.

b) Dabei realisiert man abstrakte Muster eines Sprachsystems: Phoneme, Morpheme/Wörter, Sätze, Texte.

c) Man bezieht sich mit der Sprache auf Dinge in der Welt (im weitesten Sinne) und sagt über sie etwas aus. Man äussert eine Proposition.

Austin nennt das in a) bis c) Aufgeführte die *Lokution* oder den *lokutionären Akt*. Searle differenziert hier – zu Recht – mehr und spricht in bezug auf a) und b) vom *Äusserungsakt,* in bezug auf c) vom *propositionalen Akt.*
Das ist aber nicht alles, was man tut, wenn man eine Äusserung macht:

d) Man spricht jemanden an, wendet sich an jemanden.

e) Man spricht jemanden mit einer bestimmten Intention an: Man will ihn informieren, grüssen, ihn warnen, ihm drohen, ihm etwas versprechen, ihn von etwas überzeugen usw.

Für Austin und Searle ist d) und e) das Zentrale: Sie nennen es die *Illokution* oder den *illokutionären Akt.* Man kann noch weiter gehen und auch folgendes zu dem rechnen, was man tut, wenn man eine Äusserung macht:

f) Man möchte jemanden (etwa durch eine Drohung) einschüchtern, ihn (vielleicht durch ein Lob) froh machen, ihn (durch einen Ratschlag oder eine Aufforderung) von einer geplanten Aktion abhalten, ihn (durch ein Versprechen, durch eine Bitte) zu einer gewünschten Reaktion bringen usw.

Diese beabsichtigte Reaktion der angesprochenen Person nennen Austin und Searle die *Perlokution* oder den *perlokutionären Akt*.

Alles zusammen ist der *Sprechakt*. Ein Sprechakt ist demnach im Normalfall eine *Gleichzeitigkeit von vier Akten:* einem Äusserungsakt, einem propositionalen Akt, einer Illokution und einer Perlokution. Das, was Austin anfänglich als performative Sätze bezeichnet hat, waren eigentlich Sprechakte, und das Unterscheidende, was er daran entdeckt hatte, waren vorab die verschiedenen Typen von Illokutionen. Illokutionen sind es denn auch, welche durch die performativen Verben bezeichnet werden und welche in explizit performativen Äusserungen die Illokution sprachlich signalisieren.

Es dürfte nicht schwierig sein, in den aufgeführten Begriffen einige der Unterscheidungen wieder zu entdecken, die wir in 5.1 gemacht haben. Der Äusserungsakt betrifft die sprachliche Seite der Äusserung, er bezieht sich allein aufs sprachlich Realisierte. Der propositionale Akt ist der Ausdruck einer Proposition – einer Aussage über die Welt, die wahr oder falsch sein kann. Illokution und Perlokution betreffen das, was wir als Sinn oder kommunikative Funktion bezeichnet haben. Allerdings wird diese hier differenziert in zwei verschiedene Akte, den illokutiven und den perlokutiven: Die Sprechakttheorie erfasst hier eine Unterscheidung, die oben noch nicht gemacht wurde.

b) Zu den Teilakten

Es könnte zunächst scheinen, dass die Unterscheidung der verschiedenen Teilakte unnötig kompliziert sei. Dies ist durchaus nicht der Fall. Abgesehen davon, dass damit die für eine pragmatische Betrachtung notwendigen Unterscheidungen getroffen werden können, entsprechen sie auch weitgehend Alltagskriterien, die wir anwenden, wenn wir Äusserungen danach beurteilen, ob sie sprachlich korrekt sind, ob sie wahr sind, ob sie klar ausdrücken, was gemeint ist, und ob sie ihren Zweck erreichen, d.h. ob die angesprochene Person in der erwarteten Weise reagiert. Etwas ausführlicher ausgedrückt:

– Der Äusserungsakt besteht in der Realisierung abstrakter grammatischer Muster (Laute, Wortformen, Sätze). Das Resultat des Äusserungsaktes kann grammatisch (phonologisch, lexikalisch und syntaktisch) *wohlgeformt* sein oder nicht.
– Der propositionale Akt ist die Realisation einer Proposition. Diese ist prinzipiell wahrheitswertfähig, d.h. sie kann *wahr oder falsch* sein.
   Der propositionale Gehalt von *Angelika ist schon da.* und *Ist Angelika schon da?* ist der gleiche, wenn diese Sätze zur gleichen Zeit und am selben Ort geäussert werden. Wenn ich *Angelika ist schon da* mit normaler Prosodie realisiere, behaupte ich damit die Wahrheit der damit ausgedrückten Proposition. Wenn ich *Ist Angelika schon da?* realisiere, dann signalisiere ich damit, dass ich über die Wahrheit der Proposition gerne aufgeklärt werden möchte.

Ein Problem sind Wunschsätze wie *Wenn Angelika doch schon da wäre!* Können wir in bezug auf den propositionalen Gehalt einer solchen Äusserung von Wahrheitswerten sprechen? In gewissem Sinne ja: Wenn ich diesen Satz äussere, setze ich ja voraus, dass Angelika nicht da ist, und ich sage zugleich, dass ich ihre Anwesenheit wünsche. Das Hauptgewicht dieser Äusserung liegt aber wohl in diesem letzten Punkt, in der Äusserung meines Wunsches. Das hat nun schon viel mit der Illokution zu tun, mit der kommunikativen Funktion, die die Äusserung hat.

– Die Illokution kann *glücken* oder nicht glücken. Das hängt davon ab, ob die
  oder der Angesprochene die intendierte Funktion des Sprechaktes erkennt oder
  nicht, ob ihr oder ihm also klar wird, dass etwas versprochen wird, dass vor
  etwas gewarnt wird, dass neue Information mitgeteilt werden soll usw. Für
  Searle gehört die Illokution einer Äusserung mit zu ihrer Bedeutung, neben dem
  propositionalen Gehalt, und das können wir auch intuitiv nachvollziehen, wenn
  wir an alltagssprachliche Formulierungen denken wie: *Ich verstehe dich (akustisch, semantisch), aber was willst du damit sagen? – Was hat sie wohl damit
  gemeint? – Wie soll ich das verstehen? – Worauf will er denn eigentlich hinaus?
  – Und die Moral von der Geschicht?* usw.

– Die Perlokution ist der Versuch, die angesprochene Person durch das, was ich
  sage, zu beeinflussen. Ich kann dabei *erfolgreich* sein oder nicht, je nachdem ob
  ich als Sprecher die intendierte Wirkung beim Adressaten erreiche oder nicht. In
  Frage steht hier, ob ich der angesprochenen Person mit meinem Versprechen
  die angestrebte Sicherheit gebe, ob ich sie mit meiner Drohung tatsächlich ein-
  schüchtere und damit zu etwas zwinge, ob ich ihr neue Erkenntnisse mitgebe
  usw.

c) Das Verhältnis der Teilakte zueinander

Wir haben gesagt: Ein Sprechakt besteht im Normalfall aus vier Teilakten. Das ist
etwas zu spezifizieren:

– Äusserungsakte kommen in natura tatsächlich nicht ohne Illokutionen und Perlokutionen vor. Zwar gibt es die Fälle der linguistischen Beispielsätze u.ä., mit
  denen keine normalen Illokutionen/Perlokutionen verbunden sind, aber das sind
  auch keine eigentlichen Äusserungsakte.

– Es ist aber möglich, dass es Sprechakte ohne Proposition gibt, z.B. Grussformeln wie *Hallo!* Das sind Grenzfälle.

– Oft führt man an, dass es Illokutionen/Perlokutionen ohne Äusserungsakt und
  Proposition gibt, z.B. eine Drohung mit einem blossen Blick oder eine Beleidi-
  gung durch Tippen des Zeigefingers an die Schläfe u.a. Das sollte man aber
  nicht mehr *Sprech*akte nennen. Vielmehr ersieht man daraus, dass man viele
  sprachlich realisierbare Akte eben auch nicht-sprachlich vollziehen kann.
  Sprechakttheorie ist jene Teiltheorie einer umfassenden Akt- oder Handlungstheorie, die es mit sprachlichen Handlungen zu tun hat.

– Fragt man, mit Ausdrücken welcher Grössenordnung man Sprechakte vollzieht,
  so ist in erster Linie der Satz zu nennen. Die Sprechakte können aber auch
  sowohl von Einheiten getragen werden, die kleiner sind als ein Satz, wie auch
  von mehreren Sätzen. Die Sprechakttheorie kommt aber vom Satz her und dreht
  sich immer ungefähr um den Satz. Der Versuch, mit dem Instrumentarium der
  Sprechakttheorie Texte zu analysieren, bringt deshalb beträchtliche Schwierigkeiten bzw. Unsicherheiten mit sich.

Für die Sprechakttheorie steht die Illokution im Zentrum des Interesses. Werden Sprechakte benannt, so dient die illokutionäre Rolle als Kriterium: Wir sprechen dann vom Sprechakt des Versprechens, des Fragens usw. Ebenso werden Sprechakte in Typen klassifiziert; Grundlage auch für
diese Einteilungen sind die illokutionären Rollen (vgl. 5.2.7).

SPRECHAKT (nach J.R. Searle)				
Teilakt	ÄUSSERUNGS-AKT	PROPOSITIO-NALER AKT	ILLOKUTIVER/ ILLOKUTIO-NÄRER AKT	PERLOKUTIVER/ PERLOKUTIO-NÄRER AKT
Resultat des Teilaktes	ÄUSSERUNG	PROPOSITION	ILLOKUTION	PERLOKUTION
Erläuterung	Laute Wörter Satz	Aussage über die Welt	Handlungswert	Zweck / intendierte Reaktion des Hörers
Beurteilungs-kriterien	grammatisch wohlgeformt / grammatisch nicht wohl-geformt	wahr / falsch	glücken / nicht glücken	erfolgreich sein / nicht erfolgreich sein
Beispiel	/deɐ hʊnt ɪst bɪsɪç/ <Der Hund ist bissig>	BISSIG (hund)	MITTEILUNG oder FESTSTELLUNG oder WARNUNG oder DROHUNG oder EMPFEHLUNG	Hörer weiss, was Sprecher weiss Hörer lässt von seinem Vorhaben ab Hörer kauft den Hund

[Schema 5-4]

5.2.4 Sprechaktregeln

Schon zu Beginn seiner Überlegungen hat Austin eine Theorie der Glückens-Bedingungen bzw. der möglichen Fehlschläge für performative Äusserungen zu
entwickeln versucht. Diese Theorie der Glückens-Bedingungen bildet den Grund-
stein für die spätere Entwicklung von sog. *Sprechaktregeln* durch Searle und andere. Die Grundidee ist die, dass für das Zustandekommen und Glücken der verschiedenen Illokutionen – und damit von Sprechakten – spezifische Bedingungen
erfüllt sein müssen. Man kann diese Bedingungen als Regeln verstehen, an die
sich SprecherInnen halten müssen, wollen sie erfolgreich sprachlich handeln, und
als Regeln, die es umgekehrt den HörerInnen erlauben, den intendierten Sprechakt
als solchen zu erkennen. Dabei ist der Grundgedanke sehr wichtig, dass man es

beim Sprechhandeln eben genauso mit Regelhaftem zu tun hat wie etwa im Bereich
der Grammatik, wenngleich die Regeln von sehr anderer Art sind.

Zu den Bedingungen/Regeln für den Sprechakt des Versprechens gehören z.B.:

– *Regel des propositionalen Gehalts:* Der Sprecher macht eine Aussage über etwas Zukünftiges. (Man kann nichts versprechen, was war oder bereits ist.)
– *Einleitungsregeln:* (i) Der Sprecher verspricht etwas, was nicht von selber eintreten wird, was jedoch zu realisieren in seiner Macht steht. Ich kann nicht am
   Montag versprechen, dass am nächsten Tag Dienstag ist, noch kann ich versprechen, dass das Firmament morgen grün ist. (ii) Der Sprecher verspricht etwas, von dem er annimmt, dass es der Hörer wünscht.

Umstritten ist, ob und wie weit eine *Aufrichtigkeitsbedingung* für Sprechakte postuliert werden
muss, wie Searle dies annimmt. Damit ist gemeint, dass der Sprecher sein Versprechen ernst meinen muss. Eine gewisse Rechtfertigung für eine solche Annahme liefert etwa die Rechtspraxis.
Danach ist ein Vertrag, ein Heiratsversprechen usw. nichtig (und damit verbundene Verpflichtungen sind hinfällig), wenn gezeigt werden kann, dass eine Vertragspartei den Vertrag nur zum
Schein eingegangen ist. Ähnlich reagieren wir auch im Alltag, wenn wir bemerken, dass eine
Bitte, ein Versprechen, ein Ratschlag unernst, nur zum Scheine usw. erfolgt ist.

Stark institutionalisierte Sprechakte wie das Taufen oder eine Parlamentseröffnung haben sehr
spezielle Bedingungen: Der Sprecher muss Inhaber eines bestimmten Amtes sein, er muss ganz
bestimmte Formulierungen in ganz bestimmter Abfolge, in einem ganz bestimmten Situations- und
Handlungskontext wählen usw. (Zur Frage der Aufrichtigkeit vgl. auch 5.3.3.)

Generell kann man das Scheitern von Sprechhandlungen auf Nichterfülltheit bestimmter Bedingungen zurückführen: So liegt ein kommunikativer Unglücksfall
vor, wenn ich jemandem in guter Absicht etwas verspreche, das diesem ein Greuel
ist: *"Ich bringe dir eine Kokostorte mit. "*

Sprechaktbedingungen können metakommunikativ thematisiert werden. Dies geschieht meist dann, wenn ein Sprechakt für Sprecher oder Hörer in irgendeiner
Weise zum Problem wird: *"Warum versprichst du Dinge, die du sowieso nicht
halten kannst?"* – *"Das musst du mir nicht versprechen, das mache ich schon selber. "* – *"Aber ich will gar nicht, dass du mich besuchst."* usw.

Sprechaktregeln nennen Bedingungen, die erfüllt sein müssen, damit ein bestimmter Sprechakt zustandekommen kann. Man kann diese Sprechaktregeln als Gebrauchsbedingungen für den Sprechakt des Versprechens, Bittens, Aufforderns usw., genauer: für den Vollzug dieser illokutionären
Akte betrachten: Wer etwas verspricht, ohne dass diese Bedingungen erfüllt sind, vollzieht den
Sprechakt regelwidrig, handelt sprachlich gegen die Regeln.

Wenn ich dagegen *versprechen* deskriptiv (nicht performativ) gebrauche, also z.B. in Form von *er
hat ihr versprochen*, ..., so kann ich den Inhalt der Sprechaktregeln als Elemente der Bedeutung
von *versprechen* betrachten: Zu sagen *er hat ihr versprochen*, ... heisst dann soviel wie zu sagen,
dass er ihr – nach seiner Meinung – eine Aussage über Zukünftiges, nicht von selbst Eintretendes,
von ihr Gewünschtes usw. gemacht hat. Das heisst: Was für den performativen Gebrauch Verwendungsbedingungen sind, sind im deskriptiven Gebrauch Bedeutungselemente.

5.2.5 Wie werden Illokutionen signalisiert?

Wir haben gesagt: Sprechende vollziehen Handlungen, indem sie sprachliche Ausdrücke äussern. Nun können wir gleichbedeutend sagen: Jede sprachliche Handlung dieser Art ist ein Sprechakt. Was für eine Illokution wir mit einer Äusserung
ausdrücken, was für einen perlokutionären Effekt wir anstreben, wird aber sehr
häufig nicht aus der sprachlichen Form der Äusserung selber klar (es verhält sich

hiermit also ähnlich wie mit der Proposition). Die kommunikativen Funktionen von Äusserungen sind sprachlichen Ausdrücken nicht konventionell (fest) zugeordnet wie etwa die syntaktische Struktur oder gewisse Aspekte der Semantik. Ein sprachlicher Ausdruck wird zum Versprechen, zu einer Bitte oder einer Aufforderung erst in einem Kontext. Die Frage ist: Wie kommt es, dass wir die kommunikative Funktion verstehen können?

1. Zunächst stehen Illokutionen und Perlokutionen zu sprachlichen Ausdrücken nicht in einem zufälligen, beliebigen Verhältnis. Es ist nicht so, dass jeglicher sprachliche Ausdruck als Versprechen fungieren kann. Wir haben gesehen, dass dazu bestimmte Bedingungen erfüllt werden müssen: Ein Versprechen muss sich auf Zukünftiges beziehen, auf etwas, das nicht ohnehin eintritt, und es muss in der Macht des Versprechenden liegen, das Versprochene zu bewirken.

Man kann das Verhältnis zwischen sprachlichen Ausdrücken und Illokutionen bzw. Perlokutionen ein mehr-mehr-deutiges nennen. Das heisst zum einen: Ein bestimmter Ausdruck wie z.B. *Der Hund ist bissig* kann je nach Situation mit diversen Illokutionen/Perlokutionen verbunden sein (Information, Warnung, Drohung, Empfehlung). Er kann aber sicher nicht in jeder Situation für jede Illokution/Perlokution gebraucht werden. Zum andern heisst das, dass in einer bestimmten Situation eine bestimmte Illokution bzw. Perlokution durch verschiedene Äusserungen realisiert werden kann. Wenn ich jemanden davon abhalten will, in der Strassenbahn meinen Hund zu streicheln, kann ich sagen

"Würden Sie das bitte lassen", oder
"Mein Hund ist bissig", oder
"Ich würde ihm nicht zu nahe kommen", oder
"Haben Sie es gern, wenn ihnen wildfremde Leute den Kopf kraulen?" usw.

Ich kann, alternativ, natürlich auch versuchen, durch nonverbale Mittel meinen Hund vor Zudringlichkeiten zu schützen. Aber das ist hier nicht unser Thema.

Die Beispiele zeigen, dass für das Zustandekommen einer bestimmten Illokution/Perlokution der *propositionale Gehalt* einer Äusserung in der Regel eine wichtige, wenn auch nicht die alleinige Rolle spielt. Es genügt nicht, dass ich irgendetwas sage, um den anderen vom Kraulen abzuhalten, aber ich kann dieses Ziel durch eine Vielzahl unterschiedlicher Äusserungen zu erreichen versuchen. Und die meisten dieser Äusserungen wären – in anderen Situationen, vielleicht mit anderem Tonfall gesprochen – auch geeignet, andere kommunikative Funktionen zu erfüllen.

In Extremfällen kann der propositionale Gehalt durch die ausgedrückte Illokution ins Gegenteil verkehrt werden: Dies ist etwa der Fall in ironischer Rede (*"Du bist mir vielleicht ein schlaues Kerlchen"*). Es kann auch vorkommen, dass der propositionale Gehalt illokutionär neutralisiert wird: z.B. wenn ich beruhigend auf einen Säugling einrede und dabei irgendetwas sage – was es ist, spielt keine Rolle. Normalerweise ist der propositionale Gehalt aber ein wesentlicher Ausgangspunkt für das Verstehen der Illokution und der Perlokution.

2. Darüberhinaus hat man sich in der Sprechakttheorie seit langem mit sog. *Illokutionsindikatoren* beschäftigt. Das sind formale Elemente der Äusserung, die zumindest in eine bestimmte Illokutionsrichtung weisen. Wir nennen einige:
– performative Verben, in explizit performativer Verwendung (*ich verspreche dir, ich behaupte, dass* etc; vgl. oben).
– Modus (*Wenn Anna doch schon da wäre.*)
– Partikeln wie *bitte, hoffentlich, gefälligst, wenn ... doch* (*Wenn Anna doch schon da wäre. Hoffentlich ist Anna schon da .*)
– Satzarten. Im Deutschen steht das finite Verb entweder an erster, an zweiter oder an letzter Stelle. Mit sogenannten Aussagesätzen (Verb an zweiter Stelle)

lassen sich so gut wie alle Illokutionen realisieren. Mit sogenannten Fragesätzen (Verb an erster Stelle) dagegen keineswegs: *Ist Angelika schon da?* ist recht eindeutig markiert. Die Position des Verbs in V1-Sätzen ist demnach ein starker Illokutionsindikator.

Wir sprechen hier von 'sogenannten' Aussage- oder Fragesätzen darum, weil in der grammatischen Tradition mit diesen Termini bestimmte Satzformen bezeichnet werden, technisch gesprochen: V2-Sätze (Verb an zweiter Position im Satz) und V1-Sätze (Verb an erster Position im Satz). Im Zusammenhang mit einer Diskussion von Illokutionen, also von Fragen des Sprachhandelns, sind dies verwirrende Begriffe. Eine Aussage machen bzw. eine Frage stellen lässt sich auch mit anderen Satzformen als V2- bzw. V1-Sätzen. In der Umgangssprache ist es durchaus möglich, die Frage-Illokution in V2-Sätzen (mit Frageintonation) zu realisieren: *Angelika ist schon da?* Ebenso sind Äusserungen wie *Bist du verrückt?* in den meisten Fällen – sprechakttheoretisch gesehen – keine Fragen.

Daneben spielen paraverbale Faktoren, namentlich die Prosodie, eine sehr wichtige Rolle: Ich kann *"Anna ist schon da"* sehr verschieden prosodisch realisieren und realisiere damit potentiell sehr verschiedene Sprechakte. In der geschriebenen Sprache werden solche Aspekte teilweise durch Interpunktionszeichen oder andere graphische Mittel markiert.

3. Für das Zustandekommen einer Illokution und einer Perlokution sind nach unserer obigen Aussage neben Aspekten der Äusserung (propositionaler Gehalt, Illokutionsindikatoren) aber auch *Faktoren der Situation* relevant. Erst in der konkreten Situation sind Aspekte der Äusserung illokutionär/perlokutionär eindeutig ausdeutbar. Situationsenthoben ist eine Äusserung – wenn man da von Äusserung überhaupt sprechen will – prinzipiell illokutionär/perlokutionär mehrdeutig.

Für den Sprecher heisst das, dass er dann kommunikativ handlungskompetent ist, wenn er in einer bestimmten Situation seine sprachlichen Mittel so zu wählen versteht, dass er die gewünschten Illokutionen/Perlokutionen realisiert. Für den Hörer heisst das umgekehrt, dass er dann kommunikativ handlungskompetent ist, wenn er Äusserungen zusammen mit den Situationsfaktoren richtig illokutionär/perlokutionär aufzuschlüsseln imstande ist (vgl. dazu 5.3).

5.2.6 Indirekte Sprechakte

Ein heikles Konzept innerhalb der Sprechakttheorie ist das der sog. indirekten Sprechakte. Uns sind aus dem täglichen Leben Fälle wie die folgenden vertraut:

> a) *"Können Sie mir sagen, wie spät es ist?"*
> b) *"Ich rate dir, das nicht noch einmal zu versuchen."*
> c) *"Hältst du dich da bitte raus!"*

Mit diesen Sätzen vollziehen wir in der Regel indirekte Sprechakte. So nennen wir Sprechakte, die nicht das sind, was sie zu sein scheinen. Warum? Wir haben Äusserungen mit sehr starken, deutlichen Illokutionsindikatoren:

in a) einen Fragesatz (Entscheidungsfrage, ja/nein-Frage),

in b) ein performatives, performativ gebrauchtes Verb (raten),

in c) die Fragesatz-Form und die Partikel *bitte*.

Diese Indikatoren führen jedoch in den hier suggerierten Verwendungsfällen auf eine falsche Fährte oder zumindest nicht weit genug.

- In a) haben wir eine Entscheidungsfrage (mit *ja* oder *nein* beantwortbar) und zugleich eine Aufforderung, mehr zu antworten als nur *ja* oder *nein*. Fragen sind zwar immer Aufforderungen zu antworten, hier aber wird als Antwort mehr erwartet, als was vom Wortlaut her gefragt wird.

Das zeigt sich auch in dem Fall, wo die angesprochene Person nicht antworten kann, etwa weil sie keine Uhr hat und nicht weiss, wie spät es ist. Sie kann kaum nur mit *"Nein"* antworten, sondern muss sich erklären, entschuldigen o.ä. (*"Ich habe leider keine Uhr"*). Insofern, als wir zumindest mit Satz a) stets nur den indirekten Sprechakt vollziehen, liegt hier ein konventionalisierter indirekter Sprechakt vor.

- In b) liegt (in geeigneter Situation) kein Ratschlag, sondern eine Drohung vor.
- Mit c) wird (unter passenden Umständen) keine Bitte, sondern eine Aufforderung realisiert.

Indirekte Sprechakte liegen, wie diese Beispiele zeigen, dann vor, wenn eine andere Illokution als die durch Indikatoren angezeigte vorliegt oder wenn eine zusätzliche Illokution vorliegt.

Die Beispiele machen auch deutlich, dass die Indirektheit nicht ganz beliebig ist. Die Verschiebungen in der Illokution hängen mit den Sprechaktregeln zusammen; wenigstens können sie damit ein Stück weit erklärt werden. Ein Ratschlag und eine Drohung haben gemeinsam, dass es um etwas Zukünftiges geht, das sein soll oder nicht sein soll, und dass beide Sprechakte Bedingungen formulieren, unter denen das Künftige sein wird oder nicht sein wird. Der Unterschied ist eigentlich nur der zwischen wohlmeinender und übelmeinender Intention. Auch Aufforderungen und Bitten sind – wie man selber leicht einsehen wird – sehr nahe zusammen.

Indirekte Sprechakte kann man auf einer Skala ansiedeln, die von hoher Standardisiertheit (Frage nach der Uhrzeit; der Chef formuliert seine Befehle als Bitten) bis zu absolut spontanen Ad-hoc-Bildungen reicht. Ein Beispiel für letzteres:

Samstag abend, im Fernseher läuft eine unsäglich langweilige und blöde Unterhaltungssendung. Anna steht nach langem Schweigen und Gähnen auf und sagt zu mir:
"Komm, wirf den Fernseher aus dem Fenster."

Dieser Sprechakt hat keine sehr eindeutige Illokution: Will Anna mir sagen, wie blöd sie die Sendung findet, will sie, dass ich den Fernseher ausschalte, will sie sagen, dass sie keine Lust mehr hat weiterzuschauen und lieber ins Bett geht? Das ist nicht entscheidbar, ziemlich sicher aber ist, dass die Aufforderung, den Fernseher aus dem Fenster zu werfen, nicht wörtlich zu nehmen ist. Eine Theorie, mit der man das Verstehen indirekter Sprechakte erklären kann, werden wir unten in 5.3 mit den Grice'schen Konversationsmaximen kennenlernen. Sie erklären, warum *"Können sie mir sagen, wie spät es ist?"* normalerweise nicht als blosse Entscheidungsfrage aufgefasst wird.

Auf die Frage, warum Menschen indirekt sprachlich handeln, lässt sich Verschiedenes antworten. Eine Quelle ist die *Höflichkeit*, die eine Tendenz zur Abschwächung bringt (Bitte statt Befehl, Frage statt Aufforderung usw.). Man kann diese indirekten Sprechweisen als Euphemismen deuten. Eine andere Quelle ist der *Hang zum Sprachwitz* bzw. zum Spielen mit Illokutionen.

5.2.7 Sprechaktklassifikation

Die Sprechaktregeln können eine Leitschnur sein beim Aufstellen von sog. Sprechaktklassifikationen. Mit solchen Klassifikationen soll die mutmasslich sehr grosse Zahl von unterschiedlichen Illokutionen in eine kleine Zahl von Grundtypen eingeteilt werden. Erste Versuche dazu hat schon Austin gemacht. Searle unterscheidet:

- *repräsentative* Sprechakte, mit denen im wesentlichen Ansprüche auf wahre Darstellung der Welt erhoben werden (aussagen, behaupten, erzählen, beschreiben, protokollieren). Dazu gehören also diejenigen Sprechakte, welche Austin zuerst als 'konstative Sätze' von den 'performativen Sätzen' abtrennen wollte.
- *direktive Sprechakte,* mit denen Forderungen an den Hörer gerichtet werden (bitten, auffordern, befehlen). Dazu zählen auch Fragen (diese wurden dann später als *Erotetica* verselbständigt).
- *kommissive* Sprechakte, mit denen der Sprecher Verpflichtungen eingeht (versprechen, sich vertraglich verpflichten).
- *expressive* Sprechakte, mit denen soziale Kontakte etabliert oder aufrechterhalten werden (danken, grüssen, sich entschuldigen).
- *deklarative* Sprechakte, die institutionell eingebunden, offiziell, ritualisiert sind (taufen, zum Ritter schlagen, verurteilen).

Der Bestand vor allem an Verben, die solche Illokutionen in einer Sprache bezeichnen, ist Gradmesser für die Stabilität und Reflektiertheit bestimmter Sprechakte in einer bestimmten Sprachgemeinschaft. (Diese Verben nennt man illokutionäre Verben. Von diesen sind die performativen nur ein Teil – wie wir am Beispiel von *verleumden* gesehen haben, gibt es durchaus Verben, die Sprechakte bezeichnen, aber nicht performativ gebraucht werden können.)

Hier rühren wir an die sehr wichtige Frage, ob Sprechakte/Illokutionen kommunikative Universale sind oder vielmehr historischen und kulturspezifischen Variationen unterliegen. Es ist wohl keine Frage, dass die *Art der Realisierung* von Sprechakten konventionalisiert und damit historisch und kulturspezifisch ist – Heiratsanträge werden heute zumindest teilweise anders realisiert als vor 150 Jahren. Aber die *Sprechakte als solche,* etwa der Heiratsantrag als solcher? Auch er ist wohl historisch und kulturspezifisch. In Gesellschaften, in denen Heiraten durch die Familien vermittelt werden, auch ohne Konsultation der Betroffenen, kann man von Heiratsanträgen in unserem Sinn wohl kaum sprechen. Oder: Kann man heute noch jemanden bannen, ächten oder verfluchen? Aber man hat sicher immer gegrüsst, gedankt, informiert, gedroht, geschmeichelt usw.

5.2.8   Zum Stellenwert der Sprechakttheorie

Die Sprechakttheorie liefert eine Fülle von Begriffen und Unterscheidungen, die sich in der Untersuchung von Kommunikation als sehr fruchtbar herausgestellt haben. Aber, das hat diese Darstellung wohl klargemacht, sie ist keine allgemeine Kommunikationstheorie, keine umfassende Darstellung dessen, was passiert, wenn wir Sprache gebrauchen. Wohl aber wird sehr klar und detailliert ein wichtiger Aspekt herausgegriffen und beschrieben, der in jedem Sprechen eine Rolle spielt: Die Sprechakttheorie expliziert, was Sprachhandeln heisst und wie im Sprechakt sprachlicher Ausdruck, Proposition und kommunikative Funktion miteinander verbunden sind. Der Wert der Sprechakttheorie liegt primär in diesem Grundsätzlichen, darin, dass sie uns die Augen öffnet für einige alltägliche und darum oft kaum wahrgenommene, aber fundamentale Tatsachen von sprachlicher Kommunikation. Die Sprechakttheorie weist aber auch einige Schwächen auf. Auf die vier wichtigsten sei kurz hingewiesen:

a) Sprechakttheorie hat den Anspruch, zumindest einen Teil des Wissens zu beschreiben, das bei Sprechenden *und* Hörenden dem Sprachgebrauch zugrundeliegt. Trotzdem ist sie eher sprecherorientiert, sie richtet das Augenmerk vor allem darauf, was *Sprechende* tun oder meinen. Als Ergänzung zur Sprechakttheorie hat man denn auch schon eine 'Hörverstehensakt-Theorie' gefordert.

b) Schwerer wiegt die Satzverhaftetheit der Sprechakttheorie. Diese lässt sich aus ihrer Herkunft erklären. Aber die Grösse Satz wurde nie überwunden. Bis heute ist es mit dem Instrumentarium der Sprechakttheorie schwierig, die kommunikative Funktion von längeren Äusserungen zu bezeichnen.

c) Die Sprechakttheorie ist vorzugsweise an mündlichem, dialogischem Sprachgebrauch entwickelt worden. Eine Adaptation auf geschriebene und monologische Sprache ist schwierig. Die Gründe für diese Schwierigkeit sind die gleichen wie die in b) genannten.

d) Die Sprechakttheorie richtet sich an dialogischem Sprachgebrauch aus, sie kann aber das kommunikative Wechselspiel im Dialog nicht beschreiben. (Ob dies wirklich ein Mangel ist, ist schwer zu entscheiden; eine solche Beschreibung gehört nicht zu den Aufgaben, die sich die Theorie selbst gestellt hat.)

Ein wichtiger Versuch einer Ausweitung der Sprechakttheorie in Richtung auf die Gesprächs- oder Diskursforschung (vgl. Kapitel 7) ist die Beschäftigung mit *Sprechaktsequenzen*. Unter diesem Stichwort interessiert man sich nicht mehr nur für den einzelnen Sprechakt, sondern für die Tatsache, dass Sprechakte nicht beliebig mit andern Sprechakten verkettet werden können. Die Realisierung eines Sprechaktes schränkt ja die Wahlmöglichkeiten für den folgenden entscheidend ein. Das gilt prinzipiell für monologische wie dialogische Texte, ist aber v.a. für letztere näher untersucht worden. Man hat z.B. *initiative* Sprechakte von *reaktiven* Sprechakten unterschieden. Mit ersteren eröffne ich eine Sprechaktsequenz und zwinge meinen Dialogpartner damit, auf bestimmte Weise zu reagieren. Ein Beispiel: Wenn ich jemandem einen Vorwurf mache, sind die Wahlmöglichkeiten für meinen Partner ungefähr an einer Hand abzuzählen (den Vorwurf zurückweisen, sich entschuldigen usw.). Natürlich bleiben andere Lösungen offen (den Vorwurf übergehen, ihn ignorieren, Gegenvorwürfe machen), aber diese tendieren dazu, die Interaktion zu belasten, sie gefährden auch leicht die Kooperation zwischen den Sprechenden.

Es ist davon auszugehen, dass eine Sprachgemeinschaft nicht nur ein Set von Sprechakten und konventionalisierten Realisierungsmöglichkeiten derselben kennt, sondern eben auch ganz bestimmte Muster von Sprechaktsequenzen, deren Beherrschung ebenfalls einen Teil unserer kommunikativen Kompetenz darstellt.

5.3 Konversationsmaximen und konversationelle Implikaturen

5.3.1 Kooperationsprinzip und konversationelle Implikatur

a) Grundlagen

Die Sprechakttheorie ist, wie wir eben gesagt haben, orientiert auf die Äusserung und auf das, was der Sprecher oder die Sprecherin tun kann, resp. wissen muss, um einen Sprechakt zu formulieren. Natürlich liegt dieses Wissen auch dem Verstehensprozess zugrunde – aber dazu, wie HörerInnen Illokution und Perlokution einer Äusserung erkennen, sagt die Sprechakttheorie nicht viel. Zwar macht sie einige Aussagen zu den Illokutions-Indikatoren. Daraus wird klar, dass das Verhältnis von sprachlicher Äusserung und Sprechakt nicht zufällig ist. Diese Indikatoren stellen wichtige Stützen für den Verstehensprozess dar. Sie sind aber nicht immer sehr zuverlässig, wie der Hinweis auf die indirekten Sprechakte gezeigt hat: Bei diesen können die Illokutions-Indikatoren geradezu in die Irre führen.

Damit stellt sich aber die Frage: Wie erkennen die Hörer mit einiger Zuverlässigkeit die kommunikative Funktion von Äusserungen? Diese ist den Äusserungen ja nicht fix zugeschrieben. Die meisten sprachlichen Ausdrücke können in verschiedenartigen Situationen verwendet werden und erfüllen dort auch unterschiedliche Funktionen. Offensichtlich haben Illokutionsindikatoren, propositionaler Gehalt und sogar performative Verben nicht immer dasselbe Gewicht: Manchmal sind sie wörtlich, 'direkt' zu verstehen, manchmal nicht. Wie wissen Hörerinnen und Hörer vor dem Hintergrund der Situation, in der sie stehen, welcher Stellenwert den sprachlichen Formulierungen zuzuschreiben ist? Und warum können Sprecherinnen und Sprecher darauf zählen, dass sie verstanden werden?

Einen Versuch, dies zu erklären, unternimmt GRICE mit seiner Theorie der konversationellen Implikatur (Grice 1975, 1968). Er formuliert darin nicht neue und zusätzliche Einzelregeln des Sprachgebrauchs, sondern ein Rahmenkonzept, das deutlich macht, *wie* die Einzelregeln im Kontext einer Situation eingesetzt werden.

Die Grundidee ist: Kommunikation ist Handeln, genauer: kooperatives Handeln, Interaktion. In der Kommunikation geht es darum, Verständigung (was *nicht* heissen muss: Einverständnis!) zu erreichen. Dies ist eine Grundvoraussetzung, ein nicht hintergehbares Postulat; Kommunikation kann nicht zustande kommen, wenn die Beteiligten nicht wenigstens ein minimales gemeinsames Interesse haben.

Dieses Prinzip der Kooperation unterlegen Kommunizierende nun all ihren Aktivitäten: Sie formulieren ihre Beiträge und verstehen die der anderen unter der Voraussetzung, dass sie letztlich kooperativ gemeint sind, dass sie gemacht wurden, um verstanden zu werden und dass sie deshalb verständlich sind – auch und gerade dann, wenn der Wortlaut von Äusserungen dem zunächst nicht zu entsprechen scheint. Mit anderen Worten: Dieses Prinzip steuert die Art und Weise, wie Kommunizierende ihre Kenntnisse der Sprache, der Sprechaktregeln und eventueller weiterer konkreter Sprachgebrauchsregeln zum Tragen bringen.

Das von Grice zugrundegelegte Prinzip ist sehr abstrakt, Grice entfaltet es darum in vier sog. *Konversationsmaximen.* In ihnen expliziert Grice etwas konkreter die Kriterien, denen Gesprächsbeiträge zu genügen haben: Sie haben nämlich ausreichend informativ, angemessen klar formuliert, relevant und wahr zu sein. Auch in bezug auf diese Kriterien gilt: Wir gehen im Normalfall davon aus, dass die Beiträge kooperativer Gesprächsteilnehmer diesen Kriterien entsprechen und interpretieren sie demgemäss.

b) Ein Beispiel

Welche Rolle diese Maximen spielen und wie Kommunizierende mit ihnen umgehen, lässt sich am besten an einem konkreten Fall aufzeigen. Wir werden deshalb zunächst etwas ausführlicher auf ein Beispiel eingehen und nachher noch einmal detaillierter auf die Maximen zu sprechen kommen.

Das nachfolgende Beispiel sowie die anderen Beispiele in diesem Abschnitt könnten leicht als etwas speziell empfunden werden. Wir wählen sie, weil in ihnen die von Grice herausgestellten Grundsätze besonders deutlich gemacht werden können. Diese Grundsätze haben jedoch, wie schon betont, allgemeine Gültigkeit für jede Kommunikation, auch und gerade dann, wenn sie, wie in den meisten Fällen von Alltagskommunikation, so klaglos erfüllt werden, dass sie geradezu unsichtbar werden.

Unser erstes Beispiel betrifft eine alltägliche Szene: Wir sitzen bei Freunden bei einem Glas Wein. Das Gespräch ist sehr angeregt, es geht gegen Mitternacht. Nach einer kurzen Diskussionspause versucht Markus eben, einen neuen Aspekt des verhandelten Themas zu entwickeln. Nach den ersten paar Sätzen, bei einer kurzen Stockung, sagt unser Gastgeber: *"Sagt mal, habt ihr nicht davon gesprochen, dass ihr morgen früh raus müsst?"* Dieses Votum hat mit der Eröffnung einer neuen Diskussionsphase wenig zu tun, es ist für das angeschnittene Thema irrelevant. Dennoch verstehen wir alle ohne jedes Problem, was hier gemeint ist: Der Gastgeber gibt uns zu verstehen, dass es an der Zeit ist zu gehen. Wie kommt das?

Eine der von Grice postulierten Konversationsmaximen, an die sich vernünftige, rational handelnde Kommunikationspartner in einer Kommunikation gewöhnlich halten, ist die folgende: *Sei relevant!* Gegen diese Maxime verstösst der Gastgeber in offensichtlicher Weise. Niemand könnte es Markus verübeln, wenn er eine gewisse Irritation zeigen würde.

Dennoch wird er wahrscheinlich nicht so reagieren. Warum? Nach Grice gelten die Konversationsmaximen sehr stark, so stark, dass Kommunikationsteilnehmer kaum je in einer Kommunikation denken, sie gälten nicht mehr. Tun sie das, so bedeutet das immer den Abbruch der Kommunikation. Das ist etwas sehr Gravierendes; es bedeutet, dass man dem Kommunikationspartner die kommunikative Rationalität abspricht, dass man sagt: Mit dir kann man nicht sprechen.

Also versucht man es zuerst einmal anders, nämlich ungefähr so: Man nimmt an, die Konversationsmaximen seien unverletzt. Da sie aber auf den ersten Blick verletzt scheinen, muss man genauer hinsehen. Das heisst: Man muss ein *Interpretationsverfahren* durchführen, man könnte es auch ein Reparaturverfahren nennen. In dessen Verlauf wird die problematische Äusserung so umgedeutet, dass sie mit den Konversationsmaximen (wieder) verträglich ist. Dieser Denkprozess ist ein *Schlussverfahren*, wenngleich nicht im streng formallogischen Sinn. Für unser Beispiel sähe der Prozess vielleicht so aus:

Dass wir morgen früh raus müssen, hat mit dem angesprochenen Thema wirklich nichts zu tun, ist in der momentanen Situation irrelevant. Ich kenne meinen Gastgeber jedoch als diskussionsfreudigen und kommunikativ kompetenten Gesprächspartner. Also dürfte sein Gesprächsbeitrag relevant sein. Wenn ich keine thematische Relevanz ausmachen kann, so liegt die Relevanz halt vielleicht woanders. Nun habe ich ja soeben eine neue Diskussionsrunde eingeläutet, von der abzusehen ist, dass sie nicht so schnell zu einem Ende kommen wird. Eröffnungen von Diskussionsrunden durch einen Diskutanten sind zuerst einmal Angebote an die andern; sie können den Diskussionsball aufnehmen oder nicht. Den offensichtlich thematisch irrelevanten Gesprächsbeitrag meines Gastgebers kann ich so als relevant auf einer Metaebene deuten: *Ich will diesen Ball nicht mehr spielen. Ich steige auf dieses Thema nicht mehr ein.* Gleichzeitig enthält die Äusserung, in der er mir das zu verstehen gibt, nämlich zu erschliessen gibt, eine Begründung, wie das in so einem Fall auch angebracht ist: die fortgeschrittene Zeit. Mein Gastgeber ist kommunikativ geschickt insofern, als er die Vorgerücktheit der Zeit als unser Problem darstellt: *Ihr wollt morgen früh raus.*

Es dürfte klar sein, dass wir höchst selten in derartiger Explizitheit verfahren, wenn wir im Alltag verstehen. Dazu hätten wir in einem fortlaufenden Gespräch kaum Zeit. Was wir hier versucht haben, ist, in aller Explizitheit zu zeigen, was implizit an Voraussetzungen aktiviert und an Schlüssen gezogen wird. Ähnlich brauchen wir die explizite Gestalt der Propositionen, die wir verstehen, nicht zu rekonstruieren – aber wir sind jederzeit fähig, diese explizite Form auf Nachfrage hin zu liefern. So auch im Falle einer solchen Interpretation, etwa wenn jemand sagt: *"Aber das hat er sicher nicht so gemeint!"* Wir können dann durchaus sagen, wie und warum wir so verstanden haben und warum wir meinen, dass unser Gast-

geber es so gemeint hat. Und wenn wir das tun, greifen wir genau auf die Gegebenheiten und ihre Verknüpfung zurück, die wir im Beispiel angeführt haben.

c) Konversationelle Implikatur

Das Resultat eines solchen Umdeutungsverfahrens oder Schlussprozesses nennt
Grice eine *konversationelle Implikatur, d.i.* ein vom Produzenten in einer bestimmten kommunikativen Verwendung an eine bestimmte Äusserung geknüpfter, aber
nicht ausgedrückter Sinn, den es zu erschliessen gilt *(Er will diesen Ball nicht
mehr spielen. Er will, dass wir gehen).* Konversationelle Implikaturen sind somit
per definitionem nicht konventionell an Äusserungen gebunden, sondern stehen
und fallen mit bestimmten Verwendungssituationen. Das dürfte am besprochenen
Beispiel unmittelbar klar sein.

Natürlich kann Markus, um noch einmal auf das Beispiel zurückzukommen, am Ende dann doch
verstimmt sein, jedoch nicht wegen der vermeintlichen Irrelevanz des Gesprächsbeitrages und damit wegen eines Verstosses gegen die Konversationsmaximen, sondern weil der Kommunikationspartner nicht mitspielen will, weil er das nicht direkt sagt, weil er das statt mit seinen
Bedürfnissen mit einer Schutzgeste für Markus begründet usw.

Grice nennt die hier beschriebene Implikatur *konversationell* im Unterschied zu
sog. *konventionellen* Implikaturen. Darunter versteht er beispielsweise die meisten
Präsuppositionen. Diese sind viel weniger situationsgebunden, sondern können
aus dem sprachlich Formulierten mit zumindest grösserer Sicherheit erschlossen
werden als die extrem situationsgebundenen konversationellen Implikaturen (zu
den Präsuppositionen vgl. 6.3.2).

Beim Schlussverfahren, das dem Auffinden von Präsuppositionen zugrundeliegt, geht es darum,
vom Sprechenden als bekannt Vorausgesetztes zu erkennen und zu benutzen, etwa um den Zusammenhang von Elementen der Äusserung untereinander zu verstehen. Die Präsuppositionen betreffen im Normalfall Wissensbestände, die bekannt sind, nicht thematisch sind oder zumindest als
bekannt und nicht thematisch unterstellt werden. Das eigentlich Interessante und Neue wird mitgeteilt.
Bei der konversationellen Implikatur dagegen wird eine Äusserung, die etwas sagt, was zur Situation nicht passt, als Sprungbrett benützt, um zum eigentlich Gemeinten zu gelangen. Das Relevante wird gerade nicht gesagt, sondern im sprachlichen Ausdruck mehr oder weniger stark verschleiert.

5.3.2 Die Konversationsmaximen

Wir haben oben bereits festgestellt, dass Grice aus dem grundlegenden kommunikativen Prinzip der Kooperation vier Konversationsmaximen ableitet. Dieses ganze
gesprächsleitende System sieht aus, wie in Schema 5-5 dargestellt (wir formulieren
die Maximen mit unseren eigenen Worten).
Wir möchten anhand einiger Beispiele noch einmal verdeutlichen, was mit den
Konversationsmaximen erklärt werden soll, nämlich das Zustandekommen der
konversationellen Implikaturen. Diese bilden einen wichtigen Teil des gesamten
Verstehensprozesses. Interessant wird die Sache immer dort, wo die Konversationsmaximen auf den ersten Blick verletzt scheinen und dann der Versuch, sie für
unverletzt zu halten, beim Rezipienten ein Schlussverfahren einleitet, an dessen
Ende eine konversationelle Implikatur steht, also *mehr* und v.a. oft *anderes* verstanden wird als gesagt wird. Eine solche Implikatur hat nie den Grad absoluter
Sicherheit, sie ist immer nur hypothetisch, und zwar im wahrsten Sinne des Wor-

Kooperationsprinzip
Sei kooperativ!

Maxime der Quantität	Sag so viel wie nötig, und sage nicht zu viel.
Maxime der Qualität	Sag nichts, was du nicht für wahr hältst, oder dann signalisiere, welchen Grad der Wahrscheinlichkeit das Gesagte hat.
Maxime der Relation	Sei relevant.
Maxime der Modalität	Sag deine Sache in angemessener Art und Weise und so klar wie nötig.

[Schema 5-5]

tes: Der Verstehende basiert ja sein Schlussverfahren auf Hypothesen darüber, worauf sich der Sprecher in dem, was er sagt, bezieht. Der Schlussprozess erfolgt sozusagen im Konjunktiv: "So könnte es sein, das könnte der Produzent gemeint haben, das könnte der tiefere Grund für diese etwas seltsame kommunikative Handlung sein". Die Häufigkeit, mit der wir das Verfahren anwenden, und der Erfolg, den wir (meist) damit haben, sind aber ein Indiz dafür, dass wir ihm im Normalfall vertrauen dürfen.

Es ist nicht nötig, hier darüber zu diskutieren, ob die vier Maximen vollständig sind, d.h. ob damit sämtliche konversationsleitenden Maximen erfasst sind, noch ob die genannten wirklich klar unterschieden und unterscheidbar sind. Wahrscheinlich sind sie weder vollständig noch klar unterschieden. Das schmälert aber ihren heuristischen Wert keineswegs.

Für die Konversationsmaximen von Grice gilt Ähnliches wie das, was oben für die Sprechakttheorie gesagt wurde. Grice nimmt an, dass diese Maximen von allgemeiner Gültigkeit sowohl für Sprechende wie für Hörende sind. Ist die Sprechakttheorie aber besonders geeignet zu erklären, was der Sprecher tut, so sind die Griceschen Maximen besonders fruchtbar für die Beantwortung von Fragen wie: Was tut der Hörer? Wie kann aufgrund dessen, was in einer Situation gesagt wird, ein Verständnis des vom Sprecher Intendierten aufgebaut werden? Kurz: Wie versteht der Hörer, was der Sprecher meint? Insofern kann die Gricesche Theorie auch als Beitrag zu einer Hörverstehenstheorie gesehen werden. Diese Hörerperspektive ist auch in allen unseren Beispielen dominant.

Weil wir im Eingangsbeispiel die Sache mit der Maxime der Relation "Sei relevant" eingeführt haben, illustrieren wir hier nur noch die andern drei Maximen.

a) Maxime der Quantität.

Wenn ich meine Arbeitskollegin bitte, mir mal schnell die Telefonnummer von X zu sagen, und sie mir dann sagt: *"Das ist irgendetwas mit 052 am Anfang"*, so ist das offensichtlich nicht die Quantität an Information, die ich brauche. Weil ich meine Kollegin aber für kooperativ halte, nehme ich an, dass sie mir alles sagt, was sie weiss, und schliesse daraus messerscharf: Meine Kollegin weiss nicht die ganze Nummer.

Wenn X, den ich seit zwei Jahren jeden Mittag im selben Schnellimbiss sehe und zwischen dem und mir es bis jetzt immer nur die Begrüssungsgeste des leichten Kopfnickens gab, sich eines Tages plötzlich zu mir an den Stehtisch stellt, mir die Hand reicht und mich fragt, wie es mir geht, so halte ich ihn entweder für verrückt, oder aber ich deute das plötzliche Zuviel an Kommunikation als Einleitung in eine neue Art von Beziehung: *Der will was von mir.*

b) *Maxime der Qualität.*

Ironische Rede beruht in vielen Fällen auf einer scheinbaren Verletzung der Maxime der Qualität. Beispiel: Ich spreche mit Angelika, das Radio ist an, und ich muss schon zum dritten Mal nachfragen, weil ich sie nicht verstehe. Wenn Angelika dann sagt: *"Ich würde das Radio etwas lauter stellen"*, so zeigt sie sich wenig kooperativ, falls ich sie beim Wort nehme. Ihr Vorschlag würde das, was wir gerade als Schwierigkeit der Situation erleben, noch verschärfen. Ich kann also nicht davon ausgehen, dass sie wirklich meint, was sie sagt (denn ich halte sie für kooperativ). Ich kann ihren Beitrag aber als kooperativ und weiterführend deuten, wenn ich einsehe, dass sie auf die Quelle unserer Verständigungsprobleme hinweist (die zu laute Musik) und mich durch ihre Ironie auffordert, gerade das Gegenteil von dem zu tun, was sie sagt.

Die Maxime der Qualität wird auch, fast systematisch, bei Wahlkämpfen verletzt. Wenn Kandidaten sagen, dass sie die Steuern nicht erhöhen werden, falls sie an die Regierung kommen, so ist dies cum grano salis zu nehmen. Man tut gut daran, dies nicht geradehin zu glauben, sondern umzuformulieren: Sie sagen das, und sie werden vielleicht tun, was sie sagen, *wenn* sie dies dannzumal noch für gangbar erachten sollten.

c) *Maxime der Modalität.*

Wenn mich eine Freundin aus ihrem Büro anruft, um mit mir zu plaudern und sich mit mir zum Nachtessen zu verabreden, und sie plötzlich, nachdem ich im Hintergrund Geräusche vernommen habe, mich mit "Herr X" anredet und sagt: *"Gut, dann treffe ich Sie heute abend nach der Arbeit um 6 Uhr im Café 'Grössenwahn', und dann können Sie mir die Vorteile Ihrer Lebensversicherung einmal ausführlicher unterbreiten"*, so kann ich diese plötzliche massive Unklarheit ungefähr so deuten: "Meine Freundin redet plötzlich wirr, spricht mich wie eine fremde Person an und sagt etwas über Lebensversicherungen. Da ich keinen Grund habe anzunehmen, dass mit ihr etwas nicht stimmt, muss ich annehmen, dass diese Störung eine äussere Ursache hat. Dafür sprechen auch die Hintergrundgeräusche, die ich gehört habe. Wahrscheinlich ist jemand ins Büro gekommen, der nicht wissen darf, dass sie zu Geschäftszeiten persönliche Anrufe macht. Ich kann also wohl alles, was sie sagt und nicht zu unserem vorherigen Thema gehört, als für mich irrelevant betrachten, es hat einen anderen Adressaten."

Absichtlich unklares Reden erlaubt es, abweichende Meinung zu signalisieren, ohne zu Lügen Zuflucht zu nehmen und ohne die soziale Form allzu offensichtlich zu verletzen. Fragt mich jemand, wie mir seine Bilder gefallen, so kann ich sagen *"Sie sind sehr farbenfroh"* und mich damit bedeckt halten, das heisst weitere Urteile vermeiden.

5.3.3 Abschliessende Bemerkungen

Wir haben bewusst alltägliche Beispiele gewählt, um damit zu unterstreichen, wie normal das mit der Theorie der Konversationsmaximen und der konversationellen Implikatur Gemeinte eigentlich ist – trotz der sehr gewichtigen Namen. Dass die Schlussprozesse, um die es hier geht, so alltäglich sind und uns das Verstehen in all diesen Fällen so leicht fällt, kann dazu führen, dass wir die Theorie selbst als banal und nichtssagend einstufen. Das ist sie nicht. Obwohl sie um vieles einfacher ist als die Theorie der Sprechakte, zumindest was die Terminologie angeht, ist dieser Ansatz von Grice ein ganz gewichtiges Element der Pragmatik. Nicht umsonst ist sie, seit ihrem Anfang, als die einschlägigen Aufsätze von Grice jahrelang nur in fotokopierter Form in den linguistischen Seminaren zirkulierten, eine der meistdiskutierten Theorien der Pragmatik gewesen. Wir können die Gründe hier nicht anführen; sie haben vor allem damit zu tun, wie Grice die Tradition der Logik und der Sprachphilosophie aufnimmt und weiterführt. Im folgenden wollen wir nur auf einige wenige Aspekte eingehen, die in unserem Zusammenhang wichtig sind.

Dass die Basis der Theorie von Grice so allgemein ist, hat seinen guten Grund. Die Äusserungen von Gesprächspartnern in einer Situation sind z.T. derart unvorhersehbar, derart (scheinbar) inkohärent, dass das Verstehen aufgrund der konventionellen Bedeutung nicht zureicht. Wenn wir eine Äusserung hören wie *"Wirf doch den Fernseher aus dem Fenster"*, so haben wir zunächst ja keine Ahnung, was diese Äusserung uns sagen soll. Wir können sie rein sprachlich verstehen, wir können auch verstehen, dass es eine Aufforderung ist, zugleich wissen wir, dass diese Aufforderung 'nicht so gemeint sein kann'. Wie sollen wir uns orientieren? Hier formulieren die allgemeinen Maximen von Grice wichtige Elemente unserer pragmatischen Kompetenz, Steuerungs- und Orientierungsinstrumente, derer wir uns im sprachlichen Alltag intuitiv bedienen.

Ein Gespräch, Kommunikation überhaupt ist – sogar, wenn sie monologisch abläuft – eine Zusammenarbeit, eine Kooperation. Und diese Kooperation ist nur möglich, wenn wir den anderen die Fähigkeit zuschreiben, zur Sache (Maxime der Relation), klar (Modalität), wahr (Qualität) und das Nötige (Quantität) zu reden. Damit ist nicht gemeint, dass unser kommunikativer Austausch stets grossen Ansprüchen (oder auch nur Ansprüchen) genügen würde. Auch garantiert niemand, dass wir Relevantes, Wahres usw. wirklich sagen. Was die Grundlegung der Kommunikation im Kooperationsprinzip besagen will, ist, dass wir nicht anders können als uns gegenseitig ein gewisses Mass an Kohärenz, Interpretierbarkeit und damit an Rationalität zuzuschreiben, solange wir überhaupt miteinander sprechen.

Wir müssen in der Kommunikation davon ausgehen, dass die Motive und Ziele unserer Gesprächspartner prinzipiell erkennbar sind, dass sie aus dem, was unsere Partner sagen, erschlossen werden können. Und wir reagieren auf das, was wir als ihre Motive, Ziele usw. erfassen, nicht einfach auf das, was sie sprachlich formulieren. Wo uns dies nicht gelingt, wo beispielsweise jemand seine wahren Motive vor uns, zu unserem Schaden, geheimhalten kann, sprechen wir davon, dass wir getäuscht worden sind, dass der andere nicht ehrlich, dass er hinterhältig war. Er hat dann, was wir zu unserem Schaden erst im Nachhinein bemerken, in dem, was er sagte, seine wahren Intentionen nicht zum Ausdruck gebracht und uns zum Narren gehalten. Er hat sich an das Prinzip der Kooperation, nach dem wir selbst vorgingen, nur zum Schein gehalten.

Wir haben im letzten Abschnitt gesagt, die Aufrichtigkeitsbedingung für Sprechakte seien umstritten. Vor dem Hintergrund des Ansatzes von Grice können wir dafür eine Begründung geben: Diese Aufrichtigkeitsbedingung gilt, in sehr variierendem, situationsabhängigem Mass, überall. Es ist nicht nötig, sie für jeden illokutionären Akt separat zu formulieren. Die Aufrichtigkeitsbedingung lässt sich aus dem Kooperationsprinzip ableiten; sie prägt damit die gesamte Kommunikation viel tiefer, als wenn sie bloss so relativ oberflächlich in den Verwendungsbedingungen einzelner Sprechakte formuliert wäre. Aber es ist nicht so, dass mangelnde Aufrichtigkeit direkt bewirkte, dass Kommunikation nicht zustandekommt. Vielmehr wird sie zunächst einmal eine Gegenreaktion auslösen (etwa grössere Zurückhaltung und Misstrauen, Rückzug aus bestimmten Themenbereichen). Im Extremfall wird die Kommunikation dann allerdings empfindlich gestört oder verunmöglicht.

5.4 Neuere Entwicklungen

Die neuesten Entwicklungen in der Pragmatik sind sehr vielfältig und breit gefächert. Einerseits gibt es wichtige Weiterentwicklungen in den Kerngebieten der Pragmatik wie der Theorie der Deixis (5.4.2), der Theorie der Implikaturen (5.4.3) und der Sprechakttheorie (5.4.4). Andererseits kommt es, wie z.B. in der Theorie der Informationsstruktur (5.4.1), zu einer Ausdehnung pragmatischer Fragestellungen auf benachbarte Forschungsgebiete (z.B. Grammatik, Gesprächsanalyse, Psycholinguistik, Kulturwissenschaften).

5.4.1 Informationsstruktur

Die Theorie der Informationsstruktur, die die Gliederung von Sätzen, Texten und Diskursen untersucht, gewinnt sowohl in der grammatischen als auch in der pragmatischen Forschung der 90er Jahre stark an Bedeutung (JACOBS 1992, HORN/WARN 2003). Zentral sind nach wie vor folgende Fragen: Wie muss ein Text oder eine Erzählung strukturiert sein, damit der Hörer die wichtige Information herauslesen kann? Welche Leistung muss die Sprecherin dafür erbringen? Welche Mittel werden dafür eingesetzt? Obwohl die Informationsstruktur formal an sprachlichen Mitteln festgemacht werden kann (Satzmodus, Wortstellung, Diskursmarker etc.), wird sie in erster Linie als pragmatisches Phänomen behandelt (STUTTERHEIM 1997, vgl. auch 7.9.2): Die Strukturierung geht nicht, wie vielleicht erwartet, auf grammatische Regeln zurück. Vielmehr wird davon ausgegangen, dass die grammatische Ausformulierung von pragmatischen Regeln gesteuert wird und dass sie dadurch eine kommunikative Funktion erfüllt. Dieses Zusammenspiel versucht z.B. auch die funktionale Grammatik einzufangen (vgl. 2.7.2). Die Informationsstruktur wird neben den grammatischen auch durch pragmatische Mittel wie Intonation und Akzentuierung unterstützt.

Nach der gängigen Informationsgliederungsmethode in Thema-Rhema (vgl. 6.3.4) beinhaltet das Thema die alte und das Rhema die neue Information. Diese Einteilung scheitert aber gerade in diesem ihrem Hauptpunkt: Die Unterscheidung 'alt – neu' greift zu kurz.

Erstens können dadurch nicht alle empirischen Daten erfasst werden: So gibt es z.B. Sätze, die nur neue Informationen enthalten (wie *Die Rolling Stones treten morgen in Zürich auf*), oder Sätze, bei denen das im Mittelpunkt stehende betonte Element keine (im engeren Sinne) neue Information liefert (wie *Ich war in Italien, Frankreich und Spanien. FRANKREICH hat mir am besten gefallen*). Zweitens berücksichtigt die Thema-Rhema-Struktur die Informationsstruktur einzig aus Rezipientenperspektive (HörerInnen, LeserInnen).

Deshalb werden der Thema-Rhema-Gliederung (TRG) neue resp. zusätzliche Konzepte zur Seite gestellt. Es sind dies in erster Linie die *Fokus-Hintergrund-*

Gliederung (FHG) und die *Topik-Kommentar-Gliederung* (TKG). Dass diese Begriffskonzepte unterschieden werden müssen, darüber ist sich die Fachwelt weitgehend einig. Wie die Klassifizierung genau vorgenommen werden muss, d.h. wofür die Konzepte genau stehen, inwiefern sie sich unterscheiden und in welchen Punkten sie sich ähneln oder sogar überschneiden, da scheiden sich die Geister – und dies bleibt wohl Thema weiterer Untersuchungen. Zur Diskussion stehen folgende Strukturierungsmöglichkeiten: a) alte Information versus neue Information, b) relevante versus weniger relevante und c) worüber wird gesprochen versus was wird darüber ausgesagt.

Eine mögliche systematische Klassifizierung, welche die unterschiedlichen Rollen von SenderIn und EmpfängerIn berücksichtigt, liefert hierzu MOLNAR (1993): Die drei Begriffskonzepte TRG, FHG und TKG und die drei Strukturierungsmöglichkeiten a) - c) werden einander eindeutig zugeordnet und ausgehend vom Organon-Modell (BÜHLER 1934, vgl. auch 6.4.1) auf drei Ebenen verteilt. Auf der Sachebene der *Darstellung* ist die Topik-Kommentar-Gliederung als 'worüber – was'-Unterscheidung anzusiedeln, auf der Senderebene des *Ausdrucks* die Fokus-Hintergrund-Gliederung als 'relevant – weniger relevant' und auf der Empfängerebene des *Appells* die Thema-Rhema-Gliederung als 'alt – neu'. Durch diese Klassifizierung soll es möglich werden, die Informationsstruktur auf Satz-, Text- und Diskursebene vollständig zu erfassen.

Bis jetzt wurden aber viele Aspekte der Informationsstruktur noch nicht vollumfänglich geklärt (so z.B. gewisse Akzentuierungsphänomene oder das Fehlen von Informationsstruktur). Auch ist eine 'Over-all'-Theorie, die phonologische, syntaktische, semantische und pragmatische Fragen beantworten könnte, bis dato nicht gegeben. Dies ist mit ein Grund, warum die Untersuchung der Informationsstruktur gegenwärtig zu den besonders aktiven Forschungsfeldern gehört.

5.4.2 Deixis

"Ich bin jetzt hier!" – Deiktische Ausdrücke wie *ich, jetzt, hier* referieren relativ zum Kontext auf unterschiedliche Personen, Zeitpunkte und Orte in der Welt (sog. *deiktische Kategorien*, vgl. auch 5.1.2 a). Um eine deiktische Äußerung verstehen zu können, muss also der Kontext, der Bezugs- oder Referenzpunkt geklärt sein: Das so genannte *deiktische Zentrum* oder die *Origo* muss für die Referenzfindung und die anschliessende Interpretation festgelegt werden.

Das Konzept der Deixis ist nicht neu: Es geht bereits auf BÜHLER (1934) zurück. Neu zur Diskussion stehen heute – neben den Versuchen, verschiedene Deixisarten zu kategorisieren – deiktische Elemente als Schnittstellen-Phänomene (z.B. LEVINSON 2003).

Deixisarten

Neben den situativen Deixisarten *Personaldeixis, Temporaldeixis* und *Lokaldeixis* – die so genannten *demonstrationes ad oculos* (Bühler 1934) – werden zusätzliche Deixisarten postuliert, die weitere Aspekte aufgreifen und thematisieren: So verfügt bei der *anaphorischen Deixis* der deiktische Ausdruck (genau wie eine Anapher) über ein in der Rede vorangegangenes Bezugswort *(Anteze-*

dens). Die *Diskursdeixis* spielt eine Rolle für die Bezugnahme auf Vorangegangenes in einem grösseren sprachlichen Kontext, wie z.B. in einer Diskussion
oder auch in einem schriftlichen Diskurs (vgl. zur Diskursanalyse 6.7.3). Die
Sozialdeixis (LEVINSON 2000a, FILLMORE 1997) gibt Auskunft über die Relation
zwischen SprecherIn und HörerIn (Respekt, Distanz, Höflichkeit etc.). Die *ima-
ginative Deixis* (auch *Deixis am Phantasma* (Bühler 1934) genannt) kommt in
Fällen zu tragen, in denen es nicht um die reale Äusserungssituation geht, sondern um eine fiktive (z.B. literarische) Welt.

Schnittstelle Grammatik: Temporaldeixis

Neben den lexikalischen Deixis-Realisierungen (wie Pronomen oder Adverbien)
werden neu auch grammatische Marker (wie Person-, Numerus-, Tempus- und
Modusmarkierungen am Verb) als Deixis interpretiert (ZIFONUN 1997).
Insbesondere im Bereich der Tempussemantik wird rege geforscht (FABRICIUS-
HANSEN 1991, KLEIN 1992, 1994): Tempus gilt insofern als deiktisches Phänomen, als damit auf den Sprechzeitpunkt als Aspekt der Deixisorigo verwiesen
wird. Die verschiedenen temporalen Verhältnisse (Zeitpunkte, Intervalle, Abläufe etc.) werden mit Bezug auf den Sprechzeitpunkt zu erklären versucht.
In erster Linie wird die Temporaldeixis zwar durch Tempusadverbien *(jetzt,
morgen, nächsten Monat* etc.) ausgedrückt, die Markierung am Verb kann aber
ebenfalls als Temporaldeixis dienen: In *ich spazier-t-e* zeigt das *-t-* an, dass das
Ereignis vor dem Sprechzeitpunkt in der Vergangenheit liegt.

Schnittstelle Soziolinguistik: Sozialdeixis

Bei der Sozialdeixis geht es nicht darum, ein situatives Zentrum festzulegen,
sondern die soziale Ebene, das Verhältnis zwischen SprecherIn und HörerIn (und
deren Umgebung) durch sprachliche Markierung auszudrücken. Hier wird also
wie in der Soziolinguistik nach den sprachlichen Realisierungen von sozialen
Gegebenheiten gefragt: Der soziale Status oder die soziale Relation wie
Distanz/Nähe, Respekt, Gesellschaftsschicht, soziale Stellung u.ä. kann durch
einen sozialdeiktischen Operator *(Honorifikum)* ausgedrückt werden.

So kann z.B. die Wahl der Pronomen *(du* resp. *Sie)* als deiktisches Element für die Markierung
von Nähe resp. Höflichkeit/Respekt gedeutet werden. Je nach Anrede kann z.B. auch auf die besondere Stellung oder das Verhältnis geschlossen werden *(Herr Bundeskanzler, Frau Lehrerin*
etc.). Von besonderem Forschungsinteresse sind diesbezüglich auch die kulturell bedingten
Unterschiede im Gebrauch von Honorifika (vgl. HAASE 1994, SHIBATANI 1999).

5.4.3 Die Erben von Grice

Die intensive und kontroverse Debatte um die Theorie der konversationellen
Implikaturen von GRICE (1975) führte zu verschiedenen Modifikationen des
ursprünglichen Maximenkatalogs und zu einer weiteren Differenzierung der Im-
plikaturtypen. So wurden von BROWN/LEVINSON (1987) Prinzipien der Höflichkeit eingeführt, die mit den Konversationsmaximen interagieren. Dieser für die
Höflichkeitsforschung sehr einflussreiche Ansatz regte eine fruchtbare Diskussion an, insbesondere mit typologischen und interkulturellen Fragestellungen (vgl.
KASPER 1994). Die zentralen Weiterentwicklungen der griceschen Theorie

lassen sich in zwei Hauptrichtungen unterteilen: solche, in denen die Anzahl der Maximen reduziert wird wie z.b. in der *Theorie der Generalisierten Konversationellen Implikaturen* (LEVINSON 2000b) und solche, in denen die Maximen durch andere Prinzipien ersetzt werden wie z.B. in der *Relevanztheorie* (SPERBER/WILSON 1986, 1995^2).

Theorie der Generalisierten Konversationellen Implikaturen

Die *Theorie der Generalisierten Konversationellen Implikaturen (GCI)* kann – trotz wichtiger Neuerungen – als direkte Fortsetzung des griceschen Programms (vgl. 5.3.1) angesehen werden und wird daher oft als *neogricesch* bezeichnet. Im Zentrum der Theorie der GCI stehen die – bereits von Grice eingeführten – *generalisierten konversationellen Implikaturen*. Dabei handelt es sich um konversationelle Implikaturen (vgl. 5.3.1), die weitgehend unabhängig vom spezifischen Kontext der Äusserung erschlossen werden können.

So hat zum Beispiel das Indefinitpronomen *einige* weitgehend kontextunabhängig die Implikatur-bedeutung 'nicht alle': *Einige Kinder bestanden den Test.* – 'Nicht alle Kinder bestanden den Test'. Dass es sich tatsächlich um eine konversationelle Implikatur handelt, d.h. um etwas zusätzlich Erschlossenes, sieht man daran, dass die Implikatur 'nicht alle' durch eine entsprechende Erweiterung verhindert werden kann: *Einige Kinder bestanden den Test, ich glaube sogar alle.* Das unterscheidet Implikaturen von Präsuppositionen.

Die generalisierten konversationellen Implikaturen werden auf der Grundlage von drei allgemeinen pragmatischen Prinzipien abgeleitet. Das *Q(uantitäts)-*, das *I(nformativitäts)-* und das *M(arkiertheits)*-Prinzip ersetzen die vier griceschen Maximen. Diese Schlussprinzipien *(heuristics)* zielen nicht wie die ursprünglichen Maximen bei Grice auf das Erschliessen der Sprecher-Intention ab, sondern beschreiben in Begriffen der Informativität und Stereotypizität, wie Sprache normalerweise gebraucht wird.

Relevanztheorie

In der *Relevanztheorie* (RT) wird Kommunikation nicht mehr wie in (neo)griceschen Arbeiten als rationale Handlung, sondern als kognitiver Prozess der Informationsverarbeitung angesehen. Deshalb werden die vier griceschen Konversationsmaximen unter einem allgemeinen kognitiven Prinzip – dem *Relevanzprinzip* – zusammengefasst. Dabei handelt es sich nicht um die Konversationsmaxime *Sei relevant!*, sondern um ein übergeordnetes Prinzip, das die allgemeine Funktionsweise der menschlichen Kognition beschreibt. Nach Auffassung der RT tendiert das menschliche kognitive System dazu, eine Balance zwischen Aufwand und Effekt in der Kommunikation zu bewahren. Das geschieht durch eine Minimierung des Aufwands in der Äusserungsverarbeitung *(cognitive effort)* und der gleichzeitigen Maximierung des Informationsgewinns *(cognitive effect)*. Eine sprachliche Äusserung, die diese Bedingung erfüllt, wird als *optimal relevant* bezeichnet. Wann eine Äusserung optimal relevant ist und einen positiven kognitiven Effekt erzeugt, hängt weitgehend von den individuellen Wissensbeständen der Hörerin und ihren Annahmen über den aktuellen Kontext ab.

Das Interesse der nachgriceschen Forschung richtet sich nun nicht nur auf die Art und Anzahl der Prinzipien, die das Erschliessen pragmatischer Bedeutungsanteile steuern, sondern betrifft auch ganz grundlegend den Anteil pragmatischer

Schlüsse an der Gesamtbedeutung einer Äusserung; d.h. zur Diskussion steht das Verhältnis von Semantik und Pragmatik. Die von Grice vorgeschlagene strikte Trennung des *Gesagten (what is said)* vom *Implikierten (what is implicated)* wird von den meisten neueren Arbeiten zurückgewiesen. Allgemein wird ein engeres und differenzierteres Verhältnis zwischen der semantischen und der pragmatischen Ebene angenommen und pragmatischen Schlüssen wird eine grössere Rolle bei der Bedeutungsbestimmung zugeschrieben. Wie semantische und pragmatische Bedeutungsanteile voneinander unterschieden werden können und welche Art von pragmatischen Schlüssen letztendlich zur Bedeutung einer Äusserung führen, wird weiter intensiv diskutiert.

5.4.4 Sprechakttheorie und der Begriff des Performativen

In der neueren Forschung der Sprechakttheorie werden weiterhin klassische Fragen diskutiert. So sind zur Klassifizierung von Sprechakten bzw. von illokutionären Akten verschiedene alternative Vorschläge gemacht worden, die u.a. grammatische und typologische Aspekte stärker berücksichtigen (vgl. BRANDT et al. 1992, TZOHATZIDIS 1994). Das Forschungsinteresse richtet sich aber auch auf eine mögliche Anwendung der Sprechakttheorie auf bisher ausgeklammerte Bereiche wie die Text- und Gesprächsanalyse (vgl. Tzohatzidis 1994). Die derzeit umfassendste Weiterentwicklung der Sprechakttheorie ist die *Illokutionäre Logik (illocutionary logic)* von VANDERVEKEN (1990, 1991). Vanderveken zielt auf eine formale Modellierung der Sprechakte ab. Er definiert ein detailliertes logisches System, um illokutionäre Akte kompositional zu analysieren. Zudem versucht er, die Sprechakttheorie auf die Analyse von Gesprächen auszudehnen (vgl. VANDERVEKEN/KUBO 2001).

Die vielleicht wichtigste und komplexeste Diskussion – die weit über die linguistische Pragmatik hinausgeht - betrifft explizit performative Äusserungen (wie *Ich verspreche Dir pünktlich zu sein*) und den Begriff des Performativen. Der sprechakttheoretische Begriff *performativ* bzw. *Performanz* geriet dabei in den letzten Jahren zunehmend in den Brennpunkt sprachphilosophischer und kulturwissenschaftlicher Debatten und hat sich mit einer deutlichen Bedeutungsverschiebung zu einem "umbrella term" der Kulturwissenschaften entwickelt (WIRTH 2002). In der linguistischen Debatte steht vor allem die Frage im Zentrum, ob performative Äusserungen als direkte Sprechakte (5.2.2) oder indirekte Sprechakte (5.2.6) zu analysieren sind (vgl. Tzohatzidis 1994, GREWEN-DORF/MEGGLE 2002). Die sprachphilosophische Kritik knüpft demgegenüber an die Frage nach den Glückensbedingungen von performativen Sprechakten an (vgl. 5.2.4). Dabei geht es zum einen um die subjektiven und sozialen Bedingungen für das Gelingen von Sprechakten als der Basis sozialer Praktiken (vgl. KRÄMER 2001). Zum anderen wird die Bedingung der Aufrichtigkeit für das Gelingen von Sprechakten in Frage gestellt (DERRIDA 2001). Danach besteht zwischen einem ernsthaften und einem inszenierten Versprechen (z.B. in einem Theaterstück) kein grundlegender Unterschied. In beiden Fällen werden sprachliche Zeichen *zitiert* und verbinden auf diese Weise ihre vorherigen Verwendungen mit dem aktuellen Kontext (vgl. 7.9.1). Die Idee des 'Zitats' wird von den Kulturwissenschaften aufgegriffen. Jede Äusserung wird immer auch als (theatralische) Inszenierung – als *Performance* – betrachtet. In den *Gender Studies* wird die Idee der Inszenierung auf die Konstituierung der Geschlechtsidentität ausgeweitet (BUTLER 1997).

5.4.5 Weiterführende Literatur

Einführungen und Handbücher: Gut zu lesende Einführungen sind Meibauer (1999), Ernst (2002), Yule (1996) zum Teil mit Übungen und weiterführenden Lesehinweisen. Verschueren (1999) vertritt einen weitgefassten Pragmatikbegriff. Soziale Aspekte des Sprachgebrauchs fokussiert Mey (1993). Mit Levinson (2000a) liegt eine Neuübersetzung des Klassikers von 1983 vor. Verschiedene neue Handbücher (Horn 2003, Mey 1998, Verschueren 1995-2001) geben einen breiten Überblick über die sehr heterogenen Interessen innerhalb der pragmatischen Forschung; grösstenteils klassische Aufsätze versammeln Kasher (1998) und Davis (1991).

Informationsstruktur: Verschiedene neuere Artikel zur Informationsstruktur bietet Jacobs (1992), mit einer informativen und gut verständlichen Einleitung. Den Schwerpunkt auf mündliche Textstrukturen setzt in ihrer Einführung Stutterheim (1997). Für die Unterscheidung in FHG und TKG argumentiert Molnar (1993). Die neuesten Arbeiten zur Diskursorganisation sind im Pragmatik-Handbuch von Horn/Warn (2003) zu finden. Die Grundzüge der Informationsstruktur sind ausserdem nachzulesen in Meibauer (1999). Zu einzelnen Phänomenen und Teiltheorien der Informationsstruktur vgl.: für einen kognitiven Ansatz zur Informationsgliederung Lambrecht (1994), für die sog. Alternativensemantik Rooth (1996), für den sog. Quästio-Ansatz Klein/ Stutterheim (1987).

Deixis: Die Theorie der Deixis geht in ihren Grundzügen auf Bühler (1934) zurück. Gute Einführungen finden sich in Levinson (2000a) und in Meibauer (1999). Fillmore (1997) ist eine übersichtliche Einführung auf Englisch. Der Handbuchartikel von Levinson (2003) stellt die Grundzüge der Theorie und den neuesten Stand der Forschung zusammen. Wichtige Arbeiten zur Tempussemantik sind Fabricius-Hansen (1991) und Klein (1994). Modus als deiktische Kategorie wird in Zifonun (1997) dargestellt. Ehrich (1992) behandelt temporale Adverbien. Die Sozialdeixis, insbesondere im Sprachenvergleich, führen unter anderem Haase (1994) oder Shibatani (1999) aus.

Implikaturen: Grundzüge der Theorie der GCI finden sich in Horn (1984) sowie Levinson (1987). Levinson (2000b) beinhaltet neben einer anspruchsvollen Einführung vor allem eine enzyklopädische Sammlung von Phänomenen, die in diesem Rahmen bisher behandelt wurden. Rolf (1997a) ist eine umfangreiche kritische Diskussion des griceschen Programms; die radikalste Kritik am griceschen Ansatz formuliert Davis (1998). Sperber/Wilson (1995[2]) ist die überarbeitete und erweiterte 2. Auflage des Klassikers zur RT von 1986. Eine gute Einführung in die RT bieten Blakemore (1992) sowie der Handbuchartikel von Wilson/Sperber (2003), der zudem den neuesten Forschungsstand skizziert. Die nach wie vor umfassendste Einführung in die Höflichkeitstheorie von Brown/Levinson ist Brown/Levinson (1987). In Kasper (1994) findet sich ein Überblick über verschiedene Aspekte der Höflichkeitsforschung. Dufon (1994) ist eine nützliche Bibliografie zum Bereich Sprache und Höflichkeit.

Sprechakttheorie: Allan (1994) gibt einen guten Überblick über Grundzüge und Entwicklungen der Sprechakttheorie. Gut lesbare Einführungen sind Rolf (1997b) und Hindelang (2000[3]). Neue Arbeiten zum aktuellen Forschungsstand sind in Tzohatzidis (1994) versammelt. Die grundlegende Arbeit zur illokutionären Logik ist Vanderveken (1990, 1991). Eine gute Einführung bieten Rolf (1997a) und Vanderveken/Kubo (2001), in dem sich auch verschiedene neuere Aufsätze zu diesem Bereich finden. Einen sehr umfassenden Überblick zur Diskussion des Performanzbegriffes gibt Wirth (2002) und Parker/Sedgwick (1995). Krämer (2001) versammelt sprachphilosophische und sprachtheoretische Beiträge zum Verhältnis Sprache-Sprechen sowie zum Performanzbegriff.

Teil II

Überleitung

Teil I dieses Buches befasste sich mit drei klar voneinander absetzbaren Themen-
kreisen:
- mit der Semiotik, einer Disziplin, welche den linguistischen Einzeldisziplinen
  vorgeordnet ist und begriffliche Grundlagen nicht nur für die Sprachwissenschaft bereitstellt (Kapitel 1);
- mit den konstitutiven Gliederungsprinzipien von Sprache, der Morphologie
  und Syntax (Kapitel 2 und 3) und der Semantik (Kapitel 4);
- mit der Pragmatik, d.h. der Lehre von den fundamentalen Regularitäten, die in
  jedem Gebrauch von Sprache eine Rolle spielen (Kapitel 5).

In allen Darstellungen von Teil I wurden die interessierenden Sachverhalte weitgehend ohne Rücksicht auf Faktoren abgehandelt, die in jeder konkreten Sprachverwendung mitwirken, aber trotzdem vom 'eigentlich Sprachlichen' unterschieden werden können. Untersucht wurden die Potentiale von Sprache, wurde *Sprache als virtuelle Grösse*. Dies gilt auch für die Art, wie wir die Pragmatik behandelt
haben: Hier standen nie konkrete Bedingungen und Abläufe der Sprachverwendung zur Diskussion. Diskutiert wurden vielmehr die grundlegenden Rahmen-
strukturen und Regularitäten, innerhalb derer sich konkrete Bedingungen überhaupt erst auswirken und kommunikative Abläufe entwickeln können.

Die Pragmatik fungiert als eine der ganz zentralen Schnittstellen zu linguistischen Betrachtungsweisen, in denen bestimmte Verwendungsformen von Sprache oder die Einflüsse bestimmter
aussersprachlicher Faktoren auf Sprache und Sprachgebrauch untersucht werden. Oft ist deshalb
auch von *pragmatischer Betrachtungsweise* die Rede, wenn man im Rahmen der hier verwendeten
Begriffe besser von *soziolinguistischer, textlinguistischer* usw. *Betrachtungsweise* spräche.

In Teil II nun werden wir diese Zurückhaltung gegenüber weiteren Faktoren selektiv aufgeben und die sogenannten 'Bindestrichlinguistiken' vorstellen: Gesprächsanalyse, Textlinguistik, Soziolinguistik, Psycholinguistik und Historiolinguistik.
Dabei geht es, in jedem einzelnen Kapitel, um *die ganze Sprache* noch einmal, aber
jeweils unter einem *zusätzlichen* Gesichtspunkt, der bis anhin aus der Betrachtung
ausgeklammert geblieben war.

Diese Gesichtspunkte stellen, gemessen an dem, was in Teil I an Systemen und
Regularitäten vorgestellt worden ist, Ausweitungen der Untersuchungsperspektive
dar. Wenn wir sie hier als zusätzliche bezeichnen, so meinen wir damit nicht, dass
sie zufällig an Sprache herangetragen würden. Die hier behandelten Teilgebiete
stellen nicht Randbereiche dar, sondern thematisieren Fragen, die sich bei der Beschäftigung mit Sprache zwangsläufig immer wieder aufdrängen. Sie gehen den
Beziehungen nach, in die Sprache eingelassen ist, wann immer sie als soziales und
psychologisches Phänomen thematisiert wird. Die verschiedenen Fragestellungen
lassen sich kurz folgendermassen skizzieren:

a) Sprache in Text und Gespräch: Textlinguistik und Gesprächsanalyse

In der Gesprächsanalyse und in der Textlinguistik werden die zwei wohl wichtigsten konkreten Erscheinungsformen der Sprache betrachtet, in denen Sprache
soziale Funktion bekommt, d.h. intersubjektiv wirksam wird: Gespräche und
(geschriebene) Texte. In beiden Disziplinen geht es um die Analyse der besonderen
Bedingungen, unter denen Sprache in Gesprächen bzw. Texten gebraucht wird,

und um die Regularitäten, die hier zu beobachten sind. Die sprachlichen Grundgegebenheiten, wie sie in den Kapiteln von Teil I besprochen worden sind, sind in
jedem Gespräch und jedem Text immer mit im Spiel. Zusätzlich spielen aber weitere, nicht unmittelbar sprachliche Gegebenheiten eine herausragende Rolle. Diese
bereichsspezifischen Rahmenbedingungen werden in Gesprächsanalyse und Textlinguistik herausgehoben.

b) Sprache und Gesellschaft: Soziolinguistik

Die Soziolinguistik thematisiert Sprache und die Produkte des Sprachgebrauchs
unter soziologischer Perspektive. Keine Sprachgemeinschaft ist sozial homogen.
Sprachkenntnisse, Sprachgebrauchsweisen und sprachliche Wertkriterien variieren
zwischen den sozialen Gruppen. Diese Unterschiede sind einerseits Folgen unterschiedlicher sozialer Erfahrungen, andererseits bilden sie selbst wieder Kristallisationspunkte für Prozesse der sozialen Identifikation bzw. Distanzierung. In der Soziolinguistik wird so der aussersprachliche Gesichtspunkt der sozialen Differenzierung zum Ausgangspunkt der Analyse. In dieser werden die Formen sprachlicher
Teilhabe in ihrer Interdependenz mit gesellschaftlichen Verhältnissen untersucht.

c) Sprache und Geist: Psycholinguistik

Die Psycholinguistik interessiert sich für linguistische Phänomene unter dem Gesichtspunkt, wie Sprache psychisch repräsentiert und verarbeitet wird. Auf das
Interesse der neueren Linguistik an psychologischen Fragestellungen wurde schon
in Kapitel 3 (Generative Grammatik) hingewiesen. Auf der anderen Seite gibt es
eine lange Geschichte der psychologischen Beschäftigung mit der Sprache. Die
Psycholinguistik als Disziplin zwischen Linguistik und Psychologie macht sich zur
Aufgabe, die spezifischen Beziehungen von Sprache und Geist zu analysieren. Ein
wichtiger Teil dieser Bemühung besteht darin zu untersuchen, welchen Einfluss
die Potenzen und Beschränkungen der geistigen Lern- und Verarbeitungskapazität
des Menschen auf die Sprache haben.

d) Sprache in der Geschichte: Historiolinguistik

Sprachen verändern sich in der Zeit. Die sprachlichen Systeme, die wir in Teil I als
feste Grössen beschrieben haben, sind nur sehr bedingt stabile Gebilde. Unter historischer Perspektive stellt sich die Aufgabe, vergangene Sprachzustände zu beschreiben und aufzuzeigen, wie sich Sprachen verändern. Es geht darüber hinaus
darum, die Einflussfaktoren geltend zu machen, welche Veränderungen anstossen,
und schliesslich geht es darum, zu begründen, warum sich bestimmte sprachliche
Strukturen auf bestimmte Weisen verändern können (oder müssen).

Der historische Gesichtspunkt ist – im oben angesprochenen Sinn – ein *zusätzlicher* darum, weil
wir in Teil I die Sprachwissenschaft vor allem als Kompetenzlinguistik verstanden haben. Verstehen wir Sprache primär als das, was Menschen als Sprachwissen 'im Kopf haben', so können wir
Sprache weitgehend als (synchron, im jeweiligen Moment) gegeben, als festgefügtes System
betrachten. Die Veränderungen, die sich in diesem System im Laufe eines Menschenlebens oder in
der Weitergabe der Sprache an neue Generationen ergeben, sind Effekte, die sich durch das
Zusammenwirken einer Vielzahl von inner- und aussersprachlichen Faktoren ergeben, die aber der
Frage nach der Struktur und der Realität des Sprachwissens in jedem Moment äusserlich sind.

Wie diese kurzen Erläuterungen zeigen, wird auch in diesen fünf (oft als praxisnä-
her betrachteten) Disziplinen der Sprachwissenschaft nicht das Gesamt der Sprachpraxis thematisiert; vielmehr werden hier einzelne Faktoren auf ihre Verbindungen

zum zentralen Thema *Sprache* hin analysiert. Die fünf Disziplinen haben aber auch untereinander einen engen Zusammenhang, und zwar in zweierlei Hinsicht.

(i) Wie etwa die genauen Grenzen zwischen Syntax, Semantik und Pragmatik nicht immer leicht zu ziehen sind, so lassen sich auch zwischen diesen hier skizzierten Disziplinen nicht immer problemlos Grenzsetzungen vornehmen. Die einschlägigen Diskussionen in Teil I haben gezeigt, wie wichtig solche Fragen der Abgrenzung von Disziplinen für ihre Theoriekonstruktion ist.

(ii) Wie syntaktische Phänomene zwar meist weitgehend autonom analysiert werden, aber trotzdem immer wieder mit semantischen und pragmatischen in Beziehung gebracht werden, so können etwa soziolinguistische Untersuchungen durch historiolinguistische ergänzt werden usw. – und oft sind solche übergreifenden Bezüge nicht nur möglich, sondern für die Analyse auch nötig.

Die Gesamtstruktur dieses Feldes von sprachwissenschaftlichen Disziplinen ist graphisch repräsentiert im Schema Ü-1 auf der nächsten Seite. Es nimmt das Schema E-1 aus der Einleitung wieder auf, allerdings wird dieses hier bereichert um die ganze interne Struktur des dritten Blocks.

Die in Teil II vorgestellten Teildisziplinen sind in gewissem Sinne komplexer als die in Teil I. Dort war die Untersuchungsperspektive reduzierter, kontextloser, damit in gewissem Sinne einfacher, aber auch abstrakter. Der komplexere Zugang hier wird oft als ganzheitlicher empfunden. Die Themen und Fragestellungen der Bindestrichlinguistiken lassen sich leichter mit eigenen Spracherfahrungen verbinden, die Beschäftigung mit ihnen erzeugt bei vielen eher Aha-Erlebnisse. Das heisst: In unserer alltäglichen Erfahrung ist Sprache sehr häufig verbunden mit Dimensionen, wie sie hier thematisiert werden. Wir empfinden das Schreiben von Texten als schwierig, wir stossen uns an Sprachgebrauchsweisen von Menschen aus anderen sozialen Gruppen, wir merken, dass ältere Menschen teilweise andere Wörter benutzen oder andere Sprachnormen pflegen usw.

Auf der anderen Seite zeigen die hier diskutierten Disziplinen methodisch ein viel weniger einheitliches Bild als die in Teil I. So bedienen sich die Gesprächsanalyse, v.a. aber Sozio- und Psycholinguistik massiv empirisch-statistischer Verfahren der Datengewinnung, die in dieser Dichte und Prominenz in den bis anhin vorgestellten linguistischen Forschungsbereichen kein Gegenstück haben. Entsprechend sind hier viele Aussagen nur mit Qualifikationen zu machen: *Sprachbenutzer neigen dazu,* ... oder *in diesen-und-diesen Situationen ist es oft so, dass* ... usw. Die Textlinguistik dagegen arbeitet weniger mit solchen Verfahren, sie bemüht sich eher klassisch-linguistisch um eine Analyse und Klassifikation der Muster von textuellen Aussageweisen und der unterschiedlichen Textsorten. Anders als in der Syntax, wo sich ganz klar definierte Typen herausstellen lassen (V1-, V2-, V-End-Sätze usw.), sind hier aber (zumindest bisher) kaum durchgängige, erschöpfende Klassifikationen gelungen. Ähnliches liesse sich zu den anderen Disziplinen sagen. All dies führt leicht zu dem Eindruck, dass diese Wissenschaften weniger 'fertig' sind, in zentralen Punkten noch diffus bleiben. Dies mag teilweise daran liegen, dass die meisten davon noch recht jung sind (oder sich in der letzten Zeit auf eine neue Basis gestellt haben und in diesem Sinne eine Verjüngung erfahren haben); es mag im übrigen damit zu tun haben, dass die verschiedenen in diesen Disziplinen betrachteten Einflussfaktoren ein weniger strikt organisiertes Ensemble bilden, als dies (zumindest in der Theorie der Generativen Grammatik) für die grammatischen Prinzipien und Module gilt.

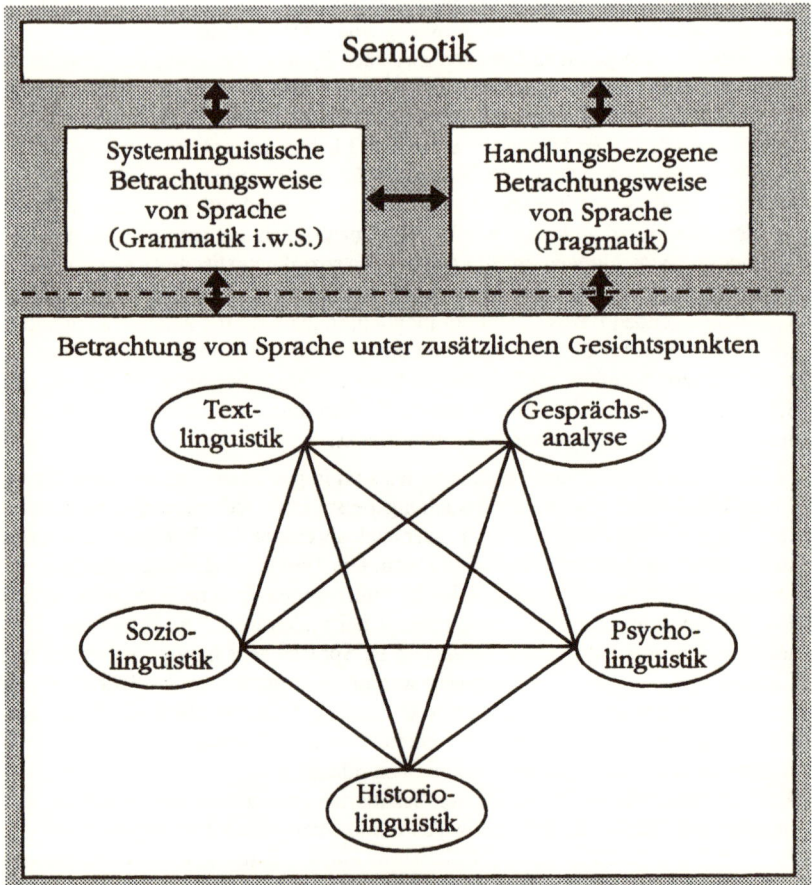

[Schema Ü-1]

Von jeder der hier verhandelten Disziplinen her wird hin und wieder ein linguisti-
scher Führungsanspruch geäussert aufgrund der Tatsache, dass alle Sprache nur
als historische denkbar ist, dass alle Sprache zunächst dialogisch ist, dass alle
Sprache nur im Verhältnis zum Geist existiert, dass alle Sprache Sprache sozialer
Wesen ist. Allen diesen Aussagen ist zuzustimmen. Es ist auch wahr, dass wichtige Erkenntnisse für Sprache überhaupt aus diesen Disziplinen zu gewinnen sind.
In diesem Sinne ist Linguistik, wie sie in Teil I betrieben wird, eine abstrakte
Wissenschaft, es ist eine Beschäftigung mit Sprache losgelöst aus den Bezügen,
die in der Sprachpraxis notwendig immer mit da sind. Andererseits gilt, und dies
ist nicht weniger wichtig: Sprachbeschreibung, wie sie in Teil I vorgeführt wird,
ist relevant für alle diese Disziplinen. Sie sind, als linguistische, angewiesen auf
die Vorgaben der "theoretischen Linguistik", wie die Disziplinen von Teil I auch

genannt werden: auf die Beschreibung der Sprachsysteme und ihrer Regularitäten,
auf die begrifflichen Grundunterscheidungen und die sprachtheoretischen Entwürfe.

Von den sprachwissenschaftlichen Disziplinen, die in diesem Buch vorgestellt werden, ist die sog.
angewandte Linguistik abzugrenzen. Angewandte Linguistik sucht den Praxisbezug, die Überführung linguistischer Erkenntnisse in Bereiche wie Sprachunterricht, EDV, Übersetzung, Medien,
Kommunikationstraining usw. Angewandte Linguistik ist ebenso vielfältig wie die Zielbereiche,
denen sie sich zuwendet. Der Name darf also nicht so verstanden werden, als ob es dabei um ein
einheitliches Gebiet, gar um eine andere, spezielle Art der Linguistik ginge. Angewandte Linguistik wird immer dort betrieben, wo interdisziplinär und in bezug auf Praxis die Sprachwissenschaft auf Erkenntnisse befragt wird, die für Probleme und Fragestellungen im jeweiligen Bereich
von Interesse sind. Wir werden in diesem Buch nirgends auf diese Gesichtspunkte eintreten.

6. Textlinguistik

Einleitung

Die Textlinguistik ist ein relativ neues Gebiet linguistischer Forschung. Ihr Untersuchungsgegenstand sind 'Texte', d.h. solche sprachlichen Einheiten, die mehr als
einen Satz umfassen (können) – und deshalb im Rahmen einer Syntax nicht mehr
beschreibbar sind –, die wir aber dennoch als zusammenhängende Einheit empfinden.
Alltagssprachlich verwenden wir die Bezeichnung 'Text' oft nur im Hinblick auf
schriftliche Sprachdokumente, in der Textlinguistik dagegen bezieht sich der Begriff
zunächst einmal auf mündliche wie auf schriftliche sprachliche Einheiten. Da wir
neben der Textlinguistik aber auch der Gesprächsanalyse ein eigenes Kapitel widmen
(Kapitel 7) und in diesem Zusammenhang gesprochene Texte ausführlicher behandeln, werden wir uns unter dem Titel 'Textlinguistik' in erster Linie mit geschriebenen Texten befassen.
Textlinguistik beschäftigt sich einerseits mit der Abgrenzung und Klassifizierung
von Texten, fragt also danach, wie sich linguistisch die Grösse 'Text' genau bestimmen lässt und welche verschiedenen Typen von Texten es gibt. Andererseits untersucht die Textlinguistik den Bau und die Struktur von Texten, d.h. sie geht der Frage
nach, welche sprachlichen Bauelemente Texte konstituieren, wie die einzelnen
Elemente (z.B. Sätze, Textabschnitte) systematisch zusammenhängen und wie sie zu
Texten verbunden werden.
Was nun den sprachlichen Umgang mit Texten anbelangt, so verfügen wir in bezug
auf diese sprachliche Einheit über ähnliche Kompetenzen bzw. sprachliche Intuitionen, wie wir sie z.B. Sätzen gegenüber haben: Die Entscheidung, ob es sich bei
einer Reihe von aufeinanderfolgenden Sätzen um einen Text handelt oder aber um
ein wahl- und sinnloses Durcheinander von Einzelsätzen, wie z.B. in einer Grammatikübung, bereitet uns – zumindest in unserer Muttersprache – im Normalfall keine
Mühe. Ebenso können wir meist sehr schnell und eindeutig – sozusagen auf den
ersten Blick – bestimmen, ob wir nun ein Kochrezept, einen Leserbrief oder den
Klappentext eines Romans vor uns haben; wir treffen also ganz automatisch
Textsortenbestimmungen. Zudem sind wir in vielen Fällen fähig, einen auseinandergerissenen Text weitgehend korrekt wieder zusammenzusetzen; das verweist auf
unser Wissen über Textbaumuster und Textstrukturen.
Trotz dieser Leichtigkeit im vorlinguistischen Umgang mit der Grösse 'Text' stellen
sich für den theoretischen Zugriff relativ grosse Probleme. Eine abschliessende
linguistische Definition der Grösse 'Text' gibt es (bis jetzt noch) nicht; wie auch bei
der Einheit 'Satz' hängt die Definition weitgehend vom jeweiligen Untersuchungsinteresse und dem gewählten theoretischen Zugang ab.
Nicht dem Namen, wohl aber der Sache nach haben sich auch *Rhetorik* und *Stilistik*
traditionellerweise mit Fragen beschäftigt, die satzübergreifende sprachliche Phänomene betrafen; es gibt jedoch keine kontinuierlichen forschungsgeschichtlichen
Übergänge aus diesen Traditionen heraus und in die neuere Textlinguistik hinein.
Ähnliches gilt für die philologische Ausrichtung der Germanistik des 19. Jahrhunderts: Die Verschmelzung sprachgeschichtlicher, literaturwissenschaftlicher und literaturgeschichtlicher Fragestellungen bei der Beschäftigung mit Texten der älteren
Epochen des Deutschen führte zu Untersuchungsmethoden und auch zu einzelnen
Analyseergebnissen, die wir heute durchaus als "textlinguistisch" bezeichnen würden. Dennoch ergab sich daraus keine Forschungsrichtung, die den 'Text' als
sprachliche Organisationsform mit spezifischen Struktureigenschaften – losgelöst
von der Bindung an gewisse Inhalte – als eigenständigen Untersuchungsgegenstand
betrachtet hätte.
Als weiterer 'Vorläufer' können wir schliesslich die *Gattungslehre* in der Literaturwissenschaft betrachten: Hier geht es um den Versuch einer Textsortenbestimmung
im Rahmen einer bestimmten Textwelt, nämlich der Welt literarischer (fiktionaler)
Texte.

Wenn man in bezug auf den gegenwärtigen Forschungsstand etwas vereinfacht, so kann man behaupten, dass sich die heutige Textlinguistik in zwei Wellen entwickelt hat: zunächst einmal aus einem eher syntaktisch-systemlinguistisch orientierten Ansatz heraus und dann, unter verändertem Blickwinkel, im Rahmen einer pragmatischen, d.h. sprachverwendungsorientierten Betrachtungsweise des Untersuchungsgegenstands 'Text'. Die beiden Ansätze schliessen sich gegenseitig nicht aus, stellen aber jeweils andere Fragestellungen und andere Untersuchungsmethoden in den Vordergrund. Wissenschaftsgeschichtlich betrachtet ist der pragmatische Zugang der jüngere, er ist einem Sprachbegriff verpflichtet, der weniger die systematischen als vielmehr die kommunikativen und funktionalen Seiten von Sprache betont.
Im folgenden stellen wir beide Ansätze vor (vgl. 6.1 und 6.2), wobei wir zu zeigen versuchen, wie sich der Textbegriff (und auch der Begriff der 'Textsorte', vgl. 6.5) entsprechend dem linguistischen Zugang verändert.
Dabei sollte auch klar werden, dass und weshalb gerade bei der Arbeit mit der Grösse 'Text' pragmatische Fragestellungen in einem Mass relevant werden, dass linguistische Analysen, die auf der Ebene 'Text' einsteigen, oft automatisch als pragmatische Analysen verstanden werden – was durchaus nicht der Fall sein muss.
Die Beschäftigung mit Texten kann auch unter verschiedenen anderen linguistischen Vorzeichen stehen, unter denen jeweils spezielle Dimensionen der Grösse 'Text' herausgearbeitet werden. Einen in erster Linie semantischen Zugang verkörpert das sogenannte "Isotopiekonzept" (vgl. 6.3.1) – aber auch die naheliegende Frage nach dem Thema eines Textes ist in gewissem Sinn eine 'semantische Frage'. Auf eher logisch-argumentationstheoretische Ansätze gehen wir in den Abschnitten 6.3.2 und 6.3.6 ein; die textlinguistische Anwendung von Konzepten aus der (kognitiven) Psychologie versuchen wir im Abschnitt 6.3.3 bzw. 6.3.5 zu zeigen. Aus der Zusammenmenschau der Text-Facetten, die sich unter diesen verschiedenen Analyseperspektiven ergeben, entsteht eine Art Mosaikbild, das noch nicht vollständig ist und auch noch kein geschlossenes und 'glattes' Bild des Untersuchungsgegenstandes zeichnet, aber zumindest die wichtigsten Züge und Eigenschaften dieses Gegenstandes erfasst und wiedergibt.

Lesehinweise

Einführungen und Überblicksdarstellungen:
Explizit als Einführungen verstehen sich Brinker (1992), Heinemann/Viehweger (1991) sowie auch Beaugrande/Dressler (1981). Zu Beaugrande/Dressler besteht ein 'Vorläufer' (Dressler 2. Aufl. 1973), der leichter lesbar, jedoch noch weitgehend textgrammatisch ausgerichtet ist. Explizit als eine Grammatik, die in erster Linie den Text im Blick hat, versteht sich Weinrich (1993). Auskunft über die Anfänge der Textlinguistik und über verschiedene Ansätze und Positionen geben Kallmeyer (1974), Gülich/Raible (1977), Dressler (1978) und – interdisziplinär ausgerichtet – van Dijk (1980). Eine kritische Sichtung der bis 1981 entwickelten textlinguistischen Modelle und Analysezugänge bietet Kalverkämper (1981) – die Lektüre setzt allerdings einen gewissen Überblick bereits voraus. Nussbaumer (1991) diskutiert die zentralen Begriffe und aktuellen Problemstellungen der neueren Textlinguistik, wobei die Frage nach den Qualifizierungskriterien für Texte im Vordergrund steht.

Zum Stichwort *Textsorten* finden sich in den meisten textlinguistischen Arbeiten entsprechende einschlägige Kapitel; Hauptgegenstand sind Textsorten u.a. in den folgenden Arbeiten: Gülich/Raible (1972), Lux (1981), Kallmeyer (1986) und Franke (1987). Dimter (1981) beschäftigt sich v.a. mit den Kategorien der alltagssprachlichen Textklassifikation; Sitta (1973) bietet eine knappe Diskussion der grundsätzlichen Probleme linguistischer Textsortenbestimmung.

Argumentationsanalyse als Hilfsmittel sowie als spezifische Form der Textanalyse ist Hauptgegenstand der folgenden Arbeiten: Göttert (1978), Öhlschläger (1979) und Kopperschmidt (1989); die Arbeit von Toulmin (1975) darf als wesentliche Grundlage der meisten argumentationstheoretischen Arbeiten in der neueren Linguistik betrachtet werden. Zum Spezialproblem der Textkohärenz durch *Präsuppositionen* (auch, aber nicht nur in argumentativen Zusammenhängen) vgl. Pinkal (1985), Linke/Nussbaumer (1988).

Zu dem schwierigen, in der Textlinguistik an sich zentralen Thema *Thema* findet man in jeder umfassenderen textlinguistischen Arbeit ein entsprechendes Kapitel, als Hauptthema wird es jedoch seltener behandelt. Hier sei hingewiesen auf Lötscher (1987) und Hoffmann (1989).

Fragen des *Textverstehens* (und damit die kognitiven Dimensionen unseres Umgangs mit Texten) werden einerseits von textlinguistischer, andererseits von psycholinguistischer Seite angegangen. Bei Metzing (1980), van Dijk/Kintsch (1983), Rickheit/ Strohner (1985), Schnotz (1987) steht eher der textlinguistische Aspekt im Vordergrund, klare Trennungen lassen sich jedoch kaum vornehmen.

Fragen der *Textproduktion* – die wir im folgenden Kapitel weitgehend ausblenden – sind in neuerer Zeit intensiver bearbeitet worden. Auch in diesem Forschungsbereich überschneiden sich textlinguistische und psycholinguistische Fragestellungen, z.T. geht es auch um (schreib-)praktische Fragen der Textproduktions- und Überarbeitungsstrategien. Einen guten Überblick zu diesem breiten Bereich geben die Sammelbände von Antos/Augst (1989) und Antos/Krings (1989).

Wer sich zum Themenkomplex *Schreiben/geschriebene Sprache* informieren möchte, der zwar nicht mehr im engeren Sinne textlinguistisch, aber unserem Thema doch benachbart ist, findet einen Überblick über neuere Theorien in Portmann (1991) sowie in Günther/Ludwig (1994).

Schliesslich sei noch auf die Bereiche der *Stilistik* und *Rhetorik* verwiesen, da sowohl rhetorische Phänomene als auch das Phänomen 'Stil' zum Teil erst auf der Ebene 'Text' fassbar werden. Eine umfangreiche, eher theoretisch ausgerichtete Darstellung zur Stilistik der deutschen Sprache bietet Sandig (1986); Sanders (1990) dagegen ist mehr praktisch orientiert. Als Einführung in die Rhetorik ist Ueding/Steinbrink (1986) zu empfehlen, neu ausserdem auch Göttert (1991). Einen umfassenden Überblick gibt das Lexikon der Rhetorik von Ueding et al. (1992ff.).
Eine *Studienbibliographie* zur Textlinguistik bietet Brinker (1993).

6.1   Vom Satz zum Text

Die Textlinguistik hat sich ursprünglich aus der Kritik an einer Sprachbeschreibung heraus entwickelt, für die neben Laut und Wort der Satz *die* grundlegende Beschreibungseinheit darstellte. Auch die 'neuen' Grammatikmodelle, die z.B. im Rahmen der Generativen Grammatik oder der Dependenzgrammatik entwickelt worden waren, unterschieden sich zwar in vielen wesentlichen Punkten von der traditionellen Grammatik (vgl. Kapitel 2 vs. Kapitel 3), orientierten sich aber nach wie vor an der Grösse 'Satz'. Bestimmte Beschreibungs- und Erklärungsdefizite im Bereich satzübergreifender sprachlicher Phänomene (dazu gehörten u.a. die sprachlichen Mittel des Rückverweises auf den vorrausgegangenen Satz: z.B. Personal- und Demonstrativpronomina) waren also auch durch die neuen Forschungsrichtungen nicht behoben worden und machten eine grundsätzliche Erweiterung nötig, mit der sprachliche Bezüge zwischen Sätzen erfasst werden konnten.

Damit wird die Grösse 'Text' zum neuen Gegenstand von grammatischen Untersuchungen und Beschreibungen, wobei 'Text' zunächst verstanden wird als das Produkt aus der Verbindung mehrerer Sätze zu einem Ganzen. Die wichtigsten Leitfragen sind: Welche systematischen Bezüge bestehen zwischen benachbarten Sätzen? Gibt es – analog zu den Satzbaumustern – Textbildungsregeln, die den Bau ganzer Texte betreffen? Und: Wie lässt sich die Grösse 'Text' abgrenzen?

Diesen Fragestellungen entsprechend konzentrierten sich die ersten textlinguistischen Ansätze auf die unterschiedlichen Formen der grammatischen Verknüpfung von benachbarten Sätzen und damit auf die sprachlichen Mittel, die auch über die Satzgrenze hinaus Bezüge ermöglichen.

Die Beziehungen zwischen den einzelnen Sätzen eines Textes lassen sich in vielen Fällen an sprachlichen Elementen festmachen, die untereinander in einem deutlichen syntaktischen oder auch semantischen Bezug stehen. Wo wir solche sprachlich manifestierten Textbezüge ausmachen können, sprechen wir von Kohäsion; die Mittel, die dazu eingesetzt werden, nennt man Kohäsionsmittel. Je nach Art und Weise des Textbezugs bzw. je nach Auswahl der verwendeten sprachlichen Mittel können wir unterschiedliche Formen von Kohäsion unterscheiden.

6.1.1   Rekurrenz

Unter Rekurrenz verstehen wir die (materielle) Wiederaufnahme eines einmal eingeführten Textelements im nachfolgenden Text. Im einfachsten Fall wird das gleiche Lexem immer wieder aufgegriffen:

> *Gestern habe ich einen Vogel beim Nestbau beobachtet. Der Vogel war ganz klein, hat aber trotzdem ziemlich grosse Zweige angeschleppt. Als Nistplatz hatte sich der Vogel ausgerechnet die Nische über unserem Rolladenladenkasten ausgesucht.*

Der Mechanismus dieser Form von Textverknüpfung lässt sich wie in Schema 6-1 darstellen:

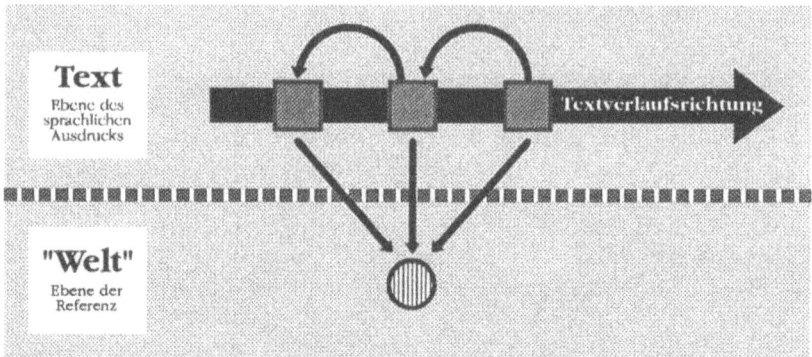

[Schema 6-1]

Die gefüllten Kästchen stellen die rekurrenten sprachlichen Elemente der Text-Ebene dar, denen in diesem Fall – und das ist ausschlaggebend – auf der 'Welt'-Ebene dieselbe Referenz zukommt. Mit 'Welt' ist hier (und in den folgenden Darstellungen) sowohl die reale Welt mit all ihren konkreten Referenzobjekten gemeint als auch die Welt aller denkbaren Konzepte, Ideen, Vorstellungen etc. Diese Auftrennung in 'Text' und 'Welt' ist sehr simplifizierend, wir erlauben sie uns hier im Sinne eines graphischen Hilfsmittels, das v.a. illustrierenden Charakter haben soll.

Der Hauptaspekt dieser Darstellung liegt auf der Trennung der rein formalen Ebene des sprachlichen Ausdrucks – in der uns ein Text materialiter ja zunächst vorliegt – von einer konzeptuellen Ebene, in der jedoch bedeutend mehr und komplexere Faktoren zusammenspielen, als dies durch unsere Darstellung erfasst ist, zumal dieser Bezug auf 'Welt' nur über mehrfach vermittelte Prozesse der semantischen Ausdeutung der einzelnen Wortformen möglich ist .

So sind natürlich auch Texte denkbar, in denen zwei aufeinanderfolgende gleiche Wortformen sich durchaus nicht auf dasselbe Referenzobjekt beziehen (z.B.: *Meine Mutter ist fürchterlich ängstlich und denkt immer gleich das Schlimmste. Annas Mutter ist da viel pflegeleichter: Die lässt ihre Tochter auch abends alleine weggehen. So eine Mutter wär mir natürlich auch lieber.*).

Um im Einzelfall zu entscheiden, ob dasselbe Referenzobjekt gemeint ist oder nicht, müssen wir als Textrezipienten also bereits ein weitergehendes Textverständnis aufbringen.

Die Rekurrenz, d.h. die einfache Form der Wiederaufnahme, wird oft als stilistisch unbefriedigend empfunden. In Fachtexten jedoch ist sie unter Umständen aus Präzisionsgründen notwendig (vgl. unten zum Stichwort 'Textsorten'). Etwas weniger monoton wirkt die partielle Rekurrenz, wobei nicht mehr dasselbe Lexem, sondern lediglich ein Lexem desselben Lexemverbandes aufgegriffen wird oder ein Lexem als Teil eines Kompositums wiederkehrt, also etwa: "- *entdeckte – Entdeckungsreise – Entdecker – Entdeckung -*" etc. (In diesem Fall haben wir es auf der 'Welt'-Seite allerdings nicht mehr mit einem gleichbleibenden Referenzobjekt, sondern eher mit einem gleichbleibenden Referenzbereich zu tun.)

6.1.2 Substitution

Von Substitution sprechen wir dann, wenn ein Textelement, also ein Wort oder eine Wortgruppe, im nachfolgenden Text durch ein ihm inhaltlich verbundenes Textelement wieder aufgenommen wird und wenn sich beide Textelemente (das ursprüngliche und das Substitutionselement) auf dasselbe aussersprachliche Objekt beziehen, d.h. dieselbe Referenz haben. Dies gilt v.a. bei Synonymen, Unterbegriffen (Hyponymen), Oberbegriffen (Hyperonymen), Metaphern oder auch bei

Lexemen, die demselben Wortfeld angehören etc., kann aber auch semantisch weniger eng verwandte Textelemente betreffen.

Solche 'Referenzidentität' (Brinker) bzw. 'Koreferenz' besteht in den folgenden kleinen Beispieltexten zwischen den fett gedruckten Ausdrücken:

- *Auf dem Markt heute morgen gab es ganze Stände voll mit verschiedenfarbigen* **Petunien**. *Diese* **Balkonpflanzen** *sind für mich einfach die allerschönsten.*
- *Das* **Gold** *wurde von einem* **Drachen** *bewacht. Der* **Lindwurm** *tötete jeden, der den* **Schatz** *erobern wollte.*

Den Versuch einer graphischen Umsetzung dieses Verknüpfungsmechanismus' stellt Schema 6-2 dar.

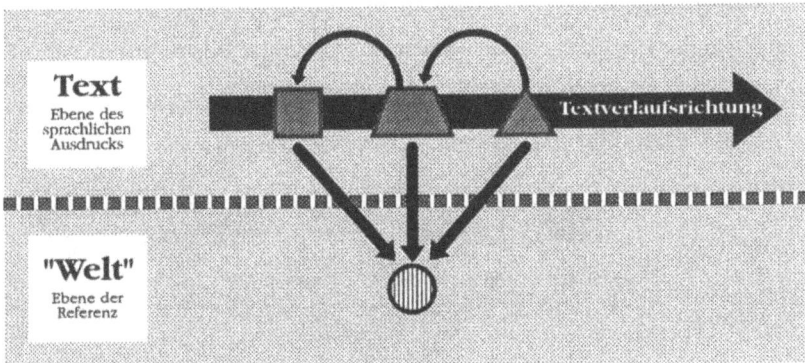

[Schema 6-2]

Ebenso wie bei der Rekurrenz spielen auch bei dieser Form der Textverknüpfung semantische Dimensionen eine wesentliche Rolle: Dass z.B. *Schatz* und *Gold* koreferent sein können, ist ohne Rückgriff auf die Bedeutung der beteiligten Ausdrücke nicht erschliessbar (wobei wir im vorliegenden Fall z.B. durch den bestimmten Artikel *den* noch einen zusätzlichen syntaktischen Hinweis darauf erhalten, dass es sich bei *Schatz* um ein Textelement handelt, das in irgendeiner Form schon bekannt sein muss (vgl. Abschnitt 6.1.4). Die dünneren Pfeile auf der Text-Ebene sollen verdeutlichen, dass die Kohäsion hier schwächer ist als im Falle der Rekurrenz (vgl. Schema 6-1); die Bezüge zwischen den verschiedenen sprachlichen Elementen sind zwar eindeutig, werden aber erst durch den Rückgriff auf die 'Welt'-Ebene ausgelöst – deshalb hier die dickeren Pfeile.

Schliesslich darf nicht vergessen werden, dass es sich bei der Substitution (im Gegensatz zur Rekurrenz) nicht um *einfache* Koreferenz handelt, sondern dass in vielen Fällen durch das Substituens neue Bedeutungsaspekte in bezug auf das betroffene Referenzobjekt eingebracht werden (dieser zusätzliche Bedeutungsaspekt ist z.B. ein anderer, wenn wir die *Petunien* aus unserem Beispiel nicht mit *Balkonpflanzen*, sondern mit *Sommerblumen* substituieren).

6.1.3   Pro-Formen

Bei der Textverknüpfung durch sogenannte 'Pro-Formen' wird mit Hilfe weitgehend inhaltsleerer sprachlicher Elemente auf ein Bezugselement des sprachlichen Kontextes verwiesen.

Zu den Pro-Formen gehören vor allem die Pronomina, es können aber auch Adverbien (*dort, da* etc.) und Pronominaladverbien (*wobei, darauf, womit* etc.) sowie Demonstrativpronomina (*dieser, der* etc.) als Pro-Formen verwendet werden.

Als Bezugselemente können sprachliche Einheiten unterschiedlicher Grösse auftre-
ten: Es kann sich dabei um Wörter, Wortgruppen, Einzelsätze oder auch ganze
Satzgruppen (Textabschnitte) handeln. In den folgenden Beispielsätzen sind die
Pro-Formen fett, die Bezugselemente in Kapitälchen gehalten:

- *Das ist* MARKUS. *Er ist Linguist.*
- *Paul ist in* GRIECHENLAND. *Es gefällt ihm dort .*
- *Ich möchte ein Zimmer,* VON DEM MAN AUFS MEER SEHEN KANN. *Darauf
  kommt es mir am meisten an.*
- *Es war einmal ein* KÖNIG. *Der hatte eine* Tochter. *Die war wunderschön.*
- ICH WAR ERST BEIM EINKAUFEN, DANN AUF DER POST UND DANN HAB
  ICH AUCH NOCH DEN WAGEN ABGEHOLT UND ANNA DAMIT ZUM
  BAHNHOF GEFAHREN. *Und das alles an einem einzigen Vormittag.*

Die graphische Umsetzung dieser Verknüpfungsform zeigt Schema 6-3.

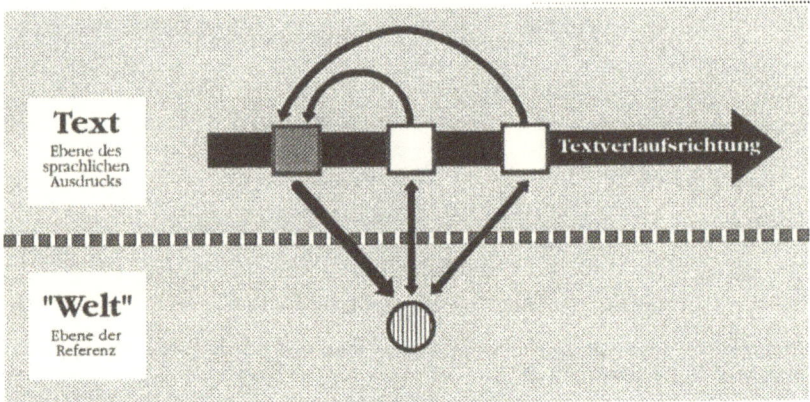

[Schema 6-3]

Wie die Darstellung deutlich macht, können über die Pro-Formen selbst keine (eindeutigen) inhaltlichen Bezüge hergestellt werden; sie wirken lediglich als eine Art
Suchanweisung. Erst wenn diese Suche erfolgreich beendet ist, d.h. wenn klar ist,
auf welches andere Textelement eine Pro-Form verweist, ist über dieses Textelement ein Referenzbezug (und damit eine 'inhaltliche Füllung' der Pro-Form) möglich. Aus diesem Mechanismus erklärt sich die starke textverknüpfende Kraft dieser Kohäsionsmittel.
In bezug auf die Verweisrichtung kann man den anaphorischen Verweis (Rückver-
weis) vom kataphorischen Verweis (Vorverweis) unterscheiden:

- anaphorisch: ANNA *bringt Wein mit. Das macht sie immer.*
- kataphorisch: *Wenn sie überhaupt kommt, bringt* ANNA *Wein mit.*

Die anaphorische Verweisform ist die bedeutend üblichere.

6.1.4   Bestimmter und unbestimmter Artikel (Textdeixis und (Vor-)Wissensdeixis)

Auch die Artikelsetzung kann zur Textverknüpfung beitragen, und zwar in ähnlicher Weise wie die Pro-Formen. Sowohl der unbestimmte als auch der bestimmte

Artikel sind eine Art Anweisung an den Leser bzw. die Leserin, im umgebenden
Text nach Bezugselementen zu suchen. Man spricht in diesem Zusammenhang
auch von Textdeixis. Mit dem unbestimmten Artikel können neue, (noch) unbekannte Grössen in einen Text eingeführt werden. Die Anweisung an Leserinnen
und Leser lautet hier: "Es gibt etwas, aber das kennst du noch nicht bzw. wir haben noch nicht davon gesprochen."
Der bestimmte Artikel dagegen wird üblicherweise dann benutzt, wenn über bereits
Bekanntes gesprochen wird. Die Anweisung lautet hier entweder: "Es gibt etwas,
das du bereits kennst; suche im Text danach!" (in diesem Fall haben wir es mit
anaphorischem Bezug zu tun) oder aber: "Es gibt etwas, das du bereits kennst.
Suche ausserhalb des Textes in den dir zur Verfügung stehenden Wissensbeständen danach!". In diesem zweiten Fall könnten wir auch von (Vor-)Wis-
sensdeixis sprechen, da hier streng genommen nicht auf bereits eingeführte Textelemente verwiesen wird, sondern auf aussertextliche Wissensbestände, die als
Hintergrundfolie und Stütze der aufzubauenden Textwelt dienen.

In den Abschnitt 6.2 und 6.3 werden wir ausführlicher darauf eingehen, in welcher Weise Textpro-
duzentInnen das (vermutete) aussersprachliche Wissen von TextrezipientInnen bei der Konstitution von Texten miteinbeziehen und in welchen unterschiedlichen Formen die Aktivierung solcher
Wissensbestände zum Textverständnis beiträgt.

Als Illustration für die verschiedenen Funktionen der Artikelsetzung kann der
folgende Text dienen:

> *Am Himmelfahrtstage, nachmittags um drei Uhr, rannte* EIN *junger Mensch in*
> *Dresden durchs Schwarze Tor und geradezu in* EINEN *Korb mit Äpfeln und Ku-*
> *chen hinein, die* EIN *altes hässliches Weib feilbot, so dass alles, was der Quet-*
> *schung glücklich entgangen, hinausgeschleudert wurde und die Strassenjungen*
> *sich lustig in die Beute teilten, die ihnen der hastige Herr zugeworfen. Auf das*
> *Zetergeschrei, das* die *Alte erhob, verliessen die Gevatterinnen ihre Kuchen- und*
> *Branntweintische, umringten* den *jungen Menschen und schimpften mit pöbelhaf-*
> *tem Ungestüm auf* ihn *hinein, so dass* er, *vor Ärger und Scham verstummend, nur*
> *seinen kleinen, nicht eben besonders wohlgefüllten Geldbeutel hinstreckte, den* die
> *Alte begierig ergriff und schnell einsteckte.*

In diesen beiden ersten Sätzen aus E.T.A. Hoffmanns "Der goldene Topf" werden
zwei der für den Leser oder die Leserin noch unbekannten Hauptfiguren (*ein junger Mensch* und *ein altes hässliches Weib*) sowie ein ebenso noch unbekannter,
wenn auch wesentlicher Gegenstand (*ein Korb*) zunächst einmal mit unbestimmtem Artikel eingeführt. Im weiteren Textverlauf kann dann mit dem bestimmten
Artikel (oder mit Pronomina) auf diese nunmehr eingeführten Grössen Bezug genommen werden – sie werden dadurch gleichzeitig als etwas 'in der Textwelt
schon Bekanntes' charakterisiert.

In dem zitierten Textauszug wird auch bereits deutlich, dass im Normalfall mehrere Textverknüpfungsmittel gleichzeitig auftreten: Die Verknüpfung zwischen *ein junger Mensch* und *den jungen
Menschen* erfolgt sowohl durch Rekurrenz von *Mensch* als auch durch die anaphorische Wirkung
des bestimmten Artikels.

Die Setzung des bestimmten Artikels kann sogar dazu beitragen, dass wir auch eine ungewohnte
Substitution als solche erkennen und den entsprechenden Textzusammenhang herstellen können:

> *Gestern Abend hab ich auf* die *Tochter meiner Schwester aufgepasst. Das war*
> *mühsam,* das *kleine Scheusal wollte einfach um keinen Preis ins Bett.*

Der Textbezug ist hier eindeutig, auch wenn das Bezugselement *die Tochter meiner Schwester*
und das Substituens *das kleine Scheusal* keine konventionalisierten Bedeutungsgemeinsamkeiten

aufweisen und uns auch ein Rückgriff auf unser Weltwissen hier nicht ohne weiteres Referenzidentität nahelegt.

Wie bereits erwähnt und wie sich auch an unserem Beispieltext zeigen lässt, ist die Verweiskraft
des bestimmten Artikels nicht auf den Textzusammenhang selbst beschränkt, sondern kann sich
über den Text hinaus auf Bekanntes (genauer: auf beim Textrezipienten als bekannt Vorausgesetztes) erstrecken, so z.B.

- bei bestimmten Formen von Zeitangaben oder geographischen Benennungen, die eindeutig
  identifizieren bzw. den Charakter von Eigennamen haben (in unserem Text: *am Himmelfahrts-
  tage, in Dresden, durchs Schwarze Tor*)
- bei Dingen, Personen, Sachverhalten, die gemäss der Alltagserfahrung in einem bestimmten
  Zusammenhang nur einmal vorkommen, also z.B. *Der König von Schweden und die briti-
  sche Regierungschefin* oder *Der Mond ist aufgegangen, die goldnen Sternlein prangen am
  Himmel hell und klar*
- bei Dingen, Personen, Sachverhalten, die aufgrund des bisher Erwähnten erwartbar sind oder
  die aufgrund allgemeiner Erfahrungen in bestimmten Situationen als voraussetzbar gelten können (In unserem Text: *die Strassenjungen* und *die Gevatterinnen*: Für den zeitgenössischen
  Leser gehören Strassenjungen zum vertrauten Strassenbild und zumindest für den mit den
  Lokalitäten vertrauten Leserkreis sind auch die Gevatterinnen hinter ihren Kuchenständen am
  Schwarzen Tor selbstverständlich. Für nicht Ortsvertraute signalisiert der bestimmte Artikel
  hier die Selbstverständlichkeit der so eingeführten Grösse und macht folglich klar, dass vor
  dem Schwarzen Tor – zumindest an Feiertagen – immer Erfrischungsstände anzutreffen sind.)
- bei Sachverhalten, die zu einem bestimmten Zeitpunkt als allgemein bekannt gelten (dies ist
  oft bei Nachrichtenmeldungen über bestimmte Ereignisse der Fall: *Die italienische Regie-
  rungskrise hält an. Das Misstrauensvotum vom Dienstag...*; oder: *Das Reaktorunglück von
  Tschernobyl...*)

In gewisser Weise kann der bestimmte Artikel auch kataphorische Wirkung haben. In Ausdrücken
wie: *Heute hab ich den Mann meiner Zahnärztin im Bus getroffen* oder – aus unserem Text – *die
Beute, die ihnen der hastige Herr zugeworfen* verweist der bestimmte Artikel auf die
nachfolgende, quasi im selben Atemzug erfolgende Identifikation des neu eingeführten Referenten.

Es ist kein Zufall, dass unser Beispieltext dem Anfang einer Erzählung entnommen
ist: Gerade Textanfänge sind dadurch charakterisiert, dass wichtige Elemente der
Textwelt neu – mit unbestimmtem Artikel – eingeführt werden. Diese Beobachtung
(ver-)führte zur Annahme, dass *Textgrenzen*, zumindest aber *Textanfänge* formal
identifizierbar sind aufgrund der Häufigkeit des Vorkommens von unbestimmtem
bzw. bestimmtem Artikel. Der Anfang von Hoffmanns Erzählung ist nun aber
gleichzeitig ein Beispiel dafür, dass ein Textautor oder eine -autorin immer auch
das Vorwissen ihrer potentiellen Leser und Leserinnen miteinbeziehen und folglich
auf vieles, was im Text selbst neu eingeführt wird, zu Recht mit bestimmtem
Artikel referieren. Die Analyse der Verweisstruktur dürfte folglich nur in seltenen
Fällen die Bestimmung von Textgrenzen erlauben. Sie kann aber – und dies ist
v.a. bei der Beschäftigung mit Texten aus vergangenen Epochen und aus anderen
Kulturen interessant – Hinweise darauf geben, was der Autor oder die Autorin als
selbstverständliches Wissen voraussetzt bzw. was zu einer bestimmten Zeit oder in
einer bestimmten Kultur als allgemein bekannt gilt.

6.1.5   (Situations-)Deixis

Sowohl die Pro-Formen als auch der bestimmte Artikel können in einem Text auch
noch eine weitere Aufgabe übernehmen: Sie können ausser zur Verknüpfung von
Textelementen auch dazu verwendet werden, einen Bezug zu der konkreten Situa-

tion herzustellen, in die ein Text eingebettet ist, d.h. sie können den Text mit dem
ihn umgebenden aussersprachlichen Kontext verknüpfen. Sie dienen in solchen
Fällen also nicht mehr dazu, innerhalb des Textes auf andere Textelemente zu ver-
weisen (d.h. text-deiktisch zu wirken), sondern sie verweisen aus dem Text hinaus
auf eine aussersprachliche Realität, sie haben situationsdeiktische Funktion.
Grundsätzlich kommt der deiktische (also "zeigende") Charakter eines sprachlichen
Elementes dadurch zustande, dass ihm nur ein minimaler semantischer Gehalt
eignet, insoweit z.B. *dort* einen lokalen, *jetzt* einen temporalen Bezug signalisiert.
Deiktika (deiktische Sprachelemente) dienen also immer nur als Suchanweisung.
Im Falle von Textdeixis gilt diese Suchanweisung für den umgebenden Text, bei
Situationsdeixis dagegen muss in der aktuellen, konkreten Kommunikations-
situation nach dem Bezugselement gesucht werden.
Die Verwendung deiktischer Ausdrücke ist in gesprochener Sprache oft von ent-
sprechender Gestik und Mimik begleitet. Die folgenden zwei Beispiele sollen die
Unterscheidung von textverknüpfender und situationsdeiktischer Funktion dessel-
ben sprachlichen Elementes *dort* deutlich machen:

> – *Ruth fährt nach* MAULBRONN. *Sie will* **dort** *die berühmte Stiftsschule besich-*
> *tigen.*
> (Verwendung von *dort* als anaphorisches Textverweismittel bzw. als anaphorische
> Pro-Form: Textdeixis)
> – *"Ruth, wo ist denn der Hausschlüssel?" – "Ach Gott, irgendwo, vielleicht*
> **dort.***" Ruth deutet auf den Esstisch.*
> (situationsdeiktische Verwendung von *dort*)

Die situationsdeiktische Verwendung von Textelementen ist aber nicht an die gesprochene Sprache gebunden; in Gebrauchsanleitungen (*Zuerst schrauben Sie das*
linke Seitenteil...) oder in Bildlegenden (*Der Rundbogen* **dieses** *romanischen*
Fensters zeigt als Besonderheit...) finden wir ebenfalls Situationsdeiktika.
Die (potentielle) deiktische Funktion von Adverbien, bestimmten Artikeln, Demonstrativpronomina etc. kann schliesslich auch dazu verwendet werden, eine imagi-
näre Bezugswelt ausserhalb des Textes aufzubauen. Viele literarische Texte nützen
diese sprachliche Möglichkeit aus, um so dem Leser direkte 'Anschauung' zu sug-
gerieren:

> *Aufsteigt* **der** *Strahl und fallend giesst er voll* **der** *Marmorschale Rund...*
>   (Anfang von "Der römische Brunnen" von C.F. Meyer)

oder:

> *Hier war es. Da stand sie.* **Diese** *steinernen Löwen,* **jetzt** *kopflos, haben sie ange-*
> *blickt.* **Diese** *Festung, einst uneinnehmbar, ein Steinhaufen* **jetzt***, war das letzte,*
> *was sie sah...*
>   (Anfang des Romans "Kassandra" von Christa Wolf)

6.1.6 Ellipse

Der elliptische Anschluss ist eine Form der Textverknüpfung, deren Funktionsweise am ehesten mit derjenigen von Pro-Formen verglichen werden kann, wobei hier
– was zunächst paradox wirken mag – der Textverweis durch Leerstellen erzeugt
wird. (Während also bei den Pro-Formen die Suchanweisung durch fehlenden
semantischen Gehalt ausgelöst wird, wird sie hier durch fehlendes Wortmaterial
bewirkt.) In der Äusserung:

> *Rom hat mir sehr gefallen. Paris weniger.*

empfinden wir den zweiten Satz nicht als ungrammatisch, obwohl er es – für sich allein betrachtet – durchaus ist. Im Textzusammenhang interpretieren wir die vorhandenen Leerstellen offenbar als (anaphorische) Suchanweisung, d.h. wir überprüfen den vorausgehenden Satz auf syntaktisch passende sprachliche Einheiten, mit denen wir den elliptischen Ausdruck grammatisch korrekt ergänzen können, und stellen so gleichzeitig eine enge inhaltliche Verbindung zwischen den beiden Sätzen her. Die Verbindungs-'Kraft' elliptischer Ausdrücke kann auch über mehr als nur eine Satzgrenze zurückwirken und sogar Äusserungen verbinden, die von verschiedenen Sprechern stammen, wie etwa im folgenden Beispiel:

> A: *"Ich komm nicht mit. Das ist mir zu blöd."*
> B: *"Ich schon."*

6.1.7 Explizite (metakommunikative) Textverknüpfung

Hierher gehören diejenigen Formen der Textverknüpfung, bei denen der Textautor sich auf seinen eigenen Text bezieht und explizit einen Textverweis herstellt, indem er *im* Text über den Text spricht. Diese Form der Thematisierung von einzelnen Textstellen, von Textstrukturen bzw. von Eigenheiten des Textverlaufs bezeichnet man als *Metakommunikation*. (Dieser Begriff wird auch im Kapitel 7 zur Gesprächsanalyse an verschiedenen Stellen nochmals auftauchen – dort bezieht er sich dann auf das 'Im-Gespräch-über-das-Gespräch-Sprechen'.) Metakommunikative Verknüpfungen in Texten sind vor allem dann nötig, wenn der Textverweis weiter ausholt als nur bis zum nächsten oder zurück auf den vorhergehenden Satz. Zu diesem Zweck hat sich – v.a. für geschriebene Texte – eine ganze Reihe weitgehend stereotyper Formeln ausgebildet, wie z.B.

> – *wie oben bereits angedeutet*
> – *wie bereits in Kapitel 3 erwähnt*
> – *im folgenden*
> – *unter Punkt drei*
> – *die zu Anfang dieses Abschnittes vorgenommene Definition muss ...*
> – *(vgl. S. xy)*
> – etc.

Allen bis hierher aufgeführten Formen der Textkohäsion ist gemeinsam, dass sie auf dem Grundprinzip der Wiederholung oder der verweisenden Wiederaufnahme aufbauen, dass sich also ein Textelement in irgendeiner Weise auf ein anderes bezieht, auf dieses verweist. Daneben gibt es jedoch auch noch andere Kohäsionsformen, z.B.:

6.1.8 Tempus

Die Kategorie Tempus hat keine besonders aktive textverknüpfende Kraft. Tempuskontinuität bzw. eine gewisse Regelhaftigkeit der 'consecutio temporum' auch über die Satzgrenze hinaus muss aber im Normalfall gegeben sein, damit wir einer Satzfolge überhaupt Texthaftigkeit zusprechen können. Vor allem in erzählenden Texten kann die Tempusverwendung wichtig werden als Hinweis auf die Sequenzierung der erzählten Ereignisse, wie auch ganz generell die zeitlich-lineare Ordnung von Referenzobjekten über das Tempus signalisiert werden kann.

Ausserdem gilt, dass gewisse Funktionen der (grammatischen) Kategorie 'Tempus' erst auf der Textebene zum Tragen kommen bzw. erst bei einer textlinguistischen Betrachtungsweise erfasst werden können. So hat u.a. H. Weinrich (1971) gezeigt, dass es unter anderem mit der Tempuswahl zusammenhängt, ob einem narrativen Text mehr der Charakter eines 'Berichts' oder einer 'Erzählung' zukommt, dass mit dem Tempus das Verhältnis der 'Jetzt-Zeit' des Textes zur eigentlichen 'Tat-Zeit' erfasst wird und dass durch Tempussetzung gewisse Textpassagen hervorgehoben bzw. andere als nebensächlicher charakterisiert werden können.

6.1.9 Konnektive (Konjunktionen und Pronominaladverbien)

Konjunktionen sind – wohl auch im sprachlichen Alltagsverständnis – ein Kohäsionsmittel par excellence, nicht nur innerhalb eines Satzgefüges, sondern auch zwischen selbständigen Sätzen. Prototyp ist das *und*, dessen Grundfunktion es ist anzuzeigen, dass das, was anschliessend kommt, 'dazugehört'. Konjunktionen funktionieren – nomen est omen – als Bindeglieder. D.h. sie verweisen nicht auf ein anderes, mit ihnen über sprachliche oder referentielle Bezüge (anaphorischer oder kataphorischer Art) verbundenes Textelement, sondern sie verbinden zwei Sätze/Textelemente miteinander – wobei je nach Konjunktion (z.B. kausales *weil*, temporales *seit*) gleichzeitig auch der konzeptuelle Charakter der Verbindung angegeben wird.

Die Grenze zwischen wiederaufgreifender bzw. verweisender und verbindender Textverknüpfung ist allerdings nicht ganz klar festlegbar, wie Konjunktionen wie *nachdem* oder Konjunktionskorrelate in Hauptsätzen wie *deswegen* belegen, bei denen es sich – synchron durchaus noch erkennbar – um Verschmelzungen aus Präposition (*wegen, nach*) und Pronomen (*des[sen], dem*) handelt.

6.2 Vom Text zum Satz

Die Entwicklung der Textlinguistik in den 70er Jahren, die vor allem durch die neue Definition des Untersuchungsgegenstandes 'Sprache' im Rahmen der linguistischen Pragmatik (vgl. Kap. 5) stimuliert wurde, führte zu einer 'Radikalisierung' in bezug auf die Gewichtung der sprachlichen Grösse 'Text': 'Texthaftigkeit' wird im Rahmen pragmalinguistischer Untersuchungsansätze als *die* grundsätzliche Erscheinungsform von Sprache betrachtet. In Formulierungen wie "Sprache kommt nur in Texten vor" oder "Sprechen ist gleich: Texte äussern" wird der Textbegriff absolut und ohne Rückgriff auf die Grösse 'Satz' verwendet. Das heisst, dass der Text dem Satz nicht mehr neben-, sondern übergeordnet ist: Der Textwird als die oberste Organisationsform von Sprache verstanden (wobei unter 'Sprache' hier jeweils sprachliche Produkte in konkreten Kommunikationssituationen zu verstehen sind).

Damit ist gemeint, dass ein Text zwar in grössere sprachlich-kommunikative Zusammenhänge eingebettet sein kann (so z.B. eine Zeitungsmeldung in das Nachrichtenumfeld der Meldungen des Vortages oder eine Tischrede in die sie umgebenden kommunikativen Handlungen bei einer Geburtstagsfeier), dass ein Text aber nie in der systematischen Art und Weise Teil einer übergeordneten sprachlichen Einheit ist, wie das für Sätze in bezug auf Texte gilt.

Schliesslich ergeben sich aus dieser Umorientierung auch neue methodische Zugänge zum Untersuchungsgegenstand 'Text': Ein Text wird nun nicht mehr als systematisch verbundene Menge von Sätzen betrachtet, die vom Einzelsatz ausgehend analysiert werden kann, sondern als eigenständige Grösse, die ihren eigenen Organisationsprinzipien verpflichtet ist und von der ausgehend man sich dann mit dem Satz als einem 'Textbaustein' beschäftigen kann.

Diese neue Perspektive ermöglichte es auch, die Texthaftigkeit eines sprachlichen Gebildes in mancher Hinsicht linguistisch präziser zu erfassen, als das aus der 'Gegenrichtung', also ausgehend vom Satz als Basiseinheit, gelungen war.

Für die weiterhin am Satz orientierte Textlinguistik war z.B. die Beschreibung eines sprachlichen Gebildes wie des folgenden nach wie vor problematisch gewesen:

> Wir haben sehr gute Sängerinnen und Sänger an unserer Oper. Die Sopranistin ist besonders umschwärmt. Mozart liegt ihr sehr. Mir ist von den Mozart-Opern die Zauberflöte am liebsten. Diese neuen plump-deutlichen Ausdeutungen der Tempelgemeinschaft als männerbündische Freimaurerloge scheinen mir allerdings eine sehr fragwürdige Interpretation des Werkes. Aber die heutigen Opernleute schrecken ja vor nichts zurück. Bei Wagner-Inszenierungen ist das oft noch schlimmer, obwohl ich ja für solche pathetische Musik sowieso nicht viel übrig habe.

In bezug auf die meisten der oben aufgeführten Textverknüpfungsmittel haben wir es hier mit einem perfekten Text zu tun: Pro-Formen, Substitution, Artikelsetzung und Konjunktionen schaffen enge Bindeglieder von Satz zu Satz. Trotzdem hat man aber doch leichte Hemmungen, diese Satzfolge eindeutig als 'Text' zu bezeichnen.

Es reicht nämlich offenbar nicht, dass wir uns an einzelnen Seilen von Satz zu Satz hangeln können, sondern man möchte auch das Netz erkennen, zu dem die verschiedenen Seile gehören und das den Text als Ganzes zusammenhält. Wir brauchen deshalb Kriterien für Texthaftigkeit, die weniger an der linearen sprachlichen Verknüpfung von Element zu Element orientiert sind als vielmehr am Textganzen als einer komplex strukturierten und sowohl thematisch als auch konzeptuell zusammenhängenden sprachlichen Einheit.

Unter diesen Perspektiven betrachtet, lässt sich die Texthaftigkeit eines sprachlichen Gebildes nicht mehr rein aus dem Vorhandensein von Kohäsionsmitteln ableiten; die Kriterien zur Überprüfung bzw. zum Nachweis von 'Texthaftigkeit' müssen (auch) inhaltlicher Natur sein und ausserdem aussersprachliche Gesichtspunkte mitberücksichtigen.

Die Textqualität, die damit angesprochen ist, wird üblicherweise unter den Begriff der Kohärenz gefasst; auf sie wollen wir im folgenden näher eingehen.

6.2.1 Kohärenz vs. Kohäsion

Bei dem Versuch, die Texthaftigkeit einer Satzreihe nicht mehr vom Satz, sondern vom Textganzen ausgehend zu bestimmen, hat sich ein linguistisches Denkmodell als praktikabel und auch als sehr anschaulich erwiesen, das v.a. in der frühen Generativen Grammatik (also im Rahmen einer ganz am Satz orientierten linguistischen Theorie) Bedeutung erlangt hat: das Modell von *Oberflächen-* und *Tiefenstruktur* (wobei allerdings zu betonen ist, dass sich dieses Begriffspaar nicht mehr ohne weiteres auf das urspüngliche syntaktische Konzept, innerhalb dessen es entwickelt wurde – vgl. Kapitel Grammatik II, Abschnitt 3.2.5 –, zurückbeziehen lässt).

In Anwendung dieses Begriffspaars geht man nun davon aus, dass das, was uns ein Text (ob in gesprochener oder geschriebener Form) bietet, immer nur eine

Oberflächenstruktur ist, auf der viele – aber durchaus nicht alle – Informationseinheiten des Textes sprachlich realisiert und – allerdings auch nur zum Teil – durch Kohäsionsmittel verbunden sind. Die Oberflächenstruktur von Texten ist ausserdem geprägt durch die grundsätzlich lineare Natur unserer Sprachproduktion und unserer Sprachprodukte, die wir bei gesprochener Sprache als zeitliches, bei geschriebener Sprache als räumliches Nacheinander erleben (und die beim Lesen ebenfalls wieder eine zeitliche Dimension annimmt). Im Gegensatz dazu können wir uns die konzeptuelle Basis des Textes, also das, was sozusagen 'unter' der Textoberfläche liegt – eben die *Texttiefenstruktur* – mehrdimensional vorstellen, wobei die verschiedenen Informationseinheiten in komplexer Weise miteinander verknüpft sind.

Wenn es also darum geht zu entscheiden, ob wir bei einer Reihe von Sätzen einen zusammenhängenden Text vor uns haben, sind nicht die semantisch-syntaktischen Verknüpfungen, die sich an der Textoberfläche festmachen lassen, ausschlaggebend, sondern es kommt darauf an, ob wir eine zusammenhängende – also eben kohärente – Texttiefenstruktur erschliessen können. Dabei müssen wir uns natürlich zunächst einmal an der gegebenen konkreten Textoberfläche orientieren, d.h. zum Beispiel die lineare Abfolge der Textbausteine (Sätze, Abschnitte) sowie die durch Textverknüpfungsmittel gegebenen Verknüpfungsanweisungen berücksichtigen. Daneben müssen wir aber sowohl allgemeines Wissen von und über Texte aktivieren als auch allgemeines aussersprachliches Wissen einbeziehen.

Wie solches Textverstehen (= Erschliessen einer Texttiefenstruktur) in groben Zügen funktioniert, können wir am besten an einem Beispiel zeigen. (Dass es sich dabei lediglich um die Verbindung zweier Sätze handelt, tut dem Beispielcharakter keinen Abbruch: die Verknüpfungs-Mechanismen, die daran deutlich werden (sollen), sind grundlegender Natur und gelten auch für die Verbindung von Sätzen/Satzfolgen in grösseren Textzusammenhängen.)

> *Hans kommt nicht zur Konferenz. Er ist krank.*

Die beiden Sätze sind an der Textoberfläche durch Pronominalisierung verknüpft: *Hans* wird im zweiten Satz durch *er* wieder aufgenommen. Trotzdem ist es uns (soweit wir uns nur an diesen zwei Sätzen ohne weiteren Kontext orientieren) klar, dass die beiden Sätze nicht nur dadurch verbunden sind, dass von derselben Person die Rede ist, sondern dass hier auch noch eine zusätzliche Verbindung eher konzeptueller Natur besteht, nämlich die der *Begründung*. Der zweite Satz gibt an, weshalb Hans nicht kommt. Dies liesse sich auch auf der Textoberfläche deutlich machen, z.B. durch ein *denn* am Anfang des zweiten Satzes. Dass wir dieses explizite Signal nicht vermissen, hängt mit unserer Alltagserfahrung und unserem Weltwissen zusammen: Wenn man krank ist, geht man normalerweise nicht an Konferenzen – der letztgenannte Tatbestand kann also durch den ersteren begründet werden. Anders ist es im folgenden Fall:

> *Anna kommt zur Konferenz. Sie ist krank.*

Die inhaltlich-konzeptuelle Beziehung, die diese beiden Sätze verbinden könnte, liegt nicht mehr eindeutig auf der Hand – wir haben Mühe, der Satzfolge Kohärenz zuzusprechen. Dennoch ist es grundsätzlich möglich, die beiden Sätze durch ein Kohäsionsmittel zu verknüpfen, nämlich durch Einfügen einer *Konzessivität* anzeigendenden Konjunktion:

> *Anna kommt zur Konferenz, obwohl sie krank ist.*

Im Gegensatz zur Kausalität sollte Konzessivität (als eine markierte, nicht selbstverständliche Form der Verknüpfung von Ereignissen bzw. Aussagen) also an der Textoberfläche signalisiert werden.

Der Unterscheidung zwischen dem durch Kohäsionsmittel auf der Textoberfläche signalisierten Textzusammenhang und dem zugrundeliegenden (und eventuell nur erschlossenen) konzeptuellen Zusammenhang entspricht die Gegenüberstellung der Begriffe *Kohäsion* vs. *Kohärenz*, die sich dann wiederum zum Begriffspaar Oberflächenstruktur vs. Tiefenstruktur in Relation setzen lassen (vgl. Schema 6-4).

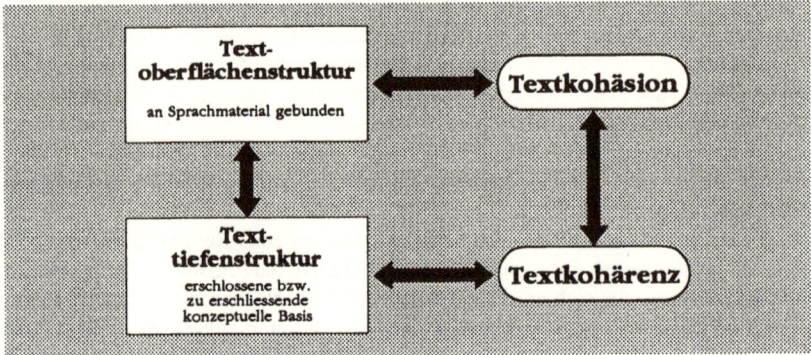

[Schema 6-4]

6.2.2 Textverstehen und Textarbeit

Wie aus den bisherigen Überlegungen deutlich geworden ist, sind die sprachlichen Informationen der Textoberfläche oft nicht ausreichend, um ein kohärentes Verständnis des Textes zu garantieren. Es wäre allerdings falsch, davon auszugehen, dass wir es in solchen Fällen notwendigerweise mit 'schlechten' oder in irgendeiner Weise defizitären Texten zu tun hätten. Es kann durchaus zur Qualität eines Textes beitragen, wenn nicht alles, was verstanden werden soll, auch 'ausgesprochen' wird (vgl. hierzu auch Abschnitt 6.3.2). 'Textlöcher' auf der Textoberfläche können im Normalfall auch ohne besondere Anstrengungen durch den Textrezipienten bzw. die Textrezipientin ausgeglichen werden.

M.a.W.: TextrezipientInnen 'denken mit'. Sie ergänzen Textbausteine, wo solche fehlen, sie konstruieren Beziehungen zwischen Textelementen, auch wo diese nicht signalisiert sind, sie ordnen und gliedern die in einem Text gegebenen Informationseinheiten in sinnvoller Art und Weise, auch wenn an der Textoberfläche (aus welchen Gründen auch immer) eine andere Anordnung gegeben ist.

Damit also etwas, das wir hören oder lesen, für uns zu einem (kohärenten) Text wird, müssen wir im Normalfall selbst mitarbeiten: Wir leisten Textarbeit.

Um nun aber jeweils in der zur Herstellung von Kohärenz nötigen Art und Weise aktiv werden zu können, müssen wir über Wissen verfügen, das uns zu den erforderlichen Ergänzungen, zur Setzung von Bezügen und Relationen, zur differenzierten Ordnung und Gliederung der linear gegebenen Textelemente und der damit verbundenen Informationen befähigt.

6.2.3 Aussersprachliche Wissensbestände und Textverstehen

Die Wissensbestände, die hier zum Tragen kommen, sind sehr unterschiedlicher Natur und wohl auch untereinander wieder auf unterschiedlichste Art und Weise verknüpft. Es ist uns nicht möglich, hier eine abschliessende Aufzählung zu liefern, wir wollen aber trotzdem versuchen, ganz kurz einige für den Prozess der Kohärenzherstellung besonders relevante Wissensbereiche vorzustellen.

Es handelt sich dabei nicht um wohldefinierte und eindeutig voneinander abgrenzbare Bereiche; die Aufteilung, die wir vornehmen, ist relativ grob und bringt entsprechende Unschärfen und Überlappungen mit sich.

Weltwissen

Mit diesem Stichwort ist der am wenigsten textbezogene und zugleich auch allgemeinste und umfassendste aussersprachliche Wissensbereich angesprochen. Er umfasst sehr unterschiedliche Wissensinhalte, angefangen beim *Alltagswissen* (wie ein Apfel aussieht, was alles zu einer Stadt gehört, wo man Briefmarken auf einen Brief aufklebt etc.) über individuelles *Erfahrungswissen* bis zu speziellem *Bildungs-* und *Fachwissen*. Art und Umfang des 'Weltwissens', das einem Menschen zur Verfügung steht, ist eng mit der Kulturgemeinschaft und mit der sozialen Gruppe verbunden, in der er aufgewachsen ist bzw. in der er lebt. Das gemeinsame Charakteristikum dieser verschiedenen Wissensbestände liegt darin, dass es sich immer um eine Art von 'Inventar'-Wissen bzw. Objekt-Wissen handelt; man spricht auch oft von *enzyklopädischem Wissen*.

Dennoch: Der Begriff 'Weltwissen' ist wenig präzise und entsprechend wenig erklärungskräftig, und er wird gerade in textlinguistischem Zusammenhang oft sehr grosszügig benutzt. Dass dies so ist, kann als Hinweis darauf gesehen werden, welche immense Bedeutung aussersprachlichen Wissensbeständen zukommt, wenn es darum geht, ein gegebenes sprachliches Produkt mithilfe aussersprachlicher Ergänzungen als kohärenten Text zu verstehen.

Handlungswissen

Mit diesem Terminus sind in erster Linie diejenigen aussersprachlichen Wissensbestände angesprochen, die es uns erlauben, bestimmte Abläufe bzw. Ereignisse als bestimmte Handlungen zu deuten und selbst Handlungen durchzuführen. Es geht also v.a. um ein *prozessual orientiertes Wissen*.

Dieses Wissen befähigt uns auch, in einer bestimmten Kommunikationssituation bestimmte Handlungen unserer Kommunikationspartner zu erwarten bzw. bestimmte Handlungen als angebracht, andere dagegen als 'ungewöhnlich' oder 'fehl am Platz' zu bewerten.

So wissen wir z.B., dass das Überreichen von Blumen oder Konfekt eine passende Handlung ist, wenn wir irgendwo als Gast empfangen werden, während ein Gang in die Küche der Gastgeber sowie eine genauere Inspektion des Kühlschrankinhaltes eher befremdlich wirken würde.

Wir wissen ausserdem, welche Handlungen in bestimmten Situationen normalerweise aufeinander folgen, d.h. unser Wissen umfasst ganze Handlungskomplexe:

Wenn wir ein Restaurant betreten, um dort zu Abend zu essen, so werden wir zunächst einen Tisch aufsuchen, meist schon zuvor, allenfalls danach den Mantel ausziehen und an die Garderobe oder über einen Stuhl hängen, dann die Speisekarte verlangen und lesen, dann bestellen, dann ... etc.

Wie stark solche uns meist völlig selbstverständlich erscheinenden Handlungskomplexe und unsere entsprechenden Erwartungshaltungen kulturell geprägt sind, wird oft erst deutlich, wenn wir mit Handlungen konfrontiert werden, die in anderen Gesellschaften oder Kulturen in bestimmten Situationen 'normal' sind, sich aber von dem, was wir erwarten würden, deutlich unterscheiden.

Watzlawick (1974:20) gibt ein besonders illustratives Beispiel eines Missverständnisses, welches dadurch zustande kommt, dass die involvierten KommunikationspartnerInnen zwar dieselben Handlungen, nicht jedoch dieselbe Handlungsfolge erwarten bzw. für adäquat erachten (wobei Watzlawick dieses Missverständnis ganz aus der männlichen Perspektive darstellt):

"Unter den während des Krieges in England stationierten amerikanischen Soldaten war die Ansicht weit verbreitet, die englischen Mädchen seien sexuell überaus leicht zugänglich. Merkwürdigerweise behaupteten die Mädchen ihrerseits, die amerikanischen Soldaten seien übertrieben stürmisch. Eine Untersuchung [...] führte zu einer interessanten Lösung dieses Widerspruchs. Es stellte sich heraus, dass das Paarungsverhalten (courtship pattern) – vom Kennenlernen der Partner bis zum Geschlechtsverkehr – in England wie in Amerika ungefähr dreissig verschiedene Verhaltensformen durchläuft, dass aber die Reihenfolge dieser Verhaltensformen in den beiden Kulturbereichen verschieden ist. Während z.B. das Küssen in Amerika relativ früh kommt, etwa auf Stufe 5, tritt es im typischen Paarungsverhalten der Engländer relativ spät auf, etwa auf Stufe 25. Praktisch bedeutet dies, dass eine Engländerin, die von ihrem Soldaten geküsst wurde, sich nicht nur um einen Grossteil des für sie intuitiv "richtigen" Paarungsverhaltens (Stufe 5-24) betrogen fühlte, sondern zu entscheiden hatte, ob sie die Beziehung an diesem Punkt abbrechen oder sich dem Partner sexuell hingeben sollte. Entschied sie sich für die letztere Alternative, so fand sich der Amerikaner einem Verhalten gegenüber, das für ihn durchaus nicht in dieses Frühstadium der Beziehung passte und nur als schamlos zu bezeichnen war. Die Lösung eines solchen Beziehungskonflikts durch die beiden Partner selbst ist natürlich deswegen praktisch unmöglich, weil derartige kulturbedingte Verhaltensformen und -abläufe meist völlig ausserbewusst sind. Ins Bewusstsein dringt nur das undeutliche Gefühl: der andere benimmt sich falsch."

Soweit nun einzelne Handlungen oder Teile davon durch Texte eingelöst werden, wird solches Handlungswissen auch für das Verständnis und die Beurteilung von Texten relevant.

Wenn sich z.B. bei einer Geburtstagsfeier einer der Gäste von der Tafel erhebt und sich sprachlich äussert, wird dieses sprachliche Ereignis vor dem Hintergrund der in dieser Situation erwartbaren Handlungen mit grosser Wahrscheinlichkeit als 'Tischrede' bzw. als 'Toast' auf das Geburtstagskind verstanden werden, und sowohl die einzelnen inhaltlichen Bausteine als auch die Gesamtheit des Textes werden unter dieser Perspektive interpretiert und verstanden.

In diesem Sinn ist Handlungswissen eine der wichtigen Voraussetzungen dafür, dass ich den 'Handlungswert', den ein Textproduzent mit seinem Text verbindet, korrekt einschätzen kann, auch wenn mir die betreffende Person und ihre persönlichen Intentionen und Handlungsmotive nicht näher bekannt sind.

Konzeptuelle Deutungsmuster

Mit dem Terminus 'konzeptuelle Deutungsmuster' beziehen wir uns auf einen relativ eng gefassten Wissensbestand, der sowohl als Teilbereich als auch als Voraussetzung unseres 'Weltwissens' betrachtet werden kann. Angesprochen sind diejenigen Interpretationsmuster, die unsere alltägliche (und meist unbewusste) Wahrnehmung von 'Welt' steuern bzw. strukturieren und die es uns erlauben, verschiedene Tatbestände, Sachverhalte oder Ereignisse als in einer bestimmten Art und Weise aufeinander bezogen zu verstehen. Denn wir betrachten ja all das, was wir mit unseren Sinnen wahrnehmen, nicht einfach als chaotische Menge unterschiedlichster isolierter Dinge und Vorkommnisse, sondern sind stets bemüht, das Wahrgenommene als in spezifischer Form miteinander verbunden zu verstehen.

Es lassen sich drei Grundmuster konzeptueller Deutung unterscheiden:

a) *Koordinative Beziehung:*

Dies scheint das grundlegende Muster zu sein. Es ist die Basis dafür, dass wir überhaupt verschiedene Dinge, Ereignisse, Sachverhalte als zusammengehörig wahrnehmen können. Im Normalfall handelt es sich bei dieser Deutung um mehr als um ein Wahrnehmen unterschiedlicher Dinge als 'gemeinsam gegeben'. Das heisst, dass wir nach einer gemeinsamen räumlichen, situativen oder sachlich-thematischen Einordnungsinstanz suchen, die zum jeweiligen Bezugspunkt wird. So können wir z.b. unter den Perspektiven 'Schulzimmer', 'Strandnachmittag' oder 'Umweltproblematik' sehr unterschiedliche Fakten und Ereignisse als zusammengehörig verstehen.

b) *Temporale Beziehung:*

Das zweite Grundmuster ist das der temporalen Anordnung, das man auch als Spezialfall (oder Spezifizierung) der koordinativen Beziehung betrachten könnte. Die wahrgenommenen Phänomene werden als temporal verknüpft gedeutet und in eine Zeitachse eingebettet, anhand derer wir die Menge des Wahrgenommenen in den Dimensionen von 'vorher' und 'nachher' oder 'gleichzeitig' ordnen können.

c) *Kausale Beziehung:*

Das dritte Grundmuster ist das des kausalen Bezuges, das seinerseits wieder auf der temporalen Beziehung aufbaut. Temporale Beziehungen können in einem weiteren Schritt als Ursache-Wirkung- bzw. Grund-Folge-Beziehungen interpretiert werden – und wo immer das möglich ist, tun wir es auch. M.a.W.: Wir scheinen sehr bestrebt zu sein, einzelne Sachverhalte oder Ereignisse als Grund oder Folge jeweils anderer Sachverhalte und Ereignisse auszudeuten. Dabei spielt es keine Rolle, ob die fraglichen Ereignisse in irgendwelchen naturgesetzlich bedingten Relationen stehen oder ob eine mögliche Grund-Folge-Beziehung auf kulturellen oder sozialen Konventionen oder einfach auf einem persönlichen Erfahrungswissen beruht.
So deuten wir z.B. das plötzliche Gedeihen einer heiklen Topfpflanze als Folge einer Standortveränderung, die schlechte Laune der Arbeitskollegin als Folge eines vorausgegangenen Telefonanrufs etc. (Vgl. hierzu auch die Ausführungen zum Stichwort *Index* im Semiotikkapitel.)

6.3 Linguistische Konzepte der Textkohärenz

Bei den unter 6.2.3 aufgeführten Wissensbeständen handelt es sich zum Grossteil um Bereiche, die für Sprachwissenschaftler und Sprachwissenschaftlerinnen fremdes Territorium darstellen, da es sich um aussersprachliche Phänomene handelt. Entsprechend schwammig und unverbindlich bleiben in vielen Fällen die linguistischen Aussagen über die Wirkungsweise solcher Wissensbestände bei der Produktion und v.a. bei der Rezeption von Texten. Dabei geht es gerade bei der Frage nach der Vermittlung aussersprachlichen Wissens mit einer gegebenen sprachlichen Oberfläche zu einer kohärenten Texttiefenstruktur um eines der zentralen Probleme der Textlinguistik.
Es gibt allerdings einzelne Versuche, die verschiedenen Formen der 'Textarbeit' von LeserInnen oder HörerInnen genauer zu verstehen und zu beschreiben. Im folgenden wollen wir einige der bereits entwickelten Modelle und Konzepte vorstellen. Gemeinsames Ziel all dieser Versuche ist es aufzuzeigen, in welcher Art und Weise wir einzelne Elemente einer uns mündlich oder schriftlich präsentierten Text-Oberfläche mit weiteren sprachlichen und aussersprachlichen Wissensbeständen kombinieren bzw. 'kurzschliessen', so dass für uns schliesslich ein kohärenter

Text entsteht. Es ist verständlich, dass diese Modelle Anleihen bei Nachbarwissenschaften wie (kognitive) Psychologie, Philosophie und Logik machen. Textlinguistische Fragestellungen in diesem Bereich geraten leicht an die Grenzen der Sprachwissenschaft.

6.3.1 Isotopie

Das Isotopiekonzept kann als eine Art Zwischenstufe zwischen einer eher kohäsionsorientierten und einer mehr kohärenzorientierten Textanalyse verstanden werden. Es wurde in seiner Grundidee von J.A. GREIMAS in seiner "Sémantique structurale" (1966) ausgearbeitet.
Greimas und nach ihm andere versuchten, mit Hilfe exakter, an linguistischen Methoden orientierter Verfahren zu neuen Formen der literarischen Textinterpretation zu gelangen. Es handelt sich dabei um einen Versuch, Textverknüpfung ganz unter *semantischem Gesichtspunkt* anzugehen. Damit verlässt dieses Textanalysekonzept die oberflächen-orientierte Ebene der Kohäsion und untersucht – unter einem eingeschränkten Blickwinkel – Kohärenzphänomene, obwohl es wissenschaftsgeschichtlich relativ 'alt' ist, d.h. aus einer Phase stammt, als die Textlinguistik den Begriff der Kohärenz noch gar nicht geprägt hatte.

Dabei greift das Isotopiekonzept zunächst einmal sowohl auf das Prinzip der Rekurrenz als auch auf das Prinzip der Substitution zurück. Allerdings geht es nun nicht mehr um die (materielle) Rekurrenz sprachlicher Elemente an der Textoberfläche und auch nicht mehr um Referenzidentität zwischen Bezugswort und Substituens. Das Isotopiekonzept arbeitet 'unterhalb' der Wortebene, indem es auf die Semanalyse zurückgreift, also auf die Annahme der Zerlegbarkeit von Wortbedeutung in eine Menge einzelner semantischer Merkmale (vgl. Kapitel Semantik, Abschnitt 4.5 und 4.6). Die textverknüpfende Wirkung der Rekurrenz (der Wiederaufnahme) wird also nicht an ganzen Wortbedeutungen festgemacht, sondern an einzelnen rekurrenten semantischen Merkmalen.

Die Grundannahme dieses Konzepts ist die, dass sich Wortbedeutungen über die Satzgrenzen hinweg (und ohne Berücksichtigung der Wortklassenzugehörigkeit) zu Komplexen verbinden auf der Grundlage teilweiser semantischer Übereinstimmung und Differenz. Diese textsemantischen Komplexe werden als Isotopieebenen bezeichnet; ein Text kann jeweils über mehrere solcher Isotopieebenen verfügen.
Im Isotopiekonzept wird die semantische Merkmalsanalyse zum Ausgangspunkt für eine strukturalistisch orientierte Darstellung der Bedeutungsstrukturen von Texten.
Die Tatsache, dass durch den Rückgriff auf semantische Merkmale versucht wird, den Textzusammenhang weitgehend unabhängig von Textoberflächenkohäsion zu erklären, macht das Isotopiekonzept speziell geeignet für eine Beschäftigung mit Texten, bei denen eine (bewusste) Zerstörung syntaktischer und wortsemantischer Bezüge und die Durchbrechung von Textmustern das Textverstehen erschweren.

So lassen sich z.B. in den ersten beiden Zeilen aus August Stramms Gedicht "Patrouille":

Die Steine feinden
Fenster grinst Verrat

die Wörter *feinden* und *Verrat* über ein Merkmal FEINDLICH einer gemeinsamen Isotopieebene zuordnen, der wir dann in einem zweiten Schritt auch das Wort *grinst* zurechnen können – was nicht unbedingt der Fall wäre, wenn wir *grinst* in einer anderen sprachlichen Umgebung vorfinden würden wie etwa in dem Satz: *Er grinste mich an, zwinkerte mir fast unmerklich zu und wandte sich dann wieder an seinen Gast.* Wir könnten also sagen, dass das semantische Merkmal FEINDLICH in dieser Textpassage als Textverknüpfungsmittel wirkt und wir so auf semantischer Basis einen Zusammenhalt konstruieren können, der vom selben Text an anderer Stelle durch semantische Inkompatibilitäten (unbelebten Objekten werden menschliche Handlungsweisen zugeschrieben) und grammatische Normverstösse (*feinden* ist keine existierende Verbform des Deutschen) erschwert wird.

Wie diese knappen Ausführungen vielleicht doch bereits zeigen, kann vor allem in didaktischer Hinsicht mit der Idee der Isotopieebene ein Zugang zu literarischen Texten eröffnet werden, der sehr ertragreich sein kann und den methodischen Effekt hat, dass wir Texte bewusster, kontrollierter und eventuell auch differenzierter betrachten. Als Einstieg in eine Textinterpretation bzw. in eine literaturwissenschaftliche Analyse kann das Isotopiekonzept wesentliche Anstösse und Hinweise liefern.

Beim Sprechen über Texte kann der Isotopieansatz ausserdem dazu beitragen, dass wir vermehrt versuchen, das, was wir 'intuitiv' aus einem Text 'herauslesen', in einem zweiten Schritt wieder an das Textmaterial zurückzubinden, um es damit einer intersubjektiven Überprüfung zugänglich zu machen.

Aus linguistischer Perspektive ist das Isotopiekonzept in mehrfacher Hinsicht problematisch:

Semantische Merkmale werden hier in einer operativen Weise verwendet, als ob es sich dabei um wohldefinierte und relativ klar bestimmbare sprachliche Grössen handelte. Dies ist aber – wie wir im Semantik-Kapitel (Abschnitt 4.5 und 4.6) bereits herausgestellt haben – durchaus nicht der Fall.

Ausserdem bleibt unklar, wieweit das Isotopiekonzept tatsächlich semantische (und damit in einem engeren Sinne sprachliche) Prozesse zu beschreiben versucht oder ob hier nicht vielmehr unbemerkt die Grenze zur 'Welt'-Ebene überschritten wird und ob die angeblich 'semantischen' Prozesse nicht teilweise solche sind, wie sie in 6.3.3. unter den Stichworten 'frames' und 'scripts' ausgeführt werden.

6.3.2 Präsuppositionen

Mit dem Konzept der Präsuppositionen wird unter anderem versucht, die Funktion von aussersprachlichen Wissensbeständen bei der Konstitution von Textkohärenz zu erfassen und zu erklären.

Üblicherweise unterscheidet man zwei Haupttypen von Präsuppositionen, gebrauchsgebundene und zeichengebundene.

a) Gebrauchsgebundene Präsuppositionen

Wenn wir die Situation annehmen, dass Anna in der Küche hantiert, während Cornelia im Wohnzimmer sitzt und sich durch die offene Küchentür mit Anna unterhält, so ist folgende Äusserung denkbar:

> Anna: *Ich mach mal eben rasch die Küchentür zu. Die Milch ist übergelaufen.*

Um dieser Satzfolge Kohärenz zuschreiben zu können (d.h. um den zweiten Satz als Begründung bzw. als Rechtfertigung für das im ersten Satz Angekündigte zu verstehen) – was Cornelia problemlos tut –, muss sie im Prinzip folgendes ergänzen:

> *Wenn Milch überläuft, stinkt das ganz grässlich.*
> *Normalerweise möchte man verhindern, dass es in der ganzen Wohnung nach verbrannter Milch stinkt.*
> *Zu diesem Zweck schliesst man am besten vorübergehend die Küchentür.*

Solche nicht sprachlich formulierten, aber durch den Text vorausgesetzten (und meist problemlos mitverstandenen) Wissensbestände und Alltagserfahrungen bezeichnen wir als *gebrauchsgebundene Präsuppositionen*. 'Gebrauchsgebunden' deshalb, weil diese Präsuppositionen einem sprachlichen Ausdruck nicht grundsätzlich anhaften, sondern sich erst aus dem Gebrauch, den man von einem sprachlichen Ausdruck macht, ergeben. Man spricht bei diesem Präsuppositionstyp oft auch von *pragmatischen Präsuppositionen*.

Immer, wenn Kommunikationspartner kommunizieren, setzen sie gegenseitig ein bestimmtes Alltags- oder auch Fachwissen voraus, gehen sie von gemeinsamen Erfahrungen, allgemeinen Werten, Kenntnissen etc. aus. M.a.W.: sie machen Präsuppositionen, die sie im Normalfall erst dann verbal explizieren, wenn einer der Partner entsprechende Verständnisprobleme hat. In unserem Beispiel könnte es sein, dass Cornelia kochunkundig ist und nachfragt: *Aber warum musst du da die Tür zu machen?* In diesem Fall muss die entsprechende Präsupposition verbalisiert werden: *Weil das doch immer so grässlich stinkt!*

Gebrauchsgebundene Präsuppositionen sind also diejenigen Voraussetzungen, die Sprecher und Sprecherinnen als gegeben setzen, wenn sie eine Äusserung (einen Satz, einen Text) in einer konkreten Situation kommunikativ sinnvoll verwenden. Für unser Beispiel heisst das: Wenn man den Satz *Die Milch ist übergelaufen* als Begründung für das Schliessen der Küchentür verwendet, setzt man das Wissen voraus, dass übergelaufene Milch grässlich stinkt. Die kohärenzbildende Funktion solcher Präsuppositionen ergibt sich daraus, dass zwei im selben Text ausgedrückte, syntaktisch und inhaltlich aber nicht direkt miteinander verbundene Sachverhalte aufgrund von Präsuppositionen (also sozusagen über gedankliche Zwischenschritte, die im Text nicht realisiert sind) in einen sinnvollen Zusammenhang gebracht werden können.

b) Zeichengebundene Präsuppositionen

Von den gebrauchsabhängigen Präsuppositionen zu unterscheiden sind die *zeichengebundenen Präsuppositionen*. Diese lassen sich ihrerseits wiederum in zwei Gruppen unterteilen:

– *Referentielle Präsuppositionen* (Existenzpräsuppositionen)

  Sie sind an die Form eines sprachlichen Ausdrucks gebunden und kommen meist auf Satzebene zum Tragen. Ausgelöst werden sie z.B. durch Verwendung des bestimmten Artikels und/oder durch die Setzung von definierenden Attributen. Klassisches Beispiel hierfür ist die Aussage:

  Der König von Frankreich hat eine Glatze.

  Wer immer diesen Satz 'normal', d.h. nicht als linguistischen Beispielsatz äussert, macht damit auch die referentielle Präsupposition: 'Es gibt einen König von Frankreich'.

– *Semantische Präsuppositionen*

  Dieser Typus von Präsuppositionen ist an die Semantik einzelner Wörter oder Ausdrücke gebunden: Es handelt sich hier um eine Art nicht direkt angesprochener, aber eben mitgemeinter Bedeutung. Mit dem Satz:

  Sven hat es geschafft, Karten für das Michael-Jackson-Konzert zu bekommen.

wird auch mitgeteilt, dass Sven sich in irgendeiner Form um diese Karten bemüht hat. Die Bedeutung von *es schaffen, etwas zu tun* schliesst ein *Sich-bemüht-Haben* mit ein.

Beide Typen zeichengebundener Präsuppositionen erlauben es einem Sprecher oder einer Sprecherin, mit der Äusserung bestimmer Sätze gewisse Tatbestände und Sachverhalte *mitzubehaupten* bzw. als gegeben zu unterstellen, die selbst nicht explizit thematisiert bzw. mit den verwendeten Ausdrücken nicht explizit 'bedeutet' sind. Die in den entsprechenden Sätzen auf solche Weise als 'gegeben' präsupponierten Sachverhalte bleiben auch erhalten, wenn wir die entsprechenden Aussagen verneinen oder die Sätze in Fagesätze verwandeln. Auch wenn wir sagen:

Der König von Frankreich hat keine Glatze!
Hat der König von Frankreich eine Glatze?

bleibt die referentielle Präsupposition, dass es einen König von Frankreich gibt, bestehen.
Und auch bei:

Sven hat es nicht geschafft, Karten für das Michael-Jackson-Konzert zu bekommen.
bzw.
Hat Sven es eigentlich geschafft, Karten für das Michael-Jackson-Konzert zu bekommen?

ändert sich daran, dass Sven sich um diese Karten bemüht hat, gar nichts – die Bedeutung von *es schaffen, etwas zu tun* schliesst *sich darum bemüht haben* offenbar in beiden Fällen ein. Ein weiterer Hinweis für die Präsenz dieser 'zusätzlichen' Bedeutung ist es, dass ich sie – falls die Tatbestände anders liegen – explizit ausschliessen muss:

Hat Sven es geschafft, eine Karte für das Michael-Jackson-Konzert zu bekommen?
– Nein, aber er hat sich eigentlich auch gar nicht darum bemüht.

Wir könnten deshalb behaupten, dass zeichengebundene Präsuppositionen uns zum Beispiel so etwas wie 'verdeckte Rekurrenz' bzw. 'verdeckte Substitution' ermöglichen und so zur Kohärenzbildung beitragen, wie etwa im folgenden Beispiel:

Er ist jetzt wieder viel aktiver bei seiner Arbeit (= er war eine zeitlang nicht aktiv
*). Aber so **Durchhängephasen** hat man halt manchmal, das kennt ja jeder.*

Im Gegensatz zu den gebrauchsgebundenen (pragmatischen) Präsuppositionen sind zeichengebundene Präsuppositionen direkt an den materiell gegebenen Text (an bestimmte Konstruktionen, an bestimmte Wortbedeutungen) gebunden.
Demgegenüber scheint die Aktivierung bzw. Erschliessung von gebrauchsgebundenen Präsuppositionen durch eine Art textueller 'Leerstellen' ausgelöst zu werden – ganz ähnlich wie dies auf formal-syntaktischer Ebene durch Leerstellen in Ellipsen bewirkt wird.
Eine Übersicht über die genannten Präsuppositionstypen gibt Schema 6-5.
Wenn Textrezipient und Textproduzent über dasselbe Weltwissen, denselben Erfahrungsschatz etc. verfügen, ist es für Textrezipienten problemlos möglich, die vom Sprecher oder der Sprecherin gemachten gebrauchsgebundenen Präsuppositionen im Verlauf ihres Verstehensprozesses zu ergänzen. Diese 'Ergänzungsleistung' läuft dann weitgehend automatisch und unbewusst ab. Nun gibt es aber natürlich auch den Fall, wo dem Textrezipienten das nötige Wissen zur Ergänzung von Präsuppositionen fehlt und wo – im Gegensatz zu unserem obigen Beispiel – die Möglichkeit zur Rückfrage fehlt. In dieser Situation müssen Textrezipienten

Präsuppositionen erschliessen, d.h. sinnvolle 'Textzwischenstücke' konstruieren, die es möglich machen, den gesamten Text als kohärent zu verstehen. Auf unser Beispiel bezogen könnte das heissen: Wenn Cornelia nicht weiss, dass übergelaufene Milch grässlich stinkt, sich aber nicht getraut zu fragen, in welchem Zusammenhang das Schliessen der Türe mit der übergelaufenen Milch steht, so könnte sie vielleicht auch auf die ebenfalls naheliegende Idee kommen, dass der Person in der Küche der hässliche Anblick, der sich durch das Anbrennen der Milch auf dem heissen Herd ergibt, peinlich ist und sie sich auch beim Aufwischen nicht zuschauen lassen möchte.

Solche Schlussverfahren, die dazu dienen, Präsuppositionen zu (re-)konstruieren, werden *Inferenzen* genannt. Wir gehen an dieser Stelle nicht weiter auf diesen Begriff ein, verweisen aber auf das Kapitel 'Pragmatik', wo wir die angesprochene Problematik unter dem Stichwort der konversationellen Implikaturen ausführlicher behandelt haben (vgl. 5.3.1).

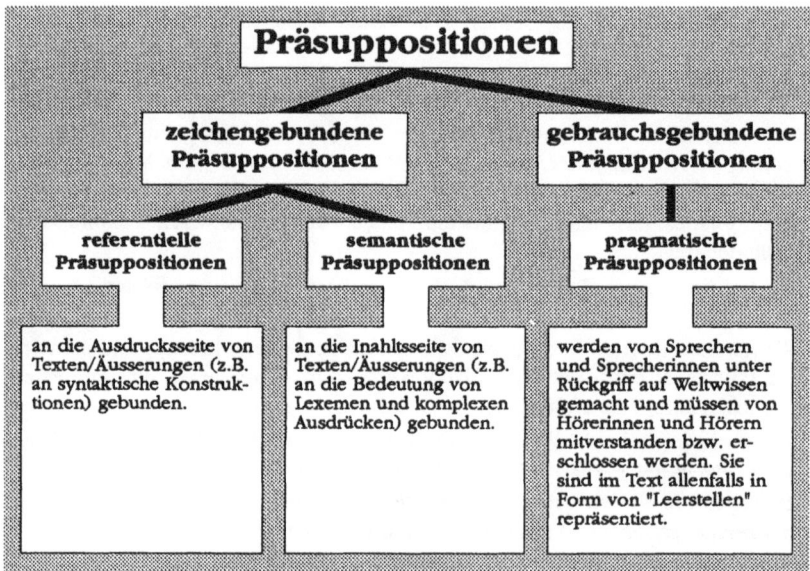

Präsuppositionen

zeichengebundene Präsuppositionen		gebrauchsgebundene Präsuppositionen
referentielle Präsuppositionen	**semantische Präsuppositionen**	**pragmatische Präsuppositionen**
an die Ausdrucksseite von Texten/Äusserungen (z.B. an syntaktische Konstruktionen) gebunden.	an die Inahltsseite von Texten/Äusserungen (z.B. an die Bedeutung von Lexemen und komplexen Ausdrücken) gebunden.	werden von Sprechern und Sprecherinnen unter Rückgriff auf Weltwissen gemacht und müssen von Hörerinnen und Hörern mitverstanden bzw. erschlossen werden. Sie sind im Text allenfalls in Form von "Leerstellen" repräsentiert.

[Schema 6-5]

Hier sei lediglich noch darauf hingewiesen, dass unsere Verstehensstrategien darauf angelegt sind, sogar bei an der Textoberfläche 'zerstörten' Texten, die gar keine erkennbare Kohäsion aufweisen, nach einer zugrundeliegenden kohärenten Texttiefenstruktur zu 'suchen', sofern uns der Text nur überzeugend genug als Text präsentiert wird. Da aber Kohärenz im Gegensatz zu Kohäsion eben keine materiell realisierte Grösse ist, ist das 'Suchen' nach Kohärenz gleichbedeutend mit dem 'Herstellen' von Kohärenz. Das kann dann bedeuten, dass wir an bestimmten Textstellen bewusst Präsuppositionen erschliessen müssen, und zwar auch solche, die wir nicht spontan aus unserem Weltwissen ergänzt hätten. In einem solchen Fall rekonstruieren wir also bewusst die Voraussetzungen, von denen der Textproduzent ausgegangen sein muss, wenn er seinen Text kommunikativ sinnvoll gemeint hat. Diese aufwendige Form der Kohärenzfindung ist z.T. nötig bei manchen Formen moderner Poesie, bei Äusserungen von Kleinkindern, bei komplizierten Fachtexten oder bei fremdsprachigen Texten, bei denen wir vielleicht nur die Hälfte verstehen (und insofern kann 'Kohärenz herstellen' auch gleichbedeutend sein mit 'Lernen'). Wieweit ein auf diese Weise zustandegekommenes Textverständnis sich noch mit der entsprechenden Intention des Textproduzenten deckt, wäre im Einzelfall zu überprüfen. Als Textrezipienten neigen wir jedoch dazu, unser jeweiliges Verstehen (nachträglich) an den Text zurückzubinden, es also als im Text verankert zu erklären.

6.3.3 frame- und script-Theorie

Mit den Konzepten von 'frame' und 'script', die aus der Psychologie in die Linguistik importiert worden sind, wird versucht, die Verknüpfung von Weltwissen bzw. Handlungswissen mit den in einem Text sprachlich vermittelten Informationen nachzuvollziehen. Auch hier ist die Ausgangsfrage wieder diejenige nach den Möglichkeiten der Herstellung von Kohärenz bei mangelnder Kohäsion. Wir gehen von folgendem Beispiel aus:

> Jetzt bleiben nur noch drei Tage, bis wir nach Dänemark starten. Gepackt hab ich das meiste schon. Das Zelt und die Luftmatratzen hab ich vom Boden geholt und im Auto verstaut. Ärgerlich ist bloss, dass ich die Pumpe noch nicht gefunden habe.

Die Bezüge, die in diesem kleinen Text zwischen den einzelnen Sätzen spielen und die man am ehesten an den Textelementen *nach Dänemark starten*, *packen*, *Zelt*, *Luftmatratzen*, *Pumpe* festmachen kann, lassen sich hier nicht sprachsystematisch begründen – sind also nicht etwa aus den Einzelbedeutungen der verwendeten Wörter ableitbar –, sondern sind vielmehr aussersprachlicher Natur. D.h., dass sich uns der Textzusammenhang ergibt aus dem *sachlichen Zusammenhang*, der zwischen den erwähnten Dingen und Ereignissen der aussersprachlichen Welt besteht bzw. aus unserem Wissen über diesen Sachzusammenhang. Wir wissen, dass Dänemark ein mögliches Ferienland ist, dass man vor einer Reise packt, dass zum Gepäck einer Ferienreise Luftmatratzen gehören (können) und dass es Pumpen für Luftmatratzen gibt. Dieses Wissen über typische (erwartbare) Objekte, Geschehnisse, Handlungen und Abläufe im Rahmen bestimmter Situationen oder Ereignisse erlaubt es uns einerseits, Bezüge zwischen Sätzen auch dann herzustellen, wenn grammatische oder semantische Verknüpfungen fehlen, es bildet andererseits die Voraussetzung z.B. dafür, dass wir, wie im oberen Text bei *die Pumpe*, ein noch nicht eingeführtes Textelement mit dem bestimmten Artikel verbinden können.

Im Unterschied zu Präsuppositionen, die wir als eine Art unsichtbarer Kettenglieder betrachten können, mit denen Sätze oder Textteile verbunden sind (und die wir entsprechend verbalisieren können), bilden solche Wissensbestände eine Art Vorlage, die verschiedene Begriffe und Aussagen innerhalb eines fortlaufenden Textes dadurch verbindet, dass wir sie alle irgendwo in der Vorlage einsetzen können, dass sie zur Vorlage 'passen' (vgl. die Darstellung in Schema 6-6).

Die Textbezüge kommen hier also nur zustande, wenn auf der 'Welt'-Seite ein gemeinsamer Sachbezug gefunden werden kann. D.h. wir können im Text zwar noch die Elemente bezeichnen, zwischen denen die so gefundenen Bezüge spielen – und insofern ähnelt das Schema auch den oben unter dem Stichwort Kohäsion entworfenen Textverknüpfungsmodellen –, die verknüpfende Instanz ist aber eine aussersprachliche. Wir haben es also nicht mit Kohäsion zu tun.

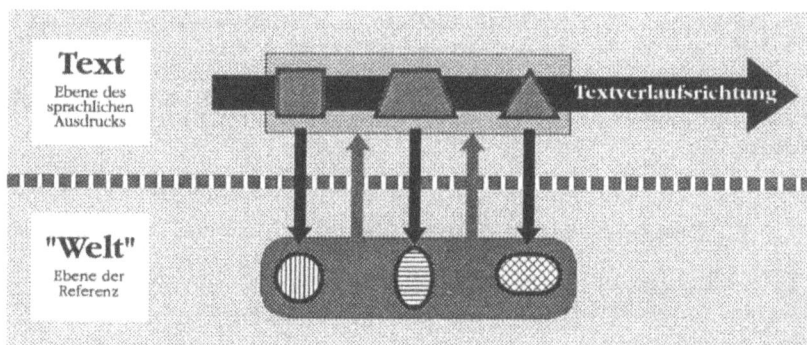

Text

Ebene des
sprachlichen
Ausdrucks

Textverlaufsrichtung

"Welt"

Ebene der
Referenz

[Schema 6-6]

Die grauen Pfeile von der 'Welt'-Seite zur 'Text'-Seite sowie der Rahmen, der die verschiedenen 'Bausteine' auch auf der 'Text'-Seite zusammenhält, sollen verdeutlichen, woraus sich der Eindruck von 'Zusammenhang' auf der Textoberfläche ergibt – ohne dass er dort ausdrücklich festzumachen ist.

Eine differenziertere Betrachtungsweise der jeweils relevanten 'Welt'-Ausschnitte unterscheidet – in Anlehnung an entsprechende psychologische Forschungsansätze – zwei verschiedene Formen:

(a) Wissensbestände, die eher *statisch* organisiert sind, also z.B. das Wissen darüber, welche Personen, Einrichtungsgegenstände, baulichen Besonderheiten etc. in einem Krankenhaus normal und erwartbar sind (also z.B. Menschen in Morgenröcken, Krankenschwestern, ein Empfangsschalter, Doppeltüren bei den Zimmern, Krankenbetten, Rollwägelchen mit Medikamenten drauf, lange Gänge etc.). Solche dem oben als 'Weltwissen' eingeführten Bereich verpflichtete Wissenskomplexe, die wir oft durch ein einzelnes Stichwort 'abrufen' bzw. bezeichnen können, wie etwa *Krankenhaus, Bahnhof, Einkaufszentrum* etc., werden *frames* ("Rahmen") genannt.

(b) Wissensbestände, die eher *prozessual* organisiert sind, also z.B. das Wissen darüber, wie ein Krankenbesuch abläuft bzw. welche sprachlichen und nichtsprachlichen Handlungen im Verlauf eines Krankenbesuchs wahrscheinlich bzw. angebracht sind (also z.B. das Erkundigen beim Informationsschalter, wo die Patientin liegt, die man besuchen möchte; die Fahrt mit einem Fahrstuhl in ein höhergelegenes Stockwerk; das Klopfen an der Zimmertüre und das vorsichtige und leise Eintreten, um etwaige Mitpatienten nicht zu stören; die ritualisierte Erkundigung nach dem Befinden der Patientin; die Suche nach der Stationsschwester, die eine Vase für die mitgebrachten Blumen besorgen sollte etc.). Solche (aussersprachlichen) Prozessmuster, die jeweils einen bestimmten Komplex aus dem oben unter 6.2.3 angesprochenen Handlungswissen abbilden, werden *scripts* ("Szenen") genannt.

Wie aus den Beispielen hervorgeht, sind *frames* und *scripts* jedoch nicht immer so einfach unterscheidbar bzw. eng aneinander gekoppelt.

Der Übergang zwischen dem weiter oben angesprochenen Isotopiekonzept und der hier dargelegten kohärenzstiftenden Funktion aussersprachlicher Wissensbestände kann unter dem speziellen Aspekt der Textverknüpfung fliessend erscheinen, was aber vor allem an der insgesamt unzulänglichen Definition des Begriffs 'semantisches Merkmal' liegen dürfte. Diese Schwierigkeit bei der Entscheidung, ob ein 'gemeinsamer Nenner' zwischen zwei Textelementen tatsächlich (noch) im sprachlich-semantischen Bereich angesiedelt ist oder ob er auf 'Weltwissen', d.h. auf kognitiver Basis beruht, hat mit der grundsätzlichen – und vorläufig noch ungelösten – Frage nach der Unterscheidbarkeit von 'Welt' und 'Sprache' im Rahmen semantischer Überlegungen zu tun.

6.3.4 Thema

Bereits von einem vorlinguistischen Alltagsverständnis her ist das Vorhandensein eines Textthemas wichtige Voraussetzung dafür, dass wir eine Reihe von Sätzen als kohärent empfinden. Wenn wir alltagssprachlich vom Thema eines Textes sprechen (oder etwa einklagen, dass ein Text an einer Stelle "vom Thema abkomme"), so meinen wir damit nicht eine semantische Dimension im Sinn des bereits erwähnten Isotopiekonzepts, also eine Isotopieebene, sondern wir meinen damit so etwas wie den Kerngedanken, den wir dem Text als Ganzem zuordnen, sozusagen eine inhaltlich-semantische Leitlinie und Quintessenz des Textes. Das Thema in diesem Sinn ist der *Kerninhalt*, der auch bei radikaler Kürzung eines Textes nicht verlorengehen darf und den wir meinen, wenn wir danach fragen, wovon ein Text 'handle'.

Der relativ enge Zusammenhang zwischen Thema und Kohärenz wird z.B. daran deutlich, dass Versuchspersonen einen Text, der wenig bis keine Kohäsionsmerkmale aufweist, besser verstehen können, sobald ihnen durch Setzen eines entsprechenden Titels am Anfang des Textes das Thema signalisiert wird: Wenn wir wissen, wo wir den roten Faden suchen müssen, finden wir ihn eben auch schneller.

Mit dieser Überlegung sind wir nun aber wieder beim Einbezug aussersprachlicher Wissensbestände, wobei mit dem Begriff 'Thema' offenbar der Tatsache Rechnung getragen wird, dass wir uns gedanklich und dann eben auch sprachlich auf einen bestimmten Teilbereich dieser Wissensbestände beschränken. Ein 'Thema' ist somit erst in zweiter Linie eine sprachliche Grösse: Wenn wir z.B. davon sprechen, "dass wir von diesem Thema überhaupt nichts verstehen", so beziehen wir uns in erster Linie auf einen Sachbereich, den wir nicht kennen, also auf etwas Aussersprachliches.

Ausserdem lässt sich das Textthema in vielen Fällen wohl nicht ganz ohne Rückgriff auf die Textfunktion (vgl. dazu 6.4) erfassen bzw. muss unter Umständen als Kombination aus Textgegenstand und Textfunktion betrachtet werden.

Obwohl wir im Normalfall kein Problem haben, zumindest grosso modo spontan anzugeben, was wir für das Thema eines bestimmten Textes halten, sind wir mit grossen Schwierigkeiten konfrontiert, wenn es darum geht, mithilfe rein linguistischer Methoden zu bestimmen, was das Thema eines Textes ist. Man kann wohl sagen, dass es der Textlinguistik bis heute nicht gelungen ist, klar operationalisierte Verfahren zur eindeutigen Bestimmung bzw. 'Destillation' von Textthemen zu entwickeln. Dennoch lassen sich natürlich einige grundsätzliche Vorgaben für die linguistische Behandlung des Themas 'Thema' machen (vgl. ausführlicher Lötscher 1987 und Nussbaumer 1991):

- Das Hauptthema eines Textes realisiert sich meist in mehreren verschiedenen Subthemen, die dem Hauptthema zu- bzw. untergeordnet sind und die ihrerseits wieder in einer hierarchischen Beziehung zueinander stehen können.
- Von den Subthemen können wir Nebenthemen unterscheiden, die dem Hauptthema oder einem Subthema beigeordnet, aber nicht untergeordnet sind und

somit nichts zur Konstitution dieser Themen beitragen. Solche Nebenthemen sind im Text oft durch rein assoziative Bezüge angeschlossen, was z.T. metakommunikativ signalisiert wird.

– Die Tatsache, dass wir die Frage "Was ist das Thema des Textes?" in vielen Fällen paraphrasieren können mit der Frage: "Wovon handelt der Text?", weist auf einen engen Bezug zwischen Textthema und Referenzebene des Textes hin. Dies kann sich dann auch auf der Kohäsionsebene von Texten zeigen, insofern als auf diejenigen Personen, Sachverhalte oder Ereignisse, von denen ein Text handelt, wiederholt referiert werden muss: Rekurrenz und Substitution sind in diesem Fall ausdrucksseitige Korrelate der Themenkonstitution. Fraglich ist allerdings, ob der am häufigsten aufgegriffene Referenzträger tatsächlich der wichtigste ist und ob man nicht plötzlich mit soviel (Sub-)Themen wie Referenzträgern konfrontiert ist.

– Einen hinsichtlich der Referenzstruktur differenzierteren Zugang ermöglicht die Analyse der Thema-Rhema-Struktur bzw. der funktionalen Satzperspektive:
Wie der Name verdeutlicht, haben wir es hierbei mit einem satzlinguistischen Ansatz zu tun, der von der Grundidee ausgeht, dass man den Satz(inhalt) in zwei Teile zerlegen kann, nämlich in ein Thema und ein Rhema. Als Thema wäre jeweils das zu betrachten, *über das* etwas ausgesagt wird, wogegen das Rhema dasjenige umfassen würde, *was* darüber ausgesagt wird. Wir könnten diese Unterscheidung nun in gewisser Weise dazu verwenden, den thematischen Verlauf eines Textes – die sogenannte thematische Progression – von Satz zu Satz zu verfolgen.

Wenn wir als Beispieltext haben:

Unsere Wirtschaft sucht rationelle Arbeitsverfahren. Rationelles Arbeiten ist auch in der modernen Wissenschaft immer mehr gefragt. Überhaupt gleicht sich der moderne Wissenschaftsbetrieb immer mehr den Strukturen an, wie wir sie in der Grossindustrie finden.

so ergibt sich daraus die in Schema 6-7 dargestellte thematische Progressionsweise.

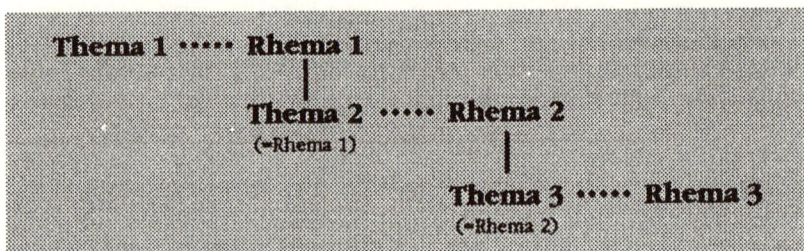

Thema 1 ····· Rhema 1

Thema 2 ····· Rhema 2
(=Rhema 1)

Thema 3 ····· Rhema 3
(=Rhema 2)

[Schema 6-7]

Der textlinguistische Nutzwert der Thema-Rhema-Analyse – die gleichzeitig eine Analyse der Rekurrenz- bzw. Substitutionsphänomene ist – ist in erster Linie der, dass wir auf diese Weise die Struktur des Referenzbezugs in einem Text erfassen und darstellen können.

Wie diese wenigen Andeutungen zeigen, ist das Thema 'Thema' unter textlinguistischem Gesichtspunkt noch lange nicht ausdiskutiert. Handfeste Kriterien, die es ermöglichen würden, unsere unterschiedlichen Intuitionen über Textthemen in befriedigender Weise zu explizieren, stehen uns noch kaum zur Verfügung.

6.3.5 Vernetzungsmuster

Unter diesem Stichwort wollen wir aufzeigen, wie die in Abschnitt 6.2.3 vorgestellten konzeptuellen Deutungsmuster von 'Welt' auch als kohärenzstiftende Faktoren in Texten zum Tragen kommen. Wir gehen davon aus, dass wir als Textrezipienten die Informationseinheiten, die uns ein Text in linearer Anordnung bietet, mithilfe derselben Deutungsmuster strukturieren und ordnen, die wir bei der sinnlichen Wahrnehmung von 'Welt' anwenden. Aus dieser Form der Textarbeit ergibt sich dann für uns ein von der Textoberfläche unter Umständen abweichendes Netz von Verknüpfungen, das ebenfalls dazu beiträgt, dass wir einen Text als kohärente sprachliche Einheit verstehen. Wenn wir z.B. die beiden Satzfolgen haben:

(1) (a) *Anna hat den Fernseher aus dem Fenster geworfen.*
     (b) *Sie konnte den Anblick von Rudi Carell nicht mehr ertragen.*

(2) (a) *Anna hat den Fernseher aus dem Fenster geworfen*
     (b) *Die Kiste ist im Tulpenbeet gelandet.*

so werden wir in (1) das Verhältnis von (a) und (b) automatisch als Begründungsverhältnis bzw. als Erklärung deuten, und zwar mit (b) als Begründung für (a), was auch heisst, dass die in (b) mitgeteilte Information zeitlich vor (a) einzuordnen ist. In (2) dagegen werden wir die beiden Aussagen ebenso selbstverständlich als 'chronologisch' oder 'temporal' verknüpft betrachten, und zwar mit der Reihenfolge (a)-(b).

Wie wir dazu kommen, mal die eine, mal die andere Zuordnung zu treffen, scheint einerseits von den Wissensbeständen abhängig zu sein, die einen Teil dessen ausmachen, was wir oben als 'Weltwissen' bezeichnet haben. Andererseits wenden wir bei solchen Zuordnungen die erwähnten konzeptuellen Deutungsmuster an, die ihrerseits wieder unsere Wahrnehmung von 'Welt' und damit auch unser 'Weltwissen' beeinflussen. Die sprachlichen Sedimente dieser Deutungsmuster finden wir in Konnektiven, also z.B. in den Konjunktionen *weil, als* oder in den Pronominaladverben *dabei, wogegen, wofür* etc.

Die reihend-lineare Anordnung von Textbausteinen (Sätzen, Textabschnitten) im Text wird also immer unterlagert durch ein Netz von Relationen, die zwischen den in diesen Textbausteinen gefassten Aussagen über Ereignisse, Sachverhalte etc. bestehen bzw. bestehen könnten.

Entsprechend der oben unter 6.2.3 vorgenommenen Differenzierung unterscheiden wir drei Grundformen von Vernetzungsmustern:

a) *Koordinierung*

Dieses Muster – das der räumlichen, situativen oder sachlich-thematischen Vernetzung – dominiert vor allem in beschreibenden Texten. Als typisches Beispiel können die folgenden Gedichtzeilen dienen:

(1) *Frühling lässt sein blaues Band*
wieder flattern durch die Lüfte,
(2) *süsse wohlbekannte Düfte*
streifen ahnungsvoll das Land.
(3)*Veilchen träumen schon (...)*

Das für dieses Muster prototypische Kohäsionssignal wäre das simple *und*, das aber, wie das Beispiel zeigt, durchaus nicht realisiert sein muss.

Wenn wir versuchen, diesen Typ in einer möglichst einfachen graphischen Form zu erfassen, kommen wir zu einer Darstellung wie in Schema 6-8.

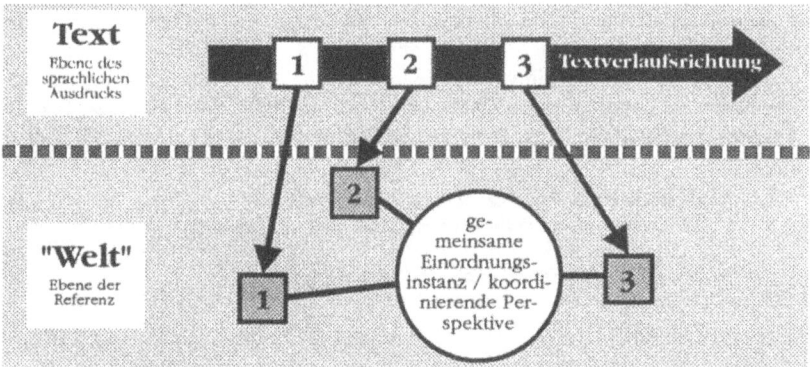

[Schema 6-8]

Die Graphik versucht deutlich zu machen, dass die Koordinierung relativ heterogener Sachverhalte und Ereignisse jeweils erst unter einer bestimmten Perspektive – einer gemeinsamen Einordnungs-instanz (vgl. hierzu auch Lang 1977) – möglich wird, in unserem Beispiel unter der des Frühlingsanfangs.

Das Vernetzungsmuster der Koordinierung, des Gemeinsam-gegeben-Seins, bildet die Basis für das unter 6.3.3 vorgestellte frame-Konzept, wobei mit dem Begriff 'frames' auf bereits vorgefertigte Sets von koordinierten Objekten und Sachverhalten referiert wird.

b) *Chronologisierung*

Dieses Vernetzungsmuster dominiert in erzählenden Texten. Das dazugehörige prototypische Kohäsionsignal wäre das *und dann ... und dann ... und dann*, was in entsprechenden Texten von Kindern auch in einer für 'erwachsenes' Stilempfinden penetranten Häufigkeit vorkommt.

Wenn wir von folgendem Beispieltext ausgehen:

(1) Es war einmal ein fröhlicher Müllersbursch. (2) Der hatte in den ersten milden Frühlingstagen sein Ränzlein geschnürt (3) und sich auf Wanderschaft begeben, (4) nachdem er von Vater und Mutter recht herzlich Abschied genommen hatte. (5) Am Abend des ersten Tages seiner Wanderschaft kam er in einen tiefen, dunklen Wald. (6) Er fühlte sich sehr alleine und sehnte sich nach Gesellschaft. (7) Traurig dachte er an seine Eltern. (9) Plötzlich aber hörte er von weitem ein lustiges Singen ...

so finden sich auch hier Kohäsionssignale, die auf eine chronologisierende Vernetzungsstruktur verweisen, so z.B. das *nachdem* in (4), das *plötzlich* in (9) oder das Plusquamperfekt in (2), (3) und (4), welches – im Verhältnis zum Präteritum in (5) – Vorzeitigkeit signalisiert.

Interessant ist, dass wir auch das *und* zu Beginn von (3) 'automatisch' temporal ausdeuten, und auch wo gar keine sprachlichen Signale für die Art der Vernetzung auftauchen (wie etwa zwischen (5) und (6) und (6) und (7)), verstehen wir 'chronologisierend'.

Wie Schema 6-9 zeigt, muss die Anordnung der Textelemente durchaus nicht der realen zeitlichen Anordnung der mitgeteilten Ereignisse entsprechen. Eine Abweichung in dieser Hinsicht sollte allerdings (zwecks Erleichterung der 'Textarbeit') durch entsprechende sprachliche Signale (wie in unserem Beispieltext durch das mit dem Plusquamperfekt verbundene *nachdem* in (4)) deutlich gemacht werden.

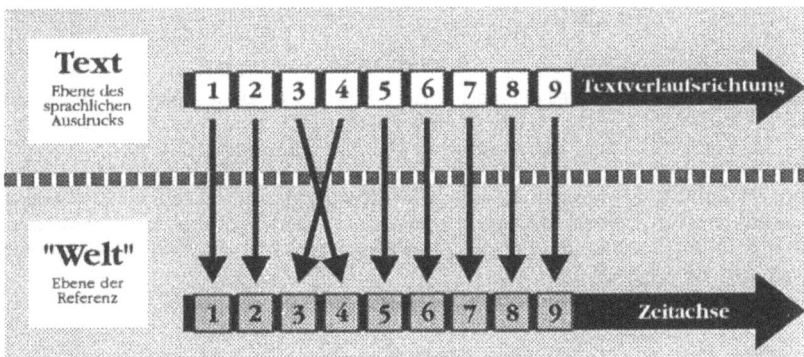

[Schema 6-9]

Die 'Verschiebung' zwischen der geordneten chronologischen Struktur auf der 'Welt'-Seite und der Anordnung der Textelemente auf der Text-Seite (deren Aufdeckung wesentlich ist für unser Textverständnis) kann zur Erzeugung von Spannung und Überraschungseffekten eingesetzt werden (wie z.B. im Krimi oder im klassischen Aufdeckungsdrama).

c) *Konklusivität*

Dieser dritte Vernetzungstyp geht auf das Deutungsmuster der Kausalbeziehung (im weiteren Sinne) zurück. Er dominiert in argumentativen und erklärenden Texten und umfasst verschiedene Formen der kausalen Verknüpfung. Zentral sind hier die Ursache-Wirkung- bzw. die Grund-Folge-Beziehung, im weiteren gehören hierher aber auch die Beziehungen von Finalität, Konditionalität, Konzessivität etc. Beispieltext:

> *(1) Anna hat den Fernseher aus dem Fenster geworfen. (2) Sie konnte den Anblick von Rudi Carell nicht mehr ertragen. (3) Ihre Mutter ist ihr jetzt aber deshalb böse, (4) denn wenn Anna jedesmal einen Fernseher zerdeppert, (5) sobald ihr ein Moderator nicht passt, (6) wird das mit der Zeit eine teure Angelegenheit.*

Wenn wir auch diesen Typus, als dessen prototypisches Kohäsionssignal das *weil* anzusehen ist, in einem Schema darstellen wollen, müssen wir uns wohl am ehesten eine Art Geflecht mit unterschiedlichen Querverbindungen vorstellen (vgl. Schema 6-10)

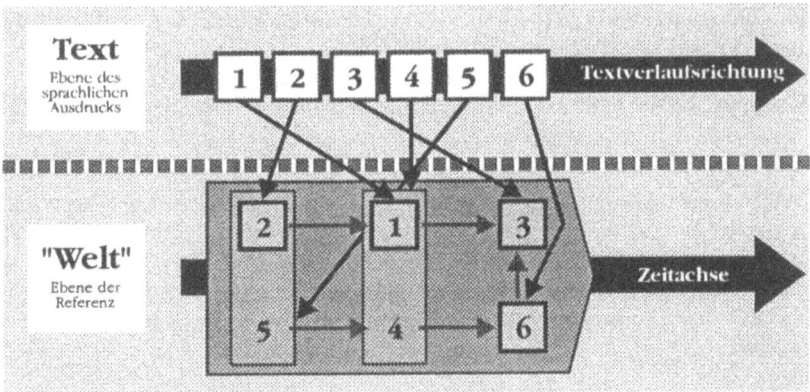

[Schema 6-10]

Die Pfeile zwischen den Kästchen auf der 'Welt'-Seite zeigen kausale bzw. konditionale Bezüge an. Die Verschachtelung von (2) und (5) sowie von (1) und (4) soll verdeutlichen, dass die Informationen in Satz 2 bzw. Satz 1 lediglich detailliertere Beschreibungen der bereits in Satz 5 bzw. Satz 4 erfassten Sachverhalte sind.

Dieses Muster baut in gewisser Weise auf dem der Chronologisierung auf: Basis der kausalen und konditionalen Verknüpfungen sind Beziehungen der Vor- und Nachzeitigkeit. Im Gegensatz zum Modell der Koordinierung ist das Modell für die Konklusivität deshalb auf der 'Welt'-Seite mit einer Zeitachse verbunden.

6.3.6   Das Argumentationsmodell von Toulmin

Wie wir oben gesehen haben, scheinen argumentative Verknüpfungen die komplexesten Strukturen zu ergeben. Einen Versuch, diese Komplexität ein wenig fassbarer zu machen und damit die Wirkungsweise kausaler Deutungsmuster in Texten zu verdeutlichen, stellt das Argumentationsmodell von TOULMIN dar. Toulmin versucht mit diesem Modell, die Struktur alltagssprachlicher Argumentationen – in denen Gründe für Behauptungen, Annahmen, Wertungen etc. ausgeführt werden – durchsichtig zu machen.

Das Modell wurde zwar im Hinblick auf die Erklärung sprachlicher Argumentationsmuster entworfen, will andererseits aber das abbilden, was 'hinter' der sprachlichen Argumentation steht, d.h. es wäre in den obigen Graphiken auf der 'Welt'-Seite anzusiedeln. Wir wollen es an einem Beispiel veranschaulichen:

Wenn wir die Satzfolge haben:

> *(1) Offenbar verdient Anna mit ihrem neuen Job sehr viel Geld. (2) Sie hat sich letzten Monat einen Porsche gekauft.*

so ergibt sich für uns die satzübergreifende Kohärenz sicherlich einmal aus der Wiederaufnahme von *Anna* durch die Pro-Form *sie* und eventuell auch aus einem script 'Autokauf', in welches wir *Porsche, gekauft* und *Geld* einordnen können. Ein zusätzliches Hilfsmittel bei der Herstellung von Kohärenz ist aber auch, dass wir die beiden Sätze bzw. Aussagen als Teile oder Bausteine eines nicht vollständig ausformulierten Argumentationsprozesses verstehen (können), der auf einem Schlussverfahren basiert, welches wir folgendermassen verbalisieren könnten:

*Da Anna sich letzten Monat einen Porsche gekauft hat und da es normalerweise so
ist, dass man sehr viel Geld verdienen muss, um sich einen Porsche leisten zu können – denn nur wenn man laufend genügend Geld zur Verfügung hat, kann man
sich Kauf und Unterhalt eines Porsches leisten – muss man annehmen, dass Anna
in ihrem neuen Job viel Geld verdient.*

Das Argumentationsmodell von Toulmin ist nun ein Versuch, die allgemeine
Struktur des Schlussverfahrens zu erfassen, das sowohl dem hier gewählten Beispiel als auch einer Vielzahl von Alltagsargumentationen zugrunde liegt.

Eine graphische Umsetzung des Argumentationsmodells versuchen wir in Schema
6-11.

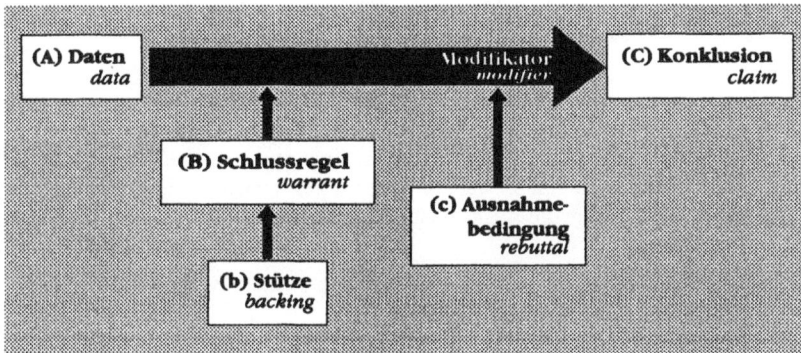

[Schema 6-11]

Zu den einzelnen Positionen:

Position A umfasst die (Ausgangs-)Daten, aus denen unter Einbezug der in Position B gegebenen allgemeinen Schlussregel die Konklusion C erschlossen wird.
Auf dem 'Weg' von A zu C ist noch eine weitere Position vorgesehen: die Position
c, die für mögliche Ausnahmebedingungen reserviert ist, welche die Gültigkeit von
C ausser Kraft setzen bzw. zumindest in Frage stellen könnten. Die Existenz dieser
Position wirkt sich dahingehend aus, dass die Konklusion grundsätzlich nur als
'bedingte Konklusion' erscheint – unabhängig davon, ob die Position c in einem
konkreten Schlussverfahren besetzt ist oder nicht. Dieser Tatsache entspricht der
Einbau eines Modifikators auf dem (Schluss-)Weg von A nach C, der sprachlich
durch die Partikeln *vielleicht, wahrscheinlich, sicherlich* oder durch Heckenausdrücke wie *es scheint so, es ist anzunehmen, ich denke mir* etc. eingelöst werden
kann.

Schliesslich gibt es noch die Position b, welche für Fakten oder Gesetzmässigkeiten vorgesehen ist, mit deren Hilfe B (die Schlussregel) unterstützt bzw. abgesi-
chert werden kann. (Diese Position wird meist nur dann sprachlich realisiert, wenn
die Schlussregel als strittig gilt und für den speziellen Fall argumentativ untermau-
ert werden muss.)

Wenn wir nun auf unsere obige Satzfolge zurückgreifen, so können wir die einzelnen Positionen wie in Schema 6-12 gezeigt auffüllen.

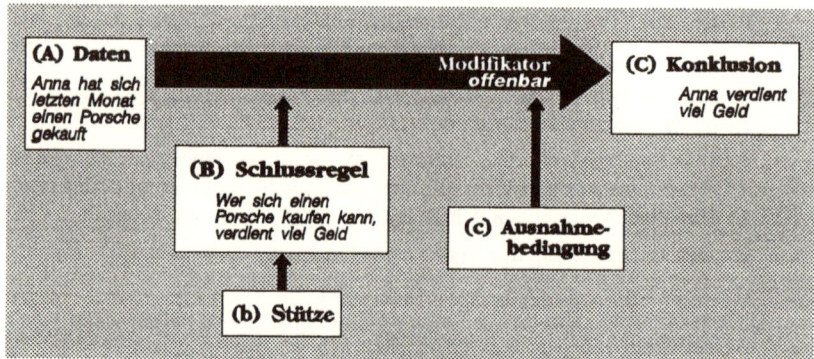

[Schema 6-12]

Die bis jetzt noch ungefüllten Positionen b und c liessen sich anhand dieses Beispiels ebenfalls besetzen: Für b könnte etwa *Kauf und Unterhalt eines Porsches
erfordern viel Geld* eingesetzt werden; eine im gegebenen Zusammenhang mögliche Füllung für c wäre die Ausnahmebedingung: *ausser sie hätte eine Million im
Lotto gewonnen.*

In bezug auf die Kohärenzkraft einer solchen argumentativen Vernetzungsstruktur
sind folgende Punkte interessant:

– Die Zielrichtung des Schlussprozesses im Toulmin-Modell ist nicht notwendigerweise identisch mit der linearen Anordnung der einzelnen Bausteine im
  Rahmen einer sprachlichen Argumentation. Es ist in Alltagstexten sogar üblich,
  dass – wie in unserem Beispieltext – erst im Anschluss an eine Feststellung
  oder Behauptung (Position C) bestimmte Daten und Fakten (Position A) im
  Sinne einer Begründung 'nachgeliefert' werden. Üblich und möglich ist ausserdem, dass die Ausnahmebedingung erst nachträglich (z.B. auf eine entsprechende Nachfrage hin) expliziert wird.
– Die Positionen B und b werden – wie dies auch für unser Beispiel gilt – normalerweise nicht verbalisiert, sondern beim Leser oder Hörer im Sinne einer
  pragmatischen Präsupposition vorausgesetzt. Wenn man besonders nachdrück-
  lich sein will oder beim Leser/Hörer eine gewisse Unkenntnis voraussetzt,
  kann man auch hier entsprechend verbal 'nachdoppeln'. Eine entsprechend
  explizite und 'vollständige' Äusserung könnte die einzelnen Positionen dann
  wie folgt anordnen:

  *Anna verdient mit ihrem neuen Job offenbar sehr viel Geld (= C). Sie hat sich
  nämlich letzten Monat einen Porsche gekauft (= A), und wenn man das einfach so
  macht, muss man ziemlich gut verdienen (=B). So ein Flitzer kostet Unsummen,
  auch im Unterhalt (=b). Es könnte natürlich auch sein, dass sie plötzlich die
  Million im Lotto gewonnen hat (= c). Man weiss ja nie (Modifikator).*

Die kohärenzstiftende Kraft der hier vorgestellten argumentativen Struktur liegt vor
allem darin, dass sie als Hilfsgerüst bei der Erschliessung von Präsuppositionen
wirken kann. M.a.W.: Sobald wir davon ausgehen, dass wir einen argumentativen
Text vor uns haben, können wir einzelne Aussagen innerhalb eines Textes zumindest versuchsweise in bestimmte Positionen des Toulmin-Schemas einsetzen
und über das ebenso probeweise Auffüllen anderer Positionen in einen schlüssigen

argumentativen Zusammenhang bringen. Für unser Beispiel heisst das: Auch wenn wir uns mit Automarken und Autopreisen gar nicht auskennen, können wir die Äusserung

(1) Offenbar verdient Anna mit ihrem neuen Job sehr viel Geld. (2) Sie hat sich letzten Monat einen Porsche gekauft.

vor dem Hintergrund des Toulmin-Schemas zumindest mal versuchsweise als Verbalisierung der Positionen C und A interpretieren und daraus dann auf ein (not-wendiges) B: *Wer sich einen Porsche kaufen kann, verdient viel Geld* schliessen, woraus (im Sinne von (b)) wieder abgeleitet werden kann, dass ein Porsche offen-bar besonders viel Geld kostet – womit wir nicht nur Textkohärenz hergestellt, sondern auch etwas über Automarken und ihre Preise gelernt hätten.

6.4 Textfunktion

Alle unter 6.3 vorgestellten Konzepte zur Textkohärenz repräsentieren unterschied-liche Versuche, die in 6.2 gegebene Definition von Text als "komplex strukturierte und sowohl thematisch als auch konzeptuell zusammenhängende sprachliche Einheit" zu konkretisieren und linguistisch greifbar zu machen.

Der dem Begriff der Textkohärenz zugrundeliegende Ansatz einer ganzheitlichen Betrachtung von Texten eröffnet nun aber nicht nur eine neue Perspektive auf de-ren 'Innenleben', sondern auch auf deren 'Aussenleben', nämlich auf die Funktion von Texten in konkreten Kommunikationszusammenhängen.

Und unter dieser Perspektive ist die oben angeführte 'inhaltliche' Definition von Texten zu ergänzen um eine funktionale Bestimmung:

> Ein Text ist eine komplex strukturierte, thematisch wie konzeptuell zusammen-hängende sprachliche Einheit, mit der ein Sprecher eine sprachliche Handlung mit erkennbarem kommunikativem Sinn vollzieht.

Dass sich uns die umfassende Bedeutung einer sprachlichen Einheit nicht nur aus Form und Inhalt, sondern eben auch aus dem Erfassen der kommunikativen Funk-tion ergibt, ist die grundlegende Erkenntnis der linguistischen Pragmatik (vgl. Kap. 5).

Wir verweisen an dieser Stelle speziell auf die Ausführungen zur Sprechakttheorie: Dem dort im Hinblick auf die Satzebene geprägten Begriff der *Illokution* entspricht in textlinguistischen Zusammenhängen der Begriff der *Textfunktion*: beidesmal ist der intentionale Aspekt einer sprachlichen Äusserung angesprochen.

Allerdings: So wenig, wie sich die Gesamtbedeutung eines Textes additiv als Sum-me der Satzbedeutungen bestimmen lässt, so wenig lässt sich die Textfunktion als eine Summe von Satz-Illokutionen verstehen. Wenn wir überhaupt die Textfunk-tion in einem direkten Zusammenhang mit der illokutiven Rolle einzelner Sätze sehen wollen – und einige textlinguistische Ansätze tun dies –, so müssen wir hier ein komplexes System von Illokutionshierarchien annehmen, in welchem sich aus einer 'Hauptfunktion' oder 'Zielfunktion' des Gesamttextes spezifische Unter- und Nebenfunktionen auf Satzebene ergeben würden.

Es erscheint sinnvoller und praktikabler, die kommunikative Funktion eines Textes am Textganzen festzumachen und davon auszugehen, dass einzelne Textelemente (Wörter, Sätze) zwar im Dienste dieser Funktion stehen und auch zur Signalisierung der jeweiligen Funktion beitragen, sie jedoch nicht im einzelnen selbst realisieren.

Was nicht heisst, dass es grundsätzlich unsinnig wäre, die Sätze in einem Text unter funktionalem Gesichtspunkt zu betrachten: Wie wir schon oben unter 6.3.6 bei der Erläuterung des Argumentationsmodells von Toulmin gezeigt haben, können Sätze z.b. hinsichtlich ihrer Funktion im Rahmen einer Argumentation untersucht und bestimmt werden. Wir könnten dann z.b. von den Funktionen der Begründung, Stützung, Modifizierung im Hinblick auf andere Sätze sprechen.

Je weniger wir uns allerdings bei der Bestimmung einer Textfunktion auf textinterne Elemente abstützen, umso wichtiger werden textexterne Faktoren wie 'Textadressat', 'Situationszusammenhang', 'Beziehung der Kommunikationspartner', 'geteiltes Weltwissen der Kommunikationspartner' etc. Auch das bereits mehrfach angesprochene Handlungswissen stellt in diesem Zusammenhang einen relevanten Faktor dar. Denn gerade wenn wir im Sinne einer pragmatisch orientierten Texttheorie Texte als sprachliche Handlungen verstehen, können wir davon ausgehen, dass dasselbe Handlungswissen, das es uns ermöglicht, bestimmte Aktionen von Mitmenschen als Handlung des Typs X zu deuten, es uns auch ermöglicht, einen Text in einem gegebenen Handlungszusammenhang als Text-Handlung X zu verstehen (wenn nämlich unserem Handlungswissen zufolge in dieser Situation und zu diesem Zeitpunkt eine Handlung des Typs X erwartbar ist), auch wenn wir den Textproduzenten nicht über seine tatsächlichen Intentionen befragen können.

6.4.1   Zur Klassifikation von Textfunktionen

Wie es der letzte Abschnitt bereits impliziert, bezieht sich der Begriff der Textfunktion weniger auf eine in jedem Fall neu zu erschliessende intentionale Qualität eines Textes, sondern vielmehr auf eine mehr oder weniger vorgegebene Menge von 'Intentionstypen', die innerhalb einer bestimmten Sprachgemeinschaft gesellschaftlich-kulturell vorgeprägt sowie hinsichtlich bestimmter Kommunikationszusammenhänge konventionalisiert und erwartbar sind.

Damit stellt sich dann aber auch die Frage nach Art und Umfang einer entsprechenden Klassifikation von Textfunktionen.

Ausgangspunkt der meisten Klassifikationsversuche ist das sogenannte 'Organon-Modell' von Karl BÜHLER. Es handelt sich dabei um ein semiotisches Modell, welches die Funktionsweise von Sprachzeichen im Rahmen konkreter Kommunikationszusammenhänge beschreiben möchte. In diesem Sinne werden den Sprachzeichen drei mögliche Grundfunktionen zugeschrieben:

a) die Funktion der *Darstellung* von Gegenständen, Sachverhalten und Ereignissen

b) die Funktion des *Ausdrucks* der inneren Befindlichkeit, der Emotionen und der Einstellungen des Zeichenbenutzers

c) die Funktion des *Appells*, mit dem sich ein Zeichenbenutzer an einen Rezipienten wendet und mit dem er ihn zu bestimmten Reaktionen veranlassen möchte.

Auch die Sprechaktklassifikation von SEARLE, die insgesamt fünf Illokutionstypen (und damit Funktionstypen auf Satz- bzw. Äusserungsebene) erfasst, lässt sich

relativ eng an das Bühlersche Modell anbinden (vgl. Pragmatik-Kapitel, Abschnitt 5.2.7 zur Sprechaktklassifikation).
Sowohl die Bühlersche Dreigliederung als auch die fünf Illokutionstypen bei Searle lassen sich für die Klassifikation von Textfunktionen direkt übernehmen. Damit sind aber allenfalls Grossklassen von Textfunktionen beschreibbar, die sich in bezug auf konkrete Einzeltexte auch überlagern und vermengen können und denen differenziertere Funktionsbestimmungen, wie sie sich in alltagssprachlichen Begriffen wie *Sozialhilfeantrag, Wetterbericht, Glückwunschtelegramm* niederschlagen, nur über verschiedene hierarchische Zwischenstufen zugeordnet werden können.
Da eine stark differenzierende, eng an der Realisierung in Alltagstexten orientierte Klassifikation von möglichen Textfunktionen es – entsprechend der starken Ausdifferenzierung unserer Kommunikationsformen und -möglichkeiten – mit einer unübersichtlichen Anzahl von Klein-Klassen zu tun hätte, beschränken sich die meisten Klassifikationsansätze auf die Beschreibung von Grossklassen, die die Dreigliederung von *Darstellung, Ausdruck* und *Appell* etwas differenzieren und allenfalls ergänzen.

6.4.2 Textkohärenz und Textfunktion

Die Textdefinition am Anfang dieses Abschitts führt sowohl Kohärenz als auch Funktion als konstitutive Grössen der Einheit 'Text' an, sagt aber noch nichts über deren Verhältnis zueinander aus.
Am einfachsten lässt sich dieses Verhältnis als wechselseitige Ergänzung bzw. Abhängigkeit beschreiben, wobei die Textfunktion wohl stärker im Dienste der Kohärenz steht als umgekehrt. M.a.W.: Sobald wir einer sprachlichen Äusserung einen bestimmten kommunikativen Sinn bzw. einen Handlungswert zuordnen können, fällt es uns auch leichter, einzelne Elemente dieser Einheit als im Dienste dieser Funktion stehend und damit als kohärent zu verstehen.

Unter einem solchen funktionalen Blickwinkel können wir auch die oben (Abschnitt 6.2) bereits als Beispiel angeführte Satzfolge, die sich inhaltlich von Sängerinnen über die Inszenierungsweisen von Mozartopern bis zum Pathos bei Wagner erstreckt, zur Not noch als Text akzeptieren, wenn wir uns z.B. vorstellen, dass ein Opernbesucher dies in einer Pause einem ihm an sich fremden Menschen gegenüber äussert, mit dem er aber zufällig eine Loge teilt und mit dem er nun schon längere Zeit gemeinsam an der Erfrischungsbar ansteht und dem er sich deshalb zur sprachlichen Kontaktaufnahme verpflichtet fühlt. Dem Text käme also die Funktion zu, eine als unangenehm empfundene soziale Situation sprachlich zu bewältigen; die Handlung, die damit erfüllt würde, wäre das (einseitige) Herstellen eines unverbindlichen Sozialkontaktes.

Grundsätzlich gilt, dass es *nicht* im selben Sinn Nicht-Texte gibt, wie es z.B. Nicht-Sätze gibt. Wenn jemand eine Satzfolge kohärent deutet, ist sie ein Text. Oder, anders formuliert: Keine Satzfolge ist davor geschützt, als Text verstanden zu werden.

In gewisser Weise können wir hier auf unsere Diskussion zum Diktum Watzlawicks "Man kann nicht nicht kommunizieren" zurückgreifen. Wie wir im Pragmatik-Kapitel (unter 5.1f.) gezeigt haben, müsste man dieses Diktum umformulieren etwa zu 'Man kann nicht verhindern, dass irgendein Verhalten als intentional und damit als Kommunikation gedeutet wird'. Entsprechendes gilt auch für Texte: Man kann nicht verhindern, dass eine zufällige, nicht als Text intendierte Satzfolge kohärent und damit als Text verstanden wird.

6.5   Textsorten

Wie bereits erwähnt, gehört es zu unserer Intuition in bezug auf Texte, dass wir sie
– spontan – kategorisieren und einer bestimmten Gruppe gleichartiger Texte
zuordnen können: Solche Gruppen gleichartiger Texte bezeichnen wir als *Textsorten*.
Aus der Tatsache, dass wir solche Zuordnungen treffen können, ist abzuleiten,
dass wir in bzw. an den Texten, die uns im sprachlichen Alltag begegnen, jeweils
bestimmte Charakteristika wiedererkennen. Denn jegliche Form von Klassifikation
geht davon aus, dass wir relevante Eigenschaften bestimmen und dann unsere
Objekte danach ordnen, ob eine oder mehrere dieser Eigenschaften vorhanden
sind.
Wenn wir von Textsorten sprechen, meinen wir also Gruppen von Texten, die sich
durch bestimmte *Bündel von Merkmalen* auszeichnen, oder, wie es Brinker
(1985:118) etwas pragmatischer formuliert:

> «... komplexe Muster sprachlicher Kommunikation (...), die innerhalb der Sprachge-
> meinschaft im Laufe der historisch-gesellschaftlichen Entwicklung aufgrund kommu-
> nikativer Bedürfnisse entstanden sind.»

In der deutschen Sprache gibt es eine Unzahl vorwissenschaftlicher Textsortenbezeichnungen, mit denen wir *alltagssprachlich* eine gewisse Ordnung und Kategorisierung der Texte vornehmen, die uns tagtäglich begegnen. M. DIMTER (1981)
hat bei einer Durchsicht des Rechtschreibdudens von 1973 ungefähr 1600 solcher
Textsortenbezeichnungen gezählt. Beispiele dafür sind: Wetterbericht, Rezept,
Leserbrief, Gebrauchsanleitung, Protokoll, Witz, etc.
So einfach es im Einzelfall meist ist, einzelnen Textexemplaren solche Textsortenbezeichnungen zuzuordnen, so problematisch wird es, wenn wir nach lingui-
stisch begründeten Bestimmungsmechanismen für Textsorten fragen. Es ist im
Rahmen textlinguistischer Forschung bisher nicht gelungen, eine einheitliche,
'gültige' *Textsortenklassifikation* zu erstellen und es besteht auch noch kein text-
linguistischer Konsens darüber, nach welchen Verfahren die Zuordnung eines
Textes zu einer Textsorte genau erfolgen müsste.
Dennoch lässt sich natürlich einiges zur Grösse Textsorte und auch zu möglichen
Bestimmungskriterien sagen.

6.5.1   Klassifikationskriterien für Textsorten

Grundsätzlich können wir davon ausgehen, dass die Kriterien, die es uns erlauben, einen Text einer bestimmten Textsorte zuzuordnen, sehr heterogener Natur
sind bzw. dass die ihnen entsprechenden Charakteristika von Texten, die Textsortenmerkmale, auf den verschiedensten Analyseebenen von Sprache anzusiedeln
sind. Relevant sind z.B.:

– *die lautlich-paraverbale (bzw. graphische) Ebene:*
  Oft genügt es, dass wir nur mit halbem Ohr drei Sätze aus dem Radio hören, um entscheiden zu können, ob wir uns jetzt gerade in die Nachrichten eingeschaltet haben
  oder ob das immer noch die Morgenpredigt ist. (Im schriftsprachlichen Bereich stellen
  z.B. die Unterscheidung von Handschrift vs. Maschinenschrift vs. Druck sowie die
  grapische Gestaltung des Textes eine gewisse Parallele dar.)

- *die Wortwahl:*
  Ob eine Personenbeschreibung einer Heirats- oder einer Stellenanzeige entnommen ist, lässt sich u.a. an den Adjektiven ablesen, die verwendet werden; die Studie eines Atmosphärenphysikers über das Phänomen des Ozonlochs weist einen anderen – fachsprachlicheren – Wortschatz auf als eine populärwissenschaftliche Reportage über dasselbe Phänomen im SPIEGEL etc. Im Extremfall reicht schon ein bestimmtes 'Schlüsselwort' für eine definitive Textsortenzuordnung; sobald wir z.B. etwas von *strichweisen Niederschlägen* oder *Bewölkungszunahme* hören oder lesen, wissen wir, dass wir es mit dem Wetterbericht zu tun haben.

- *Art und Häufigkeit von Satzbaumustern:*
  Hierbei handelt es sich bereits um ein etwas 'diffuseres' Kriterium, welches unserer bewussten Wahrnehmung weniger auffällig ist. Es dürfte aber z.B. einleuchten, dass wir angesichts geballter Nominalkonstruktionen und gehäufter Partizipialgefüge nicht auf die Idee kommen, einen Liebesbrief oder ein Märchen vor uns zu haben.

- *die Themenbindung und der Themenverlauf:*
  In bezug auf diese beiden Kriterien stellen wir an unterschiedliche Texte bzw. Textsorten verschiedene Anforderungen: Bei einem Privatbrief erwarten wir nicht, dass ein einziges Thema durchgehalten und in einzelnen Punkten vertiefend behandelt wird – bei einem Vortrag über englische Barocklyrik jedoch schon.

- *das Thema selbst:*
  Dies wird z.T. bereits in den Benennungen von Textsorten deutlich, so z.B. wenn wir *Liebesromane* von *Abenteuerromanen* unterscheiden oder von *Kriegsberichten*, *Todeslyrik* oder *Geburtsanzeige* sprechen.

- *Textstrukturmuster:*
  Damit ist eine textsorten-spezifische Gliederungs- oder Baustruktur gemeint (die oft auch als *Makrostruktur* bezeichnet wird), in der die wesentlichen Bauteile und deren Anordnungsmuster repräsentiert sind und die auf der Texttiefenstruktur anzusiedeln ist. Ein Beispiel einer solchen für Erzähltexte typische Makrostruktur zeigt Schema 6-13. (Die Darstellung ist eine vereinfachte Variante einer bei Gülich/Raible (1977: 267) aufgeführten Graphik, die sich ihrerseits wieder an einen Vorschlag von van Dijk (1975) anlehnt.)

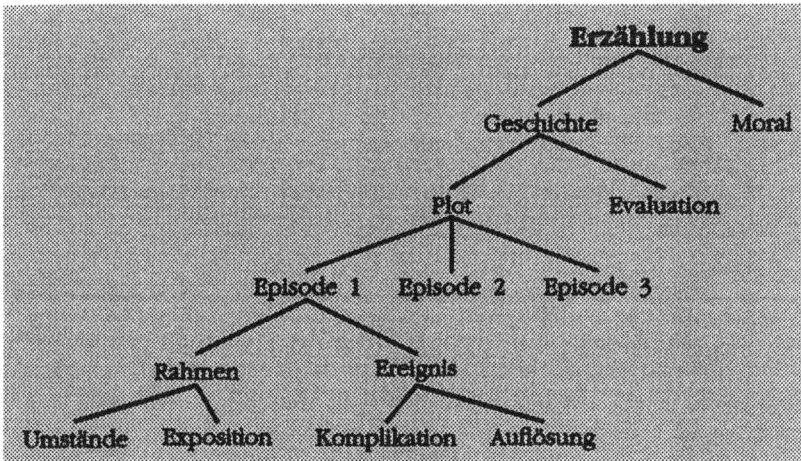

[Schema 6-13]

Bei den bis hierher aufgezeigten Kriterien handelt es sich um solche, die wir weitgehend am Text selbst festmachen können, also um *textinterne* Kriterien.
Im Rahmen einer relativ einfachen Textsortenlehre, wie sie z.B. in vielen Schulbü-
chern vertreten wird, kommt den Kriterien 'Wortwahl' und 'Art und Häufigkeit
von Satzbaumustern' meist ein besonderes Gewicht zu. Beide Kriterien lassen sich
sehr leicht quantifizieren und eignen sich deshalb besonders gut für eine
kontrastive Betrachtung von Textsorten.
Neben diesen textinternen stehen aber einige *textexterne* Kriterien. Hierher gehören:

– *Die Textfunktion*
  Sie steht z.B. bei alltagssprachlichen Textsortenbezeichnungen wie *Gesuch, Urteil*
  oder *Vorstellungsgespräch* im Vordergrund – der inhaltliche Aspekt wird hier eher
  vernachlässigt.

– *Das Kommunikationsmedium, das den Text 'trägt'.'*
  Dies wird in Textsortenbezeichnungen wie *Brief* gegenüber *Telegramm* oder *Telefon-
  anruf* deutlich.

– *Die Kommunikationssituation, in die ein Text eingebettet ist.*
  Dieses Kriterium ist sehr umfassend, wir gehen deshalb etwas ausführlicher darauf ein:
  Wir können hier von einem weiten Verständnis von 'Situation' ausgehen, indem wir
  uns auf das gesamte gesellschaftliche und soziale Umfeld beziehen, in das ein Text
  eingebettet ist, oder aber einen engeren Situationsbegriff ansetzen, der v.a. durch Faktoren wie Zeit, Ort und aktuelle Umstände bestimmt ist.
  Wir können unter dem Stichwort 'Kommunikationssituation' jedoch auch noch diffe-
  renziertere Unterscheidungen treffen, wenn wir berücksichtigen, dass jede Kommunikationssituation durch eine Vielzahl unterschiedlicher Faktoren bestimmt wird, die sich
  alle in ihrer spezifischen Art und Weise auf den in dieser Situation produzierten Text
  auswirken. Hierzu gehören im Prinzip alle Faktoren, die im Rahmen eines detaillierten
  Kommunikationsmodells (vgl. Pragmatik-Kapitel, Abschnitt 5.1.1) als relevant betrachtet werden, also z.B.

  – der Öffentlichkeitscharakter einer Situation,
  – der soziale Status der KommunikationspartnerInnen,
  – das Vorwissen der KommunikationspartnerInnen,
  – der Bekanntheitsgrad der KommunikationspartnerInnen
  – etc.

  Um die Bedeutung all dieser Faktoren für die Textkonstitution und damit für die Unterscheidung verschiedener Textsorten deutlich zu machen, spricht man in textlinguistischen Zusammenhängen deshalb auch oft von *Textkonstellation* anstatt von *Kommunikationssituation*. Geprägt wurde der Begriff der Textkonstellation im Zusammenhang mit gesprächsanalytischen Untersuchungen, in denen es darum ging, unterschiedliche Gesprächsverhaltensformen in Abhängigkeit von aussersprachlichen Kriterien zu
  klassifizieren und so Gesprächssorten zu bestimmen (der dann geläufige Ausdruck ist
  Redekonstellation) Die meisten der für Gesprächstexte relevanten aussersprachlichen
  Kriterien lassen sich aber auch für die Klassifikation geschriebener Texte heranziehen.

Die Liste der hier aufgezeigten Textklassifikationskriterien bzw. Textsortenmerkmale ist nicht vollständig. Wie wir schon angedeutet haben, lassen sich jedoch
sicher einmal textinterne von textexternen Kriterien unterscheiden, wobei zu den
textinternen Merkmalen sowohl solche gehören, die sich direkt am Textmaterial,
also auf der Textoberfläche, festmachen lassen, als auch solche, die eher der Texttiefenstruktur zugeordnet werden müssen. Graphisch dargestellt, ergibt sich daraus
das in Schema 6-14 dargestellte Raster.

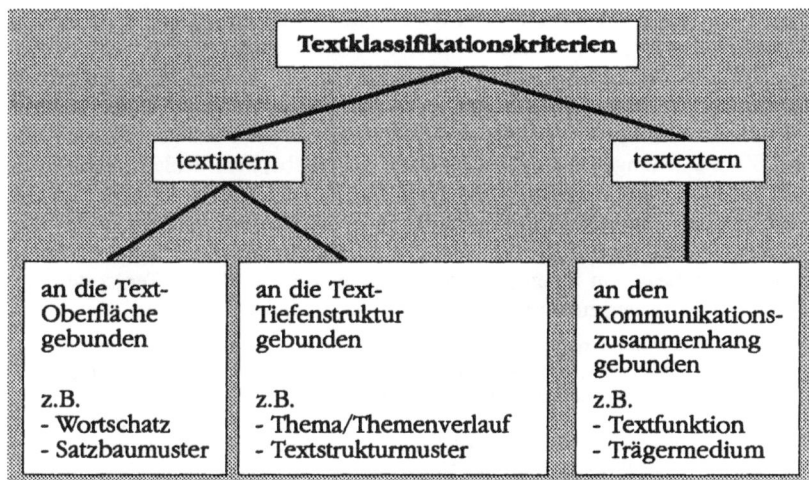

```
                        ┌──────────────────────────────────┐
                        │  Textklassifikationskriterien    │
                        └──────────────────────────────────┘
                   ┌────────────────┐              ┌────────────────┐
                   │   textintern   │              │   textextern   │
                   └────────────────┘              └────────────────┘
```

an die Text-Oberfläche gebunden	an die Text-Tiefenstruktur gebunden	an den Kommunikations-zusammenhang gebunden
z.B. - Wortschatz - Satzbaumuster	z.B. - Thema/Themenverlauf - Textstrukturmuster	z.B. - Textfunktion - Trägermedium

[Schema 6-14]

Wie bereits erwähnt, sind nicht alle dieser sehr verschiedenen Klassifikationskriterien gleich gut operationalisierbar. Die Kriterien, die sich an der Textoberfläche 'materiell' festmachen lassen, sind in jedem Fall praktikabler als diejenigen, die nur indirekt im Text selbst manifestiert sind wie z.b. die Art und Weise des Themenverlaufs.

Welche der verschiedenen Textklassifikationskriterien bei Textsortenuntersuchungen im Vordergrund stehen, ist ausserdem von dem 'Text'-Verständnis des jeweiligen Forschungsansatzes abhängig. Der von der Satzlinguistik herkommende, an Textkohäsion orientierte Forschungsansatz hat sich im Rahmen von Textsortenuntersuchungen beinahe ausschliesslich mit den *formalen* Aspekten beschäftigt, also z.B. mit der Frage nach der Häufigkeit bestimmter Satzbaumuster, mit Wortschatzanalysen und mit der Beschreibung fester Gliederungsmuster, während die eher pragmatisch orientierte Textlinguistik versuchte, über das Kriterium der *Textfunktion* und über eine Analyse der *situativen Einbettung* von Texten zu einer Texttypologie zu gelangen.

Inzwischen gibt es auch Ansätze, die beide Zugänge verbinden. Doch auch ein solcher Versuch einer 'integrativen' Textsortenbestimmung bleibt unbefriedigend, solange Anzahl und Auswahl der berücksichtigten Kriterien eher zufällig und heterogen sind und sich nicht im Rahmen einer umfassenden Texttheorie schlüssig herleiten lassen.

6.5.2   Zur Hierarchie von Klassifikationskriterien

Wie wir unter 6.5.1 gesehen haben, sind es vermutlich immer viele verschiedene Merkmale, die einen Text als Exemplar einer bestimmten Textsorte erscheinen lassen. Dazu kommt, dass wir die textsortenkonstituierende Wirkung dieser Merkmale offenbar unterschiedlich gewichten: Nur so scheint es möglich, dass wir z.B. in parodistischer oder ironischer Absicht einzelne textsortenspezifische Charakteristika von Texten verändern können, diese Texte aber dennoch weiterhin als Exemplare der ursprünglichen 'reinen' Textsorte erkennbar sind.

Beispiele hierfür sind z.B. die bei Hochzeitsreden so beliebten 'Eherezepte', bei denen das Kochrezept als 'Ausgangstextsorte' verwendet wird, von der aber nur die formalen Komponenten erhalten bleiben, während der Inhalt (die 'Zutaten' und die 'Kochanleitungen') aus den Bereichen: Ehe, Liebe, Familienleben thematisch neu 'bestückt' wird. Den umgekehrten Fall (die Beibehaltung wesentlicher inhaltlicher Komponenten bei Veränderung syntaktischer Eigenheiten und des Wortschatzes) finden wir im folgenden Text, den die Hansestadt Bremen ihren Beamten zukommen liess, um ihnen gewisse Charakteristika amtlicher Textsorten eindrücklich vor Augen zu führen:

> *Im Kinderanfall unserer Stadtgemeinde ist eine hierorts wohnhafte, noch unbeschulte Minderjährige aktenkundig, welche durch ihre unübliche Kopfbekleidung gewohnheitsmässig Rotkäppchen genannt zu werden pflegt. Der Mutter besagter R. wurde seitens von deren Mutter ein Schreiben zustellig gemacht, in welchem dieselbe Mitteilung ihrer Krankheit und Pflegebedürftigkeit machte, worauf die Mutter der R. dieser die Auflage machte, der Grossmutter eine Sendung von Nahrungs- und Genussmitteln zu Genesungszwecken zuzustellen.*
> *Vor ihrer Inmarschsetzung wurde die R. seitens ihrer Mutter über das Verbot betreffs Verlassens der Waldwege auf Kreisebene belehrt. Dieselbe machte sich infolge Nichtbeachtung dieser Vorschrift straffällig und begegnete beim Übertreten des amtlichen Blumenpflückverbots einem polizeilich nicht gemeldeten Wolf ohne festen Wohnsitz. Dieser verlangte in gesetzwidriger Amtsanmassung Einsichtnahme in das zu Transportzwecken von Konsumgütern dienende Korbbehältnis und ...*

(aus: Sonntag aktuell, 25. Mai 1980)

6.5.3 Textsorten vs. Textklassen

Wenn wir Texte nach Textsorten bestimmen, so können wir dabei zu gröberen oder feineren Unterscheidungen gelangen. Den Reflex dieser Möglichkeit finden wir auch in alltagssprachlichen Bezeichnungen für Textsorten, wo neben Bezeichnungen, die ein einziges textsortenunterscheidendes Merkmal hervorheben (*Brief*, *Ansprache*), auch zusammengesetzte Benennungen vorkommen, die mehrere Merkmale umfassen (*Beschwerdebrief*, *Eröffnungsansprache*).

Bei der bereits erwähnten Auszählung alltagssprachlicher Textsortenbezeichnungen gehören nach Dimter etwa 500 der insgesamt 1600 Bezeichnungen zu den sogenannten "grundlegenden" Textsortenbezeichnungen (z.B. *Brief*), während es sich beim Rest um "abgeleitete" Bezeichnungen wie z.B. *Geschäftsbrief, Liebesbrief* etc. handelt. Es fällt auf, dass in der Gruppe der grundlegenden Textsortenbezeichnungen sehr häufig die Textfunktion thematisiert wird, während z.B. Trägermedium und Textthema der Ausdifferenzierung bei abgeleiteten Bezeichnungen dienen: so z.B. bei *Anzeige* (Hauptklassifikationskriterium: Funktion) vs. *Heiratsanzeige* (zusätzliche Differenzierung durch das Kriterium 'Thema') oder dann *Zeitungsanzeige* (Differenzierung durch das Kriterium 'Trägermedium').

Die formalen Charakteristika dagegen schlagen sich kaum in alltagssprachlichen Benennungen nieder. Allenfalls im Bereich literaturwissenschaftlicher Gattungs- und Textbezeichnungen lassen sich Bezüge zur formalen Seite von Texttypen ausmachen, also etwa in Bezeichnungen wie *Versepos* als Untergruppe zu *Epos*, *Kurzgeschichte* als Untergruppe zu *Geschichte* bzw. *Erzählung* etc.

Wo es um solche *Hierarchiebildung* in der Textsortenzuordnung geht, werden bei Textsortenanalysen manchmal *Textklassen* (Grossgruppen) von *Textsorten* (Untergruppen) abgegrenzt. Auch die Bezeichnung '*Texttyp*' kommt vor, so dass theoretisch eine terminologische Drei-Ordnung *Texttyp – Textklasse – Textsorte* möglich ist. Ein Beispiel für eine solche Trias wäre z.B. die Unterscheidung von *Anleitungstext – Rezept – Kochrezept.*

V.a. die Begriffe 'Texttyp' und 'Textklasse' werden jedoch in der textlinguistischen Literatur nicht einheitlich und oft auch nicht eindeutig verwendet; im Einzelfall muss deshalb immer aus dem Kontext erschlossen werden, welcher Klassifikationsstufe ein verwendeter Begriff entspricht.

Ein interessanter Gesichtspunkt, der sich aus dem Zuordnungsverhältnis von Textsorten und Textklassen ergibt, ist die 'Textsortenverwandtschaft'. Was damit gemeint ist, lässt sich am besten mit Schema 6-15 demonstrieren.

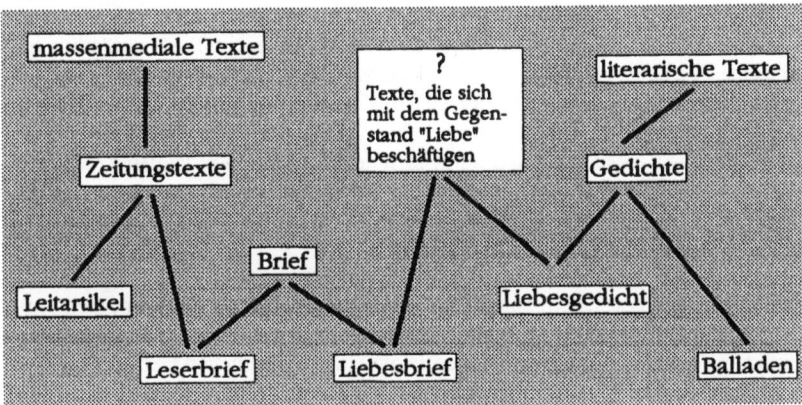

massenmediale Texte

?
Texte, die sich
mit dem Gegen-
stand "Liebe"
beschäftigen

literarische Texte

Zeitungstexte

Gedichte

Brief

Leitartikel

Liebesgedicht

Leserbrief   Liebesbrief   Balladen

[Schema 6-15]

Wie die Darstellung zeigt, lässt sich (in gewissen Fällen) ein und derselbe Text über verschiedene Stufen hinweg zwei oder eventuell auch mehreren Grossgruppen (Textklassen) zuordnen: Es ist genauso legitim, einen *Leserbrief* als Repräsentant der Textklasse *Brief* wie als Beispiel für einen *Zeitungstext* zu betrachten.

6.5.4   Textsorten und Textmusterwissen

Ob wir uns im Hinblick auf Texte nun auf der Ebene von 'Sorten', 'Typen' oder 'Klassen' bewegen: Es handelt sich immer um ein Wissen über bestimmte konventionalisierte, wiedererkennbare und auch erwartbare Muster des Sprachgebrauchs. Das betrifft sowohl Auswahl und Häufigkeit bestimmter Textbausteine, die formale und inhaltliche Struktur und Gliederung sowie die Verwendung bestimmter ritualisierter Floskeln.

Wir erwerben dieses Wissen im praktischen Umgang mit Texten; jeder neue Text erweitert unsere entsprechende Erfahrung, bestätigt sie oder verändert sie. Dabei scheinen wir uns in gewisser Weise *Prototypen* von Textsorten zu schaffen, die uns das Erkennen von Textmustern bzw. die intuitive Zuordnung von Texten zu bestimmten Textsorten ermöglichen, obwohl es – wie wir gezeigt haben – relativ schwierig ist, Textsorten über eindeutige linguistische Merkmale zu definieren. Das (intuitive) textsortenspezifische *Textmusterwissen* ermöglicht uns einen routinierten Alltags-Umgang mit bestimmten Textsorten und zeigt sich z.B. darin,

- dass wir einen zerschnittenen oder fehlerhaft angeordneten Text wieder in einer textsortenadäquaten Reihenfolge zusammenstellen können,
- dass wir als Leser von wissenschaftlichen Abhandlungen wissen, dass am Schluss eines Textes sowie als Abschluss von grösseren Unterkapiteln kurze Zusammenfassungen zu erwarten sind, und dass wir durch gezielte Suche nach solchen Textstellen uns auch bei einem dicken Wälzer relativ rasch einen gewissen inhaltlichen Überblick verschaffen können,
- dass wir eine Zeitungsseite bei einer morgendlichen Tasse Kaffee 'überfliegen' können und dann trotzdem in groben Zügen über den Inhalt der einzelnen Meldungen informiert sind.
- etc.

Textmusterwissen trägt folglich auch zu einem kohärenten Textverständnis bei: Einzelne Textelemente müssen nicht in jedem Einzelfall aus sich heraus interpretiert und mit den umgebenden Textelementen in Zusammenhang gebracht werden, sondern können vor dem Hintergrund gegebener Muster als Repräsentanten erwartbarer Einheiten ausgedeutet und somit auch rasch kohärent verstanden werden.

6.5.5 Textsorten und Textdefinition

Aus den bisherigen Überlegungen zur Textsortenbestimmung scheint sich uns – trotz aller ungelösten Probleme, die damit verbunden sind – ein zusätzliches Kriterium für die Bestimmung der Texthaftigkeit eines sprachlichen Gebildes zu ergeben: Eine sprachliche Äusserung bzw. eine Reihe von Sätzen wäre für mich immer dann ein Text, wenn ich darin ein Exemplar einer Textsorte erkennen kann. Rein intuitiv gehen wir wohl in unserer Alltagsbeschäftigung mit Texten so um: Wir nehmen Text, mit dem wir es zu tun haben, nie einfach als 'Text' wahr, sondern immer schon als *Wohnungsinserat, Geburtsanzeige, Sitzungsprotokoll* etc.

Haben wir einen Text erst einmal als Exemplar einer bestimmten Textsorte erkannt – was ja durchaus anhand textexterner Kriterien geschehen kann – so kann uns das auch bei Texten, die in bezug auf Kohäsion und Kohärenz eher problematisch sind, zu einem gewissen Textverständnis verhelfen. Dies gilt z.B. für den 'Text', den der für seine inkohärente Redeweise bekannte Mynheer Peeperkorn (in Th. Manns "Zauberberg") produziert:

"Meine Herrschaften. – Gut. Alles gut. Er-ledigt. Wollen Sie jedoch ins Auge fassen und nicht – keinen Augenblick – ausser acht lassen, dass – Doch über diesen Punkt nichts weiter. Was auszusprechen mir obliegt, ist weniger jenes, als vor allem und einzig dies, dass wir verpflichtet sind, – dass der unverbrüchliche – ich wiederhole und lege alle Betonung auf diesen Ausdruck – der unverbrüchliche Anspruch an uns gestellt ist. Nein! Nein, meine Herrschaften, nicht so! Nicht so, dass ich etwa – Wie weit gefehlt wäre es, zu denken, dass ich – – Er-ledigt, meine Herrschaften! Vollkommen erledigt. Ich weiss uns einig in alldem, und so denn: zur Sache!"

Diesen Text spricht Peeperkorn, nachdem er die Tischgesellschaft, in der er sich befindet, durch eine Handgeste zur Ruhe gebracht und bewirkt hat, dass ihn alle erwartungsvoll und "zur Ermunterung lächelnd" anschauen. Der Effekt seiner dann folgenden Rede, die von ausdrucksvollem Mienen- und Gestenspiel des Sprechenden begleitet wird, ist dergestalt, "dass alle und auch der lauschende Hans Castorp höchst Wichtiges vernommen zu haben meinten oder, sofern ihnen das Ausbleiben sachlicher und zu Ende geführter Mitteilung bewusst geworden war, dergleichen doch nicht vermissten." Die Befriedigung der Zuhörerinnen und Zuhörer lässt sich – einmal abgesehen von der beeindruckenden Wirkung des Herrn Peeperkorns ganz allgemein – unter anderem dadurch erklären, dass eine monologisierende längere Äusserung in der gegebenen Situation und nach den entsprechenden Vorbereitungen 'automatisch' als zur Textsorte 'Tischrede' gehörig interpretiert wird. Und so werden die Äusserungen des Mynheer Peeperkorn in einer wenn auch sehr indirekten Weise zum 'Text'. D.h. sie werden als zusammengehörig wahrgenommen, auch wenn wir hier sicherlich nicht von einem kohärenten Verständnis im Sinne der Erschliessung einer Texttiefenstruktur sprechen können. Auch wenn nicht ganz klar ist, wovon er eigentlich gesprochen hat – dass er eine Tischrede gehalten hat, ist allen klar.

6.6 Textgrenzen

Alle Überlegungen, die unter der Perspektive: 'vom Text zum Satz' erfolgen und ein ganzheitliches Textverständnis fordern, setzen die Einheit 'Text' immer schon als gegeben voraus – wir können ja erst dann von einem Ganzen zu seinen Teilen kommen, wenn uns klar ist, was eigentlich 'das Ganze' ist.

Und in bezug auf viele Texte scheint das auch gewissermassen selbstverständlich: Bei einem Brief, einem Gedicht, einer Stellenanzeige, einem Kochrezept ist es offensichtlich, was genau der 'ganze' Text ist. Wenn wir jedoch andere Texte heranziehen (eine Zeitung, die Aufschriften auf dem Klebeetikett eines Honigglases, das Gespräch beim Familienfrühstück), ist die Sache nicht mehr ganz so klar. Zur Illustration des Problems können wir uns die Frage nach dem 'ganzen' Text einmal hinsichtlich des Textes stellen, zu dem die hier stehenden Zeilen gehören: Ist das einfach all das, was unter dem Titel '6.6 Textgrenzen' steht? Oder ist das gesamte Buch der Text? Und müsste man dann das Vorwort ausschliessen oder nicht?

M.a.W.: Die Frage nach den Grenzen eines Textes – nach Anfang, Ende, Umfang – ist in allgemeiner Form nicht leicht zu beantworten. Eine mögliche Lösung für die Frage besteht darin, dass man – wie es im Rahmen textpragmatischer Ansätze zum Teil geschieht – die kommunikative Funktion als ausschlaggebendes Kriterium einer Textdefinition akzeptiert. Tun wir dies, so können wir behaupten, dass wir es genau dann mit einem Text zu tun haben, sobald wir einem sprachlichen Gebilde eine (bestimmte) kommunikative Funktion zusprechen können.

Dieser Ansatz hat den Vorteil, dass wir dann auch solche Äusserungen als Texte betrachten können, die sich ansonsten nur schwer linguistisch erfassen lassen, da sie sich auf der Ein-Wort- und Ein-Satz-Ebene bewegen und also unter dem Gesichtspunkt der Kohärenz (und auch der Kohäsion) nicht analysiert werden können. So z.B.:

"*Ein Helles!*" (Gast zum Kellner)
"*Telephon!*" (Ehemann durch die Balkontür zur Ehefrau, die im Garten arbeitet)
"*Wir müssen draussen bleiben!*" (Aufschrift auf einem Schild an der Tür zur
      Metzgerei, darüber ist ein Hund gemalt)
"*Ball!*" (Kleinkind zum grösseren Bruder)
"*Achtung, frisch gestrichen!*" (Tafel an einer Parkbank)

Solche Äusserungen zeichnen sich aber eben dadurch aus, dass mit ihnen – z.T. mit minimalstem sprachlichen Material – eine erkennbare kommunikative Funktion erfüllt wird: Es wird eine Bestellung getätigt, eine Aufforderung, ein Verbot, eine Warnung oder Bitte wird ausgesprochen etc.

Die Frage bleibt hier, ob es tatsächlich sinnvoll ist, *jede* kommunikativ funktionale Äusserung, jegliches Sprachhandeln bereits als Text zu betrachten, oder ob wir an einen Text nicht zusätzlich die (obligatorische) Anforderung stellen sollten, eben *Vertextung* aufzuweisen, also eine gewisse Menge von Sätze zu umfassen, die kohärent sind. Zumindest einem alltagssprachlichen Verständnis von 'Text' dürfte dies wohl eher entsprechen.

Eine weitere Frage ist, wie wir umfangreichere sprachliche Produkte erfassen wollen, die in gewisser Weise als Ganzes auftreten, dabei aber mehrere (Teil-)Texte mit unterschiedlichen kommunikativen Funktionen zu einer grösseren Einheit zusammenfassen: Die (Teil-)Texte, die in einer Zeitung zusammengestellt sind, lassen sich höchst unterschiedlichen Textfunktionen zuordnen, und auch dem Vorwort im vorliegenden Buch kommt eine völlig andere Textfunktion zu als den nachfolgenden Kapiteln. Ein mögliches Modell wäre eine Hierarchisierung von (Teil-)Texten zu Textgruppen und schliesslich zu einem Textverband, wobei wir uns in bezug auf die Textfunktion eine Art 'Hyperfunktion' denken müssten, die den gesamten Textverband umfasst und so auch die äussersten Textgrenzen absteckt.

Die Probleme, in die wir mit diesen Überlegungen geraten, zeigen deutlich, wie stark sich Teilbereiche der Textlinguistik mit allgemeinen handlungstheoretischen Fragen berühren: Die Frage danach, was eigentlich die Grösse einer (nicht-sprachlichen) Handlung ist bzw. was alles wir als (abgeschlossene) 'Handlung' betrachten können, bringt dieselben Abgrenzungs- und Hierarchisierungsprobleme mit sich. Sollen wir z.B. 'sich Tee einschenken' oder 'ein Streichholz anzünden' als Handlung betrachten – und wenn ja, was ist dann demgegenüber so etwas wie 'Frühstück herrichten' oder 'Feuer machen'? Ist 'ins Kino gehen' eine abgeschlossene Handlung – und in welchem Verhältnis dazu steht das 'in der Pause ein Eis essen'? Wenn wir also Texte als abgeschlossene Einheiten sozialen Sprachhandelns betrachten, so lässt sich die Frage nach der Abgrenzbarkeit von Texten nur mit Hilfe klarer handlungstheoretischer Konzepte lösen – und die fehlen uns noch.

Doch auch wenn wir behelfsweise sowohl Kohärenz als auch kommunikative Funktion als konstitutive Elemente einer Textdefinition bestimmen, bleiben uns Problemfälle. Dazu gehören unter anderem die meisten *Gesprächstexte* .

In bezug auf Kohäsion und Kohärenz sind im Normalfall sowohl die Äusserungen der einzelnen Gesprächspartner als auch ganze Gesprächspassagen texthaft. Unter kommunikativ-funktionalem Gesichtspunkt sind es auf den ersten Blick nur jeweils die Gesprächsbeiträge einer der beteiligten Personen. Dies hängt damit zusammen, dass der Begriff der kommunikativen Funktion bei uns normalerweise an die Vorstellung eines intentional handelnden Individuums gebunden ist. Wir könnten nun versuchen, uns von dieser Vorstellung zu lösen und auch ganzen Gruppen von Leuten einheitliche kommunikative Intentionen zu unterstellen, so z.B. wenn eine Diskussionsgruppe in einem Gespräch ein Problem lösen möchte. Einem solchen Gespräch könnte man also insgesamt die kommunikative Funktion 'Problemlösung' zuschreiben, und unter diesem funktionalen Gesichtspunkt wäre es dann auch möglich, die Summe aller Beiträge in einem Gespräch als *einen* Text zu betrachten.

M.a.W.: Auch wenn wir einer Reihe von Sätzen unter verschiedenen Kriterien durchaus Texthaftigkeit zusprechen können, folgt daraus noch lange nicht, dass damit auch die Textgrenzen bestimmt wären.

Und wie wir bereits in Abschnitt 6.1.4 gezeigt haben, lassen sich anhand textinterner Kriterien wie z.B. Vorkommen und Auswahl bestimmter Kohäsionsmittel ebenfalls keine eindeutigen Aussagen zur Abgrenzung von Texten machen. Aber auch unter pragmatischem Gesichtspunkt und unter Rückgriff auf aussersprachliche Kriterien ist die Frage nach der *Einheit* 'Text' offenbar nicht eindeutig zu lösen. Andererseits gibt es natürlich viele Texte, bei denen die Grenzen klar sind und z.T. sogar durch entsprechende ritualisierte Formen und Muster explizit gekennzeichnet werden, wie z.B. *Sehr geehrte ... mit freundlichen Grüssen* oder *Es war einmal ... und wenn sie nicht gestorben sind, dann leben sie noch heute* etc.

Vielleicht müssen wir uns damit abfinden, dass sprachliche Gebilde *texthaft* sein können, ohne einen abgeschlossenen 'Text' zu bilden bzw. dass Texte mit deutlichen Grenzsignalen (wie z.B. das 'Vaterunser', ein Kochrezept, der Geburtstagsbrief an die Tante) nur eine Untergruppe aller texthaften Gebilde ausmachen.

6.7 Neuere Entwicklungen

Die Textlinguistik hat von Anfang an ihre Fragestellungen immer mehr ausgeweitet: Beginnend bei einem grammatisch-strukturalistischen Textverständnis
(vgl. 6.1), öffnete sich die Textlinguistik zunächst gegenüber semantischen
Fragestellungen (6.3) und entwickelte später auch ein situatives und ein
kommunikativ-funktionales Textverständnis (6.4). In den letzten zehn Jahren hat
sich bezüglich dieser unterschiedlichen Konzeptualisierungen der Grösse 'Text'
das so genannte *Mehr-Ebenen-Modell* (HEINEMANN/VIEHWEGER 1991) durchgesetzt, welches besagt, dass für die Konstituierung von Texten das Zusammenspiel von Parametern auf unterschiedlichen Ebenen ausschlaggebend ist.
Dieser ständige Erweiterungsprozess der Textlinguistik, ihrer Methoden, Konzepte und Gegenstände, ist weiterhin zu beobachten. Im Folgenden werden vier
Aspekte herausgegriffen: Neue Fragestellungen im Zusammenhang mit Texten
in den so genannten *neuen Medien* (6.7.1), die vermehrte Berücksichtigung
kultureller Besonderheiten von Texten (6.7.2), das Verhältnis zwischen Textlinguistik und Diskursanalyse (6.7.3) sowie die neueren Entwicklungen der
Kognitionsforschung im Hinblick auf Texte (6.7.4).

6.7.1 Text und Medien

Eine neuere Herausforderung für die Textlinguistik stellt die Untersuchung der
Entwicklungen im Bereich der so genannten *neuen Medien* dar. So sind mit
Emoticons neue Zeichenarten entstanden und Ausdrucksformen wie die Iteration
von Zeichen *(;-))), jaaaahhh!!!)* sind häufig anzutreffen. Neu sind auch Kommunikationsformen wie E-Mail, SMS oder Chat und von diesen Kommunikationsformen mitgeprägte Textsorten und Diskursarten (E-Mail-Liebesbrief, Wer-
be-SMS, Beratungs-Chat). Solche Erscheinungen zwingen dazu, etablierte Vorstellungen und Konzeptionen von Mündlichkeit und Schriftlichkeit
(KOCH/OESTERREICHER 1985) zu überdenken (DÜRSCHEID 2003). Im schrift-
basierten Chat beispielsweise ist, bedingt durch das Übermittlungsmedium, ein
Grad an Dialogizität und Synchronizität möglich wie bis anhin nur in mündlich
realisierten Formen wie Telefongesprächen.

Genau genommen ist Chat allerdings nur quasi-synchron: Reagiert werden kann in der Regel erst,
wenn der ganze Beitrag des anderen auf dem Bildschirm erscheint; Unterbrechungen sind nicht
möglich. Zudem kann es in der Abfolge der Beiträge zu Verzögerungen und Verschiebungen
kommen, wie sie etwa in Telefongesprächen kaum vorkommen.

Die auf theoretischer Ebene wohl interessantesten Fragen stellen sich im Zusammenhang mit Hypertexten. Grundsätzlich geht es darum, ob das Phänomen

Hypertext mit herkömmlichen Beschreibungsinstrumenten der Textlinguistik noch adäquat erfasst werden kann oder ob ein neuer Textbegriff benötigt wird. Unter *Hypertext* wird gemeinhin ein Gebilde verstanden, worin die einzelnen informationellen Einheiten *(units of information, chunks, nodes)* durch Verknüpfungen *(links)* netzwerkartig verbunden, also *nicht-linear organisiert* sind. Dies bedeutet, dass der Rezipient von irgendeinem Ort des Hypertextes aus die informationellen Einheiten in beliebiger Reihenfolge besuchen kann; er kann einzelne Einheiten auslassen und den Hypertext jederzeit verlassen. So können die Einheiten von verschiedenen Seiten her angesteuert und in immer wieder neue Kontexte gestellt werden. Ein weiteres Merkmal von Hypertexten ist, dass sie Daten unterschiedlicher semiotischer Systeme (Text, Bild, Ton, Film) enthalten können und somit *multimedial* sind. Und schliesslich sind Hypertexte *computerverwaltete Grössen;* dies ermöglicht eine unendlich grosse Menge an Verknüpfungen zwischen den Einheiten.

Nicht jeder Text im Internet ist ein Hypertext (vgl. STORRER 1999, 38f.). Hypertexte müssen abgegrenzt werden von linear organisierten Texten ("E-Texte"), die zwar elektronisch eingebunden sind, sich aber in Bezug auf die Kohärenz ansonsten kaum von linear organisierten Printtexten unterscheiden. Als Hypertextnetze kann man Verknüpfungen von Hypertexten und weiteren Texten ansehen. In diesem Sinn ist das WWW ein weltumspannendes, sich ständig veränderndes Hypertextnetz, das aus einer wachsenden Zahl von Teilnetzen und einer unüberschaubaren Menge von Hypertexten besteht.

Worin besteht nun das grundsätzlich 'Neue' an Hypertexten gegenüber herkömmlichen Texten? Die nicht-lineare Organisationsform in Hypertexten ist nur auf den ersten Blick wirklich neu. So können – und sollen – etwa die Einträge in Lexika ebenfalls in beliebiger Reihenfolge gelesen werden. Auch die Integration unterschiedlicher Zeichensysteme ist nichts Neues, werden doch schon in barocken Emblemen Text und Bild kombiniert. Wirklich neu ist eigentlich nur das Medium und die dadurch ermöglichte elektronische Verknüpfung.

Im Anschluss an derartige Überlegungen vertreten viele Textlinguisten die Haltung, dass herkömmliche linguistische Auffassungen von Text durch die Existenz von Hypertexten nicht obsolet werden, dass Hypertexte keine neuen Merkmale aufweisen, sondern dass bekannte Merkmale wie Linearität, Kohärenz, Leserführung ('Navigationshilfen'), Textdelimitation (die Frage nach Textgrenzen) etc. neu differenziert und in ihrem Stellenwert neu bewertet werden müssen.

So erlangt etwa das Merkmal der *Intertextualität* im Hypertext an Bedeutung. Mit Intertextualität ist die Beziehung eines Textes auf einen anderen Text oder auf ein Textmuster gemeint, wobei dieser Bezug inhaltlicher oder formaler Natur sein kann. Intertextuelle Spuren wurden schon länger in der Textlinguistik untersucht (Zitate, Verweise, Anspielungen, Textsortengeprägtheit etc.). In einem Hypertext aber spielt Intertextualität eine zentrale Rolle, da die *links* zwischen den informationellen Einheiten als intertextuelle Beziehungen verstanden werden können. Der Hypertext speichert so nicht nur Daten, fest programmierte *links* können zugleich auch eine gedankliche Verknüpfung durch intertextuelle Verbindungen nahe legen.

Doch auch wenn man keinen neuen Textbegriff einführen will, so führt die Untersuchung des Hypertexts und anderer Texte der neuen Medien zur alten Frage, wo denn die Grenzen der Grösse 'Text' liegen. Denn die Vorstellung, dass ein Text primär ein sprachliches Dokument ist, wird im Hypertext durch die Vermischung von Geschriebenem und Gesprochenem, von Verbalem und Pikturalem, Statischem und Bewegtem etc. revisionsbedürftig.

6.7.2 Text und Kultur

Die Klassifikation von Texten (vgl. 6.5) gehört nach wie vor zu den Hauptfragen der Textlinguistik. Weitgehender Konsens ist heute, dass Textsorten keine eindeutig begrenzten, homogenen Klassen sind, sondern heterogene, prototypisch strukturierte Kategorien mit vagen Grenzen (vgl. 4.7, Protoypensemantik). Mit diesem Verständnis von Textsorten einher geht neuerdings auch die Ansicht, dass Textsorten kulturell geprägte Grössen sind (vgl. 1.7.2). Sie werden als kommunikative Muster und Routinen aufgefasst, mit denen die Welt (bzw. Teile davon) in verschiedenen sozio-kulturellen Gemeinschaften unterschiedlich erfasst, unterschiedlich 'angeeignet' wird. Man könnte deshalb auch sagen, dass Textsorten unterschiedliche Weltaneignungen darstellen und auch mitgestalten. Dabei hängen die beobachtbaren kulturspezifischen Unterschiede von historisch bedingten politischen, territorialen, ideologischen etc. Umständen ab (10.3.2). Die kulturelle Prägung kann zu den zentralen Merkmalen, welche eine Textsorte ausmachen, gezählt werden. Als neuer Aspekt von Textsorten wurde daher deren kulturelle Prägung bzw. deren "Kulturalität" (FIX 1999, 20) eingeführt. Mit der Analyse der Kulturspezifik verortet sich die Textlinguistik auch in der Kulturwissenschaft bzw. in der kulturwissenschaftlichen Pragmatik; die Geschichte von Textsorten ist damit Teil der Kulturgeschichte. Das kulturspezifische Textsortenwissen der eigenen Kultur bleibt meist unbewusst. Es ist so Aufgabe der Textlinguistik, dieses Wissen zu explizieren, ebenso kann es aber auch ein Ziel sein, die Text-Kultur anderer Gemeinschaften kennen zu lernen und zu beschreiben. Analysiert man die Kulturspezifik von Textsorten, spielen nicht nur textinterne Faktoren – wie stilistische und strukturelle Besonderheiten – eine Rolle, sondern auch situative und funktionale Aspekte. Einige exemplarische Fragen sollen das Themenspektrum illustrieren:

– Inwiefern lassen z.B. Heirats-, Geburts- und Todesanzeigen Rückschlüsse auf kulturspezifische Konzepte wie 'Familie', 'Öffentlichkeit' oder 'Intimität' zu?
– Gibt es in der Wissenschaft von Einzelkulturen unabhängige universelle Textsortenkonventionen, wie dies WIDDOWSON (1979) mit seiner Universalitätshypothese behauptet?
– Inwiefern erlaubt die Untersuchung der kulturellen Einbettung von Textsorten vergangener Epochen (wie alttestamentliche Texte, Runeninschriften, mittelalterliche Zaubersprüche etc.) ein besseres Verständnis derartiger Texte?

Insgesamt steckt die Untersuchung der Kulturalität von Texten noch in den Anfängen; sie verspricht aber ergiebige Resultate über die Textsortenlinguistik hinaus, etwa für die Kulturwissenschaft oder für den Fremdsprachenerwerb.

6.7.3 Text und Diskurs

Die linguistische Diskursanalyse ist eine Antwort auf die Frage, ob der Text die grösste Einheit ist, welche die Linguistik zu untersuchen hat, oder ob nicht auch der Text in etwas Grösseres eingebettet ist. So wie in den Anfängen der Textlinguistik der Text als 'transphrastische' Einheit, d.h. als Einheit, die über den Einzelsatz hinausgeht, den Satz als grösste von der Linguistik analysierte Einheit ablöste, so wird der Text bzw. seine Aussagen in der Diskursanalyse als Bestandteil einer grösseren Einheit verstanden, als Bestandteil von einem oder mehreren Diskursen.

Neben diesem Verständnis von Diskursanalyse wird der Begriff in der Linguistik auch – in Anlehnung an den englischen Terminus *discourse* – als Bezeichnung für Untersuchungen der gesprochenen Sprache verwendet. Um diese Verwendung geht es im Folgenden nicht.

Unter dem Terminus *Diskurs* wird seit einigen Jahren in der Linguistik – oft in Anlehnung an den französischen Philosophen Michel FOUCAULT – das Netz aller in einer Gesellschaft möglichen Aussagen zu einem bestimmten Thema verstanden. Der Diskurs widerspiegelt so das Wissen über ein Thema einschliesslich der gesellschaftlichen Perspektiven, Normen, Interessen und Machtverhältnisse. Dabei weist der Diskurs historisch und sozial bedingte, inhaltliche und formale Strukturen auf, bestimmte Muster der kommunikativen Praxis, welche sich in den einzelnen Texten, die ihm zugeordnet werden können, niederschlagen. Zur Eruierung dieser Muster wird in der Diskursanalyse aus der Gesamtheit aller Texte, die zu einem Diskurs gehören, eine Auswahl zusammengestellt, das Diskurskorpus.

Als für die Analyse von Diskursen ergiebige Aspekte erweisen sich etwa Textkohäsion (z.B. Gebrauch von Pronomina), Textkohärenz (z.B. Präsuppositionen) oder Textfunktion, wobei auch Fragen der Semantik, Sprechakttheorie, Argumentationsanalyse, Metaphernanalyse u.a. involviert sind.

Ein Beispiel soll dies erläutern: Im Zusammenhang mit dem Einwanderungs-Diskurs in Deutschland spielen Metaphern eine wichtige Rolle (dazu BÖKE 1997). So wird Zuwanderung etwa als Wasserlauf ("Flüchtlingsstrom"), als militärischer Akt ("Ausländerheer") oder als Warenhandel ("Arbeitskräfte-Import") konzeptualisiert. Diese Muster werden erst bei der Untersuchung von grösseren Korpora deutlich. Eine diskursanalytische Untersuchung kann den Wandel der Metapherntypen und der dominierenden Metaphernbereiche beschreiben und als Indikator für gesellschaftliche Wahrnehmungen deuten.

Bei der Analyse der diskursiven Einbettung eines Textes spielt auch die Intertextualität eine grosse Rolle (vgl. 6.7.1), etwa wenn die Voraussetzung von Aussagen, ihre Implikationen, Bezüge, Anspielungen etc. analysiert werden.

Eine Ausrichtung der linguistischen Diskursanalyse, die *Kritische Diskursanalyse* (s. dazu JÄGER 1999, VAN DIJK 1993, WODAK et al. 1998), legt ihren Schwerpunkt u.a. auf die Analyse der Reglementierungen, denen Diskurse unterliegen. Es geht um die Frage nach Kontrollmechanismen, was wann wo von wem gesagt werden kann, wer in einem bestimmten Diskurs Deutungsmacht besitzt, wie Ungleichheit geschaffen wird, wie *Gegendiskurse* (Diskurse, die von den gebräuchlichen Regeln eines Diskurses abweichen) lanciert werden können etc. Dahinter steht die Annahme, dass Diskurse nicht einfach die Wirklichkeit mehr oder weniger adäquat widerspiegeln, sondern dass sie Wirklichkeit schaffen.

6.7.4 Text und Kognition

Mit der Hinwendung der Linguistik zum Text einerseits und der Psychologie zur Kognition andererseits war die Voraussetzung gegeben, Texte systematisch auch im Hinblick auf ihre kognitive Basis zu betrachten. In dieser Sichtweise erscheint der Text als Produkt und Ausgangspunkt kognitiver Prozesse, und damit rücken diese Prozesse selber ins Interesse der Forschung (vgl. 9.4). Man kann deshalb auch für die Textlinguistik von einer kognitiven Wende sprechen.

Dabei darf man allerdings nicht übersehen, dass die kognitive Perspektive in der Textlinguistik bisher keinen sehr breiten Widerhall fand und dass die grundlegenden und neuen Arbeiten nach wie vor hauptsächlich der Psycholinguistik (vgl. 9.5) und der (kognitiven) Psychologie zu verdanken sind. Generell ist die textorientierte Sprachprozessforschung ein sehr interdisziplinäres Unterfangen, das beispielsweise auch die Neurowissenschaften und die Forschung zur Künstlichen Intelligenz einbezieht.

Das Interesse für Prozesse der Textverarbeitung und der Textproduktion ist nicht neu. Deren Erforschung und Modellierung begann bereits in den 70er Jahren. In den letzten Jahren sind jedoch neben neuen Modellierungsansätzen zahlreiche empirische Arbeiten entstanden. Diese sind für die Modellierung Prüfstein und Ausgangspunkt zugleich.

Sowohl für die Textverarbeitungs- als auch für die Textproduktionsforschung lässt sich in letzter Zeit eine vermehrte Hinwendung zur Situiertheit der Prozesse feststellen. Berücksichtigt werden Faktoren wie das individuelle Vorwissen, der kommunikative Handlungszusammenhang, aber auch kulturelle Aspekte. Ein Beispiel dafür ist die Erforschung der Inferenzziehung, also der Art, wie wir beim Verarbeiten von Texten Kohärenzlücken schliessen und nicht explizit Gesagtes mitverstehen (vgl. 6.2.2). Die so genannte *minimalistische Position* geht davon aus, dass wir fast nur diejenigen Inferenzen ziehen, die zum Schliessen von Kohärenzlücken notwendig sind. Inferenzen haben also eine Art Reparaturfunktion. Die *maximalistische Position* hingegen vertritt, dass sehr viel mehr als das Naheliegende und Notwendige inferiert wird (z.B. Handlungsziele der beschriebenen Personen, Charakteristika von Objekten). Die empirischen Ergebnisse liefern ein unklares Bild; sie stützen keine der beiden Positionen eindeutig. In den letzten Jahren ist zunehmend erkannt worden, dass Inferenzziehung situations- und personenabhängig ist, also von Faktoren wie Handlungsziel, Kontext oder individuellem Vorwissen stark geprägt ist.

So lässt sich beispielsweise der Befund erklären, dass Inferenzen, die gemäss der minimalistischen Position eigentlich erwartbar wären, nur von Personen mit solidem Wissen zum Thema des Textes gezogen werden, von Personen mit geringem Wissen hingegen nicht.

Die Frage nach Textverarbeitungs- und -produktionsprozessen führt auch zurück zur Frage nach Wesen und Verortung des Textes selber. Dem 'Text auf dem Papier' steht der 'Text im Kopf' (NUSSBAUMER 1991) gegenüber; einzelne Sichtweisen in der kognitiven Forschungsrichtung sehen den 'Text auf dem Papier' als blossen Stimulus für je individuelle 'Texte im Kopf'. Die Sprachprozessforschung reflektiert solche Fragen kaum, liefert aber dennoch eine unverzichtbare ergänzende Perspektive auf den Forschungsgegenstand Text.

6.7.5 Fazit

Die verschiedenen hier dargestellten Erweiterungen der Textlinguistik stellen von neuem die Frage in den Raum, was denn ein Text ist. Betrachtet man die Texte in virtuellen Umgebungen oder moderne Texte in den Printmedien, so müssen auch nicht-sprachliche Elemente zu den Texten gezählt werden. Und wenn Texte Teile von Diskursen sind, müsste dann nicht auch alles andere ein

Text sein, was Teil des Diskurses und als Zeichen deutbar ist (z.B. Feste, Pop-Ikonen, Architektur, Kleidung)? Wahrscheinlich ist es sinnvoll, die Grösse 'Text' im linguistischen Zusammenhang auf semiotische Einheiten einzugrenzen, in denen sprachliche Zeichen eine wesentliche Rolle spielen. Dennoch entwickelt sich die Textlinguistik langsam zu einer allgemein semiotischen Disziplin – weil es auch weiter gefasste Sichtweisen des Gegenstandes gibt. So gesehen ist Textlinguistik eine Linguistik "des unpräzisen Gegenstandes" (WARNKE 2002, 126).

6.7.6 Weiterführende Literatur

Einführendes und Überblicksdarstellungen: Einen kurzen, aber leicht verständlichen und breiten Überblick über das Gebiet liefert Fix (2001). Neue Einführungen in Form von Monografien liegen vor in Heinemann/Heinemann (2002) und in Fix/Poethe/Yos (2001). Ergänzt und neu aufgelegt wurde auch die erstmals 1985 erschienene Einführung von Brinker (Brinker 2001). Aktuelle Fragestellungen im Zusammenhang mit dem Textsortenbegriff werden in Fix et al. (2002) diskutiert. Einen sehr umfassenden Überblick über den Stand einzelner Forschungsbereiche liefert der 1. Halbband von "Text- und Gesprächslinguistik" (Brinker et al. 2000).

Text und Medien: Linguistische Überblicksdarstellungen liegen vor in Runkehl et al. (1998) und in Bittner (2003). Neuere Aufsatzsammlungen, welche Beiträge zu unterschiedlichen Kommunikationsformen vereinen, sind: Kallmeyer (2000), Rössler (1998), Schmitz/Wenzel (2003), Thimm (2000). Mit der Chat-Kommunikation beschäftigen sich Husmann (1998), der Sammelband von Beisswenger (2001) sowie die Aufsätze von Storrer (2001) und Dürscheid (2003). Zur Kommunikationsform *SMS* siehe Schlobinski (2001), Döring (2002a, 2002b), Androutsopoulos/Schmidt (2002) und Schwitalla (2002); zur Textsorte *E-Mail* Günther/Wyss (1996) und Ziegler/Dürscheid (2002). Zum Thema *Hypertext* liegt bereits eine unüberschaubare Menge von Literatur vor. Aus informationswissenschaftlicher Perspektive äussert sich etwa Kuhlen (1991, 1997) zum Thema; unter linguistischen Aspekten beschäftigen sich mit diesem Thema Sager (1997), Storrer (1999, 2000), Hess-Lüttich (1997). Zur Intertextualität im Zusammenhang mit der Textlinguistik äussern sich Linke/Nussbaumer (1997), Klein/Fix (1997), Fix (2000) und Klein (2000).

Text und Kultur: Als Einführung eignen sich die Texte in Fix/Habscheid/Klein (2001) sowie die Aufsätze von Fix (1998, 2002), Heusinger (1998), Krause (2000) und Warnke (2001). Kulturspezifische Aspekte werden auch im Bezug auf die Textproduktion und -rezeption untersucht (Adamzik et al. 1997).

Text und Diskurs: Einführende Aufsätze sind Bluhm et al. (2000), Busse/Teubert (1994), Warnke (2002) und Wichter (1999). Zentrale Texte der kritischen Diskursanalyse sind Fairclough/Wodak (1997), Jäger (1999), van Dijk (1993) und Wodak et al. (1998). Fragen der diskursanalytischen Begriffs- und Sprachgeschichte sowie der Metaphern- und Argumentationsanalyse werden behandelt in Bödeker (2002), Busse (2000), Hermanns (1995, 1994), Teubert (1998), Böke et al. (1996), Fraas (1996), Jung (1994), Wengeler (2003), Wichter (1991). Vor allem mit der empirischen Komponente setzt sich Gloy (1998) auseinander.

Text und Kognition: Für einen Überblick zum Thema Sprachprozesse generell leisten Einführungen zur Psycholinguistik gute Dienste, z.B. Rickheit et al. (2002) mit Hinweisen auf neuere, weiterführende Literatur. Einen umfassenden Einblick ermöglichen die Sammelbände von Rickheit et al. (2003), Herrmann/Grabowski (2003) und Friederici (1999). In Bezug auf Textverarbeitung bietet Rickheit/Strohner (1999), in Bezug auf Textproduktion Antos (2000) einen sehr nützlichen Überblick. Strohner (2000) behandelt die kognitiven Voraussetzungen von Sprachprozessen, Rickheit/Strohner (2003) ist dem Thema Inferenzen gewidmet.

7. Gesprächsanalyse

Einleitung

Die Gesprächsanalyse ist eine relativ junge linguistische Teildisziplin, die sich im deutschsprachigen Raum erst in den frühen 70er Jahren als Forschungsbereich konstituierte und trotz der engen Verbindung zu linguistischen Nachbardisziplinen einem sehr eigenständigen Forschungsansatz verpflichtet ist.

Obwohl vielfältige Berührungspunkte sowohl mit der Textlinguistik als auch mit der Sprechakttheorie vorhanden sind, kann die Gesprächsanalyse weder als Weiterentwicklung des einen noch des anderen Gebietes verstanden werden. Die Wurzeln der linguistischen Gesprächsanalyse sind vielmehr in der (amerikanischen) *Ethnomethodologie* zu suchen: in der Beschäftigung mit den Ordnungen und Strukturen, die dem Handeln und den Interaktionen der Menschen in verschiedenen Kulturen und Ethnien zugrundeliegen. Die Übertragung ethnomethodologischer Forschungsansätze und Methoden auf die Untersuchung von Sprache machte folgerichtig das Gespräch als 'Ort' der sprachlichen Interaktion zu einem zentralen linguistischen Forschungsgegenstand.

Trotzdem darf nicht vernachlässigt werden, dass sich sowohl die Sprachwissenschaft als auch einige ihrer Nachbardisziplinen auch schon früher mit dem Gegenstand 'Gespräch' beschäftigt haben – wenn auch meist indirekt bzw. unausgesprochen.

Dies gilt z.B. für die *Rhetorik*, deren Lehrgebäude sich zwar nicht auf das Gespräch, sondern auf die (monologische) Rede bezog, deren mehr oder weniger expliziter Massstab aber immer das Gegenüber des Redners war: Viele Kategorien der klassischen Rhetorik ergeben sich erst aus dem Bezug auf (vorgestellte) GesprächspartnerInnen. Und auch in der klassisch-griechischen Philosophie kommt dem Dialog eine wichtige Bedeutung zu, allerdings weniger als Gegenstand des Nachdenkens, sondern vielmehr als Mittel zum Zweck, d.h. als interaktive Form der Gedankenfindung bzw. als speziell förderliches Gefäss philosophischer Betätigung.

Die Idee vom Gespräch als der Grundvoraussetzung der 'condition humaine' prägt sowohl die philosophische Beschäftigung mit diesem Gegenstand als auch z.T. den ethnomethodologischen Ansatz in der Gesprächsanalyse. Was im Textlinguistik-Kapitel vom Verhältnis zwischen Sprache und Text gesagt wurde, lässt sich – eventuell mit noch grösserer Berechtigung – auch vom Gespräch sagen: Sprache (als realisiertes Produkt) ist meist an das Gefäss des *Gesprächs* gebunden, so wie wir Sprechen (im Erstspracherwerb) auch nur dann erlernen, wenn mit uns gesprochen wird.

Gegenstandsbereich der Gesprächsanalyse ist praktisch ausschliesslich die *gesprochene Sprache*. Als systematisch-empirischer Wissenschaftszweig konnte sich die Gesprächsanalyse folglich auch erst etablieren, seit es möglich ist, das flüchtige gesprochene Wort durch entsprechende Apparaturen festzuhalten und – gestützt auf entsprechende Tonkonserven – Transkriptionen (Verschriftlichungen) der gesprochenen Rede zu erstellen. Wichtiger Teilbereich der Gesprächsanalyse war deshalb von Anfang an die Auseinandersetzung mit den methodischen Problemen, die sich bei der Aufbereitung sprachlicher Daten in Form von Transkriptionen stellten. Die Videotechnik macht es heute ausserdem möglich, auch die nonverbalen Verhaltensweisen von GesprächspartnerInnen festzuhalten und in die Analyse einzubeziehen.

Gesprächsanalytische Forschung beschäftigt sich in erster Linie mit den verschiedenen (sprachlichen) Verhaltensweisen, die es uns ermöglichen, in Rede und Gegenrede mit einem oder mehreren Kommunikationspartnern ein Thema zur Sprache zu bringen, zu entwickeln, wieder zu wechseln und auch zu einem (gemeinsamen) Ende zu führen. Diese starke Orientierung an organisatorischen und strukturellen Aspekten des Miteinander-Sprechens unterscheidet den – grundsätzlich ebenfalls pragmatischen – Forschungsansatz der Gesprächsanalyse zum Teil von den Forschungsperspektiven, wie sie im Rahmen der Sprechakttheorie oder der Griceschen Konversationsmaximen entwickelt wurden. Der Forschungsbereich 'Gesprächsanalyse' nimmt sich deshalb auf den ersten Blick ein wenig mechanistisch aus: Im Vordergrund steht die Aufdeckung der meist unbewussten Regeln und Automatismen, die es (mehreren) GesprächspartnerInnen ermöglichen, ihre Gesprächsbeiträge abwechslungsweise in den Gesprächsverlauf einzubringen und sich hinsichtlich Zeitpunkt, Länge und thematischer Ausrichtung ihrer Beiträge so zu koordinieren, dass sie den Überblick über die Gesprächsereignisse behalten und jeweils wissen, 'wo man gerade ist'. Am Anfang gesprächsanalytischer Forschung ging es folglich zunächst einmal um sehr enge, auf die Feinstrukturen des Gesprächs bezogene Fragestellungen wie: Wie kommt man in einem Gespräch zu Wort? Wie gestaltet sich der Sprecherwechsel? Woran merkt man, dass ein Gesprächspartner zum Ende seines Gesprächsbeitrags kommt? etc. (Diese Aspekte werden wir v.a. in Abschnitt 7.3 behandeln und in Abschnitt 7.4 in einer kurzen Beispielanalyse exemplifizieren.)

In einem nächsten Schritt wurden dann die übergreifenden Ordnungsstrukturen ganzer Gesprächsabläufe untersucht (mit denen wir uns in Abschnitt 7.6.1 bis 7.6.3 beschäftigen) sowie bestimmte einzelne Gesprächssorten/Gesprächstypen beschrieben (vgl. hierzu v.a. Abschnitt 7.7). In diesem Zusammenhang gewannen dann auch Faktoren wie thematische und funktionale Ausrichtung des Gesprächs, Status der GesprächsteilnehmerInnen, Zeitpunkt, Ort und kommunikativer Rahmen des Gesprächs etc. an Bedeutung.

Heute bilden u.a. die Erforschung des geschlechtsspezifischen Gesprächsverhaltens, die Erforschung des kindlichen Erwerbs von Gesprächs-Regeln sowie Fragen nach sozio-kulturellen Unterschieden im Gesprächsverhalten von Angehörigen verschiedener sozialer oder ethnischer Gruppen wichtige Schwerpunkte innerhalb der Gesprächsanalyse.

Noch viel zu wenig erforscht sind dagegen diejenigen Bereiche, die im Hinblick auf den Gegenstand 'Gespräch' eigentlich konstitutiv sind. Dies gilt v.a. für den gesamten lautlich-prosodischen Bereich mit Fragestellungen wie derjenigen nach den Regelhaftigkeiten des stimmlichen und intonatorischen Affektausdrucks, nach Akzentsetzung, Betonung, Ausdruck von Sprechereinstellungen etc.

Im folgenden sollen v.a. die organisatorisch-strukturellen Aspekte gesprächsanalytischer Arbeit im Zentrum stehen, da es sich dabei um Denkansätze und Analysemodelle handelt, die genuines Produkt der Gesprächslinguistik sind. Auf die Darstellung weiterführender Fragestellungen und Untersuchungsbereiche der Gesprächsanalyse muss schon aus Platzgründen verzichtet werden; wo es möglich ist, sollen aber mindestens vereinzelte Hinweise und kurze Ausblicke gegeben werden.

Zur Terminologie:

Innerhalb der deutschsprachigen Linguistik sind heute die Termini *Gesprächsanalyse* und *Diskursanalyse* üblich, wogegen der anfänglich oft verwendete Terminus *Dialoganalyse* eher weniger gebraucht wird. Die Bezeichnung *Diskursanalyse* (orientiert am englischen *discourse analysis* – einem Terminus, der allerdings z.T. auch das bezeichnet, was wir unter 'Textanalyse' verstehen) wird manchmal in einem eingeschränkten Sinn verwendet und bezieht sich dann speziell auf argumentative Gespräche – gerade z.B. in der Philosophie wird *Diskurs* in diesem Sinne verwendet. Schliesslich tauchte auch in deutschsprachigen Untersuchungen vereinzelt der Begriff *Konversationsanalyse* auf (in lautlicher Anlehnung an die amerikanische Bezeichnung *conversation analysis*). Die mit dem Begriff 'Konversation' im Deutschen verbundene Konnotation von Belanglosigkeit des Gesprächsgegenstandes bzw. des Redens um des Redens und der Etikette willen drohte jedoch den Untersuchungsgegenstand und damit auch das neuentstandene linguistische Arbeitsgebiet zu disqualifizieren; der Terminus 'Gespräch' ist hier unbelasteter und klingt 'seriöser'.

Lesehinweise

Einführungen und Überblicksdarstellungen:
Neben dem 'Klassiker' Henne/Rehbock (2. Aufl. 1982) sind hier v.a. zu nennen: Brinker/Sager (1989), Stubbs (1983) und Techtmeier (1984) – Techtmeier mit deutlichem Schwerpunkt auf dem Aspekt der Metakommunikation. Ein leicht lesbarer Werkstattbericht aus den Anfängen der deutschsprachigen Gesprächslinguistik ist Berens u.a. (1976). Einen neuesten Überblick bietet das "Handbuch der Dialoganalyse" von Fritz/Hundsnurscher (1994).

Zur Methodik:
Als einer der grundlegenden Aufsätze, der wesentlich zur Konstituierung des Forschungsbereichs beigetragen hat, gilt Sacks/Schegloff/Jefferson (1974). Dieser nicht leicht zu lesende Text demonstriert in beispielhafter Weise gesprächsanalytische Verfahrensweisen. Die Aufdeckung der Regelhaftigkeiten des Sprecherwechselmechanismus, die der Aufsatz leistet, war grundlegend für viele nachfolgende Untersuchungen. Das gleiche gilt für Schegloff/Sacks (1973) und Yngve (1970). Franke (1990) diskutiert methodische und theoretische Fragen der Konstitution von Dialogstrukturen.

Vorschläge für *Transkriptionssysteme* sowie kritische Überlegungen zur Notationsproblematik enthalten Ehlich/Rehbein (1976 und 1979) und Ehlich/Switalla (1976). Eine Sammlung von Transkripten ist zu finden in Redder/Ehlich (1994).

Zu einzelnen *Gesprächstypen* oder -*klassen* liegen bereits detailliertere Studien vor, so z.B. zu verschiedenen Gesprächsformen in Fernsehen und Radio (Burger 1991, Holly u.a. 1986, Linke 1985), zu Beratungsgesprächen (Wahmhoff/Wenzel 1979 und Wenzel 1984, Nothdurft 1994), zum Interview (Schwitalla 1979), zum sogenannten 'small talk' (Schneider 1988), zu Gesprächen im medizinisch-therapeutischen Bereich (Ehlich u.a. 1990), zu Gesprächen in Schule und Unterricht (Sinclair/Coulthard 1975, Ehlich/Rehbein 1983, Redder 1984). Eine Bibliographie zur Diskursforschung und Kommunikation in Institutionen bietet Becker/Mrotzek (1992).

Die unterschiedlichen *Gesprächsverhaltensweisen von Frauen und Männern* stellen den Untersuchungsgegenstand von Aufsätzen dar, die unter dem Titel "Gewalt durch Sprache" in Trömel-Plötz (1984) zusammengefasst sind. Als Klassiker in bezug auf die Erforschung geschlechtsspezifischen Gesprächsverhaltens gelten die Arbeiten von Lakoff (1973) und (1975); die Arbeiten von Trömel-Plötz (1982), Werner (1983), Schmidt (1988) und Kotthoff (1989), Günthner/Kotthoff (1992) können zu den wichtigeren deutschsprachigen Titeln gerechnet werden, wobei Schmidt im ersten Teil ihres Buches einen guten Forschungsüberblick zum Thema bietet.

Was interessante *Spezialfragen* der Gesprächsanalyse anbelangt, seien hier – ohne Systematik – folgende Titel genannt: Weydt (1983) zur interaktiven Funktion von Partikeln, Ehlich (1980) und (1984) zum Erzählen als interaktiver Tätigkeit, Henne (1979) zur Rolle des Hörers in Gesprächen, Gumperz (1982), Neuland (1981), Günthner (1993) zu interkulturellen bzw. soziolinguistischen Aspekten der Gesprächsanalyse.

Detaillierte Informationen zur *nonverbale Seite unseres Interaktionsverhaltens* bieten u.a. Scherer/Walbott (1979) – ein nicht mehr neuer, aber gerade für die deutschsprachige Forschung grundlegender Sammelband –, Siegman/Feldstein (1985), die das Zusammenspiel der verschiedenen nonverbalen Kommunikationskanäle in den Vordergrund stellen, und – als neuere und sehr umfassende Arbeit – Burgoon u.a. (1989) .

Einen nicht mehr neuen, aber interessanten Überblick über unterschiedliche *Anwendungsbereiche* und Fragestellungen der Gesprächsanalyse bietet der Sammelband von Dittmann (1979); ähnlich vielfältig und um einen Brückenschlag von der Linguistik zur *Literatur* bemüht sind Cherubim/Henne/Rehbock (1984). Einblicke in die vorlinguistische, vorwiegend philosophisch-historisch ausgerichtete Beschäftigung mit der "Kunst des Gesprächs" sowie eine Anthologie von "Texten zur Geschichte der europäischen Konversationstheorie" vermittelt Schmölders (1979).

7.1 Der Forschungsgegenstand 'Gespräch'

Das Gespräch ist sowohl phylo- als auch ontogenetisch sowie in der alltäglichen Erfahrungswelt vieler Menschen *die grundlegende Form* des Sprachgebrauchs. Gleichzeitig gilt aber, dass Sprache im Gefäss des Gesprächs, in der flüchtigen Form des gesprochenen Wortes, besonders schwer zugänglich ist und einer speziellen Aufbereitung bedarf, um als Untersuchungs-*Objekt* fassbar zu werden. Unter dem Gesichtspunkt des sprachlichen Mediums ist die Gesprächsanalyse also demjenigen linguistischen Forschungsbereich zuzuordnen, der die *mündlich realisierte Sprache* zum Gegenstand hat. Daraus ergibt sich eine Parallele zur Textlinguistik, die dem Forschungsbereich zugehört, der sich mit der *schriftlich realisierten Sprache* beschäftigt. Bei beiden Disziplinen, sowohl bei der Textlinguistik als auch bei der Gesprächsanalyse, stehen aber nicht mehr das sprachliche Medium und seine grundsätzlichen Charakteristika im Vordergrund, sondern es geht um die konkreten Erscheinungsformen, um die formal und inhaltlich komplexen, funktionalen Einheiten sprachlichen Handelns, in denen uns gesprochene und geschriebene Sprache begegnen.

Die Erkenntnis, dass zumindest *gesprochene* Sprache in erster Linie dialogisch (dia-legesthai = 'zwischen-sprechen', sich unterreden) vorkommt, d.h. also
– eingebettet in Kommunikationsituationen, die zwei oder mehrere Partner räumlich und/oder zeitlich verbinden, und
– in Form der Wechselrede, bei der derselbe Partner einmal Hörer und einmal Sprecher ist,
ist in der Sprachwissenschaft sehr lange nicht in dem Sinne wahrgenommen worden, dass man daraus einen eigenständigen Forschungsgegenstand oder spezifische Untersuchungsmethoden abgeleitet hätte.

Dabei ist diese Erkenntnis vorlinguistisch beinahe selbstverständlich: Wo immer ein Mensch etwas laut äussert, nehmen wir zunächst einmal an, dass er sich mit seiner Äusserung an einen Gesprächspartner oder eine Gesprächspartnerin wendet. Eine der Grundannahmen pragmalinguistischer Forschung, dass nämlich Äusserungen grundsätzlich intentional und partnerorientiert sind, setzt immer schon die Vorstellung gesprächsweiser Sprachproduktion voraus. In diesem Sinn baut auch eine Kategorie wie die der Illokution auf der (nicht thematisierten) Basis des Gesprächs auf.

In der Interaktion mit den Mitmenschen kommt dem Gespräch neben anderen Kommunikationsformen eine zentrale Funktion zu, was sich unter anderem daran zeigt, dass der Entzug der Möglichkeit zum Gespräch für uns unangenehm bis unerträglich ist und in systematischer Form eigentlich nur als Teil schwerer Strafmassnahmen (Einzelhaft) oder als selbstauferlegte Entbehrung (Schweigepflicht oder Schweigegelübde in religiösen Zusammenhängen) vorkommt.

Generell scheint sich emotionale Zuwendung (auch) im Miteinander-Reden zu äussern bzw. zu manifestieren: Wir reden mit Kleinkindern, auch wenn diese noch zu keiner Gegenrede fähig sind, wir 'führen Gespräche' mit unseren Haustieren und manchmal sogar mit Pflanzen.

Wie die Forschung zeigt, hat die gesprächsweise Zuwendung von Erwachsenen zu Kindern auch eine immense entwicklungspsychologische und sprachfördernde Bedeutung: Kinder, mit denen in der ersten Lebensphase nicht oder nur sehr wenig gesprochen wird, lernen gar nicht oder nur in sehr verkümmerter Weise sprechen (vgl. hierzu ZIMMER 1986 und 1989).

Die Frage ist, wieweit der Geltungsanspruch der Gesprächsform nicht nur auf die Domänen der gesprochenen Sprache beschränkt ist, sondern sich auch auf die geschriebene Sprache erstreckt, d.h. auch auf Gebrauchsbereiche von Sprache, in denen die Möglichkeit zur direkten Erwiderung, zur Wechselrede, nicht gegeben ist.

So ist es wohl nicht von der Hand zu weisen, dass wir selbst dort, wo wir glauben, ohne Gesprächspartner auszukommen (beim Schreiben von Tagebüchern, von Gedichten, beim Anfertigen von Notizen oder Einkaufszetteln), in irgendeiner Weise (einen Teil von) uns selbst bzw. irgendwelche diffus-anonymen GesprächspartnerInnen vor Augen haben. Und dass die 'Präsenz' solcher möglicher bzw. vorgestellter GesprächspartnerInnen durchaus Auswirkungen haben kann bzw. sich im Textprodukt manifestiert, haben ISER und andere zumindest für literarische Texte in der sogenannten Theorie des "impliziten Lesers" aufgearbeitet (vgl. Iser 1972).

Andererseits wäre es sicher ein linguistischer Kurz-Schluss, jegliche Form von *partnerorientierter* Sprachproduktion als 'gesprächshaft' zu apostrophieren. Der faktische Wechsel von Rede und Gegenrede, von Sprecherrolle und Hörerrolle ist sowohl Resultat als auch Auslöser komplexer kommunikativer Prozesse, die das Gespräch als Kommunikationsform von anderen Erscheinungsformen von Sprache in quantitativer wie in qualitativer Weise unterscheidet.

7.2   Perspektiven und Kategorien der Gesprächsanalyse

Gespräche sind – ähnlich wie wir dies in Kapitel 6 für Texte gezeigt haben – eine sprachliche Grösse, deren einzelne Elemente sich zum Teil erst aus dem Verständnis des Ganzen heraus als sinnvoll erweisen und funktional bestimmen lassen.

Unter analytischem Gesichtspunkt ist es allerdings zweckmässig, einzelne Aspekte zumindest vorläufig zu isolieren, d.h. verschiedene Betrachtungsperspektiven und Analyseebenen zu unterscheiden und je für sich genommen zu untersuchen.

7.2.1   Organisatorische und inhaltliche Kategorien

Im Sinne einer ersten Grobordnung kann man zunächst einmal zwei Untersuchungsperspektiven unterscheiden:

a)   die eher auf die Organisationsform von Gesprächen gerichtete Perspektive
b)   die eher an thematisch-inhaltlichen Prozessen interessierte Perspektive.

Bei (a) steht die Frage nach dem Zusammenspiel der GesprächspartnerInnen in organisatorischer Hinsicht im Vordergrund: Wer spricht wann, wie lange, wie oft, wer kommt auf welche Weise zu Wort etc. und, daran anschliessend, die Frage nach den Organisations*einheiten* des Gesprächs, nach feineren sowie nach umfassenderen Gesprächsstrukturen und eventuellen hierarchischen Bezügen. Diese Fragen behandeln wir relativ ausführlich in den Abschnitten 7.3 und 7.5 (in Abschnitt 7.4 versuchen wir, die in 7.3 erörterten Kategorien an einem praktischen Analysebeispiel zu illustrieren).

Henne/Rehbock unterscheiden in diesem Zusammenhang drei Hauptebenen, denen sie ihrerseits wieder einzelne Analysekategorien zuordnen:

- 'Oberste' Ebene ist die sogenannte *Makroebene*, auf der v.a. die drei Phasen 'Gesprächseröffnung', 'Gesprächsmitte' und 'Gesprächsbeendigung' unterschieden werden.
- Der *mittleren Ebene* sind entsprechend kleinere Organisationseinheiten zugeordnet, in erster Linie der Gesprächsschritt ('turn'), der Sprecherwechsel und die Gesprächssequenz.
- Auf der *Mikroebene* der Analyse geht es um syntaktische, lexikalische und phonologisch/prosodische Strukturen, die jeweils hinsichtlich der auf der mittleren Ebene angesiedelten Einheiten untersucht werden.
  (Für Details vgl. Henne/Rehbock 1982:20ff.)

Bei (b) dagegen geht es um das Zusammenspiel der GesprächspartnerInnen in *thematisch-inhaltlicher* Hinsicht: Wie wird ein Thema gesprächsweise 'bearbeitet', wie koordinieren die GesprächspartnerInnen ihre Beiträge unter inhaltlichen Gesichtspunkten, wie entwickeln sie gemeinsam einen Gesprächsfaden etc. Daran angeschlossen ist die Frage nach thematischen Einheiten in Gesprächen, nach hierarchischen Bezügen zwischen einzelnen Themenbereichen, nach Formen und Möglichkeiten des Themenwechsels etc. Diesen Fragen gehen wir vor allem in Abschnitt 7.6.2 nach.

Schliesslich stellt sich auch die Frage nach der Verbindung von (a) und (b), d.h. die Frage danach, wie sich organisatorische und inhaltliche Strukturen aufeinander beziehen lassen bzw. auf welche Weise sie voneinander abhängig sind.

7.2.2 Sprecher vs. Hörer

Die Formen und Möglichkeiten der Beteiligung an einem Gespräch sind unterschiedlich, je nachdem, ob einem Gesprächsteilnehmer die Sprecher- oder die Hörerrolle zukommt. Gerade die "Rolle des Hörers im Gespräch" (vgl. Henne 1979) wurde in den Anfängen der Gesprächsanalyse als "passive" Rolle zu stark vernachlässigt. Der Einbezug nonverbaler Verhaltensweisen in die Analyse sowie eine stärkere Berücksichtigung des Zusammenspiels von Sprecher und Hörer haben inzwischen gezeigt, wie aktiv die Rolle ist, die Hörer und Hörerinnen im Gespräch einnehmen, und welche Auswirkungen das Hörerverhalten auf das Sprecherverhalten sowie auf den Gesprächsverlauf insgesamt haben kann.

Andererseits gibt es Verhaltensweisen auf Sprecherseite, die sich – weitgehend unabhängig vom Inhalt eines Gesprächsbeitrags – an den Hörer richten und diesen immer wieder 'aktivieren' und in den Sprecherbeitrag einbeziehen. Den Rahmenbedingungen sowie der verbalen und nonverbalen Ausgestaltung der Hörerrolle ist v.a. Abschnitt 7.3.4 gewidmet.

7.2.3 Das Gespräch als Ganzes

Wenn wir das Gespräch als Ganzes, d.h. als komplexe sprachliche Handlungseinheit betrachten, ergibt sich – wie auch bei der Grösse 'Text' – die Frage nach Klassen und Typen, d.h. nach Gesprächssorten sowie nach den Merkmalen, anhand derer wir bestimmte Gespräche bestimmten Sorten zuordnen können. Die Klassifizierungsmerkmale können dabei – ebenfalls analog zur entsprechenden Problematik bei Texten – entweder inhärent, d.h. 'am Gespräch' selbst festmachbar, oder aber äusserlicher Natur sein, sich also auf die Kommunikationssituation oder die beteiligten Partner beziehen oder deren Beziehungen zueinander bzw. zum Gesprächsgegenstand betreffen (vgl. hierzu Abschnitt 7.7).

In den folgenden Unterkapiteln soll es darum gehen, die hier angedeuteten Analysekategorien etwas genauer darzulegen und auszudifferenzieren, wo dies relevant und möglich ist, sowie die Bezüge aufzudecken, die zwischen den einzelnen Kategorien spielen. Nach Möglichkeit sollen auch die Zusammenhänge zwischen organisatorischen und inhaltlichen Einheiten bzw. Strukturen aufgezeigt werden. Dabei wird deutlich werden, dass manche der präsentierten Kategorien relativ klar und 'objektiv' erfassbar sind, während bei anderen der interpretative Spielraum sehr gross ist und Analyseergebnisse entsprechend 'subjektiv' bleiben.

7.3. Der Sprecherwechsel als zentrale Schaltstelle des Gesprächs

Wie es bereits die Titel zweier grundlegender Aufsätze der amerikanischen 'Conversation-Analysis' signalisieren (Sacks/Schegloff/Jefferson 1974: "A simplest systematics for the organization of turn-taking for conversation" und Yngve 1970: "On getting a word in edgewise"), steht die Frage, wie GesprächsteilnehmerInnen eigentlich reihum zu Wort kommen, ohne dass ein verbales Chaos entsteht, am Anfang gesprächsanalytischer Arbeit.

Der zentrale Untersuchungsgegenstand ist das Gespräch als *Organisationsform*, gefragt wird nach den Regeln und Mechanismen, die diese Organisationsform konstituieren.

Grundeinheit des Gesprächs ist der *turn*, der *Gesprächsbeitrag*, grundlegende Organisationsgrösse das sogenannte *turn-taking*, der *Sprecherwechsel*. Minimalbeispiel eines solchen Sprecherwechsels, bei dem ein ehemaliger Hörer zum Sprecher wird, wobei gleichzeitig der ehemalige Sprecher die Hörerrolle übernimmt, wäre etwa:

A: *Glaubst Du diesen Unsinn etwa? –*

B: *Nicht so ganz, aber irgendwas ist sicher dran.*

Der Sprecherwechsel ist also eine Form von Rollenwechsel, der in einem Zweiergespräch natürlich regelmässiger und einfacher ist als in einem Gruppengespräch, wo einem Sprecher oder einer Sprecherin mehrere potentielle HörerInnen gegenüberstehen und folglich beim Sprecherwechsel nicht jedesmal von vornherein klar ist, wer als nächste oder nächster die Sprecherrolle erhält.In diesem Fall ist eine meist unmerkliche, aber intensive *Kooperation* zwischen allen am Gespräch Beteiligten nötig und offenbar auch möglich.

Denn ebenso, wie wir es (ohne eigentlich zu wissen, wie, und ohne sichtbare Anstrengung oder Konzentration) immer wieder schaffen, in grossen Menschenmengen auf überfüllten Gehsteigen voranzukommen, ohne dauernd gegen entgegenkommende Passanten zu prallen oder uns in die Einkauftaschen unserer Mit-Fussgänger zu verheddern, so gelingt es uns normalerweise ja auch in einem Gespräch, irgendwie 'voranzukommen', ohne dass es zu verbalen Rempeleien kommt.

Allerdings: Ebenso, wie man auf der Strasse dann doch manchmal in die verhexte Situation gerät, in der das Aneinander-Vorbeigehen nicht gelingt und sich als Folge davon eine Art Trottoir-Tanz mit dem Entgegenkommenden ergibt, ebenso kann es auch im Gespräch zu Koordinationsproblemen und Organisationspannen kommen.

Solche Pannen werden (im Gespräch wie auf der Strasse) meist als unangenehm oder peinlich empfunden – sie sind aber gleichzeitig die Ausnahmen, die die Regel bestätigen, d.h. sie machen uns darauf aufmerksam, dass wir uns im Normalfall tatsächlich nach – wenn auch weitgehend unbewussten – Regeln verhalten. Welche Regeln das sind und wie wir mit ihnen umgehen, soll im folgenden in groben Zügen geklärt werden.

7.3.1   Fremdwahl – Selbstwahl

Zunächst einmal lassen sich zwei Arten des 'Zu-Wort-Kommens' unterscheiden: Entweder wird uns das Wort erteilt (Fremdwahl) oder wir nehmen es uns selbst (Selbstwahl).

Fremdwahl kann auf explizite oder implizite Art und Weise erfolgen.

Die deutlichste Form der Fremdwahl ist der namentliche Aufruf durch einen Diskussionsleiter oder die direkte Anrede durch einen Gesprächspartner oder eine Gesprächspartnerin (also etwa: *Sag mal Irene, wie war denn das eigentlich bei dir?*). Fremdwahl kann aber auch nonverbal erfolgen, durch deutliche Körperzuwendung zu einem bestimmten Gesprächspartner oder durch eine auffordernde Geste bzw. durch einen entsprechenden Blick. Aber auch eine bestimmte inhaltliche Vorgabe kann deutlich machen, dass jetzt eine ganz bestimmte Person innerhalb der Gesprächsrunde angesprochen ist und folglich das Wort erhält.

Selbstwahl ist – verglichen mit Fremdwahl – die kompliziertere Form des turntaking. Selbstwahl kann immer dann erfolgen, wenn ein Sprecher oder eine Sprecherin einen Beitrag beendet hat, ohne dass eine bestimmte Person aus der Gesprächsrunde bereits zum nächsten Sprecher fremd-gewählt worden ist.

Das bedeutet dann, dass die anwesenden *potentiellen* nächsten SprecherInnen
– sich darüber klar sein müssen, dass der Sprecher oder die Sprecherin jetzt tatsächlich mit dem Gesprächsbeitrag aufhören will bzw. gerade aufgehört hat - und nicht einfach nur eine kurze Denk- oder Formulierungspause macht,
– sich darüber klar sein müssen, ob irgendein Signal für eine Fremdwahl erfolgt ist oder ob einer der Anwesenden irgendeine Art Sprechvorrecht hat – z.B. weil jemand schon vorher etwas sagen wollte und nicht dazu kam und folglich auf einer Art unsichtbaren Rednerliste ganz obenan steht,
– sich in irgendeiner Weise untereinander koordinieren müssen, so dass nicht alle gleichzeitig versuchen, das Wort zu ergreifen.

Die Grundregeln, an denen GesprächspartnerInnen sich vor allem bei Selbstwahl orientieren und die als 'Grundfesten' unserer Gesprächsverhaltensnormen angesehen werden können, sind die folgenden:

a) Es spricht immer nur eine Person! (Parallelsprechen mehrerer Personen ist zu vermeiden!)

b) Wer nach einem Gesprächsbeitrag zuerst als nächster das Wort ergreift, hat das Anrecht auf den Gesprächsbeitrag.

c) Die Regel (b) gilt nicht, wenn aufgrund 'älterer Rechte' der nächste Beitrag schon für jemand aus der Gesprächsrunde reserviert ist – weil z.B. ein Sprecher durch einen anderen oder ein äusseres Ereignis in seinem Beitrag unterbrochen worden ist und nun 'weitermachen' darf. (Die englischsprachige Forschungsliteratur spricht in diesem Fall von "having the floor".)

Natürlich haben auch diese Regeln ihre Ausnahmen bzw. lassen einen gewissen Spielraum zu, und man kann auch jederzeit unbewusst oder bewusst gegen diese Regeln verstossen. Daraus ergeben sich dann mehrere mögliche Formen des Sprecherwechsels.

7.3.2 Formen des Sprecherwechsels

Sprecherwechsel mit oder ohne "gap" (mit oder ohne Sprechpause)

Damit sind Sprecherwechsel gemeint, bei denen zwischen dem Ende des letzten Gesprächsbeitrags und dem Einsetzen des neuen Gesprächsbeitrags keine oder nur eine sehr kurze Sprechpause (engl.: *gap*) entsteht.

Solche reibungslosen Sprecherwechsel sind sehr üblich und zeugen von einer intensiven Koordination in unseren Gesprächsaktivitäten. Denn damit ein nachfolgender Sprecher mit seinem Beitrag genau dann einsetzen kann, wenn der vorhergehende Sprecher mit seinem Beitrag aufhört (was z.T. auf eine zeitliche Koordination von Bruchteilen von Sekunden hinausläuft), bedarf es einer genauen Antizipation der Gesprächshandlungen unserer Interaktionspartner.

Sprecherwechsel mit "overlap" ("Überlappen")

Hier sind Sprecherwechsel gemeint, bei denen sich der Gesprächsbeitrag des endenden Sprechers und der Beitrag des neu einsetzenden Sprechers 'überlappen', d.h. dass die letzten Silben oder Worte, eventuell auch ein ganzer Satz des endenden Sprechers gleichzeitig mit den ersten Worten des einsetzenden Sprechers gesprochen werden.

Obwohl wir hier einen Fall von gleichzeitigem Sprechen haben, handelt es sich nicht um ein Versagen der Gesprächsmechanismen: Überlappungen kommen in Gesprächen sehr oft vor und werden von den Beteiligten meist nicht als störend wahrgenommen. Dass dem so ist, hängt damit zusammen, dass wir die Anfänge und Enden unserer Gesprächsbeiträge meist mit verbalen 'Pufferzonen' oder besser vielleicht sogar 'Knautschzonen' ausstatten (z.B. *Ja also..., also ich meine, dass..., Äh, ich wollte sagen...* am Anfang und *... so irgendwie, ... find ich einfach, ... gell?, ... nicht wahr?* etc. am Ende). Selbst wenn nun diese Passagen durch Gleichzeitig-Sprechen unverständlich werden, wird dadurch der wesentliche Inhalt der einzelnen Gesprächsbeiträge nicht berührt und das Gespräch also nicht beeinträchtigt. Doch sogar wenn am Ende eines Gesprächsbeitrags einige inhaltlich gewichtige Wörter überdeckt werden, sind sie oft aus dem vorher Gesagten erschliessbar und somit materiell vernachlässigbar. Insofern handelt es sich auch in diesen Fällen immer noch um eine Form des 'glatten' Sprecherwechsels.

Sprecherwechsel mit längerer Pause bzw. Schweigen

Mit 'Pausen' sind hier Intervalle gemeint, die länger sind als das, was (noch) als 'gap' empfunden werden kann. Es handelt sich dabei also um eine *relative* Grösse, die in verschiedenen Sprachgemeinschaften und Sprachkulturen unterschiedlich definiert sein kann.

Die oben erwähnte Grundregel 'Wer zuerst spricht, hat das Anrecht auf den nächsten Gesprächsbeitrag' führt dazu, dass Sprecherwechsel im Normalfall rasch und ohne grössere Sprechpause erfolgen; auch der überlappende Sprecherwechsel kann als direkte Folge dieser Grundregel interpretiert werden: Wenn ich mit meinem Gesprächsbeitrag schon anfange, während mein Vorredner noch spricht, gelingt es mir eher, potentielle Mitbewerber um die Sprecherrolle zu überrunden, als wenn ich warte, bis mein Vorgänger ausgesprochen hat.
Wenn nun trotzdem der Fall eintritt, dass zwischen dem Ende eines Gesprächsbeitrags und dem Beginn des nächsten eine grössere Pause eintritt, die nicht mehr als "gap" interpretiert werden

kann, so empfinden das die Gesprächsteilnehmer normalerweise als unangenehm bzw. peinlich. Dies mag v.a. damit zusammenhängen, dass ein solches 'Gesprächsloch' als Signal für mangelnde Koordination und damit zusammenhängend auch als mangelndes Interesse am Gesprächsthema oder gar am Gesprächspartner interpretiert werden kann – und damit als Hinweis für eine Störung auf der *Ebene der Beziehung* zwischen den Beteiligten. Allenfalls bei Fremdwahl eines nächsten Sprechers sind längere Sprecherwechselpausen akzeptabel – sie lassen sich als Denkpause bzw. Formulierungspause interpretieren. Generell kann aber (passives) Schweigen in einem Gespräch ganz ähnliche unangenehme Wirkungen haben wie (aktives) Unterbrechen.

Allerdings sei nochmals betont: Was in einem Gespräch jeweils (noch) als "gap" bzw. (schon) als Pause interpretiert wird, hängt in erster Linie von den entsprechenden Normen der jeweiligen Sprachgemeinschaft bzw. Gesprächskultur ab: So sind z.B. in der deutschsprachigen Schweiz längere Einschnitte zwischen Gesprächsbeiträgen üblich – und höflich – als in Deutschland. Und auch Faktoren wie der Bekanntheitsgrad der GesprächspartnerInnen, der private oder öffentliche Charakter der Interaktionssituation etc. spielen hier eine Rolle.

Sprecherwechsel durch Unterbrechung

Die Unterbrechung ist eine latent aggressive und vom betroffenen Sprecher meist als unangenehm empfundene Form der Selbstwahl. Sie unterscheidet sich vom überlappenden Sprecherwechsel einerseits eben dadurch, dass der Sprecher sich tatsächlich unterbrochen fühlt und andererseits durch die damit verbundene Tatsache, dass der Gesprächsbeitrag des aktuellen Sprechers eben noch nicht in seiner unmittelbaren Endphase ist und deshalb – bei geglückter Unterbrechung – wesentliche Teile dieses Beitrags nicht mehr realisiert werden können.

Es ist allerdings nicht jede Unterbrechung gleich 'schlimm': Innerhalb jedes Gesprächsbeitrags gibt es sogenannte *übergangsrelevante Orte*, die sich z.T. syntaktisch bestimmen lassen (z.B. das Ende eines Satzes oder eines Teilsatzes), z.T. eher inhaltlich motiviert sind (das Ende einer Argumentationskette, eines Witzes, eines Gedankenganges). Unterbrechungen an solchen übergangsrelevanten Orten werden von den Betroffenen oft nicht als Unterbrechung, sondern eher als eine Art überraschender Selbstwahl empfunden.

Unterbrechungen lassen sich oft ziemlich eindeutig von überlappenden Sprecherwechseln unterscheiden; es gibt aber auch Fälle, in denen sich keine definitive Entscheidung treffen lässt. So kann eine Denk- oder Formulierungspause eines Sprechers, der ganz dringend noch etwas sagen möchte, von einem Gesprächspartner oder einer -partnerin durchaus als Ende des Gesprächsbeitrags und damit als Aufforderung zum Sprecherwechsel (miss-)verstanden werden. Auch Intonationskurven können missdeutet, rhetorische Fragen können ernstgenommen, eine eindringlich gedachte Anrede kann als Fremdwahl interpretiert werden. Die Beurteilungen eines Sprecherwechsels durch Sprecher und Hörer können also durchaus stark auseinanderklaffen.

7.3.3 Sprecherrolle und Sprecheraktivitäten

Wenn man – durch Selbst- oder Fremdwahl – in einem Gespräch zu Wort gekommen ist, so hat man damit auch das Anrecht erhalten, über einen gewissen Zeitraum die Sprecherrolle innezuhaben. Wie lang dieses 'Recht' dauert, hängt von Faktoren wie Ort, Zeitpunkt, Öffentlichkeitscharakter des Gesprächs, Beziehung der GesprächsteilnehmerInnen, Thema des Gesprächs etc. ab.

So sind z.B. Gesprächsbeiträge in öffentlichen Diskussionsrunden bedeutend länger als bei einer Diskussion im Freundeskreis; ein Fachexperte kann und darf bei einem entsprechenden Thema weiter und länger ausholen als jemand, der nichts davon versteht; jemand, der gerade aufgefordert wurde, doch die Geschichte seiner ersten Liebe zu erzählen, wird kaum unterbrochen werden, bevor die Geschichte zu Ende ist etc.

Dennoch sind wir uns als Sprecher oder Sprecherin immer der Tatsache bewusst, dass wir (irgendwann) das Wort weitergeben müssen. Innerhalb eines Gesprächsbeitrags lassen sich deshalb meist Signale festmachen, die zeigen, ob bzw. dass der aktuelle Sprecher noch weitersprechen möchte: Denk- oder Formulierungspausen sind mit *äh, hmm* oder *öh* gefüllt, und auch die Intonationskurve bleibt erhöht oder geht deutlich nach oben zum Zeichen, dass der Gesprächsbeitrag noch nicht zu Ende ist.

Leiser werdende Stimme, langsamerer Redefluss, ein zum Sprecherwechsel animierendes *...oder?, ...nicht wahr?, ...wie findest denn du das?* dagegen signalisieren, dass ich zum Schluss komme und das Wort freigebe. Für die letztgenannte Erscheinung, nämlich die verbalen Anhängsel, die je nach Region prototypisch *gell?, oder?, nich?, eh?* lauten, hat sich die englische Bezeichnung *tag-questions* eingebürgert ("tag" bedeutet etwa so viel wie 'Anhängsel', 'Zipfel', in übertragenem Sinn auch 'Abschluss', 'Schlusswort').

Wird man – bevor man mit seinem Gesprächsbeitrag zum Schluss kommt – von einem Gesprächspartner oder einer Gesprächspartnerin unterbrochen, so kann man sich verbal und nonverbal (vgl. auch 7.2.7) zur Wehr setzen, also zum Beispiel:
- lauter sprechen und damit den andern 'übertönen'
- den unterbrochenen Redeteil nochmals wiederholen, eventuell sogar mehrmals, bis der Unterbrecher seinerseits wieder schweigt
- sich nach vorne beugen und stark gestikulieren und damit den Unterbrecher nonverbal 'zurückdrängen'
- die Unterbrechung thematisieren und sich explizit dagegen verwahren *(Moment, ich bin noch nicht fertig!)*

Doch auch wenn das Rederecht völlig unangetastet ist, werden Sprecher oder Sprecherinnen nicht auf eine gewisse Zuwendung zu ihrem Publikum und damit auch auf eine beständige Versicherung ihrer Sprecherrolle verzichten. Das zeigt sich dann
- im Blickkontakt zu Hörerinnen und Hörern
- in (verständniserleichternden) Gliederungssignalen *(das war mal das eine, dann...)*
- in aufmerksamkeitssichernden und/oder zur Zustimmung auffordernden Floskeln und Wendungen *(nicht wahr?, weisst du, verstehst du?*) bzw. in rhetorischen Fragen, die dann durchaus nicht als Aufforderung zur 'turn-Übernahme' gedacht sind, sondern nur den Kontakt zum Hörer verstärken sollen.

7.3.4   Hörerrolle und Höreraktivitäten

Nicht nur die ('aktive') Sprecherrolle, auch die ('passive') Hörerrolle ist mit ganz spezifischen Aktivitäten verbunden. Dabei ist in unserem Zusammenhang nicht der – ebenfalls aktive – Prozess des Hörverstehens gemeint, sondern gesprächs- und sprecherorientierte Handlungen, deren Bedeutung und Funktion sich auch erst in bezug auf die Sprecherrolle ganz verstehen lassen.

Denn wenn ein Hörer oder eine Hörerin über einen längeren Zeitraum hinweg wirklich nichts anderes tun würde, als nur zuhören, so würde dies zu einer grossen Verunsicherung des Sprechers bzw. der Sprecherin führen und unter Umständen den Abbruch der Kommunikation zur Folge haben. Die Hörerrolle erfordert also ihre eigenen Gesprächs-Aktivitäten, die in der Forschung meist unter den Bezeichnungen *back-channel-behavior* (auch: *Hörer-feed-back*) oder *Rückmeldeverhalten* zusammengefasst werden.

Diese Aktivitäten erfolgen parallel zum Gesprächsbeitrag des Sprechers und stören oder berühren diesen im Normalfall nicht. Auf Grund ihrer Funktionen lassen sich zwei Haupttypen von Höreraktivitäten unterscheiden:

a) *aufmerksamkeitsbezeugende*, die Sprecherrolle bestätigende Signale, die zeigen, dass der Hörer noch da, noch wach und noch aufmerksam ist;

b) *kommentierende* Hörersignale, die die Einstellung des Hörers oder der Hörerin zum Gesagten signalisieren, also z.B. Zustimmung, Zweifel, Spannung etc.

(a) ist in jedem Fall von back-channel-Verhalten gegeben, (b) schliesst (a) ein bzw. stellt eine erweiterte Form von (a) dar.

Für beide Funktionen stehen sowohl verbale als auch nonverbale Mittel zur Verfügung:
– Blickkontakt in gewissen Abständen
– Körperzuwendung
– Mimik/Gesichtsausdruck
– Gestik
– Kopfbewegungen; Kopfnicken oder Kopfschütteln
– Lächeln und/oder Lachen
– Äusserung von Rückmeldesignalen wie *mhm, hmm, ja, jaja* in gewissen Abständen
– kommentierende Bemerkungen wie *ach ja, wirklich?, genau, eben, tja, soso* etc.

Es lassen sich in Detailanalysen durchaus noch weitere Funktionen solcher Hörersignale zeigen, so z.B. beziehungsstabilisierende, imagepflegende oder – bei grösseren Gesprächsrunden – gruppenbildende Funktionen etc. Darauf kann hier aber nicht näher eingegangen werden.

Ein Grossteil des Rückmeldeverhaltens ist stark automatisiert – wir senden diese Signale, ohne dass wir es bewusst bemerken. Die einzelnen Signale erfolgen parallel zum Gesprächsbeitrag des Sprechers oder der Sprecherin; dabei kann es – vor allem bei längeren Kommentarfloskeln – zu kurzen Phasen von Parallelsprechen kommen, die aber normalerweise nicht als Störung der Kommunikation und auch nicht als Unterbrechungsversuch gewertet werden. Trotz dieser Beiläufigkeit des Hörer-feed-backs kann es aber direkte Auswirkungen auf das Verhalten des Sprechers haben: Wird zu wenig Aufmerksamkeit signalisiert, führt das zur Verunsicherung des Sprechers und hat entsprechende Folgen (vermehrte rhetorische Bemühungen, Nachfragen in Sinne von *hörst Du mir eigentlich noch zu?* oder *interessiert dich wohl alles nicht, was?*). Kritische oder zweifelnde Kommentarsignale können den Sprecher dazu veranlassen, seinen Standpunkt zu präzisieren, mit Argumenten nachzudoppeln, Ernsthaftigkeitsbeteuerungen anzubringen etc.

Insofern können HörerInnen durchaus auch Einfluss auf den Gesprächsverlauf nehmen, ohne dass sie selbst das Wort ergreifen, und wir können auch durchaus zwischen 'schlechten' und 'guten' HörerInnen unterscheiden (vgl. hierzu auch 8.5.1). Allerdings: Man kann auch den guten Zuhörer *spielen* – z.B. am Telefon, wo der nonverbale Kanal als verräterische Kontrollinstanz wegfällt.

Schliesslich kann man aus der Hörerrolle heraus auch signalisieren, dass man an der Übernahme der Sprecherrolle interessiert ist – z.B. durch verstärktes Rückmeldeverhalten (womit gesteigertes Interesse und damit auch der Wunsch zu sprechen angemeldet wird).

Sind an einem Gespräch mehr als zwei PartnerInnen beteiligt, können wir manchmal zwischen einem direkt angesprochenen Hörer (also dem eigentlichen *Adressaten* eines Gesprächsbeitrags) und den anderen *Mit-Hörern* oder *Zu-Hörern* unterscheiden. In einem solchen Fall ist v.a. der Adressat zu entsprechendem 'back-channel-Verhalten' verpflichtet, während die restlichen Anwesenden sich eher passiv verhalten können.

7.3.5 Organisationspannen und Reparaturmechanismen

Kommt es beim Sprecherwechsel zu Organisationspannen (also z.B. zu Schweigen oder zu einer Unterbrechung), so stehen uns für solche Fälle *Reparaturmechanismen* zur Verfügung, die wir einsetzen können, sofern wir guten Willens sind.
Wird eine Pause nach einem Gesprächsbeitrag als *Schweigen* empfunden, so kann der ehemalige Sprecher selbst eine Reparatur versuchen, indem er seinen bereits beendeten Gesprächsbeitrag 'verlängert' (durch 'Nachdoppeln': *also, eben, ich meinte, man sollte* ... oder durch explizite Fremdwahl eines nächsten Sprechers) oder indem er einen neuen Gesichtspunkt des alten Themas oder einen ganz neuen Themenkreis anschneidet. Das Schweigen wird damit überspielt und kann zur 'Pause' innerhalb eines längeren Gesprächbeitrags uminterpretiert werden.
Eine Reparatur durch die anderen GesprächspartnerInnen besteht meist in der Äusserung von 'Pausenfüllern' oder Kommentarfloskeln (*Hmmm; tja; jaja, so ist das halt; also das ist wirklich eine schlimme Geschichte* etc.), die das Schweigen sozusagen zu einer kollektiven Denkpause umdeuten.
Beide Strategien werden so lange eingesetzt, bis ein neuer Sprecher endgültig den turn übernimmt und das Gespräch damit weiterführt.

Beim *Unterbrechen* haben beide Parteien die Möglichkeit zur Reparatur: Der Unterbrecher kann sich selbst nach zwei, drei Worten wieder unterbrechen und mit entsprechenden verbalen oder nonverbalen Entschuldigungszeichen den ursprünglichen Sprecher zum Weitersprechen auffordern. (Dies ist dann wahrscheinlich, wenn der Unterbrecher eine Formulierungspause des Sprechers als Aufforderung zur turn-Übernahme missdeutet hat.)
Der Unterbrochene selbst kann die Situation jedoch auch reparieren und z.B. so tun, als habe er sowieso gerade mit Reden aufhören wollen, indem er etwa eine angefangene Satzkonstruktion im Schnellverfahren beendet und so die Unterbrechung in eine Art Überlappen umdeutet.
Dass wir in unserem Gesprächsverhalten über solche Reparatur-Mechanismen verfügen, macht deutlich, dass die Gesprächsorganisation kein reiner Formalismus bzw. Automatismus ist, sondern stark in Zusammenhang mit Beziehungskonstellationen zwischen den Gesprächspartnern zu sehen ist: Unterbrechen *kann* eine Art von Machtausübung sein; Schweigen *kann* auf mangelnde gemeinsame Interessen verweisen.

7.3.6 Zur Funktion der Partikeln

Mit *Partikeln* meinen wir hier eine funktional bestimmte *Auswahl* aus den Wörtern und Wörtchen, die normalerweise der Wortart Partikel zugerechnet werden (vgl. dazu auch Kapitel 2, Abschnitt 2.4.3). Wie sich diese Auswahl im einzelnen charakterisiert, wird im folgenden deutlich werden.

Die grosse Bedeutung, die den Partikeln im Rahmen der Gesprächsorganisation und speziell beim Sprecherwechsel zukommt, ist bisher schon mehrfach kurz angesprochen worden. Die Entwicklung der Partikelforschung verläuft auch in etwa parallel zur Entwicklung der Gesprächsanalyse. Die Wertschätzung der Partikeln als nützliche Elemente der – im Gegensatz zu anderen Sprachen äusserst partikelreichen – deutschen Sprache ist also relativ neu; traditionellerweise galten Partikeln eher als überflüssige, manierierte Sprach-Einsprengsel, die einen (schriftlichen) Text unnötig aufblähten und inhaltlicher Klarheit eher abträglich seien. Dieser Einschätzung entsprechen Bezeichnungen wie "Läuse im Pelz der deutschen Sprache" (Reiners) oder, etwas moderater, "Füllwörter".

Diese Beurteilung hatte ihren Hauptgrund darin, dass Partikeln – einzeln und aus dem kommunikativen Zusammenhang herausgelöst betrachtet – als bedeutungslos bzw. als sehr bedeutungsvage erscheinen. Man kann das sehr einfach nachvollziehen, wenn man überlegt, wie ein Lexikoneintrag für Wörtchen wie *eben, ja, halt* oder *also* lauten müsste (sogar beim "*ja*", wo man als eine Art Grundbedeutung zunächst einmal "Zustimmung" vermuten könnte, kommt man bei Verwendungsweisen wie in "*Ja also da kann ich gar nicht zustimmen!*" plötzlich in Schwierigkeiten). Ein weiterer Grund für die sprachpflegerische Diffamierung der Partikeln ist darin zu sehen, dass ihre 'Bedeutung' immer im Hinblick auf ihre Verwendung in schriftlichen Texten beurteilt wurde, wo die interaktive Potenz dieser 'Wörtchen' weniger stark zum Tragen kommt.

Bei der Beschäftigung mit gesprochener Sprache und vor allem bei der Analyse von Gesprächen drängt sich nun eine funktionale Betrachtungsweise mehr auf als bei einer Sprachanalyse, deren Grundlage vorwiegend geschriebene Texte sind. Der dialogische Charakter gesprochener Sprache rückt die Kommunikationspartner und damit auch die Adressatenorientierung des Sprachgebrauchs stärker ins Bild. Wo man früher aus der semantischen Leere bzw. Vagheit von Partikeln auf deren Nutzlosigkeit geschlossen und ihnen im besten Fall gewisse stilistische Bedeutung zugesprochen hatte, begann man nun, aus der vielseitigen Verwendung dieser Wörtchen auf ihre (funktionale) Bedeutung zu schliessen. Man kann dabei zwei Grossgruppen unterscheiden: die im Zusammenspiel von Sprecher und Hörer relevanten *redeleitenden Partikeln* und die v.a. der Einstellungskundgabe und der Bewertung dienenden *Modal-* oder *Abtönungspartikeln* .

a) Redeleitende Partikeln

Folgende Hauptfunktionen von redeleitenden Partikeln lassen sich unterscheiden:

Pausenfüller

Innerhalb eines Redebeitrags signalisiert ein Sprecher damit, dass er das Wort noch nicht abgeben möchte, sondern nur kurz nachdenkt, also etwa: *Ja, äh, also da hab ich noch ein Problem, ähm tja, alsoo, es ist doch so, dass* .... Werden Pausenfüller zwischen zwei benachbarten Redebeiträgen eingesetzt, handelt es sich um einen (oben bereits beschriebenen) Reparaturmechanismus.

'Knautschzone' beim Sprecherwechsel

Partikeln dienen in diesem Fall dazu, den Informationsverlust bei überlappendem Sprecherwechsel möglichst klein zu halten (vgl. 7.3.2).

Redeeinleitung

Der Einsatz von Partikeln erlaubt es, bereits mit Reden einzusetzen (und sich damit den Gesprächsbeitrag zu sichern), auch wenn man noch nicht weiss, was man sagen will bzw. wie man es formulieren möchte (*Ja, also, äh, ich meine halt, dazu wollt ich eben schon noch was sagen, nämlich* ...).

Überbrückung von Gesprächsflauten

Partikeln können dann eingesetzt werden, wenn man sprechen bzw. am Gespräch teilnehmen möchte, ohne dass man im Moment inhaltlich viel zu sagen hätte. Wenn sich bei mehreren Gesprächsbeiträgen nacheinander die redeleitenden Partikeln häufen, so zeigt dies innerhalb eines Gesprächs die Ermüdung eines Themas an und signalisiert oft auch gleichzeitig den Übergang zu einem neuen Thema (oder aber zur Beendigung des Gesprächs, siehe unten unter 7.6.3).

Nun kann man natürlich einwenden, dass solches *Reden um des Redens willen* ja eigentlich auch ein eher sinnloses Unternehmen sei und dass es ehrlicher wäre, in einem solchen Fall zu schweigen. Wir haben jedoch bereits weiter oben darauf hingewiesen, dass Schweigen als Signal für eine Beziehungsstörung interpretiert werden kann – eine Gefahr, der man als Gesprächspartner natürlich entgehen möchte. Andererseits haben gerade gesprächslinguistische Arbeiten die *soziale* Bedeutung des Miteinander-Sprechens herausgearbeitet: Viele Alltagsgespräche werden nicht um der Inhalte willen geführt, sondern dienen dem Aufbau sowie der Erneuerung und Bestätigung sozialer Beziehungen. Ein *"jaja, soso"* kann – so betrachtet – durchaus eine wesentliche Äusserung sein.

Sprechersignal

Sie signalisieren die Zuwendung zum Hörer und verpflichten diesen zur Aufmerksamkeit (vgl. 7.3.3).

Hörersignal

In diesem Fall dienen Partikeln als sprachliche Mittel des Rückmeldeverhaltens (vgl. 7.3.4).

b) Modal- bzw. Abtönungspartikeln

Diese Gruppe von Partikeln hat weniger gesprächsorganisatorische als vielmehr *(meta-)kommunikative* Funktionen, nämlich die der Modifizierung und Kommentierung geäusserter Sachverhalte.

Um dies an einem Beispiel zu verdeutlichen: Wenn ich die Mitteilung: *Eduard kommt nicht* um die Partikel *eh* ergänze zu: *Eduard kommt eh nicht*, erhält die Äusserung eine wesentliche zusätzliche 'Färbung': Es handelt sich nun nicht mehr um die Information über ein Faktum, sondern um die Äusserung einer Annahme. Gleichzeitig signalisiere ich, dass es bestimmte – mir bekannte – Umstände sind, die ein Erscheinen von Eduard unwahrscheinlich machen und mich deshalb zu meiner Annahme berechtigen. Dass ich diese Umstände jedoch nicht ausdrücklich nenne, sondern sie mit dem *eh* nur andeute bzw. ihre Existenz impliziere, könnte ausserdem darauf hinweisen, dass ich davon ausgehe, dass meine Gesprächspartner diese Umstände ebenfalls kennen.

Im Rahmen der allgemeinen Funktionen 'Einstellungsbekundung' bzw. 'Qualifikation einer Aussage' lassen sich nochmals verschiedene Spezialfunktionen unterscheiden. So kann man z.B. mit Hilfe einer Partikel:

– die Gültigkeit einer Aussage unterstreichen: *Das ist **nun mal** so!*
– seine eigene Unsicherheit signalisieren: *Irgendwie leuchtet mir das **schon** ein, aber...*
– seine Erwartungshaltung gegenüber einem Gesprächspartner signalisieren: *Ihr kommt **doch** am Sonntag?*
– Gefühle und Haltungen wie z.B. Ungeduld oder Unverständnis signalisieren: *Was machst du **denn**? Was soll das **eigentlich**?*
– etc.

Die Liste möglicher Funktionen liesse sich beliebig verlängern. Es ist aber sicher schon bis hierher deutlich geworden, dass auch den Modalpartikeln – obwohl sie keine eigentlichen 'Gesprächswörtchen' darstellen – in der gesprochenen Sprache

eine wichtige Stellung zukommt und die Analyse ihrer Wirkungsweise am ehesten im Rahmen gesprächsanalytischer Arbeit geschehen kann.
Für alle Partikeln, ob ihnen nun eher interaktiv-gesprächsorganisatorische oder inhaltlich-modifizierende Funktionen zukommen, gilt, dass ihre Bedeutung in erster Linie über diese Funktionen und nicht über ihre – oft kaum vorhandenen – semantischen Dimensionen zu erschliessen ist.

7.3.7 Zur Funktion nonverbalen Verhaltens

Die Bedeutung nonverbalen Verhaltens für die Gesprächsorganisation dürfte aus den vorhergegangenen Kapiteln ebenfalls schon deutlich geworden sein. Gestik, Mimik, Körperhaltung bzw. -bewegung und Blickkontakt können die verbalen Aktivitäten im Gespräch und speziell beim Sprecherwechsel

- *unterstützen* (wenn ich z.b. einer verbalen Fremdwahl durch eine auffordernde Kopfbewegung und Blickkontakt Nachdruck verleihe),
- *verdeutlichen* bzw. monosemieren (so lange z.b. ein Hörer tief im Sessel vergraben bleibt und einfach vor sich hin schaut, wird der aktuelle Sprecher auch eine Äusserung von ein oder zwei Sätzen noch als (ausführliches) Hörersignal und nicht als Unterbrechung interpretieren),
- *vorbereiten* (wenn ein Hörer durch gespannten Gesichtsausdruck, durch Nach-vorne-Lehnen und leichtes Öffnen des Mundes ankündigt, dass er als nächster den Gesprächsbeitrag übernehmen möchte),
- z.T. sogar *ersetzen* (dies v.a. im back-channel-Verhalten, wo ein Kopfnicken soviel bedeuten kann wie ein beifälliges Murmeln oder ein *jaja, genau!*).

Viele nonverbale Aktivitäten sind weder dem, der sie ausführt, noch dem, der sie wahrnimmt und entsprechend auf sie reagiert, tatsächlich bewusst. Wie automatisiert etwa der Blickkontakt zwischen Sprecher und Hörer ist, wird dann deutlich, wenn man versucht, das Blickverhalten bewusst zu kontrollieren, sich also z.B. selbst die Aufgabe stellt, einen Gesprächspartner eine gewisse Zeit möglichst nicht anzusehen. Aber auch 'gröbere' nonverbale Handlungen sind unbewusst: So merkt man es z.B. ja meist erst dann, dass man die ganze Zeit nervös mit einer Büroklammer gespielt hat, wenn diese plötzlich zerbricht.
Trotz – oder vermutlich sogar richtiger: *wegen* – ihrer unterschwelligen Wirkungsweise kommt den nonverbalen Verhaltensformen eine wesentliche Funktion bei der Koordination und Kooperation von Gesprächspartnern im Gesprächshandeln zu; und das Unbehagen, das viele Menschen dem Telefon gegenüber hegen, dürfte weitgehend daher rühren, dass bei Telefongesprächen die nonverbale Komponente wegfällt. Neben dem verbalen Kanal steht uns dann nur noch der *paraverbale* Kanal zur Verfügung,d.h. die Möglichkeit, durch Stimmhöhe, spezielle Intonationskurven, Sprechgeschwindigkeit, durch ein 'Zittern' oder Lachen in der Stimme oder durch andere stimm- und redebegleitende Signale zusätzliche gesprächsrelevante Informationen zu übermitteln.
Es ist unmöglich, an dieser Stelle detailliert auf die verschiedenen Formen und Wirkungsweisen nonverbaler Kommunikation einzugehen. Die folgende Übersicht über einzelne Bereiche und ihre möglichen gesprächsrelevanten Funktionen ist entsprechend unvollständig und bis zu einem gewissen Punkt auch zufällig. Sie soll

aber verdeutlichen, welche *unterschiedlichen Aufgaben* nonverbale Verhaltensweisen beim Miteinander-Reden übernehmen bzw. übernehmen können.

Gestik (Hand- und Armbewegungen):

Hier ist nicht nur die Bewegung, sondern auch die Position von Händen und Armen wichtig.
Hände können offen, ineinander verschränkt, zur Faust geballt sein; man kann mit Gegenständen
manipulieren, sich ins Gesicht oder in die Haare fassen, mit einer Locke oder dem Ohrläppchen
spielen, nahe am eigenen Körper oder weit ausladend gegen den Gesprächspartner hin
gestikulieren – und so mehr oder weniger Raum für sich beanspruchen. Gestik verrät viel über den
Gemütszustand eines Gesprächspartners (ev. auch gegen dessen Willen), kann aber auch die
Einstellung und Engagiertheit eines Sprechers gegenüber seinem Redegegenstand signalisieren.
Was grundsätzlich für jegliches nonverbale Verhalten gilt, gilt vielleicht für die Gestik ganz be-
sonders: Nicht nur die spezielle Art und Weise, sondern auch die Intensität nonverbalen
Verhaltens ist stark kulturabhängig. In diesem Sinne reden z.B. Italiener tatsächlich mehr 'mit den
Händen' als Deutschsprachige oder als Skandinavier.

Mimik (Spiel der Gesichtsmuskeln, besonders Bewegungen der Mund-Nasenpartie,
der Augenbrauen und der Stirnpartie):

Der Mimik können wir ebenfalls (wie der Gestik) viel über die Einstellung eines Sprechers (oder
Hörers) zum Gesagten bzw. zu seinen Gesprächspartnern und -partnerinnen entnehmen. Ob jemand
sich tatsächlich für ein Thema interessiert oder nur aus Höflichkeit zuhört, erfahren wir am ehesten
durch einen Blick in das Gesicht, ebenso wie es wohl die Mimik eines Gesprächspartners ist, die
uns an seinen Worten zweifeln lässt. Wir können Mimik auch bewusst einsetzen, z.B. wenn wir –
als Hörer – unsere gespannte Aufmerksamkeit signalisieren möchten oder – als Sprecher – eine
Aussage abschwächen oder ironisch aufladen wollen.

Blickkontakt:

Der Blickkontakt ist vermutlich die am wenigsten bewusste nonverbale Verhaltensform, die aber,
wie entsprechende Untersuchungen zeigen, gerade bei der Organisation des Sprecherwechsels sehr
wichtig ist. Kommunikativ relevant sind Häufigkeit, Dauer und Intensität des Blickkontaktes.
Durch entsprechendes Blickverhalten kann man – zumindest in unserer europäischen 'Blickkultur'
– Sympathie und Antipathie zeigen, Zuneigung, Misstrauen oder spontanes (Ein-)Verständnis
ausdrücken (man denke an die Bedeutung des Blickkontakts beim Flirt), Aufmerksamkeit signalisieren (als 'back-channel-Signal'), klären, wen man jetzt gerade speziell anspricht etc. Verweigert
man Blickkontakt ganz bewusst, wird dies automatisch zu einer problematischen Gesprächssituation führen.

Körperhaltung (Haltung von Kopf und Rumpf sowie von Armen und Beinen):

Wichtigste Gesprächsfunktion der Körperhaltung ist die Zuwendung zum Gesprächspartner bzw.
zur Gesprächsrunde. Durch eine entsprechende Körperhaltung kann man signalisieren, ob man sich
in bezug auf ein Gespräch als 'dabei' oder eher als 'draussen' definiert, ob man 'präsent' ist (und
entsprechend 'ausladend' dasitzt) oder keine zentrale Rolle spielt (und sich entsprechend optisch
'dünn macht'). In der Körperhaltung zeigen sich – wenn auch oft individuell sehr verschieden –
emotionale und physische Grundstimmungen wie Spannung, Aufmerksamkeit, Wohlbefinden, Unbehagen, Müdigkeit etc.

Raumverhalten:

In der körperlichen Nähe oder Distanz zwischen Gesprächspartnern zeigt sich optisch die Nähe
bzw. Distanz in ihrer Beziehung zueinander. (Das "Köpfe-zusammen-Stecken" ist unter sich fremden Gesprächspartnern nicht möglich.) Doch auch andere soziale Beziehungen sowie Rollenstruk-
turen finden in der räumlichen Konstellation einer Gesprächsrunde ihren Ausdruck: Ob man in
Grüppchen zusammensteht oder um einen Tisch herum sitzt: Es gibt immer 'gute' und 'schlechte'
Plätze; es gibt Gesprächspartner, die eingequetscht sitzen, und solche mit genügend Freiraum um
sich herum, es gibt Leute, die den Mittelpunkt bilden und von den anderen mehr oder weniger
'umringt' werden, und solche, die schon rein räumlich nicht so richtig in die Runde integriert sind
etc.

Für eine umfassende Gesprächsanalyse stellt das nonverbale Verhalten einen nicht zu vernachlässigenden Faktor dar. Die Frage, ob ein kurzer Einwurf eines Gesprächspartners als Hörersignal oder als Unterbrechungsversuch zu betrachten ist, oder ob jemand durch Selbstwahl oder Fremdwahl zu Wort gekommen ist, lässt sich ohne Rückgriff auf das nonverbale Verhalten in vielen Fällen nicht eindeutig beantworten. Die Möglichkeit, durch Videoaufzeichnung auch diese Komponente des Gesprächsverhaltens zu konservieren und durch wiederholtes Betrachten auch minime und zunächst unauffällige Verhaltensweisen in eine Analyse einbeziehen zu können, hat mit dazu beigetragen, dass dieser Bereich auch für die Linguistik in den letzten Jahren an Bedeutung gewonnen hat.

Allerdings: Die Interpretation nonverbalen Verhaltens ist im Einzelfall praktisch nicht objektivierbar und muss deshalb immer mit der gebührenden Vorsicht und Relativierung angegangen werden. Ob ein Gesichtsausdruck spöttisch, eine Handbewegung fahrig, ein Kopfnicken geistesabwesend ist, lässt sich kaum 'beweisen'. Die neuere psychologische Forschung verfügt zwar über Erkenntnisse hinsichtlich des Zusammenhangs zwischen bestimmten Bewegungen der Gesichtsmuskulatur und bestimmten emotionalen Zuständen bzw. Empfindungen. Als Linguist oder Linguistin bewegen wir uns bei entsprechenden Aussagen aber meist jenseits unserer Fach- und Wissensgrenzen, und die aufwendigen Untersuchungsanordnungen und die differenzierten Notationsformen, die eine Objektivierung in diesem Bereich erst ermöglichen würden, sprengten ausserdem den Rahmen gesprächsanalytischer Arbeit. Ein erfahrungspraktischer Zugang zu dieser Seite der Gesprächsanalyse und eine alltagssprachliche Notation nonverbaler Verhaltensweisen erscheinen für unsere Zwecke deshalb durchaus sinnvoll.

Dazu kommt noch, dass es nonverbale Verhaltensweisen gibt, die sehr individuell sind bzw. nur in bestimmten ('eingeübten') Personenkonstellationen vorkommen und auch nur durch die betreffenden Partner klar interpretiert werden können.

Schliesslich muss hier noch erwähnt werden, dass vieles von dem, was zum nonverbalen Verhalten gesagt werden kann, auch auf den Bereich des *paraverbalen Verhaltens* zutrifft: Durch die Art und Weise, wie wir etwas sagen, können wir – parallel zur verbalen Kommunikation – unseren GesprächspartnerInnen zusätzliche und ergänzende Mitteilungen machen. Zum Teil wird eine Aussage erst durch einen bestimmten Tonfall eindeutig oder verständlich. Dieser Effekt wird besonders bei der Interpretation einzelner Partikeln oder bestimmter Hörersignale deutlich: Ob ein *jaja* ein blosses Aufmerksamkeitssignal oder eine explizite Zustimmung ist, lässt sich nur am Tonfall festmachen und auch "ein *hm* ist noch lange kein *hm*" (Wahmhoff/Wenzel 1979).

7.4 Methodologischer Exkurs und Anwendungsbeispiel: Analyse einer Transkriptpassage

Grundsätzlich gilt, dass der Zugang, den wir als Beobachterin oder Beobachter zu fremdem Gesprächsverhalten haben, in erster Linie ein verstehender ist – man spricht in diesem Zusammenhang deshalb auch vom *hermeneutischen Ansatz* der Gesprächsanalyse. D.h. also, dass wir bei der Analyse von Gesprächen immer auch auf unsere eigene Gesprächserfahrung zurückgreifen und uns wechselseitig in die Rollen von Sprecher und Hörer bzw. in die an einem Gespräch beteiligten Personen hineinversetzen.

Dass dabei immer die Gefahr falscher Projektion besteht, ist offenkundig. Ein kleines, aber nicht unwichtiges Korrektiv bildet die Tatsache, dass wir als Beobachter oder Beobachterin meist den

gesamten Gesprächstext vor uns haben und somit auch vom Ganzen auf seine Teile schliessen
können. Andererseits liegt hierin u.U. wieder eine neue Quelle für Fehlinterpretationen, da ein Gespräch als 'Endprodukt' im Sinne eines transkribierten Textes bereits ein wissenschaftliches Kon-
strukt ist. Und anhand eines solchen Gesprächstextes können sich einem Beobachter Bezüge zwischen einzelnen Gesprächspassagen und dem Gesprächsganzen ergeben, wie sie in der
Entwicklung des Gesprächs und aus der Perspektive der beteiligten Gesprächspartner heraus gar
nie bestanden haben.

In vielen Fällen können gesprächsanalytische Untersuchungsergebnisse folglich
nur als 'mögliche' oder 'wahrscheinliche' Interpretationen gelesen werden, die
sich allenfalls durch analoge Untersuchungen mit ähnlichen Ergebnissen stützen
lassen.

7.4.1   Die Notation von Gesprächen

Ein zentrales methodisches Problem der Gesprächsanalyse ist die Flüchtigkeit ihres
Untersuchungsgegenstandes. Denn auch wenn wir ein Gespräch auf Tonband oder
Videofilm konserviert und damit der wiederholten Anhörung bzw. Betrachtung zugänglich gemacht haben, lässt sich damit eigentlich noch nicht konkret arbeiten.
Ausangspunkt jeglicher gesprächsanalytischer Arbeit ist deshalb die Aufbereitung
der gesprochenen Sprache in schriftlicher Form, d.h. die *Transkription*.
Damit ist allerdings nicht die lautliche Transkription in phonetische Umschrift gemeint, wie sie etwa im Rahmen dialektologischer Forschung üblich ist. Für gesprächsanalytische Zwecke ist dies im Normalfall nicht nötig und auch nicht sinnvoll, da der schriftlich fixierte Gesprächstext so lesbar wie möglich sein sollte, um
die Analysearbeit nicht unnötig zu erschweren. Üblicherweise wird umgangs-
sprachliche Diktion (*Lass mal, is nich so schlimm, das ham wir doch gleich wieder!*) oder dialektale Färbung der Sprache (*Gell, des isch richtig?*) durch entsprechende Schreibung wiedergegeben – mit weitgehender Beibehaltung normaler Orthographie.
Für gesprächsanalytische Arbeit wichtig ist die präzise und optisch klare Signalisierung von Pausen und Parallelsprechphasen – z.B. bei Überlappungen beim
Sprecherwechsel, bei Hörersignalen und bei Unterbrechungsversuchen bzw. bei
geglückten Unterbrechungen.
Je nach Untersuchungsinteresse und Qualität der zur Verfügung stehenden Ton-
und Bildkonserven kann die Transkription ergänzt werden durch die Notierung paraverbaler Ereignisse (also z.B. Wiedergabe des Tonhöhenverlaufs, Signalisierung
der Akzentuierung und/oder des Sprechtempos) und durch eine geeignete Form der
schriftlichen Fixierung nonverbaler Kommunikation.

Als üblichste Form der Transkription hat sich innerhalb der deutschsprachigen Gesprächsanalyse
die sogenannte *Partitur*-Schreibweise durchgesetzt: In Anlehnung an die Notenschrift in der Musik, wo die in verschiedenen Notenzeilen übereinanderstehenden Noten zu einem Akkord gehören
bzw. gleichzeitig gespielt werden müssen, werden bei der Notation von Gesprächen gleichzeitige
Kommunikationsereignisse in parallel zu lesenden, untereinander angeordneten Zeilen festgehalten,
wobei jeweils am Rand durch entsprechende Klammern signalisiert ist, welche bzw. wieviele Zeilen parallel zu lesen sind. So kann in einer Zeile der gesprochene Text festgehalten werden, und in
den Zeilen darüber oder darunter ist Platz für die Notation von Intonationskurven, von nonverbalem Verhalten, eventuell auch für Kommentare des Beobachters oder der Beobachterin.

Z.T. wird diese Partitur-Schreibweise auch nur für den eigentlichen Gesprächstext (den verbalen
Teil der Kommunikation) verwendet – sie dient dann hauptsächlich der übersichtlichen Darstel-

lung von Sprecherwechsel und Parallelsprechphasen – während zusätzliche akustische und
visuelle Beobachtungen in Kommentarspalten untergebracht werden, die in vertikaler Parallele zur
Gesprächspartitur verlaufen. Ein Beispiel hierfür ist etwa die Notationsweise, die Henne/Rehbock
in ihrer "Einführung in die Gesprächsanalyse" gewählt haben.

Es ist aber durch die Verwendung von Spezialzeichen auch möglich, gewisse Zusatzinformationen
in die Transkription des fortlaufenden Gesprächstextes hineinzunehmen, z.B. durch die Verwendung von Grossbuchstaben für deutliche Silbenbetonung (*ich hab mich kapUttgelacht*), Unter-
streichung für besondere Emphase (*das war wIderlich*), Anführungszeichen unten oder oben für
fallenden oder steigenden Tonhöhenverlauf (*ist dir besser'*) etc. (Für ausführlichere Notations-
kommentare und Beispiele vgl. Henne/Rehbock 1982: 77-90.)

7.4.2 Analysebeispiel

Zur Konkretisierung der bisherigen Überlegungen zum Sprecherwechselmechanismus und zur allgemeinen Illustration gesprächsanalytischer Arbeit wollen wir einige der oben vorgestellten Kriterien und Kategorien an einem kurzen Transkrip-
tionstext erproben.

Der Text (aus: "Texte gesprochener deutscher Standardsprache III", 1975:53) gibt
eine Pausenunterhaltung zwischen A, B und C wieder. Es handelt sich um eine
einfache Transkription in Partiturschreibweise anhand einer Tonbandaufzeichnung.
Nonverbales wie paraverbales Verhalten sind nicht festgehalten.

```
 1    A :  Ich meine, andererseits kommt man sich schäbig vor, wenn man den
⌈2         Leuten so was zutraut, nich? Aber ich mein man muss ja
⌊3    B:                                Ja Sie sind ja die Dumme, wenn Sie
⌈4         nachher kein Geld mehr haben.
⌊5    A:                        Ja, in Moskau soll es auch einer passiert sein
 6         in dieser Reisegruppe von XY erzählte Irene, nich?
 7    C:   Mhm.
 8    A:   Da war also da war n Teil waren ja so ältere Leute aus Berlin, der der
 9         Gruppe haben sie sich angeschlossen. Und ein so n Muttchen hat ihr
10         gan ihre ganzen sechshundert Mark mit in die Kirche genommen. Und
⌈11        als sie wieder rauskam, war das weg. Nun waren die aber in ner
⌊12   C:                                              Hat sie aus Versehen
13         in die Kollekte gegeben?
14    A:   Nee (Lachen) nun waren die aber in ner Gruppe und äh über Intourist und
⌈15        so. Un äh für die war das natürlich nun n n ganz unangenehme Sache.
│16        Und da haben sie ihr das ersetzt nich?
⌊17   B:                                      peinlich
18    A:   Damit das nicht verbreitet wird.
⌈19   B:   Da wird geklaut und so, das is so.
⌊20   A:              ja ja   aber uns ersetzt das ja keiner, nich?
```

(Die parallel gesprochenen Passagen sind der Deutlichkeit halber unterstrichen; die
Klammern am Rand signalisieren, welche Partiturzeilen parallelgelesen werden
müssen)

Unter Anwendung von bisher vorgestellten Analysekategorien lässt sich der Tran-
skriptionstext wie folgt kommentieren:

– Gleich beim ersten Sprecherwechsel kommt es hier zu *Parallelsprechen* (Z.2/3). Es dürfte sich
  dabei aber kaum um eine Unterbrechung handeln, sondern eher um ein organisatorisches Missverständnis: das *nich?* von A in Zeile 2 scheint von B als turn-Übergabe-Signal interpretiert
  worden zu sein, auf das höflicherweise reagiert werden muss – was B dann auch tut, indem sie
  die von A geäusserte Selbstkritik durch einen Einwand abschwächt.

Das *ja* von B in Zeile 3 ist deshalb weniger im Sinne einer Bejahung, als vielmehr als *redeeinleitendes* Signal zu verstehen. Der von B angebotenen Argumentationsweise stimmt A dann zu (das *Ja* in Zeile 5 ist vermutlich in einer Doppelfunktion als Zustimmungspartikel und Redeeinleitung zu sehen) und bietet als Beleg für die Richtigkeit von B's Bemerkung eine Geschichte an.

- Mit dem an C gewendeten *nich?* in Zeile 6 (einer klassischen tag-question) fordert A von C die Bestätigung, dass die angedeutete Geschichte tatsächlich diese Beleg-Funktion über-nehmen kann. Diese Bestätigung erfolgt mit dem *mhm* von C in Zeile 7. Und da C keinerlei Anstalten macht, über diese *Rückmeldung* hinaus das Wort zu ergreifen, hat sich A nun ausser-dem das Gesprächsterritorium für die bereits angekündigte Geschichte abgesteckt, die ab Zeile 8 dann auch folgt.

- Die Parallelsprechphase in Zeile 11/12 zeigt zunächst alle Charakteristika einer Unterbrechung, denn der Einsatz von C erfolgt an keinem *übergangsrelevanten* Ort (d.h. A's Gesprächsbeitrag weist an dieser Stelle weder syntaktisch noch inhaltlich eine Zäsur auf, und die parallel ge-sprochenen Passagen beider Gesprächsbeiträge sind inhaltlich relevant). Wenn man jedoch den Gesprächsinhalt betrachtet, wird deutlich, dass C hier A's Gesprächsbeitrag eher ergänzt als unterbricht: C bietet eine mögliche, witzige Weiterführung von A's Geschichte an, womit C gleichzeitig signalisiert, dass sie als Hörerin sehr bei der Sache ist und in passiver Weise an A's Erzählfaden mitspinnt. Die angebotene Weiterführung ist ausserdem sehr kurz gehalten, und das *Rederecht* fällt sofort an A zurück, die diese kooperative 'Unterbrechung' auch mit an-erkennendem (entschuldigendem?) Lachen quittiert. A setzt dann ihre Erzählung fort, wobei sie die durch C's Einwurf überlappten Redeteile (*nun waren die aber in ner...*) exakt wieder-holt – ein weiteres Zeichen dafür, wie stark wir unser eigenes Gesprächsverhalten (unbewusst) kontrollieren.

- Ein weiteres Moment von *Kooperation* zwischen Sprecherin und Hörerin manifestiert sich in dem *peinlich* von B in Zeile 17. Dieser Einwurf ist zunächst als Rückmeldesignal zu verste-hen – A spricht ungehindert weiter. Das *peinlich* ist aber durchaus mehr, als ein *mhm* oder ein *jaja* an dieser Position wäre, da es syntaktisch und inhaltlich genau an der Stelle, an der es geäussert wurde, in A's Rede (Z.15) passt und somit ein Zeichen für absolute Konzentration B's auf A's Erzählung darstellt. Diese Fähigkeit von Gesprächspartnern, sich gegenseitig 'das Wort aus dem Mund zu nehmen' bzw. im selben Moment mit leicht anderen Worten dasselbe zu sagen, zeigt, wie intensiv die Zusammenarbeit unter Kommunikationspartnern sein kann (zumal das 'timing', welches hier erforderlich ist, sich in Grössenordnungen von Sekunden-bruchteilen bewegt).
Wieweit das kurze Zögern A's parallel zu B's Äusserung eine Reaktion auf diese darstellt oder im Gegenteil zeigt, dass A hier tatsächlich kurze Formulierungsschwierigkeiten hatte, bei denen B mit ihrem *peinlich* quasi aushelfen wollte, ist – da paraverbale Informationen fehlen – hier nicht entscheidbar.

- Mit Zeile 18 ist A schliesslich am Ende ihrer Geschichte angekommen. Und auch in dieser Phase wird sie von ihren Gesprächspartnerinnen gestützt: B's *Da wird geklaut und so, das ist so* stellt formal eine Art Koda dar bzw. lässt sich inhaltlich als Ansatz zu einer 'Moral von der Geschicht' werten – was vor allem im Hinblick auf die *Funktion* der Erzählpassage wichtig ist: Es ging ja darum zu illustrieren, dass eine misstrauische Haltung den Mitmenschen gegen-über zwar vielleicht nicht edel, aber aus lebenspraktischen Gründen notwendig ist.
A doppelt dann ihrerseits mit dem *jaja, aber uns ersetzt das ja keiner, nich?* in Zeile 20 nach; der Sprecherwechsel ist hier überlappend, wobei aber vor allem *partikelreiche* 'Knautschzonen' überlappt werden: es handelt sich also dennoch um einen kooperativen Spre-cherwechsel. Dass nun die Geschichte zu Ende ist und ein neuer Gesprächsabschnitt anfangen kann, wird ausserdem durch die *Partikelhäufung* in den letzten Äusserungen von A und B deutlich: ... *und so, das ist so* bzw. *jaja, aber uns ersetzt das ja keiner, nich?*

Insgesamt ist die kurze Gesprächspassage ein illustratives Beispiel dafür, dass Eine-Geschichte-Erzählen entgegen der üblichen Annahme keine rein monologi-sche Sprachhandlung ist, sondern dass der oder die Erzählende normalerweise von den Zuhörenden während der gesamten Erzähldauer immer wieder neu angespornt und durch nicht-kompetitive Paralleläusserungen in der Erzählrolle bestärkt und inhaltlich unterstützt wird. Obwohl also die Erzählerin in dieser Passage als Sprecherin privilegiert ist (den "floor" hat, vgl. 7.3.1) und die Gesprächssituation dominiert, erweist sich das Erzählen einer Geschichte als eine sehr interaktionsdichte und gruppenstabilisierende Kommunikationsform.

7.5   Zum Verhältnis benachbarter Gesprächsbeiträge

Bis jetzt haben wir uns vorwiegend mit den *organisatorischen* Aspekten des *Sprecherwechsels* und des Zusammenspiels von SprecherInnen und HörerInnen beschäftigt.
Unter 7.5.1 bis 7.5.4 geht es nun darum, die unterschiedlichen Bezüge zwischen benachbarten Gesprächsbeiträgen darzulegen. Wir bleiben mit diesem Analyseschritt auf der Mikroebene des Gesprächs (vgl. 7.2.1). Die einzelnen Elemente dieser Ebene sind in sich so komplex vernetzt, dass es nötig ist, sowohl funktional-kommunikative, thematisch-inhaltliche als auch sprachlich-formale Perspektiven anzulegen.

7.5.1   Zum kommunikativen Status einzelner Gesprächsbeiträge: Initiierung vs. Respondierung

Die Gesprächsbeiträge innerhalb einer kurzen Gesprächsphase sind nicht nur durch eine gemeinsame thematische Orientierung verbunden, sondern sie sind gleichzeitig in einer funktional-kommunikativen Art aufeinander bezogen.
Grundsätzlich lassen sich *initiierende* von *respondierenden* Akten unterscheiden (vgl. Schwitalla (1976) sowie auch die Ausführungen zu diesem Begriffspaar im Pragmatik-Kapitel, Abschnitt 5.2.3). Mit initiierenden Akten verpflichten wir Gesprächsteilnehmer zu einer Reaktion – wir üben also, hart formuliert, eine Art kolloquiale Nötigung aus. Beispiel dafür wäre etwa das Stellen einer Frage – selbst wenn meine Gesprächspartner keine Antwort wissen, müssen sie in irgendeiner Form reagieren, und sei es nur durch eine Nachfrage.

Henne/Rehbock sprechen statt von Initiierung auch von *Determinierung*. Damit soll ausgedrückt werden, dass mit der Äusserung eines Gesprächsbeitrags nicht nur eine rein formal-organisatorische Verpflichtung der anderen Gesprächspartner zur Reaktion und damit zur Weiterführung des Gesprächs ausgelöst wird, sondern dass sich ein Gesprächsbeitrag auch in inhaltlicher Hinsicht mehr oder weniger determinierend auf den oder die folgenden Gesprächsbeiträge auswirkt.

Eine Reaktion auf einen initiierenden Gesprächsbeitrag stellt einen respondierenden Akt dar. In den meisten Fällen sind Respondierungen ihrerseits wieder mit Initiierungen verbunden: Wenn ich Zweifel an einer Behauptung anmelde, reagiere ich damit auf eine Initiierung, initiiere aber gleichzeitig neue Gesprächsbeiträge, also z.B. Stützung der Behauptung durch neue Fakten oder Zurückweisung des Zweifels als unberechtigt etc.

Je nach Gesprächstyp und Partnerkonstellation liegt die Verpflichtung oder das Recht, initiierende Gesprächsbeiträge zu liefern, bei einem ganz bestimmten Gesprächspartner, während der oder die anderen zu mehr oder weniger rein responsiven Zügen verpflichtet sind. So etwa beim Gespräch mit dem Arzt, wenn es um die Aufnahme einer Krankengeschichte oder um die Lokalisierung von Schmerzen geht oder in der Schule, wo initiierende Akte vorwiegend der Lehrperson zukommen. In anderen Gesprächstypen dagegen – bei einem Kaffeeklatsch, beim Gespräch im Zug – besteht eine Art sozialer Verpflichtung, dass alle GesprächspartnerInnen Lust und Last der initiierenden Gesprächsbeiträge tragen und auch auf diese Weise gemeinsam zur Gesprächsarbeit beitragen. Gesprächsteilnehmer, die sich ausschliesslich respondierend verhalten – also nur genau auf das antworten, was sie gefragt werden und ansonsten allenfalls unverbindliche Zustimmung äussern, werden als mühsam bzw. als schlechte Gesprächspartner empfunden.

Allerdings: Ob ein Gesprächsbeitrag ausschliesslich respondierend oder zusätzlich auch initiierend ist, ist eine nicht immer eindeutig beantwortbare Interpretationsfrage, über die verschiedene GesprächsteilnehmerInnen verschiedener Ansicht sein können. Auch bei der Analyse von Gesprächen ist die Bestimmung einzelner Gesprächsbeiträge in dieser Hinsicht nicht immer eindeutig.

7.5.2 Zur Paarigkeit von Gesprächsbeiträgen

Der zwingende Zusammenhang von respondierenden mit initiierenden Akten wird bei manchen solcher Paare besonders deutlich. Beispiele dafür sind:

– Frage – Antwort
– Kompliment – Reaktion auf Kompliment (Dank/Herunterspielen/Zurückweisung)
– Gruss – Gegengruss
– Vorwurf – Reaktion auf Vorwurf (Rechtfertigung/Entschuldigung/Gegenvorwurf)
– Vorschlag – Annahme oder Verwerfung des Vorschlags/Annahme unter Modifikationen
– etc.

D.h. es gibt eine Reihe von Initiierungs-Respondierungs-Paaren, deren Bezüge stark konventionalisiert sind und die dem angesprochenen Partner nur noch eine eingeschränkte Wahlmöglichkeit bezüglich des respondierenden Aktes lassen. Auf eine solche Initiierung gar nicht oder aber mit irgendeiner anderen, unkonventionellen Respondierung zu reagieren, kommt einer schweren Verletzung der Konversationsmaximen – v.a. der Maxime der Relation – gleich (vgl. 5.3).

Um diesen engen Bezug zu charakterisieren, spricht man z.T. von der "Paarigkeit" bestimmter Gesprächsbeiträge (bzw. in der englischen Literatur von den "adjacency pairs"). Diese "Paarigkeit" kann – wie beim Beispiel Gruss-Gegengruss – auf ein Paar beschränkt sein, sie kann aber auch mehrere sich überlagernde 'Paare' involvieren, so z.B. wenn auf ein Kompliment (*Was für eine irre Krawatte du da hast!*) das Herunterspielen der betroffenen Sache und damit die Entkräftung des Komplimentes folgt (*Ach, das ist bloss ein Überbleibsel aus der Zeit, als man so Knallfarben ganz ernsthaft getragen hat*), die dann ihrerseits wieder eine Nachdoppelung und neue Inkraftsetzung des Komplimentes erfordert (*Ja umso toller, das sieht man, dass das nicht einfach nachgemacht ist!*).

In diesem Punkt berühren sich Sprechakttheorie und Gesprächsanalyse relativ eng – es sei deshalb an dieser Stelle nochmals explizit auf Kapitel 5.2 verwiesen.

7.5.3 Zur inhaltlichen Verknüpfung von Gesprächsbeiträgen: Responsivität und Nicht-Responsivität

Ein Gesprächspartner, der auf einen initiierenden Beitrag eines Vorredners reagiert, kommt damit der Verpflichtung zur gesprächsweisen Reaktion (zur Respondierung) nach, was allerdings noch nicht automatisch heisst, dass auch eine inhaltliche Anknüpfung des respondierenden Beitrags an die Initiierung garantiert ist.

Schwitalla (1976:92) schlägt deshalb vor, die funktionale Kategorie der Respondierung von der inhaltlichen Kategorie der *Responsivität* zu unterscheiden und dabei folgende Differenzierung vorzunehmen:

- *Responsivität* (wenn sowohl die Intention als auch der Inhalt des initiierenden Zuges berücksichtigt ist),
- *Teilresponsivität* (wenn nur ein Teil des Inhalts berücksichtigt wird),
- *Nonresponsivität* (wenn weder Inhalt noch Intention berücksichtigt werden).

Politische Fernsehdiskussionen, aber auch manche Talkshows, sind geeignete Beobachtungsfelder für solche Verhaltensweisen. Der – vordergründig – responsive Charakter einer Äusserung wird meist sowohl nonverbal (durch Zuwendung zum Gesprächspartner) als auch sprachlich *(Dazu möchte ich etwas sagen...; Ja, eben...)* signalisiert, ohne dass damit ein weitergehender inhaltlicher Bezug verbunden wäre.

7.5.4 Zur textuellen Verknüpfung von Gesprächsbeiträgen

Gewisse textlinguistische Perspektiven und Fragestellungen lassen sich auch auf den Gegenstand 'Gespräch' sehr nutzbringend anwenden. So kann z.B. die Wechselrede von Sprecher und Hörer auch unter dem Gesichtspunkt der 'Vertextung' der verschiedenen Gesprächsbeiträge betrachtet werden.

Wie bereits oben unter 7.4.2 andeutungsweise gezeigt wurde, verfügen GesprächsteilnehmerInnen offenbar über die Fähigkeit, sich mit Hörerrückmeldungen, aber eben auch mit eigenständigen Gesprächsbeiträgen sprachlich sehr eng an Beiträge von VorrednerInnen anzuschliessen. Unter textlinguistischem Blickwinkel könnte man davon sprechen, dass durch Kohäsionsmittel die Grenzen zwischen benachbarten Gesprächsbeiträgen überbrückt werden. Konkret kann das heissen, dass ein nachfolgender Sprecher

- eine angefangene syntaktische Konstruktion des Vorredners oder der Vorrednerin beendet (A: ... *nee, so was/* – B: *musst du dir wirklich nicht gefallen lassen, find ich auch!*) oder
- sich mit einer eigenen Äusserung an eine zu Ende geführte Konstruktion elliptisch anschliesst (A: ...*nee, so was kann man mit mir nicht machen!* – B: *Mit mir auch nicht, da muss erst ...*),
- die abschliessende syntaktische Konstruktion des soeben beendeten Gesprächsbeitrags durch einen geeigneten konjunktionalen Anschluss aufgreift und erweitert (A: ...*nee, so was kann man mit mir nicht machen!* – B: *Weil man da ja schliesslich auch emotional engagiert ist, nicht wahr?*) oder
- Teilkonstruktionen oder einzelne zentrale Worte oder Wendungen aus dem vorhergehenden Gesprächsbeitrag aufgreift und in seinem eigenen Beitrag wieder verwendet (A: ...*nee, so was kann man mit mir nicht machen!* – B: *Tja du, machen kann man das ja vielleicht schon, aber du brauchst dir das dann nicht gefallen lassen...*)

Solche sprachlichen Verknüpfungen benachbarter Gesprächsbeiträge tragen stark zur Vernetzung der von unterschiedlichen Produzenten stammenden 'Teiltexte' bei und verstärken den Eindruck eines gemeinsamen, kohärenten Endproduktes. In vielen Fällen können wir solche Text-Bindungen zwischen Gesprächsbeiträgen verschiedener Interaktionspartner auch als Anzeichen relativ hoher Responsivität und damit indirekt als Zeichen kooperativen Gesprächsverhaltens werten.

7.6   Die 'Teile' des Gesprächs: Anfangsphase, Gesprächsmitte, Beendigungsphase

Die *Mikrostruktur* von Gesprächen, die sich v.a. in der Abfolge und im Zusammenhang der Gesprächsbeiträge sowie in der Art und Weise des Sprecherwechsels manifestiert, ist eingebaut in bzw. wird überlagert von einer *Makrostruktur*, die allen Gesprächen zukommt und sich zunächst mit dem Dreischritt: *Anfang-Mitte-Ende* charakterisieren lässt – ein Muster, welches in mehr oder weniger ausgeprägter bzw. ritualisierter Form auch für monologische Textsorten der gesprochenen und der geschriebenen Sprache konstitutiv ist. Beim traditionellen Schulaufsatz, bei Briefen, bei Reden und Ansprachen sind diese drei Teile oft schon rein formal deutlich markiert (sprachlich und/oder optisch) und dienen sowohl bei der Textproduktion als auch bei der Rezeption als Orientierungshilfen.

Die Realisierung dieses Musters ist allerdings in monologischen Texten – organisatorisch gesehen – eine bedeutend einfachere Angelegenheit als in Gesprächen. Denn in letzterem Fall sind jeweils zwei oder mehrere PartnerInnen an der Ausgestaltung der verschiedenen Phasen beteiligt, und alle diese PartnerInnen müssen zusammenspielen, um gemeinsam von der Eröffnungsphase eines Gesprächs zu seinem Hauptteil und dann – besonders heikel – vom Hauptteil zur Beendigungsphase und schliesslich zu einem Gesprächsschluss samt Verabschiedung zu gelangen; insgesamt ein Unterfangen, das hohe Anforderungen an die interaktiven und gesprächsorganisatorischen Fähigkeiten der Beteiligten stellt.

7.6.1   Die Anfangsphase des Gesprächs

Die Anfangsphase des Gesprächs (auch: Gesprächskonstituierung bzw. Gesprächseröffnung) wird normalerweise nonverbal durch die Aufnahme von Blickkontakt vorbereitet und verbal dann durch den Austausch von Grussfloskeln eröffnet. Sie dient v.a. sozialen und organisatorischen Belangen sowie der Einbettung des Gesprächs in den gegebenen Situationszusammenhang. In dieser Phase können Absprachen getroffen und organisatorische Fragen geklärt werden, die für die gesamte Gesprächssituation bzw. für den bevorstehenden Gesprächshauptteil relevant sind und erledigt sein sollten, bevor man auf das 'Eigentliche' zu sprechen kommt. Solche einleitenden Gesprächshandlungen sind v.a. in eher offiziellen Gesprächssituationen wichtig. So z.B.:

–   Organisation einer Sitzordnung
–   die Wahl eines Gesprächsleiters
–   die Bestimmung des Protokollführers
–   gesprächsfördernde Massnahmen wie Angebot von Kaffee, Tee etc.
–   Einigung auf ein Gesprächsthema bzw. auf eine Traktandenliste
–   Absprache über den Zeitrahmen des Gesprächs
–   etc.

Ausserdem dient die Eröffnungsphase der Konstituierung bzw. der Rückversicherung sozialer Beziehungen – je nachdem, ob sich die Gesprächspartner schon kennen oder nicht.

Fremde Partner werden in dieser Einleitungsphase quasi in sozialer und emotionaler Hinsicht 'beschnuppert', man versucht herauszufinden, mit wem man es denn hier zu tun hat; eventuell muss in dieser Phase auch geklärt werden, ob die Interaktionspartner überhaupt zu einem Gespräch bereit sind. (Wenn ein Gesprächspartner auf entsprechende Eröffnungshandlungen nur sehr reserviert reagiert, wird das

Gespräch bereits in dieser Phase wieder abgebrochen – man denke nur an die entsprechenden Gesprächssituationen im Zug.)
Bei bekannten Gesprächspartnern dient die Eröffnungsphase v.a. dazu, sich gegenseitig über den status quo der Beziehung rückzuversichern, etwa durch Thematisierung des letzten Treffens bzw. des letzten Gesprächs etc.

In sehr unauffälliger Weise kann auch schon durch die Wahl der Grussfloskeln die emotionale Grundstimmung und die wechselseitige persönliche Einschätzung signalisiert werden: Ob man nun ein Gespräch mit einem knapp-offiziellen *Guten Tag!*, einem kollegial-neutralen *Hallo!* oder einem betont herzlichen *Ja Mensch grüss dich, Claudia, schön, dich zu sehen!* eröffnet, hat auf die nachfolgende Interaktion durchaus seine Auswirkungen.

Die Länge der Gesprächseröffnungsphase kann entsprechend den Bedürfnissen der Gesprächspartner und der Situation stark variieren. Ausschlaggebende Faktoren sind u.a. Bekanntheitsgrad der Gesprächspartner, Anzahl der Teilnehmer, Öffentlichkeit oder Privatheit der Gesprächssituation, Zeitpunkt des letzten Zusammentreffens, Zeit, die für das Gespräch insgesamt zur Verfügung steht etc.
Eine Faustregel könnte etwa lauten, dass die Eröffnungsphase umso kürzer ist, je besser sich die Gesprächspartner kennen und je weniger weit zurück der Zeitpunkt des letzten Gesprächs liegt.

Die Gesprächseröffnung kann dann unter Umständen auf den Austausch von Grussfloskeln zusammenschrumpfen. So ist es unter guten Freunden sogar am Telefon möglich, dass der anrufende Partner quasi mit der Tür ins Haus fällt, etwa im Stil von: *"Du, ich bins, du musst mir helfen, ich sitz da grad am Schreibtisch und da kommt mir ganz zufällig dieser Brief von Irene in die Hände, und ich ..."*

In Anbetracht der organisatorischen Funktionen sowie der eher beziehungsorientierten Aufgaben der Gesprächseröffnungsphase kann man sagen, dass hier der 'Boden' für den nachfolgenden Gesprächshauptteil gelegt wird; eventuell fällt bereits hier die Entscheidung darüber, ob das Gespräch insgesamt angenehm oder unangenehm, erfolgreich oder unbefriedigend verlaufen wird.
Als Gesprächspartner werden wir also in dieser Phase des Gesprächs vor heikle kommunikative Aufgaben gestellt. Als Hilfe zu ihrer Bewältigung stehen uns allerdings sowohl in inhaltlicher wie in formal-sprachlicher Hinsicht bestimmte Muster zur Verfügung, *ritualisierte* Sprachhandlungen, die wir in mehr oder weniger automatisierter Weise zur Anwendung bringen können. So gibt es in inhaltlicher Hinsicht bestimmte Themen oder Themenbereiche, die typisch für die Eröffnungsphase sind, wie z.B. das Wetter, das gesundheitliche Befinden, die Probleme mit den öffentlichen Verkehrsmitteln oder die Not der Parkplatzsuche etc.
Zu all diesen Themen verfügen wir auch in sprachlicher Hinsicht über mehr oder weniger stark ritualisierte Floskeln und Wendungen, ebenso wie z.B. für das Anbieten eines Sitzplatzes oder das Anbieten von Kaffee, Wein, Zigaretten etc. D.h. wir sind in dieser Phase zumindest zum Teil von inhaltlichen oder sprachlichen Kreativitätszwängen entlastet und können uns entsprechend stärker auf organisatorische und vor allem auf emotionale Aspekte der Interaktion konzentrieren, die z.B. im nonverbalen Verhalten der InteraktionspartnerInnen deutlich werden.

7.6.2 Die Gesprächsmitte

a) Die inhaltlich-sachliche Orientierung der Gesprächsmitte

Die Gesprächsmitte bzw. der Hauptteil des Gesprächs zeichnet sich dadurch aus, dass jetzt organisatorische und emotionale Präliminarien erledigt sind und man sich also der 'Sache', dem anstehenden 'eigentlichen' Thema zuwenden kann.

Bei manchen Gesprächstypen, etwa bei einem Beratungsgespräch auf dem Sozialamt, bei dem es um spezifische Probleme des Ratsuchenden geht, beim Gespräch an einer Lehrerkonferenz oder beim Gespräch mit dem Chef, bei dem eine Gehaltserhöhung im Zentrum steht, lässt sich der thematisch orientierte Gesprächshauptteil sehr deutlich gegenüber Eröffnungs- und Beendigungsphase abtrennen.

Bei anderen Gesprächstypen, die nur eine sehr schwache thematische Orientierung aufweisen (das Gespräch mit dem Wohnungsnachbar in der Waschküche, der kurze Schwatz mit der Verkäuferin am Zeitungskiosk), ist das *inhaltliche* Kriterium der *thematischen Orientierung* weniger gut geeignet, die Gesprächsmitte gegenüber den anderen Phasen abzusetzen. Dazu kommt, dass sich solche oft eher kurzen Alltagsgespräche (sehr oft wird hier auch von "small-talk" gesprochen) durch eine starke Floskelhaftigkeit bzw. durch einen hohen Grad an Erwartbarkeit sowohl der geäusserten Inhalte als auch der sprachlichen Form auszeichnen.

Die 'Gesprächsmitte' ist in diesen Fällen vielleicht auch weniger wichtig, da die Hauptfunktion solcher Gespräche in der Konstituierung bzw. Rückversicherung und Aufrechterhaltung sozialer Beziehungen liegt – was normalerweise innerhalb der Eröffnungs- und Beendigungsphase eingelöst wird. Insofern kann die Gesprächsmitte bei bestimmten Gesprächstypen durchaus mit der Eröffnungs- und Beendigungsphase verschmelzen bzw. lediglich noch als 'Brücke' zwischen diesen fungieren.

Was nun die rein *formale*, äusserliche Form des Übergangs zum Gesprächshauptteil anbelangt, so kann dieser nahtlos und beinahe unbemerkbar erfolgen (er lässt sich im Rahmen einer Analyse dann vorwiegend inhaltlich am Themenwechsel bzw. allenfalls an gewissen Partikelhäufungen bzw. Zäsursignalen festmachen wie z.B. *tjaa, also eben, ähm*), er kann aber auch metakommunikativ (vgl. auch 6.1.7) explizit sein, also etwa: *Ja, damit kämen wir dann also endlich zum Thema.*

b) Das Gesprächsthema

Grundsätzlich können wir unterscheiden zwischen

(i) Gesprächen, bei denen das Thema von vornherein festgelegt ist (wie etwa bei Arbeitssitzungen, bei Tagungen, Fernsehdiskussionen etc.), und

(ii) Gesprächen, bei denen die Wahl des Themas den situativen Zufällen bzw. den augenblicklichen Bedürfnissen der Gesprächsteilnehmer überlassen ist (z.B. beim Familienfrühstück, bei einem Empfang, beim gemeinsamen Geschirrspülen etc.).

Im Fall von (ii) ist es wahrscheinlich, dass im Verlauf eines Gesprächs mehrere Themen behandelt bzw. angesprochen werden, während bei (i) ein zentrales Thema im Mittelpunkt steht, das allenfalls in mehrere Subthemen aufgegliedert werden kann.

Wenn man den Unterschied zwischen den Gesprächstypen (i) und (ii) im Sinne einer Faustregel vereinfacht festhalten möchte, so könnte man behaupten, dass bei (i) die beteiligten Kommunikationspartner miteinander sprechen, um ein bestimmtes Thema behandeln zu können, während bei (ii) die Kommunikationspartner ein beliebiges Thema behandeln, um miteinander sprechen zu können. Dabei bilden (i) und (ii) natürlich nur die beiden Pole einer Skala, auf der sich die verschiedensten Mischformen mehr oder weniger themenfixierter Gespräche ansiedeln lassen.

Allerdings: Nicht in jeder Situation und nicht in jeder Konstellation von Gesprächspartnern lässt sich auch jedes Thema behandeln. Was man wann, mit wem, in welcher Situation und zu welcher Tageszeit thematisieren darf, ist durch entsprechende, mehr oder weniger bewusste Normen eingeschränkt bzw. vorgegeben. Diese Normen sind teilweise alltagspraktischer Natur (so z.B. die Norm, dass man beim Arztbesuch in erster Linie über seine Beschwerden und nicht über den Krimi vom Vorabend sprechen sollte), häufig aber auch sozial bzw. gesellschaftlich bestimmt (wenn es z.B. um die Tabuisierung bestimmter Themen in der Öffentlichkeit geht).

Die meisten dieser Normen unterliegen sozialem Wandel und sind ausserdem sehr schichtspezifisch.

c) Der Themenverlauf

Freie Themenwahl und damit auch die Möglichkeit, mehrere verschiedene Themen anzusprechen, erfordert insgesamt intensivere *Gesprächsarbeit* und weitergehende Koordination unter den GesprächspartnerInnen als ein von vornherein themenfixiertes Gespräch. Ähnlich wie beim gemeinsamen Wechsel von einer Gesprächsphase in eine andere erfolgen nämlich auch *Themenwechsel* meist aufgrund eines entsprechenden 'Angebotes', auf das die anderen GesprächspartnerInnen eingehen können oder auch nicht. Wer in einem Gespräch Themen einführt bzw. wessen Themen von einer Gesprächsrunde aufgegriffen und behandelt werden, ist in vieler Hinsicht von sozialen Faktoren abhängig. Es gibt jedoch auch ganz bestimmte Strategien der *Themenleitung* und *-lenkung*, die es einem Gesprächspartner ermöglichen, ein Gespräch thematisch zu beeinflussen (was im Extremfall dazu führt, dass die anderen Beteiligten am Schluss das Gefühl haben, über Dinge gesprochen zu haben, über die sie eigentlich gar nie sprechen wollten).

Eine geradezu banale, aber äusserst wirksame Strategie der Themenlenkung ist die des *Fragens*, wobei man – bei ausweichender Reaktion eines Gesprächspartners – dann noch mit Nachfragen nachdoppeln kann. Diese Strategie kann auch von rangniedrigen Gesprächspartnern erfolgreich angewendet werden: Kinder nützen das z.B. aus, wenn sie bei Gesprächen mit bzw. unter Erwachsenen thematisch sonst nie zum Zug kommen.

Unabhängig von der thematischen Bindung ganzer Gespräche gilt, dass ein Gesprächsbeitrag zumindest an der Stelle im Gesprächsverlauf, an der er geäussert wird, thematisch passen muss. Tut er dies nicht – oder zumindest nicht in offensichtlicher Weise – werden die beteiligten GesprächspartnerInnen ratlos oder merkwürdig berührt reagieren. Denn auch das unwichtigste und alltäglichste Thema bedarf der entsprechenden Kooperation aller Beteiligten: der Gesprächsfaden bleibt nur intakt, wenn alle mitspinnen.

Wie stark wir uns als Gesprächspartner dem jeweils gerade behandelten Thema verpflichtet fühlen, zeigt sich v.a. dann, wenn wir aus irgendwelchen Gründen von diesem Thema abschweifen wollen. Wir tun dies im Normalfall nur unter Vorausschickung einer entsprechenden Ankündigungs- oder Entschuldigungsfloskel, die

(a) unseren GesprächspartnerInnen zeigen soll, dass wir sehr wohl wissen, was im Augenblick eigentlich thematisch-inhaltlich passend wäre, und dass uns unsere Abschweifung durchaus bewusst ist,

(b) das Verständnis dessen, was jetzt überraschend angeschnitten wird, erleichtern soll,

(c) der Begründung, ev. auch der Entschuldigung für die Zumutung einer thematischen Abschweifung dienen soll.

Beispiele wären etwa: *"Tut mir leid, wenn ich kurz von etwas ganz anderem reden muss, aber..."* oder *"Oh, das hat hiermit jetzt eigentlich nichts zu tun, aber bei dem Stichwort fällt mir ein ..."*

In thematisch wenig fixierten Gesprächen wird ein solches Abweichen vom gerade aktuellen Thema meist relativ tolerant behandelt. Bei themenfixierten Gesprächen dagegen tritt in solchen Fällen eine gewisse *Themenkontrolle* in Kraft: Thematische 'Exkurse' müssen wieder zum Hauptthema zurückgeführt werden, etwaige Themenwechsel müssen rückgängig gemacht werden. Dies kann z.T. unmerklich geschehen, durch einen sanften inhaltlichen Schwenk, es kann aber auch in metakommunikativ expliziter Weise geschehen, vielleicht sogar unter entsprechender Einklagung der 'Abirrungen', z.B. durch Äusserungen wie: *Ich find, wir sollten jetzt wieder auf die Ausgangsfrage zurückkommen* oder *Jetzt bleib doch endlich mal beim Thema, mich nervt diese ewige Abschweiferei ...*

Da es offenbar tatsächlich einer grossen Bereitschaft und Fähigkeit zur Kooperation und Koordination unter den GesprächsteilnehmerInnen bedarf, um – v.a. bei einer grösseren Anzahl von Beteiligten – ein bestimmtes Thema über ein längeres Gespräch hinweg zu verfolgen, wird in den entsprechenden Fällen oft ein Diskussions- oder Gesprächsleiter eingesetzt, dessen wichtigste Aufgabe es ist, die Themenorientierung zu überwachen und gegebenenfalls mit themenleitenden und themenkontrollierenden Beiträgen ins Gespräch einzugreifen. Bei dieser Aufgabe ist nun wieder der Sprecherwechsel von Bedeutung: Die Rolle des Gesprächsleiters ist mit einer Art Turn-Übernahme-Privileg verbunden. D.h. dass der Gesprächsleiter immer der potentiell nächste Sprecher ist – und sei es auch nur, um das Wort an jemand anderen weiterzugeben. Diese 'zentrale' Position ermöglicht es einem Diskussionsleiter, immer wieder knappe Inhaltszusammenfassungen anzubringen und inhaltlich wichtige Punkte nochmals zu nennen bzw. die Gesprächspartner darauf zu verpflichten, bevor er das Wort weitergibt.

7.6.3 Die Beendigungsphase

Die Beendigungsphase dient dazu, dass die am Gespräch beteiligten PartnerInnen sich gemeinsam und mehr oder weniger gleichzeitig aus dem Gesprächshauptteil lösen und zu einem Abschluss des Gesprächs kommen, d.h. zu einem Punkt, an dem allen Beteiligten klar ist, dass das Ende eines Gesprächsbeitrags nicht mehr als Aufforderung zu einer turn-Übernahme gesehen werden darf, sondern als Ende des Gesprächs gilt, als 'letztes Wort', dem lediglich noch der Austausch von Verabschiedungsfloskeln folgt. Dieser Weg aus dem Gesprächshauptteil hinaus zum Ende hin ist durch bestimmte – mehr oder weniger obligatorische – Gesprächshandlungen charakterisiert, die zusammengenommen eine Art Beendigungsmechanismus darstellen.

> Nehmen wir einmal an, A und B hätten sich im Rahmen eines längeren Telephongespräches über die Traktandenliste einer bevorstehenden Sitzung geeinigt und eventuell damit verbundene Probleme ausführlich besprochen. Wenn nun einer der beiden Telefonpartner sagt:
>
> A: *Gut, dann hätten wir wohl das Wichtigste.*
>
> so kann dies als Angebot zur Gesprächsbeendigung und damit als – potentieller – Übergang zur Beendigungsphase gewertet werden. Reagiert B daraufhin etwa mit:
>
> B: *Ja, mehr lässt sich im Augenblick wohl nicht machen.*
>
> so akzeptiert B das Angebot von A. Die Beendigungsphase ist damit eröffnet und könnte z.B. wie folgt weitergehen:

A: *Tjaa, dann bleibts also dabei: Wir sehen uns am Mittwoch eine Viertelstunde vor der Sitzung.*
B: *Ja, das auf jeden Fall.*
A: *Gut –*
B: *Hoffentlich läuft alles klar. Ein bisschen Bammel hab ich schon.*
A: *Wird schon werden. Also dann grüss mal noch den Peter, wenn Du ihn vorher siehst.*
B: *Mach ich. Und denk an die Pläne.*
A: *Keine Sorge. Bring ich mit!*
B: *Gut. Also -*
A: *Ja, bis Mittwoch. Tschüss*
B: *Tschüss!*

B könnte allerdings die Annahme des Beendigungsangebotes von A verweigern, indem er z.B. folgendermassen reagiert:

B: *Ja, was die Sitzung angeht schon. Aber ich hab da noch ein kleines Problem wegen der Pläne. Die sollten doch eigentlich bis gestern fertig sein. Und jetzt hat aber dieser Idiot von Graphiker ...*

Damit hätte B dann ein neues Subthema eröffnet, auf das A wiederum eingehen muss – ausser er brächte triftige Gründe vor, das Gespräch jetzt trotzdem beenden zu müssen (im Sinne von: *Ja, aber Du, da hab ich jetzt keine Zeit mehr für, ich muss dringend in die Druckerei rüber, ich kann dich ja notfalls nachher zurückrufen.*).
Geht A jedoch auf B's neues Thema ein, wird damit der Gesprächshauptteil fortgesetzt – bis von A oder von B ein neues Beendigungsangebot erfolgt, welches dann, sofern der Partner bzw. die Partnerin das akzeptiert, zur Gesprächsbeendigung führt.

In face-to-face-Situationen werden Beendigungsangebote eines Partners meist schon angekündigt bzw. unterstützt durch entsprechendes *nonverbales* Verhalten, also etwa Brille aufsetzen, Papiere einpacken, zur Aktenmappe greifen, Zigarette ausdrücken etc. Die beteiligten Gesprächspartner können dann auch auf dieser Ebene die Akzeptierung des Beendigungsangebotes deutlich machen, indem sie auch das Glas austrinken, ebenfalls ihre Papiere zu sich nehmen etc. (Am Telefon, wo intonatorische und sonstige paraverbale Signale die einzige Ergänzung zu verbalen Beendigungsangeboten sind, kann das Herbeiführen der Gesprächsbeendigung u.U. zur schwierigen Gesprächsaufgabe werden.)
Wie bereits aus dem (fiktiven) Beendigungsbeispiel oben hervorgeht, umfasst die Gesprächsbeendigungsphase inhaltlich oft ganz bestimmte, weitgehend voraussagbare Handlungen, die sowohl Sachliches als auch Emotionales betreffen, so z.B.:

- Zusammenfassungen dessen, was im Gesprächshauptteil besprochen wurde;
- (Aus-)Wertungen der Gesprächsereignisse (*Jetzt ist mir das viel klarer...; ...das war so ein netter Abend...* etc.)
- Ausblicke auf zukünftige Handlungen der Gesprächspartner
- Terminabsprachen
- Austausch von guten Wünschen
- Grussaufträge an Bekannte
- etc.

7.6.4 Die Gesprächsphasen im Bewusstsein der GesprächsteilnehmerInnen

Der bis hierher skizzierten Makrostruktur von Gesprächen, d.h. der Trias von Eröffnung, Hauptteil und Beendigung, kommt neben der analytischen auch produktive Bedeutung zu: Sie bietet nicht nur ein Hilfsgerüst bei gesprächsanalytischer Arbeit, sondern sie dient auch der Orientierung von Gesprächspartnern und -partnerinnen im laufenden Kommunikationsprozess, und sie hilft ihnen, ihr Gesprächshandeln zu koordinieren.

Dies zeigt sich unter anderem auch darin, dass wir sehr genau merken, wenn ein Gesprächsbeitrag in die falsche Phase fällt und wir z.B. *zu früh* – nämlich bereits in der Eröffnungsphase – oder *zu spät* – nämlich in der Beendigungsphase – auf Thematisch-Inhaltliches zu sprechen kommen. Solche Fehlplanungen werden dann meist metakommunikativ signalisiert durch Äusserungen wie: *Tut mir leid, wenn ich gleich mit der Tür ins Haus falle, aber ich hab nur ganz wenig Zeit und ...* oder: *Oh, da fällt mir noch ein, also das muss ich dir jetzt einfach noch erzählen...* etc.

Und wir merken es auch, wenn eine Phase über Gebühr verlängert wird. Das gilt für die Einleitungsphase (deren Ausdehnung uns befürchten lässt, dass unser Gesprächspartner im Gesprächshauptteil auf für uns oder für ihn Unangenehmes zu sprechen kommt), für die Gesprächsmitte (deren Ausdehnung wir als 'kommunikativen Imperialismus' empfinden, auf den wir mehr oder weniger offen mit Ungeduld oder Verärgerung reagieren) und für die Beendigungsphase (deren Ausdehnung meist als peinlich empfunden wird und ein ungutes Gefühl auf der Beziehungsebene hinterlässt).

Dass es überhaupt zu solchen Phasenüberdehnungen kommen kann, obwohl ja alle GesprächsteilnehmerInnen dazu beitragen könnten, das zu verhindern, hängt einerseits mit der unter 7.8 noch zu besprechenden Rollenverteilung bei den GesprächspartnerInnen zusammen, zeigt andererseits aber auch, dass jedes Gespräch tatsächlich Produkt einer komplexen Gemeinschaftsarbeit ist, die mehr oder weniger gut gelingen oder eben auch einmal weitgehend versagen kann.

7.7   Gesprächssorten/Gesprächstypen

Was die Unterscheidung verschiedener Gesprächssorten oder Gesprächstypen anbelangt, sei hier in erster Linie auf die entsprechenden Ausführungen zur Problematik der Klassifizierung und Hierarchisierung von *Textsorten* im Kapitel 6 verwiesen. Viele der dort angeführten Überlegungen und Vorschläge lassen sich mehr oder weniger direkt für die Klassifikation von Gesprächen übernehmen, so z.B. die Unterscheidung von externen und internen Klassifikationskriterien, die Annahme hierarchischer Beziehungen zwischen 'Sorten', 'Typen' und 'Klassen' etc.

Manche Klassifikationskriterien erweisen sich allerdings in ihrer Anwendung auf Gespräche als um einiges komplexer als bei (monologischen) Texten. Dazu gehören z.B. alle Parameter, die an der Person sowie an den Intentionen des Textproduzenten festgemacht werden, denn bei Gesprächen haben wir es ja in jedem Fall mit zwei, oft aber auch mit noch mehr Teilnehmern und damit auch mit entsprechend mehr Einflussfaktoren zu tun.

Auch für die Klassifikation von Gesprächen ist – wie für die Bestimmung von Textsorten – ein Blick auf die Alltagsbezeichnungen für Gesprächssorten lohnend, denn auch hier verweisen die entsprechenden Termini auf mögliche bzw. wichtige Klassifikationskriterien, so z.B. bei:

– *Fernsehdiskussion, Radiointerview* (Trägermedium bzw. situative Einbettung als Kriterium)
– *Stammtischgespräch* (aussersprachliche Situation bzw. soziale Domäne – die Freizeit – als Kriterium)

- *Gespräch unter vier Augen* (Anzahl der TeilnehmerInnen bzw. Privatheitscharakter als Kriterium)
- *Beratungsgespräch* (kommunikative Funktion als Kriterium)
- *Brainstorming* ((Un-)Verbindlichkeit bzw. (mangelnde) Kohärenz der Beiträge als Kriterium)
- *Rundtischgespräch* (Sitzordnung und dadurch symbolisierte Gleichberechtigung der GesprächspartnerInnen als Kriterium)
- etc.

Eine in sich homogene und die Vielfalt möglicher Gesprächssorten bzw. -klassen abdeckende Gesprächstypologie gibt es bis heute noch nicht, auch wenn zu einzelnen Gesprächsarten bereits mehrfache und umfassende Analysen und somit auch Vorarbeiten für eine Typologie bestehen. Beispiele hierfür wären etwa das Interview, die Fernsehdiskussion und das Beratungsgespräch.

Ein wichtiger Terminus innerhalb der Diskussion über Gesprächstypologien anhand externer Klassifikationskriterien ist der der *Redekonstellation* (Jäger 1976). Dieser Begriff bezieht sich auf ein spezifisches Set (eine Kombination) aussersprachlicher Faktoren wie etwa Anzahl der Gesprächspartner, Grad der Vorbereitetheit einzelner Gesprächsbeiträge, thematische Fixiertheit des Gesprächs, Öffentlichkeitsgrad, Bekanntheitsgrad der Gesprächspartner, zeitliche Begrenztheit des Gesprächs etc.

Untersuchungen konnten belegen, dass Variationen in der Redekonstellation (also Veränderungen der aussersprachlichen Rahmenbedingungen eines Gesprächs) mit entsprechenden Unterschieden auf der sprachlichen Ebene von Gesprächen korrelieren. Welche der aussersprachlichen Faktoren (also z.B. Bekanntheitsgrad der Partner, Themenfixiertheit des Gesprächs) sich allerdings wie und wie unmittelbar auf das Gesprächsverhalten auswirken, ist bisher nur in Einzeluntersuchungen und für ganz bestimmte, eingeschränkte Bereiche der Gesprächsanalyse geleistet. (Vgl. hierzu z.B. die Ausführungen zur Auswirkung des Faktors 'Geschlecht' auf die Unterbrechungsmuster in Gesprächen im Soziolinguistikkapitel, Abschnitt 8.5.1.)

7.8 Die Rollen der Gesprächspartner

Auch zu diesem Punkt wollen wir hier nur einige kurze Anmerkungen machen und ansonsten auf die entsprechenden Ausführungen im Kapitel Soziolinguistik, Abschnitt 8.3.4 verweisen.

In der bisherigen Darstellung ist an verschiedenen Stellen deutlich geworden, dass nicht alle an einem Gespräch beteiligten Personen auch immer dieselben Rechte und Pflichten in bezug auf das von ihnen erwartete bzw. ihnen zugestandene Gesprächsverhalten haben. M.a.W.: Dasselbe Gesprächsverhalten hat unter Umständen einen anderen Stellenwert, je nachdem, von welcher Person es realisiert wird. All dies hat mit verschiedenen *Rollen* und entsprechendem *Rollenverhalten* der GesprächsteilnehmerInnen zu tun. Grundsätzlich lassen sich bei Gesprächen zwei Rollenkonstellationen unterscheiden:

a) Gespräche mit gleichberechtigten GesprächspartnerInnen
b) Gespräche mit einer Rollentrennung in sogenannt 'bevorrechtigte' und 'nicht-bevorrechtigte' GesprächspartnerInnen

Während im Falle (a) – zumindest theoretisch – alle beteiligten GesprächspartnerInnen dieselben Rechte und Pflichten in bezug auf das Gesprächsverhalten haben, sind diese Rechte und Pflichten bei (b) unterschiedlich, zum Teil gegensätzlich, verteilt.

Die Rolle des bevorrechtigten bzw. nicht-bevorrechtigten Sprechers ist ihrerseits in
komplexer Weise an andere Rollen gebunden, die GesprächspartnerInnen extra im
Hinblick auf ein bestimmtes Gespräch übernehmen bzw. zugeteilt bekommen,
oder an Rollen, die ihnen unabhängig von einem bestimmten Gesprächszusammenhang mehr oder weniger permanent zukommen. Es lassen sich folgende auch
für gesprächsanalytische Untersuchungen relevanten Rollen*typen* unterscheiden.

7.8.1 Institutionelle bzw. organisatorische Rollen

Damit sind Rollen gemeint, die ein Sprecher oder eine Sprecherin für ein bestimmtes Gespräch bzw. im Rahmen einer bestimmten Gesprächsorganisation übernimmt – sozusagen als 'Amt' – und die mit dem Ende dieses Gesprächs inexistent
werden. (So können – z.B. innerhalb einer Kommission oder eines Gremiums –
das Amt des Gesprächsleiters und die damit verbundenen Rechte und Pflichten von
Sitzung zu Sitzung die Trägerperson wechseln.)

Für eine solche institutionelle bzw. organisatorische Rollenverteilung bestehen
prototypische Paarungen wie z.B. *Interviewer – Interviewter* und *Diskussionsleiter
– Diskussionsteilnehmer*; in weiterer Hinsicht gehören dazu auch Konstellationen
wie *Dozent – Seminarrunde, Richter – Angeklagter* etc.

Der sogenannt bevorrechtigte Gesprächspartner hat in diesen Fällen normalerweise das Recht:
- das Gespräch zu eröffnen und es auch wieder zu beenden
- die Länge einzelner Gesprächsphasen zu bestimmen
- Themen einzuführen bzw. Themen zu wechseln
- themenkontrollierende Bemerkungen zu machen
- Fragen zu stellen
- Äusserungen der GesprächspartnerInnen zu werten
- bevorzugt Selbstwahlen durchzuführen
- gegenüber allen GesprächspartnerInnen Fremdwahlen durchzuführen
- GesprächspartnerInnen an geeigneten Stellen zu unterbrechen
- etc.

In vielen Fällen sind mit diesen Rechten – bei denen es sich quasi um Gesprächsprivilegien handelt – auch gewisse Pflichten verbunden. So sollte z.B. ein Gesprächsleiter das Recht zur bevorzugten Selbstwahl nur zu dem Zweck einsetzen,
um in möglichst gerechter Weise den Sprecherwechsel zu organisieren und Fremdwahlen durchzuführen, ebenso wie er Sprecher und Sprecherinnen nur dann unterbrechen sollte, wenn er dadurch wieder anderen zum Wort verhelfen kann etc.

7.8.2 Akzidentelle funktionale Rollen

Als funktional kann man Rollen bezeichnen, die den jeweiligen GesprächspartnerInnen aufgrund einer spezifischen Eignung bzw. einer bestimmten Funktion zukommen, meist jeweils nur im Hinblick auf ein bestimmtes Gespräch bzw. auf ein
bestimmtes Gesprächsthema. Hierher gehörte etwa die Rolle als (zufälliger) Augenzeuge eines Banküberfalls, über den eine Gesprächsrunde informiert werden

möchte, oder die Rolle als Fachexpertin bei einer Umweltdebatte. Hier ist es also meist ein spezielles Wissen, welches – sofern es gefragt ist – in einer bestimmten Situation zu einem bevorrechtigten Gesprächsverhalten legitimiert. Dazu gehören z.b. das Recht, länger oder auch öfter zu sprechen als andere GesprächsteilnehmerInnen, Themen bzw. v.a. Subthemen einzuführen sowie Gesprächsbeiträge von anderen zu werten bzw. zu kommentieren.

7.8.3 Feste soziale Rollen

Soziale Rollen kommen Gesprächspartnern unabhängig von einer bestimmten Gesprächssituation zu und sind mehr oder weniger permanent bzw. fest. Zum Teil handelt es sich dabei um Rollen, die mit entsprechenden komplementären Ergänzungsrollen verbunden sind und deshalb nur in bezug auf eine bestimmte Gruppe von (möglichen) GesprächspartnerInnen zum Tragen kommen, also etwa bei Rollenverteilungen wie *Eltern – Kind, Lehrerin – Schüler, Angestellter – Chef* etc. Andererseits sind hier auch Rollen gemeint, die sich aus dem sozialen bzw. gesellschaftlich-kulturellen Status ergeben, der einer Person in unserer Gesellschaft zukommt, sei dies nun aufgrund einer finanziellen oder institutionellen Machtposition, aufgrund öffentlichen Ansehens oder aufgrund des Geschlechts. Solche Rollen machen ihre Träger in den meisten Gesprächszusammenhängen zu bevorrechtigten Sprechern. So wird z.B. vom Statushöheren erwartet, dass er signalisiert, ob und wann er in ein Gespräch eintreten möchte, ebenso wie es ihm zukommt, die Gesprächszeit zu bestimmen und von sich aus Beendigungsangebote zu machen. Normalerweise werden mehr Hörerrückmeldungen von 'unten' nach 'oben' gegeben als in die andere Richtung; und Themen, die von statushöheren GesprächspartnerInnen ins Gespräch eingebracht werden, müssen im Normalfall wenigstens 'anstandshalber' von anderen GesprächspartnerInnen aufgegriffen und behandelt werden.

Die drei genannten Rollentypen können sich nun in bezug auf eine einzelne an einem Gespräch beteiligte Person überlagern, so dass ein Gesprächsteilnehmer etwa im Hinblick auf die institutionelle Rollenverteilung zu den nicht-bevorrechtigten Sprechern gehört (also z.B. einem Gesprächsleiter 'untergeordnet' ist), aber aufgrund einer speziellen Funktion (Experte für das behandelte Thema) oder aufgrund des sozialen Status (wichtiger Politiker, berühmte Künstlerpersönlichkeit etc.) dennoch eine bevorrechtigte Position in der Gesprächsrunde einnimmt.

So ist z.B. in einem Interview die institutionelle Rollenverteilung völlig eindeutig: Dem Interviewer kommt u.a. das Vorrecht zu, initiierende Beiträge zu leisten, Fragen zu stellen, bestimmte Themen zur Sprache zu bringen und die Gesprächsbeiträge des Interviewten mit themenkontrollierenden Bemerkungen zu lenken, während der Interviewte vorwiegend zu reaktivem (respondierendem) Gesprächsverhalten verpflichtet ist und sich – falls er ausweichend antwortet und somit wenig responsiv ist – Nachfragen gefallen lassen muss. Falls nun aber der interviewten Person mit Blick auf ihre funktionale Rolle oder auf ihren sozialen Status eine bevorrechtigte Gesprächsposition zukommt, kann es zwischen den beteiligten Gesprächspartnern zu Rollenkonflikten und damit zu Schwierigkeiten in der Gesprächsführung (im extremen Fall zu einer Art gesprächsweisem Machtkampf) kommen. Dann wird u.U. auch der Interviewte den Interviewer unterbrechen, eventuell einzelne Fragen nicht beantworten oder als falsch gestellt bzw. als nicht den Kern der Sache betreffend zurückweisen und seinerseits die Themenlenkung übernehmen. Interviews mit Politikern – v.a. im Vorfeld von Wahlen – liefern ausreichende Beispiele für solche Rollenüberlagerungen und Rollenkonflikte.

Interferenzen zwischen den verschiedenen Rollen müssen nicht notwendigerweise zu Gesprächspannen oder Gesprächsnöten führen, sie bringen es jedoch mit sich, dass GesprächsteilnehmerInnen im Hinblick auf ihre Rechte und Pflichten im Rahmen bestimmter Gesprächskonstellationen mit Fingerspitzengefühl vorgehen und sich in ihrem eigenen Rollenverhalten permanent mit dem Rollenverhalten und den Rollenerwartungen ihrer GesprächspartnerInnen auseinandersetzen müssen.

7.9   Neuere Entwicklungen

Die Gesprächsanalyse hat im vergangenen Jahrzehnt eine enorme Ausweitung erfahren. Dies betrifft zunächst einmal die Forschung an Gesprächen an sich. Eine grosse Zahl von Gesprächstypen und -bereichen wurde neu oder vertieft untersucht; mehrere grosse Projekte im Bereich Gesprächsforschung sind abgeschlossen worden. Zu letzteren gehören beispielsweise die Projekte *Kommunikation in der Stadt* und *Schlichtungsgespräche* des Instituts für Deutsche Sprache in Mannheim. Weitgehend neu ist die Erforschung von Interaktion im Hinblick auf deren Optimierung (vgl. 7.9.3).
Ebenso wichtig ist die Ausweitung in Bezug auf Methodik und Forschungsperspektiven. Bisher wurde die Gesprächsanalyse in ethnomethodologischer Tradition vorgestellt. Diese spielt nach wie vor eine wichtige Rolle bei der Untersuchung des Forschungsgegenstandes 'Gespräch'. Auf ihrer Grundlage kam es zu einer beträchtlichen Erweiterung der Forschungsfragestellungen. Zu wichtigen Forschungsgebieten entwickelten sich die Bereiche *Interaktion und Prosodie* sowie *Interaktion und Grammatik*. Kontextfaktoren wie Gesprächsrollen oder Öffentlichkeitsgrad (vgl. 7.7 und 7.8) werden nicht mehr als statisch aufgefasst, sondern als Faktoren, die während des Gesprächs permanent interaktiv neu ausgehandelt werden. Diese Entwicklungen bewegen sich alle im Rahmen des Konzepts der Kontextualisierung (vgl. 7.9.1). Ebenfalls in der Tradition der ethnomethodologischen Gesprächsanalyse steht die Postulierung einer interaktionalen Linguistik, welche eine gänzliche Neuorientierung der allgemeinen Linguistik unter interaktionaler Perspektive fordert (vgl. 7.9.2).
Voraussetzung für die Erforschung von Interaktion ist eine verlässliche und auf die Bedürfnisse der Forschung zugeschnittene Aufnahme- und Verarbeitungstechnik. Hier hat die Entwicklung in der Informationstechnologie zu grossen Fortschritten auch im Bereich der Gesprächsforschung geführt (vgl. 7.9.4).

7.9.1   Kontextualisierung

Der Begriff *Kontextualisierung* wurde bereits 1976 von GUMPERZ und COOK-GUMPERZ geprägt und später weiterentwickelt. Breit rezipiert und für die Gesprächsanalyse fruchtbar gemacht wurde er aber erst Anfang der 90er Jahre.
Kontext ist für Gumperz und Cook-Gumperz nicht einfach gegeben und beeinflusst die Interaktion von aussen, sondern er wird von den Interagierenden erst gestaltet und fortwährend neu angepasst. Zur Gestaltung des Kontexts, der so genannten Kontextualisierung, verwenden die Interagierenden bestimmte verbale, paraverbale und nonverbale Mittel, die *contextualization cues* (Kontextualisierungshinweise). Diese *contextualization cues* bilden das eigentliche Zentrum der Forschung zur Kontextualisierung. Beispiele für *cues* sind Akzent- und

Intonationsmuster, Veränderungen im Sprechrhythmus, Abtönungspartikeln, *code switching*, aber auch Nonverbales wie Gesten und Körperhaltungen. Charakteristisch für einen *contextualization cue* ist, dass sich seine Bedeutung nicht unabhängig von der Situation beschreiben lässt, denn je nach dem Ort seiner Verwendung in der Interaktion können ihm unterschiedliche Bedeutungen zukommen. Kontextualisierung wird ausserdem meistens nicht von einem einzigen *cue*, sondern von mehreren synchronisierten *cues* geleistet.

Cues dienen der Kontextualisierung in unterschiedlicher Weise:
– *Cues* ermöglichen das Verstehen von Äusserungen in der konkreten Situation, d.h. sie ermöglichen die Inferenzziehung und die Disambiguierung des 'wörtlich Gesagten'. Die simple Frage *wieso* etwa kann prosodisch ganz verschieden gestaltet werden (vgl. SELTING 1995). So kontextualisiert ein *wieso* mit steigender Intonation am Wortende eine offene Frage, die auf thematische Weiterentwicklung ausgerichtet ist und einen grossen Spielraum für die Gestaltung der Antwort erlaubt. Ein *wieso* mit fallender Intonation am Wortende kontextualisiert einen Widerspruch zu den Erwartungen des Fragenden, der in den folgenden Turns von der antwortenden Person aufgelöst werden soll. Besonders markiert ist ein *wieso*, das in Relation zu den umliegenden Äusserungen eine hohe Tonhöhe, grössere Lautstärke und ausgeprägtere Intonationskurven aufweist (hier ist auch der synchronisierte Gebrauch verschiedener *contextualization cues* zu beobachten). Wird ein *wieso* so prononciert ausgesprochen – eventuell noch begleitet von einem mimischen *contextualization cue* wie dem Runzeln der Stirne –, dann wird damit Erstaunen, Verwunderung oder auch Zweifel kontextualisiert. Dieses Beispiel zeigt nicht nur, wie eng die verbale und die prosodische Ebene zusammenspielen, sondern auch, wie das Konzept der Kontextualisierung für die Erforschung der Prosodie von Gesprächen genutzt werden kann.
– *Cues* signalisieren das Verhältnis von Teilen von Gesprächen zueinander. So können etwa Teile von Turns mittels geringerer Lautstärke als Nebenbemerkungen (so genannte *asides*) kontextualisiert werden.
– *Cues* werden verwendet, um die thematische Strukturierung, die Art der Beziehung zwischen den Interagierenden oder die Erwartungen bezüglich Art, Verlauf und Ergebnis der Interaktion zu signalisieren. In einer Prüfungssituation kann beispielsweise ein *code switching* von dialektaler zu standardsprachlicher Varietät den offiziellen Beginn der Prüfung markieren.

Wie aus interkulturellen Studien hervorgeht, ist das Bedeutungsspektrum der *contextualization cues* stark kultur- und sprachspezifisch geprägt. Das Konzept der Kontextualisierung befindet sich im Schnittfeld von Gesprächsanalyse und Soziolinguistik; dementsprechend wird in diesem Zusammenhang auch von *Interaktionaler Soziolinguistik* gesprochen (vgl. 8.6.4).

7.9.2 Interaktionale Linguistik

Angeregt durch Forschungen im Rahmen von Gesprächsanalyse und Kontextualisierung wird seit Mitte der 90er Jahre von verschiedenen GesprächsforscherInnen die Entwicklung einer *interaktionalen Linguistik* angestrebt. In der interaktionalen Linguistik sollen grundsätzlich die gleichen Gebiete wie in der allgemeinen Linguistik untersucht werden. Linguistische Kategorien wie etwa Satzstrukturen oder Wortbedeutungen sollen aber immer mit Rückgriff auf empirische Daten behandelt werden, und zwar auf Daten situationsgebundener Sprache in natürlicher Interaktion. Erklärtes Ziel der interaktionalen Linguistik ist somit eine realistischere Sicht auf die Sprache und ihre Funktion in der sozialen Interaktion. Dies bedeutet nun auch im Hinblick auf die Gesprächsanalyse eine substanzielle Ausweitung der Forschungsperspektive: Zwar geht es immer noch grundsätzlich um Gespräche; deren empirische Untersuchung ist nun aber häufig der Ausgangspunkt, um spezifische Sprachstrukturen umfassend zu analysieren.

Eine der Grundideen der interaktionalen Linguistik lässt sich wie folgt formulieren: In der Interaktion werden nicht einfach vorgegebene Sprachstrukturen aktualisiert, sondern Sprachstrukturen und Organisation der Interaktion beeinflussen sich wechselseitig. Dass die Beeinflussung in beide Richtungen geschehen kann, sollen die nachstehenden zwei Beispiele aus dem Umfeld der Forschung zur interaktionalen Linguistik illustrieren.

Die englische Satzstruktur bringt mit sich, dass im Gespräch gegen Ende eines Satzes das letzte Element oft schon erahnt werden kann. Ganz anders im Deutschen: Der infinite Verbteil – und damit häufig das semantische Zentrum und Teil des Rhemas eines Satzes – steht am Schluss des Hauptsatzes. Da in Gesprächen das Ende eines Satzes ein klassischer *transition relevance place* – ein übergangsrelevanter Ort für den Sprecherwechsel (vgl. 7.3.2) – ist, kann sich das Management der Turn-Übergabe in beiden Sprachen je unterschiedlich gestalten. Weil in englischen Gesprächen der Hörer nicht unbedingt das Ende eines Turns abwarten muss, um alle relevante Information zu erhalten, kann er sich eher zu einer Turn-Übernahme mit *overlap* entschliessen als ein Hörer in deutschen Gesprächen. Dieser muss das Ende des Satzes abwarten, um über sämtliche relevante Information zu verfügen. Die Satzstruktur hat also Einfluss auf die Organisation der Interaktion (vgl. SCHEGLOFF et al. 1996).

Ein Einfluss in umgekehrter Richtung – also von der Gesprächsorganisation auf die Satzstruktur – wurde bei der Analyse von *weil*-Konstruktionen herausgearbeitet. In der gesprochenen deutschen Gegenwartssprache findet man sowohl die kanonisierte Verbendstellung – "jetzt kommt sie nimmer so oft, <u>weil</u> sie nimmer so beweglich is" – wie auch Verbzweitstellung – "der war a achtervierziger. oder a neunervierziger jahrgang sowas war er – <u>weil</u> i bin fuffzig" (Beispiele nach SCHEUTZ 2001). Dies war in den letzten Jahren ein viel diskutiertes Thema in Arbeiten zur Syntax der gesprochenen deutschen Gegenwartssprache (vgl. etwa GOHL/GÜNTHNER 1999 und SCHEUTZ 2001). Als Grund für die Verbstellungsvarianten wird unter anderem genannt, dass die Wahl einer der beiden Varianten in bestimmten Fällen den Bedürfnissen des jeweiligen Interaktionskontexts zugeschrieben werden kann. So scheint Verbzweitstellung als *contextualization cue* für den Abschluss einer Gesprächssequenz zu dienen, während die 'traditionelle' Verbendstellung häufig Turn-Ausweitung und Einführung eines neuen Themas kontextualisiert (vgl. SCHEUTZ 2001).

Der Anspruch der interaktionalen Linguistik, eine Veränderung des traditionellen Verständnisses von Sprache zu erwirken, ist hoch. Ob sich dieser Ansatz durchsetzen kann, wird sich erst zeigen müssen.

7.9.3 Gesprächsforschung und ihre Anwendung

Ein Schwerpunkt der neueren empirischen Gesprächsforschung liegt in der An-
wendungsorientierung. Unter dieser Perspektive lässt sich zunächst einmal die
gesprächsanalytische Untersuchung unterschiedlicher Interaktionsfelder betrachten; ein Forschungsschwerpunkt, der zwar nicht neu ist, aber in den letzten Jahren intensiviert wurde. Als Themenschwerpunkt sei hier der Bereich *Kommunikation und Institution* erwähnt. Inzwischen sind vielfältige Formen institutionel-
ler Kommunikation aus zahlreichen gesellschaftlichen Bereichen genauer untersucht worden. Zu nennen sind beispielsweise die Bereiche Gesundheits-, Rechts-
und Bildungswesen, Verwaltung oder Wirtschaft.

Eine Untersuchung von Gesprächen zwischen ÄrztInnen und PatientInnen im Spital (LALOU-
SCHEK 1998, vgl. auch LALOUSCHEK 1995) beispielsweise zeigt, wie aufgrund der Konditionierung von ÄrztInnen auf einzelne Symptome und Routinemuster sowie aufgrund mangelnder
Ausbildung im Patientengespräch die Kommunikation zwischen ÄrztIn und PatientIn auf unterschiedlichen Ebenen misslingt. Wo etwa für PatientInnen oft das Schildern eines allgemeinen
Sich-nicht-Wohlfühlens im Vordergrund steht, ist es für die ÄrztInnen das Heraushören inter-
pretierbarer Einzelsymptome. Für die ÄrztInnen mit ihrem gedrängten Arbeitsplan steht das Ab-
arbeiten der Routinen im Vordergrund; das Patientengespräch erscheint so oft regelrecht als
Störung ärztlicher Handlungsabläufe.

Weitgehend neu ist die systematische Nutzbarmachung von Methoden der Gesprächsforschung im Hinblick auf die Verbesserung der Interaktion. Diese Art
anwendungsorientierter Forschung ist zum grössten Teil in den 90er Jahren entstanden. Im Ansatz der *angewandten Gesprächsforschung* (auch als *angewandte
Diskursforschung* bezeichnet) wurde sie methodisch gefasst. Ziel dieser Forschungsrichtung ist nicht die Analyse an sich, sondern die Entwicklung bzw.
Optimierung von Gesprächsfähigkeiten. Im Unterschied zu traditionellen, meist
rhetorisch und/oder psychologisch geprägten Kommunikationsratgebern geht die
angewandte Gesprächsforschung nicht von konstruierten oder simulierten Daten
und von Ad-hoc-Beurteilungen aus, sondern von einer detaillierten und systematischen Analyse von Gesprächstranskripten. Im Zentrum des Interesses stehen
Kommunikationsphänomene, die sich in den untersuchten beruflich-institutio-
nellen Kommunikationsfeldern strukturhaft und personenunabhängig identifizieren und als Störungen bewerten lassen. Einfache Kommunikationsrezepte werden als zu vage und zu wenig fundiert abgelehnt. Gesucht wird vielmehr nach
Handlungsalternativen, die auf den Grundlagen des erhobenen Materials herausgearbeitet und auf ihre Konsequenzen überprüft werden. Dies geschieht oft
gemeinsam mit den Beteiligten, in gesprächsanalytisch fundierten Fortbildungen
und Kommunikationstrainings.

Ein Beispiel für eine solche anwendungsorientierte Analyse sind Arbeiten zu Reklamationsgesprächen (vgl. FIEHLER et al. 1999, FIEHLER 1997). Ergebnis der Analysen und zugleich Ausgangspunkt für Folgerungen ist eine detaillierte Aufstellung von für Reklamationsgespräche
typischen kommunikativen Aufgaben, ein so genanntes Handlungsschema. Es macht deutlich,
welche Aufgaben von Kundin und Sachbearbeiter normalerweise abgearbeitet werden müssen.
Dazu gehören z.B. die Darstellung des Problems, die Klärung von Zuständigkeit oder Problemursachen, das Finden einer gemeinsamen Problemdefinition und -lösung, die Imagepflege und ein
angemessenes Umgehen mit Emotionen. Das Handlungsschema ermöglicht so, Besonderheiten
im konkreten Gespräch und typische Störungen in Reklamationsgesprächen allgemein transparent
zu machen. Es zeigt sich, dass das Gespräch oft in 'Schleifen' verläuft, wenn eine der kommunikativen Aufgaben nicht hinreichend bearbeitet wird. Dies lässt sich etwa dann beobachten, wenn
der Sachbearbeiter nicht auf emotionale Äusserungen (z.B. Vorwürfe) eingeht oder wenn er es

verpasst, betriebsinterne Abläufe so zu erläutern, dass auch die Kundin die Problemursachen verstehen kann. In solchen Fällen kommt die Kundin im Verlauf des Gesprächs oft wiederholt auf die aus ihrer Sicht nicht befriedigenden Punkte zurück, und der Aufwand zur Problemlösung im Gespräch wird erhöht. In Seminaren können solche Probleme von den Beteiligten anhand von Transkriptauszügen erkannt und Handlungsalternativen gesucht und geübt werden.

7.9.4 Transkriptionssysteme und technische Hilfsmittel

Die in Abschnitt 7.4.1 erwähnte Partitur-Schreibweise ist im deutschsprachigen Raum auch heute noch gebräuchlich. Es handelt sich dabei um das Transkriptionssystem *HIAT – Halbinterpretative Arbeitstranskription –*, das in den frühen siebziger Jahren entwickelt wurde und weiterhin in vielen Texten zur Transkriptionstechnik ausführlich beschrieben und gewürdigt wird. Eine Gruppe führender GesprächsforscherInnen hat indessen 1998 einen neuen Vorschlag für ein Transkriptionssystem publiziert, der die Partitur-Schreibweise grösstenteils wieder aufgibt: das *Gesprächsanalytische Transkriptionssystem GAT.* Im GAT wird der Gesprächsverlauf nicht mehr auf Partiturflächen wiedergegeben, sondern jeder neue Turn bzw. – als weitere Binnengliederung – jede neue Turnkonstruktionseinheit wird auf eine neue Zeile gesetzt. Dies entspricht nicht nur den normalen Lesegewohnheiten besser, sondern es erleichtert auch die sequenzielle Analyse der Sprecherbeiträge. Ein weiterer Pluspunkt des GAT ist, dass versucht wird, Phänomene rein formbezogen zu beschreiben und nicht bereits eine funktionale Interpretation vorzunehmen.

So bezieht sich etwa das Fragezeichen im GAT auf die Tonhöhenbewegung einer Einheit: '?' steht für hoch steigende Tonhöhenbewegung. Im HIAT hingegen wird das Fragezeichen im Sinne der Standardorthographie zur Kennzeichnung einer Frage verwendet, womit bereits eine erste Interpretation vorgenommen und der vorangegangenen Einheit eine bestimmte Funktion zugeordnet wird.

Trotz von verschiedenen Seiten geäusserter Vorbehalte ist das GAT zur Zeit wohl dasjenige Transkriptionssystem, das den teils widersprüchlichen Ansprüchen von Laien, GesprächsforscherInnen und Transkribierenden am besten genügt.

In seiner Wegleitung zur Gesprächsanalyse nennt DEPPERMANN (2001) folgende Anforderungen an ein Transkriptionssystem: In praktischer Hinsicht sind einfache Lesbarkeit auch für Laien, schnelle Erlernbarkeit und unproblematische Realisierbarkeit in gängigen Textverarbeitungssystemen wünschenswert, aus gegenstandsbezogen-theoretischen Gründen wünscht man sich dagegen Umfassendheit, Präzision und Repräsentation formbezogener Parameter, die das akustische Geschehen möglichst interpretationsarm und isomorph wiedergeben.

Bei den technischen Hilfsmitteln zum Erheben und Bearbeiten von Daten wurden in den letzten Jahren grosse Fortschritte gemacht. Im Bereich der Aufnahmetechnik hat die Aufzeichnung von Daten auf Mini-Disc der konventionellen Tonbandkassette klar den Rang abgelaufen. Sound-Editor-Programme ermöglichen es, die Aufnahmen problemlos in einen Computer einzuspeisen, und vereinfachen die Bearbeitung bei der Transkription.

Beim Verfassen der Transkription stellt sich die Frage, ob man ein gängiges Textverarbeitungssystem benützen oder einer speziellen Transkriptionssoftware den Vorzug geben soll. Ein geeignetes Transkriptionsprogramm zu finden, ist schwierig. Die erhältlichen sind eher unhandlich; die meisten können zudem nicht für die Transkription mit GAT verwendet werden. Viele GesprächsforscherInnen entscheiden sich deshalb nach wie vor für Textverarbeitungssysteme. Die weitere Entwicklung im Bereich Transkriptionssoftware, aber auch im Bereich Auswertungssoftware ist nicht abzusehen. Es empfiehlt sich deshalb, die eigenen Kenntnisse vor Beginn eines Projekts mittels Recherche auf den neuesten Stand zu bringen (vgl. weiterführende Literatur).

7.9.5 Weiterführende Literatur

Einführungen und Handbücher: Das Handbuch von Brinker et al. (2001) bietet eine umfassende Darstellung des aktuellen Forschungsstands in der Gesprächslinguistik. Neueste Entwicklungen lassen sich auf dem Informationsportal Gesprächsforschung www.gespraechsforschung.de und der dort angeschlossenen Online-Zeitschrift zur Gesprächsforschung verfolgen. Eine praktische Einführung in die Methodik der Gesprächsanalyse für Forschende aus allen Fachgebieten bietet Deppermann (2001). Von den klassischen Einführungen in die Gesprächsanalyse von Brinker/Sager und Henne/Rehbock sind 2001 bibliographisch ergänzte Neuauflagen erschienen, die allerdings neuere Forschungsentwicklungen nicht reflektieren.

Kontextualisierung und interaktionale Linguistik: Zur Einführung in die Theorie der Kontextualisierung sind vor allem Auer (1992), aber auch Gumperz (1992) und Gumperz (2001) zu empfehlen; eine breite historische Einbettung des Gumperz'schen Kontext-Begriffs bieten Goodwin/ Duranti (1992). Arbeiten zur Kontextualisierung finden sich in den Sammelbänden von Auer/di Luzio (1992) und Duranti/Goodwin (1992). Die interaktionale Linguistik wird in Selting/Couper-Kuhlen (2000), sowie in Ansätzen bereits in Schegloff et al. (1996) vorgestellt. Sammelbände zur interaktionalen Linguistik sind Selting/Couper-Kuhlen (2001) sowie – mit je spezifischen Schwerpunkten – Couper-Kuhlen/Selting (1996) und Ochs et al. (1996).

Anwendungsorientiertes: Zur Untersuchung von Kommunikation in einzelnen Interaktionsfeldern finden sich nützliche Überblicksdarstellungen in Brinker et al. (2001). Zudem seien exemplarisch genannt: für Wirtschaft Brünner (2000) sowie der Sammelband Becker-Mrotzek/Fiehler (2002), für das Rechtswesen Nothdurft (1995, 1997) sowie Schwitalla (1996), für Medizin Lalouschek (1995) sowie der interdisziplinäre Sammelband von Brünner/Gülich (2002), für den Unterrichtsbereich Becker-Mrotzek/Vogt (2001). Zur angewandten Gesprächsforschung findet sich eine gute, einführende Übersicht bei Fiehler (2001). Einen umfassenden Überblick über Grundlagen, Methoden, Anwendungsbereiche und Vermittlungsformen bietet Brünner/Fiehler/Kindt (1999); ähnlich angelegt ist auch Fiehler/Sucharowski (1992). Der Effektivität nicht-linguistischer Kommunikationstrainings geht Brons-Albert (1995) nach; dem Verhältnis von Gesprächsanalyse und Ratgeberliteratur ist Antos (2001) gewidmet.

Technisches: Aktuelle Informationen zur Aufnahme- und Transkriptionstechnik finden sich auf www.gespraechsforschung.de/technik.htm sowie natürlich auf den Websites der interessierenden Programme; das Transkriptionssystem GAT wird in Selting et al. (1998) vorgestellt.

8. Soziolinguistik

Einleitung

Die Soziolinguistik als typische *Bindestrichlinguistik* hat – wie dies der Name sagt – starke Bezüge zu ihrer Nachbarwissenschaft, der Soziologie, und zwar
(a) sowohl inhaltlich, indem Sprache primär als soziales Phänomen betrachtet wird, das sich konsequenterweise nur mit Bezug auf die gesellschaftlichen und sozialen Lebensbedingungen ihrer Sprecher und Sprecherinnen beschreiben lässt, als auch
(b) methodisch (und d.h. hier auch im Hinblick auf die Theoriebildung), indem der Empirie ein hoher Stellenwert eingeräumt wird: Die Erforschung der innerhalb einer *bestimmten Sprachgemeinschaft* konkret gegebenen *Sprachrealität* ist einerseits Basis, andererseits Kontrollinstanz für wissenschaftliche Aussagen über Sprache. Die nötigen Sprach*daten* werden mithilfe spezieller, aus der Soziologie entlehnter Interviewtechniken oder im Rahmen von Feldforschung und teilnehmender Beobachtung gewonnen; neben quantitativ ausgerichteten Forschungen, die mit grossen Korpora (also grossen Sammlungen von gezielt erhobenen Sprachdaten) arbeiten, finden sich gerade in der Soziolinguistik zunehmend auch qualitativ orientierte Untersuchungen, deren Ergebnisse nicht auf der Auswertung statistisch repräsentativer Sprachdatenmengen beruhen, sondern aufgrund möglichst intensiver und detailbezogener Analyse einzelner Sprachereignisse und mit starkem Einbezug der untersuchten Personen zustandekommen. Ganz generell ist die Möglichkeit der apparativen Aufzeichnung und Konservierung von Sprache, wie sie in den letzten Jahrzehnten einigermassen problemlos möglich geworden ist, auch für soziolinguistische Forschungstätigkeit von grösster Bedeutung.
Die Ausbildung eines eigenständigen soziolinguistischen Arbeitsbereichs muss im Zusammenhang mit dem sich verändernden sozialen und gesellschaftspolitischen Selbstverständnis der Sprachwissenschaft in den späten 60er und frühen 70er Jahren gesehen werden; vieles von dem, was in der Einleitung zum Kapitel Pragmatik gesagt wurde, liesse sich hier zum Stichwort 'Soziolinguistik' wiederholen. Wie für die Pragmatik ist auch für die (europäische bzw. germanistische) Soziolinguistik der politische Hintergrund von 1968 wichtig: Die Politisierung des Wissenschaftsbetriebs führte vor allem in den sogenannten Geistes- und Kulturwissenschaften zu neuen Anforderungen an die gesellschaftliche Relevanz der Forschungstätigkeit sowie der Forschungsergebnisse. Gerade für die Sprachwissenschaft schien die Stunde gekommen, den Charakter einer etwas verstaubten, historisch-museal orientierten Wissenschaft oder dann den einer abgehobenen, völlig theoretisch ausgerichteten Elfenbeinturmexistenz (womit v.a. die Systemlinguistik strukturalistischer und generativer Prägung angesprochen war) abzulegen und ins konkrete, gegenwärtige Sprachleben einzusteigen, dessen politische bzw. soziale Dimensionen dabei im Vordergrund stehen.
• Während die 'Pragmatisierung' der Sprachwissenschaft allgemein dazu führt, dass Linguisten und Linguistinnen sich für den Handlungscharakter von Sprache zu interessieren beginnen, also z.B. danach fragen, weshalb es grundsätzlich möglich ist, mit der Äusserung *es zieht* jemanden aufzufordern, ein Fenster zu schliessen (obwohl in dieser Äusserung weder das Fenster thematisiert noch der Aufforderungscharakter sprachlich signalisiert wird), steht im Rahmen eines soziolinguistischen Erkenntnisinteresses die Frage im Vordergrund, welche Formen von Sprachhandeln für welche sozialen Gruppen einer Sprachgemeinschaft typisch sind.
• Diese Entwicklung wird durch eine Art politische 'Sogwirkung' verstärkt, die daher rührt, dass in einer Zeit starken wirtschaftlichen Aufschwungs die Politiker und Pädagogen den Bildungsnotstand ausrufen und die Forderung nach Chancengleichheit im Bildungswesen durch den Mangel an ausgebildeten Fachkräften ökonomischen Nachdruck erhält. Dies umso mehr, als die Integration der in grosser Zahl ins Land geholten ausländischen Arbeitskräfte unvorhergesehene Schwierigkeiten mit sich bringt. Für beide Problembereiche, sowohl für die schulische Förderung von Kindern aus Unterschichtskreisen als auch für eine beschleunigte Integration der Gastarbeiter, hofft man auf Hilfe von Seiten der Sprachwissenschaft: Beidesmal scheinen

Sprachbarrieren die angestrebten Entwicklungen zu verhindern, und in beiden Fällen hofft man, dass Linguisten und Linguistinnen dazu beitragen können, diese Barrieren zu überwinden.

Die (kurzfristige) Konsequenz aus dieser Situation ist ein neues, gesteigertes Ansehen der Linguistik als Gesellschaftswissenschaft bzw. Sozialwissenschaft. Sprache wird dabei vor allem als Produkt und als Ausdruck schichtspezifischer Lebensbedingungen gesehen: der Sprache der Mittel- und Oberschicht wird die Sprache der Unterschicht (bzw. Arbeiterschicht) gegenübergestellt. Diese 'klassische' Phase der Soziolinguistik ist v.a. durch die Forschungen von B. BERNSTEIN und dann von W. LABOV geprägt (auf die wir gleich zu Beginn dieses Kapitels in Abschnitt 8.1.1 und 8.1.2 eingehen).

Das (einseitige) Verständnis der sozialen Einbindung von Sprache hat sich im Verlauf der letzten 15 Jahre stark verändert und differenziert. Neben den Faktoren 'Schicht' bzw. 'Klasse' – deren Bedeutung dadurch keineswegs angezweifelt ist – werden in der neueren Soziolinguistik auch andere aussersprachliche Faktoren in ihrem Einfluss auf die Sprache bzw. den Sprachgebrauch der Sprecher einer Sprachgemeinschaft untersucht. Hierzu gehören z.B. Alter, Geschlecht, Berufszugehörigkeit, Zugehörigkeit zu bestimmten religiösen oder politischen Vereinigungen etc. (vgl. hierzu v.a. die verschiedenen Abschnitte von 8.3). Dabei wird von der Annahme ausgegangen, dass sich die Überschneidung und Überlagerung dieser verschiedenen aussersprachlichen Parameter auch sprachlich zeigt: dass sich also z.B. eine junge, aus Unterschichtsverhältnissen stammende Chemiestudentin sprachlich anders verhält als ihr männliches Gegenstück, aber auch anders als ihre dreissig Jahre ältere Professorin und nochmals anders als eine gleichaltrige Friseurin.

Diese Öffnung der Soziolinguistik manifestiert sich begrifflich in dem heute oft synonym zu 'Soziolinguistik' verwendeten Begriff der *Varietätenlinguistik*. Die Bezeichnung 'Varietät' ersetzt in gewisser Weise ältere Bezeichnungen wie 'Code' oder 'Soziolekt' bzw. ist weniger stark an den Faktor der sozialen Schicht gebunden und signalisiert darüberhinaus ein möglichst wertfreies Verständnis des Phänomens der Gruppensprachen (vgl. Abschnitt 8.2).

Ausserdem rücken neuere Forschungen die einzelnen Sprecher und Sprecherinnen in den Vordergrund des Interesses, indem sie danach fragen, wieweit jeder einzelne über die (meist unbewusste) Fähigkeit verfügt, zwischen verschiedenen 'Sprachen' zu wechseln, je nachdem, welcher der relevanten aussersprachlichen Faktoren in einer gegebenen Kommunikationssituation dominant ist – wieweit also z.B. dieselbe Person am Arbeitsplatz anders spricht als in der Familie, ob man mit Gleichaltrigen anders spricht als mit älteren oder jüngeren Menschen, ob sich eine Frau Frauen gegenüber sprachlich anders verhält als gegenüber Männern etc. Daraus ergibt sich dann auch die Vorstellung einer Sprachwirklichkeit, die sich v.a. durch ein dynamisches Nebeneinander und Ineinander regional, sozial, geschlechtsspezifisch, situativ, stilistisch oder anderweitig bedingter Sprachformen auszeichnet. Die Modelle und Begriffe, mit denen diese komplexe Situation erfasst und beschrieben werden soll, sind oft noch unzulänglich definiert und nur schwer gegeneinander abgrenzbar, ermöglichen es aber immerhin, die aussersprachliche Bedingtheit jeglicher konkreter Sprachverwendung aufzuzeigen (hierzu v.a. 8.2.2).

Schliesslich lässt sich die Forschungsperspektive, unter der Sprache in erster Linie als (zwangsläufiger) *Ausdruck* gesellschaftlicher Strukturen gesehen wird, durch eine gegenläufige Perspektive ergänzen, unter der danach gefragt wird, wieweit bestimmte Sprachformen und bestimmte Sprachgebrauchsweisen die soziale Identität einer gesellschaftlichen Gruppe stützen bzw. diese eigentlich mitkonstituieren können.

Lesehinweise

Einführungen und Überblicksdarstellungen:
Hierher gehören u.a. Hartig (1980) – sehr leicht lesbar; Löffler (1985), der sich – wie der Titel "Germanistische Soziolinguistik" signalisiert – stark auf die spezifischen Probleme des deutschen Sprachgebietes ausrichtet (so z.B. auch auf die soziolinguistischen Aspekte des Dialektgebrauchs im Deutschen); Schlieben-Lange (3. erw. Aufl. 1990), die u.a. einen ausführlicheren Überblick über die Wissenschaftsgeschichte der Soziolinguistik bietet, und Fasold (1990), der pragmalinguistische Fragestellungen in den Vordergrund stellt. Dittmar (4. Aufl. 1980, 1. Aufl. 1973) ist ein für die schichtorientierte Soziolinguistik der 70er Jahre wichtiges und typisches Buch, das sich anhand der Darstellung von Defizit- und Differenztheorie v.a. mit methodologischen Fragen der Sprachdatenerhebung und -auswertung beschäftigt. Als knappe Einführung eignet sich auch Linke/Voigt (1991).

Zur Defizit- und Differenzhypothese: Für eine intensivere Beschäftigung mit den 'klassischen' Ansätzen der Soziolinguistik wären Bernstein (1972) und Labov (1980a) zu nennen; wer mehr einen exemplarischen Zugriff sucht, sei auf zwei kürzere Texte verwiesen: "Linguistische Codes und Sozialstruktur" von Bernstein (1979) sowie "Die soziale Stratifikation des (r) in New Yorker Kaufhäusern" von Labov (1980b). Der Text von Labov zeigt in anschaulicher Weise den Zusammenhang von Sprachnorm, Sprachvariation und Sprachwandel auf. Die Rezeption der Thesen von Bernstein in Deutschland behandelt Wagner (1992).

Eine ganze Reihe soziolinguistischer Untersuchungen stellt weniger die Frage nach den unterschiedlichen Sprachformen in den Vordergrund, sondern befasst sich mehr mit der Frage nach dem Verhältnis von Sprachvarietät und *sozialer* bzw. *kultureller Identität* – sowohl in bezug auf das einzelne Individuum als auch in bezug auf gesellschaftliche Minoritäten bzw. verschiedene ethnische Gruppen. Einblicke in diese vor allem in Amerika stark vertretene Forschungsrichtung geben u.a. Gumperz (1975), Hymes (1979) und Fishman (1989).

Einen umfassenden, methodisch kritischen Überblick über Forschungen zum *geschlechtsspezifischen Sprachgebrauch* sowie eine knappe Einführung in die Diskussion um sogenannt patriarchalische Strukturen im Sprachsystem gibt Graddol/Swann (1989); breit angelegte Reader zum Thema sind Thorne/Henley (1975) und Thorne u.a. (1983), als wichtige Monographien wären unter anderem zu nennen: Pusch (1984), Spender (1985), Coates (1986) und – stärker sprachtheoretisch ausgerichtet – Cameron (1985). Eine interessante Theoriediskussion führt Poschtl (1991), interessante Einblicke in interkulturelle Vergleiche vermittelt Günthner/Kotthoff 1991).

Einen fundierten Einblick in die Fragestellungen und die Arbeitsweise der soziolinguistisch orientierten *Dialektforschung* bietet Trudgill (1983). Besch (1981) und (1983) zeigt die Arbeitsweise in einem soziolinguistisch angelegten Feldforschungsprojekt zum Sprachverhalten und zu Spracheinstellungen in ländlichen Gemeinden; die Probleme, die sich aus dem Neben- und Ineinander von Dialekt und Hochsprache in der Schule bzw. für die Schülerinnen und Schüler ergeben, diskutieren Rosenberg (1986) und Sieber/Sitta (1986). Neuere Arbeiten zur Dialektsoziologie finden sich in Mattheier/Wiesinger (1994).

In bezug auf Forschungsansätze mit der soziolinguistisch ausgerichteten Dialektologie eng verwandt ist die Stadtsprachenforschung, die sich in Deutschland schwerpunktmässig bis jetzt auf Berlin (Dittmar u.a. 1986, Schlobinski 1987) und Mannheim (Schwitalla 1985, Keim 1993) konzentriert. Als Sammelband zur "Mehrsprachigkeit in der Stadtregion" ist Bausch (1982) zu nennen sowie nun der auf mehrere Bände geplante Schlussbericht des Mannheimer Projekts (Kallmeyer 1994 und folgende). Ein neuerer Schweizer Beitrag ist Werlen (1992).

Die bisher umfangreichste Arbeit zur *Jugendsprache* ist Henne (1986), ethnographische Wege beschreitet die neuere Arbeit von Schlobinski/Kohl/Ludewigt (1993); ein kleines "Wörterbuch der Jugendsprache" und eine knappe Einführung in die Thematik legt Heinemann (1989) vor. Ein weiteres Wörterbuch zur Jugendsprache ist Ehmann (1992).

Schliesslich sei noch auf das seit 1988 zur Verfügung stehende zweibändige internationale *Handbuch der Soziolinguistik* verwiesen (Ammon/Dittmar/Mattheier 1987-1988), das in 193 knappen Artikeln sowohl wissenschaftstheoretische, wissenschaftsgeschichtliche als auch methodische und sachorientierte Aspekte des Forschungsbereichs darstellt.

8.1. Die erste soziolinguistische Welle: Theoriebildung, Methodendiskussion

8.1.1 Die Anfänge: Bernsteins Defizittheorie

Die Anfänge der germanistischen Soziolinguistik in den 60er Jahren sind stark mit dem Namen von Basil BERNSTEIN verbunden, haben also englische Wurzeln. Bernstein, der selbst nicht Sprachwissenschaftler, sondern Soziologe ist, geht in seiner soziolinguistischen Theorie von der Hypothese aus, dass sich aus der sozioökonomischen Schichtung einer Sprachgemeinschaft eine entsprechende Differenzierung im sprachlichen Verhalten der Sprecher und Sprecherinnen ergibt. Die zentrale Unterscheidung ist dabei die zwischen

(a) *elaboriertem Code*, der dem normalen Sprachgebrauch der Oberschicht bzw. Mittelschicht entspricht, und dem

(b) *restringierten Code*, der dem Sprachgebrauch der Unterschicht entspricht.

Diese beiden Codes sind u.a. beschreibbar in Form von spezifischen sprachlichen Charakteristika, d.h. in den Dimensionen von Vorkommen oder Nicht-Vorkommen bzw. von mehr oder weniger häufigem Vorkommen bestimmter sprachlicher Phänomene.

Etwas simplifiziert ausgedrückt lässt sich als zentrale Aussage der Theorie Bernsteins festhalten, dass die Sprachverwendung der Mittelschicht sich von der Sprachverwendung der Unterschicht v.a. in folgenden Dimensionen unterscheidet:

- Explizitheit,
- grammatische Korrektheit und
- logische bzw. argumentative Strukturiertheit.

Sprachlich festgemacht werden diese Parameter einerseits am Umfang und an der Zusammensetzung des Wortschatzes sowie an der Varianz der Wortwahl, andererseits an der syntaktischen Struktur und an den Formen sprachlicher Verknüpfung von (Teil-)Sätzen – konkret also z.B. an der Häufigkeit und an der spezifischen Auswahl von Konjunktionen.

Die Verknüpfung zwischen sozioökonomischen Verhältnissen und sprachlichem Verhalten ergibt sich für Bernstein v.a. aus den unterschiedlichen familiären Kontexten und Sozialisationssituationen, in denen Kinder der Unterschicht bzw. Mittelschicht Sprache erlernen. Das Modell, von dem Bernstein hier ausgeht, korreliert – verkürzt ausgedrückt – den restringierten Code mit einem *statusorientierten* Kommunikationsverhalten, in welchem sprachliche Argumentationen oder Differenzierungen eine geringe Rolle spielen, während der elaborierte Code an ein *personenorientiertes* Kommunikationsverhalten gebunden ist, in welchem der sprachlichen Argumentation sowie dem Aushandeln von Meinungen ein hoher Stellenwert zukommt. M.a.W.: Wo einem Unterschichtskind ein Verbot allenfalls durch Äusserungen wie *weil du das nicht sollst* oder *weil ich es dir verbiete* begründet wird, werden einem Mittelschichtskind Zusammenhänge erklärt und wenn möglich nachvollziehbare Begründungen angeboten, im Sinn von *weil ich Kopfschmerzen habe und Lärm dann besonders schlimm für mich ist* oder *weil das die Lieblingstasse von Tante Olga ist und sie traurig wäre, wenn der etwas passiert* etc.

Ihre Brisanz, die weit über den engeren sprachwissenschaftlichen Kreis hinauswirkte, erhielt die Theorie Bernsteins durch die Wertungen, die mit den beiden

Codes bzw. mit den genannten Dimensionen wie 'Explizitheit', 'logische Strukturiertheit', 'grammatische Korrektheit' verbunden sind. Der elaborierte Code wird
als dem restringierten Code überlegen betrachtet. Daraus resultiert dann auch die
Bezeichnung *Defizit-Hypothese,* unter der die Theorie Bernsteins bekannt geworden ist, wobei damit zunächst vor allem ein *sprachliches* Defizit (z.B. ein Defizit in
bezug auf die Differenziertheit des aktiven Wortschatzes) angesprochen war.

Aber gerade in der *Rezeption* von Bernsteins Theorie werden Sprache und Denken teilweise in un-
zulässiger Art und Weise gleichgesetzt: Mangelnde sprachliche Explizitheit wird im Sinne einer
mangelnden Explizierungsfähigkeit interpretiert, sprachliche Strukturierungsmängel (z.B. das Fehlen analytischer Konjunktionen wie *weil* oder *indem*) werden als Mängel der Denkstruktur angesehen. Diese Betrachtungsweise von Sprache, bei der die Form sprachlicher Äusserungen als Indiz
für Denken interpretiert wird, führt in einem zweiten Schritt zur Überlegung, dass mit viel
Sprachtraining 'das Denken verbessert' werden kann.

Die Grundideen Bernsteins wurden in den 60er-Jahren sowohl in den USA als
auch in der Bundesrepublik relativ begeistert aufgenommen, weil sie sich mit zwei
'Befunden' in Verbindung bringen liessen, die sowohl der im Aufschwung befind-
lichen Wirtschaft als auch den sozial engagierten Kreisen Probleme machten:

– Angehörige der Unterschicht unterscheiden sich in ihrem sprachlichen Verhalten von Angehörigen der Mittelschicht.
– Unterschichtskinder haben geringeren Schulerfolg als Mittelschichtskinder.

Die Konsequenz aus diesen Befunden scheint im Lichte von Bernsteins Sprach-
Sozialisationstheorie sehr klar: Da der gesellschaftliche Aufstieg (und das Erlangen
höherer Bildungsqualifikationen) offenbar die Beherrschung des elaborierten
Codes voraussetzt, ist eben dieser Aufstieg für Angehörige unterer sozialer Schichten erschwert bzw. kann nur dadurch ermöglicht werden, dass diese Schichten
sich den elaborierten Code aneignen und auf diese Weise die sogenannte Sprachbarriere überwinden. Als Mittel zu diesem Zweck wurde sogenannter *kompensato-
rischer Sprachunterricht* betrachtet; entsprechende Förderungsprogramme wurden
v.a. in den USA eingerichtet.

Doch diese Förderungsprogramme misslangen. Neben lediglich temporären 'Ver-
besserungen' der sprachlichen Fähigkeiten im angestrebten Sinn produzierten sie
v.a. psychologische Probleme bei den Kindern, die ihrer sprachlichen Umgebung
entfremdet wurden und ihre eigene Sprache als defizitär erlebten.

Neben diesen bildungspolitischen Misserfolgen, die Bernsteins Konzept in Miss-
kredit brachten, kam auch vermehrt politisch argumentierende sowie methodisch-
wissenschaftstheoretisch fundierte Kritik an der Theorie vom sprachlichen Defizit
im Sinne Bernstein auf: Vertreter der sogenannten *Differenzhypothese* lösten eine
Gegenbewegung zur Defizithypothese aus.

8.1.2 Die Differenzhypothese

Die Kritik am Defizitmodell traf sowohl die linguistische Theoriebildung als auch
das methodische Vorgehen bei der Erhebung und Auswertung der Sprachdaten,
anhand derer die defizitäre Sprache der Unterschicht – und vor allem der Unterschichtskinder – belegt worden war.

Einer der wichtigsten Kritiker ist der Amerikaner William LABOV, der die übliche Testanordnung zur Messung sprachlicher Fähigkeiten bei Mittelschichts- und Unterschichtskindern vor allem in den folgenden Punkten kritisierte:

"(1) Die verbalen Reaktionen des Unterschichtskindes auf eine formale und bedrohliche Situation [gemeint ist die Testsituation] wird dazu verwandt, seinen Mangel an verbaler Kapazität oder sein verbales Defizit zu demonstrieren.

(2) Dieses verbale Defizit wird als Hauptursache für die schlechte Schulleistung des Unterschichtskindes ausgegeben.

(3) Da Kinder der Mittelschicht in der Schule besser sind, werden die Sprachgewohnheiten der Mittelschicht für das Lernen als notwendig erachtet.

(4) Unterschiedliche grammatische Formen je nach ethnischer Zugehörigkeit und Klasse werden gleichgesetzt mit Unterschieden in logischer Analysefähigkeit.

(5) Ein Kind das Nachahmen bestimmter formaler Sprachmuster zu lehren, die von Lehrern der Mittelschicht gebraucht werden, wird als Unterweisung im logischen Denken angesehen.

(6) Kinder, die diese formalen Sprechmuster lernen, sollen dann logisch denken, und es wird vorausgesetzt, dass sie in den folgenden Jahren im Lesen und in der Arithmetik viel mehr leisten werden." (Labov 1970, zitiert nach der Übersetzung in Klein/Wunderlich 1971: 84)

Der politische wie sprachwissenschaftliche Grundvorwurf betrifft die Tatsache, dass im Rahmen der Defizittheorie eine bestimmte Sprach(gebrauchs)form – eben die der sozialen Mittelschicht – zum linguistischen Massstab erklärt und damit auch zur unhinterfragten und von allen Mitgliedern der Sprachgemeinschaft anzustrebenden Norm erhoben wird.

Im Rahmen der Differenztheorie werden Unterschiede nun nicht mehr als Mangel interpretiert ("Arbeiterkinder können sich nicht so gut ausdrücken wie Mittelschichtskinder"), sondern als Andersartigkeit ("Arbeiterkinder drücken sich anders aus").

In "Die Logik des Nonstandard-Englisch" (Labov 1972; es handelt sich um eine Untersuchung, in der Standard-Englisch mit dem Nonstandard-Englisch schwarzer Ghetto-Kinder verglichen wird) belegt Labov die Komplexität und Systemhaftigkeit sowie die kommunikative Leistungsfähigkeit des 'anderen' Sprachgebrauchs und macht damit deutlich, dass eine Interpretation als Defizit nur möglich ist, wenn das Standard-Englisch (SE) als unhinterfragte Norm gesetzt wird. (So wie wenn wir Birnen als aus der Form geratene Äpfel beschreiben würden oder in Männern eben die Sorte Frauen sähen, die keine Kinder bekommen können und folglich ein grosses Defizit aufweisen.)

Kompensationsprogramme im Sinne der Differenztheorie müssten also nicht mehr bei den Kindern, sondern allenfalls bei den Lehrern und Lehrerinnen ansetzen, denen bewusst gemacht werden müsste, dass sie es nicht mit Mängeln, sondern mit *anderen Sprachgebrauchsformen* zu tun haben, die allenfalls für ein an Mittelschichtssprache gewöhntes Ohr ungewohnt, nicht aber untauglich und schon gar nicht defizitär sind.

Die Differenzhypothese wurde in gewisser Weise auch in einem Forschungsbereich fruchtbar, der es auf spezielle Art mit "Sprachbarrieren" zu tun hat: Im Bereich der Erforschung der sogenannten *"Gastarbeitersprachen"* (vgl. DITTMAR/ KLEIN 1975, auch LÖFFLER 1985:192f.). Dabei ging es einerseits um die Beschäftigung der mehrfach belasteten Sprachlernsituation von Gastarbeiterkindern, die in ihrer familiären Umgebung meist nur italienisch, griechisch etc. sprechen, im Spiel mit anderen Kindern sowohl mit dem lokalen Dialekt als auch mit dem Soziolekt deutschsprachiger Arbeiterkinder in Kontakt kommen und in einer Schulsituation leben, in der niemand von den Unterrichtenden ihre Sprache spricht, die zudem sozial stark abgewertet ist.

Andererseits ging es hier aber auch um die sprachliche Ghetto-Situation erwachsener Gastarbeiter und Gastarbeiterinnen und um den Versuch, durch die linguistische Analyse des 'Gastarbeiter-Deutsch' zumindest einer sprachlich motivierten Abwertung und Ausgrenzung dieser Minderheitengruppe entgegenzuwirken. Das 'gebrochene Deutsch' der Gastarbeiter wird von muttersprachlich Deutschen normalerweise (und fälschlicherweise) als Ausdruck sprachlichen Unvermögens, mangelnder Integriertheit sowie oft auch als Zeichen einer Unterschichtszugehörigkeit interpretiert. Wie soziolinguistische Forschungen nachweisen konnten (wichtig wurden hier im deutschsprachigen Bereich v.a. die Untersuchungen des sogenannten Heidelberger Forschungsprojektes unter der Leitung von N. Dittmar), handelt es sich bei diesen "Gastarbeiter-Varietäten" oft nicht um Übergangsstufen im Rahmen eines längeren Sprachlernprozesses, sondern um Endstadien eines (partiellen) ungesteuerten Spracherwerbs. Diese sogenannten *Lernersprachen* existieren in verschiedenen 'Stufen', die unterschiedlich stark von der Zielsprache (hier: Deutsch) abweichen. Auch diese Lernersprachen sind insofern *nicht* als defizitär zu betrachten, als sie eine im Verhältnis zum komplexen grammatischen System des Deutschen reduzierte, aber in sich systematisch-geschlossene Varietät darstellen. Ihre 'Fehler' haben durchaus regelhaften Charakter, und sie sind funktional stark an die Verwendungssituationen angepasst, in denen sie verwendet werden.

8.1.3 Qualitative Aspekte des Verhältnisses von Sprache und Schicht

In Untersuchungen zum schichtspezifischen Sprachgebrauch von Unter- und Mittelschichtsangehörigen wurden in erster Linie syntaktische Phänomene betrachtet; wo Wortschatzfragen berücksichtigt wurden, waren diese meist auf den Aspekt der Variation beschränkt (d.h. auf die Frage, wie gross oder klein die Wahrscheinlichkeit ist, dass ein Wort vorkommt oder nicht). Die Bedeutungsseite von Sprache, d.h. der semantische Aspekt des Sprachgebrauchs, wurde praktisch nicht erfasst, was sicherlich auch mit den methodischen Schwierigkeiten zusammenhängt, die sich stellen, sobald es nicht mehr um quantitative (und damit einfach messbare), sondern um qualitative Grössen geht.

Als exemplarisches und von der Anlage her sehr illustratives Beispiel für die soziolinguistische Analyse der Bedeutungsseite von Sprache kann die Untersuchung von Eva NEULAND (1976) gelten, die im folgenden kurz vorgestellt werden soll (das zitierte Wortmaterial entstammt der Studie).

Neuland unternimmt den Versuch, schichtspezifische Unterschiede in Wortbedeutungen bei Vorschulkindern zu erfassen. Sie geht von der Differenzkonzeption aus und spezifiziert sie im Hinblick auf wortsemantische Verhältnisse dahingehend, dass sich die "Wortschatzrepertoires nicht decken und dass jede soziale Schicht ein Teilrepertoire besitzt, das die andere nicht verwendet" (Neuland 1976: 59) und

> "dass sich das gesamte Bedeutungsspektrum eines Begriffs in Mittelschicht und Unterschicht nicht deckt, sondern dass sich neben einem gemeinsamen Repertoire von Bedeutungselementen je zwei schichtspezifische Teilrepertoires identifizieren lassen, die die jeweilige konkrete Wirklichkeit dieser sozialen Schicht als schichttypische Akzente innerhalb des Gesamtspektrums widerspiegeln." (Neuland 1976: 63)

Die der Untersuchung zugrundeliegende Kommunikationsform ist spontane mündliche Sprache (nacherzählendes Reden, freie Assoziationen zu Geschichten etc.). Schriftsprachliche Texte, wie sie praktisch allen frühen Untersuchungen zur syntaktischen Differenz zwischen Unterschichts- und Mittelschichtssprache zugrundelagen, lehnt Neuland aus der Überlegung heraus ab, dass es sich bei der Schriftsprache um eine sekundäre, institutionell erworbene Kommunikationsform handelt, die keine adäquate Basis für unmittelbare Rückschlüsse auf die schichtspezifische Lebenswelt der Kinder darstelle und u.U. im Sozialisationsprozess der Unterschichtskinder einen anderen Stellenwert einnehme als bei den Mittelschichtskindern.

Die wichtigsten Ergebnisse aus Neulands Untersuchung lassen sich wie folgt zusammenfassen:

a) Auf der Ebene des Wortschatzes

- Es ergaben sich keine Unterschiede in bezug auf den gesamten Wortschatzumfang und auf die Anzahl der verschiedenen Wörter.
- Die Wortschatzrepertoires decken sich nicht. Jede Schicht besitzt ein Teilrepertoire, das die andere nicht verwendet. Der gemeinsame Wortschatz besteht aus einem Grundwortschatz mit Wörtern von hoher Frequenz im kindlichen Sprachgebrauch (z.B. *Mutter, Auto, haben, sein, gross*); der ausschliesslich von einer Schicht gebrauchte Wortschatz hat eine weit niedrigere Auftretenshäufigkeit. (Beispiele: *Sandalen, Rolladen, balancieren* in der Mittelschicht und *Brötchen, versohlen* in der Unterschicht.)
- In den jeweils nur von einer Schicht gebrauchten Begriffen spiegelt sich die direkte Umwelt der Kinder bzw. die ihnen bekannte Lebenswelt ihrer Eltern: So z.B. in *Terrasse, Robinson-Spielplatz, Spielzimmer, Universität, Sparkasse* bei den Mittelschichtskindern und in *Aschentonne, Hausmeister, Ofen, sich kloppen, Eisen, Kranbetrieb* bei den Unterschichtskindern.
- Bei der Analyse von Bezeichnungen für Kleidungsstücke zeigt sich bei Mittelschichtskindern eine breite Differenzierung nach Materialien und Schnitten (z.B. *Strickjacke, Wollpullover, Sandalen, Halbschuh, Winterschuh*), während Unterschichtskinder hier weniger und eher nach funktionalen Kriterien differenzieren (z.B. *Geburtstagskleid, Arbeitszeug*).
- Im Wortschatz der Unterschichtskinder tauchen Begriffe auf, die eindeutig subkulturellen Charakter haben: *Polente* (Polizei), *Knast* (Gefängnis), *Wucht* (Prügel) etc.

b) Auf der Ebene des Einzelworts

- Die Analyse des Bedeutungsspektrums des Begriffs *Arbeiter* zeigt, dass neben einem gemeinsamen Repertoire von Bedeutungselementen zwei schichtspezifische Repertoires bestehen: Die Bedeutung dieses Begriffs ist für Unterschichts- und Mittelschichtskinder also nur zu einem Teil dieselbe.
- In den schichtspezifischen Bedeutungselementen spiegelt sich die Erfahrungswelt der Kinder: Unterschichtskinder assoziieren konkrete Arbeitsvorgänge (*die arbeiten sauber auf der Leiter*), Werkzeuge (*Schüppe*) und Orte (*Fabrik*); Mittelschichtskinder identifizieren Arbeiter weitgehend mit Bau- und Strassenarbeitern und haben mehr allgemeine, ungenaue Assoziationen (*müssen arbeiten an 'ner Baustelle*).
- In einzelnen Fällen kommen demselben Wort bei Mittelschichts- und Unterschichtskindern völlig unterschiedliche Bedeutungen zu: Während *Heim* von Mittelschichtskindern vorwiegend in der Bedeutung von Kinderheim, Altersheim oder Zuhause verstanden wird, steht bei Unterschichtskindern neben der Bedeutung von Zuhause die Bedeutung von Fürsorgeheim oder gefängnisähnlicher Institution (*die Polente tut se in'n Raum rein, kommss'e nimmehr raus*) im Vordergrund.

Insgesamt sieht Neuland ihre Untersuchung als Bestätigung der Differenzhypothese. Die Studie zeige, "dass das Sprachverhalten der Kinder aus den beiden sozialen Schichten voneinander verschieden ist und sich nur zu einem gewissen Grad überschneidet. Einzelanalysen zeigten, dass der gemeinsame Bereich einen bestimmten Grundwortschatz und gemeinsame Bedeutungselemente umfasse, während die spezifischen Repertoires jeweils schichtspezifische Erfahrungen widerspiegeln." (Neuland 1976: 67) Bei der Formulierung sprachdidaktischer Konsequenzen, die aus den Ergebnissen der Untersuchung zu ziehen wären, weist Neuland darauf hin, dass das "Erkennen, Durchstehen und Lösen von Kommunikationsschwierigkeiten" (die sich aus den festgestellten Differenzen ergeben könnten) in der Schule im Vordergrund stehen muss.

Diesen Aufgaben sieht sich der sogenannte *emanzipatorische Sprachunterricht* verpflichtet, dessen hauptsächlichstes Ziel es ist, Schüler und Schülerinnen dazu zu befähigen, sprachliche Probleme als solche zu erkennen und auch lösen zu können sowie Sprachgebrauchsweisen auf ihre aussersprachlichen Bedingungen und ihren aussersprachlichen Nutzen hin zu hinterfragen.

8.1.4   Sprachliche Differenz vs. soziale Differenz: Zur Problematik der Differenzkonzeption

Die Grundannahme der Differenztheorie, dass die für unterschiedliche soziale Sprechergruppen typischen Sprachgebrauchsformen in bezug auf die Breite und Differenziertheit der Ausdrucksmöglichkeit sowie hinsichtlich der Erfassung logischer Zusammenhänge funktional äquivalent sind, wird *die* Grundlage der modernen Soziolinguistik, auch dort, wo nicht mehr die soziale Schicht, sondern andere aussersprachliche Faktoren berücksichtigt werden.

Allerdings: Die in ideologischer Redlichkeit angestrebte *Wertfreiheit* in der linguistischen Beschreibung von Sprachrealität darf nicht darüber hinwegtäuschen, dass mit verschiedenen Sprachgebrauchsformen *immer* auch soziale Wertungen verbunden sind – auch und v.a. im Zusammenhang mit der Zugehörigkeit zu einer bestimmten sozialen Schicht.

So werden z.B. Lehrpersonen oder ArbeitgeberInnen, die zum grossen Prozentsatz aus der Mittelschicht stammen, im Normalfall ihren eigenen Sprachgebrauch (unbewusst) als Wertmassstab ansetzen und andere Sprachformen in Relation dazu z.B. als 'hässlich', 'grob' oder 'ungebildet' wahrnehmen. Auch die naiv-linguistische Vorstellung von der 'einfachen Sprache' des 'einfachen Volkes' dürfte unabhängig von wissenschaftlicher Haltbarkeit weit verbreitet sein.

Wenn E. Neuland ausgehend von der oben dargelegten Untersuchung fordert, dass es Aufgabe des Sprachunterrichts sei, "jeden einzelnen Sprechakt danach bewerten zu können, ob hier Sprache situationsgemäss, funktional und kommunikativ-adäquat verwendet wird" (Neuland 1976: 69), so wird durch das Postulat nach einer funktionalen Betrachtungsweise von Sprache in bester Absicht verschleiert, dass auch Situationsdefinitionen und Entscheidungen über die kommunikative Adäquatheit einer Ausdrucksform sozialen Normen unterliegen und dass die Ausbildung solcher Normen bzw. die Normenkontrolle wiederum etwas mit sozialer Macht zu tun hat.

Und insofern kann man auch im Rahmen der Differenzkonzeption die Existenz von Sprachbarrieren nicht negieren – auch wenn betont werden muss, dass es sich dabei nicht um eine genuin *sprachliche*, sondern um eine allgemeine *soziale* Barriere handelt, die sich allerdings in der Sprache ebenso festmachen lässt wie z.B. in der Art und Weise, sich zu bewegen, sich zu kleiden etc.

Was den engeren linguistischen Bereich anbelangt, so lassen sich schliesslich sowohl für die Defizit- wie für die Differenztheorie Mängel in der Theoriebildung nachweisen, die für beide Konzepte gravierend sind: Es bleibt z.T. unklar, was für ein Sprachbegriff jeweils zugrundegelegt wird; v.a. eine klare Trennung von Sprache im Sinn von Sprachsystem und Sprache im Sinn von Sprachgebrauch ist nicht immer deutlich auszumachen. Der Code-Begriff von Bernstein erweist sich im Hinblick auf diese Unterscheidung als besonders diffus und schillernd.

Es bleibt aber letztlich auch unklar, was im Rahmen der Differenzhypothese gemeint ist, wenn von 'verschiedenen, aber gleichwertigen' Sprachen gesprochen wird: gleichwertig in bezug worauf? Auf die durch Sprache und in der Sprachverwendung vermittelte Information? In bezug auf sprachliche Komplexität? In bezug auf die Möglichkeit, stilistische Differenzierungen auszudrücken? In bezug auf die erfolgreiche Bewältigung einer zu lösenden kommunikativen Aufgabe? Sobald man versucht, die Gleichwertigkeit unterschiedlicher Sprach(gebrauchs)formen konkret zu erfassen,

stellt sich auch die grundsätzliche Frage der *Messbarkeit* der verschiedenen Leistungen bzw. Funktionen von Sprache. Können wir von 'Gleichwertigkeit' schon reden, wenn wir feststellen, dass der sogenannt restringierte Code in bezug auf die Lebensrealität niederer sozialer Schichten dieselbe kommunikative Leistung erbringt wie der elaborierte Code in bezug auf die Lebenswelt der Mittel- und Oberschichten? Und ist damit dann nicht einfach ein sozialer status quo auch sprachlich zementiert?
Solche und ähnliche Fragen sind auch in neuerer Forschung immer noch aktuell.

8.2   Soziolinguistik als Varietätenlinguistik

Wenn wir heute von Soziolinguistik sprechen, so ist damit nicht mehr nur der Zusammenhang von Sprache und sozialer Schicht angesprochen, sondern zunächst einmal jegliche Form von Sprachbetrachtung, in deren Zentrum die Frage nach dem *Einfluss sozialer Faktoren* auf die Sprache bzw. das Sprachverhalten der untersuchten Sprecher und Sprecherinnen steht. Die Faktoren, die hier interessieren, sind insofern 'soziale' Faktoren, als damit bestimmte Lebensweisen, spezifische Formen des kommunikativen Umgangs und charakteristische Erfahrungshorizonte der jeweiligen Sprecher und Sprecherinnen erfasst sind. Dies gilt auch, wenn die berücksichtigten Faktoren zunächst eigentlich biologischer oder demographischer Natur sind. Denn das Faktum, dass jemand als Mann oder als Frau lebt, auf dem Land oder in einer Grossstadt wohnt, alt oder jung ist etc., hat auch ein anderes soziales Umfeld, andere Lebensgeschichten und damit eben auch andere Sprach- und Sprachverhaltensprägungen zur Folge.

8.2.1   Zum Begriff der 'Varietät'

Mit dem Begriff der *Varietät* soll zunächst einmal der Tatsache Rechnung getragen werden, dass wir z.B. innerhalb dessen, was wir als 'das Deutsche' betrachten, verschiedene Sprach(gebrauchs)formen unterscheiden können, die sich jeweils als Summe spezifischer sprachlicher Charakteristika beschreiben lassen. Diese Charakteristika können auf allen sprachlichen Ebenen angesiedelt sein: Sehr oft handelt es sich dabei um phonologisch-phonetische Eigenschaften, um Besonderheiten des Wortschatzes und um spezifische Formen kommunikativen (Sprach-)Handelns (also z.B. des Gesprächsverhaltens); aber auch die syntaktische und morphologische Ebene der Sprache können relevante Unterschiede aufweisen – auch wenn dies seltener und meist in geringerem Umfang der Fall ist.
Ausschlaggebend ist bei der *Unterscheidung* verschiedener Varietäten nicht unbedingt, ob ein bestimmtes sprachliches Merkmal bzw. eine bestimmte Sprachverwendungseigenheit grundsätzlich vorhanden ist oder nicht, sondern ebenso, wie oft eine bestimmte Form oder Regel angewendet wird.
Die (sozio-)linguistische *Relevanz* des Begriffs der Varietät schliesslich ergibt sich weniger durch das erfasste Set sprachlicher Charakteristika, sondern vielmehr durch die Anbindung dieses Sets an eine durch *aussersprachliche* Faktoren definierbare Gruppe von Sprecherinnen und Sprechern, so dass man etwa – um auf die oben gemachte Unterscheidung zurückzugreifen, von 'Mittelschichtsvarietät' sprechen kann.

So einleuchtend die Grundgedanken sind, die im Begriff der Varietät gefasst sind –
und die zu einer entsprechend grosszügigen Anwendung dieses Begriffs (ver-)
führen – ergeben sich auch hier gewisse Definitions- und Abgrenzungsprobleme.
Problematisch ist zum Beispiel die Definitions-Grösse einer Varietät, also die Frage danach, unter welchen linguistischen Bedingungen wir eine neue Varietät ansetzen: Genügt hier – im Minimum – die Unterscheidung durch *ein* linguistisches
Merkmal, oder müssen es hundert sein? Sind phonologisch-phonetische Unterscheidungen relevanter also solche des Lexikons oder des Satzbaus? Genügt es,
wenn wir Unterschiede auf *einer* sprachlichen Ebene feststellen, oder müssen hier
alle Ebenen berücksichtigt sein? Können wir von einer Varietät sprechen, auch
wenn sich nur eine kleine Gruppe von Sprechern und Sprecherinnen durch die entsprechenden Sprachformen auszeichnet, oder nur dann, wenn es sich um beträchtliche Teilgruppen einer Sprachgemeinschaft handelt? (Vgl. hierzu auch 8.3.3.)

Eine weitere Frage ist ausserdem die, ob die aussersprachlichen Faktoren, die berücksichtigt werden, an den betroffenen Sprechern und Sprecherinnen festmachbar sein müssen oder ob als aussersprachliche Faktoren auch die Kommunikationssituation (also z.B. der Sprachgebrauch in öffentlichen gegenüber demjenigen in privaten Situationen) oder das Kommunikationsmedium (also gesprochene Sprache vs. geschriebene Sprache) gerechnet werden sollen.

Im Zusammenhang mit diesem letzten Punkt ergibt sich auch die Frage nach möglichen Kreuzklas-
sifikationen (also z.B.: 'geschriebene Mittelschichtssprache', 'gesprochene Stadt-Sprache' etc.)
und damit auch die Frage danach, wie weit man innerhalb einer einmal definierten Varietät wiederum unterschiedliche Ausformungen des in groben Zügen für diese Varietät typischen Sprachverhaltens annehmen soll.

8.2.2   Nachbarbegriffe

Im Zusammenhang mit den unter 8.2.1 angesprochenen Differenzierungsproble-
men in bezug auf den Varietäten-Begriff steht eine ganze Reihe linguistischer Fach-
begriffe, die zum Teil als *konkurrenzierende* Begriffe, zum Teil als *spezifizierende*
Neben- oder Unterbegriffe des Varietätenbegriffs zu verstehen sind. Der Geltungsbereich einzelner Begriffe ist dabei nicht immer ganz klar definierbar, und auch die
Abgrenzung der Begriffe gegeneinander gelingt unterschiedlich gut. Dies hängt
v.a. damit zusammen, dass die Begriffe nicht aus einer einheitlichen soziolinguistischen Theorie stammen, sondern in unterschiedlichen Forschungszusammen-
hängen entwickelt worden sind.
Als wichtigste Begriffe sind zu nennen:

Soziolekt

Dieser Begriff wird oft synonym zu 'Varietät' verwendet. Zum Teil wird 'Soziolekt' aber auch ganz bewusst in *Absetzung* zu 'Varietät' gewählt, und zwar meist
dann, wenn der relevante aussersprachliche Faktor derjenige der sozialen Schicht-
oder Klassenzugehörigkeit ist oder wenn angedeutet werden soll, dass die betreffende Varietät in der (nicht-linguistischen) sozialen Wertung negativ konnotiert ist.
Letzteres ist allerdings meist direkt mit der sozialen Schichtung bzw. der Schichtzugehörigkeit der Sprecherinnen und Sprecher verbunden, wobei im Normalfall
zunächst einmal bestimmte Gruppen von Menschen und dann als Folge davon deren Sprachverwendung z.B. als 'einfach' oder 'vulgär' eingestuft werden.

Dialekt (Standardsprache – Umgangssprache – Dialekt)

Der Begriff des Dialektes (v.a. in der Schweiz spricht man auch von *Mundart*) ist mit dem aussersprachlichen Faktor des Sprach*raumes* verbunden. In diesem Sinn lässt er sich auch in bezug auf die Nachbarbegriffe *Umgangssprache* und *Standardsprache* definieren.

Die Standardsprache zeichnet sich durch *Überregionalität* aus, wogegen Umgangssprachen eine mehr oder weniger weit reichende, grundsätzlich jedoch *regional begrenzte* Ausdehnung haben. Als Dialekte schliesslich werden die Sprachformen bezeichnet, die eine relativ *geringe* regionale Ausdehnung besitzen und im Extremfall als Ortsmundarten beschreibbar sind. D.h. ein Dialekt ist bestimmbar als Summe spezifischer sprachlicher Charakteristika, die das Sprachsystem bzw. den Sprachgebrauch einer durch *geographische Daten* abgrenzbaren Sprachgemeinschaft auszeichnen.

Die Tatsache, dass regional gebundene Sprachformen in der BRD meist von Sprechern und Sprecherinnen sozial niederer (meist ländlicher) Schichten verwendet werden, während Angehörige der (städtischen) Mittel- und Oberschichten unabhängig von ihrer geographischen Situiertheit eher zum Gebrauch der Standardsprache neigen, hat dazu geführt, dass in bezug auf den bundesdeutschen Sprachraum Dialekte auch als regional bestimmte Soziolekte interpretiert werden können. M.a.W.: Der Begriff 'Dialekt' impliziert hier nicht mehr nur den aussersprachlichen Faktor *Raum*, sondern meist ebenso den Faktor *soziale Schicht*.

In Österreich fällt die soziolektale Wertung des Dialektes insgesamt weniger stark ins Gewicht und in der Schweiz fehlt sie ganz, da wir es hier mit einer medialen *Diglossie*situation zu tun haben (d.h. dass der Dialekt bis auf relativ wenige Ausnahmesituationen *immer* (und von allen Schichten) dann benutzt wird, wenn es sich um gesprochene Sprache handelt, während für die Schreibung – ebenfalls bis auf wenige Ausnahmen – zur Standardsprache gegriffen wird).

In ähnlicher Weise, wie dies bei *Dialekt* möglich ist, lassen sich auch die Nachbarbegriffe *Umgangssprache* und *Standardsprache* funktional und sozial aufladen.

Umgangssprache wird unter funktionaler Perspektive oft auch als *Alltagssprache* bezeichnet: Dadurch wird betont, dass diese Sprachform v.a. in alltäglichen und ungezwungenen Kommunikationssituationen zum Tragen kommt.

Standardsprache wäre im Gegensatz dazu eher für öffentliche, offizielle und institutionelle Kommunikationszusammenhänge reserviert. Ausserdem schwingen im Begriff *Standardsprache* auch ein *sozialer* Aspekt (der im synonym verwendbaren Begriff *Hochsprache* noch deutlicher zum Zug kommt) sowie ein *medialer* Aspekt (wie er sich im Begriff *Schriftsprache* zeigt) mit: Standardsprache ist die Sprache der schriftlichen Kommunikation und wird tendenziell eher von Angehörigen der oberen sozialen Schichten gesprochen.

Darüberhinaus lassen sich Dialekt, Umgangs- und Standardsprache auch noch hinsichtlich des Grades ihrer *Kodifiziertheit* sowie hinsichtlich der *emotionalen Besetztheit* unterscheiden – wobei diese Faktoren nicht ganz unabhängig voneinander sind. Dialekt und Umgangssprache sind die nicht kodifizierten, 'flexiblen', nicht durch schulische Einwirkungen 'entfremdeten' Sprachformen der Nähe, des persönlichen Umgangs, wogegen die Standardsprache v.a. in ihrer strikt kodifizierten schriftlichen Form oft mit schulischen Misserfolgserlebnissen konnotiert ist und als Sprache der Distanz erlebt wird.

In der Begriffs-Trias *Standardsprache-Hochsprache-Schriftsprache* gilt der (neuere) Terminus 'Standardsprache' als der konnotationsärmste der drei Begriffe; er wird aus diesem Grund dem sozial elitär konnotierten Begriff 'Hochsprache' sowie dem zu stark auf geschriebene Texte verweisenden Begriff 'Schriftsprache' vorgezogen.

Register

Dieser Begriff, der aus der englischsprachigen Soziolinguistik stammt, ist nicht ganz leicht vom Begriff *Stil* (siehe unten) abzugrenzen, rückt aber etwas andere Aspekte der Variation im Sprachgebrauch in den Vordergrund.

Mit 'Register' sind in erster Linie die durch eine bestimmte Kommunikationssituation vorgegebenen und damit auch *erwartbaren* Formen des Sprachhandelns angesprochen. Wir können also sagen, dass eine bestimmte Person je nach Situation (also Ort, Zeit, Umstände, anwesende Kommunikationspartner etc.) ein anderes sprachliches Register aktualisiert. Auch Veränderungen innerhalb einer gegebenen Situation (also z.b. das Dazukommen einer statushöheren Person) können bei den beteiligten Kommunikationspartnern die Wahl eines anderen Registers auslösen, so dass z.b. anstatt *Los raus jetzt, trödelt nicht so lange!* eher eine Äusserung wie *Wir sollten uns etwas beeilen!* gewählt wird. Insofern kann auch die Wahl von eher umgangssprachlichen oder auch von stark dialektalen Sprachformen einem bestimmten (situationsadäquaten) Register entsprechen: Liebeserklärungen auf Standarddeutsch sind für Schwaben oder Schweizer nur sehr schwer vorstellbar.

Dell HYMES, der sich v.a. unter interkultureller und ethnologischer Perspektive mit Fragen der sozialen Bedingtheit von Kommunikation beschäftigt, grenzt die Begriffe *Varietät*, *Stil* und *Register* folgendermassen gegeneinander ab: "Grössere Sprechstile, die an soziale Gruppen gebunden sind, können *Varietäten* genannt werden und solche, die an rekurrente Situationstypen gebunden sind, *Register*. Sprechstile, die an Personen, spezielle Situationen oder Genres gebunden sind, könnten einfach *personale, situative* und *Genrestile* genannt werden." (Hymes 1979: 177)

Mit einer gewissen Berechtigung könnte man an dieser Stelle auch noch die *Fachsprachen* (Wissenschaftssprache, Berufssprachen) aufführen. Diese 'existieren' zwar situationsunabhängig und lassen sich auch situationsunabhängig beschreiben, sie werden aber vorzugsweise in ganz bestimmten kommunikativen Zusammenhängen realisiert – im schriftsprachlichen Bereich im Rahmen von Fachpublikationen (wozu in gewissem Sinn Kochrezepte und medizinische Beipackzettel ebenso gehören wie wissenschaftliche Aufsätze in Fachzeitschriften), im gesprochensprachlichen Bereich v.a. in Situationen des Berufsalltags.

Stil ("style")

Dieser Begriff referiert in erster Linie auf die Tatsache, dass Sprechern und Sprecherinnen bei der Durchführung sprachlicher Handlungen (bzw. bei der sprachlichen Formulierung eines Sachverhaltes) auch innerhalb einer bestimmten Varietät grundsätzlich verschiedene Möglichkeiten zur Verfügung stehen, unter denen sie auswählen können. Diese Auswahl kann mehr oder weniger unbewusst erfolgen (und orientiert sich dann normalerweise an bestimmten Normen und Konventionen), kann aber auch sehr bewusst sein und in diesem Fall z.B. auch Konventionen durchbrechen. In jedem Fall aber geht es um die individuellen *Variationsmöglichkeiten* bei der Durchführung einer sprachlichen Handlung.

Der Begriff 'Stil' ist in diesem Sinn sehr viel stärker intentional orientiert und verweist auf *akzidentelle Charakteristika* der Sprachverwendung. Die aussersprachlichen Faktoren, die den Stil einer Sprachhandlung bestimmen, sind 'kurzlebiger' als diejenigen, die Varietäten oder Soziolekte prägen, und sie sind direkter auf die jeweiligen Sprecher und Sprecherinnen bezogen als die Faktoren, die die Register- wahl steuern. Die aktuelle Kommunikationssituation spielt im Sinne einer Rahmen- bedingung eine wichtige Rolle; ausschlaggebend ist aber die *intendierte kommuni- kative Wirkung* der Sprachhandlung.

Ob jemand im Rahmen einer grossen Familienfeier eine eher feierlich-ernste oder aber launig-fröh- liche Rede hält, ob ein Beschwerdebrief eher sachlich-nüchtern oder aber emotional und aggressiv gehalten ist, ist zumindest nicht in erster Linie durch die sozialen Faktoren wie Schicht, Alter, Geschlecht, Berufstätigkeit etc. bestimmt. (Andererseits muss aber wohl auch zugegeben werden, dass der souveräne Umgang mit stilistischen Varianten nicht unabhängig ist von Faktoren wie sprachliche Ausbildung und Übung.)

Repertoire

Mit dem Begriff des Repertoires ist im Normalfall die Summe der Varietäten, So- ziolekte, Dialekte, Stile, Register etc. angesprochen, die entweder einer ganzen Sprachgemeinschaft oder – und damit ist der Begriff dann enger gefasst – einer einzelnen Person innerhalb einer Sprachgemeinschaft zur Verfügung stehen. *Repertoire* akzentuiert also die Vorstellung einer durch regionale, soziale und situa- tive Parameter begründeten 'Mehrsprachigkeit' der einzelnen Sprecher und Spre- cherinnen und verwirft damit gleichzeitig die Vorstellung von der Existenz einer einheitlichen Sprache, wie sie unser Alltagssprachgebrauch durch Formulierungen wie 'Frühneuhochdeutsch' oder 'die Sprache des 19. Jahrhunderts' oder 'die deut- sche Gegenwartssprache' nahelegt.

Das Spektrum der innerhalb einer Sprachgemeinschaft ausgebildeten sprachlichen Repertoires kann in diesem Sinne auch als Spiegelbild bzw. als sprachlicher Aus- druck der soziokulturellen Ausdifferenzierung der Lebens- und Verkehrsformen einer Gesellschaft betrachtet werden. Auch der Terminus *kommunikative Kompe- tenz* gehört in diesen Zusammenhang: Damit ist häufig (auch) die souveräne Be- herrschung eines möglichst grossen Spektrums des für eine bestimmte Sprachge- meinschaft gegebenen Repertoires angesprochen.

An dieser Stelle kann man – in abgewandelter Form – durchaus wieder auf eine der Grundideen der Defizitkonzeption zurückgreifen: Das 'sprachliche Defizit' einzel- ner sozialer Gruppen bestünde dann eben nicht darin, dass 'die Sprache' mangel- haft bzw. nur in einer sehr einfachen Ausformung (im Sinne des 'restringierten Codes') beherrscht wird, sondern dass bestimmte soziale Gruppen über ein gros- ses, andere dagegen nur über ein beschränktes Repertoire sprachlicher Varietäten, Stile etc. verfügen. Im Rahmen der Differenztheorie dagegen wäre das Haupt- augenmerk auf die Verschiedenheit der Repertoires gerichtet.

Idiolekt

Unter Idiolekt versteht man im Normalfall den gesamten – zu einem bestimmten Zeitpunkt gegebenen – Sprachbesitz eines Individuums sowie die damit verbunde- nen typischen sprachlichen Verhaltensweisen (Äusserungsweisen) der betreffen- den Person. In einer stärker eingegrenzten Verwendungsweise bezieht sich der Be- griff nicht auf das Gesamt der 'Sprache einer Person', sondern spezifisch auf die Summe derjenigen sprachlichen Besonderheiten, anhand derer sich Sprecher und Sprecherinnen derselben Sprachgemeinschaft unterscheiden lassen.

Die stark individualisierende Perspektive des Idiolekt-Begriffs kann den Eindruck
vermitteln, dass wir es hier mit einer Grösse zu tun haben, die unter soziolinguistischer Perspektive lediglich um der Vollständigkeit willen und quasi als Kontrastbe-
griff relevant wird. Aus der sprachtheoretischen Überlegung heraus, dass Sprache
grundsätzlich nur als die Sprache einzelner Individuen vorkommt und auch nur in
dieser Form empirisch zugänglich ist, wird jedoch die Bedeutung des Idiolekt-
Konzeptes klar. So lässt sich z.B. das Repertoire einer Sprache bzw. Sprachgemeinschaft nur anhand der jeweils von einzelnen Sprechern und Sprecherinnen
realisierten Ausschnitte festmachen – quasi als Summe aller vorkommenden Idio-
lekte.

8.2.3 Die Sprachgemeinschaft

Der Begriff der *Sprachgemeinschaft*, der oben schon mehrfach ohne nähere Erklärung verwendet wurde, referiert in erster Linie auf eine bestimmte Gruppe von
Sprechern und Sprecherinnen und erst in zweiter Linie auf die für diese Gruppe typischen sprachlichen Charakteristika. Der Begriff ist ursprünglich innerhalb der
älteren dialektologischen Theoriebildung geprägt worden. Er bezeichnet dort eine
im wesentlichen nach geographischen Kriterien abgegrenzte, als weitgehend homogen gedachte Gruppe von Sprecherinnen und Sprechern, die im selben raum-
zeitlichen Kontinuum leben, in ständigem Sprachkontakt stehen, dabei dieselbe
'Sprache' verwenden und sich aufgrund dieser sprachlichen und aussersprachlichen sozialgeographischen Vernetztheit als Gemeinschaft empfinden.
Diesem Verständnis des Begriffs entspricht eine zweifelsohne stark idealisierte
Vorstellung von sprachlicher und sozialer Gruppenbildung, die am ehesten in bezug auf eindeutig ländlich-bäuerlich geprägte Sprachräume zutrifft, wie sie in der
älteren Dialektologie den Hauptforschungsgegenstand bildeten.
Der Einbezug städtischer Regionen in die neuere Dialektologie sowie die neueren
Entwicklungen in der Soziolinguistik allgemein haben zu einer veränderten, stärker
hierarchisch strukturierten Vorstellung von 'Sprachgemeinschaft' geführt, die davon ausgeht, dass grössere Sprachgemeinschaften in kleinere Sprachgemeinschaften zerfallen, die sich ihrerseits wieder in koexistente kleinere Gemeinschaften aus-
differenzieren. Das heisst dann auch, dass die Idee der sprachlichen Homogenität
einer Sprachgemeinschaft nur noch in sehr eingeschränktem Masse gilt.
Um das an einem vereinfachenden Beispiel zu verdeutlichen:

(1) Wir können uns die Gruppe aller Sprecher und Sprecherinnen, die Deutsch als Muttersprache
sprechen, als eine Sprachgemeinschaft denken. Dazu würden dann die meisten Bewohner der
Bundesrepublik, Österreichs und der Deutschschweiz gehören.
(2) Diese 'Grossgemeinschaft' zerfällt wiederum in kleinere Sprachgemeinschaften, deren Sprache
bzw. Sprachgebrauch sich unter anderem durch regionale Besonderheiten (der Süden des
Sprachgebietes gegenüber dem Norden), nationalsprachliche Besonderheiten (die Sprachgemeinschaft der deutschsprachigen Österreicher und Österreicherinnen gegenüber der der
deutschsprachigen Schweiz) etc. auszeichnet.
(3) Es lassen sich aber auch innerhalb der auf diese Weise bereits aufgegliederten Sprachgemeinschaften wiederum kleinere Gemeinschaften ausmachen, deren 'Radius' sich mit den 'Grenzen'
der unter (2) aufgeführten Gemeinschaften decken kann, aber nicht muss: z.B. die Sprachgemeinschaft der schwäbischen StadtbewohnerInnen oder die Sprachgemeinschaft der Umwelt-
schützerInnen etc.

Wie das Beispiel zeigt, wird unter 'Sprachgemeinschaft' meist immer noch eine *geographisch* bestimmte Gruppierung verstanden; zum Teil wird der Begriff aber auch auf Gruppen von Sprechern und Sprecherinnen angewendet, die sich über die Existenz eines spezifischen *sozialen Netzes* abgrenzen lassen; Sprachgemeinschaft bedeutet dann soviel wie *Interaktionsgemeinschaft*. Beispielgruppen wären etwa die Bewohner eines städtischen Vorortquartiers oder die Angehörigen einer bestimmten Jugendgruppe etc. Eine solche Bestimmung des Begriffs findet sich v.a. in den Arbeiten von John J. GUMPERZ, der sich in seinen Untersuchungen allerdings meist mit kleineren Sprachgemeinschaften beschäftigt.

Als zusätzlicher Faktor – der die bisher genannten ergänzen und unterstützen kann – ist die intellektuelle und emotionale *Einstellung* gegenüber bestimmten Sprach(gebrauchs)formen zu nennen. D.h. also, dass unabhängig davon, welchen konkreten Gebrauch einzelne Personen von der Sprache machen, sie sich in ihrem gemeinsamen Urteil über Sprache und damit in der (mehr oder weniger bewussten) Orientierung an gemeinsamen *Sprachnormen* zu Sprachgemeinschaften zusammenfinden.

8.2.4 Sprachverhalten, Norm und Wertung

Die Stichworte *Norm* und *Wertung* sind bis jetzt schon verschiedentlich angesprochen worden. Im Rahmen soziolinguistischer Überlegungen ist es speziell wichtig, sich über diese Begriffe Klarheit zu verschaffen, auch wenn sie sich nicht einfach definieren und z.T. nur schwer voneinander abgrenzen lassen.
Der Begriff *Norm*, wie er v.a. in soziolinguistischen Zusammenhängen relevant wird, ist in erster Linie zu verstehen im Sinne einer Erwartungshaltung gegenüber bestimmten Formen des Sprachverhaltens, die in einer gegebenen Kommunikationssituation bzw. gegenüber einem bestimmten Gesprächspartner oder einer bestimmten Gesprächspartnerin als angemessen gelten. In unserem Sprachgebrauch orientieren wir uns an solchen konventionalisierten Erwartungshaltungen. Tun wir dies nicht, verhalten wir uns also normwidrig (oder eben unkonventionell), so müssen wir mit entsprechenden Sanktionen rechnen. Diese können in Zurechtweisungen, in Aufklärung über das eigentlich angemessene Verhalten, eventuell auch nur im Aufkommen einer peinlichen Stimmung bestehen. In jedem Fall aber müssen wir damit rechnen, uns durch unser 'Fehlverhalten' als Aussenseiter, als nicht zur entsprechenden sozialen Gruppierung gehörig definiert zu haben.
Die für linguistische Demonstrationszwecke beinahe unerschöpflichen Abenteuer von "Alice in Wonderland" bieten auch hier ein Beispiel, so wenn Alice bei der verrückten Teegesellschaft die sprachlichen Erziehungsmaximen, die sie als Tochter aus besserem Haus gelernt hat, nun ihrerseits weitergibt:

> *"Your hair wants cutting," said the Hatter. He had been looking at Alice for some time with great curiosity, and this was his first speech.*
> *"You should learn not to make personal remarks," Alice said with some severity:*
> *"it's very rude."*
> *(Lewis Carroll: Alice's Adventures in Wonderland. London 1980)*

Sehr oft sind solche Normen, an denen wir unser Sprachverhalten ausrichten, weitgehend unbewusst und entsprechend schwierig zu thematisieren – aber auch entsprechend mächtig in ihren Auswirkungen. Oft haben wir selbst das Gefühl, es sei eben einfach 'natürlich' bzw. 'doch ganz normal', sprachlich so und so zu handeln bzw. zu reagieren – ohne uns darüber klar zu sein, dass wir uns innerhalb ei-

nes Normengebäudes bewegen, das durchaus hinterfragbar wäre und auch nicht
für alle Sprecher und Sprecherinnen des Deutschen dasselbe ist.

Dies ist umso schwerwiegender, als Normen mit Wertungen verknüpft sind. Wer in einer bestimmten Gesellschaft zu laut lacht, wer Wörter wie *geil, ätzend* oder *abgefuckt* ohne Rücksicht
auf das Alter der jeweiligen Kommunikationspartner in den Mund nimmt, wer als Frau einen ag-
gressiven Diskussionsstil pflegt – alle diese Menschen laufen Gefahr, sozial abgewertet zu werden.

Sprachverhalten unterliegt also in gewissem Sinn einer sozialen Kontrolle, wobei wir die Normen
der gesellschaftlichen Gruppierungen, denen wir selbst zugehören, meist so internalisiert haben,
dass wir uns – unbewusst – selbst kontrollieren.

Die Wirkung gesellschaftlicher Sprachnormen kann sogar so weit gehen, dass wir ein (sprachliches) Selbstbild entwickeln, welches nicht ganz mit der Realität übereinstimmt – sehr viele Menschen aus Dialektgebieten sind z.B. der Überzeugung, in öffentlichen Situationen (etwa bei einem
Vortrag) weitgehend 'reines' Standarddeutsch zu sprechen, und sind dann verblüfft, wenn man sie
ohne weiteres als Schwäbin oder als Sachsen identifiziert.

Aufschlussreich in bezug auf die komplexe Wechselwirkung von Sprachnormen,
Selbsteinschätzung und sozialem Prestige verschiedener Varietäten ist die folgende
Untersuchung des englischen Soziolinguisten Peter TRUDGILL:

Trudgill (1983:169ff) hat Frauen und Männer aus der sozialen Mittelschicht einer
englischen Industriestadt (Norwich) danach befragt, wie sie ihren eigenen Sprachgebrauch einschätzen. Gefragt war unter anderem, wie weit die Versuchspersonen
sich – was die Aussprache betrifft – ihrer eigenen Meinung nach an der Standardsprache orientieren oder wie weit sie auch dialektale Formen bzw. Formen der
städtischen Arbeitersprache benutzen.

Auffallend war, dass Mittelschichts-Frauen sich eher von Dialekt und Arbeitersprache distanzierten und ihren Sprachgebrauch als vorwiegend an der Standardsprache orientiert beurteilten, während Mittelschichts-Männer zwar grundsätzlich auch
standardsprachlichen Sprachgebrauch für sich reklamierten, aber anmerkten, dass
sie in bestimmten lockeren Gesprächszusammenhängen auch dialektale Formen
bzw. die 'schlechteren' Sprachformen der lokalen Arbeitersprache benutzten. Kon-
trolluntersuchungen zum *faktischen* Sprachgebrauch der Versuchspersonen ergaben dann, dass sich die Mittelschichtsfrauen tendenziell 'überbewertet' hatten – ihr
Sprachgebrauch also nicht in allen Punkten ganz so 'Standard English' war, wie
sie angegeben hatten, dass sich die Männer dagegen tendenziell 'unterbewertet'
hatten: Die Sprachformen, die sie angeblich benutzten, waren von ihnen nur in ge-
ringer Anzahl realisiert worden, auch in Situationen, in denen sie vermehrt erwartbar gewesen wären.

Die Interpretation, die Trudgill für diese (hier vereinfacht dargestellten) Ergebnisse
anbietet, ist folgende: Die sprachliche Selbstunterschätzung der männlichen
Versuchspersonen ist die Folge einer Art sprachlicher Doppelmoral (Trudgill
spricht von "covert prestige"): Als Angehörige der englischen Mittelschicht sind sie
– wie die entsprechenden weiblichen Versuchspersonen auch – an der Norm des
Standard-English orientiert und grenzen sich über diese Varietät auch gegen untere
Sozialschichten ab. Gleichzeitig haben sie aber eine gegenläufige Werteskala internalisiert, die auch dem 'bad speech' der Arbeiterklasse ein gewisses – spezielles –
Prestige verleiht, das sich mit der Männerrolle verbinden lässt – nicht jedoch mit
der sozialen Rolle der Frau.

8.3 Zur Bedeutung einzelner aussersprachlicher Parameter

Wenn man ganz global konstatiert, dass es bei soziolinguistischer Forschung um die Analyse des Zusammenhangs von Sprache und Gesellschaft geht, so muss man sich konsequenterweise auch auf die Frage einlassen, wie man dieses Verhältnis von Sprache und Gesellschaft eigentlich sieht, da entsprechende Vorannahmen zwangsläufig auch unsere linguistischen Forschungen beeinflussen werden. Man kann, was das Verhältnis von Sprache und Gesellschaft angeht, drei grundsätzliche Positionen unterscheiden. Je nachdem, für welche Position man sich entscheidet, hat man auch schon eine gewisse Vorgabe dafür, welche Konsequenzen sich für die linguistische Forschung ergeben bzw. worin die soziale Relevanz soziolinguistischer Forschung liegen könnte:

a) Man kann von der Position ausgehen, dass Sprache soziale Unterschiede und Ungleichheiten einfach *reflektiert*. Daraus folgt, dass man Linguistik als Diagnose-Hilfsmittel einsetzen kann: Linguistinnen und Linguisten wären z.b. dazu aufgerufen, soziale Spannungsbereiche und eventuell auch Missstände anhand von sprachlichen Phänomenen aufzudecken.

b) Eine zweite Position wäre die Annahme, dass soziale Ungleichheiten durch Sprache bzw. durch unreflektierten und unreflektiert übernommenen Sprachgebrauch eigentlich erst *geschaffen* werden: Sprache wird hier also als Medium und Handwerkszeug sozialer Macht interpretiert. Daraus müsste sich die Forderung nach Sprachkritik und engagierter Sprachpolitik ergeben.

c) Die dritte Position vereinigt die beiden erstgenannten: Sie betrachtet Sprache in erster Linie (v.a. auch diachron gesehen) als Sediment bzw. (synchron gesehen) als Spiegel sozialer Verhältnisse; gleichzeitig wird aber davon ausgegangen, dass Sprache soziale Realität auch erzeugt und sie v.a. *stabilisiert* und tradiert. Daraus wäre eine Vermittlerposition der Linguistik im Spannungsfeld zwischen Sprache und Gesellschaft abzuleiten.

Es ist sinnvoll bzw. notwendig, die einzelnen *aussersprachlichen Parameter* möglichst klar zu umreissen und in ihrer Auswirkung auf Sprachformen und Sprachgebrauch so genau wie möglich zu untersuchen, um dann auch bestimmen zu können, wieweit einzelne Aussagen über vorgefundene Sprachrealität sozial bzw. soziologisch interpretierbar sind, und um in diesem Sinn Anstösse über den engeren linguistischen Bereich hinaus geben zu können.

8.3.1 Schicht/Klasse

Die Bedeutung dieses Faktors für das Sprachverhalten sowohl von Individuen wie von ganzen Gruppen wurde oben bereits ausführlicher behandelt. Anzumerken bleibt noch, dass schichtspezifisches Sprachverhalten insofern eigentlich noch relativ wenig untersucht ist, als der empirische Zugang gerade zu sozial niederen Schichten nicht einfach zu finden ist. Als Untersuchungsobjekte bei der Analyse konkreten Sprachverhaltens (also z.B. im Rahmen neuerer gesprächslinguistischer Arbeit) dienen meist Personen bzw. Personengruppen, die den Untersuchenden beruflich oder privat nahe stehen – normalerweise also ebenfalls Angehörige höherer Bildungs- und Sozialschichten. Im Rahmen neuerer Stadtsprachen- und Jugendsprachforschungen (vgl. Abschnitt 8.3.2) werden nun allerdings auch Gruppen sprachlich untersucht, die den unteren Sozialschichten zuzuordnen sind. Solche Untersuchungen erfordern eine behutsame Integration des/der Untersuchenden in die entsprechenden Gruppen und sind nur als Ergebnis langer Phasen von sogenannt *teilnehmenderBeobachtung* einigermassen repräsentativ.

(Eine 'teilnehmende Beobachtung' setzt voraus, dass sich ForscherInnen in die soziale Gruppe, die ihr Untersuchungsobjekt bildet, so weit integrieren, dass sie nicht mehr als 'Fremde' wahrgenommen werden und somit auch die zu beobachtenden Situationen und Handlungen nicht verändern. Ziel ist es u.a., die gruppenspezifischen Sprechhandlungsweisen sowie die handlungsleitende Normen und Werte in der zu beobachtenden Gruppe selbst zu lernen, indem man quasi 'einer oder eine von ihnen wird'.)

8.3.2 Alter

Der Einfluss des Alters von Sprecherinnen und Sprechern auf ihr jeweiliges Sprachverhalten ist bisher v.a. im Rahmen der Arbeiten zur sogenannten *Jugendsprache* untersucht worden. Grundsätzlich ist aber davon auszugehen, dass die Angehörigen einer bestimmten Altersgruppe aufgrund der für die verschiedenen Lebensalter konstitutiven Erfahrungs- und Handlungswelten auch ein entsprechend ähnliches Sprachverhalten an den Tag legen. Damit ist nicht gemeint, dass z.B. ältere Menschen eben noch über einzelne 'altmodische' Ausdrücke bzw. über einzelne Wortschatzbereiche verfügen, die den jüngeren Generationen nur noch passiv oder überhaupt nicht mehr zur Verfügung stehen. Gemeint ist vielmehr, dass es so etwas wie 'altersspezifische Sprachwelten' geben muss. Man denke etwa an die Lebenswelt von Schulalltag und jugendlicher Freizeitgestaltung gegenüber der 'erwachsenen' Eingebundenheit in Beruf und Karriere oder an den Lebensalltag in der Kernfamilie mit Kleinkindern gegenüber einem von direkten familiären und beruflichen Verpflichtungen enthobenen Rentnerdasein etc. Unter 'Alter' ist hier also eine Art *soziales Alter* zu verstehen.

In diesem Sinn kann in der Jugendsoziologie deshalb auch in bezug auf gegenwärtige mitteleuropäische Verhältnisse von einer 'verlängerten Jugend' gesprochen werden, womit die Tatsache gemeint ist, dass junge Menschen heute länger in einem Stadium des 'Nicht-Erwachsen-Seins' verbleiben, sofern man das Erwachsenen-Alter nicht einfach an die Altersgrenze von 18 oder 20 Jahren bindet, sondern über Faktoren wie abgeschlossene Ausbildung, Existenz einer eigenen Familie, finanzielle Unabhängigkeit, eigene Wohnung etc. definiert.

Soziolinguistisch interessant ist nun, wieweit solchen sozialen Altersphasen tatsächlich spezifische Sprachverhaltensformen entsprechen bzw. wieweit z.B. Jugendlichkeit eben nicht nur in bestimmten Formen von Freizeitverhalten oder Bekleidungs-Vorlieben, sondern auch in einer entsprechenden Jugendsprache ihren Ausdruck findet. Vorliegende Untersuchungen (vgl. hierzu v.a. HENNE 1986) bestätigen die Existenz solcher Sprachformen, wobei allerdings verschiedene unterschiedliche Jugendvarietäten anzusetzen sind, die ihrerseits wieder von der Schichtzugehörigkeit, von spezifischen Freizeitinteressen, Zugehörigkeit zu speziellen, religiös oder politisch gefärbten Gruppierungen etc. abhängen.

Sprachliche Konkretisierungen von 'Jugendsprache' finden sich v.a. im Wortschatz (z.B.im Bereich der Ausdrücke für Emotionen, bei Verstärkungspartikeln wie *total, echt* etc., bei Bezeichnungen für Personen sowie in jugendlich dominierten Sachbereichen wie z.B. der Popmusik), bei der sprachlichen Ausgestaltung ritualisierter kommunikativer Situationen (Begrüssungen, Beschimpfungen, sprachlich 'witziges' Verhalten etc.), im Inventar metaphorischer Wendungen und formelhafter Floskeln sowie von (Nonsense-)Sprüchen, aber auch in feinen Nuancen bei der Aussprache bestimmter Anglizismen etc.

Die Beschäftigung mit dem Phänomen Jugendsprache ist unter anderem durch sprachkritische Stimmen ausgelöst worden, die einzelne Charakteristika von Jugendsprache (also beispielsweise die Vorliebe für Sprüche wie *besser Arm dran als Arm ab* oder den inflationären Gebrauch von Partikeln wie *irgendwie, total, echt* etc.) als Anzeichen einer Sprachverarmung oder sogar als Symptom der Unfähigkeit zu gedanklicher Differenzierung werteten. Daneben gab es dann allerdings auch Gegenstimmen, die z.T. in denselben Charakteristika eine spezielle Form von jugendlicher Sprachvirtuosität sahen oder aber diese Ausdrucksweisen als symbolische Reaktion auf eine bedrohliche und perspektivelose Lebenssituation ausdeuteten.

Solche Wertungen gehen über das hinaus, was sich aus soziolinguistischer Perspektive zur Jugendsprache sagen lässt. Es hat sich aber gezeigt, dass spezifische sprachliche Verhaltensweisen für Jugendliche eine stark identitätsstiftende Funktion haben, sowohl in (negativer) *Abgrenzung* gegenüber der Eltern- und Erwachsenengeneration als auch positiv und konstitutiv im Sinne einer sprachlichen *Imagebildung*. Dies ist umso wichtiger, als Jugendliche ihre soziale Identität oft nur durch das definiert sehen, was sie (noch) nicht dürfen und was sie (noch) nicht sind.

Interessant ist schliesslich auch, welche jugendsprachlichen Ausdrücke mit der Zeit in die Standardsprache übernommen werden und auf welche Weise das geschieht. Die Massenmedien z.B. greifen gerade im Zusammenhang mit Sachbereichen wie Musik, Mode und Freizeitbeschäftigungen sehr rasch Jugendsprachliches auf und tragen so zur Verbreitung auch in nicht mehr jugendlichen Kreisen bei.

8.3.3 Geschlecht

Die Erkenntnis, dass der Faktor 'Geschlecht' in bezug auf unser Sprachverhalten nicht nur als *biologischer*, sondern in erster Linie als *sozialer* Parameter interpretiert werden muss, ist in den 70er Jahren zur Ausgangsbasis eines neueren soziolinguistischen Forschungsbereichs geworden, dessen Ergebnisse auch in der öffentlichen Diskussion um die gesellschaftliche Gleichstellung von Mann und Frau eine Rolle spielt.

Wir wollen an dieser Stelle aber nicht ausführlicher auf diesen Forschungskomplex eingehen, da wir am Schluss des Kapitels in Abschnitt 8.5 in einem längeren Exkurs auf neuere Forschungen zum Themenbereich 'Sprache und Geschlecht' zu sprechen kommen werden.

8.3.4 Gruppe

Was im vorhergehenden Abschnitt zum Faktor 'Alter' oder zum Faktor 'Jugend' gesagt wurde, lässt sich – insofern Altersgruppen als eine spezielle Form von Gruppen betrachtet werden können – in mancher Hinsicht generalisieren: Sobald wir einen oder mehrere soziale Faktoren ausfindig machen können, aufgrund derer wir aus einer Sprachgemeinschaft eine Menge von Personen als spezifische Gruppe herauslösen können, ist es wahrscheinlich, dass auch der Sprachgebrauch dieser Personen Gemeinsamkeiten aufweist. Die aussersprachlichen Gemeinsamkeiten können z.B. durch sportliche Interessen und Betätigungen gegeben sein (Fussballsprache, Reitersprache), sie können sich aus der Orientierung an bestimmten religiösen Inhalten und Leitbildern ergeben (Sprachgebrauch religiöser Gruppierungen und Sekten) oder Signal für bestimmte subkulturelle Lebensformen sein (z.B. Sprache des Drogenmilieus). Die Ausprägung der gruppensprachlichen Charakteristika kann dabei unterschiedlich stark sein. In vielen Fällen ist die Hauptfunktion solcher *Gruppensprachen* weniger die der bewussten oder unbewussten Abgrenzung von anderen Sprechergruppen, sondern vielmehr die der Integration in einer spezielle 'Wunsch'-Gruppe.

Der gemeinsame Gebrauch bestimmter Sprach(verhaltens)formen signalisiert und bestätigt die Zugehörigkeit des einzelnen zur Gruppe und trägt gleichzeitig zur Manifestation der Gruppenidentität bei. Auf diese Weise können wir uns selbst und unsere Interaktionspartner anhand unseres Sprachgebrauchs einordnen und sind damit auch 'greifbarer', als wir dies ohne entsprechende sprachliche Charakteristika wären. (Z.T. wird in der Sprachwissenschaft in bezug auf solche gruppenspezifischen Sprachgebrauchsweisen auch von *Sondersprachen* gesprochen, während der Begriff der Varietät in diesem Zusammenhang weniger üblich ist.)

8.3.5 Rolle

Unter sozialer Rolle einer Person versteht man die Menge all derjenigen Erwartungen, die sich an das Verhalten der betreffenden Person im Rahmen einer gegebenen Interaktionssituation richten. (Von der Mutter eines Kindes erwarten wir z.B., dass sie das Kind tröstet, wenn es sich irgendwo den Kopf angeschlagen hat, von der Vorsitzenden des Ortsvereins erwarten wir, dass sie beim Strassenfest eine Ansprache hält oder zumindest das Bierfass anzapft, vom Brautvater wird ein Toast auf das Brautpaar erwartet etc.). Die Handlungen, die diese Erwartungen einlösen, bezeichnen wir als *Rollenhandeln*, wobei hier je nach Rolle und Situation ein mehr oder weniger grosser Spielraum vorhanden ist: Wir gestehen z.B. dem Brautvater je nach Temperament und Verhältnis zu seiner Tochter sowohl einen knappen Trinkspruch als auch eine lange und gerührte Rede zu.

Wenn jemand die Erwartungen, die an ein Rollenverhalten gebunden sind, nicht einlöst – wenn der Brautvater also wider Erwarten keinen Toast auf das Brautpaar ausbringt und er auch sonst keine Rede hält – so haben wir es mit einer Form von Normverstoss zu tun, der entweder als Versagen gewertet und dann durch eine entsprechend peinliche Stimmung sanktioniert wird oder aber als souveränes Sich-über-Rollenzwänge-Hinwegsetzen interpretiert wird und damit für den Rollenträger einen positiven Effekt hat (der dann z.B. als jemand betrachtet wird, der 'diesen üblichen Firlefanz nicht mitmacht'). Schliesslich besteht auch noch die Möglichkeit, zwar rollenkonform zu handeln, gleichzeitig aber *Rollendistanz* zu signalisieren, z.B. durch entsprechende Ironiesignale oder durch betonte Überhöhung des adäquaten Rollenverhaltens – wenn also z.B. der Brautvater in seinem Toast alle nur denkbaren Klischees und Stereotype (re)produziert, die sich für diese Gelegenheit finden lassen, so dass die Ansprache zum Schluss wirkt wie direkt aus einem Anleitungsbuch für Festreden entnommen.

Sehr oft umfasst eine soziale Rolle mehrere Aspekte oder Segmente: Die Erwartungen, die die Studierenden an einen Hochschuldozenten richten, sind nicht unbedingt dieselben, die sich für die Universitätsverwaltung mit dieser Rolle verbinden – hier kann es deshalb zu *Konflikten* innerhalb ein und derselben Rolle kommen. Demgegenüber läge ein Konflikt zwischen verschiedenen Rollen vor, wenn z.B. ein Hochschuldozent eine seiner Studentinnen privat als die Tochter einer Kollegin schon von klein auf kennt und ihr nun in einer Prüfungssituation gegenüber sitzt, in der er unter institutionellem Aspekt nur als Prüfer, unter privatem Aspekt aber auch als guter Bekannter und Freund angesprochen ist.

Die Erwartungen, die sich an das Verhalten eines Rollenträgers richten, umfassen die unterschiedlichsten Verhaltensbereiche, zu denen als einer der wichtigsten auch das sprachliche Verhalten gehört, das sowohl im paraverbalen Bereich als auch in bezug auf Wortschatz, syntaktische Charakteristika, Gesprächsverhaltensmuster, sprachliche Höflichkeitsformen, Anredeformen, Begrüssungs- und Verabschiedungsfloskeln etc. zum Rollenbild passen muss. Im sprachlichen Bereich lassen sich dann auch Signale der Rollendistanz auf feine Art unterbringen, und durch ein gekonntes Zusammenspiel von verbalem und nonverbalem Verhalten lassen sich unter Umständen sogar Rollenkonflikte ausgleichen oder zumindest dämpfen. Andererseits kann sprachliches Verhalten auch eingesetzt werden, um einen Rollenwechsel zu signalisieren (wenn sich z.B. gute Bekannte im Rahmen einer Geschäftssitzung siezen, um damit den situativen Vorrang der institutionellen Rolle zu signalisieren).

Die Beherrschung rollenadäquaten Sprachverhaltens ist nicht ohne weiteres von schichtspezifischem Sprachverhalten zu trennen: Die Rede des schon mehrfach zitierten Brautvaters wird sprachlich anders gefasst sein, wenn der Brautvater Automechaniker ist, als wenn es sich um den Direktor einer Privatbank handelt.

8.3.6   Situation

Zu diesem Stichwort ist bereits an unterschiedlichen Stellen Wesentliches gesagt worden (v.a. im Zusammenhang mit der Diskussion des *Kommunikationsmodells* im Pragmatikkapitel, Abschnitt 5.1.1). Hier ist deshalb nur folgendes nochmals zu erwähnen bzw. nachzutragen:
Die Situation ist unter soziolinguistischem Gesichtspunkt die 'Schnittstelle' verschiedenster relevanter aussersprachlicher Parameter. Sprachliches Verhalten in einer bestimmten konkreten Situation ist deshalb immer das Ergebnis komplexer Gewichtungs- und Evaluationsprozesse, die der einzelne Interaktant im Zusammenspiel mit den vorhandenen Kommunikationspartnern bewältigen muss, um sich schliesslich für ein angemessenes Sprachverhalten zu entscheiden.

Um ein Beispiel zu geben: Man stelle sich vor, dass Herr X, der in einem technischen Labor arbeitet, von seinen Mitarbeitern dazu ausersehen worden ist, dem Leiter des Labors, Prof. Y, der nach einem Unfall im Krankenhaus liegt, einen Blumenstrauss sowie die Genesungswünsche der Belegschaft zu überbringen. Die Tatsache, dass Herr X dem Vorgesetzten, dem er sonst nur in beruflich-offiziellen Situationen begegnet ist, nun in der Halbprivatheit eines Krankenzimmers entgegentritt, in der auch übliche Rollensignale wie z.B. Anzug und Krawatte bzw. Berufskleidung wegfallen und der Chef ausserdem der 'Bedauernswerte' und damit potentiell auch der Statusniedrigere ist, macht einen rein 'geschäftsmässigen' Ton unmöglich und erfordert spezielle Sprachverhaltensmuster. Stellt man sich ausserdem vor, dass Herr X beim Eintritt in das Krankenzimmer dort bereits Besuch vorfindet (etwa die Frau des Vorgesetzten), so verändert dies die Situation und damit auch die Anforderungen an ein passendes sprachliches Verhalten. Und wenn wir ausserdem noch eine Krankenschwester auftreten lassen, die sich als gute Bekannte des Herrn X entpuppt, so dass Herr X quasi soziale Rückendeckung erfährt, verkompliziert sich die Sachlage nochmals.

Andererseits ist ein bestimmtes Sprachverhalten auch eine Art 'Barometer' für die
Weise, in der ein Interaktant eine gegebene Situation interpretiert. Wie wir bereits
im Pragmatik-Kapitel in Abschnitt 5.1.1 dargelegt haben, kann sich eine gegebene
Situation für zwei verschiedene Interaktionspartner durchaus verschieden darstellen: sie interpretieren dieselben 'objektiven' Daten in je spezifischer und damit potentiell auch unterschiedlicher Art und Weise. So kann es unter Umständen am
Tonfall der Lehrerin ablesbar bzw. -hörbar sein, ob ein Schulausflug eher ein
schulisches oder eher ein ausserschulisches Ereignis darstellt – und je nachdem
werden bestimmte Verhaltensweisen der Schüler und Schülerinnen als passend
oder unpassend erscheinen.

Wie stark Situationen die Sprachformenwahl prägen können, wird v.a. in Sprachgemeinschaften deutlich, in denen die Sprecherinnen und Sprecher über zwei eindeutig voneinander abgrenzbare Varietäten bzw. Sprachen verfügen, wie dies z.B.
für die deutschsprachige Schweiz mit der Diglossie von Mundart und Standardsprache gilt oder für bilinguale Sprachgemeinschaften wie die der spanisch-ameri-
kanisch bilingualen puertoricanischen Einwanderer in New York (vgl. z.B. FISH-
MAN 1968). Je nach Situation bzw. *Situationstyp* (z.T. wird hier auch der Begriff
Domäne verwendet) wird eine der beiden Sprachen bzw. Sprachformen realisiert;
der Wechsel von einer Varietät in die andere – oft auch als *code-switching* bezeichnet – erfolgt meist völlig automatisch. Situationstypen können z.B. durch Parameter wie *familiärer Bereich, Freizeit, Schule, Berufswelt, öffentliche Institution*
definiert sein, manche Situationen sind eindeutig, andere weniger eindeutig einer
bestimmten Sprachform zugeordnet.

In der Deutschschweiz ist gesprochenes Standarddeutsch praktisch ausschliesslich für Situationen
mit institutionellem bzw. mit Öffentlichkeitscharakter reserviert. So wird eine Lehrerin, die in der
Deutschstunde am Gymnasium Standarddeutsch spricht, in der Pause ebenso selbstverständlich
Schweizerdeutsch sprechen – und auch während der Schulstunde, wenn sie z.B. einen Schüler bit-
tet, das Fenster zu öffnen: Mit dem Sprachformenwechsel von Standarddeutsch zu Dialekt signalisiert sie, dass die Bitte, das Fenster zu öffnen, nicht direkt zur (offiziellen) Unterrichtssituation
gehört.

8.4   Fragestellungen der neueren Soziolinguistik

Wir hatten oben betont, wie wichtig es ist, die aussersprachlichen Parameter, die
man in Relation zu sprachlichen Daten setzen möchte, möglichst klar zu definieren.
Dies ist umso wichtiger, als es in konkreten soziolinguistischen Forschungen oft
nicht möglich und manchmal auch nicht sinnvoll ist, nur einen der genannten Faktoren in seinen Auswirkungen auf sprachliches Verhalten zu erforschen. Viele Untersuchungsanordnungen führen dazu, dass mit der gegenseitigen Beeinflussung
und Überlagerung mehrerer aussersprachlicher Faktoren gerechnet werden muss,
was bei der Interpretation der Untersuchungsergebnisse aber u.U. zu Schwierigkeiten führen kann.

Im gegenwärtigen Spektrum soziolinguistischer Forschung zählt z.B. der Parame-
ter der Klasse oder Schicht nicht mehr zu den aussersprachlichen Faktoren, die im
Zentrum soziolinguistischer Forschungen stehen, er ist aber vielfach in indirekter
Form präsent, auch wenn die Leitfragen zunächst anderes thematisieren.

Dies gilt z.B. für den Bereich der *Stadtsprachenforschung*. Im Rahmen verschiedener Forschungsprojekte – z.B. in Mannheim (vgl. Bausch 1982) und Berlin (vgl. Dittmar u.a. 1986 und Schlobinski 1987) wurde in den letzten Jahren die Stadt als sozialer Lebensraum in ihren verschiedenartigen Auswirkungen auf Kommunikationsstrukturen, Interaktionsmuster und die entsprechenden konstitutiven Sprachverhaltensweisen der Bewohner untersucht, wobei verschiedene Alters- und Sozialgruppen z.T. über Jahre hinweg beobachtet und Feldstudien zum Alltagsleben in 'alten' und 'neuen' Stadtgebieten unternommen wurden. In diesem Zusammenhang wurden z.B. auch einzelne *Jugendgruppen* und deren Sprachverhalten untersucht. Interessante Aspekte hierbei sind etwa die Formen der sprachlichen Selbstdarstellung gegenüber Gruppenmitgliedern sowie gegenüber Gruppenfremden oder, damit zusammenhängend, spezifische Formen 'witzigen' Sprechens (vgl. Schwitalla 1985).

Der *Sprachgebrauch in Institutionen*, und hier v.a. der Sprachgebrauch im Kontakt zwischen Beamten und Bürgern, ist ein weiteres, sehr stark anwendungsorientiertes Forschungsgebiet. Eine genaue Untersuchung der sprachlichen Mechanismen, die sowohl Beschwerde- wie Beratungsgespräche auf unterschiedlichsten Ämtern prägen (und die v.a. mit den unterschiedlichen sozialen Rollen der Beteiligten verknüpft sind), soll dazu beitragen, dass auf linguistischer Basis konkrete Vorschläge für eine entsprechende Schulung der beteiligten Beamten ausgebildet werden können. In diesem Zusammenhang stellt sich wieder die Sprachbarrierenproblematik, da Beratende und Ratsuchende sehr oft nicht über dieselbe Sprachvarietät verfügen (vgl. z.B. Wenzel 1984).

Das Verhältnis von *Dialekt und Hochsprache* bzw. die Frage nach den sozialen, situativen und funktionalen Bedingungen für die Wahl einer dialektalen oder mehr oder weniger hochsprachlichen Sprachform stellt ebenfalls ein wichtiges soziolinguistisches Forschungsgebiet mit sehr unterschiedlichen Aspekten dar. So ergeben sich für Regionen mit medialer Diglossie – also etwa für die Schweiz – andere Fragestellungen als z.B. für die Dialekträume der Bundesrepublik, wo zwischen reinem Dialektgebrauch und der Verwendung von Standardsprache sehr viele Stufen mehr oder weniger dialektal gefärbter Sprachverwendung anzusetzen sind. In jedem Fall eine wichtige Rolle spielen aber Faktoren wie städtische oder ländliche Umgebung sowie Alter der Sprecher und Sprecherinnen, das Verhältnis von Wohnort und Arbeitsplatz und die damit verbundene Mobilität (Pendlersituation) sowie das Vorhandensein positiver und/oder negativer Einstellungen dem Dialekt gegenüber. Denn während z.B. in der Schule normalerweise eine möglichst hochsprachliche Sprachverwendung als erstrebenswert gilt, erfährt der Dialekt heute in vielen Regionen eine Aufwertung als gefühlsnahes, heimatverwurzeltes und damit regionale Identität stiftendes Ausdrucksmittel, was sich z.B. in der vermehrten Verwendung dialektaler Formen in ursprünglich rein standardsprachlichen Textsorten wie Radionachrichten, Heiratsanzeigen, Werbeanzeigen etc. zeigt.

Unter dem Stichwort *historische Soziolinguistik* werden in neuerer Zeit auch vereinzelte Versuche unternommen, die *Geschichte der deutschen Sprache* zumindest im Hinblick auf einige kleinere Bereiche unter soziolinguistischer Perspektive zu betrachten. Das bedeutet, dass in verstärktem Mass versucht wird, sprachliche Entwicklungen in ihrer Abhängigkeit von sozialen und gesellschaftlichen Entwicklungen zu sehen und – soweit dies überhaupt möglich ist – auch für vergangene Epochen schicht- und gruppenspezifische Sprachvarietäten zu rekonstruieren und auseinanderzuhalten. Für ältere Sprachstufen, wie z.B. das Mittelhochdeutsche, ist dies natürlich nur in geringem Umfang möglich, da die überlieferten Quellen uns nur einen sehr kleinen und elitären Ausschnitt aus dem Spektrum sprachlicher Varietäten bieten. Für die neuere Sprachgeschichte des 19. und 20. Jahrhunderts hingegen sind uns auch Texte zugänglich, die z.B. die Sprachverwendung unterschiedlicher Sozialschichten zumindest in Ansätzen rekonstruierbar machen und auf diese Weise neue Einblicke in Sprachwandelprozesse ermöglichen. (Vgl. hierzu auch die Ausführungen im Kapitel Historiolinguistik, Abschnitt 10.2.3.)

Insgesamt kann man feststellen, dass auf die Phase einer relativ geschlossenen, stark am Faktor 'soziale Schicht' orientierten soziolinguistischen Forschungsarbeit eine Öffnung des Forschungsbereichs erfolgte – sowohl in bezug auf den Untersuchungsgegenstand (die berücksichtigten sozialen Faktoren bzw. Gruppen) als auch auf die Methoden (vermehrt qualitative Untersuchungen, oft verbunden mit teilnehmender Beobachtung) sowie in bezug auf die untersuchten Sprachebenen (stärkere Orientierung an gesprochener Sprache, an gesprächsanalytischen Kategorien). Ausserdem ergab sich eine Art 'Soziolinguistisierung' traditioneller sprachwissenschaftlicher Arbeitsbereiche wie z.B. der Dialektologie, der Sondersprachforschung oder der Sprachkontaktforschung (vgl. hier z.B. WEINREICH 1977), wobei die meisten dieser Forschungsbereiche hinsichtlich der Berücksichtigung aussersprachlicher sozialer Faktoren durchaus an eigene, ältere Traditionen anknüpfen konnten, die nun aber durch die neuere Soziolinguistik wieder belebt und stärker gewichtet wurden.

Eine Folge dieser Öffnung ist, dass es heute sehr schwer fällt, das gesamte Arbeitsgebiet der Soziolinguistik klar zu umreissen; sehr viel einfacher ist es, einzelne kleinere Forschungsbereiche vorzustellen oder – wie wir dies oben getan haben – ausgehend von zentralen Fachbegriffen Einblicke in Fragestellungen und Untersuchungsperspektiven soziolinguistischer Forschung zu vermitteln.

8.5 Beispiel für neuere soziolinguistische Forschung: Untersuchungen zum geschlechtsspezifischen Sprachverhalten

Zum Schluss dieses Kapitels möchten wir – wie in Abschnitt 8.3 angekündigt – etwas ausführlicher auf neuere Untersuchungen eingehen, die den aussersprachlichen Faktor *Geschlecht* in den Vordergrund stellen. Wir hoffen dadurch nicht nur einen Einblick in ein relativ neues soziolinguistisches Teilgebiet zu geben, sondern gleichzeitig viele der bisher mehr theoretisch angesprochenen Methoden- und v.a. auch Interpretationsprobleme soziolinguistischer Forschung an einzelnen konkreten Beispielen illustrieren zu können.

Wie wir das bereits in bezug auf die Untersuchung zu schichtspezifischem Sprachverhalten ausgeführt haben, sind linguistische Erkenntnisinteressen gerade im soziolinguistischen und pragmatischen Bereich stark eingebunden in allgemeinere gesellschaftliche Entwicklungen und entfalten sich meist vor dem Hintergrund sozialer und politischer Strömungen und Veränderungen. Das gilt auch für die 'Entdeckung' des Faktors Geschlecht als wesentlichem Parameter für das Sprachverhalten von Menschen.

Eine der Hauptleistungen der feministischen Bewegung der 70er und 80er Jahre war es, die immense *soziale Bedeutung der Geschlechtszugehörigkeit* eines Menschen in unserer patriarchalisch orientierten Gesellschaft herauszuarbeiten und aufzuzeigen, welche Auswirkungen die Existenz stereotyper Geschlechtsrollenbilder auf die Lebens- und Arbeitsbedingungen von Frauen und Männern hat.

Die Erkenntnis, dass die Geschlechterrolle eine weitgehend sozial bestimmte Angelegenheit und nur in geringem Umfang genetisch festgelegt ist, dass also z.B. vieles von dem, was wir als 'natürliches Wesen der Frau' empfinden, letztlich Produkt einer (weitgehend unbewusst erfolgenden) sozialen Erziehung und Disziplinierung ist, hat unter anderem auch dazu geführt, dass soziolinguistisch arbeitende LinguistInnen sich dafür zu interessieren begannen, wieweit das Sprachverhalten einen konstitutiven Teil eines solchen Geschlechterrollenverhaltens darstellt.

Die Leitfragen, die gestellt wurden, waren:
- Gibt es Unterschiede im sprachlichen Verhalten von Frauen und Männern?
- Welcher Natur sind diese Unterschiede und wann und wie kommen sie zum Tragen?
- Wie sind diese Unterschiede zu bewerten?

8.5.1 Charakteristika bzw. Präferenzen im Sprachverhalten von Frauen und Männern

Die Forschungen der letzten 15 Jahre (die zunächst v.a. in den USA, in letzter Zeit aber auch innerhalb der deutschsprachigen Linguistik intensiver betrieben worden sind) haben gezeigt, dass sich praktisch auf allen Ebenen der Sprache (im deutschsprachigen wie im englischsprachigen Bereich) zumindest tendenzielle Unterschiede in der Sprachverwendung von Männern und Frauen nachweisen lassen. Im folgenden seien einige davon kurz angeführt.

Stimme, Aussprache und Intonation:

Frauen tendieren dazu, sich den sozialen Normen und Erwartungen in bezug auf eine eher standardsprachliche (in städtischen Verhältnissen) oder eher dialektal gefärbte Aussprache (in stark ländlichen Verhältnissen) mehr anzupassen als Männer; sie reden ausserdem oft leiser und haben charakteristische 'weibliche' Intonationskurven – was es z.B. auch möglich macht, bei kleinen Kindern, deren Stimmen biologisch noch nicht ausdifferenziert sind, Mädchen und Jungen mit einer relativ hohen Treffsicherheit stimmlich zu unterscheiden.

Neuere Untersuchungen weisen darauf hin, dass sich die Unterschiede in der durchschnittlichen Grundfrequenz bei Männer- und Frauenstimmen nur zum Teil biologisch erklären lassen.

Die hohen Stimmen der Frauen und die tieferen Stimmen bei Männern scheinen zumindest teilweise das Produkt einer nicht biologisch begründbaren 'Verschiebung der Stimme' innerhalb des zur Verfügung stehenden Stimmumfangs zu sein: Männer wie Frauen nutzen den ihnen verfügbaren Umfang nicht gleichmässig, sondern einseitig aus, wobei Männerstimmen eher im unteren, Frauenstimmen eher im oberen Teil des ihnen zur Verfügung stehenden Grundfrequenzbereichs angesiedelt sind. Es kommt auf diese Weise zu einer nicht notwendigen, die sozialen Geschlechtsstereotype jedoch unterstützenden Polarisierung von Männer- und Frauenstimmen. (vgl. GRADDOL/ SWANN 1989:18ff.)

Wortwahl und Lexikon:

Frauen drücken sich oft 'gewählter' aus als Männer, sie vermeiden Kraftausdrücke oder benützen abgeschwächtere Formen. Aufgrund der in vieler Hinsicht unterschiedlichen Lebens- und Erfahrungsbereiche von Männern und Frauen verfügen Männer und Frauen auch über unterschiedliche Fachwortschätze und differenzieren in bestimmten Wortschatzbereichen in unterschiedlicher Art und Weise.

Satzbau:

Frauen weisen v.a. in geschriebener Sprache im Vergleich zu Männern einen stärker verbal orientierten Satzbau auf, neigen zu kürzeren Sätzen und zeigen allgemein eher die Tendenz zu syntaktischen Charakteristika der gesprochenen Sprache (vgl. z.B. WIDMARK 1983).

Interaktions- und Gesprächsverhalten:

In Gesprächen reden Frauen normalerweise weniger lang als Männer – die messbaren Fakten widersprechen hier ganz eindeutig den gängigen Vorurteilen; unsere Wahrnehmung scheint in bezug auf Männer und Frauen durch unterschiedliche 'Filter' gesteuert. Frauen werden öfter unterbrochen, sie bestimmen weniger oft als Männer das Thema eines Gesprächs, sie tendieren zu ich-Aussagen (*ich finde...; könnten wir nicht wieder einmal ...*), während Männer eher zu verallgemeinernden Aussagen neigen (*das ist halt so...; man muss dringend mal wieder...*), Frauen verwenden häufiger sogenannte "tag-questions", also an eine Aussage oder einen Gesprächsbeitrag angehängte Fragen und Formulierungen wie *nicht wahr, find ich halt, irgendwie, oder nicht, was meinst du* etc.

Aufgrund dieser – hier sehr vereinfacht und nur in Auszügen wiedergegebenen – Erkenntnisse scheint es gerechtfertigt, einen weiblichen von einem männlichen (Sprachgebrauchs-)Stil bzw. eine männliche von einer weiblichen Varietät zu unterscheiden – was dann allerdings noch lange nicht heisst, dass es nicht Männer gibt, die zu einem weiblichen Sprach-Stil neigen und andererseits nicht auch Frauen existieren, die typisch männliche Sprachverhaltensweisen an den Tag legen. Denn die beobachtbaren Unterschiede im 'männlichen' und 'weiblichen' Sprachgebrauch sind nicht biologisch, sondern sozial determiniert.

8.5.2 Interpretationsmuster für geschlechtsspezifisches Sprachverhalten

a) Weibliches Defizit vs. weibliche Qualitäten

Interessanterweise lässt sich auch für die Anfänge der Untersuchungen zum geschlechtsspezifischen Sprachverhalten zunächst eine Phase der 'defizitären' Interpretation der festgestellten Unterschiede ausmachen:

So wurden z.B. die im Gesprächsverhalten von Frauen gehäuft auftretenden tag-questions und sogenannten *Heckenausdrücke* (*ich finde..., ich meine...*) anfänglich als Zeichen von Unsicherheit oder von Vagheit gedeutet – wobei unhinterfragt die entsprechende männliche Sprachgebrauchsweise mit weniger tag-questions als Norm gesetzt wurde (vgl. LAKOFF 1973). Erst die Bewusstmachung und Ablehnung dieser Normvorstellung ermöglichte es, die Funktion solcher tag-questions vorurteilsloser herauszuarbeiten. Ohne Seitenblicke auf einen durch männliches Sprachverhalten gesetzten Massstab lässt sich unter gesprächsanalytischer Perspektive folgendes feststellen: Bei tag-questions handelt es sich um gesprächsorganisierende Partikeln und Floskeln, die den Kontakt zu den anwesenden GesprächspartnerInnen intensivieren, das Ende eines Gesprächsbeitrags signalisieren und gleichzeitig den InteraktionspartnerInnen eine Einstiegsmöglichkeit bieten, sofern sie mit dem Gesagten nicht einverstanden sind. D.h. dass dieselben sprachlichen Fakten, die sich vor dem Hintergrund eines zur Norm erhobenen männlichen Gesprächsverhaltens als 'Vagheit' oder 'Unsicherheit' interpretieren lassen, mit zumindest gleich viel Berechtigung als Signale einer starken Partnerorientierung und als Ausdruck eines auf Konsens ausgerichteten Interaktionsverhaltens ausgedeutet werden können – und damit positiv zu bewerten wären.

Weshalb nun solche Interaktionsmuster bei Frauen häufiger auftreten als bei Männern, ist nicht so ohne weiteres zu beantworten; daraus zu schliessen, dass Frauen eben doch die besseren Menschen seien, ist vielleicht naheliegend, aber nicht nur linguistisch problematisch.

Die Apostrophierung solchen konsens- und partnerorientierten Verhaltens als 'weiblich' könnte auf Umwegen nämlich dazu führen, dass traditionelle Rollenstereotype wie dasjenige von der liebenden, mütterlich- fürsorglichen Frau und dem tatkräftigen, kämpferischen und leistungsorientierten Mann gesprächslinguistisch unterstützt plötzlich fröhliche Urständ feiern. Da nützt es dann auch nichts, wenn dieses 'weibliche' Gesprächsverhalten als auch für Männer erstrebenswert dargestellt wird – es sind schon sehr viele angeblich weibliche Tugenden zu einem moralischen Gut erklärt worden, ohne dass dies die gesellschaftliche Position der Frauen verbessert hätte. In diesem Sinn haben Linguistinnen auch davor gewarnt, von 'weiblichem' bzw. 'männlichem' Sprachverhalten zu sprechen, zumal einige der Charakteristika 'weiblichen' Redeverhaltens sich in erstaunlicher Weise mit den Charakteristika der Sprache von (männlichen) Unterschichtsangehörigen decken. Leider existieren in diesem Bereich noch zu wenige abgesicherte Untersuchungsergebnisse, doch lassen die gemachten Beobachtungen zumindest die Hypothese zu, dass es sich bei den für Frauen typischen Interaktionsmustern und Sprachstilen nicht unbedingt um etwas typisch 'Weibliches' handelt, sondern einfach um eine 'Sprache der Unterprivilegierten' bzw. eine 'Sprache der sozial niedriger Stehenden', was sich durch die Tatsache erklären liesse, dass Frauen in einer patriarchalischen Gesellschaft die sozial schwächere bzw. die unterdrückte Hälfte repräsentieren.

b) Sprache der Nähe vs. Sprache der Distanz

Ein anderes Erklärungsmuster, das v.a. von schwedischen LinguistInnen angeboten wurde (WIDMARK 1985, THELANDER 1986), interpretiert die feststellbaren Unterschiede im Sprachverhalten von Männern und Frauen als Reflexe einer geschlechtsspezifisch unterschiedlichen Umwelt- bzw. Situationsinterpretation. Diesem Ansatz zufolge deuten Frauen beliebige Alltagssituationen sehr viel häufiger als Männer als 'Nähe-Situationen', d.h. sie nehmen ihre GesprächspartnerInnen auch in eher offiziellen Zusammenhängen mehr als Individuen wahr denn als Vertreter einer Gruppe oder Institution und treten auch selbst eher als 'Privatperson' auf. Diesen Situationsdefinitionen wäre dann auch das Sprech- und Gesprächsverhalten von Frauen angepasst, welches also ebenfalls als 'Sprache der Nähe' interpretiert werden könnte. Damit ist nicht gesagt, dass Frauen nicht ebenso wie Männer über eine 'Sprache der Distanz' verfügen würden – nur sehen sie sehr viel seltener Anlass dazu, diese Sprachverwendungsweise zu aktualisieren.

Die von manchen Untersuchungen festgestellte Tendenz von Frauen zu einem für gesprochene Sprache typischen parataktischen Satzbau auch in Texten geschriebener Sprache sowie in öffentlichen Situationen, in denen Männer stärker zu hypotaktischem, schriftsprachlichem Satzbau neigen, kann ebenfalls in diesem Zusammenhang gesehen werden.

Bereits O. JESPERSEN, einer der ersten Sprachwissenschaftler, der sich – in den 20er Jahren – mit geschlechtsspezifischem Sprachverhalten beschäftigte, wies auf die von ihm beobachtete Neigung von Frauen zur Parataxe hin – beurteilte sie aber als defizitär im Sinne einer 'einfachen' Sprachstruktur (Jespersen 1925). Wenn sich unter heutiger Perspektive eine positivere Interpretation anbietet, nämlich die, dass Frauen eben auch schriftliche Texte durch die Verwendung von Parataxe 'gesprochensprachlich einfärben' und sie dadurch z.B. persönlicher machen, sollte dies nicht von der Tatsache ablenken, dass Frauen auf diese Weise Textsortennormen (z.B. die Normen wissenschaftlichen Schreibens und öffentlichen Redens) nicht erfüllen und folglich Gefahr laufen, unprofessionell zu wirken.

c)   Konsensorientierung vs. Konfliktorientierung

Eine mit den Ausführungen unter (a) und (b) kompatible, in der Perspektive aber leicht veränderte Interpretation der unterschiedlichen kommunikativen Verhaltensweisen von Männern und Frauen ist die Ausdeutung der Unterschiede als Ausdruck eines kooperativen und konsensorientierten weiblichen Interaktionsverhaltens gegenüber einem leistungs- und konfliktorientierten Verhalten auf seiten der Männer.

Dies lässt sich unter anderem an bestimmten Forschungsergebnissen zum weiblichen und männlichen *Gesprächsverhalten* festmachen. So fasst z.B. C. SCHMIDT die Ergebnisse ihrer Untersuchung zum Kommunikationsverhalten in studentischen Kleingruppen wie folgt zusammen:

> "Die Frauen weisen eine ausgeprägte kooperative kommunikative Orientierung auf, die sich darin ausdrückt, dass die Gemeinsamkeit der Themenerarbeitung und die damit verbundene Berücksichtigung und Unterstützung fremder Diskussionsbeiträge besonders betont wird. Bei den Männern treten das gemeinsame Diskutieren und unterstützende kommunikative Verhaltensweisen in den Hintergrund, stattdessen überwiegt die eigene Wissensdarstellung."   (SCHMIDT 1988:162)

Die Dichotomie Konsens vs. Konflikt zeigt sich ausserdem stark bei Untersuchungen, die das *Lachverhalten* sowie Witz und Humor bei Frauen und Männern zum Gegenstand haben.

Insgesamt lässt sich aus den Forschungsergebnissen der Schluss ziehen, dass Lachen und Scherzen bei Frauen v.a. dazu eingesetzt wird, sich und andere in eine Gruppe zu integrieren, den Image-Bedürfnissen ihrer Gesprächspartner und Gesprächspartnerinnen entgegenzukommen und insgesamt ein harmonisches und kooperatives Gesprächsklima zu schaffen. Lachen und Scherzen von Männern dagegen erweisen sich oft als Ausdruck sozialer Kontrolle, treten häufig in kompetitiven Kontexten auf bzw. tragen dazu bei, ein kompetitives Gesprächsklima zu schaffen, und werden auch imagebedrohend eingesetzt (vgl. R. GROTH 1989: 133 und H. KOTTHOFF 1988).

Schliesslich lässt sich auch die Interpretation von männlichen und weiblichen *Wahrnehmungsmustern* und *Interpretationsstrategien* hinsichtlich des Beziehungsaspektes von Kommunikation, wie sie Deborah TANNEN (1990) anbietet, unter die Vorzeichen Konsensorientierung und Konfliktorientierung fassen.

Tannen geht davon aus, dass Frauen dazu tendieren, sich und andere in einem Beziehungsmuster eingebettet wahrzunehmen, das durch Ebenbürtigkeit, Intimität (intimacy) und (horizontale) Vernetztheit charakterisiert ist, und dass sie durch ihr Verhalten diese Form von Beziehungen auch anstreben. Männer dagegen sehen Beziehungen eher in den hierarchisierenden Dimensionen von 'oben' und 'unten' und streben Unabhängigkeit an. Dies führt nach Tannen dazu, dass Frauen und Männer dieselben interaktiven Verhaltensweisen unterschiedlich interpretieren und entsprechend unterschiedlich reagieren. Verbale Signale des Verständnisses, des Interesses oder auch des Mitleids werden von Frauen stärker 'horizontal' interpretiert und auch meist in diesem Sinne angeboten: Es geht um den Ausdruck von gegenseitigem Konsens oder zumindest von Anteilnahme. Männer interpretieren dieselben Signale stärker 'vertikal', d.h. sie sehen darin den Ausdruck von (unangemessener) Herablassung des Gesprächsgegenübers, der sich damit über sie setzt, und fühlen sich folglich zu kompetitiven Reaktionen verpflichtet.

8.5.3 Gleichberechtigung im Sprachverhalten?

Wie man nun auch die Unterschiede zwischen dem Sprachverhalten von Männern und Frauen interpretiert, das eigentliche Problem – sozusagen die *geschlechts-spezifische Sprachbarriere* – ergibt sich wie auch in bezug auf schichtspezifisches Sprachverhalten eigentlich erst dann, wenn die beiden Varietäten in konkreten Interaktionssituationen 'aufeinanderprallen' bzw. wenn nicht auszuschliessen ist, dass das 'weibliche' Sprachverhalten unter Umständen schulischen und beruflichen Erfolg von Frauen behindert.

Konkret heisst das z.B., dass das konsensorientierte und konfliktvermeidende Sprachverhalten von Frauen zumindest den Frauen selbst nicht viel bringt, wenn es zur Folge hat, dass Frauen öfter unterbrochen werden als Männer, weniger lang reden als Männer, weniger oft Themen einführen können als Männer und auf diese Weise im Gespräch insgesamt zu kurz kommen. Es nützt wenig, als angenehme Gesprächspartnerin empfunden zu werden, wenn diese Tatsache damit bezahlt werden muss, dass man die eigenen Interessen nicht durchsetzen kann.

Es gibt in diesem Zusammenhang einzelne ForscherInnen, die das betont konsens-orientierte Verhalten von Frauen zumindest zum Teil negativ werten und es aus einer Unfähigkeit von Frauen zur Konfliktaustragung bzw. als Vermeidungsstrategie aus Angst vor Anerkennungsverlust interpretieren (vgl. z.B. WERNER 1983).

Ähnlich wie sich dies schon bei der Diskussion um schichtspezifisches Sprachverhalten gezeigt hat, greift auch bei der Diskussion um 'Frauensprache' und 'Männersprache' die Differenzhypothese zu kurz, wenn es darum geht, Wege zu einem herrschaftsfreien bzw. gleichberechtigten Diskurs zwischen den beteiligten sozialen Gruppen aufzuzeigen und zu ebnen. Auch in den Überlegungen zu *Strategien der Veränderung* der sprachlichen Geschlechterrollen und Rollenstereotype wurde deshalb in neuester Zeit immer mehr der *funktionale* Aspekt in den Vordergrund gerückt. Demzufolge dürfte weder der typisch 'männliche', d.h. kompetitive, sachorientierte und wenig integrative Interaktionsstil als Norm gesetzt werden, noch dürfte der typisch 'weibliche', d.h. kooperative, beziehungsorientierte und integrative Interaktionsstil zur neuen Gegennorm erhoben werden.

Der einzige richtige, d.h. funktional begründete Massstab für jegliches Sprachverhalten wäre die *Situationsadäquatheit*. Frauen wie Männer müssten demnach über die Möglichkeit verfügen, sich je nach Situation und kommunikativen Bedürfnissen 'typisch männlich' oder 'typisch weiblich' zu verhalten.

Allerdings: Wie wir oben unter 8.1.4 bereits angemerkt haben, sind mit der linguistischen Zauberformel der kommunikativen Funktionalität die Probleme der sozialen (Be-)Wertung sprachlicher Verhaltensweisen noch nicht behoben.

8.6   Neuere Entwicklungen

Die Soziolinguistik hat sich im letzten Jahrzehnt sehr heterogen entwickelt. Die linguistische Forschungsrichtung, die bereits in ihren Anfängen dezidiert interdisziplinär arbeitete und sich mit Fragestellungen und Methoden der Soziologie auseinandersetzte, vergrösserte ihr Interesse an Nachbardisziplinen in den letzten Jahren noch zusätzlich: Die neueren soziolinguistischen Forschungen stellen vermehrt auch Bezüge zur Sozialpsychologie, Sozialtheorie, Kommunikationswissenschaft sowie zur Sozial- und Kulturanthropologie her. Darüber hinaus reflektiert die Soziolinguistik die Entwicklungen in anderen linguistischen Teilbereichen wie Pragmatik, Diskurs- und Gesprächsanalyse sowie Korpuslinguistik und bezieht diese in die eigene Forschung mit ein.

Versucht man eine Übersicht über die heterogenen Ansätze der aktuellen Soziolinguistik zu gewinnen, scheint eine Analyse der Grundannahmen, die sie bezüglich des Verhältnisses von 'Sprache' und 'Gesellschaft' treffen, in besonderem Masse gewinnbringend. Mit anderen Worten: Welche Kategorie – 'Sprache' oder 'Gesellschaft' – wird als abhängige bzw. als unabhängige Variable konstituiert? Sind es die sozialen Faktoren, die unsere Sprache, unser Sprachverhalten bestimmen? Oder prägen beziehungsweise erzeugen wir mit unserem Sprachverhalten unsere Gesellschaft?

8.6.1   Soziale Bedingtheit von Sprache

Die Forschungsrichtungen, die die Prämisse der sozialen Bedingtheit von Sprache als Grundlage für ihre linguistischen Betrachtungen anerkennen, sind vor allem die Bernstein'sche Defizitkonzeption, die primär soziologisch orientierte Labov'sche Differenzhypothese (vgl. 8.1.2) und die primär linguistisch orientierte Varietätenlinguistik (vgl. 8.2 und 8.3). Alle drei Richtungen fokussieren vor allem sprachstrukturelle Phänomene, die sie mit dem Ziel beschreiben, allgemeine linguistische Aussagen über bestimmte soziale Gruppen zu machen. So werden ausgehend von den als gegeben angenommenen sozialen Faktoren wie z.B. Geschlecht oder Schicht die Merkmale einer Frauen- bzw. Schichtsprache beschrieben und im Hinblick auf ihre sozialen Implikationen interpretiert.

Die *Labov'sche Differenzhypothese* benutzt wie die von ihr abgelöste Defizithypothese vorwiegend quantitative Verfahren und argumentiert auch heute noch von den sozialen Strukturen aus, welche sich auf die Sprache bzw. das Sprachverhalten auswirken: Soziale Variablen wie Alter, Geschlecht, Schicht, Beruf, regionale Herkunft, Wohnort etc. werden als feste Grössen verstanden, die das Sprachverhalten beeinflussen.

Das *Varietätenkonzept*, das von der Vorstellung ausgeht, dass die Sprache durch die je spezifische Ausprägung und Kombination unterschiedlicher aussersprachlicher Parameter (Alter, Geschlecht, Fachbereich, Medium etc.) festgelegt ist, das heisst, dass die natürliche Sprache als komplexe

Menge von sprachlichen Varietäten, als Schnittpunkt historischer, sozialer, regionaler und situativer Koordinaten gesehen wird, hat sich als allgemein akzeptiertes Paradigma in der Soziolinguistik Geltung verschafft.

8.6.2 Sprachliche Bedingtheit von Sozialem

In neuerer Zeit haben sich im Gegenzug zu den traditionellen Ansätzen soziolinguistische Richtungen herausgebildet, die von der sprachlichen Konstruiertheit sozialer Realitäten ausgehen. Ihnen erscheinen die Forschungsansätze, die soziale Variablen oder aussersprachliche Parameter als Ausgangsargument verwenden, zu einseitig bzw. zu statisch. Denn sie riskierten, so das Hauptargument der Kritiker, eine Verfestigung von Kategorien wie Alter, Geschlecht, Schicht, Beruf, regionale Herkunft, Wohnort etc. und eine vorschnelle Akzeptanz dieser Kategorien als soziologische Konstanten. Pragmatische Analysen von Sprachverhalten in konkreten Interaktionssituationen etwa zu institutionellen Rollenverteilungen, berufsbedingten Hierarchien, situativen Partnerkonstellationen etc. (vgl. 7.9.3) machten deutlich, dass die in der Soziolinguistik etablierten Kategorien nicht unverrückbar an bestimmte Sprechergruppen bzw. an die jeweiligen individuellen Sprechenden gebunden seien. Vielmehr habe das Sprachgeschehen selbst eine Auswirkung auf die Situation. In dieser Argumentation erscheinen die an einem Gespräch beteiligten Individuen nicht länger nur als Repräsentanten einer bestimmten sozialen Gruppe bzw. als 'Gefangene' sozial bedingter sprachlicher Zwänge, sondern selbst als Produzenten sozialer Verhältnisse.

Dies führt zu einer veränderten Fragestellung: Gefragt wird nicht mehr ausschliesslich nach den Auswirkungen von sozialen und situativen Faktoren auf das sprachliche Verhalten von Kommunikationspartnern, sondern auch danach, wie Kommunikationspartner durch ihr sprachliches Verhalten bzw. im Prozess der Interaktion bestimmte soziale Rollen *inszenieren* und sich und andere wechselseitig definieren. Soziale Variablen werden also nicht länger als für eine Interaktionssituation von vornherein gegeben betrachtet, sondern als etwas, was in der entsprechenden Situation erst (und immer wieder) sprachlich hergestellt wird. Damit erscheint die soziale Struktur einer Gesellschaft als Produkt einer Vielzahl individueller, konkreter Interaktionen: Es sind die Sprecherinnen und Sprecher, die als 'Subjekte' ihres Sprachgebrauchs in ihrer je spezifischen Art und Weise sozial handeln und damit soziale und kulturelle Ordnungen herstellen bzw. tradieren; es sind die Sprecherinnen und Sprecher, die mit ihrem Sprachhandeln soziale Welten formen oder zumindest modifizieren.

So sprechen weibliche Jugendliche also nicht eine einheitliche weibliche Jugendsprache (bedingt durch die Faktoren: Geschlecht und Alter), sondern sie verhalten sich sprachlich unterschiedlich – je nach den Anforderungen der konkreten Kommunikationssituation: Sie inszenieren sich entweder als Frauen *(gender)*, als Angehörige einer sozialen Schicht, einer Berufsgruppe oder einer Altersklasse und konstruieren durch ihr Verhalten die aktuell gültige soziale Realität.

Dieser Wandel der Forschungsperspektive bedingt auch eine Veränderung der angewandten Methoden: Der Untersuchungsfokus, der nicht mehr nur auf die gesellschaftliche Makrostruktur gerichtet ist, sondern sich für das Individuum

und seine Sprechhandlungen interessiert, verlangt qualitative – vor allem ge-
sprächs- und diskursanalytische – Verfahren.

Der Forschungsansatz, der die soziale Interaktion ins Zentrum der Untersuchung stellt und diese
als Ort anerkennt, an dem soziale Ordnung konstruiert wird, lässt sich in zwei Richtungen unterteilen: In der ersten Perspektive, die mit der Bezeichnung *Rational Action* verbunden wird, geht
man davon aus, dass die rational handelnden Individuen mehr oder weniger bewusst und strate-
gisch zwischen verschiedenen Codes und Stilen auswählen, die sie im Gespräch anwenden wollen. Der Begriff der Rationalität heisst in diesem Zusammenhang nichts anderes, als dass den
Akteuren unterstellt wird, dass sie soziale Normen bezüglich Sprache kennen und fähig sind, die
Konsequenzen ihrer Handlungen in und durch Sprache abzuschätzen und dementsprechend ihre
Handlungen planen. Theoretischer Ursprung dieser Forschungsrichtung ist die von George
Herbert MEAD in den 30er Jahren in Abgrenzung zum Behaviorismus entwickelte Sozialtheorie.
Mead geht davon aus, dass das Verständnis der Individuen für soziale Kräfte eine bessere Grund-
lage für die Erklärung menschlichen Verhaltens ist als das einfache behavioristische Reiz-
Reaktions-Schema: Er unterstellt den Menschen, die sozialen Implikationen ihres Verhaltens in
spezifischen Situationen durchaus einschätzen zu können und folglich über eine soziale Prägungs-
kraft ihrer (Sprach-)Handlungen zu verfügen.

Der zweite Strang betont den Begriff der *Praxis*. Im Unterschied zur Theorie der *Rational Action*
gehen hier die Forscher davon aus, dass die Entwicklung und der Verlauf eines Gesprächs nicht
rational von den einzelnen am Gespräch Beteiligten geplant werden kann. Die von GARFINKEL
(1967) begründete und vor allem von SACKS (1992) weiterentwickelte Theorie erachtet die im
Gespräch konstruierten Bedeutungen als kontingent und emergent, d.h. sie können sich immer
auch anders entwickeln, als es rational handelnde Individuen vorsehen, und sie entstehen und
bilden sich erst in Abhängigkeit vom Verlauf des Gesprächs. Das Gespräch selbst beziehungsweise das im Gespräch Hergestellte ist immer ein Produkt der am Gespräch Beteiligten, ist Resultat
des Prozesses der sozialen Interaktion.

8.6.3 Synthese: Gegenseitige Bedingtheit von Sprache und Sozialem

Die in 8.6.1 und 8.6.2 vorgestellten Perspektiven schliessen sich keineswegs aus.
Vielmehr haben beide Sichtweisen ihre Gültigkeit.

Wenn man sich die noch in den 70er Jahren vorhandene Vorstellung eines kom-
pensatorischen Unterrichtes vor Augen führt, ist dieser in letzter Konsequenz nur
möglich, wenn man annimmt, dass mit der Aneignung eines bestimmten
Sprachgebrauchs auch tatsächlich soziale Verhältnisse beeinflusst werden können oder zumindest, dass die 'richtige' Sprache ein förderndes Potential, die
Grundlage für sozialen Erfolg bildet. – Die beiden Forschungsansätze stehen also
in einem gegenseitigen Abhängigkeitsverhältnis.

Auf das dialektische Verhältnis zwischen Sprache und Welt, zwischen Sprache
und gesellschaftlicher Wirklichkeit richtet sich denn auch die gegenwärtige
soziolinguistische Aufmerksamkeit. Diese dritte Perspektive nimmt beide bisher
verfolgten Denkrichtungen auf und stellt 'Sprache' und 'Gesellschaft' in Wechselwirkung zueinander. Dieser integrative Ansatz greift den in 8.6.2 skizzierten
Konstruktionsgedanken auf, wendet sich aber gegen vorschnell gefasste Kategorisierungen. Denn wenn ein Konzept wie zum Beispiel *gender* als Leitkategorie
der Analyse festgemacht wird, ist die Versuchung gross, einerseits vorhandene
Stereotypisierungen zu verfestigen und andererseits im Hintergrund mitlaufende
und in der Aktion vorgebrachte Kategorisierungen nicht zu erkennen und nicht
mit zu berücksichtigen (vgl. KOTTHOFF 2002a). Deshalb wird eine Dynamisie-
rung sozialer Kategorien und Konzepte gefordert (vgl. dazu die aktuelle Stereo-
typenforschung; z.B. HEINEMANN 1998 oder HAUSENDORF 2000).

Ebensowenig wird ausser Acht gelassen, dass bestimmte soziale Gegebenheiten existieren und an der Konstruktion der aktuellen sozialen Realität beteiligt sind. So gelingt es den neuen Ansätzen vor allem auch in Anlehnung an sozialwissenschaftliche Konzepte wie *Habitus* (BOURDIEU 1999) und *inkorporierte Normen* (GOFFMANN 1981), die Mikroebene der einzelnen Sprechereignisse mit der Makroebene der Gesellschaft zu verbinden.

Für die *gender*-Forschung bedeutet dieser integrative Ansatz beispielsweise, dass die Kategorie *gender* in der konkreten Kommunikationssituation nicht einfach als gegeben angenommen wird; man geht vielmehr davon aus – wie in 8.6.2 beschrieben –, dass die Gesprächsteilnehmerinnen und -teilnehmer die Kategorie *gender* situationell konstruieren *(doing gender)* bzw. unterlaufen *(undoing gender)* (vgl. Kotthoff 2002a). Jedoch setzt die Möglichkeit des *doing gender* die Vorstellung einer sozialen Kategorie *gender* voraus, die mit Stereotypisierungen verbunden ist, die im Hintergrund sprachlicher Handlungen mitlaufen und diese leiten. Die Individuen sind also nicht frei in der Wahl der sprachlichen Mittel, die sie für die Inszenierung von sozialem Geschlecht *(gender)* einsetzen. Indem Frauen im Gespräch z.B. stärkere Tonhöhenbewegungen produzieren *(doing gender)* oder solche vermeiden *(undoing gender)*, kürzere Redezeiten in Anspruch nehmen als Männer oder ihre fachliche Kompetenz herunterspielen, folgen sie einerseits sozialen Setzungen, indem sie die überlieferten Vorstellungen in ihrem sprachlichen Verhalten modifizieren, konstruieren sie andererseits aber auch neue soziale Realitäten.

8.6.4 Aktuelle Forschungsbereiche in der Soziolinguistik

Viele der aktuellen soziolinguistischen Ansätze haben ihre Wurzeln in der angloamerikanischen Forschung und wurden erst in den letzten Jahren im deutschsprachigen Wissenschaftskontext breit rezipiert und weiter entwickelt. Dabei wird nicht selten die in 8.6.3 skizzierte Synthese zwischen den beiden Perspektiven (8.6.1 und 8.6.2) angestrebt. Wie Kotthoff (2002a) am sprachlichen *doing gender* beispielhaft aufzeigt, werden in den thematischen Arbeitsfeldern zeitgleich verschiedene Forschungsperspektiven und methodische Ansätze verfolgt. Die derzeitige Soziolinguistikforschung bewegt sich vor allem in drei Bereichen; es sind dies die *Linguistische Anthropologie*, die *Interaktionale* bzw. *Interpretative Soziolinguistik* sowie die *Historische Soziolinguistik*, wobei sich die verschiedenen Richtungen zunehmend vermischen, so dass einzelne Arbeiten oft mehreren Richtungen zuzuordnen sind.

Die *Linguistische Anthropologie* arbeitet an der Schnittstelle zwischen Anthropologie und Linguistik. In Auseinandersetzung mit fremden, nicht-westlichen Kulturen etablierte sie die so genannte *Ethnographie der Kommunikation (Ethnography of Speaking)* als programmatische Perspektive (vgl. vor allem HYMES 1979) (vgl. 1.7.2). Die Linguistischen Anthropologen untersuchten so genannte Ortsgesellschaften, d.h. kleine, in sich geschlossene soziale Gebilde in meist traditionellen Gesellschaften der Dritten Welt. Dabei deckten sie soziologische Konzepte wie Schicht, biologisches und soziales Geschlecht *(sex* und *gender)*, Rasse etc. als kulturabhängige, sozial konstruierte Variablen auf. Die Linguistischen Anthropologen konzentrieren sich zunächst auf die im Gespräch ablaufenden, wirklichkeitserzeugenden Prozesse (zur so genannten Kontextualisierung vgl. AUER/DI LUZIO 1992; ausführlich in 7.9.1). Sie berücksichtigen aber auch makrosoziale Realitäten, indem sie z.B. in ihre Untersuchung miteinbeziehen, dass die an einer Interaktion Beteiligten verschiedenen sozialen Identitäten angehören.

Die *Interaktionale* bzw. *Interpretative Soziolinguistik* fungiert als Sammelbegriff für soziolinguistische Ansätze, die nicht eindeutig einer selbstständigen und einheitlichen Forschungstradition
zuzuordnen sind. Die beiden Ansätze unterscheiden sich in ihrer Anlage kaum. Die Interaktionale
Soziolinguistik konzentriert sich stärker auf den Gegenstand der Untersuchung, nämlich auf die
dialogischen Interaktionen von Kommunikationspartnern; die Interpretative Soziolinguistik hingegen fokussiert vor allem den verstehenden, hermeneutischen Zugang (vgl. HINNENKAMP 1989).
In der Regel werden beide Forschungsperspektiven mit den Arbeiten von GUMPERZ (1982)
verbunden. Die Interaktionale bzw. Interpretative Soziolinguistik arbeitet vorwiegend empirisch-
qualitativ und ist grundsätzlich auf der pragmatisch-gesprächsanalytischen Mikroebene angesiedelt (z.B. COUPER-KUHLEN/SELTING 1996; ausführlicher 7.9.2).

Soziolinguistische bzw. soziopragmatische Fragestellungen haben in den letzten 20 Jahren vermehrt auch in die Sprachgeschichtsforschung Eingang gefunden (ausführlicher 10.3.3), was zu
einer Öffnung der Sprachgeschichte hin zur Soziolinguistik geführt hat. Daraus hat sich im Über-
schneidungsbereich zwischen beiden Bereichen die *Historische Soziolinguistik* entwickelt (vgl.
LINKE 1999), wobei unter dem Sammelbegriff *Historische Soziolinguistik* unterschiedlich stark
soziolinguistisch bzw. soziopragmatisch ausgerichtete sprachhistorische Arbeiten zusammengefasst werden. Mit den soziolinguistischen Fragen nach dem 'wer (spricht/schreibt)' und dem 'wie
(spricht/schreibt jemand)' gelangen in der historischen Soziolinguistik Sprechergruppen und
Sprachformen ins Blickfeld, die von der traditionellen Sprachgeschichtsforschung unberücksichtigt geblieben waren (z.B. Backfische und ihre Sprache, STOCKER 2000; oder die Sprache in Vereinen, CHERUBIM 1998). Zudem kommen mit der Frage nach dem 'warum' eines sprachlichen
Wandels bzw. einer bestimmten sprachlichen Form neu auch sozialgeschichtliche und kulturhisto-
rische Erklärungsansätze zur Anwendung.

Als zusätzliche Tendenz lässt sich in der Soziolinguistik überdies eine Umorientierung weg von einer soziologischen hin zu einer kulturwissenschaftlichen Begründung von Varietäten und Kategorien beobachten. Besonders augenfällig ist
diese *kulturalistische Wende* in den Forschungen zur historischen Soziolinguistik
(z.B. Linke 2003; vgl. auch 1.7.2).
Nebst den bereits genannten Bereichen liegen die thematischen Schwerpunkte
der aktuellen deutschsprachigen Soziolinguistik in der Untersuchung von *Sprache in Peergroups*, in *Institutionen*, im *Ost-West-Diskurs in Deutschland*, in der
interkulturellen Kommunikation, im *Sprachkontakt*, in der Erforschung *sozialer
Stile* (vgl. 1.7.2) sowie in den Bereichen *Sprache und Identität* und *Sprache und
Geschlecht* (vgl. 8.6.5).

8.6.5 Weiterführende Literatur

Einführungen: Einen hervorragenden theoriebasierten Überblick über die Entwicklungen in der
aktuellen Soziolinguistik und über die verschiedenen Forschungsrichtungen der Soziolinguistik
geben Coupland et al. (2001). Sociolinguistica (14, 2000) zeigt unter dem Titel *Die Zukunft der
europäischen Soziolinguistik*, in welchen Bereichen die aktuellen Interessenschwerpunkte der
europäischen Soziolinguistik liegen.
Die neueste deutschsprachige *Einführung* in die Soziolinguistik ist das *Arbeitsbuch* (mit Aufgaben) von Dittmar (1997). Dittmar bietet einen guten Überblick über die soziolinguistisch relevanten Faktoren und Fragestellungen. Ebenfalls einführend, aber weit umfangreicher und überdies
das *Handbook of Sociolinguistics* von Coulmas (1996) sowie *Sociolinguistics: a reader and coursebook* von Coupland/Jaworski (1997). Speziell auf den deutschen Sprachraum ausgerichtet ist die
Einführung von Löffler (1985b), die seit 1994 in einer 2., überarbeiteten Auflage vorliegt.

Bibliographien: Neben einer Bibliographie zur Soziolinguistik allgemein (Dittmar/Liedtke 1996)
sind in der Reihe *Studienbibliographien Sprachwissenschaft* zudem erschienen: Ammon (1997):
Nationale Varietäten des Deutschen, Neuland (1999): *Jugendsprache*, Hinnenkamp (1994): *Interkulturelle Kommunikation*, Peyer/Groth (1996): *Sprache und Geschlecht*. Überdies wird in *Socio-*

linguistica (mit einer zeitlichen Verschiebung von jeweils zwei Jahren) eine soziolinguistische Bibliographie europäischer Länder veröffentlicht.

Zur aktuellen Forschung in der Tradition der *Labov'schen Differenzhypothese,* die unter dem Begriff *Language Variation and Change* firmiert, ist vor allem Labovs auf drei Bände angelegtes programmatisches Werk *Principles of Linguistic Change* zu erwähnen. Bisher sind davon zwei Bände (1994 und 2002) erschienen, die sich mit den internen und den sozialen Faktoren sprachlicher Veränderungen beschäftigen. Einen ersten Einblick in die für diese Forschungsrichtung relevanten Aspekte gibt Trudgill (2002). Umfassendere Informationen liefert das entsprechende Handbuch zum Thema von Chambers et al. (2002). Mit Fokus auf den deutschen Sprachraum sind die Einführung von Barbour/Stevenson (1990; deutsche Übersetzung 1998), Ammon (1995), der in seinem Werk zudem ausführlich auf Einstellungen und Stereotype eingeht, sowie Sociolinguistica (12, 1998) mit dem Titel *Variationslinguistik* zu nennen.

Einen guten Überblick über die *Linguistische Anthropologie* bieten der Reader von Duranti (2001) sowie die auf der Systemtheorie basierende Einführung von Foley (1997). Mit dem Stellenwert kontextueller Faktoren beschäftigen sich Auer/Di Luzio (1992) und Duranti/Goodwin (1992). Konkrete Analysen zu *Culture and communication* enthält der Sammelband von Di Luzio et al. (2000).

Repräsentativ für die *Interaktionale* bzw. *Interpretative Soziolinguistik* sind Hinnenkamp (1989), Couper-Kuhlen/Selting (1996), Selting/Couper-Kuhlen (2001) oder Kotthoff (1996), die anhand von Analysen zur interkulturellen und innerkulturellen Kommunikation die Ausrichtung dieser Forschungsrichtung aufzeigen.

Einen guten Überblick und Einstieg in die *Historische Soziolinguistik* bieten die Aufsätze in Sociolinguistica (13, 1999).

Zu den thematischen Schwerpunkten der Soziolinguistik seien beispielhaft folgende Publikationen genannt: zur *Jugendsprache:* Androutsopoulos (1998); zur *Alterssprache:* Fiehler/Timm (1998); zur *Sprache in Institutionen:* Lalouschek (1995) und Kleinberger Günther (2003); zum *Sprachkontakt, Pidgin/Kreol:* Gilbert 2002; zum *Ost-West-Diskurs in Deutschland:* Hausendorf 2000; zur *interkulturellen Kommunikation:* Günthner (1993) und Kotthoff (2002b); zu *Sprache und Identität:* Wodak (1998); zu *sozialen Stilen:* Selting/Sandig (1997) und Kallmeyer (1994); zu *Sprache und Geschlecht:* Baron/Kotthoff (2001) – eine gute Einführung in die feministische Sprachwissenschaft bietet zudem Samel (2000).

Schliesslich sei noch darauf hingewiesen, dass das internationale *Handbuch der Soziolinguistik* (Ammon et al. 1987–1988) zur Zeit überarbeitet wird und in den nächsten Jahren in zweiter Auflage erscheint.

9. Psycholinguistik

Einleitung

Sprachen werden *gelernt*, Wörter können *vergessen* werden, Gedanken werden *ausgedrückt* und dann von anderen mehr oder weniger gut *verstanden* – fast immer, wenn wir im Alltag über Sprache sprechen, tun wir dies in Begriffen, die zugleich auf *psychische Sachverhalte* hinweisen. Dieses natürliche Verhältnis von Sprache und Geist hat die Sprachwissenschaft seit ihren Anfängen zu immer neuen Interpretationen ihrer Beziehung zur Psychologie geführt, was sich in einer Wissenschaftsgeschichte niedergeschlagen hat, die durch verschiedene Phasen grösserer und kleinerer Distanz der beiden Disziplinen zueinander bestimmt ist.

BIERWISCH hat in einem Beitrag (1983) darauf hingewiesen, dass sich die Psychologie ihres Gegenstandes – bis zu einem gewissen Grade mindestens – auch ohne Bezug auf Sprache und Sprachwissenschaft sicher sein kann; für die Sprachwissenschaft dagegen scheint es kaum möglich, einen Bereich der Sprache festzumachen, der nicht gleichzeitig auch ein Gegenstand der Psychologie ist. Die Frage stellt sich deshalb, wie sie sich zur Psychologie ins Verhältnis setzt und wie sie dieser gegenüber einen ihr eigenen Bereich bestimmt, aufgrund dessen sie sich als eigenständige Wissenschaft etablieren kann.

So hat Hermann PAUL (1846–1921) die Sprachwissenschaft unzweideutig den psychologischen Wissenschaften zugerechnet. In diesem Rahmen wies er ihr aber eine bevorzugte Stellung zu. Die die Sprache betreffenden Vorgänge beim Sprachgebrauch, so seine Ansicht, seien durch eine grosse Einfachheit der ihnen zugrundeliegenden psychischen Operationen gekennzeichnet, wodurch eine bei allen Individuen gleichartige Ausprägung der Sprachprozesse gewährleistet sei. Die Sprachwissenschaft sei dazu berufen, die allgemeinen, überindividuell gültigen Gesetze aufzudecken, welche den menschlichen Umgang mit der Sprache betreffen. Für Paul avanciert so die Sprachwissenschaft zu derjenigen Wissenschaft, die als einzige im psychologischen Bereich eine quasi naturwissenschaftliche Präzision ihrer Beschreibungen und Theorien und damit Vorbildcharakter erreichen kann.

DE SAUSSURE dagegen versucht eine autonome Linguistik unter dem Begriff des *Zeichens* zu begründen. Es gilt zwar, dass die beiden Komponenten des Zeichens, signifiant und signifié, ganz und gar im Psychischen wurzeln, wie schon Saussures ursprüngliche Bezeichnungen – *image acoustique* (Lautbild) und *concept* (Vorstellung) – deutlich machen. Gleiches gilt für die verschiedenen sprachlichen Systeme, in die diese Zeichen eingelassen sind. Auch ihre Regularitäten müssen zweifellos von jedem Einzelnen befolgt und damit gewusst werden; die systematischen Strukturen der Sprache sind demgemäss nicht anders als die beiden Grundbestandteile des Zeichens psychische Grössen. Trotzdem hat de Saussure und der auf de Saussure aufbauende Strukturalismus sich um diese Verbindung von Sprache und Psyche und damit um die Verbindung zur Psychologie kaum gekümmert. Die Aufmerksamkeit dieser linguistischen Schule richtete sich fast ausschliesslich auf die Sprache als ein isolierbares, in sich strukturiertes Objekt. Diese Sichtweise ist aus der Grundbestimmung von Sprache als einem Zeichensystem durchaus begründbar: Die einzelnen Zeichen und die Sprache insgesamt sind zwar zunächst nur in der Psyche niedergelegte Gebilde, sie sind aber gleichzeitig durch soziale Konvention stabilisierte und, ineins damit, objektive, von jedem einzelnen Individuum unabhängige und ihm gegenüber mit einem Normanspruch auftretende Grössen. Insofern die strukturalistische Sprachwissenschaft sich mit diesen Aspekten der Sprache beschäftigt, hebt sie an Zeichen und Zeichensystemen eine Eigenständigkeit und Eigengesetzlichkeit heraus, die es erlauben, sie unabhänig von Fragen ihrer psychischen Basis zu untersuchen. Entsprechend hat die in der ersten Hälfte dieses Jahrhunderts dominierende strukturalistische Linguistik bereits vorhandene oder in diesem Zeitraum erarbeitete gewichtige Beiträge von Psychologen zum Thema Sprache kaum beachtet. Im deutschen Sprachraum wären hier etwa die Ansätze von Wilhelm WUNDT (1832–1920) und Karl BÜHLER (1879–1963) zu nennen – Namen, die heute den meisten Linguisten geläufig geworden sind. Aus heutiger Sicht könnte man sagen, dass der Strukturalismus die Autonomie der Linguistik den anderen Disziplinen gegenüber dadurch erkauft hat, dass er die Sprache zu einem freischwebenden Gegenstand gemacht hat – zu einem Objekt, dessen Existenzbedingungen sprachwissenschaftlich selbst nicht mehr erfasst werden konnten: Die Sprache wird ohne Rücksicht auf ihre Gebundenheit an und ihre Geprägtheit durch psychische Mechanismen beschrieben, die für ihre Ausbildung, ihre Aneignung und ihren Gebrauch doch von einigem Belang sind.

Dagegen zeigt die auf dem Begriff der *Kompetenz* aufbauende generativ-grammatische Schule eine grosse Nähe zur Psychologie. CHOMSKYs Grundfrage ist, etwas salopp ausgedrückt: "Wie ist unser sprachliches Wissen im Gehirn repräsentiert, und wie kommt es da hinein?" (Fanselow/Felix 1987, Bd.1: 7) Wichtig an dieser Formulierung ist weniger das Wort *Gehirn* als das Wort *Repräsentation*. Der linguistischen Beschreibung geht es in diesem Zusammenhang nicht um neuronale Vorgänge, sondern um geistige Repräsentationen, um das (im Gehirn niedergelegte) *Wissen*. Vor dem Hintergrund dieser Frage wird die linguistische Aufgabe, Sprache zu beschreiben, aufgefasst als Aufgabe, die Sprachkompetenz, d.h. eine geistige Fähigkeit zu beschreiben. Aussagen über die Sprache werden so in ein Verhältnis zu Aussagen über die Strukturen und Funktionen des menschlichen Geistes gesetzt und gewinnen damit eine eindeutig psychologische Färbung. Die Linguistik Chomskys und seiner Schule versteht sich in jüngster Zeit in diesem Sinne immer expliziter als psychologische Wissenschaft.

Eine ähnliche Hinwendung zu psychologischen Fragestellungen zeigt sich aber auch in vielen Bereichen ausserhalb der Generativen Grammatik. Mit zu dieser neuen Annäherung linguistischer Theoriebildung an die Psychologie haben auch Entwicklungen innerhalb der Psychologie selbst beigetragen. Hier hat sich seit einiger Zeit eine neue Forschungsrichtung herausgebildet – die kognitive Psychologie. Sie macht es sich zur Aufgabe, die spezifischen Strukturen und Prozesse zu erforschen, die dem menschlichen Wahrnehmen und Denken zugrundeliegen. Grundkonzept ist das der Informationsverarbeitung: Geistige Vorgänge werden daraufhin untersucht, welche Informationen in ihnen auf welche Weise verarbeitet werden. Diese Richtung hat sowohl in ihren theoretischen Grundannahmen wie auch in ihren Ergebnissen im Hinblick auf linguistische Fragestellungen viel zu bieten und lädt zu enger Kooperation zwischen den Disziplinen ein.

Im folgenden werden zuerst die Grossbereiche der Psycholinguistik skizziert: Spracherwerbsforschung, Sprachwissensforschung und Sprachprozessforschung (9.1). Zum *Spracherwerb* wurden schon in Kapitel 3 einige relevante Dinge gesagt. Dabei war das Interesse aber allein auf die Grammatik gerichtet. Hier wird, sehr kurz, auf alternative Ansätze hingewiesen, welche (in der Terminologie der Generativen Grammatik) weniger den Erwerb der Sprachstruktur als der Sprachsubstanz zum Thema machen (9.2). Die *Sprachwissensforschung* beschäftigt sich mit der Frage, wie sprachliches Wissen im menschlichen Geist repräsentiert ist. Wir werden hier auf zwei Gesichtspunkte etwas näher eingehen: Auf die Frage nach der Struktur des mentalen Lexikons und auf die Frage nach den Eigenschaften alltagssprachlicher Begriffe. Damit greifen wir Fragen wieder auf, die bereits im Zusammenhang mit der systemlinguistischen Darstellung in den Kapiteln 3 und 4 angesprochen worden sind (vgl. 9.3). Im Abschnitt über die *Sprachprozessforschung* stellen wir einige Konzepte vor, die im Bereich der Leseforschung entwickelt worden sind und das rezeptive Verstehen von Texten zum Thema haben.

Lesehinweise

Einführendes und Überblicksdarstellungen: Einen allgemeinen und leicht lesbaren Überblick zum Thema Sprache, Sprachlernen, Sprache und Denken gibt Zimmer (1986). Anregende Einblicke gibt Miller (1993). Vor allem auf die biologischen Grundlagen der Sprache und ihre Evolution gerichtet ist Müller (1987). Einführende Überblicke über die Psycholinguistik geben Aitchison (1982), Hörmann (1987), Garman (1990). Ein Klassiker ist Hörmann (1976), ein bereits etwas älterer Überblick ist Hörmann (1970).

Spracherwerbsforschung: Eine Einführung in den gesamten Problembereich geben Kegel (1987), Ramge (1993), einen ausführlichen Überblick Ingram (1989). Eine Einführung, die stark methodische Fragen thematisiert, ist Wode (1993). Speziell über die Begriffsentwicklung schreibt Szagun (1991). Eine theoretisch anspruchsvolle Rechfertigung der generativ-grammatischen Position findet sich in Felix (1987). Grimm (1977) kontrastiert ausführlich den generativ-grammatischen Erklärungsansatz mit behavioristischen und anderen empiristischen Theorien des Spracherwerbs. Von kommunikativ-funktionaler Perspektive her stellt Bruner (1987) die Sprachentwicklung dar. Zu Beschreibungen in der Nachfolge Piagets vgl. die einschlägigen Abschnitte in Hildebrand-Nilshon (1980), Ginsburg/Opper (1982). Andresen (1985) beschreibt die Veränderungen im Bewusstsein von der Sprache, die sich im Schreibenlernen ergeben. Für eine Einführung in die Grundfragen des Zweitspracherwerbs, welche auch viel Relevantes über den Erstspracherwerb enthält, vgl. W. Klein (1987). Eine Darstellung verschiedener Theorien des Zweitspracherwerbs gibt McLaughlin (1989).

Sprachwissensforschung: Viel auch psycholinguistisch Relevantes enthalten die in den Literaturhinweisen zur Semantik (Kapitel 4) aufgeführten Titel zu Prototypentheorie und mentalem Lexikon. Vgl. dazu auch Hillert (1987). Zur Struktur von Begriffen gibt Hoffmann (1986) ausführliche Darstellungen. *Neurolinguistik:* Eine Einführung in die Aphasieforschung und die in diesem Bereich erarbeiteten Konzepte der Struktur von Sprachwissen (z.T. auch von Sprachprozessen) gibt Leuninger (1989). Praxisnahe Einführungen in einzelne Teilbereiche sind zu finden in Blanken (1991). Eine Sammlung bereits etwas älterer kürzerer Arbeiten enthält Weigl (1981). Neuere Überblicksdarstellungen sind Caplan (1987), Hillert (1990), Kelter (1990).

Sprachprozessforschung: Einen Überblick über das Gebiet geben Harris/Coltheart (1986); eine Darstellung der Grundlagen der kognitiven Sprachverarbeitung geben Rickheit/Strohner (1993). Den Bereich Sprachverstehen thematisiert Friederici (1987). Speziell das Leseverstehen beschreibt Strohner (1990), van Dijk/Kintsch (1983). Einen Überblick über die Themen der Sprachproduktionsforschung geben die Aufsätze in Antos/Krings (1989) (s. besonders die Aufsätze von Herrmann/Hoppe-Graff, Wiese, Krings und Möhle/Raupach). Interessant ist immer noch Chafe (1977), der einige der Leitthemen der Produktionsforschung anspricht. Einen umfassenden Überblick über die Prozesse beim Sprechen gibt Levelt (1989). Anspruchsvolle Gesamtmodelle bieten Bock (1982), Schade 1992), zu Einzelfragen auch Pechmann (1994) und Felix/Habel/Rickheit (1994). Speziell zum Schreiben und zur Schreibentwicklung siehe Augst/Faigel (1986), Scardamalia/Bereiter (1987).

Ein *Handbuch und Lexikon* der Psycholinguistik ist Grimm/Engelkamp (1981). Eine umfassende Überblicksdarstellung über die Themen und Methoden der *kognitiven Psychologie* geben Eysenck/Keane (1990).

Studienbibliographien sind Dittmann/Tesak (1993) zur Neurolinguistik und Biere (1991) zum Thema Textverstehen und Textverständlichkeit.

9.1 Überblick: Psycholinguistische Fragestellungen

Psycholinguistik als Wissenschaft an der Nahtstelle zwischen Linguistik und Psychologie befragt sprachliche Phänomene von psychologischer Seite her. Traditionelle linguistische Ansätze, insbesondere der Strukturalismus, behandeln sprachliche Bedeutung, syntaktische Struktur oder phonologische Systeme als vorliegende Objekte; ihre Kriterien sind sprachimmanenter und allgemeiner theoretischer Natur. Eine linguistische Theorie ist in einer solchen Betrachtungsweise dann befriedigend, wenn sie die möglichen sprachlichen Erscheinungen korrekt beschreibt. Nun *können* Menschen ihre Sprache; zu fast jedem dieser linguistischen Gebiete lässt sich deshalb die Frage stellen: Wie lässt sich dieses Können psychologisch beschreiben? Wissen wir schon alles über dieses Können, wenn wir die Struktur dessen, was da beherrscht wird, beschreiben? – Es ist dies eine Frage, die auch die Generative Grammatik stellt, und die Antwort ist klar: Wenn wir Sprache als Objekt beschreiben, ohne uns darum zu kümmern, wie die menschliche Psyche und die Sprachbeherrschung wirklich beschaffen sind, so können wir nicht davon ausgehen, dass die so aufgedeckten Strukturen tale quale auch Strukturen der Kompetenz sind. Es ist durchaus wahrscheinlich, dass die am Sprachmaterial entdeckten Unterscheidungen, Kategorien usw. auch psychologisch wirksam sind – die Frage ist, wie und auf welche Weise. In diesem Sinne ist Psycholinguistik 'die gesamte Sprachwissenschaft noch einmal' – unter explizit psychologischer Perspektive.

9.1.1 Die Psycholinguistik und ihre Forschungsgebiete

Wird Sprache unter dem Gesichtspunkt untersucht, dass sie sich in den Individuen als sprachliche Fertigkeit, als sprachliches Können manifestiert, so drängen sich sofort mehrere Fragestellungen auf. Eine Fertigkeit wird ja meist nicht von Anfang an beherrscht, sie muss gelernt werden. Wir haben deshalb zu unterscheiden zwischen der reifen Fertigkeit und den Voraussetzungen, Stadien und Prozessen ihres Erwerbs. Überdies begreifen wir eine Fertigkeit immer als eine Potentialität – wir beherrschen Deutsch, auch wenn wir gerade mal nicht sprechen oder zuhören, und auch dann, wenn wir sprechen oder zuhören, realisieren wir nur immer einen kleinen Teil dessen, was wir in Wirklichkeit können. Zusätzlich zu differenzieren ist also zwischen dem Wissen, dem Gesamt der im Gedächtnis gespeicherten Sprachkenntnisse (dies entspricht ungefähr dem, was die Generative Grammatik als Kompetenz bezeichnet), und den jedesmaligen Verwendungsprozessen. Entsprechend diesen Unterscheidungen lassen sich die psycholinguistischen Untersuchungen und Theorien in drei Hauptbereiche einordnen:

1. Die *Spracherwerbsforschung*. Sie versucht Antworten zu geben auf die Frage, wie Sprache erworben wird, nach welchen Gesetzmässigkeiten der Aufbau des Sprachwissens erfolgt.
2. Die *Sprachwissensforschung*. Sie untersucht, wie Sprachwissen im Gedächtnis gespeichert ist und wie die verschiedenen sprachlichen Wissensbestände miteinander (und mit dem Weltwissen) vernetzt sind.
3. Die *Sprachprozessforschung*. Sie untersucht die psychischen Prozesse, die dem rezeptiven oder produktiven Sprachgebrauch im Hören, Lesen, Schreiben und Sprechen zugrundeliegen. In bezug auf Produktionsprozesse allein spricht

man manchmal auch von der *Aktualgenese* von Sprache. Wichtig ist auch hier
die Frage, wie sprachliches und nichtsprachliches Wissen interagieren.

Die drei psycholinguistischen Gebiete gehören eng zusammen und lassen sich
nicht ohne weiteres trennen: Bei jeder Untersuchung des einen Gebiets spielen
auch Annahmen bezüglich der anderen Bereiche eine mehr oder weniger grosse
Rolle.

In bezug auf das Ganze der Sprachfähigkeit lassen sich nun weitere, übergreifende
Fragen stellen: Ist die spezifisch menschliche Sprachfähigkeit, d.h. die geistige
Kapazität, die dem Erwerb, dem Besitz und dem Gebrauch der Sprache zugrundeliegt, dieselbe, die z.B. auch den Umgang mit Zahlen, das Radfahren oder die
Lernleistungen von MedizinstudentInnen ermöglicht, ist sie also Ausfluss einer
allgemeinen geistigen Kapazität des Menschen? Oder ist die Sprachfähigkeit psychologisch gesehen eine spezielle Fähigkeit? Wenn ja: Wie lässt sich diese Fähigkeit charakterisieren? Wie verhält sich Sprachfähigkeit in diesem Falle zu den anderen kognitiven Fähigkeiten und zum Denken? Wie verhält sie sich zu der tierischen
Fähigkeit, sich mit Signalen zu verständigen?

Solche Fragen zielen letztlich auf das *anthropologische Fundament* der menschlichen Sprachfähigkeit. Sie führen weit über das engere Gebiet der Psycholinguistik
hinaus in einen Bereich, in dem sich die Erkenntnisinteressen so verschiedener
Disziplinen wie Philosophie, Biologie, Ethologie (Verhaltensforschung) usw. mit
denen der Sprachwissenschaft und der Psychologie überschneiden.

So geben Untersuchungen des Sprachvermögens anderer Primaten Aufschlüsse über das Ausmass
der evolutionären Distanz zwischen dem Menschen und seinen nächsten Verwandten; paläoanthro-
pologische Rekonstruktionen versprechen Hinweise auf die stammesgeschichtliche Entstehung
und Entwicklung der menschlichen Sprachfertigkeit; Gedächtnis- und Wahrnehmungspsychologie
untersuchen die Möglichkeiten und Grenzen der Informationsaufnahme und -verarbeitung durch
das menschliche Gehirn und formulieren damit die wesentlichen Rahmenbedingungen, unter denen
sich jedes Lernen und jeder Sprachgebrauch abspielen und die damit letztlich auch die Sprache
selbst mitbestimmen usw.

Man hat die Linguistik generell zu charakterisieren versucht als Wissenschaft, die
erklärt, wie die Welt der Bedeutungen mit der Welt der Laute zusammenhängt.
Ähnlich könnte man den globalen Anspruch der Psycholinguistik zusammenfassen
als Versuch, eine psychologische Erklärung des Zusammenhangs von Denken und
Sprechen (in der individuellen Entwicklung wie im 'fertigen' Zustand bei Erwachsenen) zu geben. Durch ihren Anspruch und ihre Zwischenstellung ist sie
zwangsläufig eine offene Wissenschaft, und Resultate aus anderen Teilbereichen
der Psychologie (etwa Gedächtnispsychologie) und ihren Nachbarwissenschaften
(etwa Neurologie) spielen für sie eine beträchtliche Rolle.

9.1.2 Zwei traditionelle psycholinguistische Fragestellungen

In der Geschichte der Sprachwissenschaft sind zwei Ansätze wichtig geworden,
die zentrale psycholinguistische Themen aufgegriffen haben. Der eine versuchte,
die Frage zu beantworten, auf welcher Basis Sprachkenntnisse aufgebaut werden.
Die Antwort bestand darin, Sprache auf der Grundlage nichtsprachlichen Verhaltens zu erklären, d.h. sie aus grundlegenderen Verhaltenselementen abzuleiten. Der
andere Ansatz versuchte, das Verhältnis von Sprache und Denken zu klären. Po-

stuliert wurde, dass Sprachstrukturen zu verstehen seien als Muster, welche die Deutung von Welt, das Denken überhaupt prägen. Die hier formulierten Fragestellungen sind heute noch gültig; die Antworten allerdings fallen anders und um einiges differenzierter aus.

a) Der Behaviorismus: Sprechen als ein 'Sich-Verhalten'

Der Versuch, Sprache auf Vor- und Nichtsprachliches zurückzuführen, wurde im Rahmen des *Behaviorismus* unternommen (Behaviorismus: von engl. *behavior*, Verhalten). Der Behaviorimus ist eine am Anfang dieses Jahrhunderts begründete Richtung der Psychologie, die nach dem Vorbild der Naturwissenschaften rein empirisch verfährt. Er versucht, allein vom beobachtbaren Verhalten auszugehen. Psychologische Konzepte, die wir durch unsere Selbstbeobachtung gewinnen, gelten als unüberprüfbar, sogar irreführend. Das 'Innere' (und damit das Denken, Fühlen, Wollen, das nach unserer Selbsteinschätzung unser Handeln anleitet) spielt in behavioristischen Theorien demgemäss keine Rolle, es erscheint als 'black box', als dunkle Kiste, in die man keinen verlässlichen Einblick gewinnen kann. Durch diese methodische Ausklammerung des alltäglichen Vorwissens soll verhindert werden, dass die psychologische Theorie auf vorwissenschaftliche Konzepte wie *etwas meinen, etwas vorhaben, zornig sein* usw. abgestützt wird.

Lerntheoretisch geht der Behaviorismus davon aus, dass alles Lernen aufgrund von Erfahrung stattfindet; komplexe Verhaltensweisen bilden sich dieser Vorstellung nach im Zusammenspiel von einfacheren, grundlegenderen Mustern aus.

Wie lässt sich Sprachliches, vor allem das Lernen von Sprache, auf den skizzierten Grundlagen erklären? Der Behaviorismus versucht, das Sprachverhalten wie jedes andere Verhalten auf der Basis beobachtbarer Verhaltensweisen, sogenannter *Reiz-Reaktions-Schemata* (engl.: *stimulus-response*) zu erklären. Solche Schemata gehören zur fundamentalen Ausstattung jedes Organismus; sie sichern sein Überleben. So fliehen die meisten Tiere (Reaktion), wenn ein möglicher Feind eine gewisse Sicherheitsdistanz unterschreitet (Reiz). Ebenso greifen viele an (Reaktion), wenn eine noch geringere Distanz unterschritten wird, die eine sichere Flucht nicht mehr ermöglicht (Reiz).

Reiz-Reaktions-Muster sind nicht nur durch den Instinkt vorgegeben; neue solche Muster werden durch Erfahrungen, durch Lernen aufgebaut. In einem berühmt gewordenen Experiment mit einem Hund liess der russische Psychologe PAVLOV immer, wenn der Hund gefüttert wurde, ein akustisches Signal ertönen. Nach einer Weile genügte der Signalton, um den Hund zur Speichelbildung anzuregen – etwas, was vorher nur durch die Präsenz des Futters bewirkt worden war. Auf diese Weise wurde der Hund zu einem neuen Verhalten abgerichtet, *konditioniert;* der Ton übernahm für den Hund in bezug auf die Speichelbildung dieselbe Funktion wie das Futter selbst; man könnte sagen: Der Ton wurde zum Zeichen dafür, dass es Fütterungszeit war. Auf ähnliche Weise kann man nun versuchen, das Verständnis sprachlicher Zeichen mit situationellen Stimuli in Zusammenhang zu bringen.

Die behavioristischen Untersuchungen lassen bestimmte Formen des Lernens verstehbar werden, etwa die Adaptation eines Organismus an seine Umwelt und vielleicht auch eine primitive Zeichenbildung. Eine Spracherklärung auf dieser Grundlage scheitert aber z.B. beim Phänomen der Syntax. Weder ihre Struktur noch ihr kreativer Gebrauch lassen sich aus solchen Mechanismen herleiten. Zudem lässt sich beim menschlichen Sprachgebrauch weder formal noch inhaltlich eine direkte Abhängigkeit des Verhaltens von der Situation erkennen, wie sie im Reiz-Reaktionsschema formuliert ist. Obwohl jedes Sprechen *in* einer Situation stattfindet und auf sie Bezug nimmt, wird es doch nicht in schlüssiger Weise *durch* diese Situation determiniert. Vielmehr scheint es, dass gerade die im black-box-Modell ausgeschlossenen Dimensionen wie Intention, Planung usw. eine entscheidende Rolle spielen. Solche und ähnliche Kritiken machen darauf aufmerksam, dass Sprachbeherrschung nicht allein auf der Grundlage vorsprachlicher Verhaltensweisen erklärt werden kann; sie haben behavioristische Erklärungen sprachlicher Phänomene weitgehend aus der Diskussion verdrängt. (Vgl. die Kritik an der strukturalistischen Spracherwerbstheorie in 3.1.)

b) Die These der sprachlichen Relativität: Sprachstruktur als Weltdeutung

Von linguistischer Seite her haben die Amerikaner B. WHORF (1897-1941) und E. SAPIR (1884-1939) in den dreissiger Jahren eine bis heute diskutierte Theorie des Verhältnisses von Sprache und Geist vorgelegt, die das Schwergewicht nun ganz eindeutig auf die sprachliche Seite legte

(vgl. auch die Hinweise in 4.6.4). Whorf kam aufgrund der Untersuchung von Indianersprachen –
er beschäftigte sich vornehmlich mit der Hopi-Sprache – zum Schluss, dass die grammatische
Struktur dieser Sprachen von derjenigen europäischer Sprachen so verschieden sei, dass in wichtigen Gebieten eine Übersetzung ausgeschlossen sei. Die Hopi-Grammatik konzipiere die Welt
aufgrund anderer Kategorien als die Grammatik der indogermanischen Sprachen, die auf der
Vorstellung von Substanz, geometrischem Raum und linearer Zeit aufgebaut sei. Die Hopis, so der
Schluss, verfügten demnach über ein völlig anderes Denken. Dieser *linguistischen Relativitätsthese* kann eine gewisse Attraktivität nicht abgesprochen werden. Im deutschen Sprachraum
wurden analoge Vorstellungen – völlig unabhängig von Whorf – etwa von L. WEISGERBER
(1899-1985) und der sogenannten *Inhaltsbezogenen Grammatik* vertreten. Weisgerber stützte sich
dabei jedoch nicht nur auf Sprachvergleiche, sondern versuchte seine These einer jeder Sprache
inhärenten Weltsicht vor dem Hintergrund der Sprachphilosophie Wilhelm von HUMBOLDTs
(1767-1835) zu entwickeln.

Trotz ihrer anfänglichen Plausibilität leiden diese Theorien jedoch daran, dass der Schluss von
den linguistischen Erscheinungen aufs Kognitive, d.h. aufs Denken, ungesichert ist. Solange die
Vermittlungsschritte nicht bekannt sind, welche die grammatischen Strukturen oder die wortfeld-
internen Gliederungen von Wirklichkeitsbereichen mit dem Denken verbinden, ist das Gewicht der
Relativitätsthese nicht zu bestimmen – die Interpretationen der sprachlichen Relativitätsthese reichen denn auch von relativ extremen Versionen (wonach jeder in den Strukturen seiner Sprache
befangen ist und Übersetzungen in strukturell sehr unterschiedliche Sprachen eigentlich unmöglich sind) zu sehr milden Beurteilungen, die eigentlich kaum jemand zu bestreiten bereit ist (etwa,
dass bestimmte Interessen, kulturelle Werte usw. gewisse Sichtweisen, gewisse Präferenzen der
Klassifikation nahelegen, die sich beispielsweise in Wörtern niederschlagen können und so
gewisse Interpretationen zumindest nahelegen – vgl. die Bezeichnungen *Pflanzenschutzmittel*
versus *Agrargift)*. Die harten Versionen sind in der Diskussion um die Relativitätsthese immer
mehr untergraben worden und finden heute kaum mehr Unterstützung. Um es an einem über-
spitzten Beispiel zu formulieren: Aus der Tatsache, dass das Schweizerdeutsche keine Futurformen
kennt, ist kaum zu schliessen, dass sich die DeutschschweizerInnen weniger gut oder anders mit
der Zukunft auseinandersetzen als zum Beispiel SpanierInnen oder GriechInnen, deren Sprachen
beim Sprechen über Zukünftiges einen relativ konsistenten Gebrauch von Futurformen verlangen.
(Zum Schicksal von Whorfs These und ihrer weitgehenden Widerlegung, zumindest in ihrer
vorliegenden Form vgl. ZIMMER 1986: 119ff.; WERLEN 1989; GIPPER 1972).

Bevor wir über einzelne Aspekte psycholinguistischer Forschung kurz berichten,
sei noch eine Bemerkung angebracht. Wir sprechen hier und im folgenden immer
über psychische, nicht über neurologische oder gehirnphysiologische Phänomene.
Denken und Psyche sind, soweit wir heute wissen, Funktionen des menschlichen
Organismus. Es ist möglich, einzelne dieser Funktionen im Gehirn zu lokalisieren.
So können bei Gehirnverletzungen je nach Ort der Schädigung ganz bestimmte
sprachliche Fertigkeiten ausfallen, während die anderen weitgehend erhalten bleiben (vgl. 9.3.2). Darüber hinaus ist es bisher jedoch nicht gelungen, zwischen
psychischen Vorgängen (den Funktionen des Nervensystems) und neurologischen
Prozessen (der physiologischen Basis) eineindeutige Zuordnungen zu treffen.
Zwischen Aussagen über psychische Vorgänge und solchen über ihre physiologischen Grundlagen ist deshalb zu unterscheiden.

9.2   Zum Spracherwerb

Die Hauptaufgabe der Spracherwerbsforschung ist die Beschreibung und Erklärung der Bedingungen, Regelmässigkeiten, Phasen und Resultate des Spracherwerbs. Von primärem Interesse ist hier natürlich der kindliche Erwerb der Muttersprache. In den letzten Jahren sind auch immer mehr Phänomene des Bilingua-

lismus, des Zweit- und Fremdsprachenerwerbs und schliesslich die der Bildung neuer Sprachen (Pidgin- und Kreolsprachen) untersucht worden.

In den Ausführungen zur Generativen Grammatik sind wir schon darauf eingegangen, welche Phänomene des Spracherwerbs unter der Perspektive dieser Theorie besonders interessant und erklärungsbedürftig erscheinen, auch auf die Pidgin- und Kreolsprachen wurde hingewiesen (vgl. 3.1.4 und die dortigen Literaturangaben). Hier soll nur noch angemerkt werden, dass viele der Phänomene, die dort für den kindlichen Erstspracherwerb festgehalten wurden, auch im ungelenkten (das heisst im nicht unterrichtlich angeleiteten) Zweitspracherwerb von Kindern und Erwachsenen beobachtbar sind. In etwas veränderter Form bestimmen sie offenbar auch den unterrichtlichen Erwerb von Fremdsprachen mit.

Zum Thema Spracherwerb soll hier nur noch ein Hinweis gegeben werden, der die vorab syntaxbezogene Perspektive der Generativen Grammatik ergänzt. Konkurrierende Erklärungsansätze zum Spracherwerb stellen zum Teil ganz andere erwerbsrelevante Faktoren in den Vordergrund als die Generative Grammatik:

– In der Nachfolge etwa von PIAGET (1896-1980) wird die sprachliche an die *allgemeine kognitive Entwicklung* angeschlossen (vgl. Ginsburg/Opper 1982, Hildebrand-Nilshon 1980, Furth 1973). Es wird hier im Gegensatz zur Generativen Grammatik keine angeborene sprachspezifische Universalgrammatik angenommen. Piaget geht davon aus, dass das Kind über einige fundamentale kognitive Kapazitäten verfügt, die den Entwicklungen in all den verschiedenen Bereichen intellektueller Tätigkeit und damit auch der Sprachentwicklung zugrunde liegen. Stark betont wird das Lernen in Auseinandersetzung mit den Gegenständen der Umwelt. Aufgrund langfristiger Beobachtung an seinen Kindern wie auch aufgrund zahlreicher Experimente kam Piaget zum Schluss, dass sich für die kognitive Entwicklung recht genau definierbare Phasen ansetzen lassen. Ein wichtiger Einschnitt in der Entwicklung des Kindes erfolgt beispielsweise, wenn es das Prinzip der Objektkonstanz entdeckt. Das Kind merkt dann, dass Gegenstände nicht einfach verschwinden, wenn sie nicht mehr wahrgenommen werden können, sondern dass sie weiterhin da sind und beispielsweise gesucht werden können. Gestützt auf eine solche Einsicht können dann weitere, komplexere kognitive Operationen aufgebaut werden. In bezug auf den Spracherwerb sind Piagets Erkenntnisse vor allem für den Bereich der *Begriffsentwicklung* relevant. So können Kinder relationale Begriffe wie *Schwester, Bruder* usw. erst dann im Sinne der Erwachsenen richtig anwenden, wenn sie gelernt haben, ihre eigene Perspektive auf einen Sachverhalt von der Perspektive der anderen zu unterscheiden. Vorher kann ein kleines Mädchen durchaus ihre Schwester als Schwester bezeichnen, erst nachher wird es in der Lage sein, sich selbst als Schwesterchen ihrer Schwester zu verstehen.

– Das *interaktionistische* Konzept der Sprachentwicklung, vertreten etwa durch BRUNER (vgl. Bruner 1987), stellt die Rolle von Interaktion und Kommunikation in den Vordergrund. Das Kind kann seine physischen und psychischen Bedürfnisse nicht selbst befriedigen; es ist darauf angewiesen, sie mitteilen zu können; Kommunikation erwächst aus diesen fundamentalen Zwängen. Sprachentwicklung wird in diesem Ansatz also sehr stark von den Motiven und Zwecken (den Funktionen) des Austauschs her gedeutet.

Die Beschreibung unter interaktionistischer Perspektive hebt viele relevante Aspekte an der sprachlichen Entwicklung des Kindes hervor. Es lässt sich zeigen, dass etwa die Wortschatzentwicklung stark durch die Interaktionen des Kindes mit seinen Bezugspersonen und seinem Interesse für die unmittelbare Umwelt geprägt ist. Was ausserhalb dieser für das Kind wichtigsten Bereiche liegt, wird wenig wahrgenommen. Ebenso lässt sich zeigen, wie in Interaktionen dem Kind Sprachstrukturen nahegebracht werden, z.B. in spielerischen Wiederholungen (etwa beim Benennen von Tieren und Gegenständen in Bilderbüchern: *"Was ist das?"–"Pferd"–"Ja, das ist ein Pferd"*). Dabei kann vielleicht eine Struktur, die für das Kind allein noch nicht erreichbar ist (der vollständige Satz mit Kopula), in Kooperation mit dem Gesprächspartner für einen Moment zugänglich werden.

Chomsky und seine Schule legen wenig Gewicht auf die konkreten Formen des sprachlichen Kontaktes, welchen das Kind mit seiner Umwelt aufnimmt. Genau diese Phänomene sind es aber, die aus der Perspektive Piagets oder Bruners als die wesentlichen erscheinen. Ihre Untersuchungen zum Spracherwerb sind darauf gerichtet, die vielfältigen Prozesse der Auseinandersetzung des Kindes mit seiner Umwelt und seinen Bezugspersonen in ihrer Auswirkung auf das Sprachlernen nachzuzeichnen.

In diesen verschiedenen Betrachtungsweisen nun wird im Spracherwerbsprozess tendentiell nicht dasselbe Thema untersucht. Während wir in der Darstellung der generativ-grammatischen Position vor allem auf Beobachtungen und Überlegungen eingegangen sind, die die 'unteren' Ebenen des Sprachsystems betreffen (die morphosyntaktische und syntaktische Ebene, anzuschliessen wäre hier noch die phonologische), werden in diesen anderen Untersuchungen die vielen Einflüsse sichtbar, die die Organisation des täglichen Lebens sowie die Zuwendung und die Sprache der Betreuer auf die Enwicklung der semantischen und pragmatischen Kategorien des Kindes, d.h. auf seinen Wort- und Begriffsschatz und seinen adressatenbezogenen Sprachgebrauch haben. Es dürfte nicht überraschen, dass auf dieser Ebene eine Fülle von Evidenz für imitatives Lernen und relativ direkte Wirksamkeit von Vorbildern aufgewiesen werden kann. In der Begrifflichkeit der Generativen Grammatik lässt sich dieser Unterschied so ausdrücken: Das Interesse der Generativen Grammatik am Spracherwerb richtet sich darauf, wie die *Sprachstruktur* erworben wird; das Interesse der anderen Ansätze richtet sich primär auf die Frage, wie die *Sprachsubstanz* erworben wird. (Zu diesen Begriffen vgl. 3.1.4.)

Der Aufbau des Wortschatzes von Kindern z.B. erfolgt anfänglich ganz im Hinblick auf die Objekte und Aktivitäten des Alltags. Was die Erwachsenen zu kleinen Kindern sagen sowie das Thema der Dialoge von Kind und Betreuern ist zunächst bezogen auf das Hier und Jetzt der Situation (Gegenstände aus der unmittelbaren Umgebung des Kindes, die routinierten Abläufe des Fütterns, Waschens, Spielens usw., die Wünsche und Probleme des Kindes). Hier setzen die ersten Wörter des Kindes an; die Erweiterung des Wortschatzes erfolgt parallel zu seiner körperlichen und kognitiven Entwicklung und im Gleichklang mit der Erschliessung von Sach- und Erlebnisbereichen, welche ihm seine Umwelt eröffnet. Eine so eigenständige Entwicklung wie im Bereich der Syntax ist hier nicht festzustellen.

Natürlich kann das Kind auch die an es herangetragenen Begriffe nicht einfach kopieren – die Gebrauchssituationen sind zumeist zu wenig definiert, als dass sie die Bedeutung der verwendeten Wörter ganz klar machen könnten. So finden auch im Bereich der Begriffsbildung vielfach Prozesse der Hypothesenbildung und der Annäherung statt; die kindlichen Begriffe scheinen einigermassen instabil zu sein, bis sie sich in Übereinstimmung mit dem Sprachgebrauch ihrer Umwelt befinden. Dass Kinder Begriffe oft zunächst 'falsch' bilden, lässt sich vielfach bestätigen. Grundlegend scheinen dabei zwei Prozesse zu sein: semantische Überdeterminierung und semantische Unterdeterminierung.

- Zu reiche semantische Bestimmung von Begriffen *(Überdeterminierung)* findet etwa dann statt, wenn *Hund* nur auf kleine, braune Hunde angewandt wird.
- Zu schwache semantische Bestimmung von Begriffen *(Unterdeterminierung)* führt dazu, dass auch Gegenstände unter den Begriff gefasst werden, die in der Erwachsenensprache nicht darunter fallen. Dabei werden bestimmte Begriffsmerkmale dominant gesetzt auf Kosten anderer, die für die Begriffsunterscheidung wichtig sind. So kann ein Kind das Wort *Vogel*, das es auf Spatzen angewendet kennenlernt, auf Kühe, Hunde, Katzen, ev. auf alles, was sich bewegt, übertragen. Hier *übergeneralisiert* das Kind, indem es dem Begriff zu wenige semantische Merkmale zuschreibt. Ähnlich wird das Formmerkmal dominant gesetzt, wenn Ball, zunächst auf einen Gummiball angewendet, auch dazu benützt wird, um einen Apfel zu bezeichnen usw. (vgl. Szagun 1983, Kap. 5). Auch eine Form der Übergeneralisierung ist die assoziative Verwendung von Begriffen. Hier benützt ein Kind ein Wort – etwa *moon*, dessen Bedeutung /MOND/ es durchaus kennt –, um ganz verschiedene Dinge zu bezeichnen, die in unterschiedlicher Hinsicht dem Mond ähnlich zu sein scheinen, etwa ein Knopf an einer Geschirrspülmaschine, ein Häufchen Spinat, Erbsen, sichelförmige oder halbrunde Gegenstände wie Gurken, Stierhörner, der Buchstabe D, Haken, eine halbrunde Zitronenscheibe usw. Man hat dieses Verfahren mit der Prototypentheorie in Zusammenhang gebracht (vgl. Szagun 1986: 183; zur Prototypentheorie vgl. 9.3.6ff.).

In allen diesen Beispielen geht es darum, dass gewisse Begriffsmerkmale anders als in der Erwachsenensprache behandelt werden.

Den verschiedenen Untersuchungen zur Kindersprache liegen unterschiedliche Perspektiven zugrunde. Dies bedeutet nicht, dass sich die Modelle problemlos harmonisieren liessen – darüber, was als korrekte Beschreibung und was als akzeptable Erklärung für Erwerbsprozesse gelten darf, wird heftig gestritten. Die obigen Anmerkungen deuten aber darauf hin, dass der Spracherwerb zum gegenwärtigen Zeitpunkt in seiner Gesamtheit nur mithilfe mehrerer verschiedener Modelle zu erklären ist. So sind die Wirkungen der kognitiven Entwicklung auf das Sprachlernen zu berücksichtigen, ebenso die Rolle der Motive und Funktionen der Sprachentwicklung. Lerntheoretisch ist wahrscheinlich zu unterscheiden zwischen den Anteilen am Sprachlernen, die dem sozialen und Gedächtnislernen (d.h. Lernen von Handlungsabläufen und von Formen der Kontaktaufnahme, dem Einprägen von Wörtern, geläufigen Syntagmen und Sätzen) zugrundeliegen, und den anderen Anteilen, die – in den Begriffen der Generativen Grammatik – der Ausfaltung der Universalgrammatik zugrundeliegen. Trotz mancher Schwierigkeiten der Abgrenzung dieser Bereiche und trotz vieler Überschneidungen ist klar, dass der Erwerb der Sprachgebrauchsregeln und des Wortschatzes einer Sprache leichter dem ersten, derjenige der Syntax dem zweiten Lernmodus zuzuordnen ist.

9.3   Zur Sprachwissensforschung

9.3.1 Einleitung

Die Sprachwissensforschung beschäftigt sich mit der psychischen Repräsentation unserer Sprachkenntnisse. Im folgenden möchten wir wortbezogene Gesichtspunkte in den Vordergrund stellen. Die Frage ist: Wie werden Wörter (Lexeme), über die linguistisch so vieles bekannt ist, psychisch repräsentiert, wie kommt der Zugriff auf die Wortbedeutung zustande und wie ist diese selbst psychologisch zu beschreiben?

Die Erforschung des Lexikons ist nicht der einzige, wohl aber ein höchst wichtiger Bereich in der Untersuchung des Sprachwissens. Das Lexikon wird im folgenden in den Vordergrund gestellt, weil sich hier interessante Parallelen und Differenzen ergeben zu den Fragen, die im Kapitel zur Semantik diskutiert worden sind. Die Sprachwissensforschung kennt aber auch andere Bereiche. Im Anschluss an die frühe Generative Grammatik standen z.B. eine Zeitlang grammatische Fragen im Zentrum der Diskussion. Man versuchte herauszufinden, ob der von der Generativen Grammatik beschriebene Satzgenerierungsprozess den psychischen Prozessen entspricht, durch die Sätze tatsächlich generiert und rezipiert werden. Besonderes Interesse erweckte die generativ-grammatische Unterscheidung von Tiefen- und Oberflächenstruktur (vgl. dazu 3.2.5c). Danach werden durch die Grammatik zunächst Tiefenstrukturen von Sätzen erzeugt, welche die strukturellen Beziehungen zwischen den Elementen und Phrasen der Sätze explizit und vollständig ausdrücken. Oberflächenstrukturen – syntaktische Strukturen, die den aktuell produzierten Sätzen zugrunde-liegen – werden durch Transformationen aus diesen Tiefenstrukturen abgeleitet. So dachte man sich etwa Aktiv- und Passivsätze aus derselben Tiefenstruktur abgeleitet. Diese Theorie führt zur Annahme, gewisse Sätze (z.B. die meisten Passivsätze) seien 'weiter' von der Tiefenstruktur entfernt (d.h. durch eine grössere Anzahl von Transformationen von ihr abgeleitet) als die entsprechenden Aktivsätze.

In einem Experiment von MCKEAN, SLOBIN UND MILLER erhielten die Versuchspersonen eine Liste von einfachen Aktivsätzen, welche sie in negative (N), passive (P) und passiv-negative (PN) umformen mussten. Die Annahme war die folgende: Wären die verschiedenen Satztypen psychologisch unabhängig voneinander, müssten die Umformungen alle ungefähr gleich viel Zeit in Anspruch nehmen. Sind sie es aber nicht, trifft also die Annahme der Transformations-grammatik zu, dass N und P nur durch eine, PN aber durch zwei Transformationen von A abgeleitet sind, so müsste die Umformung in PN länger dauern als die anderen. Das Ergebnis bestätigte dann diese Hypothese. (Nach: HÖRMANN 1970: 271ff.)

Die Schwachstelle solcher Untersuchungen besteht darin, dass in ihnen die grammatische Dimension von Äusserungen absolut gesetzt wird. Andere Experimente (allerdings solche, die das Ver-stehen untersuchten) zeigten, dass passive Sätze nicht schwerer (d.h. im Experiment: langsamer) verstanden werden als aktive, wenn sie im Kontext sinnvoll verwendet werden – wenn also das Gesprächsthema z.B. die Hervorhebung einer Information verlangt und dies durch den Gebrauch des Passivs kenntlich gemacht werden kann (ENGELKAMP 1986). Ähnlich argumentiert HÖRMANN für den Bereich der Produktion: Seiner Ansicht nach ist es unwahrscheinlich, dass in einer bestimmten Situation der Satz *Würden Sie bitte das Fenster aufmachen?* aus dem hypothetischen Kernsatz *Sie machen das Fenster auf* via Transformationen abgeleitet wird (Hörmann 1970: 275). Damit scheint in Frage gestellt, ob das, was sich linguistisch (in einem bestimmten Beschreibungsansatz) als Transformation ausweisen lässt, in einem ziel- und situationsbezogenen Sprachgebrauch sich auch psychologisch als solche darstellt.

Allerdings heisst dies nicht, dass die Theorie der Transformationen als linguistische Theorie damit widerlegt ist. Es ist in den letzten Jahren immer deutlicher geworden, welches Gewicht *Routineformeln* im alltäglichen Umgang haben. Routineformeln sind ganze Syntagmen, die in stereotypen Situationen und zu stereotypen Zwecken entweder unverändert *(Wie geht's?)* immer wieder gebraucht werden oder als feste Muster mit nur einer oder zwei Leerstellen zur Äusserung bestimmter Sprechakte benutzt werden *(Würden Sie bitte X?)*. Diese werden offenbar als Einheiten aus einem Vorrat abgerufen und nicht jedes Mal neu gebildet. Es ist durchaus denkbar, dass sehr viele syntaktische Strukturen auf ähnliche Weise direkt produziert und eingesetzt werden. Trotz-dem ist es möglich, dass der kompetente Sprachbenutzer gleichzeitig den engen Zusammenhang solcher Strukturen untereinander erkennt und sie aufeinander beziehen kann – und dies zu erklären ist der ursprüngliche Zweck der Theorie der Transformationen. Genau darauf hat FELIX (1987) aufmerksam gemacht: Die Generative Grammatik stellt eine Theorie des sprachlichen *Wissens* dar, nicht eine Theorie der *Sprachproduktion*. Was das Experiment untersuchte, waren aber Momente der Sprachproduktion. Wenn der psycholinguistische Nachweis der Transformationen also nicht oder nur unzulänglich geglückt ist, heisst dies nicht, dass die Annahme von Transformationen nun hinfällig sei. Die Aussage, dass die genannten Sätze durch spezifische Transformationen in-einander überführbar sind, mag linguistisch richtig und trotzdem nicht an Reaktionszeiten ablesbar sein – solange zumindest nicht, als keine Theorie darüber besteht, wie sprachliches Wissen in den Sprachgebrauch eingebracht wird und sich dort mit den anderen Faktoren des Gebrauchsprozesses verbindet. – Diese Hinweise zeigen zugleich, wie enorm verwickelt die Beziehungen von linguistischen Aussagen zu beobachtbaren Phänomenen sind. Empirische Untersuchungen und linguistische oder psycholinguistische Modellbildung stehen in einem komplexen Wechselverhältnis.

9.3.2 Das mentale Lexikon: Hinweise aus der Aphasieforschung

Wörter sind hochkomplexe Gebilde. Sie können auf verschiedenen Ebenen und unter verschiedenen Gesichtspunkten bestimmt werden: akustisch und artikulatorisch (in bezug auf den Laut), visuell und graphomotorisch (in bezug auf das Schriftbild), morphologisch, syntaktisch, semantisch usw. Alle diese Aspekte an Wörtern müssen auch psychisch repräsentiert sein. Eine aufschlussreiche Möglichkeit, das Zusammenspiel dieser Apekte unter psychologischem Gesichtspunkt zu untersuchen, besteht in der Analyse der *aphasischen Sprachstörungen*. Aphasiker leiden an einer verwirrenden Vielzahl verschiedener und verschieden kombinierter Störungen ihrer sprachlichen Fertigkeiten. Grund dieser Störungen sind meist (relativ gut lokalisierbare) Hirnverletzungen. Betroffen ist also das neuronale Substrat der sprachlichen Kompetenz. Die aphasischen Störungen unterscheiden sich in diesem Punkt deutlich von anderen Störungen der sprachlichen Kompetenz (etwa dem Stottern), deren Ursachen physiologisch nicht lokalisierbar sind und die als psychisch bedingt gelten. Einige der bei Aphasikern anzutreffenden Phänomene werden im folgenden kurz skizziert und auf ihre Bedeutung für die hier interessierenden Aspekte hin befragt. Als Lesehilfe für das folgende ist das Schema 9-1 aus dem nächsten Abschnitt vielleicht von Nutzen.

a) Ausgebildete Fertigkeiten sind unabhängig voneinander

LURIA beschreibt den Fall eines sowjetischen Komponisten, der unter völliger Aphasie litt – also seine Sprache weder aktiv noch passiv benutzen konnte –, aber weiterhin komponierte.

Dieses Beispiel – es liessen sich viele weitere hinzufügen – zeigt eine gewisse Autonomie einer (ausgebildeten) kognitiven Fähigkeit von aktueller Verfügung über Sprache. Offenbar funktioniert unser Hirn nicht als Einheit; verschiedene Aufgaben können unabhängig voneinander bewältigt, verschiedene Fähigkeiten unabhängig voneinander gestört werden. Dieser Sachverhalt scheint auch innerhalb einzelner Fähigkeitsbereiche zu gelten, zumindest innerhalb des Bereichs der Sprachfähigkeit, wie die nächsten Beispiele zeigen. Wir gehen hier vorab auf Gesichtspunkte ein, die Aufschluss geben über den inneren Aufbau und die Zusammenhänge zwischen den Komponenten des Lexikons.

b) Unabhängigkeit des schriftlichen und lautlichen Zugangs zur Wortbedeutung

Manche Patienten, die früher geübte Leser waren, bringen es z.B. nicht fertig, Pseudowörter vorzulesen. Pseudowörter sind Graphem- oder Lautkombinationen, die ihrer Form nach Wörter der Sprache sein könnten, aber keine Bedeutung haben (etwa *knirf, dahlen*). Die Patienten können jedoch richtige Wörter vorlesen. Beim Vorlesen dieser Wörter kommt es aber vor, dass sie nicht wörtlich, sondern sinngemäss vorlesen – z.B. statt *Wirtschaft* sagen sie *Handel; Element* wird gelesen als *Substanz*.

Die Patienten, um die es hier geht, scheinen das, was sie lesen, nicht *direkt* in lautliche Repräsentationen umsetzen zu können – die Zuordnung von Schriftbildern zu

Lautbildern ist gestört. Zumindest muss dies aus der Tatsache geschlossen werden, dass sie unfähig sind, Pseudowörter, die sie sehen, laut zu lesen. Trotzdem können sie lesen, aber sie scheinen von der graphischen Darbietung aus zuerst die Bedeutung zu erschliessen. Über das *Verstehen* dessen, was sie lesen, also über die Wortbedeutung, suchen sie dann nach der phonologischen Repräsentation, dem lautlichen Ausdruck. Von daher wird es erklärlich, warum sie nicht-sinnhafte Wörter und Silben nicht laut lesen können. Diese haben keine Bedeutung, und damit ist kein Weg von der Schrift zum Laut offen. Vor diesem Hintergrund wird auch verstehbar, warum die Patienten phonologisch und artikulatorisch völlig unterschiedliche, aber bedeutungsmässig verwandte Wörter miteinander verwechseln: Der von der graphischen Kette *Wirtschaft* aufgerufene Begriff ist offenbar dem von *Handel* ähnlich genug, so dass es leicht ist, allein von der Bedeutung ausgehend die Lautkette *Handel* aufzurufen. Und da der Zugang vom Schriftbild zum Lautbild unterbrochen ist, steht den Patienten kein Kontrollinstrument zur Verfügung, das es ihnen erlaubte, die Verschiebung vom einen Lexem aufs andere zu bemerken und zu vermeiden. Es gibt demnach sowohl von den graphemischen wie von den phonologischen Repräsentationen her einen Zugang zur Bedeutung.

Diese Beobachtungen deuten darauf hin, dass die *graphemischen* und *phonologischen* Repräsentationen unabhängig voneinander sind. Die Beobachtung an Kindern z.B., die beim Lesen meist begleitend artikulieren und damit wahrscheinlich den Verstehensprozess unterstützen oder überhaupt erst ermöglichen, darf offenbar nicht in der Weise generalisiert werden, dass der phonologische Zugang zur Wortbedeutung der einzige wäre. Im Gegenteil: Die Beobachtungen an den Aphasie-Patienten machen darauf aufmerksam, dass der Zugang zur Bedeutungsebene offenbleiben kann, obwohl der Kontakt zwischen phonologischer und graphemischer Repräsentation unterbrochen ist.

Die Unabhängigkeit der lautlichen und graphischen Repräsentation wird auch daraus ersichtlich, dass es bei einigen Aphasikern im produktiven Bereich zu einer fast vollständigen Beeinträchtigung des Ausdrucks im schriftlichen Bereich kommen kann, ohne dass im mündlichen Bereich Schädigungen feststellbar würden. In anderen Fällen ist der schriftliche Ausdruck weit weniger in Mitleidenschaft gezogen als der mündliche.

c) Unabhängigkeit des rezeptiven und des produktiven Zugangs zur Bedeutung

Einige Aphasiker leiden unter Worttaubheit. Dabei ist ihr Hörvermögen völlig intakt; geschädigt ist selektiv das hörende Verstehen von *Sprache*. Die Patienten sind nicht mehr in der Lage, Wörter als Wörter zu hören, d.h. sie als sprachliche Zeichen zu analysieren. Dadurch wird der Umgang mit gesprochener Sprache stark erschwert oder verunmöglicht. Die Patienten bringen es nicht fertig, Wörter nach Diktat aufzuschreiben oder ihnen vorgesprochene Wörter mündlich zu wiederholen. Damit ist auch das Hörverstehen weithin ausgeschaltet, während Lesen, Schreiben und die Produktion von mündlicher Sprache (lautes Lesen von Geschriebenem und sogar spontanes Sprechen) weiterhin möglich sind.

Solche Beobachtungen bestätigen die eingangs gemachte Feststellung, dass einzelne Fähigkeiten unabhängig voneinander beeinträchtigt werden können: Worttaubheit betrifft nur sprachliche Phänomene, nicht das Hörvermögen allgemein. Die besonderen Defizite, die hier beschrieben sind, zwingen dazu, nicht nur schriftliche und mündliche, sondern auch *produktive* und *rezeptive* Fertigkeiten zu unterscheiden: Hörverstehen und Sprechen, Lesen und Schreiben sind psychologisch gesehen nicht einfach Umkehrvorgänge, denn sie können völlig unabhängig voneinander gestört sein. Ihnen scheinen voneinander unabhängige Fertigkeiten zu entsprechen. Bei den erwähnten worttauben Patienten ist der *rezeptive Zugang* zu den phonologischen Repräsentationen blockiert; sie sind nicht mehr imstande, eine Lautfolge als Exemplar einer bestimmten phonologischen Gestalt, einer sprachlichen Ausdrucksform wahrzunehmen.

In einer zweiten Gruppe von Fällen ist interessanterweise zwar das Hörverstehen weitgehend verunmöglicht, aber die Patienten sind weiterhin fähig, vorgesprochene Wörter oder gar Sätze mündlich zu wiederholen oder nach Diktat zu schreiben – wobei sie aber erst aufgrund der geschriebenen Wörter die Bedeutung verstehen können. Man kann dies so interpretieren: Bei den Patienten dieser zweiten Gruppe ist der Zugang zu den phonologischen Repräsentationen noch offen, wie die weiterhin bestehende Fähigkeit des Repetierens oder Aufschreibens zeigt. Unterbrochen ist aber der Weg zwischen phonologischer Repräsentation und Wortbedeutung. Den Lauten kann keine Bedeutung mehr zugeordnet werden. Der Zugang zur Bedeutung ist aber für diese Gruppe noch möglich: Die Umsetzungsprozeduren von der phonologischen zur graphemischen Repräsentation funktionieren weiterhin, und der Weg vom Schriftbild zur Bedeutung scheint intakt zu sein. Auf diese Weise können die Patienten das, was sie zunächst ohne Verständnis aufschreiben, aufgrund der graphischen Repräsentation auch inhaltlich verstehen.

9.3.3 Die Struktur des mentalen Lexikons

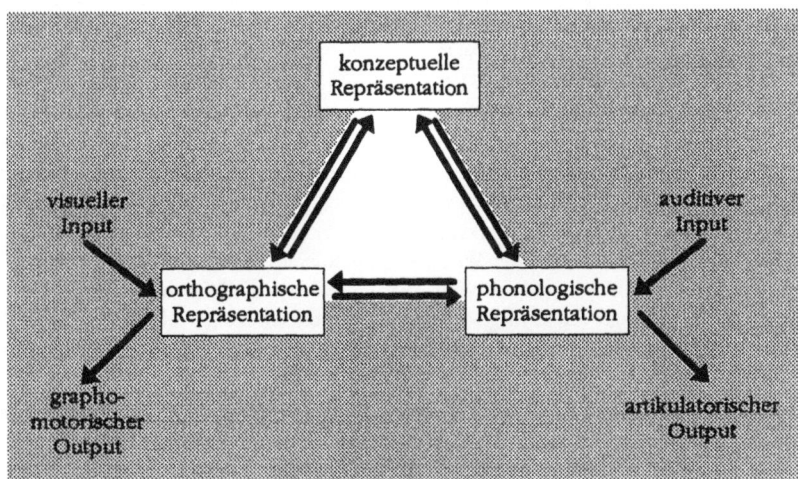

[Schema 9-1]

Aus den Ausführungen im letzten Abschnitt ergibt sich ein recht komplexes Bild dessen, was einem Element des mentalen Lexikons zugrundeliegt. ALLPORT/FUNNELL (1981) schlagen ein Grundschema vor, das die wichtigsten der obigen Hinweise auf die Struktur des mentalen Lexikons berücksichtigt (siehe Schema 9-1).

Der Unterscheidung von produktiven und rezeptiven Fertigkeiten wird in diesem Schema dadurch Rechnung getragen, dass die Eingabe- und Ausgabekanäle getrennt eingetragen werden: Der eine Kanal kann ausser Funktion treten, ohne dass damit etwas für die Funktion des anderen impliziert würde. Nach diesem Modell werden dieselben Repräsentationen für Produktion wie Rezeption sprachlicher Signale verwendet, die Zugangswege zu ihnen sind aber spezialisiert. – Wie WEIGL hervorhebt, weist das häufige Vorkommen teilweiser oder vollständiger Wiederherstellung sprachlicher Fähigkeiten bei Aphasikern darauf hin, dass sehr oft nicht das eigentliche Sprachwissen durch die Verletzungen geschädigt wird (dann müssten die entsprechenden Wissensbestände ja neu gelernt werden), sondern *die Mechanismen, die deren Ortung und Identifikation* ermöglichen – in der Darstellung oben also die Verbindungswege zwischen den Komponenten. (Vergleiche zu diesen Ausführungen auch das Beispiel für einen Lexikoneintrag in der Generativen Grammatik in 3.2.3.)

Untersuchungen zum Worterkennen bei gesunden Muttersprachigen bestätigen die Grundzüge des eben vorgestellten Modells, so vor allem die Möglichkeit des getrennten Zugangs zur Bedeutung über die phonologische und graphemische Repräsentation. Einer der experimentellen Zugänge zu diesem Problem macht sich die Eigenheiten des englischen Schriftsystems zunutze. Dieses ist bekanntlich recht komplex. Sehr grob lassen sich nun regelmässig geschriebene Wörter von orthographisch unregelmässig geschriebenen unterscheiden. Dieser Unterschied scheint auch psychologisch von einiger Bedeutung zu sein.

Regelmässig geschriebene Wörter sind solche, deren Graphemkette die eindeutige Zuordnung einer Lautkette erlaubt – d.h. einer solchen Graphemkette entspricht immer genau eine mögliche Lautkette (z.B. *flash, sing, rent, seed*). Unregelmässig werden Graphemketten genannt, denen eine Lautkette nicht eindeutig aufgrund ihrer Struktur zuordenbar ist, sondern nur aufgrund der Identifikation des Worts (z.B. *bread* – dass der Vokal dieses Wortes lautet wie der in *head,* geht aus der Lautkette nur darum hervor, weil wir wissen, dass sie die Ausdrucksseite des englischen Worts für "Brot" ist, nicht wegen der graphischen Struktur. Die ähnliche Graphemkette *plead* wird als /pli:d/ gelesen). Eine Konsequenz daraus ist, dass bei unregelmässig geschriebenen unbekannten Wörtern kaum entscheidbar ist, wie sie ausgesprochen werden.

Bei *Leseaufgaben* können Versuchspersonen nun Listen von orthographisch regelmässig geschriebenen englischen Wörtern schneller laut vorlesen als solche von unregelmässig geschriebenen. Vor dem Hintergrund des obigen Modells lässt sich diese Erscheinung folgendermassen interpretieren: Die Entscheidung, wie ein Wort zu lesen ist, kann bei regelmässig geschriebenen Wörtern aufgrund der Graphem-Phonem-Korrespondenzen direkt, d.h. ohne Rekurs auf die Bedeutung entschieden werden. Bei den anderen Wörtern muss zuerst die Identität des Wortes abgeklärt werden; oft ist wohl der Weg über die Bedeutung nötig, um über die Identität des Wortes und die richtige Aussprache zu entscheiden – ein Weg, der nach dem obigen Modell eine Station mehr einschliesst und demgemäss eine komplexere Lösung darstellt.

Auf ähnliche Weise werden wohl auch *Logogramme* gelesen, d.h. Zeichen, die für Morpheme oder Wortformen stehen wie &, §, £, ebenso die chinesischen Schriftzeichen. *Logographie* heisst wörtlich: Wortschreibung. Nicht die Einzellaute werden – mehr oder weniger genau – verschriftlicht, sondern einem Morphem oder einer Wortform als ganzer wird ein Schriftzeichen zugeordnet.

Bei *Entscheidungsaufgaben* dagegen – wenn die Versuchspersonen darüber befinden müssen, ob eine vorgegebene Graphemkette ein englisches Wort repräsentiert oder nicht – scheint sich demgegenüber kein Unterschied zwischen regelmässig und unregelmässig geschriebenen Wörtern zu ergeben. Hier ist es in allen Fällen nötig, die Bedeutung zu identifizieren, um die Frage entscheiden zu können; die Komplexität der Aufgabe ist in beiden Fällen gleich gross.

Eines der Grundprobleme, die sich am Beginn der Untersuchungen über den lexikalischen Zugriff stellten, war die Frage, ob einigermassen geübte Leser von den Schriftzeichen direkt zur Bedeutung des Gelesenen übergehen, oder ob sie – wie dies die Kinder beim Lesenlernen tun – das Gelesene zuerst phonologisch kodieren, d.h. die zugehörige Lautvorstellung produzieren und erst so zur Bedeutung vorstossen. Die Resultate liessen keinen Zweifel daran, dass ein direkter, nichtphonologisch vermittelter Zugang möglich ist. Die Evidenz schien so stark, dass sich die Frage aufzudrängen begann, ob es (immer bei geübten Lesern) überhaupt einen phonologisch vermittelten Zugang zur Bedeutung beim Lesen gebe. Eine Hypothese geht dahin, dass der phonologische Zugang beim Lesen langsamer zum Ziel kommt als der direkte und deshalb nur in Fällen von Verstehensunsicherheit benutzt wird. Der phonologische Zugang würde dann v.a. bei sehr schwierigen oder wenig bekannten Wörtern zur Kontrolle und als Stützstrategie dienen (COLTHEART 1978). Neuere Untersuchungen bezweifeln auch dies. Danach scheint es eher der Fall zu sein, dass die phonologischen Repräsentationen beim Lesen automatisch aktiviert werden. Sie dienen aber nicht so sehr dazu, den Zugang zur Bedeutung zu öffnen – der geschieht direkt über die Schriftbilder. Aber es scheint, dass die Aktivierung der phonologischen Komponente dabei hilft, das Gelesene prosodisch zu strukturieren und gleichzeitig einen Moment lang im Gedächtnis zu behalten – mindestens so lange, bis ein Satz oder ein zusammenhängender Satzteil überblickbar und damit als Gesamtstruktur verarbeitbar ist. (Das Puffergedächtnis, das Wahrgenommenes für einen kurzen Moment verfügbar hält, bis es verarbeitet werden kann, scheint visuelle Eindrücke weniger lang speichern zu können als akustische – und die phonologische Enkodierung ist eine Form des Einsatzes des akustischen Kanals.) Dies würde den Schluss erlauben, dass phonologische Aktivierung zwar nicht für den Lexikonzugang, aber für den Leseverstehensprozess allgemein eine Rolle spielt. Der Leseprozess beinhaltet ja mehr als nur eine Serie von Worterkennungen. Lesen erfordert die Organisation all der erkannten Bedeutungen in ein sinnvolles Ganzes (SCHEERER 1983).

9.3.4 Wortbedeutungen in der Psycholinguistik

Wir haben bisher ziemlich allgemein von phonologischen, graphematischen und konzeptuellen Repräsentationen gesprochen, ohne diese näher zu untersuchen. Im folgenden soll die Repräsentation von Wortbedeutungen etwas näher betrachtet werden.

Wir haben aus sprachwissenschaftlicher Sicht schon einiges zum Thema "Bedeutung sprachlicher Einheiten" gesagt (vgl. v.a. Kapitel 4). Es dürfte deshalb besonders interessant sein, wenigstens einige wenige psycholinguistische Aussagen zur Repräsentation sprachlicher Bedeutungen zur Kenntnis zu nehmen. Zwar sind auch die Psychologen nicht imstande, Bedeutungen direkt zu erfassen; die im Kapitel zur Semantik angesprochenen methodischen Schwierigkeiten sind auch hier wirksam. Die weitgehend aufgrund empirischer Untersuchungen gewonnenen Theorien der Psycholinguistik können aber ein neues Licht auf den Gegenstand werfen und zumindest einige der von den Linguisten beobachteten Schwierigkeiten bei der Bedeutungsbeschreibung von einer anderen Seite beleuchten.

Wir haben im Kapitel über Semantik gesehen, dass die Untersuchung von Wortbedeutungen fast zwangsläufig auf das Konzept des Bedeutungsmerkmals führt: Das für Bedeutungen typische Verhältnis der Ähnlichkeit, d.h. der partiellen Gleichheit und partiellen Verschiedenheit, ist kaum anders ausdrückbar (siehe 4.4). Es ist daher nicht verwunderlich, dass der Begriff des Merkmals auch in der Psycholinguistik eine prominente Rolle spielt. Auf zwei Bereiche, die diesen Begriffsgebrauch nahelegen und begründen, sei hier kurz eingegangen. Aus dem zweiten Beispiel vor allem wird klar werden, dass der Begriff des Merkmals in der Psycholinguistik etwas anders gebraucht wird als in der Sprachwissenschaft.

a) Merkmale als Elemente von Begriffen

Bedeutungen (oder wie wir hier auch sagen werden: Begriffe, vgl. unten) beruhen auf Abstraktionen: Sie fassen individuell Unterschiedliches als in bestimmter Hinsicht gleichartig zusammen. Die Art, wie Menschen solche Gleichartigkeit bestimmen, also die Grundlage der Klassen- und damit der Begriffsbildung, ist vielfältig experimentell untersucht worden.

In solchen Experimenten werden Versuchspersonen beispielsweise aufgefordert, Karten mit aufgedruckten geometrischen Figuren (die sich in Form, Grösse, Zahl, Lage usw. unterscheiden) zu ordnen. Dabei kennt nur der Versuchsleiter die Kriterien der 'richtigen' Gruppierung. Den Versuchspersonen werden diese Kriterien nicht mitgeteilt, jedoch werden sie korrigiert, wenn sie beim Ordnen Fehler machen. Untersucht werden die während dieses Experiments stattfindenden Begriffsbildungsprozesse – die allmähliche Verfeinerung der ersten Hypothesen über die richtige Gruppierung. Es geht hier also um eine Lernaufgabe, die gewisse Ähnlichkeiten aufweist mit der, vor der sich Lernende bei der Wortaneignung in natürlichen Spracherwerbssituationen befinden.

Als Resultat ging aus diesen Untersuchungen die durchaus nicht revolutionäre Erkenntnis hervor, dass ein Begriff – also etwa die Definition der gesuchten Gruppierung – nicht als eine Menge von Objekten, sondern als (begrenzte) Menge von Merkmalen repräsentiert wird. Das heisst: Die Versuchsperson behält nicht die Figuren auf den einzelnen Karten als Gesamtbilder in Erinnerung, sie merkt sich nicht Karte 5, 7, 9, 11 und 17 als zusammengehörig, sondern unterscheidet etwa rote und grüne, volle und leere, eckige und runde, grosse und kleine geometrische Muster und gruppiert alle runden und roten zusammen, unabhängig von Grösse oder Gefülltheit. Begriffsbildung vollzieht sich als zunehmende Unterscheidung relevanter von irrelevanten Merkmalen, als Herausbildung von Merkmalskonfigurationen und als Einsicht in die relative Relevanz der einzelnen Merkmale. Darum sind die so gebildeten Begriffe auch *produktiv* anwendbar: Treten neue Objekte mit zusätzlichen Merkmalen auf, so muss nur die Rolle der neuen Merkmale eruiert werden; dann können die Objekte als ganze erkannt, eingeteilt, gruppiert und auf ihre Beziehung zu den anderen hin beurteilt werden (nach HOFFMANN 1986: 29f.). Es dürfte nicht schwierig sein zu sehen, dass produktive Anwendbarkeit eines Begriffs in diesem Sinne fast die Grundvoraussetzung dafür ist, dass wir überhaupt von einem Begriff sprechen können; ebenfalls ist es leicht, hier starke Analogien zu sehen zu der Art, wie in der strukturalistischen Semantik die Lexeme eines Wortfeldes analysiert werden.

b) Merkmale als Knoten eines Netzes

Auf einer völlig anderen Grundlage lässt sich von Merkmalen sprechen in bezug auf die Untersuchungen zur Wirkung von *Voraktivierung* (engl. *Priming*) von Wörtern. Voraktivierung bewirkt, dass Wörter leicher erkannt und verstanden werden.

In einem einschlägigen Experiment wird einer Versuchsperson z.B. die Aufgabe gestellt, so rasch wie möglich zu entscheiden, ob das jeweils zweite Wort eines präsentierten Wortpaares ein Wort der deutschen Sprache ist. Interessanterweise ist die Entscheidungszeit für das Wort *Doktor* beim Wortpaar *Fahrrad–Doktor* länger als beim Wortpaar *Krankenschwester–Doktor*. Man erklärt sich das so, dass *Doktor* durch *Krankenschwester* voraktiviert wird. D.h.: Das Hören und Verstehen des Wortes *Krankenschwester* führt nicht nur dazu, dass der Begriff "Krankenschwester" ins Bewusstsein gehoben, aktiviert wird, sondern dass auch andere Begriffe in Bereitschaft gerufen werden, die mit "Krankenschwester" in Zusammenhang stehen. Solche Voraktivierungseffekte lassen sich – wie in diesem Beispiel – besonders leicht bei funktional verknüpften Wörtern feststellen. Wir können hier auf einen Begriff aus dem Textlinguistik-Kapitel zurückgreifen und sagen, dass

Krankenschwester und *Doktor* in einem gemeinsamen Frame vorkommen und deshalb das eine besonders leicht das andere mit aufruft (vgl. 6.3.3).

Voraktivierungseffekte lassen sich aber auch bei im selben Wortfeld verbundenen Wörtern wie *Banane-Kirsche* feststellen und sogar, wenn auch in deutlich geringerem Grade, bei blosser Formähnlichkeit wie in *Ball-Kirsche* – nicht jedoch bei Wörtern, die keine solche Beziehung zueinander aufweisen wie *Tisch-Kirsche* (D'ARCAIS 1986).

Worauf beruhen diese Phänomene der Voraktivierung? Warum ist es leichter, *Doktor* als Wort der deutschen Sprache zu erkennen, wenn zuvor der Begriff "Krankenschwester" aktiviert wurde, als wenn zuvor "Fahrrad" aktiviert wurde? In der Psycholinguistik gelten diese Resultate als Beleg für die Wirksamkeit von Merkmalen. Wir können sagen: Es gehört zu den Merkmalen des Begriffs "Krankenschwester", zu einem Frame zu gehören, zu dem auch der Begriff "Doktor" gehört. *Banane* und *Kirsche* hängen über ein Merkmal zusammen, das sie beide als zur Kategorie *Frucht* zugehörig auszeichnet, *Ball* und *Kirsche* weisen beide ein Merkmal /KUGELFÖRMIG/ auf; für *Tisch* und *Kirsche* lässt sich kein solches Merkmal angeben, sie haben begrifflich nichts miteinander zu tun.

Wenn wir die Sache so darstellen, können wir uns zugleich eine Modellvorstellung davon machen, wie die verschiedenen Begriffe im Lexikon miteinander zusammenhängen. Jeder Begriff ist aus – wahrscheinlich sehr vielen – Merkmalen aufgebaut. Diese Merkmale dienen auch der Verknüpfung der Begriffe untereinander: Die Nennung eines Wortes aktiviert im Gedächtnis eine Vielzahl anderer Begriffe, die dieselben Merkmale aufweisen. Diese Aktivierung ist umso stärker, je mehr und je mehr relevante Merkmale die Begriffe gemeinsam haben. Merkmale fungieren in diesem Sinne als Knoten in einem vieldimensionalen Netz, das die im Gedächtnis gespeicherten Begriffe miteinander verbindet, sie sind Verbindungsglieder zwischen Begriffen.

Ein Vorgriff auf die Diskussion in 9.4, wo es ums Lesen geht, ist hier vielleicht interessant: In Texten finden sich notwendig Wörter, die innerhalb der vom Text beschriebenen Sachbereiche zusammengehören – etwa wenn eine Szene in einem Krankenhaus beschrieben wird. Voraktivierung lässt sich im Lesen verstehen als Mechanismus, der die Selektion von Begriffen steuert: Im Verstehensprozess wird ein voraktivierter Begriff viel grössere Chancen haben, sofort identifiziert zu werden, als ein nicht-voraktivierter Begriff. Auch ist die Wahrscheinlichkeit recht gross, dass voraktivierte Begriffe die tatsächlich auftretenden sind – sie legen sich ja aus dem Kontext nahe. (Ist von Fahrrädern die Rede, ist es viel weniger wahrscheinlich, dass nächstens von Doktoren gehandelt wird, als wenn von Krankenschwestern die Rede ist.) Es lässt sich auf diese Weise einleuchtend erklären, warum die Mehrdeutigkeit von Wörtern im Sprachgebrauch selten zum Problem wird. Im Rahmen eines Kontextes werden die verschiedenen einem Zeichenausdruck zugeordneten Begriffe in verschiedenem Ausmass aktiviert; die Wahrscheinlichkeit ist gross, dass der höchstaktivierte der im Kontext auch wirklich gemeinte ist. Voraktivierung erlaubt auch das Erkennen eines Begriffs aufgrund eines nur mangelhaft wahrgenommenen Schrift- oder Lautbildes. Es ist gar nicht nötig, dieses in seiner ganzen Komplexität wahrzunehmen; das Erkennen einiger seiner Eigenschaften genügt, um zu bestätigen, dass der voraktivierte Begriff tatsächlich der gemeinte ist.

9.3.5 Der Merkmalsbegriff in Psycholinguistik und Semantik

Wir haben im Zusammenhang mit dem Konzept der Voraktivierung den Merkmalsbegriff in denkbar weiter Verwendung benutzt. Während auch eine Semantikerin oder ein Semantiker für *Banane* und *Kirsche* ein Merkmal /FRUCHT/ ansetzen würde, ist unklar, ob *Kirsche* problemlos als /KUGELFÖRMIG/ bestimmt

werden könnte. Und schliesslich zum schwierigen Fall von *Krankenschwester* und
Doktor: Zugehörigkeit zu einem Frame ist für einen Linguisten eine Sache der
Pragmatik, nicht der Semantik eines Wortes (des Weltwissens, nicht des semanti-
schen Wissens). In welchem Sinne lässt sich hier von Merkmalen sprechen?
Aus linguistischer Sicht ist seit jeher klar, dass die Bedeutung eines Wortes – das
signifié – eine beschränkte Grösse ist gegenüber dem Gesamt dessen, was wir
wissen und was wir mit einem Wort an Vorstellungen, Gedanken usw. verbinden.
Wie diese enge, linguistische Bedeutung bestimmt werden soll, darüber gehen die
Meinungen auseinander. Wir können vielleicht zwei Ansichten unterscheiden, die
sich in vielem überschneiden, aber nicht decken.

- Wir können ein Verfahren bestimmen, das die *sprachlichen Anteile* an Begriffen
  zu eruieren und vom allgemeinen Weltwissen zu unterscheiden erlaubt. Die
  Analyse von Wortpaaren auf ihre Bedeutungsdifferenzen hin dient in diesem
  Sinne als Grundverfahren: Als sprachliche Bedeutung soll nur gelten, was sich
  wirklich aus solchen Kontrasten ergibt, nicht einfach alles, was wir über Bäche,
  Seen, Kirschen usw. wissen. Allerdings haben wir schon im Semantik-Kapitel
  gesehen, dass wir mit dieser Methode verschiedene Bedeutungsphänomene nur
  unzureichend beschreiben können.

- Wir können *definitorisch* vorgehen. Wortbedeutungen umfassen demnach nur
  die Merkmale, die für die begriffliche Identifikation eines Gegenstandes absolut
  notwendig sind. In der Bedeutung eines Wortes wäre damit ein konstanter begrifflicher Kern festgehalten. Als Bedeutung gilt in diesem Falle vorab die denotative Bedeutung. All die vielen weiteren Merkmale, die bei jeder Verwendung des Wortes mit eine Rolle fürs Verständnis spielen, wären kontextuell bedingte Merkmale: keine semantischen, sondern aktivierte Elemente eines allgemeinen Wissens um die Art, wie Dinge beschaffen sind und welche Verhältnisse zwischen ihnen zu bestehen pflegen.
  In einem Satz wie *Sie kaufte das Klavier* würde demnach die Tatsache, dass das
  Klavier ein Gegenstand des Handels ist, hervorgehoben, in *Sie hob das Klavier*
  würden seine Grösse und sein Gewicht betont, in *Sie staubte das Klavier ab*
  würde eher die Oberflächenbeschaffenheit hervorgehoben und eventuell die
  Rolle, die das Klavier als Möbel spielt usw. Obwohl all diese Merkmale mit
  Klavier verbunden werden können und den Begriff dann mehr oder weniger
  stark dominieren, sind sie offenbar nicht ständig präsent und würden nicht zum
  begrifflichen Kern gehören.
  Das Problem mit dieser Position ist, dass es sich hier eigentlich nur um ein Postulat handelt – es ist nicht in jedem Falle klar, was das definitorische Zentrum
  eines Begriffes ist, und wie es bestimmt werden könnte (siehe dazu unten).

Wir müssen hier davon ausgehen, dass in der Psycholinguistik nach der Bedeutung eines Wortes ganz anders gefragt wird als in der Systemlinguistik. In der
Psycholinguistik ist meist nicht von *Bedeutungen* die Rede, sondern von *Begriffen*, und damit ist zunächst alles Inhaltsseitige gemeint, alles, was einem Zeichenausdruck an Inhaltlichem zugeordnet werden kann. So ist es durchaus möglich,
darunter auch Emotionales, Wertungen, Zugehörigkeit zu Frames usw. zu fassen –
alle diese Dinge können ja ebenfalls Begriffe untereinander verbinden und sind
demzufolge psychologisch gesehen wirksame Bestandteile von Begriffen. Linguistisch formuliert: Es wird in der Psycholinguistik eine einfache, direkte Verbindung zwischen Wortformen und Begriffen (oder Konzepten) postuliert. Linguisti-

sche Beschreibungen dagegen tendieren dazu, zwischen diesen beiden Grössen eine 'Schnittstelle' anzusetzen, eine (sprachliche, an die Wortform gebundene) Bedeutung, die vom übrigen konzeptuellen Wissen unterschieden ist und eine allen Sprachbenützern gleiche Kernbedeutung umfasst.

Natürlich hat auch die Psycholinguistik damit zu rechnen, dass gewisse Merkmale öfter, vielleicht sogar in jedem Gebrauch eines Wortes eine Rolle spielen, während andere nur hie und da, je nach Kontext, aktiviert werden. Die Frage nach Begriffskernen ist auch psycholinguistisch eine wichtige Frage. Aber Begriffskerne sind psycholinguistisch gesehen nicht aus einer anderen *Art* von Merkmalen aufgebaut als die darum herum gruppierten (linguistisch gesehen pragmatischen) Merkmale. Es gibt höchstens Merkmale, die mehr oder weniger eng an den Begriff gebunden sind, die also mehr oder weniger stark aktiviert werden müssen, um sich mit dem Begriff zu verbinden. Und was wichtig ist: Für die Psycholinguistik ist es eine empirische Frage, was zu den einigermassen konstanten Begriffskernen zu rechnen ist. Es könnte sich herausstellen, dass dazu die definitorischen Merkmale der Semantiker gehören, aber dies ist nicht von vornherein sicher.

Wir werden uns im folgenden vor allem mit der Frage beschäftigen, was aus psycholinguistischer Perspektive Begriffe ausmacht, und wir werden zum Ergebnis kommen, dass die zu Beginn dieses Abschnitts angesprochenen linguistischen Strategien der Bestimmung sprachlicher Bedeutungen zu relativieren sind.

9.3.6   Charakteristika von Alltagsbegriffen

Als *Alltagsbegriffe* bezeichnen wir im folgenden jene Begriffe, die von den meisten Menschen in ihrem täglichen Sprachgebrauch spontan benützt werden, um Dinge zu benennen und zu klassifizieren. Der Hinweis auf die Spontaneität der Benutzung ist wichtig: Wir alle wissen, dass es neben und hinter unseren Alltagsbegriffen ein Netz wissenschaftlicher Begriffe gibt, welche die Phänomene anders ordnen. Alltagsbegriff und diese Ansätze wissenschaftlicher Begriffsbildung sind häufig im selben Zeichenausdruck miteinander verbunden. So dürfte jede Leserin und jeder Leser dieses Buches an diesem Punkt der Lektüre mit dem Terminus *Sprache* nicht nur einen relativ unbelasteten, höchst facettenreichen Alltagsbegriff, sondern auch einige sprachwissenschaftlich motivierte weitere Ideen verbinden. Trotzdem werden wir im spontanen, also nicht überlegten Sprachgebrauch dieses Wort weiterhin in seiner ganzen alltagssprachlichen Unbestimmtheit verwenden.

Alltagsbegriffe und Systeme von Alltagsbegriffen sind tief verwurzelt in der kulturell und sozial geprägten Erfahrungswelt. Dieser Verwurzelung in der Praxis verdanken sie ihren Reichtum an Merkmalen und ihre dementsprechend schwankenden Eigenschaften, durch die sie sich von wissenschaftlichen Begriffen und Begriffssystemen unterscheiden.

Auf drei dieser Eigenschaften sei kurz hingewiesen:

- Logische Begriffshierarchien sind durch *Transitivität klassenspezifischer Merkmale* gekennzeichnet. D.h. dass die Merkmale von Oberbegriffen gleicherweise allen Unterbegriffen zukommen; alle Unterbegriffe weisen einen festen Bestand gemeinsamer Merkmale auf. Dieses Verhältnis ist in natürlichen Begriffshierarchien nur zum Teil gewahrt. So haben *Vögel* im Alltagsverständnis Federn, Flügel, können fliegen, singen usw. – was auf *Pinguin* oder *Strauss* nur teilweise zutrifft. (Wir sagen dann, um diese Tilgung gewisser Merkmale klarzumachen: *Sporthemden sind Hemden, aber sie haben keine Manschetten. Pinguine sind Vögel, aber sie können nicht fliegen.*)
- Natürliche Begriffsbildung zeichnet sich aus durch ihre Flexibilität. Diese erlaubt es, beliebige Eigenschaften von Objekten und Objektklassen als die relevanten Eigenschaften zu bestimmen und auf ihrer Grundlage neue Kategorien zu formen. So macht es keine Mühe, neben den tradi-

tionellen Subkategorien zum Oberbegriff *Auto* (etwa *Sportwagen* oder *Familienwagen*) neue
Klassen wie *Solarauto* oder *Ökomobil* zu bilden, ohne dass uns dies im geringsten fremdartig
oder gezwungen vorkäme, auch ohne dass wir uns der Frage stellen müssten, welches genau
die Kriterien sind, die ein Fahrzeug erfüllen muss, um zu recht als Ökomobil zu gelten.

– Ein besonders auffälliges und gegenwärtig intensiv untersuchtes Moment alltäglicher Begriffe
besteht in der unterschiedlichen *Typikalität begrifflicher Zuordnungen.* Objekte werden einem
Begriff oder Unterbegriffe einem Oberbegriff in unterschiedlichem Mass zugeordnet (was sich
in Experimenten in der Schnelligkeit und Zuverlässigkeit der Zuordnungen ausdrückt). So ist
für die meisten Deutschsprachigen ein Pferd ein typischeres Tier als ein Wurm, ein Hammer
ein typischeres Werkzeug als ein Lötkolben, ein Schäferhund ein typischerer Hund als ein
Pinscher usw. Es sind nicht zuletzt diese Phänomene der Typikalität, die den speziellen Charakter alltäglicher Begriffe und Begriffssysteme ausmachen.

Wir werden uns im folgenden vorab der Frage der Typikalität widmen. Typikalität
liegt wahrscheinlich auch dem ersten Merkmal alltäglicher Begriffssysteme zugrunde, der unsicheren Geltung von Merkmalen der Oberbegriffe in den Unterbegriffen. Am Phänomen der Typikalität lässt sich sehr deutlich die Problematik
aufzeigen, welche der Annahme gleichbleibender Begriffskerne unterliegt.

Auf die Frage der Typikalität sind wir schon im Kapitel über die Semantik aufmerksam geworden. Sie zeigte sich dort in der Beschränktheit des Konzepts der
semantischen Merkmale. Einige Wortfelder (Gewässer-, Verwandtschaftsbezeichnungen usw.) lassen sich sehr schön mithilfe semantischer Merkmale beschreiben,
die nach traditioneller linguistischer Manier aus der Gegenüberstellung von je zwei
Lexemen gewonnen werden. *See* vs. *Fluss* führt uns zwanglos auf das semantische Merkmal /±FLIESSEND/. Aber was machen wir in den anderen und wahrscheinlich häufigeren Fällen, in denen die Dimensionen, nach denen die Elemente
eines Wortfeldes zu unterscheiden sind, sich nicht so kohärent und durchgehend
bemerkbar machen wie im Falle von Gewässern? Der Vergleich der Alltagsbegriffe
Pferd vs. *Hund, Hammer* vs. *Zange, Eiche* vs. *Buche* führt nicht so leicht zur Bestimmung semantischer Merkmale, die einen systematischen Stellenwert für die
Ordnung des Begriffsfelds im Bereich der Tiere, Werkzeuge oder Bäume haben.
Wie lässt sich das Typische an *Hund* in semantischen Merkmalen darstellen –
wenn nicht als /HUND/? Oder müssen wir einfach eine Beschreibung von Hunden
geben? Aber abgesehen davon, dass wir dann ein Objekt, nicht eine sprachliche
Bedeutung beschreiben (was für PsycholinguistInnen allerdings kaum ein Problem
darstellt): Welches soll das Urbild unserer Beschreibung werden – der Schäfer, der
Pinscher oder der Bernhardiner?

Vielleicht gelingt es der Zoologie, den Begriff /HUND/ befriedigend zu definieren. Aber die
nichtspezialisierten SprachbenutzerInnen (und unter ihnen auch die LinguistInnen) haben in diesem Falle wahrscheinlich keinen in definitorischen Merkmalen darstellbaren Begriff zur Verfügung
– und ein von aussen, z.B. aus der Zoologie hergeholter würde der Qualität dieses Begriffs als
eines Laien- und Alltagsbegriffs nicht gerecht. Er wäre vielleicht zoologisch adäquat, aber würde
wenig zum Verständnis dessen beitragen, wie Nicht-Fachleute ihre Alltagskonzepte bilden.

Die hier angesprochenen Fragen sind darum höchst spannend, weil wir hier in der wissenschaftlichen Beschreibung ganz offensichtlich Probleme kaum lösen können, welche jedes Kind ohne
jede Schwierigkeit praktisch löst: Wir sind als Sprachbenutzer ja unseres Urteils (fast stets) vollkommen sicher, wenn wir ein bestimmtes Objekt als *Hund* oder *Nicht-Hund* klassifizieren. Dasselbe gilt für *Hemden, Stühle, Schiffe* usw. Es geht hier also nicht um die Frage, ob wir Begriffe
und Objekte einander zuordnen können, sondern darum, welcher Art das Wissen ist, das uns dies
zu tun erlaubt.

9.3.7 Prototypen und Primärbegriffe

Die Typikalität von Objekten und Begriffen ist Gegenstand einer einflussreichen psycholinguistischen Theorie geworden, der *Prototypentheorie* (vgl. die Abbildung des Feldes von mehr oder weniger prototypischen Vögeln nach AITCHISON in 4.7 und die Bemerkungen dazu). Danach stehen, vereinfacht gesagt, dem Sprachbenutzer relativ ganzheitliche, aus der Erfahrung stammende und z.T. bildlich geprägte Repräsentationen zur Verfügung, die prägnant das Typische einer Klasse ausdrücken (das, worin sich die Glieder der Klasse am meisten ähneln) und zugleich eine möglichst grosse Differenz zu dem aufweisen, was andere, nebengeordnete Klassen charakterisiert. Der Prototyp von *Hund* müsste sich demnach maximal von der prototypischen Katze, dem prototypischen Wolf, Fuchs etc. abheben und gleichzeitig die zentralen Charakteristika der Hunde aufweisen. Dieser Prototyp wird sehr oft Züge eines bestimmten Vertreters einer Klasse tragen – der prototypische Hund hätte danach wahrscheinlich für viele Leute Züge des Schäferhunds; der prototypische Tisch wäre wahrscheinlich eher ein Holztisch, relativ schwer und stabil, als ein zusammenlegbarer Gartentisch aus Metall und Plastik oder ein niedriges Glastischchen, wie es zu Sitzgruppen gehört.

Schon aus dieser kurzen Beschreibung wird deutlich, dass in dieser Fassung der Theorie der *Ähnlichkeit mit einem Urbild* ein grosser Einfluss für das Ausmass der Typikalität eines Objekts zukommt. Etwas problematisch ist eine solche Erklärung von Typikalität insofern, als z.B. Hunde und Vögel beide prototypische Vertreter des Begriffs *Tier* sind, aber keinerlei Ähnlichkeit untereinander aufweisen. Typikalität scheint also zumindest nicht nur auf der Basis von sinnlich wahrnehmbarer Ähnlichkeit beschreibbar zu sein.

Andererseits hat diese Auffassung eine überzeugende Einfachheit etwa in bezug auf die Erklärung der Verhältnisse im Bereich der Vögel. Es scheint unabweisbar zu sein, dass hier für die Erkennung von Vögeln als Vögel und wahrscheinlich auch für die Zuordnung von Vögeln als typisch oder untypisch Ähnlichkeiten, Bildhaftes eine Rolle spielt. Allerdings wird fraglich, was für einen Status der Begriff des Merkmals haben kann, wenn so von mehr oder weniger globalen *Gestalten* ausgegangen wird. Lassen sich diese wirklich nur holistisch beschreiben?

Im folgenden soll ein Ansatz in den Vordergrund gestellt werden, der Phänomene der Typikalität auf der Grundlage einer Merkmalstheorie angeht. Es ist dies der Ansatz HOFFMANNs (1986). Hoffmanns Zugang zur Frage der Typikalität ist für Linguistinnen und Linguisten vielleicht interessanter als ein eher holistisch vorgehender Ansatz, weil in ihm Ähnlichkeiten und Unterschiede zu linguistischer Bedeutungsbeschreibung deutlich hervortreten. Zugleich ergeben sich aus diesem Merkmalskonzept interessante Hinweise darauf, dass Typikalität nicht allein auf der Grundlage von sinnlich wahrnehmbaren Ähnlichkeitsrelationen beschrieben werden kann.

a) Die Benennung von Gegenständen

Einige der grundlegenden Überlegungen Hoffmanns lassen sich anhand eines einfachen Experiments nachvollziehen.

Aufgabe ist, die im Schema 9-2 abgebildeten Objekte möglichst rasch, ohne Überlegung zu benennen, d.h. auf die Frage *Was ist das?* zu antworten mit *Das ist ein(e)* ...

[Schema 9-2]

Die Wahrscheinlichkeit ist sehr gross, dass die Benennungen lauten (falls die Versuchspersonen den Spielregeln entsprechen und nicht besonders ausgefallene oder gesuchte Benennungen liefern wie *gefiederter Zweibeiner* usw.):

> *Baum, Vogel, Auto, Pilz, Banane, Revolver (Pistole).*

Wie kommt es, dass wir – mit hoher Wahrscheinlichkeit – so antworten, und nicht etwa sagen:

statt *Baum* :   *Eiche*   oder auch :   *Pflanze*
statt *Vogel* :   *Meise*   oder auch :   *Tier*
usw.?

Wenn wir – sehr grob – von drei Abstraktheitsstufen ausgehen, dann können wir unserer Diskussion folgendes Schema zugrundelegen (die erwartbaren Antworten sind versal gesetzt):

Pflanze	Tier	Fahrzeug	Pflanze	Waffe	Frucht
BAUM	VOGEL	AUTO	PILZ		
Eiche	Meise	Jeep	Steinpilz	REVOLVER	BANANE

Wir können jetzt die Frage etwas anders formulieren: Wie kommt es, dass die Zuordnungen in den zwei letzten Fällen auf der konkretesten Ebene stattfinden – es gibt ja zu Revolver und Banane keine Unterbegriffe mehr, zumindest keine gebräuchlichen? Und warum wird in den anderen vier Fällen nicht ebenfalls die konkreteste Benennung gewählt, sondern in der Begriffshierarchie ein höhere Ebene angeschlagen – allerdings auch nicht die höchste, allgemeinste? Was ist die Eigenschaft der hier gewählten Begriffe, dass sie sich im Regelfalle als die normalen Begriffe, als Grundbegriffe – Hoffmann nennt sie *Primärbegriffe* – bei der Zuordnung nahelegen?

b) Sensorische und kategoriale Merkmale

Die Antwort auf die gestellten Fragen beruht auf dem Versuch, verschiedene Klassen von Begriffsmerkmalen zu unterscheiden: sensorische und kategoriale. StudentInnen wurden gebeten, zu verschiedenen Begriffen jene Merkmale anzugeben, die ein Objekt als diesem Begriff zugehörig erkennbar machen. Die von den Studenten genannten Merkmale wurden untersucht; sie können in zwei grosse Gruppen eingeteilt werden:

Sensorische Merkmale beziehen sich auf wahrnehmbare, v.a. anschauliche Eigenschaften der Objekte, die unter einen Begriff gefasst werden. Solche Merkmale für den Begriff "Baum" sind etwa /STAMM/, /KRONE/, /ÄSTE/, /BLÄTTER/ und weitere. Zu "Blut" gehört /ROT/ usw.

Kategoriale Merkmale geben nicht wahrnehmbare Eigenschaften an, sondern abstrakte Relationen. Begriffe sind vorwiegend durch folgende Merkmale kategorial charakterisiert worden:

- durch Nennung von Oberbegriff ("Ein Hammer ist ein *Werkzeug*") oder Unterbegriff (Nennung eines Beispiels: "Vogel – eine *Krähe* ist ein Vogel").
- durch Nennung von Frames ("Fichte *–Weihnachten";* "Werkzeug *– zur Metallbearbeitung").*
- selten durch Nennung von Nebenbegriffen ("Kauz *– Uhu").*

Man könnte sagen: Durch sensorische Merkmale werden Begriffe resp. die zu ihnen gehörigen Objekte gegenständlich *beschrieben*, durch kategoriale Mekmale werden sie *klassifiziert, funktional bestimmt,* es wird auf gleichrangige Begriffe hingewiesen, die zum selben Oberbegriff gehören, oder es werden Beispiele (Unterbegriffe) gegeben.

c) Zu den Primärbegriffen

Die Primärbegriffe lassen sich vor diesem Hintergrund begreifen als die in den Begriffshierarchien höchststehenden Begriffe, die noch vorwiegend durch sensorische Merkmale bestimmt sind.

So sind in einem Versuch HOFFMANNs von den Versuchspersonen zum Begriff *Werkzeug* insgesamt 4mal sensorische, aber 50mal kategoriale Merkmale genannt worden (meistens Unterbegriffe, also Beispiele), zum Begriff *Baum* dagegen 121mal sensorische, aber nur 19mal kategoriale (die kategorialen Merkmale waren auch in diesem Falle Unterbegriffe). *Werkzeug* ist demnach ein kategorialer Begriff – was als Werkzeug gelten kann, bestimmt sich kaum durch sein Aussehen, sondern weitgehend durch seine Funktion. *Baum* dagegen ist ein sensorisch bestimmter Begriff: Bäume werden vorwiegend klassifiziert über gegenständliche, v.a. anschauliche Eigenschaften. Wenn es überhaupt sinnvoll ist, von 'konkreten Begriffen' zu sprechen, dann ist *Baum* als konkreter Begriff anzusprechen – als einer, der kaum durch Relationen zu anderen Begriffen, sondern durch gegenstandsbezogene Merkmale definiert ist.

Es scheint nun, dass Primärbegriffe als die *allgemeinsten konkreten Begriffe* einen besonderen Stellenwert im Begriffssystem natürlicher Sprachen einnehmen.

- Die Oberbegriffe von Primärbegriffen sind nur noch kategorial bestimmt (etwa *Pflanze* als Oberbegriff zu *Baum*).
- Die Unterbegriffe von Primärbegriffen sind dagegen alle ebenfalls weitgehend sensorisch bestimmt – sie umfassen aber mehr Merkmale, sie sind inhaltlich 'reicher'. Damit sind sie auch spezialisierter. Weil sie in Konkurrenz zu ihren Nebenbegriffen stehen, die ebenfalls sensorisch bestimmt sind, setzt ihr Gebrauch eine genauere Analyse des zu benennenden Gegenstandes voraus.

In bezug auf die Begriffsanwendung fassen die Primärbegriffe also "die relativ umfangreichsten Objektmengen durch die relativ kleinste Menge anschaulicher Merkmale, vor allem durch gemeinsame Formeigenschaften", zusammen (HOFFMANN 1986: 73) und scheinen darum kognitiv besonders sparsame (d.h. schnelle) und effiziente Mittel der Objektbenennung zu sein. Primärbegriffe besetzen demnach wichtige Positionen in Begriffshierarchien: Sämtliche höheren Begriffe sind abstrakt, d.h. kategorial bestimmt. Die Zuordnung eines Objekts oder Unterbegriffs zu einem solchen Begriff kann nur noch durch den Vergleich kategorialer Merkmale erfolgen. Sämtliche konkreteren Begriffe dagegen sind wie der Primärbegriff selber vorwiegend sensorisch determiniert, aber von komplexerer Struktur, womit eine Zuordnung in den meisten Fällen begrifflich aufwendiger ist.

Wo keine anderen Gesichtspunkte ausschlaggebend sind, werden mit Vorzug Primärbegriffe verwendet; sie sind die ersten, die sich bei der Benennung konkreter Gegenstände nahelegen. So etwa in den Beispielen oben: Im Normalfall sagt man *Pilz*. *Pflanze* wäre zumindest ungewöhnlich (nämlich zu abstrakt und zu unspezifisch), *Steinpilz* ist für eine alltägliche begriffliche Identifikation schon eher zu spezifisch. Diese Benennung setzt zudem eine gewisse begriffliche Differenzierung voraus, die nicht jeder Sprachbenutzer aktiv beherrscht. Ähnlich wird man eine Zange meist als *Zange,* nicht als *Werkzeug* bezeichnen – dabei aber zunächst nicht unterscheiden zwischen *Beisszange, Schneidzange* usw. Diese Präferenz für den Primärbegriff wird allerdings dann ausser Kraft gesetzt, wenn es um Unterscheidungen innerhalb des durch den Primärbegriff bezeichneten Bereichs geht (beim Pilzesammeln, bei einer heiklen Bastelei, wo nicht jede Zange geeignet ist).

9.3.8 Typikalität

Was lässt sich nun aufgrund der Überlegungen zu Primärbegriffen zu den Phänomenen der Typikalität sagen?

a) Sensorisch definierte typische Vertreter

Ein interessantes Beispiel für einen sensorisch definierten Begriff ist der Begriff "rot". Rot ist zugleich eine typische Farbe. Dies offenbar darum, weil die menschliche Wahrnehmung eine besondere Sensibilität für rot aufweist – für eine ganz bestimmte, die typische Nuance von rot, die allen Menschen ziemlich eindeutig als Urbild von *rot* erscheint. Hier hat Typikalität ganz klar eine Basis in der Struktur des menschlichen Wahrnehmungsvermögens.

Häufiger sind wahrscheinlich Fälle, in denen nicht interne Eigenschaften des menschlichen Organismus, sondern Eigenschaften der Objekte für Typikalitätsurteile entscheidend sind. Auch dabei spielen sensorische Merkmale eine hervorragende Rolle (wir werden sehen, dass auch andere, kategoriale Merkmale mitspielen können).

Die Wirksamkeit sensorischer Merkmale zeigt sich in Experimenten zur *begrifflichen Zuordnung.* In diesen Experimenten wird den Versuchspersonen ein Begriff vorgegeben – z.B. *Fisch.* Dann werden ihnen Bilder verschiedener Tiere oder Wörter (etwa: *Karpfen, Frosch*) vorgegeben; die Versuchspersonen müssen dann möglichst rasch entscheiden, ob der (abgebildete/bezeichnete) Gegenstand ein Fisch ist.

Ist der Begriff, um den es geht, ein Primärbegriff, so werden typische und weniger typische Vertreter der Gattung gleich schnell und gleich sicher zugeordnet. Eine Eiche (ein typischer Vertreter) und eine Akazie (ein nicht sehr typischer Vertreter) werden gleich schnell als *Baum* erkannt, ebenso Forelle oder Hai als *Fisch.* Bei grosser Nicht-Übereinstimmung der Merkmale (Frosch) wird eine negative Entscheidung ebenso rasch gefällt. Schwierig (d.h. zeitaufwendig und im Resultat nicht sicher) ist nur die Behandlung der Grenzfälle, nämlich gänzlich untypischer Vertreter des Begriffs (etwa gewisser stein- oder schlangenförmiger Fische) oder sehr ähnlicher Vertreter nichtzugehöriger Klassen.

Wichtig ist, dass die Zuordnung innerhalb eines gewissen Rahmens für typische wie nicht sehr typische Vertreter des Begriffs fast automatisch stattfindet. Sie kann aufgrund ganz *verschiedener* Kombinationen von Merkmalen zustande kommen. D.h.: Verschiedene Vertreter, die einander nicht sehr ähnlich sind, können gleich schnell zugeordnet werden. Sie müssen nur gewisse *Standards* erfüllen – z.B. eine genügende Zahl relevanter sensorischer Merkmale aufweisen. Diese Definition relevanter sensorischer Merkmale braucht nicht durch ein 'Urbild' zu geschehen, dem sich die Vertreter mehr oder weniger eng anpassen (wie das der Prototypenbegriff suggeriert, wenn Prototyp als 'Urbild' verstanden wird). Der Begriff kann durch eine Menge von Merkmalen definiert sein, die auch Alternativen offenlassen. Erst wenn gewisse Grenzen überschritten werden, d.h. wenn die sensorischen Merkmale keine genügend eindeutige Konfiguration bilden, bei untypischen Vertretern also, beginnen die Zuordnungen schwankend zu werden.

Wir können hier an die Metapher von den 'Punkten' erinnern, die wir in 4.7 gebraucht haben. Die verschiedenen Merkmale ergeben verschiedene Punktzahlen – sehr untypische Vertreter zeigen wenige Merkmale und erreichen die für eine problemlose Identifikation minimale Punktzahl nicht. Wird eine gewisse Punktzahl erreicht, so wird ein Gegenstand problemlos als Vertreter der Klasse erkannt. Typische Vertreter erreichen eine sehr hohe Punktzahl.

Einen Hinweis dafür, dass Primärbegriffe Alternativen offenlassen, geben Hoffmanns Studenten. Als sensorisches Merkmal für *Baum* werden 27 Mal *Blätter* genannt, aber auch 10 Mal *Nadeln*. Offenbar verbindet sich (bei den Befragten) mit *Baum* das Merkmal *Blätter* öfter – aber die häufige Nennung von *Nadeln* lässt es nicht zu, dass einfach *Blätter* als zentrales Merkmal angesetzt wird, *Nadeln* als Ausnahme. Wahrscheinlich sind die meisten bereit, umstandslos beide Merkmale als mögliche Merkmale für *Baum* zuzulassen. Demnach muss damit gerechnet werden, dass es Begriffe gibt, die mehr Merkmale verzeichnen, als je ein einzelner Vertreter aufweisen kann.

b) Kategorial definierte Begriffe

Etwas anders liegt der Fall, wenn es um prototypische Vertreter kategorial bestimmter Begriffe geht. Kartoffeln und Brot werden gleich schnell als *Nahrung* erkannt, der untypische Kürbis wird viel weniger schnell zugeordnet. Für diese Zuordnungen können von vornherein nicht sensorische Merkmale verantwortlich gemacht werden. Typikalität ist in diesem Falle wohl besonders stark durch die Rolle der verschiedenen Nahrungsmittel im Alltag bestimmt. Je nach ihrer Bedeutung als Nahrungsmittel werden sie mehr oder weniger stark mit diesem Begriff verbunden und dadurch mit dem (kategorialen) Merkmal *Nahrungsmittel* belegt. Auf analoge Weise lässt sich wohl erklären, warum gewisse Tiere als besonders typische Tiere gelten – Pferde, Kühe, Hunde und Vögel etwa, obwohl sie nicht viel miteinander gemeinsam haben.

Übrigens: Im Falle der eben genannten Nahrungsmittel kann die schnellere Zuordnung von Kartoffel und Brot zu den Nahrungsmitteln nicht etwa darauf zurückgeführt werden, dass der Kürbis den Versuchspersonen weniger gut bekannt gewesen wäre und sie deshalb mit seiner Identifikation Schwierigkeiten gehabt hätten. Der Kürbis wurde ebensoschnell als *Kürbis* erkannt wie Brot als *Brot.* Offensichtlich ist dem Begriff *Kürbis* das Merkmal *Nahrungsmittel* nicht derart klar eingeschrieben wie den anderen – aus leichtverständlichen Gründen. In unserer Gesellschaft essen wenige Leute mit einiger Regelmässigkeit Kürbisse. Die anderen müssen die Zuordnung aus ihrem Weltwissen ableiten, sie ist nicht mit dem Begriff Kürbis direkt verbunden.

c) Die Sonderstellung besonders typischer und untypischer Vertreter

Der letzte Abschnitt macht auf die Rolle aufmerksam, die auch kategoriale Merkmale für Typikalitätseffekte spielen. Dass die Zuschreibung von Typikalität auch bei sensorischen Begriffen oft mehr beinhaltet als nur Sensorisches, zeigt die Sonderstellung vieler besonders herausragender, typischer Vertreter einer Gattung. Dies zeigt sich vor allem bei *Benennungsexperimenten*, bei denen Gegenstände durch Versuchspersonen benannt werden müssen. So werden Tulpen und Rosen (in unserem Kulturkreis!) sehr oft nicht mit dem Primärbegriff als *Blumen*, sondern mit dem Artbegriff als *Tulpen* und *Rosen* identifiziert. Offenbar haben diese Blumen eine solch gewichtige Bedeutung, dass sie mit dem Primärbegriff allein nicht ausreichend bezeichnet sind. Diese Bedeutung hat wohl weniger mit ihrem Aussehen als mit ihrer sozialen Rolle zu tun. Diese verleiht ihnen ihre Besonderheit, so dass sie sich von den anderen Vertretern der Gattung abheben. Beim Benennen erscheinen sie deshalb nicht als *Blumen,* sondern als eigenständige Grössen. Wird allerdings nach typischen Blumen gefragt (in Zuordnungsexperimenten), sind es diese Vertreter, die zuerst genannt oder am schnellsten identifiziert werden: Sie sind (wie viele andere Blumen) ganz eindeutig Blumen, darüber hinaus aber auch durch ihre besondere Stellung ausgezeichnet (die meisten anderen Blumen nicht) und damit im Bewusstsein besonders stark präsent.

Ähnlich dürfte für viele SprachbenützerInnen ein Schäferhund nicht einfach ein *Hund,* sondern eben ein *Schäfer* sein; interessierte PilzsammlerInnen und VogelkennerInnen haben vielleicht oben mit *Steinpilz* resp. *Meise* reagiert. Gefragt danach, welches typische Arten von Hunden, Pilzen, Vögeln sind, würden wahrscheinlich diese Vertreter auch wieder sehr rasch genannt werden. Dies ist ein Hinweis darauf, dass Typikalität mit sensorischen Merkmalen nicht immer ausreichend erklärt werden kann – ginge es nur um diese, so müssten doch wohl diese besonders herausragenden Vertreter mehr als alle anderen als *Blume*, *Hund* und *Pilz* registriert werden.

Auch extrem *untypische* Vertreter einer Gattung werden – bei Benennungsexperimenten – oft nicht durch den Primärbegriff, sondern durch den speziellen Artbegriff bezeichnet. So wird ein Pinguin kaum als *Vogel,* sondern eben als *Pinguin* identifiziert. Der Primärbegriff deckt diese extrem untypischen Vertreter bei der Benennung nicht mehr ab. Dies ist ein Hinweis auf die Rolle sensorischer Merkmale: Diese reichen zwar allein nicht immer aus, um die Typikalität der besonders typischen Vertreter zu begründen, wohl aber, die extrem untypischen Vertreter der Gattung auszugrenzen. (Natürlich wissen wir aber, d.h. wir haben gelernt, dass Pinguine Vögel sind; wir können sie durchaus den Vögeln zuordnen, etwa bei einer Zuordnungsfrage. Dabei wird der vorab sensorisch definierte Alltagsbegriff *Vogel* jedoch unter der Hand zu einem eher kategorial geprägten Begriff: Die Pinguine unterstehen ihm, weil sie zoologisch wichtige, kaum auf den ersten Blick anschaulich zu nennende Eigenschaften mit den Vögeln teilen. Im spontanen Benennen aber werden sie weiterhin primär als *Pinguine* bezeichnet.)

9.3.9 Zum Abschluss

Die vorgetragenen Überlegungen zum Phänomen der Typikalität machen von psycholinguistischer Seite her klar, wie komplex und vielschichtig Alltagsbegriffe aufgebaut sind. Zusammenfassend sei hier noch einmal auf die wichtigsten Punkte hingewiesen:

a) Es ist schwierig, Alltagsbegriffe eindeutig zu fassen und die für einen Begriff zentralen Merkmale von allgemeiner Welterfahrung und Weltkenntnis abzugrenzen.

b) Eine 'Einheit des Begriffs' lässt sich für diese Alltagsbegriffe wohl nicht in Form einer ein für alle Mal gültigen Auflistung von Merkmalen angeben, sondern nur auf höherer Ebene: Es muss gezeigt werden, innerhalb welcher Grenzen unterschiedliche Kombinationen von z.T. verschiedenen Merkmalen noch als zu 'demselben Begriff' zugehörig erkannt werden.

c) Die einzelnen Merkmale von Alltagsbegriffen sind unterschiedlich stark miteinander verknüpft. Die Aktivierung eines Merkmals wird bei stark integrierten Merkmalsbündeln das Insgesamt der verbundenen Merkmale präsent machen (wenn von *Katze* die Rede ist, denkt sich jeder sofort Katzen als *Haustiere*); schwach vernetzte Begriffsmerkmale müssen u.U. direkt aktiviert werden, um wirksam zu werden. Insgesamt werden die stark vernetzten Merkmale die relativ stabilen Begriffskerne bestimmen.

d) Es ist anzunehmen, dass einzelne Sprachbenützerinnen und Sprachbenützer ihre Begriffe anders konfigurieren als die anderen. Je nachdem, ob die jeweiligen Abweichungen auffällig und relevant werden, sind auch mehr oder weniger versteckte Verständigungsschwierigkeiten zu erwarten.

Wenn so eine gewisse Variabilität der Begriffe innerhalb einer Sprachgemeinschaft angenommen werden muss, so darf ein ausgleichendes Moment nicht übersehen werden. Schon in den psycholinguistischen Experimenten selbst lassen sich Anzeichen dafür finden, dass Alltagbegriffe auch einer gewissen verbindlichen Systematik folgen. Gerade Experimente, die die Wirksamkeit von Prototypen oder Primärbegriffen belegen, zeigen auch, dass das Konzept der definitorischen Begriffsmerkmale durchaus nicht völlig zu vernachlässigen ist. Zwar werden typische Vertreter schneller und sicherer zugeordnet, Pferde sind wahrere Exemplare der Gattung *Tier* als Würmer – aber es zeigt sich, dass auch in den meisten Fällen ein Wurm als *Tier* klassifiziert wird, wenn auch nicht mit derselben Geläufigkeit wie das Pferd. Neben erfahrungsbezogenen Konzepten und sensorischen Merkmalen spielen offenbar auch *übergreifende Kategorien* eine Rolle, durch die der Aufbau einer von unmittelbaren Erfahrungen losgelösten, auf generalisierten Kriterien beruhenden Ordnung der Dinge ermöglicht wird. Diese Ordnung wird v.a. durch Schulung oder durch vertieften Umgang mit bestimmten Wirklichkeitsbereichen zugänglich. Im Erstaunen von Kindern darüber, dass der Walfisch kein Fisch, der Pinguin ein Vogel und die Blindschleiche keine Schlange ist, zeigen sich die Anfänge eines solchen über den Augenschein hinausgehenden Verständnisses.

Wir können hier den Einfluss *wissenschaftlicher Begriffsbildung* im Alltag sehen, zugleich den Anfang einer die alltäglichen Erfahrungen übersteigenden, letztlich zur Wissenschaft führenden Systematik. Wenn der Wal nicht mehr als Fisch, sondern als Säugetier klassifiziert wird, wird dem unhinterfragten Augenschein ein systematisches Kriterium entgegengesetzt, ebenso, wenn der Pinguin als Vogel erkannt wird. Die Merkmale /SÄUGETIER/ und /FISCH/, beide durchaus alltagsüblich, werden als einander ausschliessend gesetzt; der Pinguin wird aus physiologischen und anatomischen Gründen als *Vogel* klassifiziert – auch wenn er keine als Flügel unmittelbar erkennbaren Flügel hat, nicht pfeift usw. Vielleicht lässt sich sagen, dass der Übergang von Alltags- zu wissenschaftlichen Begriffen dort stattfindet, wo die begrifflichen Merkmale auf diese Weise in eine Systematik gebracht werden und sich ihre Anwendung allein auf eine immer gleichbleibende Definition beruft. Natürlich sind Erkenntnisse dieser Art nicht allein vor dem Hintergrund formeller wissenschaftlicher Untersuchungen zu machen. Auch in vorwissenschaftlicher Auseinandersetzung mit den Gegenständen der Welt bilden sich Formen abstrakter Klassifikation heraus, wie sie sich – allerdings zum Teil noch wenig konsequent – schon in Alltagsbegriffen zeigen.

9.4   Sprachprozesse: Textverstehen

Die Aussagen über die *psychische Repräsentation* der Sprache im letzten Abschnitt beruhen alle auf Rückschlüssen aus Beobachtungen des Sprachverhaltens, also von Sprachprozessen. Durch die starke Einschränkung des Untersuchungsbereichs auf einzelne Wörter oder Wortpaare und die Beschäftigung mit sehr schnellen, d.h. automatisierten Prozessen der Sprachverarbeitung werden die Ergebnisse aber interpretierbar im Hinblick auf die interessierende Frage über die Struktur des mentalen Lexikons: Die Prozesse scheinen relativ gut legitimierbare Rückschlüsse auf zugrundeliegende *Wissensstrukturen* zu erlauben.

Sprachprozessforschung interessiert sich dafür, wie die sprachlichen Wissensbestände in die Sprachverwendung eingebracht werden. Sprachverwendung ist notwendig immer komplex – neben die sprachlichen treten dabei eine Vielzahl anderer Faktoren wie Intention, Situation, Ziele, psychische Befindlichkeit usw. Zudem umfasst der Begriff der Sprachverwendung ein denkbar weites Feld: mündliche und schriftliche, rezeptive und produktive Sprachverwendung unterscheiden sich in vielen, z.T. höchst relevanten Eigenschaften. Es ist hier nicht genügend Platz, auch nur die wichtigsten Untersuchungsrichtungen und -methoden vorzustellen, die sich auf diesem Gebiet etabliert haben – etwa die Pausenforschung, die aus den Pausen- und Zögerphänomenen beim Sprechen und Schreiben die sprachlichen Planungsprozesse nachzuzeichnen versucht; die Schreibforschung, die z.T. aufgrund von Protokollen des 'lauten Denkens' (die Schreibenden verbalisieren während ihrer Arbeit alles, was ihnen durch den Kopf geht) versucht, die wesentlichen Strategien herauszuschälen, die den Schreibprozess prägen usw.

Im folgenden werden wir uns darauf beschränken, einige Aspekte des *Textverstehens*, v.a. des Leseverstehens, zu skizzieren. In diesem Bereich sind enorm viele empirische Untersuchungen gemacht worden; mehr als in den anderen psycholinguistischen Bereichen stehen hier aber auch theoretische, an Computerprogrammen und Forschungen zur künstlichen Intelligenz orientierte Modelle im Vordergrund. Ein solches Modell, das den Leseprozess in seiner *globalen* Struktur, nicht in den höchst komplexen und umstrittenen psychologischen Details nachzeichnet, möchten wir im folgenden vorstellen.

Auf eine Vielzahl von linguistischen Textstrukturierungs-Verfahren und von pragmatischen Regularitäten, denen Texte genügen müssen, haben wir bereits im Textlinguistik-Kapitel hingewiesen. Auf sie werden wir im folgenden nicht zu sprechen kommen, auch nicht darauf, wie sie im Ablauf des Verstehensprozesses wirksam werden. Im Vordergrund wird vielmehr die Frage stehen, wie sich Lesende eine Vorstellung von der Textbedeutung aufbauen.

9.4.1   Grundsätzliches

Einige der Grundsätze, von denen jede Leseforschung ausgehen muss, wenn sie der Eigenart des Lesevorgangs gerecht werden will, sind:
– Rezeptiver Sprachgebrauch ist nicht passiv. Es genügt nicht, dass man Wörter wiedererkennt und Strukturen entschlüsselt. Verstehen heisst: Erkennen dessen, was ein Autor mit Hilfe eines Textes mitteilt. Diesen Textsinn muss der Verstehende selber erarbeiten. Ermöglicht wird dies durch die Integration der Text-

information mit dem Vorwissen des Rezipienten. (Vgl. die Ausführung zum Verhältnis von Gesagtem und Gemeintem im Pragmatik-Kapitel, 5.1.2 und zu den Präsuppositionen in 6.3.2.)

– Verstehen ist ein komplexer Prozess, an dem zwei Hauptaspekte zu berücksichtigen sind:

Der Verstehensprozess besteht einerseits darin, dass die vorliegenden Zeichenformen erkannt werden, dass ihnen Bedeutungen zugeordnet werden, dass der Platz der Zeichen in Satzstrukturen erkannt wird und demgemäss die Satzbedeutungen aufgebaut werden usw. Dieser Prozess geht von den Daten aus und führt zur Interpretation der Daten – es ist, wie man metaphorisch sagt, ein Prozess 'von unten nach oben', ein *aufsteigender Prozess* (engl.: *bottom up*). Andererseits findet Verstehen unausweichlich in Situationen und unter bestimmten *Vorerwartungen* statt. Diese Vorerwartungen werden bereits durch die ersten sprachlich vermittelten Informationen bestätigt oder modifiziert. Den Fortgang der Lektüre begleitet dann ein fortwährender Auf- und Umbau eines Erwartungsrahmens, der das Verstehen mitprägt, und zwar nicht nur in bezug auf die Deutung des Mitgeteilten. Die Erwartungshaltungen sind so stark, dass sie auch die Begriffszuordnungen, sogar die Wortform- und Buchstabenerkennung beeinflussen. Wer sich beim Lesen beobachtet, wird wahrscheinlich hie und da Gelegenheit haben, sich bei Fehllesungen zu ertappen, die ihren Grund im Wirken solcher Erwartungen haben. Zusätzlich zu den Prozessen von unten nach oben sind demnach auch ständig solche 'von oben nach unten' im Gange, *absteigende Prozesse* (engl.: *top down*), d.h. Einflüsse aus dem Bereich der Interpretation auf denjenigen der Wort- bzw. Begriffserkennung und der Strukturerkennung bzw. -verarbeitung.

Vgl. dazu die Hinweise im letzten Abschnitt zur Voraktivierung: Der Gebrauch eines bestimmten Begriffs aktiviert andere Begriffe, die über ihre Merkmale mit dem ersten verbunden sind. Diese Begriffe sind 'in Bereitschaft', eine kleine zusätzliche Aktivierung – durch ein nur ansatzweise analysiertes Schriftbild z.B. – reicht aus, um sie ins Bewusstsein zu heben. D.h. die aufsteigenden Prozesse werden durch absteigende beschleunigt und unterstützt.

Dass viele Schreiber beim Durchlesen ihrer Texte Rechtschreibefehler nicht bemerken, liegt daran, dass sie eben stets schon wissen, was da steht, und dass es grosse Disziplin braucht, das Bekannte trotzdem wie etwas Fremdes anzuschauen – die aufsteigenden Prozesse sind nurmehr schwer in reiner Form durchführbar. In weniger ausgeprägter Form ist dieses Phänomen bei jedem Lesen vorhanden.

– Es ist wahrscheinlich wenig realistisch, davon auszugehen, dass der Leseprozess eine fixe Gestalt hat. Aktuelle Sprachgebrauchsprozesse werden durch *Strategien* der SprachbenützerInnen mitgeformt. Auch der Lesevorgang wird durch eine (bewusste oder unbewusste) Kontrolle geformt. Dabei spielen situationelle Gegebenheiten eine Rolle, vor allem aber die Ziele der Lektüre. Wir lesen ganz anders, wenn wir zur Vorbereitung einer Prüfung, zum Vergnügen oder zum Sammeln bestimmter Informationen lesen.

9.4.2 Lesen und Behalten

Wird jemand, der gerade einen Text gelesen hat, gefragt, was er gelesen habe, wird er mit grosser Wahrscheinlichkeit einen guten Teil der Textinformation reproduzieren können – er wird dabei jedoch kaum die originalen syntaktischen Konstruktionen des Textes wiederverwenden und auch einen teilweise anderen Wortschatz benützen. Dies legt den keineswegs überraschenden Schluss nahe, dass Texterinnerung – auch dann, wenn sie inhaltlich tadellos ist – unabhängig ist vom Behalten der textuellen Oberflächenstrukturen.

In diese Richtung weisen Experimente verschiedenster Art.

– In einem einschlägigen Experiment wurden den Versuchspersonen, kurze Zeit nachdem sie einen Text gelesen hatten, Sätze vorgelegt: Sätze, die aus dem eben gelesenen Text stammten, darunter gemischt gleichbedeutende, jedoch anders strukturierte Sätze, die so nicht im Text gestanden hatten. Die meisten Versuchspersonen konnten die originalen Sätze von den anderen nicht mit Sicherheit unterscheiden.

– In einem anderen Test wurden die Versuchspersonen nach der Lektüre eines Textes gefragt, ob eine bestimmte Information im Text gegeben worden sei oder nicht. Die Leserinnen und Leser behaupteten oft ohne Zögern, diese Information stehe im Text, während dieser sie in Wahrheit nicht mitteilte, sondern nur zu erschliessen erlaubte.

Dies deutet darauf hin, dass der Prozess der Wort- und Strukturerkennung, wenn er erfolgreich abgeschlossen ist, einen *Übergang von sprachlich kodierter Information zu einer anderen Form von Kodierung* ermöglicht, die dann in der Erinnerung gespeichert, abgerufen und zur Grundlage neuer sprachlicher Formulierungen gemacht werden kann. Die sprachliche Form der Nachricht wird sehr rasch vergessen – sie dient vorab der Vermittlung und (im Falle der Schrift) der Tradierung und Aufbewahrung. Das Gedächtnis beruht nicht darauf, dass die sprachliche Oberfläche gespeichert würde. Dies geschieht nur, wenn ein Text auswendig gelernt wird. Gespeichert wird die Information, und zwar in einem 'kognitiven Kode'. Dieser ist kaum gänzlich sprachunabhängig, aber weitgehend nicht an die Strukturen und Wortformen der Sprache gebunden.

Diese Ergebnisse stehen in Übereinstimmung mit dem, was im Kapitel zur Textlinguistik über Kohärenz und Kohäsion gesagt wurde. Das Verstehen zielt auf die Tiefenstruktur des Textes, auf die Erkennung einer kohärenten Textbasis. Die oberflächenstrukturellen Merkmale, darunter Wörter, syntaktische Strukturen, auch die Kohäsionssignale, bilden die Mittel, die den Verstehensprozess anleiten und kontrollieren. Dass sie in der Gedächtnisspur, die der Text zurücklässt, meist keine grosse Rolle spielen, heisst aber nicht, dass sie unwichtig wären. Es gibt viele Untersuchungen, die zeigen, welch eminente Rolle die oberflächenstrukturellen Mittel für den Verstehensprozess spielen. Sie bestimmen weitgehend, wie leicht, schnell und sicher die Lesenden verstehen können.

Ein gängiges Modell, das die Nähe und zugleich die Distanz des kognitiven Kodes zur Sprache in eine (wohl zu einfache) Form bringt, ist das propositionale Modell von KINTSCH. Danach werden sprachlich übermittelte Informationen in Form elementarer Propositionen gespeichert . Zu einer Proposition gehört:

– ein *Prädikat* (meist realisiert als ein Verb oder Adjektiv). Es hält fest, was ausgesagt wird (z.B.: Dass etwas schwierig ist).

– ein oder mehrere zugehörige *Argumente* (meist realisiert als Nomina). Sie halten fest, worüber etwas ausgesagt wird (z.B. Bücher).

Die Bedeutung eines Satzes wird im Verstehensprozess u.U. in mehrere solche elementare Propositionen analysiert, je nachdem, wie viele Attribute, Erweiterungen usw. er enthält.

Ein Beispiel: Der Satz *Intellektuelle lieben schwierige Bücher* würde nach Kintsch ungefähr so notiert (an erster Position steht das Prädikat, die anderen Positionen werden durch die Argumente besetzt):

Proposition 1:	LIEBEN (Intellektuelle, Bücher)
Proposition 2:	SCHWIERIG (Bücher)

Wichtig ist hier nicht die Form der Notation, die gezwungenerweise sprachliche Mittel verwendet, sondern die durch Klammerung, Reihung und Versalsetzung signalisierte *Differenz* der 'Gedankensprache' zur normalsprachlichen Struktur.

Für die Entscheidung, elementare Propositionen als Grundeinheiten der Darstellung zu wählen, sprechen nach Kintsch verschiedene Untersuchungen. So bringen Stichwörter bei Versuchspersonen, die bestimmte Textteile vergessen haben, oft spontan die zum Stichwort gehörige Proposition zurück, aber viel seltener andere Information, die im gleichen Satz, aber nicht mit der gleichen Proposition mitgeteilt worden war. Im Beispiel könnte danach das Stichwort *schwierig* relativ leicht zur Stütze für die Erinnerung des Konzepts "Bücher" werden; jedoch nicht (oder nur indirekt, über "Bücher") zur Stütze für die Reproduktion der ersten Proposition. Die in einer Proposition festgehaltene Information bildet für das Textverstehen demnach eine relevantere Einheit als der Satz.

Die Propositionen selbst sind bereits das Produkt eines lexikalischen und syntaktischen Verstehensprozesses: Aufgrund von Wort- und Strukturerkennungsvorgängen werden Begriffe aufgerufen, untereinander in Beziehung gesetzt und zu Propositionen gebunden. Als Bausteine einer grösseren Verstehenseinheit (des Textes) gehen diese Propositionen untereinander und mit den durch sie aufgerufenen Gedächtnis- und Wissensinhalten weitere Beziehungen ein. Diese ihrerseits beeinflussen den Aufbau von Erwartungen und damit die Sprachrezeption und die Bildung weiterer Propositionen. Über solche Prozesse auf Textebene soll im folgenden die Rede sein.

9.4.3 Zwei einfache Modelle des Textverstehens

a) Das propositionale Modell

Auf der Grundlage der propositionalen Theorie der mentalen Repräsentation von Informationen entwickelte KINTSCH ein *propositionales Modell* des Textverstehens. Danach wird der Text in Propositionen zerlegt, die aber nicht alle gespeichert werden können (dazu reicht die Aufnahmekapazität von RezipientInnen im Normalfall nicht aus). Vielmehr werden im Lesen hierarchische Strukturen von Propositionen aufgebaut: Jede neue Proposition wird nach der Relevanz der durch sie beigebrachten Informationen bewertet. Hierarchisch höherstehende Propositionen und solche, die sich häufig wiederholende (und damit potentiell wichtige) begriffliche Informationen enthalten, werden bevorzugt im Gedächtnis behalten.

Dieses einfache Modell scheint einige der beobachtbaren Behaltens- und Verstehensphänomene erklären zu können, z.B. die Tatsache, dass in Nacherzählungen Texte normalerweise gestrafft werden; dabei gehen v.a. nebensächliche oder mit dem Thema nicht zusammenhängende Elemente verloren. Ebenso kann dieses Modell verständlich machen, dass chronologisch 'gebrochene' Erzählungen – also Texte, die mit Rückblenden usw. arbeiten – in der Nacherzählung oft begradigt werden. Der Nacherzählung wird dabei eine einfachere, dem chronologischen Ablauf des Erzählten folgende Struktur zugrundegelegt. Andere Phänomene sind mit diesem Modell aber nicht zu fassen. Wie kommt etwa das oben angesprochene Phänomen zustande, dass Leser glauben, etwas gelesen zu haben, das so gar nicht im Text steht (wohl aber aus dem Text erschliessbar ist)? Auf diese Frage kann ein Modell keine Antwort geben, das zu einseitig auf den Text bezogen ist. Die Lesenden vereinfachen zwar in der Wiedergabe die Strukturen und Informationen des gelesenen Textes, zugleich bereichern sie sie aber auch – und für die Erklärung dieses Sachverhalts ist in diesem Modell nicht gesorgt.

b) Skripts und Frames

Phänomene wie die zuletzt angesprochenen scheinen allein vor dem Hintergrund einer Interaktion zwischen Text und Weltwissen erklärbar zu sein. Diesen Aspekt bringen die *Skript-* und *Frame-Theorie* in die Diskussion (zu diesen Begriffen vgl. 6.3.3).

Die Frame-Theorie geht davon aus, dass LeserInnen über ein Wissen verfügen, das ihnen erlaubt, bei der Lektüre zu erkennen, welchen Stellenwert eine Information für ein Thema hat, welche anderen Informationen dazu gehören könnten und welche wichtiger als andere sind. Danach werden die Informationen dann ausgewählt, interpretiert und integriert. Ähnlich argumentiert die *Skript-Theorie* für den Bereich der im weitesten Sinne erzählenden Texte: Demnach verfügen wir über 'Drehbücher' oder 'Skripts', in denen niedergelegt ist, wie ein Besuch im Theater, ein Unfall, ein Familienabend beschaffen ist. Vor diesem Hintergrund werden Erwartbarkeiten, Abweichungen, mögliche und unmögliche Handlungen festgelegt und das Textverstehen damit angeleitet und kontrolliert. Frames und Skripts legen eine Struktur und eine Ordnung von Informationen oder Vorgängen nahe.

Der Rückgriff auf Skripts und Frames erlaubt eine zwanglose Erklärung der Fähigkeit von Leserinnen und Lesern, im Originaltext nicht explizierte Informationen und Zusammenhänge ohne bewussten Aufwand zu erschliessen (und sie als durch den Text tatsächlich gegebene zu behandeln). Lesende verstehen Texte vor dem Hintergrund eines Weltwissens, das auch für das im Text Mitgeteilte als zutreffend unterstellt wird. Ist von einer Frau, einem Mann und Kindern die Rede, die zusammen wohnen, so werden auch heute noch die meisten Leser schliessen, dass es sich hier um eine Familie handelt, dass Mann und Frau die Eltern sind, wahrscheinlich auch, dass sie verheiratet sind. Zumindest werden sie dazu neigen, dies anzunehmen, bis der Text eine Gegeninformation gibt. Tut er dies nicht, so wird die Interpretation als wahrscheinlich oder sogar als zwingend angenommen, auch wenn diese Sachverhalte nirgends explizit bestätigt werden.

Auch die oben bereits festgestellte Tendenz fast aller Leserinnen und Leser, die Handlungsführung des gelesenen Textes in der Nacherzählung zu straffen und zu begradigen, kann vor diesem Hintergrund etwas besser verstanden werden. Es ist ja nicht unbedingt klar, dass und warum z.B. eine bestimmte Information wichtiger sein soll als eine andere und darum eher im Gedächtnis behalten wird. Die Frame- und Skripttheorie kann diese und andere Fragen elegant beantworten. Standards der Wichtigkeit sind in die Frames und Skripts schon eingebaut; sie erlauben es, während des Lesevorgangs zugleich die potentielle Relevanz der Informationen abzuschätzen.

Natürlich können die Lesenden in die Irre gehen, und natürlich können Schreibende gezielt versuchen, den Erwartungen *nicht* zu entsprechen und damit die Leser zu verblüffen, zu erheitern oder zu unterhalten und auf diese Weise Erwartungen auf höherer Ebene zu erfüllen. Ein Text, der auf platte Weise alle Erwartungen erfüllt, ist mit höchster Wahrscheinlichkeit langweilig.

Die Begriffe *Frame* und *Skript* erlauben es, einige wichtige Verstehensphänomene zu erklären. Ein Problem ist, dass nicht ganz klar ist, was Skripts und Frames genau beinhalten, es sind noch weitgehend vage Begriffe. Aktivieren wir zum Verstehen einer Textpassage jeweils ein Frame oder Skript? – Dieses müsste dann wohl sehr allgemeinen Charakter haben, denn das Skript *Restaurant-Besuch* z.B. können wir einer Vielzahl von Mitteilungen und Erzählungen über Restaurantbesuche zugrunde legen, die nicht viel miteinander zu tun haben. Wie sind dann die recht präzisen Schlüsse möglich, die LeserInnen zu machen vermögen? Oder sind immer eine Vielzahl von vielleicht relativ einfachen, klarstrukturierten Skripts im

Spiel? Es wäre dann zu erwarten, dass diese nicht je isoliert auf den Text angewendet werden, sondern dass aus ihrem Zusammenspiel die Erwartungen und Schlüsse der Lesenden entstehen. Wie können wir dann dieses Zusammenwirken nachvollziehen? (Wenn Päpste und Staatsmänner reisen, wird meist nicht darüber berichtet, wo sie übernachten und wie hoch die Zeche ist, und wir erwarten diese Informationen nicht – ausser vielleicht dann, wenn der Besuch in unserer Nähe stattfindet. Wenn Freunde oder Nachbarn von ihren Reisen berichten, stellen genau solche Angaben wichtige Informationen dar. Wie kommt es, dass wir die entsprechenden Fragen im einen Fall aktivieren, im anderen nicht?)

Eine andere Frage bezieht sich auf das Problem der Texterinnerung. Wenn darauf hingewiesen wurde, dass Lesende sich meist nicht an die textuellen Oberflächenphänomene erinnern, sondern an die Textinformation, so heisst dies nicht, dass sie sich nicht doch bestimmte Wendungen, Sätze, Stilmerkmale usw. des Textes sehr wohl merken können. Ebenso können sie oft (aber durchaus nicht immer) unterscheiden zwischen dem, was sie gelesen haben, und dem, was sie daraus geschlossen oder sich dabei gedacht haben. Wie können wir das erklären?

Diese beiden Probleme hängen mit einer Eigenart der besprochenen Modelle zusammen. Sowohl das Modell KINTSCHs wie die Frame- und Skript-Modelle stellen den Aufbau eines Textverständnisses als Vorgang dar, der in *einem* Schritt Text und Vorwissen vermittelt. Vielleicht ist diese Vorstellung zu einfach – das im folgenden vorgestellte Modell sieht zwei Vermittlungsschritte vor und gewinnt dadurch eine Flexibilität, die diesen einfacheren Modellen fehlt.

9.4.4 Textrepräsentation und mentales Modell

a) Zwei Ebenen der Verarbeitung

In einigen neueren Ansätzen wird der Aufbau des Textverständnisses nicht mehr dargestellt als ein Vorgang, der in einem Zuge zum Ziel kommt und in einer einzigen Gedächtnisspur kulminiert. Vielmehr wird nach diesen Modellen beim Lesen ein Verstehen in zwei Stufen aufgebaut. Diese stehen natürlich in enger Beziehung zueinander; die Differenzierung erlaubt es aber, verschiedene Aspekte des Textverstehens deutlicher herauszuheben. Zu unterscheiden sind demnach:

1. Eine *Textrepräsentation*. Diese wird aufgebaut durch die Umsetzung des Gelesenen in eine propositionale Struktur. Da kaum je ein Text in sich völlig explizit ist, müssen in die Textrepräsentation die Ergebnisse des Verstehens von Deiktika, Präsuppositionen etc. eingebaut werden.
   Die propositionale Struktur ist in vielem expliziter als der gelesene Text. Allerdings verhindert die beschränkte Kapazität des Gedächtnisses, dass diese grössere Explizitheit und damit die reichere semantische Struktur der Textrepräsentation erhalten bleiben (vgl. unten).
2. Ein *mentales Modell*. In einem zweiten Schritt wird die propositionale Struktur interpretiert: Die Aussagen des Textes werden abgebildet in einem Modell, das die Aussagen des Textes miteinander verbindet und als Aussagen über zusammenhängende Sachverhalte, über eine 'Welt', kenntlich macht. Das mentale Modell repräsentiert das, worüber der Text ist (das, was er uns sagt). Man kann es in Verbindung bringen mit dem Konzept der möglichen Welten (vgl. 4.9): Jeder Text nimmt Bezug auf eine Welt, diese kann aber häufig nicht di-

rekt mit der wirklichen Welt identifiziert werden. Ganz deutlich ist dies bei den meisten literarischen Texten. Aber auch alle anderen Texte formulieren zunächst einmal ein durch ein Bewusstsein entworfenes und in sich einigermassen kohärentes *Bild* der Welt. Referenz z.b., der Bezug auf Gegenstände, ist vermittelt und kontrolliert durch solche mentale Modelle oder mögliche Welten (Johnson-Laird 1983; vgl. van Dijk/Kintsch 1983, Bierwisch 1983).

Dieses Modell führt mit seinen zwei Ebenen zu einer flexibleren, auch interessanteren Darstellung des Verstehensprozesses. Das Lesen führt zunächst zu einer Analyse und Umformung der sprachlichen Daten in den inneren Kode, eine Textrepräsentation. Basierend darauf wird ein Bereich von Individuen, Vorgängen, Zusammenhängen etc. – eine mögliche Welt – entworfen, auf die hin die Aussagen interpretiert werden. Diese beiden Prozesse interagieren miteinander. Sie stehen nicht in einer temporalen Beziehung zueinander, vielmehr werden gewisse Operationen auf der propositionalen Ebene (die Definition der aktuellen Bedeutung von Deiktika etwa) erst möglich vor dem Hintergrund eines mentalen Modells.

b) Zur Legitimation des Modells

Die Unterscheidung von Textrepräsentation und mentalem Modell erlaubt es, viele Lesephänoneme besser zu beschreiben als die einstufigen Modelle dies können. Als ein Beispiel sei hier die Beobachtung genannt, dass wir oft während des Lesens gezwungen werden, Vorstellungen zu verändern, die wir uns über die vom Text beschriebene Welt gemacht haben.

Johnson-Laird verweist in diesem Zusammenhang auf Beschreibungen, etwa der Einrichtung eines Zimmers. Meist sind solche Beschreibungen nicht eindeutig, d.h. wir können uns aufgrund der sprachlichen Angaben sehr verschiedene Modelle davon aufbauen, wie ein Zimmer aussieht. *Ein Modell aufbauen* heisst, den (hier räumlichen) Zusammenhang der aufgezählten Objekte zu rekonstruieren und jede neue Information in diese Rekonstruktion einzubauen. Die Unbestimmtheit der Beschreibung zwingt uns meist dazu, gewisse Annahmen zu treffen, die durch die Beschreibung nicht vorgegeben werden – irgendwie müssen wir das Bett, das links vom Fenster steht, und die Tür neben dem Schreibtisch in eine Ordnung bringen. Je weniger Beschreibungselemente wir haben, desto vielfältiger sind die möglichen Modelle, die mit den gegebenen Daten in Übereinstimmung stehen. Werden nun neue Beschreibungselemente hinzugefügt, müssen wir sie in das Modell einbauen können. Dies gelingt nicht immer. Es ist möglich, dass wir das Modell, das wir uns gemacht haben, aufgeben oder verändern müssen.

Johnson-Laird zielt mit diesem Beispiel auf einen entscheidenden Punkt ab. Der Aufbau eines mentalen Modells hat nicht allein mit dem Sprachverständnis und der textuellen Repräsentation zu tun. Die können völlig in Ordnung sein – trotzdem können sich Probleme ergeben bei der weiterführenden Aufgabe, ein kohärentes mentales Modell zu rekonstruieren.

Solche Schwierigkeiten lassen sich durch konfuse Beschreibungen provozieren; und dies ist denn auch das Mittel, das in psycholinguistischen Experimenten eingesetzt wird, um die Verstehensabläufe und Reaktionen der Versuchspersonen zu testen. Aber das Problem ist allgemeiner Art; unvollständige und inkohärente räumliche Beschreibungen stehen nur als Paradebeispiele für ein allgemeines Phänomen. Keine sprachliche Mitteilung ist vollständig, jede lässt zwangsläufig viele Dinge offen. Einiges davon mag uns beim Lesen auffallen und uns zu Fragen provozieren; die meisten Lücken werden wir jedoch völlig automatisch durch Hilfskonstruktionen überbrücken und uns ein kohärentes Bild der Welt herstellen, über die der Text spricht.

Dies heisst: Wir sind als Verstehende gezwungen, gewisse Annahmen zu machen, die sich dann als falsch herausstellen können. Bei Beschreibungen ist oft dann, wenn eine solche Hypothese missglückt, die Chance vertan, überhaupt zu verstehen. Man denke an eine relativ komplexe Wegbeschreibung. Oft schon während der Erläuterungen kapitulieren wir: Wir verstehen noch jedes Wort, aber können uns keine Vorstellung mehr machen. Entweder wir versuchen's beim nächsten Passanten noch einmal, oder wir müssen unseren Informanten bitten, wieder von vorne anzufangen.

Nicht jedes Lesen braucht zu einem Verständnis im Sinne des Aufbaus eines mentalen Modells zu führen; das Verständnis kann auch auf der ersten Stufe stehenbleiben. Johnson-Laird berichtet über ein Experiment, bei dem Versuchspersonen Beschreibungen von Anordnungen von Gegenständen auf einem Tisch verstehen mussten (es ging um die Anordnung von Gabel, Messer, Glas, Teller usw.). Waren die Beschreibungen in sich stimmig – war es also möglich, ein mentales Modell der Anordnung aufzubauen und darauf basierend die richtige Konfiguration der Gegenstände auf dem Tisch herzustellen – so vergassen die meisten Versuchspersonen sofort die sprachliche Formulierung. Waren die Beschreibungen jedoch konfus, war es also nicht möglich, ein mentales Modell herzustellen (und auf dieser Basis die Gegenstände anzuordnen), so erinnerten sich die Versuchspersonen viel besser an die einzelnen Propositionen (vielleicht sogar an die sprachliche Form) der Beschreibung. Dies ist ein Hinweis darauf, dass die beiden Stufen wirklich wirksam sind. Wo ein volles Verständnis nicht herstellbar ist, kann eine Vorstufe, eine Textrepräsentation, ein grösseres Gewicht erhalten. (Ähnlich können besonders irritierende oder wichtige Bemerkungen im Gedächtnis haftenbleiben und zum Ansatzpunkt immer neuer Interpretationsversuche werden.) Im Normalfall ist die Textrepräsentation aber nur Mittel zum Zweck. Ist dieser – das Verstehen, d.h. der Aufbau eines mentalen Modells – erreicht, fällt die Erinnerung an den Text als Text dahin. Das Experiment Johnson-Lairds macht noch einmal deutlich, dass die beiden Stufen verschiedene Gedächtnisspuren zurücklassen können.

Auch im alltäglichen Lesen gibt es immer wieder Situationen, wo Sprachliches zwar aufgenommen wird, aber kein Sinn daraus gemacht werden kann oder muss. Ein relativ extremer Fall für eine solche Wahrnehmung allein auf der ersten Stufe ist manchmal im Auswendiglernen gegeben. So ist es möglich, Lieder zu singen, ohne dass man sich um das Gesungene zu kümmern braucht in dem Sinne, dass man es verstehen müsste. Fremdsprachige Lieder kann man singen, ohne je zu wissen, was die Bedeutung der Wörter ist.

c) Mentales Modell und Erfahrungswissen

Das mentale Modell vermittelt die Textrepräsentation mit den Beständen des Vorwissens (des Welt- und Erfahrungswissens). Dazu sollen noch einige Hinweise gegeben werden.

1. Bei der Integration von Vorwissen ins mentale Modell bewirken die Frames und Skripts eine leichtere und schnellere Strukturierung der mentalen Modelle. Aber es ist nicht so, wie Johnson-Laird anmerkt, dass Texte allein vor dem Hintergrund solcher Schemata verstanden werden. Wir sind auch fähig, mentale Modelle von Abläufen aufzubauen, die von stereotypisierten Vorbildern stark abweichen. Und wir sind auch in solchen Fällen fähig, textbezogene Erwartungen zu bilden und die verstandenen Informationen auf ihre Richtigkeit, ihre Wahrscheinlichkeit, ihre Relevanz hin zu beurteilen.

2. Texte enthalten bekannte und neue Information. Wenn Elemente unseres Vorwissens in mentalen Modellen in neue Beziehungen zueinander gestellt werden, oder wenn vermittelt über Texte bislang unbekannte Elemente ins mentale Modell eingehen, ist dieses Modell reicher als das Vorwissen. Dies ist der Weg, wie wir aus Texten Neues lernen. Es ist oft so, dass solche neue Wissensbestände eine

Zeitlang mit der Erinnerung an einen gelesenen Text verknüpft bleiben; nach gewisser Zeit können sie sich von dieser Verbindung lösen und als in ihrer Herkunft nicht mehr identifizierbare Elemente ins allgemeine Weltwissen eingehen.

3. Man muss davon ausgehen, dass beim Lesen nicht das ganze des Gedächtnisses aktiviert wird. Aufgerufen und mit dem Situationsmodell und damit dem Text verbunden werden Weltwissen und Erfahrungen, die mit den beim Lesen wirksamen Bedeutungsimpulsen aktiviert werden. Dazu gehören in vielen Fällen auch persönliche Erinnerungen, biographische Episoden usw., sogar Dinge, von denen der Lesende selbst den Eindruck hat, dass sie "nicht hierhergehören". Allerdings zeigt sich auch, und nicht selten, das entgegengesetzte Phänomen. Jede Studentin und jeder Student kennt die Erfahrung, dass eigentlich naheliegende Assoziationen oder Gedanken bei der Lektüre eines Textes ausbleiben, weil offenbar der Zugang dazu mit den vorliegenden Daten nicht gelingt. Wird dann etwa im Seminar darüber diskutiert, stellt sich vielleicht ein Aha-Effekt ein: Bisher inaktive Elemente des Vorwissens verbinden sich nun zwanglos mit dem vorliegenden mentalen Modell davon, worüber der Text ist, und man wundert sich, warum man nicht schon vorher darauf gekommen ist.

4. Durch die Zweistufigkeit des Modells wird auch die Komplexität der damit verbundenen Fragen und Probleme grösser. So ist zu fragen, wie das sprachliche Verstehen auf der einen Seite, der Aufbau eines mentalen Modells auf der anderen jeweils die Erwartungsbildung und damit den weiteren Fortgang des Verstehensprozesses beeinflussen. Vielleicht muss hier eine doppelte Quelle von Erwartungen postuliert werden – solche, die sich aus den auf der ersten Stufe aktivierten Begriffen und Begriffskomplexen ergeben, und solche, die sich aus der Konstruktion des mentalen Modells, der Textwelt ergeben.

Ähnliche Fragen ergeben sich in bezug auf die Wiedergabe eines Textes aus dem Gedächtnis. Wie werden Textrepräsentation und mentales Modell erinnert? Wie wirken diese Erinnerungsspuren in der Wiedergabe zusammen? So wäre zu untersuchen, welche der zu Beginn dieses Abschnitts beschriebenen Phänomene bei der Textwiedergabe (z.B. Textstraffung, Textbegradigung usw.) durch die *Art der Speicherung* im Textgedächtnis und im mentalen Modell zustande kommen (d.h. Effekte von Prozessen sind, die im Verstehensvorgang spielen) und wie weit sie erst durch das Zusammenspiel der gespeicherten Spuren in der *Wiedergabe* zustande kommen. Usw.

d) Kontrollinstanz

Zusätzlich zu den eben angesprochenen Elementen führen van Dijk und Kintsch noch ein weiteres ein: Eine *Kontrollinstanz*. Wir haben eingangs darauf aufmerksam gemacht, dass Lesen unter bestimmten Zielsetzungen erfolgt. Auch wenn beim Lesen sehr vieles automatisch abläuft, d.h. einer bewussten Steuerung im Normalfalle nicht bedarf (Worterkennung, Strukturerkennung, Aktivierung von Vorwissen), so ist doch der Leseprozess als ganzer nicht ein fix determinierter Ablauf. Vielmehr steuern wir ihn nach unseren Bedürfnissen und Zielen. Kriminalromane lesen wir anders als die Veranstaltungsseite in der Tageszeitung, Privatbriefe anders als Bücher in der Prüfungsvorbereitung. Die verschiedenen Leseweisen ergeben sich aus den Zielen der Lesenden und aus dem Stellenwert der Lektüre im jeweiligen Moment; sie drücken sich aus in verschiedenen Strategien, die den Leseprozess steuern und ihm eine konkrete Gestalt aufprägen.

Wahrscheinlich sind mit bestimmten Texttypen bestimmte Lesehaltungen gewohnheitsmässig eng verbunden. StudentInnen macht es in literaturwissenschaftlichen Studiengängen manchmal zu schaffen, dass Literatur – spannende, unterhaltsame oder bewegende Texte – mit ganz anderer als der gewohnten Lesehaltung angegangen wird; dass diese Texte nicht primär aus der Perspektive des Leseerlebnisses, sondern aus analytischer Distanz thematisiert werden. Andererseits müssen sie sich oft mühsam daran gewöhnen, dass wissenschaftliche Literatur nicht stets so gelesen wird wie die Texte im Physikbuch vor einer Prüfung – dass ein solcher Text auch durchaus interessante und vergnügliche Lektüre sein kann oder überflogen, d.h. auf bestimmte Informationen hin abgeklopft werden kann und minutiöses Detailverstehen nicht immer angesagt ist. Ein wichtiger Teil der Arbeit in vielen Studienfächern besteht darin, variantenreiche Leseweisen, verschiedene Strategien des Herangehens an Texte und des Erkennens und Bewertens von Textinformationen zu lernen. Allerdings wird man sich selbst immer wieder dabei beobachten können, wie die gewohnten Leseweisen sich aufdrängen und die Anstrengung, einen Text 'gegen den Strich' zu lesen, unwirksam machen – so wenn die Suche nach der Erzählstruktur von Kafkas "In der Strafkolonie" dazu führt, dass der Text einfach nochmal gelesen wird, oder wenn die Suche nach der Charakterisierung der Foltermaschine irgendwo in einer längeren Besprechung des Textes in einer Lektüre der gesamten Interpretation ausmündet.

9.4.5 Zum Leseprozess

Das Modell von Textverstehen im letzten Abschnitt bleibt im Kern statisch – es werden die hauptsächlichen Komponenten genannt, die zu unterscheiden sind; der Verstehensprozess selbst ist dabei immer vorausgesetzt, aber nicht expliziert. Dazu sollen hier nur einige Stichworte gegeben werden.

Das menschliche Gehirn hat eine ungeheure Speicherkapazität. Durch die Verstehensprozesse aktiviert, d.h. unmittelbar abrufbereit gehalten wird davon in jedem Moment wohl nur ein kleiner Teil. Die Menge der Informationen schliesslich, die gleichzeitig fokussiert (im Bewusstsein, im *Arbeitsspeicher*) gehalten werden und direkt manipuliert werden kann, ist sehr eng begrenzt – beim Lesen sind es vielleicht fünf bis sieben Propositionen.

Den *Leseprozess* kann man sich demgemäss so vorstellen, dass immer jeweils eine sehr beschränkte Menge von Propositionen dem Bewusstsein gegenwärtig sind. Werden Propositionen neu eingelesen, verdrängen sie die alten. In der kurzen Zeit ihres Verweilens muss ihr Beitrag zum mentalen Modell eingeschätzt werden. Der Leser oder die Leserin muss sie als Teil des Textes verstehen, d.h. feststellen, in welcher Beziehung sie zum vorhergehenden Text stehen und welches Gewicht sie besitzen. Entsprechend wird ihre Relevanz markiert – je wichtiger die Proposition ist, desto grösser ist die Chance, dass sie im Langzeitgedächtnis gespeichert wird und auch die weitere Verstehensarbeit mitbestimmt (indem sie beiträgt zur Strukturierung des mentalen Modells und so die Leseerwartungen mitbestimmt). Oft sind Ergänzungsoperationen nötig: Wenn der Textzusammenhang nicht eindeutig signalisiert ist, muss der Leser Informationen aufgrund aussertextueller Wissensbestände in das Textganze einbinden.

Schon oben wurde angemerkt, dass der Zugriff auf die in unserem Gedächtnis gespeicherten Wissensbestände weitgehend automatisch erfolgt. Weder die Identifikation der Wörter und Sätze noch der Zugriff auf unser Weltwissen bedarf im Normalfall einer bewussten Anstrengung. In beinahe jedem Lesen stellen sich jedoch Momente ein, in denen solche automatischen Abläufe nicht mehr zureichen.

In bezug auf die *sprachlichen Gegebenheiten* ist das Lesen in einer Fremdsprache aufschlussreich. Meist sind die Prozesse der Identifikation von Wörtern und Strukturen in der Fremdsprache weniger routinisiert als in der Muttersprache, was dazu führt, dass etwa die Bedeutung einzelner Wörter – obwohl prinzipiell bekannt – bewusst erinnert werden muss (manchmal reicht auch dieser Versuch nicht hin, und der Gang zum Wörterbuch wird notwendig, oder ein nicht-optimales

Verstehen muss in Kauf genommen werden). Ähnliches gilt für syntaktische Strukturen. Ähnliche Schwierigkeiten können sich in der Muttersprache ergeben, etwa beim Lesen von sehr komplexen Texten oder von Texten, sie sich eines ungewohnten Wortschatzes bedienen.

Auf *Textebene* zwingen ungenau vertextete Passagen die Lesenden oft zu speziellen Anstrengungen: Es stellt sich z.B. die Frage nach dem Zusammenhang einer Aussage mit dem Rest des Textes, oder die Lesenden sind unsicher über die Bedeutung einer Aussage, weil die in ihr gemachten begrifflichen Unterscheidungen auf der Basis des momentan zugänglichen Vorwissens nicht sofort mit Bedeutung gefüllt werden können. Vielleicht stellt sich heraus, dass die Wichtigkeit von Informationen, die in früheren Textpassagen gegeben wurden, nicht richtig eingeschätzt wurde – die Lesenden müssen dann zurückgehen, bereits gelesene Textpassagen noch einmal durchgehen und können dann versuchen, versehen mit einer verbesserten Version des mentalen Modells, die Lektüre erfolgreicher fortzusetzen. (Natürlich stehen hier stets verschiedene Optionen offen: Man kann suboptimale Lösungen wählen, d.h. einfach weiterlesen und sich mit einem weniger ausgefeilten Verständnis zufriedengeben. Man kann sich auch entscheiden, noch einmal von vorne zu beginnen, oder ohne Rücksicht auf Unklarheiten zu Ende zu lesen und mit einer zweiten Lektüre zu einem besseren Verständnis zu gelangen usw.)

Wird das Funktionieren der eingespielten Automatismen des Leseprozesses durch Probleme (auf Sprach- oder auf Textebene) behindert, so müssen sich die Lesenden den Schwierigkeiten bewusst widmen. Wahrscheinlich resultiert daraus eine Unterbrechung des kontinuierlichen Leseprozesses, wenn auch oft nur für Momente. Längerdauernde oder häufige solche Unterbrechungen können die Konstruktion eines Gesamtbildes, eines sinnvollen Textzusammenhanges erschweren. Dies gilt vorab dann, wenn solche Unterbrechungen nicht gewollt sind (wenn sie nicht Produkt unserer eigenen Strategie sind, etwa der Absicht, die Struktur eines Textes aufzudecken), sondern wenn sie durch die Schwierigkeit des Textes und unsere Verständnisprobleme hervorgerufen werden. Wir empfinden dann die Lektüre leicht als mühsam und wenig anregend. Andererseits sind solche Unterbrechungen auch die Momente, in denen wir uns der Lektüre und unseres Tuns bewusst werden, d.h. Fragen stellen, Ungereimtheiten aufdecken, die Ansprüche an unser Verstehen definieren und damit eine intensive Auseinandersetzung mit dem Gelesenen in Gang setzen können.

Verstehen ist in der Perspektive dieses Modells vor allem ein *Verknüpfen:* die Schaffung eines hochorganisierten Netzes von Strukturen und Beziehungen. Je besser ein Text diese Aktivität unterstützt, desto besser kann er im Lesen aufgenommen und dem Gedächtnis übergeben werden. Probetexte, die so abgefasst sind, dass sie ohne Titel kaum verständlich sind, mit Titel aber ohne weiteres als etwas ungewöhnliche Darstellungen einer vertrauten Handlung verstanden werden können, zeigen diesen Aspekt sehr deutlich: *Die Arbeit geschieht am besten von Hand. Das Produkt generös verwenden, damit sich der Duft entfalten kann. Längeres Wirkenlassen erhöht den Effekt. Direkte Sonnenbestrahlung ist zu vermeiden.* Ohne Titel gelesen, kann so ein Text schon nach kürzester Zeit von den Versuchspersonen kaum mehr erinnert werden; bei der Lektüre mit Titel ("Waschen von Wollsachen mit XY") sind die vorher wirr scheinenden Informationen strukturierbar, damit erinnerbar und wieder formulierbar.

Natürlich sind solche Texte hoch artifiziell; kaum ein authentischer Text würde so kunstvoll den Leser im Dunkeln lassen. Trotzdem kann man vermuten, dass die Probleme von Lesenden, die einen Text als inhaltlich extrem schwierig empfinden, in gewisser Hinsicht in diesen artifiziellen Produkten vorgezeichnet sind. Die Aussagen eines Textes entfalten ein Thema, sie ergeben sich aus einer Logik der Sache. Ist diese noch weitgehend unbekannt, können die einzelnen Passagen eines Textes so unzusammenhängend erscheinen wie die Sätze im Beispieltext. Wie dort erst der Titel den Frame, das Schema angibt, welches den Zusammenhang der Aussagen untereinander verständlich macht, so ist es im zweiten Fall manchmal erst eine plötzliche Einsicht, ein 'Aha-Erlebnis' (oder eine langsam wachsende Bekanntheit mit einem Gegenstand), durch die eine Darstellung in ihrem Zusammenhang erkannt wird.

9.5   Neuere Entwicklungen

Obwohl sich der Gegenstand psycholinguistischer Forschung in den letzten Jahren deutlich ausgeweitet hat, ist die Entwicklung der jüngeren Psycholinguistik weniger von grundlegenden Paradigmenwechseln als vielmehr von der kontinuierlichen Weiterentwicklung und Differenzierung bestehender Fragestellungen gekennzeichnet. Einerseits stösst man heute dank fortschreitender technischer Möglichkeiten und dank verfeinerter experimenteller Beobachtungsdesigns immer weiter in den Mikrobereich von Sprachverarbeitungsprozessen vor, wodurch sich vermehrt Berührungspunkte zu benachbarten Disziplinen wie z.B. der Neurolinguistik ergeben. Andererseits ist die heutige Psycholinguistik aber auch darum bemüht, verstärkt die Makroebene von Sprachprozessen sowohl theoretisch wie empirisch zu erfassen. Der Einfluss pragmatischer und gesprächsanalytischer Ansätze auf die Psycholinguistik hat sich in den letzten Jahren insofern bemerkbar gemacht, als heute in stärkerem Ausmass als bisher der situative Kontext beachtet wird, in dem sprachliche Äusserungen produziert und rezipiert werden. Das aktuelle Bestreben, nicht mehr nur die Verarbeitung einzelner Wörter oder isolierter Sätze zu untersuchen, sondern ganze Redebeiträge, Texte oder Gespräche zu berücksichtigen, nennen RICKHEIT et al. (2002) die "kommunikative Perspektive" der Psycholinguistik.

9.5.1 Spracherwerb

Die Spracherwerbsforschung hat sich bereits seit den 70er Jahren nicht mehr ausschliesslich auf die Entwicklung der System-Bereiche von Sprache (Phonologie, Morphologie, Syntax, Lexik) konzentriert, sondern hat begonnen, sich auch mit dem Erwerb von komplexen kommunikativ-sozialen Fähigkeiten (Gespräche führen, argumentieren, erzählen) zu befassen. In der aktuellen Spracherwerbsforschung ist allerdings wieder ein verstärktes Interesse an der Frühphase des Spracherwerbs zu verzeichnen. Zu einem Brennpunkt unterschiedlicher theoretischer und empirischer Fragen ist insbesondere der frühe Lexikonerwerb geworden, wobei sich die Diskussion einerseits um quantitative und andererseits um qualitative Aspekte des Wortschatzerwerbs dreht.
Unter *quantitativer* Perspektive wird gegenwärtig ein Phänomen wieder neu diskutiert, das in der Spracherwerbsforschung altbekannt ist, und zwar der unvermittelte Anstieg des Wortschatzes *(vocabulary spurt)*, der bei den meisten Kindern im Laufe des zweiten Lebensjahres zu beobachten ist. Neben neueren Studien zu phonologischen, kognitiven sowie kommunikativen Aspekten des frühen Wortschatzerwerbs gibt es auch einen aktuellen Ansatz, der das quantitative Problem des Lexikonerwerbs mit dem Konzept des *fast mapping* zu erklären versucht. Als *fast mapping* wird die erstaunliche Fähigkeit von Kindern bezeich-

net, während des frühen Spracherwerbs Wörter nach nur ein- bis zweimaligem Hören ins eigene Lexikon zu übernehmen. Ihre ausserordentliche sprachliche Aufnahmefähigkeit erlaubt es den Kindern, sehr schnell grobe Hypothesen über einzelne Wortbedeutungen zu bilden und die anfänglich nur partielle Zuordnung von Wortlaut und Bedeutung bei erneuter Präsentation des Wortes zu ergänzen. Dieses Verfahren lässt sich auch in experimentellen Studien mit Phantasie-wörtern nachweisen (ROTHWEILER 2001). Da jedoch die kognitiven Prozesse, die dem *fast mapping* zugrunde liegen, noch zu wenig genau bekannt sind, besteht keine Einigkeit darüber, ob es sich dabei tatsächlich um eine Erklärung für den schnellen Wortschatzzuwachs handelt oder ob das *fast mapping* selber ein Teil des zu erklärenden Phänomens ist.

Im Hinblick auf die *qualitative* Problematik des Wortschatzerwerbs wird in jüngerer Zeit von verschiedenen ForscherInnen in Anlehnung an nativistische Konzeptionen die Hypothese geäussert, dass Kinder nicht nur beim Grammatik-, sondern auch beim Semantikerwerb auf angeborenes Sprachwissen angewiesen seien (MARKMANN 1994; CLARK 2003). Es wird also die Auffassung vertreten, dass auch der Erwerb von Wortbedeutungen im Sinne des *logischen Problems des Spracherwerbs* (vgl. 3.1.4.) zu verstehen sei. Das heisst, dass der Erwerb der Semantik nur vor dem Hintergrund angeborenen lexikalischen Wissens erklärt werden kann. Begründet wird dieser Ansatz damit, dass das Kind beim Lexikon-erwerb mit dem Problem des zu grossen *Hypothesenraums* konfrontiert sei, das darin besteht, aus einer theoretisch unendlichen Menge möglicher Hypothesen über den Zusammenhang zwischen Wort und Bedeutung die richtige finden zu müssen. Ein Kind ist also vor die Aufgabe gestellt, herauszufinden, ob sich ein bestimmtes Wort, z.B. *Hund,* auf die Form, die Farbe oder die Beschaffenheit bezieht oder allenfalls auf Teile des Objekts (Pfoten, Ohren, Fell) oder mög-licherweise auf ganz andere Eigenschaften. Als Lösung dieses Lernbarkeits-problems wird die Wirksamkeit angeborener lexikalischer Beschränkungen *(constraints)* vorgeschlagen. Eine viel diskutierte lexikalische Beschränkung ist etwa die Ganzheitsannahme *(whole object constraint)*, die das Kind dazu veran-lasst, ein neu zu erwerbendes Wort zunächst auf das ganze Objekt zu beziehen. In der Folge treten weitere *constraints* hinzu, die für die kontinuierliche Aus-differenzierung des Semantikerwerbs verantwortlich sind. Die Funktion dieser angeborenen *constraints* ist es also, den Bedeutungserwerb derart einzuschrän-ken, dass nicht alle theoretisch möglichen Hypothesen in Erwägung gezogen werden müssen. Indem bestimmten Annahmen Priorität eingeräumt wird, wird der Erwerb von Wortbedeutungen nicht nur gesteuert und erleichtert, sondern überhaupt erst ermöglicht.

Kritiker dieser nativistischen Konzeption des Semantikerwerbs argumentieren mit empirischen Beobachtungen, aber auch mit theoretischen Überlegungen (vgl. LÖBACH 2000). Angeführt wird etwa die Tatsache, dass zum frühkindlichen Lexikon Wörter gehören, die nicht auf der Basis von lexikalischen Beschrän-kungen erworben werden können (z.B. Funktionswörter wie *mehr*), was aber dem universellen Anspruch der *constraints* widerspreche. Ausserdem wird von kritischen Stimmen angeführt, dass die lexikalischen Beschränkungen in empiri-schen Untersuchungen lediglich tendenziell bestätigt werden und daher eher den Charakter von – möglicherweise erworbenen – Präferenzen als von echten ange-borenen *constraints* haben. Alternative Erklärungen zum *constraint*-Ansatz werden in interaktionistischen Modellen (vgl. 9.2) formuliert, die in der sozial-kommunikativen Bedingtheit des Spracherwerbs die entscheidenden Faktoren des Semantikerwerbs sehen (z.B. TOMASELLO 2001).

Unterschiedliche Auffassungen bestehen auch hinsichtlich der Frage, ob zwischen der Entwicklung des Lexikons und Erwerbsprozessen in anderen sprachlichen Bereichen ein Zusammenhang besteht. Modularen Annahmen zufolge vollzieht sich die Entwicklung verschiedener sprachlicher Wissens-domänen im Wesentlichen unabhängig voneinander. Dieser Auffassung steht eine andere gegenüber, wonach eine spezifische Zusammensetzung des frühen kindlichen Lexikons für den Grammatikerwerb von entscheidender Bedeutung sei (MARCHMAN/BATES 1994). Auch im Rahmen des so genannten *bootstrap-ping*-Ansatzes wird die These vertreten, dass es domänenspezifische Wissens-bestände gibt, die den Einstieg in den Erwerb anderer sprachlicher Bereiche ermöglichen. So besteht die Idee des *semantic bootstrapping* darin, dass Kinder ihr bereits vorhandenes semantisches Wissen als Einstiegshilfe nutzen, um sich die syntaktische Kategorien einer Sprache zu erschliessen.

Welche Verbindungen zwischen Entwicklungsprozessen im lexikalischen, grammatischen und phonologischen Bereich bestehen und ob bestimmte bereichsspezifische Kenntnisse als Auslöser für Erwerbsprozesse in anderen Domänen dienen, ist eine offene Frage, die gegenwärtig weder empirisch noch theoretisch abschliessend beantwortet werden kann.

9.5.2 Sprachwissen

Über welche sprachlichen und nicht-sprachlichen Wissensbestände eine Person verfügen muss, um Sprache produzieren und rezipieren zu können, gehört schon seit Beginn der psycholinguistischen Forschung zu den grundlegenden Fragen. Während die ältere Forschung ihren Gegenstandsbereich häufig auf einzelne Teilaspekte des sprachlichen Wissens einschränkte, z.B. auf die semantische Ebene (vgl. 9.3), steht heute zunehmend die Struktur des gesamten Sprach-wissens im Vordergrund. Dabei gilt das gegenwärtige Interesse vor allem den prozessualen Aspekten des Sprachwissens. Dies wird zum Beispiel anhand des Zugriffs auf das mentale Lexikon *(lexical access)* untersucht. Entscheidend ist allerdings nicht nur, wann im Verlauf der Sprachverarbeitung auf das mentale Lexikon zugegriffen wird, sondern auch wie häufig. Nach heutigem Wissen erfolgt sowohl der Wortabruf *(lexical retrieval)* im Rahmen der Sprachproduk-tion wie auch die Worterkennung *(lexical recognition)* im Rahmen der Rezep-tion in zwei Schritten, was auf eine Zweiteilung der lexikalischen Information hindeutet. Aufgrund dieses zweifachen Lexikonzugriffs wird gegenwärtig von den meisten psycholinguistischen Lexikonmodellen angenommen, dass seman-tisch-syntaktische und phonologische Informationen in getrennten Sublexika gespeichert sind. Eine ganz andere, zurzeit noch nicht definitiv gelöste Frage ist hingegen, ob für die Produktion und die Rezeption auf die gleichen lexikalischen Speicher zugegriffen wird, oder ob von getrennten Sublexika ausgegangen werden muss. Solche Fragestellungen werden in der heutigen psycholinguis-tischen Forschung auch mithilfe moderner hirnphysiologischer Untersuchungsmethoden (z.B. fMRI: funktionale Magnetresonanztomographie oder PET: Positronenemissionstomographie) untersucht.

In der Sprachwissens- und in der Sprachproduktionsforschung hat in den letzten Jahren ein theoretischer Ansatz zunehmend an Bedeutung gewonnen, der hier nur ganz grob skizziert werden kann. Es handelt sich dabei um den so genannten *Konnektionismus*. Unter dem Begriff Konnektionismus werden verschiedene Modellannahmen zusammengefasst, die sich aus kognitionswissenschaftlicher Perspektive mit Fragen des Sprachwissens wie auch mit Sprachverarbeitungsprozessen beschäftigen. Konnektionistische Modelle orientieren sich an der neuronalen Struktur des Gehirns, weshalb sie gelegentlich auch "neuronale Netzwerkmodelle" genannt werden (SCHNOTZ 1994). Ein konnektionistisches System besteht aus einer Vielzahl an simplen informationsverarbeitenden Einheiten, den *Knoten*, sowie aus Verbindungen zwischen den Knoten. In Analogie zur Funktionsweise eines Nervensystems empfangen die Knoten Informationen, oder sie geben Informationen an andere Knoten weiter. Zwischen den Knoten bestehen unterschiedlich gewichtete Verbindungen, die sich erregend *(exzitatorisch)* oder aktivitätshemmend *(inhibitorisch)* auf den Aktivationswert der nachfolgenden Knoten auswirken. Sprachwissen resp. Sprachverarbeitung wird unter konnektionistischer Perspektive als das Resultat einer Kette von neuronalen Aktivierungsprozessen angesehen. Daher wird in konnektionistischen Modellen nicht strikt zwischen Speicherung und Verarbeitung unterschieden, denn die repräsentationalen Zustände des Systems sind quasi Augenblicksaufnahmen in einem kontinuierlichen Veränderungsprozess und daher nicht per se voneinander unterscheidbar (SCHNOTZ 1994, 126).

Für die psycholinguistische Theoriebildung im Bereich der Sprachwissens- und Sprachproduktionsforschung ist der konnektionistische Ansatz nicht nur attraktiv, weil sich mittels einfacher Prinzipien komplexe sprachliche Verhaltensweisen eines kognitiven Systems modellieren lassen, sondern auch weil es mit bestimmten konnektionistischen Modellen möglich ist, sprachliche Lernprozesse computertechnisch zu simulieren.

9.5.3 Sprachprozesse

Die Erforschung der kognitiven Prozesse, die für die Sprachproduktion massgebend sind, hat in den vergangenen Jahren erhebliche Fortschritte gemacht. Allgemeines Ziel der Sprachproduktionsforschung ist es, zu erklären, wie aus der Absicht eines Sprechers, eine bestimmte Mitteilung zu realisieren, eine hör- bzw. lesbare sprachliche Äusserung wird. Zwischen den gegenwärtig in der Forschung diskutierten Ansätzen besteht auf einer allgemeinen Ebene Einigkeit darüber, dass Sprachproduktion grundsätzlich als ein seriell organisierter Informationsverarbeitungsprozess zu verstehen ist, der in mehreren Prozessstufen verläuft. Als Erstes erstellt der Sprecher ein nicht-sprachliches Konzept, das die intendierte Botschaft repräsentiert. Die anschliessende sprachliche Verschlüsselung *(Enkodierung)* besteht aus verschiedenen Teilprozessen: lexikalische Enkodierung (Wortwahl), grammatische Enkodierung (Erstellen eines syntaktischen Bauplans), phonologische und prosodische Enkodierung. Als letzter

Schritt erfolgt die Artikulation. Unter den aktuellen Sprachproduktionsmodellen stehen sich zwei Haupttypen gegenüber: *autonome* und *interaktive* Modelle. In autonomen Modellen wird angenommen, dass das Sprachproduktionssystem aus verschiedenen Teilsystemen besteht, die unabhängig voneinander arbeiten. Die Information wird von einem Teilsystem zum anderen erst dann weitergeleitet, wenn sie im ersten Teilsystem verarbeitet wurde. Dass Sprachproduktion in der Regel sehr schnell und effizient abläuft, wird im Rahmen des autonomen Ansatzes mit der *Inkrementalität* des Sprachproduktionssystems erklärt. Dem Konzept der Inkrementalität liegt die Annahme zugrunde, dass Sprachproduktion in distinkten Teilschritten vollzogen wird, die auf verschiedenen Prozessebenen zwar nachgeordnet, aber immer zeitgleich bearbeitet werden.

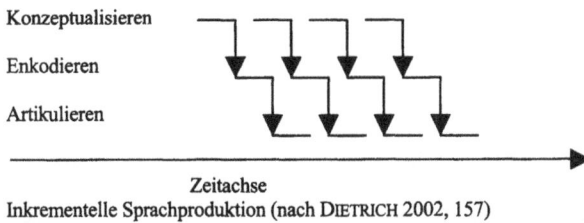

Zeitachse
Inkrementelle Sprachproduktion (nach DIETRICH 2002, 157)

Der Prozessablauf ist in einem solchen Modell eindeutig gerichtet, und zwar von der hierarchisch höheren Ebene zur jeweils nächst niedrigeren Ebene der Verarbeitung. Das Gesamtsystem ist also grundsätzlich seriell organisiert, da aber alle Teilsysteme gleichzeitig an verschiedenen Teilaufgaben arbeiten, wird die Funktionsweise eines solchen Systems als *seriell-parallel* oder eben *inkrementell* bezeichnet (vgl. DIETRICH 2002). Dieses in Teilschritten und auf verschiedenen Prozessstufen simultan arbeitende System ermöglicht es dem Sprecher mit dem Enkodieren und dem Artikulieren zu beginnen, bevor die gesamte Botschaft kognitiv verfügbar ist.

Während für autonome Modelle eine modulare Architektur massgebend ist, die aus in sich geschlossenen Teilsystemen besteht, ist in interaktiven Modellen die Sprachproduktion auf eine Vielzahl an netzartig miteinander verbundenen und gleichzeitig aktiven Informationseinheiten verteilt. Indem diese Informationseinheiten auf verschiedenen Schichten organisiert sind, gehen zwar auch die interaktiven Netzwerktheorien von einer gewissen Hierarchie der Verarbeitungsprozesse aus. Im Unterschied zu autonomen Ansätzen wird jedoch angenommen, dass die an der Sprachproduktion beteiligten Verarbeitungsprozesse von 'unteren' Ebenen auch auf Verarbeitungsprozesse auf 'höheren' Ebenen zurückwirken können. Dies wird in interaktiven Theorien dadurch erreicht, dass der Informationsfluss nicht nur in einer Prozessrichtung verläuft *(feedforward)*, sondern auch von späteren Verarbeitungsprozessen auf frühere zurückwirken kann *(feedback)*. Einerseits können auf diese Weise Kontrollmechanismen, die für ein funktionierendes Sprachproduktionssystem notwendig sind, theoretisch berücksichtigt werden. Andererseits bietet der bidirektionale Informationsfluss auch die Möglichkeit, Fehlproduktionen des Systems (Versprecher, aphasiebedingte Störungen) zu modellieren. Damit werden interaktive Netzwerktheorien einem wichtigen Anspruch an moderne Sprachproduktionsmodelle gerecht, der darin besteht, Sprachprozesse nicht nur isoliert und nicht nur für den Idealfall zu konzipieren, sondern auch produktionsbedingte Fehlleistungen im Modell zu berücksichtigen.

In der gegenwärtigen Sprachproduktionsforschung, die sich intensiv sowohl mit einzelnen Teilprozessen als auch mit Gesamtmodellen der Sprachproduktion befasst, spielt die Konkurrenz zwischen autonomen und interaktiven Erklärungsansätzen eine anhaltend wichtige Rolle.

9.5.4. Weiterführende Literatur

Einführendes und Überblicksdarstellungen: Neuere, ausführliche und sehr anschauliche Überblicksdarstellungen über das Gesamtgebiet sind Carroll (1999), Whitney (1998) und Harley (2001). Eine aktuelle und ohne Vorkenntnisse gut verständliche Einführung bieten Rickheit et al. (2002). Ebenfalls empfehlenswert ist die differenzierte Einführung von Dietrich (2002). Pinkers (1996) auf der generativen Grammatik beruhende Darstellung über den menschlichen 'Sprachinstinkt' beinhaltet zahlreiche illustrative Beispiele aus der psycholinguistischen Forschung und ist über die Linguistik hinaus zum vieldiskutierten 'Bestseller' geworden. In ihrer aktuellen Breite wird die Psycholinguistik im Handbuch von Rickheit/Herrmann/Deutsch (2003) dargestellt.

Spracherwerbsforschung: Einen kurzen und leicht lesbaren Überblick über ausgewählte Bereiche des Spracherwerbs bietet Dittmann (2002). Umfassendere Darstellungen des gegenwärtigen Standes der Spracherwerbsforschung sind Barrett (1999), Clark (2003) und Hickmann (2003). Meibauer/Rothweiler (1999) und Kauschke (2000) enthalten empirische Studien zum Erwerb des Lexikons. In Löbach (2000) und Bowerman/Levinson (2001) werden aktuelle spracherwerbstheoretische Ansätze diskutiert, die sich an der Schnittstelle zwischen sprachlichen und kognitiven Entwicklungsprozessen befinden. Eine informative Einführung in die Theorien des Spracherwerbs gibt Klann-Delius (1999). Mit verschiedenen Fragen des Erwerbs von kommunikativen Fähigkeiten befassen sich Boueke et al. (1995) und Hausendorf/Quasthoff (1996). Ein breiter Überblick über verschiedene Teilbereiche der neueren Spracherwerbsforschung lässt sich aus den Handbüchern von Fletcher/MacWhinney (1995) und Grimm (2000) gewinnen.

Sprachwissensforschung: Einen theoretisch breiten und umfassenden Überblick über die aktuellen Fragestellungen der Sprachwissensforschung liefert Jackendoff (2002). In Brown/Hagoort (1999) sind namhafte Beiträge zur Theorie und Methodik neurolinguistischer Forschung enthalten. Grundlegendes zum Konnektionismus findet sich in Schnotz (1994) sowie in Schade/Kupietz (2003). In Schwarz (1994) und Ludewig/Geurts (1998) sind verschiedene psycholinguistisch relevante Beiträge zur kognitiven Semantik versammelt. Wissenswertes über das mentale Lexikon aus Sicht des Zweitspracherwerbs bieten die Aufsätze in Börner/Vogel (1997).

Sprachprozessforschung: Herrmann/Grabowski (2003) bieten ein umfangreiches Handbuch, das die ganze Breite der gegenwärtigen Sprachproduktionsforschung abdeckt. Über den neueren Stand der Sprachrezeptionsforschung gibt das Handbuch von Friederici (1999) Auskunft. Während Kochendörfer (1997) konnektionistische Modelle des Sprachverstehens bespricht, legt Schade (1999) ein konnektionistisches Modell der Sprachproduktion vor. Jescheniak (2002) befasst sich mit verschiedenen Fragen des Zugriffs auf das mentale Lexikon beim Sprechen, während sich Townsend/Bever (2001) mit der Verarbeitung und dem Verständnis von Sätzen befassen.

10. Historiolinguistik

Einleitung

Auf die Frage, seit wann man von einer *eigentlichen* Sprachwissenschaft (und nicht bloss einer Beschäftigung mit Sprache im Rahmen anderer wissenschaftlicher Disziplinen wie z.B. der Philosophie oder Logik) sprechen könne, lautet eine der Standardantworten: seit dem Beginn des 19. Jahrhunderts. Mit dieser Datierung meint man den Beginn der sogenannten *historisch-vergleichenden Sprachwissenschaft*. Massgeblich zu diesem Anfang beigetragen bzw. der wissenschaftliche Beweis der historischen Verwandtschaft der *indogermanischen* (abgekürzt: idg.) oder *indoeuropäischen* (ide.) Sprachen.

Historisch-vergleichende Sprachwissenschaft meint die Erforschung der Vorstufen unserer heutigen Sprachen unter dem besonderen Gesichtswinkel der Verwandtschaftsverhältnisse. Sie hat das 19. Jahrhundert, was Sprachforschung anbelangt, sehr stark dominiert. Andere Zugangsweisen zur Sprache als die historische führten innerhalb der offiziellen Sprachwissenschaft ein zweitrangiges Dasein, beispielsweise die für die Geschichte des Deutschen als Standardsprache so wichtige, ehemals stark präskriptive Grammatikschreibung oder die sprachphilosophischen Reflexionen auf das Wesen menschlicher Sprache überhaupt und das Verhältnis von Sprache und Denken (obschon gerade mit Wilhelm von Humboldt anfangs des 19. Jahrhundert zu dieser letzteren Fragestellung ungemein gewichtige Beiträge in die Geschichte der Sprachwissenschaft gekommen sind).

Mit dem prinzipiell historischen Zugriff des 19. Jahrhunderts auf Sprache etablierten sich an den Universitäten die bekannten *philologischen* Fächer (Germanistik, Romanistik, Anglistik, Slawistik) als eigenständige Wissenschafts- und Studienrichtungen. In der Philologie, d.h. in der Beschäftigung mit Texten älterer Sprachstufen, gehen die Wissenschaft von der älteren Literatur und die Wissenschaft von der älteren Sprache eng zusammen, wobei sprachhistorische Forschung zuerst nicht so sehr um ihrer selbst willen betrieben wird, sondern vor allem als Hilfswissenschaft, die mit Wörterbüchern und Grammatiken älterer Sprachstufen notwendige Mittel bereitstellt zum Verständnis alter Texte und damit Mittel zum Verständnis der Vorstufen der eigenen Sprach- und Kulturgemeinschaft. Die alten Sprachstufen werden zudem selber als eine Art Text verstanden: Im Wortschatz, in den morphologischen und syntaktischen Möglichkeiten, im rekonstruierten Lautstand versucht man, etwas vom 'Geist' der vergangenen Zeiten zu lesen.

Aus dieser Blütezeit der Philologie des 19. und frühen 20. Jahrhunderts erwachsen uns die weitaus meisten Kenntnisse, die wir von älteren Stufen unserer Sprachen auch heute noch haben. Sie sind festgehalten in *Grammatiken* und *Wörterbüchern* älterer Sprachepochen (für das Deutsche: Gotisch, Althochdeutsch, Mittelhochdeutsch, Deutsch der Lutherzeit etc.) und in grossen *Sprachgeschichten*, die den ganzen Bogen der Zeiten überspannen.

Eine Standardantwort auf die Frage nach dem Beginn der *modernen* Sprachwissenschaft lautet: Die moderne Sprachwissenschaft beginnt in den 20er und 30er Jahren des 20. Jahrhunderts (in Deutschland aus diversen Gründen weitgehend erst nach dem 2. Weltkrieg) mit dem Aufkommen des Strukturalismus in der Nachfolge de SAUSSUREs. Diese Bewegung markiert einen eigentlichen Paradigmenwechsel in der Geschichte der Sprachwissenschaft, d.h. einen Wechsel in den grundlegenden Fragestellungen und Zugangsweisen zu sprachlichen Phänomenen. Dabei ist das philologische, die sprachhistorische Forschung massiv in den Hintergrund gedrängt worden durch eine Sprachforschung, die sich zum einen sehr viel stärker *theorieorientiert*, d.h. auf die Entwicklung allgemeiner Beschreibungsmodelle ausgerichtet zeigt, und die zum andern eine ganz klare Präferenz für eine Betrachtung der *Gegenwartssprachen* hat. De Saussure hat für den Paradigmenwechsel auch gleich die Schlagworte geliefert: Weg von der *Diachronie*, hin zur *Synchronie*. Die philologischen Fächer, in denen man schon etwas früher den Lehrstuhl für neuere Literatur einrichtete, wurden im Gefolge dieses Paradigmenwechsels ganz allmählich mit Lehrstühlen für neuere, moderne Linguistik bereichert. Philologische, sprachhistorische Forschung war nicht mehr länger *die* Sprachwissenschaft überhaupt, sondern nur noch ein Teil davon, und erst noch einer mit dem Image einer eher langweiligen, verstaubten, theoretisch uninteressanten, weil hoffnungslos positivistischen Faktenhuberei.

Man hat mit diesem Paradigmenwechsel jedoch – wie so oft – in gewissem Sinn das Kind mit dem Bade ausgeschüttet. Konkret: Man hat für lange Jahre die gleicherweise triviale wie wesentliche Einsicht in die Geschichtlichkeit der Sprachen verdrängt. Erst in jüngerer Zeit ist eine *Renaissance der sprachhistorischen Forschung* wieder unverkennbar geworden, eine sprachhistorische Forschung mit dreifach verändertem Gesicht:

(1) Man arbeitet sehr viel stärker *theorieorientiert* und bemüht sich insbesondere um eine Anwendung von Theorien und Modellen der synchronen Linguistik auf sprachhistorische Gegenstände.

(2) Man interessiert sich nicht mehr primär für die fernabliegenden Zeitläufe, sondern für die Sprachgeschichte der jüngeren und jüngsten Zeit, sogar für den Sprachwandel in der Gegenwart. Daran zeigt sich auch, dass Sprachgeschichtsforschung nicht länger mehr nur Hilfswissenschaft für das Verständnis älterer Texte ist, sondern eine Wissenschaft eigenen Werts, die uns die jüngste Geschichte und die Gegenwart der Sprache als eine sich geschichtlich wandelnde näherbringt (vgl. dazu besonders 10.2.3).

(3) Man trägt viel von der sogenannten *pragmatischen Wende* aus der synchronen Linguistik in die Sprachhistoriographie hinein: Sprachgeschichtliche Forschung beschäftigt sich nicht mehr nur mit Lauten, Formen, Strukturen und Bedeutungen der Sprachstufen der Vergangenheit, sondern mit der vergangenen Wirklichkeit des Sprach*gebrauchs*, und sie erschliesst sich dabei auch ganz neue Ansätze zur Erklärung der Veränderungen der Sprachen.

Wir werden im vorliegenden Kapitel keine Sprachgeschichte (des Deutschen) erzählen, genauso wenig wie wir in den vorangegangenen Kapiteln eine Wortlehre oder eine Syntax oder ein Bedeutungswörterbuch (z.B. des Gegenwartsdeutschen) geboten haben. Vielmehr versuchen wir zunächst in einem ersten Teil (10.1) die Grundfragestellungen der Historiolinguistik in ihren verschiedenen Aspekten zu beleuchten. Die dabei angeschnittenen Einsichten, Fragen und Probleme sollen anschliessend anhand von drei ausgewählten Gegenständen der Sprachgeschichte des Deutschen konkretisiert und illustriert werden, wobei die ersten beiden Beispiele (10.2.1 und 10.2.2) der traditionellen Geschichtsschreibung des Deutschen entnommen sind, das dritte Beispiel (10.2.3) jedoch einen Eindruck von der jüngeren Art der Sprachgeschichtsforschung zu vermitteln versucht.

Lesehinweise

Einführung: Eine allgemeine Einführung in Fragestellungen und Methoden der Sprachgeschichtsforschung ist Boretzky (1977) und ganz besonders Bynon (1981).
Diskussion um Beschreibung und Erklärung von Sprachwandel: Es gibt eine ganze Reihe interes-
santer Monographien und Sammelbände zur Sprachwandeldiskussion. Der Urtypus hiervon ist
Paul mit seinen "Prinzipien der Sprachgeschichte" (1880/1975). Von erheblichem Einfluss auf die
neueren Diskussionen ist Coseriu (1958/1974). Jüngere *Monographien* sind Lehmann (1969),
Lass (1980) mit einer eingehenden Diskussion des Erklärungsbegriffs beim Sprachwandel sowie
Hock (1986) und Koopmann (1986). Aufsätze verschiedener Autoren mit unterschiedlichen
Standpunkten versammeln die *Sammelbände* von Dinser (1974) und Lüdtke (1980).
Cherubim (1975) stellt verschiedene wichtige *Arbeiten aus der jüngeren Sprachwissenschaftsge-
schichte* zur Sprachwandeldiskussion zusammen; in (1977) versucht er eine knappe *Skizze der
wissenschaftshistorischen Entwicklung*. Verschiedene wissenschaftshistorische Positionen sind
auch referiert in Windisch (1988). Wurzel (1988) diskutiert die Frage nach der Beschreibung und
Erklärung von Sprachwandel exemplarisch am *Beispiel des morphologischen Wandels*.
Die theoretische Position der *"Unsichtbaren Hand"* im Sprachwandel (vgl. 10.1.5.c) lässt sich gut
nachlesen in Keller (1990).

Sprachgeschichten: An sprachgeschichtlicher Literatur zu einzelnen Schwerpunkten des Deutschen
haben wir in den vorangegangenen Kapiteln jeweils einige Hinweise gegeben. Wichtige Gesamtdarstellungen der deutschen Sprachgeschichte aus dem 19. und 20. Jahrhundert sind im Literaturverzeichnis unter der Rubrik (d) gesondert aufgeführt. Die Darstellungen aus der älteren Germanistik sind zwar mit ihrer Faktenfülle noch immer erste Quelle für Fragen der Geschichte des Deutschen, vorab der Geschichte des Sprachsystems. Als erzählende Geschichten aber kann man sie
kaum lesen.
Jüngere Arbeiten sind in dieser Beziehung zumeist besser, doch gibt es auch hier noch erhebliche
Unterschiede: Beispielsweise bieten Eggers (1986) oder Tschirch (1989) eine Art Sprachgeschichte bezogen auf Literatur- und Kulturgeschichte, Polenz (1978) in weniger ausgeprägtem
Ausmass auch, betont jedoch die jüngere Geschichte und lässt stärker sozialhistorische Momente
anklingen; bei Polenz (1991), ursprünglich gedacht als Überarbeitung von Polenz (1978), ist diese Ausrichtung konsequent verfolgt und hat zu einer ganz neuen und umfangreicheren Anlage des
Werkes geführt. Sonderegger (1979) ist in der Orientierung auf die sprachsystematischen Fakten
und in der weitgehenden Absenz wirklichen Erzählens stark der älteren Philologie verpflichtet, bereitet die Fakten jedoch mit vielen sehr hilfreichen Tabellen und Schemata in einer neuartigen
Weise auf. Steger (1989) liefert einen Entwurf einer Geschichte der deutschen Sprache nach 1945.
Theoriediskussion und *Sprachgeschichtsschreibung* am Exempel versuchen Moser/Wellmann/Wolf
(1981) zu vereinen; leider ist nur der erste Band zum Alt- und Mittelhochdeutschen erschienen.
Sprachgeschichtsschreibung unter pragmatischer Optik: Ein frühes Dokument ist der Sammelband von Sitta (1980); programmatisch: Schlieben-Lange (1983). Der neue, pragmatische Geist
weht auch durch ein Buch wie Augst (1977) mit seinen vier Unterrichtsprojekten zur Sprachgeschichte; ähnlich, ebenfalls didaktisch orientiert ist Linke 1989). Erste pragmatisch-soziolingui-
stische Ansätze in der Sprachhistoriographie (v.a. der Gegenwart) lieferte Labov (z.B. 1976/78).
Für das in 10.2.3 vorgestellte Beispiel pragmatischer Sprachgeschichtsschreibung einschlägig sind
Grosse (1987 und 1989), Linke (1991). Zu diesem neuerdings massiv gesteigerten Interesse an
jüngerer und jüngster Sprachgeschichte vgl. auch Cherubim/Mattheier (1989), Schikorsky (1990),
Wimmer (1991), die Gegenwartssprache unter dem Blickwinkel ihrer aktuellen Veränderung
beschreibt Braun (1993). Zu den Veränderungen im Zuge der deutsch-deutschen Vereinigung vgl.
Lerchner (1992) und Burkhardt/Fritzsche (1992).
Sprachursprungsfrage: Gessinger/Rahden (1989). Zum *"Sprachzerfall"*: Klein (1986).

Handbuch: Schliesslich sei auf eine Art Summe (germanistischer) sprachhistorischer Forschung
hingewiesen, die sowohl die wichtigsten Ergebnisse der älteren und jüngeren materialorientierten
Forschung wie auch der jüngeren theorieorientierten Forschung präsentiert: Besch/Reichmann/
Sonderegger (1984).

10.1 Grundfragen der Historiolinguistik

10.1.1 Die Historizität von Sprache. *Synchronie* und *Diachronie* in der Sprachforschung

Was meinen wir eigentlich, wenn wir hier von Historiolinguistik sprechen? Man kann versuchen, die Sprache vergangener Epochen, z.B. das Deutsche um 1200, darzustellen. Solche Forschung unterscheidet sich im Prinzip nicht von Forschungen zur Gegenwartssprache, ausser dass sich ihr ein gravierendes methodisches Problem stellt: Es ist das Problem der Daten, die verglichen mit einem Projekt der Beschreibung aktueller Sprachzustände beschränkt, einseitig und unzuverlässiger, deutungsbedürftiger sind. Allemal ist aber auch solche Rekonstruktion historischer, vergangener Sprachstufen eine Beschreibung von Sprach*zuständen* und mithin *synchrone* Sprachforschung.

Diachron wird eine Sprachbetrachtung erst dann, wenn sie ihren Blick auf das richtet, was zwischen synchronen Zeitschnitten liegt: auf den *Wandel* der Sprache. Diachroner Sprachforschung wird zum Problem, was eigentlich unmittelbar empirisch evident ist: dass und wie und warum sich (historische Einzel-)Sprachen ändern und dass Einzelsprachen mithin eben grundsätzlich historische, d.h. in der Zeit sich wandelnde, gewordene und werdende Gegenstände sind.

Dieses Faktum der Historizität einer Sprache wird einer Sprachgemeinschaft vor allem dann bewusst, wenn sie über die *Schrift* als ein Konservierungsmittel für Sprache verfügt. Schriftlich festgehaltene einmalige Sprachereignisse überdauern die Zeit und geraten für den Betrachter von heute zur unmittelbaren Evidenz, dass die Sprache nicht immer die gleiche war. Aber auch Menschen, denen die Schrift fehlt oder die sich nicht mit Schriftstücken vergangener Zeit beschäftigen, ist eine Einsicht – wenn auch eine sehr viel beschränktere – in die Tatsache des Sprachwandels möglich: Wer macht nicht im Laufe seines Lebens die Erfahrung, dass die ältere Generation bzw. dass die Jugend "anders" spricht, die Erfahrung, dass die "schönen alten Wörter" nicht mehr leben, die Erfahrung, dass man "neudeutsch" *Krisenmanagement* und nicht mehr *Krisenbewältigung* sagt und so weiter. Mit anderen Worten: Sprachwandel muss nicht notwendig auf der Basis schriftlicher (und seit unserem Jahrhundert auch mündlicher) Sprachdokumente erfahren werden, Sprachwandel ist auch unmittelbar erfahrbar als Nebeneinander verschiedener Generationensprachen, ist auch erfahrbar im Laufe eines Menschenlebens auf der Basis eigener Erinnerungen.

Der zentrale Sachverhalt diachroner Sprachbetrachtung, das Faktum nämlich, dass Sprachen sich verändern, kann nun nach verschiedenen Gesichtspunkten näher untersucht werden:

1) Was wandelt sich in einer Sprache?
2) Mit welcher Geschwindigkeit und innerhalb welcher Grenzen wandeln sich Sprachen?
3) Wie beschreibt man Sprachwandel?
4) Warum wandeln sich Sprachen?
5) Wie wird Sprachwandel von den Sprachbenützerinnen und Sprachbenützern wahrgenommen?
6) Haben Sprachen einen Ursprung? Sterben Sprachen?

10.1.2 Was wandelt sich in einer Sprache?

Der tatsächliche Wandel von Sprache(n) ist mehr oder weniger unmittelbar evident. Wenn ich die Behauptung aufstelle, die deutsche Sprache habe sich in ihrer Geschichte verändert und verändere sich noch, wird man kaum von mir verlangen, dass ich meine Behauptung argumentativ weiter abstütze. Man wird mir höchstens vorwerfen, einen Gemeinplatz geäussert zu haben. Man wird mir aber vielleicht auch – und mit gutem Recht – vorwerfen, unpräzise zu sein, und man wird mich bitten, ich möge mich genauer erklären. Denn was behaupte ich eigentlich, wenn ich beispielsweise behaupte, in den letzten 100 Jahren habe sich die deutsche Sprache verändert? Man betrachte einmal die folgende Zeitungsmeldung von 1863:

> *(8.1.1863) Deutschland*
>
> *In dem badischen Ort Istein hat sich ein grauenerregender Mord ereignet. Vor 17 Jahren hatten sehr arme Eltern ihr einziges Töchterchen einer englischen Familie zur Erziehung anvertraut. Die Eltern erfuhren nichts mehr von dem Schicksal der Tochter. Da kam am 24. Dez. v.J., dem Weihnachtsabend, eine Dame nach Istein, wies sich dem Bürgermeister als jene Tochter aus und ging dann, ohne sich zu erkennen zu geben, zu ihren Eltern, um ein Nachtlager bittend. Sie erhielt ein Strohlager gegen das Versprechen von Fr. 5. Da nun die Alte sah, dass die Dame viel Geld bei sich trug, machte sie ihrem Mann den Vorschlag, den Gast zu ermorden. Der Mann wollte davon nichts wissen, die Frau suchte ihn deshalb zu entfernen und schickte ihn fort, Branntwein zu holen. Jetzt warf sich die Alte über das Mädchen her und schnitt ihr die Kehle ab. Sie hatte ihre eigene Tochter ermordet, die 30-40'000 Fr. bei sich hatte, um damit am h. Christtag ihre Eltern zu überraschen. Der Mann fiel in Wahnsinn, die Mörderin ist im Gefängnis.*

(aus: BURGER 1990: 8f.)

Kein kompetenter Deutschsprechender wird die geringste Mühe haben, diesen Text als deutschen zu erkennen. Vieles an ihm ist uns absolut vertraut. Daneben aber hat der Text auch einiges, das uns befremdet. Diesem Eindruck liegt wohl ein stillschweigender Vergleich zugrunde zwischen diesem Text und einem entsprechenden Text von heute, von welchem letzteren wir aufgrund unserer täglichen Texterfahrung eine Art Idealbild oder Muster im Kopf haben. Nehmen wir nun einmal an, in diesem Vergleich zeige sich der Wandel des Deutschen zwischen 1863 und heute: Was heisst es dann nun also, dass "das Deutsche sich zwischen 1863 und heute verändert hat"?

Vorausgeschickt sei eine allgemeine, quasi philosophische Bemerkung: Es begegnet uns hier die Ureigenheit jeden Wandels, die schon der griechische Philosoph Heraklit in das Paradox gefasst hat: "Du steigst und du steigst nicht zweimal in den gleichen Fluss." Gemeint ist damit der Widerspruch von Gleichheit und Ungleichheit in jedem Wandel: Wir können von einem Ding nur dann sagen, es habe sich verändert und sei also nicht mehr das Gleiche, wenn wir es gleichzeitig noch als das Gleiche erkennen. Ich kann jeden Morgen im gleichen Fluss baden, aber der Fluss ist nicht zweimal der gleiche.

Ein möglicher Ausweg aus diesem Paradox sieht so aus: Wir konzipieren den fraglichen Gegenstand als *komplexen*, als zusammengesetzten Gegenstand, so dass wir dann sagen können, dass im Laufe seines Wandels einiges gleich geblieben ist und einiges sich verändert hat. Für unseren Gegenstand Sprache können wir das Paradox dann folgendermassen sprachtheoretisch lösen: Wir fassen eine Sprache – wohl in Übereinstimmung mit allen heutigen Sprachtheorien – auf als einen *Komplex von Teilsystemen von Einheiten und Regeln.* Insbesondere unterscheiden wir:

- Teilsysteme von Einheiten und Regeln für die *grammatische Korrektheit* von sprachlichen Ausdrücken (phonologische, morphologische, syntaktische, ev. semantische Regeln)
- Teilsysteme von Regeln der *pragmatischen Angemessenheit* von Ausdrucksverwendungen (angemessene Verwendung von Ausdrücken in bestimmten Textsorten, in bestimmten Situationen etc.).

Zur Erklärung unserer zwiespältigen Erfahrung mit dem Text von 1863 – problemloses Wiedererkennen als Deutsch, und doch partielles Befremden – können wir nun die folgende Hypothese wagen: Hinter dem sprachlichen Ereignis von 1863 stecken weitestgehend dieselben Einheiten und Regeln, die auch noch die Einheiten und Regeln des Deutschen von heute sind. Insbesondere herrscht weitestgehende Identität der Einheiten und Regeln, die die Grammatikalität der Ausdrücke determinieren. Ein Urteil von der Art "Das wäre heute ungrammatisch" ist über keine Stelle im Text möglich. Das Befremden mag hingegen herrühren

- von bestimmten Wörtern und Wortkombinationen, die wir zwar vielleicht noch kennen, die wir aber nicht mehr brauchen: *am h. Christtag; Nachtlager; fiel in Wahnsinn; schnitt ihr die Kehle ab*
- von syntaktischen Konstruktionen, die wir in einem Exemplar dieser Textsorte eher nicht erwarten: *um ein Nachtlager bittend.*
- schliesslich von dem, was wir einmal ganz global den Stil nennen wollen, d.h. die ganze Art der sprachlichen 'Inszenierung' der Geschichte nach überkommenen literarischen Vorbildern, mit Aufbau von Spannung und Lösung derselben. Oder der Schlussatz. Oder die Verwendung des Tempus.

Dabei ist es nicht unbedingt so, dass man solche sprachlichen Elemente heute nicht mehr produzierte. Was es heute vielleicht nicht mehr gibt, ist vielmehr die spezifische Mischung der Elemente. Und vor allem: Solche Sprache findet sich heute – wenn überhaupt noch – nicht mehr in Zeitungen. Fazit: Es sind die *Sprachverwendungsregeln*, die pragmatischen Regeln, die uns zu einem situations- und funktionsspezifischen Sprachgebrauch anleiten, die sich stark verändert haben. So müssen wir differenzieren, wenn wir behaupten, zwischen 1863 und heute habe sich die deutsche Sprache gewandelt: Wir haben niemals einfach eine ganz andere Sprache. Verändert haben sich nur gewisse Einheiten und Regeln in bestimmten Bereichen. Sehr viele Einheiten und Regeln, ja ganze Bereiche sind unverändert geblieben.

Wenn wir so den Sprachwandel als partiellen Einheiten- und Regelwandel genauer zu fassen versuchen, begegnet uns allerdings ein *gravierendes Problem* (das sich synchroner Sprachforschung im Prinzip genauso stellt). Wir können es ungefähr so formulieren: "Ab wann ist etwas eine gültige Einheit, ist etwas die Regel und etwas anderes nicht mehr und hat sich somit die Sprache verändert?" Dazu zwei Beispiele, ein konstruiertes und ein reales:

Das konstruierte Beispiel: Nehmen wir einmal an, dass man im Spanischen das typische lispelnde /s/ sagt, weil König XY im 15. Jh. gelispelt hat. Sicher hatte sich das Spanische noch nicht gewandelt in dem Augenblick, als der künftige König XY zu lispeln begann. Wandelte sich das Spanische, als der Hof von König XY zu lispeln begann (um so wie der Herrscher zu sprechen, oder aus Rücksicht, d.h. um ihn seinen Sprachfehler nicht merken zu lassen)? Wandelte sich das Spanische, als die gesamte spanische Oberschicht zu lispeln begann, um sich der Sprache des Hofes anzuschliessen? Hatte sich das Spanische erst gewandelt, als auch die Unterschicht der Oberschicht im Lispeln nachzueifern begann?

Das reale Beispiel: Grammatiken der deutschen Gegenwartssprache führen das Wort *weil* als subordinierende Konjunktion, welche Finitum-Endstellung im Teilsatz verlangt; dies im Unterschied etwa zu *denn*, welches Finitum-Zweit-Stellung verlangt: *Die Heizungsröhren sind geplatzt, weil es Frost gegeben hat. – Die Heizungsröhren sind geplatzt, denn es hat Frost gegeben.* Seit langem gibt es im Deutschen aber auch eine Verwendung von *weil* mit Finitum-Zweitstellung: *Die Heizungsröhren sind geplatzt, weil es hat Frost gegeben.* Uns scheint, dass diese Verwendung in den letzten Jahren im Zunehmen begriffen ist, wobei sie (aufgrund von Sanktionierungen im Schriftlichen; vgl. unten) vorderhand noch weitgehend auf das Mündliche beschränkt ist. Dabei scheint uns diese neuere Verwendung von *weil* nicht einfach eine Variante zum *weil* mit Finitum-Endstellung, sondern funktional etwas anderes zu sein, vgl.: *Warum lachst du? – Weil ich das komisch finde.* Aber: *Warum lachst du? – *Weil ich finde das komisch.* Und umgekehrt: *Die CD dauert aber lang, *weil wir jetzt schon seit über einer Stunde reden.* Aber: *Die CD dauert aber lang, weil wir reden jetzt schon seit über einer Stunde.* Ob hier nun eine funktionale Differenz vorliegt oder nicht, Tatsache ist, dass *weil* mit Finitum-Zweit-Stellung in Grammatiken bis heute entweder nicht erwähnt oder als Fehler deklariert wird. Falls unsere Beobachtung stimmt, dass dieses Phänomen im Zunehmen begriffen ist, wird sich das in den nächsten Jahren ändern müssen, d.h. das Phänomen wird, nachdem es seit längerem zu beobachten war, aber aus dem Grammatik-Kodex ferngehalten wurde, allmählich in die Geschichte des Deutschen eintreten in dem Sinne, als es in Grammatiken erwähnt werden wird. Dabei ist dieser Akt des Eintreten-Lassens in die Geschichte offenkundig nicht frei von Willkürlichkeit derjenigen, die Grammatiken und Sprachgeschichten schreiben.

Wann wird etwas die Regel? Umgekehrt gefragt: Ab wann spricht, wer eine Neuerung nicht mitmacht, nicht mehr regelkonform? Die Beispiele zeigen uns, dass das Reden von der historischen Einzelsprache eine monströse – wenngleich für bestimmte Zwecke immer wieder unvermeidliche – Abstraktion ist. Nicht allein ist eine Sprache ein Komplex von Einheiten- und Regelsystemen für diverse Ebenen der Ausdrucksformung und -verwendung, sie ist zudem ein Komplex von verschiedenen, sich in verschiedenen Bereichen verschieden stark unterscheidenden *Varietäten* (die je für sich wieder solche Komplexe von Einheiten- und Regelsystemen sind): Regionale Varietäten (Dialekte), soziale Varietäten (Soziolekte), funktionale Varietäten (Funktiolekte). Schliesslich ist eine historische Einzelsprache immer auch eine Gleichzeitigkeit verschiedener Generationensprachen, und diese können sich partiell mit den Varietäten nach den andern Parametern decken (vgl. insbesondere das Kapitel 8 zur Soziolinguistik).

Wenn wir also die sprachhistorische Aussage machen, etwas sei die Regel geworden, so wäre der Schluss falsch, dass es dieses Etwas vorher nicht gab; es könnte auch sein, dass es vorher eben nur einfach nicht die Regel, sondern die Ausnahme war, und die Regel von gestern könnte heute einfach die Ausnahme geworden sein. Konkreter: Eine historische Einzelsprache zu einem bestimmten historischen Zeitpunkt ist immer ein Nebeneinander von Ungleichzeitigem, von Varietäten, die schon den Geruch des Vergangenen an sich haben, und von Varietäten mit dem freiheitlichen Flair des Neuen und damit Provokativen, und von Varietäten dessen, was die Regel ist, von Varietäten der Macht. Sprachgeschichte – so kann man daraus folgern – muss sich nicht zwingend mit fernabliegenden Zeitläuften beschäftigen. *Sprachgeschichte passiert auch hier und heute,* und der sprachhistorisch-diachrone Blick kann aus dem Hier und Heute viel lernen für das Verständnis der Sprachgeschichte ferner Zeiten.

Halten wir fest: Wer behauptet, eine Sprache habe sich in einer bestimmten Zeit verändert, behauptet, dass sich in bestimmten Regelbereichen dieser Sprache etwas verändert hat und in anderen nicht, und er behauptet nicht notwendig, dass es das Neue vorher nicht auch schon gab (in bestimmten Varietäten) und dass das Alte nach der Veränderung nicht mehr ist (in bestimmten Varietäten), er behauptet primär lediglich einen Wechsel der Macht im Reich der Regeln.

10.1.3 In welcher Geschwindigkeit und innerhalb welcher Grenzen wandeln sich Sprachen?

Sprachwandel ist partieller Einheiten- und Regelwandel, so haben wir im Abschnitt 10.1.2 gesehen. Mit diesem Konzept wird Sprachwandel prinzipiell quantifizierbar: Ein *starker Wandel* wäre ein Wandel vieler Einheiten und Regeln, ein *schwacher Wandel* ein Wandel weniger Einheiten und Regeln. Unter Berücksichtigung des Faktors Zeit gelangen wir zur Metapher der Geschwindigkeit: Eine Sprache wandelt sich schnell, wenn sich viele Einheiten und Regeln pro Zeiteinheit verändern, und langsam, wenn es nur wenige sind.

Das scheint soweit ganz einfach zu sein. Doch müssen wir hier differenzieren: Von heute aus zurückgeblickt in die Sprachgeschichte gewinnen wir einerseits den Eindruck einer *kontinuierlichen Abstandsvergrösserung:* Auf der Zeitachse rückwärts erweisen sich immer mehr Einheiten und Regeln anders als die heutigen. Dabei scheint Sprachgeschichte – mindestens an der Oberfläche – ein gerichteter, irreversibler Prozess zu sein; Annäherung bei gleichzeitiger zeitlicher Entfernung beobachten wir kaum je.

Dieses Bild der prinzipiellen Kontinuität der Abstandsvergrösserung wird aber immer wieder von veritablen *Brüchen* gestört: Unser Blick in die Vergangenheit begegnet eigentlichen Verstehensschwellen, über die hinaus unser ungeschultes Verständnis alter Texte jedesmal um einiges stärker beeinträchtigt ist. In der Sprachgeschichte des Deutschen haben wir solche Schwellen etwa zwischen *Früh-Neuhochdeutsch* und *Mittelhochdeutsch* (d.h. im Spätmittelalter) und – stärker noch – zwischen *Mittelhochdeutsch* und *Althochdeutsch* (also im Frühmittelalter). Ein solcher Bruch oder eine solche Verstehensschwelle könnte einfach so erklärt werden, dass sich da plötzlich viele Einheiten und Regeln in kurzer Zeit gewandelt haben. Die Verstehensschwellen entstünden durch eine Art von Sprachrevolutionen, wie man sie an den Übergängen zwischen den Epochen vermuten muss, die uns die Sprachgeschichten des Deutschen in ziemlich einhelliger Manier präsentieren:

Althochdeutsch:	750 n.Chr. – 1050
Mittelhochdeutsch:	1050 – 1350
Früh-Neuhochdeutsch:	1350 – 1650
Neuhochdeutsch:	1650 – Gegenwart

Nun ist jedoch sicher nicht jeder Einheiten- und Regelbereich gleich relevant für das Verständnis von Sprache. Vielmehr sind hier ganz erhebliche Unterschiede auszumachen: So scheinen Änderungen im phonologischen System einer Sprache (und in deren Folge in der Schreibung dieser Sprache) systematisch zwar vielleicht nebensächlich, für das Verstehen jedoch sind sie zentral, und Verstehensbarrieren bauen sich sehr schnell auf durch phonologische Veränderungen: 'Gleiche' Wortformen werden nicht mehr wiedererkannt (vgl. 10.1.2). So ist es also zu einfach, Sprachwandel nur nach der Menge der betroffenen Einheiten und Regeln zu quantifizieren. Es kommt auch darauf an, *welche* Einheiten bzw. Regeln sich verändern.

Damit kommen wir zu einem anderen Punkt. Der Blick auf der Zeitachse zurück in die Geschichte einer Sprache zeigt uns nicht nur, dass mit zunehmendem Zeitab-

stand auch immer mehr Einheiten und Regeln anders sind, sondern auch, dass gewisse Bereiche sehr viel *konstanter* und gewisse andere einem *sehr schnellen Wandel* unterworfen sind; wir haben das unter Punkt 1 an dem Textbeispiel schon beobachten können. Grammatische Regeln (besonders im Bereich der Morphologie
und Syntax) sind sehr viel stabiler als beispielsweise die Wortsemantik, als stilistische Regeln, als Regeln der Sprachverwendung. Dieser Befund korrespondiert
einmal mit der Tatsache, dass wir es in der Grammatik einer Sprache mit einem
sehr viel geschlosseneren System von Regeln zu tun haben als etwa im Wort-
bestand, in der Wortbedeutung und in der Pragmatik. Des weiteren korrespondiert
ein solcher Befund auch beispielsweise mit Hypothesen der Generativen Grammatik über die unterschiedliche Fundierung dieser Systeme in der menschlichen Kognition: Während der Wortschatz, die Wortsemantik und pragmatische Regeln weitgehend erlernt werden (sogenannte *Substanz* einer Sprache), bildet sich eine Grammatik auf der Basis einer angeborenen Universalgrammatik dank eines bestimmten
sprachlichen Inputs lediglich aus (zu dieser These der GG vgl. 3.1.4).
Die Hypothese von der Universalgrammatik liefert uns ein weiteres Stichwort. Es
fällt uns schwer, uns einen sprachlichen Bereich zu denken, der nicht der zeitlichen
Veränderung unterworfen wäre, wenn auch die Geschwindigkeit der Veränderungen zwischen den Bereichen erheblich variiert. Es wäre nun aber vor dem Hintergrund der sprachwissenschaftlichen Forschung der letzten Jahrzehnte höchst fragwürdig, wenn wir annähmen, dass den *prinzipiellen Möglichkeiten* sprachlichen
Wandels nicht zugleich auch *prinzipielle Grenzen* gesetzt wären. Sprachliche Universalien, d.h. Eigenschaften, die allen menschlichen Sprachen zukommen, sind
gleichzeitig auch der Rahmen, innerhalb dessen eine Sprache sich wandeln kann,
gleichgültig, worin man diese Universalien begründet: in den Erbanlagen des Menschen oder in gewissen universalen Kommunikationsbedingungen, denen Sprachen zu genügen haben.
Solche Prinzipien oder Universalien bilden dabei nur die eine Beschränkung für
Sprachwandel, sie stellen gleichsam Abschrankungen eines Weges dar. Es ist
jedoch auch zu vermuten, dass die Veränderungen selber in bestimmten Schrittfol-
gen verlaufen, die keineswegs beliebig sind: Eine bestimmte Regel wird nicht beliebig durch eine bestimmte andere Regel abgelöst werden können; eine bestimmte
Wortbedeutung kann sich nicht von heute auf morgen in eine beliebige andere
Wortbedeutung wandeln, vielmehr geschieht wortsemantischer Wandel als Verengung, als Erweiterung, als Verschiebung (vgl. auch den folgenden Abschnitt); im
Extremfall kann durch einen metaphorischen Prozess eine sehr starke Bedeutungsveränderung passieren (z.B. *Maus* für Computermaus), doch ist selbst in diesem
Bereich längst nicht alles möglich, wie man aus der Metaphernforschung leicht er-
sehen kann.

10.1.4 Wie beschreibt man Sprachwandel?

Diese Frage ist – das soll die Formulierung andeuten – primär keine Frage an den
Gegenstand, sondern vielmehr eine an die Theorie, an die wissenschaftliche Erfassung des Gegenstandes. Gemeint ist die Frage, in welcher Gestalt sich Sprachwandel in der Sprachwandelforschung präsentiert.

Die Auswirkungen einer bestimmten Theorie auf das Erscheinungsbild eines Regelwandels lassen sich z.B. am lexikalischen Bedeutungswandel illustrieren: Wir können einen Bedeutungswandel vom mittelhochdeutschen *geil* zum neuhochdeutschen *geil* und wieder zum modernen *geil* konstatieren: Im Mhd. waren *geile dirnen* lebensfrohe junge Frauen. *Geil* wurde dann mit der Zeit nur noch für den sexuellen Bereich verwendet, heute ist in der Jugendsprache (und wohl bald schon darüber hinaus) zu beobachten, dass das Wort zu einem sehr allgemeinen Prädikat für positive Dinge geworden ist. Je nach semantischer Theorie stellt sich dieser Bedeutungswandel von *geil* nun sehr verschieden dar:

- Im Rahmen einer Gebrauchstheorie der Bedeutung würde man dieses Phänomen etwa als Veränderung der Gebrauchsregeln für *geil* beschreiben.
- Eine referenzsemantische Theorie würde sich mit Konzepten aus der Mengenlehre behelfen und sagen, dass sich die Extension (der Denotat- oder Bezeichnungsbereich) von *geil* verengt hat und neuerdings wieder stark ausweitet: bei gleichbleibender Welt fallen mal mehr und mal weniger Dinge unter die Bezeichnung *geil* (vgl. 4.9).
- Mit dem Konzept der Komponentialsemantik liesse sich davon reden, dass *geil* nach dem Mhd. ein Sem [+SEXUELL] dazugewonnen hat und es in letzter Zeit (und in bestimmten Varietäten des Deutschen) dieses und wohl noch weitere Seme (z.B. [+MENSCHLICH] oder [+LEBEWESEN] o.ä.) verliert (vgl. 4.5).

Die theoretische Erfassung von Sprachwandelphänomenen kann prinzipiell Konsequenzen für die Beantwortung der Warum-Frage haben (vgl. 10.1.5), und zwar so, dass eine bestimmte *Beschreibung* der Veränderung die Augen öffnen oder aber zum vornherein verschliessen kann für bestimmte *Erklärungen* der Veränderung. Beispielsweise lässt eine Sprachtheorie, die Sprachen konzipiert als Organismen, die heranwachsen, blühen und absterben (weit verbreitet im 19. und noch in unserem Jahrhundert) die Warum-Frage schon so gut wie gar nicht aufkommen, weil man in diesem Konzept Sprachen so etwas wie ein autonomes inneres Lebensgesetz zuspricht, nach dem sie ihre Entwicklung durchlaufen. Überdies hat der enge Zusammenhang der Frage nach der Art der Beschreibung mit der Frage nach dem Warum des Wandels sehr oft zur Folge, dass Beschreibungen von Sprachwandel als Erklärungen dafür, warum er stattgefunden hat, angeboten oder missverstanden werden (vgl. dazu 10.2.1 und 10.2.2).

Unter die Frage nach der Art der Beschreibung von Sprachwandel und Sprachgeschichte gehört auch ein Grundproblem der sprachhistorischen Darstellung – und vielleicht der historischen Darstellungen generell: Sprachgeschichte begegnet uns immer als *Abfolge von Epochen,* und wir haben die Tendenz, die Epochen so statisch wie möglich wahrzunehmen, und sehen demzufolge zwischen den Epochen Zeiten radikalen Wandels, des Umsturzes, der Revolutionen. Dieses Bild entspricht der Notwendigkeit, den zu beschreibenden Gegenstand aus der Zeit, in der er sich permanent verändert, herauszuheben und ihn als statischen zu präsentieren. Das ergibt die charakteristische Stufung im Bild der Geschichte: Epochen wie Perlen an der Schnur der Zeit. Dieses Bild mag grundsätzlich falsch sein; falsch könnte es umgekehrt aber auch sein, wenn man behauptete, Sprachen veränderten sich in sehr gleichförmigem Tempo und es gebe keine Revolutionen (vgl. 10.1.3). Wenn es aber solche Revolutionen gibt, so sollten sie bestimmend sein für eine Einteilung der Sprachgeschichte in Epochen, wie dies jede Sprachgeschichte versucht.

10.1.5 Warum wandeln sich Sprachen?

Die Warum-Frage ist zweifellos die heikelste Frage zum Sprachwandel, zugleich aber auch die eigentliche Zielfrage jeder (zumindest jeder theoretisch interessierten) Sprachwandelforschung. Wer zu einem Phänomen die Warum-Frage stellt, verlangt nach einer *Erklärung* des Phänomens, d.h. er oder sie präsupponiert, dass das Phänomen nicht Grund-los ist, und fragt nach seinen Gründen. Darüber, ob etwas überhaupt einen Grund hat oder nicht vielmehr Grund-los ist, und darüber, was ein Grund ist oder sein kann, liesse sich nun endlos philosophisch handeln. Das können wir hier nicht tun. Wir können aber auf einen gewichtigen Unterschied zwischen synchroner und diachroner Sprachforschung in diesem Zusammenhang hinweisen und dabei noch einmal herausheben, was die Phänomene sind, zu denen sich einer Historiolinguistik die Warum-Frage stellt.

a) Die Warum-Frage in der synchronen Sprachforschung

In der synchronen Sprachforschung begegnen uns die Warum-Frage und mit ihr der Erklärungsbegriff in verschiedener Lesart, wobei es durchaus strittig ist, inwiefern diese Frage und damit das Erklärungskonzept in der Synchronie überhaupt angebracht ist. Wir geben einige unterschiedliche Beispiele:

• Ein *lexikalisches* Beispiel: De SAUSSURE hat uns gelehrt, nicht mehr zu fragen, warum der Tisch *Tisch* heisst, indem er das Zeichenverhältnis zwischen signifiant und signifié als ein *arbiträres*, d.h. unmotiviertes oder eben grund-loses bezeichnet. Eine eigentlich synchrone Erklärung für diese Zeichenrelation gibt es nicht. Hingegen ist eine geradezu klassische Erklärung dafür, dass der Tisch *Tisch* heisst, die Angabe der *Etymologie*, das Ausweichen in die Geschichte, die genetische Herleitung also: "*Tisch* kommt von lat. *discus*, was so viel wie 'Scheibe', 'Tafel' hiess" (dazu vgl. weiter unten).

• Ein *syntaktisches* Beispiel: Denkbar ist eine Frage wie: "Warum steht im deutschen Hauptsatz das finite Verb für gewöhnlich an der sog. zweiten Stelle, im deutschen Nebensatz jedoch für gewöhnlich am Schluss (während die Verb-Position beispielsweise im englischen oder französischen Nebensatz mit derjenigen im Hauptsatz identisch ist)?" Es gibt Grammatiker, die diese Frage, wenn sie auf eine synchrone Erklärung zielt, für genauso unstatthaft halten wie beim *Tisch*-Beispiel und sagen: "Das ist einfach so." Andere hingegen sehen die Frage als berechtigt an, wobei sie mit sehr unterschiedlichen Antwortversuchen aufwarten: Es gibt beispielsweise den Versuch einer *funktionalen Erklärung*, d.h. der Begründung dieser Wortstellungsregel aus spezifischen kommunikativen Leistungen, die mit Haupt- und Nebensätzen erbracht werden. Und es gibt den Versuch der *kognitiven Erklärung*, d.h. der Begründung aus einer angeborenen Universalgrammatik (UG), auf deren Basis das Deutsche zwar prinzipiell auch andere Möglichkeiten hätte, im Verband mit anderen Wahlen aus den Möglichkeiten der UG aber gar nicht anders kann als so zu verfahren (vgl. Kap. 3). – Daneben gibt es natürlich auch hier die Erklärung des Phänomens in der Art, dass man seine historische Entstehung – analog der Etymologie des Wortes – aufzeigt, die genetische Herleitung also.

• Ein *pragmatisches* Beispiel: Unzweifelhaft statthaft und sinnvoll scheint uns die Frage, warum in bestimmten Situationen die Äusserung *Es zieht* als eine Aufforderung zum Schliessen einer Tür verstanden werden kann. Wir können erklären, warum das so verstanden werden kann. Eine Erklärung, die sich in die Geschichte zurückzöge und die Herkunft dieser sprachlichen Möglichkeit aufzuzeigen versuchte, erschiene uns hier hingegen eher abwegig. Das hat vielleicht damit zu tun, dass wir es bei diesem Beispiel weniger mit etwas Konventionellem, Festem (wie beim lexikalischen oder syntaktischen Beispiel) zu tun haben, sondern mit einem Phänomen des akzidentellen Gebrauchs und damit mit einer Art Vorgang, in den immer auch so etwas wie Absichten, Intentionen und Verstehensleistungen und damit immer auch eine Freiheit handelnder Individuen involviert sind; da scheint dann eine Warum-Frage augenblicklich viel naheliegender.

Halten wir fest: Die Warum-Frage und damit der Erklärungsbegriff geistern auch in der synchronen Linguistik herum, werden aber nicht immer gleichermassen für statthaft gehalten. Sie erfahren, wenn überhaupt, verschiedenartige Antworten bzw. Füllungen, teils synchrone, d.h. mit einem Rekurs auf gleichzeitig geltende allgemeinere Regeln und Prinzipien oder dergleichen, und teils genetische, historische, d.h. mit einem Rekurs auf Gewesenes, auf frühere Sprachzustände.

b) Die Warum-Frage in der diachronen Sprachforschung

Wichtig ist nun zu betonen, dass auch da, wo wir für synchrone Phänomene die geschichtliche Herkunft als Erklärung bemühen (vom Typus: "Der Tisch heisst *Tisch*, weil das Wort von lat. *discus* kommt"; so verfuhr man in der älteren Philologie), wir es nicht mit derjenigen Art von Erklärung zu tun haben, um die es in der Sprachwandelforschung geht! Auf eine solche Erklärung zielt vielmehr eine Frage wie: "Warum heisst der Tisch dann heute *Tisch*, wenn das Wort früher *discus* war?" Wir sehen: Die diachrone Erklärung ist als *Erklärung des Wandels* (und nicht etwa als Aufzeigen der Herkunft!) intendiert. Ihr geht es nicht darum, wie etwas zu einem früheren Zeitpunkt war, sondern warum es zu einem späteren Zeitpunkt nicht mehr so ist, wie es zum früheren Zeitpunkt war. Ihr stellt sich also ein anderer Erklärungsgegenstand (ein anderes *Explikandum*), und demzufolge wird auch die Erklärung selber (das *Explikans*, die *Explikation*) andersartig sein. Wir müssen ganz deutlich unterscheiden zwischen zwei Dingen:
– einer diachronen Erklärung von Wandel, von Veränderungen
– einer genetischen Herleitung von etwas, was ist.
Dabei scheint uns – anders als bei der Synchronie – bei der Diachronie die Warum-Frage in jedem Fall statthaft zu sein, ja sie drängt sich geradezu auf. Das liegt möglicherweise daran, dass wir uns ganz generell Veränderungen, Vorgänge nur sehr schwer denken können ohne eine wirkende Kraft, die dahinter steht – und diese wirkende Kraft wäre der Grund. Wir können dagegen Ist-Zustände sehr viel eher Grund-los denken.
Was hat die Sprachwandelforschung an Antworten auf die diachrone Warum-Frage, auf die Frage nach dem Grund des Sprachwandels, zu bieten? Insgesamt müssen wir feststellen:
– Man trifft wenig sehr überzeugende Erklärungen an.
– Die Erklärungen stellen oft blosse Verschiebungen der Warum-Frage dar, nach der Art: "Warum ist die Strasse nass? – Weil Wasser darauf gefallen ist. -> Warum ist Wasser darauf gefallen? – Weil es geregnet hat." Dabei zeigt sich ein Grundproblem des Erklärens, nämlich seine Tendenz zur unendlichen Regression: Wer hindert mich – um im Beispiel zu bleiben – daran, weiter zu fragen: "Und warum hat es geregnet? -> Und warum hat der Westwind feuchte Meeresluft herangetragen?" etc.
– Oft finden wir den Nachweis dafür, dass sich die Sprache in einem bestimmten Punkt verändern *konnte* (also den Nachweis der *Möglichkeit* der Veränderung), nicht aber eigentliche Erklärungen dafür, warum sie sich tatsächlich verändert *hat* und warum sich eine Veränderung tatsächlich durchgesetzt hat und eine völlig analoge z.B. nicht (der Nachweis der *Notwendigkeit* der Veränderung wird also nicht erbracht).

In diesem Zusammenhang sei ganz kurz das sogenannte *Hempel/Oppenheim-Schema* für (natur-) wissenschaftliche Erklärungen erwähnt: Gemäss diesem Schema ist eine wissenschaftliche Erklärung dann gegeben, wenn für ein bestimmtes Explikandum eine Reihe von allgemeinen Gesetzmässigkeiten und eine Reihe von Anfangsbedingungen beigebracht werden können, und wenn das Explikandum aus diesen Gesetzmässigkeiten und diesen Anfangsbedingungen zwingend folgt. Die Gesetzmässigkeiten sind hypothetische Sätze von der Art "Wenn X gegeben ist, passiert Y"; die Anfangsbedingungen sind kategorische Sätze von der Art "X ist gegeben". Eine Erklärung von Sprachwandel müsste demnach eine Reihe von Gesetzmässigkeiten der Art "Wenn X gegeben ist, wandelt sich eine Sprache in die Richtung Y" beibringen; solche Gesetzmässigkeiten erlaubten die Erklärung, warum sich die Sprache grundsätzlich in eine bestimmte Richtung verändern konnte. Und eine Erklärung müsste zudem für das konkrete Wandelphänomen Anfangsbedingungen von der Art "X war gegeben" beibringen; diese erlaubten die Erklärung, warum der Sprachwandel tatsächlich eingetreten ist. – Es stellt sich allerdings die grundlegende Frage, ob dieses Erklärungsschema – primär entwickelt für Naturphänomene – Gültigkeit auch für Phänomene wie solche des Sprachwandels hat. Dazu die folgenden Ausführungen.

c) Ansätze zur Erklärung von Sprachwandel

Die heute vorfindbaren Erklärungen von Sprachwandel unterscheiden sich nicht nur in Details, sondern sehr grundsätzlich. Das sei etwas genauer ausgeführt:

Dass uns sehr unterschiedlich geartete Erklärungen für Sprachwandel begegnen, ist zum einen schon vom *Objekt* her nicht verwunderlich: Man bedenke die Vielgestaltigkeit der Einheiten und Regeln und Regel-Teilsysteme, deren komplexes Ensemble wir eine Sprache nennen (vgl. 10.1.2). Es ist kaum zu erwarten, dass man einen Lautwandel gleich wird erklären können wie den Wandel im Gebrauch bestimmter sprachlicher Ausdrücke. Zum anderen aber hängt die Unterschiedlichkeit der Erklärungen sehr eng zusammen mit der Verschiedenheit der zugrundeliegenden allgemeinen *Sprachtheorien* und damit mit der Verschiedenheit der Antworten auf die Grundfrage: "Was ist Sprache?" Betrachtet man Sprache als eine Art *Naturgegenstand,* den Naturgesetze bestimmen, werden Erklärungen anders ausfallen, als wenn man Sprache als menschliches *Artefakt,* als von sprechenden und handelnden Menschen gemachtes und entwickeltes Werkzeug auffasst.

Dieser Gegensatz spiegelt sich teilweise in einer gängigen Unterscheidung zwischen sogenannten sprachsystemexternen und sprachsysteminternen Erklärungen: *Sprachsysteminterne* Erklärungen beruhen auf einer bestimmten sprachtheoretischen Setzung: die Sprache ist – wenigstens in einigen Regelbereichen – ein autonomes System mit eigenen inneren Gesetzen und Kräften. Namentlich der Strukturalismus hat in diesem Sinn und Geist einige interessante Beiträge zum Problem der Sprachwandelerklärung geliefert. So setzt er z.B. für jede Sprache das Prinzip der *Ökonomie* und das Prinzip der *grösstmöglichen Differenziertheit* an (vgl. auch 4.6.3), zwei Prinzipien, die in ewigem Widerstreit miteinander liegen: einerseits die Tendenz, Sprachausdrücke so kurz und knapp und einfach wie möglich zu machen (Ökonomieprinzip), andererseits die Tendenz, Sprachausdrücke so präzise und differenziert wie möglich zu machen (Differenziertheitsprinzip). Der Kampf dieser Prinzipien treibt die Sprachveränderung unablässig voran. Die Prinzipien sind finaler, teleologischer Erklärungsnatur: Sie benennen Ziele, auf die hin eine Sprache permanent unterwegs ist.

Man kann solchen sehr allgemeinen und abstrakten Erklärungsversuchen den Vorwurf machen, sie beruhten auf einer ungeheuren Hypostasierung (d.h. einer Verselbständigung und Verdinglichung): In Wahrheit trage niemals die *Sprache* solche Tendenzen in sich, sondern es seien die *Sprecherinnen* und *Sprecher* einer Sprache, die solche Tendenzen hätten und mit ihrem individuellen und kollektiven und eben widersprüchlichen Trachten die Sprache vorantrieben.

Damit hätten wir *sprachsystemexterne* Wirkungsfaktoren bzw. Erklärungsmöglich-keiten angesprochen: Das sind einmal die Sprecherinnen und Sprecher selber. Ein Hang zur Ökonomie oder zur Differenzierung muss ihnen dabei keineswegs be-wusst sein. Es gibt jedoch auch Fälle ganz gezielter Sprachveränderung. Im Wort-schatz können wir das fast täglich an der bewussten Sprachregelung durch Wort-neuschöpfungen (z.B. Euphemismen), Belegungen von Wortformen mit neuen Bedeutungen, bewussten Entlehnungen von Wörtern aus andern Sprachen, Wort-verboten (Tabuisierungen) usw. beobachten.

Ein Fall bewusster Sprachveränderung läge z.B. auch dann vor, wenn es der feministischen Sprachkritik gelänge durchzusetzen, dass im Deutschen bei Personenbezeichnungen für beide Ge-schlechter immer die maskuline und die feminine Form gebraucht werden muss, mit der Folge, dass die maskuline Form endgültig nicht mehr die immer wieder behauptete, aber eben umstrittene *generische* (d.h. allgemeine, geschlechtneutrale), sondern nur noch die männliche Bedeutung hätte (*Studenten*, *Professoren* wären dann nur noch Männer; wer von beiden Geschlechtern sprechen möchte, müsste *Studentinnen und Studenten*, *Professoren und Professorinnen* sagen).

Von sprachsystemexterner Erklärung ist auch dann zu reden, wenn wir nicht mehr Menschen, sondern z.B. die "Veränderung der Gesellschaft", der "sozioökonomi-schen Verhältnisse", der "kulturellen Verhältnisse", der "kommunikativen Bedürf-nisse" zu den sprachwandeldeterminierenden Faktoren erklären. Aber natürlich kann man auch das wieder als Hypostasierungen kritisieren, Hypostasierungen wie die des Sprachsystems auch.

Solche Verselbständigungen oder Verdinglichungen von Sprache und von Verhält-nissen sind Ausdruck unserer Unentschlossenheit zwischen einer Auffassung von Sprachwandel als menschliche Tat und von Sprachwandel als etwas, was sich 'ir-gendwie ereignet'. In einer Reihe von Arbeiten hat Rudi KELLER dieses Problem unter den Stichworten "*invisible hand*-Theorie für Sprachwandel" und "Sprach-wandel als Phänomen der dritten Art" zu lösen versucht (vgl. Keller 1990). Mit diesen Stichworten ist gemeint, dass es ebenso falsch ist zu sagen, "die deutsche Sprache verändert sich", wie es falsch ist zu sagen: "die Deutschen verändern ihre Sprache", dass es – anders gesagt – ebenso falsch ist, eine Sprache als eine Art ei-gengesetzlichen Naturorganismus und Sprachwandel als Naturereignis aufzufas-sen, wie es falsch ist, eine Sprache als ein dem Willen einer Sprachgemeinschaft unterworfenes menschliches Artefakt und Sprachwandel demzufolge als menschli-che Tat zu verstehen.

Als eine sehr treffende Metapher für Sprachwandel führt Keller das Phänomen des (nicht durch eine Behinderung bewirkten) Staus auf der Autobahn an. Man weiss, wie solche Staus entstehen, nämlich dadurch, dass auf dicht befahrener Strasse das Bremsen eines vorausfahrenden Autofahrers beim nachfolgenden (aus Sicherheits-bedürfnis) in der Regel ein etwas stärkeres Bremsen zur Folge hat, was sich nach hinten in der Kolonne schliesslich bis zum Stillstand aufbaut. Keiner will den Stau, und doch entsteht er, und er entsteht paradoxerweise aus dem individuellen Wollen vieler einzelner Autofahrer, deren Einzelintentionen zusammengefasst zu einem kollektiven Tun ein Resultat zeitigen, das nicht das intendierte ist. Dabei kann man "Gesetze des Systems" eben das nennen, was bei der Zusammenfassung des Tuns vieler Individuen dieses Tun der einzelnen umbiegt zu einem anderen als dem intendierten Resultat. Dafür steht bei Keller das Stichwort der *invisible hand*, ein Begriff aus der englischen Philosophie des 18. Jahrhunderts, der in der modernen politischen Philosophie und Theorie der Volkswirtschaft verbreitet Anwendung findet zur Erklärung sozialwissenschaftlicher Prozesse, die zwar nicht ohne Menschen, aber auch nicht einfach in der Kontrolle der Menschen ablaufen.

Betrachten wir dazu ein etwas vereinfachtes Beispiel aus der Sprachgeschichte des Deutschen, das ebenfalls von Keller stammt: Im Deutschen, genauer in bestimmten Gegenden des deutschen Sprachgebiets, wurden bis vor einiger Zeit jene Dienstleistungsbetriebe, in denen man sich die Haare schneiden lassen kann, mit *Frisör* angeschrieben. Als jedoch eine neue Generation von Frisören heranwuchs, die in ihrem Beruf etwas Höheres, etwas Künstlerisches, einen Beitrag zum äusserlichen Wohlgefallen und zur seelischen Zufriedenheit der Kundschaft sahen, schrieben diese Frisöre ihr Geschäft immer mehr mit *Coiffeur* an, in der Absicht, es dadurch vom herkömmlichen Frisörladen absetzen zu können. Sie wollten für ein neues Berufsbild ein neues Wort einführen. Das Resultat ist ihnen aber in gewissem Sinne entglitten, insofern als die Einführung von *Coiffeur* zu einer Degradierung, einer Pejorisierung des älteren *Frisör* führte mit dem Resultat, dass niemand mehr seinen Laden mit *Frisör* und ihn jeder mit *Coiffeur* anschreiben wollte. Die gewünschte sprachliche Abgrenzung gelang nicht. Den *Coiffeuren* droht heute von den *Hair-Stylisten* übrigens ein ähnliches Schicksal wie einst den *Frisören*.

Hier hat sich also in der deutschen Sprache eine Veränderung ergeben, die nicht ohne Zutun ihrer Benützerinnen und Benützer, aber auch nicht im Sinne von deren Intention zustandegekommen ist. Wenn die chinesischen Bauern die Wälder abholzen, um mehr Anbaufläche zu bekommen, und ihnen der Regen dann das fruchtbare Land wegschwemmt und sie mit weniger Anbaufläche dastehen als vorher, hat das eine vergleichbare Struktur.

Als sprachsystemexterne Faktoren für Sprachwandelerklärung werden des weiteren *Sprachkontaktphänomene* angeführt, d.h. der Austausch zwischen Sprachen (vor allem im Bereich des Lexikons), aber auch eigentliche Sprachmischungen bei Bevölkerungen, die aus irgendwelchen Gründen zwei- oder mehrsprachig werden. Schliesslich sei daran erinnert, dass wir eingangs die Feststellung vom Sprachwandel dahingehend präzisiert haben, dass eine Sprache immer ein Konglomerat von einzelnen *Varietäten* ist, deren Eigenheiten man wenigstens teilweise auch auf einer Zeitachse anordnen kann: Eigenheiten, die ihrer Zeit voraus sind, d.h. Zukunft haben, und solche, deren Tage gezählt sind. Diese innere Heterogenität historischer Einzelsprachen kann nun entweder als Motor für Sprachwandel betrachtet werden, oder – bescheidener, aber dafür eventuell zutreffender – als Bedingung der Möglichkeit von Sprachwandel. So lässt sich immer wieder aufzeigen, wie sozial aufstiegsorientierte Sprechergruppen ihre Varietät an derjenigen der sozial höheren Schicht auszurichten versuchen, was diese umgekehrt dazu veranlasst, immer wieder nach neuen Mitteln der sprachlichen Distanzierung von diesen aufwärtsdrängenden Gruppen zu suchen. Anpassung anderer Sprecher- und Sprecherinnengruppen an die Varietäten der Macht – die Oberschichtssprache, die Gebildetensprache, die Einheimischensprache – verändert diese Varietäten der Macht – und vor allem: nimmt ihnen ihren Status der Macht und lässt die 'Tonangebenden' nach neuen Varietäten zu ihrer Identitätsstiftung und zur Abgrenzung suchen. Oder: Die junge Generation sucht sich sprachlich von der Elterngeneration zu unterscheiden und wächst mit Teilen ihrer Jugendsprache ins Erwachsenenalter hinein und wird Trägerin der Varietät der Macht, von der sich die Nachgeborenen wiederum abzusetzen versuchen. Usw.

10.1.6 Wie wird Sprachwandel von den Sprachbenützerinnen und Sprachbenützern wahrgenommen?

Wir haben einleitend darauf hingewiesen, dass das Phänomen des Sprachwandels nicht nur Menschen zu Bewusstsein kommt, die sich professionell mit Sprachzeugnissen älterer Epochen beschäftigen, sondern durchaus auch Teil einer ausserwissenschaftlichen Erfahrung sein kann, wenn auch in dieser unmittelbaren Erfahrung die Fakten zeitlich immer nur lokal und überdies oft ungenau und verzerrt wahrgenommen werden.

Gerade diese Begrenztheit und Verzerrtheit der Wahrnehmung des erlebten, erfahrenen Sprachwandels ist einerseits Ursache und andererseits Folge der Tatsache, dass Sprachwandel den Sprachbenutzern kaum je wertneutral bewusst wird. Dem – zumeist sehr fragmentarischen und oft auch falschen – vortheoretischen Befund von Regelveränderungen folgt eine *Bewertung* stets auf dem Fuss, und diese Bewertung fällt in den seltensten Fällen positiv aus. Die Klage über den *'Sprachzerfall'*, über den 'Niedergang der Sprachkultur', über den 'Verlust der Sprache' in einer Gesellschaft, deren junge Generation die Muttersprache nicht mehr ausreichend beherrscht, diese Klage zieht sich als Topos vom alten Griechenland durch bis in unsere Tage, ebbt zuweilen etwas ab, um dann nach einigen Jahren um so stärker wieder sich vernehmen zu lassen (vgl. z.B. KLEIN 1986).

Völlig willkürlich sei hier G. STEINER zitiert:

"Zugegeben, das Deutschland der Nachkriegszeit ist ein Wunder. Aber es ist ein recht eigenartiges Wunder. An der Oberfläche flutet ein gleissendes, hektisches Leben, im Innern aber ist eine sonderbare Stille. (...) Was hier zugrundegegangen ist, das ist die deutsche Sprache. Wir brauchen nur die Tageszeitungen aufzuschlagen, die Magazine, die Flut der allgemein gelesenen und der wissenschaftlichen Bücher, die sich aus den neuen Druckerpressen ergiessen, wir brauchen nur ein modernes deutsches Theaterstück anzusehen oder der Sprache zuzuhören, wie sie über den Rundfunk oder im Bundestag gesprochen wird. Das ist nicht mehr die Sprache Goethes, Heines oder Nietzsches. Das ist nicht einmal mehr die Sprache Thomas Manns. *Irgend etwas unermesslich Zerstörendes ist ihr widerfahren.*" (G. Steiner: Das hohle Wunder. Bemerkungen zur deutschen Sprache. 1960)

Es liesse sich wahrscheinlich zeigen, dass dieses wellenartige Wiederkommen der Sprachverfallsklage dem allgemeinen Rhythmus von Kultur-Umbrüchen entspricht. Die Klage entspringt einer konservativen Grundhaltung, von der die wenigsten Menschen ganz frei sind. Es sind durchaus nicht nur unberufene Sprach-Dilettanten, die diese Klage führen. Man hört sie von Gymnasial- und Universitätslehrern und selbst von Sprachwissenschaftlerinnen und Sprachwissenschaftlern. Die Geschichte hat immer wieder gezeigt, dass die Klage in ihrer Pauschalisierung keine Berechtigung hat, im Gegenteil: Es ist evident, dass die Sprachen sich immer wieder veränderten gesellschaftlichen Kommunikationsbedürfnissen mit erstaunlicher Flexibilität angepasst haben. Es ist wahrscheinlich nicht verfehlt, wenn man die konservative Sprachkritik als konservative Gesellschaftskritik liest: Die Kritiker schlagen den Sack (die Sprache) und meinen eigentlich den Esel (die Gesellschaft) und glauben, sich damit als besonders kultiviert und als besorgte Zeitgenossen hervortun zu können. Solche konservative Sprachkritik ist selten um Differenzierung bemüht; sie sagt nicht, was denn da zerfällt (vgl. unsere Differenzierung in 10.1.2) und was denn Zerfall bedeutet, worin eine solche Bewertung von Sprachwandel als Zerfall begründet ist usw. Jacob GRIMM, der Begründer der germanistischen Sprachwissenschaft, der Entdecker und Liebhaber verflossener Sprachepochen des Deutschen, den man auf den ersten Blick als Mitglied im Chor der Kläger vermuten könnte, war mit seinem Urteil wesentlich differenzierter: Seine Klage über die prosaische Sprache seiner Zeit, gemessen an einem goldenen Sprachzeitalter irgendwann in altdeutscher oder germanischer Vorzeit, gründet auf *ästhetischen* Wertmassstäben; daneben war Grimm Realist genug, unter *funktionalem* Gesichtspunkt ein Mitschreiten der Sprache mit den aussersprachlichen Veränderungen zu konstatieren:

"Es ergibt sich, dass die menschliche Sprache nur scheinbar und von Einzelnem aus betrachtet im Rückschritt, vom Ganzen her immer im Fortschritt und Zuwachs ihrer inneren Kraft begriffen angesehen werden müsse" (J. Grimm: Ueber den Ursprung der Sprache. [1851] In: ders.: Auswahl aus den Kleineren Schriften. Berlin 1871:261).

Die Veränderung der Sprache muss dabei in dem Masse als Fortschritt gewertet werden, in dem der Fortgang der menschlichen Zivilisation insgesamt als Fortschritt verstanden wird. Grimms Sichtweise ist auch um einiges differenzierter als die vor und nach ihm lange herrschende Vorstellung vom Sprachenleben als dem Leben eines Organismus es je war. Wir zitieren stellvertretend für viele Stimmen zu diesem Topos die von HERDER und von SCHLEICHER:

"So ist's mit jeder Kunst und Wissenschaft: Sie keimt, trägt Knospen, blüht auf und verblüht. So ist's auch mit der Sprache." (J.G. Herder: Fragmente über die Bildung einer Sprache [ca. 1770]. In: ders.: Sprachphilosophische Schriften. 2. erw. Aufl. Hamburg 1964:115f.)

"Die Sprachen sind Naturorganismen, die, ohne vom Willen des Menschen bestimmbar zu sein, entstunden, nach bestimmten Gesetzen wuchsen und sich entwickelten und wiederum altern und absterben." (A. Schleicher: Die Darwinsche Theorie und die Sprachwissenschaft [1863]. 3. Aufl. Weimar 1873:6f.)

Radikaler Sprachzerfall müsste zum Sprachtod führen, und im Organismuskonzept der Sprachen ist die Möglichkeit ihres Todes systematisch angelegt. Das führt uns auf einen letzten allgemeinen Punkt.

10.1.7 Haben Sprachen einen Ursprung? Sterben Sprachen?

Mit der Einsicht in die Historizität unserer Sprachen sind die folgenden zwei Einsichten oder Vermutungen verknüpft:

a) Sprache hat einen *Anfang* oder *Ursprung*. Und zwar prinzipiell die menschliche Sprache überhaupt wie auch jede historische Einzelsprache.
Über den Ursprung der *menschlichen Sprache überhaupt* hat man schon immer spekuliert und je nach wissenschaftshistorischem Gesamtklima religiöse, philosophische und soziologische Antworten versucht; neuerdings ist die Frage – nach langer Zeit der Tabuisierung als unwissenschaftliche Spekuliererei – neu angeregt worden durch Erkenntnisse der Biologie, Neurologie, Anthropologie, Paläontologie u.a. (vgl. auch Kapitel 9).
Die Frage nach dem Ursprung einer *historischen Einzelsprache* ist dagegen ein handfesteres theoretisches und empirisches Problem: Was sind generell die Bedingungen dafür, dass man von einer eigenständigen Sprache sprechen kann? Wann waren diese Bedingungen in der Geschichte einer konkreten Einzelsprache – z.B. in der Geschichte des Deutschen – erfüllt? Man kann sich z.B. fragen, warum sich die Forschung ziemlich einig ist, dass man ab dem 8. Jh. n. Chr. von der "deutschen Sprache" sprechen kann als einem eigenständigen Abkömmling des Germanischen. In gängigen Sprachgeschichten des Deutschen kann man nachlesen, welche Kriterien man hierfür ins Feld führt.

b) Was irgendwann entstanden ist, kann auch wieder vergehen. Einen *'Tod' der menschlichen Sprache überhaupt* können wir uns allerdings nur im Zusammenhang mit dem Tod der Menschheit denken. Hingegen spricht man oft von *toten historischen Einzelsprachen* wie z.B. Latein. Das Problem des Sprachentods ist dem des Ursprungs einer Einzelsprache sehr verwandt: Es ist ein sowohl theoretisches als auch empirisches Problem.

10.2 Beispiele

Nach diesen ganz allgemeinen und grundsätzlichen Erörterungen zur Historiolinguistik möchten
wir im folgenden drei Themen aus der Sprachgeschichte des Deutschen herausgreifen und anhand
konkreter Sprachwandelphänomene die prinzipiellen Fragen noch einmal etwas zu erhellen versuchen. Die zwei ersten Beispiele (10.2.1 und 10.2.2) sind der traditionellen Sprachgeschichtsschreibung entnommen. Hier gilt es in den nächsten Jahren vor allem das Faktenwissen der älteren
Sprachhistoriographie im Lichte neuerer Theorien und Modelle der Sprachbeschreibung neuen
Beurteilungen zuzuführen. Das dritte Beispiel (10.2.3) entstammt der jüngeren Sprachgeschichte
und dokumentiert auch jene jüngere Art des sprachhistorischen Interesses, von dem in der Einleitung die Rede war: eines Interesses vorab an der unmittelbaren Vor-Gegenwart, und eines Interesses vorab an Phänomenen des Sprachgebrauchs und weniger des Sprachsystems.

10.2.1 Beispiel 1: Die zweite oder hochdeutsche Lautverschiebung

a) Der Befund

Die sog. zweite oder hochdeutsche Lautverschiebung gehört zum Kernbestand der
traditionellen Geschichtsschreibung der deutschen Sprache und ist entsprechend
sehr gut erforscht, wird nach wie vor aber sehr unterschiedlich gedeutet. Das gilt
es im Gedächtnis zu behalten für die folgenden Ausführungen, bei denen es uns in
erster Linie ums Exempel geht.

– Mit dem Stichwort *zweite* oder *hochdeutsche Lautverschiebung* meint man ein
Lautwandelereignis, das zwischen dem 5. und dem 8. Jahrhundert n. Chr. stattgefunden haben muss (*zeitlicher Befund*).

– Das Lautwandelereignis fand statt im ober- oder süddeutschen Raum, abgeschwächt im mitteldeutschen Raum, nicht jedoch im nieder- oder norddeutschen
Raum und im übrigen germanischen Sprachgebiet (*geografischer Befund*).

– Man nennt dieses Lautwandelereignis die *zweite* Lautverschiebung im Unterschied zur sog. *ersten* oder *germanischen Lautverschiebung* im 1. Jahrtausend v.
Chr., die ein gesamtgermanisches Phänomen ist, d.h. sämtliche germanischen
Sprachen (im Unterschied zu den romanischen, slawischen etc. Sprachen) erfasst
hat. Es ist die *hochdeutsche* Lautverschiebung, weil sie urprünglich nur die oberdeutschen Dialekte betraf, die historisch gesehen für die Ausbildung der heutigen
Norm der deutschen Standardsprache grundlegend waren.

Der unter synchroner Perspektive zunächst verwirrende Eindruck, dass die im heutigen niederdeutschen Raum gesprochenen Varietäten – also z.B. das Deutsch, das man in der Gegend von Hanno-
ver oder Celle spricht – ja bedeutend standardsprachnäher sind als die heute im oberdeutschen
Raum dominierenden Varietäten – wie etwa die schwäbisch oder bayrisch eingefärbte Umgangssprache – trügt bzw. ist seinerseits das Ergebnis einer späteren sprachhistorischen Entwicklung.

Das Resultat der zweiten oder hochdeutschen Lautverschiebung gilt als eines der
prominentesten Unterscheidungsmerkmale – man spricht von *Abstandkriterium* –
zwischen dem (Standard-)Deutschen und den übrigen germanischen Sprachen und
Dialekten.

– Diese Lautverschiebung betrifft eine Reihe von Konsonanten des Germanischen,
die im Verlaufe dieses Wandels in der besagten Zeit und dem besagten Gebiet
durch andere Konsonanten ersetzt worden sind. Unter anderen gehören die stimmlosen Verschlusslaute /p/, /t/ und /k/ dazu (*linguistischer Befund*).

Die Aufstellung in Schema 10-1 zeigt die Laut-Ersetzung, wobei deutlich wird, dass diese gemäss der Vorkommensweise des Lautes (An- oder Inlaut? Einfach oder geminiert, d.h. verdoppelt? Nach Vokal oder Konsonant?) zwei Varianten hat: Entweder wird aus dem Verschluss- ein Reibelaut (aus /p/ wird /f/), oder aus dem Verschlusslaut wird eine sogenannte Affrikate (aus /p/ wird /pf/). Die Beispiele im Schema stellen jeweils eine englische (den unverschobenen germanischen Lautstand bewahrende) gegen eine hochdeutsche (verschobene) Wortform. Beim anlautenden /k/ zeigt sich eine starke regionale Beschränkung der Lautverschiebung auf den südalemannischen Raum; dort stellen wir deshalb eine englische und hochdeutsche gegen eine zürichdeutsche (alemannische) Wortform.

Ausgangspunkt		Ergebnis	
Anlaut	Inlaut	Anlaut	Inlaut
/p/ *plum*	/p/ *open*	/pf/ *Pflaume*	/f/ *offen*
	/pp/ oder K + /p/ *apple* *stump*		/pf/ *Apfel* *stumpf*
/t/ *tongue*	/t/ *eat*	/ts/ *Zunge*	/s/ *essen*
	/tt/ oder K + /t/ *sit* *salt*		/ts/ *sitzen* *Salz*
/k/ *can, können*	/k/ *make*	/kx/ oder /x/ *(k)chöne*	/x/ *machen*
	/kk/ oder K + /k/ *acre, Acker* *think, denken*		/kx/ oder /x/ *A(k)cher* *dän(k)che*

[Schema 10-1]

b) Die Darstellung des Befundes

Soweit der stark vereinfachte sprachliche, zeitliche und geografische Befund. Man wird nicht einmal behaupten können, mit dieser Darstellung habe man das nackte "Was" der sprachlichen Veränderung erfasst. Zumindest zeigt sich, dass dieses Was sich je nach dem Wie der Beschreibung anders darstellt: Die Aufstellung bietet das Bild isolierter Lautersetzungen. Der Strukturalismus lehrt uns jedoch, dass die Laute einer Sprache ein geschlossenes System von Phonemen mit allophonischen Varianten bilden. Wir können also versuchen, das fragliche Lautwandelereignis als Wandel in einem Phonem*system* zu fassen. Man hat das selbstverständlich gemacht, mit dem Resultat einer sehr viel differenzierteren Sicht auf das Ereignis: Die *Lautersetzung* erscheint als eine *Phonemspaltung*; beispielsweise spaltet sich /p/ in /f/ und /pf/, je nach Position. Dabei kommt es innerhalb des Systems zu einem partiellen Phonemzusammenfall, da beispielsweise ein /f/ im germanischen System schon vorhanden war. Der Phonemzusammenfall ist nur ein partieller insofern, als beispielsweise /p/ auch zu /pf/ werden konnte; /pf/ stellt jedoch ein ganz neues Phonem dar, das es im Germanischen nicht gab. Etc.

Eine solche Auffassung der Lautverschiebung als Systemveränderung, d.h. vor dem Hintergrund oder im Rahmen eines Systems "où tout se tient" (de Saussure), ist sicherlich im Unterschied zur isolierenden Darstellung eine Voraussetzung für Erklärungen wo nicht der Ursache des Wandelereignisses, so doch vielleicht der

Verlaufsrichtung und der prinzipiellen Durchsetzbarkeit des Wandels. Die phonologisch-systematische Betrachtung fördert auch zutage, dass beim fraglichen Lautwandel ein ganz bestimmter *Typus von Lauten*, genauer noch vielleicht bestimmte phonologisch-distinktive *Merkmale von Lauten* betroffen sind (vgl. 4.5): Im vorliegenden Fall ist dies das Verschluss-Merkmal, das abgeschwächt (von /p/ zu /pf/) bzw. aufgehoben (von /p/ zu /f/) wurde. Die vergleichende Heranziehung analoger Lautwandelphänomene in andern Sprachsystemen, die man ev. in der Gegenwart mitverfolgen kann, erlaubt Hypothesen über den Verlauf des ganzen Systemwandels. Dieser Verlauf wird sich – sehr abstrakt gesprochen – zwangsläufig als Verkettung von verschiedenen Stadien darbieten (vgl. hierzu Moser/Wellmann/Wolf 1981: 30ff.):

– Ausgangsstadium: das noch gültige alte Phonemsystem des sogenannten *Voraltoberdeutschen* (das Oberdeutsche hat wie gesagt diese Lautverschiebung mitgemacht)
– mehrere (verschiedene) Zwischenstadien, zunächst der Aufsplitterung der fraglichen Phoneme in lautliche Varianten mit blossem Allophonstatus (d.h. ohne funktionalen Wert), dann der allmählichen Phonemisierung
– Endstadium: das neue gültige Phonemsystem des Altoberdeutschen.

Wir bekommen somit das unvermeidliche Bild von Vorher und Nachher, von Statik, dann Revolution (die man ihrerseits so wiedergibt, dass man sie in eine Kette einzelner, wiederum statischer, Zwischenstadien aufteilt) und schliesslich neuer Statik. Dabei meint man im Ausgangssystem, dem rekonstruierten Phonemsystem des Voraltoberdeutschen, eine "innere Finalität" zur Lautverschiebung erkennen zu können, und zwar namentlich im Umstand, dass dieses rekonstruierte System eine starke Asymmetrie der Phonemoppositionen und damit eine starke Instabilität zeigt, und dies insbesondere im Unterschied zu ebenfalls rekonstruierten voraltmitteldeutschen und voraltniederdeutschen Phonemsystemen, die ihrerseits symmetrischer, d.h. stabiler und somit ohne diese innere Finalität erscheinen und die die zweite Lautverschiebung deshalb auch nicht (jedenfalls ursprünglich nicht; vgl. unten) mitgemacht haben.

Letztere Systeme sind symmetrischer in dem Sinne, als der fragliche Bereich der Konsonanten klar strukturiert ist durch zwei Oppositionen: stimmhafte vs. stimmlose Laute, Verschlusslaute vs. Reibelaute in regelmässiger Verteilung. Demgegenüber spielen im fragileren "voraltoberdeutschen Obstruentensystem" Oppositionen zwischen Verschluss- und Reibelaut, Artikulationsstärke (Fortis vs. Lenis) und einfachem (Simplex) vs. verdoppeltem Laut (Geminate) in unregelmässiger Verteilung eine Rolle (vgl. hierzu MOSER/ WELLMANN/WOLF 1981; 33ff.). Ein solcherart strukturiertes System sei innerlich labil.

c) Das Erklärungsproblem

Wir haben hier den klassischen Fall einer Betrachtungsweise eines Sprachwandels vor uns, die wie eine *systemimmanente Erklärung* daherkommt. Eine Erklärung ist das aber eigentlich nicht! Es ist allenfalls der Anfang einer solchen.

Erstens deckt die Rekonstruktion der phonologischen Ausgangssysteme höchstens den Tatbestand auf, dass im einen germanischen Dialekt die Bedingungen der Möglichkeit der zweiten Lautverschiebung erfüllt waren (im Voraltoberdeutschen), im anderen (im Voraltmitteldeutschen und Voraltniederdeutschen) hingegen nicht; sie erklärt also höchstens, warum es im einen Dialekt zur Lautverschiebung kommen *konnte* und im anderen *nicht* dazu kommen *konnte*, erklärt aber nicht, *warum es tatsächlich dazu kam*. Wir erinnern an das Hempel/Oppenheim-Schema: Erfüllt

wird höchstens eine allgemeine Gesetzesbedingung; was aber fehlt, ist die auslö-
sende Anfangsbedingung: Warum kam es tatsächlich zur Lautverschiebung?
Zweitens hat die vermeintliche Erklärung den Makel, dass sie das Explikandum um
ein historisch früheres ersetzt: Wenn das voraltoberdeutsche Phonemsystem wirklich ein anderes war als die Phonemsysteme der anderen germanischen Dialekte
(und das als eigentliche Erklärung für die zweite Lautverschiebung im Oberdeutschen ausgegeben wird), so ist die Frage unvermeidlich, wie es zu diesem ursprünglichen Unterschied gekommen ist.
Stellen wir das zweite Problem einmal zurück und gehen wir davon aus, dass im
Voraltoberdeutschen die Bedingungen der Möglichkeit zur Veränderung gegeben
waren, so muss für eine Erklärung der tatsächlich stattgehabten zweiten Lautverschiebung immer noch der eigentliche Auslöser beigebracht werden. Hierfür scheinen sich keine andern als *externe* Faktoren anzubieten. Im 19. Jahrhundert hat man
zu – aus heutiger Sicht – teilweise recht abstrusen Explikationen gegriffen: das
Vordringen der südgermanischen Stämme in die dünnere Voralpenluft oder die
kriegerischere Volksseele der südgermanischen Stämme im Vergleich zu ihren küh-
leren mittel- und nordgermanischen Verwandten etc. In unserem Jahrhundert hält
sich die immerhin plausiblere These vom *sprachlichen Substrat*, womit das Postulat gemeint ist, dass die germanischen Stämme am Südrand des germanischen
Sprachgebietes in intensiveren Kontakt mit andern Sprachen gekommen seien, was
die zweite Lautverschiebung ausgelöst habe (vgl. MOSER/WELLMANN/WOLF
1981: 38ff.).
Damit stellt sich die zusätzliche Frage nach dem Ursprungsort und der Verbreitung
des Sprachwandelphänomens: Im Rahmen eines solchen kombinierten sprachsy-
stem-internen und -externen Erklärungsansatzes (innere Labilität, "innere Finalität", zur Lautverschiebung und äusserer Auslöser) wäre die Folge zwingend, dass
die zweite Lautverschiebung einen relativ begrenzten Ursprungsort hat, nämlich
den Südrand des germanischen Sprachgebietes: die Stammesgebiete der Alemannen, Bayern und Langobarden. Betrachtet man die geographische Verteilung des
Lautwandelphänomens in historischer Zeit und dialektal nachwirkend bis heute, so
bietet sich das eingangs erwähnte Bild einer weit nach Norden reichenden, allerdings in der Konsequenz der Durchgeführtheit der Verschiebung Schritt für Schritt
abnehmenden Verbreitung. Es stellt sich hier somit ein Erklärungsproblem für dieses seltsame Bild der Durchsetzung oder Verbreitung einer sprachlichen Neuerung.
Was in der älteren Forschung als *Wellentheorie* angeführt wird, wonach sich
sprachliche Veränderungen gerne von einem Zentrum aus wellenartig und dabei
sich abschwächend ausbreiten, ist nicht mehr als eine hübsche Metapher für den
Befund, den es zu erklären gilt; eine Erklärung ist diese Theorie keineswegs.

In den letzten Jahren hat die folgende – allerdings noch sehr umstrittene – Hypothese allmählich
die Kontur einer möglichen Erklärung für das angesprochene Verbreitungsphänomen angenommen
– sie steht unter dem deutlichen Einfluss neuerer soziolinguistischer Fragestellungen auch in der
Historiolinguistik (vgl. Kp. 8): Die zweite Lautverschiebung ist ein Sprachwandel, der seinen Ursprung tatsächlich im Gebiet der Alemannen, Bayern und Langobarden hat. Im ganzen mitteldeutschen (fränkischen) Raum, wo er heute dialektal ebenfalls, wenn auch unvollständig, verbreitet ist,
handelt es sich dagegen um einen sprachlichen Import in ein System, das von sich aus die Veranlagung zur zweiten Lautverschiebung nicht mit sich brachte. Der fragmentarische Charakter der
Übernahme der zweiten Lautverschiebung ist ein Indiz dafür, dass es sich hier an sich um ein sy-
stemfremdes Phänomen handelt. Für die partielle Übernahme macht die Forschung soziologische
Faktoren verantwortlich, versucht also eine soziolinguistische Erklärung, und zwar doppelter Art:
Demnach hätten zum einen die militärisch-politisch überlegenen mitteldeutschen Franken nach der

Unterwerfung der genannten südgermanischen Stämme sich sprachlich wie auch in einem weiteren Sinne kulturell teilweise den Unterworfenen angepasst, offenbar ein Vorgang, den man analog häufig beobachten kann: Der machtmässige Sieger passt sich im Bestreben einer Festigung der Macht durch Einigung in bestimmten – und warum nicht auch sprachlichen – Bereichen dem machtmässigen Verlierer an. Zum anderen sei diese Anpassung nach aussen vor allem getragen gewesen von der fränkischen Oberschicht, die diese sprachlichen Neuerungen als willkommenes Mittel zur Abgrenzung gegen die eigene fränkische Unterschicht aufgegriffen habe. – So könnten für die Verbreitung so ungeheuer kleiner Details phonologischer Wandlungen schliesslich so ungeheuer grosse, globale Faktoren wie Kriege und Machtsphären und soziologische Ständedifferenzierung verantwortlich sein.

10.2.2 Beispiel 2: Der i-Umlaut

a) Was heisst Umlaut?

Der sog. i-Umlaut gehört – wie die zweite oder hochdeutsche Lautverschiebung – zu den klassischen Gegenständen der Historiographie des Deutschen und ist dementsprechend ebenfalls sehr gut erforscht; auch hier gibt es nichtsdestoweniger stark umstrittene Deutungen, die wir wiederum nur um des Exempels willen hier referieren, ohne den geringsten Anspruch auf eine eigene Position in der Diskussion um dieses Phänomen.

Mit i-Umlaut bezeichnet man die auch im heutigen Deutsch zu beobachtende Umlautung, d.h. Verfärbung der Qualität des Stammsilbenvokals bei bestimmten morphologischen Abwandlungen von Wörtern, z.B.:

Gast – Gäste	*ich fahre – du fährst*
lang – länger	*Kraft – kräftig*
nahe – Nähe	*nahm – nähme*

Das Phänomen ist keineswegs auf den Vokal /a/ beschränkt, sondern begegnet auch bei andern Vokalen und bei Diphthongen, und zwar bei Kurz- wie Langvokalen, vgl.: *Luft – Lüfte, ich fuhr – ich führe, ich saufe – du säufst, Loch – Löcher, hoch – höher* etc. Der Umlaut tritt zudem offenbar auch isoliert auf: *Löffel, Öl, Küste* etc.

b) Zeigt der Umlaut eine Systematik?

Für diesen heutigen, synchronen Zustand drängt sich die Frage auf, ob es hier eine Systematik gibt oder die reine Willkür herrscht, wo die Systematik allenfalls zu suchen ist und wie sie aussieht. Genaueres Zusehen zeigt tatsächlich Ansätze zu einer Regelmässigkeit:

(i) *Lautliche Regelmässigkeit:* Der Vokalwechsel, wenn er vorkommt, ist gleichförmig, d.h. /a/ wechselt zu /ɛ/, /u/ zu /ü/, /o/ zu /ö/, /au/ zu /äu/ usw. Es gibt von diesen lautlichen Regelmässigkeiten einige Ausnahmen: *Gold – gülden, warf – würfe, stand – stünde*; sie scheinen aber veraltet und zum Tode verurteilt.

(ii) *Regelmässigkeit im Auftreten:* Das Umlautphänomen zeigt sich bei bestimmten morphologischen Prozessen, d.h. im Zusammenhang mit der Ausdifferenzierung bestimmter morphosyntaktischer Merkmale bei den syntaktischen Wörtern eines Lexems (vgl. 2.3):
– Pluralbildung am Nomen (*Gast – Gäste*)
– Verbflexion (*ich fahre – du fährst, ich nahm – ich nähme*)

– Komparation der Adjektive (*dumm – dümmer*)
– Derivation (*lang – Länge, Kraft – kräftig, Haus – Häuschen*).

Man ist versucht zu sagen: Der Umlaut markiert in diesen Fällen in der Wortform eine funktionelle Opposition, eine Opposition in einem signifié-Merkmal des syntaktischen Wortes, und er ist von daher ein wichtiges sprachliches Mittel im morphologischen System des Deutschen. Allerdings: In der grösseren Zahl der Fälle markiert der Umlaut die Opposition zusammen mit einer zusätzlichen Markierung, einer Endung (vgl. die Beispiele), und so ist nicht eindeutig klar, ob die Endung oder der Umlaut als die primäre oder eigentliche Markierung der Opposition anzusehen ist. Nur in selteneren Fällen markiert der Umlaut die Opposition allein: *Mutter – Mütter, wir waren – wir wären, nahe – Nähe*.

Neben diesen oberflächlichen Ansätzen zur Systematik ist hingegen verwirrend, dass die Umlautung in den genannten morphologischen Prozessen keineswegs immer auftritt:

Hut – Hüte	aber:	*Hund – Hunde*
ich schlage – du schlägst		*ich sage – du sagst*
dumm – dümmer		*stumm – stummer*
Kraft – kräftig		*Saft – saftig*
Musse – müssig		*Ruhe – ruhig*

Dabei ist für die Fälle, wo die Umlautung auftritt, und die Fälle, wo sie nicht auftritt, ein klarer Unterschied der Bedingungen nicht unmittelbar ersichtlich. Zudem gibt es in unserem Sprachgefühl viele Zweifelsfälle (*schmaler* oder *schmäler?*), und der Verdacht drängt sich auf, es könnte regionale Unterschiede geben und in der kodifizierten Standardsprache (Duden) seien viele Festlegungen mehr einer willkürlichen Entscheidung der Grammatik- und Wörterbuchverfasser als einem klaren System zu verdanken. Wir sind in dieser Situation geneigt zu sagen, das Umlautphänomen sei zwar ein wichtiges Mittel der Markierung morphologischer Opposition, dieses Mittel sei aber *synchron* in dem Sinne *nicht 'erklärbar'*, dass wir für den einzelnen Vokalwechsel keine allgemeine Regel geltend zu machen im Stande sind, dass im Einzelfall für uns also nicht vorhersagbar ist, ob das Mittel des Umlautes zur Oppositionsmarkierung beansprucht wird oder nicht. Zur Debatte steht dabei der oben referierte synchrone Erklärungsbegriff, der in der Rückführung des Einzelfalls auf eine allgemeine synchrone Regel besteht. (Wenn es diese allgemeine Regel tatsächlich nicht gibt, so heisst das beispielsweise für den Spracherwerb: Jeder einzelne Fall muss gelernt werden.)

c) Zur Geschichte des Umlautes

Fragen wir nun historisch: Gab es das Umlautphänomen immer schon oder ist es irgendwann entstanden, und liegt in seiner Entstehung vielleicht der Schlüssel für die heutige augenscheinlich unsystematische Situation, d.h. ist das Gegenwärtige historisch erklärbar (und das heisst: erklärbar im Sinne der genetischen Herleitung)?

So hat die klassische philologische Forschung des 19. Jhs. gefragt, und sie ist tatsächlich fündig geworden. Es sieht so aus, als könnten wir in deutschen Texten des frühen, hohen und ausgehenden Mittelalters einer sehr allmählichen Entstehung und Ausbreitung des Umlautes zuschauen, indem wir nämlich in Texten aus dieser Zeit in der Schreibung einen zögernden Übergang von nicht umgelauteten zu umgelauteten Vokalen beobachten können: Was anfänglich einmal *gasti* geschrieben worden war, wurde mit der Zeit anstelle des <a> mit einem <e> oder mit einem <e> mit Punkt darunter oder mit einem <a> mit darübergesetztem <e> (woraus unsere heutigen Umlautstrichlein entstanden sind) geschrieben; d.h. der Laut wurde mit der Zeit mit einer graphematischen Markierung einer andern als der 'reinen' /a/-Qualität geschrieben.

Dabei stellt sich zunächst ein immenses *Datenproblem*: Wir wissen aus unserer eigenen Schreibpraxis, dass die Schreibung immer nur ein sehr unzuverlässiger Zeuge der Lautung ist und insbesondere erzkonservativ, was namentlich Schlüsse von den schriftlichen Zeugnissen auf die zeitliche Situierung des primär sprechsprachlichen Wandels nur mit äusserster Vorsicht zulässt. Hinzu kommt, dass die Schreibungen immer interpretiert werden müssen, d.h. dass nicht klar ist, welchen Laut man sich hinter einer Graphie genau vorzustellen hat. Eine von <a> abweichende Graphie markiert vorerst nur einmal, dass da kein /a/ mehr zu lesen ist, Zusätze mit einem "e" (z.B. darübergesetzt) markieren irgendeine Verfärbung in Richtung /e/, oder sie markieren gar ein 'richtiges' /e/, aber mit dem Vermerk, dass das eine Abwandlung von /a/ sein könnte, und selbst wenn ein blosses <e> gesetzt wird, wissen wir nicht, ob wir dasselbe /e/ wie in andern Wortformen zu lesen haben. Hinzu kommt, dass die Schreibung damals nur ansatzweise normiert war und zwischen Schreibern erhebliche Unterschiede bestehen, die überdies auch als Indizien für regionale Unterschiede gelesen werden müssen. Trotz dieser recht misslichen Datenlage glaubt man aber aus den Schriftzeugnissen des Mittelalters folgenden Wandel der deutschen Sprache (sehr vergröbernd gesagt) rekonstruieren zu können:

In einer ersten Phase in althochdeutscher Zeit (ca. 750 bis 1050) wechselt der Kurzvokal /a/ zu /e/, und zwar immer dann, wenn auf ihn eine Silbe mit /i/, /i:/ oder /j/ folgt: Singular *gast* steht nicht mehr neben Plural *gasti*, sondern Pl. *gesti*; man nennt das den *Primärumlaut*.

Ihm folgen im Mittelhochdeutschen, also zeitlich später, die sogenannten *Sekundärumlaute*, nämlich /a:/ zu /æ:/, /o/ zu /ö/, /o:/ zu /ö:/, /u/ zu /ü/, /u:/ zu /ü:/, /ou/ zu /öu/ und /uo/ zu /üe/:

ich nahm – ich nähme	mhd. *hus – hiuser* (zu lesen als *hüser*)
Loch – Löcher	mhd. *roup – röubære* (heute: *Raub – Räuber*)
hoch – höher	mhd. *guot – güete* (heute: *gut – Güte*)
Kummer – kümmern	

Es gelten dabei dieselben Bedingungen wie beim Primärumlaut, dass nämlich den Vokalen ein /i/, /i:/ oder /j/ in der Folgesilbe folgen musste (das ist in den Beispielen nicht mehr sichtbar; vgl. unten).

Der Fall von *liegen – legen* ist ebenfalls ein Umlautphänomen und wird so erklärt: Es gab einen Typus Verbableitung, bei dem man vom Präteritum-Stamm eines intransitiven Verbs durch Anhängung einer Endung *-jan* (d.h. Folgesilbe mit /j/) ein transitives Verb bilden konnte, also *liegen – lag -> legen*.

Diese Bedingung, dass in der Folgesilbe ein i-Laut zu stehen hat, wird oft als *Erklärung* für den Wandel angeführt und hat ihm den Namen *i-Umlaut* eingetragen: Die Vokale werden artikulatorisch in Richtung auf einen i-Laut verschoben dadurch, dass der i-Laut der Folgesilbe schon im voraus wirkt, den vorangehenden Vokal gleichsam in seine artikulatorische Nähe zieht, oder (aus der umgekehrten Perspektive gesprochen) dass der vorausgehende Vokal die Qualität des folgenden ein Stück weit antizipiert, in sich integriert und sich dabei verändert. Man spricht von *regressiver Fernassimilation*. Der ganze Vorgang der i-Umlautung wäre – sehr salopp gesagt – eine sprechsprachliche Schludrigkeit. Typologisch gesprochen hätten wir den Fall eines sog. *kombinatorischen Lautwandels*, d.h. wir hätten systematische lautliche Veränderungen in bestimmten Umgebungen, unter bestimmten Bedingungen, im Unterschied zum unbedingten, absoluten Lautwandel, der den Laut an und für sich betrifft, in allen seinen Vorkommensweisen. Die Umlaute hätten den Status von *Allophonen* zu den nicht-umgelauteten Vokalen, d.h. wären funktionslose lautliche Varianten zu den 'eigentlichen' Lauten (Phonemen); systematisch gesehen wären sie ein eigentliches Ärgernis.

d) Zur Erklärung des Umlautes

Sollen wir uns damit begnügen? Angenommen wir täten es: Hätten wir nun diesen Sprachwandel erklärt? Erklärt das Stichwort *regressive Fernassimilation* etwas? Ist ein *weil*-Satz wie der folgende irgendwie plausibel: "Weil in der Folgesilbe ein i-Laut steht, wird der Vokal der voraufgehenden Silbe in Richtung auf ein /i/ verfärbt"? Sicher plausibler klingt das dann, wenn wir den *weil*-Satz bereichern um die Sprecherinnen und Sprecher und um ihr mögliches Motiv und sagen: "Weil in der Folgesilbe ein i-Laut steht, verschieben *die Sprecherinnen und Sprecher zur artikulatorischen Erleichterung* den voraufgehenden Vokal in Richtung auf ein /i/." Aber – so müssen wir doch nun fragen – warum setzt diese Verschiebung genau in althochdeutscher Zeit ein, und warum setzt sie zuerst bei /a/ und erst später bei den andern Vokalen ein? Wir sehen, dass das Stichwort *regressive Fernassimilation* allenfalls eine *Bedingung der Möglichkeit* der Veränderung benennt (um mit dem Hempel/Oppenheim-Schema zu reden: die Erfüllung der Bedingung einer allgemeinen Gesetzmässigkeit), nicht aber den tatsächlichen Anstoss, den Auslöser dazu benennt (die Anfangsbedingung). Eine befriedigende Erklärung ist damit also nicht gegeben.

Folgende Beobachtung bringt uns möglicherweise einen Schritt weiter: Wir hatten gesehen, dass das Umlautbild unserer Gegenwartssprache keine Systematik aufzuweisen, d.h. rein arbiträr zu sein scheint. Das ist vor allem deshalb so, weil die umlautbewirkenden i-Folgesilben weitestgehend nicht mehr vorhanden sind: wir finden entweder nur noch e- bzw. ə-Vokale (sogenanntes "Schwa") oder gar keine Vokale oder gar kein phonologisches Material mehr. Man bucht das unter der sogenannten *Nebensilbenabschwächung* ab, bei der die Vokale der Nebensilben, d.i. der Silben ohne Hauptakzent, zumeist zu /e/ oder schwächerem /ə/ schwanden oder ganz wegfielen. Das betraf ganz besonders die Silben in den Endungen, nachdem durch die sogenannte *Stammsilbenbetonung* der Wortakzent regelmässig auf den Vokal der Stammsilbe zu liegen kam. Den Effekt der Nebensilbenabschwächung zeigt etwa der Unterschied zwischen ahd. *zeichenunga* und Neuhochdeutsch *Zeichnung*. Der Prozess ist bis heute nicht abgeschlossen (vgl. *wir haben – wir hab'n/hab'm*). Für das Umlautphänomen hat diese Nebensilbenabschwächung zur Folge, dass der Umlaut heute ohne die ihn umlautende i-Folgesilbe dasteht; das Umlautphänomen wirkt aus heutiger Sicht unsystematisch und grundlos.

Diese Tatsache kann nun aber gerade als mehr denn eine blosse Verdunklung historischer Zusammenhänge gelesen werden, sobald man weiss, dass der Wegfall des i-Vokals in der Folgesilbe ungefähr in die gleiche Zeit fällt wie die Ausbildung des Umlautes selber. Der Befund ist also einigermassen paradox: Der i-Umlaut bildet sich ungefähr gleichzeitig aus mit dem Verschwinden seiner angeblichen Ursache!

Aus dieser vertrackten Situation rettet uns nur eine komplexere Sicht der Dinge: Man könnte folgende *Hypothese* aufstellen: In der gesprochenen Sprache hat man schon umgelautet, bevor man das in der Schrift (seit althochdeutscher Zeit) festgehalten hat. Der Umlaut war dabei zuerst tatsächlich nicht mehr als eine nebensächliche Allophonie, eine nebensächliche lautliche Variantenbildung, wie sie in gesprochener Sprache zuhauf vorkommt – von den Sprechern oft unbemerkt – und sich in der Schrift aus guten Gründen, Gründen der Identifizierung von Morphemen nämlich, nur selten zeigt; so schreiben wir <das Rad> und sprechen /rat/, und wir schreiben <des Rades> und sprechen /radəs/ (vgl. hierzu auch 2.3.3).

Das Auftauchen des Umlautes in der Schrift ist hingegen ein Indiz für eine gewichtige Statusveränderung dieser ursprünglichen Allophonie: In dem Augenblick nämlich (wobei das ein sehr langer Augenblick war!), als die i-vokalischen Folgesilben zu schwinden begannen, begann ein Prozess der Umverlagerung der Funktion dieser Silben (Markierung von Plural, Person, Modus, Komparativ etc.) auf den umgelauteten Stammvokal. Aus dem blossen Allophon, der blossen lautlichen Variante, wurde damit ein Funktionsträger, und damit war die lautliche Variante auch keine blosse Variante mehr, sondern markierte eine signifié-Opposition, wurde also bedeutungsunterscheidend und mauserte sich damit vom Allophon zum Phonem. Betrachten wir die nächsthöhere Ebene des Morphems, so können wir sagen: Aus einer ursprünglichen Allomorphie, d.h. blossen lautlichen Varianz eines Morphems – z.B. *gast – gest* – wurde allmählich eine Morphemopposition, eine Opposition zwischen zwei Morphemen, die nicht dieselbe signifié-Information tragen. Und mit diesem Prozess der Funktionalisierung des Umlautes (seiner Phonemisierung) wurde der Umlaut auch 'schriftwürdig': man begann, ihn zu schreiben.

Soweit die Hypothese. Dabei hat man sich den Prozess auf keinen Fall zu mechanisch vorzustellen. Es ist ja eine Tatsache, dass wir noch heute beispielsweise in der Wortform *Gäste* oder *fährst* die grammatische Funktion mit Endungen markiert haben. Die grammatische Funktion ist also bis heute sehr oft nicht gänzlich auf den Umlaut übergegangen (ganz ist sie es im Standard-Deutschen z.B. bei *Mutter – Mütter, Nagel – Nägel, Kloster – Klöster*, oder etwa im Zürichdeutschen in *Gascht – Gescht*). Was man aber von althochdeutscher Zeit an mit aller nötigen Vorsicht konstatieren kann, ist eine Tendenz weg von der Markierung der morphosyntaktischen Information in Endungen (morphologisches Verfahren der *Suffigierung*). Der Umlaut bot sich dabei als Ausweg an, die Markierung am Stamm vorzunehmen (morphologisches Verfahren der *inneren Abwandlung*).

Dabei zeigen die mittelalterlichen Schriftdokumente in einer ersten Phase die mehr oder weniger konsequente Umlautung immer dort, wo die i-Folgesilbe tatsächlich vorhanden war oder vorhanden gewesen war. So ergaben sich allerdings z.B. bei der Nominalflexion Fälle, wo schon im Singular aufgrund einer i-Endung umgelautet wurde:

Singular			Plural		
	Nominativ:	*lamb*		Nominativ:	*lembir*
	Genitiv:	*lembires*		Genitiv:	*lembiro*
	Dativ:	*lembire*		Dativ:	*lembirum*
	Akkusativ:	*lamb*		Akkusativ:	*lembir*

Der Umlaut konnte so natürlich nicht zur Markierung der Numerus-Oppositon verwendet werden. Es ist dann zu beobachten, wie der Umlaut systematisiert wurde, d.h. umgelautete Singularformen verschwanden mit der Zeit wieder, der Umlaut wurde für die Pluralmarkierung monopolisiert:

Singular   Genitiv: *lembires* --> *lambes*
                Dativ: *lembire* --> *lambe*

Das ist ein ganz deutliches Anzeichen dafür, dass der Umlaut als Mittel für die Markierung eindeutiger Oppositionen erkannt und dann eingesetzt wurde. Von wem wurde er als das erkannt? Vom "Sprachsystem"? Von seinen Sprecherinnen und Sprechern? Bewusst?

In einer weiteren Phase tritt dann sogar die sogenannte *Analogiebildung* auf: Es tauchen Umlaute auf, wo es sie gar nicht geben dürfte, weil da nämlich nie ein /i/ der Folgesilbe vorhanden war. So lautete der Plural von *boum* ursprünglich *bouma*, wurde dann zu *Bäume*. Das wurde möglich, als sich in den Köpfen der Deutsch Sprechenden das ursprünglich rein allophonische Phänomen des Umlautes festgesetzt hatte als polyfunktionales Mittel der Plural-, Tempus-, Komparativ-, Diminutivmarkierung etc. (vgl. 3.2.3: das im Lexikon angesetzte Bildungsmodul). Die Zeit dieser Festsetzung, dieses Funktional-Werdens war auch die Zeit des Eintritts in die Schrift, und damit die Zeit des Eintretens in die (dokumentierte) Sprachgeschichte.

Das Beispiel des i-Umlautes sollte zeigen, wie ein Sprachwandel entstehen kann – eine völlig nebensächliche artikulatorische Erleichterung – und warum er sich manchmal plötzlich durchsetzen und systematisches Gewicht bekommen kann – er wird funktionell *relevant*. Dass wir das Phänomen des i-Umlautes nun historisch erklärt hätten, wagen wir nicht zu behaupten, zumal wir eine wichtige Betrachtungsweise hier gänzlich umgangen haben, ohne die das Phänomen sicher nicht erschöpfend behandelt werden kann, nämlich die Frage, was die Entstehung und Durchsetzung, d.h. Phonemisierung der Umlaute im Phonemsystem des Deutschen mit sich brachte. Wie wir ja in 10.2.1 gesehen haben, sollten Lautwandelphänomene stets aus dem System heraus betrachtet werden, in dem sie sich zutragen. Hier könnten also noch wichtige Erklärungsansätze für das Phänomen der historischen Ausbildung des i-Umlautes im Deutschen schlummern.

10.2.3 Beispiel 3: Textsortengeschichte: Briefe kleiner Leute im 19. Jahrhundert

Wie in der Einleitung zu diesem Kapitel schon angesprochen wurde, erhält die Sprachgeschichtsforschung, die in den 60er und 70er Jahren neben jüngeren Teilbereichen der Linguistik eher vernachlässigt wurde, in neuerer Zeit wieder vermehrte Beachtung.

Das neue Interesse steht zum Teil auch unter neuen Vorzeichen, indem z.B. versucht wird, Methoden und Forschungsansätze aus 'modernen' linguistischen Teilbereichen wie Pragmatik und Soziolinguistik in die diachrone Betrachtungsweise von Sprache miteinzubeziehen. Dies hängt u.a. damit zusammen, dass sich das sprachhistorische Interesse vom Gegenstand *Sprachsystem* zum Teil auf den Gegenstand *Sprachgebrauch* verlagert hat und ausserdem in den letzten Jahren die *neuere Vergangenheit* – d.h. das 19. und 20. Jahrhundert bis zu unserer sprachlichen Gegenwart – in den Blickwinkel der Sprachgeschichtsforschung gerückt ist. Und für diesen Zeitraum lässt sich das neuartige Forschungsinteresse an einer *Sprachgebrauchs-Geschichte* verbinden mit einer Quellenlage, die sich – obwohl noch zum Grossteil nicht aufgearbeitet und folglich nicht ganz überblickbar – insgesamt als so umfangreich und differenziert erweist, dass das Unternehmen einer 'historischen Sprachpragmatik' oder 'historischen Soziolinguistik' zumindest für die neuere Vergangenheit nicht ganz illusorisch ist.

Grundsätzlich könnte eine solche neuorientierte Sprachgeschichtsforschung unter zwei ganz verschiedenen Perspektiven interessant werden:

- In bezug auf die in Abschnitt 10.1.5 formulierten Fragen zum Sprachwandel (im Sinne von Wandel des *Sprachsystems*) wären aus der detaillierten Beschäftigung mit den Veränderungen des Sprachgebrauchs bzw. mit den "Traditionen des Sprechens" (SCHLIEBEN-LANGE:1983) vor allem Antworten hinsichtlich system*externer* Faktoren des Sprachwandels zu erwarten. Eine Geschichte des Sprachgebrauchs könnte also zumindest in gewisser Hinsicht Fragen einer Geschichte des Sprachsystems klären helfen.
- In zweiter – und hauptsächlicher – Linie wäre eine Geschichte des Sprachgebrauchs eine eigenständige Form der Sprachgeschichtsbetrachtung, die die bisherige Sprachgeschichtsschreibung ergänzen würde und in enger wechselseitiger Beziehung zur Sozialgeschichte und Kulturgeschichte stünde.

Die Schwierigkeiten, die sich einem solchen Unternehmen in methodischer Hinsicht bieten, sind allerdings nicht zu unterschätzen und teilweise auch nicht aus dem Weg zu räumen – auch nicht für das an sich leicht zugängliche 19. Jahrhundert, das der Gegenstand unserer folgenden Ausführungen ist.

Eine der Hauptschwierigkeiten ist, dass wir auch bis in die neueste Vergangenheit hinein nur *schriftliche Sprachquellen* zur Verfügung haben: Wo es wirklich um die Aufdeckung der Traditionen des *Sprechens* geht, werden wir also weiterhin auf die (minimalen) Reflexe der gesprochenen Sprache, die sich in Schriftdokumenten finden lassen, angewiesen sein (oder auf sekundäre Quellen, d.h. also auf Äusserungen von Zeitgenossen zu den Spezifika alltäglichen mündlichen Sprachgebrauchs).

Ein zweites Problem ist, dass in den Quellen, die uns zur Verfügung stehen, die verschiedenen sozialen Schichten und Gruppierungen nicht gleichmässig vertreten sind: Die Schriftstücke, die in Bibliotheken, Archiven oder auch in Privatbesitz aufbewahrt wurden und werden, repräsentieren meist nur die Sprache sozial höherstehender Kreise.

Dabei liegt der Grund dafür nicht nur darin, dass Texte aus der Feder 'kleiner Leute' bis in die neueste Zeit nur selten als Dokumente von historischem Wert betrachtet wurden, sondern auch darin, dass unter den Angehörigen der unteren Schichten selbst noch in der Mitte des 19. Jahrhunderts viele nicht, zumindest aber *nicht gut* schreiben konnten. Aufgrund der sukzessiven Einführung der allgemeinen Schulpflicht seit Ende des 18. Jahrhunderts kann man zwar davon ausgehen, dass in der zweiten Hälfte des 19. Jahrhunderts die Anzahl wirklicher Analphabeten in deutschsprachigen Gebieten nur noch sehr gering war; für viele Menschen jedoch, die schreiben und lesen durchaus gelernt hatten, gab es nur wenig Veranlassung, diese einmal erworbene Fähigkeit regelmässig einzusetzen und zu üben. Mit anderen, etwas pointierten Worten: Viele Menschen konnten zwar *schreiben*, *Texte verfassen* konnten sie jedoch nicht oder schlecht.

Aus dieser hier skizzierten Problematik ergeben sich unterschiedliche Fragen, die für eine pragmatisch ausgerichtete und soziolinguistisch interessierte Sprachgeschichtsforschung in gewisser Weise charakteristisch sind, so z.B.:

- die Frage nach der zunehmenden Integration der verschiedenen sozialen Schichten in die 'moderne' Schreibsprachgemeinschaft,
- die Frage nach den Kommunikationsbereichen, in denen die Beherrschung der Schriftsprache auch für breitere Kreise nötig wird und damit ebenfalls die Frage nach den Textsorten, deren Kenntnis sozial relevant ist,
- die Frage nach dem soziokulturellen Stellenwert des 'Schreiben-Könnens'.

In diesem Zusammenhang ist nun ein sprachhistorisches *Forschungsprojekt zur Schriftsprachlichkeit kleiner Leute im Ruhrgebiet des 19. Jahrhunderts* interessant (vgl. Grosse u.a. 1987 und 1989). Die Texte, die im Rahmen dieses Projektes dokumentiert und analysiert wurden, repräsentieren sehr unterschiedliche Textsorten – das Spektrum erstreckt sich von Texten aus dem Bereich der kommunalen Verwaltung über Texte aus dem Vereinswesen bis zu vielfältigen privaten Schriftstücken. Die Autoren und Autorinnen der Texte stammen zum Grossteil aus den niedrigeren sozialen Schichten und gehören damit zu einer Bevölkerungsgruppe, bei der das Schreiben "nicht zur täglichen Beschäftigung" gehört (vgl. v.a. Grosse 1989).

Wir wollen im folgenden in zwei Beispielanalysen – wenn auch nur sehr knapp und ansatzweise – aufzeigen, wie solche Texte unter der Perspektive einer Sprachgebrauchsgeschichte ausgewertet werden könnten bzw. welche Deutungen sich zumindest in einem ersten Schritt ergeben.

Beispiel I

Ein Beispiel für die bürokratischen Dimensionen, im Rahmen derer die Fähigkeit, Briefe zu schreiben, in direktem Bezug zum realen Lebensalltag auch der 'kleinen Leute' steht, ist das folgende Bittschreiben (samt Antwortentwurf):

a) Bitte einer von ihrem Ehemann getrennt lebenden Frau an den Magistrat Essen um eine Ehrengabe anlässlich des Sedanfestes 1895.

> *An den Hern Oberbürgermeister Zweigert Wohlgeboren Hir*
> *Ich möchte auch E... Wohlgeborene Ergebens Bitten das Sie So Freundlich Sind*
> *wen es in ihren Kräften Steht auch mich Wo ich Sehr arm Bin Etwas Zukomen Zu*
> *laßen auf das Schöne Sedanfest. Mein Mann Hat auch Treu Konig und Kaiser Drei*
> *Jahr Gedint 64-66-70-71 Mittgemacht. Hatt Drei Erenzeichen und die Krönungs-*
> *medalle fon unsern Kaiser Wilhelm. Ich wohne Seit dem Jahre 66 Hir in Eßen.*
> *Nach dem Feldzuch 66 den 11ten Nofember war ich mit ihm Geheiratet. Er hat 14*
> *Jahre bei Hern Elting in Arbeit gestanden imer eine Gute Führung ich war 8 Jahr*
> *Wiedwe heimann Habe Niemalz die Statd zur Last gewesen Ich bin Geheiratet ich*
> *Lebe Getrent mit mein Mann Ich habe fon ihm keine 2 Pfg Er ist in Borbeck im*
> *Loschi. Ich schicke ihnen die Pfapfire So wie sie noch Da Sind auf die lange Jahre*
> *sind Sie alt und Schimrig. In der besten Hoffnung Das Sie geerter Her was in*
> *ihren Kräften Steht Sorge tragen. ganz Ergebens*
>   *und Gehorsams Frau Schaax*
>   *Kapelen Straße Nu 4*
>   *Eßen*   *Ich finde*
>   *keine Weitern*
>   *Pfapire die*
>   *Sind Foll*
>   *Schmitz und*
>   *Schimrich*
>   *in die Tasche*
>   *Geworden*

(aus: GROSSE u.a. 1989:54)

b) Entwurf eines Antwortschreibens:

> *An die Ehefrau Schaax Hier Kapellenstr. 4*
> *1, Auf die Zuschrift ohne darum hier eingegangen am 27 ds Mts gereicht ihnen*
> *unter Rückgabe der Anlage zum Bescheide, daß nach dem Beschlusse der*
> *Stadtverordneten Versammlung aus Anlaß der 25 jährigen Wiederkehr des*
> *Sedanfestes eine Ehrengabe nur an hiesige bedürftige Krieger und bedürftige*
> *Wittwen u. Waisen von Kriegern, welche an den feldzügen von 1864, 1866 oder*
> *1870/1 theilgenommen haben, zur Vertheilung gelangen soll und Sie daher nicht*
> *berücksichtigt werden können.*
> *2, zu den Acten* E 29/8.95
>
> (aus: GROSSE u.a. 1989:54/55)

Was lässt sich nun aus einer solchen Quelle an sprachhistorisch interessanten Erkenntnissen erschliessen?

– Die Antragstellerin hat diesen Brief offenbar *selbst* geschrieben (Text und Unterschrift sind dieselbe Handschrift – ausserdem wäre der Brief sprachlich besser, wenn ihn ein professioneller Schreiber geschrieben hätte) – allenfalls muss man die Hilfe einer zweiten Person annehmen. Dies lässt den Schluss zu, dass die Schreiberin auch als Frau aus niederen sozialen Schichten sowohl Schreiben *gelernt* als auch nicht mehr ganz *verlernt* hat – schriftliche Dokumente scheinen in ihrem Leben also zumindest eine gewisse Rolle zu spielen.
– Ausserdem verfügt die Schreiberin über eine gewisse *Textsortenkenntnis.* Diese dürfte z.T. unterstützt sein durch die Verwendung von Vorlagen. So sind der einleitende und der ausleitende Satz sowie die Titulaturen zwar zu wenig korrekt, als dass sie direkt abgeschrieben sein könnten, doch zeigen sich hier im Vergleich zum restlichen Text sprachliche Besonderheiten (komplexerer Satzbau, Verwendung von Floskeln wie *in der besten Hoffnung, was in ihren Kräften Steht, ergebens*), die spezielle Hilfe vermuten lassen.
– Ebenfalls für die Textsortenkenntnis der Schreiberin spricht, dass die für die Beurteilung eines solchen Antrags wichtigen Fakten ordnungsgemäss genannt werden – allerdings versetzt mit inhaltlichen Details (*Sind foll Schmitz und Schimrich in die Tasche Geworden*), die über das Nötige hinausgehen. Andererseits scheinen Formulierungen wie *schönes Sedanfest, unser Kaiser Wilhelm, treu gedient* sehr geschickt als sprachliche Signale eines patriotischen Bekenntnisses eingesetzt, welches den Magistrat als Vertreter von Kaiser und Reich geneigt stimmen soll.
– Die in einfachen Aussagesätzen gefassten Informationen im Mittelteil des Briefes werden parataktisch aneinandergereiht – unterordnende Konjunktionen oder andere sprachliche Kohäsionsmittel, die den Argumentationsgang deutlich signalisieren würden, fehlen praktisch ganz. (So ist z.B. ganz unklar, welcher argumentative Stellenwert der Aussage *er ist in Borbeck im Loschi* zukommt: Ist dies eine Erklärung dafür, dass "er" die Schreiberin finanziell nicht unterstützt? Oder soll dies als Versicherung dafür gelten, dass die Eheleute getrennt leben? Oder ist es einfach eine Information für den Fall, dass die Behörde den Aufenthaltsort des Ehemannes kennen muss?)
Wieweit es sich bei diesem Mangel an klärenden sprachlichen Signalen um sprachliche Ungeschicktheit, um Reflexe der gesprochenen Sprache oder z.B. um den bewussten Versuch handelt, die 'reinen' Fakten anzubieten, im Vertrauen darauf, dass die Obrigkeit, an die man sich wendet, am besten weiss, wie die Fakten und die Zusammenhänge zu deuten sind, lässt sich zumindest auf der Basis nur dieses einen Briefes nicht sagen.
– Die (Recht-)Schreibung ist sehr unsicher und uneinheitlich und zeigt – dies im Gegensatz zum Entwurf des Antwortschreibens, welches orthographisch auch recht mangelhaft ist – deutlich Züge von lautlicher Wiedergabe gesprochener Sprache (*Schimrich, unsern, Loschi*).

Ohne an dieser Stelle noch in einzelne Details gehen zu können, lässt sich also festhalten, dass der Brief für das Ende des 19. Jahrhunderts den institutionellen Zwang zur Schriftlichkeit auch in unteren Volksschichten dokumentiert. Die Bitte um obrigkeitliche Hilfe in einer sozialen Notlage lässt sich nicht mehr mündlich im persönlichen Bittgang einlösen, sondern ist eingebunden in institutionelle Kommunikationsformen und -rituale, die für die Darstellung der persönlichen Not nur noch wenig sprachliche Freiräume lassen und die Fähigkeit zur Textproduktion sowie minimale Textsortenkenntnisse voraussetzen – letzteres produktiv wie rezeptiv.

Beispiel II

Der Umgang von ungeübten SchreiberInnen mit ungewohnten Textsorten lässt sich jedoch nicht nur für den öffentlichen, sondern auch für den privaten Lebensbereich konstatieren. Ein Beispiel dafür ist der folgende (Brief-)Text eines jungen Mädchens an ihren Bruder samt Schwägerin:

> *Baak, den 1. Januar 1903*
>
> *Geliebter Bruder und Schwiegerin! Am ersten Tage des Jahres pflegen Kinder ihrem Bruder und Schwiegerin schriftliche Glückwünsche zu überreichen. Auch ich darf diesen Festag nicht unbenutzt entfliehen lassen. Wenn ich aber auf das vergangene Jahr zurückblicke; so will mir dazu fast aller Mut entgehen und die rechte Neujahrsfreude will nicht in mein Herz zurückkehren. Ich habe Euch so manchmal, ach ich gestehe es mit Reue! durch Leichtsinn und Ungehorsam Betrübt, habe so oft vergessen, daß ich Euch nicht genug danken kann. Ich würde vergehen in meinem Kummer, wenn ich nicht wüßte, daß Ihr auch das ungehorsame Kind noch lieben, daß Ihr mir meinen vergangenen Fehler verzeihen. Ich gelobe es Euch heute feierlich, daß ich von nun an mich bessern will. Bittet Ihr mit den lieben Gott, daß er mir Kraft geben wolle, meinen Versprechen treu zu sein. Dann aber wünsche ich auch, daß der Allgütige Euch noch ein langes Leben schenken möge. damit Ihr dereinst noch eine große Freude verleben könnt. Dies wünscht von Herzen Emilie.*

(aus: GROSSE u.a. 1989: 93)

Zu diesem Text lässt sich u.a. folgendes bemerken:

– Die überhöhte Stilebene, die pathetische und gespreizte Sprache dieses Neujahrsbriefes fallen zumindest aus heutiger Perspektive sofort auf, und auch Funktion und Inhalt des Briefes – Neujahrswünsche verbunden mit einer Art "Beichte" und "Reuegelöbnis" sowie "Besserungsversprechen" – sind in Anbetracht der Tatsache, dass der Brief an Bruder und Schwägerin gerichtet ist, nicht ganz nachvollziehbar. (Als Erklärung wäre allenfalls denkbar, dass Emilie im Haushalt von Bruder und Schwägerin lebt.)

– Auch die Schreiberin dieses Briefes dürfte aus eher kleineren Verhältnissen stammen, und der Vergleich des Textes mit zeitgenössischen Briefstellern zeigt, dass hier eine Vorlage wohl mehr oder weniger direkt übernommen wurde – und zwar eine Vorlage, die an die Eltern gerichtet ist! Dies macht die Selbstbeschuldigungen, die Besserungsversprechungen und auch die Wünsche für ein langes Leben erklärlich und ist vermutlich auch der Grund für einzelne formale Mängel, die entweder als Folge falschen Abschreibens oder aber als ungenügende Anpassung der Vorlage an die neuen Adressaten zu werten sind.

– Im Text selbst wird auf die Existenz der Textsorte "Neujahrsbriefe" sowie auf das mit ihnen verbundene Überreichungsritual verwiesen. Auch diese Passage ist sicherlich bereits in der Vorlage enthalten und ist folglich nicht als Mitteilung über ein persönliches Erfahrungswissen der Schreiberin zu werten. Dennoch kann diese Textstelle ein Hinweis darauf sein, dass es sich bei Neujahrsbriefen von Kindern an ihre Eltern (bzw. andere nahe Verwandte) um eine im 19. Jh. stark konventionalisierte Textsorte handelte, die zudem in ein entsprechendes Übergaberitual eingebunden war.

Ein Vergleich mit einem gut 70 Jahre früher in *bildungsbürgerlichen* Kreisen entstandenen Neujahrsbrief zeigt dann tatsächlich die Kontinuität dieser Textsorte auf: Auch Caroline Pathe, die zur Zeit der Abfassung des Briefes 10 Jahre alt ist, hat diesen Brief wohl nicht selbst geschrieben – wenn sie nicht auch schon einen

Briefsteller (mit einer ganz ähnlichen Vorlage wie Emilie aus Baak) benutzt hat, so haben zumindest Grosseltern, ältere Geschwister oder eine Erzieherin mitgeholfen:

Verehrte Eltern
Der heutige Tag, der erste im Jahre 1831, bietet mir wiederum eine passende Gele-
genheit, Ihnen meine dankbare Liebe zu beweisen. Blicke ich auf das so eben ver-
flossene Jahr, wieviel Gutes haben Sie an mir gethan! Jeder meiner Tage ist spre-
chendes Zeugnis Ihrer Liebe. Und dennoch habe ich Sie, geliebte Eltern, oft durch
kindischen Leichtsinn betrübt. Im neuen Jahr gelobe ich aber ein neuer Mensch zu
sein. Durch Fleiss und gutes Betragen will ich stets mich Ihrer Liebe werth zeigen.
Mögte (sic) Gott Sie mir noch recht lange gesund und froh erhalten, damit Sie se-
hen, wie ich im Guten zunehme und damit ich in Ihren alten Tagen das mir erwie-
sene Gute vergelten kann. Gott wird meine Wünsche segnen und meinen guten aber
noch schwachen Willen immer mehr stärken, damit Sie, so lange Sie leben, Freude
haben an

Ihrem

dankbaren Kinde
Caroline Pathe

Berlin,
den 1ten Januar
1831							(Landesarchiv Berlin, Nachlass C.H. Pathe)

Auch dieser – formal und stilistisch perfekte – Brief erweist sich durch die altklugen Formulierungen und die inhaltliche Ausrichtung als stark ritualisierter Text, dem individuelle Züge weitgehend fehlen. Wie Paralleltexte aus derselben bildungsbürgerlichen Schicht zeigen, ist der Neujahrsbrief von Kindern in der ersten Hälfte des 19. Jahrhunderts ein weitverbreitetes Element bürgerlicher Schreibkultur. Funktional betrachtet, scheint er gleich zwei wesentliche Aufgaben zu erfüllen: Erstens einmal ist er Übungsanlass und (in der schönschriftlichen Endfassung auf Schmuckpapier) Ausweis der Schreibfertigkeit der jugendlichen Verfasser und Verfasserinnen, daneben werden auf diese Weise aber gewisse Stilmuster und Formulierungsweisen eingeübt, die auch für andere – nicht private – Schreibanlässe nützlich sein können. Was schliesslich den inhaltlichen Aspekt anbelangt, so wird hier eine ganz bestimmte Kinderrolle und in Verbindung damit eine bürgerliche Familienideologie festgeschrieben, was um so wirkungsvoller ist, als die aussersprachliche Situation, in die der Brief eingebettet ist (die Familienfeste zu Weihnachten und zum Jahreswechsel), in gewisser Hinsicht ebenfalls zur Stilisierung dieser Ideologie beiträgt.

Wenn nun 70 Jahre später die *nicht* in bildungsbürgerlichen Verhältnissen lebende Emilie einen quasi identischen Brief schreibt, ohne dass offensichtliche äussere Zwänge dazu Anlass geben, muss es also auch weniger offensichtliche Motive für die Übernahme einer Textsorte bzw. eines Schreibrituals gegeben haben.

Wir könnten diese Motive im *Inhaltlichen* suchen und postulieren, dass die Übernahme des Schreibrituals hier folglich die Adaption einer bürgerlichen Familienideologie signalisiert. Wenn wir diese Deutung akzeptieren, müsste in einem nächsten Schritt untersucht werden, ob in den Kreisen, deren Familienbild hier übernommen wird, der Neujahrsbrief zur Zeit, als Emilie ihn schreibt, überhaupt noch gepflegt wird oder ob sich eventuell eine Phasenverschiebung zeigt, wie sie für die Phänomene, die man unter den Begriff vom *gesunkenen Kulturgut* fasst, typisch ist (wobei unter 'Kultur' in dieser Terminologie immer nur die Kultur der oberen

Sozialschichten gemeint ist!). Der Neujahrsbrief von Emilie wäre also ein Signal dafür, dass um die Jahrhundertwende das stilisierte Selbstbild der bildungsbürgerlichen Familie definitiv zum Orientierungsmuster für weite Bevölkerungsschichten geworden ist.

Andererseits könnten wir die Motive für die Übernahme dieser Schreibsitte auch mehr im Formalen bzw. im Objekt – dem Neujahrsbrief selbst – suchen. Vielleicht ist es ja gerade dieses Schreiben um der schönen Form willen sowie der schriftsprachliche Aufwand für eine kommunikative Handlung, für die gerade zwischen vertrauten Interaktionspartnern eigentlich der mündliche Ausdruck am Platz wäre, die die Attraktivität dieser Textsorte ausmachen. Die Tatsache, dass Emilie einen solchen Neujahrsbrief schreibt, müssten wir dann ausdeuten als Übernahme eines typischen Versatzstückes bürgerlicher Schreibkultur. Und eines der Merkmale dieser Schreibkultur wäre es, dass die Produktion von Texten nicht nur unter äusserem Druck und konkretem Sachzwang erfolgt, sondern auch 'freiwillig', d.h. in sozialen Zusammenhängen, die die betreffende Schicht sich selbst schafft und in denen sie sich selbst darstellt. Die Übernahme dieser Schreibkultur in weiteren Kreisen ist dann vielleicht als sprachlich manifestierte Aufstiegsorientierung zu interpretieren.

Die beiden Interpretationsangebote sind nicht alternativ zu verstehen – sie ergänzen sich vielmehr.

Offen bleibt an dieser Stelle die Frage, ob und in welchem Ausmass in sozial niedrigeren Schichten auch andere – eigenständigere und spontanere – Formen privater Schriftsprachlichkeit gepflegt werden und wieweit in solchen Texten Sprachgebrauchsweisen sichtbar werden, die nicht denjenigen bildungsbürgerlicher Kreise entsprechen, sondern eher ein Bild der Alltagssprache kleiner Leute vermitteln. Offen ist auch die Frage, welche Rolle die Demokratisierung des Schreibens im 19. Jahrhundert im Rahmen des Textsortenwandels spielt: Wenn immer mehr ungeübte Schreiber und Schreiberinnen Texte verfassen müssen, deren Textsortenmerkmale sie nur ungenügend kennen, könnte dies u.U. zu einer Veränderung dieser Merkmale beitragen.

Wenn wir nun aber die Überlegungen zu den beiden Neujahrsbriefen mit unseren Anmerkungen zu dem Bittschreiben an den Essener Magistrat zusammenfassen, so könnten wir als *vorläufiges Ergebnis* festhalten, dass im Verlauf des 19. Jahrhunderts die Schreibfertigkeit – im Sinne der Beherrschung schriftsprachlicher Textproduktion – auch für Angehörige der unteren Schichten unabdingbar wird, da die Erlangung, Wahrung und notfalls auch Verteidigung sozialer und staatsbürgerlicher Rechte und Pflichten (z.B. die Möglichkeit, sein Recht zu verlangen, sich bei Behörden durchzusetzen etc.) in zunehmendem Masse an die Formen schriftlicher Kommunikation gebunden ist. Andererseits wird die Schreibfertigkeit aber auch losgelöst von konkreten aussersprachlichen Zwecken zu einem *Statussymbol*, das eine bestimmte soziale Identität verschafft und damit auch zum Mittel sozialen Erfolges wird oder zumindest werden kann.

Dass das 19. Jahrhundert, in dem sich unter sprachsystematischem Gesichtspunkt nur noch "wenig tut", unter sprachpragmatischer und soziolinguistischer Perspektive ein weites und spannendes Forschungsfeld ist, lässt sich nur schon an unserer knappen Analyse weniger kurzer Texte ablesen. Der Beispielcharakter dieser Analyse muss allerdings betont werden: Verbindliche Aussagen lassen sich anhand von so wenig Material nicht machen. Ausserdem müsste gerade im Vorfeld soziolinguistisch orientierter Sprachgeschichtsforschung mehr quellenkritische Arbeit geleistet werden, und es müssten auch in grösserem Umfang sozialgeschichtliche Forschungsergebnisse beigezogen und verarbeitet werden. Die Notwendigkeit solcher interdisziplinärer Arbeitsweise ist mit ein Grund dafür, dass eine Geschichte des Sprachgebrauchs für die deutsche Sprache vorläufig noch Projektstatus hat. Es existiert zwar schon eine Reihe von kleineren Untersuchungen zu verschiedenen Sprachepochen, die diesem Ansatz verpflichtet sind; umfassendere Untersuchungen jedoch, wie z.B. das erwähnte Projekt zur Schriftsprachlichkeit kleiner Leute im Ruhrgebiet, sind vorläufig noch die Ausnahme.

10.3 Neuere Entwicklungen

Die aktuelle Forschung zum Sprachwandel zeigt ein breites und differenziertes Spektrum an Fragestellungen und Erklärungsansätzen. Während sich die Grammatikalisierungstheorie (10.3.1) für die Entwicklung grammatischer Elemente interessiert, versucht die Theorie des grammatisch initiierten Wandels Veränderungen der morphologischen und phonologischen Ebene als durch das Sprachsystem selbst bedingt zu erklären. Das soziopragmatische Programm diskutiert hingegen sprachliche Veränderungen im Gefüge von Gesellschaft, Kultur und Medien und hat dementsprechend ein weit gefasstes Untersuchungsgebiet (10.3.3). Einen ganz anderen Weg schlagen evolutionstheoretische Arbeiten ein (10.3.4). Sprache wird hier als ein dynamisches System verstanden, dessen Veränderungen mit nicht linguistischen Begriffen erklärt werden können.

10.3.1 Grammatikalisierungsforschung

Die *Grammatikalisierungsforschung* hat sich in den letzten Jahren zu einer eigenständigen Forschungsrichtung innerhalb der historischen Linguistik entwickelt. Sie ist sprachtypologisch-vergleichend orientiert und vor allem auf aussereuropäische Sprachen ausgerichtet (vgl. BYBEE et al. 1994). *Grammatikalisierung* sprachlicher Zeichen – als zentraler Gegenstand der Grammatikalisierungsforschung – hat einen diachronen und einen synchronen Aspekt. In diachroner Hinsicht wird vor allem die Entstehung grammatischer Zeichen aus dem Lexikon, aber auch die Verstärkung der grammatischen Funktion bereits bestehender grammatischer Formen untersucht.

Ein Beispiel für die Entstehung eines grammatischen Zeichens ist die Entwicklung des Auxiliars *werden*. Dieses geht im Deutschen auf das althochdeutsche Verb *uuerdan* zurück, das als Vollverb den Eintritt in einen neuen Zustand bezeichnete (ahd. *uuerdan* – 'werden, entstehen, wachsen'); eine Bedeutung, die *werden* im Gegenwartsdeutschen noch in der Verwendung als Kopula zeigt (*Er wird Lehrer*). Ein Beispiel für die Weiterentwicklung einer grammatischen Form ist die Verschmelzung von lokalen Präpositionen wie *an* oder *zu* mit dem definiten Artikel zu *am* oder *zur*. In zahlreichen Verwendungen haben die klitisierten Formen eine andere Bedeutung als die Kombination von Präposition und Artikel *(Zur Not machen wir das ohne ihn)*. Teilweise sind nur noch die klitisierten Varianten möglich *(Du kommst am besten morgen)*.

In der synchronen Perspektive interessiert sich die Grammatikalisierungsforschung für solche sprachlichen Zeichen, die parallel in verschiedenen Verwendungsweisen auftreten und eine unterschiedliche lexikalische und grammatische
Bedeutung haben. Dabei handelt es sich nicht einfach nur um Bedeutungsunter-
schiede, sondern die Varianten sind mit funktionalen Unterschieden verbunden,
die als unterschiedliche *Grammatikalisierungsgrade* interpretiert werden.

Ein solches Nebeneinander von verschiedenen Verwendungsweisen zeigt im Deutschen z.B. das
Verb *bekommen*. In Sätzen wie *Sie bekommt den Nobelpreis für Physik* handelt es sich um ein
Vollverb, dessen lexikalische Bedeutung mit 'erhalten' wiedergegeben werden kann. In Sätzen
wie *Er bekommt den Weltmeistertitel wieder aberkannt* fungiert *bekommen* hingegen eher als
Auxiliar zur Bildung einer (Dativ-)Passivform. Es kann jedoch noch nicht als vollständig
grammatikalisiert angesehen werden, denn *bekommen* kann nicht gleichermassen mit jedem
infiniten Verb kombiniert werden (**Er bekommt auf die Füsse getreten*) und die Konstruktion
wird allgemein von vielen Sprechern als semantisch auffällig abgelehnt (Bsp. nach DIEWALD
1997).

Eine zentrale Frage der Grammatikalisierungsforschung betrifft die Ursache der
Entstehung grammatischer Zeichen. In diesem Punkt stehen sich zwei verschiedene Ansätze gegenüber (vgl. HEINE 2003): Im *context-model* wird angenommen, dass die Grammatikalisierung eines lexikalischen Zeichens durch
spezifische sprachliche Kontexte ausgelöst wird und in einer semantisch-
syntaktischen Uminterpretation des Zeichens *(Reanalyse)* besteht (z.B. TRAU-
GOTT/KÖNIG 1991). Im *transfer-model* werden hingegen die kognitiven Prozesse
fokussiert, die der Grammatikalisierung zugrunde liegen (z.B. HEINE et al. 1991).
Grammatikalisierung wird hier als Bedeutungsübertragung *(Metaphorisierung)*
verstanden: Ein Ausdruck aus einem relativ konkreten konzeptuellen Bereich
wird metaphorisch verwendet, um einen abstrakteren Sachverhalt zu bezeichnen.

Eine typische Richtung der metaphorischen Übertragung, die für zahlreiche Sprachen nachge-
wiesen werden konnte, ist die von Raum zu Zeit. Dabei werden Raumausdrücke zur Bezeichnung
temporaler Verhältnisse verwendet. So haben sich auch im Deutschen verschiedene temporale
Präpositionen aus lokalen Partikeln entwickelt: Die Präposition *nach* in temporaler Bedeutung
('unmittelbar danach') lässt sich beispielsweise zurückführen auf eine lokale Partikel mit der
Bedeutung 'nahe bei' (vgl. KLUGE 2002:642).

In welchem Umfang semantisch-syntaktische Uminterpretationen bzw. metaphorische Bedeutungsübertragungen an Grammatikalisierungsprozessen beteiligt
sind, wird kontrovers diskutiert. Verschiedene Arbeiten zeigen, dass vermutlich
beide Vorgänge in jeweils verschiedenen Stadien der Grammatikalisierung
beteiligt sind (vgl. Diewald 1997). Beide Ansätze erklären jedoch Eigenschaften
des grammatischen Systems mit Rückgriff auf aussersprachliche (kommunikative und kognitive) Faktoren.

10.3.2 Die Theorie des grammatisch initiierten Wandels

Während die Grammatikalisierungstheorie die Entwicklung verschiedener
grammatischer Elemente rekonstruiert, fokussiert die Theorie des *grammatisch
initiierten Wandels* bzw. des *natürlichen grammatischen Wandels* vor allem
Veränderungen im Bereich der Flexionsmorphologie (WURZEL 1994). Diese
Veränderungen werden als im Sprachsystem selbst angelegt betrachtet.

Nach der Grundauffassung der Theorie des grammatisch initiierten Wandels reduziert Sprachwandel die *Belastung der menschlichen Sprachkapazität*. Diese Belastung entsteht durch sprachliche Strukturen, die einen grossen Lernaufwand, einen grossen artikulatorischen bzw. perzeptiven Aufwand oder einen grossen Interpretationsaufwand erfordern. Verschiedene *Markiertheitsprinzipien* beschreiben, welche Formen die Sprachkapazität stärker belasten als andere und damit als *markiert* bzw. als weniger *natürlich* angesehen werden können.

Beispielsweise sind nach dem *Prinzip der morphosemantischen Transparenz* solche Formen markiert, die in ihrer morphologischen Struktur nicht eindeutig zu analysieren sind. So wird die präteritale Form *lachte* des schwachen Verbs *lachen* als markiert angesehen: Erst aus dem sprachlichen Kontext wird deutlich, ob es sich um den Indikativ Präteritum handelt wie in *Sie lachte nur darüber* oder um den Konjunktiv II wie in *Wenn sie könnte, lachte sie darüber*. Demgegenüber sind die Konjunktiv-II-Formen starker Verben uneingeschränkt morphosemantisch transparent und damit völlig unmarkiert. Die Form *käme* kann eindeutig als Konjunktiv-II-Form des starken Verbs *kommen* identifiziert werden.

Markierte Formen werden als weniger stabil und weniger resistent gegen Veränderungen als nicht markierte Formen aufgefasst. Sie sind Ausgangspunkt von Sprachwandel. Dieser besteht nun darin, dass markierte Formen ersetzt werden durch weniger markierte und damit weniger belastende Formen *(Prinzip des natürlichen grammatischen Wandels)*.

So wird anstelle der hinsichtlich der morphosemantischen Transparenz markierten Konjunktiv-II-Form von *lachen* die Konstruktion mit *würde (Sie würden lachen)* verwendet, die durchsichtiger bezüglich ihrer grammatischen Kennzeichnung und damit schwächer markiert ist.

Die Markiertheit bzw. Belastung wird jedoch nur in Bezug auf ein einzelnes strukturelles Merkmal reduziert. In Bezug auf ein anderes strukturelles Merkmal (z.B. ein phonologisches) kann neue Markiertheit bzw. Belastung aufgebaut werden. Damit entsteht im grammatischen System einer Sprache wieder neues Potential für weitere Veränderungen. Nach der Theorie des grammatisch initiierten Wandels wird Sprachwandel also allein durch die Eigenschaften der Grammatik einer bestimmten Einzelsprache verursacht (grammatisch initiiert). Sprachexterne Bedingungen wie Sprachkontakt oder –normierung sowie neue kommunikative Bedürfnisse werden lediglich als wichtige Faktoren der Ausbreitung morphologischer Neuerungen angesehen (WURZEL 1994, DRESSLER 2003).

10.3.3 Das soziopragmatische Programm

Neben der Erforschung der Veränderungen des Sprachsystems haben sich weitere Gegenstandsbereiche herausgebildet, die vermehrt unter der historischen Perspektive beleuchtet werden. Eine Gesellschaft charakterisiert sich neben ihren jeweils spezifischen sozialen und gesellschaftlichen Beziehungssystemen immer auch durch ihre Sprachverwendung. Dadurch wird Sprachgeschichte als zentraler Bestandteil von Sozial- und Kulturgeschichte bzw. einer "Geschichte der sozio-kommunikativen Beziehungen" (MATTHEIER 1995, POLENZ 1998) verstanden. Unter diesem Gesichtspunkt sollen die komplexen Zusammenhänge von Sprache, Gesellschaft und Kultur beschrieben werden (vgl. 8.6.4). Ein Schwerpunkt in der neueren Sprachgeschichtsforschung liegt dabei auf der Erforschung aussersprachlicher und kultureller Faktoren, die Sprachwandel bewirken. Daneben werden auch die Variabilität und die Gegensätzlichkeiten innerhalb des Deutschen bzw. des deutschen Sprachraumes thematisiert und die Rolle regionaler Sprachgeschichten betont (Polenz 2000, Besch et al. Bd. 3, 2003). An Gewicht hat dabei vor allem die Beschäftigung mit der jüngeren und jüngsten Sprachgeschichte gewonnen. Das 19. und 20. Jahrhundert mit seinen Epochenmerkmalen Nationalismus und Industriegesellschaft ist Gegenstand zahlreicher Untersuchungen (z.B. KÄMPER/SCHMIDT 1998, CHERUBIM et al. 2002). Drei weitere neue Untersuchungsbereiche sind: Texte in ihrer kommunikativen Funktion und die Entwicklung von Textsorten, der Gebrauch von Sprache sowie die Veränderungen des Bewusstseins und der Einstellung gegenüber Sprache.

Texte sind Kommunikationsformen und als solche Träger und Vermittler von kulturellen Phänomenen (STEGER 1998, BARZ et al. 2000; vgl. 6.7.2). Durch diese Eigenschaften rücken Texte in ein neues Blickfeld: als Ort der Entstehung und auch der Verbreitung sprachlicher Veränderungen, die konkrete textsorten- spezifische Neuerungen anzeigen. Ein Schwerpunkt der historischen Textlingu- istik liegt auf der Beschreibung des Textsortenspektrums der unterschiedlichen Epochen, das an die jeweiligen sozialen und kommunikativen Bedingungen gebunden ist. Zentral ist dabei die Untersuchung bisher unbeachteter Textsorten. Einerseits sind dies Texte privater Schriftlichkeit, wie Briefe von Laien in der Reformationszeit oder Frauenbriefe des 18. Jhs. (vgl. 10.2.3) und andererseits nicht literarische Texte wie Flugschriften der Reformationszeit oder frühneuzeit- liche Urkunden bzw. Verwaltungstexte. Ziel ist es, ein breites Spektrum von unterschiedlichem Quellenmaterial zu erarbeiten, auf dessen Basis sprach- historische Aussagen gemacht werden können. Die Textsortengeschichte interes- siert sich auch für Fragen nach der Entstehung sowie nach der Veränderung von Textsorten und für die Ursachen, die diese Vorgänge hervorrufen.

Ein neuer Aspekt von Sprachgeschichte ist die *soziopragmatische Sprach- geschichte*. Dazu gehört die *Sprachgebrauchsgeschichte*, welche die Verän- derungen der Sprachpraxis sowie der sozialen und funktionalen Sprachvariation verschiedener Epochen untersucht. Veränderungen in der sprachlichen Verwen- dung von Varietäten und Stilen werden rekonstruiert und beschrieben. So zeigt z. B. WIESINGER (1995), wie sich der Gebrauch der Schriftsprache in Österreich von einer oberdeutschen zur mittel- und norddeutschen Form im 18. und 19. Jh. entwickelt hat. Auch die sozialen und kommunikativen Bedingungen als sprach- externe Faktoren für diese Veränderungen werden untersucht. Ein gesteigertes Interesse kommt dabei der Geschichte der gesprochenen Sprache zu.

Diese Fragestellung ist für Epochen vor dem 20. Jh. problematisch, da kein gesprochenes Daten- material vorhanden ist. Demgegenüber macht es aber die umfangreiche Quellenlage des 19. und 20. Jhs. möglich, den Sprachgebrauch im privaten und (halb)öffentlichen Bereich sowie in nicht bürgerlichen Schichten zu untersuchen (z. B. MIHM 1998 zur Arbeitersprache und gesprochenen Sprache im 19. Jh.).

In diesen Bereich gehört auch die Erforschung der Schulbildung und der Alpha- betisierung der Bevölkerung v.a. im 19. Jh., die das Lese- und Schreibverhalten beeinflusst hat. Daraus ergeben sich neue Erkenntnisse über frühere Lese- und Schreibpraxis, wie die Hinwendung vom Vorlesen zum Stilllesen und vom blossen Schönschreiben zur Textherstellung.

Unter einem anderen Blickwinkel wird Sprache als *soziokommunikatives Handeln* untersucht. Im Mittelpunkt dabei steht die Frage, ob und wie Sprachwandelprozesse auf soziales Handeln zurückgeführt und erklärt werden können. Auch KELLERS Theorie der "invisible hand" (vgl. 10.1.5.c) basiert auf der Idee, dass Sprachwandel im sozialen Verhalten der Sprecher begründet ist. Veränderungen – bei Keller v.a. semantischer Wandel – sind ein unbeabsichtigter Nebeneffekt von sprachlichen Handlungen. Einen ähnlichen Forschungsansatz wählt LABOV (1994, 2001), der interne und soziale Faktoren für Sprachwandel untersuchte, d. h. einerseits die Entwicklung der Sprachformen und andererseits den sozialen Ursprung und die soziale Motivation von Sprachwandel (vgl. 8.6.1). Er versuchte im Sozialgefüge den Ort ausfindig zu machen, an dem Sprachwandel 'passiert'.

Die *Sprachbewusstseinsgeschichte* geht über die Erforschung der Sprachpraxis hinaus und umfasst die Geschichte des Nachdenkens einer Gesellschaft über ihre Sprache in alltäglichen wie in schulisch-didaktischen oder sprachwissenschaftlichen Zusammenhängen. Die Sprachbewertung als Teil dieses Nachdenkens ist wesentlich an der Steuerung von Sprachwandel und Sprachgebrauchswandel beteiligt, auch durch Ideologisierung und Diskriminierung von bestimmten Sprachvarianten. In der historischen Perspektive ist folgende Frage zentral: Welche Einstellungen gegenüber Sprache hat es in den verschiedenen historischen Epochen gegeben und wie haben sich diese auf die Sprachverwendung und die Sprachentwicklung ausgewirkt? Es geht dabei einerseits um die wissenschaftliche Auseinandersetzung mit Sprache (z.B. die Sprachkultivierung durch Orthographiereformer und Sprachgesellschaften im 17. und 18. Jh.) und andererseits um das nicht reflektierte Alltagswissen einzelner Sprachbenutzer.

Weitere Untersuchungsgegenstände im Bereich der Sprachbewusstseinsgeschichte sind die Geschichte der Sprachpflege und -kritik, Sprachpolitik, Sprachnormierung, Spracherziehung. Sprachbewusstseingeschichte rückt damit in die unmittelbare Nähe der Mentalitätsgeschichte.

10.3.4 Evolutionstheoretische Ansätze

Evolutionstheoretische Konzepte sind seit dem 19.Jahrhundert treue Begleiter der historischen Linguistik und werden in jüngerer Zeit wieder verstärkt zur Beschreibung und Erklärung von Sprachwandel gebraucht (vgl. MCMAHON 1994). Dabei werden zwischen Sprachen und biologischen Arten Parallelen gezogen. Sprachen und biologische Populationen werden allgemein als Systeme verstanden, die sich über die Zeit hinweg verändern und entwickeln. Diese Veränderungen sind gekennzeichnet durch das Auftreten zufälliger Neuerungen *(Mutationen)*, die sich zu selbständigen Varianten weiterentwickeln können (*Variation*). Welche Neuerungen sich jeweils etablieren, hängt davon ab, in welchem Masse sie den vorliegenden Umweltbedingungen (*Selektionsbedingungen)* genügen. Daneben zeigen sowohl Sprachen als auch Arten eine historische Kontinuität, die Verwandtschaftsverhältnisse begründet. Die Eigenschaften des Systems werden von einer Generation (Eltern) zur nächsten (Kinder) weitergegeben. Bei der metaphorischen Übertragung evolutionstheoretischer Begriffe auf Sprachwandelprozesse sind noch viele Fragen offen: Wo finden in Bezug auf

Sprache Mutationen statt? Betreffen sie das Sprachsystem, das Wissen der Sprecher oder kommunikative Handlungsmuster? Wo sind die Informationen 'gespeichert', die jeweils vererbt werden? Unter welchen Bedingungen können sich bestimmte Varianten ausbreiten und andere nicht? Die Diskussion entspannt sich dabei zwischen so genannten *nativistischen* und *epigenetischen* evolutionären Ansätzen (vgl. CROFT 2000). Nativistische Modelle (z.B. LIGHTFOOT 1999) nehmen an, dass Sprachwandel im kindlichen Spracherwerb stattfindet und Mutationen im grammatischen Wissen des Sprechers aufgrund eines mehrdeutigen Inputs entstehen. Demgegenüber identifizieren epigenetische Arbeiten (z.B. Croft 2000, Keller 1994) sprachliche Äusserungen in konkreten Situationen als Ort und Ursache für Mutationen. Zu den Methoden des evolutionären Forschungsansatzes gehören zudem computergestützte Simulationen von Sprachwandelprozessen, die 'Echtzeitbeobachtungen' erlauben, welche real nicht möglich sind und die somit neue interessante Erkenntnisse versprechen.

10.3.5 Weiterführende Literatur

Einführungen, Handbücher, Sprachgeschichten: Eine gute Einführung in die verschiedenen Aspekte von Sprachwandel gibt Mc Mahon (1994); ausführlicher ist Hock/Josep (1996); stärker theoretisch orientiert ist Aitchison (2001). Labov (1994, 2001) fokussiert den Zusammenhang zwischen Sprachwandel und sozialen Bedingungen. Joseph/Janda (2003) gibt einen breiten Überblick über verschiedene aktuelle Forschungsansätze und Ergebnisse der historischen Linguistik; stärker soziolinguistisch ausgerichtet ist Chambers et al. (2002). Neben Positionen der deutschsprachigen historischen Linguistik bieten Besch et al. (1998-2004) in vier Bänden einen Überblick über die Epochen der deutschen Sprache. Unter soziopragmatischer Perspektive spannt von Polenz (1994f.) einen Bogen vom Spätmittelalter bis zur Gegenwart. König (1998[13]) legt einen Schwerpunkt auf die Entwicklung der deutschen Dialekte.

Grammatikalisierungsforschung: Eine gute und verständliche Einführung in die Grammatikalisierungstheorie am Beispiel des Deutschen ist Diewald (1997). Heine (2003) skizziert die Grundfragen der Grammatikalisierungsforschung. Wegweisend für die Grammatikalisierungstheorie war die Arbeit von Lehmann (1995) (bereits 1982 geschrieben, aber nicht publiziert). Heine et al. (1991) stellen in ihrer Einführung die synchrone Perspektive in den Vordergrund; den diachronen Aspekt betonen Hopper/Traugott (1993). Die zweibändige Sammlung von Traugott/Heine (1991) enthält eine Fülle von Einzeluntersuchungen, ebenso der Sammelband von Pagliuca et al. (1994). Hilfreich ist das terminologische Wörterbuch zur Grammatikalisierungstheorie von Lessau (1994).

Grammatisch initiierter Wandel: Das Grundlagenwerk ist Wurzel (1994). Dressler (2003) skizziert die Grundzüge des natürlichen morphologischen Wandels. Boretzky et al. (1995) versammelt neuere Arbeiten dazu. Mayerthaler/Fliedl (1998) ist ein Wörterbuch der Natürlichkeitstheorie.

Soziopragmatisches Programm: Ansätze und Forschungsergebnisse einer jüngeren Sprachgeschichtsschreibung finden sich im Sammelband Cherubim et al. (1998) und Kämper/Schmidt (1998). Mentalitäts- und sozialgeschichtlich orientiert sind die Beiträge in Cherubim et al. (2002). Einen Überblick zur Textsortensortengeschichte gibt Steger (1998); spezifischere Beiträge zu diesem Thema finden sich in Barz et al. (2000). Zur Theorie der *invisible hand* gibt es eine 2. Auflage von Keller (1994), die in Keller/Kirschbaum (2003) eine praktische Anwendung im Bereich des Bedeutungswandels von Adjektiven findet. Labov (1994, 2001) zeigt aufgrund empirischer Studien die internen und sozialen Faktoren, die bei Sprachwandelprozessen bestimmend sind. Zum entsprechenden Konzept und als Einführung in den Forschungsbereich einer Sprachgebrauchsgeschichte und Sprachbewusstseinsgeschichte empfehlen sich Mattheier (1995), von Polenz (1995) und Linke (2003).

Evolutionstheorie: Mc Mahon (1994) diskutiert verschiedene Evolutionsbegriffe, die in der historischen Sprachwissenschaft verwendet wurden. Croft (2000) gibt einen Überblick über verschiedene evolutionstheoretische Ansätze in der Linguistik. Lightfoot (1999) verfolgt einen nativistischen Ansatz, Keller (1994) einen äusserungs- bzw. handlungsbasierten. Lass (1997) verbindet evolutionstheoretische Begriffe mit Konzepten der Theorie dynamischer Systeme.

11. Anhang: Phonetik und Phonologie

Einleitung

Phonetik und Phonologie befassen sich — ganz allgemein gesprochen — mit der "Lautsprache", d.h. sie untersuchen, wie das abstrakte System lautsprachlicher Einheiten beschaffen ist und nach welchen Gesetzmäßigkeiten diese Einheiten konkretisiert, übermittelt und wahrgenommen werden. Die Phonologie betrachtet die Lautsprache dabei als *System abstrakter, funktionaler (bedeutungsunterscheidender) Einheiten*, deren Beziehungen zueinander sie untersucht. Die Phonetik hat zum Gegenstand, die *Umsetzung* dieser abstrakten Einheiten in die Form konkreter Äußerungen sowie deren *Übertragung* und *Wahrnehmung* zu beschreiben und nach Möglichkeit zu erklären bzw. aus der Analyse des Konkreten Hinweise auf das Abstrakte beizubringen. Phonetik und Phonologie sind aufgrund ihrer vielfältigen Verflechtungen stark interdisziplinär orientierte Gebiete. Die Phonetik bedient sich in größerem Umfang naturwissenschaftlicher Methoden. Sie ist jedoch in ihrem Ansatz ein Teilgebiet der Sprachwissenschaft.

Die Phonetik läßt sich in drei Teilgebiete unterteilen, die jeweils eine der drei Abschnitte des lautsprachlichen Signalwegs zum Gegenstand haben: Die *artikulatorische Phonetik* untersucht die physiologischen und aerodynamischen Gegebenheiten, die bei der Produktion von Lautsprache eine Rolle spielen. Die *akustische Phonetik* untersucht das vom Sprechapparat erzeugte Produkt, d.h. die akustische Struktur der Schallwelle, in die die lautsprachlichen Einheiten kodiert sind. Am wenigsten weit fortgeschritten ist das Gebiet der *auditiven Phonetik*, die die Wahrnehmung von Lautsprache untersucht. Hier geht es um den Bau und die Funktion dessen, was man umgangssprachlich als "Ohr" bezeichnet, was aber den gesamten Wahrnehmungsapparat zwischen Ohrmuschel und Großhirnrinde darstellt und richtigerweise "akustischer Analysator" genannt wird. Wenn wir in der vorliegenden Einführung aus Platzgründen darauf verzichten müssen, die auditive Phonetik zu behandeln, soll damit keinesfalls zum Ausdruck kommen, daß wir dieses Gebiet für weniger wesentlich als die anderen halten.

Während die Phonetik alle nur möglichen Hervorbringungen des menschlichen Sprechapparats untersucht, ganz unabhängig davon, zu welcher Sprache sie gehören, beschäftigt sich die *Phonologie* mit denjenigen Lauten, die die SprecherInnen einer bestimmten Sprache auswählen, um damit zu kommunizieren. Jede Sprache verwendet zu diesem Zweck ein beschränktes Set von wenigen Dutzend bedeutungsunterscheidenden Lauten (Phonemen), die einem universalen Inventar von (soweit bisher bekannt etwa 140) Phonemen entnommen sind. Die Phonologie untersucht also die Struktur von einzelsprachlichen Systemen funktionaler lautsprachlicher Einheiten sowie die (universalen) Gesetzmäßigkeiten, nach denen diese einzelsprachlichen Systeme gebaut sind.

Die Geschichte von Phonetik und Phonologie reicht weit zurück. Die ersten Beschreibungen phonetischer Formen stammen aus der altindischen Grammatiklehre (7. Jhd. v. Chr.). Mit Galen (131-202) erreicht das antike Wissen einen Höhepunkt, gerät jedoch — ausser bei den Arabern, die es weiterentwickeln — im europäischen Mittelalter weitgehend in Vergessenheit. Erst mit Leonardo da Vinci erweitern sich die empirisch fundierten anatomischen Kenntnisse wieder erheblich. Eine so grundlegende physiologische Tatsache wie die Funktion der Stimmlippen bei der Phonation wird jedoch erst von Holder (1669) entdeckt. Die Entdeckung des Physikers Sauveur, daß Klänge aus Partialtönen zusammengesetzt sind, liefert die Grundlage der modernen Vokaltheorie. Joshua Steele entwickelt 1775 eine Umschrift des Intonationsverlaufs. Weitere illustre Vertreter der Phonetik des 18. Jhds. sind A. v. Haller und C. F. Hellwag sowie Wolfgang von Kempelen, der im "Mechanismus der menschlichen Sprachlaute" (1791) eine Summe des Wissens seiner Zeit vorlegt.

Im 19. Jhd. gewinnt die naturwissenschaftliche Erforschung der Physiologie des Sprechens (und Hörens) sowie der Akustik eine neue Dimension. Die Ergebnisse sind in mehreren fundamentalen Werken niedergelegt: Joh. Müllers "Handbuch der Physiologie" (1833-40), Wilh. v. Brückes "Physiologie der Sprachlaute" (1856), C. L. Merkels "Anatomie und Physiologie des menschlichen Stimm- und Sprachorgans" (1866), Wilh. v. Helmholtz' "Lehre von den Tonempfindungen" (1863). E. Sievers schließlich faßt das

phonetische Wissen seiner Zeit 1876 in den "Grundzügen der Lautphysiologie zur Einführung in das Studium der Lautlehre der indogermanischen Sprachen" zusammen. Der
Titel macht deutlich, welche Rolle der Phonetik im Rahmen der neuentstandenen jung-
grammatischen Richtung zukam: Sie sollte eine Grundlage für die Erforschung der
Lautgesetze bilden. Der erste, der die genaue phonetische Beobachtung auf die
Beschreibung eines *Dialektes* anwandte, war Jost Winteler in seiner "Kerenzer Mundart"
von 1877 — eine Arbeit, die für Generationen von Dialektologen wegweisend werden
sollte. Weitere herausragende Phonetiker an der Wende zum 20. Jhd. sind Otto
Jespersen, Henry Sweet (der das Vorbild zu Shaws Figur des Professor Higgins abgegeben hat) und Paul Passy. Als eigentlicher Begründer der sog. "Experimentalphonetik",
die nicht nur auditiv oder mit Introspektion arbeitet, sondern sich instrumenteller
Hilfsmittel zur phonetischen Beschreibung bedient, gilt der Abbé Rousselot (1846-
1924).
Während die Zahl der mit den zwar oft ingeniösen, aber vergleichsweise primitiven me-
chanischen Geräten ermittelten Befunde ständig wuchs, entwickelte N. Trubetzkoy in
den dreißiger Jahren auf der Basis der Konzeptionen von de Courtenay und de Saussure
die Differenzierung in eine "Sprechaktlautlehre" (Phonetik) und eine "Sprachgebilde-
lautlehre" (Phonologie). Die Weiterentwicklung des Ansatzes und die Herausbildung
verschiedener strukturalistischer Theorien haben eine scharfe Trennung der beiden
"Lautlehren" gefördert, die in der Folge als zwei völlig separate Disziplinen betrachtet
wurden, die eine natur- und die andere geisteswissenschaftlich orientiert. In den letzten
Jahrzehnten hat allerdings die Erkenntnis Boden gewonnen, dass es sich eher um zwei
verschiedene Betrachtungsweisen ein und desselben Gegenstands handelt, die einander
stets bedingen und ohne einander völlig sinnlos wären.
Die rasante Entwicklung der Technik nach dem 2. Weltkrieg führte dazu, dass v.a. die
akustische Phonetik seit dieser Zeit einen mächtigen Aufschwung nahm. Resultate, die
mit neuen Methoden wie der Sonagraphie gewonnen wurden, beeinflussten wiederum
nachhaltig die Form phonologischer Theorien. So beruht das Konzept der distinktiven
Merkmale in seiner ursprünglichen Fassung (Jakobson/Fant/Halle 1952) auf den Resultaten der akustischen Phonetik. Seit den siebziger Jahren schliesslich verzeichnete die
phonetische Forschung einen weiteren Impuls durch die Entwicklung der digitalen
Sprachverarbeitung, die die Untersuchungsmethoden erweiterte und teilweise völlig
neue Möglichkeiten eröffnete (Manipulation akustischer Signale mit dem Computer,
rechnergestützte Sprachsynthese).
Die phonologische Theorie entwickelte sich vom ursprünglichen *Prager Modell* und
dem amerikanischen *Distributionalismus* (der die Phoneme ohne Rückgriff auf die
Bedeutung ermittelte und lediglich die Distribution der Laute in Betracht zog) zur *Pho-
nologie der distinktiven Merkmale* und zur *generativen Standardtheorie*, wie sie in
Chomsky/Halle 1968 dargestellt ist. Als Reaktion auf dieses sog. "SPE"-Modell ("Sound
Pattern of English") bildeten sich eine Reihe von generativen (und "post-generativen")
Modellen heraus, denen die Abkehr von allzu abstrakten zugrundeliegenden
phonologischen Repräsentationen und dem dadurch bedingten Regelapparat gemeinsam
ist: *Natürliche Generative Phonologie, Lexikalische Phonologie, Dependenzphonologie*.
Der verstärkte Einbezug von prosodischen Phänomenen schließlich führte zur
Entwicklung von sog. nicht-linearen Modellen, die nicht mehr vom Phonem als kleinster
autonomer Einheit ausgehen, sondern wo die phonologischen Merkmale auf
verschiedenen Ebenen oder Reihen (sog. tiers) angeordnet sind, was die Beschreibung
von Erscheinungen, die an größere Einheiten (Silben) gebunden sind oder über mehrere
Einheiten hinweg wirken (Vokalharmonie, Assimilation, Akzentuierung) wesentlich
vereinfacht. Die beiden Hauptströmungen der nicht-linearen Phonologie sind die *Autosegmentale Phonologie* und die *Metrische Phonologie*.

Lesehinweise

Phonetik:

Wörterbücher: Onishi (1981), Crystal (1991³).

Einführendes und Überblicksdarstellungen:
Eine aktuelle, knappe Übersicht über die Grundlagen der Phonetik auf deutsch bieten Neppert und Pétursson (1991). Ausführlicher sind Laver (1994) und Ladefoged (1993³ [1975]), v.a. mit Beispielen aus dem Englischen. Eine ausgezeichnete, auch für den Anfänger gut lesbare, praktisch ausgerichtete Einführung stellt Catford (1988) dar. Didaktisch hervorragend ist Lieberman/ Blumstein (1988). Nach wie vor wertvoll, wenn auch in Teilbereichen überholt, sind die Darstellungen von Lindner (1981), Tillmann/ Mansell (1980), v. Essen (1979⁵), Catford (1977), Malmberg (1976), Lindner (1969) und Abercrombie (1965). Eine in dieser Form bisher nicht ersetzte Gesamtdarstellung aller Bereiche der Phonetik (auf dem Stand von Mitte sechziger Jahre) ist Malmberg (1968). In die *Phonetik des Deutschen* führen Wängler (1967²) und Kohler (1977) ein.

Teilgebiete der Phonetik:
Artikulatorische Phonetik: Wängler (1972). *Akustische Phonetik:* Neppert/Pétursson (1992³), Fry (1979), Ladefoged (1970² [1962]). *Untersuchungsmethoden der instrumentellen Phonetik:*Baken (1987). *Prosodie:* Heike (1969), Lehiste (1970) und Cutler/Ladd (1983). Eine gute Zusammenfassung der *Silbenproblematik* aus phonetischer Sicht stellt Heike (1992) dar. Ohde/Sharf (1992) behandeln die Untersuchung von verschiedenen *pathologischen* Sprachzuständen.

Geschichte der Phonetik:
Klassische Darstellungen aus der Frühzeit der Phonetik sind Sievers (1876 [1980]), Jespersen (1904) und Rousselot (1924). Die Periode bis zur Mitte des 20. Jhds. repräsentiert Dieth (1968² [1950]). Eigentliche wissenschaftsgeschichtliche Arbeiten sind Koerner (1994) sowie Asher/ Henderson (1981).

Periodika:
Einige wichtige Zeitschriften: Phonetica, Journal of Phonetics, Language and Speech, Journal of Speech and Hearing Research, Journal of the International Phonetic Association. Von Bedeutung für die akustische Phonetik ist auch das Journal of the Acoustical Society of America. Klinisch orientiert sind die Folia Phoniatrica. Sehr wichtig sind die Arbeitsberichte der einzelnen phonetischen Laboratorien (z.B. UCLA Working Papers in Phonetics, Annual Reports of the Institute of Phonetics, University of Copenhagen usw.).
Ein weiteres Publikationsforum stellen die Akten des alle vier Jahre stattfindenden Phonetikkongresses dar (hgg. unter der Bezeichnung ICPhS=International Congress of Phonetic Sciences).

Phonetik und Phonologie:
Eine sehr empfehlenswerte Einführung in beide Gebiete (mit englischen Beispielen) geben Clark/ Yallop (1990). Generativ ausgerichtet sind Kenstowicz (1994) und (weit knapper) Grewendorf/ Hamm/Sternefeld (1987; Kap. 2 u. 3).

Phonologie:
Einführendes und Überblicksdarstellungen: Katamba (1989), Ternes (1987), Vennemann (1986), Anderson (1985), Sommerstein (1977), Heike (1982).

Darstellungen einzelner Richtungen:
Prager Phonologie: Trubetzkoy (1967⁴ [1939]). *Distributionalismus:* Pike (1947), Harris (1951), Hockett (1955). *Phonologie der distinktiven Merkmale:* Jakobson/Fant/Halle 1967⁷ [1952], Jakobson/Halle (1971² [1956]). *Generative Phonologie:* Chomsky/Halle (1968). *Lexikalische Phonologie:* Kaisse/Shaw (1985), Mohanan (1986). *Autosegmentale Phonologie:* Goldsmith (1979), Clements/ Keyser (1983). *Metrische Phonologie:* Goldsmith (1990), Hogg/McCully (1987), Van der Hulst/ Smith (1982). *Experimentelle Phonologie:* Ohala/Jaeger (1986). *Phonologische Typologie:* Maddieson (1984).

Arbeiten zur Phonologie des Deutschen:
Wurzel (1970), Werner (1972), Philipp (1974), Wängler (1974³), Vater (1979), Meinhold/ Stock (1982), Benware (1986).

Periodika: Phonology Yearbook.

11.1   Die Fragestellungen von Phonetik und Phonologie

Sprache ist primär gesprochene Sprache. Daß das Gesprochene durch visuelle Symbole fixiert, also geschrieben wird, ist naturgemäss etwas Sekundäres. Das Gesprochene geht dem Geschriebenen immer voraus, sowohl beim Individuum als auch beim Kollektiv (außer in Sonderfällen, z.B. bei Gehörlosen): Das Kind lernt zu sprechen, erst dann zu schreiben. Die Schrift ist eine kulturelle Praxis, die relativ spät in der Entwicklungsgeschichte der Menschheit auftaucht. Viele Sprachgemeinschaften haben überhaupt keine Schrift entwickelt.

Angesichts dieses natürlichen Primats des Mündlichen ist es eigentlich erstaunlich, daß sich die Sprachwissenschaft meistens mit Sprache in ihrer schriftlich fixierten Form befaßt. Natürlich ist dies manchmal unumgänglich: Wo ältere Sprachstufen untersucht werden, bleibt nichts anderes übrig, als auf der Basis von schriftlichem Material zu arbeiten, denn Tondokumente in brauchbarer Qualität sind erst seit wenigen Jahrzehnten verfügbar. Auch ist es aus praktischen Gründen oft zwingend, sich auf geschriebene Sprache zu beschränken. Wer beispielsweise die Struktur des Lexikons untersucht, wird kaum mit Tonbandaufnahmen arbeiten, sondern Wörterbücher u. dgl. als Datenquellen benutzen. Schließlich kann die Beschränkung auf schriftliches Material aus methodischen Gründen erwünscht sein: Wenn sprachsystematische Fragen im Vordergrund stehen, können durch die Abstraktionsleistung der Schrift eine Reihe von Faktoren ausgeschaltet werden, die die Analyse unnötig komplizieren würden. Wer sich beispielsweise mit dem Themenbereich "Logik und Syntax" befaßt, braucht viele Phänomene der gesprochenen Sprache nicht zu berücksichtigen, weil sie für diesen Bereich nicht relevant sind. Weil durch die Umsetzung des Gesprochenen in die schriftliche Form viele Erscheinungen der gesprochenen Sprache normalisiert werden (z.B. wird eine Silbe wie "en" immer gleich geschrieben, ob sie nun betont ist oder nicht — was unter lautlichen Gesichtspunkten einen beträchtlichen Unterschied macht), und weil einiges beim Übergang in die schriftliche Form überhaupt nicht kodiert wird (Betonung, Rhythmus, Akzent, Intonation usw.), erleichtert das Ausschalten dieser Phänomene durch die Schrift der analysierenden LinguistIn die Arbeit.

Allerdings birgt ein solches Ausblenden von "uninteressanten" Faktoren auch immer die Gefahr, daß das Ausgeblendete doch irgendwie wesentlich sein könnte, womit die Analyse zumindest mangelhaft werden könnte. Wenn also die Sprache in ihrer Gesamtheit erfaßt werden soll, so kann die Lautsprache als primärer Ausdruck des menschlichen Sprachvermögens nicht unberücksichtigt bleiben. Die Disziplin, welche die Produktion, die physikalische Beschaffenheit und die Rezeption von Sprachschall zum Gegenstand hat, ist die *Phonetik*. Die Funktion von Sprachlauten im Sprachsystem ist die Domäne der *Phonologie* (andere Termini sind *Phonemik* oder *Phonematik*). Beides sind Teildisziplinen der Sprachwissenschaft. Phonetik und Phonologie werden von vielen Linguisten nicht als zwei separate Disziplinen betrachtet, sondern als zwei unterschiedliche Betrachtungsweisen ein- und desselben Gegenstands. In diesem Sinne bezeichnet man die Phonologie auch als funktionelle Phonetik, oder man spricht von experimenteller Phonologie, wenn phonologische Fragestellungen mit Hilfe von instrumentalphonetischen Mitteln angegangen werden.

Die Phonetik geht also der Frage nach, wie sprachliche (und teilweise auch nicht-sprachliche) Information mit Hilfe des menschlichen Sprech- und Hörapparats übermittelt wird. Wenn wir uns den Ablauf der sprechsprachlichen Kommunikation vor Augen halten, lassen sich hierbei mehrere Phasen unterscheiden:
Eine Mitteilungsabsicht führt zur neurolinguistischen Programmierung einer Äußerung, deren Resultat die koordinierte Aktivierung der Muskulatur des Sprechapparats ist. Durch diese Muskelaktivität werden Schallereignisse produziert, die sich in der Luft fortpflanzen und vom akustischen Analysator eines Hörers wahrgenommen, zu Nervenreizen verarbeitet und an höhere Zentren des Hirns weitergeleitet werden. Dort findet dann der Prozeß statt, den man als "Verstehen im eigentlichen Sinn" bezeichnen könnte.
Von diesem "Signalband", d.h. dem Ablauf der einzelnen Phasen zwischen Kommunikationsabsicht beim Sprecher und Verstehen beim Hörer, gehören zum Gegenstandsbereich der Phonetik die "mittleren" drei: die Tätigkeit der Sprechorgane, die damit erzeugten Schallwellen sowie deren Aufnahme und Weiterverarbeitung zu Nervenreizen, also das sprachliche Hören.
Entsprechend unterscheidet man drei Teilgebiete der Phonetik:
(a)   die artikulatorische Phonetik
(b)   die akustische Phonetik
(c)   die auditive Phonetik.
Die artikulatorische Phonetik befasst sich mit dem anatomischen Bau der Sprechorgane und ihrer physiologischen Funktion bei der Produktion von Sprachlauten. Die akustische Phonetik untersucht die resultierenden Sprachschallereignisse als akustisch-physikalische Gegebenheiten, die auditive Phonetik schließlich befasst sich mit den sprachlich relevanten Vorgängen bei der Wahrnehmung von Sprachschall.

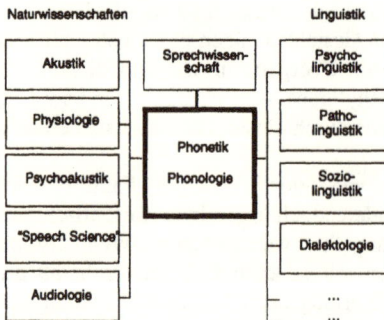

Naturwissenschaften		Linguistik
Akustik	Sprechwissenschaft	Psycholinguistik
Physiologie		Patholinguistik
Psychoakustik	Phonetik	Soziolinguistik
"Speech Science"	Phonologie	Dialektologie
Audiologie		...
		...

[Abb. 11-1]

Aus dem bisher Gesagten wird deutlich, dass sich die Phonetik in einem wichtigen Punkt von anderen Teilgebieten der Linguistik unterscheidet: Sie befaßt sich mit der materiellen Seite des Sprechens und Hörens, d.h. ihr Objektbereich umfaßt Gebiete, die nicht mit traditionell geisteswissenschaftlichen Methoden zu untersuchen sind. Die Analysemethoden der Phonetik sind deshalb häufig dem naturwissenschaftlichen Repertoire entnommen. Das primäre Interesse der Phonetik allerdings ist sprachbezogen: Muskeln, Schallwellen usw. interessieren nicht per se, sondern nur für die Frage, wie sprachliche Information in Form von Schallenergie materialisiert, übertragen und rezipiert wird.
Daß Sprechen und Hören Vorgänge sind, die auf biologischen Grundlagen fußen und somit nicht unabhängig von ihrer materiellen Bedingtheit gesehen werden können, ist unter phonetischer Perspektive ebenso selbstverständlich wie der

Umstand, daß damit Rahmenbedingungen für das System der Lautsprache selbst gesetzt sind.

Die Phonetik bedarf zur Erfüllung ihrer Aufgabe verschiedener Hilfswissenschaften, darunter auch verschiedener Naturwissenschaften. Die Erkenntnisse der Phonetik ihrerseits sind für eine Reihe von Disziplinen von Interesse, darunter auch solche aus dem naturwissenschaftlich-technischen Bereich. Abb. 11-1 illustriert die Verknüpfung der Phonetik mit ihren Hilfs- und Nachbarwissenschaften.

11.2 Die Grundlagen der Phonetik

11.2.1 Der Sprechapparat des Menschen

a) Das Funktionsschema

Die Lautsprache beruht darauf, dass

a. Luft durch einen Kanal strömt, die zum Träger eines
b. Klanges und/oder
c. Geräusches gemacht wird.

Die anatomischen Strukturen, die dies leisten, bilden kein eigentliches Stimm- oder Sprechorgan. Es sind vielmehr verschiedene Teile des Respirations- und Verdauungstraktes, die diese Aufgabe sozusagen "im Nebenamt" wahrnehmen: Aus dem Zusammenspiel von Lunge, Kehlkopf, Zunge, Zähnen, Lippen usw. in ihrer Sekundärfunktion ergibt sich die eigentliche Sprechapparatur.

Wir können uns die Funktion dieses Apparats am besten anhand eines Schemas verdeutlichen (s. Abb. 11-2): Schematisch gesehen stellt der Lautgang ein luftgefülltes Rohr dar, das an einem Ende abgeschlossen und am anderen Ende offen ist. Das abgeschlossene Ende mündet in eine Kammer (A), an deren Unterseite ein Kolben (B) sitzt, der auf und ab gleiten kann. Das Rohr besitzt an drei Stellen Ventile, die den Durchgang in verschiedener Weise verengen oder sperren können (C, D, E; letzteres bildet den Abschluß des Rohrs nach außen). Ein weiteres Ventil (F) reguliert den Einlaß zu einer Verzweigung (G), die ihrerseits in einem eigenen — stets offenen — Abschluß (H) endet. Alle Ventile sind beweglich, allerdings verschieden stark und in unterschiedlicher Art und Weise (s.u.). Die Struktur (I), auf der (D) sowie der Unterteil von (E) sitzt, ist nach unten schwenkbar.

Die Erzeugung von Schall mittels dieser Apparatur geschieht mit Hilfe von drei verschiedenen Mechanismen: (a) Die eingeschlossene Luft wird in Bewegung versetzt, (b) die dadurch erzeugte Luftströmung wird zur Bildung von Klängen oder (c) Geräuschen benutzt.

Den Vorgang (a) kann auf mehrere Arten geschehen: Bewegt sich der Kolben (B) nach oben, verkleinert sich das Volumen der Kammer (A), die darin befindliche Luft wird durch das Rohr nach außen gedrückt, d.h. es entsteht ein Luftstrom von innen nach außen. Bewegt sich (B) nach unten, entsteht analog ein Luftstrom von außen nach innen.

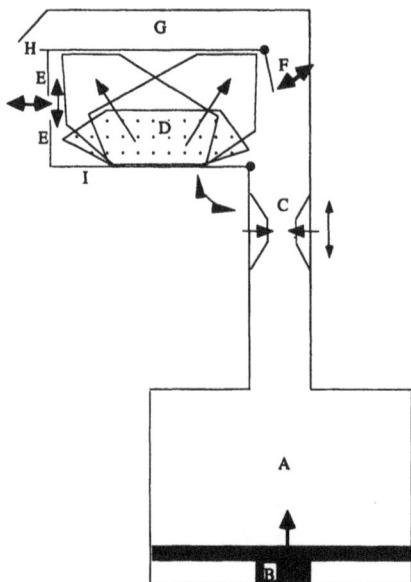

[Abb. 11-2]

Auch die Ventile (C) und (D) können, wenn sie sich in geschlossenem Zustand in die eine oder andere Richtung bewegen, lokal begrenzte ein- und auswärts gerichtete Luftströme erzeugen.

Die Funktion (a), das Freisetzen von Bewegungsenergie für die Sprachproduktion, die gewissermaßen die Funktion einer Druck- oder Saugpumpe ausübt, erzeugt einen Luftstrom im Lautgang und wird deshalb als *Luftstromdynamik* bezeichnet (air stream mechanism). Der Vorgang (b) besteht darin, daß das Ventil (C) diesen Luftstrom durch rasches periodisches Schließen und Öffnen in Schwingung versetzt. Dies wird als *Stimmgebung* oder *Phonation.* bezeichnet. Sämtliche Ventile können schließlich daran beteiligt sein, den Luftstrom so zu modifizieren, daß ein Geräusch entsteht bzw. daß der durch die Phonation produzierte Klang in seiner Charakteristik verändert wird. Dies nennen wir *Artikulation* (Vorgang (c)).

Die anatomischen Entsprechungen für die Teile des Schemas sind:

(A) Lunge
(B) Zwerchfell (Diaphragma) Muskulatur des Brustkorbs
(C) Kehlkopf (Larynx)
(D) Zunge
(E) Lippen
(F) Gaumensegel (Velum)
(G) Nase
(H) Nasenlöcher
(I) Unterkiefer (Mandibula)

Wir geben im folgenden jeweils in Klammern die anatomischen Bezeichnungen mit ihren wissenschaftlichen Namen. Dies v.a. deshalb, weil die Bezeichnungen für die Artikulationsorte davon abgeleitet sind ("velar" = "auf das Gaumensegel bezogen", "die Gegend des G. betreffend") und weil bei weitem der größte Teil der phonetischen Literatur auf englisch erscheint und die Termini dort im Normalfall den internationalen wissenschaftlichen Namen entsprechen (z.B. engl. "mandibular" = "den Unterkiefer betreffend" usw.).

Für die oberhalb des Kehlkopfs (also "supralaryngal" oder "supraglottal") gelegenen Partien hat sich der Terminus *Ansatzrohr* eingebürgert. Im folgenden Abschnitt soll der Bau und die Funktion dieser Teile erläutert werden.

b) Bau und Funktion des Ansatzrohrs

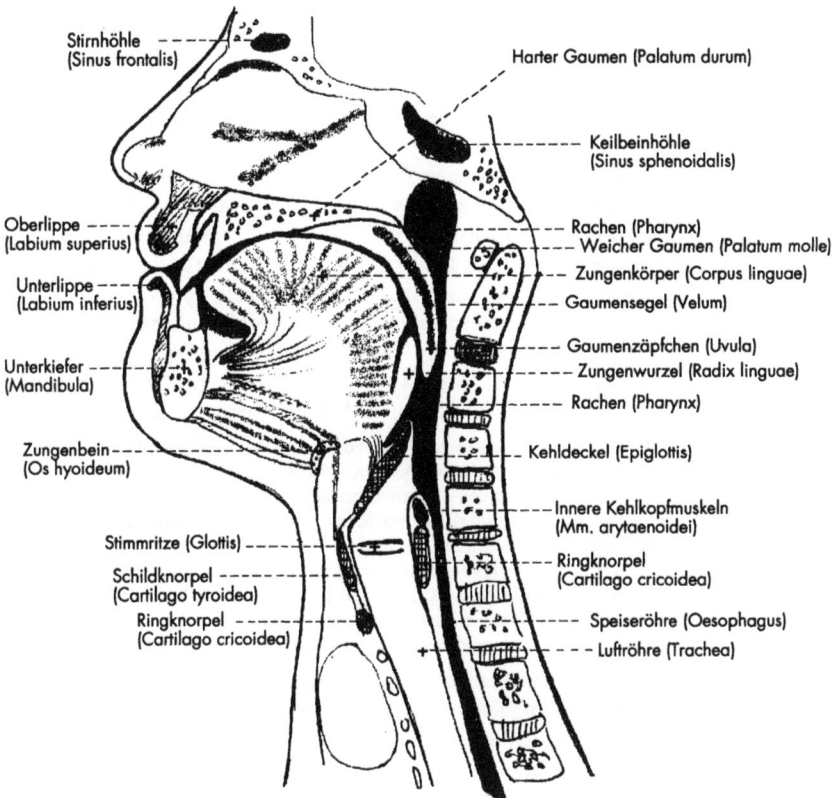

Stirnhöhle (Sinus frontalis)
Harter Gaumen (Palatum durum)
Keilbeinhöhle (Sinus sphenoidalis)
Oberlippe (Labium superius)
Unterlippe (Labium inferius)
Unterkiefer (Mandibula)
Zungenbein (Os hyoideum)
Stimmritze (Glottis)
Schildknorpel (Cartilago tyroidea)
Ringknorpel (Cartilago cricoidea)
Rachen (Pharynx)
Weicher Gaumen (Palatum molle)
Zungenkörper (Corpus linguae)
Gaumensegel (Velum)
Gaumenzäpfchen (Uvula)
Zungenwurzel (Radix linguae)
Rachen (Pharynx)
Kehldeckel (Epiglottis)
Innere Kehlkopfmuskeln (Mm. arytaenoidei)
Ringknorpel (Cartilago cricoidea)
Speiseröhre (Oesophagus)
Luftröhre (Trachea)

[Abb. 11-3]

Für ein tieferes Verständnis des Sprechvorgangs müssen wir diese summarische Gliederung des Sprechapparats präzisieren. Die Abb. 11-3 zeigt einen in Kopfmitte gelegten Schnitt mit den anatomischen Strukturen, die für das Hervorbringen von Lautsprache von Belang sind:

Das Ansatzrohr ist ein aus drei Kammern bestehender Hohlraum, der am oberen Ende von den Mundlippen bzw. Nasenlöchern und am unteren Ende vom Spalt zwischen den Stimmlippen (der *Glottis*) begrenzt wird.

Die Länge des Ansatzrohrs zwischen Lippen und Glottis beträgt beim erwachsenen Mann im Durchschnitt ca. 17.5 cm, bei der Frau etwa 15 cm. Die drei Kammern des Ansatzrohres sind der Mundraum, der Nasenraum und der Rachenraum (Pharynx). Das Ansatzrohr ist mit Muskeln und Schleimhäuten ausgekleidet.

Der *Mundraum* enthält die für die Artikulation wichtigsten (aktiven und passiven) Sprechorgane. Er wird vorn durch die Lippen, seitlich durch die Wangen, oben durch den Gaumen, unten durch den Mundboden und hinten durch die Schlundbögen begrenzt.

Der *Gaumen* (Palatum) stellt gleichzeitig die horizontale Trennwand gegen die Nasenhöhle dar. Er setzt sich zusammen aus dem vorderen, knöchernen harten Gaumen (Palatum durum) und dem nach hinten daran anschließenden weichen Gaumen (Palatum molle). Dessen muskulöser hinterer, herabhängender Teil wird als *Gaumensegel* (Velum) bezeichnet, das im *Zäpfchen* (Uvula) endet. (Wir können die Übergangsstelle von hartem zu weichem Gaumen gut bei uns selbst nachprüfen, wenn wir mit einem Finger von den oberen Schneidezähnen aus dem Gaumen nach hinten entlang fahren.) Das Velum ist beweglich und dient als Klappventil, indem es im gehobenen Zustand den Zugang zum Nasenraum abschließt. Als passive Artikulatoren sind v.a. die *Schneidezähne* von Bedeutung.

Die *Mundlippen* werden vom Ringmuskel des Mundes (Musculus orbicularis oris) durchzogen, der den Mund kreisförmig umläuft und für das Runden und Schließen der Lippen verantwortlich ist. Andere Muskeln spreizen die Lippen, ziehen die Mundwinkel auf- und seitwärts (Lachen) oder herunter usw.

Das Sprechorgan par excellence ist die *Zunge* (Lingua), ein großer, am Boden der Mundhöhle befestigter Muskelkomplex, der dem Zusammenwirken einer Vielzahl von Teilmuskeln seine außerordentliche Beweglichkeit verdankt.

Für die Zwecke phonetischer Beschreibung müssen wir verschiedene Teile der Zunge unterscheiden: Der Zungenrücken (Dorsum) ist die dem Gaumen zugewandte Oberseite. Die Zungenspitze (Apex) geht ohne scharfe Grenze in den Zungenkörper über. Der hinterste Teil der Zunge heißt Hinterzunge oder Zungenwurzel (Radix). Für bestimmte Artikulationen wesentlich sind zudem noch die seitlichen Zungenränder (Margines laterales).

Unter dem Blickwinkel der Zunge als Artikulationsorgan sind mehrere Artikulationsgebiete zu differenzieren: Die Gegend der Zungenspitze heißt apikale oder — wenn das gesamte Gebiet des Zungenkranzes gemeint ist — koronale Zone. Der Zungenrücken bildet die dorsale Zone, diese zerfällt in eine vordere (prädorsale), mittlere (mediodorsale) und hintere (postdorsale) Zone.

Auch beim Gaumen unterscheiden wir verschiedene (passive) Artikulationsgebiete, von denen wir auf einfache Weise ein inneres Bild gewinnen, wenn wir sie propriozeptiv, d.h. mittels unserer eigenen Sinneswahrnehmung, erkunden: Wenn wir die Zungenspitze an die oberen Schneidezähne anlegen und dann langsam nach hinten bewegen, so spüren wir die leicht nach hinten oben gebogene Fläche der *Alveolen* (alveolare Zone), die darauf in einen deutlich fühlbaren Saum übergeht (postalveolare Zone), hinter dem der Gaumen scharf nach oben abbricht (präpalatale Zone), um dann in die Gegend des Hochgaumens, d.h. der höchsten Wölbung des Gaumens (palatale Zone) zu gelangen, von wo es in den Bereich des weichen Gaumens (velare Zone) weitergeht. Könnten wir unsere Zungenspitze noch weiter zurückbiegen, würden wir schließlich das hintere Gebiet des Velums und das Zäpfchen erreichen (uvulare Zone) .

Die Artikulation erfolgt im Normalfall zwischen den einander gegenüberliegenden Gebieten von Zunge und Gaumen, also z.B. zwischen Zungenspitze und Alveolen bzw. Zungenrücken und Hochgaumen bzw. Hinterzunge und Velum. Entsprechend heißen solche Artikulationen dann apikal-alveolar bzw. mediodorsal-palatal bzw. postdorsal-velar. (Wir folgen der Konvention, dass zuerst der untere, dann der obere der beiden Artikulatoren genannt wird.)

Die *Nasenhöhle* öffnet sich nach außen durch die Nasenlöcher und nach innen durch die Choanen. Diese stellen die Verbindung zum Rachenraum oder *Pharynx* her, der an seinem unteren Ende durch den *Kehlkopf* und den Eingang zur Speiseröhre abgeschlossen wird.

c) *Bau und Funktion des Kehlkopfs*

Der *Kehlkopf (Larynx)* bildet den oberen Abschluss der Luftröhre (Trachea). Primär ist der Kehlkopf ein Ventil, mit dem die Luftröhre abgeschlossen werden kann, um die Lunge vor dem Eindringen von Fremdkörpern zu schützen. Außerdem ergibt sich bei abgeschlossener Trachea eine Stabilisierung des Brustkorbs, was wir uns beim Heben von schweren Lasten zunutze machen. Diese Primärfunktion des Larynx wird erreicht, indem zwei in Längsrichtung angeordnete Gewebefalten, die Stimmlippen, gegeneinander gepresst werden und damit den Durchgang schließen. Abb. 11-4 zeigt diesen Vorgang schematisch.

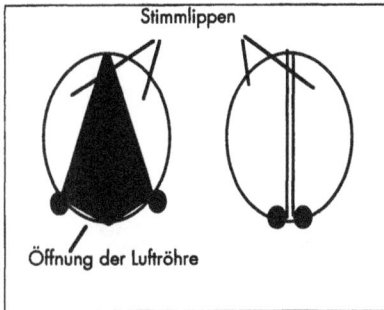

[Abb. 11-4]

Dieser Schließmechanismus hat im Laufe der phylogenetischen Entwicklung des Menschen eine zweite Funktion erhalten: Er kann sekundär dazu eingesetzt werden, die durch den Lautgang strömende Luft zu hemmen oder ganz zu unterbrechen. Wird die Hemmbewegung so ausgeführt, dass es unter Mitwirkung aerodynamischer Effekte zu einem periodischen Öffnen und Schließen der Stimmlippen kommt, entsteht der Stimmklang.

Der Kehlkopf setzt sich aus Knorpeln, Bändern und Muskeln zusammen, die in ihrer Gesamtheit eine Kapsel darstellen, in der der eigentliche Schließ- bzw. Phonationsapparat untergebracht ist. Das Phonations"organ" schlechthin sind die *Stimmlippen*, zwei horizontal von vorn nach hinten verlaufende segelartige Ausstülpungen der Larynxschleimhaut, die von den Seiten her in die lichte Öffnung des Kehlkopfes hineinragen. Ihre Innenränder werden als *Stimmbänder* bezeichnet, was das — falsche — Bild einer schwingenden Saite evoziert.

Die beiden Stimmlippen sind an ihrem hinteren Ende jeweils an einem der beiden *Stellknorpel (Aryknorpel)* angeheftet. Diese Stellknorpel sind sehr beweglich. Sie können sich um mehrere Achsen drehen sowie als ganzes seitlich vor und zurück gleiten. Dadurch wird das Ensemble aus Stellknorpeln und Stimmlippen in die Lage versetzt, verschiedenste Positionen einzunehmen, deren wichtigste auf Abb. 11-5 schematisch dargestellt sind.

Die Feineinstellung des inneren Kehlkopfs betrifft vor allem zwei Parameter: 1. die Position der Stimmlippen zueinander und damit die Form und Größe der von ihnen gebildeten Öffnung, der Glottis; 2. die Länge und die Spannung der Stimmlippen.

(a) Stellung für ruhige Atmung; (b) Stellung für Tiefatmung: Die Stellknorpel drehen sich auswärts, so daß die Stimmlippen zur Seite weggespreizt werden, womit die Glottis einen annähernd rhombischen Querschnitt bekommt; (c) Stellung für das Flüstern: Die Stimmlippen liegen einander an (sind adduziert), die Stellknorpel sind so gestellt, daß zwischen ihnen und der Kehlkopfbasis eine dreieckige Öffnung freibleibt, durch die die Luft strömen kann. (d) Glottisverschluß für die Phonation: Die Stellknorpel sind seitlich zusammengeführt und die Stimmlippen adduziert. Die Adduktion erfolgt nur mäßig stark, aber auf der ganzen Länge der Glottis.

In der Stellung (a), (b) und (c) entsteht ein Geräusch, weil der aus der Lunge kommende Luftstrom an den Rändern der Glottis Turbulenzen hervorruft. Dieses Reibegeräusch entspricht dem

"Hauch"laut [h] (der entsprechend als glottaler Reibelaut oder Frikativ bezeichnet wird). Bei (d) entsteht der Stimmklang (s. u. 11.2.2.).

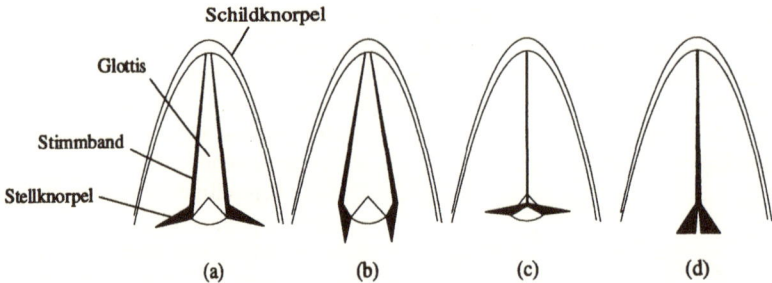

[Abb. 11-5]

11.2.2   Phonation: die Stimmbildung im Kehlkopf

Der glottale Reibelaut [h] ist insofern der einfachste Laut, als dem Luftstrom im gesamten Lautgang bis auf die Glottis kein Hindernis entgegengestellt wird.

Viele SprecherInnen des Italienischen oder Französischen können, wenn sie Deutsch lernen, diesen Laut oft kaum sprechen. Dies liegt jedoch nicht an dessen phonetischer Komplexität. Wir haben hier eher ein Beispiel dafür, wie sehr wir vom Phonemsystem unserer Muttersprache determiniert sind: [h] kommt in den Phoneminventaren der beiden Sprachen nicht vor, weshalb der Laut schwer zu lernen ist.

Das Gegenteil ist der Fall beim Glottisverschluß, welcher als glottaler Verschlußlaut oder Plosiv (s.u. 11.2.5.2), symbolisiert als [?], ebenfalls sprachliche Aufgaben erfüllt (so geht beispielsweise im Standarddeutschen einem Vokal am Wortanfang ein Glottisverschluß voraus, der damit zu einem Signal für die Wortgrenze wird). Die wichtigste Funktion der Glottis ist jedoch die *Stimmbildung* oder *Phonation*:

Um den Mechanismus der Stimmbildung zu veranschaulichen, können wir uns zunächst eine verwandte Geräuschbildung vor Augen führen: den bilabialen Vibranten. Dazu schließen wir die Lippen unter mäßigem Druck und leichter Vorstülpung, so daß ihre Innenseiten aufeinanderliegen (Schmollmund). Nun entwickeln wir einen kräftigen exspiratorischen Luftstrom, d.h. wir blasen, bis die Lippen in ein rhythmisches Vibrieren geraten.

Die Stimmbildung im Kehlkopf beruht auf einem ähnlichen Mechanismus: In der Phonationsstellung sind die Stimmlippen unter mäßigem Druck und leichter Spannung adduziert, die Stellknorpel liegen einander seitlich locker an. Durch den Exspirationsstrom staut sich die Luft unterhalb der geschlossenen Glottis, es baut sich ein Druck auf, der so groß wird, daß er die Stimmlippen schließlich aufbricht: Ein Quantum Luft kann die Glottis passieren, der subglottale Druck fällt dadurch wieder ab, worauf sich die Glottis wieder schließt. Dabei kommt ein aerodynamischer Effekt zum Tragen, der die elastische Rückstellkraft des Stimmlippengewebes unterstützt. Von hier an beginnt der Zyklus wieder von vorne: Der subglottale Druck wächst an, sprengt die Stimmlippen auf, diese schließen sich wieder usw.

Wie entsteht nun aus der Phonationsbewegung der Stimmschall? Hierzu müssen wir uns vergegenwärtigen, daß Schallwellen Schwankungen des Luftdrucks sind, die vom Trommelfell aufgenommen und ans Innenohr weitergeleitet werden. Wir müssen uns also fragen, wie die Stimmlippenbewegungen Luftdruckschwankungen erzeugen. Die Antwort wird klar, wenn wir uns die Strömungsverhältnisse in der Glottis vor Augen führen: Wieviel Luft die Glottis durchströmen kann, hängt in jedem Zeitpunkt davon ab, wie weit die Stimmlippen geöffnet sind. Abb. 11-6 zeigt schematisch die Luftmenge, die die Glottis passiert, während drei Zyklen von je 8 ms Dauer:

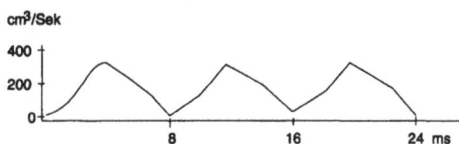

[Abb. 11-6]

Der Luftdruck oberhalb der Glottis verläuft dieser Luftstromkurve parallel: Er erreicht sein Maximum, wenn diese ihren größten Öffnungsgrad erreicht und am meisten Luft die Glottis durchströmt, und sein Minimum, wenn die Glottis maximal geschlossen ist. Durch die Stimmlippenbewegung entsteht so oberhalb des Kehlkopfs eine rhythmische Abfolge von Luftdruckschwankungen — eine Schallwelle —, die mehr oder weniger periodisch ist.

Von der Länge, Dicke und Spannung der Stimmlippen hängt die Geschwindigkeit ab, in der der Vibrationsvorgang abläuft: Die Stimmlippen sind so regulierbar, dass Zyklusdauern zwischen etwa 4 Millisekunden (ms) und 17 ms beim Mann und zwischen etwa 2.5 ms und 6 ms bei der Frau möglich sind. Die Dauer der Zyklen ist der maßgebende Faktor für das, was wir als Tonhöhe wahrnehmen.

Als Maßeinheit wird nicht die Dauer der Zyklen, sondern ihre Anzahl pro Sekunde verwendet: Dauert ein Zyklus 8 ms, so liegt seine Frequenz bei 125 Zyklen pro Sekunde, d.h. bei 125 Hertz (Hz). Männer phonieren im Mittel mit rund 100-155 Hz, Frauen mit 210-270 Hz. Der Umfang der Gesangsstimme zwischen tiefstem Baß und höchstem Sopran liegt zwischen etwa 50 und 2'000 Hz (dies sind mehr als fünf Oktaven).

11.2.3 Vokale: Akustik

Das Glottissignal stellt das "Rohmaterial" für alle stimmhaften Laute dar. Nun ist aber das Glottissignal so, wie es den Kehlkopf verläßt, ein undifferenzierter Klang, der lediglich in der Tonhöhe und Lautstärke variierbar ist. Die Differenzierung dieses akustischen Rohmaterials zu dem, was wir als wohlunterschiedene Vokalwerte, Nasale usw. kennen, erfolgt durch die Artikulation, d.h. in diesem Falle die Konfiguration des Ansatzrohrs. Um besser zu verstehen, wie dieser Vorgang abläuft, müssen wir zunächst einige Grundgegebenheiten der Akustik rekapitulieren:

a) Sprachschall: Geräusch und Klang

Sprachschall ist ein physikalisches Phänomen, das auf raschen Schwankungen des Luftdrucks beruht, die durch die Bewegungen der Sprechorgane hervorgerufen werden. Diese Luftdruckschwankungen können so sein, daß sie sich aus regelmäßig wiederkehrenden Elementen zusammensetzen: In diesem Fall spricht man von *periodischen* Schwingungen. Fehlen solche Elemente, ist der Schall *aperiodisch* (Abb. 11-7).

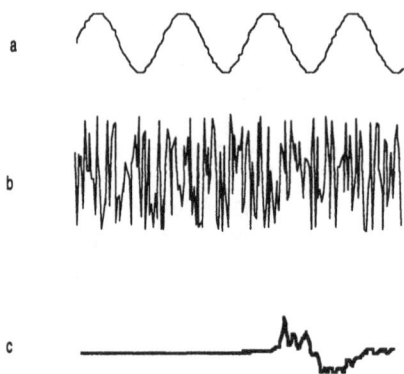

Periodischer Schall wird als *Klang* wahrgenommen (Abb. 11-7 a: Sinuston). Aperiodischen Schall bezeichnet man als *Rauschen* (Abb. 11-7 b: Ausschnitt aus einem [s]). Bei Klängen hören wir eine Tonhöhe, beim Rauschen nicht. Eine dritte Schallform ist der *Impuls* (Knall), der durch eine momentane starke Änderung des Drucks gekennzeichnet ist: (Abb. 11-7 c: Explosionsgeräusch eines [t]).

[Abb. 11-7]

b) Akustische Struktur von Klängen

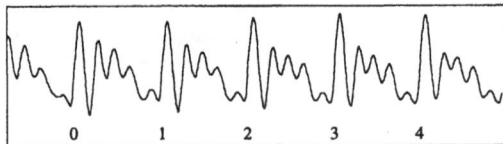

[Abb. 11-8]

Abb. 11-8 zeigt den Schalldruckverlauf eines Vokals [a] zwischen den Punkten 0 und 4 auf der Zeitachse. Das Kurvenstück 0...1 wiederholt sich ab 1 mit hinreichender Genauigkeit. Der Schwingungsverlauf ist also periodisch. Einen sich regelmäßig wiederholenden Schwingungsabschnitt nennt man *Periode*. Das Maß dafür, wieviele Perioden eine Schwingung pro Sekunde besitzt, ist die *Frequenz*, angegeben in Hertz (Hz).

Wenn in unserem Beispiel die Dauer einer Periode eine Hunderstelsekunde beträgt, dann hat die Schwingung eine Periodenfrequenz von 100 Hz. Diese Frequenz nehmen wir als Tonhöhe wahr.

Ein zweiter wesentlicher Parameter für die Charakterisierung von Schwingungen ist die Weite der vertikalen Auslenkung von der Nullinie, also die "Höhe der (Kurven-)Berge" und die "Tiefe der Täler". Diese Größe, die *Amplitude*, nehmen wir als Lautstärke wahr.

Die Amplitude wird denn auch meist in der Einheit Dezibel (dB) angegeben, die auf der Empfindung der Lautheit durch das menschliche Ohr beruht, also eigentlich keine akustische, sondern eine auditive Maßeinheit ist.

Jeder Klang, und sei er auch noch so komplex, kann als Summe von einfachen Schwingungen (sog. Sinusschwingungen) beschrieben werden, die zueinander in einem harmonischen Verhältnis stehen (das bedeutet, daß ihre Frequenzen sich wie 1:2:3:n verhalten). Mit Hilfe eines mathematischen Verfahrens läßt sich berechnen, aus welchen Sinusschwingungen ein Klang zusammengesetzt ist.

Diese Gesetzmäßigkeit wurde vom französischen Mathematiker Joseph Fourier (1768-1830) entdeckt. Nach ihm heißt das Rechenverfahren zur Analyse komplexer Schwingungen in ihre spektralen Komponenten *Fourier-Transformation*. Auch unser Ohr leitet Klangeindrücke nicht unanalysiert an die höheren Zentren des Hirns, sondern zerlegt sie in ihre Komponenten, führt also eine Art Spektralanalyse durch.

Die einfachen Schwingungen, aus denen sich ein Klang zusammensetzt, nennt man *Harmonische* (auch *Obertöne*, *Partial-* oder *Teiltöne*). Die Harmonische mit der tiefsten Frequenz, der sog. *Grundton*, bestimmt die Periodenfrequenz des Klangs. Entsprechend heißt diese Frequenz *Grundfrequenz*, abgekürzt f_0.

Wie bereits erwähnt ist die Grundfrequenz für die Wahrnehmung der Tonhöhe maßgeblich. Ihr kommt deshalb in der Phonetik eine ganz wesentliche Bedeutung zu.

Wie entstehen nun aus dem Glottissignal wohlunterschiedene vokalische Klänge? Es sind zwei Faktoren, die hierbei eine Rolle spielen: Zum einen ist das Glottissignal ein Klang, der sich aus vielen Harmonischen zusammensetzt. Zum anderen wirkt die Luftsäule im Ansatzrohr als Resonator.

Ein Resonator hat die Eigenschaft, Schwingungen, mit denen er in Berührung kommt, zu verstärken oder zu dämpfen. Ob eine Schwingung von einem gegebenen Resonator verstärkt oder gedämpft wird, hängt von ihrer Frequenz ab: Fällt diese in einen Eigenfrequenzbereich des Resonators, so wird sie verstärkt, ansonsten wird sie gedämpft. Wo die Eigenfrequenzbereiche des Resonators liegen und wie breit sie sind, hängt von seiner Form und Größe ab (und vom Material, aus dem er besteht). Nun ist das Ansatzrohr in seiner Form variabel, es kann ja durch die Stellung der Artikulatoren verschieden geformt werden. Es ist also ein Resonator mit variablen Eigenfrequenzen. Diese Eigenfrequenzen des Ansatzrohrs nennt man *Formanten*.

Ein Formant kann als eine Art doppeltes Sieb gedacht werden, bestehend aus einem weitermaschigen und einem engermaschigen Gitter, die übereinander angeordnet sind. Partikel, die größer sind, als das obere Sieb, werden zurückgehalten, und Partikel, die kleiner sind, als das untere Gitter, fallen durch. Was zurückbleibt, sind diejenigen Teile, deren Größe zwischen den beiden Gitterweiten liegt. Der Bereich zwischen oberer und unterer Gitterweite entspricht bei einem Formanten der Bandbreite zwischen seiner oberen und unteren Grenzfrequenz.

Der akustische Unterschied zwischen zwei Vokalen, etwa einem [o] und einem [i], liegt nun darin begründet, daß durch unterschiedliche Zungen-, Lippen- und Unterkieferstellung die Formanten des Ansatzrohrs in unterschiedliche Frequenzbereiche zu liegen kommen (also unterschiedlich engmaschige Siebe bilden), so daß unterschiedliche Teiltöne aus dem Quellsignal herausgefiltert bzw. verstärkt werden. Dadurch erhält der Stimmklang, wenn er den Resonator verläßt, d.h. an den Lippen abgestrahlt wird, eine bestimmte Färbung (*Klangfarbe* oder *Timbre*). Die unterschiedlichen Klangfarben sind es schließlich, die mit linguistischem Symbolwert versehen werden können und damit zeichenunterscheidende Kraft gewinnen.

c)   Zusammenhang zwischen Artikulation und Akustik

Ganz grob kann man sagen, daß das menschliche Ansatzrohr ungefähr pro 1000 Hz einen Formanten aufweist (dessen genaue Lage abhängig von der Konfiguration des Ansatzrohrs ziemlich stark schwankt). Die wichtigsten Formanten sind die untersten zwei: Vor allem sie sind für die Identifizierung der verschiedenen

Vokale verantwortlich. Die oberen Formanten sind sprecherabhängig, d.h. sie sind für die klanglichen Eigenschaften der Individualstimme maßgeblich.

Für die Vokale [a], [i], [u] und [y] finden wir beispielsweise folgende erste und zweite Formanten (man schreibt Formanten gewöhnlich als F_1, F_2, F_3 usw.):

Vokal	F_1 [Hz]	F_2 [Hz]
[a]	850	1610
[i]	240	2400
[u]	250	600
[y]	235	2100

Der erste Formant

Wir sehen, daß der erste Formant von [i], [u] und [y] wesentlich tiefer liegt als der von [a]. Im Gegensatz dazu liegt F_2 bei [a], [i] und [y] wesentlich höher als bei [u]. Diese Verteilung resultiert aus der Art und Weise, wie diese Vokale gebildet werden. Wir können uns dies am besten vergegenwärtigen, indem wir einige kleine propriozeptive Experimente anstellen:

Zunächst sagen wir einige Male hintereinander [a]-[i]-[a]-[i] und [a]-[u]-[a]-[u] sowie [a]-[y]-[a]-[y]. Wir stellen fest, daß der Unterschied zwischen [a] auf der einen und [i], [u] und [y] auf der anderen Seite die Bewegung des Unterkiefers ist: [a] wird im Gegensatz zu [i], [u] und [y] mit heruntergeklapptem Unterkiefer gebildet. Dabei liegt die Zunge flach im Mundraum. Die anderen drei Vokale werden mit geschlossenem Unterkiefer gebildet, wobei die Zunge gegen den Gaumen hochgewölbt ist: bei [i] und [y] gegen den harten Gaumen, bei [u] gegen den weichen.

Die Bewegung des Unterkiefers verändert das Renonanzverhalten der Luftsäule im Ansatzrohr so, daß der erste Formant von 850 Hz für das [a] auf einen Wert von rund 240 Hz bei [i] nach unten wandert. Wir können diese Lageveränderung des Formanten im folgenden Experiment hörbar machen:

Wir atmen ein und halten die Luft an (d.h. wir schließen die Glottis) und öffnen den Mund zu einem deutlichen [a]. Dann klopfen wir mit einem Bleistift oder dem Mittelfinger so gegen die Seitenwand des Schildknorpels (etwa in der Höhe des Adamsapfels), daß ein deutlich hörbares Klopfgeräusch entsteht. Nun gehen wir — unter stetigem Klopfen — langsam von der Stellung des [a] zu einem deutlichen [i] über. Dabei hören wir, wie die Tonhöhe des Klopfgeräuschs mit der Bewegung des Unterkiefers nach unten wandert. Diese Tonhöhe entspricht der Frequenz des ersten Formanten.

Der zweite Formant

Wo liegt nun aber der Unterschied zwischen [u] auf der einen und [i], [y] und [a] auf der anderen Seite? Anders gefragt: Welche Artikulationsveränderung sorgt für die Verschiebung des zweiten Formanten? Wir stellen hierfür ein weiteres Experiment an:

Wir sprechen ein lautes, deutliches [u] und gehen, ohne die Stimmgebung zu unterbrechen, zu einem ebenso deutlichen [y] über, von dort wieder zurück zum [u] und wieder zum [y]. Dabei spüren wir, wie die Zunge in ihrer hochgewölbten Stellung verharrt, hingegen eine deutliche Bewegung nach vorn bzw. nach hinten macht. Die Stelle, wo Zunge und Gaumen den kleinsten Abstand haben, liegt beim [u] in der Gegend des hinteren weichen Gaumens (velare Zone), beim [y] in der Gegend des vorderen harten Gaumens (präpalatale Zone).

Die Veränderung des Mundraums durch das Vor- und Zurückschieben der Zunge sorgt dafür, daß sich der zweite Formant von einer Frequenz von ca. 600 Hz beim [u] auf eine von über 2000 Hz beim [y] verschiebt. Auch diese Verschiebung des zweiten Formanten können wir mit einem Experiment hörbar machen:

> Wir wiederholen das vorherige Experiment, aber mit Flüsterstimme, und achten auf das dabei entstehende Flüstergeräusch. Wenn wir die Artikulation langsam und sorgfältig ausführen und uns genau beobachten, bemerken wir, wie mit der Zungenbewegung die Tonhöhe des Flüstergeräuschs von oben (beim [y]) nach unten (beim [u]) wandert. Diese Tonhöhe entspricht der Frequenz des zweiten Formanten.

Der Unterschied zwischen [y] und [i] schließlich ist einfach nachzuvollziehen, wenn wir uns bemühen, die beiden Vokale überdeutlich zu bilden: [i] und [y] werden praktisch gleich gebildet, ausgenommen die Stellung der Lippen: Während die Lippen beim [y] gerundet und etwas vorgestülpt sind, sind sie beim [i] gespreizt.

Die Lippenrundung und -vorstülpung führt ebenfalls zu einem Absenken des F_2, wie wir mit dem Flüsterexperiment unschwer nachprüfen können.

11.2.4   Vokale: Artikulation

Wir haben somit die drei Faktoren ermittelt, die für die Produktion von Vokalen zentral sind:
* Die vertikale Zungenlage (abhängig vom Öffnungsgrad des Mundes),
* die horizontale Zungenlage,
* den Grad der Lippenrundung.

Die Zunge kann in den beiden Dimensionen oben-unten und vorn-hinten eine Vielzahl von Positionen einnehmen, die unterschiedliche Vokalqualitäten erzeugen. Wenn wir z.B. den Übergang von [u] zu [i] langsam ausführen, hören wir, wie sich die Vokalqualität kontinuierlich verändert, ebenso beim Übergang von [i] über [e] zu [a]. Die Positionen der Zunge und die resultierenden Vokalqualitäten bilden ein Kontinuum, zu dem die Lippenrundung (und die Nasalierung durch Senken des Velums) als zusätzliche Faktoren hinzutreten können. Man setzt in diesem Kontinuum konventionell bestimmte Punkte fest, wie sie im Vokaltrapez der API-Umschrift (API=Association de Phonétique Internationale) dargestellt sind (Abb. 11-9):

Der Zusammenhang zwischen Artikulation und akustischer Struktur von Vokalen wird sichtbar, wenn wir die Lage von F_1 und F_2 in das Vokaltrapez integrieren. Um die Darstellung übersichtlich zu halten, geben wir statt den F_2-Werten den Abstand der beiden ersten Formanten F_2-F_1 an (in nicht-linearem Maßstab). Die Werte von F_1 sind in der Vertikalen und die von F_2-F_1 in der Horizontalen angegeben, der Nullpunkt für beide Skalen liegt rechts oben.

Die Symbole im Vokaltrapez der API-Umschrift stehen also für bestimmte (mehr oder weniger willkürlich festgesetzte) "Angelpunkte" im Kontinuum des Vokalraums (deshalb Kardinalvokale). Sie dienen als Referenzvokale für die phonetische Beschreibung. (Sie sind akustisch auf Tonträger festgehalten, und die Lage ihrer Formanten ist festgelegt.) Wir sehen, daß man in der horizontalen Richtung drei Spalten und in der Vertikalen vier Reihen (mit Zwischenstufen) unterscheidet. Bei Symbolpaaren bezeichnet das rechte Symbol jeweils den Vokal mit Lippenrundung.

Die Vorstellung, dass ein "u ohne Lippenrundung" seltsamer sei als ein "ungerundetes ü" (d.h. ein [i]), ist lediglich darin begründet, daß im System der standarddeutschen Vokale alle hinteren

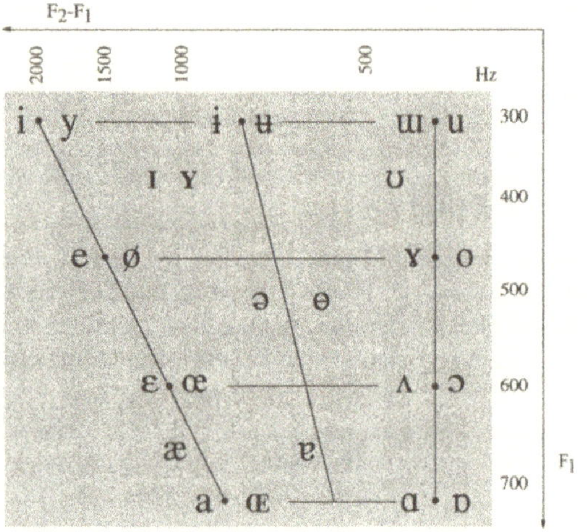

F_2-F_1

| 2000 | 1500 | 1000 | | 500 | Hz |

i • y ——————— i • ʉ ——————— ɯ • u   300

I Y   ʊ   400

e • ø ——————————— ɤ • o   500

ə   ɵ

ɛ • œ ——————————— ʌ • ɔ   600

æ   ɐ   700

a • ɶ ——————— ɑ • ɒ

F_1

[Abb. 11-9]

Vokale gerundet sind, während die vorderen jeweils mit und ohne Rundung vorliegen. Diese Verteilung kommt uns "normal" vor, sie ist es jedoch ganz und gar nicht, wenn man die Vokalsysteme anderer Sprachen berücksichtigt

11.2.5   Konsonanten: Artikulation

Am Beispiel der Vokale ist deutlich geworden, daß das Sprechen auf dem Zusammenspiel von Luftstromdynamik, Phonation und einem dritten Mechanismus beruht, durch den das Produkt der ersten beiden Teilmechanismen zum eigentlichen Laut geformt wird: der *Artikulation*. Unter Artikulation verstehen wir die Bewegungen der aktiven Artikulationsorgane, die die Geometrie des Ansatzrohrs und dadurch sein Resonanzverhalten variieren oder dazu führen, daß ein Geräusch bzw. eine Unterbrechung des Redestroms entsteht.

Vokale sind dadurch charakterisiert, daß der Mundraum offen ist und die Luft unbehindert (laminar) durch den Kanal des Ansatzrohrs fließt. Laute, bei denen die Artikulatoren eine Enge oder einen Verschluß im Ansatzrohr bewerkstelligen, heißen Konsonanten.

Man kann Laute auch danach in Vokale und Konsonanten unterscheiden, ob sie als Kerne von Silben vorkommen oder nicht. Dann wäre das [r] in "Frieda" ein Konsonant, in "brrr!" hingegen ein Vokal. Die Definition nach der Funktion in der Silbe erfolgt aus der phonologischen, die nach der Artikulation aus der phonetischen Perspektive.

Es ist wichtig, zu beachten, daß Phonation und Artikulation im Falle der Konsonanten zwei unabhängige Faktoren der Lautbildung sind: Während stimmlose Vokale höchstens in Sonderfällen vorkommen, kommen die meisten Konsonanten mit und ohne Phonation vor, d.h. in einer stimmlosen und einer stimmhaften Form. Akustisch gesehen sind stimmlose Konsonanten reine Geräusche, stimmhafte sind Kombinationen aus Klang und Geräusch (eine Ausnahme hiervon bilden die Nasale).

Die Konsonanten lassen sich nach zwei Hauptkriterien unterscheiden und einteilen:
• nach der *Artikulationsart*, d.h. der Art ihrer Hervorbringung,
• nach dem *Artikulationsort*, d.h. der Stelle im Mundraum, wo sie gebildet werden.

Diese Einteilung kommt auch in der Darstellung der API-Lautschrift zum Ausdruck, wo in der Vertikalen die Artikulationsarten und in der Horizontalen die Artikulationsorte unterschieden werden.

a) Die Artikulationsart

Den Vokalen am nächsten verwandt sind die stets stimmhaften *Nasale*, bei denen der Mundraum abgeschlossen und die Luft durch die Nase geleitet wird, z.B. [n m ŋ], ohne daß eine Geräuschentwicklung stattfindet.
Bei den anderen Konsonanten bilden die Artikulatoren im Ansatzrohr eine Enge oder sogar einen vollständigen Abschluß des Luftkanals. Je nach dem, wie diese Konstriktion geschieht, unterscheidet man verschiedene Artikulationsarten:
Betrachten wir zunächst einen Laut wie [s] im Wort "Wasser": Hier bildet die Zunge mit den Alveolen eine Enge, durch die der Luftstrom gegen den Spalt zwischen oberen und unteren Schneidezähnen geleitet und verwirbelt wird: Dieser turbulente Luftstrom erzeugt ein Geräusch mit charakteristischer Energieverteilung, das wir als [s] wahrnehmen.

Wird die Enge dadurch gebildet, daß die Unterkante der oberen Schneidezähne locker am Innenrand der Unterlippe anliegt (z.B. im Wort "fein"), entsteht ein anderes Geräusch, das wir aufgrund seiner spektralen Energieverteilung als [f] hören .

Geräuschlaute wie [s] und [f], die durch Engebildung entstehen, heißen *Frikative*.
Auch Vokale können mit einem Geräuschanteil versehen sein, der allerdings viel schwächer ist als im Fall der stimmhaften Frikative. Wir können dazu ein Experiment anstellen:

Wir bilden ein deutliches [a], abwechselnd mit und ohne Stimme. Dann machen wir das gleiche mit einem [i]. Während das stimmlose [a] nichts anderes ist als ein a-farbiger Hauchlaut [h], ist beim stimmlosen [i] ein deutliches Friktionsrauschen zu hören, das dem "ich-Laut" [ç] sehr nahe kommt.

Im Vokal [i] steckt also ein schwacher Frikativ, der vom Vokalklang überdeckt wird und deshalb normalerweise nicht zu hören ist. Solche Laute, bei denen ein Rauschanteil vorhanden ist, der aber nur bei stimmloser Bildung hörbar ist, nennen wir *Approximanten*. (Zu dieser Kategorie gehört beispielsweise der amerikanisch-engl. r-Laut in Wörtern wie "year".)
Ein spezieller Fall von Approximant sind schließlich die *Laterale* (l-Laute), bei denen der Kanal für den Luftstrom nicht wie sonst in der Mitte des Ansatzrohrs verläuft, sondern wo eine Enge seitlich zwischen dem Zungenrand und den Molaren gebildet wird, so daß ein schwaches Friktionsrauschen entsteht, das vom Stimmklang übertönt wird.

Der entsprechende (stimmlose und stimmhafte) Frikativ [ɬ ɮ] kommt als Laut z.B. im Gälischen vor (wo er als -ll- geschrieben wird).

Die orale und nasale Passage kann aber auch während einer bestimmten Dauer vollständig abgeschlossen sein: Hier sprechen wir von *Plosiven* (Verschlußlauten).

Nach der Verschlußphase (Plosion) gehen die Artikulatoren abrupt in die Stellung des folgenden Lauts über, wobei meist ein Explosionsgeräusch entsteht, auf das eine mehr oder weniger stark ausgeprägte Rauschphase (Aspiration) folgt.

Wenn ein Plosiv unmittelbar von einem an der selben Stelle gebildeten (homorganen) Frikativ gefolgt wird, spricht man von einer *Affrikate*, z.B. [pf t̪s tʃ].

Ein geläufiger Term für die Plosive, Affrikaten und Frikative ist der Term *Obstruenten*, d.h. Laute, die durch eine hörbare Obstruktion des Luftstroms im Ansatzrohr gekennzeichnet sind.

Bei den *Vibranten* wird ein bewegliches Organ durch einen kräftigen Luftstrom in Bewegung versetzt, so daß es unter Geräuschentwicklung gegen ein anderes Organ schlägt. Typische Vibranten sind das Zungenspitzen- und das Zäpfchen-[r] im Deutschen.

Alle bisher erwähnten Artikulationen beruhen auf der Luftstromdynamik, bei der Luft durch das Ansatzrohr aus der Lunge nach außen fließt (pulmonal egressive Luftstromdynamik). Verschlußlaute können auch auf der Basis anderer Formen von Luftstromdynamik gebildet werden, auf die wir aus Platzgründen nicht eingehen können, auch wenn sie in vielen Sprachen eine wichtige Rolle spielen: Ejektive, Implosive und Schnalze.

b) Der Artikulationsort

Nachdem wir das *Wie* der Konstriktionsbildung erörtert haben, wollen wir uns nun dem *Wo* der Artikulation zuwenden. Wir beschreiben im folgenden die Artikulationsstellen im Mundraum, beginnend mit den Lippen, von vorne nach hinten:
• Die Lippen sind das am weitesten außen gelegene Artikulationsorgan. Sie können, wie wir bei der Bildung der Vokale gesehen haben, einen offenen Abschluß des Ansatzrohrs mit eher rundem oder eher gespreiztem Querschnitt bilden. Werden beide Lippen gegeneinander gedrückt, spricht man von *bilabialen* Lauten. Auf diese Weise können die Plosive [p b], der Nasal [m] und die bilabialen Frikative [ɸ β] (Kerzenausblasen) erzeugt werden.
• Artikuliert der Rand der oberen Schneidezähne gegen den Innenrand der Unterlippen, entstehen die *Labiodentale* [f v], [ɱ] und [ʋ].
• Artikuliert die Zungenspitze oder das Zungenblatt gegen den Innenrand der oberen Schneidezähne bzw. die Alveolen, entstehen die *Alveolare* (früher meist *Dentale*, heute oft *Denti-Alveolare*): die Plosive [t d], der Nasal [n], der Vibrant [r] und der Approximant [ɹ].
Die denti-alveolaren Frikative bilden drei Untergruppen: Als interdentaler Frikativ wird das engl. [θ ð] bezeichnet, bei dem die Enge allerdings zwischen Zungenblatt und Innenseite der Schneidezähne liegt und nicht zwischen den Zähnen. Zum alveolaren Frikativ [s z] s. o. 11.2.5 a). Wird die Enge weiter hinten am Saum der Alveolen gegen den harten Gaumen zu gebildet, entsteht der präpalatale Frikativ [ʃ ʒ]. Denti-alveolare Frikative erfordern hochpräzise Einstellungen der Zungenmuskeln. Es ist deshalb kein Zufall, daß Sprachfehler hier häufig sind

(Sigmatismus). Ebenfalls zu den Alveolaren wird der Vibrant [r] und der Lateral [l] bzw. der laterale Frikativ [ɬ ɮ] gerechnet. In manchen Sprachen finden wir schließlich eine Variante des alveolaren Vibranten, den mit nur einem Schlag gesprochenen Tap [ɾ], wie er etwa in span. "pero" oder brit.-engl. "very" vorkommt.

• Wenn der Zungenrücken gegen den Hochgaumen artikuliert, resultieren die *palatalen* Konsonanten. Wir haben bereits gesehen, daß der Vokal [i] als palataler Approximant betrachtet werden kann. Wenn wir vom [i] zum entsprechenden Frikativ übergehen, d.h. wenn wir die Engebildung soweit verstärken, daß auch bei Stimmbeteiligung ein deutliches Geräusch wahrnehmbar ist, dann resultiert ein stimmhafter palataler Frikativ [ʝ]. Entziehen wir diesem Laut die Stimme, entsteht der deutsche ich-Laut [ç], der stimmlose palatale Frikativ. Der palatale Nasal [ɲ] ist aus dem Französischen und Italienischen bekannt, wo er in Wörtern wie "agneau" bzw. "agnello" vorkommt. Den palatalen Lateral [ʎ] finden wir z.B. in it. "figlio", die palatalen Plosive [c ɟ] in rätoromanisch "Chasper" bzw. "Geri". Schließlich entspricht der palatale Approximant [j] dem Laut, der traditionell als "Halbvokal" bezeichnet wurde (z.B. in dt. "ja").

Die retroflexen Konsonanten werden mit zurückgebogener Zunge gegen den Vordersaum des harten Gaumens gebildet. Sie kommen v.a. in den indischen Sprachen vor.

• Die Artikulationsstelle für die *Velare* liegt zwischen Hinterzunge und weichem Gaumen. Die velaren Plosive [k g] sowie der Nasal [ŋ] sind in vielen Sprachen zu finden. Der velare Frikativ in seiner stimmlosen Variante ist der deutsche ach-Laut [x], stimmhaft [ɣ]. Auch hier finden wir einen Lateral [L] und einen Approximanten [ɰ].

• Wenn die Hinterzunge gegen die hintere Partie des Velums und das Zäpfchen artikuliert, ensteht die Serie der *uvularen* Konsonanten. Neben den Plosiven [q ɢ] und dem Nasal [ɴ] ist uns der uvulare Vibrant [ʀ] geläufig: Er entspricht dem stimmhaften Laut, den wir beim Gurgeln produzieren. Der uvulare Frikativ [χ ʁ] ist ein "uvularer Vibrant ohne Vibration der Uvula".

Velare und uvulare Frikative und Vibranten kommen in schweizerdeutschen Dialekten als Varianten des r-Lauts vor.

• Durch Engebildung der Zungenwurzel gegen die Pharynxwand entstehen die *pharyngalen* Frikative [ħ ʕ], die typisch für das Arabische sind.

• Schließlich ist die Glottis fähig, einen *glottalen* Plosiv [ʔ] bzw. Frikativ [h ɦ] zu bilden. [ʔ] vor Vokal ist der "harte Vokaleinsatz" des Standarddeutschen. Er ist ferner aus dem Cockney bekannt, wo er anstelle eines intervokalischen t steht (['bʌʔə] für "butter"). [h] ist der stimmlose "Hauchlaut", [ɦ] dessen stimmhafte Variante (die man allerdings auch als Vokal mit einer bestimmten Stimmqualität bezeichnen könnte).

Für eine eingehende Darstellung der Konsonantenartikulation mit praktischer Anleitung sei auf Catford (1988) verwiesen.

11.2.6 Koartikulation

In der bisherigen Darstellung war stets von den Lauten die Rede, wenn wir die Grundeinheiten des Sprechens meinten. Dieser Sprachgebrauch ist insofern eine Abstraktion, als in der sprachlichen Realität der Einzellaut — außer in Fällen wie "oh!", "mmm" u. dgl. — gar nicht vorkommt. Wir sprechen ja nicht in Lauten, sondern in Äußerungen, und diese stellen einen kontinuierlichen Redestrom dar, dessen Bestandteile sich gegenseitig beeinflussen und ineinander übergehen.

In lautsprachlichen Äußerungen sind rein physikalisch gesehen keine diskreten, von einander abgesetzten Einheiten zu erkennen. So ist es kaum möglich, in einem Röntgenfilm, der die Bewegung der Artikulationsorgane während einer Äußerung zeigt, einzelne Laute abzugrenzen. Auf dem Bild einer Schallschwingung (*Oszillogramm*) kann man mit einiger Übung zwar einzelne Laute identifizieren und mit genügender Genauigkeit voneinander abgrenzen. Wirklich exakt anzugeben, wo ein Laut anfängt oder aufhört, ist aber meist nicht möglich.

Die Vorstellung, daß das Sprechen — analog der Schrift — ein Aneinanderreihen von intakten, gegeneinander abgegrenzten Einheiten sei, ist also von der artikulatorischen und akustischen Realität her gesehen eine grobe Vereinfachung.

Wenn trotzdem von Lauten als diskreten Einheiten (*Segmenten*) ausgegangen wird (wie dies auch die phonetische Lautschrift impliziert), dann immer im Bewußtsein, daß das Segment strenggenommen eine Fiktion ist, an der wir aus praktischen Gründen festhalten.

Der Grund dafür, daß sich der Redestrom kaum in diskrete Einheiten trennen läßt, liegt darin, daß die Artikulationsbewegungen einander überlappen (*Koartikulation*). Dies ist um so stärker der Fall, je höher das Sprechtempo ist. Doch auch bei deutlicher Aussprache ist Koartikulation das Normale. Ein einfaches Beispiel: In der Sequenz "Abitur" erfolgt der Übergang vom Vokal zum Bilabialplosiv nicht abrupt, sondern gleitend, indem sich die Mundöffnung stetig verkleinert, bis der Lippenverschluß erreicht ist: [ab]. Mit der Verengung der Mundöffnung verändern sich die Resonanzeigenschaften des Ansatzrohrs, d.h. es kommt zu einer kontinuierlichen Verschiebung der [a]-Formanten. Während das [b] artikuliert wird, geht die Zunge bereits in die Position des [i] über. Der Dentalplosiv wird teilweise bereits mit Lippenrundung produziert, weil die entsprechende Bewegung für das [uː] bereits während dem [t] einsetzt.

Bei Vokal-Plosiv-Übergängen sind es gerade die Formatabbiegungen (*Transienten*), die für die Wahrnehmung der Artikulationsstelle des Plosivs entscheidend sind, so daß man sagen kann: Der Vokal enthält die wesentliche akustische Information über den Artikulationsort des folgenden Plosivs.

11.2.7   Suprasegmentalia

Manche lautlichen Erscheinungen sind an größere Äußerungseinheiten (Silben, Wörter, Sätze) gebunden: Quantität, Sprechtempo, Rhythmus, Intonation, Ton, Akzent, Lautstärke, Stimmqualität usw. Solche Phänomene werden unter dem Terminus *Suprasegmentalia* zusammengefaßt, da sie sich über mehr als ein Segment erstrecken.

Allen Suprasegmentalia ist gemeinsam, daß sie auf einer Überlagerung von segmentalen Eigenschaften beruhen: Alle stimmhaften Laute werden auf einer bestimmten Grundfrequenz geäußert, die Stimmhaftigkeit ist ein inhärentes Merkmal dieser Segmente; die Intonation ist die Variation dieser segmentalen Eigenschaft. Jedes Segment hat eine bestimmte Eigendauer und eine bestimmte Intensität. Wenn dieses Segment akzentuiert werden soll, müssen seine Dauer und Intensität größer sein als die der umgebenden Segmente. Ob dies der Fall ist, kann immer nur durch den Vergleich mit dem Kontext ermittelt werden: Suprasegmentalia lassen sich im Unterschied zu segmentalen Merkmalen nur im Rahmen einer Sequenz bestimmen, da es sich immer um relative Größen handelt.

Suprasegmentalia tauchen im Spracherwerb vor den anderen sprachlichen Elementen auf. Sie werden (außer dem Ton) von der nicht-dominanten Hirnhälfte (meist der rechten) gesteuert.

Einige dieser Suprasegmentalia (z.B. Akzent, Dauer, Intonation, Ton) können sprachliche Funktionen wahrnehmen: Der semantische Unterschied zwischen "úmfahren" und "umfáhren" wird durch den unterschiedlichen Wortakzent ausgedrückt; schweizerdt. [d] und [t] unterscheiden sich nur in der Dauer der Plosion; Tonsprachen unterscheiden Wortbedeutungen durch verschiedene Tonhöhen bzw -verläufe (vgl. Schema 1.9). In diesen Fällen spricht man meist von *prosodischen* Eigenschaften.

Oft werden "prosodisch" und "suprasegmental" aber auch einfach synonym gebraucht.

Andere suprasegmentale Erscheinungen tragen vor allem Information über bestimmte Aspekte der Kommunikationssituation. So kann der Sprecher beispielsweise durch Flüstern signalisieren, daß er die Mitteilung als vertraulich einstuft. Solche Phänomene bezeichnet man als *paraverbal*.

Schließlich können Suprasegmentalia Hinweise auf Eigenschaften des sprechenden Individuums geben (Geschlecht, Alter, emotionale Befindlichkeit usw.), d.h. sie haben *indexikalische* Funktion.

Im folgenden werden einige Suprasegmentalia kurz erläutert:

• Der *Akzent* ist die (linguistisch funktionelle) Hervorhebung einer Silbe innerhalb eines Worts. Für die phonetische Realisierung dieser Kategorie existieren verschiedene Möglichkeiten: Die akzentuierten Silbe hat eine höhere (allenfalls auch tiefere) Grundfrequenz, größere Intensität, längere Dauer, andere Klangfarbe (z.B. keine ungespannten Vokale in Akzentsilben). Jede Sprache verwendet eine andere Zusammenstellung dieser Parameter. Traditionell unterscheidet man den *dynamischen* , d.h. durch höhere Intensität erzeugten, vom *melodischen*, d.h. durch Erhöhung der Grundfrequenz bewirkten Akzent.

Der Akzent 1 und 2 des Schwedischen ist ein Beispiel von melodischem Akzent. Das Deutsche gilt als Sprache mit dynamischem Akzent. Die Erhöhung der Grundfrequenz ist aber auch im Deutschen wichtiger als die Erhöhung der Intensität. Die Realisierung des Akzents wird durch paralinguistische Faktoren beeinflußt. So kann im Schweizerdt. z.B. Emphase zu massiver Längung des Konsonanten der Akzentsilbe führen ("du Ssssáu !!!")

• Die *Intonation* basiert auf bestimmten Mustern des Grundfrequenzverlaufs in Äußerungen, die zum Ausdruck grammatikalischer Kategorien dienen können. Ein bekanntes Beispiel ist die häufig zu beobachtende Verteilung von steigender Intonation für Fragen und fallender für Aussagen. Durch die Intonation lassen sich vielfältigste Nuancen auf allen Ebenen der Kommunikation ausdrücken. Von einer restlosen Klärung der Zusammenhänge rund um die Intonation ist man noch weit entfernt.

• Unter *Ton* versteht man die feste Zuordnung bestimmter Grundtonhöhen bzw. -verläufe einer Silbe zu bestimmten Bedeutungen. Z. B. hat vietnamesisch "ma" je nach Grundtonhöhe fünf verschiedene Bedeutungen.

• Viele Sprachen benutzen Unterschiede der Dauer von Segmenten zur Differenzierung von Bedeutungen. Dies wird als *Quantität* bezeichnet. Weil ein Segment nur im Vergleich mit dem lautlichen Kontext als (phonologisch) kurz oder lang zu ermitteln ist, es also nicht auf absolute, sondern auf relative Dauerwerte ankommt, betrachtet man die Quantität (d.h. die funktionell eingesetzte Dauer) als suprasegmentale Eigenschaft.

Dazu kommt, daß die absolute Dauer eines Segments von der Dauer größerer lautlicher Einheiten (Silbe, phonologisches Wort) abhängt, die ihrerseits wieder von Sprechtempo, Emphase, Akzentlage usw. bestimmt sind. Ein gegebener Dauerwert kann deshalb je nach Kontext verschiedene Quantität ausdrücken. Im Deutschen betrifft die Quantität nur betonte Vokale. Zudem ist die Quantität an Unterschiede der Vokalqualität gekoppelt: Gespannter Langvokal (/beːten/ "beten") vs. ungespannter Kurzvokal (/beten/ "betten"). Echte Quantitätssprachen, bei der Vokale und Konsonanten unabhängig voneinander Quantität haben, sind z.B. Finnisch, Japanisch sowie — als Rarität im Bereich der indoeurop. Sprachen — verschiedene schweizerdeutsche Dialekte.

• Unter dem *Rhythmus* einer Sprache versteht man die Art, wie die hervorgehobenen Silben im Redestrom verteilt sind. Manche Sprachen haben eine Tendenz, zwischen diesen mehr oder weniger regelmäßige Abstände einzuhalten und die dazwischenliegenden Silben abzuschwächen (*akzentzählender* Rhythmus: z.B. Deutsch, Englisch). Im Gegensatz dazu steht die Tendenz des *silbenzählenden* Rhythmus, alle Silben in etwa gleichen Abständen hervorzubringen ("Maschinengewehr-Rhythmus"), z.B. Spanisch, Französisch.

• *Sprechtempo* und *Lautstärke* sind nicht nur indexikalische Merkmale von Sprachgruppen oder Individuen, sie erfüllen auch dialog-strategische Funktionen: Z.B. kann man durch schnelleres und lauteres Sprechen einen Unterbrechungsversuch abwehren oder ein unaufmerksam werdendes Publikum zurückgewinnen.

11.3 Die Grundlagen der Phonologie

11.3.1 Vorbemerkung

Die Phonologie als Teildisziplin der Linguistik ist Ende der Zwanzigerjahre als Gegenbewegung zur damals tonangebenden Experimentalphonetik entstanden. Ihre "Väter" waren N. Trubetzkoy und der strukturalistisch orientierte Cercle Linguistique de Prague. Diese sog. *Prager Phonologie* der Oppositionen (Hauptwerk: Trubetzkoy 1938) wurde nach dem 2. Weltkrieg in den USA zur Phonologie der distinktiven Merkmale weiterentwickelt (Jakobson/Fant/Halle 1952). Auf der Basis des amerikanischen Strukturalismus entstand der (jeden Rückgriff auf die Bedeutung vermeidende) *Distributionalismus* (Harris 1951). Im Modell der Generativen Grammatik bekam die Phonologie den Status einer Komponente, deren Regelapparat die zugrundeliegenden Formen in phonetische Oberflächenstrukturen überführt. Aus dem bzw. gegen das sog. *SPE-Modell* ("The Sound Patterns of English", Chomsky/Halle 1968) haben sich in den letzten fünfundzwanzig Jahren eine Vielzahl von konkurrierenden Schulen entwickelt (*Lexikalische Phonologie, Natürliche Phonologie, Natürliche Generative Phonologie*). Der verstärkte Einbezug prosodischer Phänomene brachte schließlich die nichtsegmental orientierte *Autosegmentale Phonologie*, die *Metrische Phonologie* und die *Silbenphonologie* hervor, die ihrerseits wiederum verschiedene Ausformungen kennen.

Weil der Platz in dieser Einführung in die Sprachwissenschaft knapp ist, können im folgenden nur die elementaren Grundlagen der Phonologie dargestellt werden: Wir beschränken uns auf die Erläuterung des begrifflichen Fundaments, wie es von allen Modellen vorausgesetzt wird, und veranschaulichen dieses am Beispiel der deutschen Standardsprache.

11.3.2 Phonetik und Phonologie — der unterschiedliche Blick

Phonetik und Phonologie befassen sich mit dem selben Gegenstand — der Lautsprache —, aber unter zwei verschiedenen Blickwinkeln: Wenn es der Phonetik um die Klärung der Frage geht, wie Sprachlaute gebildet und perzipiert werden und wie sie akustisch beschaffen sind, so betrachtet die Phonologie den *Sprachlaut in seiner Eigenschaft als Element des Lautsystems*. Was an ihm interessiert, ist nicht seine materielle Beschaffenheit, sondern seine *Rolle, die er spielt, wenn es um die Unterscheidung von bedeutungstragenden Einheiten geht.*

So könnte also ein Phonetiker die Laute in den Wörtern "küssen", "Kuß", "müssen", "muß" daraufhin untersuchen, wo die Artikulationsstelle für [k] vor [u] und [y] genau liegt. Er würde finden, daß der Kontakt zwischen Zunge und Gaumen für [ky] weiter vorn liegt als für [ku]. Oder er könnte die Dauer von [s] messen und feststellen, daß [s] im Auslaut länger ist als im Inlaut. Diese Befunde wären Bausteine für ein Modell, das Produktion und Perzeption von Lautsprache zu erklären hätte.

Die Phonologin würde versuchen, anhand dieses Materials etwas über das System derjenigen lautlichen Einheiten herauszufinden, die für die Unterscheidung von Bedeutungen relevant sind. Sie würde feststellen, daß sich in den Wortpaaren "küssen" - "müssen" bzw. "Kuß" - "muß" die Bedeutung dann ändert, wenn [k] und [m] vertauscht werden. Für diese Bedeutungsunterscheidung ist es irrelevant, wo die Artikulationsstelle des Plosivs genau liegt oder wie lange etwa der Frikativ genau dauert: Weder gibt es im Standarddeutschen Lexeme, die sich einzig durch den Artikulationsort eines [k] unterscheiden, noch haben Konsonanten Quantität. Auch wenn jemand den mittleren Konsonanten in Wörtern wie "müssen", "Sommer", "strafen", "Seite" doppelt so lang spricht, als es im Standarddeutschen normal ist, wird er trotzdem verstanden.

Die meisten DeutschschweizerInnen "längen" Konsonanten in dieser Stellung, wenn sie Standarddeutsch sprechen, ohne deshalb unverständlich zu sein. Die normale SprachbenutzerIn wird auch gar nicht merken, daß hier ein Verstoß gegen die phonetische Norm des Standarddeutschen vorliegt, sondern höchstens finden, der oder die Betreffende habe einen befremdlichen Akzent.

Anders wäre es hingegen, wenn jemand das a in "strafen" kurz sprechen würde, denn dann würde das Wort u.U. als "straffen" verstanden: Im Gegensatz zu den Konsonanten haben Vokale im Standarddeutschen sehr wohl Quantität, d.h. es *gibt* Lexempaare wie "strafen" und "straffen", die sich einzig in der Dauer eines Vokals unterscheiden.

11.3.3   Das Phon und das Phonem

Wenn die Laute als materielle Gebilde betrachtet werden, nennt man sie *Phone.* Werden sie — zu Klassen zusammengefaßt — in ihrer Funktion als bedeutungsunterscheidende Einheiten des Lautsystems gesehen, werden sie *Phoneme* genannt.

Mit "Phon" bezeichnet man zunächst einmal den materiellen Laut, wie er in einem konkreten Äußerungsakt produziert wird (z.B. die am 25. Mai 1994 um 22.30 Uhr von Frau Christiansen in Hamburg produzierte Sequenz von Phonen:[ɡunaɪmaɪnədamʊnhɛɐ]. Die Zahl der jemals erzeugten Phone in diesem Sinne ist unendlich groß und wächst, solange es Menschen auf der Erde gibt.

Dann bezeichnet "Phon" aber auch den typisierten Laut, wie er als Abstraktion aus allen konkret realisierten oder realisierbaren Lauten gewonnen wird: Zwar gleicht beispielsweise kein [s] physikalisch gesehen exakt dem anderen, denn immer werden kleine Unterschiede im Artikulationsvorgang und in der Schallwelle festzustellen sein. Doch haben alle konkret geäußerten s etwas Gemeinsames, das sie als [s] identifizierbar macht und gegen verwandte Laute, z.B. [ʃ], abgrenzt.

Man kann die Phone in diesem Sinne als übereinzelsprachlich gültige Klassen von Lauten bezeichnen, die in ihrer Substanz sehr ähnlich sind.

In bestimmten Fällen ist die Bildung von Klassen willkürlich, denn die Übergänge sind — rein artikulatorisch und akustisch gesehen — durchaus fließend. Am deutlichsten sieht man dies bei den Vokalen: Wo genau die Grenze zwischen [ɒ] und [ɔ] verläuft, ist nur über eine willkürliche Setzung zu bestimmen.

Im Gegensatz zum Phon als einer Größe, die stets an die lautliche Substanz gebunden ist, ist das Phonem eine Abstraktion, die all das umfaßt, was eine Klasse von Phonen, die bedeutungsunterscheidend (*distinktiv*) wirken, gemeinsam haben, also z.B. alle /k/ gegenüber allen /m/. Andersherum gesehen kann man sagen, daß das Phon die Realisation eines Phonems im konkreten Äußerungsakt ist. Aus diesem Blickwinkel bezeichnet man das Phon als *Allophon* eines Phonems. So sind also z.B. die verschieden artikulierten [k] in "Kuß" und "küssen" Allophone des Phonems /k/.

Man schreibt nach allgemeiner Konvention Phone in eckigen Klammern: [hʊnt], und Phoneme zwischen Schrägstrichen: /hʊnd/.

Die Kategorie des Phonems ergibt sich aus einer sprachlichen Analyse, die nicht mit Hilfe eines naturwissenschaftlichen Instrumentariums erfolgt, sondern mit phonologischen Prozeduren, die im folgenden beschrieben werden.

11.3.4   Die Gewinnung des Phoneminventars

Jede Sprachvarietät unterscheidet eine relativ kleine Anzahl von Phonemen (meist zwischen 20 und 40), die zusammen ihr *Phoneminventar* bilden. Die Ermittlung der Phoneme erfolgt in mehreren Schritten:
Die Basis für die phonologische Analyse einer Varietät ist ein Korpus von Äußerungen, das möglichst viele der in der Varietät vorkommenden Phone in möglichst vielen lautlichen Kombinationen enthält sowie eine repräsentative Zahl von SprecherInnen und Sprechstilen umfaßt. Diese Idealanforderungen erfüllen allerdings die wenigsten phonologischen Beschreibungen. Oft beruht die Analyse wesentlich auf dem (mutter)sprachlichen Wissen des analysierenden Phonologen, und natürlich gehen auch diejenigen Resultate der sprachwissenschaftlichen Forschung in die Analyse ein, die nicht in einem phonologischen Ansatz gewonnen worden sind.

Manchmal müssen Phoneminventare auf der Basis schriftlicher Quellen erarbeitet werden (z.B. in der Erforschung älterer Sprachstufen), oder aber es liegen zu einer Varietät lediglich phonetisch ungenaue Beschreibungen vor, aufgrund deren dann phonologische Aussagen gemacht werden sollen (z.B. in der traditionellen Dialektologie für den Sprachstand des 19. Jhs.). In diesen Fällen ist die Analyse stets mit Unsicherheiten verbunden, da die Möglichkeit einer direkten Überprüfung der phonologischen Hypothesen fehlt.

Zunächst müssen die vorliegenden Äußerungen *segmentiert* werden, denn das Untersuchungsmaterial liegt als lautsprachliches Kontinuum vor, das zuerst in diskrete Einheiten aufzuteilen ist. Die Segmentierung in Phone erfolgt phonetisch/auditiv. Dies ohne jedes phonologische Wissen tun zu wollen, ist fast ein Ding der Unmöglichkeit — wie jeder weiß, der schon einmal versucht hat, eine Äußerung in einer ihm völlig unbekannten Sprache zu segmentieren. Die Segmente sollten grundsätzlich so genau wie möglich erfaßt werden, denn in diesem

Stadium der Analyse ist ja noch nicht bekannt, welche phonetischen Eigenheiten der Phone für die Unterscheidung von Bedeutungen relevant sind.

Diese Regel ist umso wichtiger, je weniger über die phonologische Struktur der untersuchten Varietät bekannt ist, da man sonst Gefahr läuft, eine Differenzierung zu übersehen, die in der eigenen Sprache irrelevant ist (wie z.b. die beiden verschiedenen sch-Laute des Schwedischen von Deutschsprachigen zunächst als gleichartig wahrgenommen werden, weil das Deutsche nur ein Phonem /ʃ/ kennt). Bei Sprachen, die bereits gut beschrieben sind, können viele phonetisch relevante Phönomene unberücksichtigt bleiben, weil man bereits weiß, daß sie phonologisch irrelevant sind (z.b. die unterschiedliche Lippenrundung von [ʃ] in "Schere" und "Schote" oder die Artikulationsstelle von [k] vor /i/ und /u/).

Das Resultat der Segmentierung von Äußerungen in diskrete lautliche Einheiten ist eine *enge phonetische Transkription*, d.h. eine Kette von Phon-Symbolen, die so detailliert wie nötig sein soll. Die Phone werden im nächsten Arbeitsschritt auf ihre bedeutungsunterscheidende Kraft hin überprüft. Hierzu dient die Prozedur der *Substitution*: Um herauszufinden, welche Phone bzw. Phontypen zu Klassen von bedeutungsunterscheidenden Phonemen zusammengefaßt werden können, werden Paare von bedeutungstragenden Einheiten gesucht, die bis auf ein einziges Phon identisch sind, wie z.B. "mein" und "dein". Solche Wortpaare (bzw. Morphempaare) nennt man *Minimalpaare*. Ein Beispiel für eine Serie von Minimalpaaren des Deutschen ist folgende Liste: Bein - Pein - dein - kein - fein - Wein - sein - Schein - jein ("sowohl ja als auch nein") - mein - nein - rein - Lein/leih'n - Hain - ein. Da der Bedeutungsunterschied zwischen diesen Wörtern auf nichts anderes zurückgeführt werden kann als auf das Phon im Anlaut, stehen diese Phone zueinander *in (paradigmatischer) Opposition*. Damit müssen wir allen diesen Phonen den Status von Phonemen der deutschen Standardsprache zuerkennen (zum Fall von "ein" s.u.). Als Resultat dieser ersten Substitution ergeben sich also die Phoneme /b/, /p/, /d/, /k/, /f/, /v/, /z/, /ʃ/, /j/, /m/, /n/, /r/ und /l/. Mit einem weiteren Satz von Minimalpaarwörtern Beil - Teil - geil - Keil - feil - weil - Seil - Heil erhalten wir zusätzliche Belege für einige der bereits gefundenen Oppositionen sowie zwei weitere Phoneme: /t/ und /g/.

Mit den durchgeführten Substitutionen der Anlautkonsonanten haben wir bereits die Mehrzahl der deutschen Konsonantenphoneme gefunden. Es gibt allerdings Laute, die zwar zum Phoninventar des Deutschen gehören, aber nie in dieser Stellung vorkommen: [s], [ŋ], [ç], [x]. Um den Phonemstatus dieser Segmente zu ermitteln, brauchen wir Minimalpaare, die diese Laute im Inlaut enthalten, z.B. Mappe - Matte - Macke - Manne - Mange - Masse - Masche - Mache. Wir können damit unser Phoneminventar um /s/, /ŋ/ und /x/ erweitern. Was im Inventar der Phone übrigbleibt, ist der palatale Frikativ [ç].

Auch für diesen Laut finden sich Minimalpaare, etwa: reichen - reiten - reiben etc. Auch das [ç] wäre also als Phonem zu klassifizieren — wenn nicht ein gewichtiger Grund dagegenspräche: Es gibt keine Opposition zwischen [ç] und [x]. Wie die Bezeichnungen "ich-Laut" und "ach-Laut" bereits andeuten, ist vorhersagbar, welches der beiden Phone auftritt, sobald wir wissen, welcher Laut vorausgeht: [x] kommt nur nach den hinteren Vokalen [u o a] vor, [ç] nur nach den vorderen [i y e ø] sowie im Anlaut und nach Konsonant ([çemiː], [knɪlç]). Die beiden Phone sind also — obwohl phonetisch verschieden — allophonische Varianten eines einzigen Phonems, deren Auswahl von der Stellung im Kontext abhängt. Man nennt solche Varianten *kombinatorische Varianten*.

Zwar gibt es bedeutungsdifferierende Wortpaare wie "Kuchen" (mit [x]) und "Kuhchen", kleine Kuh (mit [ç]), doch steht hier nicht Morphem gegen Morphem, sondern das [ç] bildet den Anlaut des Diminutivsuffixes (und in dieser Position kann im Deutschen kein [x] vorkommen). Ob der Frikativ in der Sequenz /ku_en/ palatal oder velar realisiert wird, hängt also davon ab, ob er den Morphemanlaut bildet oder nicht. Wenn dies bekannt ist, ist vorhersagbar, ob [ç] oder [x] steht. Damit bildet das Wortpaar [kʰuɪçen] - [kʰuɪxen] keine Opposition, sondern [ç] und [x] sind *positionsgebundene Allophone* eines einzigen Phonems /x/. (Daß man in diesem Fall von einem Phonem /x/ und nicht von /ç/ ausgeht, hat gute Gründe, auf die hier jedoch nicht eingegangen werden kann.)

Etwas anders liegt der Fall bei den deutschen r-Lauten, wo dem Phonem /r/ mehrere phonetische Realisierungen, d.h. Allophone, entsprechen können: Die ältere Aussprachenorm schrieb vor, daß jeder r-Laut durch den apikalen Vibranten [r] zu erfolgen habe . Dieses "Zungen-r" ist ein Merkmal einiger deutscher Dialekte, entspricht jedoch nicht dem heutigen Standardsprachgebrauch. Standard ist vielmehr die Realisierung als "Rachen-r", d.h. als uvularer Vibrant [ʀ] oder Frikativ [ʁ]. In bestimmten Fällen entspricht dem /r/ überhaupt kein Konsonant, sondern der reduzierte Vokal [ɐ]: /ferliɪren/ [feɐliɪɐn] oder sogar [fɐliɪɐn] (vgl. Mangold (1990), Krech u.a. (1982), de Boor (u.a.) (1969)). Ob ein Sprecher in den Fällen, wo /r/ konsonantisch realisiert wird, nun ein [r] oder ein [ʀ] spricht, hängt nicht — wie dies bei [ç] gegenüber [x] der Fall war — vom lautlichen Kontext ab, sondern z.B. von seiner regionalen Herkunft oder von der Sorgfalt der Aussprache. Solche Allophone nennt man *freie Varianten*.

11.3.5   Das Phoneminventar des Deutschen

Wenn wir entsprechend dem Vorgehen bei den Konsonanten auch die Vokalphoneme ermitteln, erhalten wir für das Standarddeutsche folgendes Phoneminventar:

Konsonanten:

p		t			k	ʔ	
b		d			g		
	f	s	ʃ	ç — x	ʁ	h	
	v	z		j			
			l				
m		n			ŋ		

[Tab. 11-10 a]

Vokale:

ɪ		ʏ		ʊ	iː	yː		uː			
	ɛ		œ	ɔ	eː	øː	oː				ɔɪ
					ɛː						
		a				aː		aɪ	aʊ		

[Tab. 11-10 b]

Die Reduktionsvokale [ə] und [ɐ] sind keine eigenständigen Phoneme, sondern Allophone von /e/ bzw. /a/ oder /r/ (s.o. 11.3.4). Strittig ist, ob die Affrikaten [pf], [ts] und [tʃ] ("Pfahl", "Zahl", "Quatsch") Kombinationen aus zwei

Phonemen darstellen oder eigenständige Phoneme sind (/t/+/s/ oder /ts/). Die gleiche Frage stellt sich für die Diphthonge [aɪ], [aʊ] und [ɔʏ]. Ermessenssache ist schließlich, ob man im Deutschen unübliche Phone in (ehemaligen) Fremdwörtern zum standarddeutschen Phoneminventar rechnet oder nicht. Dies betrifft v.a. die Nasalvokale aus dem Französischen in "Cousin", "Balkon", "Cancan", die stimmhafte Affrikate [dʒ] des Englischen bzw. Italienischen in "Jazz" bzw. "Adagio" sowie den stimmhaften Frikativ [ʒ] in "Garage", "Eloge" — sofern diese Laute nicht einfach mit den Allophonen von benachbarten deutschen Phonemen ersetzt werden: [kʰuˈzɛn], [balˈkʰɔn], [kʰaŋˈkʰan], [ʧɛs], [aˈdaːtʃoː], [gaˈraːʃə], [eˈloːʃə]. Oft wird dieses Problem dadurch gelöst, daß man eine Unterscheidung zwischen *zentralen* und *peripheren Phonemen* vornimmt.

11.3.6   Die Kombination der Phoneme zu größeren Einheiten

Sprachen unterscheiden sich nicht nur durch unterschiedliche Phoneminventare, sondern auch in der Art, wie diese Phoneme miteinander zu größeren Einheiten (Silben, Morphemen und Wörtern) kombiniert werden können. Die Gesamtheit dieser (einzelsprachlichen) Kombinationsregeln nennt man *Phonotaktik*. Als Beispiel einer phonotaktischen Beschreibung sei die Strukturformel für den deutschen Einsilbler (nach Kohler 1977) gegeben:

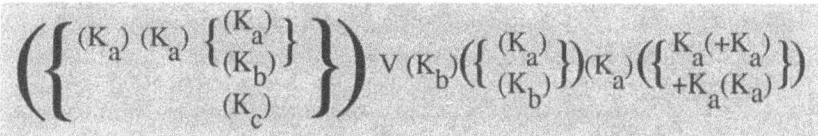

$$\left(\left\{ {}^{(K_a)}_{a} \, (K_a) \left\{ {(K_a) \atop (K_b) \atop (K_c)} \right\} \right\} \right) \; V \; (K_b) \left(\left\{ {(K_a) \atop (K_b)} \right\} \right) (K_a) \left(\left\{ {K_a(+K_a) \atop +K_a(K_a)} \right\} \right)$$

[Abb. 11-11]

(K_a: Frikative und Plosive, K_b: Nasale und Liquide, K_c: /h/, V: Vokal, +:Morphemgrenze)

Wie diese Struktur realisiert werden kann, zeigt für einen Teilbereich folgende Matrix für die Kombination von zwei und drei Konsonanten vor Vokal im Silbenanlaut des Deutschen (nach Heike 1982:58, leicht abgeändert):

	k_2									$k_2\,k_3$					
k_1	r	l	n	v	m	p	t	f	s	sv	fr	fl	pr	pl	tr
ʃ	+	+	+	+	+	+	+						+	+	+
k	+	+	+	+											
g	+	+	+												
p	+	+					+				+	+			
b	+	+													
f	+	+													
t	+							+		+					
d	+														
v	+														

[Abb. 11-12]

Die Kombinationen /pn-/, /ks-/ und /ps-/ kommen nur in Fremdwörtern vor
("Pneu", "Xerox", "Psyche"), /vr-/ ist auf Wörter aus dem Niederdeutschen be-
schränkt ("wringen"). Nicht in der Matrix enthalten sind die Kombinationen /sk-/
("Skat"), /sm-/ ("Smaragd"), /sn-/ ("Snack"), /sl-/ ("Slalom"), die peripheren
Charakter haben.

Die Silbe
Die wichtigste segmentübergreifende phonologische Einheit ist die Silbe. Da die
Silbe in den neueren Entwicklungen der Phonologie (im Gegensatz zur klassischen Generativen Phonologie) einen prominenten Platz einnimmt, wollen wir
im folgenden kurz die wesentlichen Eigenschaften dieser Einheit darstellen. Damit soll nicht zuletzt auch die weiterführende Lektüre erleichtert werden

Wesen und Stellung der Silbe innerhalb von Phonetik und Phonologie waren stets umstritten, obwohl unbezweifelbar ist, daß der Silbe eine Realität zukommt. So sind z.B. Kinder bereits früh
fähig, Äußerungen in Silben zu gliedern. Viele Sprachwandelphänomene setzen die Silbe zu
ihrer Beschreibung oder Erklärung voraus, z.B. die Regel, nach der mhd. Kurzvokale im Nhd.
gelängt werden, sofern sie in offener Silbe stehen: mhd. /va.gen/ > nhd. /vaː.gen/, aber mhd.
/vas.ser/ > nhd. /vas.ser/ (die Punkte symbolisieren Silbengrenzen). Andererseits hat es sich bisher als problematisch erwiesen, ein phonetisches Korrelat der Silbe anzugeben.

Traditionell wird unterschieden zwischen der artikulatorisch bestimmten *Bewe-
gungssilbe* (jede Silbe ist durch eine Öffnungs- und Schließbewegung des Mundraums gekennzeichnet), der *Drucksilbe* (ein Atemdruck-Maximum für jede Silbe)
und der artikulatorisch bestimmten *Schallsilbe* (ein Sonoritätsgipfel pro Silbe).
Während es meist keine Schwierigkeiten macht, die Anzahl von Silben in einer
Äußerung anzugeben, ist die Bestimmung der Lage der Silbengrenzen oft
kontrovers. Selten sind die Silbengrenzen deckungsgleich mit den Morphem-
grenzen: "plantschst" ist ein Einsilbler, der zwei Morpheme umfaßt, "Situation"
ist ein Morphem über minimal drei, maximal fünf Silben — je nach dem, ob
/zi.tva.tsjoːn/ oder /zi.tu.a.tsi.oːn/ zugrunde gelegt wird.
Jede Silbe besitzt einen (vokalischen) *Silbenkern* (V) und eine (konsonantische)
Silbenschale (C). Diese besteht aus dem *Silbenkopf* (auch: *Anfangsrand*, engl.
onset) und der *Silbenkoda* (auch: *Endrand*, engl. *offset*). Der Silbenkern bildet
zusammen mit der Koda den *Reim*. Silbenkopf und Kern bilden den *Silbenkör-
per*. Die innere Organisation der beiden Silben des Wortes "Schriftbild" ist auf
Abb. 11-13 dargestellt.
Geschlossene Silben besitzen eine Koda, offene nicht (bzw. ihre Koda ist leer).
Silben ohne (bzw. mit leerem) Silbenkopf heißen nackt, solche mit Kopf gedeckt.
Die Silbe /ʃrɪft/ ist also gedeckt und geschlossen, /ʃraɪ/ ist gedeckt und offen, /aɪl/
ist nackt und geschlossen, /aɪ/ ist nackt und offen.
Eine wichtige Rolle für die Verteilung des Akzents spielt die sog. *Schwere* der
Silben: Je nach ihrem inneren Bau besitzt die Silbe eine bestimmte Schwere oder
Morigkeit (More = metrisches Maß für die Zeiteinheit in Silben). Diese richtet
sich nach der Quantität des Kerns (besteht der Kern aus Kurz- oder Langvokal?)
und nach der Füllung der Koda (wieviele Konsonantensegmente enthält sie?):
leichte, d.h. einmorige Silben sind entweder offen mit Kurzvokal oder geschlossen mit nicht-verzweigender Koda, d.h. mit nur einem Segment in der Koda (z.B.
/mi.çəl/). Zweimorige (und damit schwere) Silben bestehen aus Kurzvokalen mit

zwei oder mehr Konsonanten in der Koda oder aus Langvokalen (die als Doppel-elemente gelten) mit nicht-verzweigender Koda, dreimorig sind Silben mit Lang-vokal und mehreren Konsonanten in der Koda.

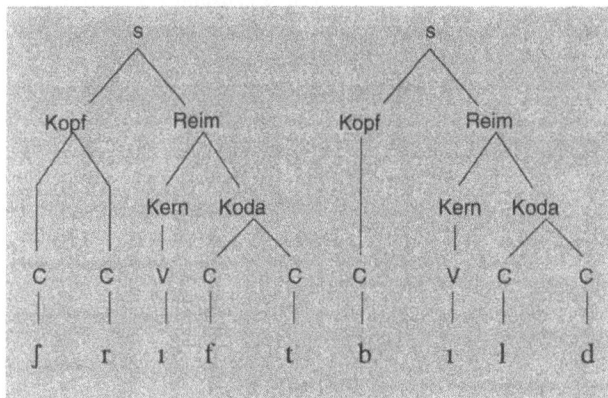

[Abb. 11-13]

Eine Illustration für den Einfluß der Silbenschwere sind die Akzentregeln des Lateinischen, z.B. das Pänultimagesetz, das besagt, daß lat. Wörter auf der zweitletzten Silbe (der Pänultima) betont sind, sofern diese schwer ist, ansonsten auf der drittletzten). Im Gegensatz zum Deutschen sind im Lateinischen alle Silben schwer, deren Reim mehr als nur einen Kurzvokal enthält: darum mo.lés.tus und nicht etwa *mó.les.tus. Die Regeln zur Bestimmung der Morigkeit von Silben sind m.a.W. einzelsprachabhängig.

11.3.7   Phonologische Prozesse und Regeln

In einem generativen Sprachmodell werden die bei der Überführung der abstrak-ten zugrundeliegenden Repräsentation in konkrete Phone ablaufenden phonologi-schen Prozesse in Regeln gefaßt, die in einer bestimmten Reihenfolge zur An-wendung kommen. Eine solche Regel beschreibt z.B. den Prozeß, daß aus dem Phonem /x/ je nach dem Kontext ein [ç] oder ein [x] wird. In analoger Weise wird einzugrundeliegendes /p/ entweder als [pʰ] oder als [p] realisiert (vgl. "Peter" ['pʰeːtɐ] gegenüber "später" ['ʃpeːtɐ]). Wir wollen im folgenden einige weitere Beispiele solcher phonologischer Prozesse betrachten:

Ein Prozess, der zur Angleichung von benachbarten (manchmal auch weiter entfernten) Segmenten und meist zu einer artikulatorischen Vereinfachung führt, ist die *Assimilation*. Ein einfaches Beispiel ist die umgangsprachliche Reali-sierung der Phonemkette /fʏnf/ als [fʏmf]: Der alveolare Nasal [n] wird zum bilabialen Nasal [m] vor dem labiodentalen Frikativ [f].

Die Assimilation ist als Lautwandelprozeß für die Sprachgeschichte von großer Bedeutung. So ist der Umlaut von ahd. gast > gesti als Fernassimilation erklärbar, bei der das /i/ der Endsilbe zum Wandel des Stammsilbenvokals geführt hat (s. o. 10.2.2) .

Ein weiteres synchrones Beispiel ist die deutsche *Auslautverhärtung*: Ein Wort wie "Hund" ist zusammengesetzt aus den Phonemen /h/, /ʊ/, /n/ und /d/. Die Plu-ralform "Hunde" ist entsprechend /hʊndə/, der Genitiv Singular /hʊndes / usw. Wenn wir nun aber die tatsächliche Aussprache dieser Formen betrachten, stellen wir fest, daß es zwar [hʊndə], [hʊndəs], aber [hʊnt] heißt (vgl. o. 2.3.3). Das gleiche gilt für folgende Fälle:

/siːb/   [siːp]   Die stimmhaften Obstruenten werden also stimmlos,
/ʃlaːg/   [ʃlaːk]   wenn sie an den Silbenauslaut vor Morphem- oder Wort-
/raɪz/   [raɪs]   grenze zu stehen kommen. Diese für das Deutsche typi-
/doːv/   [doːf]   sche Erscheinung ist seit althochdeutscher Zeit belegt.
                           Sie wird phonetisch damit erklärt, daß der Obstruent an
die nachfolgende (stimmlose) Pause bzw. den harten Vokaleinsatz assimilato-
risch angeglichen wird: [ʃlaː.gən], aber [ʃlaːk#ʔartɪg] (# symbolisiert die Mor-
phemgrenze)

Phonologische Prozesse wie die Assimilation sind dadurch charakterisiert, daß sich die Veränderungen lediglich in einem Teilbereich des phonetischen Raumes abspielen: Bei der Auslautverhärtung verliert der stimmhafte Obstruent die Stimmhaftigkeit, alle anderen Eigenschaften bleiben unverändert. Dass /n/ vor /f/ als [mf] realisiert wird, betrifft nicht den Nasal in seiner Gesamtheit, sondern lediglich die Artikulationsstelle. Die entsprechende Assimilation kommt vor,
wenn /n/ vor /g/ steht und dadurch zu [ŋ] wird: "nun komm!", phonologisch /nuːn kɔmʲ/, wird üblicherweise als [nʊŋˈkʰɔm] realisiert. Auch hier übernimmt der Nasal die Artikulationsstelle vom
folgenden Plosiv, alle anderen Charakteristika bleiben gleich.

11.3.8   Die Zerlegung des Phonems in distinktive Merkmale

Um Phänomene wie die Assimilation (und viele weitere, die hier unerwähnt bleiben müssen) einfacher beschreiben zu können, ist schon früh vorgeschlagen worden, das Phonem nicht als kleinste, unteilbare Einheit zu betrachten, sondern es als Kombination lautlicher Eigenschaften, als *Bündel von Merkmalen* aufzufassen. Solche Merkmale wären etwa: labial, stimmhaft, silbisch usw. Mit dieser Konzeption gewinnt man die Möglichkeit, auf einfache Weise Klassen von Phonemen zusammenzufassen (z.B. die Klasse aller Phoneme mit dem Merkmal "nasal") und Regeln für phonologische Prozesse zu formulieren. So läßt sich die Labialisierung von /n/ vor /f/ in [fymf] als Übertragung des Merkmals der Labialität von /f/ auf den vorausgehenden Nasal beschreiben, der damit zu [m] wird. Für den i-Umlaut im Ahd. kann man festhalten, daß das umgelautete /ɛ/ mit dem auslösenden /i/ das phonologische Merkmal der höheren Zungenlage teilt, und der verhärtete Auslaut hat mit der stimmlosen Umgebung das Fehlen der Stimmbeteiligung gemeinsam.

Diese Vorstellung von phonologischen Merkmalen ist heute in den meisten Modellen in der einen oder anderen Form zu finden. Sie geht zurück auf die Merkmalskonzeption von R. Jakobson und deren Modifikation durch Chomsky und Halle. Die Grundannahme lautet: Es gibt einen relativ kleinen Satz von universal gültigen phonologischen Merkmalen, die als Bausteine für alle Phonemin-ventare natürlicher Sprachen dienen. Jakobson forderte, daß die Merkmale binär sind, so daß stets gilt: Das Merkmal ist entweder vorhanden oder es fehlt.

Dieses Binaritätspostulat war und ist umstritten, manche Modelle sehen skalare Merkmale vor,
die mehrere Werte annehmen können (z.B. für die Zungenhöhe bei Vokalen). Modifiziert wurde
im Lauf der Zeit auch die Jakobsonsche Forderung, daß die Merkmale akustisch und nicht artikulatorisch bestimmt sind (grundsätzlich wäre eine Merkmalsbeschreibung auf allen drei Ebenen
des Lautlichen, der artikulatorischen, der akustischen und auditiven, anzustreben); auch hat sich
der ursprüngliche Katalog von 12 Merkmalen auf etwa das Doppelte erweitert.

Wir geben in Tab. 11-4 eine Liste der phonologischen Merkmale, wie sie typi-

Hauptklassenmerkmale:		
1.	konsonantisch (consonantal)	Lautbildung mit klarem Hemmnis im Ansatzrohr
2.	silbisch (syllabic)	Laut kann Silbenkern bilden
3.	sonorant (sonorant)	Laut typischerweise stimmhaft
Artikulationsmerkmale:		
4.	koronal (coronal)	Lautbildung mit dem Zungenblatt
5.	anterior (anterior)	Lautbildung im vorderen Mundraum
6.	labial (labial)	Lautbildung mit den Lippen
7.	große Berührungsfläche (distributed)	Lautbildung mit großer Berührungsfläche der Artikulatoren
8.	hoch (high)	Lautbildung mit hoher Zungenstellung
9.	niedrig (low)	Lautbildung mit tiefer Zungenstellung
10.	hinter (back)	Lautbildung mit nach hinten verlagertem Zungenkörper
11.	velarer Verschluß (velar suction)	Lautbildung mit velarem Stützverschluß
12.	ATR (advanced tongue root)	Lautbildung mit nach vorn verlagerter Zungenwurzel
13.	gespannt (tense)	Lautbildung mit hoher Muskelspannung
14.	weite Glottis (spread glottis)	Lautbildung mit stark abduzierten Stimmlippen
15.	glottalisiert (constricted glottis)	Lautbildung mit stark adduzierten Stimmlippen
16.	stimmhaft (voice)	Lautbildung mit vibrierender Glottis
17.	dauernd (continuant)	Lautbildung mit Behinderung, aber ohne Blockierung des Lautgangs
18.	lateral (lateral)	Lautbildung mit Engebildung an den Zungenrändern
19.	nasal (nasal)	Lautbildung mit gesenktem Velum
20.	scharf (strident)	Schall mit großem Rauschanteil
21.	verzögert (delayed release)	Lautbildung mit nicht-abrupter Verschlußlösung
Prosodische Merkmale (nicht binär):		
22.	lang (long)	Dauer
23.	betont (stress)	Intensität, Grundfrequenz, Dauer, Vokalqualität etc.
24.	Ton (tone)	Grundfrequenz

[Tab. 11-14]

Die Phoneminventare einer Einzelsprache benötigen zu ihrer Charakterisierung normalerweise nur eine Teilmenge dieses Merkmalkatalogs, wie die folgende Matrix der Konsonantenphoneme des Standarddeutschen zeigt (nach Ternes 1987, abgeändert):

	p	t	k	b	d	g	f	s	ʃ	x	h	v	z	m	n	ŋ	l	r	j
kons.	+	+	+	+	+	+	+	+	+	+	-	+	+	+	+	+	+	+	-
dauernd	-	-	-	-	-	-	+	+	+	+	+	+	+	-	-	+	+	+	+
anterior	+	+	-	+	+	-	+	+	-	-	-	+	+	+	+	-	+	+	-
koronal	-	+	-	-	+	-	-	+	+	-	-	-	+	-	+	-	+	+	-
nasal	-	-	-	-	-	-	-	-	-	-	-	-	-	+	+	+	-	-	-
lateral	-	-	-	-	-	-	-	-	-	-	-	-	-	-	-	-	+	-	-
stimmhaft	-	-	-	+	+	+	-	-	-	-	+	+	+	+	+	+	+	+	+

[Tab. 11-15]

Diese Theorie der distinktiven Merkmale fordert, daß ein phonologisches Merkmal in allen Sprachen durch die gleichen phonetischen Eigenschaften realisiert wird. Solche universalen phonetischen Korrelate sind allerdings nicht immer zu finden So werden etwa die beiden Reihen von homorganen Plosiven /b d g/ und /p t k/ im Deutschen, Französischen, Englischen usw. durch das Merkmal [±stimmhaft] unterschieden. Im Standarddeutschen beruht der Unterschied zwischen

schen Korrelate sind allerdings nicht immer zu finden So werden etwa die beiden Reihen von homorganen Plosiven /b d g/ und /p t k/ im Deutschen, Französischen, Englischen usw. durch das Merkmal [±stimmhaft] unterschieden. Im Standarddeutschen beruht der Unterschied zwischen diesen beiden Reihen allerdings selten nur auf phonetischer Stimmbeteiligung, sondern auf einer ganzen Reihe von phonetischen Parametern: /p t k/ sind oft aspiriert, /b d g/ nie; ein Vokal vor /p t k/ ist oft kürzer als vor /b d g/; die Intensität der Explosion ist bei /p t k/ größer als bei /b d g/ usw. Die Stimmbeteiligung bei /b d g/ spielt eine untergeordnete Rolle. Im Französischen dagegen stellt sie den wichtigsten phonetischen Unterschied zwischen den beiden Reihen dar, während die Aspiration von /p t k/ völlig nebensächlich ist. In anderen Sprachen sind u.U. weitere Parameter vorhanden, oder die gleichen in anderer Gewichtung, so daß es nicht immer gelingt, ein konstantes, universal gültiges phonetisches Korrelat für ein phonologisches Merkmal zu identifizieren.

11.3.9   Nichtlineare Phonologie

Im folgenden sollen in aller Kürze einige neuere phonologische Richtungen mit ihren Grundannahmen skizziert werden. Diese unterscheiden sich in einem wesentlichen Aspekt von den klassischen Modellen:
Die bisher vorgestellte phonologische Betrachtungsweise konzipiert Äußerungen als Ketten von Segmenten bzw. Merkmalsbündeln oder -matritzen, die eine lineare Abfolge bilden. Jedes Segment besitzt einen Satz von positiv oder negativ spezifizierten Merkmalen, durch die es charakterisiert wird. Lautliche Eigenschaften, die sich über mehr als ein Segment erstrecken, werden unter dieser Betrachtungsweise so behandelt, als seien sie Eigenschaften von einzelnen Segmenten und nicht von größeren Einheiten wie z.B. Silben. Suprasegmentale Phänomene wie Akzent, Intonation usw. werden mit segmentalen Merkmalen wie [lang], [betont] oder [Ton] beschrieben (vgl. Tab. 11-14). Eine solche Auffassung von phonologischer Repräsentation wird *lineare Phonologie* genannt.
Die vermehrte Beschäftigung mit nicht-indogermanischen Sprachen, z.B. mit Tonsprachen, in denen die Prosodie eine zentrale Rolle spielt, sowie der Aufschwung der Intonations- und Rhythmusforschung verlieh der phonologischen Analyse prosodischer Erscheinungen seit den siebziger Jahren ein größeres Gewicht. Aus den Schwierigkeiten der herrschenden linearen Modelle im Umgang mit prosodischen Phänomenen entstand die *nichtlineare* (oder besser *multilineare*) *Phonologie*. Ihre wichtigsten Strömungen sind die *Autosegmentale* und die *Metrische Phonologie*.
Ein wesentliches Element in diesen Modellen ist die Erweiterung der phonologischen Repräsentation von einer auf mehrere Reihen (engl. *tiers* [tʰiːəz]), die in einer Art dreidimensionaler Anordnung vorgestellt sind: Um ein Grundgerüst, die Skelettreihe (CV-tier oder skeletal tier), die aus linear angeordneten Zeit-Einheiten (timing units oder slots) besteht, symbolisiert als C (für konsonantische Einheiten) und V (für vokalische Segmente), sind verschiedene weitere Reihen angeordnet: für jede CV-Einheit eine Matrix mit segmentalen Merkmalen, die die Segment-Reihe (segmental tier) bilden. CV-Einheiten bilden Silben, die ihrerseits die Silben-Reihe konstituieren. Metrische Einheiten stellen die Metrische Reihe dar (die Rhythmus und Akzentuierung steuert), entsprechendes gilt für die Intonationsreihe. Weitere Reihen sind die Reihen der Töne und der Quantität. Alle diese Reihen bilden zusammengenommen eine Art Partitur, die das Zusammenspiel der verschiedenen Teilkomponenten der phonologischen

Repräsentation beschreibt. Über die genaue Organisation dieser Partitur herrscht keine Übereinstimmung. Wesentlich sind die Verknüpfungslinien (association lines), mit denen geregelt wird, wie die Zuordnung der Elemente zwischen den verschiedenen Schichten erfolgt, z.B. welche Silben einen bestimmten Ton, eine bestimmte Intonationskontur usw. erhalten etc.

Abb. 11-16 stellt die Visualisierung einer nichtlinearen Repräsentation des Worts /abituːr/ dar (nach Levelt (1989)), abgeändert; die metrische und intonatorische Reihe sind nur angedeutet):

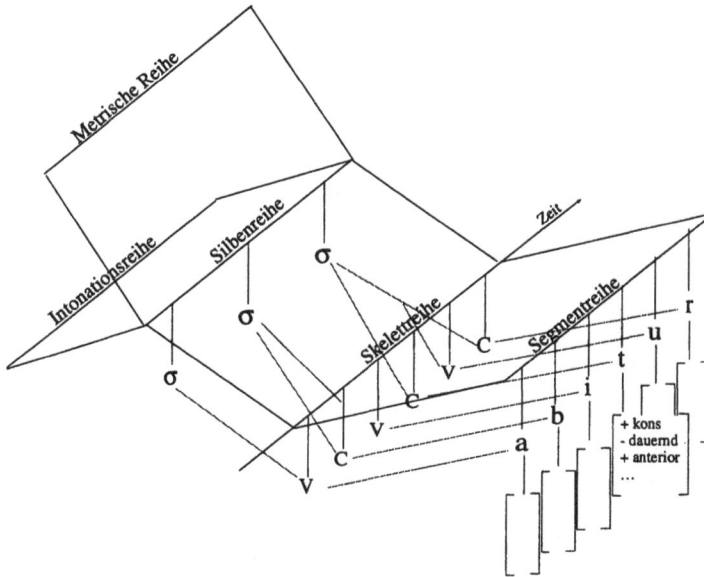

[Abb. 11-16]

11.4 Neuere Entwicklungen

Im Teilgebiet der Phonetik haben technische Fortschritte in der letzten Zeit bewirkt, dass instrumentalphonetische Analysen mit wesentlich geringerem Aufwand durchgeführt werden können, was vor allem in der akustischen Phonetik zu zahlreichen neuen Erkenntnissen geführt hat. Viele praktisch orientierte Untergebiete beginnen sich als eigene Disziplinen zu etablieren (z.B. Sprachsynthese, Spracherkennung, forensische Phonetik). Im Teilgebiet der Phonologie sind vor allem theoretische Neuentwicklungen zu verzeichnen, die teilweise auch auf andere Teilgebiete der Linguistik übergegriffen haben. Neuerungen auf dem Gebiet der suprasegmentalen Phonologie gehen auf Fortschritte in Phonetik wie Phonologie zurück. Da die neueren Forschungen im Bereich der Phonetik ein kompliziertes begriffliches Instrumentarium voraussetzen und da in 11.1 bis 11.3 die Phonetik ausführlich behandelt wird, beschränkt sich die Darstellung der neueren Entwicklungen auf den Bereich der Phonologie.

Die *Intonationsforschung* beschäftigt sich mit dem Tonhöhenverlauf. Forschungsschwerpunkte sind die Zerlegung der Intonationskurve in distinktive Einheiten, die Varianz der Intonation in Abhängigkeit von regionalen Parametern und die Strukturierung der sprachlichen Interaktion durch spezifische intonatorische Strukturen. Die Intonationsforschung kann aus Platzgründen nicht behandelt werden, doch wird in den Lesehinweisen auf einige exemplarische Arbeiten verwiesen.

In den folgenden Abschnitten wird anhand der Auslautverhärtung gezeigt, wie diese im jeweiligen Ansatz dargestellt und erklärt wird. Da sich in der Phonologie mehr als in anderen Disziplinen die Theorie direkt in der Notation niederschlägt, wird diese möglichst genau behandelt.

11.4.1 Generative Phonologie

Der im Folgenden vorgestellte Ansatz ist in dem Sinn generativ, als zwischen verschiedenen Ebenen der Repräsentation unterschieden wird (das gilt auch für die meisten neueren Entwicklungen in der phonologischen Theoriebildung in modifizierter Weise): Die ältere generative Syntax (vgl. 3.1 bis 3.2) nimmt an, dass zwischen einer syntaktischen Tiefen- und Oberflächenstruktur zu unterscheiden ist. In derselben Weise gibt es in der generativen Phonologie eine 'Tiefenstruktur' – die *zugrunde liegende Repräsentation (underlying representation)* – aus der durch die Anwendung phonologischer Regeln die 'Oberflächenstruktur', die *Oberflächenrepräsentation* (oder synonym: die *phonetische Form*), abgeleitet wird. Der Prozess, der die zugrunde liegende Form in die phonetische Form überführt, wird als *Derivation* (oder *Ableitung*) bezeichnet.

In 11.3.7 wurde als ein phonologischer Prozess der neuhochdeutschen Standardsprache die Auslautverhärtung vorgestellt: Gewisse Konsonanten erscheinen im

Wortauslaut stimmlos, so dass beispielsweise zum Wort *Rad* die Formen [ʀɑːt] (mit stimmlosem *t*) und [ʀɑːdəs] (mit stimmhaftem *d*) alternieren. Dieser Prozess betrifft eine ganze Klasse von Lauten, nämlich die stimmhaften Obstruenten, also die stimmhaften Plosive *b, d, g,* sowie die stimmhaften Frikative *v, z, ʒ* (Beispiel für *d* vgl. oben; Beispiele für *b, g, z* und *v* vgl. 11.3.7; dass auch das nur in Fremdwörtern vorkommende Phonem *ʒ* dieser Regularität unterliegt, zeigt das Beispiel *orange* [oʀɑ̃ːʃ] vs. *Orange* [oʀɑ̃ːʒə]). In der klassischen generativen Phonologie, wie sie im *SPE*-Modell (Chomsky/Halle 1968; vgl. 11.3.1) und nachfolgenden Arbeiten vorliegt, kann dies folgendermassen dargestellt werden:

/b d g v z ʒ/ → [p t k f s ʃ] / __ #

Der Pfeil kann umgangssprachlich gelesen werden als "wird realisiert als"; auf der linke Seite des Pfeils steht die zugrunde liegende phonologische Form, auf der rechten Seite des Pfeils steht die phonetische Realisierung bzw. die Oberflächenform. Nach dem Schrägstrich wird angegeben, in welcher lautlichen Umgebung die Regel zur Anwendung kommt; das betroffene Segment wird dabei durch einen tiefen Strich symbolisiert. Mit dem Zeichen '#' wird die Wortgrenze bezeichnet, falls also '#' nach dem Strich steht, der das betroffene Segment wiedergibt, wird der Auslaut beschrieben. Unsere Formalisierung kann somit umgangssprachlich folgendermassen gelesen werden: "Die Phoneme /b d g v z ʒ/ werden als [p t k f s ʃ] realisiert, wenn sie im Auslaut stehen."

Die oben gegebene Formalisierung kann allerdings noch ökonomischer formuliert werden: Entscheidend ist, dass die Auslautverhärtung nicht willkürlich einige Phoneme des Deutschen betrifft, sondern eine natürliche Klasse, nämlich die stimmhaften Obstruenten, die durch die distinktiven Merkmale [±stimmhaft] und [±sonorant] definiert werden können (vgl. 11.3.8); Obstruenten sind [–sonorant], alle übrigen Konsonanten hingegen [+sonorant], und die stimmhaften Obstruenten sind definitionsgemäss [+stimmhaft]. Diese Unterscheidung ist in der Artikulation (und auch in der Akustik) der Laute wohlbegründet: Bei den sonoranten Lauten vibrieren die Stimmlippen spontan (wogegen dies bei Obstruenten nur der Fall ist, wenn sie stimmhaft sind – was aber universell markiert ist, vgl. 11.4.3), bei den Obstruenten ist dies nicht der Fall (vgl. 11.2.5). Mit Bezug auf distinktive Merkmale kann folgende Darstellung verwendet werden:

[–sonorant] → [–stimmhaft] / __ #

Dass auf der linken Seite des Pfeils [+stimmhaft] gar nicht angeführt wird, hat einen theorieinternen Grund: Es wird angenommen, dass die Regel grundsätzlich auch auf die stimmlosen Obstruenten angewendet wird, nur hat sie dort keinen Effekt, da der Auslaut ja bereits stimmlos ist. In einem solchen Fall spricht man davon, dass die Regel *leer (vacuously)* durchlaufen wird.

11.4.2 Silbenphonologie

Die Silbe spielt in der neueren phonologischen Forschung eine wichtige Rolle. Während die Silbe im *SPE*-Modell (Chomsky/Halle 1968) überhaupt nicht vorkam, wurde schon bald gezeigt, dass die Silbe unter anderem eine relevante Grösse für phonologische Regeln sein kann.

Für das Deutsche kann dies wiederum anhand der Auslautverhärtung gezeigt werden: Die Stimmlosigkeit des inlautenden /b/ in *Gelöbnis* ([ɡəløːpnɪs]; vgl. dagegen mit stimmhaftem [b] *Lobes* = [loːbəs], aber mit Auslautverhärtung *Lob* = [loːp]) oder des inlautenden /b/ in *strebsam* ([ʃtreːpzaːm]; vgl. dagegen mit stimmhaftem [b] *streben* = [ʃtreːbən], aber mit Auslautverhärtung *streb!* = [ʃtreːp]) kann dadurch erklärt werden, dass die Auslautverhärtung nicht nur für den Wortauslaut gilt (die bisher gezeigten Beispiele betrafen immer nur diesen Kontext, und die Regel in 11.4.1 wurde entsprechend formuliert), sondern auch für den Silbenauslaut. In den Fällen ohne

Auslautverhärtung kommt das /b/ an den Anfang einer Silbe zu stehen, deshalb ist der phonetische Kontext für die Verhärtungsregel nicht gegeben ([.gə.løːp.nıs.] und [.loːp.], aber [.loː.bəs.]; [.ʃtreːp.zaːm.] und [.ʃtreːp.], aber [.ʃtreː.bən.]). Man beachte, dass auf /b/ in *Gelöbnis* und *strebsam* jeweils ein stimmhafter Konsonant folgt, dennoch wird die Verhärtungsregel angewendet. Dieses Beispiel zeigt deutlich, dass die Silbe eine reale phonologische Einheit ist.

In 11.3.6 wurde ein Modell eingeführt, gemäss dem eine Silbe über verschiedene Konstituenten verfügt, die hierarchisch gegliedert sind. Das Modell geht davon aus, dass jede Silbe über einen Kopf und einen Reim verfügt, wobei der Reim weiter in Kern und Koda untergliedert ist (vgl. Abb. 11-13). Es existieren verschiedene konkurrierende Modelle, doch ist der hierarchische Aufbau an sich unbestritten.

Entsprechend der oben formulierten Regel betrifft die Auslautverhärtung den Silbenauslaut. Dies erklärt jedoch nicht, wieso in einem Wort wie *Jagd* die phonetische Form [.jaːkt.] auftritt, die zwei stimmlose Obstruenten aufweist: Als zugrunde liegende Form muss /jaːgd/ mit zwei stimmhaften Obstruenten angesetzt werden, da [d] in der Pluralform *Jagden* (phonetische Form [.jaːk.dən.], wie aufgrund der oben formulierten Regel erwartet) und [g] in verwandten Wörtern (z.B. im Infinitiv *jagen*, phonetische Form [.jaː.gən.]) auftritt. Da nun aber nur /d/, nicht aber /g/ im Silbenauslaut steht, müsste an sich erwartet werden, dass bei /d/ die Auslautverhärtung stattfindet, nicht aber bei /g/, man hätte also eine Form *[.jaːgt.]. Ein hierarchisch aufgebautes Silbenmodell wie das hier verwendete erlaubt eine einfache und elegante Erklärung der tatsächlichen Oberflächenform [.jaːkt.]: Die Auslautverhärtung gilt nicht nur für den eigentlichen Silbenauslaut, sondern für die gesamte Koda, jeder stimmhafte Obstruent in der Koda wird also stimmlos. Für die Erklärung der Form [.jaːkt.] muss somit keine zusätzliche Assimilationsregel angesetzt werden, die bewirkt, dass /g/ vor [t] stimmlos wird. Dieses Beispiel zeigt, dass die Koda für phonologische Regeln eine relevante Einheit sein kann; die Annahme einer hierarchischen Silbenstruktur ist also der rein segmentalen Behandlung überlegen.

11.4.3 Optimalitätstheorie

Die neueste Entwicklung in der Phonologie stellt die *Optimalitätstheorie* (meist abgekürzt: OT) dar. Seit ihrem Beginn (als Anfang gilt die Arbeit von PRINCE/SMOLENSKY 1993) hat die OT eine grosse Verbreitung erlebt. Wie einflussreich der theoretische Rahmen der OT ist, zeigt sich unter anderem daran, dass ihre Konzepte auch in andere Bereiche der Grammatik übertragen worden sind, z.B. in die Syntax (vgl. 3.3.3).

Wie frühere Modelle der generativen Grammatik geht auch die OT davon aus, dass den verschiedenen Sprachen eine einzige Universalgrammatik (UG) zugrunde liegt. Anders als im Generativismus der 1980er Jahre wird die UG aber nicht mehr als Set von universalen Prinzipien gesehen, die einzelsprachlich verschieden parametrisiert werden (vgl. 3.1.4), sondern als Set von *Constraints* (der deutsche Terminus *Beschränkungen* wird teilweise verwendet, hat sich bis jetzt aber nicht durchgesetzt). Die Constraints sind universal, angeboren und in jeder Grammatik angelegt, sie machen Aussagen in Bezug auf die Oberflächenform, nicht jedoch für die zugrunde liegenden Repräsentationen. Eine Einzelsprache kann gegen Constraints verstossen. Da verschiedene Constraints widersprüchliche Anforderungen stellen können und dadurch miteinander inhärent in Konflikt sind, muss eine natürliche Sprache sogar notwendigerweise gegen gewisse Constraints verstossen, um dafür andere Constraints erfüllen zu können. Die Constraints sind je nach Einzelsprache verschieden hierarchisiert *(ranked)*, die Unterschiede in den Grammatiken der Einzelsprachen werden auf verschiedene Hierarchisierungen derselben universalen Constraints zurückgeführt.

Die Hierarchisierung der Constraints wird mit '>>' bezeichnet: Der höher hierarchisierte Constraint steht links, der tiefer hierarchisierte Constraint rechts von '>>'. *A* >> *B* bedeutet also "Constraint A ist höher hierarchisiert als Constraint B".

Verschiedene mögliche Oberflächenformen *(Kandidaten)* stehen miteinander in einem Wettbewerb, sie durchlaufen eine Evaluation. Der *Gewinner* ist der *optimale Kandidat,* die übrigen Kandidaten sind dagegen *suboptimal.* Je nach Hierarchisierung der Constraints stellt sich eine andere Form als adäquat (d.h. als der tatsächlichen Oberflächenform entsprechend) heraus.

Constraint A und Constraint B stehen miteinander in Konflikt, wenn Constraint A eine Oberflächenform fordert, die Constraint B verbietet. In Sprache L_1 gilt *A* >> *B*, Constraint A ist also höher hierarchisiert als Constraint B, und die Oberflächenform F_1 in L_1 verstösst gegen Constraint B, erfüllt aber Constraint A. In Sprache L_2 gilt dagegen *B* >> *A*, Constraint B ist höher hierarchisiert als Constraint A, und die Oberflächenform F_2 in L_2 verstösst gegen Constraint A, erfüllt aber Constraint B. Beide Formen in beiden Sprachen verstossen gegen je einen Constraint. Aufgrund der verschiedenen Hierarchisierungen ist in Sprache L_1 der Verstoss gegen Constraint B 'weniger schlimm', wogegen in Sprache L_2 der Verstoss gegen Constraint A 'weniger schlimm' ist. Für die Sprache L_1 mit dem Ranking *A* >> *B* ist deshalb die Oberflächenform F_1 der optimale Kandidat und F_2 wird als suboptimal aus dem Wettbewerb ausgeschieden, für die Sprache L_2 mit dem Ranking *B* >> *A* ist dagegen die Oberflächenform F_2 optimal, weshalb die Form F_1 ausgeschieden wird. Die Motivation des Terminus *Optimalität* (woraus die OT ihren Namen bezieht) kann anhand dieses theoretischen Beispiels nachvollzogen werden: Auch der Gewinner verstösst gegen Constraints, aber unter der gegebenen Hierarchisierung der Constraints sind diese Verstösse am wenigsten gravierend, deshalb ist der Gewinner optimal.

Ein Wettbewerb bzw. eine Evaluation wird in der OT mit einer besonderen Form von Tabellen *(tableaux)* dargestellt. Tabelle 11-17 zeigt die Ausgangssituation:

/zugrunde liegende Form/ (Input)	CONSTRAINT A	CONSTRAINT B
Kandidat$_1$ (Output$_1$)		*
Kandidat$_2$ (Output$_2$)	*	

[Tab. 11-17]

Die zugrunde liegende Form entspricht der phonologischen Repräsentation, sie wird zwischen /Schrägstrichen/ geschrieben; die Anzahl der Kandidaten, also der zu evaluierenden Oberflächenformen, ist im Prinzip unendlich (dafür wird in der OT der Terminus *richness of the base* verwendet). Meist beschränkt man sich jedoch darauf, Kandidaten aufzuführen, die von der zugrunde liegenden Repräsentation nicht allzu stark differieren. Das Verstossen gegen einen Constraint wird mit dem Asterisk '*' markiert; in dieser Tabelle verstösst also Kandidat$_1$ gegen Constraint B, Kandidat$_2$ verstösst gegen Constraint A.

Tabelle 11-18 zeigt die Evaluation der Kandidaten:

/zugrunde liegende Form/ (Input)	CONSTRAINT A	CONSTRAINT B
☞ Kandidat$_1$ (Output$_1$)		*
Kandidat$_2$ (Output$_2$)	*!	

[Tab. 11-18]

Ein Kandidat, der einen falschen Output darstellt (also nicht der tatsächlichen Oberflächenform entspricht), wird aus dem Wettbewerb ausgeschlossen; dies wird dargestellt mit einem '!' neben dem Asterisk '*', '*!' bezeichnet also den *fatalen,* zum Ausschluss führenden Verstoss. Der Gewinner wird mit '☞' hervorgehoben. In diesem Beispiel ist Kandidat$_1$ Sieger. Kandidat$_1$ verstösst zwar gegen Constraint B, dies ist aber letztendlich nicht relevant. Das wird meist dadurch bezeichnet, dass die entsprechende Spalte grau hinterlegt wird. In dieser Sprache gilt also die Hierarchisierung *A* >> *B*, was in der Tabelle dadurch explizit gemacht werden kann, dass Constraint A links von Constraint B steht.

In der OT gibt es zwei grundlegend verschiedene, miteinander inhärent in Konflikt stehende Familien von Constraints, die Constraints der 'Treue' *(faithfulness)* und die Constraints der 'Markiertheit' *(markedness)*. Die Treue-Constraints besagen in der allgemeinsten Form, dass Input (die zugrunde liegende Form) und Output (die phonetische Form) nicht voneinander abweichen sollten. Spezifisch für die Auslautverhärtung ist der Constraint *IDENTIO-(voice)* relevant.

Die Formulierung *IDENTIO-(voice)* ist folgendermassen zu lesen: *IDENT* steht für "Identity", *IO* für "Input-Output", *IDENTIO* besagt, dass Input und Output nicht voneinander abweichen sollten. Die nach dem Bindestrich angeführte Angabe *(voice)* präzisiert den Constraint: Zugrunde liegende Repräsentation und Oberflächenform sollten in Bezug auf die Stimmhaftigkeit der einzelnen Segmente nicht voneinander abweichen, das heisst, dass Segmente, die in der zugrunde liegenden Repräsentation stimmhaft (bzw. stimmlos) sind, in der Oberflächenform ebenfalls stimmhaft (bzw. stimmlos) sein sollten.

Die Markiertheits-Constraints besagen in der allgemeinsten Form, dass markierte Strukturen zu vermeiden sind. Für die Auslautverhärtung ist die Beobachtung relevant, dass stimmhafte Obstruenten universell gegenüber stimmlosen markiert sind (was unter anderem daran illustriert werden kann, dass es Sprachen gibt, die nur über stimmlose Obstruenten verfügen, aber dass es keine Sprachen gibt, die nur stimmhafte Obstruenten kennen), stimmhafte Obstruenten sind also zu vermeiden. Relevant für die Auslautverhärtung ist der Constraint **VOICED-CODA*.

Die Formulierung **VOICED-CODA* ist folgendermassen zu lesen: Mit dem Asterisk '*' wird besagt, dass die im Constraint formulierte Struktur zu vermeiden ist; *VOICED-CODA* ist die zu vermeidende Struktur: Die Koda darf gemäss diesem Constraint nicht stimmhaft *(voiced)* sein.

Tabelle 11-19 zeigt die Evaluation zweier verschiedener Kandidaten, nämlich der Formen [ʀɑːt] und [ʀɑːd] für die zugrunde liegende Repräsentation /ʀɑːd/:

/ʀɑːd/	*VOICED-CODA	IDENTIO-(voice)
☞ [ʀɑːt]		*
[ʀɑːd]	*!	

[Tab. 11-19]

Die korrekte Oberflächenform, der Gewinner, ist die Form [ʀɑːt]; diese Form verstösst zwar gegen *IDENTIO-(voice)*, dafür erfüllt sie **VOICED-CODA*. Bei der falschen Oberflächenform [ʀɑːd] verhält es sich umgekehrt: Dieser Kandidat erfüllt *IDENTIO-(voice)*, aber verstösst gegen **VOICED-CODA*. Im Deutschen ist die korrekte Hierarchisierung also **VOICED-CODA >> IDENTIO-(voice)*, diese Hierarchisierung erzeugt die Auslautverhärtung. In einer Sprache wie dem Englischen, das keine Auslautverhärtung kennt, wäre die korrekte Hierarchisierung umgekehrt, also *IDENTIO-(voice) >> *VOICED-CODA*.

Die Formulierung der Constraints ist das eigentliche Debattier- und Betätigungsfeld der OT. Ein gut formulierter Constraint sollte möglichst allgemeingültige Generalisierungen beinhalten und mit universellen Tendenzen in Einklang stehen (viele Arbeiten innerhalb der OT sind sprachtypologisch-vergleichend orientiert und/oder berücksichtigen sprachtypologische Erkenntnisse). Während die *Markedness Constraints* sachlich unbestritten sind, erscheinen viele *Faithfulness Constraints* problematisch: Ob eine Form einen bestimmten *Faithfulness Constraint* erfüllt oder dagegen verstösst, hängt entscheidend davon ab, welche Input-Form gewählt wird. Die OT als Theorie sagt aber nichts darüber aus, anhand welcher Kriterien eine Input-Form ermittelt werden soll. Dafür werden Prinzipien und Methoden der strukturalistischen und generativen Phonologie oder empirische Generalisierungen der Sprachtypologie implizit vorausgesetzt.

11.4.4 Weiterführende Literatur

Phonetik: Ein umfangreiches Handbuch zu allen Zweigen der Phonetik ist Hardcastle/Laver (1997), während Ladefoged/Maddieson (1996) eine umfassende Darstellung der Sprachlaute in den Sprachen der Welt vorlegen; die Neuausgabe der Prinzipien der International Phonetic Association (IPA 1999) enthält neben den Phonemsystemen einer Reihe von Sprachen auch Transkriptionsbeispiele (einzelne Sprachdateien können unter http://web.uvic.ca/ling/ipa/handbook/ heruntergeladen werden). Gute deutsche Einführungen in die Phonetik bieten Pompino-Marschall (2003) und Reetz (1999); etwas konziser sind Hakkarainen (1995) und Grassegger (2001), welche beide auch die Phonologie (insbesondere des Deutschen) berücksichtigen. Interaktive CD-ROMs zur Phonetik sind von Media Enterprise (1996) und von Handtke (2000) produziert worden.

Phonologie: Ein umfassendes Handbuch zu den neuesten Entwicklungen in der phonologischen Theoriebildung ist Goldsmith (1995). Zahlreiche wichtige theoretische Arbeiten sind im Reader von Goldsmith (1999) zugänglich. Empfehlenswerte Einführungen in die klassischen und neueren Modelle der Phonologie sind Spencer (1996; ohne Optimalitätstheorie, mit Daten aus einer weiten Reihe von Sprachen), Ramers (1998; konzentriert, vor allem anhand von deutschen Daten), Roca/Johnson (1999; sehr ausführlich, mit zahlreichen Übungsaufgaben, vor allem anhand englischer Daten), Maas (1999; hier wird die Problematik der Silbe im Deutschen breiter dargestellt) und Hall (2000; mit zahlreichen Übungsaufgaben versehen, u.a. anhand von deutschen Daten). Gut aufbereitete Einführungen in die Optimalitätstheorie bieten Kager (1999; vor allem zur Phonologie) und McCarthy (2002; eher theoretisch orientiert, mit einer guten Darstellung des begrifflichen Instrumentariums). Als umfassende Arbeit zur Phonologie des Deutschen ist Wiese (1996/2000) zu nennen: Darin wird die Phonologie (vor allem auch die Silbenphonologie) des Deutschen anhand verschiedener neuer Theoriemodelle (1996 ohne Optimalitätstheorie, in der Paperback-Edition 2000 mit einem auf die OT eingehenden Postscript) umfassend dargestellt. Für die Silbenphonologie sei speziell hingewiesen auf den Sammelband von Eisenberg et al. (1992) und auf eine Monographie von Hall (1992). Zur Auslautverhärtung liefert Brockhaus (1995) eine Analyse im Rahmen der sog. Rektionsphonologie, während Robinson (2001) die *ich-/ach*-Laut-Alternation unter verschiedenen theoretischen Blickwinkeln untersucht. Eine umfassende Darstellung der Phonologie des Deutschen im Rahmen der Optimalitätstheorie fehlt bis anhin, es sind aber bereits zahlreiche Untersuchungen zu einzelnen Phänomenen erschienen, beispielsweise Raffelsiefen (1995) zum Schwa, Féry (1998) zur Wortbetonung, Klein (2000) zum Umlaut, Albers (2001) zum glottalen Verschlusslaut, Hall (2002) zu Konsonantenclustern (dieser Artikel behandelt silbenphonologische Fragestellungen in einem optimalitätstheoretischem Rahmen) oder Hall/Hamann (2003) zur Anpassung von Lehnwörtern. Viele Arbeiten im Bereich der Optimalitätstheorie (unter anderem auch Prince/Smolensky 1993) kursierten und kursieren fast nur als 'graue Literatur' in Form von Manuskripten, die im Internet als Downloads zur Verfügung stehen. Neben den Homepages einzelner Forschender ist vor allem hinzuweisen auf das *Rutgers Optimality Archive*: http://roa.rutgers.edu.

Suprasegmentale Phonologie und Intonationsforschung: Eine konzise Darstellung aller Bereiche der suprasegmentalen Phonologie bietet Fox (2000). Die erste grössere Arbeit zur Intonation des Deutschen ist Fox (1984). Eine Typologie und Analyse verschiedener Intonationskonturen legt Féry (1993) vor, eine Untersuchung zur Fokusphonologie des Deutschen bietet Uhmann (1991). Rabanus (2001) untersucht Intonation unter Einbezug gesprächsanalytischer Gesichtspunkte, Gilles (2001) behandelt eine spezifische Intonationsstruktur unter pragmatischen Aspekten, Kehrein (2002) untersucht die Interaktion von Prosodie und Emotionen, Gilles (2002) behandelt regionale Unterschiede in der Intonation des Standarddeutschen, und Rabanus (2003) behandelt die Zusammenhänge von Intonation und Silbenstruktur im deutsch-italienischen Sprachvergleich.

Literaturverzeichnis

a) Nachschlagewerke - Linguistische Wörterbücher

Abraham, Werner 1988: Terminologie zur neueren Linguistik. 2., völlig neu bearb. u. erw. Aufl. Tübingen (= Germanistische Arbeitshefte. Ergänzungsreihe 1).

Althaus, Hans Peter; Helmut Henne; Herbert Ernst Wiegand (Hg.) 1980: Lexikon der germanistischen Linguistik. 2., vollständig neu bearb. und erw. Aufl. Tübingen.

Asher, Ronald E., J.M.Y Simpson (ed.)1994: The encyclopedia of language and linguistics. 10 vls. Oxford/ New York.

Bussmann, Hadumod 1990: Lexikon der Sprachwissenschaft. Zweite, völlig neu bearbeitete Auflage. Stuttgart (= Kröners Taschenausgabe 452). [3., aktualisierte und erw. Auflage 2002]

Conrad, Rudi (Hg.) 1985: Lexikon der sprachwissenschaftlichen Termini. Leipzig.

Crystal, David 1987: The Cambridge encyclopedia of language. Cambridge u.a. [5. ed. 2003]

Crystal, David 1991: A dictionary of linguistics and phonetics. 3d edition. Oxford. [2. ed. 1997]

Glück, Helmut (Hg.) 1993: Metzler Lexikon Sprache. Stuttgart. [2., überarb. und erw. Auflage 2000]

Kürschner, Wilfried 1989: Grammatisches Kompendium. Systematisches Verzeichnis grammatischer Grundbegriffe. Tübingen (= UTB 1526). [4., erg. und bearb. Auflage 2003]

Lewandowski, Theodor 1990: Linguistisches Wörterbuch. 5. überarbeitete Auflage. Heidelberg (= UTB 1518).

Sommerfeldt, Karl-Ernst; Wolfgang Spiewok 1989: Sachwörterbuch für die deutsche Sprache. Leipzig 1989.

b) Grammatiken der deutschen Gegenwartssprache

Admoni, Wladimir 1982: Der deutsche Sprachbau. 4., überarb. u. erw. Aufl. München.

Boettcher, Wolfgang; Horst Sitta 1972: Deutsche Grammatik III: Zusammengesetzter Satz und äquivalente Strukturen. Frankfurt (= Studienbücher zur Linguistik und Literaturwissenschaft 4). [Bd. III zur "Deutschen Grammatik" von Hans Glinz]

Brinkmann, Hennig 1971: Die deutsche Sprache. Gestalt und Leistung. 2., neubearbeitete und erweiterte Auflage. Düsseldorf.

Duden 1984: Grammatik der deutschen Gegenwartssprache. 4., völlig neu bearbeitete und erweiterte Auflage. Mannheim u.a. (= Der Duden in 10 Bänden. Bd. 4).

Duden 1998: Grammatik der deutschen Gegenwartssprache. 6., neu bearb. Aufl. Mannheim u.a.

Eichler, Wolfgang; Karl-Dieter Bünting 1989: Deutsche Grammatik. Form, Leistung und Gebrauch der Gegenwartssprache. 4. Aufl. Kronberg (= Athenäum Studienbücher). [6. Aufl. 1996]

Eisenberg, Peter 1994: Grundriss der deutschen Grammatik. 3., überarb. Aufl. Stuttgart/Weimar.

Eisenberg, Peter 1998: Das Wort. Grundriss der deutschen Grammatik. Bd.1. Stuttgart.

Eisenberg, Peter 1999: Der Satz. Grundriss der deutschen Grammatik. Bd.2. Stuttgart.

Engel, Ulrich 1982: Syntax der deutschen Gegenwartssprache. 2. Auflage. Berlin (= Grundlagen der Germanistik 22). [3., völlig neu bearb. Aufl. 1994]

Engel, Ulrich 1988: Deutsche Grammatik. Heidelberg. [3., korr. Aufl. 1996]

Erben, Johannes 1980: Deutsche Grammatik. Ein Abriss. 12. Aufl. München.

Erben, Johannes 1983: Deutsche Grammatik. 12. Aufl. Frankfurt (= Fischer-TB 6051).

Gallmann, Peter/Horst Sitta 1990: Deutsche Grammatik. Orientierung für Lehrer. Zürich. [3., korr. Ausg.. 2001]

Glinz, Hans 1952/1973: Die innere Form des Deutschen. Eine neue deutsche Grammatik. 6., durchgesehene Auflage. Bern (= Bibliotheca germanica 4). [1. Auflage 1952]

Glinz, Hans 1971: Deutsche Grammatik I: Satz – Verb – Modus – Tempus. 2., verbesserte Auflage. Frankfurt (= Studienbücher zur Linguistik und Literaturwissenschaft 2).

Glinz, Hans 1971: Deutsche Grammatik II: Kasussyntax – Nominalstrukturen – Wortarten – Kasusfremdes. Frankfurt (= Studienbücher zur Linguistik und Literaturwissenschaft 3). [Bd. III siehe Boettcher/Sitta]

Glinz, Hans 1994: Grammatiken im Vergleich: Deutsch – Französisch – Englisch – Latein. Formen – Bedeutungen – Verstehen. Tübingen.

Götze, Lutz; Ernest W.B. Hess-Lüttich 1989: Knaurs Grammatik der deutschen Sprache. Sprachsystem und Sprachgebrauch. München.

Griesbach, Heinz 1986: Neue deutsche Grammatik. Berlin u.a. [5. Aufl. 1990]

Heidolph, Karl-Erich; Walter Flämig; Wolfgang Motsch (Autorenkollektiv u.L.v.) 1980: Grundzüge einer deutschen Grammatik. Berlin.

Helbig, Gerhard; Joachim Buscha 1991: Deutsche Grammatik. Ein Handbuch für den Ausländerunterricht. 13., durchges. Aufl. Leipzig. [Neubearb. 2001]

Heringer, Hans Jürgen 1972: Deutsche Syntax. 2. Auflage. Berlin/New York (= Sammlung Göschen 5246).

Heringer, Hans Jürgen 1973: Theorie der deutschen Syntax. 2. Auflage. München (= Linguistische Reihe 1).

Heringer, Hans Jürgen 1978: Wort für Wort. Interpretation und Grammatik. Stuttgart.

Heringer, Hans Jürgen 1988: Lesen – lehren – lernen. Eine rezeptive Grammatik des Deutschen. Tübingen. [2., durchges. Aufl. 2001]

Jung, Walter 1988: Grammatik der deutschen Sprache. 9. Aufl. Bearbeitet von G. Starke. Leipzig.

Liebsch, Helmut; Hellmut Döring (Autorenkollektiv u.L.v.) 1976: Deutsche Sprache. Handbuch für den Sprachgebrauch. Leipzig.

Schüler-Duden 1990. Grammatik. Eine Sprachlehre mit Übungen und Lösungen. 3., völlig neu bearbeitete und erweiterte Auflage. Hg.v.d. Dudenredaktion. Bearbeitet von Peter Gallmann und Horst Sitta. Mannheim/Wien/Zürich. [4., aktualisierte und erw. Aufl. 1998]

Schulz, Dora; Heinz Griesbach 1978: Grammatik der deutschen Sprache. Neubearbeitung von Heinz Griesbach. 11. Auflage. München.

Weinrich, Harald 1993: Textgrammatik der deutschen Sprache. Mannheim [etc.]. [2., rev. Aufl. 2003]

Zifonun, Gisela; Ludger Hoffmann; Bruno Strecker et al. 1997: Grammatik der deutschen Sprache. 3 Bde. Berlin/New York (= Schriften des Instituts für Deutsche Sprache 7).

c) Wörterbücher der deutschen Sprache

Brockhaus/Wahrig 1980ff.: Deutsches Wörterbuch in sechs Bänden. Wiesbaden/Stuttgart.

Duden 1976ff.: Das grosse Wörterbuch der deutschen Sprache in sechs Bänden. Mannheim u.a.

Duden 1989: Deutsches Universalwörterbuch. 2., völlig neu bearb. u. stark erw. Aufl. Mannheim [etc.]. [5., überarb. Aufl. 2003]

Duden 1993f.: Das grosse Wörterbuch der deutschen Sprache in acht Bänden. 2., völlig neu bearb. u. stark erw. Aufl. Mannheim [etc.]. [3., völlig neu bearb. und erw. Auflage 1999f.]

Grimm, Jacob/Wilhelm Grimm 1854ff. Deutsches Wörterbuch. Leipzig. Neubearbeitung Leipzig 1965ff. [Reprint der ersten Ausgabe München 1984 (= dtv 5945)]

Handwörterbuch der deutschen Gegenwartssprache 1984. In zwei Bänden. Von einem Autorenkollektiv unter der Leitung von Günter Kempcke. Berlin.

Kluge, Friedrich (2002): Etymologisches Wörterbuch der deutschen Sprache. 24., durchges. und erw. Aufl. Berlin/New York.

Paul, Hermann 1897/1992: Deutsches Wörterbuch. 9., vollständig neu bearb. Aufl. v. Helmut Henne u. Georg Objartel, u. Mitarbeit v. Heidrun Kämper-Jensen. Tübingen. [1. Auflage 1897]

Wahrig, Gerhard 1986: Deutsches Wörterbuch. Mit einem "Lexikon der deutschen Sprachlehre". Völlig überarbeitete Neuausgabe. München. [7., vollst. neu bearb. und aktualisierte Aufl. Gütersloh. 2002]

Wörterbuch der deutschen Gegenwartssprache 1964 ff. Hg. v. Ruth Klappenbach und Wolfgang Steinitz. Berlin.

d) Sprachgeschichten des Deutschen

Behaghel, Otto 1911: Geschichte der deutschen Sprache. Dritte, vollständig umgearbeitete Auflage. Strassburg (= Grundriss der Germanischen Philologie).

Behaghel, Otto 1923ff.: Deutsche Syntax. Eine geschichtliche Darstellung. Heidelberg.

Besch, Werner et al. 1998-2004: Sprachgeschichte: ein Handbuch zur Geschichte der deutschen Sprache und ihrer Erforschung. 4 Bde. Berlin/New York. (= Handbücher zur Sprach- und Kommunikationswissenschaft 2/1-4).

Eggers, Hans 1986: Deutsche Sprachgeschichte. 2. Auflage in 2 Bänden. Reinbeck (= Rowohlts Enzyklopädie 425/426).

Grimm, Jacob 1819ff./1870ff.: Deutsche Grammatik. Zweite Ausgabe. Neuer vermehrter Abdruck. Besorgt durch Wilhelm Scherer, Gustav Roethe, Edward Schroeder. 4 Teile. Berlin und Gütersloh. [1. Aufl. 1819ff.]

Grimm, Jacob 1848: Geschichte der deutschen Sprache. Leipzig.

König, Werner 2001: dtv-Atlas zur deutschen Sprache. Tafeln und Texte. 12., durchges. Aufl. München.

Moser, Hans; Hans Wellmann; Norbert Richard Wolf 1981: Geschichte der deutschen Sprache. Bd. 1: Althochdeutsch - Mittelhochdeutsch. Von Norbert Richard Wolf. Heidelberg (= UTB 1139).

Paul, Hermann 1916ff.: Deutsche Grammatik. Halle.

Polenz, Peter von 1978: Geschichte der deutschen Sprache. 9., überarb. Aufl. Berlin (= Sammlung Göschen 2206).

Polenz, Peter von 1991: Deutsche Sprachgeschichte vom Spätmittelalter bis zur Gegenwart. Berlin (= Sammlung Göschen 2237).

Polenz, Peter von 1994f.: Deutsche Sprachgeschichte vom Spätmittelalter bis zur Gegenwart. 3 Bde. Berlin/New York.

Scherer, Wilhelm 1878: Zur Geschichte der deutschen Sprache. Zweite Ausgabe. Berlin.

Schildt, Joachim 1991: Kurze Geschichte der deutschen Sprache. Berlin.

Schmidt, Wilhelm 1993: Geschichte der deutschen Sprache. Ein Lehrbuch für das germanistische Studium. 6. Aufl., erarbeitet unter Leitung von Helmut Langner. Stuttgart/Leipzig. [8., völlig überarbeitete Aufl. 2000]

Sonderegger, Stefan 1979: Grundzüge deutscher Sprachgeschichte. Diachronie des Sprachsystems. Bd. 1: Einführung - Genealogie - Konstanten. Berlin.

Stedje, Astrid 1989: Deutsche Sprache gestern und heute. München.

Tschirch, Fritz 1983/89: Geschichte der deutschen Sprache. I: Die Entfaltung der deutschen Sprachgestalt in der Vor- und Frühzeit. 3., durchgesehene Auflage. Berlin 1983 (= Grundlagen der Germanistik 5). II: Entwicklung und Wandlungen der deutschen Sprachgestalt vom Hochmittelalter bis zur Gegenwart. 3., ergänzte und überarbeitete Auflage. Berlin 1989 (= Grundlagen der Germanistik 9).

Wells, C.J. 1990: Deutsch. Eine Sprachgeschichte bis 1945. Tübingen 1989 (= Reihe Germanistische Linguistik 93). [Engl. Original 1987]

Wolff, G. 1990: Deutsche Sprachgeschichte. Ein Studienbuch. 2., aktualisierte Auflage. Tübingen (= UTB 1581). [4., durchges. und aktualisierte Aufl. 1999]

e) Verzeichnis der aufgeführten Websites

http://web.uvic.ca/ling/ipa/handbook/
http://www.gespraechsforschung.de
http://www.gespraechsforschung.de/technik.htm
http://www.ling.ohio-state.edu/hpsg/ (Neue Arbeiten zur HPSG)
http://www.ling.upenn.edu/~rnoyer/dm/ (Neue Arbeiten zur OT)
http://roa.rutgers.edu. (Rutgers Optimality Archive)

f) Alphabetisches Verzeichnis der übrigen zitierten oder erwähnten Literatur

Abercrombie, David 1965: Studies in Phonetics and Linguistics. London.

Abraham, Werner; S.D. Epstein; H. Thráinsson; C. J.-W. Zwart (Hg.) 1996: Minimal ideas. Syntactic studies in the minimalist framework. Amsterdam (= Linguistik aktuell 12).

Adamzik, Kirsten; Gerd Antos; Eva-Maria Jakobs 1997: Domänen- und kulturspezifisches Schreiben. Einleitung und Überblick. In: Kirsten Adamzik; Gerd Antos; Eva-Maria Jakobs (Hg.): Domänen- und kulturspezifisches Schreiben. Frankfurt am Main, 1-6.

Adger, David 2003: Core syntax. A minimalist approach. Oxford.

Ágel, Vilmos 2000: Valenztheorie. Tübingen (Narr Studienbücher).

Ágel, Vilmos et al. (in Vorbereitung): Dependenz und Valenz. Ein internationales Handbuch zur zeitgenössischen Forschung. Berlin/New York (= Handbücher zur Sprach- und Kommunikationswissenschaft 25/1-2).

Aitchison, Jean 1982: Der Mensch, das sprechende Wesen. Tübingen.

Aitchison, Jean 1987: Words in the mind. An introduction to the mental lexicon. Oxford [Deutsch: Wörter im Kopf. Eine Einführung in das mentale Lexikon. Tübingen 1997].

Aitchison, Jean 2001: Language change: Progress or decay? 3. Aufl. Cambridge.

Alber, Birgit 2001: Regional variation and edges: Glottal stop epenthesis and dissimilation in standards and southern varieties of German. In: Zeitschrift für Sprachwissenschaft 20, 3-41.

Allan, Keith 1986: Linguistic meaning. 2 Bde. London/New York.

Allan, Keith 1994: Speech act theory. Overview. In: Jacob Mey: Concise encyclopedia of pragmatics. Amsterdam, 927-939.

Allport, D.A.; E. Funnell 1981: Components of the mental lexicon. In: The psychological mechanisms of language. London, 183-197.

Allwood, Jens; Lars-Gunnar Andersson; Östen Dahl 1977: Logic in linguistics. Cambridge (= Cambridge textbooks in linguistics).

Ammon, Ulrich 1995: Die deutsche Sprache in Deutschland, Österreich und der Schweiz. Berlin.

Ammon, Ulrich 1997: Nationale Varietäten des Deutschen. Heidelberg (= Studienbibliographien Sprachwissenschaft 19).

Ammon, Ulrich; Norbert Dittmar; Klaus J. Mattheier (Hg.) 1987/88: Soziolinguistik. Ein internationales Handbuch zur Wissenschaft von Sprache und Gesellschaft. 2 Bde. Berlin (= Handbücher zur Sprach- und Kommunikationswissenschaft 3).

Anderson, S. R. 1985: Phonology in the Twentieth Century. Theories of Rules and Theories of Representations. Chicago/London.

Anderson, Stephen R. 1992: A-morphous morphology. Cambridge.

Andresen, Helga 1985: Schriftspracherwerb und die Entstehung von Sprachbewusstheit. Opladen.

Androutsopoulos, Jannis K. 1998: Deutsche Jugendsprache: Untersuchungen zu ihren Strukturen und Funktionen. Frankfurt am Main. Bern [usw.] (=VarioLingua 6).

Androutsopoulos, Jannis K.; Gurly Schmidt 2002: SMS-Kommunikation: Ethnografische Gattungsanalyse am Beispiel einer Kleingruppe. In: Zeitschrift für Angewandte Linguistik 36, 49-80.

Antos, Gerd 2000: Ansätze zur Erforschung der Textproduktion. In: Klaus Brinker; Gerd Antos; Wolfgang Heinemann; Sven F. Sager, (Hg.) 2000: Text- und Gesprächslinguistik: Ein internationales Handbuch zeitgenössischer Forschung. 1. Halbband: Textlinguistik. Berlin/New York (= Handbücher zur Sprach- und Kommunikationswissenschaft 16.1), 105-112.

Antos, Gerd 2001: Gesprächsanalyse und Ratgeberliteratur. In: Klaus Brinker u.a. (Hg.): Text- und Gesprächslinguistik. Ein internationales Handbuch zeitgenössischer Forschung. 2. Halbband: Gesprächslinguistik. Berlin/New York (= Handbücher zur Sprach- und Kommunikationswissenschaft 16.2), 1716-1725.

Antos, Gerd; Gerhard Augst (Hg.) 1989: Textoptimierung. Das Verständlichmachen von Texten als linguistisches, psychologisches und praktisches Problem. Frankfurt a. M. (= Theorie und Vermittlung der Sprache 11). [2. Aufl. 1992]

Antos, Gerd; Hans P. Krings (Hg.) 1989: Textproduktion. Ein interdisziplinärer Forschungsüberblick. Tübingen (= Konzepte der Sprach- und Literaturwissenschaft 48).

Arens, Hans 1969: Sprachwissenschaft. Der Gang ihrer Entwicklung von der Antike bis zur Gegenwart. 2. Auflage. Freiburg.

Argyle, Michael 1979: Körpersprache und Kommunikation. Paderborn. [8. Aufl. 2002]

Aronoff, Mark 1994: Morphology by itself. Cambridge, Mass.

Asher, R. E.; J. A. Henderson (Hg.) 1981: Towards a History of Phonetics. Papers contributed in Honour of David Abercrombie. Edinburgh.

Auer, Peter 1992: Introduction: John Gumperz' approach to Contextualization. In: Peter Auer; Aldo di Luzio (Hg.): The Contextualisation of Language. Amsterdam/Philadelphia, 1-37.

Auer, Peter; Aldo Di Luzio (Hg.) 1992: The Contextualization of Language. Amsterdam (=Pragmatics & Beyond. New series 22).

Augst, Gerhard 1977: Sprachnorm und Sprachwandel. 4 Projekte zu diachroner Sprachbetrachtung. Wiesbaden (= Studienbücher zur Linguistik und Literaturwissenschaft 7).

Augst, Gerhard; Peter Faigel 1986: Von der Reihung zur Gestaltung. Untersuchungen zur Ontogenese schriftsprachlicher Fähigkeiten von 13-23 Jahren. Frankfurt.

Austin, John L. 1979: Zur Theorie der Sprechakte [How to do things with words]. Deutsche Bearbeitung von Eike von Savigny. 2. Auflage. Stuttgart (= Reclam Universal-Bibliothek 9396[3]).

Baken, Ronald J. 1987: Clinical Measurement of Speech and Voice. London.

Baltin, Mark; Chris Collins 2001. The handbook of contemporary syntactic theory. Malden, Mass. (= Blackwell handbooks in linguistics).

Barbour, Stephen; Patrick Stevenson 1990: Variation in German. A critical approach to German sociolinguistics. Cambridge.

Baron, Bettina; Helga Kotthoff (Hg.) 2001: Gender in interaction: perspectives on femininity and masculinity in ethnography and discourse. Amsterdam/Philadelphia.

Barthes, Roland 1979: Elemente der Semiologie. Frankfurt.

Bartsch, Renate; Jürgen Lenerz; Veronika Ullmer-Ehrich 1977: Einführung in die Syntax. Kronberg (= Scriptor Taschenbücher Ling. und Kommunikationswissensch. 19).

Barz, Irmhild; Ulla Fix; Marianne Schröder; Georg Schuppener (Hg.) 2000: Sprachgeschichte als Textsortengeschichte. Frankfurt a. M. [etc.].

Bauer, Gerhard 1985: Namenkunde des Deutschen. Bern/Frankfurt (= Germanistische Lehrbuchsammlung 21).

Bauer, Laurie 1988: Introducing linguistic morphology. Edinburg. [2., überarb. und erweiterte Auflage 2003]

Bauer, Laurie 1988: Introducing linguistic morphology. Edinburgh.

Bäuerle, R.; U. Egli; Arnim von Stechow (Hg.) 1979: Semantics from different points of view. Berlin.

Bausch, Karl-Heinz (Hg.) 1982: Mehrsprachigkeit in der Stadtregion. Jahrbuch 1981 des Instituts für deutsche Sprache. Düsseldorf.

Bayer, Klaus 1984: Sprechen und Situation. Aspekte einer Theorie der sprachlichen Interaktion. [2.; bearb. und erw. Auflage 2000]

Beaugrande, Robert Alain de; Wolfgang Ulrich Dressler 1981: Einführung in die Textlinguistik. Tübingen (= Konzepte der Sprach- und Literaturwissenschaft 28).

Becker-Mrotzek, Michael 1992: Diskursforschung und Kommunikation in Institutionen. Heidelberg (= Studienbibliographien Sprachwissenschaft 4).

Becker-Mrotzek, Michael; Reinhard Fiehler (Hg.) 2002: Unternehmenskommunikation. Tübingen (= Forum für Fachsprachen-Forschung 58).

Becker-Mrotzek, Michael; Rüdiger Vogt 2001: Unterrichtskommunikation: linguistische Analysemethoden und Forschungsergebnisse. Tübingen (= Germanistische Arbeitshefte 38).

Beisswenger, Michael (Hg.) 2001: Chat-Kommunikation: Sprache, Interaktion, Sozialität & Identität in synchroner computervermittelter Kommunikation: Perspektiven auf ein interdisziplinäres Forschungsfeld. Stuttgart.

Bentele, Günter; Ivan Bystrina 1978: Semiotik. Stuttgart.

Benware, Wilbur 1986: Phonetics and phonology of modern German. Washington.

Berens, Franz Josef u.a. 1976: Projekt Dialogstrukturen. Ein Arbeitsbericht. München.

Bergenholtz, H.; J. Mugdan 1979: Einführung in die Morphologie. Stuttgart (= Urban-TB 296).

Bernstein, Basil 1972: Studien zur sprachlichen Sozialisation. Düsseldorf.

Bernstein, Basil 1979: Linguistische Codes und Sozialstruktur. In: K.-P. Klein; W. Gewehr: Grundprobleme der Linguistik. Baltmannsweiler, 216-231. [Gekürzte Fassung eines in Bernstein 1972 publizierten Aufsatzes]

Besch, Werner (Hg.) 1981: Sprachverhalten in ländlichen Gemeinden. Ansätze zur Theorie und Methode. Forschungsbericht Erp-Projekt. Bd. 1. Berlin.

Besch, Werner (Hg.) 1983: Sprachverhalten in ländlichen Gemeinden. Dialekt und Standardsprache im Sprecherurteil. Forschungsbericht Erp-Projekt. Bd. 2. Berlin.

Besch, Werner; Oskar Reichmann; Stefan Sonderegger (Hg.) 1984: Sprachgeschichte. Ein Handbuch zur Geschichte der deutschen Sprache und ihrer Erforschung. Berlin.

Besch, Werner; Oskar Reichmann; Stefan Sonderegger (Hg.) 1998-2004: Sprachgeschichte: ein Handbuch zur Geschichte der deutschen Sprache und ihrer Erforschung. 4 Bde. Berlin/New York. (= Handbücher zur Sprach- und Kommunikationswissenschaft 2/1-4).

Betten, Anne (Hg.) 1990: Neuere Forschungen zur historischen Syntax des Deutschen. Tübingen (= RGL 103).

Betten, Anne 1987: Grundzüge der Prosasyntax. Stilprägende Entwicklungen vom Althochdeutschen zum Neuhochdeutschen. Tübingen (= RGL 82).

Bickerton, D. 1981: Roots of language. Ann Arbor.

Biere, Bernd Ulrich 1991: Textverstehen und Textverständlichkeit. Heidelberg (= Studienbibliographien Sprachwissenschaft 2).

Bierwisch, Manfred 1969: Strukturelle Semantik. In: Deutsch als Fremdsprache 6, H. 2.

Bierwisch, Manfred 1979: Wörtliche Bedeutung: Eine pragmatische Gretchenfrage. In: Linguistische Studien A 60, 48-80. Ebenfalls in: Günter Grewendorf (Hg.): Sprechakttheorie und Semantik. Frankfurt 1979 (= stw 276), 119-148.

Bierwisch, Manfred 1983: Psychologische Aspekte der Semantik natürlicher Sprachen. In: Wolfgang Motsch; Dieter Viehweger (Hg.): Richtungen der modernen Semantikforschung. Berlin, 15-64.

Bierwisch, Manfred 1986: Semantics. In: Thomas A. Sebeok (Hg.): Encyclopedic dictionary of semiotics. Bd. 2. Berlin.

Bierwisch, Manfred 1987: Linguistik als kognitive Wissenschaft. In: Zeitschrift für Germanistik 8, 6, 645-667.

Bierwisch, Manfred; Ewald Lang (Hg.) 1989: Dimensional adjectives. Grammatical structure and conceptional interpretation. Heidelberg.

Binnick, R.I. 1972: Zur Entwicklung der generativen Semantik. In: Werner Abraham; R.I. Binnick (Hg.): Generative Semantik. Frankfurt, 3-48.

Birkhan, Helmut 1985: Etymologie des Deutschen. Bern u.a. (= Germanistische Lehrbuchsammlung 15).

Bittner, Johannes 2003: Digitalität, Sprache, Kommunikation: eine Untersuchung zur Medialität von digitalen Kommunikationsformen und Textsorten und deren varietätenlinguistischer Modellierung. Berlin (= Philologische Studien und Quellen 178).

Blakemore, Diane 1992: Understanding utterances. An introduction to pragmatics. Oxford.

Blank, Andreas 2001: Einführung in die lexikalische Semantik für Romanisten. Tübingen (= Romanistische Arbeitshefte 45).

Blanken, Gerhard (Hg.) 1991: Einführung in die linguistische Aphasiologie. Theorie und Praxis. Freiburg i. Br.

Bluhm, Claudia; Dirk Deissler; Joachim Scharloth; Anja Stukenbrock 2000: Linguistische Diskursanalyse: Überblick, Probleme, Perspektiven. In: Sprache und Literatur 86, 3-19.

Bock, J. Kathryn 1982: Towards a cognitive psychology of syntax: information processing contributions to sentence formulation. In: Psychological Review 89/1, 1-47.

Bödeker, Hans Erich (Hg.) 2002: Begriffsgeschichte, Diskursgeschichte, Metapherngeschichte. Göttingen (= Göttinger Gespräche zur Geschichtswissenschaft 14).

Böhme, Hartmut; Klaus Scherpe (Hg.) 1996: Literatur und Kulturwissenschaften. Positionen, Theorien, Modelle. Reinbek bei Hamburg.

Böhme, Hartmut; Peter Matussek; Lothar Müller 2000: Orientierung Kulturwissenschaft. Reinbek bei Hamburg.

Böke, Karin 1997: Die "Invasion" aus den "Armenhäusern Europas". Metaphern im Einwanderungsdiskurs. In: Matthias Jung; Martin Wengeler; Karin Böke (Hg.): Die Sprache des Migrationsdiskurses. Das Reden über "Ausländer" in Medien, Politik und Alltag. Opladen, 164-193.

Böke, Karin; Matthias Jung; Martin Wengeler (Hg.) 1996: Öffentlicher Sprachgebrauch. Praktische, theoretische und historische Perspektiven. Georg Stözel zum 60. Geburtstag gewidmet. Opladen.

Booij, Geert et al. (Hg.) 2000: Morphologie. Ein internationales Handbuch zur Flexion und Wortbildung. Bd. 1. Berlin (= Handbücher zur Sprach- und Kommunikationswissenschaft 17).

Boretzky, Norbert 1977: Einführung in die historische Linguistik. Reinbeck.

Boretzky, Norbert; Wolfgang U. Dressler; Janez Oresnik; Carmen Terzan; Wolfgang Ullrich Wurzel (Hg) 1995: Natürlichkeitstheorie und Sprachwandel. Bochum (= Bochum-Essener Beiträge zur Sprachwandelforschung, Band 22)

Bouissac, Paul (Hg.) 1998: Encyclopedia of Semiotics. New York.

Bourdieu, Pierre 1999: Die feinen Unterschiede. Kritik der gesellschaftlichen Urteilskraft. 11. Aufl. Frankfurt a.M. [1. Ausgabe 1979].

Brandt, Margareta; Marga Reis; Inger Rosengren; Ilse Zimmermann 1992: Satztyp, Satzmodus und Illokution. In: Rosengren, Inger (Hg.): Satztyp und Illokution. Bd 2. Tübingen (= Linguistische Arbeiten 278), 1-90.

Braun, Peter 1987: Tendenzen in der deutschen Gegenwartssprache. Sprachvarietäten. Stuttgart (= Urban-TB 297). [3, erw. Aufl. 1993]

Brekle, Herbert Ernst 1985: Einführung in die Geschichte der Sprachwissenschaft. Darmstadt.

Bresnan, Joan 2001: Lexical-functional syntax. Oxford.

Brinker, Klaus 1977: Modelle und Methoden der strukturalistischen Syntax. Eine Einführung. Stuttgart (= Urban-TB 240).

Brinker, Klaus 1992: Linguistische Textanalyse. Eine Einführung in Grundbegriffe und Methoden. 3., durchges. und erw. Aufl. Berlin (= Grundlagen der Germanistik 29). [5. durchges. und erg. Aufl. 2001]

Brinker, Klaus 1993: Textlinguistik. Heidelberg (= Studienbibliographien Sprachwissenschaft 7).

Brinker, Klaus 2001: Linguistische Textanalyse. Eine Einführung in Grundbegriffe und Methoden. 5., durchges. und erg. Aufl. Berlin (= Grundlagen der Germanistik 29).

Brinker, Klaus; Gerd Antos; Wolfgang Heinemann; Sven F. Sager (Hg.) 2000: Text- und Gesprächslinguistik: Ein internationales Handbuch zeitgenössischer Forschung. 1. Halbband: Textlinguistik. Berlin/New York (= Handbücher zur Sprach- und Kommunikationswissenschaft 16.1).

Brinker, Klaus; Gerd Antos; Wolfgang Heinemann; Sven F. Sager (Hg.) 2001: Text- und Gesprächslinguistik: Ein internationales Handbuch zeitgenössischer Forschung. 2. Halbband: Gesprächslinguistik. Berlin/New York (= Handbücher zur Sprach- und Kommunikations-wissenschaft 16.2).

Brinker, Klaus; Sven F. Sager 1989: Linguistische Gesprächsanalyse. Eine Einführung. Berlin (= Grundlagen der Germanistik 30). [3., durchges. und erg. Aufl. 2001]

Brockhaus, Wiebke 1995: Final Devoicing in the phonology of German. Tübingen.

Brons-Albert, Ruth 1995: Auswirkungen von Kommunikationstraining auf das Gesprächsverhalten. Tübingen (= Kommunikation und Institution 22).

Brown, Penelope; Levinson, Stephen 1987: Politeness. Some universals in language usage. Cambridge.

Bruner, Jerome 1987: Wie das Kind sprechen lernt. Bern.

Brünner, Gisela 2000: Wirtschaftskommunikation. Linguistische Analyse ihrer mündlichen Formen. Tübingen (= RGL 213).

Brünner, Gisela; Elisabeth Gülich (Hg.) 2002: Krankheit verstehen. Interdisziplinäre Beiträge zur Sprache in Krankheitsdarstellungen. Bielefeld (= Bielefelder Schriften zu Linguistik und Literaturwissenschaft 18).

Brünner, Gisela; Reinhard Fiehler; Walther Kindt (Hg.) 1999: Angewandte Diskursforschung. Opladen/Wiesbaden.

Bühler, Karl 1934: Sprachtheorie. Die Darstellungsfunktion der Sprache. Stuttgart [etc.].

Bünting, Karl-Dieter; Henning Bergenholtz 1989: Einführung in die Syntax. Grundbegriffe zum Lesen einer Grammatik. 2., überarb. Aufl. Frankfurt (= Athenäum Studienbücher).

Burger, Harald 1990: Sprache der Massenmedien. 2., durchges. u. erw. Aufl. Berlin (= Sammlung Göschen 2225).

Burger, Harald 1991: Das Gespräch in den Massenmedien. Berlin.

Burger, Harald; Bernard Imhasly 1978: Formen sprachlicher Kommunikation. München.

Burgoon, Judee K. u.a. 1989: Nonverbal communication. The unspoken dialogue. New York. [2. Aufl. 1996]

Burkhardt, Armin; Peter K. Fritzsche (Hg.) 1992: Sprache im Umbruch. Politischer Sprachwandel im Zeichen von "Wende" und "Vereinigung". Berlin (= Sprache, Politik, Öffentlichkeit 1).

Busse, Dietrich (Hg.) 1991: Diachrone Semantik und Pragmatik. Untersuchungen zur Erklärung und Beschreibung des Sprachwandels. Tübingen (= RGL 113).

Busse, Dietrich 1987: Historische Semantik. Stuttgart (= Sprache und Geschichte 13).

Busse, Dietrich 2003: Historische Diskursanalyse in der Sprachgermanistik – Versuch einer Zwischenbilanz und Ortsbestimmung. In: Germanistische Linguistik 169-170, 8-22.

Busse, Dietrich; Wolfgang Teubert 1994: Ist Diskurs ein sprachwissenschaftliches Objekt? Zur Methodenfrage der historischen Semantik. In: Dietrich Busse; Wolfgang Teubert (Hg.): Begriffsgeschichte und Diskursgeschichte. Methodenfragen und Forschungsergebnisse der historischen Semantik. Opladen, 10-28.

Butler, Judith 1997: Performative acts and gender constitution. An essay in phenomenology and feminist theory. In: Katie Conboy; Nadia Medina; Sarah Stanburg (Hg.): Writing on the body. Female embodiment and feminist theory. New York, 401-417.

Bybee, Joan; Revere D. Perkins; William Pagliuca 1994: The evolution of grammar. Chicago.

Bynon, Theodora 1981: Historische Linguistik. Eine Einführung. Gegenüber dem englischen Original [1977] überarbeitete und erweiterte deutsche Ausgabe. München.

Cann, Ronnie 1993: Formal semantics. An introduction. Cambridge.

Caplan, David 1987: Neurolinguistics and linguistic aphasiology. Cambridge (= Cambridge studies in speech science).

Carston, Robyn et al. (Hg.) 1998: Relevance theory: applications and implications. Amsterdam.

Catford, J. C. 1977: Fundamental Problems in Phonetics. Edinburgh.

Catford, J. C. 1988: A practical introduction to phonetics. Oxford.

Chafe, Wallace 1977: Creativity in verbalization and its implication for the nature of stored knowledge. In: R.O. Freedle (Hg.): Discourse production and comprehension. Norwood NJ, 41-55.

Chambers, J.K.; Peter Trudgill; Natalie Schilling-Estes (eds.) 2002: The handbook of language variation and change. Malden, Mass./Oxford (=Blackwell Handbooks in Linguistics).

Cherubim, Dieter (Hg.) 1975: Sprachwandel. Reader zur diachronen Sprachwissenschaft. Berlin.

Cherubim, Dieter 1977: Sprachtheoretische Positionen und das Problem des Sprachwandels. In: Sprachwandel und Sprachgeschichtsschreibung. Jahrbuch 1976 des Instituts für deutsche Sprache. Düsseldorf (= Sprache der Gegenwart 41), 61-82.

Cherubim, Dieter 1983: Zur bürgerlichen Sprache des 19. Jahrhunderts. In: Wirkendes Wort 33, 398-420.

Cherubim, Dieter 1998: „Die zerstreute Welt zu binden im vertraulichen Verein". Vereinswesen und Sprachentwicklung im 19. Jahrhundert. In: Dieter Cherubim; Siegfried Grosse; Klaus J. Mattheier (Hg.): Sprache und bürgerliche Nation. Berlin/New York, 197-233.

Cherubim, Dieter; Helmut Henne; Helmut Rehbock (Hg.) 1984: Gespräche zwischen Alltag und Literatur. Beiträge zur germanistischen Gesprächsforschung. Tübingen.

Cherubim, Dieter; Siegfried Grosse; Klaus J. Mattheier 1998: Sprache und bürgerliche Nation: Beiträge zur deutschen und europäischen Sprachgeschichte des 19. Jahrhunderts. Berlin.

Cherubim, Dieter; Klaus J. Mattheier (Hg.) 1989: Voraussetzungen und Grundlagen der Gegenwartssprache. Sprach- und sozialgeschichtliche Untersuchungen zum 19. Jahrhundert. Berlin.

Cherubim, Dieter; Karlheinz Jacob; Angelika Linke 2002: Neue deutsche Sprachgeschichte: mentalitäts-, kultur- und sozialgeschichtliche Zusammenhänge. Berlin.

Chierchia, Gennaro 1995: Dynamics of meaning. Anaphora, presupposition and the theory of grammar. Chicago/London.

Chierchia, Gennaro; Sally McConnell-Ginet 1990: Meaning and grammar. An introduction to semantics. Cambridge, Mass./London [2., überarb. Aufl. 2000]

Chomsky, Noam 1957: Syntactic structures. The Hague.

Chomsky, Noam 1965: Aspects of the theory of syntax. Cambridge, Mass. [Deutsch: Aspekte der Syntaxtheorie. Frankfurt 1973 (= stw 42)]

Chomsky, Noam 1981: Lectures on government and binding. Dordrecht.

Chomsky, Noam 1986a: Barriers. Cambridge, Mass.

Chomsky, Noam 1986b: Knowledge of language. Its nature, origin and use. New York.

Chomsky, Noam 1992: A minimalistic program for linguistic theory. Cambridge, Mass. (= MIT Occasional papers in linguistics 1).

Chomsky, Noam 1995a: Bare phrase structure. In: Gert Webelmuth (Hg.): Government and binding theory and the minimalist program. Oxford [etc.], 383-439 (= Generative syntax 1).

Chomsky, Noam 1995b: The minimalist program. Cambridge Mass.

Chomsky, Noam 2000: New horizons in the study of language and mind. Cambridge Mass.

Chomsky, Noam 2001: Derivation by phase. In: Michael Kenstowicz (Hg.): Ken Hale. A life in language. Cambridge Mass.,1-52.

Chomsky, Noam 2002: On nature and language. Cambridge Mass.

Chomsky, Noam 2003: Beyond explanatory adequacy. In: Adriana Belletti (Hg.): Structures and beyond. The cartography of syntactic structures, vol. 2. Oxford.

Chomsky, Noam; Morris Halle 1968: The Sound Pattern of English. New York [etc.].

Clahsen, Harald 1990: Die Untersuchung des Spracherwerbs in der generativen Grammatik. Einige Bemerkungen zum Verhältnis von Sprachtheorie und Psycholinguistik. In: DU 42, 5, 8-18.

Clark, John; Colin Yallop 1990: An Introduction to Phonetics and Phonology. Oxford.

Clements, George; Samuel Keyser 1983: CV-Phonology. A Generative Theory of the Syllable. Cambridge (Mass.)/London.

Coates, Jennifer 1986: Women, men and language. London.

Cobley, Paul 1997: Introducing Semiotics. Cambridge.

Cobley, Paul (Hg.) 2001: The Routledge Critical Dictionary of Semiotics and Linguistics. London.

Coltheart, M. 1978: Lexical access in simple reading tasks. In: Underwood, G. (Hg.): Strategies of information processing. London, 151-216.

Cornell, Alan; Klaus Fischer; Ian F. Roe (Hg.) 2003: Valency in practice. Oxford [etc.].

Coseriu, Eugenio 1970: Einführung in die strukturelle Betrachtung des Wortschatzes. Tübingen (= Tübinger Beiträge zur Linguistik 14).

Coseriu, Eugenio 1974: Synchronie, Diachronie und Geschichte. Das Problem des Sprachwandels. München (= Intern. Bibl. f. Allg. Ling. 3). [span. Original 1958]

Coseriu, Eugenio 1975/72: Die Geschichte der Sprachphilosophie von der Antike bis zur Gegenwart. Eine Übersicht. (Vorlesung Tübingen 1968/69). Teil I: Von der Antike bis Leibniz. 2. Aufl. Teil II: Von Leibniz bis Rousseau. Tübingen (= TBL 11, 28).

Coseriu, Eugenio 1981: Textlinguistik. Eine Einführung. Hg. u. bearb. v. J. Albrecht. 2., duchgesehene Aufl. Tübingen. (= Tübinger Beiträge zur Linguistik 109). [3., überarb. u. erw. Aufl. 1994]

Coulmas, Florian (ed.) 1996: The handbook of sociolinguistics. Oxford.

Couper-Kuhlen, Elisabeth; Margret Selting (Hg.) 1996: Prosody in Conversation. Interactional Studies. Cambridge (= Studies in Interactional Sociolinguistics 12).

Couper-Kuhlen, Elisabeth; Selting, Margret (Hg.) 2001: Studies in Interactional Linguistics. Amsterdam.

Coupland, Nikolas; Adam Jaworski (eds.) 1997: Sociolinguistics: a reader and coursebook. Basingstoke.

Coupland, Nikolas; Srikant Sarangi; Christopher N. Candlin (Hg.) 2001: Sociolinguistics and social theory. Essex.

Croft, William 2000: Explaining language change. An evolutionary approach. Harlow.

Cruse, D. Alan et al. (Hg.) 2002: Lexikologie. Ein internationales Handbuch zur Natur und Struktur von Wörtern und Wortschätzen. Bd. 1. Berlin (= Handbücher zur Sprach- und Kommunikationswissenschaft 21).

Crystal, David 1991: A dictionary of linguistics and phonetics. 3d edition. Oxford. [4. ed. 1997]

Curcio, Martina Lucia 1999: Kontrastives Valenzwörterbuch der gesprochenen Sprache Italienisch-Deutsch. Mannheim.

Cutler, Anne; D. R. Ladd 1983: Prosody: Models and measurements. Berlin etc.

Danesi, Marcel (Hg.) 2000: Encyclopedic Dictionary of Semiotics, Media, and Communication. Toronto (= Toronto Studies in Semiotics and Communication).

Dascal, Marcelo; Dietfried Gerhardus; Kuno Lorenz; Georg Meggle (Hg.) 1992ff.: Sprachphilosophie. Ein internationales Handbuch zeitgenössischer Forschung. 2 Halbbde. Berlin/New York (Handbücher zur Sprach- und Kommunikationswissenschaft 7.1/7.2).

Dauses, August 1990: Theorie des Sprachwandels. Eine kritische Übersicht. Stuttgart.

Davis, Steven 1991: Pragmatics. A reader. Oxford.

Davis, Wayne A. 1998: Implicature. Intention, convention, and principle in the failure of Gricean theory. Cambridge.

de Boor, Helmut; Hugo Moser; Christian Winkler (Hg.) 1969 [1898]: Siebs: Deutsche Aussprache. Berlin.

de Swart, Henriëtte 1998: Introduction to natural language semantics. Stanford, Calif. (= CSLI Lecture Notes 80).

Deppermann, Arnulf 2000: Ethnographische Gesprächsanalyse: Zu Nutzen und Notwendigkeit von Ethnographie für die Konversationsanalyse. In: Gesprächsforschung - Online-Zeitschrift zur verbalen Interaktion, 1, 96-124. (www.gesprächsforschung-ozs.de)

Deppermann, Arnulf 2001: Gespräche analysieren. Opladen (= Qualitative Sozialforschung 3).

Derrida, Jacques 2001: Limited inc. Wien. [1.Ausg. 1988]

Di Luzio, Aldo; Susanne Günthner; Franca Orletti (eds.) 2000: Culture in communication. Amsterdam/Philadelphia.

Dieth, Ernst 1968² [1950]: Vademecum der Phonetik. Phonetische Grundlagen für das wissenschaftliche und praktische Studium der Sprachen. Bern/München.

Diewald, Gabriele 1997: Eine Einführung in Sein und Werden grammatischer Formen. Tübingen (= Germanistische Arbeitshefte 36).

Dijk, Teun A. van 1972: Some aspects of text grammars. A study in theoretical linguistics and poetics. The Hague/Paris.

Dijk, Teun A. van 1980: Textwissenschaft. Eine interdisziplinäre Einführung. München (= dtv 4364).

Dijk, Teun A. van 1993: Principle of Critical Discourse Analysis. In: Discourse & Society 4, 103-283.

Dijk, Teun A. van; W. Kintsch 1983: Strategies of discourse comprehension. New York.

Dik, S. C. 1978: Functional grammar. Amsterdam.

Dik, S. C. 1997: The theory of functional grammar. Hg. v. Kees Hengeveld. 2., überarb. Aufl. Berlin. (= Functional grammar series 20-21).

Dimter, M. 1981: Textklassenkonzepte heutiger Alltagssprache. Kommunikationssituation, Textfunktion und Textinhalt als Kategorien alltagssprachlicher Textklassifikation. Tübingen.

Dinser, Gudula (Hg.) 1974: Zur Theorie der Sprachveränderung. Kronberg (= Skripten Ling. u. Kommunikationswissensch. 3).

DiSciullo, Anna-Maria; Edwin Williams 1987: On the definition of word. Cambridge, Mass. (= Linguistic inquiry monographs 14).

Dittmann, Jürgen (Hg.) 1979: Arbeiten zur Konversationsanalyse. Tübingen.

Dittmann, Jürgen; Jürgen Tesak 1993: Neurolinguistik. Heidelberg (= Studienbibliographien Sprachwissenschaft 8).

Dittmar, Norbert 1980: Soziolinguistik. Exemplarische Darstellung ihrer Theorie, Empirie und Anwendung. Mit kommentierter Bibliographie. 4. Auflage. Frankfurt a.M.

Dittmar, Norbert 1997: Grundlagen der Soziolinguistik: Ein Arbeitsbuch mit Aufgaben. Tübingen.

Dittmar, Norbert u.a. 1986: Berlinisch. Studien zum Lexikon, zur Spracheinstellung und zum Stilrepertoire. Berlin.

Dittmar, Norbert; Bettina Liedtke 1996: Soziolinguistik. Heidelberg (= Studienbibliographien Sprachwissenschaft 16).

Dittmar, Norbert; Wolfgang Klein 1975: Untersuchungen zum Pidgin-Deutsch spanischer und italienischer Arbeiter in der Bundesrepublik. In: Jahrbuch Deutsch als Fremdsprache 1, 170-194.

Döring, Nicola 2002a: "Kurzm. wird gesendet" – Abkürzungen und Akronyme in der SMS-Kommunikation. In: Muttersprache 2002, H. 2, 97-114.

Döring, Nicola 2002b: 1x Brot, Wurst, 5Sack Äpfel I.L.D. – Kommunikative Funktionen von Kurzmitteilungen (SMS). In: Zeitschrift für Medienpsychologie 3/2002, 118-128.

Dressler, Wolfgang 1973: Einführung in die Textlinguistik. 2. Auflage. Tübingen (= Konzepte der Sprach- und Literaturwissenschaft 1).

Dressler, Wolfgang U. 2003: Naturalness and morphological change. In: Brian D. Joseph; Richard D. Janda (Hg.): The Handbook of historical linguistics. Oxford, 461-471.

Dressler, Wolfgang U.; Lavinia Merlini Barbaresi 1999: Morphopragmatics. Berlin.

Dressler, Wolfgang (Hg.) 1978: Textlinguistik. Darmstadt (= Wege der Forschung 427).

Dressler, Wolfgang u.a. (Hg.): 1990: Contemporary morphology. Berlin (= Trends in linguistics. Studies and monographs 49).

Duden. Das Herkunftswörterbuch 1989. Etymologie der deutschen Sprache. 2., völlig neu bearbeitete und stark erweiterte Aufl. Mannheim u.a. (= Duden Bd. 7).

Dufon, M. et al. 1994: Bibliography on linguistic politeness. In: Journal of Pragmatics 21, 527-578.

Duranti, Alessandro (Hg.) 2001: Linguistic anthropology. A reader. Boston.

Duranti, Alessandro; Charles Goodwin (Hg.) 1992: Rethinking Context. Language as an interactive phenomenon. Cambridge (= Studies in the Social and Cultural Foundations of Language 11).

Dürscheid, Christa 2000: Syntax. Grundlagen und Theorien. Wiesbaden (= Studienbücher zur Linguistik 3). [2., durchges. und aktual. Auflage 2003]

Dürscheid, Christa 2003: Medienkommunikation im Kontinuum von Mündlichkeit und Schriftlichkeit. Theoretische und empirische Probleme. In: Zeitschrift für Angewandte Linguistik 38, 37-56.

Dutz, Klaus D.; Peter Schmitter (Hg.) 1986: Geschichte und Geschichtsschreibung der Semiotik. Fallstudien. Münster.

Ebert, Robert P. 1978: Historische Syntax des Deutschen. Stuttgart (= Sammlung Metzler 167).

Eco, Umberto 1972: Einführung in die Semiotik. München (= UTB 105).

Eco, Umberto 1977: Zeichen. Einführung in einen Begriff und seine Geschichte. Frankfurt edition suhrkamp 895).

Ehlich, Konrad (Hg.) 1980: Erzählen im Alltag. Frankfurt a.M.

Ehlich, Konrad (Hg.) 1984: Erzählen in der Schule. Tübingen.

Ehlich, Konrad u.a. (Hg.) 1990: Medizinische und therapeutische Kommunikation. Diskursanalytische Untersuchungen. Opladen.

Ehlich, Konrad; Bernd Switalla 1976: Transkriptionssysteme. Eine exemplarische Übersicht. In: Studium Linguistik 2, 78-105.

Ehlich, Konrad; Jochen Rehbein (Hg.) 1983: Kommunikation in Schule und Hochschule. Tübingen.

Ehlich, Konrad; Jochen Rehbein 1976: Halbinterpretative Arbeitstranskriptionen (HIAT 1). In: Linguistische Berichte 45, 21-41.

Ehlich, Konrad; Jochen Rehbein 1979: Erweiterte halbinterpretative Arbeitstranskriptionen (HIAT 2): Intonation. In: Linguistische Berichte 59, 51-75.

Ehmann, Hermann 1992: "affengeil". Ein Lexikon der Jugendsprache. München.

Ehrich, Veronika 1992: Hier und Jetzt. Studien zur lokalen und temporalen Deixis im Deutschen. Tübingen (= Linguistische Arbeiten 283).

Eichinger, Ludwig M.; Hans Werner Eroms (Hg.) 1995: Dependenz und Valenz. Hamburg.

Eisenberg, Peter 1998: Grundriss der deutschen Grammatik. Das Wort. Stuttgart.

Eisenberg, Peter 1999: Grundriss der deutschen Grammatik. Der Satz. Stuttgart.

Eisenberg, Peter; Alexander Gusovius 1988: Bibliographie zur deutschen Grammatik. 1965-1986. 2., überarb. u. erw. Aufl. Tübingen (= Studien zur deutschen Grammatik 26).

Eisenberg, Peter; K. H. Ramers; H. Vater (Hg.) 1992: Silbenphonologie des Deutschen. Tübingen (= Studien zur deutschen Grammatik 42).

Engelkamp, Johannes 1986: Sprache, Wahrnehmung, Denken. In: H.-G. Bosshardt (Hg.): Perspektiven auf Sprache. Berlin, 111-129.

Erben, Johannes 1984: Deutsche Syntax. Eine Einführung. Bern u.a. (= Germanistische Lehrbuchsammlung 12).

Erben, Johannes 1993: Einführung in die deutsche Wortbildungslehre. 3., neubearbeitete Aufl. Berlin (= Grundlagen der Germanistik 17).

Ernst, Peter 2002: Pragmalinguistik. Grundlagen, Anwendung, Probleme. Berlin/New York

Eroms, Hans Werner 2000: Syntax der deutschen Sprache. Berlin/New York.

Eschbach, Achim (Hg.) 1981: Zeichen über Zeichen über Zeichen. 15 Studien über Charles W. Morris. Tübingen.

Eschbach, Achim; Viktoria Eschbach-Szabo 1986: Bibliography of semiotics 1975-1985. 2 Teile. Amsterdam.

Essen, Otto v. 1979[5]: Allgemeine und angewandte Phonetik. Darmstadt.

Eyer, Peter 1987: Perlokutionen. Niemeyer (= RGL 75).

Eysenck, Michael W.; Mark T. Keane 1990: Cognitive psychology: a student's handbook. Hillsdale NJ.

Fabricius-Hansen, Cathrine 1991: Tempus. In: Arnim von Stechow; Dieter Wunderlich (Hg.): Semantik. Ein internationales Handbuch der zeitgenössischen Forschung. Berlin. 722-748 (= Handbücher zur Sprach- und Kommunikationswissenschaft 6).

Fairclough, Norman L.; Ruth Wodak 1997: Critical discourse analysis. In: Teun A. van Dijk (Hg.): Discourse studies. A multidisciplinary introduction. Bd II: Discourse as social interaction. London, 258-284.

Falkenberg, Gabriel 1982: Lügen. Grundzüge einer Theorie der spachlichen Täuschung. Niemeyer (= Linguistische Arbeiten 86).

Fanselow, Gisbert et al. 2002: Resolving problems in grammar: Optimality theory in syntax, morphology and phonology. Hamburg.

Fanselow, Gisbert; Sascha W. Felix 1984: Noam Chomsky. Grammatik als System kognitiver Repräsentationen. In: Sprache und Literatur in Wissenschaft und Unterricht 15, 54, 31-56.

Fanselow, Gisbert; Sascha W. Felix 1990: Sprachtheorie. Einführung in die Generative Grammatik. I: Grundlagen und Zielsetzungen. II: Die Rektions- und Bindungstheorie. 2. Aufl. Tübingen (= UTB 1441/1442).

Fant, Gunnar 1970² 1960: Acoustic Theory of Speech Production. 's-Gravenhage.

Fasold, Ralph W. 1990: The Sociolinguistics of Language. Oxford.

Fauser, Markus 2003: Einführung in die Kulturwissenschaft. Darmstadt.

Felix, Sascha W. 1987: Cognition and language growth. Dordrecht.

Felix, Sascha W.; Christopher Habel; Gert Rickheit (Hg.) 1994: Kognitive Linguistik. Repräsentation und Prozesse. Opladen.

Felix, Sascha W.; Siegfried Kanngiesser; Gert Rickheit (Hg.) 1990: Sprache und Wissen. Studien zur Kognitiven Linguistik. Opladen.

Féry, Caroline 1993: German intonational patterns. Tübingen.

Féry, Caroline 1998: German word stress in Optimality Theory. In: Journal of Comparative Germanic Linguistics 2,101-142.

Fiehler, Reinhard 1997: Training: Optimierung persönlicher und telefonischer Reklamationsgespräche. In: Christoph Obermann; Frank Schiel (Hg.): Trainingspraxis. 22 erfolgreiche Seminare zu Vertriebstraining, Führung, Teambuilding und Unternehmensentwicklung. Köln, 39-56.

Fiehler, Reinhard 2001: Gesprächsanalyse und Kommunikationstraining. In: Klaus Brinker u.a. (Hg.): Text- und Gesprächslinguistik. Ein internationales Handbuch zeitgenössischer Forschung. 2. Halbband: Gesprächslinguistik. Berlin/New York (= Handbücher zur Sprach- und Kommunikationswissenschaft 16.2), 1697-1710.

Fiehler, Reinhard; Wolfgang Sucharowski (Hg.) 1992: Kommunikationsberatung und Kommunikationstraining. Anwendungsfelder der Diskursforschung. Opladen.

Fiehler, Reinhard; Caja Thimm (Hg.) 1998: Sprache und Kommunikation im Alter. Opladen.

Fiehler, Reinhard; Walther Kindt; Guido Schnieders 1999: Kommunikationsprobleme in Reklamationsgesprächen. In: Gisela Brünner; Reinhard Fiehler; Walther Kindt (Hg.): Angewandte Diskursforschung. Band 1: Grundlagen und Beispielanalysen. Opladen/Wiesbaden, 120-154.

Fillmore, Charles 1997: Lectures on Deixis. Stanford.

Fillmore, Charles J. 1968: The case for case. In: E. Bach; R. T. Harms (Hg.): Universals in linguistic theory. New York, 1-88. Deutsch in: Werner Abraham (Hg.): Kasustheorie. Frankfurt 1971.

Fischer-Lichte, Erika 1998: Auf dem Weg zu einer performativen Kultur. In: Erika Fischer-Lichte, Doris Kolesch (Hg.): Kulturen des Performativen. Paragrana, Band 7, Heft 1, 13-29.

Fishman, Joshua A. 1968: Sociolinguistic perspective on the study of bilingualism. In: Linguistics 39, 21-49.

Fishman, Joshua A. 1989: Language and ethnicity in minority sociolinguistic perspective. Clevedon, Philadelphia.

Fix, Ulla 1998: Die erklärende Kraft von Textsorten. Textsortenbeschreibung als Zugang zu mehrfach strukturiertem – auch kulturellem – Wissen über Texte. In: Linguistica XXXVIII, 1. Textsorten in der interkulturellen Kommunikation, 15-27.

Fix, Ulla 1999: Textsorte – Textmuster – Textmustermischung. Konzept und Analysebeispiel. In: Cahiers d'études Germaniques 1999/2 (Marie-Hélène Pérennec (Hg.): Textlinguistik: An- und Aussichten), 11-26.

Fix, Ulla 2000: Aspekte der Intertextualität. In: Klaus Brinker; Gerd Antos; Wolfgang Heinemann; Sven F. Sager, (Hg.) 2000: Text- und Gesprächslinguistik: Ein internationales Handbuch zeitgenössischer Forschung. 1. Halbband: Textlinguistik. Berlin/New York (= Handbücher zur Sprach- und Kommunikationswissenschaft 16.1), 449-457.

Fix, Ulla 2001: Grundzüge der Textlinguistik. In: Wolfgang Fleischer; Gerhard Helbig; Gotthard Lerchner (Hg.): Kleine Enzyklopädie Deutsche Sprache. Frankfurt am Main u.a., 470-511.

Fix, Ulla 2002: Sind Textsorten kulturspezifisch geprägt? Plädoyer für einen erweiterten Textsortenbegriff. In: Peter Wiesinger (Hg.): Akten des X. Internationalen Germanistenkongresses Wien 2000 "Zeitenwende – die Germanistik auf dem Weg vom 20. ins 21. Jahrhundert". Band 2. Franfurt am Main u.a., 173-178.

Fix, Ulla, Hannelore Poethe; Gabriele Yos 2001: Textlinguistik und Stilistik für Einsteiger. Ein Lehr- und Arbeitsbuch. Frankfurt am Main u.a.

Fix, Ulla; Kirsten Adamzik, Gerd Antos; Michael Klemm (Hg.) 2002: Brauchen wir einen neuen Textbegriff? Antworten auf eine Preisfrage. Frankfurt am Main u.a. (= forum Angewandte Linguistik 40).

Fix, Ulla; Stephan Habscheid; Josef Klein (Hg.) (2001): Zur Kulturspezifik von Textsorten. Tübingen (= Textsorten 3).

Fleischer, Michael 1987: Hund und Mensch. Eine semiotische Analyse ihrer Kommunikation. Tübingen.

Fleischer, Wolfgang; Irmhild Barz (unter Mitarbeit von Marianne Schröder) 1992: Wortbildung der deutschen Gegenwartssprache. Tübingen [2., durchges. und erg. Aufl. 1995]

Flores d'Arcais, G.B. 1986: Konzeptuelle Strukturen und das mentale Lexikon. In: H.-G. Bosshardt (Hg.): Perspektiven auf Sprache. Berlin, 130-148.

Foley, William A. 1997: Anthropological linguistics. An introduction. Malden, Mass.

Fox, Anthony 1984: German intonation: an outline. Oxford.

Fox, Anthony 2000: Prosodic features and prosodic structure. The phonology of suprasegmentals. Oxford.

Fraas, Claudia 1996: Gebrauchswandel und Bedeutungsvarianz in Textnetzen. Die Konzepte IDENTITÄT und DEUTSCHE im Diskurs zur deutschen Einheit. Tübingen.

Franke, Wilhelm 1987: Texttypen, Textsorten, Textexemplare: Ein Ansatz zu ihrer Klassifikation und Beschreibung. In: ZGL 15, 263-281.

Franke, Wilhelm 1990: Elementare Dialogstrukturen: Darstellung, Analyse, Diskussion. Tübingen.

Frege, Gottlob 1892: Über Sinn und Bedeutung. In: Zeitschrift für Philosophie und philosophische Kritik. Neue Folge 100, 25-50. Zum Beispiel wieder in: Gottlob Frege: Funktion, Begriff, Bedeutung. Fünf logische Studien. Hg. u. eingel. v. G. Patzig. 5. Aufl. Göttingen 1980 (=Kleine Vandenhoeck-Reihe 1144), 40-65.

Freundlich, Rudolf 1988: Einführung in die Semantik. 2. Auflage Darmstadt.

Friederici, Angela 1987: Kognitive Strukturen des Sprachverstehens. Berlin.

Friederici, Angela D. (Hg.) 1999: Sprachrezeption. Göttingen etc. (= Enzyklopädie der Psychologie C III/2).

Friedrich, Johannes 1966: Geschichte der Schrift, unter bes. Berücksichtigung ihrer geistigen Entwicklung. Heidelberg.

Fritz, Gerd 1998: Historische Semantik. Stuttgart/Weimar (= Sammlung Metzler 313).

Fritz, Gerd; Franz Hundsnurscher (Hg.) 1994: Handbuch der Dialoganalyse. Tübingen.

Frühwald, Wolfgang u.a. 1991: Geisteswissenschaften heute. Eine Denkschrift. Frankfurt am Main (= stw 973).

Fry, Dennis B. 1979: The Physics of Speech. Cambridge.

Furth, Hans G. 1973: Piaget für Lehrer. Düsseldorf.

Gallmann, Peter 1985: Graphische Elemente der geschriebenen Sprache. Grundlagen für eine Reform der Orthographie. Tübingen (= RGL 60).

Gallmann, Peter 1990: Kategoriell komplexe Wortformen. Das Zusammenwirken von Morphologie und Syntax bei der Flexion von Nomen und Adjektiven. Tübingen (= RGL 108).

Gallmann, Peter; Horst Sitta 1992: Satzglieder in der wissenschaftlichen Diskussion und in Resultatsgrammatiken. In: ZGL 20, 2, 137-181.

Gardt, Andreas; Klaus J. Mattheier; Oskar Reichmann (Hg.) 1995: Sprachgeschichte des Neuhochdeutschen. Gegenstände, Methoden, Theorien. Tübingen.

Gardt, Andreas; Ulrike Haß-Zumkehr; Thorsten Roelcke (Hg.) 1999: Sprachgeschichte als Kulturgeschichte. Berlin/New York.

Garfinkel, Harold 1967: Studies in ethnomethodology. Englewood Cliffs.

Garman, Michael 1990: Psycholinguistics. Cambridge (= Cambridge textbooks in linguistics).

Gazdar, Gerald 1979: Pragmatics. New York.

Geertz, Clifford 1983: Dichte Beschreibung. Beiträge zum Verstehen kultureller Systeme. Frankfurt am Main (= stw 696).

Gesprächsforschung. Online-Zeitschrift zur verbalen Interaktion. www.gespraechsforschung-ozs.de

Gessinger, Joachim, Wolfert von Rahden (Hg.) 1989: Theorien vom Ursprung der Sprache. 2 Bände. Berlin.

Gilbert, Glenn (ed.) 2002: Pidgin and Creole linguistics in the twenty-first century. New York.

Gilles, Peter 2001: Die Intonation der Weiterweisung im Hamburgischen und Berlinischen. Ein Beitrag zur konversationsanalytisch orientierten Erforschung von Regionalintonation am Beispiel des Hamburgischen und Berlinischen. In: Zeitschrift für germanistische Linguistik 29, 40–69.

Gilles, Peter 2002: Untersuchungen zur regionalen Färbung der Intonation des Standarddeutschen. Diskussion eines methodischen Zugangs. In: Wiesinger, Peter (Hg.): Akten des X. Internationalen Germanistenkongresses, Wien 2000, «Zeitenwende - Die Germanistik auf dem Weg vom 20. ins 21. Jahrhundert», Band 3: 249-255. Frankfurt (= Jahrbuch für Internationale Germanistik, Reihe A, Band 55).

Ginsburg, Herbert; Sylvia Opper 1982: Piagets Theorie der geistigen Entwicklung. 3. Aufl. Stuttgart.

Gipper, Helmut 1972: Gibt es ein sprachliches Relativitätsprinzip? Untersuchungen zur Sapir-Whorf-Hypothese. Frankfurt.

Givon, Talmy 1984: Syntax. A functional-typological introduction. Bd. 1. Amsterdam. [überarb. Aufl. 2001]

Glinz, Hans 1970: Deutsche Syntax. Dritte, durch einen Nachtrag erweiterte Auflage. Stuttgart (= Sammlung Metzler 43).

Gloning, Thomas 1996: Bedeutung, Gebrauch und sprachliche Handlung. Ansätze und Probleme einer handlungstheoretischen Semantik aus linguistischer Sicht. Tübingen (= RGL 170).

Gloy, Klaus 1998: Ethik-Diskurse. Praktiken öffentlicher Konfliktaustragung. Skizze eines Forschungsvorhabens. Oldenburg (= Ethik-Diskurse. Praktiken öffentlicher Konfliktaustragung. Arbeitspapier Nr. 1).

Glück, Helmut; Wolfgang Sauer 1989: Gegenwartsdeutsch. Stuttgart (= Sammlung Metzler 252). [2., überarb. und erg. Aufl. 1997]

Goddard, Cliff 1998: Semantic analysis. A practical introduction. Oxford (= Oxford textbooks in linguistics).

Goffmann Erving 1981: Forms of talk. Oxford.

Gohl, Christine; Susanne Günthner 1999: Grammatikalisierung von *weil* als Diskursmarker in der gesprochenen Sprache. In: Zeitschrift für Sprachwissenschaft 18 (1), 39-75.

Goldsmith, John A. 1979: Autosegmental Phonology. New York/London.

Goldsmith, John A. 1990: Autosegmental and Metrical Phonology. Oxford.

Goldsmith, John (Hg.) 1995: The handbook of phonological theory. Oxford.

Goldsmith, John (Hg.) 1999: Phonological theory. The essential readings. Oxford.

Goodwin, Charles; Alessandro Duranti 1992: Rethinking context: an introduction. In: Duranti, Alessandro; Charles Goodwin (Hg.): Rethinking Context. Language as an interactive phenomenon. Cambridge (= Studies in the Social and Cultural Foundations of Language 11), 1-42.

Göttert, Karl-Heinz 1978: Argumentation. Grundzüge ihrer Theorie im Bereich theoretischen Wissens und praktischen Handelns. Tübingen.

Göttert, Karl-Heinz 1988: Kommunikationsideale: Untersuchungen zur europäischen Konversationstheorie. München.

Graddol David; Joan Swann 1989: Gender voices. Oxford.

Grassegger, Hans 2001: Phonetik/Phonologie. Idstein.

Grewendorf, Günther (Hg.) 1979: Sprechakttheorie und Semantik. Frankfurt (= stw 276).

Grewendorf, Günther 1988: Aspekte der deutschen Syntax. Eine Rektions-Bindungs-Analyse. Tübingen.

Grewendorf, Günther 2002: Minimalistische Syntax. Tübingen (= UTB 2313)

Grewendorf, Günther; Fritz Hamm; Wolfgang Sternefeld 1987: Sprachliches Wissen. Eine Einführung in moderne Theorien der grammatischen Beschreibung. Frankfurt a.M. (= stw 695)

Grewendorf, Günther; Georg Meggle 2002: Speech acts, mind and social reality. Discussions with John. R. Searle. Dordrecht.

Grice, H.P. 1968: Utterer's meaning, sentence-meaning, and word-meaning. In: Foundations of Linguistics 4, 225-242.

Grice, H.P. 1975: Logic and conversation. In: P. Cole; J.L. Morgan (Hg.): Speech acts. New York (= Syntax & Semantics 3), 41-58.

Grimm, Hannelore 1977: Psychologie der Sprachentwicklung, Bd. I, II. Stuttgart.

Grimm, Hannelore; Johannes Engelkamp 1981: Sprachpsychologie. Handbuch und Lexikon der Psycholinguistik. Berlin.

Groenendijk, Jeroen; Martin Stokhof 1991: Dynamic Predicate Logic. In: Linguistics and Philosophy 14, H. 1, 39-100.

Grosse, Siegfried u.a. 1987: Sprachwandel und Sprachwachstum im Ruhrgebiet des 19. Jahrhunderts unter dem Einfluss der Industrialisierung. In: ZDL 2, 202-221.

Grosse, Siegfried u.a. 1989: "Denn das Schreiben gehört nicht zu meiner täglichen Beschäftigung". Der Alltag kleiner Leute in Bittschriften, Briefen und Berichten aus dem 19. Jahrhundert. Ein Lesebuch. Bonn.

Groth, Ruth 1989: Geschlecht und Interaktion: Lachen in Gesprächen von Frauen und Männern. Eine Untersuchung in der Schule zu den Differenzen im weiblichen und männlichen Kommunikationsverhalten. Lizentiatsarbeit Zürich.

Gülich, Elisabeth; Wolfgang Raible (Hg.) 1972: Textsorten. Differenzierungskriterien aus linguistischer Sicht. 2. Aufl. München (= Athenaion-Skripten Linguistik 5). [2. Aufl. 1975]

Gülich, Elisabeth; Wolfgang Raible 1977: Linguistische Textmodelle. Grundlagen und Möglichkeiten. München (= UTB 130).

Gumperz, John 1975: Sprache, lokale Kultur und soziale Identität. Theoretische Beiträge und Fallstudien. Düsseldorf.

Gumperz, John 1982: Discourse strategies. Cambridge.

Gumperz, John J. 1992: Contextualization revisited. In: Peter Auer; Aldo di Luzio (Hg.): The Contextualisation of Language. Amsterdam/Philadelphia, 39-53.

Gumperz, John J. 2001: Interactional Sociolinguistics: A Personal Perspective. In: Deborah Schiffrin; Deborah Tannen; Heidi E. Hamilton (Hg.): The Handbook of Discourse Analysis. Massachusetts/Oxford, 215-228.

Günther, Ulla; Eva Lia Wyss 1996: E-Mail-Briefe – eine neue Textsorte zwischen Mündlichkeit und Schriftlichkeit. In: Ernest W. B. Hess-Lüttich; Werner Holly; Ulrich Püschel (Hg.): Textstrukturen im Medienwandel. Frankfurt am Main, 61-86.

Günthner, Susanne 1993: Diskursstrategien in der interkulturellen Kommunikation. Analysen deutschchinesischer Gespräche. Tübingen (= Linguistische Arbeiten 286).

Günthner, Susanne; Helga Kotthoff (Hg.) 1991: Von fremden Stimmen. Weibliches und männliches Sprechen im Kulturvergleich. Frankfurt/M.

Günthner, Susanne; Helga Kotthoff (Hg.) 1992: Die Geschlechter im Gespräch. Kommunikation in Institutionen. Stuttgart.

Haase, Martin 1994: Respekt. Die Grammatikalisierung von Höflichkeit. Unterschleissheim.

Haegeman, Liliane 1994: Introduction to government and binding theory. 2nd edition. Oxford.

Haider, Hubert 1993: Deutsche Syntax generativ. Vorstudien zur Theorie einer projektiven Grammatik. Tübingen (= TBL 325).

Hakkarainen, Heikki J. 1995: Phonetik des Deutschen. München (= UTB1835).

Hall, T. Alan 2000: Phonologie. Eine Einführung. Berlin/New York.

Hall, T. Alan 2002: Against extrasyllabic consonants in German and English. In: Phonology 19, 33-75.

Hall, T. Alan; Silke Hamann 2003: Loanword nativization in German. In: Zeitschrift für Sprachwissenschaft 22, 56-85.

Halle, Morris; Alec Marantz 1993: Distributed morphology and the pieces of inflection. In: Kenneth Hale and Samuel Jay Keyser (Hg.): The view from building 20: Essays in linguistics in honor of Sylvain Bromberger. Cambridge (= Current studies in linguistics 24), 111-176.

Halliday, Michael A. K. 1978: Language as Social Semiotic. London.

Halliday, Michael A.K. 1985: Introduction to functional grammar. London.

Handtke, Jürgen 2000: The Mouton interactive introduction to phonetics and phonology. Berlin/New York.

Hardcastle, William J.; John Laver (Hg.) 1997: The handbook of phonetic sciences. Oxford.

Harras, Gisela 1983: Handlungssprache und Sprechhandlung. Berlin.

Harris, Margaret; Max Coltheart 1986: Language processing in children and adults. An introduction. London.

Harris, Zellig S. 1951: [Methods in] Structural Linguistics. Chicago.

Hartig, Matthias 1985: Angewandte Linguistik des Deutschen I: Soziolinguistik. Bern u.a. (= Germanistische Lehrbuchsammlung 16).

Hartig, Matthias 1990: Soziolinguistik für Anfänger. Hamburg.

Hartung, Wolfdietrich (Hg.) 1991: Kommunikation und Wissen. Annäherungen an ein interdisziplinäres Forschungsgebiet. Berlin (= Sprache und Gesellschaft 23).

Hausendorf, Heiko 2000: Zugehörigkeit durch Sprache. Eine linguistische Studie am Beispiel der deutschen Wiedervereinigung, Tübingen (=Reihe Germanistische Linguistik 215).

Heidelberger Forschungsprojekt 1975: Heidelberger Forschungsprojekt "Pidgin-Deutsch": Sprache und Kommunikation ausländischer Arbeiter. Analysen, Berichte, Materialien. Kronberg/Ts. (= Monographien Linguistik und Kommunikationswissenschaft 20).

Heike, Georg 1969: Suprasegmentale Analyse. Marburg.

Heike, Georg 1982: Phonologie. Stuttgart.

Heike, Georg 1992: Zur Phonetik der Silbe. In: P. Eisenberg, K. H. Ramers; H. Vater (Hg.): Silbenphonologie des Deutschen. Tübingen (=Studien zur deutschen Grammatik 42), 1-44.

Heim, Irene; Angelika Kratzer 1998: Semantics in generative grammar. Malden, Mass. (= Blackwell textbooks in linguistics 13).

Heine, Bernd 2003: Grammaticalization. In: Brian D Joseph; Richard D. Janda (Hg.): The Handbook of historical linguistics. Oxford, 575-601.

Heine, Bernd; Ulrike Claudi; Frederike Hünnemeyer 1991: Grammaticalization. A conceptual framework. Chicago/London.

Heinemann, Margot (Hg.) 1998: Sprachliche und soziale Stereotype. Frankfurt a.M. [etc.].

Heinemann, Margot 1989: Kleines Wörterbuch der Jugendsprache. Leipzig.

Heinemann, Margot; Wolfgang Heinemann 2002: Grundlagen der Textlinguistik. Interaktion – Text – Diskurs. Tübingen (= Reihe germanistische Linguistik 230).

Heinemann, Wolfgang 2000: Aspekte der Textsortendifferenzierung. In: Klaus Brinker, Gerd Antos, Wolfgang Heinemann, Sven F. Sager (Hg.): Text- und Gesprächslinguistik. Ein internationales Handbuch zeitgenössischer Forschung. 1. Halbband. Berlin, New York, 523-546 (= Handbücher zur Sprach- und Kommunikationswissenschaft 16.1).

Heinemann, Wolfgang; Dieter Viehweger 1991: Textlinguistik. Eine Einführung. Tübingen (= RGL 115).

Heintel, Erich 1986: Einführung in die Sprachphilosophie. 3. Auflage. Darmstadt.

Helbig, Gerhard 1982: Valenz - Satzglieder - semantische Kasus - Satzmodelle. Leipzig.

Helbig, Gerhard 1986: Entwicklung der Sprachwissenschaft seit 1970. Leipzig.

Helbig, Gerhard 1989: Geschichte der neueren Sprachwissenschaft. 8. Aufl. Opladen (= wv studium 48). [1. Aufl. 1970]

Helbig, Gerhard 1992: Probleme der Valenz- und Kasustheorie. Tübingen (= Konzepte der Sprach- und Literaturwissenschaft 51).

Henne, Helmut 1979: Die Rolle des Hörers im Gespräch. In: Inger Rosengren (Hg.): Sprache und Pragmatik. Lunder Symposium 1978. Lund (= Lunder germanistische Forschungen 49), 122-134.

Henne, Helmut 1986: Jugend und ihre Sprache: Darstellung, Materialien, Kritik. Berlin, New York.

Henne, Helmut; Helmut Rehbock 1982: Einführung in die Gesprächsanalyse. Zweite, verbesserte und erweiterte Auflage. Berlin, New York (= Sammlung Göschen 2212). [4., durchges. und bibliographisch erg. Auflage 2001]

Hentschel, Elke; Harald Weydt 1990: Handbuch der deutschen Grammatik. Berlin. [3., völlig neu bearb. Aufl. 2003]

Hepp, Andreas; Carsten Winter (Hg.) 2003: Die Cultural Studies Kontroverse. Lüneburg.

Heringer, Hans Jürgen; Bruno Strecker; Rainer Wimmer 1980: Syntax. Fragen – Lösungen – Alternativen. München (= UTB 251).

Heringer, Hans-Jürgen 1974: Praktische Semantik. Stuttgart.

Heringer, Hans-Jürgen u.a. 1977: Einführung in die Praktische Semantik. Heidelberg (= UTB 716).

Hermanns, Fritz 1994: Linguistische Anthropologie. Skizze eines Gegenstandsbereiches linguistischer Mentalitätsgeschichte. In: Dietrich Busse; Fritz Hermanns; Wolfgang Teubert (Hg.): Begriffsgeschichte und Diskursgeschichte. Methodenfragen und Forschungsergebnisse historischer Semantik. Opladen, 29-59.

Hermanns, Fritz 1995: Sprachgeschichte als Mentalitätsgeschichte. Überlegungen zu Sinn und Form und Gegenstand historischer Semantik. In: Andreas Gardt; Klaus Mattheier; Oskar Reichmann (Hg.): Sprachgeschichte des Neuhochdeutschen. Gegenstände, Methoden, Theorien. Tübingen (= Reihe germanistische Linguistik 156), 69-101.

Herrmann, Theo; Jürgen Grabowski (Hg.) 2003: Sprachproduktion. Göttingen u.a. (=.Enzyklopädie der Psychologie C III/1).

Hess-Lüttich, Ernest W. B. 1997: Text, Intertext, Hypertext – Zur Texttheorie der Hypertextualität. In: Josef Klein; Ulla Fix (Hg.): Textbeziehungen. Linguistische und literaturwissenschaftliche Beiträge zur Intertextualität. Tübingen, 125-148.

Heusinger, Siegfried 1998: Kulturelle Aspekte von Textsorten. In: Janez Oresnik; Anton Janko; Neva Slibar; Siegfried Heusinger; Mirko Krizman (Hg.): Textsorten in der interkulturellen Kommunikation. Liubljana (= Linguistica 38, 1), 7-14.

Hildebrand-Nilshon, Martin 1980: Die Entwicklung der Sprache. Phylogenese und Ontogenese. Frankfurt a.M.

Hillert, Dieter 1987: Zur mentalen Repräsentation von Wortbedeutungen. Tübingen.

Hillert, Dieter 1990: Spachprozesse und Wissensstrukturen. Neuropsychologische Grundlagen der Kognition. Opladen.

Hindelang, Götz 1994: Einführung in die Sprechakttheorie. 2., durchges. Aufl. Tübingen (= Germanistische Arbeitshefte 27). [3. Aufl. 2000]

Hinnenkamp, Volker 1989: Interaktionale Soziolingustik und Interkulturelle Kommunikation. Gesprächsmanagement zwischen Deutschen und Türken. Tübingen.

Hinnenkamp, Volker 1994: Interkulturelle Kommunikation. Heidelberg (= Studienbibliographien Sprachwissenschaft 11).

Hock, Hans Heinrich 1986: Principles of historical linguistics. Berlin [etc.] (= Trends in linguistics. Studies and monographs 34).

Hock, Hans Heinrich; Brian D. Joseph 1996: Language history, language change, and language relationship: an introduction to historical and comparativ linguistics. Berlin/New York (= Trends in linguistics. Studies and monographs 93).

Hockett, Charles 1955: A Manual of Phonology. Baltimore [Nachdruck Chicago 1975].

Hoffmann, Joachim 1986: Die Welt der Begriffe. Weinheim.

Hoffmann, Ludger 1989: Über Thema und thematische Organisation. In: Margita Pätzold; Petra Lindemann (Hg.): Kommunikationstagung 1989. Berlin (= Linguistische Studien A 199), 209-223.

Hogg, Richard; C. B. McCully 1986: Metrical phonology: a coursebook. Cambridge [etc.].

Holly, Werner u.a. 1986: Politische Fernsehdiskussionen. Zur medienspezifischen Inszenierung von Propaganda als Diskussion. Tübingen.

Hopper, Paul J.; Elizabeth C. Traugott 1993: Grammaticalization. Cambridge.

Hörmann, Hans 1970: Psychologie der Sprache. 2. Aufl. Berlin.

Hörmann, Hans 1976: Meinen und Verstehen. Frankfurt.

Hörmann, Hans 1987: Einführung in die Psycholinguistik. 2. Auflage Darmstadt.

Horn, Laurence 1984: Toward a new taxonomy for pragmatic inference: Q-based and R-based implicature'. In: Deborah Schiffrin (Hg.) 1984: Meaning, Form and Use in Context: Linguistic Applications. Georgetown.

Horn, Laurence; Gregory Warn 2003: Handbook of pragmatics. Oxford.

Hundsnurscher, Franz 1972: Neuere Methoden der Semantik. Eine Einführung anhand deutscher Beispiele. 2. Aufl. Tübingen (= Germanistische Arbeitshefte 2).

Hurford, James R.; Brendan Heasley 1983: Semantics. A coursebook. Cambridge.

Husmann, Heike 1998: Chatten im Internet Relay Chat (IRC). Einführung und erste Analyse. München.

Hymes, Dell 1979: Soziolinguistik. Zur Ethnographie der Kommunikation. Frankfurt a.M.

Immler, Manfred 1974: Generative Syntax - Generative Semantik. Darstellung und Kritik. München (= UTB 207).

Ingram, David 1989: First language acquisition: method, description and explanation. Cambridge.

IPA 1999: Handbook of the International Phonetic Association. Cambridge.

Iser, G. 1972: Der implizite Leser. München.

Jackendoff, Ray 1985: Semantics and cognition. Cambridge, Mass. (= Current studies in linguistics series 8).

Jackendoff, Ray 1990: Semantic structures. Cambridge, Mass. (= Current studies in linguistics series 18).

Jacobs, Joachim 1992: Informationsstruktur und Grammatik. Opladen (= Linguistische Berichte, Sonderheft 4).

Jacobs, Joachim 1994: Kontra Valenz. Trier. (= Fokus, Band 12)

Jacobs, Joachim; Arnim von Stechow; Wolfgang Sternefeld; Theo Vennemann (Hg.) 1993f.: Syntax. Ein internationales Handbuch zeitgenössischer Forschung. 2 Halbbde. Berlin/New York (= Handbücher zur Sprach- und Kommunikationswissenschaft 9.1/9.2).

Jäger, K.-H. 1976: Untersuchungen zur Klassifikation gesprochener deutscher Standardsprache. Redekonstellationstypen und argumentative Dialogsorten. München.

Jäger, Ludwig (Hg.) 1988: Zur historischen Semantik des deutschen Gefühlswortschatzes. Aspekte, Probleme und Beispiele seiner lexikographischen Erfassung. Aachen.

Jäger, Ludwig; Christian Stetter (Hg.) 1986: Zeichen und Verstehen. Akten des Aachener Saussure-Kolloquiums. Aachen.

Jäger, Siegfried 1999: Kritische Diskursanalyse. Eine Einführung. 2., überarb. und erw. Aufl. Duisburg.

Jakobson, Roman; Gunnar Fant; Morris Halle 1967[7] [1952]: Preliminaries to Speech Analysis. The Distinctive Features and their Correlates. Cambridge Mass.

Jakobson, Roman; Morris Halle 1971[2] [1956]: Fundamentals of Language. The Hague/Paris.

Jaszczolt, Katarzina M. 2002: Semantics and pragmatics. Meaning in language and discourse. London.

Jellinek, Max Hermann 1913/14: Geschichte der neuhochdeutschen Grammatik von den Anfängen bis auf Adelung. Heidelberg.

Jensen, Hans 1969: Die Schrift in Vergangenheit und Gegenwart. 3. Aufl. Berlin.

Jespersen, Otto 1904: Lehrbuch der Phonetik. Leipzig.

Jespersen, Otto 1925: Die Sprache, ihre Natur, Entwicklung und Entstehung. Heidelberg.

Johnson-Laird, P.N. 1983: Mental models. Towards a cognitive science of language, inference and consciousness. Cambridge.

Johnson-Laird, P.N.; P.C. Wason (Hg.) 1977: Thinking. Readings in cognitive science. Cambridge.

Joseph, Brian D.; Richard D. Janda (Hg.) 2003: The handbook of historical linguistics. Oxford.

Jung, Matthias 1994: Öffentlichkeit und Sprachwandel. Zur Geschichte des Diskurses über die Atomenergie. Opladen.

Kager, René 1999: Optimality theory. Cambridge.

Kaisse, Ellen M.; Patricia Shaw 1985: On the theory of Lexical Phonology. In: Phonology Yearbook 2, 1-30.

Kallmeyer, Werner (Hg.) 1986: Kommunikationstypologie. Handlungsmuster, Textsorten, Situationstypen. Düsseldorf.

Kallmeyer, Werner (Hg.) 1994: Kommunikation in der Stadt. Teil 1: Exemplarische Analysen des Sprachverhaltens in Mannheim. Berlin/New York (= Schriften des Instituts für deutsche Sprache 4)

Kallmeyer, Werner (Hg.) 2000: Sprache und neue Medien. Berlin/New York.

Kallmeyer, Werner u.a. 1974: Lektürekolleg zur Textlinguistik. Bd. 2: Reader. Frankfurt a.M.

Kalverkämper, Hartwig 1981: Orientierung zur Textlinguistik. Tübingen (= Linguistische Arbeiten 100).

Kamp, Hans; Uwe Reyle 1993: From discourse to logic. Introduction to modeltheoretic semantics of natural language, formal logic and discourse representation theory. 2 Bde. Dordrecht (= Studies in linguistics and philosophy 42).

Kämper, Heidrun; Hartmut Schmidt (Hg.) 1998: Das 20. Jahrhundert. Sprachgeschichte – Zeitgeschichte. Berlin [etc.] (= IDS Jahrbuch 1997).

Kasher, Asa (Hg.) 1991: The Chomskyan turn. Cambridge, Mass. [etc.].

Kasher, Asa 1998: Pragmatics. Critical concepts. Bd. 1- 6. London.

Katamba, Francis 1989: An Introduction to Phonology. London.

Katz, J.; P. Postal 1964: An integrated theory of linguistic descriptions. Cambridge, Mass.

Katz, L; J. Fodor 1963: The structure of a semantic theory. In: Language 39, 170-210.

Kaye, Jonathan 1989: Phonology. A cognitive view. Hillsdale, N.J.

Kearns, Kate 2000: Semantics. New York (= Modern linguistics series).

Keenan, E.L. 1971: Two kinds of presupposition in natural language. In: Fillmore, Charles J.; D.T. Langendoen (Hg.): Studies in linguistic semantics. New York, 45-52.

Kegel, Gerd 1987: Sprache und Sprechen des Kindes. 3. Auflage. Opladen.

Kehrein, Roland 2002: Prosodie und Emotion. Tübingen (= Reihe Germanistische Linguistik 231).

Keim, Inken 1993: Sprachvariation als konstitutives Merkmal eines sozialen Stils. Am Beispiel einer innerstädtischen Welt "kleiner Leute". In: Der Deutschunterricht 45, 3, 44-58.

Keim, Inken u.a. 1982: Kommunikation ausländischer Arbeiter. Eine Studie zum deutschsprachigen Interaktionsverhalten von griechischen und türkischen Arbeitern. Tübingen.

Keller, Rudi 1990: Sprachwandel. Von der unsichtbaren Hand in der Sprache. Tübingen (= UTB 1567). [2., überarb. und erw. Auflage 1994]

Keller, Rudi 1992: Zeichenbedeutung und Bedeutungswandel. In: Zft. für Semiotik 14, 4, 327-366.

Keller, Rudi; Helmut Lüdtke 1997: Kodewandel. In: Posner, Robering, Sebeok (Hg.) 1997ff. 1. Teilband, 414-435.

Keller, Rudi; Ilja Kirschbaum 2003: Bedeutungswandel: eine Einführung. Berlin.

Kelter, Stephanie 1990: Aphasien. Stuttgart.

Kempson, Ruth M. 1977: Semantic theory. Cambridge (= Cambridge textbooks in linguistics).

Kenstowicz, Michael 1994: Phonology in Generative Grammar. Cambridge (Mass.)/Oxford.

Kern, Peter Ch.; Herta Zutt 1977: Geschichte des deutschen Flexionssystems. Tübingen (= Germanistische Arbeitshefte 22).

Kintsch, Walter 1974: The representation of meaning in memory. Hillsdale NJ.

Kleiber, Georges 1993: Prototypensemantik. Eine Einführung. Tübingen (=Narr Studienbücher) [2. überarb. Aufl. 1998]

Klein, Josef 1987: Die konklusiven Sprechhandlungen. Studien zur Pragmatik, Semantik, Syntax und Lexik von BEGRÜNDEN, ERKLÄREN-WARUM, FOLGERN und RECHTFERTIGEN. Tübingen (= RGL 76).

Klein, Josef 2000: Intertextualität, Geltungsmodus, Texthandlungsmuster: Drei vernachlässigte Kategorien der Textsortenforschung – exemplifiziert an politischen und medialen Textsorten. In: Kirsten Adamzik (Hg.): Textsorten, Reflexionen und Analysen. Tübingen (= Textsorten 1), 31-44.

Klein, Josef; Ulla Fix (Hg.) 1997: Textbeziehungen. Linguistische und literaturwissenschaftliche Beiträge zur Intertextualität. Tübingen.

Klein, Thomas B. 2000: >Umlaut< in Optimality Theory. A comparative analysis of German and Chamorro (= Linguistische Arbeiten 416).

Klein, Wolfgang (Hg.) 1986: Sprachverfall? LiLi. Zeitschrift für Literaturwissenschaft und Linguistik 16, H. 62.

Klein, Wolfgang 1987: Zweitspracherwerb. Eine Einführung. Frankfurt.

Klein, Wolfgang 1992: Tempus, Akzent und Zeitadverbien. Kognitionswissenschaft 2, 107-118.

Klein, Wolfgang 1994: Time in Language. London/New York.

Klein, Wolfgang; Christiane von Stutterheim 1987: Quästio und referentielle Bewegung in Erzählungen. Opladen (= Linguistische Berichte 58), 18-40.

Klein, Wolfgang; Dieter Wunderlich (Hg.) 1971: Aspekte der Soziolinguistik. Frankfurt.

Kleinberger Günther, Ulla 2003: Kommunikation in Betrieben. Wirtschaftslinguistische Aspekte innerbetrieblicher Kommunikation. Bern (= Zürcher germanistische Studien 57).

Kleine Enzyklopädie Deutsche Sprache 1983. Hg. v. Wolfgang Fleischer u.a. Leipzig.

Klenk, Ursula 2003: Generative Syntax. Tübingen.

Kluge, Friedrich 1883/1989: Etymologisches Wörterbuch der deutschen Sprache. 22., völlig neu bearbeitete Auflage. Berlin. [1. Auflage 1883]

Kluge, Friedrich 2002: Etymologisches Wörterbuch der deutschen Sprache. 24., durchges. und erw. Aufl. Berlin/New York.

Koch, Peter; Wulf Oesterreicher 1985: Sprache der Nähe – Sprache der Distanz. Mündlichkeit und Schriftlichkeit im Spannungsfeld von Sprachtheorie und Sprachgeschichte. In: Romanistisches Jahrbuch 36, 15-43.

Koerner, Konrad (Hg.) 1994: Giulio Panconcelli-Calzia: Geschichtszahlen der Phonetik/Quellenatlas der Phonetik. Amsterdam/Philadelphia.

Kohler, Klaus 1977: Einführung in die Phonetik des Deutschen. Berlin.

König, Werner 1978: dtv-Atlas zur deutschen Sprache. Tafeln und Texte. München (= dtv-Atlas 3025). [13., durchges. Auflage 2001]

Koopmann, W.F. u.a. (Hg.) 1986: Explanation and linguistic change. Amsterdam (= Current issues in linguistic theory 45).

Kopperschmidt, Josef 1976: Allgemeine Rhetorik. Einführung in die Theorie der persuasiven Kommunikation. 2. Auflage. Stuttgart.

Kopperschmidt, Josef 1989: Methodik der Argumentationsanalyse. Stuttgart-Bad Cannstatt.

Kopperschmidt, Josef (Hg.) 1990f: Rhetorik. Bd. 1: Rhetorik als Texttheorie. Bd. 2: Wirkungsgeschichte der Rhetorik. Darmstadt.

Koselleck, Reinhard (Hg.) 1979: Historische Semantik und Begriffsgeschichte. Stuttgart (= Sprache und Geschichte 1).

Koß, Gerhard 1990: Namenforschung. Eine Einführung in die Onomastik. Tübingen (= Linguistische Arbeiten 34).

Kotthoff, Helga (Hg.) 1988: Das Gelächter der Geschlechter: Humor und Macht in Gesprächen von Frauen und Männern. Frankfurt. [2., erw. und überarb. Aufl. 1996]

Kotthoff, Helga (Hg.) 1996: Interactional sociolinguistics. Special issue. Folia Linguistica XXX/3-4. Berlin/New York

Kotthoff, Helga 2002a: Was heisst eigentlich Doing Gender? Zur Interaktion und Geschlecht. In: J. van Leeuwen-Turnovcová et al. (Hg.): Genderforschung in der Slawistik. Wien [etc.], 1-27.

Krämer, Sybille 2001: Sprache, Sprechakt, Kommunikation. Sprachtheoretische Positionen des 20. Jahrhunderts. Frankfurt a.M.

Kotthoff, Helga (Hg.) 2002b: Kultur(en) im Gespräch. Tübingen.

Krämer, Sybille; Ekkehard König (Hg.) 2002: Gibt es eine Sprache hinter dem Sprechen? Frankfurt/M. (= stw 1592).

Krampen, Martin 1988: Geschichte der Strassenverkehrszeichen. Diachronische Analyse eines Zeichensystems. Tübingen.

Krause, Wolf-Dieter 2000: Text, Textsorte, Textvergleich. In: Kirsten Adamzik (Hg.): Textsorten: Reflexionen und Analysen. Tübingen, 45-76.

Krech, Eva-Maria; Eduard Kurka; Helmut Stelzig; Eberhard Stock; Ursula Stötzer; Rudi Teske; u. Mitw. v. Kurt Jung-Alsen 1982: Großes Wörterbuch der deutschen Aussprache. Leipzig.

Kuhlen, Rainer 1991: Hypertext. Ein nicht-lineares Medium zwischen Buch und Wissensbank. Berlin u.a.

Kuhlen, Rainer 1997: Hypertext. In: Marianne Buder; Werner Rehfeld; Thomas Seeger; Dietmar Strauch (Hg.): Grundlagen der praktischen Information und Dokumentation. Ein Handbuch zur Einführung in die fachliche Informationsarbeit. München, 355-369.

Kühnhold, Ingeburg; Oskar Putzer; Hans Wellmann 1973 ff.: Deutsche Wortbildung. Typen und Tendenzen in der Gegenwartssprache. Düsseldorf (= Sprache der Gegenwart 29, 32, 43).

Kutschera, Franz von 1975: Sprachphilosophie. 2., völlig neu bearbeitete und erweiterte Auflage München (= UTB 80).

Labov, William 1971: Die Logik des Nonstandard English (Auszug). In: Wolfgang Klein; Dieter Wunderlich (Hg.): Aspekte der Soziolinguistik. Frankfurt, 80-98.

Labov, William 1972: Language in the inner City. Philadelphia.

Labov, William 1980a: Sprache im sozialen Kontext. Herausgegeben von Norbert Dittmar und Bert-Olaf Rieck. Königstein/Ts.

Labov, William 1980b: Die soziale Stratifikation des (r) in New Yorker Kaufhäusern. In: Labov 1980a, 25-49.

Labov, William 1994: Principles of Language Change. I: Internal factors. Oxford: Blackwell (= Language in Society 20).

Labov, William 2001: Principles of Language Change. II: Social factors. Oxford: Blackwell (= Language in Society 29).

Ladefoged, John; Ian Maddieson 1996: The sounds of the world's languages. Cambridge.

Ladefoged, Peter 1970 [1962]: Elements of Acoustic Phonetics. Chicago.

Ladefoged, Peter 1993[3] [1975]: A Course in Phonetics. San Diego etc.

Lakoff, George 1986: Cognitive semantics. Berkley (= Berkley cognitive science report 36).

Lakoff, George 1987: Women, fire, and dangerous things. What categories reveal about the mind. Chicago.

Lakoff, George; Mark Johnson 1980: Metaphors we live by. Chicago [12. Aufl. 1999].

Lakoff, George; Mark Johnson 1980: Metaphors we live by. Chicago [12. Aufl. 1999; Deutsch: Leben in Metaphern. Konstruktion und Gebrauch von Sprachbildern. Heidelberg 2003].

Lakoff, Robin 1973: Language and women's place. In: Language and Society 2, 45-80.

Lakoff, Robin 1975: Language and women's place. New York.

Lalouschek, Johanna 1995: Ärztliche Gesprächsausbildung. Eine diskursanalytische Studie zu Formen des ärztlichen Gesprächs. Opladen.

Lalouschek, Johanna 1998: "Hypertonie?" – oder das Gespräch mit PatientInnen als Störung ärztlichen Tuns. In: Reinhard Fiehler (Hg.): Verständigungsprobleme und gestörte Kommunikation. Opladen, 97-115.

Lambrecht, Knud 1994: Information structure and sentence form. Topic, focus and the mental representation of Discourse Referents. Cambridge.

Lang, Ewald 1977: Semantik der koordinativen Verknüpfungen. Berlin (= studia grammatica 14).

Langacker, Ronald W. 1999: Foundations of cognitive grammar. 2 Bde. Stanford, Calif. [Reprint].

Lange, Willi 1984: Aspekte der Höflichkeit. Überlegungen am Beispiel der Entschuldigung im Deutschen. Frankfurt.

Lappin, Shalom (Hg.) 1996: The handbook of contemporary semantic theory. 1. publ. Oxford (= Blackwell handbooks in linguistics).

Larson, Richard K 1988: On the double object construction. In: Linguistic Inquiry 19, 335-391.

Larsson, Kent 1982: Skola språk och kön. Lund (= Ord och stil 13).

Lass, Roger 1980: On explaining language change. Cambridge (= Cambridge studies in linguistics 27).

Lass, Roger 1997: Historical linguistics and language change. Cambridge.

Laver, John 1994: Principles of phonetics. Cambridge.

Legendre, Géraldine 2001: Optimality-theoretic syntax. Cambridge Mass.

Lehiste, Ilse 1970: Suprasegmentals. Cambridge/London.

Lehmann, Christian 1995: Thoughts on grammaticalization. München/New Castle (= Lincom Studies in Theoretical Linguistics).

Lehmann, Winfried P. 1969: Einführung in die historische Linguistik. Heidelberg.

Lenerz, Jürgen 1984: Syntaktischer Wandel und Grammatiktheorie. Eine Untersuchung an Beispielen aus der Sprachgeschichte des Deutschen. Tübingen (= Linguistische Arbeiten 141).

LePore, E. (Hg.) 1987: New directions in semantics. London (= Cogn. science ser. 2).

Lerchner, Gotthard (Hg.) 1992: Sprachgebrauch im Wandel. Anmerkungen zur Kommunikationskultur in der DDR vor und nach der Wende. Frankfurt/M. (= Leipziger Arbeiten zur Sprach- und Kommunikationsgeschichte 1).

Lessau, Donald A. 1994: A dictionary of grammaticalization. 3 Bde. Bochum (= Bochum-Essener Beiträge zur Sprachwandelforschung 21).

Leuninger, Helen 1989: Neurolinguistik. Probleme, Paradigmen, Perspektiven. Opladen.

Levelt, Willem M. 1989: Speaking. From intention to articulation. Cambridge, Mass.

Levinson, Stephen C. 1987: Minimization and conversational inference. In: Verschueren, Jef; M. Bertuccelli-Papi (Hg.): The pragmatic Perspective. Selected papers from the 1985 international pragmatics conference. Amsterdam, 61-129.

Levinson, Stephen C. 1990: Pragmatik. Tübingen (= Konzepte der Sprach- und Literaturwissenschaft 39). [Engl. Original 1983]

Levinson, Stephen C. 2000a: Pragmatik. 3. Aufl. neu übers. von Martina Wiese. Tübingen.

Levinson, Stephen C. 2000b: Presumptive Meaning. The theoy of generalized conversational implicature. Cambridge/London.

Levinson, Stephen C. 2003: Deixis. In: Horn, Laurence; Gregory Warn (Hg.): Handbook of pragmatics. Oxford.

Lieb, Hans Heinrich 1977: Outline of integrational linguistics. Berlin.

Lieber, Rochelle 1992: Deconstructing Morphology. Word formation in syntactic theory. Chicago.

Lieberman, Philip 1984: The Biology and Evolution of Language. Cambridge/London.

Lieberman, Philip; Sheila Blumstein 1988: Speech physiology, speech perception, and acoustic phonetics. Cambridge/London.

Liebert, Wolf-Andreas 1992: Metaphernbereiche der deutschen Alltagssprache. Kognitive Linguistik und die Perspektiven einer kognitiven Lexikographie. Frankfurt/M. (= Europäische Hochschulschriften: Reihe 1, Deutsche Sprache und Literatur 1355).

Liedtke, Frank; Rudi Keller (Hg.) 1987: Kommunikation und Kooperation. Tübingen (= Linguistische Arbeiten 189).

Lieverscheidt, Esther u.a. 1989: Salongespräche - Kommunikationen beim Coiffeur. In: Edda Weigand; Franz Hundsnurscher (Hg.): Dialoganalyse. Referate der 2. Arbeitstagung Bochum 1988. Tübingen, 361-381.

Lightfoot, David W. 1979: Principles of diachronic syntax. Cambridge.

Lightfood, David W. 1999: The development of language. Acquisition, change and evolution. Oxford.

Lindner, Gerhard 1969: Einführung in die Experimentelle Phonetik. München.

Lindner, Gerhard 1981: Grundlagen und Anwendung der Phonetik. Berlin.

Link, Godehard 1979: Montague-Grammatik. München (= Kritische Information 71).

Linke, Angelika 1985: Gespräche im Fernsehen. Bern [etc.] (= Zürcher Germanist. Studien 1).

Linke, Angelika 1989: Sprachgebrauch und Sprachgeschichte. In: Praxis Deutsch 96, 9-18.

Linke, Angelika 1991: Zum Sprachgebrauch des Bürgertums im 19. Jahrhundert. Überlegungen zur kultursemiotischen Funktion des Sprachverhaltens. In: Rainer Wimmer (Hg.): Das 19. Jahrhundert. Sprachgeschichtliche Wurzeln des heutigen Deutsch. Berlin, New York, 250-281.

Linke, Angelika 1999: "Wer sprach warum wie zu einer bestimmten Zeit?" Überlegungen zur Gretchenfrage der Historischen Soziolinguistik am Beispiel des Kommunikationsmusters 'Scherzen' im 18. Jahrhundert. In: Sociolinguistica 13, 179-208.

Linke, Angelika 2003: Sprachgeschichte – Gesellschaftsgeschichte – Kulturanalyse. In: Helmut Henne; Horst Sitta; Herbert E. Wiegand (Hg.): Germanistische Linguistik: Konturen eines Faches. Tübingen (=Reihe Germanistische Linguistik 240), 25-66.

Linke, Angelika; Gerhard Voigt 1991: Sprachen in der Sprache. Soziolinguistik heute: Varietäten und Register. In: Praxis Deutsch 110, 12-20.

Linke, Angelika; Markus Nussbaumer 1988: Kohärenz durch Präsuppositionen. In: Der Deutsch unterricht 40, 6, 29-53.

Linke, Angelika; Markus Nussbaumer 1997: Intertextualität. Linguistische Bemerkungen zu einem literaturwissenschaftlichen Textkonzept. In: Gerd Antos; Heiko Tietz (Hg.): Die Zukunft der Textlinguistik. Traditionen, Transformationen, Trends. Tübingen (= Reihe germanistische Linguistik 188), 109-126.

Lipka, Leonhard; Hartmut Günther (Hg.) 1981: Wortbildung. Darmstadt (= Wege der Forschung 564).

Löbner, Sebastian 2002: Understanding semantics. London (= Understanding language series).

Löbner, Sebastian 2003: Semantik. Eine Einführung. Berlin (= de Gruyter Studienbuch).

Löffler, Heinrich 1985a: Probleme der Dialektologie. 3. Aufl. Darmstadt.

Löffler, Heinrich 1985b: Germanistische Soziolinguistik. Berlin (= Grundlagen der Germanistik 28). [2., überarb. Aufl. 1994].

Lohnstein, Horst 1996: Formale Semantik und natürliche Sprache. Einführendes Lehrbuch. Opladen.

Lötscher, Andreas 1987: Text und Thema. Studien zur thematischen Konstituenz von Texten. Tübingen (= RGL 81).

Lüdtke, Helmut (Hg.) 1980: Kommunikationstheoretische Grundlagen des Sprachwandels. Berlin (= Grundlagen der Kommunikation).

Lutter, Christina; Markus Reisenleitner 1999: Cultural Studies. Eine Einführung. Wien.

Lutzeier, Peter Rolf 1981: Wort und Feld. Wortsemantische Fragestellungen mit besonderer Berücksichtigung des Wortfeldbegriffs. Tübingen.

Lutzeier, Peter Rolf 1985: Linguistische Semantik. Stuttgart (= Sammlung Metzler 219).

Lux, Friedemann 1981: Text, Situation, Textsorte. Tübingen.

Lyons, John 1980: Semantik. 2 Bde. München. [Engl. Original 1977]

Lyons, John 1996: Linguistic semantics. An introduction. Cambridge.

Maas, Utz 1999: Phonologie. Einführung in die funktionale Phonetik des Deutschen. Opladen/Wiesbaden.

Maddieson, Ian 1984: Patterns of sounds. Cambridge.

Malmberg, Bertil (Hg.) 1968: Manual of Phonetics. Amsterdam/London.

Malmberg, Bertil 1976: Einführung in die Phonetik als Wissenschaft. München.

Mangasser-Wahl, Martina 2000 (Hg.): Prototypentheorie in der Linguistik. Anwendungsbeispiele – Methodenreflexion – Perspektiven. Tübingen (= Stauffenburg Linguistik).

Mangold, Max (Bearb.) 1990: DUDEN Aussprachewörterbuch: Wörterbuch der deutschen Aussprache. Mannheim.

Mattheier, Klaus J. 1995: Sprachgeschichte des Deutschen: Desiderate und Perspektiven. In: Andreas Gardt et al.: Sprachgeschichte des Neuhochdeutschen. Tübingen, 1-38.

Mattheier, Klaus J.; Peter Wiesinger (Hg.) 1994: Dialektologie des Deutschen. Forschungsstand und Entwicklungstendenzen. Tübingen (= RGL 147).

Matthews, P.H. 1974: Morphology. An introduction to the theory of word-structure. Cambridge (= Cambridge textbooks in linguistics).

Maurer, F.; Heinz Rupp (Hg.) 1974: Deutsche Wortgeschichte. 3 Bde. 3., neu bearbeitete Aufl. Berlin, New York.

Mayerthaler, Willi; Gunther Fliedl 1998: Lexikon der Natürlichkeitstheoretischen Syntax und Morphosyntax. Tübingen.

Mc Mahon, April M.S. 1994: Understanding language change. Cambridge

McCarthy, John J 2002: A themativ guide to optimality theory. Cambridge.

McLaughlin, Barry: Theories of second language learning. London.

Media Enterprise 1996: Sprachlabor (CD-ROM). Trier.

Meggle, Georg 1981: Grundbegriffe der Kommunikation. Berlin

Meibauer, Jörg 1985: Sprechakttheorie. Probleme und Entwicklungen in der neueren Forschung. In: Deutsche Sprache 13, 1, 32-72.

Meibauer, Jörg (Hg.) 1987: Satzmodus zwischen Grammatik und Pragmatik. Tübingen 1987 (= Linguistische Arbeiten 180).

Meibauer, Jörg 1986: Rhetorische Fragen. Tübingen (= LA 167).

Meibauer, Jörg 1999: Pragmatik. Tübingen.

Meinhold, Gottfried; Eberhard Stock 1980: Phonologie der deutschen Gegenwartssprache. Leipzig.

Metzing, Dieter (Hg.) 1980: Frame conceptions and text understanding. Berlin.

Mey, Jacob 1993: Pragmatics: An Introduction. Oxford.

Mey, Jacob 1998: Concise encyclopedia of pragmatics. Amsterdam.

Mihm, Arend 1998: Arbeitersprache und gesprochene Sprache im 19. Jahrhundert. In: Dieter Cherubim et al.: Sprache und bürgerliche Nation. Berlin/New York, 282-316.

Miller, George A. 1993: Wörter. Streifzüge durch die Psycholinguistik. Heidelberg.

Mohanan, Karuvannur P. 1986: The theory of lexical phonology. Dordrecht [etc.].

Molnar, Valeria 1993: Zur Pragmatik und Grammatik des TOPIK-Begriffes. In: Reis, Marga (Hg.): Wortstellung und Informationsstruktur. Tübingen, 155-202.

Moser, Wellmann, Wolf, Norbert Richard: Geschichte der deutschen Sprache. I: Althochdeutsch – Mittelhochdeutsch. Heidelberg 1981.

Motsch, Wolfgang; Dieter Viehweger (Hg.) 1982: Richtungen der modernen Semantikforschung. Berlin.

Motsch, Wolfgang; Marga Reis; Inger Rosengren 1989/90: Zum Verhältnis von Satz und Text. In: Sprache & Pragmatik. Arbeitsberichte 11/1989, 1-36. Wieder in: Deutsche Sprache 18 (1990, 2, 97-125.

Müller, Gereon 2000: Elemente der optimalitätstheoretischen Syntax. Tübingen.

Müller, Horst M. 1987: Evolution, Kognition und Sprache. Berlin.

Müller, Stefan 1999: Deutsche Syntax deklarativ. Head-driven phrase structure grammar für das Deutsche. Tübingen.

Naumann, B. 1986: Einführung in die Wortbildungslehre des Deutschen. 2., neubearb. Aufl. Tübingen (= Germanistische Arbeitshefte 4).

Neef, Martin 1996: Wortdesign. Tübingen: Stauffenburg. (= Studien zur deutschen Grammatik 52).

Neppert, Joachim; Magnús Pétursson 1992[3]: Elemente einer akustischen Phonetik. Hamburg. [3., durchges. und bearb. Aufl. 2002]

Nerbonne, John; Klaus Netter; Carl Pollard (Hg.) 1994: German in Head-driven phrase structure grammar. Stanford.

Nerius, Dieter (Autorenkollektiv u. L. v.) 1987: Deutsche Orthographie. Leipzig.

Neuland, Eva 1976: Sozioökonomische Differenzen im Sprachverhalten von Vorschulkindern. In: Deutsche Sprache 1, 51-72.

Neuland, Eva 1981: "Punkt zwölf muss et Essn aufm Tisch stehn!" Analyse alltäglicher Kommunikation in einer Arbeiterfamilie. In: Linguistische Berichte 76, 64-90.

Neuland, Eva 1999: Jugendsprache. Heidelberg (=Studienbibliographien Sprachwissenschaft 29).

Newmeyer, Frederick J. 1980: Linguistic theory in America. New York [etc.].

Newmeyer, Frederick J. 1983: Grammatical theory. Its limits and possibilities. Chicago, London.

Nöth, Winfried 1985: Handbuch der Semiotik. Stuttgart. [2., vollständig neu bearb. und erw. Aufl. 2000]

Nothdurft, Werner (Hg.) 1995: Schlichtung. Band 1: Streit schlichten. Gesprächsanalytische Untersuchungen zu institutionellen Formen konsensueller Konfliktregelung. Berlin/New York (= Schriften des Instituts für Deutsche Sprache 5.1).

Nothdurft, Werner 1997: Schlichtung. Band 2: Konfliktstoff. Gesprächsanalyse der Konfliktbearbeitung in Schlichtungsgesprächen. Berlin/New York (= Schriften des Instituts für Deutsche Sprache 5.2).

Nothdurft, Werner; Ulrich Reitemeier; Peter Schröder 1994: Beratungsgespräche. Analyse asymmetrischer Dialoge. Tübingen (= Forschungsberichte des IDS 61).

Nünning, Ansgar (Hg.) 1998: Metzler Lexikon Literatur- und Kulturtheorie. Stuttgart.

Nünning, Ansgar (Hg.) 1998b: Literaturwissenschaftliche Theorien, Modelle und Methoden. Eine Einführung. 3. verbesserte und erweiterte Auflage. Trier (= WVT-Handbücher zum Literaturwissenschaftlichen Studium, Band 1).

Nünning, Ansgar; Vera Nünning (Hg.) 2003: Konzepte der Kulturwissenschaften: Theoretische Grundlagen - Ansätze - Perspektiven. Stuttgart, Weimar.

Nussbaumer, Markus 1991: Was Texte sind und wie sie sein sollen. Ansätze zu einer sprachwissenschaftlichen Begründung eines Kriterienrasters zur Beurteilung von schriftlichen Schülertexten. Tübingen (= RGL 119).

Ochs, Elinor; Emanuel E. Schegloff; Sandra A. Thompson (Hg.) 1996: Interaction and Grammar. Cambridge (= Studies in Interactional Sociolinguistics 13).

Ogden, C. K.; L A. Richards 1923: The meaning of meaning. New York. [Deutsch: Die Bedeutung der Bedeutung. Frankfurt 1974]

Oh, C; D.A. Dinneen (Hg.) 1979: Presupposition. New York (= Syntax & Semantics 11).

Ohala, John L; J. J. Jaeger (Hg.) 1986: Experimental Phonology. New York.

Ohde, Ralph N.; Donald J. Sharf 1992: Phonetic analysis of normal and abnormal speech. New York [etc.].

Öhlschläger, Günther 1979: Linguistische Überlegungen zu einer Theorie der Argumentation. Tübingen (= LA 63).

Olsen, Susan 1986: Wortbildung im Deutschen. Eine Einführung in die Theorie der Wortstruktur. Stuttgart (= Kröners Studienbibliothek 660).

Ong, Walter J. 1987: Oralität und Literalität. Die Technologisierung des Wortes. Opladen.

Onishi, Masao (Hg.) 1981: A Grand Dictionary of Phonetics. Tokyo.

Pagliuca, William 1994: Perspectives on grammaticalization. Amsterdam.

Palmer, Frank A. 1977: Semantik. Eine Einführung. München.

Panther, Klaus-Uwe; Günther Radden 1999 (Hg.): Metonymy in language and thought. Amsterdam.

Parker, Andrew; Eve Kosofsky Sedgwick (Hg.) 1995: Performativity and performance. New York/London.

Pasch, Renate; Ilse Zimmermann 1983: Die Rolle der Semantik in der Generativen Grammatik. In: Wolfgang Motsch; Dieter Viehweger (Hg.): Richtungen der modernen Semantikforschung. Berlin.

Paul, Hermann 1880/1975: Prinzipien der Sprachgeschichte. 9., unveränderte Auflage. Tübingen (= Konzepte der Sprach- und Literaturwissenschaft 6). [1. Auflage 1880]

Pechmann, Thomas 1994: Sprachproduktion. Zur Generierung komplexer Nominalphrasen. Opladen.

Peters, Jörg 2004: Semiotische Aspekte der Sprachwissenschaft: Sprachsemiotik. In: Posner, Robering, Sebeok (Hg.) 1997ff. 3. Teilband.

Petöfi, Janos S.; Dorothea Franck (Hg.) 1973: Präsuppositionen in Philosophie und Linguistik. Frankfurt (= Linguistische Forschungen 7).

Peyer, Ann; Ruth Groth 1996: Sprache und Geschlecht. Heidelberg (=Studienbibliographien Sprachwissenschaft 15).

Pfeifer, W. (Autorenkollektiv u.L.v.) 1989: Etymologisches Wörterbuch des Deutschen. Berlin.

Philipp, Marthe 1974: Phonologie des Deutschen. Stuttgart.

Pike, Kenneth 1947: Phonemics. A Technique for Reducing Languages to Writing. Ann Arbor.

Pinkal, Manfred 1985a: Logik und Lexikon - Die Semantik des Unbestimmten. Berlin.

Pinkal, Manfred 1985b: Neuere Theorien der Präsupposition. In: Studium Linguistik 17/18, 114-126.

Pinker, Steven 2000: Wörter und Regeln. Die Natur der Sprache. Heidelberg/Berlin.

Pisani, Vittore 1975: Die Etymologie. Geschichte - Fragen - Methode. München (= Internationale Bibliothek für Allgemeine Linguistik 26).

Ploog, Detlev 1974: Die Sprache der Affen und ihre Bedeutung für die Verständigungsweisen des Menschen. München.

Polenz, Peter von 1988: Deutsche Satzsemantik. Einführung in Grundbegriffe des Zwischen-den-Zeilen-Lesens. 2., durchges. Aufl. Berlin (= Sammlung Göschen 2226).

Polenz, Peter von 1994f.: Deutsche Sprachgeschichte vom Spätmittelalter bis zur Gegenwart. 3 Bde. Berlin/New York.

Polenz, Peter von 1998: Deutsche Sprache und Gesellschaft in historischer Sicht. In: Werner Besch et al.: Sprachgeschichte. Berlin/New York, 42-54.

Pollard, Carl; Ivan A. Sag 1987: Information-based syntax and semantics. Stanford.

Pollard, Carl; Ivan A. Sag 1994: Head-driven phrase structure grammar. Chicago [etc.].

Pollock, Jean-Yves 1989: Verb movement, universal grammar, and the structure of IP. In: Linguistic Inquiry 20, 365-424.

Polomé, Edgar (Hg.) 1990: Research guide on language change. Berlin, New York (= Trends in linguistics. Studies and monographs 48).

Pompino-Marschall, Bernd 1995: Einführung in die Phonetik. Berlin/New York. [2., durchges. und erw. Aufl.]

Portmann, Paul R. 1991: Schreiben und Lernen. Grundlagen der fremdsprachlichen Schreibdidaktik. Tübingen (= RGL 122).

Portner, Paul; Barbara H. Partee 2002 (Hg.): Formal semantics. The essential readings. Oxford (= linguistics – the essential readings 2).

Posner, Roland 1993: Semiotik diesseits und jenseits des Strukturalismus: Zum Verhältnis von Moderne und Postmoderne, Strukturalismus und Poststrukturalismus. In: Zeitschrift für Semiotik, 15, 211-233.

Posner, Roland; Klaus Robering; Thomas A. Sebeok (Hg.) 1997ff: Semiotik / Semiotics. Ein Handbuch zu den zeichentheoretischen Grundlagen von Natur und Kultur / A Handbook on the Sign-Theoretic Foundations of Nature and Culture. 3 Teilbände. Berlin, New York (= Handbücher zur Sprach- und Kommunikationswissenschaft 13).

Postl, Gertrud 1991: Weibliches Sprechen. Feministische Entwürfe zu Sprache und Geschlecht. Wien.

Prince, Alan; Paul Smolensky 1993: Optimality theory: Constraint interaction in generative grammar. Unpubliziertes Manuskript.

Prinzhorn, Martin (Hg.) 1989: Phonologie. Linguistische Berichte, Sonderheft 2.

Pullum, G. K.; W. A. Ladusaw 1986: Phonetic Symbol Guide. Chicago.

Pusch, Luise F. 1984: Das Deutsche als Männersprache. Aufsätze und Glossen zur feministischen Linguistik. Frankfurt a.M.

Pustejovski, James 1995: The generative lexikon. Cambridge, Mass.

Rabanus, Stefan 2001: Intonatorische Verfahren im Deutschen und Italienischen. Gesprächsanalyse und autosegmentale Phonologie. Tübingen (= Linguistische Arbeiten 439).

Rabanus, Stefan 2003: Intonation and syllable structure: a cross-linguistic study of German and Italian conversations. In: Zeitschrift für Sprachwissenschaft 22, 86-122.

Radford, A. 1988: Transformational grammar. A first course. Cambridge.

Radford, Andrew 1997: Syntax. A minimalist introduction. Cambridge

Raffelsiefen, Renate 1995: Conditions for stability: the case of Schwa in German. Arbeiten des Sonderforschungsbereiches 282, 'Theorie des Lexikons' 69. Universität Düsseldorf.

Ramers, Karl Heinz 1998: Einführung in die Phonologie. München (= UTB 2008).

Ramers, Karl Heinz 2000: Einführung in die Syntax. München (= UTB 2174).

Ramge, Hans 1993: Spracherwerb. Grundzüge der Sprachentwicklung des Kindes. 3., unveränderte Aufl. Tübingen (= Germanistische Arbeitshefte 14).

Redder, Angelika 1984: Modalverben im Unterricht. Pragmatik der Modalverben am Beispiel eines institutionellen Diskurses. Tübingen.

Redder, Angelika; Konrad Ehlich (Hg.) 1994: Gesprochene Sprache. Transkripte. Tübingen.

Reetz, Henning 1999: Artikulatorische und akustische Phonetik. Trier.

Reichmann, Oskar 1998: Sprachgeschichte: Idee und Verwirklichung. In: Werner Besch, Anne Betten, Oskar Reichmann, Stefan Sonderegger (Hg.): Sprachgeschichte. Ein Handbuch zur Geschichte der deutschen Sprache und ihrer Erforschung. 2. völlig neu bearbeitete Auflage. 1. Teilband. Berlin, New York, 1-41 (= Handbücher zur Sprach- und Kommunikationswissenschaft 2.1).

Reiners, Ludwig 1961: Stilkunst. Ein Lehrbuch deutscher Prosa. München.

Richmond, Virginia P.; James C. McCroskey; Steven K. Payne 1987: Nonverbal behavior in interpersonal relations. Englewood Cliffs NJ.

Rickheit, G.; H. Strohner 1985: Psycholinguistik der Textverarbeitung. In: Studium Linguistik 17/18, 1-78.

Rickheit, G.; H. Strohner 1993: Grundlagen der kognitiven Sprachverarbeitung. Modelle, Methoden, Ergebnisse. Stuttgart (= UTB 1735).

Rickheit, Gert; Hans Strohner 1999: Textverarbeitung: Von der Proposition zur Situation. In: Angela D. Friederici (Hg.): Sprachrezeption. Göttingen u.a. (= Enzyklopädie der Psychologie C III/2), 271-306.

Rickheit, Gert; Hans Strohner 2003: Inferenzen. In: Gert Rickheit; Theo Herrmann; Werner Deutsch (Hg.): Psycholinguistik. Ein internationales Handbuch. Berlin/New York (= Handbücher zur Sprach- und Kommunikationswissenschaft 24), 566-577.

Rickheit, Gert; Lorenz Sichelschmidt; Hans Strohner 2002: Psycholinguistik. Tübingen.

Rickheit, Gert; Theo Herrmann; Werner Deutsch (Hg.) 2003: Psycholinguistik. Ein internationales Handbuch. Berlin/New York (= Handbücher zur Sprach- und Kommunikationswissenschaft 24).

Riemsdijk, Henk van; Edwin Williams 1986: Introduction to the theory of grammar. Cambridge, Mass.

Rizzi, Luigi 1997: The fine structure ofthe left periphery. In: Liliane Haegeman (Hg.): Elements of grammar. Dordrecht, 281-337

Robinson, Orrin W. 2001: Whose German? The ach/ich alternation and related phenomena in 'standard' and 'colloquial'. Amsterdam (= Current Issues in Linguistic Theory 208).

Roca, Iggi; Wyn Johnson 1999: A course in phonology. Oxford.

Rolf, Eckard 1994: Sagen und Meinen. Paul Grice Theorie der Konversations-Implikaturen. Opladen.

Rolf, Eckard 1997a: Illokutionäre Kräfte. Grundbegriffe der Illokutionslogik. Opladen.

Rolf. Eckard 1997b: Pragmatik. Implikaturen und Sprechakte. Opladen.

Ronneberger-Sibold, Elke 1989: Historische Phonologie und Morphologie des Deutschen. Eine kommentierte Bibliographie zur strukturellen Forschung. Tübingen (= Germanistische Arbeitshefte. Ergänzungsreihe 3).

Rooth, Mats 1996: Focus. In: Shalom Lappin (Hg.): The Handbook of Contemporary Semantic Theory. Oxford, 271-297.

Rosenberg, Klaus-Peter 1986: Der Berliner Dialekt - und seine Folgen für die Schüler: Geschichte und Gegenwart der Stadtsprache Berlins sowie eine empirische Untersuchung der Schulprobleme dialektsprechender Kinder. Tübingen.

Rosengren, Inger 1988: Das Forschungsprojekt "Sprache und Pragmatik". In: Deutsche Sprache 16, 79-81.

Rössler, Patrick (Hg.) 1998: Online-Kommunikation: Beiträge zu Nutzung und Wirkung. Opladen.

Rothacker, Edgar, Günter Saile 1986: Ich weiß nicht, was soll es bedeuten. Grundfragen der Semantik. Opladen.

Rouchota, Villy; Andreas H. Jucker (Hg.) 1998: Current issues in relevance theory. Amsterdam/ Philadelphia.

Rousselot, l'Abbé P. J. 1924: Principes de phonétique expérimentale. Paris.

Runggaldier, Edmund 1990: Analytische Sprachphilosophie. Stuttgart (= Urban-TB 395).

Runkehl, Jens; Peter Schlobinski; Torsten Siever (Hg.) 1998: Sprache und Kommunikation im Internet: Überblick und Analysen. Opladen.

Russell, Bertrand 1905: On denoting. In: Mind 14, 479-493.

Ruzicka, Rudolf; Wolfgang Motsch (Hg.) 1983: Untersuchungen zur Semantik. Berlin (= studia grammatica 22).

Sacks, Harvey 1992: Letters on Conversation. Ed. by Gail Jefferson. Oxford/Cambridge, Mass.

Sacks, Harvey; Emanuel A. Schegloff; Gail Jefferson 1974: A simplest systematics for the organisation of turn-taking for conversation. In: Language 50, 696-735.

Saeed, John I. 2003: Semantics. Second edition. Malden, Mass. (= Introducing linguistics 2).

Sag, Ivan A.; Thomas Wasow 1999: Syntactic theory. A formal introduction. Stanford.

Sager, Sven F. 1997: Intertextualität und die Interaktivität von Hypertexten. In: Josef Klein; Ulla Fix (Hg.): Textbeziehungen. Linguistische und literaturwissenschaftliche Beiträge zur Intertextualität. Tübingen, 109-123.

Samel, Ingrid 2000: Einführung in die feministische Sprachwissenschaft. 2., überarb. u erw. Aufl. Berlin.

Sanders, Willy 1990: Gutes Deutsch – besseres Deutsch. Praktische Stillehre der deutschen Gegenwartssprache. 2., durchgesehene und ergänzte Neuausgabe. Darmstadt. [3., aktualisierte und überarb. Neuauflage 1996]

Sandig, Barbara 1986: Stilistik der deutschen Sprache. Berlin/New York.

Sandig, Barbara 1987: Textwissen. Beschreibungsmöglichkeiten und Realisierungen von Textmustern am Beispiel der Richtigstellung. In: Johannes Engelkamp u.a. (Hg.): Wissensrepräsentation und Wissensaustausch. Interdisziplinäres Kolloquium der Niederländischen Tage in Saarbrücken, April 1986. St. Ingbert, 115-155.

Saussure, Ferdinand de 1917/1967: Grundfragen der allgemeinen Sprachwissenschaft. 2. Auflage. Berlin. [franz. Erstdruck 1917]

Scalise, Sergio 1984: Generative morphology. Dordrecht (= Studies in generative grammar 18).

Scardamalia, Marlene; Carl Bereiter 1987: Knowledge telling and knowledge transforming in written composition. In: Sh. Rosenberg (Hg.): Advances in applied psycholinguistics. Vol.2: Reading, writing, and language learning. Cambridge, 142-175.

Schade, Ulrich 1992: Konnektionismus. Zur Modellierung der Sprachproduktion. Opladen.

Schaeder, Burkhard; Clemens Knobloch (Hg.) 1992: Wortarten. Beiträge zur Geschichte eines grammatischen Problems. Tübingen (= RGL 133).

Scheerer, E. 1983: Probleme und Ergebnisse der experimentellen Leseforschung. In: K. B. Günther; Hartmut Günther (Hg.): Schrift, Schreiben, Schriftlichkeit. Tübingen, 89-118.

Schegloff, Emanuel A.; Harvey Sacks 1973: Opening up closings. In: Semiotica 8, 289-327.

Schegloff, Emanuel A.; Elinor Ochs; Sandra A. Thompson 1996: Introduction. In: Ochs, Elinor; Emanuel E. Schegloff; Sandra A. Thompson (Hg.): Interaction and Grammar. Cambridge (= Studies in Interactional Sociolinguistics 13), 1-51.

Scherer, Bernd Michael 1984: Prolegomena zu einer einheitlichen Zeichentheorie: Ch. S. Peirces Einbettung der Semiotik in die Pragmatik. Tübingen.

Scherer, Klaus R.; Harald G. Walbott (Hg.) 1979: Nonverbale Kommunikation: Forschungsberichte zum Interaktionsverhalten. Weinheim/Basel.

Scheutz, Hannes 2001: On causal clause combining. The case of weil in spoken German. In: Margret Selting; Elisabeth Couper-Kuhlen (Hg.): Studies in Interactional Linguistics. Amsterdam/ Philadelphia, 111-139.

Schiffrin, Deborah; Deborah Tannen; Heidi E. Hamilton (Hg.) 2001: The Handbook of Discourse Analysis. Massachusetts/Oxford.

Schikorsky, Isa 1990: Private Schriftlichkeit im 19. Jahrhundert. Untersuchungen zur Geschichte des alltäglichen Sprachverhaltens "kleiner Leute". Tübingen (= RGL 107).

Schlieben-Lange, Brigitte 1975: Linguistische Pragmatik. Stuttgart.

Schlieben-Lange, Brigitte 1983: Traditionen des Sprechens. Elemente einer pragmatischen Sprachgeschichtsschreibung. Stuttgart.

Schlieben-Lange, Brigitte 1990: Soziolinguistik. Eine Einführung. 3., überarbeitete und erweiterte Auflage. Stuttgart (= Urban-TB 176).

Schlobinski, Peter 1987: Stadtsprache Berlin. Eine soziolinguistische Untersuchung. Berlin, New York.

Schlobinski, Peter 2003: Grammatikmodelle. Positionen und Perspektiven. Wiesbaden. (= Studienbücher zur Linguistik 10).

Schlobinski, Peter; Gaby Kohl; Irmgard Ludewigt 1993: Jugendsprache. Fiktion und Wirklichkeit. Opladen.

Schlobinski, Peter; Nadine Fortmann; Olivia Gross; Florian Hogg; Frauke Horstmann; Rena Theel 2001: Simsen. Eine Pilotstudie zu sprachlichen und kommunikativen Aspekten in der SMS-Kommunikation. In: Networx 22, (www.websprache.net/networx).

Schmidt, Claudia 1988: "Typisch weiblich – typisch männlich". Geschlechtsspezifisches Kommunikationsverhalten in studentischen Kleingruppen. Tübingen.

Schmidt, L. (Hg.) 1973: Wortfeldforschung. Zur Geschichte und Theorie des sprachlichen Feldes. Darmstadt (= Wege der Forschung 250).

Schmidt, Siegfried J. 1976: Texttheorie. 2. Aufl. München.

Schmidt, Wilhelm u.a. 1981: Funktional-kommunikative Sprachbeschreibung. Theoretisch-methodische Grundlegung. Berlin.

Schmitter, Peter 1987: Das sprachliche Zeichen. Studien zur Zeichen- und Bedeutungstheorie in der griechischen Antike sowie im 19. und 20. Jahrhundert. Münster.

Schmitz, Ulrich; Horst Wenzel (Hg.) 2003: Wissen und neue Medien. Berlin (= Philologische Studien und Quellen 177).

Schmölders, Claudia 1979: Die Kunst des Gesprächs. Texte zur Geschichte der europäischen Konversationstheorie. München.

Schneider, Klaus P. 1988: Small talk: Analysing phatic discourse. Marburg.

Schönrich, Gerhard 1999: Semiotik zur Einführung. Hamburg.

Schwarz, Monika 1992: Einführung in die kognitive Linguistik. Tübingen (= UTB 1636).

Schwarz, Monika 1992: Kognitive Semantik und neuropsychologische Realität. Repräsentationale Aspekte der semantischen Kompetenz. Tübingen (= Linguistische Arbeiten 273).

Schwarz, Monika 1994: Kognitive Semantik – State of the Art und Quo vadis? In: Monika Scharz (Hg.): Kognitive Semantik/Cognitive Semantics. Ergebnisse, Probleme, Perspektiven. Tübingen, 9-21 (= Tübinger Beiträge zur Linguistik 395).

Schwarz, Monika; Jeanette Chur 1993: Semantik. Ein Arbeitsbuch. Tübingen (= Narr Studienbücher) [3. Aufl. 2001].

Schwarze, Christoph; Dieter Wunderlich (Hg.) 1985: Handbuch der Lexikologie. Königstein.

Schwitalla, Johannes 1976: Dialogsteuerung. Vorschläge zur Untersuchung. In: Berens u.a., 73-104.

Schwitalla, Johannes 1979: Dialogsteuerung in Interviews. Ansätze zu einer Theorie der Dialogsteuerung mit empirischen Untersuchungen von Politiker-, Experten und Starinterviews in Rundfunk und Fernsehen. München.

Schwitalla, Johannes 1985: Kommunikation in der Stadt. In: Germanistik. Forschungsstand und Perspektiven. Vorträge des deutschen Germanistentages 1984. 1. Teil. Berlin, New York, 191-203.

Schwitalla, Johannes 1996: Herr und Knecht auf dem Polizeirevier. Das Werben um Kooperation und zunehmende Aussageverweigerung in einer polizeilichen Beschuldigtenvernehmung. In: Folia Linguistica XXX (3-4), 217-244.

Schwitalla, Johannes 2002: Kleine Botschaften – Telegramm- und SMS-Texte. In: Peter Schmitz; Eva-Lia Wyss (Hg.): Briefkultur im 20. Jahrhundert. Oldenburg (= Osnabrücker Beiträge zur Sprachtheorie 64), 33-56.

Searle, John R. 1971: Sprechakte. Ein sprachphilosophischer Essay. Frankfurt. [Amerikanisches Original 1969]

Searle, John R. 1982: Ausdruck und Bedeutung. Untersuchungen zur Sprechakttheorie. Frankfurt (= stw 349).

Sebeok, Thomas A. (Hg.) 1986: Encyclopedic dictionary of semiotics. Berlin (= Approaches to semiotics 73). [Second Edition, Revised and Updated. Berlin, New York 1994].

Sebeok, Thomas A. (Hg.) 1994: Encyclopedic Dictionary of Semiotics. Second Edition, Revised and Updated. 3 Volumes. Berlin, New York (Approaches to Semiotics. 73).

Seebold, Elmar 1981: Etymologie. Eine Einführung am Beispiel der deutschen Sprache. München (= Beck'sche Elementarbücher).

Selkirk, Elisabeth 1984: Phonology and syntax. The relation between sound and structure. Cambridge, Mass.

Selting, Margret 1995: Prosodie im Gespräch. Aspekte einer interaktionalen Phonologie der Konversation. Tübingen (= Linguistische Arbeiten 329).

Selting, Margret et al. 1998: Gesprächsanalytisches Transkriptionssystem (GAT). In: Linguistische Berichte 173, 91-122.

Selting, Margret; Barbara Sandig (Hg.) 1997: Sprech- und Gesprächsstile Berlin/New York.

Selting, Margret; Elisabeth Couper-Kuhlen 2000: Argumente für die Entwicklung einer 'interaktionalen Linguistik'. In: Gesprächsforschung. Online-Zeitschrift zur verbalen Interaktion, Ausgabe 1 (2000), 76-95. (www.gespraechsforschung-ozs.de/heft2000/ga-selting.pdf)

Selting, Margret; Elisabeth Couper-Kuhlen (Hg.) 2001: Studies in Interactional Linguistics. Amsterdam/Philadelphia Shaumyan, Sebastian K. 1987: A Semiotic Theory of Langauge. Bloomington.

Shibatani, Masayoshi 1999: Honorifics. In: Brown Keith; J. Miller (Hg.): Concise encyclopedia of grammatical categories. Amsterdam, 192-201.

Sicher, Peter; Horst Sitta 1986: Mundart und Standardsprache als Problem der Schule. Aarau [etc.] (= Reihe Sprachlandschaft 3).

Siegman, Aron W.; Stanley Feldstein 1985: Multichannel integrations of nonverbal behavior. Hillsdale, N.J.

Sievers, Ernst 1876 [1980]: Grundzüge der Lautphysiologie zur Einführung in das Studium der Lautlehre der indogermanischen Sprachen. [Ab der 2. Aufl. 1881 unter dem Titel: Grundzüge der Phonetik zur Einführung in das Studium der Lautlehre der indogermanischen Sprachen]. Leipzig. [Faksimile-Neudruck, hgg. v. W. A. Koch. Hildesheim/New York (=Dokumenta Semiotica, Serie 1/ Linguistik)].

Sinclair, J.M.; Couthard, R.M. 1975: Towards an analysis of discourse: the English used by teachers and pupils. London.

Sitta, Horst 1973: Kritische Überlegungen zur Textsortenlehre. In: Sitta, Horst; Klaus Brinker (Hg.): Studien zur Texttheorie und zur deutschen Grammatik. Festgabe für Hans Glinz zum 60. Geburtstag. Düsseldorf, 63-72.

Sitta, Horst (Hg.) 1980: Ansätze zu einer pragmatischen Sprachgeschichte. Tübingen (= Reihe germanistische Linguistik 21).

Sitta, Horst 1984: Wortarten und Satzglieder in deutschen Grammatiken. Ein Überblick. Beiheft zu Praxis Deutsch.

Sociolinguistica. Internationales Jahrbuch für Europäische Soziolinguistik. Hg. von Ulrich Ammon; Klaus J. Mattheier; Peter H. Nelde. Tübingen.

Sommerfeldt, Karl-Ernst; G. Starke 1992: Einführung in die Grammatik der deutschen Gegenwartssprache. 2., neu bearb. Aufl. Tübingen.

Sommerstein, Allan H. 1977: Modern Phonology. London.

Sowinski, Bernhard 1983: Textlinguistik. Eine Einführung. Stuttgart (= Urban-Taschenbücher 325).

Spencer, Andrew 1991: Morphological theory. An introduction to word structure in generative grammar. Oxford.

Spencer, Andrew 1996: Phonology. Cambridge.

Spencer, Andrew; Arnold M. Zwicky (Hg.) 1998: The Handbook of Morphology. Oxford/Malden, Mass. (= Blackwell Handbooks in Linguistics).

Spender, Dale 1985: Man made language. 2. Aufl. London.

Sperber, Dan; Deirdre Wilson 1986: Relevance: communication and cognition. Oxford. [2.überarb. und erw. Aufl. 1995]

Stechow, Arnim von; Dieter Wunderlich (Hg.) 1991: Semantik. Ein internationales Handbuch der zeitgenössischen Forschung. Berlin (= Handbücher zur Sprach- und Kommunikationswissenschaft 6).

Stechow, Arnim von; Wolfgang Sternefeld 1988: Bausteine syntaktischen Wissens. Ein Lehrbuch der modernen generativen Grammatik. Opladen.

Stedje, Astrid 1989: Deutsche Sprache gestern und heute. München (= UTB 1499).

Steger, Hugo 1989: Sprache im Wandel. In: Sprache und Literatur in Wissenschaft und Unterricht. 63, 3-32.

Steger, Hugo 1998: Sprachgeschichte als Geschichte der Textsorten, Kommunikationsbereiche und Semantiktypen. In: Werner Besch et al.: Sprachgeschichte. Berlin/New York, 284-300.

Sternefeld, Wolfgang 1991: Syntaktische Grenzen. Chomskys Barrierentheorie und ihre Weiterentwicklungen. Opladen.

Stocker, Christa 2000: Junges Mädchen – alte Jungfer. Personenbezeichnungen als Mittel der Konstituierung von Geschlechterstereotypen in Mädchenbüchern des ausgehenden 19. Jahrhunderts. In: Gisela Brandt (Hg.): Bausteine zu einer Geschichte des weiblichen Sprachgebrauchs IV. Stuttgart (=Stuttgarter Arbeiten zur Germanistik 380), 127-148.

Storrer, Angelika 1992: Verbvalenz. Theoretische und methodische Grundlagen ihrer Beschreibung in Grammatikographie und Lexikographie. Tübingen.

Storrer, Angelika 1999: Kohärenz in Text und Hypertext. In: Henning Lobin (Hg.): Text im digitalen Medium. Linguistische Aspekte von Textdesign, Texttechnologien und Hypertext Engineering. Opladen.

Storrer, Angelika 2000: Was ist 'hyper' am Hypertext. In: Werner Kallmeyer (Hg.): Sprache und neue Medien. Berlin/New York, 222-249.

Storrer, Angelika 2001: Getippte Gespräche oder dialogische Texte? Zur kommunikationstheoretischen Einordnung der Chat-Kommunikation. In: Andrea Lehr (Hg.): Sprache im Alltag. Beiträge zu neuen Perspektiven der Linguistik. Berlin/New York, 439-465.

Strawson, P.F. 1950: On referring. In: Mind 59, 320-344.

Strohner, Hans 1990: Textverstehen. Opladen.

Strohner, Hans 2000: Kognitive Voraussetzungen: Wissenssysteme – Wissensstrukturen – Gedächtnis. In: Klaus Brinker; Gerd Antos; Wolfgang Heinemann; Sven F. Sager, (Hg.) 2000: Text- und Gesprächslinguistik: Ein internationales Handbuch zeitgenössischer Forschung. 1. Halbband: Textlinguistik. Berlin/New York (= Handbücher zur Sprach- und Kommunikationswissenschaft 16.1), 261-274.

Stubbs, Michael 1983: Discourse analysis. The sociolinguistic analysis of natural language. Oxford.

Stutterheim, Christiane 1997: Einige Prinzipien des Textaufbaus. Empirische Untersuchungen zur Produktion mündlicher Texte. Tübingen (= RGL 184).

Szagun, Gisela 1991: Sprachentwicklung beim Kind. Eine Einführung. 4., überarb. u. erw. Aufl. München.

Talmy, Leonard 2000: Toward a cognitive semantics. 2 Bde. Cambridge, Mass./London (= Language, speech and communication).

Tannen, D. 1991: Du kannst mich einfach nicht verstehen. Warum Männer und Frauen aneinander vorbeireden. Hamburg. [Amerikan. Original 1990]

Tarvainen, Kalevi 1981: Einführung in die Dependenzgrammatik. Tübingen (= Reihe Germanistische Linguistik 35).

Taylor, John R. 1989: Linguistic categorization. Prototypes in linguistic theory. Oxford.

Techtmeier, Bärbel 1984: Das Gespräch. Funktionen, Normen und Strukturen. Berlin.

Ternes, Elmar 1987: Einführung in die Phonologie. Darmstadt.

Teubert, Wolfgang 1998: Eigentum, Arbeit, Naturrecht. Schlüsselwörter der Soziallehre im Wandel. In: Heidrun Kämper; Hartmut Schmidt (Hg.): Das 20. Jahrhundert. Sprachgeschichte – Zeitgeschichte. Tübingen, 188-224.

Texte gesprochener deutscher Standardsprache III 1975: Alltagsgespräche. Hrsg. von H.P. Fuchs und G. Schank. München.

Thelander, Kerstin 1986: Politikerspråk i könsperspektiv. Malmö (= Ord och stil 17).

Thielmann, Werner; Klaus Welke (Hg.) 2001: Valenztheorie. Einsichten und Ausblicke. Münster.

Thimm, Caja (Hg.) 2000: Soziales im Netz: Sprache, Beziehungen und Kommunikationskulturen im Internet. Opladen.

Thorne, Barrie u.a. (Hg.) 1983: Language, gender and society. Rowley, Mass.

Thorne, Barrie; Nancy Henley (Hg.) 1975: Language and sex: Difference and dominance. Rowley, Mass.

Tillmann, Hans-Günther; Phil Mansell 1980: Phonetik: lautsprachliche Zeichen, Sprachsignale und lautsprachlicher Kommunikationsprozeß. Stuttgart.

Tobin, Yishai 1990: Semiotics and Linguistics. London.

Toulmin, Stephen 1975: Der Gebrauch von Argumenten. Kronberg.

Trabant, Jürgen 1976: Elemente der Semiotik. München.

Trabant, Jürgen 1988: Menschen und Zeichen. Elemente der Semiotik. Frankfurt.

Trabant, Jürgen 1996: Elemente der Semiotik. Tübingen, Basel. (= UTB 1908)

Traugott, Elisabeth Closs; Ekkehard König: The semantics-pragmatics of grammaticalization revisited. In: Traugott, Elisabeth Closs; Bernd Heine: Approaches to grammaticalization. Vol I. Amsterdam/Philadelphia, 189-218.

Traugott, Elisabeth Closs; Bernd Heine 1991: Approaches to grammaticalization. Vol.I, II. Amsterdam/Philadelphia .

Trömel-Plötz, Senta (Hg.) 1984: Gewalt durch Sprache. Die Vergewaltigung von Frauen in Gesprächen. Frankfurt a.M.

Trömel-Plötz, Senta 1982: Frauensprache: Sprache der Veränderung. Frankfurt.

Trubetzkoy, Fürst Nikolai S. 1971[5] [1939]: Grundzüge der Phonologie. Göttingen.

Trudgill, Peter 1983: On dialect. Social and geographical perspectives. Oxford.

Trudgill, Peter 2002: Sociolinguistic variation and change. Washington, D.C.

Tzohatzidis, Savas L. (Hg.) 1994: Foundations of speech act theory. London/New York

Ueding, Gert; Bernd Steinbrink 1986: Grundriss der Rhetorik. Geschichte, Technik, Methode. Stuttgart.

Ueding, Gert (Hg.) 1992ff.: Historisches Wörterbuch der Rhetorik. Tübingen.

Uhmann, Susanne 1991: Fokusphonologie: Eine Analyse deutscher Intonationskonturen im Rahmen der nicht-linearen Phonologie. Tübingen.

Ungeheuer, Gerold 1977: Sprache und Signal. In: Forschungsberichte des Instituts für Kommunikationsforschung und Phonetik der Universität Bonn, 40: 2.

Ungerer, Friedrich; Hans-Jörg Schmidt 2002: An introduction to cognitive linguistics. 6. Aufl. London (= Learning about language).

Van der Hulst, Harry; Norval Smith 1982: An Overview of Autosegmental and Metrical Phonology. In: Van der Hulst/Smith (Hg.): The Structure of Phonological Representations (vol. 1). Dordrecht.

Vanderveken, Daniel 1990 f.: Meaning and speech acts. 2 Bde. Cambridge.

Vanderveken, Daniel 1994: A complete formulation of simple logic of elementary illocutionary acts.

Vanderveken, Daniel; Susumu Kubo 2001: Essays in speech act theory. Amsterdam/Philadelphia.

Vater, H. 1979: Phonologische Probleme des Deutschen. Tübingen.

Vennemann, Theo 1986: Neuere Entwicklungen in der Phonologie. Berlin/New York/Amsterdam.

Vennemann, Theo 1988: Preference Laws for Syllable Structure and the Explanation of Sound Change. With Special Reference to German, Germanic, Italian and Latin. Berlin [etc.].

Vennemann, Theo; Joachim Jacobs 1982: Sprache und Grammatik. Grundprobleme der linguistischen Sprachbeschreibung. Darmstadt (= Erträge der Forschung 176).

Verschueren, Jef 1999: Understanding pragmatics. London [etc.].

Verschueren, Jef, Jan-Ola Oestman; Jan Blommaert (Hg.) 1995ff.: Handbook of pragmatics Amsterdam u.a. [1 Manual + Ordner mit Loseblattsammlg., jährlich ergänzt.].

Vogel, Petra M.; Bernhard Comrie 2000: Aproaches to the typology of word classes. Berlin/New York (= Empirical Approaches to Language Typology 23).

Volli, Ugo (2002): Semiotik: Eine Einführung in ihre Grundbegriffe. Aus dem Italienischen von Uwe Petersen. Tübingen, Basel (= UTB 2318).

Wagner, Andreas 1992: Zur Rezeption der Soziolinguistik-Thesen Basil Bernsteins in Deutschland. In: Muttersprache, 153-167.

Wahmhoff, Sybille; Angelika Wenzel 1979: Ein 'hm' ist noch lange kein 'hm' – oder – was heisst klientenbezogene Gesprächsführung? In: J. Dittmann (1979), 258-297.

Walther, Elisabeth 1974: Allgemeine Zeichenlehre. Einführung in die Grundlagen der Semiotik. Stuttgart.

Wängler, Hans-Heinrich 1972: Physiologische Phonetik. Eine Einführung. Marburg.

Wängler, Hans-Heinrich 1974[3]: Grundriss einer Phonetik des Deutschen mit einer allgemeinen Einführung in die Phonetik. Marburg.

Warnke, Ingo 2001: Intrakulturell vs. interkulturell – Zur kulturellen Bedingtheit von Textmustern. In: Ulla Fix; Stephan Habscheid; Josef Klein (Hg.): Zur Kulturspezifik von Textsorten. Tübingen, 241-254.

Warnke, Ingo 2002: Adieu Text – bienvenue Diskurs? Über Sinn und Zweck einer poststrukturalistischen Entgrenzung des Textbegriffs. In: Ulla Fix; Kirsten Adamzik; Gerd Antos; Michael Klemm (Hg.): Brauchen wir einen neuen Textbegriff? Antworten auf eine Preisfrage. Frankfurt am Main u.a. (= forum Angewandte Linguistik 40), 125-142.

Warrington, E.K. 1981: Neuropsychological studies of verbal semantic systems. In: The psychological mechanism of language. London, 197-209.

Watzlawick, Paul; Janet H. Beavin; Don D. Jackson 1974: Menschliche Kommunikation. Formen, Störungen, Paradoxien. 4. Aufl. Bern.

Webelhuth, Gert (Hg.) 1995: Government and binding theory and the minimalist program. Principles and parameters in syntactic theory. Oxford [etc.] (= Generative syntax 1).

Weigl, Egon 1981: Neuropsychology and neurolinguistics. The Hague.

Weigl, Egon 1981: On written language: Its acquisition and its alexic-agraphic disturbances. In: Weigel (1981), 330-345.

Weigl, Egon; Manfred Bierwisch 1981: Neuropsychology and linguistics: Topics of common research. In: Weigl (1981) 40-58.

Weinreich, Uriel 1977: Sprachen in Kontakt. Ergebnisse und Probleme der Zweisprachigkeitsforschung. München.

Weinrich, Harald 1993: Textgrammatik der deutschen Sprache. Mannheim [etc.]. [2., rev. Aufl. 2003]

Weisgerber, Leo 1962: Die sprachliche Gestaltung der Welt. 3. Aufl. Düsseldorf.

Welke, Klaus 1988: Einführung in die Valenz- und Kasustheorie. Leipzig.

Welke, Klaus 2002: Deutsche Syntax funktional. Perspektiviertheit syntaktischer Strukturen. Tübingen.

Wengeler, Martin 2003: Topos und Diskurs: Begründung einer argumentationsanalytischen Methode und ihre Anwendung auf den Migrationsdiskurs (1960-1985). Tübingen (= RGL 244).

Wenzel, Angelika 1984: Verstehen und Verständigung in Gesprächen am Sozialamt. Tübingen.

Werlen, Iwar 1984: Ritual und Sprache. Tübingen.

Werlen, Iwar 1989: Sprache, Mensch und Welt. Geschichte und Bedeutung des Prinzips der sprachlichen Relativität. Darmstadt (= Erträge der Forschung 269).

Werlen, Iwar 1992: "... mit denen reden wir nicht", Schweigen und Reden im Quartier. Mitautoren: Esther Lieverscheidt et al. Basel/Frankfurt/M.

Werner, Fritjof 1983: Gesprächsverhalten von Frauen und Männern. Frankfurt/Bern.

Werner, Otmar 1972: Phonemik des Deutschen. Stuttgart.

Weydt, Harald (Hg.) 1983 : Partikeln und Interaktion. Tübingen.

Wichter, Sigurd 1991: Zur Computerwortschatz-Ausbreitung in der Gemeinsprache. Frankfurt am Main (= Germanistische Arbeiten zu Sprache und Kulturgeschichte 17).

Wichter, Sigurd 1999: Gespräch, Diskurs, Stereotypie. In: Zeitschrift für germanistische Linguistik 27, 261-284.

Widdowson, Henry G. 1979: The Description of Scientific Language. In: Henry G. Widdowson (Hg.): Explorations in Applied Linguistics. Oxford, 51-61.

Widmark, Gun 1983: Språk och kön. In: Annales Academiae regiae scientiarum upsaliensis. Kungliga Vetenskapsamhällets i Uppsala Årsbok, 25, 47-84.

Wierzbicka, Anna 1996: Semantics: Primes and universals. Oxford/New York.

Wiese, Richard 1996: The phonology of German. Oxford. [um ein Postscript erweiterte Paperback-Edition 2000]

Wiesinger, Peter 1995: Die sprachlichen Verhältnisse und der Weg zur allgemeinen deutschen Schriftsprache in Österreich im 18. und frühen 19. Jahrhundert. In: Andreas Gardt et al.: Sprachgeschichte des Neuhochdeutschen, Tübingen, 319-367.

Wilson, Deirdre; Dan Sperber 2003: Relevance theory. In: Horn, Laurence; Ward, Geofrey: Handbook of pragmatics. Oxford.

Windisch, Rudolf 1988: Zum Sprachwandel. Von den Junggrammatikern zu Labov. Frankfurt Studia romanica et linguistica 21).

Wirth, Uwe (Hg.) 2002: Performanz. Zwischen Sprachphilosophie und Kulturwissenschaften. Frankfurt a.M.

Wittgenstein, Ludwig 1921/1963: Tractatus logico-philosophicus. Logisch-philosophische Abhandlung. Frankfurt (= edition suhrkamp 12). [Erste Ausgabe 1921]

Wittgenstein, Ludwig 1958/1971: Philosophische Untersuchungen. Frankfurt (= stw 203).

Wodak, Ruth; 1998: Zur diskursiven Konstruktion nationaler Identität. Frankfurt am Main

Wodak, Ruth; Rudolf de Cillia; Martin Reisigl; Karin Liebhardt; Klaus Hofstätter; Maria Kargl 1998: Zur diskursiven Konstruktion nationaler Identitäten. Frankfurt am Main.

Wode, Henning 1993: Psycholinguistik. Eine Einführung in die Lehr- und Lernbarkeit von Sprachen. Theorien, Methoden, Ergebnisse. Ismaning.

Wunderlich, Dieter 1970: Zur Rolle der Pragmatik in der Linguistik. In: Der Deutschunterricht 22,4.

Wunderlich, Dieter 1976: Studien zur Sprechakttheorie. Frankfurt (= stw 172).

Wunderlich, Dieter 1991: Arbeitsbuch Semantik. 2., ergänzte Auflage. Frankfurt (= Athenäum Studienbuch Linguistik).

Wunderlich, Dieter; Ray Fabri 1995: Minimalist Morphology: An approach to inflection. In: Zeitschrift für Sprachwissenschaft 14/2, 236-294

Wurzel, Wolfgang Ullrich 1970: Studien zur deutschen Lautstruktur. Berlin.

Wurzel, Wolfgang Ullrich 1984: Flexionsmorphologie und Natürlichkeit. Berlin (= studia grammatica 21).

Wurzel, Wolfgang Ullrich 1988: Zur Erklärbarkeit sprachlichen Wandels. In: Zeitschrift für Phonetik, Sprachwissenschaft und Kommunikationsforschung 41, 4, 488-510.

Wurzel, Wolfgang Ulrich 1994: Grammatisch initiierter Wandel. Bochum (= Sprachdynamik. Auf dem Wege zu einer Typologie sprachlichen Wandels. Bd.1).

Yngve, V.A.L. 1970: On getting a word in edgewise. In: Papers from the 6th regional meeting of the Chicago Linguistic Society. Chicago, 567-578.

Yule, George 1996: Pragmatics. Oxford.

Ziegler, Arne; Christa Dürscheid (Hg.) 2002: Kommunikationsform E-Mail. Tübingen (= Textsorten 7).

Zifonun, Gisela (Hg.) 1986: Vor-Sätze zu einer neuen deutschen Grammatik. Tübingen (= Forschungsberichte des Instituts für Deutsche Sprache 63).

Zifonun, Gisela; Ludger Hoffmann; Bruno Strecker et al. 1997: Grammatik der deutschen Sprache. 3 Bde. Berlin/New York (= Schriften des Instituts für Deutsche Sprache 7).

Zimmer, Dieter E. 1986: So kommt der Mensch zur Sprache. Über Spracherwerb, Sprachentstehung, Sprache und Denken. Zürich.

Zimmer, Dieter E. 1989: Experimente des Lebens. Zürich.

Sachregister

Vokaltrapez, 477
Volksetymologie, 159
Voraktivierung, 390, 403
Vorerwartung, 403
Vorverweis, 248

Wandel, grammatisch initiierter, 453, 454f.,
    458
Weltbild, sprachliches, 174
Weltwissen, 114, 257, 392, 406, 409
Wende, kognitive, 175, 291
Wende, pragmatische, 194, 336, 421
Wert, sprachlicher, 36
Wertung, sprachliche, 344, 353, 365
Wettbewerb, 145f., 499f.
Wissen, enzyklopädisches, 257
Wissen, sprachliches, 104, 110, 383
Wissensbestand, aussersprachlicher, 249,
    256, 265
Wohlgeformtheit, 112, 113, 211
Wort, 61, 79, 120
Wort, syntaktisches, 63, 121
Wortart, 78, 90, 123
Wortbildung, 53, 69
Wörterbuch, 178, 179
Wortfeld, 161, 172, 247
Wortform, 63

Wortlehre, 53, 61
Wortsemantik, 159
Wurzelmorphem, 67

X'-Schema, 127, 130

Zehn- Wortarten-Lehre, 79
Zeichen, 17, 65, 153, 374
Zeichen, aktualisiertes, 26
Zeichen, bilaterales, 30
Zeichen, ikonisches, 19, 21
Zeichen, indexikalisches, 19, 20
Zeichen, nonverbales, 25
Zeichen, paraverbales, 24
Zeichen, sprachliches, 17, 30
Zeichen, symbolisches, 19, 22
Zeichen, verbales, 24
Zeichen, virtuelles, 26, 27
Zeichenbegriff, 17
Zeichenbenutzer, 26
Zeichenform, 31
Zeichengebrauch, 27, 198
Zeicheninhalt, 31
Zeichenprozess, 24
Zeichensystem, 36
Zirkumfix, 67

Notizen

Notizen

Notizen

Notizen

www.ingramcontent.com/pod-product-compliance
Lightning Source LLC
Chambersburg PA
CBHW030311100426
42812CB00002B/661